Código do Trabalho

Código do Trabalho

2023 · 17ª Edição

Constituição da República Portuguesa
Regulamentação do Código do Trabalho
Fundo de Garantia Salarial
Fundo de Compensação do Trabalho, Mecanismo Equivalente e Fundo de Garantia de Compensação do Trabalho
Contratos de Trabalho Sujeitos a Regime Especial
Contrato de Trabalho no Domicílio
Agências Privadas de Colocação e Empresas de Trabalho Temporário
Regime Jurídico da Promoção da Segurança e Saúde no Trabalho
Acidentes de Trabalho e Doenças Profissionais
Conselhos de Empresa Europeus
Regime Jurídico da Arbitragem
Regime Processual Aplicável às Contra-Ordenações Laborais e de Segurança Social
Proteção Social na Parentalidade e no Desemprego
Código de Processo do Trabalho

ALMEDINA

CÓDIGO DO TRABALHO
1ª Edição: Setembro, 2011
EDITOR
EDIÇÕES ALMEDINA, S.A.
Avenida Emídio Navarro, 81, 3D
3000-151 Coimbra
Tel.: 239 851 904 · Fax: 239 851 901
www.almedina.net · editora@almedina.net
DESIGN DE CAPA
FBA.
PRÉ-IMPRESSÃO
EDIÇÕES ALMEDINA, S.A.
IMPRESSÃO E ACABAMENTO

abril, 2023

ISBN
978-989-40-1235-1

DEPÓSITO LEGAL
????????/23

Apesar do cuidado e rigor colocados na elaboração da presente obra, devem os diplomas legais dela constantes ser sempre objeto de confirmação com as publicações oficiais.
Toda a legislação contida na presente obra encontra-se atualizada de acordo com os diplomas publicados em Diário da República, independentemente de terem já iniciado a sua vigência ou não.
Os textos legislativos apresentam a grafia com que foram publicados em Diário da República. Por determinação da RCM 8/2011, de 25-01, a partir de 1 de janeiro de 2012 tornou-se obrigatória a aplicação do Acordo Ortográfico à publicação do Diário da República, razão pela qual coexistem ambas as grafias.

ALMEDINA | GRUPOALMEDINA

NOTA PRÉVIA À 17ª EDIÇÃO

A presente edição encontra-se atualizada nos termos da Lei nº 13/2023, de 3 de abril, que alterou o Código do Trabalho e legislação conexa, no âmbito da agenda do trabalho digno.

A referida lei, para além de ter procedido a extensas alterações ao Código do Trabalho, alterou ainda vários diplomas que constam da presente coletânea.

Fazem parte desta lista de diplomas alterados:

- A Lei nº 105/2009, de 14 de setembro, que regulamenta o Código do Trabalho;
- A Lei nº 107/2009, de 14 de setembro, que aprova o regime processual aplicável às contraordenações laborais e de segurança social;
- Decreto-Lei nº 235/92, de 24 de outubro, que estabelece o regime jurídico das relações de trabalho emergentes do contrato de serviço doméstico;
- O Código de Processo do Trabalho, aprovado pelo Decreto-Lei nº 480/99, de 9 de novembro;
- O Decreto-Lei nº 260/2009, de 25 de setembro, que regula o regime jurídico do exercício e licenciamento das agências privadas de colocação e das empresas de trabalho temporário.

A grande maioria das alterações entra em vigor no dia 1 de maio (primeiro dia do mês seguinte ao da sua publicação), sendo, no entanto, excecionadas as alterações aos artigos 500º, 500º-A, 501º, 501º-A, 502º, 510º, 511º, 512º e 513º do Código do Trabalho, que entram em vigor no 4 de abril (dia seguinte ao da sua publicação).

Foram também consideradas as alterações da Lei nº 24-D/2022, de 30 de dezembro (diploma que aprovou o Orçamento do Estado para 2023), à Lei nº 70/2013, de 30 de agosto, que estabelece os regimes jurídicos do fundo de compensação do trabalho, do mecanismo equivalente e do fundo de garantia de compensação do trabalho, e à Lei nº 107/2009, de 14 de setembro, que aprova o regime processual aplicável às contraordenações laborais e de segurança social.

Destaque ainda para os Decretos-Lei nº 84-F/2022, de 16 de dezembro, e 51/2022, de 26 de julho, que aprovaram medidas de valorização remuneratória de trabalhadores em funções públicas e procederem à alteração da Lei Geral do Trabalho em Funções Públicas, aprovada em anexo à Lei nº 35/2014, de 20 de junho.

Uma referência ainda para o Decreto-Lei nº 64/2022, de 27 de setembro, que alterou o Estatuto dos Profissionais da Área da Cultura.

Coimbra, abril de 2023
SOFIA BARRACA

Código do Trabalho

Lei nº 7/2009, de 12 de fevereiro

Aprova a revisão do Código do Trabalho

A Assembleia da República decreta, nos termos da alínea *c*) do artigo 161º da Constituição, o seguinte:

Artigo 1º – Aprovação do Código do Trabalho

É aprovado o Código do Trabalho, que se publica em anexo à presente lei e dela faz parte integrante.

Artigo 2º – Transposição de directivas comunitárias

O Código do Trabalho transpõe para a ordem jurídica interna, total ou parcialmente, as seguintes directivas comunitárias:

a) Directiva do Conselho nº 91/533/CEE, de 14 de Outubro, relativa à obrigação de a entidade patronal informar o trabalhador sobre as condições aplicáveis ao contrato ou à relação de trabalho;

b) Directiva nº 92/85/CEE, do Conselho, de 19 de Outubro, relativa à implementação de medidas destinadas a promover a melhoria da segurança e da saúde das trabalhadoras grávidas, puérperas ou lactantes no trabalho;

c) Directiva nº 94/33/CE, do Conselho, de 22 de Junho, relativa à protecção dos jovens no trabalho;

d) Directiva nº 96/34/CE, do Conselho, de 3 de Junho, relativa ao acordo quadro sobre a licença parental celebrado pela União das Confederações da Indústria e dos Empregadores da Europa (UNICE), pelo Centro Europeu das Empresas Públicas (CEEP) e pela Confederação Europeia dos Sindicatos (CES);

e) Directiva nº 96/71/CE, do Parlamento Europeu e do Conselho, de 16 de Dezembro, relativa ao destacamento de trabalhadores no âmbito de uma prestação de serviços;

f) Directiva nº 97/81/CE, do Conselho, de 15 de Dezembro, respeitante ao acordo quadro relativo ao trabalho a tempo parcial celebrado pela UNICE, pelo CEEP e pela CES;

g) Directiva nº 98/59/CE, do Conselho, de 20 de Julho, relativa à aproximação das legislações dos Estados membros respeitantes aos despedimentos colectivos;

h) Directiva nº 1999/70/CE, do Conselho, de 28 de Junho, respeitante ao acordo quadro CES, UNICE e CEEP relativo a contratos de trabalho a termo;

i) Directiva nº 2000/43/CE, do Conselho, de 29 de Junho, que aplica o princípio da igualdade de tratamento entre as pessoas, sem distinção de origem racial ou étnica;

j) Directiva nº 2000/78/CE, do Conselho, de 27 de Novembro, que estabelece um quadro geral de igualdade de tratamento no emprego e na actividade profissional;

l) Directiva nº 2001/23/CE, do Conselho, de 12 de Março, relativa à aproximação das legislações dos Estados membros respeitantes à manutenção dos direitos dos trabalhadores em caso de transferência de empresas ou de estabelecimentos, ou de partes de empresas ou de estabelecimentos;

m) Directiva nº 2002/14/CE, do Parlamento Europeu e do Conselho, de 11 de Março, que estabelece um quadro geral relativo à informação e à consulta dos trabalhadores na Comunidade Europeia;

n) Directiva nº 2003/88/CE, do Parlamento Europeu e do Conselho, de 4 de Novembro, relativa a determinados aspectos da organização do tempo de trabalho;

o) Directiva nº 2006/54/CE, do Parlamento Europeu e do Conselho, de 5 de Julho, relativa à aplicação do princípio da igualdade de oportunidades e igualdade de tratamento entre homens e mulheres em domínios ligados ao emprego e à actividade profissional (reformulação).

Artigo 3º – Trabalho autónomo de menor

1. O menor com idade inferior a 16 anos não pode ser contratado para realizar uma atividade remunerada prestada com autonomia, exceto caso tenha concluído a escolaridade obrigatória ou esteja matriculado e a frequentar o nível secundário de educação e se trate de trabalhos leves.

2. À celebração do contrato previsto no número anterior aplicam-se as regras gerais previstas no Código Civil.

3. Consideram-se trabalhos leves para efeitos do nº 1 os que assim forem definidos para o contrato de trabalho celebrado com menor.

4. Ao menor que realiza actividades com autonomia aplicam-se as limitações estabelecidas para o contrato de trabalho celebrado com menor.

(Redação dada pela Lei nº 47/2012, de 29-08)

Artigo 4º – Acidentes de trabalho e doenças profissionais

1. O regime relativo a acidentes de trabalho e doenças profissionais, previsto nos artigos 283º e 284ºdo Código do Trabalho, com as necessárias adaptações, aplica-se igualmente:

a) A praticante, aprendiz, estagiário e demais situações que devam considerar-se de formação profissional;
b) A administrador, director, gerente ou equiparado, sem contrato de trabalho, que seja remunerado por essa actividade;
c) A prestador de trabalho, sem subordinação jurídica, que desenvolve a sua actividade na dependência económica, nos termos do artigo 10º do Código do Trabalho.

2. O trabalhador que exerça actividade por conta própria deve efectuar um seguro que garanta o pagamento das prestações previstas nos artigos indicados no número anterior e respectiva legislação regulamentar.

Artigo 5º – Regime do tempo de trabalho

O disposto na alínea *a*) do nº 2 do artigo 197º do Código do Trabalho não é aplicável até à entrada em vigor de convenção colectiva que disponha sobre a matéria, mantendo-se em vigor, durante esse período, o previsto no artigo 1º da Lei nº 21/96, de 23 de Julho, e na alínea *a*) do nº 1 do artigo 2º da Lei nº 73/98, de 10 de Novembro.

Artigo 6º – Deveres do Estado em matéria de formação profissional

1. Compete ao Estado garantir o acesso dos cidadãos à formação profissional, permitindo a todos a aquisição e a permanente actualização dos conhecimentos e competências, desde a entrada na vida activa, e proporcionar os apoios públicos ao funcionamento do sistema de formação profissional.

2. Compete ao Estado, em particular, garantir a qualificação inicial de jovens que pretendem ingressar no mercado de trabalho, a qualificação ou a reconversão profissional de desempregados, com vista ao seu rápido ingresso no mercado de trabalho, e promover a integração sócio-profissional de grupos com particulares dificuldades de inserção, através do desenvolvimento de acções de formação profissional especial.

Artigo 7º – Aplicação no tempo

1. Sem prejuízo do disposto no presente artigo e nos seguintes, ficam sujeitos ao regime do Código do Trabalho aprovado pela presente lei os contratos de trabalho e os instrumentos de regulamentação colectiva de trabalho celebrados ou adoptados antes da entrada em vigor da referida lei, salvo quanto a condições de validade e a efeitos de factos ou situações totalmente passados anteriormente àquele momento.

2. As disposições de instrumento de regulamentação colectiva de trabalho contrárias a normas imperativas do Código do Trabalho devem ser alteradas na primeira revisão que ocorra no prazo de 12 meses após a entrada em vigor desta lei, sob pena de nulidade.

3. O disposto no número anterior não convalida as disposições de instrumento de regulamentação colectiva de trabalho nulas ao abrigo da legislação revogada.

4. As estruturas de representação colectiva de trabalhadores e de empregadores constituídas antes da entrada em vigor do Código do Trabalho ficam sujeitas ao regime nele instituído, salvo quanto às condições de validade e aos efeitos relacionados com a respectiva constituição ou modificação.

5. O regime estabelecido no Código do Trabalho, anexo à presente lei, não se aplica a situações constituídas ou iniciadas antes da sua entrada em vigor e relativas a:

a) Duração de período experimental;

b) Prazos de prescrição e de caducidade;

c) Procedimentos para aplicação de sanções, bem como para a cessação de contrato de trabalho;

d) Duração de contrato de trabalho a termo certo.

6. O regime estabelecido no nº 4 do artigo 148º do Código do Trabalho, anexo à presente lei, relativo à duração de contrato de trabalho a termo incerto aplica-se a situações constituídas ou iniciadas antes da sua entrada em vigor, contando-se o período de seis anos aí previsto a partir da data de entrada em vigor da presente lei.

Artigo 8º – Revisão de estatutos existentes

1. Os estatutos de associações sindicais, associações de empregadores, comissões de trabalhadores e comissões coordenadoras vigentes na data da entrada em vigor da presente lei que não estejam em conformidade com o regime constante do Código do Trabalho devem ser revistos no prazo de três anos.

2. Decorrido o prazo referido no número anterior, o serviço competente do ministério responsável pela área laboral procede à apreciação fundamentada sobre a legalidade dos estatutos que não tenham sido revistos e, caso haja disposições contrárias à lei, notifica a estrutura em causa para que esta altere os estatutos, no prazo de 180 dias.

3. Se houver alteração de estatutos no prazo referido no número anterior, ou fora desse prazo, mas antes da remessa destes ao Ministério Público no tribunal competente, aplica-se o disposto nos nºs 3 a 6, 8 e 9 do artigo 447º do Código do Trabalho, com as necessárias adaptações.

4. Caso não haja alteração de estatutos nos prazos referidos nos nºs 2 e 3, o serviço competente do ministério responsável pela área laboral remete ao magistrado do Ministério Público no tribunal competente a apreciação fundamentada sobre a legalidade dos mesmos, para os efeitos previstos nos nºs 8 e 9 do artigo 447º do Código do Trabalho.

5. Caso a apreciação fundamentada sobre a legalidade da alteração de estatutos conclua que não existem disposições contrárias à lei, o processo é remetido ao magistrado do Ministério Público, para os efeitos previstos na alínea *b*) do nº 4 do artigo 447º do Código do Trabalho.

6. As entidades referidas no nº 1 podem requerer a suspensão da instância pelo prazo de seis meses em caso de processo judicial em curso tendente à extinção judicial da mesma, ou declaração de nulidade de normas dos estatutos com fundamento em desconformidade com a lei, e apresentar no processo a alteração dos estatutos no mesmo prazo.

Artigo 9º – Extinção de associações

1. As associações sindicais e as associações de empregadores que, nos últimos seis anos, não tenham requerido, nos termos legalmente previstos, a publicação da identidade dos respectivos membros da direcção dispõem de 12 meses, contados a partir da entrada em vigor desta lei, para requerer aquela publicação.

2. Decorrido o prazo referido no número anterior, sem que tal requerimento se tenha verificado, o ministério responsável pela área laboral dá desse facto conhecimento ao magistrado do Ministério Público no tribunal competente, para efeitos de promoção da declaração judicial de extinção da associação.

3. À extinção judicial nos termos do artigo anterior aplica-se o disposto nos nºs 1 a 3 e 7 do artigo 456º, com as devidas adaptações.

Artigo 10º – Regime transitório de sobrevigência e caducidade de convenção colectiva

1. É instituído um regime específico de caducidade de convenção colectiva da qual conste cláusula que faça depender a cessação da sua vigência de substituição por outro instrumento de regulamentação colectiva de trabalho, de acordo com os números seguintes.

2. A convenção colectiva caduca na data da entrada em vigor da presente lei, verificados os seguintes factos:

a) A última publicação integral da convenção que contenha a cláusula referida no nº 1 tenha entrado em vigor há, pelo menos, seis anos e meio, aí já compreendido o período decorrido após a denúncia;

b) A convenção tenha sido denunciada validamente na vigência do Código do Trabalho;

c) Tenham decorrido pelo menos 18 meses a contar da denúncia;

d) Não tenha havido revisão da convenção após a denúncia.

3. A convenção referida no nº 1 também caduca, verificando-se todos os outros factos, logo que decorram 18 meses a contar da denúncia.

4. O disposto nos nºs 2 e 3 não prejudica as situações de reconhecimento da caducidade dessa convenção reportada a momento anterior.

5. O aviso sobre a data da cessação da vigência da convenção é publicado:

a) Oficiosamente, caso tenha havido requerimento anterior cujo indeferimento tenha sido fundamentado apenas na existência da cláusula referida no nº 1;

b) Dependente de requerimento, nos restantes casos.

Artigo 11º – Regiões Autónomas

1. Na aplicação do Código do Trabalho às Regiões Autónomas são tidas em conta as competências legais atribuídas aos respectivos órgãos e serviços regionais.

2. Nas Regiões Autónomas, as publicações são feitas nas respectivas séries dos jornais oficiais.

3. Nas Regiões Autónomas, a regulamentação das condições de admissibilidade de emissão de portarias de extensão e de portarias de condições de trabalho compete às respectivas Assembleias Legislativas.

4. As Regiões Autónomas podem estabelecer, de acordo com as suas tradições, outros feriados, para além dos previstos no Código do Trabalho, desde que correspondam a usos e práticas já consagrados.

5. As Regiões Autónomas podem ainda regular outras matérias laborais enunciadas nos respectivos estatutos político-administrativos.

Artigo 12º – Norma revogatória

1. São revogados:

a) A Lei nº 99/2003, de 27 de Agosto, na redacção dada pela Lei nº 9/2006, de 20 de Março, pela Lei nº 59/2007, de 4 de Setembro, e pela Lei nº 12-A/2008, de 27 de Fevereiro;

b) A Lei nº 35/2004, de 29 de Julho, na redacção dada pela Lei nº 9/2006, de 20 de Março, e pelo Decreto-Lei nº 164/2007, de 3 de Maio;

c) As alíneas *d*) a *f*) do artigo 2º, os nºs 2 e 9 do artigo 6º, os nºs 2 e 3 do artigo 13º, os artigos 7º, 14º a 40º, 42º, 44º na parte relativa a contra-ordenações por violação de normas revogadas e o nº 1 e as alíneas *d*) e *e*) do nº 2 do artigo 45º, todos da Lei nº 19/2007, de 22 de Maio.

2. O artigo 6º do Código do Trabalho, aprovado pela Lei nº 99/2003, de 27 de Agosto, sobre lei aplicável ao contrato de trabalho é revogado na medida em que seja aplicável o Regulamento CE/593/2008, do Parlamento Europeu e do Conselho, de 17 de Junho, sobre a lei aplicável às obrigações contratuais (Roma I).

3. A revogação dos preceitos a seguir referidos do Código do Trabalho, aprovado pela Lei nº 99/2003, de 27 de Agosto, produz efeitos a partir da entrada em vigor do diploma que regular a mesma matéria:

a) Artigos 272º a 280º e 671º, sobre segurança, higiene e saúde no trabalho, na parte não referida na actual redacção do Código;

b) *(Revogada.)*

c) Artigos 471º a 473º, sobre conselhos de empresa europeus;

d) Artigos 569º, 570º e nº 1 do artigo 688º, sobre designação de árbitros para arbitragem obrigatória e listas de árbitros;

e) Artigos 630º a 640º, sobre procedimento de contra-ordenações laborais.

4. A revogação dos artigos 34º a 43º, 50º e 643º do Código do Trabalho, aprovado pela Lei nº 99/2003, de 27 de Agosto, e dos artigos 68º a 77 e 99º a 106º e 475º da Lei nº 35/2004, de 29 de Julho, sobre protecção da maternidade e da paternidade produz efeitos a partir da entrada em vigor da legislação que regule o regime de protecção social na parentalidade.

5. A revogação dos artigos 414º, 418º, 430º e 435º, do nº 2 do artigo 436º, do nº 1 do artigo 438º e do artigo 681º, este na parte referente aos dois primeiros artigos, do

Código do Trabalho, aprovado pela Lei nº 99/2003, de 27 de Agosto, produz efeitos a partir da entrada em vigor da revisão do Código de Processo do Trabalho.

6. A revogação dos preceitos a seguir referidos da Lei nº 35/2004, de 29 de Julho, na redacção dada pela Lei nº 9/2006, de 20 de Março, e pelo Decreto-Lei nº 164/2007, de 3 de Maio, produz efeitos a partir da entrada em vigor do diploma que regular a mesma matéria:

a) Artigos 14º a 26º, 469º e 470º, sobre trabalho no domicílio;

b) Artigos 41º a 65º e 474º, sobre protecção do património genético;

c) Artigos 84º a 95º, sobre protecção de trabalhadora grávida, puérpera ou lactante;

d) Artigos 103º a 106º, sobre regime de segurança social em diversas licenças, faltas e dispensas;

e) Artigos 107º a 113º, sobre regimes aplicáveis à Administração Pública;

f) Artigos 115º a 126º e 476º, sobre protecção de menor no trabalho;

g) Artigos 139º a 146º e 477º, sobre participação de menor em espectáculo ou outra actividade de natureza cultural, artística ou publicitária;

h) Artigos 155º e 156º, sobre especificidades da frequência de estabelecimento de ensino por parte de trabalhador-estudante, incluindo quando aplicáveis a trabalhador por conta própria e a estudante que, estando abrangido pelo estatuto de trabalhador-estudante, se encontre em situação de desemprego involuntário, inscrito em centro de emprego;

i) Artigos 165º a 167º, 170º e 480º, sobre formação profissional;

j) Artigos 176º e 481º, sobre período de funcionamento;

l) Artigos 191º a 201º e 206º, sobre verificação de situação de doença;

m) Artigos 212º a 280º, 484º e 485º, este na parte referente àqueles artigos, sobre segurança, higiene e saúde no trabalho;

n) Artigos 306º, sobre direito a prestações de desemprego, e 310º a 315º, sobre suspensão de execuções;

o) Artigos 317º a 326º, sobre Fundo de Garantia Salarial;

p) Artigos 365º a 395º e 489º, sobre conselhos de empresa europeus;

q) Artigos 407º a 449º, sobre arbitragem obrigatória e arbitragem de serviços mínimos;

r) Artigos 452º a 464º, nº 2 do artigo 469º e artigos 490º e 491º, sobre mapa do quadro de pessoal e balanço social;

s) Artigos 494º a 499º, sobre a Comissão para a Igualdade no Trabalho e no Emprego, na parte não revogada pelo Decreto-Lei nº 164/2007, de 3 de Maio.

7. O regime sancionatório constante do Código do Trabalho não revoga qualquer disposição do Código Penal.

(Redação dada pela Lei nº 23/2012, de 25-06)

Artigo 13º – Aplicação das licenças parental inicial e por adopção a situações em curso

1. As licenças previstas nas alíneas *a*), *b*) e *c*) do artigo 39º e no artigo 44º são aplicáveis aos trabalhadores que estejam a gozar licença por maternidade, paternidade e adopção nos termos do artigo 35º, da alínea *c*) do nº 2 do artigo 36º e do artigo 38º do Código do Trabalho, aprovado pela Lei nº 99/2003, de 27 de Agosto, e nos termos do artigo 68º, do nº 3 do artigo 69º e do artigo 71º da Lei nº 35/2004, de 29 de Julho, contando-se, para efeito daquelas licenças, os períodos de gozo de licença já decorridos.

2. Para efeito do disposto no número anterior, os trabalhadores devem informar os respectivos empregadores de acordo com os procedimentos previstos naqueles artigos, no prazo de 15 dias a contar da entrada em vigor da legislação que regule o regime de protecção social na parentalidade.

Artigo 14º – Entrada em vigor

1. Os nºs 1, 3 e 4 do artigo 356º, os artigos 358º, 382º, 387º e 388º, o nº 2 do artigo 389º e o nº 1 do artigo 391º entram em vigor na data de início de vigência da legislação que proceda à revisão do Código de Processo do Trabalho.

2. Os artigos 34º a 62º entram em vigor na data de início de vigência da legislação que regule o regime de protecção social da parentalidade.

Aprovada em 21 de Janeiro de 2009.

O Presidente da Assembleia da República, *Jaime Gama.*

Promulgada em 4 de Fevereiro de 2009.

Publique-se.

O Presidente da República, ANÍBAL CAVACO SILVA.

Referendada em 9 de Fevereiro de 2009.

O Primeiro-Ministro, *José Sócrates Carvalho Pinto de Sousa.*

Código do Trabalho

LIVRO I – PARTE GERAL

TÍTULO I – Fontes e aplicação do direito do trabalho

CAPÍTULO I – Fontes do direito do trabalho

Artigo 1º – Fontes específicas

O contrato de trabalho está sujeito, em especial, aos instrumentos de regulamentação colectiva de trabalho, assim como aos usos laborais que não contrariem o princípio da boa fé.

Artigo 2º – Instrumentos de regulamentação colectiva de trabalho

1. Os instrumentos de regulamentação colectiva de trabalho podem ser negociais ou não negociais.

2. Os instrumentos de regulamentação colectiva de trabalho negociais são a convenção colectiva, o acordo de adesão e a decisão arbitral em processo de arbitragem voluntária.

3. As convenções colectivas podem ser:

a) Contrato colectivo, a convenção celebrada entre associação sindical e associação de empregadores;

b) Acordo colectivo, a convenção celebrada entre associação sindical e uma pluralidade de empregadores para diferentes empresas;

c) Acordo de empresa, a convenção celebrada entre associação sindical e um empregador para uma empresa ou estabelecimento.

4. Os instrumentos de regulamentação colectiva de trabalho não negociais são a portaria de extensão, a portaria de condições de trabalho e a decisão arbitral em processo de arbitragem obrigatória ou necessária.

Artigo 3º – Relações entre fontes de regulação

1. As normas legais reguladoras de contrato de trabalho podem ser afastadas por instrumento de regulamentação colectiva de trabalho, salvo quando delas resultar o contrário.

2. As normas legais reguladoras de contrato de trabalho não podem ser afastadas por portaria de condições de trabalho.

3. As normas legais reguladoras de contrato de trabalho só podem ser afastadas por instrumento de regulamentação colectiva de trabalho que, sem oposição daquelas normas, disponha em sentido mais favorável aos trabalhadores quando respeitem às seguintes matérias:

a) Direitos de personalidade, igualdade e não discriminação;

b) Protecção na parentalidade;

c) Trabalho de menores;

d) Trabalhador com capacidade de trabalho reduzida, com deficiência ou doença crónica;

e) Trabalhador-estudante;

f) Dever de informação do empregador;

g) Limites à duração dos períodos normais de trabalho diário e semanal;

h) Duração mínima dos períodos de repouso, incluindo a duração mínima do período anual de férias;

i) Duração máxima do trabalho dos trabalhadores nocturnos;

j) Forma de cumprimento e garantias da retribuição, bem como pagamento de trabalho suplementar;

k) Teletrabalho;

l) Capítulo sobre prevenção e reparação de acidentes de trabalho e doenças profissionais e legislação que o regulamenta;

m) Transmissão de empresa ou estabelecimento;

n) Direitos dos representantes eleitos dos trabalhadores;

o) Uso de algoritmos, inteligência artificial e matérias conexas, nomeadamente no âmbito do trabalho nas plataformas digitais.

4. As normas legais reguladoras de contrato de trabalho só podem ser afastadas por contrato individual que estabeleça condições mais favoráveis para o trabalhador, se delas não resultar o contrário.

5. Sempre que uma norma legal reguladora de contrato de trabalho determine que a mesma pode ser afastada por instrumento de regulamentação colectiva de trabalho entende-se que o não pode ser por contrato de trabalho.

(Redação dada pela Lei nº 13/2023, de 03-04)

CAPÍTULO II – Aplicação do direito do trabalho

Artigo 4º – Igualdade de tratamento de trabalhador estrangeiro ou apátrida

Sem prejuízo do estabelecido quanto à lei aplicável ao destacamento de trabalhadores e do disposto no artigo seguinte, o trabalhador estrangeiro ou apátrida que esteja autorizado a exercer uma actividade profissional subordinada em território português goza dos mesmos direitos e está sujeito aos mesmos deveres do trabalhador com nacionalidade portuguesa.

Artigo 5º – Forma e conteúdo de contrato com trabalhador estrangeiro ou apátrida

1. O contrato de trabalho celebrado com trabalhador estrangeiro ou apátrida está sujeito a forma escrita e deve conter, sem prejuízo de outras exigíveis no caso de ser a termo, as seguintes indicações:

a) Identificação, assinaturas e domicílio ou sede das partes;

b) Referência ao visto de trabalho ou ao título de autorização de residência ou permanência do trabalhador em território português;

c) Actividade do empregador;

d) Actividade contratada e retribuição do trabalhador;

e) Local e período normal de trabalho;

f) Valor, periodicidade e forma de pagamento da retribuição;

g) Datas da celebração do contrato e do início da prestação de actividade.

2. O trabalhador deve ainda anexar ao contrato a identificação e domicílio da pessoa ou pessoas beneficiárias de pensão em caso de morte resultante de acidente de trabalho ou doença profissional.

3. O contrato de trabalho deve ser elaborado em duplicado, entregando o empregador um exemplar ao trabalhador.

4. O exemplar do contrato que ficar com o empregador deve ter apensos documentos comprovativos do cumprimento das obrigações legais relativas à entrada e à permanência ou residência do cidadão estrangeiro ou apátrida em Portugal, sendo apensas cópias dos mesmos documentos aos restantes exemplares.

5. *(Revogado.)*

a) A celebração de contrato de trabalho com trabalhador estrangeiro ou apátrida, antes do início da sua execução;

b) A cessação de contrato, nos 15 dias posteriores.

6. O disposto neste artigo não é aplicável a contrato de trabalho de cidadão nacional de país membro do Espaço Económico Europeu ou de outro Estado que consagre a igualdade de tratamento com cidadão nacional em matéria de livre exercício de actividade profissional.

7. Constitui contra-ordenação grave a violação do disposto nos nºs 1, 3, 4 ou 5.

(Redação dada pela Lei nº 13/2023, de 03-04)

Artigo 6º – Destacamento em território português

1. Consideram-se submetidas ao regime de destacamento as seguintes situações, nas quais o trabalhador, contratado por empregador estabelecido noutro Estado, presta a sua actividade em território português:

a) Em execução de contrato entre o empregador e o beneficiário que exerce a actividade, desde que o trabalhador permaneça sob a autoridade e direcção daquele;

b) Em estabelecimento do mesmo empregador, ou empresa de outro empregador com o qual exista uma relação societária de participações recíprocas, de domínio ou de grupo;

c) Ao serviço de um utilizador, à disposição do qual foi colocado por empresa de trabalho temporário ou outra empresa.

2. O regime é também aplicável ao destacamento efectuado nas situações referidas nas alíneas *a*) e *b*) do número anterior por um utilizador estabelecido noutro Estado, ao abrigo da respectiva legislação nacional, desde que o contrato de trabalho subsista durante o destacamento.

3. O regime de destacamento em território português não é aplicável ao pessoal navegante da marinha mercante.

Artigo 7º – Condições de trabalho de trabalhador destacado

1. Sem prejuízo de regime mais favorável constante de lei ou contrato de trabalho, o trabalhador destacado tem direito às condições de trabalho previstas na lei e em regulamentação colectiva de trabalho de eficácia geral aplicável que respeitem a:

a) Segurança no emprego;

b) Duração máxima do tempo de trabalho;

c) Períodos mínimos de descanso;

d) Férias;

e) Retribuição mínima e pagamento de trabalho suplementar;

f) Cedência de trabalhadores por parte de empresa de trabalho temporário;

g) Cedência ocasional de trabalhadores;

h) Segurança e saúde no trabalho;

i) Protecção na parentalidade;

j) Protecção do trabalho de menores;

l) Igualdade de tratamento e não discriminação.

2. Para efeito do disposto no número anterior:

a) A retribuição mínima integra os subsídios ou abonos atribuídos ao trabalhador por causa do destacamento que não constituam reembolso de despesas efectuadas, nomeadamente com viagens, alojamento e alimentação;

b) As férias, a retribuição mínima e o pagamento de trabalho suplementar não são aplicáveis ao destacamento de trabalhador qualificado por parte de empresa fornecedora de um bem, para efectuar a montagem ou a instalação inicial indispensável ao seu funcionamento, desde que a mesma esteja integrada no contrato de fornecimento e a sua duração não seja superior a oito dias no período de um ano.

3. O disposto na alínea *b*) do número anterior não abrange o destacamento em actividades de construção que visem a realização, reparação, manutenção, alteração ou eliminação de construções, nomeadamente escavações, aterros, construção, montagem e desmontagem de elementos prefabricados, arranjo ou instalação de equipamentos, transformação, renovação, reparação, conservação ou manutenção, designadamente pintura e limpeza, desmantelamento, demolição e saneamento.

Artigo 8º – Destacamento para outro Estado

1. O trabalhador contratado por uma empresa estabelecida em Portugal, que preste actividade no território de outro Estado em situação a que se refere o artigo 6º, tem direito às condições de trabalho previstas no artigo anterior, sem prejuízo de regime mais favorável constante da lei aplicável ou do contrato.

2. O empregador deve comunicar, com cinco dias de antecedência, ao serviço com competência inspectiva do ministério responsável pela área laboral a identidade dos trabalhadores a destacar para o estrangeiro, o utilizador, o local de trabalho, o início e o termo previsíveis da deslocação.

3. Constitui contra-ordenação grave a violação do disposto no número anterior.

Artigo 9º – Contrato de trabalho com regime especial

Ao contrato de trabalho com regime especial aplicam-se as regras gerais deste Código que sejam compatíveis com a sua especificidade.

Artigo 10º – Situações equiparadas

1. As normas legais respeitantes a direitos de personalidade, igualdade e não discriminação e segurança e saúde no trabalho, bem como os instrumentos de regulamentação coletiva de trabalho negociais em vigor no âmbito do mesmo setor de atividade, profissional e geográfico, são aplicáveis a situações em que ocorra prestação de trabalho por uma pessoa a outra, sem subordinação jurídica, sempre que o prestador de trabalho deva considerar-se na dependência económica do beneficiário da atividade.

2. Para efeitos do presente Código e sem prejuízo do disposto na Lei nº 101/ /2009, de 8 de setembro, que estabelece o regime jurídico do trabalho no domicílio, considera-se haver dependência económica sempre que o prestador de trabalho seja uma pessoa singular que preste, diretamente e sem intervenção de terceiros, uma atividade para o mesmo beneficiário, e dele obtenha o produto da sua atividade de acordo com o disposto no artigo 140º do Código dos Regimes Contributivos do Sistema Previdencial de Segurança Social.

3. Sem prejuízo do disposto no número anterior, o prestador de trabalho pode assegurar temporariamente a atividade através de terceiros em caso de nascimento, adoção ou assistência a filho ou neto, amamentação e aleitação, interrupção voluntária ou risco clínico durante a gravidez, pelo período de tempo das correspondentes licenças ou dispensas previstas no presente Código.

4. Para efeitos do presente Código, sempre que o prestador de trabalho desempenhe atividade para várias empresas beneficiárias entre as quais exista uma relação societária de participações recíprocas, de domínio ou de grupo, ou que tenham estruturas organizativas comuns, entende-se que a atividade é prestada a um único beneficiário.

(*Redação dada pela Lei nº 13/2023, de 03-04*)

Artigo 10º-A – Representação e negociação coletiva

1. As pessoas em situação de dependência económica, nos termos do artigo anterior, têm direito:

a) À representação dos seus interesses socioprofissionais por associação sindical e por comissão de trabalhadores;

b) À negociação de instrumentos de regulamentação coletiva de trabalho negociais, específicos para trabalhadores independentes, através de associações sindicais;

c) À aplicação dos instrumentos de regulamentação coletiva do trabalho negociais já existentes e aplicáveis a trabalhadores, nos termos neles previstos;

d) À extensão administrativa do regime de uma convenção coletiva ou de uma decisão arbitral, e à fixação administrativa de condições mínimas de trabalho, aplicando-se à emissão destes instrumentos, com as necessárias adaptações, o regime previsto nos artigos 514º e seguintes.

2. O direito à representação coletiva dos trabalhadores independentes em situação de dependência económica, nos termos do artigo anterior, é definido em legislação específica que assegure:

a) O acompanhamento por comissão de trabalhadores e por associação sindical nos termos do disposto nos artigos 423º e 443º;

b) Que as convenções coletivas especificamente negociadas para trabalhadores independentes economicamente dependentes devem respeitar o disposto nos artigos 476º e seguintes e requerem consulta prévia das associações de trabalhadores independentes representativas do setor;

c) Que a aplicação de instrumentos de regulamentação coletiva de trabalho já existentes, aos trabalhadores independentes economicamente dependentes que desempenhem funções correspondentes ao objeto social da empresa por um período superior a 60 dias, depende de escolha, aplicando-se com as necessárias adaptações o disposto no artigo 497º.

(*Aditado pela Lei nº 13/2023, de 03-04*)

Artigo 10º-B – Aplicação do regime de trabalhador independente

Para efeitos do disposto nos artigos anteriores, a aplicação do regime de trabalhador independente em situação de dependência económica depende de declaração dirigida pelo prestador de trabalho ao beneficiário da atividade, acompanhada de comprovativo que ateste o preenchimento do requisito previsto no nº 2 do artigo 10º.

(*Aditado pela Lei nº 13/2023, de 03-04*)

TÍTULO II – Contrato de trabalho

CAPÍTULO I – Disposições gerais

SECÇÃO I – Contrato de trabalho

Artigo 11º – Noção de contrato de trabalho

Contrato de trabalho é aquele pelo qual uma pessoa singular se obriga, mediante retribuição, a prestar a sua actividade a outra ou outras pessoas, no âmbito de organização e sob a autoridade destas.

Artigo 12º – Presunção de contrato de trabalho

1. Presume-se a existência de contrato de trabalho quando, na relação entre a pessoa que presta uma actividade e outra ou outras que dela beneficiam, se verifiquem algumas das seguintes características:

a) A actividade seja realizada em local pertencente ao seu beneficiário ou por ele determinado;

b) Os equipamentos e instrumentos de trabalho utilizados pertençam ao beneficiário da actividade;

c) O prestador de actividade observe horas de início e de termo da prestação, determinadas pelo beneficiário da mesma;

d) Seja paga, com determinada periodicidade, uma quantia certa ao prestador de actividade, como contrapartida da mesma;

e) O prestador de actividade desempenhe funções de direcção ou chefia na estrutura orgânica da empresa.

2. Constitui contra-ordenação muito grave imputável ao empregador a prestação de actividade, por forma aparentemente autónoma, em condições características de contrato de trabalho, que possa causar prejuízo ao trabalhador ou ao Estado.

3. Em caso de reincidência são aplicadas ao empregador as seguintes sanções acessórias:

a) Privação do direito a apoio, subsídio ou benefício outorgado por entidade ou serviço público, designadamente de natureza fiscal ou contributiva ou proveniente de fundos europeus, por período até dois anos;

b) Privação do direito de participar em arrematações ou concursos públicos, por um período até dois anos.

4. Pelo pagamento da coima, são solidariamente responsáveis o empregador, as sociedades que com este se encontrem em relações de participações recíprocas, de domínio ou de grupo, bem como o gerente, administrador ou director, nas condições a que se referem o artigo 334º e o nº 2 do artigo 335º

(*Redação dada pela Lei nº 13/2023, de 03-04*)

Artigo 12º-A – Presunção de contrato de trabalho no âmbito de plataforma digital

1. Sem prejuízo do disposto no artigo anterior, presume-se a existência de contrato de trabalho quando, na relação entre o prestador de atividade e a plataforma digital se verifiquem algumas das seguintes características:

a) A plataforma digital fixa a retribuição para o trabalho efetuado na plataforma ou estabelece limites máximos e mínimos para aquela;

b) A plataforma digital exerce o poder de direção e determina regras específicas, nomeadamente quanto à forma de apresentação do prestador de atividade, à sua conduta perante o utilizador do serviço ou à prestação da atividade;

c) A plataforma digital controla e supervisiona a prestação da atividade, incluindo em tempo real, ou verifica a qualidade da atividade prestada, nomeadamente através de meios eletrónicos ou de gestão algorítmica;

d) A plataforma digital restringe a autonomia do prestador de atividade quanto à organização do trabalho, especialmente quanto à escolha do horário de trabalho ou dos períodos de ausência, à possibilidade de aceitar ou recusar tarefas, à utilização de subcontratados ou substitutos, através da aplicação de sanções, à escolha dos clientes ou de prestar atividade a terceiros via plataforma;

e) A plataforma digital exerce poderes laborais sobre o prestador de atividade, nomeadamente o poder disciplinar, incluindo a exclusão de futuras atividades na plataforma através de desativação da conta;

f) Os equipamentos e instrumentos de trabalho utilizados pertencem à plataforma digital ou são por estes explorados através de contrato de locação.

2. Para efeitos do número anterior, entende-se por plataforma digital a pessoa coletiva que presta ou disponibiliza serviços à distância, através de meios eletrónicos, nomeadamente sítio da Internet ou aplicação informática, a pedido de utilizadores e que envolvam, como componente necessária e essencial, a organização de trabalho prestado por indivíduos a troco de pagamento, independentemente de esse trabalho ser prestado em linha ou numa localização determinada, sob termos e condições de um modelo de negócio e uma marca próprios.

3. O disposto no nº 1 aplica-se independentemente da denominação que as partes tenham atribuído ao respetivo vínculo jurídico.

4. A presunção prevista no nº 1 pode ser ilidida nos termos gerais, nomeadamente se a plataforma digital fizer prova de que o prestador de atividade trabalha com efetiva autonomia, sem estar sujeito ao controlo, poder de direção e poder disciplinar de quem o contrata.

5. A plataforma digital pode, igualmente, invocar que a atividade é prestada perante pessoa singular ou coletiva que atue como intermediário da plataforma digital para disponibilizar os serviços através dos respetivos trabalhadores.

6. No caso previsto no número anterior, ou caso o prestador de atividade alegue que é trabalhador subordinado do intermediário da plataforma digital, aplica-se igualmente, com as necessárias adaptações, a presunção a que se refere o nº 1, bem como o disposto no nº 3, cabendo ao tribunal determinar quem é a entidade empregadora.

7. A plataforma digital não pode estabelecer termos e condições de acesso à prestação de atividade, incluindo na gestão algorítmica, mais desfavoráveis ou de natureza discriminatória para os prestadores de atividade que estabeleçam uma relação direta com a plataforma, comparativamente com as regras e condições definidas para as pessoas singulares ou coletivas que atuem como intermediários da plataforma digital para disponibilizar os serviços através dos respetivos trabalhadores.

8. A plataforma digital e a pessoa singular ou coletiva que atue como intermediário da plataforma digital para disponibilizar os serviços através dos respetivos trabalhadores, bem como os respetivos gerentes, administradores ou diretores, assim como as sociedades que com estas se encontrem em relação de participações recíprocas, de domínio ou de grupo, são solidariamente responsáveis pelos créditos do trabalhador emergentes de contrato de trabalho, ou da sua violação ou cessação, celebrado entre o trabalhador e a pessoa singular ou coletiva que atue como intermediário da plataforma digital, pelos encargos sociais correspondentes e pelo pagamento de coima aplicada pela prática de contraordenação laboral relativos aos últimos três anos.

9. Nos casos em que se considere a existência de contrato de trabalho, aplicam-se as normas previstas no presente Código que sejam compatíveis com a natureza da atividade desempenhada, nomeadamente o disposto em matéria de acidentes de trabalho, cessação do contrato, proibição do despedimento sem justa causa, remuneração mínima, férias, limites do período normal de trabalho, igualdade e não discriminação.

10. Constitui contraordenação muito grave imputável ao empregador, seja ele a plataforma digital ou pessoa singular ou coletiva que atue como intermediário da plataforma digital para disponibilizar os serviços através dos respetivos trabalhadores que nela opere, a contratação da prestação de atividade, de forma aparentemente autónoma, em condições características de contrato de trabalho, que possa causar prejuízo ao trabalhador ou ao Estado.

11. Em caso de reincidência, são ainda aplicadas ao empregador as seguintes sanções acessórias:

a) Privação do direito a apoio, subsídio ou benefício outorgado por entidade ou serviço público, designadamente de natureza fiscal ou contributiva ou proveniente de fundos europeus, por período até dois anos;

b) Privação do direito de participar em arrematações ou concursos públicos, por um período até dois anos.

12. A presunção prevista no nº 1 aplica-se às atividades de plataformas digitais, designadamente as que estão reguladas por legislação específica relativa a transporte individual e remunerado de passageiros em veículos descaracterizados a partir de plataforma eletrónica.

(*Aditado pela Lei nº 13/2023, de 03-04*)

SECÇÃO II – Sujeitos

SUBSECÇÃO I – Capacidade

Artigo 13º – Princípio geral sobre capacidade

A capacidade para celebrar contrato de trabalho regula-se nos termos gerais do direito e pelo disposto neste Código.

SUBSECÇÃO II – Direitos de personalidade

Artigo 14º – Liberdade de expressão e de opinião

É reconhecida, no âmbito da empresa, a liberdade de expressão e de divulgação do pensamento e opinião, com respeito dos direitos de personalidade do trabalhador e do empregador, incluindo as pessoas singulares que o representam, e do normal funcionamento da empresa.

Artigo 15º - Integridade física e moral

O empregador, incluindo as pessoas singulares que o representam, e o trabalhador gozam do direito à respectiva integridade física e moral.

Artigo 16º - Reserva da intimidade da vida privada

1. O empregador e o trabalhador devem respeitar os direitos de personalidade da contraparte, cabendo-lhes, designadamente, guardar reserva quanto à intimidade da vida privada.

2. O direito à reserva da intimidade da vida privada abrange quer o acesso, quer a divulgação de aspectos atinentes à esfera íntima e pessoal das partes, nomeadamente relacionados com a vida familiar, afectiva e sexual, com o estado de saúde e com as convicções políticas e religiosas.

Artigo 17º - Protecção de dados pessoais

1. O empregador não pode exigir a candidato a emprego ou a trabalhador que preste informações relativas:

a) À sua vida privada, salvo quando estas sejam estritamente necessárias e relevantes para avaliar da respectiva aptidão no que respeita à execução do contrato de trabalho e seja fornecida por escrito a respectiva fundamentação;

b) À sua saúde ou estado de gravidez, salvo quando particulares exigências inerentes à natureza da actividade profissional o justifiquem e seja fornecida por escrito a respectiva fundamentação.

2. As informações previstas na alínea *b*) do número anterior são prestadas a médico, que só pode comunicar ao empregador se o trabalhador está ou não apto a desempenhar a actividade.

3. O candidato a emprego ou o trabalhador que haja fornecido informações de índole pessoal goza do direito ao controlo dos respectivos dados pessoais, podendo tomar conhecimento do seu teor e dos fins a que se destinam, bem como exigir a sua rectificação e actualização.

4. Os ficheiros e acessos informáticos utilizados pelo empregador para tratamento de dados pessoais do candidato a emprego ou trabalhador ficam sujeitos à legislação em vigor relativa à protecção de dados pessoais.

5. Constitui contra-ordenação muito grave a violação do disposto nos nºs 1 ou 2.

Artigo 18º - Dados biométricos

1. O empregador só pode tratar dados biométricos do trabalhador após notificação à Comissão Nacional de Protecção de Dados.

2. O tratamento de dados biométricos só é permitido se os dados a utilizar forem necessários, adequados e proporcionais aos objectivos a atingir.

3. Os dados biométricos são conservados durante o período necessário para a prossecução das finalidades do tratamento a que se destinam, devendo ser destruídos no momento da transferência do trabalhador para outro local de trabalho ou da cessação do contrato de trabalho.

4. A notificação a que se refere o nº 1 deve ser acompanhada de parecer da comissão de trabalhadores ou, não estando este disponível 10 dias após a consulta, de comprovativo do pedido de parecer.

5. Constitui contra-ordenação grave a violação do disposto no nº 3.

Artigo 19º – Testes e exames médicos

1. Para além das situações previstas em legislação relativa a segurança e saúde no trabalho, o empregador não pode, para efeitos de admissão ou permanência no emprego, exigir a candidato a emprego ou a trabalhador a realização ou apresentação de testes ou exames médicos, de qualquer natureza, para comprovação das condições físicas ou psíquicas, salvo quando estes tenham por finalidade a protecção e segurança do trabalhador ou de terceiros, ou quando particulares exigências inerentes à actividade o justifiquem, devendo em qualquer caso ser fornecida por escrito ao candidato a emprego ou trabalhador a respectiva fundamentação.

2. O empregador não pode, em circunstância alguma, exigir a candidata a emprego ou a trabalhadora a realização ou apresentação de testes ou exames de gravidez.

3. O médico responsável pelos testes e exames médicos só pode comunicar ao empregador se o trabalhador está ou não apto para desempenhar a actividade.

4. Constitui contra-ordenação muito grave a violação do disposto nos nºs 1 ou 2.

Artigo 20º – Meios de vigilância a distância

1. O empregador não pode utilizar meios de vigilância a distância no local de trabalho, mediante o emprego de equipamento tecnológico, com a finalidade de controlar o desempenho profissional do trabalhador.

2. A utilização de equipamento referido no número anterior é lícita sempre que tenha por finalidade a protecção e segurança de pessoas e bens ou quando particulares exigências inerentes à natureza da actividade o justifiquem.

3. Nos casos previstos no número anterior, o empregador informa o trabalhador sobre a existência e finalidade dos meios de vigilância utilizados, devendo nomeadamente afixar nos locais sujeitos os seguintes dizeres, consoante os casos: «Este local encontra-se sob vigilância de um circuito fechado de televisão» ou «Este local encontra-se sob vigilância de um circuito fechado de televisão, procedendo-se à gravação de imagem e som», seguido de símbolo identificativo.

4. Constitui contra-ordenação muito grave a violação do disposto no nº 1 e constitui contra-ordenação leve a violação do disposto no nº 3.

Artigo 21º – Utilização de meios de vigilância a distância

1. A utilização de meios de vigilância a distância no local de trabalho está sujeita a autorização da Comissão Nacional de Protecção de Dados.

2. A autorização só pode ser concedida se a utilização dos meios for necessária, adequada e proporcional aos objectivos a atingir.

3. Os dados pessoais recolhidos através dos meios de vigilância a distância são conservados durante o período necessário para a prossecução das finalidades da utilização a que se destinam, devendo ser destruídos no momento da transferência do trabalhador para outro local de trabalho ou da cessação do contrato de trabalho.

4. O pedido de autorização a que se refere o nº 1 deve ser acompanhado de parecer da comissão de trabalhadores ou, não estando este disponível 10 dias após a consulta, de comprovativo do pedido de parecer.

5. Constitui contra-ordenação grave a violação do disposto no nº 3.

Artigo 22º – Confidencialidade de mensagens e de acesso a informação

1. O trabalhador goza do direito de reserva e confidencialidade relativamente ao conteúdo das mensagens de natureza pessoal e acesso a informação de carácter não profissional que envie, receba ou consulte, nomeadamente através do correio electrónico.

2. O disposto no número anterior não prejudica o poder de o empregador estabelecer regras de utilização dos meios de comunicação na empresa, nomeadamente do correio electrónico.

SUBSECÇÃO III – Igualdade e não discriminação

DIVISÃO I – Disposições gerais sobre igualdade e não discriminação

Artigo 23º – Conceitos em matéria de igualdade e não discriminação

1. Para efeitos do presente Código, considera-se:

a) Discriminação directa, sempre que, em razão de um factor de discriminação, uma pessoa seja sujeita a tratamento menos favorável do que aquele que é, tenha sido ou venha a ser dado a outra pessoa em situação comparável;

b) Discriminação indirecta, sempre que uma disposição, critério ou prática aparentemente neutro seja susceptível de colocar uma pessoa, por motivo de um factor de discriminação, numa posição de desvantagem comparativamente com outras, a não ser que essa disposição, critério ou prática seja objectivamente justificado por um fim legítimo e que os meios para o alcançar sejam adequados e necessários;

c) Trabalho igual, aquele em que as funções desempenhadas ao serviço do mesmo empregador são iguais ou objectivamente semelhantes em natureza, qualidade e quantidade;

d) Trabalho de valor igual, aquele em que as funções desempenhadas ao serviço do mesmo empregador são equivalentes, atendendo nomeadamente à qualificação ou experiência exigida, às responsabilidades atribuídas, ao esforço físico e psíquico e às condições em que o trabalho é efectuado.

2. Constitui discriminação a mera ordem ou instrução que tenha por finalidade prejudicar alguém em razão de um factor de discriminação.

Artigo 24º – Direito à igualdade no acesso a emprego e no trabalho

1. O trabalhador ou candidato a emprego tem direito a igualdade de oportunidades e de tratamento no que se refere ao acesso ao emprego, à formação e promoção ou carreira profissionais e às condições de trabalho, não podendo ser privilegiado, beneficiado, prejudicado, privado de qualquer direito ou isento de qualquer dever em razão, nomeadamente, de ascendência, idade, sexo, orientação sexual, identidade de género, estado civil, situação familiar, situação económica, instrução, origem ou condição social, património genético, capacidade de trabalho reduzida, deficiência, doença crónica, nacionalidade, origem étnica ou raça, território de origem, língua, religião, convicções políticas ou ideológicas e filiação sindical, devendo o Estado promover a igualdade de acesso a tais direitos.

2. O direito referido no número anterior respeita, designadamente:

a) A critérios de selecção e a condições de contratação, em qualquer sector de actividade e a todos os níveis hierárquicos;

b) A acesso a todos os tipos de orientação, formação e reconversão profissionais de qualquer nível, incluindo a aquisição de experiência prática;

c) A retribuição e outras prestações patrimoniais, promoção a todos os níveis hierárquicos e critérios para selecção de trabalhadores a despedir;

d) A filiação ou participação em estruturas de representação colectiva, ou em qualquer outra organização cujos membros exercem uma determinada profissão, incluindo os benefícios por elas atribuídos.

3. O disposto nos números anteriores também se aplica no caso de tomada de decisões baseadas em algoritmos ou outros sistemas de inteligência artificial e não prejudica a aplicação:

a) De disposições legais relativas ao exercício de uma actividade profissional por estrangeiro ou apátrida;

b) De disposições relativas à especial protecção de património genético, gravidez, parentalidade, adopção e outras situações respeitantes à conciliação da actividade profissional com a vida familiar.

4. O empregador deve afixar na empresa, em local apropriado, a informação relativa aos direitos e deveres do trabalhador em matéria de igualdade e não discriminação.

5. Constitui contra-ordenação muito grave a violação do disposto no nº 1 e constitui contra-ordenação leve a violação do disposto no nº 4.

(Redação dada pela Lei nº 13/2023, de 03-04)

Artigo 25º - Proibição de discriminação

1. O empregador não pode praticar qualquer discriminação, directa ou indirecta, em razão nomeadamente dos factores referidos no nº 1 do artigo anterior.

2. Não constitui discriminação o comportamento baseado em factor de discriminação que constitua um requisito justificável e determinante para o exercício da actividade profissional, em virtude da natureza da actividade em causa ou do contexto da sua execução, devendo o objectivo ser legítimo e o requisito proporcional.

3. São nomeadamente permitidas diferenças de tratamento baseadas na idade que sejam necessárias e apropriadas à realização de um objectivo legítimo, designadamente de política de emprego, mercado de trabalho ou formação profissional.

4. As disposições legais ou de instrumentos de regulamentação colectiva de trabalho que justifiquem os comportamentos referidos no número anterior devem ser avaliadas periodicamente e revistas se deixarem de se justificar.

5. Cabe a quem alega discriminação indicar o trabalhador ou trabalhadores em relação a quem se considera discriminado, incumbindo ao empregador provar que a diferença de tratamento não assenta em qualquer factor de discriminação.

6. O disposto no número anterior é aplicável em caso de invocação de qualquer prática discriminatória no acesso ao trabalho, à formação profissional ou nas condições de trabalho, nomeadamente por motivo de gozo de direitos na parentalidade, de outros direitos previstos no âmbito da conciliação da atividade profissional com a vida familiar e pessoal e dos direitos previstos para o trabalhador cuidador.

7. São ainda consideradas práticas discriminatórias, nos termos do número anterior, nomeadamente, discriminações remuneratórias relacionadas com a atribuição de prémios de assiduidade e produtividade, bem como afetações desfavoráveis em termos de avaliação e progressão na carreira.

8. É inválido o acto de retaliação que prejudique o trabalhador em consequência de rejeição ou submissão a acto discriminatório.

9. Constitui contraordenação muito grave a violação do disposto nos nºs 1 ou 8.
(Redação dada pela Lei nº 13/2023, de 03-04)

Artigo 26º - Regras contrárias ao princípio da igualdade e não discriminação

1. A disposição de instrumento de regulamentação colectiva de trabalho ou de regulamento interno de empresa que estabeleça profissão ou categoria profissional que respeite especificamente a trabalhadores de um dos sexos considera-se aplicável a trabalhadores de ambos sexos.

2. A disposição de instrumento de regulamentação colectiva de trabalho ou de regulamento interno de empresa que estabeleça condições de trabalho, designadamente retribuição, aplicáveis exclusivamente a trabalhadores de um dos sexos para categoria profissional correspondente a trabalho igual ou a trabalho de valor igual considera-se substituída pela disposição mais favorável aplicável a trabalhadores de ambos sexos.

3. O disposto nos números anteriores é aplicável a disposição contrária ao princípio da igualdade em função de outro factor de discriminação.

4. A disposição de estatuto de organização representativa de empregadores ou de trabalhadores que restrinja o acesso a emprego, actividade profissional, formação profissional, condições de trabalho ou carreira profissional exclusivamente a trabalhadores de um dos sexos, fora dos casos previstos no nº 2 do artigo 25º e dos previstos em lei específica decorrentes da protecção do património genético do trabalhador ou dos seus descendentes, considera-se aplicável a trabalhadores de ambos os sexos.

Artigo 27º – Medida de acção positiva

Para os efeitos deste Código, não se considera discriminação a medida legislativa de duração limitada que beneficia certo grupo, desfavorecido em função de factor de discriminação, com o objectivo de garantir o exercício, em condições de igualdade, dos direitos previstos na lei ou corrigir situação de desigualdade que persista na vida social.

Artigo 28º – Indemnização por acto discriminatório

A prática de acto discriminatório lesivo de trabalhador ou candidato a emprego confere-lhe o direito a indemnização por danos patrimoniais e não patrimoniais, nos termos gerais de direito.

DIVISÃO II – Proibição de assédio

Artigo 29º – Assédio

1. É proibida a prática de assédio.

2. Entende-se por assédio o comportamento indesejado, nomeadamente o baseado em factor de discriminação, praticado aquando do acesso ao emprego ou no próprio emprego, trabalho ou formação profissional, com o objectivo ou o efeito de perturbar ou constranger a pessoa, afectar a sua dignidade, ou de lhe criar um ambiente intimidativo, hostil, degradante, humilhante ou desestabilizador.

3. Constitui assédio sexual o comportamento indesejado de carácter sexual, sob forma verbal, não verbal ou física, com o objectivo ou o efeito referido no número anterior.

4. A prática de assédio confere à vítima o direito de indemnização, aplicando-se o disposto no artigo anterior.

5. A prática de assédio constitui contraordenação muito grave, sem prejuízo da eventual responsabilidade penal prevista nos termos da lei.

6. O denunciante e as testemunhas por si indicadas não podem ser sancionados disciplinarmente, a menos que atuem com dolo, com base em declarações ou factos constantes dos autos de processo, judicial ou contraordenacional, desencadeado por assédio até decisão final, transitada em julgado, sem prejuízo do exercício do direito ao contraditório.

(Redação dada pela Lei nº 73/2017, de 16-08)

DIVISÃO III - Igualdade e não discriminação em função do sexo

Artigo 30º - Acesso ao emprego, actividade profissional ou formação

1. A exclusão ou restrição de acesso de candidato a emprego ou trabalhador em razão do sexo a determinada actividade ou à formação profissional exigida para ter acesso a essa actividade constitui discriminação em função do sexo.

2. O anúncio de oferta de emprego e outra forma de publicidade ligada à pré-selecção ou ao recrutamento não pode conter, directa ou indirectamente, qualquer restrição, especificação ou preferência baseada no sexo.

3. Em acção de formação profissional dirigida a profissão exercida predominantemente por trabalhadores de um dos sexos deve ser dada, sempre que se justifique, preferência a trabalhadores do sexo com menor representação, bem como, sendo apropriado, a trabalhador com escolaridade reduzida, sem qualificação ou responsável por família monoparental ou no caso de licença parental ou adopção.

4. Constitui contra-ordenação muito grave a violação do disposto nos nºs 1 ou 2.

Artigo 31º - Igualdade de condições de trabalho

1. Os trabalhadores têm direito à igualdade de condições de trabalho, em particular quanto à retribuição, devendo os elementos que a determinam não conter qualquer discriminação fundada no sexo.

2. A igualdade de retribuição implica que, para trabalho igual ou de valor igual:

a) Qualquer modalidade de retribuição variável, nomeadamente a paga à tarefa, seja estabelecida na base da mesma unidade de medida;

b) A retribuição calculada em função do tempo de trabalho seja a mesma.

3. As diferenças de retribuição não constituem discriminação quando assentes em critérios objectivos, comuns a homens e mulheres, nomeadamente, baseados em mérito, produtividade, assiduidade ou antiguidade.

4. Sem prejuízo do disposto no número anterior, as licenças, faltas ou dispensas relativas à protecção na parentalidade não podem fundamentar diferenças na retribuição dos trabalhadores.

5. Os sistemas de descrição de tarefas e de avaliação de funções devem assentar em critérios objectivos comuns a homens e mulheres, de forma a excluir qualquer discriminação baseada no sexo.

6. Constitui contra-ordenação muito grave a violação do disposto no nº 1, e constitui contra-ordenação grave a violação do disposto no nº 5.

Artigo 32º - Registo de processos de recrutamento

1. Todas as entidades devem manter durante cinco anos o registo dos processos de recrutamento efectuados, devendo constar do mesmo, com desagregação por sexo, os seguintes elementos:

a) Convites para o preenchimento de lugares;

b) Anúncios de oferta de emprego;

c) Número de candidaturas para apreciação curricular;

d) Número de candidatos presentes em entrevistas de pré-selecção;
e) Número de candidatos aguardando ingresso;
f) Resultados de testes ou provas de admissão ou selecção;
g) Balanços sociais relativos a dados, que permitam analisar a existência de eventual discriminação de pessoas de um dos sexos no acesso ao emprego, formação e promoção profissionais e condições de trabalho.

2. Constitui contra-ordenação leve a violação do disposto neste artigo.

SUBSECÇÃO IV - Parentalidade

Artigo 33º – Parentalidade

1. A maternidade e a paternidade constituem valores sociais eminentes.

2. Os trabalhadores têm direito à protecção da sociedade e do Estado na realização da sua insubstituível acção em relação ao exercício da parentalidade.

Artigo 33º-A – Referências

1. Todas as referências feitas na presente subsecção à mãe e ao pai consideram-se efetuadas aos titulares do direito de parentalidade, salvo as que resultem da condição biológica daqueles.

2. O titular do direito de parentalidade que se enquadre no disposto nas alíneas *a*) ou *b*) do nº 1 do artigo 36º goza da licença parental exclusiva da mãe, gozando o outro titular do direito de parentalidade da licença exclusiva do pai.

3. Às situações de adoção por casais do mesmo sexo aplica-se o disposto nos artigos 44º e 64º

(Aditado pela Lei nº 90/2019, de 04-09)

Artigo 34º – Articulação com regime de protecção social

1. A protecção social nas situações previstas na presente subsecção, designadamente os regimes de concessão de prestações sociais para os diferentes períodos de licença por parentalidade, consta de legislação específica.

2. Para efeitos do disposto na presente subsecção, consideram-se equivalentes a períodos de licença parental os períodos de concessão das prestações sociais correspondentes, atribuídas a um dos progenitores no âmbito do subsistema de solidariedade e do sistema previdencial da segurança social ou outro regime de protecção social de enquadramento obrigatório.

Artigo 35º – Protecção na parentalidade

1. A protecção na parentalidade concretiza-se através da atribuição dos seguintes direitos:
a) Licença em situação de risco clínico durante a gravidez;
b) Licença para deslocação a unidade hospitalar localizada fora da ilha de residência para realização de parto;

c) Licença por interrupção de gravidez;

d) Licença parental, em qualquer das modalidades;

e) Licença por adopção;

f) Dispensa da prestação de trabalho por parte de trabalhadora grávida, puérpera ou lactante, por motivo de proteção da sua segurança e saúde, e respetivo acompanhante, nas deslocações interilhas das regiões autónomas;

g) Licença parental complementar em qualquer das modalidades;

h) Dispensa da prestação de trabalho por parte de trabalhadora grávida, puérpera ou lactante, por motivo de protecção da sua segurança e saúde;

i) Dispensa para consulta pré-natal;

j) Dispensa no âmbito dos processos de adoção e de acolhimento familiar;

k) Dispensa para amamentação ou aleitação;

l) Faltas para assistência a filho;

m) Faltas para assistência a neto;

n) Licença para assistência a filho;

o) Licença para assistência a filho com deficiência, doença crónica ou doença oncológica;

p) Trabalho a tempo parcial de trabalhador com responsabilidades familiares;

q) Horário flexível de trabalhador com responsabilidades familiares;

r) Dispensa de prestação de trabalho em regime de adaptabilidade;

s) Dispensa de prestação de trabalho suplementar;

t) Dispensa de prestação de trabalho no período nocturno.

2. Os direitos previstos no número anterior apenas se aplicam, após o nascimento do filho, a trabalhadores progenitores que não estejam impedidos ou inibidos totalmente do exercício do poder paternal, com exceção do direito ao gozo de 42 dias consecutivos de licença parental exclusiva da mãe e dos referentes a proteção durante a amamentação.

(Redação dada pela Lei nº 13/2023, de 03-04)

Artigo 35º-A – Proibição de discriminação pelo exercício dos direitos de maternidade e paternidade

1. É proibida qualquer forma de discriminação em função do exercício pelos trabalhadores dos seus direitos de maternidade e paternidade.

2. Incluem-se na proibição do nº 1, nomeadamente, discriminações remuneratórias relacionadas com a atribuição de prémios de assiduidade e produtividade, bem como afetações desfavoráveis em termos da progressão na carreira.

(Aditado pela Lei nº 90/2019, de 04-09)

Artigo 36º – Conceitos em matéria de protecção da parentalidade

1. No âmbito do regime de protecção da parentalidade, entende-se por:

a) Trabalhadora grávida, a trabalhadora em estado de gestação que informe o empregador do seu estado, por escrito, com apresentação de atestado médico;

b) Trabalhadora puérpera, a trabalhadora parturiente e durante um período de 120 dias subsequentes ao parto que informe o empregador do seu estado, por escrito, com apresentação de atestado médico ou certidão de nascimento do filho;
c) Trabalhadora lactante, a trabalhadora que amamenta o filho e informe o empregador do seu estado, por escrito, com apresentação de atestado médico.
2. O regime de protecção da parentalidade é ainda aplicável desde que o empregador tenha conhecimento da situação ou do facto relevante.

Artigo 37º – Licença em situação de risco clínico durante a gravidez

1. Em situação de risco clínico para a trabalhadora grávida ou para o nascituro, impeditivo do exercício de funções, independentemente do motivo que determine esse impedimento e esteja este ou não relacionado com as condições de prestação do trabalho, caso o empregador não lhe proporcione o exercício de actividade compatível com o seu estado e categoria profissional, a trabalhadora tem direito a licença, pelo período de tempo que por prescrição médica for considerado necessário para prevenir o risco, sem prejuízo da licença parental inicial.

2. Para o efeito previsto no número anterior, a trabalhadora informa o empregador e apresenta atestado médico que indique a duração previsível da licença, prestando essa informação com a antecedência de 10 dias ou, em caso de urgência comprovada pelo médico, logo que possível.

3. Constitui contra-ordenação muito grave a violação do disposto no nº 1.

Artigo 37º-A – Licença para deslocação a unidade hospitalar localizada fora da ilha de residência para realização de parto

1. A trabalhadora grávida que se desloque a unidade hospitalar localizada fora da sua ilha de residência para realização de parto, por indisponibilidade de recursos técnicos e humanos na ilha de residência, tem direito a licença pelo período de tempo que, por prescrição médica, for considerado necessário e adequado à deslocação para aquele fim, sem prejuízo da licença parental inicial.

2. Para o efeito previsto no nº 1, a trabalhadora informa o empregador e apresenta atestado médico que indique a duração previsível da licença, prestando essa informação com a antecedência de 10 dias ou, em caso de urgência comprovada pelo médico, logo que possível.

3. Constitui contraordenação muito grave a violação do disposto no nº 1.

(Aditado pela Lei nº 90/2019, de 04-09)

Artigo 38º – Licença por interrupção da gravidez

1. Em caso de interrupção da gravidez, a trabalhadora tem direito a licença com duração entre 14 e 30 dias.

2. Para o efeito previsto no número anterior, a trabalhadora informa o empregador e apresenta, logo que possível, atestado médico com indicação do período da licença.

3. Constitui contra-ordenação muito grave a violação do disposto no nº 1.

Artigo 38º-A – Falta por luto gestacional

1. Nos casos em que não haja lugar à licença prevista no artigo anterior, a trabalhadora pode faltar ao trabalho por motivo de luto gestacional até três dias consecutivos.

2. O pai tem direito a faltar ao trabalho até três dias consecutivos, quando se verifique o gozo da licença prevista no artigo anterior ou a falta prevista no número anterior.

3. Para efeitos do disposto nos números anteriores, a trabalhadora e o trabalhador informam os respetivos empregadores, apresentando, logo que possível, prova do facto invocado, através de declaração de estabelecimento hospitalar, ou centro de saúde, ou ainda atestado médico.

4. Constitui contraordenação grave a violação do disposto nos nºs 1 e 2.

(Aditado pela Lei nº 13/2023, de 03-04)

Artigo 39º – Modalidades de licença parental

A licença parental compreende as seguintes modalidades:

a) Licença parental inicial;

b) Licença parental inicial exclusiva da mãe;

c) Licença parental inicial a gozar pelo pai por impossibilidade da mãe;

d) Licença parental exclusiva do pai.

Artigo 40º – Licença parental inicial

1. A mãe e o pai trabalhadores têm direito, por nascimento de filho, a licença parental inicial de 120 ou 150 dias consecutivos, cujo gozo podem partilhar após o parto, sem prejuízo dos direitos da mãe a que se refere o artigo seguinte.

2. O gozo da licença referida no número anterior pode ser usufruído em simultâneo pelos progenitores entre os 120 e os 150 dias.

3. A licença referida no nº 1 é acrescida em 30 dias, no caso de cada um dos progenitores gozar, em exclusivo, um período de 30 dias consecutivos, ou dois períodos de 15 dias consecutivos, após o período de gozo obrigatório pela mãe a que se refere o nº 2 do artigo seguinte.

4. Em caso de opção pela licença parental inicial com a duração prevista no nº 1 ou no nº 3, os progenitores podem, após o gozo de 120 dias consecutivos, cumular, em cada dia, os restantes dias da licença com trabalho a tempo parcial.

5. Na situação de cumulação prevista no número anterior:

a) Os períodos diários de licença são computados como meios-dias e são adicionados para determinação da duração máxima da licença;

b) O período da licença pode ser gozado por ambos os progenitores, em simultâneo ou de forma sequencial;

c) O trabalho a tempo parcial corresponde a um período normal de trabalho diário igual a metade do praticado a tempo completo em situação comparável.

6. No caso de nascimentos múltiplos, o período de licença previsto nos números anteriores é acrescido de 30 dias por cada gémeo além do primeiro.

7. Em situação de internamento hospitalar da criança imediatamente após o período recomendado de internamento pós-parto, devido a necessidade de cuidados médicos especiais para a criança, a licença referida no nº 1 é acrescida do período de internamento, até ao limite máximo de 30 dias, sem prejuízo do disposto nos nºs 3 e 6.

8. Nas situações previstas no número anterior, em que o parto ocorra até às 33 semanas, inclusive, a licença referida no nº 1 é acrescida de todo o período de internamento.

9. Sem prejuízo do disposto no número anterior, nas situações em que o parto ocorra até às 33 semanas, inclusive, a licença referida no nº 1 é acrescida em 30 dias.

10. Em caso de partilha do gozo da licença, a mãe e o pai informam os respetivos empregadores, até sete dias após o parto, após o termo do período do internamento referido nos nºs 7 e 8 ou do período de 30 dias estabelecido no número anterior, do início e termo dos períodos a gozar por cada um, entregando, para o efeito, declaração conjunta ou, quando aplicável, declaração do outro progenitor da qual conste que o mesmo exerce atividade profissional.

11. O gozo da licença parental inicial em simultâneo, de mãe e pai que trabalhem na mesma empresa, sendo esta uma microempresa, depende de acordo com o empregador.

12. Caso a licença parental não seja partilhada pela mãe e pelo pai, e sem prejuízo dos direitos da mãe a que se refere o artigo seguinte, o progenitor que gozar a licença informa o respetivo empregador, até sete dias após o parto, da duração da licença e do início do respetivo período, juntando declaração do outro progenitor da qual conste que o mesmo exerce atividade profissional e que não goza a licença parental inicial.

13. Na falta da declaração referida no nº 10, a licença é gozada pela mãe.

14. Em caso de internamento hospitalar da criança ou do progenitor que estiver a gozar a licença prevista nos nºs 1, 2 ou 3 durante o período após o parto, o período de licença suspende-se, a pedido do progenitor, pelo tempo de duração do internamento.

15. O acréscimo da licença previsto nos nºs 7, 8 e 9 e a suspensão da licença prevista no número anterior são feitos mediante comunicação ao empregador, acompanhada de declaração emitida pelo estabelecimento hospitalar.

16. A situação de suspensão da licença em caso de internamento hospitalar da criança, prevista no nº 14, não se aplica às situações nem durante os períodos previstos nos nºs 7 e 8.

17. Constitui contraordenação muito grave a violação do disposto nos nºs 1 a 4, 6 a 10, 12 ou 13.

(Redação dada pela Lei nº 13/2023, de 03-04)

Artigo 41º – Períodos de licença parental exclusiva da mãe

1. A mãe pode gozar até 30 dias da licença parental inicial antes do parto.

2. É obrigatório o gozo, por parte da mãe, de 42 dias consecutivos de licença a seguir ao parto.

3. A trabalhadora que pretenda gozar parte da licença antes do parto deve informar desse propósito o empregador e apresentar atestado médico que indique a data previsível do parto, prestando essa informação com a antecedência de 10 dias ou, em caso de urgência comprovada pelo médico, logo que possível.

4. Constitui contra-ordenação muito grave a violação do disposto nos nºs 1 ou 2.

(Redação dada pela Lei nº 13/2023, de 03-04)

Artigo 42º – Licença parental inicial a gozar por um progenitor em caso de impossibilidade do outro

1. O pai ou a mãe tem direito a licença com a duração referida nos nºs 1, 3, 6, 7, 8 ou 9 do artigo 40º, ou do período remanescente da licença, nos casos seguintes:

a) Incapacidade física ou psíquica do progenitor que estiver a gozar a licença, enquanto esta se mantiver;

b) Morte do progenitor que estiver a gozar a licença.

2. Apenas há lugar à duração total da licença referida no nº 3 do artigo 40º caso se verifiquem as condições aí previstas, à data dos factos referidos no nº 1.

3. Em caso de morte ou incapacidade física ou psíquica da mãe, a licença parental inicial a gozar pelo pai tem a duração mínima de 30 dias.

4. Em caso de morte ou incapacidade física ou psíquica de mãe não trabalhadora nos 120 dias a seguir ao parto, o pai tem direito a licença nos termos do nº 1, com a necessária adaptação, ou do número anterior.

5. Para efeito do disposto nos números anteriores, o pai informa o empregador, logo que possível e, consoante a situação, apresenta atestado médico comprovativo ou certidão de óbito e, sendo caso disso, declara o período de licença já gozado pela mãe.

6. Constitui contra-ordenação muito grave a violação do disposto nos nºs 1 a 4.

(Redação dada pela Lei nº 13/2023, de 03-04)

Artigo 43º – Licença parental exclusiva do pai

1. É obrigatório o gozo pelo pai de uma licença parental de 28 dias, seguidos ou em períodos interpolados de no mínimo 7 dias, nos 42 dias seguintes ao nascimento da criança, 7 dos quais gozados de modo consecutivo imediatamente a seguir a este.

2. Após o gozo da licença prevista no número anterior, o pai tem ainda direito a sete dias de licença, seguidos ou interpolados, desde que gozados em simultâneo com o gozo da licença parental inicial por parte da mãe.

3. Em caso de internamento hospitalar da criança durante o período após o parto, a licença referida no nº 1 suspende-se, a pedido do pai, pelo tempo de duração do internamento.

4. No caso de nascimentos múltiplos, à licença prevista nos números anteriores acrescem dois dias por cada gémeo além do primeiro.

5. Para efeitos do disposto nos números anteriores, o trabalhador deve avisar o empregador com a antecedência possível que, no caso previsto no nº 2, não deve ser inferior a cinco dias.

6. Constitui contraordenação muito grave a violação do disposto nos nºs 1, 2 ou 4. *(Redação dada pela Lei nº 13/2023, de 03-04)*

Artigo 44º – Licença por adopção

1. Em caso de adoção de menor de 15 anos, o candidato a adotante tem direito à licença referida nos nºs 1 a 3 do artigo 40º

2. Em caso de adoção de menor de 15 anos, o candidato a adotante tem direito à licença parental exclusiva do pai, nos termos do artigo anterior.

3. No caso de adoções múltiplas, o período de licença referido no nº 1 é acrescido de 30 dias e o período de licença referido no nº 2 é acrescido de 2 dias, por cada adoção além da primeira.

4. Havendo dois candidatos a adotantes, a licença deve ser gozada nos termos dos nºs 1 a 3 do artigo 40º

5. O candidato a adoptante não tem direito a licença em caso de adopção de filho do cônjuge ou de pessoa com quem viva em união de facto.

6. O candidato a adotante pode gozar até 30 dias da licença parental inicial no período de transição e acompanhamento.

7. Para efeitos do disposto no número anterior, o candidato a adotante que pretenda gozar parte da licença parental inicial deve informar desse propósito o empregador e apresentar documento que comprove o período de transição e acompanhamento, prestando essa informação com a antecedência de 10 dias ou, em caso de urgência comprovada, logo que possível.

8. Em caso de incapacidade ou falecimento do candidato a adoptante durante a licença, o cônjuge sobrevivo, que não seja candidato a adoptante e com quem o adoptando viva em comunhão de mesa e habitação, tem direito a licença correspondente ao período não gozado ou a um mínimo de 14 dias.

9. A licença tem início a partir da confiança judicial ou administrativa, nos termos do regime jurídico da adopção.

10. Quando a confiança administrativa consistir na confirmação da permanência do menor a cargo do adoptante, este tem direito a licença, pelo período remanescente, desde que a data em que o menor ficou de facto a seu cargo tenha ocorrido antes do termo da licença parental inicial.

11. Em caso de internamento hospitalar do candidato a adoptante ou do adoptando, o período de licença é suspenso pelo tempo de duração do internamento, devendo aquele comunicar esse facto ao empregador, apresentando declaração comprovativa passada pelo estabelecimento hospitalar.

12. Em caso de partilha do gozo da licença, os candidatos a adoptantes informam os respectivos empregadores, com a antecedência de 10 dias ou, em caso de urgência comprovada, logo que possível, fazendo prova da confiança judicial ou administrativa do adoptando e da idade deste, do início e termo dos períodos a gozar por cada um, entregando para o efeito declaração conjunta.

13. Caso a licença por adopção não seja partilhada, o candidato a adoptante que gozar a licença informa o respectivo empregador, nos prazos referidos no número anterior, da duração da licença e do início do respectivo período.

14. O disposto no presente artigo aplica-se, com as necessárias adaptações, às famílias de acolhimento.

15. Constitui contraordenação muito grave a violação do disposto nos nºs 1 a 4, 6, 8, 10, 11 ou 14.

(Redação dada pela Lei nº 13/2023, de 03-04)

Artigo 45º – Dispensa no âmbito dos processos de adoção e acolhimento familiar

1. Os trabalhadores que sejam candidatos a adoção ou a família de acolhimento têm direito a dispensas de trabalho para realização de avaliação ou para cumprimento das obrigações e procedimentos previstos na lei para os respetivos processos, devendo apresentar a devida justificação ao empregador.

2. Constitui contraordenação grave a violação do disposto no presente artigo.

(Redação dada pela Lei nº 13/2023, de 03-04)

Artigo 46º – Dispensa para consulta pré-natal

1. A trabalhadora grávida tem direito a dispensa do trabalho para consultas pré-natais, pelo tempo e número de vezes necessários.

2. A trabalhadora deve, sempre que possível, comparecer a consulta pré-natal fora do horário de trabalho.

3. Sempre que a consulta pré-natal só seja possível durante o horário de trabalho, o empregador pode exigir à trabalhadora a apresentação de prova desta circunstância e da realização da consulta ou declaração dos mesmos factos.

4. Para efeito dos números anteriores, a preparação para o parto é equiparada a consulta pré-natal.

5. O pai tem direito a três dispensas do trabalho para acompanhar a grávida às consultas pré-natais.

6. Constitui contra-ordenação grave a violação do disposto neste artigo.

(Redação dada pela Lei nº 90/2019, de 04-09)

Artigo 46º-A – Dispensa para consulta de procriação medicamente assistida

1. O trabalhador tem direito a três dispensas do trabalho para consultas no âmbito de cada ciclo de tratamentos de procriação medicamente assistida (PMA).

2. O empregador pode exigir ao trabalhador a apresentação de prova desta circunstância e da realização da consulta ou declaração dos mesmos factos.

3. Constitui contraordenação grave a violação do disposto neste artigo.

(Aditado pela Lei nº 90/2019, de 04-09)

Artigo 47º – Dispensa para amamentação ou aleitação

1. A mãe que amamenta o filho tem direito a dispensa de trabalho para o efeito, durante o tempo que durar a amamentação.

2. No caso de não haver amamentação, desde que ambos os progenitores exerçam actividade profissional, qualquer deles ou ambos, consoante decisão conjunta, têm direito a dispensa para aleitação, até o filho perfazer um ano.

3. A dispensa diária para amamentação ou aleitação é gozada em dois períodos distintos, com a duração máxima de uma hora cada, salvo se outro regime for acordado com o empregador.

4. No caso de nascimentos múltiplos, a dispensa referida no número anterior é acrescida de mais 30 minutos por cada gémeo além do primeiro.

5. Se qualquer dos progenitores trabalhar a tempo parcial, a dispensa diária para amamentação ou aleitação é reduzida na proporção do respectivo período normal de trabalho, não podendo ser inferior a 30 minutos.

6. Na situação referida no número anterior, a dispensa diária é gozada em período não superior a uma hora e, sendo caso disso, num segundo período com a duração remanescente, salvo se outro regime for acordado com o empregador.

7. Constitui contra-ordenação grave a violação do disposto neste artigo.

Artigo 48º – Procedimento de dispensa para amamentação ou aleitação

1. Para efeito de dispensa para amamentação, a trabalhadora comunica ao empregador, com a antecedência de 10 dias relativamente ao início da dispensa, que amamenta o filho, devendo apresentar atestado médico se a dispensa se prolongar para além do primeiro ano de vida do filho.

2. Para efeito de dispensa para aleitação, o progenitor:

a) Comunica ao empregador que aleita o filho, com a antecedência de 10 dias relativamente ao início da dispensa;

b) Apresenta documento de que conste a decisão conjunta;

c) Declara qual o período de dispensa gozado pelo outro progenitor, sendo caso disso;

d) Prova que o outro progenitor exerce actividade profissional e, caso seja trabalhador por conta de outrem, que informou o respectivo empregador da decisão conjunta.

Artigo 49º – Falta para assistência a filho

1. O trabalhador pode faltar ao trabalho para prestar assistência inadiável e imprescindível, em caso de doença ou acidente, a filho menor de 12 anos ou, independentemente da idade, a filho com deficiência ou doença crónica, até 30 dias por ano ou durante todo o período de eventual hospitalização.

2. O trabalhador pode faltar ao trabalho até 15 dias por ano para prestar assistência inadiável e imprescindível em caso de doença ou acidente a filho com 12 ou mais anos de idade que, no caso de ser maior, faça parte do seu agregado familiar.

3. Aos períodos de ausência previstos nos números anteriores acresce um dia por cada filho além do primeiro.

4. A possibilidade de faltar prevista nos números anteriores não pode ser exercida simultaneamente pelo pai e pela mãe.

5. Para efeitos de justificação da falta, o empregador pode exigir ao trabalhador:

a) Prova do carácter inadiável e imprescindível da assistência;

b) Declaração de que o outro progenitor tem actividade profissional e não falta pelo mesmo motivo ou está impossibilitado de prestar a assistência;

c) Em caso de hospitalização, declaração comprovativa passada pelo estabelecimento hospitalar.

6. No caso referido no nº 3 do artigo seguinte, o pai ou a mãe informa o respectivo empregador da prestação de assistência em causa, sendo o seu direito referido nos nº 1 ou 2 reduzido em conformidade.

7. Constitui contra-ordenação grave a violação do disposto nos nºs 1, 2 ou 3.

Artigo 50º - Falta para assistência a neto

1. O trabalhador pode faltar até 30 dias consecutivos, a seguir ao nascimento de neto que consigo viva em comunhão de mesa e habitação e que seja filho de adolescente com idade inferior a 16 anos.

2. Se houver dois titulares do direito, há apenas lugar a um período de faltas, a gozar por um deles, ou por ambos em tempo parcial ou em períodos sucessivos, conforme decisão conjunta.

3. O trabalhador pode também faltar, em substituição dos progenitores, para prestar assistência inadiável e imprescindível, em caso de doença ou acidente, a neto menor ou, independentemente da idade, com deficiência ou doença crónica.

4. Para efeitos dos nºs 1 e 2, o trabalhador informa o empregador com a antecedência de cinco dias, declarando que:

a) O neto vive consigo em comunhão de mesa e habitação;

b) O neto é filho de adolescente com idade inferior a 16 anos;

c) O cônjuge do trabalhador exerce actividade profissional ou se encontra física ou psiquicamente impossibilitado de cuidar do neto ou não vive em comunhão de mesa e habitação com este.

5. O disposto neste artigo é aplicável a tutor do adolescente, a trabalhador a quem tenha sido deferida a confiança judicial ou administrativa do mesmo, bem como ao seu cônjuge ou pessoa em união de facto.

6. No caso referido no nº 3, o trabalhador informa o empregador, no prazo previsto nos nºs 1 ou 2 do artigo 253º, declarando:

a) O carácter inadiável e imprescindível da assistência;

b) Que os progenitores são trabalhadores e não faltam pelo mesmo motivo ou estão impossibilitados de prestar a assistência, bem como que nenhum outro familiar do mesmo grau falta pelo mesmo motivo.

7. Constitui contra-ordenação grave a violação do disposto nos nºs 1, 2 ou 3.

Artigo 51º - Licença parental complementar

1. O pai e a mãe têm direito, para assistência a filho ou adoptado com idade não superior a seis anos, a licença parental complementar, em qualquer das seguintes modalidades:

a) Licença parental alargada, por três meses;

b) Trabalho a tempo parcial durante 12 meses, com um período normal de trabalho igual a metade do tempo completo;

c) Trabalho a tempo parcial durante três meses, com um período normal de trabalho igual a metade do tempo completo, desde que a licença seja exercida na totalidade por cada um dos progenitores;

d) Períodos intercalados de licença parental alargada e de trabalho a tempo parcial em que a duração total da ausência e da redução do tempo de trabalho seja igual aos períodos normais de trabalho de três meses;

e) Ausências interpoladas ao trabalho com duração igual aos períodos normais de trabalho de três meses, desde que previstas em instrumento de regulamentação colectiva de trabalho.

2. O pai e a mãe podem gozar qualquer das modalidades referidas no número anterior de modo consecutivo ou até três períodos interpolados, não sendo permitida a cumulação por um dos progenitores do direito do outro.

3. Se ambos os progenitores pretenderem gozar simultaneamente a licença e estiverem ao serviço do mesmo empregador, este pode adiar o gozo da licença de um deles até ao término do período de gozo da licença do outro progenitor com fundamento em exigências imperiosas ligadas ao funcionamento da empresa ou serviço, desde que seja fornecida por escrito a respetiva fundamentação.

4. Durante o período de licença parental complementar em qualquer das modalidades, o trabalhador não pode exercer outra actividade incompatível com a respectiva finalidade, nomeadamente trabalho subordinado ou prestação continuada de serviços fora da sua residência habitual.

5. O exercício dos direitos referidos nos números anteriores depende de informação sobre a modalidade pretendida e o início e o termo de cada período, dirigida por escrito ao empregador com antecedência de 30 dias relativamente ao seu início.

6. Constitui contra-ordenação grave a violação do disposto nos nºs 1, 2 ou 3.
(Redação dada pela Lei nº 13/2023, de 03-04)

Artigo 52º – Licença para assistência a filho

1. Depois de esgotado o direito referido no artigo anterior, os progenitores têm direito a licença para assistência a filho, de modo consecutivo ou interpolado, até ao limite de dois anos.

2. No caso de terceiro filho ou mais, a licença prevista no número anterior tem o limite de três anos.

3. O trabalhador tem direito a licença se o outro progenitor exercer actividade profissional ou estiver impedido ou inibido totalmente de exercer o poder paternal.

4. Se houver dois titulares, a licença pode ser gozada por qualquer deles ou por ambos em períodos sucessivos.

5. Durante o período de licença para assistência a filho, o trabalhador não pode exercer outra actividade incompatível com a respectiva finalidade, nomeadamente trabalho subordinado ou prestação continuada de serviços fora da sua residência habitual.

6. Para exercício do direito, o trabalhador informa o empregador, por escrito e com a antecedência de 30 dias:

a) Do início e do termo do período em que pretende gozar a licença;

b) Que o outro progenitor tem actividade profissional e não se encontra ao mesmo tempo em situação de licença, ou que está impedido ou inibido totalmente de exercer o poder paternal;

c) Que o menor vive com ele em comunhão de mesa e habitação;

d) Que não está esgotado o período máximo de duração da licença.

7. Na falta de indicação em contrário por parte do trabalhador, a licença tem a duração de seis meses.

8. À prorrogação do período de licença pelo trabalhador, dentro dos limites previstos nos nºs 1 e 2, é aplicável o disposto no nº 6.

9. Constitui contra-ordenação grave a violação do disposto nos nºs 1 ou 2.

Artigo 53º – Licença para assistência a filho com deficiência, doença crónica ou doença oncológica

1. Os progenitores têm direito a licença por período até seis meses, prorrogável até quatro anos, para assistência de filho com deficiência, doença crónica ou doença oncológica.

2. Caso o filho com deficiência, doença crónica ou doença oncológica tenha 12 ou mais anos de idade a necessidade de assistência é confirmada por atestado médico.

3. A licença prevista no nº 1 pode ser prorrogável até ao limite máximo de seis anos, nas situações de necessidade de prolongamento da assistência, confirmada por atestado médico.

4. O limite máximo definido no nº 3 não é aplicável no caso de filhos com doença prolongada em estado terminal, confirmada por atestado médico.

5. É aplicável à licença prevista nos nºs 1, 3 e 4 o regime constante dos nºs 3 a 8 do artigo anterior.

6. Constitui contraordenação grave a violação do disposto nos nºs 1, 3 ou 4.

(Redação dada pela Lei nº 90/2019, de 04-09)

Artigo 54º – Redução do tempo de trabalho para assistência a filho menor com deficiência ou doença crónica

1. Os progenitores de menor com deficiência ou doença crónica, com idade não superior a um ano, têm direito a redução de cinco horas do período normal de trabalho semanal, ou outras condições de trabalho especiais, para assistência ao filho.

2. Não há lugar ao exercício do direito referido no número anterior quando um dos progenitores não exerça actividade profissional e não esteja impedido ou inibido totalmente de exercer o poder paternal.

3. Se ambos os progenitores forem titulares do direito, a redução do período normal de trabalho pode ser utilizada por qualquer deles ou por ambos em períodos sucessivos.

4. O empregador deve adequar o horário de trabalho resultante da redução do período normal de trabalho tendo em conta a preferência do trabalhador, sem prejuízo de exigências imperiosas do funcionamento da empresa.

5. A redução do período normal de trabalho semanal não implica diminuição de direitos consagrados na lei, salvo quanto à retribuição, que só é devida na medida em que a redução, em cada ano, exceda o número de faltas substituíveis por perda de gozo de dias de férias.

6. Para redução do período normal de trabalho semanal, o trabalhador deve comunicar ao empregador a sua intenção com a antecedência de 10 dias, bem como:

a) Apresentar atestado médico comprovativo da deficiência ou da doença crónica;

b) Declarar que o outro progenitor tem actividade profissional ou que está impedido ou inibido totalmente de exercer o poder paternal e, sendo caso disso, que não exerce ao mesmo tempo este direito.

7. Constitui contra-ordenação grave a violação do disposto nos nºs 1, 3, 4 ou 5.

Artigo 55º – Trabalho a tempo parcial de trabalhador com responsabilidades familiares

1. O trabalhador com filho menor de 12 anos ou, independentemente da idade, filho com deficiência ou doença crónica que com ele viva em comunhão de mesa e habitação tem direito a trabalhar a tempo parcial.

2. O direito pode ser exercido por qualquer dos progenitores ou por ambos em períodos sucessivos, depois da licença parental complementar, em qualquer das suas modalidades.

3. Salvo acordo em contrário, o período normal de trabalho a tempo parcial corresponde a metade do praticado a tempo completo numa situação comparável e, conforme o pedido do trabalhador, é prestado diariamente, de manhã ou de tarde, ou em três dias por semana.

4. A prestação de trabalho a tempo parcial pode ser prorrogada até dois anos ou, no caso de terceiro filho ou mais, três anos, ou ainda, no caso de filho com deficiência ou doença crónica, quatro anos.

5. Durante o período de trabalho em regime de tempo parcial, o trabalhador não pode exercer outra actividade incompatível com a respectiva finalidade, nomeadamente trabalho subordinado ou prestação continuada de serviços fora da sua residência habitual.

6. A prestação de trabalho a tempo parcial cessa no termo do período para que foi concedida ou no da sua prorrogação, retomando o trabalhador a prestação de trabalho a tempo completo.

7. O trabalhador que opte pelo trabalho em regime de tempo parcial nos termos do presente artigo não pode ser penalizado em matéria de avaliação e de progressão na carreira.

8. Constitui contraordenação grave a violação do disposto neste artigo.

(Redação dada pela Lei nº 120/2015, de 01-09)

Artigo 56º – Horário flexível de trabalhador com responsabilidades familiares

1. O trabalhador com filho menor de 12 anos ou, independentemente da idade, filho com deficiência ou doença crónica que com ele viva em comunhão de mesa e habitação, tem direito a trabalhar em regime de horário de trabalho flexível, podendo o direito ser exercido por qualquer dos progenitores ou por ambos.

2. Entende-se por horário flexível aquele em que o trabalhador pode escolher, dentro de certos limites, as horas de início e termo do período normal de trabalho diário.

3. O horário flexível, a elaborar pelo empregador, deve:

a) Conter um ou dois períodos de presença obrigatória, com duração igual a metade do período normal de trabalho diário;

b) Indicar os períodos para início e termo do trabalho normal diário, cada um com duração não inferior a um terço do período normal de trabalho diário, podendo esta duração ser reduzida na medida do necessário para que o horário se contenha dentro do período de funcionamento do estabelecimento;

c) Estabelecer um período para intervalo de descanso não superior a duas horas.

4. O trabalhador que trabalhe em regime de horário flexível pode efectuar até seis horas consecutivas de trabalho e até 10 horas de trabalho em cada dia e deve cumprir o correspondente período normal de trabalho semanal, em média de cada período de quatro semanas.

5. O trabalhador que opte pelo trabalho em regime de horário flexível, nos termos do presente artigo, não pode ser penalizado em matéria de avaliação e de progressão na carreira.

6. Constitui contraordenação grave a violação do disposto no nº 1.

(Redação dada pela Lei nº 120/2015, de 01-09)

Artigo 57º – Autorização de trabalho a tempo parcial ou em regime de horário flexível

1. O trabalhador que pretenda trabalhar a tempo parcial ou em regime de horário de trabalho flexível deve solicitá-lo ao empregador, por escrito, com a antecedência de 30 dias, com os seguintes elementos:

a) Indicação do prazo previsto, dentro do limite aplicável;

b) Declaração da qual conste:

i) Que o menor vive com ele em comunhão de mesa e habitação;

ii) No regime de trabalho a tempo parcial, que não está esgotado o período máximo de duração;

iii) No regime de trabalho a tempo parcial, que o outro progenitor tem actividade profissional e não se encontra ao mesmo tempo em situação de trabalho a tempo parcial ou que está impedido ou inibido totalmente de exercer o poder paternal;

c) A modalidade pretendida de organização do trabalho a tempo parcial.

2. O empregador apenas pode recusar o pedido com fundamento em exigências imperiosas do funcionamento da empresa, ou na impossibilidade de substituir o trabalhador se este for indispensável.

3. No prazo de 20 dias contados a partir da recepção do pedido, o empregador comunica ao trabalhador, por escrito, a sua decisão.

4. No caso de pretender recusar o pedido, na comunicação o empregador indica o fundamento da intenção de recusa, podendo o trabalhador apresentar, por escrito, uma apreciação no prazo de cinco dias a partir da recepção.

5. Nos cinco dias subsequentes ao fim do prazo para apreciação pelo trabalhador, o empregador envia o processo para apreciação pela entidade competente na área da igualdade de oportunidades entre homens e mulheres, com cópia do pedido, do fundamento da intenção de o recusar e da apreciação do trabalhador.

6. A entidade referida no número anterior, no prazo de 30 dias, notifica o empregador e o trabalhador do seu parecer, o qual se considera favorável à intenção do empregador se não for emitido naquele prazo.

7. Se o parecer referido no número anterior for desfavorável, o empregador só pode recusar o pedido após decisão judicial que reconheça a existência de motivo justificativo.

8. Considera-se que o empregador aceita o pedido do trabalhador nos seus precisos termos:

a) Se não comunicar a intenção de recusa no prazo de 20 dias após a recepção do pedido;

b) Se, tendo comunicado a intenção de recusar o pedido, não informar o trabalhador da decisão sobre o mesmo nos cinco dias subsequentes à notificação referida no nº 6 ou, consoante o caso, ao fim do prazo estabelecido nesse número;

c) Se não submeter o processo à apreciação da entidade competente na área da igualdade de oportunidades entre homens e mulheres dentro do prazo previsto no nº 5.

9. Ao pedido de prorrogação é aplicável o disposto para o pedido inicial.

10. Constitui contra ordenação-grave a violação do disposto nos nºs 2, 3, 5 ou 7.

Artigo 58º – Dispensa de algumas formas de organização do tempo de trabalho

1. A trabalhadora grávida, puérpera ou lactante tem direito a ser dispensada de prestar trabalho em horário de trabalho organizado de acordo com regime de adaptabilidade, de banco de horas ou de horário concentrado.

2. O direito referido no número anterior aplica-se a qualquer dos progenitores em caso de aleitação, quando a prestação de trabalho nos regimes nele referidos afecte a sua regularidade.

3. Constitui contra-ordenação grave a violação do disposto neste artigo.

Artigo 59º – Dispensa de prestação de trabalho suplementar

1. A trabalhadora grávida, bem como o trabalhador ou trabalhadora com filho de idade inferior a 12 meses, não está obrigada a prestar trabalho suplementar.

2. A trabalhadora não está obrigada a prestar trabalho suplementar durante todo o tempo que durar a amamentação se for necessário para a sua saúde ou para a da criança.

3. Constitui contra-ordenação grave a violação do disposto neste artigo.

Artigo 60º - Dispensa de prestação de trabalho no período nocturno

1. A trabalhadora tem direito a ser dispensada de prestar trabalho entre as 20 horas de um dia e as sete horas do dia seguinte:

a) Durante um período de 112 dias antes e depois do parto, dos quais pelo menos metade antes da data previsível do mesmo;

b) Durante o restante período de gravidez, se for necessário para a sua saúde ou para a do nascituro;

c) Durante todo o tempo que durar a amamentação, se for necessário para a sua saúde ou para a da criança.

2. À trabalhadora dispensada da prestação de trabalho nocturno deve ser atribuído, sempre que possível, um horário de trabalho diurno compatível.

3. A trabalhadora é dispensada do trabalho sempre que não seja possível aplicar o disposto no número anterior.

4. A trabalhadora que pretenda ser dispensada de prestar trabalho nocturno deve informar o empregador e apresentar atestado médico, no caso da alínea *b*) ou *c*) do nº 1, com a antecedência de 10 dias.

5. Em situação de urgência comprovada pelo médico, a informação referida no número anterior pode ser feita independentemente do prazo.

6. Sem prejuízo do disposto nos números anteriores, a dispensa da prestação de trabalho nocturno deve ser determinada por médico do trabalho sempre que este, no âmbito da vigilância da saúde dos trabalhadores, identificar qualquer risco para a trabalhadora grávida, puérpera ou lactante.

7. Constitui contra-ordenação grave a violação do disposto nos nºs 1, 2 ou 3.

Artigo 61º - Formação para reinserção profissional

O empregador deve facultar ao trabalhador, após a licença para assistência a filho ou para assistência a pessoa com deficiência ou doença crónica, a participação em acções de formação e actualização profissional, de modo a promover a sua plena reinserção profissional.

Artigo 62º - Protecção da segurança e saúde de trabalhadora grávida, puérpera ou lactante

1. A trabalhadora grávida, puérpera ou lactante tem direito a especiais condições de segurança e saúde nos locais de trabalho, de modo a evitar a exposição a riscos para a sua segurança e saúde, nos termos dos números seguintes.

2. Sem prejuízo de outras obrigações previstas em legislação especial, em actividade susceptível de apresentar um risco específico de exposição a agentes, processos ou condições de trabalho, o empregador deve proceder à avaliação da natureza, grau e duração da exposição de trabalhadora grávida, puérpera ou lactante, de modo a determinar qualquer risco para a sua segurança e saúde e as repercussões sobre a gravidez ou a amamentação, bem como as medidas a tomar.

3. Nos casos referidos no número anterior, o empregador deve tomar a medida necessária para evitar a exposição da trabalhadora a esses riscos, nomeadamente:

a) Proceder à adaptação das condições de trabalho;

b) Se a adaptação referida na alínea anterior for impossível, excessivamente demorada ou demasiado onerosa, atribuir à trabalhadora outras tarefas compatíveis com o seu estado e categoria profissional;

c) Se as medidas referidas nas alíneas anteriores não forem viáveis, dispensar a trabalhadora de prestar trabalho durante o período necessário.

4. Sem prejuízo dos direitos de informação e consulta previstos em legislação especial, a trabalhadora grávida, puérpera ou lactante tem direito a ser informada, por escrito, dos resultados da avaliação referida no nº 2 e das medidas de protecção adoptadas.

5. É vedado o exercício por trabalhadora grávida, puérpera ou lactante de actividades cuja avaliação tenha revelado riscos de exposição a agentes ou condições de trabalho que ponham em perigo a sua segurança ou saúde ou o desenvolvimento do nascituro.

6. As actividades susceptíveis de apresentarem um risco específico de exposição a agentes, processos ou condições de trabalho referidos no nº 2, bem como os agentes e condições de trabalho referidos no número anterior, são determinados em legislação específica.

7. A trabalhadora grávida, puérpera ou lactante, ou os seus representantes, têm direito de requerer ao serviço com competência inspectiva do ministério responsável pela área laboral uma acção de fiscalização, a realizar com prioridade e urgência, se o empregador não cumprir as obrigações decorrentes deste artigo.

8. Constitui contra-ordenação muito grave a violação do disposto nos nºs 1, 2, 3 ou 5 e constitui contra-ordenação grave a violação do disposto no nº 4.

Artigo 63º – Protecção em caso de despedimento

1. O despedimento de trabalhadora grávida, puérpera ou lactante ou de trabalhador no gozo de licença parental carece de parecer prévio da entidade competente na área da igualdade de oportunidades entre homens e mulheres.

2. O despedimento por facto imputável a trabalhador que se encontre em qualquer das situações referidas no número anterior presume-se feito sem justa causa.

3. Para efeitos do nº 1, o empregador deve remeter cópia do processo à entidade competente na área da igualdade de oportunidades entre homens e mulheres:

a) Depois das diligências probatórias referidas no nº 1 do artigo 356º, no despedimento por facto imputável ao trabalhador;

b) Depois da fase de informações e negociação prevista no artigo 361º, no despedimento colectivo;

c) Depois das consultas referidas no nº 1 do artigo 370º, no despedimento por extinção de posto de trabalho;

d) Depois das consultas referidas no artigo 377º, no despedimento por inadaptação.

4. A entidade competente deve comunicar o parecer referido no nº 1 ao empregador e ao trabalhador, nos 30 dias subsequentes à recepção do processo, considerando-se em sentido favorável ao despedimento quando não for emitido dentro do referido prazo.

5. Cabe ao empregador provar que solicitou o parecer a que se refere o nº 1.

6. Se o parecer for desfavorável ao despedimento, o empregador só o pode efectuar após decisão judicial que reconheça a existência de motivo justificativo, devendo a acção ser intentada nos 30 dias subsequentes à notificação do parecer.

7. A suspensão judicial do despedimento só não é decretada se o parecer for favorável ao despedimento e o tribunal considerar que existe probabilidade séria de verificação da justa causa.

8. Se o despedimento for declarado ilícito, o empregador não se pode opor à reintegração do trabalhador nos termos do nº 1 do artigo 392º e o trabalhador tem direito, em alternativa à reintegração, a indemnização calculada nos termos do nº 3 do referido artigo.

9. Constitui contraordenação grave a violação do disposto nos nºs 1, 6 ou 8.

(Redação dada pela Lei nº 13/2023, de 03-04)

Artigo 64º – Extensão de direitos atribuídos a progenitores

1. O adoptante, o tutor, a pessoa a quem for deferida a confiança judicial ou administrativa do menor, bem como o cônjuge ou a pessoa em união de facto com qualquer daqueles ou com o progenitor, desde que viva em comunhão de mesa e habitação com o menor, beneficia dos seguintes direitos:

a) Dispensa para aleitação;

b) Licença parental inicial, licença parental complementar em qualquer das modalidades, licença para assistência a filho e licença para assistência a filho com deficiência ou doença crónica;

c) Falta para assistência a filho ou a neto;

d) Redução do tempo de trabalho para assistência a filho menor com deficiência ou doença crónica;

e) Trabalho a tempo parcial de trabalhador com responsabilidades familiares;

f) Horário flexível de trabalhador com responsabilidades familiares.

2. Sempre que o exercício dos direitos referidos nos números anteriores dependa de uma relação de tutela ou confiança judicial ou administrativa do menor, o respectivo titular deve, para que o possa exercer, mencionar essa qualidade ao empregador.

(Redação dada pela Lei nº 13/2023, de 03-04)

Artigo 65º – Regime de licenças, faltas e dispensas

1. Não determinam perda de quaisquer direitos, salvo quanto à retribuição, e são consideradas como prestação efectiva de trabalho as ausências ao trabalho resultantes de:

a) Licença em situação de risco clínico durante a gravidez;

b) Licença para deslocação a unidade hospitalar localizada fora da ilha de residência para realização de parto;

c) Licença por interrupção de gravidez;

d) Licença parental, em qualquer das modalidades;

e) Licença por adopção;

f) Licença parental complementar em qualquer das modalidades;

g) Falta para assistência a filho;

h) Falta para assistência a neto;

i) Dispensa de prestação de trabalho no período nocturno;

j) Dispensa da prestação de trabalho por parte de trabalhadora grávida, puérpera ou lactante, por motivo de protecção da sua segurança e saúde;

k) Dispensa no âmbito dos processos de adoção e de acolhimento familiar;

l) Dispensa do acompanhante da mulher grávida, que se encontre numa das ilhas das regiões autónomas sem unidade hospitalar, nas deslocações desta à unidade hospitalar onde decorrerá o parto.

2. A falta por luto gestacional, bem como a dispensa para consulta de PMA ou pré-natal, amamentação ou aleitação não determinam a perda de quaisquer direitos e são consideradas como prestação efetiva de trabalho.

3. As licenças por situação de risco clínico durante a gravidez, para deslocação a unidade hospitalar localizada fora da ilha de residência para realização de parto, por interrupção de gravidez, por adoção e licença parental em qualquer modalidade:

a) Suspendem o gozo das férias, devendo os dias remanescentes ser gozados após o seu termo, mesmo que tal se verifique no ano seguinte;

b) Não prejudicam o tempo já decorrido de estágio ou acção ou curso de formação, devendo o trabalhador cumprir apenas o período em falta para o completar;

c) Adiam a prestação de prova para progressão na carreira profissional, a qual deve ter lugar após o termo da licença.

4. A licença parental e a licença parental complementar, em quaisquer das suas modalidades, por adoção, para assistência a filho e para assistência a filho com deficiência, doença crónica ou doença oncológica:

a) Suspendem-se por doença do trabalhador, se este informar o empregador e apresentar atestado médico comprovativo, e prosseguem logo após a cessação desse impedimento;

b) Não podem ser suspensas por conveniência do empregador;

c) Não prejudicam o direito do trabalhador a aceder à informação periódica emitida pelo empregador para o conjunto dos trabalhadores;

d) Terminam com a cessação da situação que originou a respectiva licença que deve ser comunicada ao empregador no prazo de cinco dias.

5. No termo de qualquer situação de licença, faltas, dispensa ou regime de trabalho especial, o trabalhador, tem direito a retomar a actividade contratada, devendo, no caso previsto na alínea *d*) do número anterior, retomá-la na primeira vaga que ocorrer na empresa ou, se esta entretanto se não verificar, no termo do período previsto para a licença.

6. A licença para assistência a filho ou para assistência a filho com deficiência, doença crónica ou doença oncológica suspende os direitos, deveres e garantias das partes na medida em que pressuponham a efetiva prestação de trabalho, designadamente a retribuição, mas não prejudica os benefícios complementares de assistência médica e medicamentosa a que o trabalhador tenha direito.

7. Constitui contraordenação grave a violação do disposto no presente artigo. *(Redação dada pela Lei nº 13/2023, de 03-04)*

SUBSECÇÃO V – Trabalho de menores

Artigo 66º – Princípios gerais relativos ao trabalho de menor

1. O empregador deve proporcionar ao menor condições de trabalho adequadas à idade e ao desenvolvimento do mesmo e que protejam a segurança, a saúde, o desenvolvimento físico, psíquico e moral, a educação e a formação, prevenindo em especial qualquer risco resultante da sua falta de experiência ou da inconsciência dos riscos existentes ou potenciais.

2. O empregador deve, em especial, avaliar os riscos relacionados com o trabalho, antes de o menor o iniciar ou antes de qualquer alteração importante das condições de trabalho, incidindo nomeadamente sobre:

a) Equipamento e organização do local e do posto de trabalho;

b) Natureza, grau e duração da exposição a agentes físicos, biológicos e químicos;

c) Escolha, adaptação e utilização de equipamento de trabalho, incluindo agentes, máquinas e aparelhos e a respectiva utilização;

d) Adaptação da organização do trabalho, dos processos de trabalho ou da sua execução;

e) Grau de conhecimento do menor no que se refere à execução do trabalho, aos riscos para a segurança e a saúde e às medidas de prevenção.

3. O empregador deve informar o menor e os seus representantes legais dos riscos identificados e das medidas tomadas para a sua prevenção.

4. A emancipação não prejudica a aplicação das normas relativas à protecção da saúde, educação e formação do trabalhador menor.

5. Constitui contra-ordenação muito grave a violação do disposto nos nºs 1, 2 ou 3.

Artigo 67º – Formação profissional de menor

1. O Estado deve proporcionar a menor que tenha concluído a escolaridade obrigatória a formação profissional adequada à sua preparação para a vida activa.

2. O empregador deve assegurar a formação profissional de menor ao seu serviço, solicitando a colaboração dos organismos competentes sempre que não disponha de meios para o efeito.

3. É, em especial, assegurado ao menor o direito a licença sem retribuição para a frequência de curso profissional que confira habilitação escolar ou curso de educação e formação para jovens, salvo quando a mesma for susceptível de causar prejuízo grave à empresa, e sem prejuízo dos direitos do trabalhador-estudante.

4. O menor que se encontre na situação do nº 1 do artigo 69º tem direito a passar ao regime de trabalho a tempo parcial, fixando-se, na falta de acordo, a duração semanal do trabalho num número de horas que, somado à duração escolar ou de formação, perfaça quarenta horas semanais.

Artigo 68º – Admissão de menor ao trabalho

1. Só pode ser admitido a prestar trabalho o menor que tenha completado a idade mínima de admissão, tenha concluído a escolaridade obrigatória ou esteja matriculado e a frequentar o nível secundário de educação e disponha de capacidades físicas e psíquicas adequadas ao posto de trabalho.

2. A idade mínima de admissão para prestar trabalho é de 16 anos.

3. O menor com idade inferior a 16 anos que tenha concluído a escolaridade obrigatória ou esteja matriculado e a frequentar o nível secundário de educação pode prestar trabalhos leves que consistam em tarefas simples e definidas que, pela sua natureza, pelos esforços físicos ou mentais exigidos ou pelas condições específicas em que são realizadas, não sejam suscetíveis de o prejudicar no que respeita à integridade física, segurança e saúde, assiduidade escolar, participação em programas de orientação ou de formação, capacidade para beneficiar da instrução ministrada, ou ainda ao seu desenvolvimento físico, psíquico, moral, intelectual e cultural.

4. Em empresa familiar, o menor com idade inferior a 16 anos deve trabalhar sob a vigilância e direcção de um membro do seu agregado familiar, maior de idade.

5. O empregador comunica ao serviço com competência inspectiva do ministério responsável pela área laboral a admissão de menor efectuada ao abrigo do nº 3, nos oito dias subsequentes.

6. Constitui contra-ordenação grave a violação do disposto nos nºs 3 ou 4 e constitui contra-ordenação leve a violação do disposto no número anterior.

(Redação dada pela Lei nº 47/2012, de 29-08)

Artigo 69º – Admissão de menor sem escolaridade obrigatória, frequência do nível secundário de educação ou sem qualificação profissional

1. O menor com idade inferior a 16 anos que tenha concluído a escolaridade obrigatória ou esteja matriculado e a frequentar o nível secundário de educação mas não possua qualificação profissional, ou o menor com pelo menos 16 anos de idade mas que não tenha concluído a escolaridade obrigatória, não esteja matriculado e a frequentar o nível secundário de educação ou não possua qualificação profissional só pode ser admitido a prestar trabalho desde que frequente modalidade de educação ou formação que confira, consoante o caso, a escolaridade obrigatória, qualificação profissional, ou ambas.

2. O disposto no número anterior não é aplicável a menor que apenas preste trabalho durante as férias escolares.

3. Na situação a que se refere o nº 1, o menor beneficia do estatuto de trabalhador-estudante, tendo a dispensa de trabalho para frequência de aulas com duração em dobro da prevista no nº 3 do artigo 90º

4. O empregador comunica ao serviço com competência inspectiva do ministério responsável pela área laboral a admissão de menor efectuada nos termos dos nºs 1 e 2, nos oito dias subsequentes.

5. Constitui contra-ordenação muito grave a violação do disposto no nº 1, contra-ordenação grave a violação do disposto no nº 3 e contra-ordenação leve a falta de comunicação prevista no número anterior.

6. Em caso de admissão de menor com idade inferior a 16 anos e sem que tenha concluído a escolaridade obrigatória ou esteja matriculado e a frequentar o nível secundário de educação, é aplicada a sanção acessória de privação do direito a subsídio ou benefício outorgado por entidade ou serviço público, por período até dois anos.
(Redação dada pela Lei nº 47/2012, de 29-08)

Artigo 70º - Capacidade do menor para celebrar contrato de trabalho e receber a retribuição

1. É válido o contrato de trabalho celebrado por menor que tenha completado 16 anos de idade e tenha concluído a escolaridade obrigatória ou esteja matriculado e a frequentar o nível secundário de educação, salvo oposição escrita dos seus representantes legais.

2. O contrato celebrado por menor que não tenha completado 16 anos de idade, não tenha concluído a escolaridade obrigatória ou não esteja matriculado e a frequentar o nível secundário de educação só é válido mediante autorização escrita dos seus representantes legais.

3. O menor tem capacidade para receber a retribuição, salvo oposição escrita dos seus representantes legais.

4. Os representantes legais podem a todo o tempo declarar a oposição ou revogar a autorização referida no nº 2, sendo o acto eficaz decorridos 30 dias sobre a sua comunicação ao empregador.

5. No caso previsto nos nºs 1 ou 2, os representantes legais podem reduzir até metade o prazo previsto no número anterior, com fundamento em que tal é necessário para a frequência de estabelecimento de ensino ou de acção de formação profissional.

6. Constitui contra-ordenação grave o pagamento de retribuição ao menor caso haja oposição escrita dos seus representantes legais.
(Redação dada pela Lei nº 47/2012, de 29-08)

Artigo 71º - Denúncia de contrato por menor

1. O menor na situação referida no artigo 69º que denuncie o contrato de trabalho sem termo durante a formação, ou num período imediatamente subsequente de duração igual àquela, deve compensar o empregador do custo directo com a formação que este tenha suportado.

2. O disposto no número anterior é igualmente aplicável caso o menor denuncie o contrato de trabalho a termo depois de o empregador lhe haver proposto por escrito a conversão do mesmo em contrato sem termo.

Artigo 72º - Protecção da segurança e saúde de menor

1. Sem prejuízo das obrigações estabelecidas em disposições especiais, o empregador deve submeter o menor a exames de saúde, nomeadamente:

a) Exame de saúde que certifique a adequação da sua capacidade física e psíquica ao exercício das funções, a realizar antes do início da prestação do trabalho, ou nos 15 dias subsequentes à admissão se esta for urgente e com o consentimento dos representantes legais do menor;

b) Exame de saúde anual, para que do exercício da actividade profissional não resulte prejuízo para a sua saúde e para o seu desenvolvimento físico e psíquico.

2. Os trabalhos que, pela sua natureza ou pelas condições em que são prestados, sejam prejudiciais ao desenvolvimento físico, psíquico e moral dos menores são proibidos ou condicionados por legislação específica.

3. Constitui contra-ordenação grave a violação do disposto no nº 1.

Artigo 73º – Limites máximos do período normal de trabalho de menor

1. O período normal de trabalho de menor não pode ser superior a oito horas em cada dia e a quarenta horas em cada semana.

2. Os instrumentos de regulamentação colectiva de trabalho devem reduzir, sempre que possível, os limites máximos do período normal de trabalho de menor.

3. No caso de trabalhos leves efectuados por menor com idade inferior a 16 anos, o período normal de trabalho não pode ser superior a sete horas em cada dia e trinta e cinco horas em cada semana.

4. Constitui contra-ordenação grave a violação do disposto nos nºs 1 ou 3.

Artigo 74º – Dispensa de algumas formas de organização do tempo de trabalho

1. O menor é dispensado de prestar trabalho em horário organizado de acordo com o regime de adaptabilidade, banco de horas ou horário concentrado quando o mesmo puder prejudicar a sua saúde ou segurança no trabalho.

2. Para efeito do número anterior, o menor deve ser submetido a exame de saúde previamente ao início da aplicação do horário em causa.

3. Constitui contra-ordenação grave a violação do disposto neste artigo.

Artigo 75º – Trabalho suplementar de menor

1. O trabalhador menor não pode prestar trabalho suplementar.

2. O disposto no número anterior não é aplicável se a prestação de trabalho suplementar por parte de menor com idade igual ou superior a 16 anos for indispensável para prevenir ou reparar prejuízo grave para a empresa, devido a facto anormal e imprevisível ou a circunstância excepcional ainda que previsível, cujas consequências não podiam ser evitadas, desde que não haja outro trabalhador disponível e por um período não superior a cinco dias úteis.

3. Na situação referida no número anterior, o menor tem direito a período equivalente de descanso compensatório, a gozar nas três semanas seguintes.

4. Constitui contra-ordenação grave a violação do disposto neste artigo.

Artigo 76º – Trabalho de menor no período nocturno

1. É proibido o trabalho de menor com idade inferior a 16 anos entre as 20 horas de um dia e as 7 horas do dia seguinte.

2. O menor com idade igual ou superior a 16 anos não pode prestar trabalho entre as 22 horas de um dia e as 7 horas do dia seguinte, sem prejuízo do disposto nos números seguintes.

3. O menor com idade igual ou superior a 16 anos pode prestar trabalho nocturno:

a) Em actividade prevista em instrumento de regulamentação colectiva de trabalho, excepto no período compreendido entre as 0 e as 5 horas;

b) Que se justifique por motivos objectivos, em actividade de natureza cultural, artística, desportiva ou publicitária, desde tenha um período equivalente de descanso compensatório no dia seguinte ou no mais próximo possível.

4. No caso do número anterior, a prestação de trabalho nocturno por menor deve ser vigiada por um adulto, se for necessário para protecção da sua segurança ou saúde.

5. O disposto nos nºs 2 e 3 não é aplicável se a prestação de trabalho nocturno ocorrer em circunstância referida no nº 2 do artigo anterior, sendo devido o descanso previsto no nº 3 do mesmo artigo.

6. Constitui contra-ordenação grave a violação do disposto nos nºs 1, 2 ou 4.

Artigo 77º – Intervalo de descanso de menor

1. O período de trabalho diário de menor deve ser interrompido por intervalo de duração entre uma e duas horas, por forma a não prestar mais de quatro horas de trabalho consecutivo se tiver idade inferior a 16 anos, ou quatro horas e 30 minutos se tiver idade igual ou superior a 16 anos.

2. O instrumento de regulamentação colectiva de trabalho pode estabelecer duração do intervalo de descanso superior a duas horas, bem como a frequência e a duração de outros intervalos de descanso no período de trabalho diário ou, no caso de menor com idade igual ou superior a 16 anos, redução do intervalo até trinta minutos.

3. Constitui contra-ordenação grave a violação do disposto no nº 1.

Artigo 78º – Descanso diário de menor

1. O menor tem direito a descanso diário, entre os períodos de trabalho de dois dias sucessivos, com a duração mínima de catorze horas consecutivas se tiver idade inferior a 16 anos, ou doze horas consecutivas se tiver idade igual ou superior a 16 anos.

2. Em relação a menor com idade igual ou superior a 16 anos, o descanso diário previsto no número anterior pode ser reduzido por instrumento de regulamentação colectiva de trabalho se for justificado por motivo objectivo, desde que não afecte a sua segurança ou saúde e a redução seja compensada nos três dias seguintes, no sector da agricultura, turismo, hotelaria ou restauração, em embarcação da marinha do comércio, hospital ou outro estabelecimento de saúde ou em actividade caracterizada por períodos de trabalho fraccionados ao longo do dia.

3. O disposto no nº 1 não se aplica a menor com idade igual ou superior a 16 anos que preste trabalho cuja duração normal não seja superior a vinte horas por semana, ou trabalho ocasional por período não superior a um mês:

a) Em serviço doméstico realizado em agregado familiar;

b) Em empresa familiar, desde que não seja nocivo, prejudicial ou perigoso para o menor.

4. Constitui contra-ordenação grave a violação do disposto nos nºs 1 ou 2 deste artigo.

Artigo 79º – Descanso semanal de menor

1. O descanso semanal de menor tem a duração de dois dias, se possível, consecutivos, em cada período de sete dias, salvo havendo razões técnicas ou de organização do trabalho, a definir por instrumento de regulamentação colectiva de trabalho, que justifiquem que o descanso semanal de menor com idade igual ou superior a 16 anos tenha a duração de trinta e seis horas consecutivas.

2. O descanso semanal de menor com idade igual ou superior a 16 anos pode ser de um dia em situação a que se referem os nºs 2 ou 3 do artigo anterior, desde que a redução se justifique por motivo objectivo e, no primeiro caso, seja estabelecida em instrumento de regulamentação colectiva de trabalho, devendo em qualquer caso ser assegurado descanso adequado.

3. Constitui contra-ordenação grave a violação do disposto neste artigo.

Artigo 80º – Descanso semanal e períodos de trabalho de menor em caso de pluriemprego

1. Se o menor trabalhar para vários empregadores, os descansos semanais devem ser coincidentes e a soma dos períodos de trabalho não deve exceder os limites máximos do período normal de trabalho.

2. Para efeitos do disposto no número anterior, o menor ou, se este tiver idade inferior a 16 anos, os seus representantes legais, devem informar por escrito:

a) Antes da admissão, o novo empregador, sobre a existência de outro emprego e a duração do trabalho e os descansos semanais correspondentes;

b) Aquando de uma admissão ou sempre que haja alteração das condições de trabalho em causa, os outros empregadores, sobre a duração do trabalho e os descansos semanais correspondentes.

3. O empregador que, sendo informado nos termos do número anterior, celebre contrato de trabalho com o menor ou altere a duração do trabalho ou dos descansos semanais é responsável pelo cumprimento do disposto no nº 1.

4. Constitui contra-ordenação grave a violação do disposto no nº 1, pela qual é responsável o empregador que se encontre na situação referida no número anterior.

Artigo 81º – Participação de menor em espectáculo ou outra actividade

A participação de menor em espectáculo ou outra actividade de natureza cultural, artística ou publicitária é regulada em legislação específica.

Artigo 82º – Crime por utilização indevida de trabalho de menor

1. A utilização de trabalho de menor em violação do disposto no nº 1 do artigo 68º ou do nº 2 do artigo 72º é punida com pena de prisão até 2 anos ou com pena de multa até 240 dias, se pena mais grave não couber por força de outra disposição legal.

2. No caso de o menor não ter completado a idade mínima de admissão, não ter concluído a escolaridade obrigatória ou não estar matriculado e a frequentar o nível secundário de educação, os limites das penas são elevados para o dobro.

3. Em caso de reincidência, os limites mínimos das penas previstas nos números anteriores são elevados para o triplo.

(Redação dada pela Lei nº 47/2012, de 29-08)

Artigo 83º - Crime de desobediência por não cessação da actividade de menor

Quando o serviço com competência inspectiva do ministério responsável pela área laboral verificar a violação do disposto no nº 1 do artigo 68º ou das normas relativas a trabalhos proibidos a que se refere o nº 2 do artigo 72º, notifica por escrito o infractor para que faça cessar de imediato a actividade do menor, com a cominação de que, se o não fizer, incorre em crime de desobediência qualificada.

SUBSECÇÃO VI - Trabalhador com capacidade de trabalho reduzida

Artigo 84º - Princípios gerais quanto ao emprego de trabalhador com capacidade de trabalho reduzida

1. O empregador deve facilitar o emprego a trabalhador com capacidade de trabalho reduzida, proporcionando-lhe adequadas condições de trabalho, nomeadamente a adaptação do posto de trabalho, retribuição e promovendo ou auxiliando acções de formação e aperfeiçoamento profissional apropriadas.

2. O Estado deve estimular e apoiar, pelos meios convenientes, a acção das empresas na realização dos objectivos definidos no número anterior.

3. Independentemente do disposto nos números anteriores, podem ser estabelecidas, por lei ou instrumento de regulamentação colectiva de trabalho, especiais medidas de protecção de trabalhador com capacidade de trabalho reduzida, particularmente no que respeita à sua admissão e condições de prestação da actividade, tendo sempre em conta os interesses do trabalhador e do empregador.

4. O regime do presente artigo consta de legislação específica.

5. Constitui contra-ordenação muito grave a violação do disposto no nº 1.

SUBSECÇÃO VII - Trabalhador com deficiência ou doença crónica

Artigo 85º - Princípios gerais quanto ao emprego de trabalhador com deficiência, doença crónica ou doença oncológica

1. O trabalhador com deficiência, doença crónica ou doença oncológica é titular dos mesmos direitos e está adstrito aos mesmos deveres dos demais trabalhadores no acesso ao emprego, à formação, promoção ou carreira profissionais e às condições de trabalho, sem prejuízo das especificidades inerentes à sua situação.

2. O Estado deve estimular e apoiar a ação do empregador na contratação de trabalhador com deficiência, doença crónica ou doença oncológica e na sua readaptação profissional.

3. Constitui contra-ordenação muito grave a violação do disposto no nº 1.

(Redação dada pela Lei nº 93/2019, de 04-09)

Artigo 86º – Medidas de ação positiva em favor de trabalhador com deficiência ou doença crónica

1. O empregador deve adotar medidas adequadas para que a pessoa com deficiência ou doença crónica, nomeadamente doença oncológica ativa em fase de tratamento, tenha acesso a um emprego, o possa exercer e nele progredir, ou para que tenha formação profissional, exceto se tais medidas implicarem encargos desproporcionados.

2. O Estado deve estimular e apoiar, pelos meios convenientes, a acção do empregador na realização dos objectivos referidos no número anterior.

3. Os encargos referidos no nº 1 não são considerados desproporcionados quando forem compensados por apoios do Estado, nos termos previstos em legislação específica.

4. Podem ser estabelecidas por lei ou instrumento de regulamentação coletiva de trabalho medidas de proteção específicas de trabalhador com deficiência ou doença crónica, nomeadamente doença oncológica ativa em fase de tratamento, e incentivos a este ou ao empregador, particularmente no que respeita à admissão, condições de prestação da atividade e adaptação de posto de trabalho, tendo em conta os respetivos interesses.

(Redação dada pela Lei nº 93/2019, de 04-09)

Artigo 87º – Dispensa de algumas formas de organização do tempo de trabalho de trabalhador com deficiência ou doença crónica

1. O trabalhador com deficiência ou doença crónica, nomeadamente doença oncológica ativa em fase de tratamento, é dispensado da prestação de trabalho se esta puder prejudicar a sua saúde ou segurança no trabalho:

a) Em horário organizado de acordo com o regime de adaptabilidade, de banco de horas ou horário concentrado;

b) Entre as 20 horas de um dia e as 7 horas do dia seguinte.

2. Para efeito do disposto no número anterior, o trabalhador deve ser submetido a exame de saúde previamente ao início da aplicação do horário em causa.

3. Constitui contra-ordenação grave a violação do disposto neste artigo.

(Redação dada pela Lei nº 93/2019, de 04-09)

Artigo 88º – Trabalho suplementar de trabalhador com deficiência ou doença crónica

1. O trabalhador com deficiência ou doença crónica não é obrigado a prestar trabalho suplementar.

2. Constitui contra-ordenação grave a violação do disposto neste artigo.

SUBSECÇÃO VIII - Trabalhador-estudante

Artigo 89º - Noção de trabalhador-estudante

1. Considera-se trabalhador-estudante o trabalhador que frequenta qualquer nível de educação escolar, bem como curso de pós-graduação, mestrado ou doutoramento em instituição de ensino, ou ainda curso de formação profissional ou programa de ocupação temporária de jovens com duração igual ou superior a seis meses.

2. A manutenção do estatuto de trabalhador-estudante depende de aproveitamento escolar no ano lectivo anterior.

Artigo 89º-A - Contrato de trabalho com estudante em período de férias ou interrupção letiva

1. O contrato de trabalho celebrado com estudante, vigente em período de férias escolares ou interrupção letiva, não está sujeito a forma escrita.

2. O disposto no número anterior não depende da condição de trabalhador-estudante prevista nos termos do artigo 94º.

3. Sem prejuízo do disposto no nº 1, o empregador deve comunicar a celebração do contrato ao serviço competente da segurança social, mediante formulário eletrónico que deve satisfazer todas as exigências de comunicação previstas noutras disposições legais, assegurando aquele serviço a interconexão de dados com outros serviços que se mostre necessária.

4. A celebração de contrato de trabalho a termo resolutivo e de contrato de trabalho temporário está sujeita aos requisitos de admissibilidade previstos, respetivamente, nos artigos 140º e 180º, devendo o termo estipulado e o respetivo motivo justificativo ser comunicados nos termos do número anterior, com menção concreta dos factos que o integram.

5. O disposto no presente artigo não afasta a aplicação de disposições especiais em matéria de participação de menor em espetáculo ou outra atividade de natureza cultural, artística ou publicitária.

(*Aditado pela Lei nº 13/2023, de 03-04*)

Artigo 90º - Organização do tempo de trabalho de trabalhador-estudante

1. O horário de trabalho de trabalhador-estudante deve, sempre que possível, ser ajustado de modo a permitir a frequência das aulas e a deslocação para o estabelecimento de ensino.

2. Quando não seja possível a aplicação do disposto no número anterior, o trabalhador-estudante tem direito a dispensa de trabalho para frequência de aulas, se assim o exigir o horário escolar, sem perda de direitos e que conta como prestação efectiva de trabalho.

3. A dispensa de trabalho para frequência de aulas pode ser utilizada de uma só vez ou fraccionadamente, à escolha do trabalhador-estudante, e tem a seguinte duração máxima, dependendo do período normal de trabalho semanal:

a) Três horas semanais para período igual ou superior a vinte horas e inferior a trinta horas;

b) Quatro horas semanais para período igual ou superior a trinta horas e inferior a trinta e quatro horas;

c) Cinco horas semanais para período igual ou superior a trinta e quatro horas e inferior a trinta e oito horas;

d) Seis horas semanais para período igual ou superior a trinta e oito horas.

4. O trabalhador-estudante cujo período de trabalho seja impossível ajustar, de acordo com os números anteriores, ao regime de turnos a que está afecto tem preferência na ocupação de posto de trabalho compatível com a sua qualificação profissional e com a frequência de aulas.

5. Caso o horário de trabalho ajustado ou a dispensa de trabalho para frequência de aulas comprometa manifestamente o funcionamento da empresa, nomeadamente por causa do número de trabalhadores estudantes existente, o empregador promove um acordo com o trabalhador interessado e a comissão de trabalhadores ou, na sua falta, a comissão intersindical, comissões sindicais ou delegados sindicais, sobre a medida em que o interesse daquele pode ser satisfeito ou, na falta de acordo, decide fundamentadamente, informando o trabalhador por escrito.

6. O trabalhador-estudante não é obrigado a prestar trabalho suplementar, excepto por motivo de força maior, nem trabalho em regime de adaptabilidade, banco de horas ou horário concentrado quando o mesmo coincida com o horário escolar ou com prova de avaliação.

7. Ao trabalhador-estudante que preste trabalho em regime de adaptabilidade, banco de horas ou horário concentrado é assegurado um dia por mês de dispensa, sem perda de direitos, contando como prestação efectiva de trabalho.

8. O trabalhador estudante que preste trabalho suplementar tem direito a descanso compensatório com duração de metade do número de horas prestadas.

9. Constitui contra-ordenação grave a violação do disposto nos nºs 1 a 4 e 6 a 8. *(Redação dada pela Lei nº 23/2012, de 25-06)*

Artigo 91º – Faltas para prestação de provas de avaliação

1. O trabalhador-estudante pode faltar justificadamente por motivo de prestação de prova de avaliação, nos seguintes termos:

a) No dia da prova e no imediatamente anterior;

b) No caso de provas em dias consecutivos ou de mais de uma prova no mesmo dia, os dias imediatamente anteriores são tantos quantas as provas a prestar;

c) Os dias imediatamente anteriores referidos nas alíneas anteriores incluem dias de descanso semanal e feriados;

d) As faltas dadas ao abrigo das alíneas anteriores não podem exceder quatro dias por disciplina em cada ano lectivo.

2. O direito previsto no número anterior só pode ser exercido em dois anos lectivos relativamente a cada disciplina.

3. Nos casos em que o curso esteja organizado no regime de sistema europeu de transferência e acumulação de créditos (ECTS), o trabalhador-estudante pode, em alternativa ao disposto no nº 1, optar por cumular os dias anteriores ao da prestação das provas de avaliação, num máximo de três dias, seguidos ou interpolados ou do correspondente em termos de meios-dias, interpolados.

4. A opção pelo regime cumulativo a que refere o número anterior obriga, com as necessárias adaptações, ao cumprimento do prazo de antecedência previsto no disposto nas alíneas *a*) e *b*) do nº 4 do artigo 96º

5. Só é permitida a cumulação nos casos em que os dias anteriores às provas de avaliação que o trabalhador-estudante tenha deixado de usufruir não tenham sido dias de descanso semanal ou feriados.

6. Consideram-se ainda justificadas as faltas dadas por trabalhador-estudante na estrita medida das deslocações necessárias para prestar provas de avaliação, sendo retribuídas até 10 faltas em cada ano lectivo, independentemente do número de disciplinas.

7. Considera-se prova de avaliação o exame ou outra prova, escrita ou oral, ou a apresentação de trabalho, quando este o substitua ou complemente e desde que determine directa ou indirectamente o aproveitamento escolar.

8. Constitui contraordenação grave a violação do disposto nos nºs 1, 3 e 6.

(Redação dada pela Lei nº 23/2012, de 25-06)

Artigo 92º - Férias e licenças de trabalhador-estudante

1. O trabalhador-estudante tem direito a marcar o período de férias de acordo com as suas necessidades escolares, podendo gozar até 15 dias de férias interpoladas, na medida em que tal seja compatível com as exigências imperiosas do funcionamento da empresa.

2. O trabalhador-estudante tem direito, em cada ano civil, a licença sem retribuição, com a duração de 10 dias úteis seguidos ou interpolados.

3. Constitui contra-ordenação grave a violação do disposto no nº 1 e constitui contra-ordenação leve a violação do disposto no número anterior.

Artigo 93º - Promoção profissional de trabalhador-estudante

O empregador deve possibilitar a trabalhador-estudante promoção profissional adequada à qualificação obtida, não sendo todavia obrigatória a reclassificação profissional por mero efeito da qualificação.

Artigo 94º - Concessão do estatuto de trabalhador-estudante

1. O trabalhador-estudante deve comprovar perante o empregador a sua condição de estudante, apresentando igualmente o horário das actividades educativas a frequentar.

2. Para concessão do estatuto junto do estabelecimento de ensino, o trabalhador-estudante deve fazer prova, por qualquer meio legalmente admissível, da sua condição de trabalhador.

3. O trabalhador-estudante deve escolher, entre as possibilidades existentes, o horário mais compatível com o horário de trabalho, sob pena de não beneficiar dos inerentes direitos.

4. Considera-se aproveitamento escolar a transição de ano ou a aprovação ou progressão em, pelo menos, metade das disciplinas em que o trabalhador-estudante esteja matriculado, a aprovação ou validação de metade dos módulos ou unidades equivalentes de cada disciplina, definidos pela instituição de ensino ou entidade formadora para o ano lectivo ou para o período anual de frequência, no caso de percursos educativos organizados em regime modular ou equivalente que não definam condições de transição de ano ou progressão em disciplinas.

5. Considera-se ainda que tem aproveitamento escolar o trabalhador que não satisfaça o disposto no nº 4 devido a acidente de trabalho ou doença profissional, doença prolongada, licença em situação de risco clínico durante a gravidez, ou por ter gozado licença para deslocação a unidade hospitalar localizada fora da ilha de residência para realização de parto, licença parental inicial, licença por adoção ou licença parental complementar por período não inferior a um mês.

6. O trabalhador-estudante não pode cumular os direitos previstos neste Código com quaisquer regimes que visem os mesmos fins, nomeadamente no que respeita a dispensa de trabalho para frequência de aulas, licenças por motivos escolares ou faltas para prestação de provas de avaliação.

(Redação dada pela Lei nº 90/2019, de 04-09)

Artigo 95º – Cessação e renovação de direitos

1. O direito a horário de trabalho ajustado ou a dispensa de trabalho para frequência de aulas, a marcação do período de férias de acordo com as necessidades escolares ou a licença sem retribuição cessa quando o trabalhador-estudante não tenha aproveitamento no ano em que beneficie desse direito.

2. Os restantes direitos cessam quando o trabalhador-estudante não tenha aproveitamento em dois anos consecutivos ou três interpolados.

3. Os direitos do trabalhador-estudante cessam imediatamente em caso de falsas declarações relativamente aos factos de que depende a concessão do estatuto ou a factos constitutivos de direitos, bem como quando estes sejam utilizados para outros fins.

4. O trabalhador-estudante pode exercer de novo os direitos no ano lectivo subsequente àquele em que os mesmos cessaram, não podendo esta situação ocorrer mais de duas vezes.

Artigo 96º – Procedimento para exercício de direitos de trabalhador-estudante

1. O trabalhador-estudante deve comprovar perante o empregador o respectivo aproveitamento, no final de cada ano lectivo.

2. O controlo de assiduidade do trabalhador-estudante pode ser feito, por acordo com o trabalhador, directamente pelo empregador, através dos serviços administrativos do estabelecimento de ensino, por correio electrónico ou fax, no qual é aposta uma data e hora a partir da qual o trabalhador-estudante termina a sua responsabilidade escolar.

3. Na falta de acordo o empregador pode, nos 15 dias seguintes à utilização da dispensa de trabalho para esse fim, exigir a prova da frequência de aulas, sempre que o estabelecimento de ensino proceder ao controlo da frequência.

4. O trabalhador-estudante deve solicitar a licença sem retribuição com a seguinte antecedência:

a) Quarenta e oito horas ou, sendo inviável, logo que possível, no caso de um dia de licença;

b) Oito dias, no caso de dois a cinco dias de licença;

c) 15 dias, no caso de mais de cinco dias de licença.

Artigo 96º-A – Legislação complementar

O disposto na presente subsecção é objeto de regulamentação em lei especial.

(Aditado pela Lei nº 23/2012, de 25-06)

SUBSECÇÃO IX – O empregador e a empresa

Artigo 97º – Poder de direcção

Compete ao empregador estabelecer os termos em que o trabalho deve ser prestado, dentro dos limites decorrentes do contrato e das normas que o regem.

Artigo 98º – Poder disciplinar

O empregador tem poder disciplinar sobre o trabalhador ao seu serviço, enquanto vigorar o contrato de trabalho.

Artigo 99º – Regulamento interno de empresa

1. O empregador pode elaborar regulamento interno de empresa sobre organização e disciplina do trabalho.

2. Na elaboração do regulamento interno de empresa é ouvida a comissão de trabalhadores ou, na sua falta, as comissões intersindicais, as comissões sindicais ou os delegados sindicais.

3. O regulamento interno produz efeitos após a publicitação do respetivo conteúdo, designadamente através de afixação na sede da empresa e nos locais de trabalho, de modo a possibilitar o seu pleno conhecimento, a todo o tempo, pelos trabalhadores.

4. A elaboração de regulamento interno de empresa sobre determinadas matérias pode ser tornada obrigatória por instrumento de regulamentação colectiva de trabalho negocial.

5. Constitui contraordenação grave a violação do disposto nos nºs 2 e 3.

(Redação dada pela Lei nº 23/2012, de 25-06)

Artigo 100º – Tipos de empresas

1. Considera-se:

a) Microempresa a que emprega menos de 10 trabalhadores;

b) Pequena empresa a que emprega de 10 a menos de 50 trabalhadores;

c) Média empresa a que emprega de 50 a menos de 250 trabalhadores;

d) Grande empresa a que emprega 250 ou mais trabalhadores.

2. Para efeitos do número anterior, o número de trabalhadores corresponde à média do ano civil antecedente.

3. No ano de início da actividade, o número de trabalhadores a ter em conta para aplicação do regime é o existente no dia da ocorrência do facto.

Artigo 101º – Pluralidade de empregadores

1. O trabalhador pode obrigar-se a prestar trabalho a vários empregadores entre os quais exista uma relação societária de participações recíprocas, de domínio ou de grupo, ou que tenham estruturas organizativas comuns.

2. O contrato de trabalho com pluralidade de empregadores está sujeito a forma escrita e deve conter:

a) Identificação, assinaturas e domicílio ou sede das partes;

b) Indicação da actividade do trabalhador, do local e do período normal de trabalho;

c) Indicação do empregador que representa os demais no cumprimento dos deveres e no exercício dos direitos emergentes do contrato de trabalho.

3. Os empregadores são solidariamente responsáveis pelo cumprimento das obrigações decorrentes do contrato de trabalho, cujo credor seja o trabalhador ou terceiro.

4. Cessando a situação referida no nº 1, considera-se que o trabalhador fica apenas vinculado ao empregador a que se refere a alínea *c*) do nº 2, salvo acordo em contrário.

5. A violação de requisitos indicados nos nºs 1 ou 2 confere ao trabalhador o direito de optar pelo empregador ao qual fica vinculado.

6. Constitui contra-ordenação grave a violação do disposto nos nºs 1 ou 2, sendo responsáveis pela mesma todos os empregadores, os quais são representados para este efeito por aquele a que se refere a alínea *c*) do nº 2.

SUBSEÇÃO X – Trabalhador Cuidador

Artigo 101º-A – Trabalhador cuidador

Para efeitos do disposto no presente Código, considera-se trabalhador cuidador aquele a quem tenha sido reconhecido o estatuto de cuidador informal não principal, nos termos da legislação aplicável, mediante apresentação do respetivo comprovativo.

(*Aditado pela Lei nº 13/2023, de 03-04*)

Artigo 101º-B – Licença do cuidador

1. O trabalhador cuidador tem direito, para assistência à pessoa cuidada, a uma licença anual de cinco dias úteis, que devem ser gozados de modo consecutivo.

2. Para efeitos do disposto no número anterior, o trabalhador cuidador deve informar o empregador, por escrito, com 10 dias úteis de antecedência relativamente ao seu início, indicando os dias em que pretende gozar a licença.

3. A informação escrita ao empregador é acompanhada de declaração do trabalhador cuidador de que outros membros do agregado familiar do trabalhador ou da pessoa cuidada, caso exerçam atividade profissional, não gozam da mesma licença no mesmo período, ou estão impossibilitados de prestar assistência.

4. Durante o gozo da licença, o trabalhador cuidador não pode exercer atividade incompatível com a respetiva finalidade, nomeadamente trabalho subordinado ou prestação continuada de serviços, fora da sua residência habitual.

5. No termo da licença, o trabalhador cuidador tem direito a retomar a atividade contratada.

6. A licença prevista no nº 1 não determina a perda de quaisquer direitos, salvo quanto à retribuição, e é considerada como prestação efetiva de trabalho.

7. A licença do cuidador:

a) Suspende-se por doença do trabalhador, se este informar o empregador e apresentar atestado médico comprovativo, e prossegue logo após a cessação desse impedimento;

b) Não pode ser suspensa por conveniência do empregador.

8. A violação do disposto no nº 1 e nos nºs 5 a 7 constitui contraordenação grave.

(*Aditado pela Lei nº 13/2023, de 03-04*)

Artigo 101º-C – Trabalho a tempo parcial de trabalhador cuidador

1. O trabalhador cuidador tem direito a trabalhar a tempo parcial, de modo consecutivo ou interpolado, pelo período máximo de quatro anos.

2. Salvo acordo em contrário, o período normal de trabalho a tempo parcial corresponde a metade do praticado a tempo completo numa situação comparável e, conforme o pedido do trabalhador cuidador, é prestado diariamente, de manhã ou de tarde, ou em três dias por semana.

3. Durante o período de trabalho em regime de tempo parcial, o trabalhador cuidador não pode exercer outra atividade incompatível com a respetiva finalidade, nomeadamente, trabalho subordinado ou prestação continuada de serviços, fora da sua residência habitual.

4. A prestação de trabalho a tempo parcial cessa no termo do período máximo para que foi concedida, retomando o trabalhador cuidador a prestação de trabalho a tempo completo.

5. O trabalhador cuidador que opte pelo trabalho em regime de tempo parcial nos termos do presente artigo não pode ser penalizado em matéria de avaliação e de progressão na carreira.

6. Constitui contraordenação grave a violação do disposto no presente artigo.

(*Aditado pela Lei nº 13/2023, de 03-04*)

Artigo 101º-D – Horário flexível de trabalhador cuidador

1. O trabalhador cuidador tem direito a trabalhar em regime de horário de trabalho flexível, de forma seguida ou interpolada, enquanto se verificar a necessidade de assistência.

2. Entende-se por horário flexível o previsto nos nºs 2 a 4 do artigo 56º.

3. O trabalhador cuidador que opte pelo trabalho em regime de horário flexível, nos termos do presente artigo, não pode ser penalizado em matéria de avaliação e de progressão na carreira.

4. Constitui contraordenação grave a violação do disposto no nº 1.

(*Aditado pela Lei nº 13/2023, de 03-04*)

Artigo 101º-E – Autorização de trabalho a tempo parcial ou em regime de horário flexível de trabalhador cuidador

1. O trabalhador cuidador que pretenda trabalhar a tempo parcial ou em regime de horário de trabalho flexível deve solicitá-lo ao empregador, por escrito, com a antecedência de 30 dias relativamente ao seu início, com os seguintes elementos:

a) O comprovativo do reconhecimento do estatuto de cuidador informal não principal;

b) Indicação do prazo previsto, dentro do limite aplicável;

c) No regime de trabalho a tempo parcial:

i) Declaração da qual conste que não está esgotado o período máximo de duração;

ii) Declaração da qual conste que outros membros do agregado familiar do trabalhador cuidador ou da pessoa cuidada, caso exerçam atividade profissional, não se encontram ao mesmo tempo em situação de trabalho a tempo parcial ou estão impossibilitados de prestar assistência;

iii) Indicação da modalidade pretendida de organização do trabalho a tempo parcial.

2. Para efeitos do disposto no presente artigo, aplica-se o procedimento previsto nos nºs 2 a 10 do artigo 57º.

3. No termo do período autorizado ou considerado aceite para a prática de regime de trabalho a tempo parcial ou horário flexível, o trabalhador cuidador regressa ao regime de trabalho que anteriormente praticava.

4. Ocorrendo alteração superveniente das circunstâncias que deram origem ao pedido antes do termo do período autorizado ou considerado aceite, o trabalhador informa o empregador no prazo de cinco dias úteis e, havendo acordo do empregador, regressa ao regime de trabalho que anteriormente praticava.

5. Constitui contraordenação grave a violação do disposto no nº 3.

(*Aditado pela Lei nº 13/2023, de 03-04*)

Artigo 101º-F – Proteção em caso de despedimento de trabalhador cuidador

1. O despedimento de trabalhador cuidador carece de parecer prévio da entidade competente na área da igualdade de oportunidades entre homens e mulheres.

2. O despedimento por facto imputável a trabalhador que se encontre na situação referida no número anterior presume-se feito sem justa causa.

3. Para efeitos do disposto no presente artigo, aplica-se o procedimento definido nos nºs 3 a 9 do artigo 63º.

(*Aditado pela Lei nº 13/2023, de 03-04*)

Artigo 101º-G – Dispensa de prestação de trabalho suplementar

1. O trabalhador cuidador não é obrigado a prestar trabalho suplementar enquanto se verificar a necessidade de assistência.

2. Constitui contraordenação grave a violação do disposto neste artigo.

(*Aditado pela Lei nº 13/2023, de 03-04*)

Artigo 101º-H – Acumulação de regimes

O trabalhador cuidador que seja titular de direitos de parentalidade relativamente à pessoa cuidada não pode acumular o previsto na subsecção IV com o disposto na presente subsecção.

(*Aditado pela Lei nº 13/2023, de 03-04*)

SECÇÃO III – Formação do contrato

SUBSECÇÃO I – Negociação

Artigo 102º – Culpa na formação do contrato

Quem negoceia com outrem para a conclusão de um contrato de trabalho deve, tanto nos preliminares como na formação dele, proceder segundo as regras da boa fé, sob pena de responder pelos danos culposamente causados.

SUBSECÇÃO II – Promessa de contrato de trabalho

Artigo 103º – Regime da promessa de contrato de trabalho

1. A promessa de contrato de trabalho está sujeita a forma escrita e deve conter:

a) Identificação, assinaturas e domicílio ou sede das partes;

b) Declaração, em termos inequívocos, da vontade de o promitente ou promitentes se obrigarem a celebrar o referido contrato;

c) Actividade a prestar e correspondente retribuição.

2. O não cumprimento da promessa de contrato de trabalho dá lugar a responsabilidade nos termos gerais.

3. À promessa de contrato de trabalho não é aplicável o disposto no artigo 830º do Código Civil.

SUBSECÇÃO III – Contrato de adesão

Artigo 104º – Contrato de trabalho de adesão

1. A vontade contratual do empregador pode manifestar-se através de regulamento interno de empresa, e a do trabalhador pela adesão expressa ou tácita ao mesmo regulamento.

2. Presume-se a adesão do trabalhador quando este não se opuser por escrito no prazo de 21 dias, a contar do início da execução do contrato ou da divulgação do regulamento, se esta for posterior.

Artigo 105º – Cláusulas contratuais gerais

O regime das cláusulas contratuais gerais aplica-se aos aspectos essenciais do contrato de trabalho que não resultem de prévia negociação específica, mesmo na parte em que o seu conteúdo se determine por remissão para instrumento de regulamentação colectiva de trabalho.

SUBSECÇÃO IV – Informação sobre aspectos relevantes na prestação de trabalho

Artigo 106º – Dever de informação

1. O empregador deve informar o trabalhador sobre aspectos relevantes do contrato de trabalho.

2. O trabalhador deve informar o empregador sobre aspectos relevantes para a prestação da actividade laboral.

3. O empregador deve prestar ao trabalhador, pelo menos, as seguintes informações:

a) A respectiva identificação, nomeadamente, sendo sociedade, a existência de uma relação de coligação societária, de participações recíprocas, de domínio ou de grupo, bem como a sede ou domicílio;

b) O local de trabalho ou, não havendo um fixo ou predominante, a indicação de que o trabalho é prestado em várias localizações;

c) A categoria do trabalhador ou a descrição sumária das funções correspondentes;

d) A data de celebração do contrato e a do início dos seus efeitos;

e) Termo estipulado ou a duração previsível do contrato, quando se trate, respetivamente, de contrato a termo certo ou incerto;

f) A duração das férias ou o critério para a sua determinação;

g) Os prazos de aviso prévio e os requisitos formais a observar pelo empregador e pelo trabalhador para a cessação do contrato, ou o critério para a sua determinação;

h) O valor, a periodicidade e o método de pagamento da retribuição, incluindo a discriminação dos seus elementos constitutivos;

i) O período normal de trabalho diário e semanal, especificando os casos em que é definido em termos médios, bem como o regime aplicável em caso de trabalho suplementar e de organização por turnos;

j) O número da apólice de seguro de acidentes de trabalho e a identificação da entidade seguradora;

l) O instrumento de regulamentação coletiva de trabalho aplicável, se houver, e a designação das respetivas entidades celebrantes;

m) A identificação do Fundo de Garantia de Compensação do Trabalho (FGCT), previsto em legislação específica;

n) No caso de trabalhador temporário, a identificação do utilizador;

o) A duração e as condições do período experimental, se aplicável;

p) O direito individual a formação contínua;

q) No caso de trabalho intermitente, a informação prevista na alínea *b*) do nº 1 do artigo 158º, nos nºs 1, 2 e 4 do artigo 159º e no nº 2 do artigo 160º;

r) Os regimes de proteção social, incluindo os benefícios complementares ou substitutivos dos assegurados pelo regime geral de segurança social;

s) Os parâmetros, os critérios, as regras e as instruções em que se baseiam os algoritmos ou outros sistemas de inteligência artificial que afetam a tomada de decisões sobre o acesso e a manutenção do emprego, assim como as condições de trabalho, incluindo a elaboração de perfis e o controlo da atividade profissional.

4. A informação sobre os elementos referidos nas alíneas *f*) a *i*), *o*), *p*) e *r*) do número anterior pode ser substituída pela referência às disposições pertinentes da lei, do instrumento de regulamentação coletiva de trabalho aplicável ou do regulamento interno de empresa.

5. Constitui contra-ordenação grave a violação do disposto em qualquer alínea do nº 3.

(Redação dada pela Lei nº 13/2023, de 03-04)

Artigo 107º – Meios de informação

1. A informação prevista no artigo anterior deve ser prestada por escrito, podendo constar de um ou de vários documentos, assinados pelo empregador.

2. Quando a informação seja prestada através de mais de um documento, um deles deve conter os elementos referidos nas alíneas *a*) a *e*), *h*), *i*), *o*) e *q*) do nº 3 do artigo anterior.

3. O dever previsto no nº 1 do artigo anterior considera-se cumprido quando a informação em causa conste de contrato de trabalho reduzido a escrito ou de contrato-promessa de contrato de trabalho, nos termos do número seguinte.

4. A informação constante dos documentos referidos nos nºs 1 e 2 deve ser comunicada ao trabalhador em suporte papel ou em formato eletrónico nos seguintes prazos:

a) Até ao sétimo dia subsequente ao início da execução do contrato, no caso das informações a que alude o nº 2;

b) No prazo de um mês contado a partir do início da execução do contrato, quanto às demais informações.

5. O empregador deve conservar prova da transmissão ou receção das informações constantes dos documentos referidos nos números anteriores.

6. As informações constantes dos documentos referidos nos números anteriores devem ser prestadas sempre que solicitadas pelas entidades públicas, nomeadamente o serviço com competência inspetiva da área laboral.

7. Constitui contra-ordenação grave a violação do disposto nos nºs 1, 2 ou 4.
(Redação dada pela Lei nº 13/2023, de 03-04)

Artigo 108º – Informação relativa a prestação de trabalho no estrangeiro

1. Se o trabalhador cujo contrato de trabalho seja regulado pela lei portuguesa exercer a sua actividade no território de outro Estado por período superior a um mês, o empregador deve prestar-lhe, por escrito e até à sua partida, as seguintes informações complementares:

a) Identificação do Estado ou Estados onde o trabalho deve ser prestado e a duração previsível do período de trabalho a prestar;

b) Moeda e lugar do pagamento das prestações pecuniárias e, se aplicável, das prestações em espécie;

c) Possibilidade de repatriamento e respetivas condições;

d) Acesso a cuidados de saúde;

e) Retribuição a que tem direito nos termos da lei aplicável no Estado de acolhimento, em situações de destacamento;

f) Subsídios inerentes ao destacamento e reembolso de despesas de viagem, de alojamento e de alimentação, quando aplicável;

g) Sítio oficial na Internet do Estado de acolhimento, criado nos termos da legislação específica aplicável ao destacamento.

2. A informação referida nas alíneas *b*), *c*) ou *e*) do número anterior pode ser substituída por referência a disposições de lei, instrumento de regulamentação coletiva de trabalho ou regulamento interno de empresa que regulem a matéria nela referida.

3. Constitui contra-ordenação grave a violação do disposto neste artigo.

(Redação dada pela Lei nº 13/2023, de 03-04)

Artigo 109º – Actualização da informação

1. O empregador deve informar o trabalhador sobre a alteração relativa a qualquer elemento referido no nº 3 do artigo 106º ou no nº 1 do artigo anterior, por escrito e, no máximo, até à data em que a mesma começa a produzir efeitos.

2. O disposto no número anterior não é aplicável quando a alteração resulte de lei, de instrumento de regulamentação colectiva de trabalho ou de regulamento interno de empresa.

3. O trabalhador deve prestar ao empregador informação sobre todas as alterações relevantes para a prestação da actividade laboral, no prazo previsto no nº 1.

4. Constitui contra-ordenação grave a violação do disposto no nº 1.

(Redação dada pela Lei nº 13/2023, de 03-04)

SUBSECÇÃO V – Forma de contrato de trabalho

Artigo 110º – Regra geral sobre a forma de contrato de trabalho

O contrato de trabalho não depende da observância de forma especial, salvo quando a lei determina o contrário.

SECÇÃO IV - Período experimental

Artigo 111º - Noção de período experimental

1. O período experimental corresponde ao tempo inicial de execução do contrato de trabalho, durante o qual as partes apreciam o interesse na sua manutenção.

2. No decurso do período experimental, as partes devem agir de modo a que possam apreciar o interesse na manutenção do contrato de trabalho.

3. O período experimental pode ser excluído por acordo escrito entre as partes.

4. Caso o empregador não cumpra o dever de comunicação previsto na alínea *o*) do nº 3 do artigo 106º no prazo previsto no nº 4 do artigo 107º, presume-se que as partes acordaram na exclusão do período experimental.

(*Redação dada pela Lei nº 13/2023, de 03-04*)

Artigo 112º - Duração do período experimental[1]

1. No contrato de trabalho por tempo indeterminado, o período experimental tem a seguinte duração:

a) 90 dias para a generalidade dos trabalhadores;

b) 180 dias para trabalhadores que:

i) Exerçam cargos de complexidade técnica, elevado grau de responsabilidade ou que pressuponham uma especial qualificação;

ii) Desempenhem funções de confiança;

iii) Estejam à procura de primeiro emprego e desempregados de longa duração;

c) 240 dias para trabalhador que exerça cargo de direcção ou quadro superior.

2. No contrato de trabalho a termo, o período experimental tem a seguinte duração:

a) 30 dias em caso de contrato com duração igual ou superior a seis meses;

b) 15 dias em caso de contrato a termo certo com duração inferior a seis meses ou de contrato a termo incerto cuja duração previsível não ultrapasse aquele limite.

3. No contrato em comissão de serviço, a existência de período experimental depende de estipulação expressa no acordo, não podendo exceder 180 dias.

4. O período experimental, de acordo com qualquer dos números anteriores, é reduzido ou excluído, consoante a duração de anterior contrato a termo para a mesma atividade, de contrato de trabalho temporário executado no mesmo posto de trabalho, de contrato de prestação de serviços para o mesmo objeto, ou ainda de estágio profissional para a mesma atividade, tenha sido inferior ou igual ou superior à duração daquele, desde que em qualquer dos casos sejam celebrados pelo mesmo empregador.

[1] Pelo Acórdão do Tribunal Constitucional nº 318/2021, publicado no DR 126, Série I, de 01-07-2021, é declarada a inconstitucionalidade, com força obrigatória geral, da norma contida no artigo 112º, nº 1, alínea *b*), subalínea *iii*), do Código do Trabalho, na redação introduzida pela Lei nº 93/2019, de 4 de setembro, na parte que se refere aos trabalhadores que «estejam à procura do primeiro emprego», quando aplicável a trabalhadores que anteriormente tenham sido contratados, com termo, por um período igual ou superior a 90 dias, por outro(s) empregador(es).

5. O período experimental previsto na subalínea *iii*) da alínea *b*) do nº 1 é reduzido ou excluído consoante a duração de anterior contrato de trabalho a termo, celebrado com empregador diferente, tenha sido igual ou superior a 90 dias.

6. O período experimental é reduzido consoante a duração do estágio profissional com avaliação positiva, para a mesma atividade e empregador diferente, tenha sido igual ou superior a 90 dias, nos últimos 12 meses.

7. A duração do período experimental pode ser reduzida por instrumento de regulamentação colectiva de trabalho ou por acordo escrito entre partes.

8. A antiguidade do trabalhador conta-se desde o início do período experimental.

(Redação dada pela Lei nº 13/2023, de 03-04)

Artigo 113º – Contagem do período experimental

1. O período experimental conta a partir do início da execução da prestação do trabalhador, compreendendo acção de formação determinada pelo empregador, na parte em que não exceda metade da duração daquele período.

2. Não são considerados na contagem os dias de falta, ainda que justificada, de licença, de dispensa ou de suspensão do contrato.

Artigo 114º – Denúncia do contrato durante o período experimental

1. Durante o período experimental, salvo acordo escrito em contrário, qualquer das partes pode denunciar o contrato sem aviso prévio e invocação de justa causa, nem direito a indemnização.

2. Tendo o período experimental durado mais de 60 dias, a denúncia do contrato por parte do empregador depende de aviso prévio de sete dias.

3. Tendo o período experimental durado mais de 120 dias, a denúncia do contrato por parte do empregador depende de aviso prévio de 30 dias.

4. O não cumprimento, total ou parcial, do período de aviso prévio previsto nos nºs 2 e 3, determina o pagamento da retribuição correspondente ao aviso prévio em falta.

5. O empregador deve comunicar, no prazo de cinco dias úteis a contar da data da denúncia, à entidade com competência na área da igualdade de oportunidades entre homens e mulheres a denúncia do contrato de trabalho durante o período experimental sempre que estiver em causa uma trabalhadora grávida, puérpera ou lactante ou um trabalhador no gozo de licença parental, bem como no caso de trabalhador cuidador.

6. O empregador deve comunicar ao serviço com competência inspetiva do ministério responsável pela área laboral, mediante formulário eletrónico, a denúncia de contrato durante o período experimental relativamente aos trabalhadores abrangidos na subalínea *iii*) da alínea *b*) do nº 1 do artigo 112º, nos 15 dias posteriores à denúncia do contrato de trabalho.

7. É ilícita a denúncia que constitua abuso do direito, a apreciar nos termos gerais.

8. O caráter abusivo da denúncia só pode ser declarado pelos tribunais judiciais, aplicando-se à denúncia abusiva os efeitos previstos nos nºs 1 e 3 do artigo 389º e nos artigos 390º, 391º e 392º, com as necessárias adaptações.

9. Constitui contraordenação grave a violação do disposto nos nºs 5 e 6.

(Redação dada pela Lei nº 13/2023, de 03-04)

SECÇÃO V - Actividade do trabalhador

Artigo 115º - Determinação da actividade do trabalhador

1. Cabe às partes determinar por acordo a actividade para que o trabalhador é contratado.

2. A determinação a que se refere o número anterior pode ser feita por remissão para categoria de instrumento de regulamentação colectiva de trabalho ou de regulamento interno de empresa.

3. Quando a natureza da actividade envolver a prática de negócios jurídicos, considera-se que o contrato de trabalho concede ao trabalhador os necessários poderes, salvo se a lei exigir instrumento especial.

Artigo 116º - Autonomia técnica

A sujeição à autoridade e direcção do empregador não prejudica a autonomia técnica do trabalhador inerente à actividade prestada, nos termos das regras legais ou deontológicas aplicáveis.

Artigo 117º - Efeitos de falta de título profissional

1. Sempre que o exercício de determinada actividade se encontre legalmente condicionado à posse de título profissional, designadamente carteira profissional, a sua falta determina a nulidade do contrato.

2. Quando o título profissional é retirado ao trabalhador, por decisão que já não admite recurso, o contrato caduca logo que as partes sejam notificadas da decisão.

Artigo 118º - Funções desempenhadas pelo trabalhador

1. O trabalhador deve, em princípio, exercer funções correspondentes à actividade para que se encontra contratado, devendo o empregador atribuir-lhe, no âmbito da referida actividade, as funções mais adequadas às suas aptidões e qualificação profissional.

2. A actividade contratada, ainda que determinada por remissão para categoria profissional de instrumento de regulamentação colectiva de trabalho ou regulamento interno de empresa, compreende as funções que lhe sejam afins ou funcionalmente ligadas, para as quais o trabalhador tenha qualificação adequada e que não impliquem desvalorização profissional.

3. Para efeitos do número anterior e sem prejuízo do disposto em instrumento de regulamentação colectiva de trabalho, consideram-se afins ou funcionalmente ligadas, designadamente, as funções compreendidas no mesmo grupo ou carreira profissional.

4. Sempre que o exercício de funções acessórias exigir especial qualificação, o trabalhador tem direito a formação profissional não inferior a dez horas anuais.

5. Constitui contra-ordenação grave a violação do disposto no número anterior.

Artigo 119º – Mudança para categoria inferior

A mudança do trabalhador para categoria inferior àquela para que se encontra contratado pode ter lugar mediante acordo, com fundamento em necessidade premente da empresa ou do trabalhador, devendo ser autorizada pelo serviço com competência inspectiva do ministério responsável pela área laboral no caso de determinar diminuição da retribuição.

Artigo 120º – Mobilidade funcional

1. O empregador pode, quando o interesse da empresa o exija, encarregar o trabalhador de exercer temporariamente funções não compreendidas na actividade contratada, desde que tal não implique modificação substancial da posição do trabalhador.

2. As partes podem alargar ou restringir a faculdade conferida no número anterior, mediante acordo que caduca ao fim de dois anos se não tiver sido aplicado.

3. A ordem de alteração deve ser justificada, mencionando se for caso disso o acordo a que se refere o número anterior, e indicar a duração previsível da mesma, que não deve ultrapassar dois anos.

4. O disposto no nº 1 não pode implicar diminuição da retribuição, tendo o trabalhador direito às condições de trabalho mais favoráveis que sejam inerentes às funções exercidas.

5. Salvo disposição em contrário, o trabalhador não adquire a categoria correspondente às funções temporariamente exercidas.

6. O disposto nos números anteriores pode ser afastado por instrumento de regulamentação colectiva de trabalho.

7. Constitui contra-ordenação grave a violação do disposto nos nºs 1, 3 ou 4.

SECÇÃO VI – Invalidade do contrato de trabalho

Artigo 121º – Invalidade parcial de contrato de trabalho

1. A nulidade ou a anulação parcial não determina a invalidade de todo o contrato de trabalho, salvo quando se mostre que este não teria sido celebrado sem a parte viciada.

2. A cláusula de contrato de trabalho que viole norma imperativa considera-se substituída por esta.

Artigo 122º – Efeitos da invalidade de contrato de trabalho

1. O contrato de trabalho declarado nulo ou anulado produz efeitos como válido em relação ao tempo em que seja executado.

2. A acto modificativo de contrato de trabalho que seja inválido aplica-se o disposto no número anterior, desde que não afecte as garantias do trabalhador.

Artigo 123º - Invalidade e cessação de contrato de trabalho

1. A facto extintivo ocorrido antes da declaração de nulidade ou anulação de contrato de trabalho aplicam-se as normas sobre cessação do contrato.

2. Se for declarado nulo ou anulado o contrato a termo que já tenha cessado, a indemnização tem por limite o valor estabelecido no artigo 393º ou 401º, respectivamente para despedimento ilícito ou denúncia sem aviso prévio.

3. À invocação de invalidade pela parte de má fé, estando a outra de boa fé, seguida de imediata cessação da prestação de trabalho, aplica-se o regime da indemnização prevista no nº 3 do artigo 392º ou no artigo 401º para o despedimento ilícito ou para a denúncia sem aviso prévio, conforme o caso.

4. A má fé consiste na celebração do contrato ou na manutenção deste com o conhecimento da causa de invalidade.

Artigo 124º - Contrato com objecto ou fim contrário à lei ou à ordem pública

1. Se o contrato de trabalho tiver por objecto ou fim uma actividade contrária à lei ou à ordem pública, a parte que conhecia a ilicitude perde a favor do serviço responsável pela gestão financeira do orçamento da segurança social as vantagens auferidas decorrentes do contrato.

2. A parte que conhecia a ilicitude não pode eximir-se ao cumprimento de qualquer obrigação contratual ou legal, nem reaver aquilo que prestou ou o seu valor, quando a outra parte ignorar essa ilicitude.

3. Constitui contra-ordenação grave a violação do disposto no nº 1.

Artigo 125º - Convalidação de contrato de trabalho

1. Cessando a causa da invalidade durante a execução de contrato de trabalho, este considera-se convalidado desde o início da execução.

2. No caso de contrato a que se refere o artigo anterior, a convalidação só produz efeitos a partir do momento em que cessa a causa da invalidade.

SECÇÃO VII - Direitos, deveres e garantias das partes

SUBSECÇÃO I - Disposições gerais

Artigo 126º - Deveres gerais das partes

1. O empregador e o trabalhador devem proceder de boa fé no exercício dos seus direitos e no cumprimento das respectivas obrigações.

2. Na execução do contrato de trabalho, as partes devem colaborar na obtenção da maior produtividade, bem como na promoção humana, profissional e social do trabalhador.

Artigo 127º – Deveres do empregador

1. O empregador deve, nomeadamente:

a) Respeitar e tratar o trabalhador com urbanidade e probidade, afastando quaisquer atos que possam afetar a dignidade do trabalhador, que sejam discriminatórios, lesivos, intimidatórios, hostis ou humilhantes para o trabalhador, nomeadamente assédio;

b) Pagar pontualmente a retribuição, que deve ser justa e adequada ao trabalho;

c) Proporcionar boas condições de trabalho, do ponto de vista físico e moral;

d) Contribuir para a elevação da produtividade e empregabilidade do trabalhador, nomeadamente proporcionando-lhe formação profissional adequada a desenvolver a sua qualificação;

e) Respeitar a autonomia técnica do trabalhador que exerça actividade cuja regulamentação ou deontologia profissional a exija;

f) Possibilitar o exercício de cargos em estruturas representativas dos trabalhadores;

g) Prevenir riscos e doenças profissionais, tendo em conta a protecção da segurança e saúde do trabalhador, devendo indemnizá-lo dos prejuízos resultantes de acidentes de trabalho;

h) Adoptar, no que se refere a segurança e saúde no trabalho, as medidas que decorram de lei ou instrumento de regulamentação colectiva de trabalho;

i) Fornecer ao trabalhador a informação e a formação adequadas à prevenção de riscos de acidente ou doença;

j) Manter actualizado, em cada estabelecimento, o registo dos trabalhadores com indicação de nome, datas de nascimento e admissão, modalidade de contrato, categoria, promoções, retribuições, datas de início e termo das férias e faltas que impliquem perda da retribuição ou diminuição de dias de férias;

k) Adotar códigos de boa conduta para a prevenção e combate ao assédio no trabalho, sempre que a empresa tenha sete ou mais trabalhadores;

l) Instaurar procedimento disciplinar sempre que tiver conhecimento de alegadas situações de assédio no trabalho.

2. Na organização da actividade, o empregador deve observar o princípio geral da adaptação do trabalho à pessoa, com vista nomeadamente a atenuar o trabalho monótono ou cadenciado em função do tipo de actividade, e as exigências em matéria de segurança e saúde, designadamente no que se refere a pausas durante o tempo de trabalho.

3. O empregador deve proporcionar ao trabalhador condições de trabalho que favoreçam a conciliação da actividade profissional com a vida familiar e pessoal.

4. O empregador deve afixar nas instalações da empresa toda a informação sobre a legislação referente ao direito de parentalidade ou, se for elaborado regulamento interno a que alude o artigo 99º, consagrar no mesmo toda essa legislação.

5. *(Revogado).*

6. *(Revogado).*

7. Constitui contraordenação grave a violação do disposto nas alíneas *k*) e *l*) do nº 1 e contraordenação leve a violação do disposto na alínea *j*) do nº 1 e no nº 4.

(Redação dada pela Lei nº 13/2023, de 03-04)

Artigo 128º – Deveres do trabalhador

1. Sem prejuízo de outras obrigações, o trabalhador deve:

a) Respeitar e tratar o empregador, os superiores hierárquicos, os companheiros de trabalho e as pessoas que se relacionem com a empresa, com urbanidade e probidade;

b) Comparecer ao serviço com assiduidade e pontualidade;

c) Realizar o trabalho com zelo e diligência;

d) Participar de modo diligente em acções de formação profissional que lhe sejam proporcionadas pelo empregador;

e) Cumprir as ordens e instruções do empregador respeitantes a execução ou disciplina do trabalho, bem como a segurança e saúde no trabalho, que não sejam contrárias aos seus direitos ou garantias;

f) Guardar lealdade ao empregador, nomeadamente não negociando por conta própria ou alheia em concorrência com ele, nem divulgando informações referentes à sua organização, métodos de produção ou negócios;

g) Velar pela conservação e boa utilização de bens relacionados com o trabalho que lhe forem confiados pelo empregador;

h) Promover ou executar os actos tendentes à melhoria da produtividade da empresa;

i) Cooperar para a melhoria da segurança e saúde no trabalho, nomeadamente por intermédio dos representantes dos trabalhadores eleitos para esse fim;

j) Cumprir as prescrições sobre segurança e saúde no trabalho que decorram de lei ou instrumento de regulamentação colectiva de trabalho.

2. O dever de obediência respeita tanto a ordens ou instruções do empregador como de superior hierárquico do trabalhador, dentro dos poderes que por aquele lhe forem atribuídos.

Artigo 129º – Garantias do trabalhador

1. É proibido ao empregador:

a) Opor-se, por qualquer forma, a que o trabalhador exerça os seus direitos, bem como despedi-lo, aplicar-lhe outra sanção, ou tratá-lo desfavoravelmente por causa desse exercício;

b) Obstar injustificadamente à prestação efectiva de trabalho;

c) Exercer pressão sobre o trabalhador para que actue no sentido de influir desfavoravelmente nas condições de trabalho dele ou dos companheiros;

d) Diminuir a retribuição, salvo nos casos previstos neste Código ou em instrumento de regulamentação colectiva de trabalho;

e) Mudar o trabalhador para categoria inferior, salvo nos casos previstos neste Código;

f) Transferir o trabalhador para outro local de trabalho, salvo nos casos previstos neste Código ou em instrumento de regulamentação colectiva de trabalho, ou ainda quando haja acordo;

g) Ceder trabalhador para utilização de terceiro, salvo nos casos previstos neste Código ou em instrumento de regulamentação colectiva de trabalho;

h) Obrigar o trabalhador a adquirir bens ou serviços a ele próprio ou a pessoa por ele indicada;

i) Explorar, com fim lucrativo, cantina, refeitório, economato ou outro estabelecimento directamente relacionado com o trabalho, para fornecimento de bens ou prestação de serviços aos seus trabalhadores;

j) Fazer cessar o contrato e readmitir o trabalhador, mesmo com o seu acordo, com o propósito de o prejudicar em direito ou garantia decorrente da antiguidade;

k) Obstar a que o trabalhador exerça outra atividade profissional, salvo com base em fundamentos objetivos, designadamente segurança e saúde ou sigilo profissional, ou tratá-lo desfavoravelmente por causa desse exercício.

2. O disposto na alínea *k*) do número anterior não isenta o trabalhador do dever de lealdade previsto na alínea *f*) do nº 1 do artigo anterior nem do disposto em legislação especial quanto a impedimentos e incompatibilidades.

3. Constitui contra-ordenação muito grave a violação do disposto neste artigo.

(Redação dada pela Lei nº 13/2023, de 03-04)

SUBSECÇÃO II – Formação profissional

Artigo 130º – Objectivos da formação profissional

São objectivos da formação profissional:

a) Proporcionar qualificação inicial a jovem que ingresse no mercado de trabalho sem essa qualificação;

b) Assegurar a formação contínua dos trabalhadores da empresa;

c) Promover a qualificação ou reconversão profissional de trabalhador em risco de desemprego;

d) Promover a reabilitação profissional de trabalhador com deficiência, em particular daquele cuja incapacidade resulta de acidente de trabalho;

e) Promover a integração sócio-profissional de trabalhador pertencente a grupo com particulares dificuldades de inserção.

Artigo 131º – Formação contínua

1. No âmbito da formação contínua, o empregador deve:

a) Promover o desenvolvimento e a adequação da qualificação do trabalhador, tendo em vista melhorar a sua empregabilidade e aumentar a produtividade e a competitividade da empresa;

b) Assegurar a cada trabalhador o direito individual à formação, através de um número mínimo anual de horas de formação, mediante acções desenvolvidas na empresa ou a concessão de tempo para frequência de formação por iniciativa do trabalhador;

c) Organizar a formação na empresa, estruturando planos de formação anuais ou plurianuais e, relativamente a estes, assegurar o direito a informação e consulta dos trabalhadores e dos seus representantes;

d) Reconhecer e valorizar a qualificação adquirida pelo trabalhador.

2. O trabalhador tem direito, em cada ano, a um número mínimo de quarenta horas de formação contínua ou, sendo contratado a termo por período igual ou superior a três meses, a um número mínimo de horas proporcional à duração do contrato nesse ano.

3. A formação referida no número anterior pode ser desenvolvida pelo empregador, por entidade formadora certificada para o efeito ou por estabelecimento de ensino reconhecido pelo ministério competente e dá lugar à emissão de certificado e a registo na Caderneta Individual de Competências nos termos do regime jurídico do Sistema Nacional de Qualificações.

4. Para efeito de cumprimento do disposto no nº 2, são consideradas as horas de dispensa de trabalho para frequência de aulas e de faltas para prestação de provas de avaliação, ao abrigo do regime de trabalhador-estudante, bem como as ausências a que haja lugar no âmbito de processo de reconhecimento, validação e certificação de competências.

5. O empregador deve assegurar, em cada ano, formação contínua a pelo menos 10% dos trabalhadores da empresa.

6. O empregador pode antecipar até dois anos ou, desde que o plano de formação o preveja, diferir por igual período, a efectivação da formação anual a que se refere o nº 2, imputando-se a formação realizada ao cumprimento da obrigação mais antiga.

7. O período de antecipação a que se refere o número anterior é de cinco anos no caso de frequência de processo de reconhecimento, validação e certificação de competências, ou de formação que confira dupla certificação.

8. A formação contínua que seja assegurada pelo utilizador ou pelo cessionário, no caso de, respectivamente, trabalho temporário ou cedência ocasional de trabalhador, exonera o empregador, podendo haver lugar a compensação por parte deste em termos a acordar.

9. O disposto na lei em matéria de formação contínua pode ser adaptado por convenção colectiva que tenha em conta as características do sector de actividade, a qualificação dos trabalhadores e a dimensão da empresa.

10. Constitui contra-ordenação grave a violação do disposto nos nºs 1, 2 ou 5.
(Redação dada pela Lei nº 93/2019, de 04-09)

Artigo 132º – Crédito de horas e subsídio para formação contínua

1. As horas de formação previstas no nº 2 do artigo anterior, que não sejam asseguradas pelo empregador até ao termo dos dois anos posteriores ao seu vencimento, transformam-se em crédito de horas em igual número para formação por iniciativa do trabalhador.

2. O crédito de horas para formação é referido ao período normal de trabalho, confere direito a retribuição e conta como tempo de serviço efectivo.

3. O trabalhador pode utilizar o crédito de horas para a frequência de acções de formação, mediante comunicação ao empregador com a antecedência mínima de 10 dias.

4. Por instrumento de regulamentação colectiva de trabalho ou acordo individual, pode ser estabelecido um subsídio para pagamento do custo da formação, até ao valor da retribuição do período de crédito de horas utilizado.

5. Em caso de cumulação de créditos de horas, a formação realizada é imputada ao crédito vencido há mais tempo.

6. O crédito de horas para formação que não seja utilizado cessa passados três anos sobre a sua constituição.

Artigo 133º – Conteúdo da formação contínua

1. A área da formação contínua é determinada por acordo ou, na falta deste, pelo empregador, caso em que deve coincidir ou ser afim com a actividade prestada pelo trabalhador.

2. A área da formação a que se refere o artigo anterior é escolhida pelo trabalhador, devendo ter correspondência com a actividade prestada ou respeitar a tecnologias de informação e comunicação, segurança e saúde no trabalho ou língua estrangeira.

3. Constitui contra-ordenação grave a violação do disposto no nº 1.

Artigo 134º – Efeito da cessação do contrato de trabalho no direito a formação

Cessando o contrato de trabalho, o trabalhador tem direito a receber a retribuição correspondente ao número mínimo anual de horas de formação que não lhe tenha sido proporcionado, ou ao crédito de horas para formação de que seja titular à data da cessação.

SECÇÃO VIII – Cláusulas acessórias

SUBSECÇÃO I – Condição e termo

Artigo 135º – Condição ou termo suspensivo

Ao contrato de trabalho pode ser aposta, por escrito, condição ou termo suspensivo, nos termos gerais.

SUBSECÇÃO II – Cláusulas de limitação da liberdade de trabalho

Artigo 136º – Pacto de não concorrência

1. É nula a cláusula de contrato de trabalho ou de instrumento de regulamentação colectiva de trabalho que, por qualquer forma, possa prejudicar o exercício da liberdade de trabalho após a cessação do contrato.

2. É lícita a limitação da actividade do trabalhador durante o período máximo de dois anos subsequente à cessação do contrato de trabalho, nas seguintes condições:

a) Constar de acordo escrito, nomeadamente de contrato de trabalho ou de revogação deste;

b) Tratar-se de actividade cujo exercício possa causar prejuízo ao empregador;

c) Atribuir ao trabalhador, durante o período de limitação da actividade, uma compensação que pode ser reduzida equitativamente quando o empregador tiver realizado despesas avultadas com a sua formação profissional.

3. Em caso de despedimento declarado ilícito ou de resolução com justa causa pelo trabalhador com fundamento em acto ilícito do empregador, a compensação a que se refere a alínea *c*) do número anterior é elevada até ao valor da retribuição base à data da cessação do contrato, sob pena de não poder ser invocada a limitação da actividade prevista na cláusula de não concorrência.

4. São deduzidas do montante da compensação referida no número anterior as importâncias auferidas pelo trabalhador no exercício de outra actividade profissional, iniciada após a cessação do contrato de trabalho, até ao valor decorrente da aplicação da alínea *c*) do nº 2.

5. Tratando-se de trabalhador afecto ao exercício de actividade cuja natureza suponha especial relação de confiança ou que tenha acesso a informação particularmente sensível no plano da concorrência, a limitação a que se refere o nº 2 pode durar até três anos.

Artigo 137º - Pacto de permanência

1. As partes podem convencionar que o trabalhador se obriga a não denunciar o contrato de trabalho, por um período não superior a três anos, como compensação ao empregador por despesas avultadas feitas com a sua formação profissional.

2. O trabalhador pode desobrigar-se do cumprimento do acordo previsto no número anterior mediante pagamento do montante correspondente às despesas nele referidas.

Artigo 138º - Limitação da liberdade de trabalho

É nulo o acordo entre empregadores, nomeadamente em cláusula de contrato de utilização de trabalho temporário, que proíba a admissão de trabalhador que a eles preste ou tenha prestado trabalho, bem como obrigue, em caso de admissão, ao pagamento uma indemnização.

SECÇÃO IX - Modalidades de contrato de trabalho

SUBSECÇÃO I - Contrato a termo resolutivo

Artigo 139º - Regime do termo resolutivo

O regime do contrato de trabalho a termo resolutivo, constante da presente subsecção, não pode ser afastado por instrumento de regulamentação coletiva de trabalho, com exceção do nº 2 do artigo seguinte e do artigo 145º

(Redação dada pela Lei nº 93/2019, de 04-09)

Artigo 140º – Admissibilidade de contrato de trabalho a termo resolutivo

1. O contrato de trabalho a termo resolutivo só pode ser celebrado para a satisfação de necessidades temporárias, objetivamente definidas pela entidade empregadora e apenas pelo período estritamente necessário à satisfação dessas necessidades.

2. Considera-se, nomeadamente, necessidade temporária da empresa:

a) Substituição directa ou indirecta de trabalhador ausente ou que, por qualquer motivo, se encontre temporariamente impedido de trabalhar;

b) Substituição directa ou indirecta de trabalhador em relação ao qual esteja pendente em juízo acção de apreciação da licitude de despedimento;

c) Substituição directa ou indirecta de trabalhador em situação de licença sem retribuição;

d) Substituição de trabalhador a tempo completo que passe a prestar trabalho a tempo parcial por período determinado;

e) Actividade sazonal ou outra cujo ciclo anual de produção apresente irregularidades decorrentes da natureza estrutural do respectivo mercado, incluindo o abastecimento de matéria-prima;

f) Acréscimo excepcional de actividade da empresa;

g) Execução de tarefa ocasional ou serviço determinado precisamente definido e não duradouro;

h) Execução de obra, projecto ou outra actividade definida e temporária, incluindo a execução, direcção ou fiscalização de trabalhos de construção civil, obras públicas, montagens e reparações industriais, em regime de empreitada ou em administração directa, bem como os respectivos projectos ou outra actividade complementar de controlo e acompanhamento.

3. Sem prejuízo do disposto no nº 1, só pode ser celebrado contrato de trabalho a termo incerto em situação referida em qualquer das alíneas *a*) a *c*) ou *e*) a *h*) do número anterior.

4. Além das situações previstas no nº 1, pode ser celebrado contrato de trabalho a termo certo para:

a) Lançamento de nova atividade de duração incerta, bem como início do funcionamento de empresa ou de estabelecimento pertencente a empresa com menos de 250 trabalhadores, nos dois anos posteriores a qualquer um desses factos;

b) Contratação de trabalhador em situação de desemprego de muito longa duração.

5. Cabe ao empregador a prova dos factos que justificam a celebração de contrato de trabalho a termo.

6. Constitui contra-ordenação muito grave a violação do disposto em qualquer dos nºs 1 a 4.

(Redação dada pela Lei nº 93/2019, de 04-09)

Artigo 141º – Forma e conteúdo de contrato de trabalho a termo

1. O contrato de trabalho a termo está sujeito a forma escrita e deve conter:

a) Identificação, assinaturas e domicílio ou sede das partes;

b) Actividade do trabalhador e correspondente retribuição;

c) Local e período normal de trabalho;

d) Data de início do trabalho;

e) Indicação do termo estipulado, ou da duração previsível do contrato, e do respetivo motivo justificativo, consoante se trate, respetivamente, de contrato a termo certo ou incerto;

f) Datas de celebração do contrato e, sendo a termo certo, da respectiva cessação.

2. Na falta da referência exigida pela alínea *d*) do número anterior, considera-se que o contrato tem início na data da sua celebração.

3. Para efeitos da alínea *e*) do nº 1, a indicação do motivo justificativo do termo deve ser feita com menção expressa dos factos que o integram, devendo estabelecer-se a relação entre a justificação invocada e o termo estipulado.

4. Constitui contra-ordenação grave a violação do disposto na alínea *e*) do nº 1 ou no nº 3.

(Redação dada pela Lei nº 13/2023, de 03-04)

Artigo 142º – Casos especiais de contrato de trabalho de muito curta duração

1. O contrato de trabalho para fazer face a acréscimo excecional e substancial da atividade de empresa cujo ciclo anual apresente irregularidades decorrentes do respetivo mercado ou de natureza estrutural que não seja passível de assegurar pela sua estrutura permanente, nomeadamente em atividade sazonal no setor agrícola ou do turismo, de duração não superior a 35 dias, não está sujeito a forma escrita, devendo o empregador comunicar a sua celebração e o local de trabalho ao serviço competente da segurança social, mediante formulário eletrónico que contém os elementos referidos nas alíneas *a*), *b*) e *d*) do nº 1 do artigo anterior.

2. Nos casos previstos no número anterior, a duração total de contratos de trabalho a termo celebrados entre o mesmo trabalhador e empregador não pode exceder 70 dias de trabalho no ano civil.

3. Em caso de violação do disposto em qualquer dos números anteriores, o contrato considera-se celebrado pelo prazo de seis meses, contando-se neste prazo a duração de contratos anteriores celebrados ao abrigo dos mesmos preceitos.

4. Constitui contraordenação leve a violação do dever de comunicação previsto no nº 1.

(Redação dada pela Lei nº 13/2023, de 03-04)

Artigo 143º – Sucessão de contrato de trabalho a termo

1. A cessação de contrato de trabalho a termo, por motivo não imputável ao trabalhador, impede nova admissão ou afetação de trabalhador através de contrato de trabalho a termo ou de trabalho temporário cuja execução se concretize no mesmo posto de trabalho ou atividade profissional, ou ainda de contrato de prestação de serviços para o mesmo objeto ou atividade, celebrado com o mesmo empregador ou sociedade que com este se encontre em relação de domínio ou de grupo, ou mantenha estruturas organizativas comuns, antes de decorrido um período de tempo equivalente a um terço da duração do contrato, incluindo renovações.

2. O disposto no número anterior não é aplicável nos seguintes casos:

a) Nova ausência do trabalhador substituído, quando o contrato de trabalho a termo tenha sido celebrado para a sua substituição;

b) Acréscimo excepcional da actividade da empresa, após a cessação do contrato;

c) Actividade sazonal;

d) *(Revogada.)*

3. Constitui contra-ordenação grave a violação do disposto no nº 1.

(Redação dada pela Lei nº 13/2023, de 03-04)

Artigo 144º – Informações relativas a contrato de trabalho a termo

1. O empregador deve comunicar a celebração de contrato de trabalho a termo, com indicação do respectivo motivo justificativo, bem como a cessação do mesmo à comissão de trabalhadores e à associação sindical em que o trabalhador esteja filiado, no prazo de cinco dias úteis.

2. O empregador deve comunicar, nos termos previstos em portaria do ministro responsável pela área laboral, ao serviço com competência inspectiva do Ministério responsável pela área laboral os elementos a que se refere o número anterior.

3. O empregador deve comunicar à entidade com competência na área da igualdade de oportunidades entre homens e mulheres, com a antecedência mínima de cinco dias úteis a contar da data do aviso prévio, o motivo da não renovação de contrato de trabalho a termo sempre que estiver em causa uma trabalhadora grávida, puérpera ou lactante, ou um trabalhador no gozo de licença parental, ou um trabalhador cuidador.

4. O empregador deve afixar informação relativa à existência de postos de trabalho permanentes que estejam disponíveis na empresa ou estabelecimento.

5. Constitui contraordenação leve a violação do disposto nos nºs 1, 2 e 4 e contraordenação grave a violação do disposto no nº 3.

(Redação dada pela Lei nº 13/2023, de 03-04)

Artigo 145º – Preferência na admissão

1. Até 30 dias após a cessação do contrato, o trabalhador tem, em igualdade de condições, preferência na celebração de contrato sem termo, sempre que o empregador proceda a recrutamento externo para o exercício de funções idênticas àquelas para que foi contratado.

2. A violação do disposto no número anterior obriga o empregador a indemnizar o trabalhador no valor correspondente a três meses de retribuição base.

3. Cabe ao trabalhador alegar a violação da preferência prevista no nº 1 e ao empregador a prova do cumprimento do disposto nesse preceito.

4. Constitui contra-ordenação grave a violação do disposto no nº 1.

Artigo 146º - Igualdade de tratamento no âmbito de contrato a termo

1. O trabalhador contratado a termo tem os mesmos direitos e está adstrito aos mesmos deveres de trabalhador permanente em situação comparável, salvo se razões objectivas justificarem tratamento diferenciado.

2. Os trabalhadores contratados a termo são considerados, para efeitos da determinação das obrigações sociais relacionadas com o número de trabalhadores, com base na média dos existentes na empresa no final de cada mês do ano civil anterior.

Artigo 147º - Contrato de trabalho sem termo

1. Considera-se sem termo o contrato de trabalho:

a) Em que a estipulação de termo tenha por fim iludir as disposições que regulam o contrato sem termo;

b) Celebrado fora dos casos previstos nos nºs 1, 3 ou 4 do artigo 140º;

c) Em que falte a redução a escrito, a identificação ou a assinatura das partes, ou, simultaneamente, as datas de celebração do contrato e de início do trabalho, bem como aquele em que se omitam ou sejam insuficientes as referências ao termo e ao motivo justificativo;

d) Celebrado em violação do disposto no nº 1 do artigo 143º

2. Converte-se em contrato de trabalho sem termo:

a) Aquele cuja renovação tenha sido feita em violação do disposto no artigo 149º;

b) Aquele em que seja excedido o prazo de duração ou o número de renovações a que se refere o artigo seguinte;

c) O celebrado a termo incerto, quando o trabalhador permaneça em actividade após a data de caducidade indicada na comunicação do empregador ou, na falta desta, decorridos 15 dias após a verificação do termo.

3. Em situação referida no nº 1 ou 2, a antiguidade do trabalhador conta-se desde o início da prestação de trabalho, excepto em situação a que se refere a alínea *d*) do nº 1, em que compreende o tempo de trabalho prestado em cumprimento dos contratos sucessivos.

Artigo 148º - Duração de contrato de trabalho a termo

1. A duração do contrato de trabalho a termo certo não pode ser superior a dois anos.

2. O contrato de trabalho a termo certo só pode ser celebrado por prazo inferior a seis meses em situação prevista em qualquer das alíneas *a*) a *g*) do nº 2 do artigo 140º, não podendo a duração ser inferior à prevista para a tarefa ou serviço a realizar.

3. Em caso de violação do disposto na primeira parte do número anterior, o contrato considera-se celebrado pelo prazo de seis meses desde que corresponda à satisfação de necessidades temporárias da empresa.

4. Na situação prevista na alínea *a*) do nº 4 do artigo 140º, a duração do contrato de trabalho a termo certo não pode exceder os dois anos posteriores ao início do motivo justificativo.

5. A duração do contrato de trabalho a termo incerto não pode ser superior a quatro anos.

6. É incluída no cômputo do limite referido no nº 1 a duração de contratos de trabalho a termo ou de trabalho temporário cuja execução se concretiza no mesmo posto de trabalho, bem como de contrato de prestação de serviço para o mesmo objeto, entre o trabalhador e o mesmo empregador ou sociedades que com este se encontrem em relação de domínio ou de grupo ou mantenham estruturas organizativas comuns.

(Redação dada pela Lei nº 93/2019, de 04-09)

Artigo 149º – Renovação de contrato de trabalho a termo certo

1. As partes podem acordar que o contrato de trabalho a termo certo não fica sujeito a renovação.

2. Na ausência de estipulação a que se refere o número anterior e de declaração de qualquer das partes que o faça cessar, o contrato renova-se no final do termo, por igual período se outro não for acordado pelas partes.

3. A renovação do contrato está sujeita à verificação da sua admissibilidade, nos termos previstos para a sua celebração, bem como a iguais requisitos de forma no caso de se estipular período diferente.

4. O contrato de trabalho a termo certo pode ser renovado até três vezes e a duração total das renovações não pode exceder a do período inicial daquele.

5. Considera-se como único contrato aquele que seja objecto de renovação.

(Redação dada pela Lei nº 93/2019, de 04-09)

SUBSECÇÃO II – Trabalho a tempo parcial

Artigo 150º – Noção de trabalho a tempo parcial

1. Considera-se trabalho a tempo parcial o que corresponda a um período normal de trabalho semanal inferior ao praticado a tempo completo em situação comparável.

2. Para efeitos número anterior, se o período normal de trabalho não for igual em cada semana, é considerada a respectiva média no período de referência aplicável.

3. O trabalho a tempo parcial pode ser prestado apenas em alguns dias por semana, por mês ou por ano, devendo o número de dias de trabalho ser estabelecido por acordo.

4. As situações de trabalhador a tempo parcial e de trabalhador a tempo completo são comparáveis quando estes prestem idêntico trabalho no mesmo estabelecimento ou, não havendo neste trabalhador em situação comparável, noutro estabelecimento da mesma empresa com idêntica actividade, devendo ser levadas em conta a antiguidade e a qualificação.

5. Se não existir trabalhador em situação comparável nos termos do número anterior, atende-se ao disposto em instrumento de regulamentação colectiva de trabalho ou na lei para trabalhador a tempo completo e com as mesmas antiguidade e qualificação.

6. O instrumento de regulamentação colectiva de trabalho pode estabelecer o limite máximo de percentagem do tempo completo que determina a qualificação do tempo parcial, ou critérios de comparação além dos previstos na parte final do nº 4.

Artigo 151º – Liberdade de celebração de contrato de trabalho a tempo parcial

A liberdade de celebração de contrato de trabalho a tempo parcial não pode ser excluída por instrumento de regulamentação colectiva de trabalho.

Artigo 152º – Preferência na admissão para trabalho a tempo parcial

1. Os instrumentos de regulamentação colectiva de trabalho devem estabelecer, para a admissão em regime de tempo parcial, preferências em favor de pessoa com responsabilidades familiares, com capacidade de trabalho reduzida, com deficiência ou doença crónica ou que frequente estabelecimento de ensino.

2. Constitui contra-ordenação grave o desrespeito de preferência estabelecida nos termos do nº 1.

Artigo 153º – Forma e conteúdo de contrato de trabalho a tempo parcial

1. O contrato de trabalho a tempo parcial está sujeito a forma escrita e deve conter:

a) Identificação, assinaturas e domicílio ou sede das partes;

b) Indicação do período normal de trabalho diário e semanal, com referência comparativa a trabalho a tempo completo.

2. Na falta da indicação referida na alínea *b*) do número anterior, presume-se que o contrato é celebrado a tempo completo.

3. Quando não tenha sido observada a forma escrita, considera-se o contrato celebrado a tempo completo.

Artigo 154º – Condições de trabalho a tempo parcial

1. A trabalhador a tempo parcial é aplicável o regime previsto na lei e em instrumento de regulamentação colectiva de trabalho que, pela sua natureza, não implique a prestação de trabalho a tempo completo.

2. O trabalhador a tempo parcial não pode ter tratamento menos favorável do que o trabalhador a tempo completo em situação comparável, a menos que um tratamento diferente seja justificado por razões objectivas, que podem ser definidas por instrumento de regulamentação colectiva de trabalho.

3. O trabalhador a tempo parcial tem direito:

a) À retribuição base e outras prestações, com ou sem carácter retributivo, previstas na lei ou em instrumento de regulamentação colectiva de trabalho ou, caso sejam mais favoráveis, às auferidas por trabalhador a tempo completo em situação comparável, na proporção do respectivo período normal de trabalho semanal;

b) Ao subsídio de refeição, no montante previsto em instrumento de regulamentação colectiva de trabalho ou, caso seja mais favorável, ao praticado na empresa, excepto quando o período normal de trabalho diário seja inferior a cinco horas, caso em que é calculado em proporção do respectivo período normal de trabalho semanal.

4. Constitui contra-ordenação grave a violação do disposto neste artigo.

Artigo 155º – Alteração da duração do trabalho a tempo parcial

1. O trabalhador a tempo parcial pode passar a trabalhar a tempo completo, ou o inverso, a título definitivo ou por período determinado, mediante acordo escrito com o empregador.

2. O trabalhador pode fazer cessar o acordo referido no número anterior por meio de comunicação escrita enviada ao empregador até ao sétimo dia seguinte à celebração.

3. Exceptua-se do disposto no número anterior o acordo de modificação do período de trabalho devidamente datado e cujas assinaturas sejam objecto de reconhecimento notarial presencial.

4. Quando a passagem de trabalho a tempo completo para trabalho a tempo parcial, nos termos do nº 1, se verifique por período determinado, decorrido este, o trabalhador tem direito a retomar a prestação de trabalho a tempo completo.

5. Constitui contra-ordenação grave a violação do disposto no nº 4.

Artigo 156º – Deveres do empregador em caso de trabalho a tempo parcial

1. Sempre que possível, o empregador deve:

a) Tomar em consideração o pedido de mudança do trabalhador a tempo completo para trabalho a tempo parcial disponível no estabelecimento;

b) Tomar em consideração o pedido de mudança do trabalhador a tempo parcial para trabalho disponível a tempo completo, ou de aumento do seu tempo de trabalho;

c) Facilitar o acesso a trabalho a tempo parcial a todos os níveis da empresa, incluindo os cargos de direcção.

2. O empregador deve, ainda:

a) Fornecer aos trabalhadores, em tempo oportuno, informação sobre os postos de trabalho a tempo parcial e a tempo completo disponíveis no estabelecimento, de modo a facilitar as mudanças a que se referem as alíneas *a*) e *b*) do número anterior;

b) Fornecer às estruturas de representação colectiva dos trabalhadores da empresa informações adequadas sobre o trabalho a tempo parcial praticado na empresa.

3. Constitui contra-ordenação leve a violação do disposto no número anterior.

SUBSECÇÃO III - Trabalho intermitente

Artigo 157º - Admissibilidade de trabalho intermitente

1. Em empresa que exerça actividade com descontinuidade ou intensidade variável, as partes podem acordar que a prestação de trabalho seja intercalada por um ou mais períodos de inactividade.

2. O contrato de trabalho intermitente não pode ser celebrado a termo resolutivo ou em regime de trabalho temporário.

Artigo 158º - Forma e conteúdo de contrato de trabalho intermitente

1. O contrato de trabalho intermitente está sujeito a forma escrita e deve conter:

a) Identificação, assinaturas e domicílio ou sede das partes;

b) Indicação do número anual de horas de trabalho, ou do número anual de dias de trabalho a tempo completo.

2. Quando não tenha sido observada a forma escrita, ou na falta da indicação referida na alínea *b*) do número anterior, considera-se o contrato celebrado sem período de inactividade.

3. O contrato considera-se celebrado pelo número anual de horas resultante do disposto no nº 2 do artigo seguinte, caso o número anual de horas de trabalho ou o número anual de dias de trabalho a tempo completo seja inferior a esse limite.

Artigo 159º - Período de prestação de trabalho

1. As partes estabelecem a duração da prestação de trabalho, de modo consecutivo ou interpolado, bem como o início e termo de cada período de trabalho, ou a antecedência com que o empregador deve informar o trabalhador do início daquele.

2. A prestação de trabalho referida no número anterior não pode ser inferior a cinco meses a tempo completo, por ano, dos quais pelo menos três meses devem ser consecutivos.

3. A antecedência a que se refere o nº 1 não pode ser inferior a 30 dias na situação do nº 1 do artigo seguinte e a 20 dias nos restantes casos.

4. Em caso de incumprimento do empregador do disposto nos números anteriores, o trabalhador não é obrigado a prestar trabalho nem pode ser prejudicado por esse motivo.

5. Constitui contraordenação grave a violação do disposto no nº 3.

(Redação dada pela Lei nº 13/2023, de 03-04)

Artigo 160º - Direitos do trabalhador

1. Durante o período de inatividade, o trabalhador pode exercer outra atividade, devendo informar o empregador desse facto.

2. Durante o período de inatividade, o trabalhador tem direito a compensação retributiva, a pagar pelo empregador com periodicidade igual à da retribuição, em valor estabelecido em instrumento de regulamentação coletiva de trabalho ou, na sua falta, de 20% da retribuição base.

3. Se o trabalhador exercer outra atividade durante o período de inatividade, o montante da correspondente retribuição é deduzido à compensação retributiva calculada de acordo com o número anterior.

4. Os subsídios de férias e de Natal são calculados com base na média dos valores de retribuições e compensações retributivas auferidas nos últimos 12 meses, ou no período de duração do contrato se esta for inferior.

5. Durante o período de inactividade, mantêm-se os direitos, deveres e garantias das partes que não pressuponham a efectiva prestação de trabalho.

6. Constitui contraordenação grave a violação do disposto nos nºs 2 ou 4.

(Redação dada pela Lei nº 93/2019, de 04-09)

SUBSECÇÃO IV – Comissão de serviço

Artigo 161º – Objecto da comissão de serviço

Pode ser exercido, em comissão de serviço, cargo de administração ou equivalente, de direção ou chefia diretamente dependente da administração ou de diretor-geral ou equivalente, funções de secretariado pessoal de titular de qualquer desses cargos, ou ainda, desde que instrumento de regulamentação coletiva de trabalho o preveja, funções cuja natureza também suponha especial relação de confiança em relação a titular daqueles cargos e funções de chefia.

(Redação dada pela Lei nº 23/2012, de 25-06)

Artigo 162º – Regime de contrato de trabalho em comissão de serviço

1. Pode exercer cargo ou funções em comissão de serviço, um trabalhador da empresa ou outro admitido para o efeito.

2. No caso de admissão de trabalhador para exercer cargo ou funções em comissão de serviço, pode ser acordada a sua permanência após o termo da comissão.

3. O contrato para exercício de cargo ou funções em comissão de serviço está sujeito a forma escrita e deve conter:

a) Identificação, assinaturas e domicílio ou sede das partes;

b) Indicação do cargo ou funções a desempenhar, com menção expressa do regime de comissão de serviço;

c) No caso de trabalhador da empresa, a actividade que exerce, bem como, sendo diversa, a que vai exercer após cessar a comissão;

d) No caso de trabalhador admitido em regime de comissão de serviço que se preveja permanecer na empresa, a actividade que vai exercer após cessar a comissão.

4. Não se considera em regime de comissão de serviço o contrato que não tenha a forma escrita ou a que falte a menção referida na alínea *b*) do número anterior.

5. O tempo de serviço prestado em regime de comissão de serviço conta para efeitos de antiguidade do trabalhador como se tivesse sido prestado na categoria de que este é titular.

6. Constitui contra-ordenação grave a falta da menção referida na alínea *b*) do nº 3, salvo se o empregador reconhecer expressamente e por escrito que o cargo ou funções são exercidos com carácter permanente, e constitui contra-ordenação leve a falta de redução a escrito do contrato ou a violação da alínea *c*) do referido número.

Artigo 163º - Cessação de comissão de serviço

1. Qualquer das partes pode pôr termo à comissão de serviço, mediante aviso prévio por escrito, com a antecedência mínima de 30 ou 60 dias, consoante aquela tenha durado, respectivamente, até dois anos ou período superior.

2. A falta de aviso prévio não obsta à cessação da comissão de serviço, constituindo a parte faltosa na obrigação de indemnizar a contraparte nos termos do artigo 401º

Artigo 164º - Efeitos da cessação da comissão de serviço

1. Cessando a comissão de serviço, o trabalhador tem direito:

a) Caso se mantenha ao serviço da empresa, a exercer a actividade desempenhada antes da comissão de serviço, ou a correspondente à categoria a que tenha sido promovido ou, ainda, a actividade prevista no acordo a que se refere a alínea *c*) ou *d*) do nº 3 do artigo 162º;

b) A resolver o contrato de trabalho nos 30 dias seguintes à decisão do empregador que ponha termo à comissão de serviço, com direito a indemnização calculada nos termos do artigo 366º;

c) Tendo sido admitido para trabalhar em comissão de serviço e esta cesse por iniciativa do empregador que não corresponda a despedimento por facto imputável ao trabalhador, a indemnização calculada nos termos do artigo 366º

2. Os prazos previstos no artigo anterior e o valor da indemnização a que se referem as alíneas *b*) e *c*) do nº 1 podem ser aumentados por instrumento de regulamentação colectiva de trabalho ou contrato de trabalho.

3. Constitui contra-ordenação grave a violação do disposto no nº 1.

(Redação dada pela Lei nº 23/2012, de 25-06)

SUBSECÇÃO V - Teletrabalho

Artigo 165º - Noção de teletrabalho e âmbito do regime

1. Considera-se teletrabalho a prestação de trabalho em regime de subordinação jurídica do trabalhador a um empregador, em local não determinado por este, através do recurso a tecnologias de informação e comunicação.

2. As disposições contidas nos artigos 168º, 169º-A, 169º-B, 170º e 170º-A aplicam-se, na parte compatível, a todas as situações de trabalho à distância sem subordinação jurídica, mas em regime de dependência económica.

(Redação dada pela Lei nº 83/2021, de 06-12)

Artigo 166º – Acordo para prestação de teletrabalho

1. Pode exercer a atividade em regime de teletrabalho um trabalhador da empresa ou outro admitido para o efeito.

2. A implementação do regime de teletrabalho depende sempre de acordo escrito, que pode constar do contrato de trabalho inicial ou ser autónomo em relação a este.

3. O acordo de teletrabalho define o regime de permanência ou de alternância de períodos de trabalho à distância e de trabalho presencial.

4. O acordo deve conter e definir, nomeadamente:

a) A identificação, assinaturas e domicílio ou sede das partes;

b) O local em que o trabalhador realizará habitualmente o seu trabalho, o qual será considerado, para todos os efeitos legais, o seu local de trabalho;

c) O período normal do trabalho diário e semanal;

d) O horário de trabalho;

e) A atividade contratada, com indicação da categoria correspondente;

f) A retribuição a que o trabalhador terá direito, incluindo prestações complementares e acessórias;

g) A propriedade dos instrumentos de trabalho, bem como o responsável pela respetiva instalação e manutenção;

h) A periodicidade e o modo de concretização dos contactos presenciais a que se refere a alínea *c*) do nº 1 do artigo 169º-B.

5. A forma escrita é exigida apenas para prova da estipulação do regime de teletrabalho.

6. Se a proposta de acordo de teletrabalho partir do empregador, a oposição do trabalhador não tem de ser fundamentada, não podendo a recusa constituir causa de despedimento ou fundamento da aplicação de qualquer sanção.

7. No caso de a atividade contratada com o trabalhador ser, pela forma como se insere no funcionamento da empresa, e tendo em conta os recursos de que esta dispõe, compatível com o regime de teletrabalho, a proposta de acordo feita pelo trabalhador só pode ser recusada pelo empregador por escrito e com indicação do fundamento da recusa.

8. O local de trabalho previsto no acordo de teletrabalho pode ser alterado pelo trabalhador, mediante acordo escrito com o empregador.

9. O empregador pode definir, por regulamento interno publicitado, e com observância do Regulamento Geral sobre a Proteção de Dados, aprovado pelo Regulamento (UE) 2016/679 do Parlamento Europeu e do Conselho, de 27 de abril de 2016, as atividades e as condições em que a adoção do teletrabalho na empresa poderá ser por ele aceite.

(Redação dada pela Lei nº 83/2021, de 06-12)

Artigo 166º-A – Direito ao regime de teletrabalho

1. Verificadas as condições previstas no nº 1 do artigo 195º, o trabalhador tem direito a passar a exercer a atividade em regime de teletrabalho, quando este seja compatível com a atividade desempenhada.

2. Além das situações referidas no número anterior, o trabalhador com filho com idade até três anos ou, independentemente da idade, com deficiência, doença crónica ou doença oncológica que com ele viva em comunhão de mesa e habitação, tem direito a exercer a atividade em regime de teletrabalho, quando este seja compatível com a atividade desempenhada e o empregador disponha de recursos e meios para o efeito.

3. O direito previsto no número anterior pode ser estendido até aos 8 anos de idade nas seguintes situações:

a) Nos casos em que ambos os progenitores reúnem condições para o exercício da atividade em regime de teletrabalho, desde que este seja exercido por ambos em períodos sucessivos de igual duração num prazo de referência máxima de 12 meses;

b) Famílias monoparentais ou situações em que apenas um dos progenitores, comprovadamente, reúne condições para o exercício da atividade em regime de teletrabalho.

4. O empregador não pode opor-se ao pedido do trabalhador efetuado nos termos dos números anteriores.

5. Tem ainda direito a exercer a atividade em regime de teletrabalho, pelo período máximo de quatro anos seguidos ou interpolados, o trabalhador a quem tenha sido reconhecido o estatuto de cuidador informal não principal, mediante comprovação do mesmo, nos termos da legislação aplicável, quando este seja compatível com a atividade desempenhada e o empregador disponha de recursos e meios para o efeito.

6. O empregador pode opor-se ao direito previsto no número anterior quando não estejam reunidas as condições aí previstas ou com fundamento em exigências imperiosas do funcionamento da empresa, sendo nestes casos aplicável o procedimento previsto nos nºs 3 a 10 do artigo 57º, com as necessárias adaptações.

7. O direito previsto no nº 3 não se aplica ao trabalhador de microempresa.

8. Constitui contraordenação grave a violação do disposto neste artigo.

(Redação dada pela Lei nº 13/2023, de 03-04)

Artigo 167º – Duração e cessação do acordo de teletrabalho

1. O acordo de teletrabalho pode ser celebrado com duração determinada ou indeterminada.

2. Sendo o acordo de teletrabalho celebrado com duração determinada, este não pode exceder seis meses, renovando-se automaticamente por iguais períodos, se nenhuma das partes declarar por escrito, até 15 dias antes do seu término, que não pretende a renovação.

3. Sendo o acordo de duração indeterminada, qualquer das partes pode fazê-lo cessar mediante comunicação escrita, que produzirá efeitos no 60º dia posterior àquela.

4. Qualquer das partes pode denunciar o acordo durante os primeiros 30 dias da sua execução.

5. Cessando o acordo de teletrabalho no âmbito de um contrato de trabalho de duração indeterminada, ou cujo termo não tenha sido atingido, o trabalhador retoma a atividade em regime presencial, sem prejuízo da sua categoria, antiguidade e quaisquer outros direitos reconhecidos aos trabalhadores em regime presencial com funções e duração do trabalho idênticas.

6. Constitui contra-ordenação grave a violação do disposto no número anterior.

(Redação dada pela Lei nº 83/2021, de 06-12)

Artigo 168º – Equipamentos e sistemas

1. O empregador é responsável pela disponibilização ao trabalhador dos equipamentos e sistemas necessários à realização do trabalho e à interação trabalhador-empregador, devendo o acordo a que se refere o artigo 166º especificar se são fornecidos diretamente ou adquiridos pelo trabalhador, com a concordância do empregador acerca das suas características e preços.

2. São integralmente compensadas pelo empregador todas as despesas adicionais que, comprovadamente, o trabalhador suporte como direta consequência da aquisição ou uso dos equipamentos e sistemas informáticos ou telemáticos necessários à realização do trabalho, nos termos do número anterior, incluindo os acréscimos de custos de energia e da rede instalada no local de trabalho em condições de velocidade compatível com as necessidades de comunicação de serviço, assim como os custos de manutenção dos mesmos equipamentos e sistemas.

3. O contrato individual de trabalho e o contrato coletivo de trabalho devem fixar na celebração do acordo para prestação de teletrabalho o valor da compensação devida ao trabalhador pelas despesas adicionais.

4. Para efeitos do presente artigo e na ausência de acordo entre as partes sobre um valor fixo nos termos do número anterior, consideram-se despesas adicionais as correspondentes à aquisição de bens e ou serviços de que o trabalhador não dispunha antes da celebração do acordo a que se refere o artigo 166º, assim como as determinadas por comparação com as despesas homólogas do trabalhador no último mês de trabalho em regime presencial.

5. O pagamento da compensação prevista no nº 2 é devido imediatamente após a realização das despesas pelo trabalhador.

6. A compensação prevista nos nºs 2 e 3 é considerada, para efeitos fiscais, custo para o empregador e não constitui rendimento do trabalhador até ao limite do valor definido por portaria dos membros do Governo responsáveis pelas áreas dos assuntos fiscais e segurança social.

7. Sendo os equipamentos e sistemas utilizados no teletrabalho fornecidos pelo empregador, as condições para o seu uso para além das necessidades do serviço são as estabelecidas pelo regulamento interno a que se refere o nº 9 do artigo 166º

8. No caso de inexistência do regulamento interno ou de este omitir as condições mencionadas no número anterior, estas são definidas pelo acordo previsto no artigo 166º

9. Constitui contraordenação grave a aplicação de qualquer sanção ao trabalhador pelo uso dos equipamentos e sistemas para além das necessidades de serviço, quando esse uso não esteja expressamente condicionado nos termos dos números anteriores.

(Redação dada pela Lei nº 13/2023, de 03-04)

Artigo 169º – Igualdade de direitos e deveres

1. O trabalhador em regime de teletrabalho tem os mesmos direitos e deveres dos demais trabalhadores da empresa com a mesma categoria ou com função idêntica, nomeadamente no que se refere a formação, promoção na carreira, limites da duração do trabalho, períodos de descanso, incluindo férias pagas, proteção da saúde e segurança no trabalho, reparação de acidentes de trabalho e doenças profissionais, e acesso a informação das estruturas representativas dos trabalhadores, incluindo o direito a:

a) Receber, no mínimo, a retribuição equivalente à que auferiria em regime presencial, com a mesma categoria e função idêntica;

b) Participar presencialmente em reuniões que se efetuem nas instalações da empresa mediante convocação das comissões sindicais e intersindicais ou da comissão de trabalhadores, nos termos da lei;

c) Integrar o número de trabalhadores da empresa para todos os efeitos relativos a estruturas de representação coletiva, podendo candidatar-se a essas estruturas.

2. O trabalhador pode utilizar as tecnologias de informação e de comunicação afetas à prestação de trabalho para participar em reunião promovida no local de trabalho por estrutura de representação coletiva dos trabalhadores.

3. Qualquer estrutura de representação coletiva dos trabalhadores pode utilizar as tecnologias referidas no número anterior para, no exercício da sua atividade, comunicar com o trabalhador em regime de teletrabalho, nomeadamente divulgando informações a que se refere o nº 1 do artigo 465º

4. Constitui contraordenação grave a violação do disposto neste artigo.

(Redação dada pela Lei nº 83/2021, de 06-12)

Artigo 169º-A – Organização, direção e controlo do trabalho

1. As reuniões de trabalho à distância, assim como as tarefas que, pela sua natureza, devem ser realizadas em tempos precisos e em articulação com outros trabalhadores, devem ter lugar dentro do horário de trabalho e ser agendadas preferencialmente com 24 horas de antecedência.

2. O trabalhador é obrigado a comparecer nas instalações da empresa ou noutro local designado pelo empregador, para reuniões, ações de formação e outras situações que exijam presença física, para as quais tenha sido convocado com, pelo menos, 24 horas de antecedência.

3. O empregador suporta o custo das deslocações a que se refere o número anterior, na parte em que, eventualmente, exceda o custo normal do transporte entre o domicílio do trabalhador e o local em que normalmente prestaria trabalho em regime presencial.

4. Os poderes de direção e controlo da prestação de trabalho no teletrabalho são exercidos preferencialmente por meio dos equipamentos e sistemas de comunicação e informação afetos à atividade do trabalhador, segundo procedimentos previamente conhecidos por ele e compatíveis com o respeito pela sua privacidade.

5. O controlo da prestação de trabalho, por parte do empregador, deve respeitar os princípios da proporcionalidade e da transparência, sendo proibido impor a conexão permanente, durante a jornada de trabalho, por meio de imagem ou som.

6. Constitui contraordenação muito grave a violação do disposto nos nºs 1 e 3.

(Aditado pela Lei nº 83/2021, de 06-12)

Artigo 169º-B – Deveres especiais

1. Sem prejuízo dos deveres gerais consagrados neste Código, o regime de teletrabalho implica, para o empregador, os seguintes deveres especiais:

a) Informar o trabalhador, quando necessário, acerca das características e do modo de utilização de todos os dispositivos, programas e sistemas adotados para acompanhar à distância a sua atividade;

b) Abster-se de contactar o trabalhador no período de descanso nos termos a que se refere o artigo 199º-A;

c) Diligenciar no sentido da redução do isolamento do trabalhador, promovendo, com a periodicidade estabelecida no acordo de teletrabalho, ou, em caso de omissão, com intervalos não superiores a dois meses, contactos presenciais dele com as chefias e demais trabalhadores;

d) Garantir ou custear as ações de manutenção e de correção de avarias do equipamento e dos sistemas utilizados no teletrabalho, nos termos do nº 2 do artigo 168º, independentemente da sua propriedade;

e) Consultar o trabalhador, por escrito, antes de introduzir mudanças nos equipamentos e sistemas utilizados na prestação de trabalho, nas funções atribuídas ou em qualquer característica da atividade contratada;

f) Facultar ao trabalhador a formação de que este careça para o uso adequado e produtivo dos equipamentos e sistemas que serão utilizados por este no teletrabalho.

2. Sem prejuízo dos deveres gerais consagrados neste Código, o teletrabalho implica, para o trabalhador, os seguintes deveres especiais:

a) Informar atempadamente a empresa de quaisquer avarias ou defeitos de funcionamento dos equipamentos e sistemas utilizados na prestação de trabalho;

b) Cumprir as instruções do empregador no respeitante à segurança da informação utilizada ou produzida no desenvolvimento da atividade contratada;

c) Respeitar e observar as restrições e os condicionamentos que o empregador defina previamente, no tocante ao uso para fins pessoais dos equipamentos e sistemas de trabalho fornecidos por aquele;

d) Observar as diretrizes do empregador em matéria de saúde e segurança no trabalho.

3. Para além de responsabilidade disciplinar, as infrações dos deveres indicados no número anterior podem implicar responsabilidade civil, nos termos gerais.

4. Constitui contraordenação grave a violação dos deveres dispostos no nº 1.

(Aditado pela Lei nº 83/2021, de 06-12)

Artigo 170º – Privacidade de trabalhador em regime de teletrabalho

1. O empregador deve respeitar a privacidade do trabalhador, o horário de trabalho e os tempos de descanso e de repouso da família deste, bem como proporcionar-lhe boas condições de trabalho, tanto do ponto de vista físico como psíquico.

2. Sempre que o teletrabalho seja realizado no domicílio do trabalhador, a visita ao local de trabalho requer aviso prévio de 24 horas e concordância do trabalhador.

3. A visita prevista no número anterior só deve ter por objeto o controlo da atividade laboral, bem como dos instrumentos de trabalho, e apenas pode ser efetuada na presença do trabalhador durante o horário de trabalho acordado nos termos da alínea *d*) do nº 4 do artigo 166º

4. No acesso ao domicílio do trabalhador, as ações integradas pelo empregador devem ser adequadas e proporcionais aos objetivos e finalidade da visita.

5. É vedada a captura e utilização de imagem, de som, de escrita, de histórico, ou o recurso a outros meios de controlo que possam afetar o direito à privacidade do trabalhador.

6. Constitui contraordenação grave a violação do disposto nos nºs 1, 2, 3 e 4.

7. Constitui contraordenação muito grave a violação do disposto no nº 5.

(Redação dada pela Lei nº 83/2021, de 06-12)

Artigo 170º-A – Segurança e saúde no trabalho

1. É vedada a prática de teletrabalho em atividades que impliquem o uso ou contacto com substâncias e materiais perigosos para a saúde ou a integridade física do trabalhador, exceto se efetuados em instalações certificadas para o efeito.

2. O empregador organiza em moldes específicos e adequados, com respeito pela privacidade do trabalhador, os meios necessários ao cumprimento das suas responsabilidades em matéria de saúde e segurança no trabalho, nomeadamente cumprindo as medidas previstas no Decreto-Lei nº 349/93, de 1 de outubro, que transpõe para a ordem jurídica interna a Diretiva nº 90/270/CEE, do Conselho, de 29 de maio, relativa às prescrições mínimas de segurança e de saúde respeitantes ao trabalho com equipamentos dotados de visor.

3. No quadro da responsabilidade a que se refere o número anterior, o empregador promove a realização de exames de saúde no trabalho antes da implementação do teletrabalho e, posteriormente, exames anuais para avaliação da aptidão física e psíquica do trabalhador para o exercício da atividade, a repercussão desta e das condições em que é prestada na sua saúde, assim como das medidas preventivas que se mostrem adequadas.

4. O trabalhador faculta o acesso ao local onde presta trabalho aos profissionais designados pelo empregador que, nos termos da lei, têm a seu cargo a avaliação e o controlo das condições de segurança e saúde no trabalho, em período previamente acordado, entre as 9 e as 19 horas, dentro do horário de trabalho.

5. O regime legal de reparação dos acidentes de trabalho e doenças profissionais aplica-se às situações de teletrabalho, considerando-se local de trabalho o local escolhido pelo trabalhador para exercer habitualmente a sua atividade e tempo de trabalho todo aquele em que, comprovadamente, esteja a prestar o seu trabalho ao empregador.

6. Constitui contraordenação muito grave imputável ao empregador a violação do disposto neste artigo.

(Aditado pela Lei nº 83/2021, de 06-12)

Artigo 171º – Fiscalização

1. Cabe ao serviço com competência inspetiva do ministério responsável pela área do trabalho fiscalizar o cumprimento das normas reguladoras do regime de teletrabalho, incluindo a legislação relativa à segurança e saúde no trabalho, e contribuir para a prevenção dos riscos profissionais inerentes a essa forma de prestação de trabalho.

2. As ações de fiscalização que impliquem visitas de autoridades inspetivas ao domicílio do trabalhador requerem a anuência do trabalhador e a comunicação da sua realização com a antecedência mínima de 48 horas.

(Redação dada pela Lei nº 83/2021, de 06-12)

SUBSECÇÃO VI – Trabalho temporário

DIVISÃO I – Disposições gerais relativas a trabalho temporário

Artigo 172º – Conceitos específicos do regime de trabalho temporário

Considera-se:

a) Contrato de trabalho temporário o contrato de trabalho a termo celebrado entre uma empresa de trabalho temporário e um trabalhador, pelo qual este se obriga, mediante retribuição daquela, a prestar a sua actividade a utilizadores, mantendo-se vinculado à empresa de trabalho temporário;

b) Contrato de trabalho por tempo indeterminado para cedência temporária o contrato de trabalho por tempo indeterminado celebrado entre uma empresa de trabalho temporário e um trabalhador, pelo qual este se obriga, mediante retribuição daquela, a prestar temporariamente a sua actividade a utilizadores, mantendo-se vinculado à empresa de trabalho temporário;

c) Contrato de utilização de trabalho temporário o contrato de prestação de serviço a termo resolutivo entre um utilizador e uma empresa de trabalho temporário, pelo qual esta se obriga, mediante retribuição, a ceder àquele um ou mais trabalhadores temporários.

Artigo 173º – Cedência ilícita de trabalhador

1. É nulo o contrato de utilização, o contrato de trabalho temporário ou o contrato de trabalho por tempo indeterminado para cedência temporária celebrado por empresa de trabalho temporário não titular de licença para o exercício da respectiva actividade.

2. É nulo o contrato celebrado entre empresas de trabalho temporário pelo qual uma cede à outra um trabalhador para que este seja posteriormente cedido a terceiro.

3. No caso previsto no nº 1, considera-se que o trabalho é prestado ao utilizador em regime de contrato de trabalho sem termo.

4. No caso previsto no nº 2, considera-se que o trabalho é prestado à empresa que contrate o trabalhador em regime de contrato de trabalho sem termo.

5. No caso de o trabalhador ser cedido a utilizador por empresa de trabalho temporário licenciada sem que tenha celebrado contrato de trabalho temporário ou contrato de trabalho por tempo indeterminado para cedência temporária, considera-se que o trabalho é prestado à empresa utilizadora em regime de contrato de trabalho sem termo.

6. Em substituição do disposto no nº 3, 4 ou 5, o trabalhador pode optar, nos 30 dias seguintes ao início da prestação de actividade, por uma indemnização nos termos do artigo 396º

7. Constitui contra-ordenação muito grave, imputável à empresa de trabalho temporário e ao utilizador, a celebração de contrato de utilização de trabalho temporário por parte de empresa não titular de licença.

(Redação dada pela Lei nº 13/2023, de 03-04)

Artigo 174º – Casos especiais de responsabilidade da empresa de trabalho temporário ou do utilizador

1. A celebração de contrato de utilização de trabalho temporário por empresa de trabalho temporário não licenciada responsabiliza solidariamente esta e o utilizador pelos créditos do trabalhador emergentes do contrato de trabalho, da sua violação ou cessação, relativos aos últimos três anos, bem como pelos encargos sociais correspondentes.

2. A empresa de trabalho temporário e o utilizador de trabalho temporário, bem como os respetivos gerentes, administradores ou diretores, assim como as sociedades que com a empresa de trabalho temporário ou com o utilizador se encontrem em relação de participações recíprocas, de domínio ou de grupo, são subsidiariamente responsáveis pelos créditos do trabalhador e pelos encargos sociais correspondentes, assim como pelo pagamento das respetivas coimas.

(Redação dada pela Lei nº 28/2016, de 23-08)

DIVISÃO II – Contrato de utilização de trabalho temporário

Artigo 175º – Admissibilidade de contrato de utilização de trabalho temporário

1. O contrato de utilização de trabalho temporário só pode ser celebrado nas situações referidas nas alíneas *a*) a *g*) do nº 2 do artigo 140º e ainda nos seguintes casos:

a) Vacatura de posto de trabalho quando decorra processo de recrutamento para o seu preenchimento;

b) Necessidade intermitente de mão-de-obra, determinada por flutuação da actividade durante dias ou partes de dia, desde que a utilização não ultrapasse semanalmente metade do período normal de trabalho maioritariamente praticado no utilizador;

c) Necessidade intermitente de prestação de apoio familiar directo, de natureza social, durante dias ou partes de dia;

d) Realização de projecto temporário, designadamente instalação ou reestruturação de empresa ou estabelecimento, montagem ou reparação industrial.

2. Para efeito do disposto no número anterior, no que se refere à alínea *f*) do nº 2 do artigo 140º, considera-se acréscimo excepcional de actividade da empresa o que tenha duração até 12 meses.

3. A duração do contrato de utilização não pode exceder o período estritamente necessário à satisfação da necessidade do utilizador a que se refere o nº 1.

4. Não é permitida a utilização de trabalhador temporário em posto de trabalho particularmente perigoso para a sua segurança ou saúde, salvo se for essa a sua qualificação profissional.

5. Não é permitido celebrar contrato de utilização de trabalho temporário para satisfação de necessidades que foram asseguradas por trabalhador cujo contrato tenha cessado nos 12 meses anteriores por despedimento colectivo ou despedimento por extinção de posto de trabalho.

6. Constitui contra-ordenação muito grave imputável ao utilizador a violação do disposto no nº 4.

Artigo 176º – Justificação de contrato de utilização de trabalho temporário

1. Cabe ao utilizador a prova dos factos que justificam a celebração de contrato de utilização de trabalho temporário.

2. É nulo o contrato de utilização celebrado fora das situações a que se refere o nº 1 do artigo anterior.

3. No caso previsto no número anterior, considera-se que o trabalho é prestado pelo trabalhador ao utilizador em regime de contrato de trabalho sem termo, sendo aplicável o disposto no nº 6 do artigo 173º

Artigo 177º – Forma e conteúdo de contrato de utilização de trabalho temporário

1. O contrato de utilização de trabalho temporário está sujeito a forma escrita, é celebrado em dois exemplares e deve conter:

a) Identificação, assinaturas, domicílio ou sede das partes, os respectivos números de contribuintes e do regime geral da segurança social, bem como, quanto à empresa de trabalho temporário, o número e a data do alvará da respectiva licença;

b) Motivo justificativo do recurso ao trabalho temporário por parte do utilizador;

c) Caracterização do posto de trabalho a preencher, dos respectivos riscos profissionais e, sendo caso disso, dos riscos elevados ou relativos a posto de trabalho particularmente perigoso, a qualificação profissional requerida, bem como a modalidade adoptada pelo utilizador para os serviços de segurança e saúde no trabalho e o respectivo contacto;

d) Local e período normal de trabalho;
e) Retribuição de trabalhador do utilizador que exerça as mesmas funções;
f) Pagamento devido pelo utilizador à empresa de trabalho temporário;
g) Início e duração, certa ou incerta, do contrato;
h) Data da celebração do contrato.

2. Para efeitos da alínea *b*) do número anterior, a indicação do motivo justificativo deve ser feita pela menção expressa dos factos que o integram, devendo estabelecer-se a relação entre a justificação invocada e o termo estipulado.

3. O contrato de utilização de trabalho temporário deve ter em anexo cópia da apólice de seguro de acidentes de trabalho que englobe o trabalhador temporário e a actividade a exercer por este, sem o que o utilizador é solidariamente responsável pela reparação dos danos emergentes de acidente de trabalho.

4. *(Revogado.)*

5. O contrato é nulo se não for celebrado por escrito ou não contiver qualquer uma das menções referidas nas alíneas do nº 1.

6. No caso previsto no número anterior, considera-se que o trabalho é prestado pelo trabalhador ao utilizador em regime de contrato de trabalho sem termo, sendo aplicável o disposto no nº 6 do artigo 173º

7. Constitui contra-ordenação leve imputável à empresa de trabalho temporário e ao utilizador a violação do disposto nas alíneas *a*), *c*) ou *f*) do nº 1.

(Redação dada pela Lei nº 93/2019, de 04-09)

Artigo 178º – Duração de contrato de utilização de trabalho temporário

1. O contrato de utilização de trabalho temporário é celebrado a termo resolutivo, certo ou incerto.

2. A duração do contrato de utilização de trabalho temporário, incluindo renovações, não pode exceder a duração da causa justificativa nem o limite de dois anos, ou de seis ou 12 meses em caso de, respectivamente, vacatura de posto de trabalho quando já decorra processo de recrutamento para o seu preenchimento ou acréscimo excepcional da actividade da empresa.

3. Considera-se como um único contrato o que seja objecto de renovação.

4. No caso de o trabalhador temporário continuar ao serviço do utilizador decorridos 10 dias após a cessação do contrato de utilização sem a celebração de contrato que o fundamente, considera-se que o trabalho passa a ser prestado ao utilizador com base em contrato de trabalho sem termo.

Artigo 179º – Proibição de contratos sucessivos

1. No caso de se ter completado a duração máxima de contrato de utilização de trabalho temporário, é proibida a sucessão no mesmo posto de trabalho ou atividade profissional de trabalhador temporário ou de trabalhador contratado a termo, ou ainda de contrato de prestação de serviços para o mesmo objeto ou atividade, celebrado com o mesmo empregador ou sociedade que com este se encontre em relação de domínio ou de grupo, ou mantenha estruturas organizativas comuns, antes de decorrer um período de tempo igual a um terço da duração do referido contrato, incluindo renovações.

2. O disposto no número anterior não é aplicável nos seguintes casos:

a) Nova ausência do trabalhador substituído, quando o contrato de utilização tenha sido celebrado para sua substituição;

b) Acréscimo excepcional de necessidade de mão-de-obra em actividade sazonal.

3. Considera-se sem termo o contrato celebrado entre o trabalhador e o utilizador em violação do disposto no nº 1, contando para a antiguidade do trabalhador todo o tempo de trabalho prestado para o utilizador em cumprimento dos sucessivos contratos.

4. Constitui contra-ordenação grave a violação do disposto no nº 1.

(Redação dada pela Lei nº 13/2023, de 03-04)

DIVISÃO III – Contrato de trabalho temporário

Artigo 180º – Admissibilidade de contrato de trabalho temporário

1. O contrato de trabalho temporário só pode ser celebrado a termo resolutivo, certo ou incerto, nas situações previstas para a celebração de contrato de utilização.

2. É nulo o termo estipulado em violação do disposto no número anterior, considerando-se o trabalho efectuado em execução do contrato como prestado à empresa de trabalho temporário em regime de contrato de trabalho sem termo, e sendo aplicável o disposto no nº 6 do artigo 173º

3. Caso a nulidade prevista no número anterior concorra com a nulidade do contrato de utilização de trabalho temporário, prevista no nº 2 do artigo 176º ou no nº 5 do artigo 177º, considera-se que o trabalho é prestado ao utilizador em regime de contrato de trabalho sem termo, sendo aplicável o disposto no nº 6 do artigo 173º

(Redação dada pela Lei nº 53/2011, de 14-10)

Artigo 181º – Forma e conteúdo de contrato de trabalho temporário

1. O contrato de trabalho temporário está sujeito a forma escrita, é celebrado em dois exemplares e deve conter:

a) Identificação, assinaturas, domicílio ou sede das partes e número e data do alvará da licença da empresa de trabalho temporário;

b) Motivo que justifica a celebração do contrato, com menção concreta dos factos que o integram, tendo por base o motivo justificativo do recurso ao trabalho temporário por parte do utilizador indicado no contrato de utilização de trabalho temporário, sem prejuízo do disposto nos artigos 412º e 413º, com as necessárias adaptações;

c) Actividade contratada;

d) Local e período normal de trabalho;

e) Retribuição;

f) Data de início do trabalho;
g) Termo do contrato;
h) Data da celebração.

2. Na falta de documento escrito ou em caso de omissão ou insuficiência da indicação do motivo justificativo da celebração do contrato, considera-se que o trabalho é prestado à empresa de trabalho temporário em regime do contrato de trabalho sem termo, sendo aplicável o disposto no nº 6 do artigo 173º

3. O contrato que não contenha a menção do seu termo considera-se celebrado pelo prazo de um mês, não sendo permitida a sua renovação.

4. Um exemplar do contrato fica com o trabalhador.

5. Constitui contraordenação grave, imputável à empresa de trabalho temporário, a violação do disposto nas alíneas *a*) a *f*) do nº 1 ou no nº 4.

(Redação dada pela Lei nº 93/2019, de 04-09)

Artigo 182º – Duração de contrato de trabalho temporário

1. A duração do contrato de trabalho temporário não pode exceder a do contrato de utilização.

2. O contrato de trabalho temporário a termo certo não está sujeito ao limite de duração do nº 2 do artigo 148º e, enquanto se mantiver o motivo justificativo, pode ser renovado até quatro vezes.

3. Não está sujeito ao limite de renovações referido no número anterior o contrato de trabalho temporário a termo certo celebrado para substituição de trabalhador ausente, sem que a sua ausência seja imputável ao empregador, nomeadamente nos casos de doença, acidente, licenças parentais e outras situações análogas.

4. A duração do contrato de trabalho temporário a termo certo, incluindo renovações, não pode exceder dois anos, ou seis ou 12 meses quando aquele seja celebrado, respectivamente, em caso de vacatura de posto de trabalho quando decorra processo de recrutamento para o seu preenchimento ou de acréscimo excepcional de actividade da empresa.

5. O contrato de trabalho temporário a termo incerto dura pelo tempo necessário à satisfação de necessidade temporária do utilizador, não podendo exceder os limites de duração referidos no número anterior.

6. É aplicável ao cômputo dos limites referidos nos números anteriores o disposto no nº 6 do artigo 148º.

7. À caducidade do contrato de trabalho temporário é aplicável o disposto no artigo 344º ou 345º, consoante seja a termo certo ou incerto.

8. Sem prejuízo do disposto nos números anteriores, a duração de contratos de trabalho temporário sucessivos em diferentes utilizadores, celebrados com o mesmo empregador ou sociedade que com este se encontre em relação de domínio ou de grupo, ou mantenha estruturas organizativas comuns, não pode ser superior a quatro anos.

9. Converte-se em contrato de trabalho por tempo indeterminado para cedência temporária o contrato de trabalho temporário que exceda o limite referido no número anterior.

(Redação dada pela Lei nº 13/2023, de 03-04)

DIVISÃO IV – Contrato de trabalho por tempo indeterminado para cedência temporária

Artigo 183º – Forma e conteúdo de contrato de trabalho por tempo indeterminado para cedência temporária

1. O contrato de trabalho por tempo indeterminado para cedência temporária está sujeito a forma escrita, é celebrado em dois exemplares e deve conter:

a) Identificação, assinaturas, domicílio ou sede das partes e número e data do alvará da licença da empresa de trabalho temporário;

b) Menção expressa de que o trabalhador aceita que a empresa de trabalho temporário o ceda temporariamente a utilizadores;

c) Actividade contratada ou descrição genérica das funções a exercer e da qualificação profissional adequada, bem como a área geográfica na qual o trabalhador está adstrito a exercer funções;

d) Retribuição mínima durante as cedências que ocorram, nos termos do artigo 185º

2. Um exemplar do contrato fica com o trabalhador.

3. Na falta de documento escrito ou no caso de omissão ou insuficiência das menções referidas na alínea *b*) ou *c*) do nº 1, considera-se que o trabalho é prestado à empresa de trabalho temporário em regime de contrato de trabalho sem termo, sendo aplicável o disposto no nº 6 do artigo 173º

4. Constitui contraordenação grave a violação do disposto na alínea *b*) do nº 1 ou no nº 2.

(Redação dada pela Lei nº 13/2023, de 03-04)

Artigo 184º – Período sem cedência temporária

1. No período em que não se encontre em situação de cedência, o trabalhador contratado por tempo indeterminado pode prestar actividade à empresa de trabalho temporário.

2. Durante o período referido no número anterior, o trabalhador tem direito:

a) Caso não exerça actividade, a compensação prevista em instrumento de regulamentação colectiva de trabalho, ou no valor de dois terços da última retribuição ou da retribuição mínima mensal garantida, consoante o que for mais favorável;

b) Caso exerça actividade à empresa de trabalho temporário, a retribuição correspondente à actividade desempenhada, sem prejuízo do valor referido no contrato de trabalho a que se refere o artigo anterior.

3. Constitui contra-ordenação grave imputável à empresa de trabalho temporário a violação do disposto neste artigo.

DIVISÃO V – Regime de prestação de trabalho de trabalhador temporário

Artigo 185º – Condições de trabalho de trabalhador temporário

1. O trabalhador temporário pode ser cedido a mais de um utilizador, ainda que não seja titular de contrato de trabalho por tempo indeterminado para cedência temporária, se o contrário não for estabelecido no respectivo contrato.

2. Durante a cedência, o trabalhador está sujeito ao regime aplicável ao utilizador no que respeita ao modo, lugar, duração do trabalho e suspensão do contrato de trabalho, segurança e saúde no trabalho e acesso a equipamentos sociais.

3. O utilizador deve elaborar o horário de trabalho do trabalhador e marcar o período das férias que sejam gozadas ao seu serviço.

4. Durante a execução do contrato, o exercício do poder disciplinar cabe à empresa de trabalho temporário.

5. O trabalhador tem direito à retribuição mínima de instrumento de regulamentação colectiva de trabalho aplicável à empresa de trabalho temporário ou ao utilizador que corresponda às suas funções, ou à praticada por este para trabalho igual ou de valor igual, consoante a que for mais favorável.

6. O trabalhador tem direito a férias, subsídios de férias e de Natal, bem como a outras prestações regulares e periódicas, em dinheiro ou em espécie, a que os trabalhadores do utilizador tenham direito por trabalho igual ou de valor igual.

7. A retribuição do período de férias e os subsídios de férias e de Natal de trabalhador contratado por tempo indeterminado para cedência temporária são calculados com base na média das retribuições auferidas nos últimos 12 meses, ou no período de execução do contrato se este for inferior, excluindo as compensações referidas no artigo 184º e os períodos correspondentes.

8. O trabalhador temporário cedido a utilizador no estrangeiro por período inferior a oito meses tem direito ao pagamento de um abono mensal a título de ajudas de custo até ao limite de 25% do valor da retribuição base.

9. O disposto no número anterior não se aplica a trabalhador titular de contrato de trabalho por tempo indeterminado para cedência temporária, ao qual são aplicáveis as regras de abono de ajudas de custo por deslocação em serviço previstas na lei geral.

10. Sem prejuízo do disposto nos números anteriores, é aplicável ao trabalhador temporário o instrumento de regulamentação coletiva de trabalho aplicável a trabalhadores do utilizador que exerçam as mesmas funções.

11. O utilizador deve informar o trabalhador temporário dos postos de trabalho disponíveis na empresa ou estabelecimento para funções idênticas às exercidas por este, com vista à sua candidatura.

12. Constitui contraordenação grave a violação do disposto nos nºs 3, 5, 8 ou 11 e o exercício de poder disciplinar por parte do utilizador.

(Redação dada pela Lei nº 13/2023, de 03-04)

Artigo 186º – Segurança e saúde no trabalho temporário

1. O trabalhador temporário beneficia do mesmo nível de protecção em matéria de segurança e saúde no trabalho que os restantes trabalhadores do utilizador.

2. Antes da cedência do trabalhador temporário, o utilizador deve informar, por escrito, a empresa de trabalho temporário sobre:

a) Os resultados da avaliação dos riscos para a segurança e saúde do trabalhador temporário inerentes ao posto de trabalho a que vai ser afecto e, em caso de riscos elevados relativos a posto de trabalho particularmente perigoso, a necessidade de qualificação profissional adequada e de vigilância médica especial;

b) As instruções sobre as medidas a adoptar em caso de perigo grave e iminente;

c) As medidas de primeiros socorros, de combate a incêndios e de evacuação dos trabalhadores em caso de sinistro, assim como os trabalhadores ou serviços encarregados de as pôr em prática;

d) O modo de o médico do trabalho ou o técnico de higiene e segurança da empresa de trabalho temporário aceder a posto de trabalho a ocupar.

3. A empresa de trabalho temporário deve comunicar ao trabalhador temporário a informação prevista no número anterior, por escrito e antes da sua cedência ao utilizador.

4. Os exames de saúde de admissão, periódicos e ocasionais são da responsabilidade da empresa de trabalho temporário, incumbindo ao respectivo médico do trabalho a conservação das fichas clínicas.

5. A empresa de trabalho temporário deve informar o utilizador de que o trabalhador está considerado apto em resultado do exame de saúde, dispõe das qualificações profissionais adequadas e tem a informação referida no nº 2.

6. O utilizador deve assegurar ao trabalhador temporário formação suficiente e adequada ao posto de trabalho, tendo em conta a sua qualificação profissional e experiência.

7. O trabalhador exposto a riscos elevados relativos a posto de trabalho particularmente perigoso deve ter vigilância médica especial, a cargo do utilizador, cujo médico do trabalho deve informar o médico do trabalho da empresa de trabalho temporário sobre eventual contra-indicação.

8. O utilizador deve comunicar o início da actividade de trabalhador temporário, nos cinco dias úteis subsequentes, aos serviços de segurança e saúde no trabalho, aos representantes dos trabalhadores para a segurança e saúde no trabalho, aos trabalhadores com funções específicas neste domínio e à comissão de trabalhadores.

9. Constitui contraordenação muito grave a violação do disposto no nº 7, constitui contraordenação grave a violação do disposto nos nºs 4, 5 ou 6 e constitui contraordenação leve a violação do disposto nos nºs 2, 3 ou 8.

(*Redação dada pela Lei nº 13/2023, de 03-04*)

Artigo 187º – Formação profissional de trabalhador temporário

1. A empresa de trabalho temporário deve assegurar a formação profissional de trabalhador temporário contratado a termo sempre que a duração do contrato, incluindo renovações, ou a soma de contratos de trabalho temporário sucessivos num ano civil seja superior a três meses.

2. A formação profissional prevista no número anterior deve ter a duração mínima de oito horas, ou duração mais elevada de acordo com o nº 2 do artigo 131º

3. A empresa de trabalho temporário deve afectar à formação profissional dos trabalhadores temporários, pelo menos, 1% do seu volume anual de negócios nesta actividade.

4. A empresa de trabalho temporário não pode exigir ao trabalhador temporário qualquer quantia, seja a que título for, nomeadamente por serviços de orientação ou formação profissional.

5. Constitui contra-ordenação grave a violação do disposto neste artigo.

6. Em caso de violação do nº 4, pode ser aplicada a sanção acessória de suspensão temporária do exercício da actividade até dois anos, a qual é averbada no registo nacional das empresas de trabalho temporário.

Artigo 188º – Substituição de trabalhador temporário

1. Salvo acordo em contrário, em caso de cessação do contrato de trabalhador temporário ou ausência deste, a empresa de trabalho temporário deve ceder outro trabalhador ao utilizador, no prazo de quarenta e oito horas.

2. O utilizador pode recusar a prestação do trabalhador temporário, nos primeiros 15 ou 30 dias de permanência deste ao seu serviço, consoante o contrato de utilização tenha ou não duração inferior a seis meses, caso em que a empresa de trabalho temporário deve proceder nos termos do número anterior.

Artigo 189º – Enquadramento de trabalhador temporário

1. O trabalhador temporário é considerado, no que diz respeito à empresa de trabalho temporário e ao utilizador, para efeitos de aplicação do regime relativo a estruturas de representação colectiva dos trabalhadores, consoante estejam em causa matérias referentes à empresa de trabalho temporário ou ao utilizador, nomeadamente a constituição das mesmas estruturas.

2. O trabalhador temporário não é incluído no número de trabalhadores do utilizador para determinação das obrigações em função do número de trabalhadores, excepto no que respeita à organização de serviços de segurança e saúde no trabalho e à classificação de acordo com o tipo de empresa.

3. O utilizador deve incluir a informação relativa a trabalhador temporário no balanço social e no relatório anual da actividade dos serviços de segurança e saúde no trabalho.

4. A empresa de trabalho temporário deve incluir a informação relativa a trabalhador temporário no mapa do quadro de pessoal e nos relatórios anuais da formação profissional e da actividade dos serviços de segurança e saúde no trabalho.

5. Constitui contraordenação leve a violação do disposto nos nºs 3 ou 4.
(*Redação dada pela Lei nº 13/2023, de 03-04*)

Artigo 190º – Prestações garantidas pela caução para exercício da actividade de trabalho temporário

1. A caução constituída pela empresa de trabalho temporário para o exercício da actividade garante, nos termos de legislação específica, o pagamento de:

a) Crédito do trabalhador temporário relativo a retribuição, indemnização ou compensação devida pelo empregador pela cessação do contrato de trabalho e outras prestações pecuniárias, em mora por período superior a 15 dias;

b) Contribuições para a segurança social, em mora por período superior a 30 dias.

2. Os créditos referidos na alínea *a*) do número anterior não incluem os valores devidos a título de compensação por cessação do contrato de trabalho, calculada nos termos do artigo 366º, para os novos contratos de trabalho.

3. A existência de crédito do trabalhador em mora pode ser verificada mediante decisão definitiva de aplicação de coima por falta do respectivo pagamento, ou decisão condenatória transitada em julgado.

(Redação dada pela Lei nº 69/2013, de 30-08)

Artigo 191º – Execução da caução

1. O trabalhador deve reclamar os respectivos créditos no prazo de 30 dias a contar do termo do contrato de trabalho, bem como comunicar tal facto ao serviço público de emprego, para efeitos de pagamento através da caução.

2. A falta de pagamento pontual de crédito do trabalhador que se prolongue por período superior a 15 dias deve ser declarada, a pedido deste, pelo empregador, no prazo de cinco dias ou, em caso de recusa, pelo serviço com competência inspectiva do ministério responsável pela área laboral, no prazo de 10 dias.

3. A declaração referida no número anterior deve especificar a natureza, o montante e o período a que o crédito respeita.

4. O trabalhador ou o credor dos demais encargos previstos no artigo anterior pode solicitar ao serviço público de emprego o pagamento do respectivo crédito através da caução, nos 30 dias seguintes à data do seu vencimento, apresentando a declaração referida no nº 2.

5. No caso de ser apresentada a declaração emitida pelo serviço com competência inspectiva do ministério responsável pela área laboral, o serviço público de emprego notifica a empresa de trabalho temporário de que o trabalhador requereu o pagamento de crédito por conta da caução e de que este é efectuado se a mesma não provar o pagamento no prazo de oito dias.

6. No caso de a caução ser insuficiente face aos créditos cujo pagamento é solicitado, este é feito de acordo com os seguintes critérios de precedência:

a) Créditos retributivos dos trabalhadores relativos aos últimos 30 dias da actividade, com o limite correspondente ao montante de três vezes a retribuição mínima mensal garantida;

b) Outros créditos retributivos por ordem de pedido;

c) Indemnizações e compensações pela cessação do contrato de trabalho temporário;

d) Demais encargos com os trabalhadores.

7. Relativamente aos trabalhadores com novos contratos de trabalho estão excluídas dos critérios de precedência as compensações por cessação de contrato de trabalho previstas na alínea *c*) do número anterior.

8. Constitui contraordenação leve a violação do disposto nos nºs 2 ou 3.

(*Redação dada pela Lei nº 13/2023, de 03-04*)

Artigo 192º – Sanções acessórias no âmbito de trabalho temporário

1. Juntamente com a coima, pode ser punida com a sanção acessória de interdição do exercício da actividade até dois anos a empresa de trabalho temporário que admita trabalhador em violação das normas sobre a idade mínima ou a escolaridade obrigatória.

2. A empresa de trabalho temporário pode ainda ser punida com a sanção acessória de interdição do exercício da actividade até dois anos em caso de reincidência na prática das seguintes infracções:

a) Não constituição de seguro de acidentes de trabalho de trabalhador temporário;

b) Atraso por período superior a 30 dias no pagamento da retribuição devida a trabalhadores temporários;

c) Não cumprimento da obrigação de contribuição para o FGCT, previsto em legislação específica.

3. A empresa de trabalho temporário, juntamente com a coima aplicável à contra-ordenação por celebração de contrato de utilização de trabalho temporário não sendo titular de licença, é ainda punível com ordem de encerramento do estabelecimento onde a actividade é exercida, até à regularização da situação.

4. A sanção acessória referida nos números anteriores é averbada no registo nacional das empresas de trabalho temporário, previsto em legislação específica.

(Redação dada pela Lei nº 13/2023, de 03-04)

CAPÍTULO II – Prestação do trabalho

SECÇÃO I – Local de trabalho

Artigo 193º – Noção de local de trabalho

1. O trabalhador deve, em princípio, exercer a actividade no local contratualmente definido, sem prejuízo do disposto no artigo seguinte.

2. O trabalhador encontra-se adstrito a deslocações inerentes às suas funções ou indispensáveis à sua formação profissional.

Artigo 194º – Transferência de local de trabalho

1. O empregador pode transferir o trabalhador para outro local de trabalho, temporária ou definitivamente, nas seguintes situações:

a) Em caso de mudança ou extinção, total ou parcial, do estabelecimento onde aquele presta serviço;

b) Quando outro motivo do interesse da empresa o exija e a transferência não implique prejuízo sério para o trabalhador.

2. As partes podem alargar ou restringir o disposto no número anterior, mediante acordo que caduca ao fim de dois anos se não tiver sido aplicado.

3. A transferência temporária não pode exceder seis meses, salvo por exigências imperiosas do funcionamento da empresa.

4. O empregador deve custear as despesas do trabalhador decorrentes do acréscimo dos custos de deslocação e da mudança de residência ou, em caso de transferência temporária, de alojamento.

5. No caso de transferência definitiva, o trabalhador pode resolver o contrato se tiver prejuízo sério, tendo direito à compensação prevista no artigo 366º

6. O disposto nos números anteriores pode ser afastado por instrumento de regulamentação colectiva de trabalho.

7. Constitui contra-ordenação grave a violação do disposto nos nºs 1 ou 4, no caso de transferência definitiva, e constitui contra-ordenação leve a violação do disposto no nº 3.

(Redação dada pela Lei nº 23/2012, de 25-06)

Artigo 195º – Transferência a pedido do trabalhador

1. O trabalhador vítima de violência doméstica tem direito a ser transferido, temporária ou definitivamente, a seu pedido, para outro estabelecimento da empresa, verificadas as seguintes condições:

a) Apresentação de queixa-crime;

b) Saída da casa de morada de família no momento em que se efective a transferência.

2. Em situação prevista no número anterior, o empregador apenas pode adiar a transferência com fundamento em exigências imperiosas ligadas ao funcionamento da empresa ou serviço, ou até que exista posto de trabalho compatível disponível.

3. No caso previsto do número anterior, o trabalhador tem direito a suspender o contrato de imediato até que ocorra a transferência.

4. É garantida a confidencialidade da situação que motiva as alterações contratuais do número anterior, se solicitado pelo interessado.

5. Constitui contra-ordenação grave a violação do disposto no nº 2.

Artigo 196º – Procedimento em caso de transferência do local de trabalho

1. O empregador deve comunicar a transferência ao trabalhador, por escrito, com oito ou 30 dias de antecedência, consoante esta seja temporária ou definitiva.

2. A comunicação deve ser fundamentada e indicar a duração previsível da transferência, mencionando, sendo caso disso, o acordo a que se refere o nº 2 do artigo 194º.

3. Constitui contraordenação grave, no caso de transferência definitiva, e constitui contraordenação leve, no caso de transferência temporária, a violação do disposto no presente artigo.

(Redação dada pela Lei nº 13/2023, de 03-04)

SECÇÃO II – Duração e organização do tempo de trabalho

SUBSECÇÃO I – Noções e princípios gerais sobre duração e organização do tempo de trabalho

Artigo 197º – Tempo de trabalho

1. Considera-se tempo de trabalho qualquer período durante o qual o trabalhador exerce a actividade ou permanece adstrito à realização da prestação, bem como as interrupções e os intervalos previstos no número seguinte.

2. Consideram-se compreendidos no tempo de trabalho:

a) A interrupção de trabalho como tal considerada em instrumento de regulamentação colectiva de trabalho, em regulamento interno de empresa ou resultante de uso da empresa;

b) A interrupção ocasional do período de trabalho diário inerente à satisfação de necessidades pessoais inadiáveis do trabalhador ou resultante de consentimento do empregador;

c) A interrupção de trabalho por motivos técnicos, nomeadamente limpeza, manutenção ou afinação de equipamento, mudança de programa de produção, carga ou descarga de mercadorias, falta de matéria-prima ou energia, ou por factor climatérico que afecte a actividade da empresa, ou por motivos económicos, designadamente quebra de encomendas;

d) O intervalo para refeição em que o trabalhador tenha de permanecer no espaço habitual de trabalho ou próximo dele, para poder ser chamado a prestar trabalho normal em caso de necessidade;

e) A interrupção ou pausa no período de trabalho imposta por normas de segurança e saúde no trabalho.

3. Constitui contra-ordenação grave a violação do disposto no número anterior.

Artigo 198º – Período normal de trabalho

O tempo de trabalho que o trabalhador se obriga a prestar, medido em número de horas por dia e por semana, denomina-se período normal de trabalho.

Artigo 199º – Período de descanso

Entende-se por período de descanso o que não seja tempo de trabalho.

Artigo 199º-A – Dever de abstenção de contacto

1. O empregador tem o dever de se abster de contactar o trabalhador no período de descanso, ressalvadas as situações de força maior.

2. Constitui ação discriminatória, para os efeitos do artigo 25º, qualquer tratamento menos favorável dado a trabalhador, designadamente em matéria de condições de trabalho e de progressão na carreira, pelo facto de exercer o direito ao período de descanso, nos termos do número anterior.

3. Constitui contraordenação grave a violação do disposto no nº 1.
(Aditado pela Lei nº 83/2021, de 06-12)

Artigo 200º – Horário de trabalho

1. Entende-se por horário de trabalho a determinação das horas de início e termo do período normal de trabalho diário e do intervalo de descanso, bem como do descanso semanal.

2. O horário de trabalho delimita o período normal de trabalho diário e semanal.

3. O início e o termo do período normal de trabalho diário podem ocorrer em dias consecutivos.

Artigo 201º – Período de funcionamento

1. Entende-se por período de funcionamento o período de tempo diário durante o qual o estabelecimento pode exercer a sua actividade.

2. O período de funcionamento de estabelecimento de venda ao público denomina-se período de abertura.

3. O período de funcionamento de estabelecimento industrial denomina-se período de laboração.

4. O regime dos períodos de funcionamento consta de legislação específica.

Artigo 202º – Registo de tempos de trabalho

1. O empregador deve manter o registo dos tempos de trabalho, incluindo dos trabalhadores que estão isentos de horário de trabalho, em local acessível e por forma que permita a sua consulta imediata.

2. O registo deve conter a indicação das horas de início e de termo do tempo de trabalho, bem como das interrupções ou intervalos que nele não se compreendam, por forma a permitir apurar o número de horas de trabalho prestadas por trabalhador, por dia e por semana, bem como as prestadas em situação referida na alínea *b*) do nº 1 do artigo 257º

3. O empregador deve assegurar que o trabalhador que preste trabalho no exterior da empresa vise o registo imediatamente após o seu regresso à empresa, ou envie o mesmo devidamente visado, de modo que a empresa disponha do registo devidamente visado no prazo de 15 dias a contar da prestação.

4. O empregador deve manter o registo dos tempos de trabalho, bem como a declaração a que se refere o artigo 257º e o acordo a que se refere a alínea *f*) do nº 3 do artigo 226º, durante cinco anos.

5. Constitui contra-ordenação grave a violação do disposto neste artigo.

SUBSECÇÃO II - Limites da duração do trabalho

Artigo 203º - Limites máximos do período normal de trabalho

1. O período normal de trabalho não pode exceder oito horas por dia e quarenta horas por semana.

2. O período normal de trabalho diário de trabalhador que preste trabalho exclusivamente em dias de descanso semanal da generalidade dos trabalhadores da empresa ou estabelecimento pode ser aumentado até quatro horas diárias, sem prejuízo do disposto em instrumento de regulamentação colectiva de trabalho.

3. Há tolerância de quinze minutos para transacções, operações ou outras tarefas começadas e não acabadas na hora estabelecida para o termo do período normal de trabalho diário, tendo tal tolerância carácter excepcional e devendo o acréscimo de trabalho ser pago ao perfazer quatro horas ou no termo do ano civil.

4. Os limites máximos do período normal de trabalho podem ser reduzidos por instrumento de regulamentação colectiva de trabalho, não podendo daí resultar diminuição da retribuição dos trabalhadores.

5. Constitui contra-ordenação grave a violação do disposto neste artigo.

Artigo 204º - Adaptabilidade por regulamentação colectiva

1. Por instrumento de regulamentação colectiva de trabalho, o período normal de trabalho pode ser definido em termos médios, caso em que o limite diário estabelecido no nº 1 do artigo anterior pode ser aumentado até quatro horas e a duração do trabalho semanal pode atingir sessenta horas, só não se contando nestas o trabalho suplementar prestado por motivo de força maior.

2. O período normal de trabalho definido nos termos previstos no número anterior não pode exceder cinquenta horas em média num período de dois meses.

3. Constitui contra-ordenação grave a violação do disposto neste artigo.

Artigo 205º - Adaptabilidade individual

1. O empregador e o trabalhador podem, por acordo, definir o período normal de trabalho em termos médios.

2. O acordo pode prever o aumento do período normal de trabalho diário até duas horas e que o trabalho semanal possa atingir cinquenta horas, só não se contando nestas o trabalho suplementar prestado por motivo de força maior.

3. Em semana cuja duração do trabalho seja inferior a quarenta horas, a redução pode ser até duas horas diárias ou, sendo acordada, em dias ou meios dias, sem prejuízo do direito a subsídio de refeição.

4. O acordo pode ser celebrado mediante proposta, por escrito, do empregador, presumindo-se a aceitação por parte de trabalhador que a ela não se oponha, por escrito, nos 14 dias seguintes ao conhecimento da mesma, aí incluídos os períodos a que se refere o nº 2 do artigo 217º

5. O regime jurídico previsto nos números anteriores mantém-se até ao termo do período de referência em execução à data da entrada em vigor de instrumento de regulamentação colectiva de trabalho que incida sobre a matéria.

6. Constitui contra-ordenação grave a violação do disposto neste artigo.

Artigo 206º – Adaptabilidade grupal

1. O instrumento de regulamentação colectiva de trabalho que institua o regime de adaptabilidade previsto no artigo 204º pode prever que:

a) O empregador possa aplicar o regime ao conjunto dos trabalhadores de uma equipa, secção ou unidade económica caso, pelo menos, 60% dos trabalhadores dessa estrutura sejam por ele abrangidos, mediante filiação em associação sindical celebrante da convenção e por escolha dessa convenção como aplicável;

b) O disposto na alínea anterior se aplique enquanto os trabalhadores da equipa, secção ou unidade económica em causa abrangidos pelo regime de acordo com a parte final da alínea anterior forem em número igual ou superior ao correspondente à percentagem nele indicada.

2. Caso a proposta a que se refere o nº 4 do artigo anterior seja aceite por, pelo menos, 75% dos trabalhadores da equipa, secção ou unidade económica a quem for dirigida, o empregador pode aplicar o mesmo regime ao conjunto dos trabalhadores dessa estrutura.

3. Ocorrendo alteração por entrada ou saída de trabalhadores na composição da equipa, secção ou unidade económica, o disposto no número anterior aplica-se enquanto dessa alteração não resultar percentagem inferior à nela indicada.

4. Excetua-se a aplicação do regime de adaptabilidade instituído nos termos dos nºs 1 ou 2 nas seguintes situações:

a) Trabalhador abrangido por convenção coletiva que disponha de modo contrário a esse regime ou, relativamente a regime referido no nº 1, a trabalhador representado por associação sindical que tenha deduzido oposição a portaria de extensão da convenção coletiva em causa;

b) Trabalhador com filho menor de três anos ou, independentemente da idade, com deficiência ou doença crónica, salvo manifestação, por escrito, da sua concordância; ou

c) Trabalhador com filho entre os três e os seis anos, que apresente declaração de que o outro progenitor exerce atividade profissional e está impossibilitado de prestar assistência.

5. Constitui contra-ordenação grave a prática de horário de trabalho em violação do disposto neste artigo.

(Redação dada pela Lei nº 13/2023, de 03-04)

Artigo 207º – Período de referência

1. Em regime de adaptabilidade, a duração média do trabalho é apurada por referência a período estabelecido em instrumento de regulamentação colectiva de trabalho que não seja superior a 12 meses ou, na sua falta, a um período de quatro meses.

2. Na situação a que se refere a parte final do número anterior, o período de referência pode ser aumentado para seis meses quando esteja em causa:

a) Trabalhador familiar do empregador;

b) Trabalhador que ocupe cargo de administração ou de direcção, ou que tenha poder de decisão autónomo;

c) Actividade caracterizada por implicar afastamento entre o local de trabalho e a residência do trabalhador ou entre diversos locais de trabalho do trabalhador;

d) Actividade de segurança e vigilância de pessoas ou bens com carácter de permanência, designadamente de guarda, porteiro ou trabalhador de empresa de segurança ou vigilância;

e) Actividade caracterizada pela necessidade de assegurar a continuidade do serviço ou da produção, nomeadamente:

- *i*) Recepção, tratamento ou cuidados providenciados por hospital ou estabelecimento semelhante, incluindo a actividade de médico em formação, ou por instituição residencial ou prisão;
- *ii*) Porto ou aeroporto;
- *iii*) Imprensa, rádio, televisão, produção cinematográfica, correios, telecomunicações, serviço de ambulâncias, sapadores bombeiros ou protecção civil;
- *iv*) Produção, transporte ou distribuição de gás, água, electricidade, recolha de lixo ou instalações de incineração;
- *v*) Indústria cujo processo de trabalho não possa ser interrompido por motivos técnicos;
- *vi*) Investigação e desenvolvimento;
- *vii*) Agricultura;
- *viii*) Transporte de passageiros em serviço regular de transporte urbano.

f) Acréscimo previsível de actividade, nomeadamente na agricultura, no turismo e nos serviços postais;

g) Trabalhador de transporte ferroviário que preste trabalho intermitente a bordo de comboios ou tendo por fim assegurar a continuidade e regularidade do tráfego ferroviário;

h) Caso fortuito ou de força maior;

i) Acidente ou risco de acidente iminente.

3. Sem prejuízo do disposto em instrumento de regulamentação colectiva de trabalho, o período de referência apenas pode ser alterado durante o seu decurso quando circunstâncias objectivas o justifiquem e o total de horas de trabalho prestadas não seja superior às que teriam sido realizadas caso não vigorasse o regime de adaptabilidade, aplicando-se com as necessárias adaptações o disposto no nº 3 do artigo 205º

4. Constitui contraordenação leve a violação do disposto no nº 1 e contraordenação grave a violação do disposto no nº 3.

(Redação dada pela Lei nº 13/2023, de 03-04)

Artigo 208º – Banco de horas por regulamentação coletiva

1. Por instrumento de regulamentação colectiva de trabalho, pode ser instituído um regime de banco de horas, em que a organização do tempo de trabalho obedeça ao disposto nos números seguintes.

2. O período normal de trabalho pode ser aumentado até quatro horas diárias e pode atingir sessenta horas semanais, tendo o acréscimo por limite duzentas horas por ano.

3. O limite anual referido no número anterior pode ser afastado por instrumento de regulamentação colectiva de trabalho caso a utilização do regime tenha por objectivo evitar a redução do número de trabalhadores, só podendo esse limite ser aplicado durante um período até 12 meses.

4. O instrumento de regulamentação colectiva de trabalho deve regular:

a) A compensação do trabalho prestado em acréscimo, que pode ser feita mediante, pelo menos, uma das seguintes modalidades:

i) Redução equivalente do tempo de trabalho;
ii) Aumento do período de férias;
iii) Pagamento em dinheiro;

b) A antecedência com que o empregador deve comunicar ao trabalhador a necessidade de prestação de trabalho;

c) O período em que a redução do tempo de trabalho para compensar trabalho prestado em acréscimo deve ter lugar, por iniciativa do trabalhador ou, na sua falta, do empregador, bem como a antecedência com que qualquer deles deve informar o outro da utilização dessa redução.

5. Constitui contra-ordenação grave a prática de horário de trabalho em violação do disposto neste artigo.

(Redação dada pela Lei nº 23/2012, de 25-06)

Artigo 208º-A – Banco de horas individual

(Revogado pela Lei nº 93/2019, de 04-09)

Artigo 208º-B – Banco de horas grupal

1. O instrumento de regulamentação coletiva de trabalho que institua o regime de banco de horas previsto no artigo 208º pode prever que o empregador o possa aplicar ao conjunto dos trabalhadores de uma equipa, secção ou unidade económica quando se verifiquem as condições referidas no nº 1 do artigo 206º

2. O regime de banco de horas pode ainda ser instituído e aplicado ao conjunto dos trabalhadores de uma equipa, secção ou unidade económica, desde que aprovado em referendo pelos trabalhadores a abranger, nos termos dos números seguintes.

3. No caso previsto no número anterior, o período normal de trabalho pode ser aumentado até duas horas diárias e pode atingir 50 horas semanais, tendo o acréscimo o limite de 150 horas por ano.

4. Para efeitos do nº 2, o empregador elabora o projeto de regime de banco de horas, o qual deve regular:

a) O âmbito de aplicação, indicando a equipa, secção ou unidade económica a abranger e, nestas, os grupos profissionais excluídos, se os houver;

b) O período, não superior a quatro anos, durante o qual o regime é aplicável;

c) Os aspetos referidos no nº 4 do artigo 208º.

5. Para efeitos do nº 2, o empregador publicita o projeto de regime de banco de horas nos locais de afixação dos mapas de horário de trabalho e comunica-o aos representantes dos trabalhadores e ao serviço com competência inspetiva do ministério responsável pela área laboral, com a antecedência mínima de 20 dias em relação à data do referendo.

6. Caso o projeto de regime de banco de horas seja aprovado em referendo por, pelo menos, 65% dos trabalhadores abrangidos, de acordo com a alínea *a*) do nº 4, o empregador pode aplicar o referido regime ao conjunto desses trabalhadores.

7. Havendo alteração na composição da equipa, seção ou unidade económica, o disposto no número anterior aplica-se enquanto os trabalhadores que permanecem forem pelo menos 65% do número total dos trabalhadores abrangidos pela proposta de referendo.

8. A realização do referendo é regulada em legislação específica.

9. Caso o número de trabalhadores abrangidos pelo projeto de regime de banco de horas seja inferior a 10, o referendo é realizado sob a supervisão do serviço com competência inspetiva do ministério responsável pela área laboral.

10. A aplicação do regime do banco de horas cessa se, decorrido metade do período de aplicação, um terço dos trabalhadores abrangidos solicitar ao empregador novo referendo e o mesmo não for aprovado nos termos do nº 6, ou não for realizado no prazo de 60 dias.

11. No caso referido no número anterior, a aplicação do regime do banco de horas cessa 60 dias após a realização do referendo, devendo a compensação do trabalho prestado em acréscimo efetuar-se neste prazo.

12. Caso o projeto de regime de banco de horas não seja aprovado em referendo, o empregador só pode realizar novo referendo um ano após o anterior.

13. Excetua-se a aplicação do regime de banco de horas instituído nos termos dos números anteriores nas seguintes situações:

a) Trabalhador abrangido por convenção coletiva que disponha de modo contrário a esse regime ou, relativamente ao regime referido no nº 1, a trabalhador representado por associação sindical que tenha deduzido oposição a portaria de extensão da convenção coletiva em causa; ou

b) Salvo manifestação, por escrito, da sua concordância, trabalhador com filho menor de três anos ou, independentemente da idade, filho com deficiência ou doença crónica;

c) Trabalhador com filho entre os três e os seis anos, que apresente declaração de que o outro progenitor exerce atividade profissional e está impossibilitado de prestar assistência.

14. Constitui contraordenação grave a prática de horário de trabalho em violação do disposto neste artigo.
(Redação dada pela Lei nº 13/2023, de 03-04)

Artigo 209º – Horário concentrado

1. O período normal de trabalho diário pode ter aumento até quatro horas diárias:

a) Por acordo entre empregador e trabalhador ou por instrumento de regulamentação colectiva, para concentrar o período normal de trabalho semanal no máximo de quatro dias de trabalho;

b) Por instrumento de regulamentação colectiva para estabelecer um horário de trabalho que contenha, no máximo, três dias de trabalho consecutivos, seguidos no mínimo de dois dias de descanso, devendo a duração do período normal de trabalho semanal ser respeitado, em média, num período de referência de 45 dias.

2. Aos trabalhadores abrangidos por regime de horário de trabalho concentrado não pode ser simultaneamente aplicável o regime de adaptabilidade.

3. O instrumento de regulamentação colectiva de trabalho que institua o horário concentrado regula a retribuição e outras condições da sua aplicação.

4. Constitui contraordenação grave a violação do disposto no nº 2.
(Redação dada pela Lei nº 13/2023, de 03-04)

Artigo 210º – Excepções aos limites máximos do período normal de trabalho

1. Os limites do período normal de trabalho constantes do artigo 203º só podem ser ultrapassados nos casos expressamente previstos neste Código, ou quando instrumento de regulamentação colectiva de trabalho o permita nas seguintes situações:

a) Em relação a trabalhador de entidade sem fim lucrativo ou estreitamente ligada ao interesse público, desde que a sujeição do período normal de trabalho a esses limites seja incomportável;

b) Em relação a trabalhador cujo trabalho seja acentuadamente intermitente ou de simples presença.

2. Sempre que entidade referida na alínea *a*) do número anterior prossiga actividade industrial, o período normal de trabalho não deve ultrapassar quarenta horas por semana, na média do período de referência aplicável.

Artigo 211º – Limite máximo da duração média do trabalho semanal

1. Sem prejuízo do disposto nos artigos 203º a 210º, a duração média do trabalho semanal, incluindo trabalho suplementar, não pode ser superior a quarenta e oito horas, num período de referência estabelecido em instrumento de regulamentação colectiva de trabalho que não ultrapasse 12 meses ou, na falta deste, num período de referência de quatro meses, ou de seis meses nos casos previstos no nº 2 do artigo 207º

2. No cálculo da média referida no número anterior, os dias de férias são subtraídos ao período de referência em que são gozados.

3. Os dias de ausência por doença, bem como os dias de licença parental, inicial ou complementar, e de licença para assistência a filho com deficiência ou doença crónica são considerados com base no correspondente período normal de trabalho.

4. O disposto nos números anteriores não se aplica a trabalhador que ocupe cargo de administração ou de direcção ou com poder de decisão autónomo, que esteja isento de horário de trabalho, ao abrigo das alíneas *a*) ou *b*) do nº 1 do artigo 219º

5. Constitui contraordenação grave a violação do disposto no nº 1.

(Redação dada pela Lei nº 13/2023, de 03-04)

SUBSECÇÃO III – Horário de trabalho

Artigo 212º – Elaboração de horário de trabalho

1. Compete ao empregador determinar o horário de trabalho do trabalhador, dentro dos limites da lei, designadamente do regime de período de funcionamento aplicável.

2. Na elaboração do horário de trabalho, o empregador deve:

a) Ter em consideração prioritariamente as exigências de protecção da segurança e saúde do trabalhador;

b) Facilitar ao trabalhador a conciliação da actividade profissional com a vida familiar;

c) Facilitar ao trabalhador a frequência de curso escolar, bem como de formação técnica ou profissional.

3. A comissão de trabalhadores ou, na sua falta, as comissões intersindicais, as comissões sindicais ou os delegados sindicais devem ser consultados previamente sobre a definição e a organização dos horários de trabalho.

4. Constitui contra-ordenação grave a violação do disposto nos nºs 2 ou 3.

Artigo 213º – Intervalo de descanso

1. O período de trabalho diário deve ser interrompido por um intervalo de descanso, de duração não inferior a uma hora nem superior a duas, de modo a que o trabalhador não preste mais de cinco horas de trabalho consecutivo, ou seis horas de trabalho consecutivo caso aquele período seja superior a 10 horas.

2. Por instrumento de regulamentação colectiva de trabalho, pode ser permitida a prestação de trabalho até seis horas consecutivas e o intervalo de descanso pode ser reduzido, excluído ou ter duração superior à prevista no número anterior, bem como pode ser determinada a existência de outros intervalos de descanso.

3. Compete ao serviço com competência inspectiva do ministério responsável pela área laboral, mediante requerimento do empregador, instruído com declaração escrita de concordância do trabalhador abrangido e informação à comissão de trabalhadores da empresa e ao sindicato representativo do trabalhador em causa, autorizar a redução ou exclusão de intervalo de descanso, quando tal se mostre favorável ao interesse do trabalhador ou se justifique pelas condições particulares de trabalho de certas actividades.

4. Considera-se tacitamente deferido o requerimento a que se refere o número anterior que não seja decidido no prazo de 30 dias.

5. Não é permitida a alteração de intervalo de descanso prevista nos números anteriores que implicar mais de seis horas de trabalho consecutivo, excepto quanto a actividades de pessoal operacional de vigilância, transporte e tratamento de sistemas electrónicos de segurança e indústrias em que o processo de laboração não possa ser interrompido por motivos técnicos e, bem assim, quanto a trabalhadores que ocupem cargos de administração e de direcção e outras pessoas com poder de decisão autónomo que estejam isentos de horário de trabalho.

6. Constitui contraordenação grave a violação do disposto nos nºs 1 e 5.
(Redação dada pela Lei nº 23/2012, de 25-06)

Artigo 214º – Descanso diário

1. O trabalhador tem direito a um período de descanso de, pelo menos, onze horas seguidas entre dois períodos diários de trabalho consecutivos.

2. O disposto no número anterior não é aplicável:

a) A trabalhador que ocupe cargo de administração ou de direcção ou com poder de decisão autónomo, que esteja isento de horário de trabalho;

b) Quando seja necessária a prestação de trabalho suplementar, por motivo de força maior, ou por ser indispensável para reparar ou prevenir prejuízo grave para a empresa ou para a sua viabilidade devido a acidente ou a risco de acidente iminente;

c) Quando o período normal de trabalho seja fraccionado ao longo do dia com fundamento em característica da actividade, nomeadamente em serviços de limpeza;

d) Em actividade caracterizada pela necessidade de assegurar a continuidade do serviço ou da produção, nomeadamente a referida em qualquer das alíneas *d*) e *e*) do nº 2 do artigo 207º, com excepção do ponto *viii*) da segunda alínea, e em caso de acréscimo previsível de actividade no turismo, desde que instrumento de regulamentação colectiva de trabalho assegure ao trabalhador um período equivalente de descanso compensatório e regule o período em que o mesmo deve ser gozado.

3. Em caso previsto na alínea *a*) ou *b*) do número anterior, entre dois períodos diários de trabalho consecutivos deve ser observado um período de descanso que permita a recuperação do trabalhador.

4. Constitui contra-ordenação grave a violação do disposto nos nºs 1 ou 3.

Artigo 215º – Mapa de horário de trabalho

1. O empregador elabora o mapa de horário de trabalho tendo em conta as disposições legais e o instrumento de regulamentação colectiva de trabalho aplicável, do qual devem constar:

a) Firma ou denominação do empregador;

b) Actividade exercida;

c) Sede e local de trabalho dos trabalhadores a que o horário respeita;

d) Início e termo do período de funcionamento e, se houver, dia de encerramento ou suspensão de funcionamento da empresa ou estabelecimento;

e) Horas de início e termo dos períodos normais de trabalho, com indicação de intervalos de descanso;

f) Dia de descanso semanal obrigatório e descanso semanal complementar, se este existir;

g) Instrumento de regulamentação colectiva de trabalho aplicável, se houver;

h) Regime resultante de acordo que institua horário de trabalho em regime de adaptabilidade, se houver.

2. Quando as indicações referidas no número anterior não sejam comuns a todos os trabalhadores, o mapa de horário de trabalho deve conter a identificação dos trabalhadores cujo regime seja diferente do estabelecido para os restantes, sem prejuízo do disposto no nº 4.

3. Sempre que o horário de trabalho inclua turnos, o mapa deve ainda indicar o número de turnos e aqueles em que haja menores, bem como a escala de rotação se existir.

4. A composição dos turnos, de harmonia com a respectiva escala, se existir, é registada em livro próprio ou em suporte informático e faz parte integrante do mapa de horário de trabalho.

5. Constitui contra-ordenação grave a violação do disposto neste artigo.

Artigo 216º - Afixação do mapa de horário de trabalho

1. O empregador afixa o mapa de horário de trabalho no local de trabalho a que respeita, em lugar bem visível.

2. Quando várias empresas, estabelecimentos ou serviços desenvolvam, simultaneamente, actividades no mesmo local de trabalho, o titular das instalações deve consentir a afixação dos diferentes mapas de horário de trabalho.

3. *(Revogado.)*

4. As condições de publicidade de horário de trabalho de trabalhador afecto à exploração de veículo automóvel são estabelecidas em portaria dos ministros responsáveis pela área laboral e pelo sector dos transportes.

5. Constitui contraordenação leve a violação do disposto nos nºs 1 e 2.

(Redação dada pela Lei nº 23/2012, de 25-06)

Artigo 217º - Alteração de horário de trabalho

1. À alteração de horário de trabalho é aplicável o disposto sobre a sua elaboração, com as especificidades constantes dos números seguintes.

2. A alteração de horário de trabalho deve ser precedida de consulta aos trabalhadores envolvidos e à comissão de trabalhadores ou, na sua falta, a comissão sindical ou intersindical ou os delegados sindicais, bem como, ainda que vigore o regime de adaptabilidade, ser afixada na empresa com antecedência de sete dias relativamente ao início da sua aplicação, ou três dias em caso de microempresa.

3. Exceptua-se do disposto no número anterior a alteração de horário de trabalho cuja duração não seja superior a uma semana, desde que seja registada em livro próprio, com a menção de que foi consultada a estrutura de representação colectiva dos trabalhadores referida no número anterior, e o empregador não recorra a este regime mais de três vezes por ano.

4. Não pode ser unilateralmente alterado o horário individualmente acordado.

5. A alteração que implique acréscimo de despesas para o trabalhador confere direito a compensação económica.

6. Constitui contra-ordenação grave a violação do disposto neste artigo.

SUBSECÇÃO IV - Isenção de horário de trabalho

Artigo 218º - Condições de isenção de horário de trabalho

1. Por acordo escrito, pode ser isento de horário de trabalho o trabalhador que se encontre numa das seguintes situações:

a) Exercício de cargo de administração ou direcção, ou de funções de confiança, fiscalização ou apoio a titular desses cargos;

b) Execução de trabalhos preparatórios ou complementares que, pela sua natureza, só possam ser efectuados fora dos limites do horário de trabalho;

c) Teletrabalho e outros casos de exercício regular de actividade fora do estabelecimento, sem controlo imediato por superior hierárquico.

2. O instrumento de regulamentação colectiva de trabalho pode prever outras situações de admissibilidade de isenção de horário de trabalho.

3. *(Revogado.)*

4. *(Revogado.)*

(Redação dada pela Lei nº 23/2012, de 25-06)

Artigo 219º - Modalidades e efeitos de isenção de horário de trabalho

1. As partes podem acordar numa das seguintes modalidades de isenção de horário de trabalho:

a) Não sujeição aos limites máximos do período normal de trabalho;

b) Possibilidade de determinado aumento do período normal de trabalho, por dia ou por semana;

c) Observância do período normal de trabalho acordado.

2. Na falta de estipulação das partes, aplica-se o disposto na alínea *a*) do número anterior.

3. A isenção não prejudica o direito a dia de descanso semanal, obrigatório ou complementar, a feriado ou a descanso diário.

4. Constitui contra-ordenação grave a violação do disposto no número anterior.

SUBSECÇÃO V - Trabalho por turnos

Artigo 220º - Noção de trabalho por turnos

Considera-se trabalho por turnos qualquer organização do trabalho em equipa em que os trabalhadores ocupam sucessivamente os mesmos postos de trabalho, a um determinado ritmo, incluindo o rotativo, contínuo ou descontínuo, podendo executar o trabalho a horas diferentes num dado período de dias ou semanas.

Artigo 221º - Organização de turnos

1. Devem ser organizados turnos de pessoal diferente sempre que o período de funcionamento ultrapasse os limites máximos do período normal de trabalho.

2. Os turnos devem, na medida do possível, ser organizados de acordo com os interesses e as preferências manifestados pelos trabalhadores.

3. A duração de trabalho de cada turno não pode ultrapassar os limites máximos dos períodos normais de trabalho.

4. O trabalhador só pode mudar de turno após o dia de descanso semanal.

5. Os turnos no regime de laboração contínua e os de trabalhadores que asseguram serviços que não podem ser interrompidos, nomeadamente nas situações a que se referem as alíneas *d*) e *e*) do nº 2 do artigo 207º, devem ser organizados de modo que os trabalhadores de cada turno gozem, pelo menos, um dia de descanso em cada período de sete dias, sem prejuízo do período excedente de descanso a que tenham direito.

6. O empregador deve ter registo separado dos trabalhadores incluídos em cada turno.

7. Constitui contra-ordenação grave a violação do disposto nos nºs 3, 4, 5 ou 6.

Artigo 222º - Protecção em matéria de segurança e saúde no trabalho

1. O empregador deve organizar as actividades de segurança e saúde no trabalho de forma que os trabalhadores por turnos beneficiem de um nível de protecção em matéria de segurança e saúde adequado à natureza do trabalho que exercem.

2. O empregador deve assegurar que os meios de protecção e prevenção em matéria de segurança e saúde dos trabalhadores por turnos sejam equivalentes aos aplicáveis aos restantes trabalhadores e se encontrem disponíveis a qualquer momento.

3. Constitui contra-ordenação grave a violação do disposto neste artigo.

SUBSECÇÃO VI - Trabalho nocturno

Artigo 223º - Noção de trabalho nocturno

1. Considera-se trabalho nocturno o prestado num período que tenha a duração mínima de sete horas e máxima de onze horas, compreendendo o intervalo entre as 0 e as 5 horas.

2. O período de trabalho nocturno pode ser determinado por instrumento de regulamentação colectiva de trabalho, com observância do disposto no número anterior, considerando-se como tal, na falta daquela determinação, o compreendido entre as 22 horas de um dia e as 7 horas do dia seguinte.

Artigo 224º – Duração do trabalho de trabalhador nocturno

1. Considera-se trabalhador nocturno o que presta, pelo menos, três horas de trabalho normal nocturno em cada dia ou que efectua durante o período nocturno parte do seu tempo de trabalho anual correspondente a três horas por dia, ou outra definida por instrumento de regulamentação colectiva de trabalho.

2. O período normal de trabalho diário de trabalhador nocturno, quando vigora regime de adaptabilidade, não deve ser superior a oito horas diárias, em média semanal, sem prejuízo do disposto em instrumento de regulamentação colectiva de trabalho.

3. Para apuramento da média referida no número anterior não se contam os dias de descanso semanal obrigatório ou complementar e os dias feriados.

4. O trabalhador nocturno não deve prestar mais de oito horas de trabalho num período de vinte e quatro horas em que efectua trabalho nocturno, em qualquer das seguintes actividades, que implicam riscos especiais ou tensão física ou mental significativa:

a) Monótonas, repetitivas, cadenciadas ou isoladas;

b) Em obra de construção, demolição, escavação, movimentação de terras, ou intervenção em túnel, ferrovia ou rodovia sem interrupção de tráfego, ou com risco de queda de altura ou de soterramento;

c) Da indústria extractiva;

d) De fabrico, transporte ou utilização de explosivos e pirotecnia;

e) Que envolvam contacto com corrente eléctrica de média ou alta tensão;

f) De produção ou transporte de gases comprimidos, liquefeitos ou dissolvidos ou com utilização significativa dos mesmos;

g) Que, em função da avaliação dos riscos a ser efectuada pelo empregador, assumam particular penosidade, perigosidade, insalubridade ou toxicidade.

5. O disposto nos números anteriores não é aplicável a trabalhador que ocupa cargo de administração ou de direcção ou com poder de decisão autónomo que esteja isento de horário de trabalho.

6. O disposto no nº 4 não é igualmente aplicável:

a) Quando a prestação de trabalho suplementar seja necessária por motivo de força maior ou para prevenir ou reparar prejuízo grave para a empresa ou para a sua viabilidade devido a acidente ou a risco de acidente iminente;

b) A actividade caracterizada pela necessidade de assegurar a continuidade do serviço ou da produção, nomeadamente a referida em qualquer das alíneas *d*) a *f*) do nº 2 do artigo 207º, desde que por convenção colectiva seja concedido ao trabalhador período equivalente de descanso compensatório.

7. Constitui contra-ordenação grave a violação do disposto nos nºs 2 ou 4.

Artigo 225º - Protecção de trabalhador nocturno

1. O empregador deve assegurar exames de saúde gratuitos e sigilosos ao trabalhador nocturno destinados a avaliar o seu estado de saúde, antes da sua colocação e posteriormente a intervalos regulares e no mínimo anualmente.

2. O empregador deve avaliar os riscos inerentes à actividade do trabalhador, tendo presente, nomeadamente, a sua condição física e psíquica, antes do início da actividade e posteriormente, de seis em seis meses, bem como antes de alteração das condições de trabalho.

3. O empregador deve conservar o registo da avaliação efectuada de acordo com o número anterior.

4. Aplica-se ao trabalhador nocturno o disposto no artigo 222º

5. Sempre que possível, o empregador deve assegurar a trabalhador que sofra de problema de saúde relacionado com a prestação de trabalho nocturno a afectação a trabalho diurno que esteja apto a desempenhar.

6. O empregador deve consultar os representantes dos trabalhadores para a segurança e saúde no trabalho ou, na falta destes, o próprio trabalhador, sobre a afectação a trabalho nocturno, a organização deste que melhor se adapte ao trabalhador, bem como sobre as medidas de segurança e saúde a adoptar.

7. Constitui contra-ordenação grave a violação do disposto neste artigo.

SUBSECÇÃO VII - Trabalho suplementar

Artigo 226º - Noção de trabalho suplementar

1. Considera-se trabalho suplementar o prestado fora do horário de trabalho.

2. No caso em que o acordo sobre isenção de horário de trabalho tenha limitado a prestação deste a um determinado período de trabalho, diário ou semanal, considera-se trabalho suplementar o que exceda esse período.

3. Não se compreende na noção de trabalho suplementar:

a) O prestado por trabalhador isento de horário de trabalho em dia normal de trabalho, sem prejuízo do disposto no número anterior;

b) O prestado para compensar suspensão de actividade, independentemente da sua causa, de duração não superior a quarenta e oito horas, seguidas ou interpoladas por um dia de descanso ou feriado, mediante acordo entre o empregador e o trabalhador;

c) A tolerância de quinze minutos prevista no nº 3 do artigo 203º;

d) A formação profissional realizada fora do horário de trabalho que não exceda duas horas diárias;

e) O trabalho prestado nas condições previstas na alínea *b*) do nº 1 do artigo 257º;

f) O trabalho prestado para compensação de períodos de ausência ao trabalho, efectuada por iniciativa do trabalhador, desde que uma e outra tenham o acordo do empregador;

g) O trabalho prestado para compensar encerramento para férias previsto na alínea *b*) do nº 2 do artigo 242º, por decisão do empregador.

4. Na situação referida na alínea *f*) do nº 3, o trabalho prestado para compensação não pode exceder os limites diários do nº 1 do artigo 228º

(Redação dada pela Lei nº 23/2012, de 25-06)

Artigo 227º – Condições de prestação de trabalho suplementar

1. O trabalho suplementar só pode ser prestado quando a empresa tenha de fazer face a acréscimo eventual e transitório de trabalho e não se justifique para tal a admissão de trabalhador.

2. O trabalho suplementar pode ainda ser prestado em caso de força maior ou quando seja indispensável para prevenir ou reparar prejuízo grave para a empresa ou para a sua viabilidade.

3. O trabalhador é obrigado a realizar a prestação de trabalho suplementar, salvo quando, havendo motivos atendíveis, expressamente solicite a sua dispensa.

4. Constitui contra-ordenação muito grave a violação do disposto nos nºs 1 ou 2.

Artigo 228º – Limites de duração do trabalho suplementar

1. O trabalho suplementar previsto no nº 1 do artigo anterior está sujeito, por trabalhador, aos seguintes limites:

a) No caso de microempresa ou pequena empresa, cento e setenta e cinco horas por ano;

b) No caso de média ou grande empresa, cento e cinquenta horas por ano;

c) No caso de trabalhador a tempo parcial, oitenta horas por ano ou o número de horas correspondente à proporção entre o respectivo período normal de trabalho e o de trabalhador a tempo completo em situação comparável, quando superior;

d) Em dia normal de trabalho, duas horas;

e) Em dia de descanso semanal, obrigatório ou complementar, ou feriado, um número de horas igual ao período normal de trabalho diário;

f) Em meio dia de descanso complementar, um número de horas igual a meio período normal de trabalho diário.

2. O limite a que se refere a alínea *a*) ou *b*) do número anterior pode ser aumentado até duzentas horas por ano, por instrumento de regulamentação colectiva de trabalho.

3. O limite a que se refere a alínea *c*) do nº 1 pode ser aumentado, mediante acordo escrito entre o trabalhador e o empregador, até cento e trinta horas por ano ou, por instrumento de regulamentação colectiva de trabalho, até duzentas horas por ano.

4. O trabalho suplementar previsto no nº 2 do artigo anterior apenas está sujeito ao limite do período de trabalho semanal constante do nº 1 do artigo 211º

5. Constitui contra-ordenação muito grave a violação do disposto no nº 1 e constitui contra-ordenação grave a violação do disposto no nº 2.

Artigo 229º - Descanso compensatório de trabalho suplementar

1. *(Revogado.)*

2. *(Revogado.)*

3. O trabalhador que presta trabalho suplementar impeditivo do gozo do descanso diário tem direito a descanso compensatório remunerado equivalente às horas de descanso em falta, a gozar num dos três dias úteis seguintes.

4. O trabalhador que presta trabalho em dia de descanso semanal obrigatório tem direito a um dia de descanso compensatório remunerado, a gozar num dos três dias úteis seguintes.

5. O descanso compensatório é marcado por acordo entre trabalhador e empregador ou, na sua falta, pelo empregador.

6. *(Revogado.)*

7. Constitui contraordenação muito grave a violação do disposto nos nºs 3 e 4.

(Redação dada pela Lei nº 23/2012, de 25-06)

Artigo 230º - Regimes especiais de trabalho suplementar

1. A prestação de trabalho suplementar, em dia de descanso semanal obrigatório, que não exceda duas horas por motivo de falta imprevista de trabalhador que devia ocupar o posto de trabalho no turno seguinte confere direito a descanso compensatório nos termos do nº 3 do artigo anterior.

2. *(Revogado.)*

3. *(Revogado.)*

4. Os limites de duração e o descanso compensatório de trabalho suplementar prestado para assegurar os turnos de serviço de farmácias de venda ao público constam de legislação específica.

5. Constitui contra-ordenação grave a violação do disposto no nº 1.

(Redação dada pela Lei nº 23/2012, de 25-06)

Artigo 231º - Registo de trabalho suplementar

1. O empregador deve ter um registo de trabalho suplementar em que, antes do início da prestação de trabalho suplementar e logo após o seu termo, são anotadas as horas em que cada uma das situações ocorre.

2. O trabalhador deve visar o registo a que se refere o número anterior, quando não seja por si efectuado, imediatamente a seguir à prestação de trabalho suplementar.

3. O trabalhador que realize trabalho suplementar no exterior da empresa deve visar o registo, imediatamente após o seu regresso à empresa ou mediante envio do mesmo devidamente visado, devendo em qualquer caso a empresa dispor do registo visado no prazo de 15 dias a contar da prestação.

4. Do registo devem constar a indicação expressa do fundamento da prestação de trabalho suplementar e os períodos de descanso compensatório gozados pelo trabalhador, além de outros elementos indicados no respectivo modelo, aprovado por portaria do ministro responsável pela área laboral.

5. A violação do disposto nos números anteriores confere ao trabalhador, por cada dia em que tenha prestado actividade fora do horário de trabalho, o direito a retribuição correspondente a duas horas de trabalho suplementar.

6. O registo de trabalho suplementar é efectuado em suporte documental adequado, nomeadamente impressos adaptados ao sistema de controlo de assiduidade existente na empresa, que permita a sua consulta e impressão imediatas, devendo estar permanentemente actualizado, sem emendas ou rasuras não ressalvadas.

7. O empregador deve comunicar, nos termos previstos em portaria do ministro responsável pela área laboral, ao serviço com competência inspectiva do ministério responsável pela área laboral, a relação nominal dos trabalhadores que prestaram trabalho suplementar durante o ano civil anterior, com discriminação do número de horas prestadas ao abrigo dos nºs 1 ou 2 do artigo 227º, visada pela comissão de trabalhadores ou, na sua falta, em caso de trabalhador filiado, pelo respectivo sindicato.

8. O empregador deve manter durante cinco anos relação nominal dos trabalhadores que efectuaram trabalho suplementar, com discriminação do número de horas prestadas ao abrigo dos nºs 1 e 2 do artigo 228º e indicação dos dias de gozo dos correspondentes descansos compensatórios.

9. Constitui contra-ordenação grave a violação do disposto nos nºs 1, 2, 4 ou 7 e constitui contra-ordenação leve a violação do disposto no nº 8.

SUBSECÇÃO VIII – Descanso semanal

Artigo 232º – Descanso semanal

1. O trabalhador tem direito a, pelo menos, um dia de descanso por semana.

2. O dia de descanso semanal obrigatório pode deixar de ser o domingo, além de noutros casos previstos em legislação especial, quando o trabalhador presta actividade:

a) Em empresa ou sector de empresa dispensado de encerrar ou suspender o funcionamento um dia completo por semana, ou que seja obrigado a encerrar ou a suspender o funcionamento em dia diverso do domingo;

b) Em empresa ou sector de empresa cujo funcionamento não possa ser interrompido;

c) Em actividade que deva ter lugar em dia de descanso dos restantes trabalhadores;

d) Em actividade de vigilância ou limpeza;

e) Em exposição ou feira.

3. Por instrumento de regulamentação colectiva de trabalho ou contrato de trabalho, pode ser instituído um período de descanso semanal complementar, contínuo ou descontínuo, em todas ou algumas semanas do ano.

4. O empregador deve, sempre que possível, proporcionar o descanso semanal no mesmo dia a trabalhadores do mesmo agregado familiar que o solicitem.

5. Constitui contra-ordenação grave a violação do disposto no nº 1.

Artigo 233º - Cumulação de descanso semanal e de descanso diário

1. Devem ser gozados em continuidade o descanso semanal obrigatório e um período de onze horas correspondente ao descanso diário estabelecido no artigo 214º

2. O período de onze horas referido no número anterior considera-se cumprido, no todo ou em parte, pelo descanso semanal complementar gozado em continuidade ao descanso semanal obrigatório.

3. O disposto no nº 1 não é aplicável:

a) A trabalhador que ocupe cargo de administração ou de direcção ou com poder de decisão autónomo que esteja isento de horário de trabalho;

b) Quando o período normal de trabalho é fraccionado ao longo do dia com fundamento em características da actividade, nomeadamente serviços de limpeza;

c) Em situação prevista na alínea *d*), *e*), *h*) ou *i*) do nº 2 do artigo 207º, com excepção da subalínea *viii*) da alínea *e*);

d) Em situação de acréscimo previsível de actividade no turismo.

4. Constitui contra-ordenação grave a violação do disposto no nº 1.

SUBSECÇÃO IX - Feriados

Artigo 234º - Feriados obrigatórios

1. São feriados obrigatórios os dias 1 de janeiro, de Sexta-Feira Santa, de Domingo de Páscoa, 25 de abril, 1 de maio, de Corpo de Deus, 10 de junho, 15 de agosto, 5 de outubro, 1 de novembro, 1, 8 e 25 de dezembro.

2. O feriado de Sexta-Feira Santa pode ser observado em outro dia com significado local no período da Páscoa.

3. Mediante legislação específica, determinados feriados obrigatórios podem ser observados na segunda-feira da semana subsequente.

(Redação dada pela Lei nº 8/2016, de 01-04)

Artigo 235º - Feriados facultativos

1. Além dos feriados obrigatórios, podem ser observados a título de feriado, mediante instrumento de regulamentação colectiva de trabalho ou contrato de trabalho, a terça-feira de Carnaval e o feriado municipal da localidade.

2. Em substituição de qualquer feriado referido no número anterior, pode ser observado outro dia em que acordem empregador e trabalhador.

Artigo 236º - Regime dos feriados

1. Nos dias considerados como feriado obrigatório, têm de encerrar ou suspender a laboração todas as actividades que não sejam permitidas aos domingos.

2. O instrumento de regulamentação colectiva de trabalho ou o contrato de trabalho não pode estabelecer feriados diferentes dos indicados nos artigos anteriores.

SUBSECÇÃO X - Férias

Artigo 237º - Direito a férias

1. O trabalhador tem direito, em cada ano civil, a um período de férias retribuídas, que se vence em 1 de Janeiro.

2. O direito a férias, em regra, reporta-se ao trabalho prestado no ano civil anterior, mas não está condicionado à assiduidade ou efectividade de serviço.

3. O direito a férias é irrenunciável e o seu gozo não pode ser substituído, ainda que com o acordo do trabalhador, por qualquer compensação, económica ou outra, sem prejuízo do disposto no nº 5 do artigo seguinte.

4. O direito a férias deve ser exercido de modo a proporcionar ao trabalhador a recuperação física e psíquica, condições de disponibilidade pessoal, integração na vida familiar e participação social e cultural.

Artigo 238º - Duração do período de férias

1. O período anual de férias tem a duração mínima de 22 dias úteis.

2. Para efeitos de férias, são úteis os dias da semana de segunda-feira a sexta-feira, com excepção de feriados.

3. Caso os dias de descanso do trabalhador coincidam com dias úteis, são considerados para efeitos do cálculo dos dias de férias, em substituição daqueles, os sábados e os domingos que não sejam feriados.

4. *(Revogado.)*

5. O trabalhador pode renunciar ao gozo de dias de férias que excedam 20 dias úteis, ou a correspondente proporção no caso de férias no ano de admissão, sem redução da retribuição e do subsídio relativos ao período de férias vencido, que cumulam com a retribuição do trabalho prestado nesses dias.

6. Constitui contraordenação grave a violação do disposto nos nºs 1 e 5.
(Redação dada pela Lei nº 23/2012, de 25-06)

Artigo 239º - Casos especiais de duração do período de férias

1. No ano da admissão, o trabalhador tem direito a dois dias úteis de férias por cada mês de duração do contrato, até 20 dias, cujo gozo pode ter lugar após seis meses completos de execução do contrato.

2. No caso de o ano civil terminar antes de decorrido o prazo referido no número anterior, as férias são gozadas até 30 de Junho do ano subsequente.

3. Da aplicação do disposto nos números anteriores não pode resultar o gozo, no mesmo ano civil, de mais de 30 dias úteis de férias, sem prejuízo do disposto em instrumento de regulamentação colectiva de trabalho.

4. No caso de a duração do contrato de trabalho ser inferior a seis meses, o trabalhador tem direito a dois dias úteis de férias por cada mês completo de duração do contrato, contando-se para o efeito todos os dias seguidos ou interpolados de prestação de trabalho.

5. As férias referidas no número anterior são gozadas imediatamente antes da cessação do contrato, salvo acordo das partes.

6. No ano de cessação de impedimento prolongado iniciado em ano anterior, o trabalhador tem direito a férias nos termos dos nºs 1 e 2.

7. Constitui contra-ordenação grave a violação do disposto nos nºs 1, 4, 5 ou 6.

Artigo 240º - Ano do gozo das férias

1. As férias são gozadas no ano civil em que se vencem, sem prejuízo do disposto nos números seguintes.

2. As férias podem ser gozadas até 30 de Abril do ano civil seguinte, em cumulação ou não com férias vencidas no início deste, por acordo entre empregador e trabalhador ou sempre que este as pretenda gozar com familiar residente no estrangeiro.

3. Pode ainda ser cumulado o gozo de metade do período de férias vencido no ano anterior com o vencido no ano em causa, mediante acordo entre empregador e trabalhador.

4. Constitui contra-ordenação grave a violação do disposto neste artigo.

Artigo 241º - Marcação do período de férias

1. O período de férias é marcado por acordo entre empregador e trabalhador.

2. Na falta de acordo, o empregador marca as férias, que não podem ter início em dia de descanso semanal do trabalhador, ouvindo para o efeito a comissão de trabalhadores ou, na sua falta, a comissão intersindical ou a comissão sindical representativa do trabalhador interessado.

3. Em pequena, média ou grande empresa, o empregador só pode marcar o período de férias entre 1 de Maio e 31 de Outubro, a menos que o instrumento de regulamentação colectiva de trabalho ou o parecer dos representantes dos trabalhadores admita época diferente

4. Na falta de acordo, o empregador que exerça actividade ligada ao turismo está obrigado a marcar 25% do período de férias a que os trabalhadores têm direito, ou percentagem superior que resulte de instrumento de regulamentação colectiva de trabalho, entre 1 de Maio e 31 de Outubro, que são gozados de forma consecutiva.

5. Em caso de cessação do contrato de trabalho sujeita a aviso prévio, o empregador pode determinar que o gozo das férias tenha lugar imediatamente antes da cessação.

6. Na marcação das férias, os períodos mais pretendidos devem ser rateados, sempre que possível, beneficiando alternadamente os trabalhadores em função dos períodos gozados nos dois anos anteriores.

7. Os cônjuges, bem como as pessoas que vivam em união de facto ou economia comum nos termos previstos em legislação específica, que trabalham na mesma empresa ou estabelecimento, têm direito a gozar férias em idêntico período, salvo se houver prejuízo grave para a empresa.

8. O gozo do período de férias pode ser interpolado, por acordo entre empregador e trabalhador, desde que sejam gozados, no mínimo, 10 dias úteis consecutivos.

9. O empregador elabora o mapa de férias, com indicação do início e do termo dos períodos de férias de cada trabalhador, até 15 de Abril de cada ano e mantém-no afixado nos locais de trabalho entre esta data e 31 de Outubro.

10. Constitui contra-ordenação grave a violação do disposto nos nºs 2, 3 ou 4 e constitui contraordenação leve a violação do disposto em qualquer dos restantes números deste artigo.

Artigo 242º – Encerramento para férias

1. Sempre que seja compatível com a natureza da actividade, o empregador pode encerrar a empresa ou o estabelecimento, total ou parcialmente, para férias dos trabalhadores:

a) Até quinze dias consecutivos entre 1 de Maio e 31 de Outubro;

b) Por período superior a quinze dias consecutivos ou fora do período enunciado na alínea anterior quando assim estiver fixado em instrumento de regulamentação colectiva ou mediante parecer favorável da comissão de trabalhadores;

c) Por período superior a quinze dias consecutivos, entre 1 de Maio e 31 de Outubro, quando a natureza da actividade assim o exigir.

2. O empregador pode encerrar a empresa ou o estabelecimento, total ou parcialmente, para férias dos trabalhadores:

a) Durante cinco dias úteis consecutivos na época de férias escolares do Natal;

b) Um dia que esteja entre um feriado que ocorra à terça-feira ou quinta-feira e um dia de descanso semanal, sem prejuízo da faculdade prevista na alínea *g*) do nº 3 do artigo 226º

3. Até ao dia 15 de dezembro do ano anterior, o empregador deve informar os trabalhadores abrangidos do encerramento a efetuar no ano seguinte ao abrigo da alínea *b*) do número anterior.

(Redação dada pela Lei nº 23/2012, de 25-06)

Artigo 243º – Alteração do período de férias por motivo relativo à empresa

1. O empregador pode alterar o período de férias já marcado ou interromper as já iniciadas por exigências imperiosas do funcionamento da empresa, tendo o trabalhador direito a indemnização pelos prejuízos sofridos por deixar de gozar as férias no período marcado.

2. A interrupção das férias deve permitir o gozo seguido de metade do período a que o trabalhador tem direito.

3. Em caso de cessação do contrato de trabalho sujeita a aviso prévio, o empregador pode alterar a marcação das férias, mediante aplicação do disposto no nº 5 do artigo 241º

4. Constitui contra-ordenação leve a violação do disposto nos nºs 1 ou 2.

Artigo 244º - Alteração do período de férias por motivo relativo ao trabalhador

1. O gozo das férias não se inicia ou suspende-se quando o trabalhador esteja temporariamente impedido por doença ou outro facto que não lhe seja imputável, desde que haja comunicação do mesmo ao empregador.

2. Em caso referido no número anterior, o gozo das férias tem lugar após o termo do impedimento na medida do remanescente do período marcado, devendo o período correspondente aos dias não gozados ser marcado por acordo ou, na falta deste, pelo empregador, sem sujeição ao disposto no nº 3 do artigo 241º

3. Em caso de impossibilidade total ou parcial do gozo de férias, por motivo de impedimento do trabalhador, este tem direito à retribuição correspondente ao período de férias não gozado ou ao gozo do mesmo até 30 de Abril do ano seguinte e, em qualquer caso, ao respectivo subsídio.

4. À doença do trabalhador no período de férias é aplicável o disposto nos nºs 2 e 3 do artigo 254º

5. O disposto no nº 1 não se aplica caso o trabalhador se oponha à verificação da situação de doença nos termos do artigo 254º

6. Constitui contra-ordenação grave a violação do disposto nos nºs 1, 2 ou 3.

Artigo 245º - Efeitos da cessação do contrato de trabalho no direito a férias

1. Cessando o contrato de trabalho, o trabalhador tem direito receber a retribuição de férias e respectivo subsídio:

a) Correspondentes a férias vencidas e não gozadas;

b) Proporcionais ao tempo de serviço prestado no ano da cessação.

2. No caso referido na alínea *a*) do número anterior, o período de férias é considerado para efeitos de antiguidade.

3. Em caso de cessação de contrato no ano civil subsequente ao da admissão ou cuja duração não seja superior a 12 meses, o cômputo total das férias ou da correspondente retribuição a que o trabalhador tenha direito não pode exceder o proporcional ao período anual de férias tendo em conta a duração do contrato.

4. Cessando o contrato após impedimento prolongado do trabalhador, este tem direito à retribuição e ao subsídio de férias correspondentes ao tempo de serviço prestado no ano de início da suspensão.

5. Constitui contra-ordenação grave a violação do disposto no nº 1.

Artigo 246º - Violação do direito a férias

1. Caso o empregador obste culposamente ao gozo das férias nos termos previstos nos artigos anteriores, o trabalhador tem direito a compensação no valor do triplo da retribuição correspondente ao período em falta, que deve ser gozado até 30 de Abril do ano civil subsequente.

2. Constitui contra-ordenação grave a violação do disposto no número anterior.

Artigo 247º – Exercício de outra actividade durante as férias

1. O trabalhador não pode exercer durante as férias qualquer outra actividade remunerada, salvo quando já a exerça cumulativamente ou o empregador o autorize.

2. Em caso de violação do disposto no número anterior, sem prejuízo da eventual responsabilidade disciplinar do trabalhador, o empregador tem direito a reaver a retribuição correspondente às férias e o respectivo subsídio, metade dos quais reverte para o serviço responsável pela gestão financeira do orçamento da segurança social.

3. Para os efeitos previstos no número anterior, o empregador pode proceder a descontos na retribuição, até ao limite de um sexto, em relação a cada um dos períodos de vencimento posteriores.

SUBSECÇÃO XI – Faltas

Artigo 248º – Noção de falta

1. Considera-se falta a ausência de trabalhador do local em que devia desempenhar a actividade durante o período normal de trabalho diário.

2. Em caso de ausência do trabalhador por períodos inferiores ao período normal de trabalho diário, os respectivos tempos são adicionados para determinação da falta.

3. Caso a duração do período normal de trabalho diário não seja uniforme, considera-se a duração média para efeito do disposto no número anterior.

Artigo 249º – Tipos de falta

1. A falta pode ser justificada ou injustificada.

2. São consideradas faltas justificadas:

a) As dadas, durante 15 dias seguidos, por altura do casamento;

b) A motivada por falecimento de cônjuge, parente ou afim, nos termos do artigo 251º;

c) A motivada pela prestação de prova em estabelecimento de ensino, nos termos do artigo 91º;

d) A motivada por impossibilidade de prestar trabalho devido a facto não imputável ao trabalhador, nomeadamente observância de prescrição médica no seguimento de recurso a técnica de procriação medicamente assistida, doença, acidente ou cumprimento de obrigação legal;

e) A motivada pela prestação de assistência inadiável e imprescindível a filho, a neto ou a membro do agregado familiar de trabalhador, nos termos dos artigos 49º, 50º ou 252º, respectivamente;

f) A motivada pelo acompanhamento de grávida que se desloque a unidade hospitalar localizada fora da ilha de residência para realização de parto;

g) A motivada por deslocação a estabelecimento de ensino de responsável pela educação de menor por motivo da situação educativa deste, pelo tempo estritamente necessário, até quatro horas por trimestre, por cada um;

h) A motivada por luto gestacional, nos termos do artigo 38º-A;

i) A de trabalhador eleito para estrutura de representação colectiva dos trabalhadores, nos termos do artigo 409º;

j) A de candidato a cargo público, nos termos da correspondente lei eleitoral;

k) A autorizada ou aprovada pelo empregador;

l) A que por lei seja como tal considerada.

3. É considerada injustificada qualquer falta não prevista no número anterior.

(Redação dada pela Lei nº 13/2023, de 03-04)

Artigo 250º – Imperatividade do regime de faltas

As disposições relativas aos motivos justificativos de faltas e à sua duração não podem ser afastadas por instrumento de regulamentação coletiva de trabalho, salvo em relação a situação prevista na alínea *i*) do nº 2 do artigo anterior e desde que em sentido mais favorável ao trabalhador, ou por contrato de trabalho.

(Redação dada pela Lei nº 13/2023, de 03-04)

Artigo 251º – Faltas por motivo de falecimento de cônjuge, parente ou afim

1. O trabalhador pode faltar justificadamente:

a) Até 20 dias consecutivos, por falecimento de cônjuge não separado de pessoas e bens ou equiparado, filho ou enteado;

b) Até cinco dias consecutivos, por falecimento de parente ou afim no 1º grau na linha reta não incluídos na alínea anterior;

c) Até dois dias consecutivos, por falecimento de outro parente ou afim na linha recta ou no 2º grau da linha colateral.

2. Aplica-se o disposto na alínea *b*) do número anterior em caso de falecimento de pessoa que viva em união de facto ou economia comum com o trabalhador, nos termos previstos em legislação específica.

3. Constitui contra-ordenação grave a violação do disposto neste artigo.

(Redação dada pela Lei nº 13/2023, de 03-04)

Artigo 252º – Falta para assistência a membro do agregado familiar

1. O trabalhador tem direito a faltar ao trabalho até 15 dias por ano para prestar assistência inadiável e imprescindível, em caso de doença ou acidente, a cônjuge ou pessoa que viva em união de facto ou economia comum com o trabalhador, parente ou afim na linha recta ascendente ou no 2º grau da linha colateral.

2. O direito previsto no número anterior é ainda garantido ao trabalhador cuidador a quem seja reconhecido o estatuto de cuidador informal não principal, em caso de doença ou acidente da pessoa cuidada, nos termos definidos na legislação aplicável.

3. Ao período de ausência previsto no nº 1 acrescem 15 dias por ano, no caso de prestação de assistência inadiável e imprescindível a pessoa com deficiência ou doença crónica, que seja cônjuge ou viva em união de facto com o trabalhador.

4. No caso de assistência a parente ou afim na linha recta ascendente, não é exigível a pertença ao mesmo agregado familiar.

5. Para justificação da falta, o empregador pode exigir ao trabalhador:

a) Prova do carácter inadiável e imprescindível da assistência;

b) No caso do nº 1, declaração de que os outros membros do agregado familiar, caso exerçam atividade profissional, não faltaram pelo mesmo motivo ou estão impossibilitados de prestar a assistência;

c) No caso do número anterior, declaração de que outros familiares, caso exerçam actividade profissional, não faltaram pelo mesmo motivo ou estão impossibilitados de prestar a assistência.

(Redação dada pela Lei nº 13/2023, de 03-04)

Artigo 252º-A – Falta para acompanhamento de grávida que se desloque a unidade hospitalar localizada fora da ilha de residência para realização de parto

1. O trabalhador cônjuge, que viva em união de facto ou economia comum, parente ou afim na linha reta ou no 2º grau da linha colateral, pode faltar ao trabalho para acompanhamento de grávida que se desloque a unidade hospitalar localizada fora da ilha de residência para realização de parto, quando o acompanhamento se mostre imprescindível e pelo período de tempo que adequado aquele fim.

2. A possibilidade de faltar prevista no nº 1 não pode ser exercida por mais do que uma pessoa em simultâneo.

3. Para justificação da falta, o empregador pode exigir ao trabalhador:

a) Prova do carácter imprescindível e da duração da deslocação para o parto;

b) Declaração comprovativa passada pelo estabelecimento hospitalar onde se realize o parto.

4. Constitui contraordenação grave a violação do disposto no nº 1.

(Redação dada pela Lei nº 13/2023, de 03-04)

Artigo 253º – Comunicação de ausência

1. A ausência, quando previsível, é comunicada ao empregador, acompanhada da indicação do motivo justificativo, com a antecedência mínima de cinco dias.

2. Caso a antecedência prevista no número anterior não possa ser respeitada, nomeadamente por a ausência ser imprevisível com a antecedência de cinco dias, a comunicação ao empregador é feita logo que possível.

3. A falta de candidato a cargo público durante o período legal da campanha eleitoral é comunicada ao empregador com a antecedência mínima de quarenta e oito horas.

4. A comunicação é reiterada em caso de ausência imediatamente subsequente à prevista em comunicação referida num dos números anteriores, mesmo quando a ausência determine a suspensão do contrato de trabalho por impedimento prolongado.

5. O incumprimento do disposto neste artigo determina que a ausência seja injustificada.

Artigo 254º – Prova de motivo justificativo de falta

1. O empregador pode, nos 15 dias seguintes à comunicação da ausência, exigir ao trabalhador prova de facto invocado para a justificação, a prestar em prazo razoável.

2. A prova da situação de doença do trabalhador é feita por declaração de estabelecimento hospitalar, centro de saúde, de serviço digital do Serviço Nacional de Saúde, ou de serviço digital dos serviços regionais de saúde das regiões autónomas, ou ainda por atestado médico.

3. A situação de doença referida no número anterior pode ser verificada por médico, nos termos previstos em legislação específica.

4. A apresentação ao empregador de declaração médica com intuito fraudulento constitui falsa declaração para efeitos de justa causa de despedimento.

5. A declaração dos serviços digitais do Serviço Nacional de Saúde, ou de serviço digital dos serviços regionais de saúde das regiões autónomas, referida no nº 2, é feita mediante autodeclaração de doença, sob compromisso de honra, que apenas pode ser emitida quando a situação de doença do trabalhador não exceder os três dias consecutivos, até ao limite de duas vezes por ano.

6. O incumprimento de obrigação prevista nos nºs 1 ou 2, ou a oposição, sem motivo atendível, à verificação da doença a que se refere o nº 3 determina que a ausência seja considerada injustificada.

(Redação dada pela Lei nº 13/2023, de 03-04)

Artigo 255º – Efeitos de falta justificada

1. A falta justificada não afecta qualquer direito do trabalhador, salvo o disposto no número seguinte.

2. Sem prejuízo de outras disposições legais, determinam a perda de retribuição as seguintes faltas justificadas:

a) Por motivo de doença, desde que o trabalhador beneficie de um regime de segurança social de protecção na doença;

b) Por motivo de acidente no trabalho, desde que o trabalhador tenha direito a qualquer subsídio ou seguro;

c) A prevista no artigo 252º;

d) As previstas nas alíneas *f*) e *l*) do nº 2 do artigo 249º quando excedam 30 dias por ano;

e) A autorizada ou aprovada pelo empregador.

3. A falta prevista no artigo 252º é considerada como prestação efectiva de trabalho.

(Redação dada pela Lei nº 13/2023, de 03-04)

Artigo 256º – Efeitos de falta injustificada

1. A falta injustificada constitui violação do dever de assiduidade e determina perda da retribuição correspondente ao período de ausência, que não é contado na antiguidade do trabalhador.

2. A falta injustificada a um ou meio período normal de trabalho diário, imediatamente anterior ou posterior a dia ou meio dia de descanso ou a feriado, constitui infracção grave.

3. Na situação referida no número anterior, o período de ausência a considerar para efeitos da perda de retribuição prevista no nº 1 abrange os dias ou meios-dias de descanso ou feriados imediatamente anteriores ou posteriores ao dia de falta.

4. No caso de apresentação de trabalhador com atraso injustificado:

a) Sendo superior a sessenta minutos e para início do trabalho diário, o empregador pode não aceitar a prestação de trabalho durante todo o período normal de trabalho;

b) Sendo superior a trinta minutos, o empregador pode não aceitar a prestação de trabalho durante essa parte do período normal de trabalho.

(Redação dada pela Lei nº 23/2012, de 25-06)

Artigo 257º – Substituição da perda de retribuição por motivo de falta

1. A perda de retribuição por motivo de faltas pode ser substituída:

a) Por renúncia a dias de férias em igual número, até ao permitido pelo nº 5 do artigo 238º, mediante declaração expressa do trabalhador comunicada ao empregador;

b) Por prestação de trabalho em acréscimo ao período normal, dentro dos limites previstos no artigo 204º, quando o instrumento de regulamentação colectiva de trabalho o permita.

2. O disposto no número anterior não implica redução do subsídio de férias correspondente ao período de férias vencido.

3. O empregador não pode opor-se ao pedido do trabalhador nos termos do nº 1.

4. Constitui contraordenação grave a violação do disposto no número anterior.

(Redação dada pela Lei nº 13/2023, de 03-04)

CAPÍTULO III – Retribuição e outras prestações patrimoniais

SECÇÃO I – Disposições gerais sobre retribuição

Artigo 258º – Princípios gerais sobre a retribuição

1. Considera-se retribuição a prestação a que, nos termos do contrato, das normas que o regem ou dos usos, o trabalhador tem direito em contrapartida do seu trabalho.

2. A retribuição compreende a retribuição base e outras prestações regulares e periódicas feitas, directa ou indirectamente, em dinheiro ou em espécie.

3. Presume-se constituir retribuição qualquer prestação do empregador ao trabalhador.

4. À prestação qualificada como retribuição é aplicável o correspondente regime de garantias previsto neste Código.

Artigo 259º - Retribuição em espécie

1. A prestação retributiva não pecuniária deve destinar-se à satisfação de necessidades pessoais do trabalhador ou da sua família e não lhe pode ser atribuído valor superior ao corrente na região.

2. O valor das prestações retributivas não pecuniárias não pode exceder o da parte em dinheiro, salvo o disposto em instrumento de regulamentação colectiva de trabalho.

Artigo 260º - Prestações incluídas ou excluídas da retribuição

1. Não se consideram retribuição:

a) As importâncias recebidas a título de ajudas de custo, abonos de viagem, despesas de transporte, abonos de instalação e outras equivalentes, devidas ao trabalhador por deslocações, novas instalações ou despesas feitas em serviço do empregador, salvo quando, sendo tais deslocações ou despesas frequentes, essas importâncias, na parte que exceda os respectivos montantes normais, tenham sido previstas no contrato ou se devam considerar pelos usos como elemento integrante da retribuição do trabalhador;

b) As gratificações ou prestações extraordinárias concedidas pelo empregador como recompensa ou prémio dos bons resultados obtidos pela empresa;

c) As prestações decorrentes de factos relacionados com o desempenho ou mérito profissionais, bem como a assiduidade do trabalhador, cujo pagamento, nos períodos de referência respectivos, não esteja antecipadamente garantido;

d) A participação nos lucros da empresa, desde que ao trabalhador esteja assegurada pelo contrato uma retribuição certa, variável ou mista, adequada ao seu trabalho.

2. O disposto na alínea *a*) do número anterior aplica-se, com as necessárias adaptações, ao abono para falhas e ao subsídio de refeição.

3. O disposto nas alíneas *b*) e *c*) do número 1 não se aplica:

a) Às gratificações que sejam devidas por força do contrato ou das normas que o regem, ainda que a sua atribuição esteja condicionada aos bons serviços do trabalhador, nem àquelas que, pela sua importância e carácter regular e permanente, devam, segundo os usos, considerar-se como elemento integrante da retribuição daquele;

b) Às prestações relacionadas com os resultados obtidos pela empresa quando, quer no respectivo título atributivo quer pela sua atribuição regular e permanente, revistam carácter estável, independentemente da variabilidade do seu montante.

Artigo 261º - Modalidades de retribuição

1. A retribuição pode ser certa, variável ou mista, sendo esta constituída por uma parte certa e outra variável.

2. É certa a retribuição calculada em função de tempo de trabalho.

3. Para determinar o valor da retribuição variável, quando não seja aplicável o respectivo critério, considera-se a média dos montantes das prestações correspondentes aos últimos 12 meses, ou ao tempo de execução de contrato que tenha durado menos tempo.

4. Caso o processo estabelecido no número anterior não seja praticável, o cálculo da retribuição variável faz-se segundo o disposto em instrumento de regulamentação colectiva de trabalho ou, na sua falta, segundo o prudente arbítrio do julgador.

Artigo 262º – Cálculo de prestação complementar ou acessória

1. Quando disposição legal, convencional ou contratual não disponha em contrário, a base de cálculo de prestação complementar ou acessória é constituída pela retribuição base e diuturnidades.

2. Para efeito do disposto no número anterior, entende-se por:

a) Retribuição base, a prestação correspondente à actividade do trabalhador no período normal de trabalho;

b) Diuturnidade, a prestação de natureza retributiva a que o trabalhador tenha direito com fundamento na antiguidade.

Artigo 263º – Subsídio de Natal

1. O trabalhador tem direito a subsídio de Natal de valor igual a um mês de retribuição, que deve ser pago até 15 de Dezembro de cada ano.

2. O valor do subsídio de Natal é proporcional ao tempo de serviço prestado no ano civil, nas seguintes situações:

a) No ano de admissão do trabalhador;

b) No ano de cessação do contrato de trabalho;

c) Em caso de suspensão de contrato de trabalho por facto respeitante ao trabalhador.

3. Constitui contra-ordenação muito grave a violação do disposto neste artigo.

Artigo 264º – Retribuição do período de férias e subsídio

1. A retribuição do período de férias corresponde à que o trabalhador receberia se estivesse em serviço efectivo.

2. Além da retribuição mencionada no número anterior, o trabalhador tem direito a subsídio de férias, compreendendo a retribuição base e outras prestações retributivas que sejam contrapartida do modo específico da execução do trabalho, correspondentes à duração mínima das férias.

3. Salvo acordo escrito em contrário, o subsídio de férias deve ser pago antes do início do período de férias e proporcionalmente em caso de gozo interpolado de férias.

4. Constitui contra-ordenação muito grave a violação do disposto neste artigo. *(Redação dada pela Lei nº 23/2012, de 25-06)*

Artigo 265º – Retribuição por isenção de horário de trabalho

1. O trabalhador isento de horário de trabalho tem direito a retribuição específica, estabelecida por instrumento de regulamentação colectiva de trabalho ou, na falta deste, não inferior a:

a) Uma hora de trabalho suplementar por dia;

b) Duas horas de trabalho suplementar por semana, quando se trate de regime de isenção de horário com observância do período normal de trabalho.

2. O trabalhador que exerça cargo de administração ou de direcção pode renunciar à retribuição referida no número anterior.

3. Constitui contra-ordenação grave a violação do disposto no nº 1.

Artigo 266º - Pagamento de trabalho nocturno

1. O trabalho nocturno é pago com acréscimo de 25% relativamente ao pagamento de trabalho equivalente prestado durante o dia.

2. O acréscimo previsto no número anterior pode ser substituído, mediante instrumento de regulamentação colectiva de trabalho, por:

a) Redução equivalente do período normal de trabalho;

b) Aumento fixo da retribuição base, desde que não importe tratamento menos favorável para o trabalhador.

3. O disposto no nº 1 não se aplica, salvo se previsto em instrumento de regulamentação colectiva de trabalho:

a) Em actividade exercida exclusiva ou predominantemente durante o período nocturno, designadamente espectáculo ou diversão pública;

b) Em actividade que, pela sua natureza ou por força da lei, deva funcionar à disposição do público durante o período nocturno, designadamente empreendimento turístico, estabelecimento de restauração ou de bebidas, ou farmácia, em período de abertura;

c) Quando a retribuição seja estabelecida atendendo à circunstância de o trabalho dever ser prestado em período nocturno.

4. Constitui contra-ordenação muito grave a violação do disposto no nº 1.

Artigo 267º - Retribuição por exercício de funções afins ou funcionalmente ligadas

1. O trabalhador que exerça funções a que se refere o nº 2 do artigo 118º, ainda que a título acessório, tem direito à retribuição mais elevada que lhes corresponda, enquanto tal exercício se mantiver.

2. Constitui contra-ordenação grave a violação do disposto no número anterior.

Artigo 268º - Pagamento de trabalho suplementar

1. O trabalho suplementar até 100 horas anuais é pago pelo valor da retribuição horária com os seguintes acréscimos:

a) 25% pela primeira hora ou fração desta e 37,5% por hora ou fração subsequente, em dia útil;

b) 50% por cada hora ou fração, em dia de descanso semanal, obrigatório ou complementar, ou em feriado.

2. O trabalho suplementar superior a 100 horas anuais é pago pelo valor da retribuição horária com os seguintes acréscimos:

a) 50% pela primeira hora ou fração desta e 75% por hora ou fração subsequente, em dia útil;

b) 100% por cada hora ou fração, em dia de descanso semanal, obrigatório ou complementar, ou em feriado.

3. (*Revogado.*)

4. É exigível o pagamento de trabalho suplementar cuja prestação tenha sido prévia e expressamente determinada, ou realizada de modo a não ser previsível a oposição do empregador.

5. Constitui contraordenação grave a violação do disposto nos nºs 1 e 2.

(Redação dada pela Lei nº 13/2023, de 03-04)

Artigo 269º – Prestações relativas a dia feriado

1. O trabalhador tem direito à retribuição correspondente a feriado, sem que o empregador a possa compensar com trabalho suplementar.

2. O trabalhador que presta trabalho normal em dia feriado em empresa não obrigada a suspender o funcionamento nesse dia tem direito a descanso compensatório com duração de metade do número de horas prestadas ou a acréscimo de 50% da retribuição correspondente, cabendo a escolha ao empregador.

3. Constitui contraordenação grave a violação do disposto no presente artigo.

(Redação dada pela Lei nº 13/2023, de 03-04)

SECÇÃO II – Determinação do valor da retribuição

Artigo 270º – Critérios de determinação da retribuição

Na determinação do valor da retribuição deve ter-se em conta a quantidade, natureza e qualidade do trabalho, observando-se o princípio de que, para trabalho igual ou de valor igual, salário igual.

Artigo 271º – Cálculo do valor da retribuição horária

1. O valor da retribuição horária é calculado segundo a seguinte fórmula:

$$(Rm \times 12) : (52 \times n)$$

2. Para efeito do número anterior, *Rm* é o valor da retribuição mensal e *n* o período normal de trabalho semanal, definido em termos médios em caso de adaptabilidade.

Artigo 272º – Determinação judicial do valor da retribuição

1. Compete ao tribunal, tendo em conta a prática da empresa e os usos do sector ou locais, determinar o valor da retribuição quando as partes o não fizeram e ela não resulte de instrumento de regulamentação colectiva de trabalho aplicável.

2. Compete ainda ao tribunal resolver dúvida suscitada sobre a qualificação como retribuição de prestação paga pelo empregador.

SECÇÃO III - Retribuição mínima mensal garantida

Artigo 273º - Determinação da retribuição mínima mensal garantida

1. É garantida aos trabalhadores uma retribuição mínima mensal, seja qual for a modalidade praticada, cujo valor é determinado anualmente por legislação específica, ouvida a Comissão Permanente de Concertação Social.

2. Na determinação da retribuição mínima mensal garantida são ponderados, entre outros factores, as necessidades dos trabalhadores, o aumento de custo de vida e a evolução da produtividade, tendo em vista a sua adequação aos critérios da política de rendimentos e preços.

3. Constitui contra-ordenação muito grave a violação do disposto no nº 1.

4. A decisão que aplicar a coima deve conter a ordem de pagamento do quantitativo da retribuição em dívida ao trabalhador, a efectuar dentro do prazo estabelecido para pagamento da coima.

Artigo 274º - Prestações incluídas na retribuição mínima mensal garantida

1. O montante da retribuição mínima mensal garantida inclui:

a) O valor de prestação em espécie, nomeadamente alimentação ou alojamento, devida ao trabalhador em contrapartida do seu trabalho normal;

b) Comissão sobre vendas ou prémio de produção;

c) Gratificação que constitua retribuição, nos termos da alínea *a*) do nº 3 do artigo 260º

2. O valor de prestação em espécie é calculado segundo os preços correntes na região e não pode ser superior aos seguintes montantes ou percentagens do valor da retribuição mínima mensal garantida, total ou do determinado por aplicação de percentagem de redução a que se refere o artigo seguinte:

a) 35% para a alimentação completa;

b) 15% para a alimentação constituída por uma refeição principal;

c) 12% para o alojamento do trabalhador;

d) 27,36 € por divisão assoalhada para a habitação do trabalhador e seu agregado familiar;

e) 50% para o total das prestações em espécie.

3. O valor mencionado na alínea *d*) do número anterior é actualizado por aplicação do coeficiente de actualização das rendas de habitação, sempre que seja aumentado o valor da retribuição mínima mensal garantida.

4. O montante da retribuição mínima mensal garantida não inclui subsídio, prémio, gratificação ou outra prestação de atribuição acidental ou por período superior a um mês.

Artigo 275º - Redução da retribuição mínima mensal garantida relacionada com o trabalhador

1. A retribuição mínima mensal garantida tem a seguinte redução relativamente a:

a) Praticante, aprendiz, estagiário ou formando em situação de formação certificada, 20%;

b) Trabalhador com capacidade de trabalho reduzida, a redução correspondente à diferença entre a capacidade plena para o trabalho e o coeficiente de capacidade efectiva para a actividade contratada, se a diferença for superior a 10%, com o limite de 50%.

2. A redução prevista na alínea *a*) do número anterior não é aplicável por período superior a um ano, incluindo o tempo de formação ao serviço de outro empregador, desde que documentado e visando a mesma qualificação.

3. O período estabelecido no número anterior é reduzido a seis meses no caso de trabalhador habilitado com curso técnico-profissional ou curso obtido no sistema de formação profissional qualificante para a respectiva profissão.

4. A certificação do coeficiente de capacidade efectiva é feita, a pedido do trabalhador, do candidato a emprego ou do empregador, pelo serviço público de emprego ou pelos serviços de saúde.

SECÇÃO IV – Cumprimento de obrigação de retribuição

Artigo 276º – Forma de cumprimento

1. A retribuição é satisfeita em dinheiro ou, estando acordado, em prestações não pecuniárias, nos termos do artigo 259º

2. A parte pecuniária da retribuição pode ser paga por meio de cheque, vale postal ou depósito à ordem do trabalhador, devendo ser suportada pelo empregador a despesa feita com a conversão do título de crédito em dinheiro ou o levantamento, por uma só vez, da retribuição.

3. Até ao pagamento da retribuição, o empregador deve entregar ao trabalhador documento do qual constem a identificação daquele, o nome completo, o número de inscrição na instituição de segurança social e a categoria profissional do trabalhador, a retribuição base e as demais prestações, bem como o período a que respeitam, os descontos ou deduções e o montante líquido a receber.

4. Constitui contra-ordenação muito grave a violação do disposto no nº 1, contra-ordenação grave a violação do disposto no nº 2 e contra-ordenação leve a violação do disposto no nº 3.

Artigo 277º – Lugar do cumprimento

1. A retribuição deve ser paga no local de trabalho ou noutro lugar que seja acordado, sem prejuízo do disposto no nº 2 do artigo anterior.

2. Caso a retribuição deva ser paga em lugar diverso do local de trabalho, o tempo que o trabalhador gastar para receber a retribuição considera-se tempo de trabalho.

3. Constitui contraordenação grave a violação do disposto no presente artigo.
(Redação dada pela Lei nº 13/2023, de 03-04)

Artigo 278º – Tempo do cumprimento

1. O crédito retributivo vence-se por períodos certos e iguais, que, salvo estipulação ou uso diverso, são a semana, a quinzena e o mês do calendário.

2. A retribuição deve ser paga em dia útil, durante o período de trabalho ou imediatamente a seguir a este.

3. Em caso de retribuição variável com período de cálculo superior a 15 dias, o trabalhador pode exigir o pagamento em prestações quinzenais.

4. O montante da retribuição deve estar à disposição do trabalhador na data do vencimento ou em dia útil anterior.

5. O empregador fica constituído em mora se o trabalhador, por facto que não lhe seja imputável, não puder dispor do montante da retribuição na data do vencimento.

6. Constitui contraordenação grave a violação do disposto nos nºs 2, 3 ou 4.

(Redação dada pela Lei nº 13/2023, de 03-04)

Artigo 279º – Compensações e descontos

1. Na pendência de contrato de trabalho, o empregador não pode compensar a retribuição em dívida com crédito que tenha sobre o trabalhador, nem fazer desconto ou dedução no montante daquela.

2. O disposto no número anterior não se aplica:

a) A desconto a favor do Estado, da segurança social ou outra entidade, ordenado por lei, decisão judicial transitada em julgado ou auto de conciliação, quando o empregador tenha sido notificado da decisão ou do auto;

b) A indemnização devida pelo trabalhador ao empregador, liquidada por decisão judicial transitada em julgado ou auto de conciliação;

c) À sanção pecuniária a que se refere a alínea *c)* do nº 1 do artigo 328º;

d) A amortização de capital ou pagamento de juros de empréstimo concedido pelo empregador ao trabalhador;

e) A preço de refeições no local de trabalho, de utilização de telefone, de fornecimento de géneros, de combustíveis ou materiais, quando solicitados pelo trabalhador, ou outra despesa efectuada pelo empregador por conta do trabalhador com o acordo deste;

f) A abono ou adiantamento por conta da retribuição.

3. Os descontos a que se refere o número anterior, com excepção do mencionado na alínea *a)*, não podem exceder, no seu conjunto, um sexto da retribuição.

4. Os preços de refeições ou outros bens fornecidos ao trabalhador por cooperativa de consumo, mediante acordo entre esta e o trabalhador, não estão sujeitos ao limite mencionado no número anterior.

5. Constitui contra-ordenação muito grave a violação do disposto no nº 1.

Artigo 280º – Cessão de crédito retributivo

O trabalhador só pode ceder crédito a retribuição, a título gratuito ou oneroso, na medida em que o mesmo seja penhorável.

CAPÍTULO IV – Prevenção e reparação de acidentes de trabalho e doenças profissionais

Artigo 281º – Princípios gerais em matéria de segurança e saúde no trabalho

1. O trabalhador tem direito a prestar trabalho em condições de segurança e saúde.

2. O empregador deve assegurar aos trabalhadores condições de segurança e saúde em todos os aspectos relacionados com o trabalho, aplicando as medidas necessárias tendo em conta princípios gerais de prevenção.

3. Na aplicação das medidas de prevenção, o empregador deve mobilizar os meios necessários, nomeadamente nos domínios da prevenção técnica, da formação, informação e consulta dos trabalhadores e de serviços adequados, internos ou externos à empresa.

4. Os empregadores que desenvolvam simultaneamente actividades no mesmo local de trabalho devem cooperar na protecção da segurança e da saúde dos respectivos trabalhadores, tendo em conta a natureza das actividades de cada um.

5. A lei regula os modos de organização e funcionamento dos serviços de segurança e saúde no trabalho, que o empregador deve assegurar.

6. São proibidos ou condicionados os trabalhos que sejam considerados, por regulamentação em legislação especial, susceptíveis de implicar riscos para o património genético do trabalhador ou dos seus descendentes.

7. Os trabalhadores devem cumprir as prescrições de segurança e saúde no trabalho estabelecidas na lei ou em instrumentos de regulamentação colectiva de trabalho, ou determinadas pelo empregador.

Artigo 282º – Informação, consulta e formação dos trabalhadores

1. O empregador deve informar os trabalhadores sobre os aspectos relevantes para a protecção da sua segurança e saúde e a de terceiros.

2. O empregador deve consultar em tempo útil os representantes dos trabalhadores, ou os próprios trabalhadores, sobre a preparação e aplicação das medidas de prevenção.

3. O empregador deve assegurar formação adequada, que habilite os trabalhadores a prevenir os riscos associados à respectiva actividade e os representantes dos trabalhadores a exercer de modo competente as respectivas funções.

4. Em cada empresa, os trabalhadores são representados na promoção da segurança e saúde no trabalho por representantes eleitos com essa finalidade ou, na sua falta, pela comissão de trabalhadores.

Artigo 283º – Acidentes de trabalho e doenças profissionais

1. O trabalhador e os seus familiares têm direito à reparação de danos emergentes de acidente de trabalho ou doença profissional.

2. As doenças profissionais constam da lista organizada e publicada no *Diário da República.*

3. A lesão corporal, perturbação funcional ou a doença não incluídas na lista a que se refere o número anterior, são indemnizáveis desde que se prove serem consequência, necessária e directa, da actividade exercida e não representem normal desgaste do organismo.

4. A lei estabelece as situações que excluem o dever de reparação ou que agravam a responsabilidade.

5. O empregador é obrigado a transferir a responsabilidade pela reparação prevista neste capítulo para entidades legalmente autorizadas a realizar este seguro.

6. A garantia do pagamento das prestações que forem devidas por acidentes de trabalho que não possam ser pagas pela entidade responsável, nomeadamente por motivo de incapacidade económica, é assumida pelo Fundo de Acidentes de Trabalho, nos termos da lei.

7. A responsabilidade pela reparação dos danos emergentes de doenças profissionais é assumida pela segurança social, nos termos da lei.

8. A responsabilidade pela reparação dos danos emergentes de doenças profissionais resultantes da prática de assédio é do empregador.

9. A responsabilidade pelo pagamento da reparação dos danos emergentes de doença profissional prevista no número anterior é da segurança social, nos termos legalmente previstos, ficando esta sub-rogada nos direitos do trabalhador, na medida dos pagamentos efetuados, acrescidos de juros de mora vincendos.

10. O empregador deve assegurar a trabalhador afectado de lesão provocada por acidente de trabalho ou doença profissional que reduza a sua capacidade de trabalho ou de ganho a ocupação em funções compatíveis.

(Redação dada pela Lei nº 73/2017, de 16-08)

Artigo 284º - Regulamentação da prevenção e reparação

O disposto neste capítulo é regulado em legislação específica.

CAPÍTULO V - Vicissitudes contratuais

SECÇÃO I - Transmissão de empresa ou estabelecimento

Artigo 285º - Efeitos de transmissão de empresa ou estabelecimento

1. Em caso de transmissão, por qualquer título, da titularidade de empresa, ou estabelecimento ou ainda de parte de empresa ou estabelecimento que constitua uma unidade económica, transmitem-se para o adquirente a posição do empregador nos contratos de trabalho dos respectivos trabalhadores, bem como a responsabilidade pelo pagamento de coima aplicada pela prática de contra-ordenação laboral.

2. O disposto no número anterior é igualmente aplicável à transmissão, cessão ou reversão da exploração de empresa, estabelecimento ou unidade económica, sendo solidariamente responsável, em caso de cessão ou reversão, quem imediatamente antes tenha exercido a exploração.

3. Com a transmissão constante dos nºs 1 ou 2, os trabalhadores transmitidos ao adquirente mantêm todos os direitos contratuais e adquiridos, nomeadamente retribuição, antiguidade, categoria profissional e conteúdo funcional e benefícios sociais adquiridos.

4. O disposto nos números anteriores não é aplicável em caso de trabalhador que o transmitente, antes da transmissão, transfira para outro estabelecimento ou unidade económica, nos termos do disposto no artigo 194º, mantendo-o ao seu serviço, excepto no que respeita à responsabilidade do adquirente pelo pagamento de coima aplicada pela prática de contra-ordenação laboral.

5. Considera-se unidade económica o conjunto de meios organizados que constitua uma unidade produtiva dotada de autonomia técnico-organizativa e que mantenha identidade própria, com o objetivo de exercer uma atividade económica, principal ou acessória.

6. O transmitente responde solidariamente pelos créditos do trabalhador emergentes do contrato de trabalho, da sua violação ou cessação, bem como pelos encargos sociais correspondentes, vencidos até à data da transmissão, cessão ou reversão, durante os dois anos subsequentes a esta.

7. A transmissão só pode ter lugar decorridos sete dias úteis após o termo do prazo para a designação da comissão representativa, referido no nº 6 do artigo seguinte, se esta não tiver sido constituída, ou após o acordo ou o termo da consulta a que se refere o nº 4 do mesmo artigo.

8. O transmitente deve informar o serviço com competência inspetiva do ministério responsável pela área laboral:

a) Do conteúdo do contrato entre transmitente e adquirente, sem prejuízo do disposto nos artigos 412º e 413º, com as necessárias adaptações;

b) Havendo transmissão de uma unidade económica, de todos os elementos que a constituam, nos termos do nº 5.

9. O disposto no número anterior aplica-se no caso de média ou grande empresa e, a pedido do serviço com competência inspetiva do ministério responsável pela área laboral, no caso de micro ou pequena empresa.

10. O disposto no presente artigo é aplicável a todas as situações de transmissão de empresa ou estabelecimento por adjudicação de contratação de serviços que se concretize por concurso público ou por outro meio de seleção, no setor público e privado, nomeadamente à adjudicação de fornecimento de serviços de vigilância, alimentação, limpeza ou transportes, produzindo efeitos no momento da adjudicação.

11. Constitui contraordenação muito grave:

a) A conduta do empregador com base em alegada transmissão da sua posição nos contratos de trabalho com fundamento em transmissão da titularidade de empresa, ou estabelecimento ou de parte de empresa ou estabelecimento que constitua uma unidade económica, ou em transmissão, cessão ou reversão da sua exploração, quando a mesma não tenha ocorrido;

b) A conduta do transmitente ou do adquirente que não reconheça ter havido transmissão da posição daquele nos contratos de trabalho dos respetivos trabalhadores quando se verifique a transmissão da titularidade de empresa, ou estabelecimento ou de parte de empresa ou estabelecimento que constitua uma unidade económica, ou a transmissão, cessão ou reversão da sua exploração.

12. A decisão condenatória pela prática de contraordenação referida na alínea *a*) ou na alínea *b*) do número anterior deve declarar, respetivamente, que a posição do empregador nos contratos de trabalho dos trabalhadores não se transmitiu, ou que a mesma se transmitiu.

13. Constitui contraordenação grave a violação do disposto nos nºs 1, 2, 3, 7, 8 ou 9.

14. Aos trabalhadores das empresas ou estabelecimentos transmitidos ao abrigo do presente artigo aplica-se o disposto na alínea *m*) do nº 1 do artigo 3º e no artigo 498º

(Redação dada pela Lei nº 13/2023, de 03-04)

Artigo 286º – Informação e consulta dos trabalhadores e de representantes dos trabalhadores

1. O transmitente e o adquirente devem informar os representantes dos respetivos trabalhadores ou, caso não existam, os próprios trabalhadores, sobre a data e motivos da transmissão, suas consequências jurídicas, económicas e sociais para os trabalhadores e medidas projetadas em relação a estes, bem como sobre o conteúdo do contrato entre transmitente e adquirente, sem prejuízo do disposto nos artigos 412º e 413º, com as necessárias adaptações se a informação for prestada aos trabalhadores.

2. O transmitente deve, ainda, se o mesmo não resultar do disposto no número anterior, prestar aos trabalhadores abrangidos pela transmissão a informação referida no número anterior, sem prejuízo do disposto nos artigos 412º e 413º, com as necessárias adaptações.

3. A informação referida nos números anteriores deve ser prestada por escrito, antes da transmissão, em tempo útil, pelo menos 10 dias úteis antes da consulta referida no número seguinte.

4. O transmitente e o adquirente devem consultar os representantes dos respectivos trabalhadores, antes da transmissão, com vista à obtenção de um acordo sobre as medidas que pretendam aplicar aos trabalhadores na sequência da transmissão, sem prejuízo das disposições legais e convencionais aplicáveis a tais medidas.

5. A pedido de qualquer das partes, o serviço competente do ministério responsável pela área laboral participa na negociação a que se refere o número anterior, com vista a promover a regularidade da sua instrução substantiva e procedimental, a conciliação dos interesses das partes, bem como o respeito dos direitos dos trabalhadores, sendo aplicável o disposto no artigo 362º

6. O pedido a que se refere o número anterior deve ser acompanhado dos elementos de informação referidos no nº 1.

7. Na falta de representantes dos trabalhadores abrangidos pela transmissão, estes podem designar, de entre eles, no prazo de cinco dias úteis a contar da receção da informação referida nos nºs 1 ou 2, uma comissão representativa com o máximo de três ou cinco membros consoante a transmissão abranja até cinco ou mais trabalhadores.

8. Para efeitos dos números anteriores, consideram-se representantes dos trabalhadores as comissões de trabalhadores, as associações sindicais, as comissões intersindicais, as comissões sindicais, os delegados sindicais existentes nas respetivas empresas ou a comissão representativa, pela indicada ordem de precedência.

9. O transmitente deve informar imediatamente os trabalhadores abrangidos pela transmissão do conteúdo do acordo ou do termo da consulta a que se refere o nº 4, caso não tenha havido intervenção da comissão representativa.

10. Constitui contraordenação grave a violação do disposto nos nºs 1, 2, 3, 4 ou 9.

(Redação dada pela Lei nº 18/2021, de 08-04)

Artigo 286º-A – Direito de oposição do trabalhador

1. O trabalhador pode exercer o direito de oposição à transmissão da posição do empregador no seu contrato de trabalho em caso de transmissão, cessão ou reversão de empresa ou estabelecimento, ou de parte de empresa ou estabelecimento que constitua uma unidade económica, nos termos dos nºs 1, 2 ou 10 do artigo 285º, quando aquela possa causar-lhe prejuízo sério, nomeadamente por manifesta falta de solvabilidade ou situação financeira difícil do adquirente ou, ainda, se a política de organização do trabalho deste não lhe merecer confiança.

2. A oposição do trabalhador prevista no número anterior obsta à transmissão da posição do empregador no seu contrato de trabalho, nos termos dos nºs 1, 2 ou 10 do artigo 285º, mantendo-se o vínculo ao transmitente.

3. O trabalhador que exerça o direito de oposição deve informar o respetivo empregador, por escrito, no prazo de cinco dias úteis após o termo do prazo para a designação da comissão representativa, se esta não tiver sido constituída, ou após o acordo ou o termo da consulta a que se refere o nº 4 do artigo 286º, mencionando a sua identificação, a atividade contratada e o fundamento da oposição, de acordo com o nº 1.

4. Constitui contraordenação grave a violação do disposto no nº 2.

(Redação dada pela Lei nº 18/2021, de 08-04)

Artigo 287º – Representação dos trabalhadores após a transmissão

1. Caso a empresa ou estabelecimento mantenha a autonomia após a transmissão, o estatuto e a função dos representantes dos trabalhadores afectados por esta não se alteram, desde que se mantenham os requisitos necessários para a instituição da estrutura de representação colectiva em causa.

2. Caso a empresa, estabelecimento ou unidade económica transmitida seja incorporada na empresa do adquirente e nesta não exista a correspondente estrutura de representação colectiva dos trabalhadores prevista na lei, a existente na entidade incorporada continua em funções por um período de dois meses a contar da transmissão ou até que nova estrutura entretanto eleita inicie as respectivas funções ou, ainda, por mais dois meses, se a eleição for anulada.

3. No caso de incorporação de estabelecimento ou parte de empresa ou estabelecimento prevista no número anterior:

a) A subcomissão exerce os direitos próprios de comissão de trabalhadores durante o período em que continuar em funções, em representação dos trabalhadores do estabelecimento transmitido;

b) Os representantes dos trabalhadores para a segurança e saúde no trabalho afectos à entidade incorporada exercem os direitos próprios desta estrutura, nos termos da alínea anterior.

4. Os membros de estrutura de representação colectiva dos trabalhadores cujo mandato cesse, nos termos do nº 2, continuam a beneficiar da protecção estabelecida nos nºs 3 a 6 do artigo 410º ou em instrumento de regulamentação colectiva de trabalho, até à data em que o respectivo mandato terminaria.

SECÇÃO II - Cedência ocasional de trabalhador

Artigo 288º - Noção de cedência ocasional de trabalhador

A cedência ocasional consiste na disponibilização temporária de trabalhador, pelo empregador, para prestar trabalho a outra entidade, a cujo poder de direcção aquele fica sujeito, mantendo-se o vínculo contratual inicial.

Artigo 289º - Admissibilidade de cedência ocasional

1. A cedência ocasional de trabalhador é lícita quando se verifiquem cumulativamente as seguintes condições:

a) O trabalhador esteja vinculado ao empregador cedente por contrato de trabalho sem termo;

b) A cedência ocorra entre sociedades coligadas, em relação societária de participações recíprocas, de domínio ou de grupo, ou entre empregadores que tenham estruturas organizativas comuns;

c) O trabalhador concorde com a cedência;

d) A duração da cedência não exceda um ano, renovável por iguais períodos até ao máximo de cinco anos.

2. As condições da cedência ocasional de trabalhador podem ser reguladas por instrumento de regulamentação colectiva de trabalho, com excepção da referida na alínea *c*) do número anterior.

3. Constitui contra-ordenação grave a violação do disposto no nº 1.

Artigo 290º - Acordo de cedência ocasional de trabalhador

1. A cedência ocasional de trabalhador depende de acordo entre cedente e cessionário, sujeito a forma escrita, que deve conter:

a) Identificação, assinaturas e domicílio ou sede das partes;

b) Identificação do trabalhador cedido;
c) Indicação da actividade a prestar pelo trabalhador;
d) Indicação da data de início e da duração da cedência;
e) Declaração de concordância do trabalhador.

2. Em caso de cessação do acordo de cedência ocasional, de extinção da entidade cessionária ou de cessação da actividade para que foi cedido, o trabalhador regressa ao serviço do cedente, mantendo os direitos que tinha antes da cedência, cuja duração conta para efeitos de antiguidade.

3. Constitui contra-ordenação grave a violação do disposto na alínea *e*) do nº 1 ou no nº 2 e constitui contra-ordenação leve a violação de qualquer dos demais preceitos do nº 1.

Artigo 291º – Regime de prestação de trabalho de trabalhador cedido

1. Durante a cedência ocasional, o trabalhador está sujeito ao regime de trabalho aplicável ao cessionário no que respeita ao modo, local, duração de trabalho, suspensão do contrato de trabalho, segurança e saúde no trabalho e acesso a equipamentos sociais.

2. O cessionário deve informar o cedente e o trabalhador cedido sobre os riscos para a segurança e saúde inerentes ao posto de trabalho a que este é afecto.

3. Não é permitida a afectação de trabalhador cedido a posto de trabalho particularmente perigoso para a sua segurança ou saúde, salvo quando corresponda à sua qualificação profissional específica.

4. O cessionário deve elaborar o horário de trabalho de trabalhador cedido e marcar o período das férias que sejam gozadas ao seu serviço.

5. O trabalhador cedido tem direito:

a) À retribuição mínima que, em instrumento de regulamentação colectiva de trabalho aplicável ao cedente ou ao cessionário, corresponda às suas funções, ou à praticada por este para as mesmas funções, ou à retribuição auferida no momento da cedência, consoante a que for mais elevada;

b) A férias, subsídios de férias e de Natal e outras prestações regulares e periódicas a que os trabalhadores do cessionário tenham direito por idêntica prestação de trabalho, em proporção da duração da cedência.

6. A cedência de trabalhador a uma ou mais entidades deve observar as condições constantes do contrato de trabalho.

7. Constitui contra-ordenação grave a violação do disposto nos nºs 2, 3, 4 ou 5.

Artigo 292º – Consequência de recurso ilícito a cedência ou de irregularidade do acordo

1. A cedência ocasional de trabalhador fora das condições em que é admissível, ou a falta do acordo nos termos do nº 1 do artigo 290º confere ao trabalhador cedido o direito de optar pela permanência ao serviço do cessionário em regime de contrato de trabalho sem termo.

2. O direito previsto no número anterior pode ser exercido até ao termo da cedência, mediante comunicação ao cedente e ao cessionário por carta registada com aviso de recepção.

Artigo 293º - Enquadramento de trabalhador cedido

1. O trabalhador cedido não é considerado para efeito da determinação das obrigações do cessionário que tenham em conta o número de trabalhadores empregados, excepto no que respeita à organização dos serviços de segurança e saúde no trabalho.

2. O cessionário deve comunicar à comissão de trabalhadores o início da utilização de trabalhador em regime de cedência ocasional, no prazo de cinco dias úteis.

3. Constitui contra-ordenação leve a violação do disposto no número anterior.

SECÇÃO III - Redução da actividade e suspensão de contrato de trabalho

SUBSECÇÃO I - Disposições gerais sobre a redução e suspensão

Artigo 294º - Factos determinantes de redução ou suspensão

1. A redução temporária de período normal de trabalho ou a suspensão de contrato de trabalho pode fundamentar-se na impossibilidade temporária, respectivamente parcial ou total, de prestação de trabalho por facto relativo ao trabalhador ou ao empregador.

2. Permitem também a redução do período normal de trabalho ou a suspensão do contrato de trabalho, designadamente:

a) A necessidade de assegurar a viabilidade da empresa e a manutenção de postos de trabalho, em situação de crise empresarial;

b) O acordo entre trabalhador e empregador, nomeadamente acordo de pré-reforma.

3. Pode ainda ocorrer a suspensão de contrato de trabalho por iniciativa de trabalhador, fundada em falta de pagamento pontual da retribuição.

Artigo 295º - Efeitos da redução ou da suspensão

1. Durante a redução ou suspensão, mantêm-se os direitos, deveres e garantias das partes que não pressuponham a efectiva prestação de trabalho.

2. O tempo de redução ou suspensão conta-se para efeitos de antiguidade.

3. A redução ou suspensão não tem efeitos no decurso de prazo de caducidade, nem obsta a que qualquer das partes faça cessar o contrato nos termos gerais.

4. Terminado o período de redução ou suspensão, são restabelecidos os direitos, deveres e garantias das partes decorrentes da efectiva prestação de trabalho.

5. Constitui contra-ordenação grave o impedimento por parte do empregador a que o trabalhador retome a actividade normal após o termo do período de redução ou suspensão.

SUBSECÇÃO II – Suspensão de contrato de trabalho por facto respeitante a trabalhador

Artigo 296º – Facto determinante da suspensão respeitante a trabalhador

1. Determina a suspensão do contrato de trabalho o impedimento temporário por facto respeitante ao trabalhador que não lhe seja imputável e se prolongue por mais de um mês, nomeadamente doença, acidente ou facto decorrente da aplicação da lei do serviço militar.

2. O trabalhador pode suspender de imediato o contrato de trabalho:

a) na situação referida no nº 1 do artigo 195º, quando não exista outro estabelecimento da empresa para o qual possa pedir transferência;

b) nos casos previstos no nº 2 do artigo 195º, até que ocorra a transferência.

3. O contrato de trabalho suspende-se antes do prazo referido no nº 1, no momento em que seja previsível que o impedimento vai ter duração superior àquele prazo.

4. O contrato de trabalho suspenso caduca no momento em que seja certo que o impedimento se torna definitivo.

5. O impedimento temporário por facto imputável ao trabalhador determina a suspensão do contrato de trabalho nos casos previstos na lei.

Artigo 297º – Regresso do trabalhador

No dia imediato à cessação do impedimento, o trabalhador deve apresentar-se ao empregador para retomar a actividade.

SUBSECÇÃO III – Redução temporária do período normal de trabalho ou suspensão do contrato de trabalho por facto respeitante ao empregador

DIVISÃO I – Situação de crise empresarial

Artigo 298º – Redução ou suspensão em situação de crise empresarial

1. O empregador pode reduzir temporariamente os períodos normais de trabalho ou suspender os contratos de trabalho, por motivos de mercado, estruturais ou tecnológicos, catástrofes ou outras ocorrências que tenham afectado gravemente a actividade normal da empresa, desde que tal medida seja indispensável para assegurar a viabilidade da empresa e a manutenção dos postos de trabalho.

2. A redução a que se refere o número anterior pode abranger:

a) Um ou mais períodos normais de trabalho, diários ou semanais, podendo dizer respeito a diferentes grupos de trabalhadores, rotativamente;

b) Diminuição do número de horas correspondente ao período normal de trabalho, diário ou semanal.

3. O regime de redução ou suspensão aplica-se aos casos em que essa medida seja determinada no âmbito de declaração de empresa em situação económica difícil ou, com as necessárias adaptações, em processo de recuperação de empresa.

4. A empresa que recorra ao regime de redução ou suspensão deve ter a sua situação contributiva regularizada perante a administração fiscal e a segurança social, nos termos da legislação aplicável, salvo quando se encontre numa das situações previstas no número anterior.

(Redação dada pela Lei nº 23/2012, de 25-06)

Artigo 298º-A – Impedimento de redução ou suspensão

O empregador só pode recorrer novamente à aplicação das medidas de redução ou suspensão depois de decorrido um período de tempo equivalente a metade do período anteriormente utilizado, podendo ser reduzido por acordo entre o empregador e os trabalhadores abrangidos ou as suas estruturas representativas.

(Aditado pela Lei nº 23/2012, de 25-06)

Artigo 299º – Comunicações em caso de redução ou suspensão

1. O empregador comunica, por escrito, à comissão de trabalhadores ou, na sua falta, à comissão intersindical ou comissões sindicais da empresa representativas dos trabalhadores a abranger, a intenção de reduzir ou suspender a prestação do trabalho, informando-as simultaneamente sobre:

a) Fundamentos económicos, financeiros ou técnicos da medida;

b) Quadro de pessoal, discriminado por secções;

c) Critérios para selecção dos trabalhadores a abranger;

d) Número e categorias profissionais dos trabalhadores a abranger;

e) Prazo de aplicação da medida;

f) Áreas de formação a frequentar pelos trabalhadores durante o período de redução ou suspensão, sendo caso disso.

2. O empregador disponibiliza, para consulta, os documentos em que suporta a alegação de situação de crise empresarial, designadamente de natureza contabilística e financeira.

3. Na falta das entidades referidas no nº 1, o empregador comunica, por escrito, a cada trabalhador a abranger, a intenção de reduzir ou suspender a prestação de trabalho, podendo estes, nos cinco dias posteriores à recepção da comunicação, designar de entre eles uma comissão representativa com o máximo de três ou cinco elementos, consoante a medida abranja até 20 ou mais trabalhadores.

4. No caso previsto no número anterior, o empregador disponibiliza, ao mesmo tempo, para consulta dos trabalhadores, a informação referida no nº 1 e envia a mesma à comissão representativa que seja designada.

5. Constitui contra-ordenação grave a violação do disposto neste artigo.

(Redação dada pela Lei nº 23/2012, de 25-06)

Artigo 300º – Informações e negociação em caso de redução ou suspensão

1. Nos cinco dias posteriores ao facto previsto nos nºs 1 ou 4 do artigo anterior, o empregador promove uma fase de informações e negociação com a estrutura representativa dos trabalhadores, com vista a um acordo sobre a modalidade, âmbito e duração das medidas a adotar.

2. A acta das reuniões de negociação deve conter a matéria acordada e, bem assim, as posições divergentes das partes, com as opiniões, sugestões e propostas de cada uma.

3. Celebrado o acordo ou, na falta deste, após terem decorrido cinco dias sobre o envio da informação prevista nos nºs 1 ou 4 do artigo anterior ou, na falta desta, da comunicação referida no nº 3 do mesmo artigo, o empregador comunica por escrito, a cada trabalhador, a medida que decidiu aplicar, com menção expressa do fundamento e das datas de início e termo da medida.

4. Na data das comunicações referidas no número anterior, o empregador remete à estrutura representativa dos trabalhadores e ao serviço competente do ministério responsável pela área da segurança social a acta a que se refere o nº 2, bem como relação de que conste o nome dos trabalhadores, morada, datas de nascimento e de admissão na empresa, situação perante a segurança social, profissão, categoria e retribuição e, ainda, a medida individualmente adoptada, com indicação das datas de início e termo da aplicação.

5. Na falta de acta da negociação, o empregador envia às entidades referidas no número anterior um documento em que o justifique e descreva o acordo, ou as razões que obstaram ao mesmo e as posições finais das partes.

6. O procedimento previsto nos nºs 4 e 5 é regulado por portaria dos membros do Governo responsáveis pelas áreas laboral e da segurança social.

7. Constitui contraordenação leve a violação do disposto nos nºs 1 a 5.

(Redação dada pela Lei nº 23/2012, de 25-06)

Artigo 301º – Duração de medida de redução ou suspensão

1. A redução ou suspensão deve ter uma duração previamente definida, não superior a seis meses ou, em caso de catástrofe ou outra ocorrência que tenha afectado gravemente a actividade normal da empresa, um ano.

2. A redução ou suspensão pode iniciar-se decorridos cinco dias sobre a data da comunicação a que se refere o nº 3 do artigo anterior, ou imediatamente em caso de acordo entre o empregador e a estrutura representativa dos trabalhadores, a comissão representativa referida no nº 3 do artigo 299º ou a maioria dos trabalhadores abrangidos ou, ainda, no caso de impedimento imediato à prestação normal de trabalho que os trabalhadores abrangidos conheçam ou lhes seja comunicado.

3. Qualquer dos prazos referidos no nº 1 pode ser prorrogado por um período máximo de seis meses, desde que o empregador comunique tal intenção e a duração prevista, por escrito e de forma fundamentada, a estrutura representativa dos trabalhadores ou à comissão representativa referida no nº 3 do artigo 299º

4. Na falta de estrutura representativa dos trabalhadores ou da comissão representativa referida no nº 3 do artigo 299º, a comunicação prevista no número anterior é feita a cada trabalhador abrangido pela prorrogação.

5. Constitui contraordenação leve a violação do disposto neste artigo.

(Redação dada pela Lei nº 23/2012, de 25-06)

Artigo 302º - Formação profissional durante a redução ou suspensão

1. A formação profissional a frequentar pelos trabalhadores durante o período de redução ou suspensão deve orientar-se para a viabilização da empresa e a manutenção dos postos de trabalho, ou o desenvolvimento da qualificação profissional dos trabalhadores que aumente a sua empregabilidade.

2. O empregador elabora o plano da formação, precedido de consulta aos trabalhadores abrangidos e de parecer da estrutura representativa dos trabalhadores.

3. A resposta dos trabalhadores e o parecer referido no número anterior devem ser emitidos em prazo indicado pelo empregador, não inferior a cinco dias.

4. Constitui contra-ordenação leve a violação do disposto nos nºs 2 e 3.

Artigo 303º - Deveres do empregador no período de redução ou suspensão

1. Durante o período de redução ou suspensão, o empregador deve:

a) Efetuar pontualmente o pagamento da compensação retributiva, bem como o acréscimo a que haja lugar em caso de formação profissional;

b) Pagar pontualmente as contribuições para a segurança social sobre a retribuição auferida pelos trabalhadores;

c) Não distribuir lucros, sob qualquer forma, nomeadamente a título de levantamento por conta;

d) Não aumentar a retribuição ou outra prestação patrimonial atribuída a membro de corpos sociais, enquanto a segurança social comparticipar na compensação retributiva atribuída aos trabalhadores;

e) Não proceder a admissão ou renovação de contrato de trabalho para preenchimento de posto de trabalho susceptível de ser assegurado por trabalhador em situação de redução ou suspensão.

2. Durante o período de redução ou suspensão, bem como nos 30 ou 60 dias seguintes à aplicação das medidas, consoante a duração da respetiva aplicação não exceda ou seja superior a seis meses, o empregador não pode fazer cessar o contrato de trabalho de trabalhador abrangido por aquelas medidas, exceto se se tratar de cessação da comissão de serviço, cessação de contrato de trabalho a termo ou despedimento por facto imputável ao trabalhador.

3. Em caso de violação do disposto no número anterior, o empregador procede à devolução dos apoios recebidos, previstos nos nºs 4 e 5 do artigo 305º, em relação ao trabalhador cujo contrato tenha cessado.

4. Constitui contraordenação grave a violação do disposto neste artigo.

(Redação dada pela Lei nº 23/2012, de 25-06)

Artigo 304º - Deveres do trabalhador no período de redução ou suspensão

1. Durante o período de redução ou suspensão, o trabalhador deve:

a) Pagar contribuições para a segurança social com base na retribuição auferida e na compensação retributiva;

b) Caso exerça actividade remunerada fora da empresa, comunicar o facto ao empregador, no prazo de cinco dias a contar do início da mesma, para efeitos de eventual redução na compensação retributiva;

c) Frequentar acções de formação profissional previstas no plano referido no artigo 302º

2. O trabalhador que não cumpra injustificadamente o dever a que se refere a alínea *b*) ou *c*) do número anterior perde o direito a compensação retributiva e, no caso da alínea *b*), deve restituir o que tiver recebido a este título, constituindo ainda a omissão uma infracção disciplinar grave.

Artigo 305º – Direitos do trabalhador no período de redução ou suspensão

1. Durante o período de redução ou suspensão, o trabalhador tem direito:

a) A auferir mensalmente um montante mínimo igual a dois terços da sua retribuição normal ilíquida, ou o valor da retribuição mínima mensal garantida correspondente ao seu período normal de trabalho, consoante o que for mais elevado;

b) A manter as regalias sociais ou prestações da segurança social a que tenha direito e a que a respectiva base de cálculo não seja alterada por efeito da redução ou suspensão;

c) A exercer outra actividade remunerada.

2. Durante o período de redução, a retribuição do trabalhador é calculada em proporção das horas de trabalho.

3. Durante o período de redução ou suspensão, o trabalhador tem direito a compensação retributiva na medida do necessário para, conjuntamente com a retribuição de trabalho prestado na empresa ou fora dela, assegurar o montante mensal referido na alínea *a*) do nº 1, até ao triplo da retribuição mínima mensal garantida, sem prejuízo do disposto no nº 5.

4. A compensação retributiva é paga em 30% do seu montante pelo empregador e em 70% pelo serviço público competente da área da segurança social.

5. Quando, durante o período de redução ou suspensão, os trabalhadores frequentem cursos de formação profissional adequados ao desenvolvimento da qualificação profissional que aumente a sua empregabilidade ou à viabilização da empresa e manutenção dos postos de trabalho, em conformidade com um plano de formação aprovado pelo serviço público competente na área do emprego e formação profissional, este paga o valor correspondente a 30% do indexante dos apoios sociais destinado, em partes iguais, ao empregador e ao trabalhador, acrescendo, relativamente a este, à compensação retributiva prevista nos nºs 3 e 4.

6. Os serviços públicos competentes nas áreas da segurança social e do emprego e formação profissional devem entregar a parte que lhes compete ao empregador, de modo que este possa pagar pontualmente ao trabalhador a compensação retributiva, bem como o acréscimo a que haja lugar.

7. O subsídio de doença da segurança social não é atribuído relativamente a período de doença que ocorra durante a suspensão do contrato, mantendo o trabalhador direito à compensação retributiva.

8. Em caso de não pagamento pontual do montante previsto na alínea *a*) do nº 1 durante o período de redução, o trabalhador tem direito a suspender o contrato nos termos do artigo 325º

9. Constitui contraordenação grave a violação do disposto no nº 1.
(Redação dada pela Lei nº 13/2023, de 03-04)

Artigo 306º - Efeitos da redução ou suspensão em férias, subsídio de férias ou de Natal

1. O tempo de redução ou suspensão não afecta o vencimento e a duração do período de férias.

2. A redução ou suspensão não prejudica a marcação e o gozo de férias, nos termos gerais, tendo o trabalhador direito ao pagamento pelo empregador do subsídio de férias devido em condições normais de trabalho.

3. O trabalhador tem direito a subsídio de Natal por inteiro, que é pago pela segurança social em montante correspondente a metade da compensação retributiva e pelo empregador no restante.

4. Constitui contra-ordenação grave a violação do disposto nos nºs 1, 2 ou 3, este na parte respeitante ao empregador.

Artigo 307º - Acompanhamento da medida

1. O empregador informa trimestralmente as estruturas representativas dos trabalhadores ou a comissão representativa referida no nº 3 do artigo 299º ou, na sua falta, os trabalhadores abrangidos da evolução das razões que justificam o recurso à redução ou suspensão da prestação de trabalho.

2. Durante a redução ou suspensão, o serviço com competência inspectiva do ministério responsável pela área laboral, por iniciativa própria ou a requerimento de qualquer interessado, deve pôr termo à aplicação do regime relativamente a todos ou a alguns trabalhadores, nos seguintes casos:

a) Não verificação ou cessação da existência do fundamento invocado;

b) Falta das comunicações ou recusa de participação no procedimento de informações e negociação por parte do empregador;

c) Incumprimento de qualquer dos deveres a que se referem os nºs 1 e 2 do artigo 303º

3. A decisão que ponha termo à aplicação da medida deve indicar os trabalhadores a quem se aplica e produz efeitos a partir do momento em que o empregador seja notificado.

4. Constitui contraordenação grave a violação do disposto no nº 1.
(Redação dada pela Lei nº 23/2012, de 25-06)

Artigo 308º - Direitos dos representantes dos trabalhadores durante a redução ou suspensão

1. A medida de redução ou suspensão relativa a trabalhador que seja delegado sindical ou membro de estrutura de representação colectiva dos trabalhadores não prejudica o direito ao exercício das correspondentes funções na empresa.

2. Constitui contra-ordenação grave a violação do disposto no número anterior.

DIVISÃO II – Encerramento e diminuição temporários de actividade

Artigo 309º – Retribuição durante o encerramento ou a diminuição de actividade

1. Em caso de encerramento temporário ou diminuição temporária de actividade de empresa ou estabelecimento que não respeite a situação de crise empresarial, o trabalhador tem direito a:

a) Sendo devido a caso fortuito ou de força maior, 75% da retribuição;

b) Sendo devido a facto imputável ao empregador ou por motivo de interesse deste, a totalidade da retribuição.

2. Ao valor da retribuição deduz-se o que o trabalhador receba no período em causa por outra actividade que tenha passado a exercer por efeito do encerramento ou diminuição de actividade.

3. Constitui contra-ordenação grave a violação do disposto no nº 1.

Artigo 310º – Cessação de encerramento ou de diminuição de actividade

O empregador deve informar os trabalhadores cuja actividade está suspensa da cessação do encerramento ou da diminuição de actividade, devendo estes retomar a prestação de trabalho.

Artigo 311º – Procedimento em caso de encerramento temporário por facto imputável ao empregador

1. O encerramento temporário de empresa ou estabelecimento por facto imputável ao empregador, sem que este tenha iniciado procedimento com vista a despedimento colectivo, a despedimento por extinção de posto de trabalho, a redução temporária do período normal de trabalho ou a suspensão do contrato de trabalho em situação de crise empresarial, ou que não consista em encerramento para férias, rege-se pelo disposto nos números seguintes.

2. Para efeito do número anterior, considera-se que há encerramento temporário de empresa ou estabelecimento por facto imputável ao empregador sempre que, por decisão deste, a actividade deixe de ser exercida, ou haja interdição de acesso a locais de trabalho ou recusa de fornecimento de trabalho, condições e instrumentos de trabalho, que determine ou possa determinar a paralisação de empresa ou estabelecimento.

3. O empregador informa os trabalhadores e a comissão de trabalhadores ou, na sua falta, a comissão intersindical ou as comissões sindicais da empresa, sobre fundamento, duração previsível e consequências de encerramento, com antecedência não inferior a 15 dias ou, sendo esta inviável, logo que possível.

4. A comissão de trabalhadores pode emitir parecer sobre o encerramento no prazo de 10 dias.

5. Constitui contra-ordenação muito grave a violação não dolosa do disposto no nº 3.

Artigo 312º – Caução em caso de encerramento temporário por facto imputável ao empregador

1. Em situação prevista no artigo anterior, o empregador constitui a caução que garanta o pagamento de retribuições em mora, se existirem, de retribuições referentes ao período de encerramento e de compensações por despedimento, relativamente aos trabalhadores abrangidos.

2. O empregador é dispensado de prestar caução relativa a compensações por despedimento colectivo em caso de declaração expressa neste sentido, por escrito, de dois terços dos trabalhadores abrangidos.

3. A caução deve ser utilizada decorridos 15 dias após o não pagamento de qualquer prestação garantida ou, no caso de retribuição em mora, após a sua constituição.

4. A caução deve reforçada proporcionalmente em caso de aumento de retribuições, da duração do encerramento ou da sua extensão a outro estabelecimento da empresa.

5. É aplicável o regime da caução para o exercício da actividade de empresa de trabalho temporário no que respeita aos seguintes aspectos:

a) Entidade a favor da qual é constituída;

b) Forma por que é prestada;

c) Prova do não pagamento de prestações garantidas;

d) Cessação e devolução.

6. Constitui contra-ordenação muito grave a violação não dolosa do disposto nos nºs 1 ou 4.

Artigo 313º – Actos proibidos em caso de encerramento temporário

1. Em caso de encerramento temporário de empresa ou estabelecimento a que se refere o nº 1 do artigo 311º, o empregador não pode:

a) Distribuir lucros ou dividendos, pagar suprimentos e respectivos juros ou amortizar quotas sob qualquer forma;

b) Remunerar membros dos corpos sociais por qualquer meio, em percentagem superior à paga aos respectivos trabalhadores;

c) Comprar ou vender acções ou quotas próprias a membros dos corpos sociais;

d) Efectuar pagamentos a credores não titulares de garantia ou privilégio com preferência em relação aos créditos dos trabalhadores, salvo se tais pagamentos se destinarem a permitir a actividade da empresa;

e) Efectuar pagamentos a trabalhadores que não correspondam ao rateio do montante disponível, na proporção das respectivas retribuições;

f) Efectuar liberalidades, qualquer que seja o título;

g) Renunciar a direitos com valor patrimonial;

h) Celebrar contratos de mútuo na qualidade de mutuante;

i) Proceder a levantamentos de tesouraria para fim alheio à actividade da empresa.

2. A proibição a que se refere qualquer das alíneas *d*) a *g*) do número anterior cessa em caso de declaração expressa neste sentido, por escrito, de dois terços dos trabalhadores abrangidos.

3. Constitui contraordenação grave a violação do disposto no presente artigo. *(Redação dada pela Lei nº 13/2023, de 03-04)*

Artigo 314º – Anulabilidade de acto de disposição

1. O acto de disposição de património da empresa a título gratuito, praticado durante o encerramento temporário abrangido pelo nº 1 do artigo 311º, é anulável por iniciativa de qualquer interessado ou de estrutura de representação colectiva dos trabalhadores.

2. O disposto no número anterior aplica-se a acto de disposição de património da empresa a título oneroso, praticado durante o mesmo período, se dele resultar diminuição da garantia patrimonial de créditos dos trabalhadores.

Artigo 315º – Extensão do regime a caso de encerramento definitivo

O regime previsto nos artigos 311º a 314º aplica-se, com as devidas adaptações, a encerramento definitivo de empresa ou estabelecimento que ocorra sem ser iniciado procedimento para despedimento colectivo ou sem ser cumprido o disposto no nº 4 do artigo 346º

Artigo 316º – Responsabilidade penal em caso de encerramento de empresa ou estabelecimento

1. O empregador que encerre, temporária ou definitivamente, empresa ou estabelecimento, em caso previsto no artigo 311º ou no artigo anterior, sem ter dado cumprimento ao disposto nos artigos 311º e 312º, é punido com pena de prisão até 2 anos ou de multa até 240 dias.

2. A violação do disposto no artigo 313º é punida com pena de prisão até 3 anos, sem prejuízo de pena mais grave aplicável ao caso.

SUBSECÇÃO IV – Licença sem retribuição

Artigo 317º – Concessão e efeitos da licença sem retribuição

1. O empregador pode conceder ao trabalhador, a pedido deste, licença sem retribuição.

2. O trabalhador tem direito a licença sem retribuição de duração superior a 60 dias para frequência de curso de formação ministrado sob responsabilidade de instituição de ensino ou de formação profissional, ou no âmbito de programa específico aprovado por autoridade competente e executado sob o seu controlo pedagógico, ou para frequência de curso ministrado em estabelecimento de ensino.

3. Em situação prevista no número anterior, o empregador pode recusar a concessão de licença:

a) Quando, nos 24 meses anteriores, tenha sido proporcionada ao trabalhador formação profissional adequada ou licença para o mesmo fim;

b) Em caso de trabalhador com antiguidade inferior a três anos;

c) Quando o trabalhador não tenha requerido a licença com a antecedência mínima de 90 dias em relação à data do seu início;

d) Quando se trate de microempresa ou de pequena empresa e não seja possível a substituição adequada do trabalhador, caso necessário;

e) Em caso de trabalhador incluído em nível de qualificação de direcção, chefia, quadro ou pessoal qualificado, quando não seja possível a sua substituição durante o período da licença, sem prejuízo sério para o funcionamento da empresa.

4. A licença determina a suspensão do contrato de trabalho, com os efeitos previstos no artigo 295º

5. Constitui contra-ordenação grave a violação do disposto no nº 2.

SUBSECÇÃO V - Pré-reforma

Artigo 318º - Noção de pré-reforma

Considera-se pré-reforma a situação de redução ou suspensão da prestação de trabalho, constituída por acordo entre empregador e trabalhador com idade igual ou superior a 55 anos, durante a qual este tem direito a receber do empregador uma prestação pecuniária mensal, denominada de pré-reforma.

Artigo 319º - Acordo de pré-reforma

O acordo de pré-reforma está sujeito a forma escrita e deve conter:

a) Identificação, assinaturas e domicílio ou sede das partes;

b) Data de início da pré-reforma;

c) Montante da prestação de pré-reforma;

d) Organização do tempo de trabalho, no caso de redução da prestação de trabalho.

Artigo 320º - Prestação de pré-reforma

1. O montante inicial da prestação de pré-reforma não pode ser superior à retribuição do trabalhador na data do acordo, nem inferior a 25% desta ou à retribuição do trabalho, caso a pré-reforma consista na redução da prestação de trabalho.

2. Salvo estipulação em contrário, a prestação de pré-reforma é actualizada anualmente em percentagem igual à do aumento de retribuição de que o trabalhador beneficiaria se estivesse em pleno exercício de funções ou, não havendo tal aumento, à taxa de inflação.

3. A prestação de pré-reforma goza das garantias dos créditos de trabalhador emergentes de contrato de trabalho.

Artigo 321º – Direitos de trabalhador em situação de pré-reforma

1. O trabalhador em situação de pré-reforma pode exercer outra actividade profissional remunerada.

2. O acordo de pré-reforma pode atribuir ao trabalhador outros direitos não decorrentes na lei.

3. Em caso de falta culposa de pagamento da prestação de pré-reforma ou, independentemente de culpa, se a mora se prolongar por mais de 30 dias, o trabalhador tem direito a retomar o pleno exercício de funções, sem prejuízo da antiguidade, ou a resolver o contrato, com direito a indemnização nos termos dos nºs 2 e 3 do artigo seguinte.

Artigo 322º – Cessação de pré-reforma

1. A pré-reforma cessa:

a) Com a reforma do trabalhador, por velhice ou invalidez;

b) Com o regresso do trabalhador ao pleno exercício de funções, por acordo com o empregador ou nos termos do nº 3 do artigo anterior;

c) Com a cessação do contrato de trabalho.

2. Na situação prevista na alínea *c*) do número anterior, caso a modalidade de cessação do contrato de trabalho conferisse ao trabalhador direito a indemnização ou compensação se estivesse no pleno exercício de funções, aquele tem direito a indemnização no montante das prestações de pré-reforma até à idade legal de reforma por velhice.

3. A indemnização referida no número anterior tem por base o montante da prestação de pré-reforma à data da cessação do contrato de trabalho.

CAPÍTULO VI – Incumprimento do contrato

SECÇÃO I – Disposições gerais

Artigo 323º – Efeitos gerais do incumprimento do contrato de trabalho

1. A parte que faltar culposamente ao cumprimento dos seus deveres é responsável pelo prejuízo causado à contraparte.

2. O empregador que faltar culposamente ao cumprimento de prestações pecuniárias é obrigado a pagar os correspondentes juros de mora à taxa legal, ou a taxa superior estabelecida em instrumento de regulamentação colectiva de trabalho ou acordo das partes.

3. A falta de pagamento pontual da retribuição confere ao trabalhador a faculdade de suspender ou fazer cessar o contrato, nos termos previstos neste Código.

Artigo 324º – Efeitos para o empregador de falta de pagamento pontual da retribuição

1. Ao empregador em situação de falta de pagamento pontual de retribuição é aplicável o disposto no artigo 313º

2. O acto de disposição do património da empresa praticado em situação de falta de pagamento pontual de retribuições, ou nos seis meses anteriores, é anulável nos termos do artigo 314º

3. A violação do nº 1 é punida com pena de prisão até 3 anos, sem prejuízo de pena mais grave aplicável ao caso.

SECÇÃO II – Suspensão de contrato de trabalho por não pagamento pontual da retribuição

Artigo 325º – Requisitos da suspensão de contrato de trabalho

1. No caso de falta de pagamento pontual da retribuição por período de 15 dias sobre a data do vencimento, o trabalhador pode suspender o contrato de trabalho, mediante comunicação por escrito ao empregador e ao serviço com competência inspectiva do ministério responsável pela área laboral, com a antecedência mínima de oito dias em relação à data de início da suspensão.

2. O trabalhador pode suspender o contrato de trabalho antes de decorrido o período de 15 dias referido no número anterior, quando o empregador declare por escrito que prevê que não vai pagar a retribuição em dívida até ao termo daquele prazo.

3. A falta de pagamento pontual da retribuição por período de 15 dias é declarada, a pedido do trabalhador, pelo empregador ou, em caso de recusa, pelo serviço referido no nº 1, no prazo de cinco ou 10 dias, respectivamente.

4. A declaração referida nos nºs 2 ou 3 deve especificar o montante das retribuições em dívida e o período a que respeitam.

5. Constitui contra-ordenação leve a violação do disposto no nº 3.

Artigo 326º – Prestação de trabalho durante a suspensão

O trabalhador pode exercer outra actividade remunerada durante a suspensão do contrato de trabalho, com respeito do dever de lealdade ao empregador originário.

Artigo 327º – Cessação da suspensão do contrato de trabalho

A suspensão do contrato de trabalho cessa:

a) Mediante comunicação do trabalhador, nos termos do nº 1 do artigo 325º, de que põe termo à suspensão a partir de determinada data;

b) Com o pagamento integral das retribuições em dívida e juros de mora;

c) Por acordo entre trabalhador e empregador para regularização das retribuições em dívida e juros de mora.

SECÇÃO III - Poder disciplinar

Artigo 328º - Sanções disciplinares

1. No exercício do poder disciplinar, o empregador pode aplicar as seguintes sanções:

a) Repreensão;

b) Repreensão registada;

c) Sanção pecuniária;

d) Perda de dias de férias;

e) Suspensão do trabalho com perda de retribuição e de antiguidade;

f) Despedimento sem indemnização ou compensação.

2. O instrumento de regulamentação colectiva de trabalho pode prever outras sanções disciplinares, desde que não prejudiquem os direitos e garantias do trabalhador.

3. A aplicação das sanções deve respeitar os seguintes limites:

a) As sanções pecuniárias aplicadas a trabalhador por infracções praticadas no mesmo dia não podem exceder um terço da retribuição diária e, em cada ano civil, a retribuição correspondente a 30 dias;

b) A perda de dias de férias não pode pôr em causa o gozo de 20 dias úteis;

c) A suspensão do trabalho não pode exceder 30 dias por cada infracção e, em cada ano civil, o total de 90 dias.

4. Sempre que o justifiquem as especiais condições de trabalho, os limites estabelecidos nas alíneas *a*) e *c*) do número anterior podem ser elevados até ao dobro por instrumento de regulamentação colectiva de trabalho.

5. A sanção pode ser agravada pela sua divulgação no âmbito da empresa.

6. Constitui contra-ordenação grave a violação do disposto nos nºs 3 ou 4.

Artigo 329º - Procedimento disciplinar e prescrição

1. O direito de exercer o poder disciplinar prescreve um ano após a prática da infracção, ou no prazo de prescrição da lei penal se o facto constituir igualmente crime.

2. O procedimento disciplinar deve iniciar-se nos 60 dias subsequentes àquele em que o empregador, ou o superior hierárquico com competência disciplinar, teve conhecimento da infracção.

3. O procedimento disciplinar prescreve decorrido um ano contado da data em que é instaurado quando, nesse prazo, o trabalhador não seja notificado da decisão final.

4. O poder disciplinar pode ser exercido directamente pelo empregador, ou por superior hierárquico do trabalhador, nos termos estabelecidos por aquele.

5. Iniciado o procedimento disciplinar, o empregador pode suspender o trabalhador se a presença deste se mostrar inconveniente, mantendo o pagamento da retribuição.

6. A sanção disciplinar não pode ser aplicada sem audiência prévia do trabalhador.

7. Sem prejuízo do correspondente direito de acção judicial, o trabalhador pode reclamar para o escalão hierarquicamente superior ao que aplicou a sanção, ou recorrer a processo de resolução de litígio quando previsto em instrumento de regulamentação colectiva de trabalho ou na lei.

8. Constitui contra-ordenação grave a violação do disposto no nº 6.

Artigo 330º - Critério de decisão e aplicação de sanção disciplinar

1. A sanção disciplinar deve ser proporcional à gravidade da infracção e à culpabilidade do infractor, não podendo aplicar-se mais de uma pela mesma infracção.

2. A aplicação da sanção deve ter lugar nos três meses subsequentes à decisão, sob pena de caducidade.

3. O empregador deve entregar ao serviço responsável pela gestão financeira do orçamento da segurança social o montante de sanção pecuniária aplicada.

4. Constitui contra-ordenação grave a violação do disposto nos nºs 2 ou 3.

Artigo 331º - Sanções abusivas

1. Considera-se abusiva a sanção disciplinar motivada pelo facto de o trabalhador:

a) Ter reclamado legitimamente contra as condições de trabalho;

b) Se recusar a cumprir ordem a que não deva obediência, nos termos da alínea *e*) do nº 1 e do nº 2 do artigo 128º;

c) Exercer ou candidatar-se ao exercício de funções em estrutura de representação colectiva dos trabalhadores;

d) Ter alegado ser vítima de assédio ou ser testemunha em processo judicial e/ou contraordenacional de assédio;

e) Em geral, exercer, ter exercido, pretender exercer ou invocar os seus direitos ou garantias.

2. Presume-se abusivo o despedimento ou outra sanção aplicada alegadamente para punir uma infracção, quando tenha lugar:

a) Até seis meses após qualquer dos factos mencionados no número anterior;

b) Até um ano após a denúncia ou outra forma de exercício de direitos relativos a igualdade, não discriminação e assédio.

3. O empregador que aplicar sanção abusiva deve indemnizar o trabalhador nos termos gerais, com as alterações constantes dos números seguintes.

4. Em caso de despedimento, o trabalhador tem direito a optar entre a reintegração e uma indemnização calculada nos termos do nº 3 do artigo 392º

5. Em caso de sanção pecuniária ou suspensão do trabalho, a indemnização não deve ser inferior a 10 vezes a importância daquela ou da retribuição perdida.

6. O empregador que aplique sanção abusiva no caso previsto na alínea *c*) do nº 1 deve indemnizar o trabalhador nos seguintes termos:

a) Os mínimos a que se refere o número anterior são elevados para o dobro;

b) Em caso de despedimento, a indemnização não deve ser inferior ao valor da retribuição base e diuturnidades correspondentes a 12 meses.

7. Constitui contraordenação muito grave a aplicação de sanção abusiva.
(Redação dada pela Lei nº 93/2019, de 04-09)

Artigo 332º – Registo de sanções disciplinares

1. O empregador deve ter um registo actualizado das sanções disciplinares, feito por forma que permita facilmente a verificação do cumprimento das disposições aplicáveis, nomeadamente por parte das autoridades competentes que solicitem a sua consulta.

2. Constitui contra-ordenação leve a violação do disposto no número anterior.

SECÇÃO IV – Garantias de créditos do trabalhador

Artigo 333º – Privilégios creditórios

1. Os créditos do trabalhador emergentes de contrato de trabalho, ou da sua violação ou cessação gozam dos seguintes privilégios creditórios:

a) Privilégio mobiliário geral;

b) Privilégio imobiliário especial sobre bem imóvel do empregador no qual o trabalhador presta a sua actividade.

2. A graduação dos créditos faz-se pela ordem seguinte:

a) O crédito com privilégio mobiliário geral é graduado antes de crédito referido no nº 1 do artigo 747º do Código Civil;

b) O crédito com privilégio imobiliário especial é graduado antes de crédito referido no artigo 748º do Código Civil e de crédito relativo a contribuição para a segurança social.

Artigo 334º – Responsabilidade solidária de sociedade em relação de participações recíprocas, de domínio ou de grupo[1]

Por crédito emergente de contrato de trabalho, ou da sua violação ou cessação, vencido há mais de três meses, respondem solidariamente o empregador e sociedade que com este se encontre em relação de participações recíprocas, de domínio ou de grupo, nos termos previstos nos artigos 481º e seguintes do Código das Sociedades Comerciais.

Artigo 335º – Responsabilidade de sócio, gerente, administrador ou director

1. O sócio que, só por si ou juntamente com outros a quem esteja ligado por acordos parassociais, se encontre numa das situações previstas no artigo 83º do

[1] Pelo Acórdão do Tribunal Constitucional nº 272/2021, publicado no DR nº 129, Série I, de 06-07-2021, é declarada a inconstitucionalidade, com força obrigatória geral, da interpretação conjugada das normas contidas no artigo 334º do Código do Trabalho e no artigo 481º, nº 2, proémio, do Código das Sociedades Comerciais, na parte em que impede a responsabilidade solidária da sociedade com sede fora de território nacional, em relação de participações recíprocas, de domínio ou de grupo com uma sociedade portuguesa, pelos créditos emergentes da relação de trabalho subordinado estabelecida com esta, ou da sua rutura.

Código das Sociedades Comerciais, responde nos termos do artigo anterior, desde que se verifiquem os pressupostos dos artigos 78º, 79º e 83º daquele diploma e pelo modo neles estabelecido.

2. O gerente, administrador ou director responde nos termos previstos no artigo anterior, desde que se verifiquem os pressupostos dos artigos 78º e 79º do Código das Sociedades Comerciais e pelo modo neles estabelecido.

Artigo 336º – Fundo de Garantia Salarial

O pagamento de créditos de trabalhador emergentes de contrato de trabalho, ou da sua violação ou cessação, que não possam ser pagos pelo empregador por motivo de insolvência ou de situação económica difícil, é assegurado pelo Fundo de Garantia Salarial, nos termos previstos em legislação específica.

SECÇÃO V – Prescrição e prova

Artigo 337º – Prescrição e prova de crédito

1. O crédito de empregador ou de trabalhador emergente de contrato de trabalho, da sua violação ou cessação prescreve decorrido um ano a partir do dia seguinte àquele em que cessou o contrato de trabalho.

2. O crédito correspondente a compensação por violação do direito a férias, indemnização por aplicação de sanção abusiva ou pagamento de trabalho suplementar, vencido há mais de cinco anos, só pode ser provado por documento idóneo.

3. O crédito de trabalhador, referido no nº 1, não é suscetível de extinção por meio de remissão abdicativa, salvo através de transação judicial.

(Redação dada pela Lei nº 13/2023, de 03-04)

CAPÍTULO VII – Cessação de contrato de trabalho

SECÇÃO I – Disposições gerais sobre cessação de contrato de trabalho

Artigo 338º – Proibição de despedimento sem justa causa

É proibido o despedimento sem justa causa ou por motivos políticos ou ideológicos.

Artigo 338º-A – Proibição do recurso à terceirização de serviços

1. Não é permitido recorrer à aquisição de serviços externos a entidade terceira para satisfação de necessidades que foram asseguradas por trabalhador cujo contrato tenha cessado nos 12 meses anteriores por despedimento coletivo ou despedimento por extinção de posto de trabalho.

2. A violação do disposto no número anterior constitui contraordenação muito grave imputável ao beneficiário da aquisição de serviços.

(Aditado pela Lei nº 13/2023, de 03-04)

Artigo 339º – Imperatividade do regime de cessação do contrato de trabalho

1. O regime estabelecido no presente capítulo não pode ser afastado por instrumento de regulamentação colectiva de trabalho ou por contrato de trabalho, salvo o disposto nos números seguintes ou em outra disposição legal.

2. Os critérios de definição de indemnizações e os prazos de procedimento e de aviso prévio consagrados neste capítulo podem ser regulados por instrumento de regulamentação colectiva de trabalho.

3. Os valores de indemnizações podem, dentro dos limites deste Código, ser regulados por instrumento de regulamentação colectiva de trabalho.

Artigo 340º – Modalidades de cessação do contrato de trabalho

Para além de outras modalidades legalmente previstas, o contrato de trabalho pode cessar por:

a) Caducidade;

b) Revogação;

c) Despedimento por facto imputável ao trabalhador;

d) Despedimento colectivo;

e) Despedimento por extinção de posto de trabalho;

f) Despedimento por inadaptação;

g) Resolução pelo trabalhador;

h) Denúncia pelo trabalhador.

Artigo 341º – Documentos a entregar ao trabalhador

1. Cessando o contrato de trabalho, o empregador deve entregar ao trabalhador:

a) Um certificado de trabalho, indicando as datas de admissão e de cessação, bem como o cargo ou cargos desempenhados;

b) Outros documentos destinados a fins oficiais, designadamente os previstos na legislação de segurança social, que deva emitir mediante solicitação.

2. O certificado de trabalho só pode conter outras referências a pedido do trabalhador.

3. Constitui contra-ordenação leve a violação do disposto neste artigo.

Artigo 342º – Devolução de instrumentos de trabalho

Cessando o contrato de trabalho, o trabalhador deve devolver imediatamente ao empregador os instrumentos de trabalho e quaisquer outros objectos pertencentes a este, sob pena de incorrer em responsabilidade civil pelos danos causados.

SECÇÃO II – Caducidade de contrato de trabalho

Artigo 343º – Causas de caducidade de contrato de trabalho

O contrato de trabalho caduca nos termos gerais, nomeadamente:

a) Verificando-se o seu termo;

b) Por impossibilidade superveniente, absoluta e definitiva, de o trabalhador prestar o seu trabalho ou de o empregador o receber;

c) Com a reforma do trabalhador, por velhice ou invalidez.

Artigo 344º – Caducidade de contrato de trabalho a termo certo

1. O contrato de trabalho a termo certo caduca no final do prazo estipulado, ou da sua renovação, desde que o empregador ou o trabalhador comunique à outra parte a vontade de o fazer cessar, por escrito, respectivamente, 15 ou oito dias antes de o prazo expirar.

2. Em caso de caducidade de contrato de trabalho a termo certo por verificação do seu termo, o trabalhador tem direito a compensação correspondente a 24 dias de retribuição base e diuturnidades por cada ano completo de antiguidade, calculada nos termos do artigo 366º, salvo se a caducidade decorrer de declaração do trabalhador nos termos do número anterior.

3. *(Revogado.)*

4. *(Revogado.)*

5. Constitui contraordenação grave a violação do disposto no nº 2.

(Redação dada pela Lei nº 13/2023, de 03-04)

Artigo 345º – Caducidade de contrato de trabalho a termo incerto

1. O contrato de trabalho a termo incerto caduca quando, prevendo-se a ocorrência do termo, o empregador comunique a cessação do mesmo ao trabalhador, com a antecedência mínima de sete, 30 ou 60 dias conforme o contrato tenha durado até seis meses, de seis meses a dois anos ou por período superior.

2. Tratando-se de situação prevista na alínea *e*) ou *h*) do nº 2 do artigo 140º que dê lugar à contratação de vários trabalhadores, a comunicação a que se refere o número anterior deve ser feita, sucessivamente, a partir da verificação da diminuição gradual da respectiva ocupação, em consequência da normal redução da actividade, tarefa ou obra para que foram contratados.

3. Na falta da comunicação a que se refere o nº 1, o empregador deve pagar ao trabalhador o valor da retribuição correspondente ao período de aviso prévio em falta.

4. Em caso de caducidade de contrato de trabalho a termo incerto, o trabalhador tem direito a compensação correspondente a 24 dias de retribuição base e diuturnidades por cada ano completo de antiguidade.

5. A compensação prevista no número anterior é calculada nos termos do artigo 366º

6. Constitui contraordenação grave a violação do disposto no nº 4.

(Redação dada pela Lei nº 13/2023, de 03-04)

Artigo 346º – Morte de empregador, extinção de pessoa colectiva ou encerramento de empresa

1. A morte de empregador em nome individual faz caducar o contrato de trabalho na data do encerramento da empresa, salvo se o sucessor do falecido continuar a actividade para que o trabalhador se encontra contratado, ou se verificar a transmissão da empresa ou estabelecimento.

2. A extinção de pessoa colectiva empregadora, quando não se verifique a transmissão da empresa ou estabelecimento, determina a caducidade do contrato de trabalho.

3. O encerramento total e definitivo de empresa determina a caducidade do contrato de trabalho, devendo seguir-se o procedimento previsto nos artigos 360º e seguintes, com as necessárias adaptações.

4. O disposto no número anterior não se aplica a microempresas, de cujo encerramento o trabalhador deve ser informado com a antecedência prevista nos nºs 1 e 2 do artigo 363º

5. Verificando-se a caducidade do contrato em caso previsto num dos números anteriores, o trabalhador tem direito a compensação calculada nos termos do artigo 366º, pela qual responde o património da empresa.

6. *(Revogado.)*

7. Constitui contraordenação grave a violação do disposto no nº 5.

(Redação dada pela Lei nº 23/2012, de 25-06)

Artigo 347º – Insolvência e recuperação de empresa

1. A declaração judicial de insolvência do empregador não faz cessar o contrato de trabalho, devendo o administrador da insolvência continuar a satisfazer integralmente as obrigações para com os trabalhadores enquanto o estabelecimento não for definitivamente encerrado.

2. Antes do encerramento definitivo do estabelecimento, o administrador da insolvência pode fazer cessar o contrato de trabalho de trabalhador cuja colaboração não seja indispensável ao funcionamento da empresa.

3. A cessação de contratos de trabalho decorrente do encerramento do estabelecimento ou realizada nos termos do nº 2 deve ser antecedida de procedimento previsto nos artigos 360º e seguintes, com as necessárias adaptações.

4. O disposto no número anterior não se aplica a microempresas.

5. Na situação referida no nº 2, o trabalhador tem direito à compensação prevista no artigo 366º

6. O disposto no nº 3 aplica-se em caso de processo de insolvência que possa determinar o encerramento do estabelecimento.

7. Constitui contraordenação grave a violação do disposto no nº 5.

(Redação dada pela Lei nº 23/2012, de 25-06)

Artigo 348º – Conversão em contrato a termo após reforma por velhice ou idade de 70 anos

1. Considera-se a termo o contrato de trabalho de trabalhador que permaneça ao serviço decorridos 30 dias sobre o conhecimento, por ambas as partes, da sua reforma por velhice.

2. No caso previsto no número anterior, o contrato fica sujeito ao regime definido neste Código para o contrato a termo resolutivo, com as necessárias adaptações e as seguintes especificidades:

a) É dispensada a redução do contrato a escrito;

b) O contrato vigora pelo prazo de seis meses, renovando-se por períodos iguais e sucessivos, sem sujeição a limites máximos;

c) A caducidade do contrato fica sujeita a aviso prévio de 60 ou 15 dias, consoante a iniciativa pertença ao empregador ou ao trabalhador;

d) A caducidade não determina o pagamento de qualquer compensação ao trabalhador.

3. O disposto nos números anteriores é aplicável a contrato de trabalho de trabalhador que atinja 70 anos de idade sem ter havido reforma.

SECÇÃO III - Revogação de contrato de trabalho

Artigo 349º - Cessação de contrato de trabalho por acordo

1. O empregador e o trabalhador podem fazer cessar o contrato de trabalho por acordo.

2. O acordo de revogação deve constar de documento assinado por ambas as partes, ficando cada uma com um exemplar.

3. O documento deve mencionar expressamente a data de celebração do acordo e a do início da produção dos respetivos efeitos, bem como o prazo legal para o exercício do direito de fazer cessar o acordo de revogação.

4. As partes podem, simultaneamente, acordar outros efeitos, dentro dos limites da lei.

5. Se, no acordo ou conjuntamente com este, as partes estabelecerem uma compensação pecuniária global para o trabalhador, presume-se que esta inclui os créditos vencidos à data da cessação do contrato ou exigíveis em virtude desta.

6. Constitui contra-ordenação leve a violação do disposto nos nºs 2 ou 3.

(Redação dada pela Lei nº 73/2017, de 16-08)

Artigo 350º - Cessação do acordo de revogação

1. O trabalhador pode fazer cessar o acordo de revogação do contrato de trabalho mediante comunicação escrita dirigida ao empregador, até ao sétimo dia seguinte à data da respectiva celebração.

2. O trabalhador, caso não possa assegurar a recepção da comunicação no prazo previsto no número anterior, deve remetê-la por carta registada com aviso de recepção, no dia útil subsequente ao fim do prazo.

3. A cessação prevista no nº 1 só é eficaz se, em simultâneo com a comunicação, o trabalhador entregar ou puser, por qualquer forma, à disposição do empregador a totalidade do montante das compensações pecuniárias pagas em cumprimento do acordo, ou por efeito da cessação do contrato de trabalho.

4. Exceptua-se do disposto nos números anteriores o acordo de revogação devidamente datado e cujas assinaturas sejam objecto de reconhecimento notarial presencial, nos termos da lei.

SECÇÃO IV – Despedimento por iniciativa do empregador

SUBSECÇÃO I – Modalidades de despedimento

DIVISÃO I – Despedimento por facto imputável ao trabalhador

Artigo 351º – Noção de justa causa de despedimento

1. Constitui justa causa de despedimento o comportamento culposo do trabalhador que, pela sua gravidade e consequências, torne imediata e praticamente impossível a subsistência da relação de trabalho.

2. Constituem, nomeadamente, justa causa de despedimento os seguintes comportamentos do trabalhador:

a) Desobediência ilegítima às ordens dadas por responsáveis hierarquicamente superiores;

b) Violação de direitos e garantias de trabalhadores da empresa;

c) Provocação repetida de conflitos com trabalhadores da empresa;

d) Desinteresse repetido pelo cumprimento, com a diligência devida, de obrigações inerentes ao exercício do cargo ou posto de trabalho a que está afecto;

e) Lesão de interesses patrimoniais sérios da empresa;

f) Falsas declarações relativas à justificação de faltas;

g) Faltas não justificadas ao trabalho que determinem directamente prejuízos ou riscos graves para a empresa, ou cujo número atinja, em cada ano civil, cinco seguidas ou 10 interpoladas, independentemente de prejuízo ou risco;

h) Falta culposa de observância de regras de segurança e saúde no trabalho;

i) Prática, no âmbito da empresa, de violências físicas, injúrias ou outras ofensas punidas por lei sobre trabalhador da empresa, elemento dos corpos sociais ou empregador individual não pertencente a estes, seus delegados ou representantes;

j) Sequestro ou em geral crime contra a liberdade das pessoas referidas na alínea anterior;

l) Incumprimento ou oposição ao cumprimento de decisão judicial ou administrativa;

m) Reduções anormais de produtividade.

3. Na apreciação da justa causa, deve atender-se, no quadro de gestão da empresa, ao grau de lesão dos interesses do empregador, ao carácter das relações entre as partes ou entre o trabalhador e os seus companheiros e às demais circunstâncias que no caso sejam relevantes.

Artigo 352º – Inquérito prévio

Caso o procedimento prévio de inquérito seja necessário para fundamentar a nota de culpa, o seu início interrompe a contagem dos prazos estabelecidos nos nºs 1 ou 2 do artigo 329º, desde que ocorra nos 30 dias seguintes à suspeita de comportamentos irregulares, o procedimento seja conduzido de forma diligente e a nota de culpa seja notificada até 30 dias após a conclusão do mesmo.

Artigo 353º – Nota de culpa

1. No caso em que se verifique algum comportamento susceptível de constituir justa causa de despedimento, o empregador comunica, por escrito, ao trabalhador que o tenha praticado a intenção de proceder ao seu despedimento, juntando nota de culpa com a descrição circunstanciada dos factos que lhe são imputados.

2. Na mesma data, o empregador remete cópias da comunicação e da nota de culpa à comissão de trabalhadores e, caso o trabalhador seja representante sindical, à associação sindical respectiva.

3. A notificação da nota de culpa ao trabalhador interrompe a contagem dos prazos estabelecidos nos nºs 1 ou 2 do artigo 329º

4. Constitui contra-ordenação grave, ou muito grave no caso de representante sindical, o despedimento de trabalhador com violação do disposto nos nºs 1 ou 2.

Artigo 354º – Suspensão preventiva de trabalhador

1. Com a notificação da nota de culpa, o empregador pode suspender preventivamente o trabalhador cuja presença na empresa se mostrar inconveniente, mantendo o pagamento da retribuição.

2. A suspensão a que se refere o número anterior pode ser determinada nos 30 dias anteriores à notificação, desde que o empregador justifique, por escrito, que, tendo em conta indícios de factos imputáveis ao trabalhador, a presença deste na empresa é inconveniente, nomeadamente para a averiguação de tais factos, e que ainda não foi possível elaborar a nota de culpa.

3. Constitui contraordenação grave a violação do disposto no número anterior. *(Redação dada pela Lei nº 13/2023, de 03-04)*

Artigo 355º – Resposta à nota de culpa

1. O trabalhador dispõe de 10 dias úteis para consultar o processo e responder à nota de culpa, deduzindo por escrito os elementos que considera relevantes para esclarecer os factos e a sua participação nos mesmos, podendo juntar documentos e solicitar as diligências probatórias que se mostrem pertinentes para o esclarecimento da verdade.

2. Constitui contra-ordenação grave, ou muito grave no caso de representante sindical, o despedimento de trabalhador com violação do disposto no número anterior.

Artigo 356º – Instrução

1. O empregador, por si ou através de instrutor que tenha nomeado, deve realizar as diligências probatórias requeridas na resposta à nota de culpa, a menos que as considere patentemente dilatórias ou impertinentes, devendo neste caso alegá-lo fundamentadamente por escrito.

2. *(Revogado.)*

3. O empregador não é obrigado a proceder à audição de mais de três testemunhas por cada facto descrito na nota de culpa, nem mais de 10 no total.

4. O trabalhador deve assegurar a comparência das testemunhas que indicar.

5. Após a conclusão das diligências probatórias, o empregador apresenta cópia integral do processo à comissão de trabalhadores e, caso o trabalhador seja representante sindical, à associação sindical respetiva, que podem, no prazo de cinco dias úteis, fazer juntar ao processo o seu parecer fundamentado.

6. Para efeito do número anterior, o trabalhador pode comunicar ao empregador, nos três dias úteis posteriores à recepção da nota de culpa, que o parecer sobre o processo é emitido por determinada associação sindical, não havendo neste caso lugar a apresentação de cópia do processo à comissão de trabalhadores.

7. Constitui contraordenação grave, ou muito grave no caso de representante sindical, o despedimento de trabalhador com violação do disposto nos nºs 1, 5 e 6.

(Redação dada pela Lei nº 23/2012, de 25-06)

Artigo 357º – Decisão de despedimento por facto imputável ao trabalhador

1. Recebidos os pareceres referidos no nº 5 do artigo anterior ou decorrido o prazo para o efeito, o empregador dispõe de 30 dias para proferir a decisão de despedimento, sob pena de caducidade do direito de aplicar a sanção.

2. Quando não exista comissão de trabalhadores e o trabalhador não seja representante sindical, o prazo referido no número anterior conta-se a partir da data da conclusão da última diligência de instrução.

3. *(Revogado.)*

4. Na decisão são ponderadas as circunstâncias do caso, nomeadamente as referidas no nº 3 do artigo 351º, a adequação do despedimento à culpabilidade do trabalhador e os pareceres dos representantes dos trabalhadores, não podendo ser invocados factos não constantes da nota de culpa ou da resposta do trabalhador, salvo se atenuarem a responsabilidade.

5. A decisão deve ser fundamentada e constar de documento escrito.

6. A decisão é comunicada, por cópia ou transcrição, ao trabalhador, à comissão de trabalhadores, ou à associação sindical respectiva, caso aquele seja representante sindical ou na situação a que se refere o nº 6 do artigo anterior.

7. A decisão determina a cessação do contrato logo que chega ao poder do trabalhador ou é dele conhecida ou, ainda, quando só por culpa do trabalhador não foi por ele oportunamente recebida.

8. Constitui contraordenação grave, ou muito grave no caso de representante sindical, o despedimento de trabalhador com violação do disposto nos nºs 1, 2 e 5 a 7.

(Redação dada pela Lei nº 23/2012, de 25-06)

Artigo 358º - Procedimento em caso de microempresa

1. No procedimento de despedimento em microempresa, caso o trabalhador não seja membro de comissão de trabalhadores ou representante sindical, são dispensadas as formalidades previstas no nº 2 do artigo 353º, no nº 5 do artigo 356º e nos nºs 1, 2 e 6 do artigo anterior sendo aplicável o disposto nos números seguintes.

2. Na ponderação e fundamentação da decisão é aplicável o disposto no nº 4 do artigo anterior, com exceção da referência a pareceres de representantes dos trabalhadores.

3. O empregador pode proferir a decisão dentro dos seguintes prazos:

a) Se o trabalhador não responder à nota de culpa, 30 dias a contar do termo do prazo para resposta à mesma;

b) 30 dias a contar da conclusão da última diligência;

c) *(Revogada.)*

4. Se o empregador não proferir a decisão até ao termo do prazo referido em qualquer das alíneas do número anterior, o direito de aplicar a sanção caduca.

5. A decisão é comunicada, por cópia ou transcrição, ao trabalhador.

6. Constitui contra-ordenação grave a violação do disposto nos nºs 3 ou 5.

(Redação dada pela Lei nº 23/2012, de 25-06)

DIVISÃO II - Despedimento colectivo

Artigo 359º - Noção de despedimento colectivo

1. Considera-se despedimento colectivo a cessação de contratos de trabalho promovida pelo empregador e operada simultânea ou sucessivamente no período de três meses, abrangendo, pelo menos, dois ou cinco trabalhadores, conforme se trate, respectivamente, de microempresa ou de pequena empresa, por um lado, ou de média ou grande empresa, por outro, sempre que aquela ocorrência se fundamente em encerramento de uma ou várias secções ou estrutura equivalente ou redução do número de trabalhadores determinada por motivos de mercado, estruturais ou tecnológicos.

2. Para efeitos do disposto no número anterior consideram-se, nomeadamente:

a) Motivos de mercado - redução da actividade da empresa provocada pela diminuição previsível da procura de bens ou serviços ou impossibilidade superveniente, prática ou legal, de colocar esses bens ou serviços no mercado;

b) Motivos estruturais - desequilíbrio económico-financeiro, mudança de actividade, reestruturação da organização produtiva ou substituição de produtos dominantes;

c) Motivos tecnológicos - alterações nas técnicas ou processos de fabrico, automatização de instrumentos de produção, de controlo ou de movimentação de cargas, bem como informatização de serviços ou automatização de meios de comunicação.

Artigo 360º – Comunicações em caso de despedimento colectivo

1. O empregador que pretenda proceder a um despedimento colectivo comunica essa intenção, por escrito, à comissão de trabalhadores ou, na sua falta, à comissão intersindical ou às comissões sindicais da empresa representativas dos trabalhadores a abranger.

2. Da comunicação a que se refere o número anterior devem constar:

a) Os motivos invocados para o despedimento colectivo;

b) O quadro de pessoal, discriminado por sectores organizacionais da empresa;

c) Os critérios para selecção dos trabalhadores a despedir;

d) O número de trabalhadores a despedir e as categorias profissionais abrangidas;

e) O período de tempo no decurso do qual se pretende efectuar o despedimento;

f) O método de cálculo de compensação a conceder genericamente aos trabalhadores a despedir, se for caso disso, sem prejuízo da compensação estabelecida no artigo 366º ou em instrumento de regulamentação coletiva de trabalho.

3. Na falta das entidades referidas no nº 1:

a) O empregador comunica a intenção de proceder ao despedimento coletivo, por escrito, a cada um dos trabalhadores que possam ser abrangidos.

b) Os trabalhadores abrangidos pelo despedimento coletivo podem designar, de entre eles, no prazo de cinco dias úteis a contar da receção da comunicação, uma comissão representativa com o máximo de três ou cinco membros, consoante o despedimento abranja até cinco ou mais trabalhadores.

4. No caso previsto no número anterior, o empregador envia à comissão neste referida os elementos de informação discriminados no nº 2.

5. O empregador, na data em que procede à comunicação prevista nos nºs 1, 3 ou 4, envia cópia da mesma ao serviço do ministério responsável pela área laboral com competência para o acompanhamento e fomento da contratação coletiva.

6. Constitui contraordenação grave o despedimento efetuado com violação do disposto nos nºs 1 a 5.

(Redação dada pela Lei nº 13/2023, de 03-04)

Artigo 361º – Informações e negociação em caso de despedimento colectivo

1. Nos cinco dias posteriores à data do acto previsto nos nºs 1 ou 4 do artigo anterior, o empregador promove uma fase de informações e negociação com a estrutura representativa dos trabalhadores, com vista a um acordo sobre a dimensão e efeitos das medidas a aplicar e, bem assim, de outras medidas que reduzam o número de trabalhadores a despedir, designadamente:

a) Suspensão de contratos de trabalho;

b) Redução de períodos normais de trabalho;

c) Reconversão ou reclassificação profissional;

d) Reforma antecipada ou pré-reforma.

2. A aplicação de medida prevista na alínea *a*) ou *b*) do número anterior a trabalhadores abrangidos por procedimento de despedimento colectivo não está sujeita ao disposto nos artigos 299º e 300º

3. A aplicação de medida prevista na alínea *c*) ou *d*) do nº 1 depende de acordo do trabalhador.

4. O empregador e a estrutura representativa dos trabalhadores podem fazer-se assistir cada qual por um perito nas reuniões da fase de informações e negociação.

5. Deve ser elaborada ata das reuniões da fase de informações e negociação, contendo a matéria acordada, bem como as posições divergentes das partes e as opiniões, sugestões e propostas de cada uma.

6. Constitui contra-ordenação grave o despedimento efectuado com violação do disposto nos nºs 1 ou 3.

(Redação dada pela Lei nº 13/2023, de 03-04)

Artigo 362º – Intervenção do ministério responsável pela área laboral

1. O serviço do ministério responsável pela área laboral com competência para o acompanhamento e fomento da contratação coletiva participa na fase de informações e negociação prevista no artigo anterior, com vista a promover a regularidade da sua instrução substantiva e procedimental e a conciliação dos interesses das partes.

2. O serviço referido no número anterior, caso exista irregularidade da instrução substantiva e procedimental, deve advertir o empregador e, se a mesma persistir, fazer constar essa menção da ata das reuniões da fase de informações e negociação.

3. A pedido de qualquer das partes ou por iniciativa do serviço referido no número anterior, os serviços regionais do emprego e da formação profissional e da segurança social indicam as medidas a aplicar, nas respectivas áreas, de acordo com o enquadramento legal das soluções que sejam adoptadas.

4. Constitui contraordenação grave o impedimento à participação do serviço competente nas reuniões da fase de informações e negociação referida no nº 1.

(Redação dada pela Lei nº 13/2023, de 03-04)

Artigo 363º – Decisão de despedimento colectivo

1. Celebrado o acordo ou, na falta deste, após terem decorrido 15 dias sobre a prática do ato referido nos nºs 1, 3 ou 4 do artigo 360º, o empregador comunica a cada trabalhador abrangido a decisão de despedimento, com menção expressa do motivo e da data de cessação do contrato e indicação do montante, forma, momento e lugar de pagamento da compensação, dos créditos vencidos e dos exigíveis por efeito da cessação do contrato de trabalho, por escrito e com antecedência mínima, relativamente à data da cessação, de:

a) 15 dias, no caso de trabalhador com antiguidade inferior a um ano;

b) 30 dias, no caso de trabalhador com antiguidade igual ou superior a um ano e inferior a cinco anos;

c) 60 dias, no caso de trabalhador com antiguidade igual ou superior a cinco anos e inferior a 10 anos;

d) 75 dias, no caso de trabalhador com antiguidade igual ou superior a 10 anos.

2. No caso de o despedimento abranger ambos os cônjuges ou pessoas que vivam em união de facto, a comunicação prevista no número anterior deverá ser feita com a antecedência mínima prevista no escalão imediatamente superior ao que seria aplicável se apenas um deles integrasse o despedimento.

3. Na data em que envia a comunicação aos trabalhadores, o empregador remete:

a) Ao serviço do ministério responsável pela área laboral com competência para o acompanhamento e fomento da contratação coletiva, a ata das reuniões da fase de informações e negociação ou, na sua falta, informação sobre a justificação de tal falta, as razões que obstaram ao acordo e as posições finais das partes, bem como relação de que conste o nome de cada trabalhador, morada, datas de nascimento e de admissão na empresa, situação perante a segurança social, profissão, categoria, retribuição, a medida decidida e a data prevista para a sua aplicação;

b) À estrutura representativa dos trabalhadores, cópia da relação referida na alínea anterior.

4. Não sendo observado o prazo mínimo de aviso prévio, o contrato cessa decorrido o período de aviso prévio em falta a contar da comunicação de despedimento, devendo o empregador pagar a retribuição correspondente a este período.

5. O pagamento da compensação, dos créditos vencidos e dos exigíveis por efeito da cessação do contrato de trabalho deve ser efectuado até ao termo do prazo de aviso prévio, salvo em situação prevista no artigo 347º ou regulada em legislação especial sobre recuperação de empresas e reestruturação de sectores económicos.

6. Constitui contraordenação grave o despedimento efetuado com violação do disposto nos nºs 1, 2, 3 ou 5.

(Redação dada pela Lei nº 13/2023, de 03-04)

Artigo 364º – Crédito de horas durante o aviso prévio

1. Durante o prazo de aviso prévio, o trabalhador tem direito a um crédito de horas correspondente a dois dias de trabalho por semana, sem prejuízo da retribuição.

2. O crédito de horas pode ser dividido por alguns ou todos os dias da semana, por iniciativa do trabalhador.

3. O trabalhador deve comunicar ao empregador a utilização do crédito de horas, com três dias de antecedência, salvo motivo atendível.

4. Constitui contra-ordenação leve a violação do disposto neste artigo.

Artigo 365º – Denúncia do contrato pelo trabalhador durante o aviso prévio

Durante o prazo de aviso prévio, o trabalhador pode denunciar o contrato de trabalho, mediante declaração com a antecedência mínima de três dias úteis, mantendo o direito a compensação.

Artigo 366º – Compensação por despedimento colectivo

1. Em caso de despedimento coletivo, o trabalhador tem direito a compensação correspondente a 14 dias de retribuição base e diuturnidades por cada ano completo de antiguidade.

2. A compensação prevista no número anterior é determinada do seguinte modo:

a) O valor da retribuição base mensal e diuturnidades do trabalhador a considerar para efeitos de cálculo da compensação não pode ser superior a 20 vezes a retribuição mínima mensal garantida;

b) O montante global da compensação não pode ser superior a 12 vezes a retribuição base mensal e diuturnidades do trabalhador ou, quando seja aplicável o limite previsto na alínea anterior, a 240 vezes a retribuição mínima mensal garantida;

c) O valor diário de retribuição base e diuturnidades é o resultante da divisão por 30 da retribuição base mensal e diuturnidades;

d) Em caso de fração de ano, o montante da compensação é calculado proporcionalmente.

3. O empregador é responsável pelo pagamento da totalidade da compensação, sem prejuízo do direito do trabalhador a acionar o FGCT, nos termos previstos em legislação específica.

4. Presume-se que o trabalhador aceita o despedimento quando recebe do empregador a totalidade da compensação prevista neste artigo.

5. A presunção referida no número anterior pode ser ilidida desde que, em simultâneo, o trabalhador entregue ou ponha, por qualquer forma, a totalidade da compensação paga pelo empregador à disposição deste último.

6. Nos casos de contrato de trabalho a termo e de contrato de trabalho temporário, o trabalhador tem direito a compensação prevista no nº 2 do artigo 344º e do nº 4 do artigo 345º, consoante os casos, aplicando-se, ainda, o disposto nos nºs 2 a 5 do presente artigo.

7. Constitui contraordenação grave a violação do disposto nos nºs 1, 2, 3 e 6.

(Redação dada pela Lei nº 13/2023, de 03-04)

Artigo 366º-A – Compensação para novos contratos de trabalho

(Revogado pela Lei nº 23/2012, de 25-06)

DIVISÃO III – Despedimento por extinção de posto de trabalho

Artigo 367º – Noção de despedimento por extinção de posto de trabalho

1. Considera-se despedimento por extinção de posto de trabalho a cessação de contrato de trabalho promovida pelo empregador e fundamentada nessa extinção, quando esta seja devida a motivos de mercado, estruturais ou tecnológicos, relativos à empresa.

2. Entende-se por motivos de mercado, estruturais ou tecnológicos os como tal referidos no nº 2 do artigo 359º

Artigo 368º – Requisitos de despedimento por extinção de posto de trabalho

1. O despedimento por extinção de posto de trabalho só pode ter lugar desde que se verifiquem os seguintes requisitos:

a) Os motivos indicados não sejam devidos a conduta culposa do empregador ou do trabalhador;

b) Seja praticamente impossível a subsistência da relação de trabalho;

c) Não existam, na empresa, contratos de trabalho a termo para tarefas correspondentes às do posto de trabalho extinto;

d) Não seja aplicável o despedimento colectivo.

2. Havendo na secção ou estrutura equivalente uma pluralidade de postos de trabalho de conteúdo funcional idêntico, para determinação do posto de trabalho a extinguir, a decisão do empregador deve observar, por referência aos respetivos titulares, a seguinte ordem de critérios relevantes e não discriminatórios:

a) Pior avaliação de desempenho, com parâmetros previamente conhecidos pelo trabalhador;

b) Menores habilitações académicas e profissionais;

c) Maior onerosidade pela manutenção do vínculo laboral do trabalhador para a empresa;

d) Menor experiência na função;

e) Menor antiguidade na empresa.

3. O trabalhador que, nos três meses anteriores ao início do procedimento para despedimento, tenha sido transferido para posto de trabalho que venha a ser extinto, tem direito a ser reafectado ao posto de trabalho anterior caso ainda exista, com a mesma retribuição base.

4. Para efeito da alínea *b*) do nº 1, uma vez extinto o posto de trabalho, considera-se que a subsistência da relação de trabalho é praticamente impossível quando o empregador não disponha de outro compatível com a categoria profissional do trabalhador.

5. O despedimento por extinção do posto de trabalho só pode ter lugar desde que, até ao termo do prazo de aviso prévio, seja posta à disposição do trabalhador a compensação devida, bem como os créditos vencidos e os exigíveis por efeito da cessação do contrato de trabalho.

6. Constitui contra-ordenação grave o despedimento com violação do disposto nas alíneas *c*) e *d*) do nº 1 e nos nºs 2 ou 3.

(Redação dada pela Lei nº 27/2014, de 08-05)

Artigo 369º – Comunicações em caso de despedimento por extinção de posto de trabalho

1. No caso de despedimento por extinção de posto de trabalho, o empregador comunica, por escrito, à comissão de trabalhadores ou, na sua falta, à comissão intersindical ou comissão sindical, ao trabalhador envolvido e ainda, caso este seja representante sindical, à associação sindical respectiva:

a) A necessidade de extinguir o posto de trabalho, indicando os motivos justificativos e a secção ou unidade equivalente a que respeita;

b) A necessidade de despedir o trabalhador afecto ao posto de trabalho a extinguir e a sua categoria profissional;

c) Os critérios para seleção dos trabalhadores a despedir.

2. Constitui contra-ordenação grave o despedimento efectuado com violação do disposto no número anterior.

(Redação dada pela Lei nº 23/2012, de 25-06)

Artigo 370º - Consultas em caso de despedimento por extinção de posto de trabalho

1. Nos 15 dias posteriores à comunicação prevista no artigo anterior, a estrutura representativa dos trabalhadores, o trabalhador envolvido e ainda, caso este seja representante sindical, a associação sindical respetiva podem transmitir ao empregador o seu parecer fundamentado, nomeadamente sobre os motivos invocados, os requisitos previstos no nº 1 do artigo 368º ou os critérios a que se refere o nº 2 do mesmo artigo, e as alternativas que permitam atenuar os efeitos do despedimento.

2. Qualquer trabalhador envolvido ou entidade referida no número anterior pode, nos cinco dias úteis posteriores à comunicação do empregador, solicitar ao serviço com competência inspetiva do ministério responsável pela área laboral a verificação dos requisitos previstos nas alíneas *c*) e *d*) do nº 1 e no nº 2 do artigo 368º, informando simultaneamente do facto o empregador.

3. O serviço a que se refere o número anterior elabora e envia ao requerente e ao empregador relatório sobre a matéria sujeita a verificação, no prazo de sete dias após a recepção do requerimento.

(Redação dada pela Lei nº 93/2019, de 04-09)

Artigo 371º - Decisão de despedimento por extinção de posto de trabalho

1. Decorridos cinco dias a contar do termo do prazo previsto no nº 1 do artigo anterior, ou, sendo caso disso, a contar da recepção do relatório a que se refere o nº 3 do mesmo artigo ou do termo do prazo para o seu envio, o empregador pode proceder ao despedimento.

2. A decisão de despedimento é proferida por escrito, dela constando:

a) Motivo da extinção do posto de trabalho;

b) Confirmação dos requisitos previstos no nº 1 do artigo 368º;

c) Prova da aplicação dos critérios de determinação do posto de trabalho a extinguir, caso se tenha verificado oposição a esta;

d) Montante, forma, momento e lugar do pagamento da compensação e dos créditos vencidos e dos exigíveis por efeito da cessação do contrato de trabalho;

e) Data da cessação do contrato.

3. O empregador comunica a decisão, por cópia ou transcrição, ao trabalhador, às entidades referidas no nº 1 do artigo 369º e, bem assim, ao serviço com competência inspectiva do ministério responsável pela área laboral, com antecedência mínima, relativamente à data da cessação, de:

a) 15 dias, no caso de trabalhador com antiguidade inferior a um ano;

b) 30 dias, no caso de trabalhador com antiguidade igual ou superior a um ano e inferior a cinco anos;

c) 60 dias, no caso de trabalhador com antiguidade igual ou superior a cinco anos e inferior a 10 anos;

d) 75 dias, no caso de trabalhador com antiguidade igual ou superior a 10 anos.

4. O pagamento da compensação, dos créditos vencidos e dos exigíveis por efeito da cessação do contrato de trabalho deve ser efectuado até ao termo do prazo de aviso prévio.

5. Constitui contraordenação grave o despedimento efetuado com violação do disposto nos nºs 1 e 2, assim como a falta de comunicação ao trabalhador referida no nº 3 e a falta de pagamento ao trabalhador no prazo referido no nº 4.

6. Constitui contraordenação leve a falta de comunicação às entidades e ao serviço referidos no nº 3.

(Redação dada pela Lei nº 13/2023, de 03-04)

Artigo 372º – Direitos de trabalhador em caso de despedimento por extinção de posto de trabalho

Ao trabalhador despedido por extinção do posto de trabalho aplica-se o disposto no nº 4 e na primeira parte do nº 5 do artigo 363º e nos artigos 364º a 366º

(Redação dada pela Lei nº 23/2012, de 25-06)

DIVISÃO IV – Despedimento por inadaptação

Artigo 373º – Noção de despedimento por inadaptação

Considera-se despedimento por inadaptação a cessação de contrato de trabalho promovida pelo empregador e fundamentada em inadaptação superveniente do trabalhador ao posto de trabalho.

Artigo 374º – Situações de inadaptação

1. A inadaptação verifica-se em qualquer das situações previstas nas alíneas seguintes, quando, sendo determinada pelo modo de exercício de funções do trabalhador, torne praticamente impossível a subsistência da relação de trabalho:

a) Redução continuada de produtividade ou de qualidade;

b) Avarias repetidas nos meios afectos ao posto de trabalho;

c) Riscos para a segurança e saúde do trabalhador, de outros trabalhadores ou de terceiros.

2. Verifica-se ainda inadaptação de trabalhador afecto a cargo de complexidade técnica ou de direcção quando não se cumpram os objectivos previamente acordados, por escrito, em consequência do seu modo de exercício de funções e seja praticamente impossível a subsistência da relação de trabalho.

3. O disposto nos números anteriores não prejudica a proteção conferida aos trabalhadores com capacidade de trabalho reduzida, deficiência ou doença crónica.

4. A situação de inadaptação referida nos números anteriores não deve decorrer de falta de condições de segurança e saúde no trabalho imputável ao empregador.

(Redação dada pela Lei nº 23/2012, de 25-06)

Artigo 375º – Requisitos de despedimento por inadaptação

1. O despedimento por inadaptação em situação referida no nº 1 do artigo anterior só pode ter lugar desde que, cumulativamente, se verifiquem os seguintes requisitos:

a) Tenham sido introduzidas modificações no posto de trabalho resultantes de alterações nos processos de fabrico ou de comercialização, de novas tecnologias ou equipamentos baseados em diferente ou mais complexa tecnologia, nos seis meses anteriores ao início do procedimento;

b) Tenha sido ministrada formação profissional adequada às modificações do posto de trabalho, por autoridade competente ou entidade formadora certificada;

c) Tenha sido facultado ao trabalhador, após a formação, um período de adaptação de, pelo menos, 30 dias, no posto de trabalho ou fora dele sempre que o exercício de funções naquele posto seja susceptível de causar prejuízos ou riscos para a segurança e saúde do trabalhador, de outros trabalhadores ou de terceiros;

d) Não exista na empresa outro posto de trabalho disponível e compatível com a categoria profissional do trabalhador;

e) *(Revogada.)*

2. O despedimento por inadaptação na situação referida no nº 1 do artigo anterior, caso não tenha havido modificações no posto de trabalho, pode ter lugar desde que, cumulativamente, se verifiquem os seguintes requisitos:

a) Modificação substancial da prestação realizada pelo trabalhador, de que resultem, nomeadamente, a redução continuada de produtividade ou de qualidade, avarias repetidas nos meios afetos ao posto de trabalho ou riscos para a segurança e saúde do trabalhador, de outros trabalhadores ou de terceiros, determinados pelo modo do exercício das funções e que, em face das circunstâncias, seja razoável prever que tenham caráter definitivo;

b) O empregador informe o trabalhador, juntando cópia dos documentos relevantes, da apreciação da atividade antes prestada, com descrição circunstanciada dos factos, demonstrativa de modificação substancial da prestação, bem como de que se pode pronunciar por escrito sobre os referidos elementos em prazo não inferior a cinco dias úteis;

c) Após a resposta do trabalhador ou decorrido o prazo para o efeito, o empregador lhe comunique, por escrito, ordens e instruções adequadas respeitantes à execução do trabalho, com o intuito de a corrigir, tendo presentes os factos invocados por aquele;

d) Tenha sido aplicado o disposto nas alíneas *b*) e *c*) do número anterior, com as devidas adaptações.

3. O despedimento por inadaptação em situação referida no nº 2 do artigo anterior pode ter lugar:

a) Caso tenha havido introdução de novos processos de fabrico, de novas tecnologias ou equipamentos baseados em diferente ou mais complexa tecnologia, a qual implique modificação das funções relativas ao posto de trabalho;

b) Caso não tenha havido modificações no posto de trabalho, desde que seja cumprido o disposto na alínea *b*) do número anterior, com as devidas adaptações.

4. O empregador deve enviar à comissão de trabalhadores e, caso o trabalhador seja representante sindical, à respetiva associação sindical, cópia da comunicação e dos documentos referidos na alínea *b*) do nº 2.

5. A formação a que se referem os nºs 1 e 2 conta para efeito de cumprimento da obrigação de formação a cargo do empregador.

6. O trabalhador que, nos três meses anteriores ao início do procedimento para despedimento, tenha sido transferido para posto de trabalho em relação ao qual se verifique a inadaptação tem direito a ser reafetado ao posto de trabalho anterior, caso não esteja ocupado definitivamente, com a mesma retribuição base.

7. O despedimento só pode ter lugar desde que sejam postos à disposição do trabalhador a compensação devida, os créditos vencidos e os exigíveis por efeito da cessação do contrato de trabalho, até ao termo do prazo de aviso prévio.

8. Constitui contra-ordenação grave a violação do disposto neste artigo.

(Redação dada pela Lei nº 27/2014, de 08-05)

Artigo 376º – Comunicações em caso de despedimento por inadaptação

1. No caso de despedimento por inadaptação, o empregador comunica, por escrito, ao trabalhador e, caso este seja representante sindical, à associação sindical respetiva:

a) A intenção de proceder ao despedimento, indicando os motivos justificativos;

b) As modificações introduzidas no posto de trabalho ou, caso estas não tenham existido, os elementos a que se referem as alíneas *b*) e *c*) do nº 2 do artigo anterior;

c) Os resultados da formação profissional e do período de adaptação, a que se referem as alíneas *b*) e *c*) do nº 1 e a alínea *d*) do nº 2 do artigo anterior.

2. Caso o trabalhador não seja representante sindical, decorridos três dias úteis após a receção da comunicação referida no número anterior, o empregador deve fazer a mesma comunicação à associação sindical que o trabalhador tenha indicado para o efeito ou, se este não o fizer, à comissão de trabalhadores ou, na sua falta, à comissão intersindical ou comissão sindical.

3. Constitui contra-ordenação grave o despedimento efectuado com violação do disposto neste artigo.

(Redação dada pela Lei nº 23/2012, de 25-06)

Artigo 377º – Consultas em caso de despedimento por inadaptação

1. Nos 10 dias posteriores à comunicação prevista no artigo anterior, o trabalhador pode juntar os documentos e solicitar as diligências probatórias que se mostrem pertinentes, sendo neste caso aplicável o disposto nos nºs 3 e 4 do artigo 356º, com as necessárias adaptações.

2. Caso tenham sido solicitadas diligências probatórias, o empregador deve informar o trabalhador, a estrutura representativa dos trabalhadores e, caso aquele seja representante sindical, a associação sindical respetiva, do resultado das mesmas.

3. Após as comunicações previstas no artigo anterior, o trabalhador e a estrutura representativa dos trabalhadores podem, no prazo de 10 dias úteis, transmitir ao empregador o seu parecer fundamentado, nomeadamente sobre os motivos justificativos do despedimento.

4. Constitui contraordenação grave a violação do disposto no nº 2.

(Redação dada pela Lei nº 23/2012, de 25-06)

Artigo 378º - Decisão de despedimento por inadaptação

1. Após a receção dos pareceres referidos no artigo anterior ou o termo do prazo para o efeito, o empregador dispõe de 30 dias para proceder ao despedimento, sob pena de caducidade do direito, mediante decisão fundamentada e por escrito de que constem:

a) Motivo da cessação do contrato de trabalho;

b) Confirmação dos requisitos previstos no artigo 375º;

c) Montante, forma, momento e lugar do pagamento da compensação e dos créditos vencidos e dos exigíveis por efeito da cessação do contrato de trabalho;

d) Data da cessação do contrato.

2. O empregador comunica a decisão, por cópia ou transcrição, ao trabalhador, às entidades referidas nos nºs 1 e 2 do artigo 376º e, bem assim, ao serviço com competência inspetiva do ministério responsável pela área laboral, com antecedência mínima, relativamente à data da cessação, de:

a) 15 dias, no caso de trabalhador com antiguidade inferior a um ano;

b) 30 dias, no caso de trabalhador com antiguidade igual ou superior a um ano e inferior a cinco anos;

c) 60 dias, no caso de trabalhador com antiguidade igual ou superior a cinco anos e inferior a 10 anos;

d) 75 dias, no caso de trabalhador com antiguidade igual ou superior a 10 anos.

3. Constitui contra-ordenação grave o despedimento efectuado com violação do disposto no nº 1 ou do aviso prévio referido no nº 2, e constitui contra-ordenação leve a violação do disposto no nº 2, no que respeita à falta de comunicação às entidades e ao serviço nele referidos.

(Redação dada pela Lei nº 23/2012, de 25-06)

Artigo 379º - Direitos de trabalhador em caso de despedimento por inadaptação

1. Ao trabalhador despedido por inadaptação aplica-se o disposto no nº 4 e na primeira parte do nº 5 do artigo 363º e nos artigos 364º a 366º

2. Em caso de despedimento por inadaptação nas situações referidas no nº 2 e na alínea *b)* do nº 3 do artigo 375º, a denúncia do contrato de trabalho por parte do trabalhador pode ter lugar após a comunicação referida na alínea *b)* do mesmo nº 2.

(Redação dada pela Lei nº 23/2012, de 25-06)

Artigo 380º - Manutenção do nível de emprego

1. Nos 90 dias seguintes a despedimento por inadaptação, deve ser assegurada a manutenção do nível de emprego na empresa, por meio de admissão ou transferência de trabalhador no decurso de procedimento tendente a despedimento por facto que não lhe seja imputável.

2. Em caso de incumprimento do disposto no número anterior, o serviço com competência inspectiva do ministério responsável pela área laboral notifica o empregador para que assegure a manutenção do nível de emprego, em prazo não superior a 30 dias.

3. Constitui contra-ordenação grave o despedimento efectuado com violação do disposto nos nºs 1 ou 2, sendo a violação do nº 2 punível com o dobro da coima.

SUBSECÇÃO II – Ilicitude de despedimento

Artigo 381º – Fundamentos gerais de ilicitude de despedimento

Sem prejuízo do disposto nos artigos seguintes ou em legislação específica, o despedimento por iniciativa do empregador é ilícito:

a) Se for devido a motivos políticos, ideológicos, étnicos ou religiosos, ainda que com invocação de motivo diverso;

b) Se o motivo justificativo do despedimento for declarado improcedente;

c) Se não for precedido do respectivo procedimento;

d) Em caso de trabalhadora grávida, puérpera ou lactante ou de trabalhador durante o gozo de licença parental inicial, em qualquer das suas modalidades, se não for solicitado o parecer prévio da entidade competente na área da igualdade de oportunidades entre homens e mulheres.

Artigo 382º – Ilicitude de despedimento por facto imputável ao trabalhador

1. O despedimento por facto imputável ao trabalhador é ainda ilícito se tiverem decorrido os prazos estabelecidos nos nºs 1 ou 2 do artigo 329º, ou se o respectivo procedimento for inválido.

2. O procedimento é inválido se:

a) Faltar a nota de culpa, ou se esta não for escrita ou não contiver a descrição circunstanciada dos factos imputados ao trabalhador;

b) Faltar a comunicação da intenção de despedimento junta à nota de culpa;

c) Não tiver sido respeitado o direito do trabalhador a consultar o processo ou a responder à nota de culpa ou, ainda, o prazo para resposta à nota de culpa;

d) A comunicação ao trabalhador da decisão de despedimento e dos seus fundamentos não for feita por escrito, ou não esteja elaborada nos termos do nº 4 do artigo 357º ou do nº 2 do artigo 358º

Artigo 383º – Ilicitude de despedimento colectivo

O despedimento colectivo é ainda ilícito se o empregador:

a) Não tiver feito a comunicação prevista nos nºs 1, 3 ou 4 do artigo 360º ou promovido a fase de informações e negociação prevista no nº 1 do artigo 361º;

b) Não tiver observado o prazo para decidir o despedimento, referido no nº 1 do artigo 363º;

c) Não tiver posto à disposição do trabalhador despedido, até ao termo do prazo de aviso prévio, a compensação por ele devida a que se refere o artigo 366º e os créditos vencidos ou exigíveis em virtude da cessação do contrato de trabalho, sem prejuízo do disposto na parte final do nº 5 do artigo 363º
(Redação dada pela Lei nº 13/2023, de 03-04)

Artigo 384º – Ilicitude de despedimento por extinção de posto de trabalho
O despedimento por extinção de posto de trabalho é ainda ilícito se o empregador:
a) Não cumprir os requisitos do nº 1 do artigo 368º;
b) Não observar o disposto no nº 2 do artigo 368º;
c) Não tiver feito as comunicações previstas no artigo 369º;
d) Não tiver posto à disposição do trabalhador despedido, até ao termo do prazo de aviso prévio, a compensação por ele devida a que se refere o artigo 366º, por remissão do artigo 372º, e os créditos vencidos ou exigíveis em virtude da cessação do contrato de trabalho.
(Redação dada pela Lei nº 23/2012, de 25-06)

Artigo 385º – Ilicitude de despedimento por inadaptação
O despedimento por inadaptação é ainda ilícito se o empregador:
a) Não cumprir o disposto nos nºs 3 e 4 do artigo 374º ou nos nºs 1 a 3 do artigo 375º;
b) Não tiver feito as comunicações previstas no artigo 376º;
c) Não tiver posto à disposição do trabalhador despedido, até ao termo do prazo de aviso prévio, a compensação por ele devida a que se refere o artigo 366º por remissão do nº 1 do artigo 379º e os créditos vencidos ou exigíveis em virtude da cessação do contrato de trabalho.
(Cfr. Declaração de Retificação nº 38/2012, de 23-07)

Artigo 386º – Suspensão de despedimento
O trabalhador pode requerer a suspensão preventiva do despedimento, no prazo de cinco dias úteis a contar da data da recepção da comunicação de despedimento, mediante providência cautelar regulada no Código de Processo do Trabalho.

Artigo 387º – Apreciação judicial do despedimento
1. A regularidade e licitude do despedimento só pode ser apreciada por tribunal judicial.
2. O trabalhador pode opor-se ao despedimento, mediante apresentação de requerimento em formulário próprio, junto do tribunal competente, no prazo de 60 dias, contados a partir da recepção da comunicação de despedimento ou da data de cessação do contrato, se posterior, excepto no caso previsto no artigo seguinte.
3. Na acção de apreciação judicial do despedimento, o empregador apenas pode invocar factos e fundamentos constantes de decisão de despedimento comunicada ao trabalhador.

4. Em casos de apreciação judicial de despedimento por facto imputável ao trabalhador, sem prejuízo da apreciação de vícios formais, o tribunal deve sempre pronunciar-se sobre a verificação e procedência dos fundamentos invocados para o despedimento.

Artigo 388º – Apreciação judicial do despedimento colectivo

1. A ilicitude do despedimento colectivo só pode ser declarada por tribunal judicial.

2. A acção de impugnação do despedimento colectivo deve ser intentada no prazo de seis meses contados da data da cessação do contrato.

3. É aplicável à acção de impugnação do despedimento colectivo o disposto no nº 3 do artigo anterior.

Artigo 389º – Efeitos da ilicitude de despedimento

1. Sendo o despedimento declarado ilícito, o empregador é condenado:

a) A indemnizar o trabalhador por todos os danos causados, patrimoniais e não patrimoniais;

b) Na reintegração do trabalhador no mesmo estabelecimento da empresa, sem prejuízo da sua categoria e antiguidade, salvo nos casos previstos nos artigos 391º e 392º

2. No caso de mera irregularidade fundada em deficiência de procedimento por omissão das diligências probatórias referidas nos nºs 1 e 3 do artigo 356º, se forem declarados procedentes os motivos justificativos invocados para o despedimento, o trabalhador tem apenas direito a indemnização correspondente a metade do valor que resultaria da aplicação do nº 1 do artigo 391º

3. Constitui contra-ordenação grave a violação do disposto no nº 1.

(Redação dada pela Lei nº 23/2012, de 25-06)

Artigo 390º – Compensação em caso de despedimento ilícito

1. Sem prejuízo da indemnização prevista na alínea *a)* do nº 1 do artigo anterior, o trabalhador tem direito a receber as retribuições que deixar de auferir desde o despedimento até ao trânsito em julgado da decisão do tribunal que declare a ilicitude do despedimento.

2. Às retribuições referidas no número anterior deduzem-se:

a) As importâncias que o trabalhador aufira com a cessação do contrato e que não receberia se não fosse o despedimento;

b) A retribuição relativa ao período decorrido desde o despedimento até 30 dias antes da propositura da acção, se esta não for proposta nos 30 dias subsequentes ao despedimento;

c) O subsídio de desemprego atribuído ao trabalhador no período referido no nº 1, devendo o empregador entregar essa quantia à segurança social.

Artigo 391º – Indemnização em substituição de reintegração a pedido do trabalhador

1. Em substituição da reintegração, o trabalhador pode optar por uma indemnização, até ao termo da discussão em audiência final de julgamento, cabendo ao tribunal determinar o seu montante, entre 15 e 45 dias de retribuição base e diuturnidades por cada ano completo ou fracção de antiguidade, atendendo ao valor da retribuição e ao grau de ilicitude decorrente da ordenação estabelecida no artigo 381º

2. Para efeitos do número anterior, o tribunal deve atender ao tempo decorrido desde o despedimento até ao trânsito em julgado da decisão judicial.

3. A indemnização prevista no nº 1 não pode ser inferior a três meses de retribuição base e diuturnidades.

Artigo 392º - Indemnização em substituição de reintegração a pedido do empregador

1. Em caso de microempresa ou de trabalhador que ocupe cargo de administração ou de direcção, o empregador pode requerer ao tribunal que exclua a reintegração, com fundamento em factos e circunstâncias que tornem o regresso do trabalhador gravemente prejudicial e perturbador do funcionamento da empresa.

2. O disposto no número anterior não se aplica sempre que a ilicitude do despedimento se fundar em motivo político, ideológico, étnico ou religioso, ainda que com invocação de motivo diverso, ou quando o fundamento da oposição à reintegração for culposamente criado pelo empregador.

3. Caso o tribunal exclua a reintegração, o trabalhador tem direito a indemnização, determinada pelo tribunal entre 30 e 60 dias de retribuição base e diuturnidades por cada ano completo ou fracção de antiguidade, nos termos estabelecidos nos nºs 1 e 2 do artigo anterior, não podendo ser inferior ao valor correspondente a seis meses de retribuição base e diuturnidades.

SUBSECÇÃO III - Despedimento por iniciativa do empregador em caso de contrato a termo

Artigo 393º - Regras especiais relativas a contrato de trabalho a termo

1. As regras gerais de cessação do contrato aplicam-se a contrato de trabalho a termo, com as alterações constantes do número seguinte.

2. Sendo o despedimento declarado ilícito, o empregador é condenado:

a) No pagamento de indemnização dos danos patrimoniais e não patrimoniais, que não deve ser inferior às retribuições que o trabalhador deixou de auferir desde o despedimento até ao termo certo ou incerto do contrato, ou até ao trânsito em julgado da decisão judicial, se aquele termo ocorrer posteriormente;

b) Caso o termo ocorra depois do trânsito em julgado da decisão judicial, na reintegração do trabalhador, sem prejuízo da sua categoria e antiguidade.

3. Constitui contra-ordenação grave a violação do disposto no número anterior.

SECÇÃO V – Cessação de contrato de trabalho por iniciativa do trabalhador

SUBSECÇÃO I – Resolução de contrato de trabalho pelo trabalhador

Artigo 394º – Justa causa de resolução

1. Ocorrendo justa causa, o trabalhador pode fazer cessar imediatamente o contrato.

2. Constituem justa causa de resolução do contrato pelo trabalhador, nomeadamente, os seguintes comportamentos do empregador:

a) Falta culposa de pagamento pontual da retribuição;

b) Violação culposa de garantias legais ou convencionais do trabalhador, designadamente a prática de assédio praticada pela entidade empregadora ou por outros trabalhadores;

c) Aplicação de sanção abusiva;

d) Falta culposa de condições de segurança e saúde no trabalho;

e) Lesão culposa de interesses patrimoniais sérios do trabalhador;

f) Ofensa à integridade física ou moral, liberdade, honra ou dignidade do trabalhador, punível por lei, incluindo a prática de assédio denunciada ao serviço com competência inspetiva na área laboral, praticada pelo empregador ou seu representante.

3. Constituem ainda justa causa de resolução do contrato pelo trabalhador:

a) Necessidade de cumprimento de obrigação legal incompatível com a continuação do contrato;

b) Alteração substancial e duradoura das condições de trabalho no exercício lícito de poderes do empregador;

c) Falta não culposa de pagamento pontual da retribuição;

d) Transmissão para o adquirente da posição do empregador no respetivo contrato de trabalho, em consequência da transmissão da empresa, nos termos dos nºs 1 ou 2 do artigo 285º, com o fundamento previsto no nº 1 do artigo 286º-A.

4. A justa causa é apreciada nos termos do nº 3 do artigo 351º, com as necessárias adaptações.

5. Considera-se culposa a falta de pagamento pontual da retribuição que se prolongue por período de 60 dias, ou quando o empregador, a pedido do trabalhador, declare por escrito a previsão de não pagamento da retribuição em falta, até ao termo daquele prazo.

(Redação dada pela Lei nº 93/2019, de 04-09)

Artigo 395º – Procedimento para resolução de contrato pelo trabalhador

1. O trabalhador deve comunicar a resolução do contrato ao empregador, por escrito, com indicação sucinta dos factos que a justificam, nos 30 dias subsequentes ao conhecimento dos factos.

2. No caso a que se refere o nº 5 do artigo anterior, o prazo para resolução conta-se a partir do termo do período de 60 dias ou da declaração do empregador.

3. Se o fundamento da resolução for o referido na alínea *a*) do nº 3 do artigo anterior, a comunicação deve ser feita logo que possível.

4. O empregador pode exigir que a assinatura do trabalhador constante da declaração de resolução tenha reconhecimento notarial presencial, devendo, neste caso, mediar um período não superior a 60 dias entre a data do reconhecimento e a da cessação do contrato.

Artigo 396º - Indemnização ou compensação devida ao trabalhador

1. Em caso de resolução do contrato com fundamento em facto previsto no nº 2 do artigo 394º, o trabalhador tem direito a indemnização, a determinar entre 15 e 45 dias de retribuição base e diuturnidades por cada ano completo de antiguidade, atendendo ao valor da retribuição e ao grau da ilicitude do comportamento do empregador, não podendo ser inferior a três meses de retribuição base e diuturnidades.

2. No caso de fracção de ano de antiguidade, o valor da indemnização é calculado proporcionalmente.

3. O valor da indemnização pode ser superior ao que resultaria da aplicação do nº 1 sempre que o trabalhador sofra danos patrimoniais e não patrimoniais de montante mais elevado.

4. No caso de contrato a termo, a indemnização não pode ser inferior ao valor das retribuições vincendas.

5. Em caso de resolução do contrato com o fundamento previsto na alínea *d*) do nº 3 do artigo 394º, o trabalhador tem direito a compensação calculada nos termos do artigo 366º

(Redação dada pela Lei nº 14/2018, de 19-03)

Artigo 397º - Revogação da resolução

1. O trabalhador pode revogar a resolução do contrato, caso a sua assinatura constante desta não seja objecto de reconhecimento notarial presencial, até ao sétimo dia seguinte à data em que chegar ao poder do empregador, mediante comunicação escrita dirigida a este.

2. É aplicável à revogação o disposto nos nºs 2 ou 3 do artigo 350º

Artigo 398º - Impugnação da resolução

1. A ilicitude da resolução do contrato pode ser declarada por tribunal judicial em acção intentada pelo empregador.

2. A acção deve ser intentada no prazo de um ano a contar da data da resolução.

3. Na acção em que for apreciada a ilicitude da resolução, apenas são atendíveis para a justificar os factos constantes da comunicação referida no nº 1 do artigo 395º

4. No caso de a resolução ter sido impugnada com base em ilicitude do procedimento previsto no nº 1 do artigo 395º, o trabalhador pode corrigir o vício até ao termo do prazo para contestar, mas só pode utilizar esta faculdade uma vez.

Artigo 399º – Responsabilidade do trabalhador em caso de resolução ilícita

Não se provando a justa causa de resolução do contrato, o empregador tem direito a indemnização dos prejuízos causados, não inferior ao montante calculado nos termos do artigo 401º

SUBSECÇÃO II – Denúncia de contrato de trabalho pelo trabalhador

Artigo 400º – Denúncia com aviso prévio

1. O trabalhador pode denunciar o contrato independentemente de justa causa, mediante comunicação ao empregador, por escrito, com a antecedência mínima de 30 ou 60 dias, conforme tenha, respectivamente, até dois anos ou mais de dois anos de antiguidade.

2. O instrumento de regulamentação colectiva de trabalho e o contrato de trabalho podem aumentar o prazo de aviso prévio até seis meses, relativamente a trabalhador que ocupe cargo de administração ou direcção, ou com funções de representação ou de responsabilidade.

3. No caso de contrato de trabalho a termo, a denúncia pode ser feita com a antecedência mínima de 30 ou 15 dias, consoante a duração do contrato seja de pelo menos seis meses ou inferior.

4. No caso de contrato a termo incerto, para efeito do prazo de aviso prévio a que se refere o número anterior, atende-se à duração do contrato já decorrida.

5. É aplicável à denúncia o disposto no nº 4 do artigo 395º

6. O trabalhador a quem tenha sido reconhecido o estatuto de vítima de violência doméstica, nos termos de legislação específica, fica dispensado do cumprimento do aviso prévio previsto nos números anteriores.

(Redação dada pela Lei nº 13/2023, de 03-04)

Artigo 401º – Denúncia sem aviso prévio

1. O trabalhador que não cumpra, total ou parcialmente, o prazo de aviso prévio estabelecido no artigo anterior deve pagar ao empregador uma indemnização de valor igual à retribuição base e diuturnidades correspondentes ao período em falta, sem prejuízo de indemnização por danos causados pela inobservância do prazo de aviso prévio ou de obrigação assumida em pacto de permanência.

2. O disposto no número anterior não é aplicável ao trabalhador a quem tenha sido reconhecido o estatuto de vítima de violência doméstica, nos termos de legislação específica.

(Redação dada pela Lei nº 13/2023, de 03-04)

Artigo 402º – Revogação da denúncia

1. O trabalhador pode revogar a denúncia do contrato, caso a sua assinatura constante desta não tenha reconhecimento notarial presencial, até ao sétimo dia seguinte à data em que a mesma chegar ao poder do empregador, mediante comunicação escrita dirigida a este.

2. É aplicável à revogação o disposto nos nºs 2 ou 3 do artigo 350º

Artigo 403º - Abandono do trabalho

1. Considera-se abandono do trabalho a ausência do trabalhador do serviço acompanhada de factos que, com toda a probabilidade, revelam a intenção de não o retomar.

2. Presume-se o abandono do trabalho em caso de ausência de trabalhador do serviço durante, pelo menos, 10 dias úteis seguidos, sem que o empregador seja informado do motivo da ausência.

3. O abandono do trabalho vale como denúncia do contrato, só podendo ser invocado pelo empregador após comunicação ao trabalhador dos factos constitutivos do abandono ou da presunção do mesmo, por carta registada com aviso de recepção para a última morada conhecida deste.

4. A presunção estabelecida no nº 2 pode ser ilidida pelo trabalhador mediante prova da ocorrência de motivo de força maior impeditivo da comunicação ao empregador da causa da ausência.

5. Em caso de abandono do trabalho, o trabalhador deve indemnizar o empregador nos termos do artigo 401º

TÍTULO III - Direito colectivo

SUBTÍTULO I - Sujeitos

CAPÍTULO I - Estruturas de representação colectiva dos trabalhadores

SECÇÃO I - Disposições gerais sobre estruturas de representação colectiva dos trabalhadores

Artigo 404º - Estruturas de representação colectiva dos trabalhadores

Para defesa e prossecução colectivas dos seus direitos e interesses, podem os trabalhadores constituir:

a) Associações sindicais;

b) Comissões de trabalhadores e subcomissões de trabalhadores;

c) Representantes dos trabalhadores para a segurança e saúde no trabalho;

d) Outras estruturas previstas em lei específica, designadamente conselhos de empresa europeus.

Artigo 405º - Autonomia e independência

1. As estruturas de representação colectiva dos trabalhadores são independentes do Estado, de partidos políticos, de instituições religiosas ou associações de outra natureza, sendo proibidos qualquer ingerência destes na sua organização e gestão, bem como o seu recíproco financiamento.

2. Sem prejuízo das formas de apoio previstas neste Código, os empregadores não podem, individualmente ou através das suas associações, promover a constituição, manter ou financiar o funcionamento, por quaisquer meios, de estruturas de representação colectiva dos trabalhadores ou, por qualquer modo, intervir na sua organização e gestão, assim como impedir ou dificultar o exercício dos seus direitos.

3. O Estado pode apoiar as estruturas de representação colectiva dos trabalhadores nos termos previstos na lei.

4. O Estado não pode discriminar as estruturas de representação colectiva dos trabalhadores relativamente a quaisquer outras entidades.

5. Constitui contra-ordenação grave a violação do disposto nos nºs 1 ou 2.

Artigo 406º – Proibição de actos discriminatórios

1. É proibido e considerado nulo o acordo ou outro acto que vise:

a) Subordinar o emprego de trabalhador à condição de este se filiar ou não se filiar numa associação sindical ou de se retirar daquela em que esteja inscrito;

b) Despedir, transferir ou, por qualquer modo, prejudicar trabalhador devido ao exercício dos direitos relativos à participação em estruturas de representação colectiva ou à sua filiação ou não filiação sindical.

2. Constitui contra-ordenação grave a violação do disposto no número anterior.

Artigo 407º – Crime por violação da autonomia ou independência sindical, ou por acto discriminatório

1. A entidade que viole o disposto nos nºs 1 ou 2 do artigo 405º ou no artigo anterior é punida com pena de multa até 120 dias.

2. O administrador, director, gerente ou outro trabalhador que ocupe lugar de chefia que seja responsável por acto referido no número anterior é punido com pena de prisão até 1 ano.

3. Perde os direitos específicos atribuídos por este Código o dirigente ou delegado sindical que seja condenado nos termos do número anterior.

Artigo 408º – Crédito de horas de representantes dos trabalhadores

1. Beneficiam de crédito de horas, nos termos previstos neste Código ou em legislação específica, os trabalhadores eleitos para as estruturas de representação colectiva dos trabalhadores.

2. O crédito de horas é referido ao período normal de trabalho e conta como tempo de serviço efectivo, inclusivamente para efeito de retribuição.

3. Sempre que pretenda utilizar o crédito de horas, o trabalhador deve informar o empregador, por escrito, com a antecedência mínima de dois dias, salvo motivo atendível.

4. Não pode haver lugar a cumulação do crédito de horas pelo facto de o trabalhador pertencer a mais de uma estrutura de representação colectiva dos trabalhadores.

5. Constitui contra-ordenação grave a violação do disposto no nº 1.

Artigo 409º – Faltas de representantes dos trabalhadores

1. A ausência de trabalhador por motivo do desempenho de funções em estrutura de representação colectiva dos trabalhadores de que seja membro, que exceda o crédito de horas, considera-se justificada e conta como tempo de serviço efectivo, salvo para efeito de retribuição.

2. A ausência de delegado sindical motivada pela prática de actos necessários e inadiáveis no exercício das correspondentes funções considera-se justificada, nos termos do número anterior.

3. O trabalhador ou a estrutura de representação colectiva em que se integra comunica ao empregador, por escrito, as datas e o número de dias em que aquele necessita ausentar-se para o exercício das suas funções, com um dia de antecedência ou, em caso de imprevisibilidade, nas quarenta e oito horas posteriores ao primeiro dia de ausência.

4. A inobservância do disposto no número anterior torna a falta injustificada.

5. Constitui contra-ordenação grave a violação do disposto no nº 1.

Artigo 410º – Protecção em caso de procedimento disciplinar ou despedimento

1. A suspensão preventiva de trabalhador membro de estrutura de representação colectiva não obsta a que o mesmo tenha acesso a locais e exerça actividades que se compreendem no exercício das correspondentes funções.

2. Na pendência de processo judicial para apuramento de responsabilidade disciplinar, civil ou criminal com fundamento em exercício abusivo de direitos na qualidade de membro de estrutura de representação colectiva dos trabalhadores, aplica-se ao trabalhador visado o disposto no número anterior.

3. O despedimento de trabalhador candidato a membro de qualquer dos corpos sociais de associação sindical ou que exerça ou haja exercido funções nos mesmos corpos sociais há menos de três anos presume-se feito sem justa causa.

4. A providência cautelar de suspensão de despedimento de trabalhador membro de estrutura de representação colectiva dos trabalhadores só não é decretada se o tribunal concluir pela existência de probabilidade séria de verificação da justa causa invocada.

5. A acção de apreciação da licitude de despedimento de trabalhador a que se refere o número anterior tem natureza urgente.

6. Em caso de ilicitude de despedimento por facto imputável ao trabalhador membro de estrutura de representação colectiva, este tem direito a optar entre a reintegração e uma indemnização calculada nos termos do nº 3 do artigo 392º ou em instrumento de regulamentação colectiva de trabalho, não inferior à retribuição base e diuturnidades correspondentes a seis meses.

Artigo 411º – Protecção em caso de transferência

1. O trabalhador membro de estrutura de representação colectiva dos trabalhadores não pode ser transferido de local de trabalho sem o seu acordo, salvo quando tal resultar de extinção ou mudança total ou parcial do estabelecimento onde presta serviço.

2. O empregador deve comunicar a transferência do trabalhador a que se refere o número anterior à estrutura a que este pertence, com antecedência igual à da comunicação feita ao trabalhador.

3. Constitui contra-ordenação grave a violação do disposto neste artigo.

Artigo 412º – Informações confidenciais

1. O membro de estrutura de representação colectiva dos trabalhadores não pode revelar aos trabalhadores ou a terceiros informações que tenha recebido, no âmbito de direito de informação ou consulta, com menção expressa da respectiva confidencialidade.

2. O dever de confidencialidade mantém-se após a cessação do mandato de membro de estrutura de representação colectiva dos trabalhadores.

3. O empregador não é obrigado a prestar informações ou a proceder a consultas cuja natureza seja susceptível de prejudicar ou afectar gravemente o funcionamento da empresa ou do estabelecimento.

Artigo 413º – Justificação e controlo judicial em matéria de confidencialidade de informação

1. A qualificação de informação como confidencial, a não prestação de informação ou a não realização de consulta deve ser fundamentada por escrito, com base em critérios objectivos, assentes em exigências de gestão.

2. A qualificação como confidencial da informação prestada, a recusa de prestação de informação ou a não realização de consulta pode ser impugnada pela estrutura de representação colectiva dos trabalhadores em causa, nos termos previstos no Código de Processo do Trabalho.

Artigo 414º – Exercício de direitos

1. O membro de estrutura de representação colectiva dos trabalhadores não pode, através do exercício dos seus direitos ou do desempenho das suas funções, prejudicar o normal funcionamento da empresa.

2. O exercício abusivo de direitos por parte de membro de estrutura de representação colectiva dos trabalhadores é passível de responsabilidade disciplinar, civil ou criminal, nos termos gerais.

SECÇÃO II - Comissões de trabalhadores

SUBSECÇÃO I - Disposições gerais sobre comissões de trabalhadores

Artigo 415º - Princípios gerais relativos a comissões, subcomissões e comissões coordenadoras

1. Os trabalhadores têm direito de criar, em cada empresa, uma comissão de trabalhadores para defesa dos seus interesses e exercício dos direitos previstos na Constituição e na lei.

2. Podem ser criadas subcomissões de trabalhadores em estabelecimentos da empresa geograficamente dispersos.

3. Qualquer trabalhador da empresa, independentemente da idade ou função, tem o direito de participar na constituição das estruturas previstas nos números anteriores e na aprovação dos respectivos estatutos, bem como o direito de eleger e ser eleito.

4. Podem ser criadas comissões coordenadoras para melhor intervenção na reestruturação económica, para articulação de actividades das comissões de trabalhadores constituídas nas empresas em relação de domínio ou de grupo, bem como para o exercício de outros direitos previstos na lei e neste Código.

Artigo 416º - Personalidade e capacidade de comissão de trabalhadores

1. A comissão de trabalhadores adquire personalidade jurídica pelo registo dos seus estatutos pelo serviço competente do ministério responsável pela área laboral.

2. A capacidade da comissão de trabalhadores abrange todos os direitos e obrigações necessários ou convenientes para a prossecução dos seus fins.

Artigo 417º - Número de membros de comissão de trabalhadores, comissão coordenadora ou subcomissão

1. O número de membros de comissão de trabalhadores não pode exceder os seguintes:

a) Em empresa com menos de 50 trabalhadores, dois;

b) Em empresa com 50 ou mais trabalhadores e menos de 200, três;

c) Em empresa com 201 a 500 trabalhadores, três a cinco;

d) Em empresa com 501 a 1000 trabalhadores, cinco a sete;

e) Em empresa com mais de 1000 trabalhadores, sete a 11.

2. O número de membros de subcomissão de trabalhadores não pode exceder os seguintes:

a) Em estabelecimento com 50 a 200 trabalhadores, três;

b) Em estabelecimento com mais de 200 trabalhadores, cinco.

3. Em estabelecimento com menos de 50 trabalhadores, a função da subcomissão de trabalhadores é assegurada por um só membro.

4. O número de membros de comissão coordenadora não pode exceder o número das comissões de trabalhadores que a mesma coordena, nem o máximo de 11 membros.

Artigo 418º – Duração do mandato

O mandato de membros de comissão de trabalhadores, comissão coordenadora ou subcomissão de trabalhadores não pode exceder quatro anos, sendo permitidos mandatos sucessivos.

Artigo 419º – Reunião de trabalhadores no local de trabalho convocada por comissão de trabalhadores

1. A comissão de trabalhadores pode convocar reuniões gerais de trabalhadores a realizar no local de trabalho:

a) Fora do horário de trabalho da generalidade dos trabalhadores, sem prejuízo do normal funcionamento de turnos ou de trabalho suplementar;

b) Durante o horário de trabalho da generalidade dos trabalhadores até um período máximo de quinze horas por ano, que conta como tempo de serviço efectivo, desde que seja assegurado o funcionamento de serviços de natureza urgente e essencial.

2. O disposto no número anterior é aplicável à convocação e realização de reuniões com recurso a tecnologias de informação e comunicação, bem como o procedimento a que se refere o artigo seguinte.

3. O empregador que proíba reunião de trabalhadores no local de trabalho comete contra-ordenação muito grave.

(Redação dada pela Lei nº 13/2023, de 03-04)

Artigo 420º – Procedimento para reunião de trabalhadores no local de trabalho

1. A comissão de trabalhadores deve comunicar ao empregador, com a antecedência mínima de quarenta e oito horas, a data, a hora, o número previsível de participantes e o local em que pretende que a reunião de trabalhadores se efectue e afixar a respectiva convocatória.

2. No caso de reunião a realizar durante o horário de trabalho, a comissão de trabalhadores deve apresentar proposta que vise assegurar o funcionamento de serviços de natureza urgente e essencial.

3. Após receber a comunicação referida no nº 1 e, sendo caso disso, a proposta referida no número anterior, o empregador deve pôr à disposição da entidade promotora, desde que esta o requeira, um local no interior da empresa ou na sua proximidade apropriado à realização da reunião, tendo em conta os elementos da comunicação e da proposta, bem como a necessidade de respeitar o disposto na parte final da alínea *a*) ou *b*) do nº 1 do artigo anterior.

4. Constitui contra-ordenação muito grave a violação do disposto no número anterior.

Artigo 421º - Apoio à comissão de trabalhadores e difusão de informação

1. O empregador deve pôr à disposição da comissão ou subcomissão de trabalhadores instalações adequadas, bem como os meios materiais e técnicos necessários ao exercício das suas funções.

2. É aplicável à comissão e subcomissão de trabalhadores o disposto no artigo 465º, com as necessárias adaptações.

3. Constitui contra-ordenação grave a violação do disposto neste artigo.

Artigo 422º - Crédito de horas de membros das comissões

1. Para o exercício das suas funções, o membro das seguintes estruturas tem direito ao seguinte crédito mensal de horas:

a) Subcomissão de trabalhadores, oito horas;

b) Comissão de trabalhadores, vinte e cinco horas;

c) Comissão coordenadora, vinte horas.

2. Em microempresa, os créditos de horas referidos no número anterior são reduzidos a metade.

3. Em empresa com mais de 1000 trabalhadores, a comissão de trabalhadores pode deliberar por unanimidade redistribuir pelos seus membros um montante global correspondente à soma dos créditos de horas de todos eles, com o limite individual de quarenta horas mensais.

4. O trabalhador que seja membro de mais de uma das estruturas referidas no nº 1 não pode cumular os correspondentes créditos de horas.

5. Em empresa do sector empresarial do Estado com mais de 1000 trabalhadores, a comissão de trabalhadores pode deliberar por unanimidade que um dos membros tenha crédito de horas correspondente a metade do seu período normal de trabalho, não sendo neste caso aplicável o disposto no nº 3.

6. Constitui contra-ordenação grave a violação do disposto nos nºs 1, 2, 3 ou 5.

SUBSECÇÃO II - Informação e consulta

Artigo 423º - Direitos da comissão e da subcomissão de trabalhadores

1. A comissão de trabalhadores tem direito, nomeadamente, a:

a) Receber a informação necessária ao exercício da sua actividade;

b) Exercer o controlo da gestão da empresa;

c) Participar, entre outros, em processo de reestruturação da empresa, na elaboração dos planos e dos relatórios de formação profissional e em procedimentos relativos à alteração das condições de trabalho;

d) Participar na elaboração da legislação do trabalho, directamente ou por intermédio das respectivas comissões coordenadoras;

e) Gerir ou participar na gestão das obras sociais da empresa;

f) Promover a eleição de representantes dos trabalhadores para os órgãos sociais das entidades públicas empresariais;

g) Reunir, pelo menos uma vez por mês, com o órgão de gestão da empresa para apreciação de assuntos relacionados com o exercício dos seus direitos.

2. Compete à subcomissão de trabalhadores, de acordo com orientação geral estabelecida pela comissão:

a) Exercer, mediante delegação pela comissão de trabalhadores, os direitos previstos nas alíneas *a*), *b*), *c*) e *e*) do número anterior;

b) Informar a comissão de trabalhadores sobre os assuntos de interesse para a actividade desta;

c) Fazer a ligação entre os trabalhadores do respectivo estabelecimento e a comissão de trabalhadores;

d) Reunir com o órgão de gestão do estabelecimento, nos termos da alínea *g*) do número anterior.

3. O órgão de gestão da empresa ou do estabelecimento, consoante o caso, elabora a acta da reunião referida na alínea *g*) do nº 1 ou na alínea *d*) do nº 2, que deve ser assinada por todos os participantes.

4. Constitui contra-ordenação grave a violação do disposto nas alíneas *e*) ou *g*) do nº 1, na alínea *d*) do nº 2 ou no número anterior.

Artigo 424º – Conteúdo do direito a informação

1. A comissão de trabalhadores tem direito a informação sobre:

a) Planos gerais de actividade e orçamento;

b) Organização da produção e suas implicações no grau da utilização dos trabalhadores e do equipamento;

c) Situação do aprovisionamento;

d) Previsão, volume e administração de vendas;

e) Gestão de pessoal e estabelecimento dos seus critérios básicos, montante da massa salarial e sua distribuição por grupos profissionais, regalias sociais, produtividade e absentismo;

f) Situação contabilística, compreendendo o balanço, conta de resultados e balancetes;

g) Modalidades de financiamento;

h) Encargos fiscais e parafiscais;

i) Projecto de alteração do objecto, do capital social ou de reconversão da actividade da empresa;

j) Parâmetros, critérios, regras e instruções em que se baseiam os algoritmos ou outros sistemas de inteligência artificial que afetam a tomada de decisões sobre o acesso e a manutenção do emprego, assim como condições de trabalho, incluindo a elaboração de perfis e o controlo da atividade profissional.

2. Constitui contra-ordenação grave a violação do disposto no número anterior.

(Redação dada pela Lei nº 13/2023, de 03-04)

Artigo 425º – Obrigatoriedade de consulta da comissão de trabalhadores

O empregador deve solicitar o parecer da comissão de trabalhadores antes de praticar os seguintes actos, sem prejuízo de outros previstos na lei:

a) Modificação dos critérios de classificação profissional e de promoções dos trabalhadores;

b) Mudança de local de actividade da empresa ou do estabelecimento;

c) Qualquer medida de que resulte ou possa resultar, de modo substancial, diminuição do número de trabalhadores, agravamento das condições de trabalho ou mudanças na organização de trabalho;

d) Dissolução ou pedido de declaração de insolvência da empresa.

SUBSECÇÃO III – Controlo de gestão da empresa

Artigo 426º – Finalidade e conteúdo do controlo de gestão

1. O controlo de gestão visa promover o empenhamento responsável dos trabalhadores na actividade da empresa.

2. No exercício do controlo de gestão, a comissão de trabalhadores pode:

a) Apreciar e emitir parecer sobre o orçamento da empresa e suas alterações, bem como acompanhar a respectiva execução;

b) Promover a adequada utilização dos recursos técnicos, humanos e financeiros;

c) Promover, junto dos órgãos de gestão e dos trabalhadores, medidas que contribuam para a melhoria da actividade da empresa, designadamente nos domínios dos equipamentos e da simplificação administrativa;

d) Apresentar à empresa sugestões, recomendações ou críticas tendentes à qualificação inicial e à formação contínua dos trabalhadores, à melhoria das condições de trabalho nomeadamente da segurança e saúde no trabalho;

e) Defender junto dos órgãos de gestão e fiscalização da empresa e das autoridades competentes os legítimos interesses dos trabalhadores.

3. O controlo de gestão não abrange:

a) O Banco de Portugal;

b) A Imprensa Nacional – Casa da Moeda, S. A.;

c) Estabelecimentos fabris militares e actividades de investigação militar ou outras com interesse para a defesa nacional;

d) Actividades que envolvam competências de órgãos de soberania, de assembleias regionais ou governos regionais.

4. Constitui contra-ordenação grave o impedimento por parte do empregador ao exercício dos direitos previstos no nº 2.

Artigo 427º – Exercício do direito a informação e consulta

1. A comissão de trabalhadores ou a subcomissão solicita por escrito, respectivamente, ao órgão de gestão da empresa ou do estabelecimento os elementos de informação respeitantes às matérias abrangidas pelo direito à informação.

2. A informação é prestada por escrito, no prazo de oito dias, ou de 15 dias se a sua complexidade o justificar.

3. O disposto nos números anteriores não prejudica o direito de a comissão ou a subcomissão de trabalhadores receber informação em reunião a que se refere a alínea *g*) do nº 1 ou a alínea *d*) do nº 2 do artigo 423º.

4. No caso de consulta, o empregador solicita por escrito o parecer da comissão de trabalhadores, que deve ser emitido no prazo de 10 dias a contar da recepção do pedido, ou em prazo superior que seja concedido atendendo à extensão ou complexidade da matéria.

5. Caso a comissão de trabalhadores peça informação pertinente sobre a matéria da consulta, o prazo referido no número anterior conta-se a partir da prestação da informação, por escrito ou em reunião em que tal ocorra.

6. A obrigação de consulta considera-se cumprida uma vez decorrido o prazo referido no nº 4 sem que o parecer tenha sido emitido.

7. Quando esteja em causa decisão por parte do empregador no exercício de poderes de direcção e organização decorrentes do contrato de trabalho, o procedimento de informação e consulta deve ser conduzido por ambas as partes no sentido de alcançar, sempre que possível, o consenso.

8. Constitui contra-ordenação grave a violação do disposto no nº 2 ou na primeira parte do nº 4.

Artigo 428º – Representantes dos trabalhadores em órgãos de entidade pública empresarial

1. A comissão de trabalhadores de entidade pública empresarial promove a eleição de representantes dos trabalhadores para os órgãos sociais da mesma, aplicando-se o disposto neste Código em matéria de caderno eleitoral, secções de voto, votação e apuramento de resultados.

2. A comissão de trabalhadores deve comunicar ao ministério responsável pelo sector de actividade da entidade pública empresarial o resultado da eleição a que se refere o número anterior.

3. O órgão social em causa e o número de representantes dos trabalhadores são regulados nos estatutos da entidade pública empresarial.

SUBSECÇÃO IV – Participação em processo de reestruturação da empresa

Artigo 429º – Exercício do direito de participação nos processos de reestruturação

1. O direito de participar em processos de reestruturação da empresa é exercido pela comissão de trabalhadores, ou pela comissão coordenadora em caso de reestruturação da maioria das empresas cujas comissões esta coordena.

2. No âmbito da participação na reestruturação da empresa, a comissão de trabalhadores ou a comissão coordenadora tem direito a:

a) Informação e consulta prévias sobre as formulações dos planos ou projectos de reestruturação;

b) Informação sobre a formulação final dos instrumentos de reestruturação e de se pronunciarem antes de estes serem aprovados;

c) Reunir com os órgãos encarregados de trabalhos preparatórios de reestruturação;

d) Apresentar sugestões, reclamações ou críticas aos órgãos competentes da empresa.

3. Constitui contra-ordenação grave o impedimento por parte do empregador ao exercício dos direitos previstos no número anterior.

SUBSECÇÃO V - Constituição, estatutos e eleição

Artigo 430º - Constituição e aprovação dos estatutos de comissão de trabalhadores

1. A constituição e a aprovação dos estatutos de comissão de trabalhadores são deliberadas em simultâneo pelos trabalhadores da empresa, com votos distintos, dependendo a validade da constituição da validade da aprovação dos estatutos.

2. A deliberação de constituir a comissão de trabalhadores deve ser tomada por maioria simples dos votantes, sendo suficiente para a aprovação dos estatutos a deliberação por maioria relativa.

3. A votação é convocada com a antecedência mínima de 15 dias por, pelo menos, 100 ou 20% dos trabalhadores da empresa, com ampla publicidade e menção expressa de data, hora, local e ordem de trabalhos, devendo ser remetida simultaneamente cópia da convocatória ao empregador.

4. O regulamento da votação deve ser elaborado pelos trabalhadores que a convocam e publicitado simultaneamente com a convocatória.

5. Os projectos de estatutos submetidos a votação são propostos por, no mínimo, 100 ou 20% dos trabalhadores da empresa, devendo ser nesta publicitados com a antecedência mínima de 10 dias.

6. O disposto nos números anteriores é aplicável a alteração de estatutos, com as necessárias adaptações.

Artigo 431º - Votação da constituição e aprovação dos estatutos de comissão de trabalhadores

1. A identidade dos trabalhadores da empresa à data da convocação da votação deve constar de caderno eleitoral constituído por lista elaborada pelo empregador, discriminada, sendo caso disso, por estabelecimento.

2. O empregador entrega o caderno eleitoral aos trabalhadores que convocaram a assembleia, no prazo de quarenta e oito horas após a recepção de cópia da convocatória, procedendo estes à sua imediata afixação nas instalações da empresa.

3. A votação decorre de acordo com as seguintes regras:

a) Em cada estabelecimento com um mínimo de 10 trabalhadores deve haver, pelo menos, uma secção de voto;

b) Cada secção de voto não pode ter mais de 500 votantes;

c) A mesa da secção de voto dirige a respectiva votação e é composta por um presidente e dois vogais que são, para esse efeito, dispensados da respectiva prestação de trabalho.

4. Cada grupo de trabalhadores proponente de um projecto de estatutos pode designar um representante em cada mesa, para acompanhar a votação.

5. As urnas de voto são colocadas nos locais de trabalho, de modo a permitir que todos os trabalhadores possam votar, sem prejudicar o normal funcionamento da empresa ou estabelecimento.

6. A votação inicia-se, pelo menos, trinta minutos antes do começo e termina, pelo menos, sessenta minutos depois do termo do período de funcionamento da empresa ou estabelecimento, podendo os trabalhadores dispor do tempo indispensável para votar durante o respectivo horário de trabalho.

7. A votação deve, na medida do possível, decorrer simultaneamente em todas as secções de voto.

8. Constitui contra-ordenação muito grave a violação do disposto nos nºs 1 ou 2, na alínea *a*) do nº 3, no nº 5 ou na primeira parte do nº 6, e constitui contra-ordenação grave a violação do disposto na parte final da alínea *c*) do nº 3 ou na parte final do nº 6.

Artigo 432º – Procedimento para apuramento do resultado

1. A abertura das urnas de voto para o respectivo apuramento deve ser simultânea em todas as secções de voto, ainda que a votação tenha decorrido em horários diferentes.

2. Os membros da mesa de voto registam o modo como decorreu a votação em acta, que, depois de lida e aprovada, rubricam e assinam a final.

3. A identidade dos votantes deve ser registada em documento próprio, com termos de abertura e encerramento, assinado e rubricado pelos membros da mesa, o qual constitui parte integrante da acta.

4. O apuramento global das votações da constituição da comissão de trabalhadores e da aprovação dos estatutos é feito pela comissão eleitoral, que lavra a respectiva acta, nos termos do nº 2.

5. A comissão eleitoral referida no número anterior é constituída por um representante dos proponentes de projectos de estatutos e igual número de representantes dos trabalhadores que convocaram a assembleia constituinte.

6. A comissão eleitoral, no prazo de 15 dias a contar da data do apuramento, comunica o resultado da votação ao empregador e afixa-o, bem como cópia da respectiva acta, no local ou locais em que a votação teve lugar.

7. Constitui contra-ordenação grave a oposição do empregador à afixação do resultado da votação, nos termos do número anterior.

Artigo 433º – Regras gerais da eleição dos membros da comissão e subcomissões de trabalhadores

1. Os membros da comissão e das subcomissões de trabalhadores são eleitos, de entre as listas apresentadas pelos trabalhadores da empresa ou estabelecimento, por voto directo e secreto, segundo o princípio de representação proporcional.

2. A convocatória da eleição é efetuada com a antecedência de 15 dias, ou prazo superior estabelecido nos estatutos, pela comissão eleitoral constituída nos termos dos estatutos ou, na falta de iniciativa desta, por, no mínimo, 100 ou 20% dos trabalhadores da empresa, com ampla publicidade e menção expressa de data, hora, local e ordem de trabalhos, devendo ser remetida simultaneamente cópia da convocatória ao empregador.

3. Só podem concorrer listas subscritas por, no mínimo, 100 ou 20% dos trabalhadores da empresa ou, no caso de listas de subcomissões de trabalhadores, 10% dos trabalhadores do estabelecimento, não podendo qualquer trabalhador subscrever ou fazer parte de mais de uma lista concorrente à mesma estrutura.

4. A eleição dos membros da comissão e das subcomissões de trabalhadores decorre em simultâneo, sendo aplicável o disposto nos artigos 431º e 432º, com as necessárias adaptações.

5. (*Revogado*).

(Redação dada pela Lei nº 13/2023, de 03-04)

Artigo 434º – Conteúdo dos estatutos da comissão de trabalhadores

1. Os estatutos da comissão de trabalhadores devem prever:

a) A composição, eleição, duração do mandato e regras de funcionamento da comissão eleitoral que preside ao acto eleitoral, da qual tem o direito de fazer parte um delegado designado por cada lista concorrente, e que deve assegurar a igualdade de oportunidades e imparcialidade no tratamento das listas;

b) O número, duração do mandato e regras da eleição dos membros da comissão de trabalhadores e o modo de preenchimento das vagas;

c) O funcionamento da comissão;

d) A forma de vinculação da comissão;

e) O modo de financiamento das actividades da comissão, o qual não pode, em caso algum, ser assegurado por uma entidade alheia ao conjunto dos trabalhadores da empresa;

f) A articulação da comissão, se for o caso, com subcomissões de trabalhadores ou comissão coordenadora;

g) O destino do respectivo património em caso de extinção da comissão, o qual não pode ser distribuído pelos trabalhadores da empresa.

2. O mandato dos membros da comissão não pode ter duração superior a quatro anos, sendo permitida a reeleição para mandatos sucessivos, salvo disposição estatutária em contrário.

3. Os estatutos podem prever a existência de subcomissões de trabalhadores em estabelecimentos geograficamente dispersos.

Artigo 435º – Estatutos da comissão coordenadora

Os estatutos da comissão coordenadora estão sujeitos ao disposto nos nºs 1 e 2 do artigo anterior, com as necessárias adaptações, devendo nomeadamente indicar a localidade da sede.

Artigo 436º – Adesão e revogação de adesão a comissão coordenadora

À adesão ou revogação de adesão de comissão de trabalhadores a uma comissão coordenadora é aplicável o disposto no nº 1 do artigo 433º

Artigo 437º – Eleição de comissão coordenadora

1. Os membros das comissões de trabalhadores aderentes elegem, de entre si, os membros da comissão coordenadora, por voto directo e secreto e segundo o princípio da representação proporcional.

2. A eleição é convocada com a antecedência de 15 dias, ou prazo superior estabelecido nos estatutos, por pelo menos duas comissões de trabalhadores aderentes.

3. A eleição é feita por listas subscritas por, no mínimo, 20% dos membros das comissões de trabalhadores aderentes, apresentadas até cinco dias antes da votação.

4. Deve ser elaborada acta do acto eleitoral, assinada por todos os presentes, à qual fica anexo o documento de registo dos votantes.

Artigo 438º – Registos e publicações referentes a comissões e subcomissões

1. A comissão eleitoral requer ao serviço competente do ministério responsável pela área laboral o registo da constituição da comissão de trabalhadores e dos estatutos ou das suas alterações, juntando os estatutos ou as alterações aprovados, bem como cópias das atas do apuramento global e das mesas de voto, acompanhadas dos documentos de registo dos votantes.

2. A comissão eleitoral, no prazo de 10 dias a contar da data do apuramento, requer ainda ao serviço competente do ministério responsável pela área laboral o registo da eleição dos membros da comissão de trabalhadores e das subcomissões de trabalhadores, juntando cópias das listas concorrentes, bem como das atas do apuramento global e das mesas de voto, acompanhadas dos documentos de registo dos votantes.

3. As comissões de trabalhadores que participaram na constituição da comissão coordenadora requerem ao serviço competente do ministério responsável pela área laboral, em caso de eleição no prazo de 10 dias, o registo:

a) Da constituição da comissão coordenadora e dos estatutos ou das suas alterações, juntando os estatutos ou as alterações aprovados, bem como cópias da ata da reunião em que foi constituída a comissão e do documento de registo dos votantes;

b) Da eleição dos membros da comissão coordenadora, juntando cópias das listas concorrentes, bem como da ata da reunião e do documento de registo dos votantes.

4. As comunicações dirigidas ao serviço referido nos números anteriores devem indicar correctamente o endereço da estrutura em causa, indicação que deve ser mantida actualizada.

5. Os estatutos de comissões de trabalhadores ou comissão coordenadora são entregues em documento electrónico, nos termos de portaria do ministro responsável pela área laboral.

6. Nos 30 dias posteriores à recepção dos documentos referidos nos números anteriores, o serviço competente do ministério responsável pela área laboral:

a) Regista a constituição da comissão de trabalhadores ou da comissão coordenadora, bem como os estatutos ou as suas alterações;

b) Regista a eleição dos membros da comissão e subcomissões de trabalhadores ou da comissão coordenadora;

c) Publica no *Boletim do Trabalho e Emprego* os estatutos da comissão de trabalhadores ou da comissão coordenadora, ou as respectivas alterações;

d) Publica no *Boletim do Trabalho e Emprego* a composição da comissão de trabalhadores, das subcomissões de trabalhadores ou da comissão coordenadora.

7. A comissão de trabalhadores, a subcomissão ou a comissão coordenadora só pode iniciar as suas actividades depois da publicação dos estatutos e da respectiva composição, nos termos do número anterior.

8. Para efeitos dos nºs 1 a 3, pode ser exigida a exibição de original ou documento autenticado, quando haja dúvidas fundadas acerca do conteúdo ou autenticidade da cópia simples, devendo para o efeito ser fixado um prazo razoável não inferior a cinco dias úteis.

(Redação dada pela Lei nº 13/2023, de 03-04)

Artigo 439º – Controlo de legalidade da constituição e dos estatutos das comissões

1. Nos oito dias posteriores à publicação dos estatutos da comissão de trabalhadores ou da comissão coordenadora, ou das suas alterações, o serviço competente do ministério responsável pela área laboral remete ao magistrado do Ministério Público da área da sede da empresa, ou da sede da comissão coordenadora, uma apreciação fundamentada sobre a legalidade da constituição da comissão e dos estatutos, ou das suas alterações, bem como cópia dos documentos referidos, respetivamente, no nº 1 ou na alínea *a*) do nº 3 do artigo anterior.

2. É aplicável, com as devidas adaptações, o disposto no artigo 447º

(Redação dada pela Lei nº 13/2023, de 03-04)

SECÇÃO III – Associações sindicais e associações de empregadores

SUBSECÇÃO I – Disposições preliminares

Artigo 440º – Direito de associação

1. Os trabalhadores têm o direito de constituir associações sindicais a todos os níveis para defesa e promoção dos seus interesses sócio-profissionais.

2. Os empregadores têm o direito de constituir associações de empregadores a todos os níveis para defesa e promoção dos seus interesses empresariais.

3. As associações sindicais abrangem sindicatos, federações, uniões e confederações.

4. As associações de empregadores abrangem associações, federações, uniões e confederações.

5. Os estatutos de federações, uniões e confederações podem admitir a representação directa de trabalhadores não representados por sindicatos, ou de empregadores não representados por associações de empregadores.

Artigo 441º – Regime subsidiário

1. As associações sindicais e as associações de empregadores estão sujeitas ao regime geral do direito de associação em tudo o que não contrarie este Código ou a natureza específica da respectiva autonomia.

2. Não são aplicáveis a associações sindicais e a associações de empregadores as normas do regime geral do direito de associação susceptíveis de determinar restrições inadmissíveis à respectiva liberdade de organização.

Artigo 442º – Conceitos no âmbito do direito de associação

1. No âmbito das associações sindicais, entende-se por:

a) Sindicato, a associação permanente de trabalhadores para defesa e promoção dos seus interesses sócio-profissionais;

b) Federação, a associação de sindicatos de trabalhadores da mesma profissão ou do mesmo sector de actividade;

c) União, a associação de sindicatos de base regional;

d) Confederação, a associação nacional de sindicatos, federações e uniões;

e) Secção sindical, o conjunto de trabalhadores de uma empresa ou estabelecimento filiados no mesmo sindicato;

f) Delegado sindical, o trabalhador eleito para exercer actividade sindical na empresa ou estabelecimento;

g) Comissão sindical, a organização dos delegados sindicais do mesmo sindicato na empresa ou estabelecimento;

h) Comissão intersindical, a organização, a nível de uma empresa, dos delegados das comissões sindicais dos sindicatos representados numa confederação, que abranja no mínimo cinco delegados sindicais, ou de todas as comissões sindicais nela existentes.

2. No âmbito das associações de empregadores, entende-se por:

a) Associação de empregadores, a associação permanente de pessoas, singulares ou colectivas, de direito privado, titulares de uma empresa, que têm habitualmente trabalhadores ao seu serviço;

b) Federação, a associação de associações de empregadores do mesmo sector de actividade;

c) União, a associação de associações de empregadores de base regional;

d) Confederação, a associação nacional de associações de empregadores, federações e uniões.

Artigo 443º – Direitos das associações

1. As associações sindicais e as associações de empregadores têm, nomeadamente, o direito de:

a) Celebrar convenções colectivas de trabalho;

b) Prestar serviços de carácter económico e social aos seus associados;

c) Participar na elaboração da legislação do trabalho;

d) Iniciar e intervir em processos judiciais e em procedimentos administrativos quanto a interesses dos seus associados, nos termos da lei;

e) Estabelecer relações ou filiar-se, a nível nacional ou internacional, em organizações, respectivamente, de trabalhadores ou de empregadores.

2. As associações sindicais têm, ainda, o direito de participar nos processos de reestruturação da empresa, especialmente no respeitante a acções de formação ou quando ocorra alteração das condições de trabalho.

3. As associações de empregadores não podem dedicar-se à produção ou comercialização de bens ou serviços ou de qualquer modo intervir no mercado, sem prejuízo do disposto na alínea *b*) do nº 1.

Artigo 444º – Liberdade de inscrição

1. No exercício da liberdade sindical, o trabalhador tem o direito de, sem discriminação, se inscrever em sindicato que, na área da sua actividade, represente a categoria respectiva.

2. Pode manter a qualidade de associado o trabalhador que deixe de exercer a sua actividade, mas não passe a exercer outra não representada pelo mesmo sindicato ou não perca a condição de trabalhador subordinado.

3. O empregador tem o direito de, sem discriminação, se inscrever em associação de empregadores que, na área da sua actividade, o possa representar.

4. O empresário que não empregue trabalhadores pode inscrever-se em associação de empregadores, não podendo, contudo, intervir nas decisões respeitantes a relações de trabalho.

5. O trabalhador não pode estar simultaneamente filiado, a título da mesma profissão ou actividade, em sindicatos diferentes.

6. O trabalhador ou o empregador pode desfiliar-se a todo o tempo, mediante comunicação escrita com a antecedência mínima de 30 dias.

SUBSECÇÃO II – Constituição e organização das associações

Artigo 445º – Princípios de auto-regulamentação, organização e gestão democráticas

As associações sindicais e as associações de empregadores regem-se por estatutos e regulamentos por elas aprovados, elegem livre e democraticamente os titulares dos corpos sociais e organizam democraticamente a sua gestão e actividade.

Artigo 446º – Autonomia e independência das associações

1. O exercício de cargo de direcção de associação sindical ou de associação de empregadores é incompatível com o exercício de qualquer cargo de direcção em partido político, instituição religiosa ou outra associação relativamente à qual exista conflito de interesses.

2. É aplicável a associações de empregadores o disposto nos nºs 1, 3 ou 4 do artigo 405º, com as necessárias adaptações.

Artigo 447º – Constituição, registo e aquisição de personalidade

1. A associação sindical ou a associação de empregadores constitui-se e aprova os respectivos estatutos mediante deliberação da assembleia constituinte, que pode ser assembleia de representantes de associados, e adquire personalidade jurídica pelo registo daqueles por parte do serviço competente do ministério responsável pela área laboral.

2. O requerimento do registo de associação sindical ou associação de empregadores, assinado pelo presidente da mesa da assembleia constituinte, deve ser acompanhado dos estatutos aprovados e de certidão ou cópia da ata da assembleia, tendo em anexo as folhas de registo de presenças e respetivos termos de abertura e encerramento.

3. Os estatutos de associação sindical ou associação de empregadores são entregues em documento electrónico, nos termos de portaria do ministro responsável pela área laboral.

4. O serviço competente do ministério responsável pela área laboral regista os estatutos, após o que:

a) Publica os estatutos no *Boletim do Trabalho e Emprego*, nos 30 dias posteriores à sua recepção;

b) Remete ao magistrado do Ministério Público no tribunal competente certidão ou cópia da ata da assembleia constituinte, dos estatutos e do pedido de registo, acompanhados de apreciação fundamentada sobre a legalidade da constituição da associação e dos estatutos, nos oito dias posteriores à publicação, sem prejuízo do disposto no número seguinte.

5. Caso os estatutos contenham disposições contrárias à lei, o serviço competente, no prazo previsto na alínea *b*) do número anterior, notifica a associação para que esta altere as mesmas, no prazo de 180 dias.

6. Caso não haja alteração no prazo referido no número anterior, o serviço competente procede de acordo com o disposto na alínea *b*) do nº 4.

7. A associação sindical ou a associação de empregadores só pode iniciar o exercício das respectivas actividades após a publicação dos estatutos no *Boletim do Trabalho e Emprego*, ou 30 dias após o registo.

8. Caso a constituição ou os estatutos iniciais da associação sejam desconformes com a lei imperativa, o magistrado do Ministério Público no tribunal competente promove, no prazo de 15 dias a contar da recepção dos documentos a que se refere a alínea *b*) do nº 4, a declaração judicial de extinção da associação ou, no caso de norma dos estatutos, a sua nulidade, se a matéria for regulada por lei imperativa ou se a regulamentação da mesma não for essencial ao funcionamento da associação.

9. Na situação referida no número anterior, o serviço competente do ministério responsável pela área laboral, em caso de extinção da associação, segue o procedimento previsto no nº 4 do artigo 456º ou, em caso de nulidade de norma dos estatutos, promove a publicação imediata de aviso no *Boletim do Trabalho e Emprego.*

10. Para efeitos do nº 1, pode ser exigida a exibição de original ou documento autenticado, quando haja dúvidas fundadas acerca do conteúdo ou autenticidade da cópia simples, devendo para o efeito ser fixado um prazo razoável não inferior a cinco dias úteis.

(Redação dada pela Lei nº 13/2023, de 03-04)

Artigo 448º – Aquisição e perda da qualidade de associação de empregadores

A associação de empresários constituída ao abrigo do regime geral do direito de associação pode adquirir a qualidade de associação de empregadores, pelo processo definido no artigo anterior, desde que preencha os requisitos previstos neste Código, e pode perder essa qualidade por vontade dos associados ou decisão judicial tomada nos termos do nº 8 do mesmo artigo.

Artigo 449º – Alteração de estatutos

1. A alteração de estatutos fica sujeita a registo e ao disposto nos nºs 2 a 6 do artigo 447º, com as necessárias adaptações.

2. Caso as alterações dos estatutos da associação sejam desconformes com a lei, o magistrado do Ministério Público no tribunal competente promove, no prazo de 15 dias a contar da receção dos documentos referidos na alínea *b*) do nº 4 do artigo 447º, a declaração judicial de nulidade das mesmas.

3. Na situação referida no número anterior, mantém-se em vigor a norma anterior à alteração de estatutos.

4. O serviço competente do ministério responsável pela área laboral promove, em caso de nulidade de norma dos estatutos, a publicação imediata de aviso no *Boletim do Trabalho e Emprego.*

5. As alterações a que se refere o nº 1 só produzem efeitos em relação a terceiros após publicação no *Boletim do Trabalho e Emprego* ou, na falta desta, 30 dias após o registo.

(Redação dada pela Lei nº 13/2023, de 03-04)

Artigo 450º – Conteúdo dos estatutos

1. Com os limites dos artigos seguintes, os estatutos de associação sindical ou associação de empregadores devem regular:

a) A denominação, a localidade da sede, o âmbito subjectivo, objectivo e geográfico, os fins e a duração, quando a associação não se constitua por período indeterminado;

b) Os respectivos órgãos, entre os quais deve haver uma assembleia geral ou uma assembleia de representantes de associados, um órgão colegial de direcção e um conselho fiscal, bem como o número de membros e o funcionamento daqueles;

c) A extinção e consequente liquidação da associação, bem como o destino do respectivo património.

2. Os estatutos de associação sindical devem ainda regular o exercício do direito de tendência.

3. A denominação deve identificar o âmbito subjectivo, objectivo e geográfico da associação e não pode confundir-se com a de outra associação existente.

4. No caso de os estatutos preverem a existência de uma assembleia de representantes de associados, esta exerce os direitos previstos na lei para a assembleia geral, cabendo aos estatutos indicar, caso haja mais de uma assembleia de representantes de associados, a que exerce os referidos direitos.

5. Em caso de extinção judicial ou voluntária de associação sindical ou associação de empregadores, os respectivos bens não podem ser distribuídos pelos associados, excepto quando estes sejam associações.

Artigo 451º – Princípios da organização e da gestão democráticas

1. No respeito pelos princípios da organização e da gestão democráticas, as associações sindicais e as associações de empregadores devem reger-se, nomeadamente, em obediência às seguintes regras:

a) Todo o associado no gozo dos seus direitos tem o direito de participar na actividade da associação, incluindo o de eleger e ser eleito para os corpos sociais e ser nomeado para qualquer cargo associativo, sem prejuízo de poder haver requisitos de idade e de tempo de inscrição;

b) São asseguradas a igualdade de oportunidades e imparcialidade no tratamento das listas concorrentes a eleições para os corpos sociais;

c) O mandato dos membros da direcção não pode ter duração superior a quatro anos, sendo permitida a reeleição para mandatos sucessivos, salvo disposição estatutária em contrário;

2. Os estatutos de associação de empregadores podem atribuir mais de um voto a certos associados, com base em critérios objectivos, nomeadamente em função da dimensão da empresa, até ao limite de 10 vezes o número de votos do associado com o menor número de votos.

3. Os estatutos podem permitir a participação de membros em mais de um órgão, salvo se um desses órgãos for o conselho fiscal, não podendo o número daqueles ultrapassar um terço do total dos membros.

Artigo 452º – Regime disciplinar

1. O regime disciplinar aplicável aos associados deve assegurar o direito de defesa do associado e prever que o procedimento seja escrito e que a sanção de expulsão seja apenas aplicada em caso de grave violação de deveres fundamentais.

2. O regime disciplinar da associação de empregadores não pode conter normas que interfiram com a actividade económica exercida pelos associados.

Artigo 453º – Impenhorabilidade de bens

1. São impenhoráveis os bens móveis e imóveis de associação sindical ou associação de empregadores cuja utilização seja estritamente indispensável ao seu funcionamento.

2. O disposto no número anterior não se aplica a bem imóvel quando se verifiquem as seguintes condições:

a) A aquisição, construção, reconstrução, modificação ou beneficiação desse bem seja feita mediante recurso a financiamento por terceiros, com garantia real previamente registada;

b) O financiamento por terceiros e as condições de aquisição sejam objecto de deliberação do órgão estatutariamente competente.

Artigo 454º - Publicitação dos membros da direcção

1. O presidente da mesa da assembleia geral deve remeter a identidade dos membros da direcção de associação sindical ou associação de empregadores, bem como cópia da acta da assembleia que os elegeu, ao serviço competente do ministério responsável pela área laboral no prazo de 30 dias após a eleição, para publicação imediata no *Boletim do Trabalho e Emprego.*

2. A identidade dos membros da direcção deve ser entregue em documento electrónico, nos termos de portaria do ministro responsável pela área laboral.

Artigo 455º - Averbamento ao registo

A associação sindical ou associação de empregadores deve indicar a actualização do endereço da sede, quando a mesma não conste de alteração dos estatutos, ao serviço competente do ministério responsável pela área laboral, o qual procede ao seu averbamento no respectivo registo.

Artigo 456º - Extinção de associações e cancelamento do registo

1. Quando a associação sindical ou de empregadores não tenha requerido a publicação nos termos do nº 1 do artigo 454º da identidade dos membros da direcção num período de seis anos a contar da publicação anterior, o serviço competente do ministério responsável pela área laboral deve comunicar o facto ao magistrado do Ministério Público no tribunal competente, o qual promove, no prazo de 15 dias a contar da recepção dessa comunicação, a declaração judicial de extinção da associação.

2. A extinção judicial ou voluntária de associação sindical ou associação de empregadores deve ser comunicada ao serviço competente do ministério responsável pela área laboral:

a) Pelo tribunal, mediante cópia da decisão que determine a extinção, transitada em julgado;

b) Pelo presidente da mesa da assembleia geral, mediante certidão ou cópia certificada da acta da assembleia que delibere a extinção, com as folhas de presenças e respectivos termos de abertura e encerramento.

3. A comunicação deve ser acompanhada da identificação dos filiados na associação de empregadores em causa abrangidos por cada um dos contratos coletivos de que esta seja outorgante.

4. O serviço referido no número anterior procede ao cancelamento do registo dos estatutos da associação em causa e promove a publicação imediata de aviso no *Boletim do Trabalho e Emprego*.

5. O serviço referido nos números anteriores remete ao magistrado do Ministério Público no tribunal competente certidão ou cópia certificada da acta da assembleia que delibere a extinção, acompanhada de apreciação fundamentada sobre a legalidade da deliberação, nos oito dias posteriores à publicação do aviso.

6. No caso de a deliberação de extinção da associação ser desconforme com a lei ou os estatutos, o magistrado do Ministério Público promove, no prazo de 15 dias a contar da recepção, a declaração judicial de nulidade da deliberação.

7. O tribunal comunica a declaração judicial de nulidade da deliberação de extinção da associação, transitada em julgado, ao serviço referido nos números anteriores, o qual revoga o cancelamento e promove a publicação imediata de aviso no *Boletim do Trabalho e Emprego*.

8. A extinção da associação ou a revogação do cancelamento produz efeitos a partir da publicação do respectivo aviso.

(Redação dada pela Lei nº 93/2019, de 04-09)

SUBSECÇÃO III – Quotização sindical

Artigo 457º – Quotização sindical e protecção dos trabalhadores

1. O trabalhador não pode ser obrigado a pagar quotas para associação sindical em que não esteja inscrito.

2. A cobrança e entrega de quotas sindicais pelo empregador não podem implicar para o trabalhador qualquer discriminação nem o pagamento de despesas não previstas na lei ou limitar de qualquer modo a sua liberdade de trabalho.

3. O empregador pode proceder ao tratamento informático de dados pessoais dos trabalhadores referentes a filiação sindical, desde que, nos termos da lei, sejam exclusivamente utilizados para cobrança e entrega de quotas sindicais.

4. A associação sindical não pode recusar a passagem de documento essencial à actividade profissional do trabalhador que seja da sua competência por motivo de falta de pagamento de quotas.

Artigo 458º – Cobrança de quotas sindicais

1. O empregador deve proceder à cobrança e entrega de quotas sindicais quando o instrumento de regulamentação colectiva de trabalho aplicável o preveja e o trabalhador o autorize, ou mediante opção expressa do trabalhador dirigida ao empregador.

2. O trabalhador deve formular por escrito e assinar a declaração de autorização ou de opção referida no número anterior e nela indicar o valor da quota sindical ou o determinado em percentagem da retribuição a deduzir e a associação sindical à qual o mesmo deve ser entregue.

3. A cobrança e entrega de quota sindical implica que o empregador deduza da retribuição do trabalhador o valor da quota e o entregue à associação sindical respectiva, até ao dia 15 do mês seguinte.

4. A responsabilidade pelas despesas necessárias à entrega da quota sindical pode ser definida por instrumento de regulamentação colectiva de trabalho ou acordo entre empregador e sindicato ou trabalhador.

5. O trabalhador pode fazer cessar a cobrança e entrega de quota sindical pelo empregador mediante declaração escrita e assinada que lhe dirija neste sentido.

6. O trabalhador deve enviar cópias das declarações previstas nos números anteriores à associação sindical respectiva.

7. A declaração de autorização ou de opção do trabalhador de cobrança da quota sindical e a declaração sobre a cessação deste procedimento produzem efeitos a partir do mês seguinte ao da sua entrega ao empregador.

8. Constitui contra-ordenação muito grave a recusa ou falta de cobrança, pelo empregador, da quota sindical, através da dedução na retribuição do trabalhador que a haja autorizado ou decidido.

Artigo 459º – Crime de retenção de quota sindical

O empregador que retiver e não entregar à associação sindical a quota sindical cobrada é punido com a pena prevista para o crime de abuso de confiança.

SUBSECÇÃO IV – Actividade sindical na empresa

Artigo 460º – Direito a actividade sindical na empresa

1. Os trabalhadores e os sindicatos têm direito a desenvolver actividade sindical na empresa, nomeadamente através de delegados sindicais, comissões sindicais e comissões intersindicais.

2. O disposto nos artigos 461º, 464º e 465º aplica-se igualmente a empresas onde não existam trabalhadores filiados em associações sindicais, com as necessárias adaptações.

3. O empregador que impeça injustificadamente o exercício do direito previsto nos números anteriores incorre na prática de uma contraordenação muito grave.

(Redação dada pela Lei nº 13/2023, de 03-04)

Artigo 461º – Reunião de trabalhadores no local de trabalho

1. Os trabalhadores podem reunir-se no local de trabalho, mediante convocação por um terço ou 50 trabalhadores do respectivo estabelecimento, ou pela comissão sindical ou intersindical:

a) Fora do horário de trabalho da generalidade dos trabalhadores, sem prejuízo do normal funcionamento de turnos ou de trabalho suplementar;

b) Durante o horário de trabalho da generalidade dos trabalhadores até um período máximo de quinze horas por ano, que conta como tempo de serviço efectivo, desde que seja assegurado o funcionamento de serviços de natureza urgente e essencial.

2. É aplicável à realização de reunião referida no número anterior o disposto no artigo 420º, com as necessárias adaptações.

3. Nas empresas com menos de 50 trabalhadores sindicalizados, a convocação prevista no nº 1 pode ser efetuada pelo delegado sindical.

4. Os membros de direcção de associações sindicais representativas dos trabalhadores que não trabalhem na empresa podem participar na reunião, mediante comunicação dos promotores ao empregador com a antecedência mínima de seis horas.

5. O empregador que proíba reunião de trabalhadores no local de trabalho ou o acesso de membro de direcção de associação sindical a instalações de empresa onde decorra reunião de trabalhadores comete contra-ordenação muito grave.

(Redação dada pela Lei nº 13/2023, de 03-04)

Artigo 462º – Eleição, destituição ou cessação de funções de delegado sindical

1. O delegado sindical é eleito e destituído nos termos dos estatutos do respectivo sindicato, por voto directo e secreto.

2. O mandato do delegado sindical não pode ter duração superior a quatro anos.

3. Podem constituir-se comissões sindicais na empresa ou estabelecimento e comissões intersindicais na empresa, de acordo com as alíneas *g*) e *h*) do nº 1 do artigo 442º

4. A direcção do sindicato comunica por escrito ao empregador a identidade de cada delegado sindical, bem como dos que fazem parte de comissão sindical ou intersindical, e promove a afixação da comunicação nos locais reservados a informação sindical.

5. O disposto no número anterior é aplicável em caso de destituição ou cessação de funções de delegado sindical.

Artigo 463º – Número de delegados sindicais

1. O número máximo de delegados sindicais que beneficiam do regime de protecção previsto neste Código é determinado da seguinte forma:

a) Em empresa com menos de 50 trabalhadores sindicalizados, um;

b) Em empresa com 50 a 99 trabalhadores sindicalizados, dois;

c) Em empresa com 100 a 199 trabalhadores sindicalizados, três;

d) Em empresa com 200 a 499 trabalhadores sindicalizados, seis;

e) Em empresa com 500 ou mais trabalhadores sindicalizados, o número resultante da seguinte fórmula:

$$6 + [(n - 500) : 200]$$

2. Para efeito da alínea *e*) do número anterior, n é o número de trabalhadores sindicalizados.

3. O resultado apurado nos termos da alínea *e*) do número anterior é arredondado para a unidade imediatamente superior.

Artigo 464º – Direito a instalações

1. O empregador deve pôr à disposição dos delegados sindicais que o requeiram um local apropriado ao exercício das suas funções, no interior da empresa ou na sua proximidade, disponibilizado a título permanente em empresa ou estabelecimento com 150 ou mais trabalhadores.

2. Constitui contra-ordenação grave a violação do disposto no número anterior.

Artigo 465º – Afixação e distribuição de informação sindical

1. O delegado sindical tem o direito de afixar, nas instalações da empresa e em local apropriado disponibilizado pelo empregador, convocatórias, comunicações, informações ou outros textos relativos à vida sindical e aos interesses socio-profissionais dos trabalhadores, bem como proceder à sua distribuição, sem prejuízo do funcionamento normal da empresa.

2. As estruturas representativas dos trabalhadores têm o direito de afixar em local disponibilizado, para o efeito, no portal interno da empresa convocatórias, comunicações, informações ou outros textos relativos à vida sindical e aos interesses socioprofissionais dos trabalhadores, bem como proceder à sua distribuição por via de lista de distribuição de correio eletrónico para todos os trabalhadores em regime de teletrabalho, disponibilizada pelo empregador.

3. Constitui contraordenação grave a violação do disposto neste artigo.

(Redação dada pela Lei nº 83/2021, de 06-12)

Artigo 466º – Informação e consulta de delegado sindical

1. O delegado sindical tem direito a informação e consulta sobre as seguintes matérias, além de outras referidas na lei ou em convenção colectiva:

a) Evolução recente e provável evolução futura da actividade da empresa ou do estabelecimento e da sua situação económica;

b) Situação, estrutura e provável evolução do emprego na empresa ou no estabelecimento e eventuais medidas preventivas, nomeadamente quando se preveja a diminuição do número de trabalhadores;

c) Decisão susceptível de desencadear mudança substancial na organização do trabalho ou nos contratos de trabalho;

d) Parâmetros, os critérios, as regras e as instruções em que se baseiam os algoritmos ou outros sistemas de inteligência artificial que afetam a tomada de decisões sobre o acesso e a manutenção do emprego, assim como condições de trabalho, incluindo a elaboração de perfis e o controlo da atividade profissional.

2. É aplicável à informação e consulta de delegados sindicais o disposto nos nºs 1, 2, 4, 5, 6 e 7 do artigo 427º

3. O disposto no presente artigo não é aplicável a microempresa ou a pequena empresa.

4. Constitui contraordenação grave a violação do disposto no nº 1.

(Redação dada pela Lei nº 13/2023, de 03-04)

Artigo 467º – Crédito de horas de delegado sindical

1. O delegado sindical tem direito, para o exercício das suas funções, a um crédito de cinco horas por mês, ou oito horas por mês se fizer parte de comissão intersindical.

2. Constitui contra-ordenação grave a violação do disposto no número anterior.

SUBSECÇÃO V – Membro de direcção de associação sindical

Artigo 468º – Crédito de horas e faltas de membro de direcção

1. Para o exercício das suas funções, o membro de direcção de associação sindical tem direito a crédito de horas correspondente a quatro dias de trabalho por mês e a faltas justificadas, nos termos dos números seguintes.

2. Sem prejuízo do disposto em instrumento de regulamentação colectiva de trabalho, em cada empresa, o número máximo de membros de direcção de associação sindical com direito a crédito de horas e a faltas justificadas sem limitação de número é determinado da seguinte forma:

a) Em empresa com menos de 50 trabalhadores sindicalizados, um;
b) Em empresa com 50 a 99 trabalhadores sindicalizados, dois;
c) Em empresa com 100 a 199 trabalhadores sindicalizados, três;
d) Em empresa com 200 a 499 trabalhadores sindicalizados, quatro;
e) Em empresa com 500 a 999 trabalhadores sindicalizados, seis;
f) Em empresa com 1000 a 1999 trabalhadores sindicalizados, sete;
g) Em empresa com 2000 a 4999 trabalhadores sindicalizados, oito;
h) Em empresa com 5000 a 9999 trabalhadores sindicalizados, 10;
i) Em empresa com 10000 ou mais trabalhadores sindicalizados, 12.

3. No caso de membro de direcção de federação, união ou confederação, a aplicação da fórmula referida no número anterior tem em conta o número de trabalhadores filiados nas associações que fazem parte dessa estrutura.

4. O trabalhador que seja membro de direcção de mais de uma associação sindical não tem direito a cumulação de crédito de horas.

5. Os membros de direcção que excedam o número máximo calculado nos termos dos números anteriores têm direito a faltas justificadas até ao limite de 33 por ano.

6. A direcção da associação sindical deve comunicar ao empregador, até 15 de Janeiro de cada ano e nos 15 dias posteriores a qualquer alteração da sua composição, a identidade dos membros a quem se aplica o disposto no nº 2.

7. A direcção da associação sindical pode atribuir crédito de horas a outro membro da mesma, desde que não ultrapasse o montante global atribuído nos termos dos nºs 1 e 2 e informe o empregador da alteração da repartição do crédito com a antecedência mínima de 15 dias.

8. Quando as faltas justificadas se prolongarem efectiva ou previsivelmente para além de um mês, aplica-se o regime da suspensão do contrato de trabalho por facto respeitante ao trabalhador, sem prejuízo do disposto em instrumento de regulamentação colectiva de trabalho aplicável, que preveja funções sindicais a tempo inteiro ou outras situações específicas, relativamente ao direito à retribuição de trabalhador.

9. Constitui contra-ordenação muito grave a violação do disposto no nº 1.

CAPÍTULO II – Participação na elaboração de legislação do trabalho

Artigo 469º – Noção de legislação do trabalho

1. Entende-se por legislação do trabalho a que regula os direitos e obrigações dos trabalhadores e empregadores, enquanto tais, e as suas organizações.

2. São considerados legislação do trabalho os diplomas que regulam, nomeadamente, as seguintes matérias:

a) Contrato de trabalho;

b) Direito colectivo de trabalho;

c) Segurança e saúde no trabalho;

d) Acidentes de trabalho e doenças profissionais;

e) Formação profissional;

f) Processo do trabalho.

3. Considera-se igualmente matéria de legislação do trabalho a aprovação para ratificação de convenções da Organização Internacional do Trabalho.

Artigo 470º – Precedência de discussão

Qualquer projecto ou proposta de lei, projecto de decreto-lei ou projecto ou proposta de decreto regional relativo a legislação do trabalho só pode ser discutido e votado pela Assembleia da República, pelo Governo da República, pelas Assembleias Legislativas das regiões autónomas e pelos Governos Regionais depois de as comissões de trabalhadores ou as respectivas comissões coordenadoras, as associações sindicais e as associações de empregadores se terem podido pronunciar sobre ele.

Artigo 471º – Participação da Comissão Permanente de Concertação Social

A Comissão Permanente de Concertação Social pode pronunciar-se sobre qualquer projecto ou proposta de legislação do trabalho, podendo ser convocada por decisão do presidente mediante requerimento de qualquer dos seus membros.

Artigo 472º – Publicação de projectos e propostas

1. Para efeitos do disposto no artigo 470º, os projectos e propostas são publicados em separata das seguintes publicações oficiais:

a) *Diário da Assembleia da República*, tratando-se de legislação a aprovar pela Assembleia da República;

b) *Boletim do Trabalho e Emprego*, tratando-se de legislação a aprovar pelo Governo da República;

c) *Diários das Assembleias Regionais*, tratando-se de legislação a aprovar pelas Assembleias Legislativas das regiões autónomas;

d) *Jornal Oficial*, tratando-se de legislação a aprovar por Governo Regional.

2. As separatas referidas no número anterior contêm, obrigatoriamente:

a) O texto integral das propostas ou projectos, com os respectivos números;

b) A designação sintética da matéria da proposta ou projecto;

c) O prazo para apreciação pública.

3. A Assembleia da República, o Governo da República, a Assembleia Legislativa de região autónoma ou o Governo Regional faz anunciar, através dos órgãos de comunicação social, a publicação da separata e a designação das matérias que se encontram em fase de apreciação pública.

Artigo 473º – Prazo de apreciação pública

1. O prazo de apreciação pública não pode ser inferior a 30 dias.

2. O prazo pode ser reduzido para 20 dias, a título excepcional e por motivo de urgência devidamente justificado no acto que determina a publicação.

Artigo 474º – Pareceres e audições das organizações representativas

1. Durante o prazo de apreciação pública, as entidades referidas no artigo 470º podem pronunciar-se sobre o projecto ou proposta e solicitar audição oral à Assembleia da República, ao Governo da República, à Assembleia Legislativa de região autónoma ou ao Governo Regional, nos termos da regulamentação própria de cada um destes órgãos.

2. O parecer da entidade que se pronuncia deve conter:

a) Identificação do projecto ou proposta;

b) Identificação da comissão de trabalhadores, comissão coordenadora, associação sindical ou associação de empregadores que se pronuncia;

c) Âmbito subjectivo, objectivo e geográfico ou, tratando-se de comissão de trabalhadores ou comissão coordenadora, o sector de actividade e a área geográfica da empresa ou empresas;

d) Número de trabalhadores ou de empregadores representados;

e) Data, assinatura de quem legalmente represente a entidade ou de todos os seus membros e carimbo da mesma.

Artigo 475º – Resultado de apreciação pública

1. As posições das entidades que se pronunciam em pareceres ou audições são tidas em conta pelo legislador como elementos de trabalho.

2. O resultado da apreciação pública consta:

a) De preâmbulo de decreto-lei ou de decreto regional;

b) De relatório anexo a parecer de comissão especializada da Assembleia da República ou da Assembleia Legislativa de região autónoma.

SUBTÍTULO II - Instrumentos de regulamentação colectiva de trabalho

CAPÍTULO I - Princípios gerais relativos a instrumentos de regulamentação colectiva de trabalho

SECÇÃO I - Disposições gerais sobre instrumentos de regulamentação colectiva de trabalho

Artigo 476º - Princípio do tratamento mais favorável

As disposições de instrumento de regulamentação colectiva de trabalho só podem ser afastadas por contrato de trabalho quando este estabeleça condições mais favoráveis para o trabalhador.

Artigo 477º - Forma de instrumento de regulamentação colectiva de trabalho

O instrumento de regulamentação colectiva de trabalho reveste a forma escrita, sob pena de nulidade.

Artigo 478º - Limites do conteúdo de instrumento de regulamentação colectiva de trabalho

1. O instrumento de regulamentação colectiva de trabalho não pode:

a) Contrariar norma legal imperativa;

b) Regulamentar actividades económicas, nomeadamente períodos de funcionamento, regime fiscal, formação dos preços e exercício da actividade de empresas de trabalho temporário, incluindo o contrato de utilização;

c) Conferir eficácia retroactiva a qualquer cláusula que não seja de natureza pecuniária.

2. O instrumento de regulamentação colectiva de trabalho pode instituir regime complementar contratual que atribua prestações complementares do subsistema previdencial na parte não coberta por este, nos termos da lei.

Artigo 479º - Apreciação relativa à igualdade e não discriminação

1. No prazo de 30 dias a contar da publicação de instrumento de regulamentação coletiva de trabalho negocial ou decisão arbitral em processo de arbitragem obrigatória ou necessária, o serviço competente do ministério responsável pela área laboral, ouvidos os interessados, procede à apreciação fundamentada da legalidade das suas disposições em matéria de igualdade e não discriminação.

2. Caso delibere no sentido da existência de disposições discriminatórias, o serviço competente do ministério responsável pela área laboral notifica as partes nos instrumentos de regulamentação coletiva de trabalho que contenham aquelas disposições para, no prazo de 60 dias, procederem às respetivas alterações.

3. Decorrido o prazo previsto no número anterior sem que se verifiquem as necessárias alterações, o serviço competente do ministério responsável pela área laboral envia a sua apreciação ao magistrado do Ministério Público junto do tribunal competente, acompanhada dos documentos relevantes, nomeadamente de cópia da ata da deliberação e das pronúncias dos interessados.

4. Para efeito do número anterior, considera-se competente, pela ordem a seguir indicada, o tribunal em cuja área tenham sede:

a) Todas as associações sindicais e associações de empregadores ou empresas celebrantes da convenção colectiva;

b) O maior número das entidades referidas;

c) Qualquer das entidades referidas.

5. Caso constate a existência de disposição ilegal na matéria em causa, o magistrado do Ministério Público promove, no prazo de 15 dias, a declaração judicial da nulidade dessas disposições.

6. A decisão judicial que declare a nulidade de disposição é remetida pelo tribunal ao serviço competente do ministério responsável pela área laboral, para efeito de publicação no *Boletim do Trabalho e Emprego.*

(Redação dada pela Lei nº 23/2012, de 25-06)

Artigo 480º – Publicidade de instrumento de regulamentação colectiva de trabalho aplicável

1. O empregador deve afixar em local apropriado da empresa a indicação de instrumentos de regulamentação colectiva de trabalho aplicáveis.

2. Constitui contra-ordenação leve a violação do disposto no número anterior.

SECÇÃO II – Concorrência de instrumentos de regulamentação colectiva de trabalho

Artigo 481º – Preferência de instrumento de regulamentação colectiva de trabalho negocial vertical

O instrumento de regulamentação colectiva de trabalho negocial de um sector de actividade afasta a aplicação de instrumento da mesma natureza cujo âmbito se define por profissão ou profissões relativamente àquele sector de actividade.

Artigo 482º – Concorrência entre instrumentos de regulamentação colectiva de trabalho negociais

1. Sempre que exista concorrência entre instrumentos de regulamentação colectiva de trabalho negociais, são observados os seguintes critérios de preferência:

a) O acordo de empresa afasta a aplicação do acordo colectivo ou do contrato colectivo;

b) O acordo colectivo afasta a aplicação do contrato colectivo.

2. Nos outros casos, os trabalhadores da empresa em relação aos quais se verifica a concorrência escolhem o instrumento aplicável, por maioria, no prazo de 30 dias a contar da entrada em vigor do instrumento de publicação mais recente, comunicando a escolha ao empregador interessado e ao serviço com competência inspectiva do ministério responsável pela área laboral.

3. Na ausência de escolha pelos trabalhadores, é aplicável:

a) O instrumento de publicação mais recente;

b) Sendo os instrumentos em concorrência publicados na mesma data, o que regular a principal actividade da empresa.

4. A deliberação prevista no nº 2 é irrevogável até ao termo da vigência do instrumento adoptado.

5. Os critérios de preferência previstos no nº 1 podem ser afastados por instrumento de regulamentação coletiva de trabalho negocial, designadamente, através de cláusula de articulação de:

a) Convenções coletivas de diferente nível, nomeadamente interconfederal, sectorial ou de empresa;

b) Contrato coletivo que estabeleça que determinadas matérias, como sejam a mobilidade geográfica e funcional, a organização do tempo de trabalho e a retribuição, sejam reguladas por convenção coletiva.

(Redação dada pela Lei nº 23/2012, de 25-06)

Artigo 483º - Concorrência entre instrumentos de regulamentação colectiva de trabalho não negociais

1. Sempre que exista concorrência entre instrumentos de regulamentação colectiva de trabalho não negociais, são observados os seguintes critérios de preferência:

a) A decisão de arbitragem obrigatória afasta a aplicação de outro instrumento;

b) A portaria de extensão afasta a aplicação de portaria de condições de trabalho.

2. Em caso de concorrência entre portarias de extensão aplica-se o previsto nos nºs 2 a 4 do artigo anterior, relativamente às convenções colectivas objecto de extensão.

Artigo 484º - Concorrência entre instrumentos de regulamentação colectiva de trabalho negociais e não negociais

A entrada em vigor de instrumento de regulamentação colectiva de trabalho negocial afasta a aplicação, no respectivo âmbito, de anterior instrumento de regulamentação colectiva de trabalho não negocial.

CAPÍTULO II - Convenção colectiva

SECÇÃO I - Contratação colectiva

Artigo 485º - Promoção da contratação colectiva

1. O Estado deve promover a contratação colectiva, de modo que as convenções colectivas sejam aplicáveis ao maior número de trabalhadores e empregadores.

2. Para efeitos do disposto no número anterior, o Estado enquadra os incentivos à contratação coletiva no âmbito das suas políticas específicas, nomeadamente através de medidas que privilegiem as empresas outorgantes de convenção coletiva recentemente celebrada ou revista, no quadro do acesso a apoios ou financiamentos públicos, incluindo fundos europeus, dos procedimentos de contratação pública e de incentivos de natureza fiscal.

3. Para efeitos do número anterior, considera-se convenção recentemente celebrada ou revista a que tenha sido outorgada ou renovada no período até três anos. *(Redação dada pela Lei nº 13/2023, de 03-04)*

Artigo 486º – Proposta negocial

1. O processo de negociação inicia-se com a apresentação à outra parte de proposta de celebração ou de revisão de uma convenção colectiva.

2. A proposta deve revestir forma escrita, ser devidamente fundamentada e conter os seguintes elementos:

a) Designação das entidades que a subscrevem em nome próprio ou em representação de outras;

b) Indicação da convenção que se pretende rever, sendo caso disso, e respectiva data de publicação;

c) Indicação de instrumento de regulamentação coletiva de trabalho negocial e respetiva data de publicação, sendo caso disso, para efeitos do nº 5 do artigo 482º *(Redação dada pela Lei nº 23/2012, de 25-06)*

Artigo 487º – Resposta à proposta

1. A entidade destinatária da proposta deve responder, de forma escrita e fundamentada, nos 30 dias seguintes à recepção daquela, salvo se houver prazo convencionado ou prazo mais longo indicado pelo proponente.

2. Em caso de proposta de revisão de uma convenção colectiva, a entidade destinatária pode recusar-se a negociar antes de decorrerem seis meses de vigência da convenção, devendo informar o proponente no prazo de 10 dias úteis.

3. A resposta deve exprimir uma posição relativa a todas as cláusulas da proposta, aceitando, recusando ou contrapropondo.

4. Em caso de falta de resposta ou de contraproposta, no prazo a que se refere o nº 1 e nos termos do nº 3, o proponente pode requerer a conciliação.

5. Constitui contra-ordenação grave a violação do disposto nos nºs 1 ou 3.

Artigo 488º – Prioridade em matéria negocial

1. As partes devem, sempre que possível, atribuir prioridade à negociação da retribuição e da duração e organização do tempo de trabalho, tendo em vista o ajuste do acréscimo global de encargos daí resultante, bem como à segurança e saúde no trabalho.

2. A inviabilidade de acordo inicial sobre as matérias referidas no número anterior não justifica a ruptura de negociação.

Artigo 489º – Boa fé na negociação

1. As partes devem respeitar, no processo de negociação colectiva, o princípio de boa fé, nomeadamente respondendo com a brevidade possível a propostas e contrapropostas, observando o protocolo negocial, caso exista, e fazendo-se representar em reuniões e contactos destinados à prevenção ou resolução de conflitos.

2. Os representantes das associações sindicais e de empregadores devem, oportunamente, fazer as necessárias consultas aos trabalhadores e aos empregadores interessados, não podendo, no entanto, invocar tal necessidade para obter a suspensão ou interrupção de quaisquer actos.

3. Cada uma das partes deve facultar à outra os elementos ou informações que esta solicitar, na medida em que tal não prejudique a defesa dos seus interesses.

4. Não pode ser recusado, no decurso de processo de negociação de acordo colectivo e de empresa, o fornecimento dos relatórios e contas de empresas já publicados e o número de trabalhadores, por categoria profissional, que se situem no âmbito de aplicação do acordo a celebrar.

5. Comete contra-ordenação grave a associação sindical, a associação de empregadores ou o empregador que não se faça representar em reunião convocada nos termos do nº 1.

Artigo 490º - Apoio técnico da Administração

1. Na preparação da proposta negocial e da respectiva resposta, bem como durante as negociações, os serviços competentes dos ministérios responsáveis pela área laboral e pela área de actividade fornecem às partes a informação necessária de que dispõem e que estas solicitem.

2. As partes devem enviar as propostas e respostas, com a respectiva fundamentação, ao ministério responsável pela área laboral nos 15 dias seguintes à sua apresentação.

SECÇÃO II - Celebração e conteúdo

Artigo 491º - Representantes de entidades celebrantes

1. A convenção colectiva é assinada pelos representantes das entidades celebrantes.

2. Para efeitos do disposto no número anterior, consideram-se representantes:

a) Os membros de direcção de associação sindical ou associação de empregadores, com poderes para contratar;

b) Os gerentes, administradores ou directores com poderes para contratar;

c) No caso de empresa do sector empresarial do Estado, os membros do conselho de gerência ou órgão equiparado, com poderes para contratar;

d) As pessoas titulares de mandato escrito com poderes para contratar, conferido por associação sindical ou associação de empregadores, nos termos dos respectivos estatutos, ou por empregador.

3. Sem prejuízo da possibilidade de delegação noutras associações sindicais, a associação sindical pode conferir à estrutura de representação coletiva dos trabalhadores na empresa poderes para, relativamente aos seus associados, contratar com empresa com, pelo menos, 150 trabalhadores.

4. A revogação do mandato só é eficaz após comunicação à outra parte, por escrito e até à assinatura da convenção colectiva.

(Redação dada pela Lei nº 23/2012, de 25-06)

Artigo 492º – Conteúdo de convenção colectiva

1. A convenção colectiva deve indicar:

a) Designação das entidades celebrantes;

b) Nome e qualidade em que intervêm os representantes das entidades celebrantes;

c) Âmbito do sector de actividade, profissional e geográfico de aplicação, excepto tratando-se de revisão que não altere o âmbito da convenção revista;

d) Data de celebração;

e) Convenção revista e respectiva data de publicação, se for o caso;

f) Valores expressos de retribuição base para todas as profissões e categorias profissionais, caso tenham sido acordados;

g) Estimativa dos números de empregadores e de trabalhadores abrangidos pela convenção;

h) Instrumento de regulamentação coletiva de trabalho negocial e respetiva data de publicação, para efeitos do nº 5 do artigo 482º

2. A convenção colectiva deve regular:

a) As relações entre as entidades celebrantes, em particular quanto à verificação do cumprimento da convenção e a meios de resolução de conflitos colectivos decorrentes da sua aplicação ou revisão;

b) As acções de formação profissional, tendo presentes as necessidades do trabalhador e do empregador;

c) As condições de prestação do trabalho relativas à segurança e saúde;

d) Medidas que visem a efectiva aplicação do princípio da igualdade e não discriminação;

e) Outros direitos e deveres dos trabalhadores e dos empregadores, nomeadamente retribuição base para todas as profissões e categorias profissionais;

f) Os processos de resolução dos litígios emergentes de contratos de trabalho, nomeadamente através de conciliação, mediação ou arbitragem;

g) A definição de serviços necessários à segurança e manutenção de equipamentos e instalações, de serviços mínimos indispensáveis para ocorrer à satisfação de necessidades sociais impreteríveis, caso a actividade dos empregadores abrangidos satisfaça necessidades sociais impreteríveis, bem como dos meios necessários para os assegurar em situação de greve;

h) Os efeitos decorrentes da convenção em caso de caducidade, relativamente aos trabalhadores abrangidos por aquela, até à entrada em vigor de outro instrumento de regulamentação colectiva de trabalho;

i) As condições de prestação de trabalho em regime de teletrabalho.

3. A convenção colectiva deve prever a constituição e regular o funcionamento de comissão paritária com competência para interpretar e integrar as suas cláusulas.

4. A convenção colectiva pode prever que o trabalhador, para efeito da escolha prevista no artigo 497º, pague um montante nela estabelecido às associações sindicais envolvidas, a título de comparticipação nos encargos da negociação.
(Redação dada pela Lei nº 83/2021, de 06-12)

Artigo 493º – Comissão paritária

1. A comissão paritária a que se refere o nº 3 do artigo anterior é formada por igual número de representantes das entidades celebrantes.

2. A comissão paritária só pode deliberar desde que esteja presente metade dos representantes de cada parte.

3. A deliberação tomada por unanimidade é depositada e publicada nos mesmos termos da convenção colectiva e considera-se para todos os efeitos como integrando a convenção a que respeita.

4. A deliberação tomada por unanimidade, uma vez publicada, é aplicável no âmbito de portaria de extensão da convenção.

SECÇÃO III – Depósito de convenção colectiva

Artigo 494º – Procedimento do depósito de convenção colectiva

1. A convenção colectiva é entregue, para depósito, ao serviço competente do ministério responsável pela área laboral.

2. A terceira revisão parcial consecutiva de uma convenção deve ser acompanhada de texto consolidado assinado nos mesmos termos, o qual, em caso de divergência, prevalece sobre os textos a que se refere.

3. A convenção e o texto consolidado são entregues em documento electrónico, nos termos de portaria do ministro responsável pela área laboral.

4. O depósito depende de a convenção satisfazer os seguintes requisitos:

a) Ser celebrada por quem tenha capacidade para o efeito;

b) Ser acompanhada de títulos comprovativos da representação das entidades celebrantes, no caso referido na alínea *d*) do nº 2 do artigo 491º, emitidos por quem possa vincular as associações sindicais e as associações de empregadores ou os empregadores celebrantes;

c) Obedecer ao disposto no nº 1 do artigo 492º;

d) Ser acompanhada de texto consolidado, sendo caso disso;

e) Obedecer ao disposto no nº 3, bem como o texto consolidado, sendo caso disso.

5. O pedido de depósito deve ser decidido no prazo de 15 dias a contar da recepção da convenção pelo serviço competente.

6. A recusa fundamentada do depósito é imediatamente notificada às partes, sendo devolvidos a convenção colectiva, o texto consolidado e os títulos comprovativos da representação.

7. Considera-se depositada a convenção cujo pedido de depósito não seja decidido no prazo referido no nº 5.

Artigo 495º – Alteração de convenção antes da decisão sobre o depósito

1. Enquanto o pedido de depósito não for decidido, as partes podem efectuar, por acordo, qualquer alteração formal ou substancial da convenção entregue para esse efeito.

2. A alteração referida no nº 1 interrompe o prazo de depósito referido no nº 5 do artigo anterior.

SECÇÃO IV – Âmbito pessoal de convenção colectiva

Artigo 496º – Princípio da filiação

1. A convenção colectiva obriga o empregador que a subscreve ou filiado em associação de empregadores celebrante, bem como os trabalhadores ao seu serviço que sejam membros de associação sindical celebrante.

2. A convenção celebrada por união, federação ou confederação obriga os empregadores e os trabalhadores filiados, respectivamente, em associações de empregadores ou sindicatos representados por aquela organização quando celebre em nome próprio, nos termos dos respectivos estatutos, ou em conformidade com os mandatos a que se refere o nº 2 do artigo 491º

3. A convenção abrange trabalhadores e empregadores filiados em associações celebrantes no início do processo negocial, bem como os que nelas se filiem durante a vigência da mesma.

4. Caso o trabalhador, o empregador ou a associação em que algum deles esteja inscrito se desfilie de entidade celebrante, a convenção continua a aplicar-se até ao final do prazo de vigência que dela constar ou, não prevendo prazo de vigência, durante um ano ou, em qualquer caso, até à entrada em vigor de convenção que a reveja.

Artigo 497º – Escolha de convenção aplicável

1. Caso sejam aplicáveis, no âmbito de uma empresa, uma ou mais convenções coletivas ou decisões arbitrais, o trabalhador que não seja filiado em qualquer associação sindical pode escolher qual daqueles instrumentos lhe passa a ser aplicável, desde que o mesmo se integre no âmbito do setor de atividade, profissional e geográfico do instrumento escolhido.

2. O trabalhador pode efetuar a escolha a que se refere o número anterior nos três meses posteriores à entrada em vigor do instrumento escolhido ou ao início da execução do contrato de trabalho, se este for posterior.

3. A aplicação da convenção nos termos do nº 1 mantém-se até ao final da sua vigência, com o limite de 15 meses.

4. O trabalhador pode revogar a escolha, cessando a aplicação da convenção seis meses após a comunicação dessa revogação ou antes se, entretanto, se esgotar o prazo referido no número anterior.

5. A escolha não poderá ocorrer se o trabalhador já se encontrar abrangido por portaria de extensão de convenção coletiva aplicável no mesmo âmbito do setor de atividade, profissional e geográfico.

6. O trabalhador só pode fazer uso da faculdade prevista no nº 1 uma vez enquanto estiver ao serviço do mesmo empregador, ou de outro a que sejam aplicáveis as mesmas convenções coletivas ou decisões arbitrais.

(Redação dada pela Lei nº 13/2023, de 03-04)

Artigo 498º – Aplicação de convenção em caso de transmissão de empresa ou estabelecimento

1. Em caso de transmissão, por qualquer título, da titularidade de empresa ou estabelecimento ou ainda de parte de empresa ou estabelecimento que constitua uma unidade económica, o instrumento de regulamentação colectiva de trabalho que vincula o transmitente é aplicável ao adquirente até ao termo do respectivo prazo de vigência ou no mínimo durante 12 meses a contar da transmissão, salvo se entretanto outro instrumento de regulamentação colectiva de trabalho negocial passar a aplicar-se ao adquirente.

2. Após o decurso do prazo referido no número anterior, caso não seja aplicável ao adquirente qualquer instrumento de regulamentação coletiva de trabalho, mantêm-se os efeitos já produzidos no contrato de trabalho pelo instrumento de regulamentação coletiva de trabalho que vincula o transmitente, relativamente às matérias referidas no nº 8 do artigo 501º

3. O disposto nos números anteriores é aplicável a transmissão, cessão ou reversão da exploração de empresa, estabelecimento ou unidade económica.

4. Constitui contraordenação grave a violação do disposto no nº 2.

(Redação dada pela Lei nº 14/2018, de 19-03)

Artigo 498º-A – Terceirização de serviços

1. Em caso de aquisição de serviços externos a entidade terceira para o desempenho de atividades correspondentes ao objeto social da empresa adquirente, o instrumento de regulamentação coletiva de trabalho que vincula o beneficiário da atividade é aplicável ao prestador do serviço, quando lhe seja mais favorável.

2. Para efeitos do disposto no número anterior, entende-se por prestador do serviço a pessoa singular que presta as atividades objeto do contrato de prestação de serviço, quer seja ela a contraparte da empresa adquirente, quer seja outra pessoa coletiva com quem aquela mantenha um vínculo contratual, e independentemente da natureza do mesmo.

3. O disposto nos números anteriores apenas se aplica após 60 dias de prestação de atividade em benefício da empresa adquirente, tendo, antes disso, o prestador do serviço direito à retribuição mínima prevista em instrumento de regulamentação coletiva de trabalho que vincule o beneficiário da atividade que corresponda às suas funções, ou à praticada por esta para trabalho igual ou de valor igual, consoante a que for mais favorável.

4. Para efeitos do nº 1, o contrato de prestação de serviços deve determinar qual a entidade responsável por assegurar o cumprimento das obrigações previstas no instrumento de regulamentação coletiva de trabalho que vincula o beneficiário da atividade.

5. Constitui contraordenação grave a violação do disposto nos números anteriores. *(Aditado pela Lei nº 13/2023, de 03-04)*

SECÇÃO V – Âmbito temporal de convenção colectiva

Artigo 499º – Vigência e renovação de convenção colectiva

1. A convenção colectiva vigora pelo prazo ou prazos que dela constarem e renova-se nos termos nela previstos.

2. Considera-se que a convenção, caso não preveja prazo de vigência, vigora pelo prazo de um ano e renova-se sucessivamente por igual período.

Artigo 500º – Denúncia de convenção colectiva

1. Qualquer das partes pode denunciar a convenção colectiva, mediante comunicação escrita dirigida à outra parte, acompanhada de proposta negocial global.

2. A denúncia deve ser acompanhada de fundamentação quanto a motivos de ordem económica, estrutural ou a desajustamentos do regime da convenção denunciada.

3. No prazo de 10 dias a contar da data da denúncia, a parte autora da denúncia deve remeter ao serviço competente do ministério responsável pela área laboral cópia da mesma e da proposta negocial global referida no nº 1.

4. Não se considera denúncia a mera proposta de revisão de convenção, não determinando a aplicação do regime de sobrevigência e caducidade.
(Redação dada pela Lei nº 13/2023, de 03-04)

Artigo 500º-A – Arbitragem para apreciação da denúncia de convenção coletiva

1. Em caso de denúncia de convenção coletiva, a parte destinatária da denúncia pode requerer ao presidente do Conselho Económico e Social arbitragem para apreciação da fundamentação invocada pela parte autora da denúncia nos termos do nº 2 do artigo anterior.

2. O requerimento de arbitragem deve ser apresentado no prazo de 10 dias a contar da data da receção, pela parte destinatária da comunicação prevista no nº 1 do artigo anterior.

3. O requerimento de arbitragem suspende os efeitos da denúncia, impedindo a convenção de entrar em regime de sobrevigência, nos termos do nº 3 do artigo 501º.

4. A declaração de improcedência da fundamentação da denúncia, pelo tribunal arbitral, determina que a mesma não produz efeitos.

5. A parte destinatária da denúncia informa o serviço competente do ministério responsável pela área laboral do requerimento referido no nº 1 e o tribunal arbitral informa o mesmo serviço do teor da decisão arbitral na data da notificação às partes.

6. A arbitragem rege-se pelo disposto nos artigos 512º e 513º e por legislação específica.

(Aditada pela Lei nº 13/2023, de 03-04)

Artigo 501º – Sobrevigência e caducidade de convenção colectiva[1]

1. A cláusula de convenção que faça depender a cessação da vigência desta da substituição por outro instrumento de regulamentação coletiva de trabalho caduca decorridos três anos sobre a verificação de um dos seguintes factos:

a) Última publicação integral da convenção;

b) Denúncia da convenção;

c) Apresentação de proposta de revisão da convenção que inclua a revisão da referida cláusula.

2. Após a caducidade da cláusula referida no número anterior, ou em caso de convenção que não regule a sua renovação, aplica-se o disposto nos números seguintes.

3. Havendo denúncia, a convenção mantém-se em regime de sobrevigência durante o período em que decorra a negociação, incluindo conciliação, mediação ou arbitragem voluntária, ou no mínimo durante 12 meses.

4. Sempre que se verifique uma interrupção da negociação, incluindo conciliação, mediação ou arbitragem voluntária, por um período superior a 30 dias, o prazo de sobrevigência suspende-se.

5. Para efeitos dos nºs 3 e 4 o período de negociação, com suspensão, não pode exceder o prazo de 18 meses.

6. Decorrido o período referido nos nºs 3 e 5, consoante o caso, a convenção mantém-se em vigor durante 45 dias após qualquer das partes comunicar ao ministério responsável pela área laboral e à outra parte que o processo de negociação terminou sem acordo, após o que caduca, produzindo a caducidade efeitos:

a) No dia seguinte à publicação referida no nº 9 do artigo 502º; ou

b) Decorridos 90 dias daquela comunicação, devendo, neste caso, a entidade empregadora publicitar o facto nos termos do nº 1 do artigo 480º e informar os serviços competentes do ministério responsável pela área laboral da data dessa publicitação.

7. Na ausência de acordo anterior sobre os efeitos decorrentes da convenção em caso de caducidade, o ministro responsável pela área laboral notifica as partes, dentro do prazo referido no número anterior, para que, querendo, acordem esses efeitos, no prazo de 15 dias.

8. Após a caducidade e até à entrada em vigor de outra convenção ou decisão arbitral, mantêm-se os efeitos acordados pelas partes ou, na sua falta, os já produzidos pela convenção nos contratos de trabalho no que respeita à retribuição do tra-

[1] Nos termos da Lei nº 11/2021, de 9 de março, ficam suspensos os prazos de sobrevigência das convenções coletivas de trabalho, previstos nos nºs 3 a 7 do artigo 501º, durante 24 meses, contados a partir da entrada em vigor da referida lei.

balhador, categoria e respetiva definição, duração do tempo de trabalho e regimes de proteção social cujos benefícios sejam substitutivos dos assegurados pelo regime geral de segurança social ou com protocolo de substituição do Serviço Nacional de Saúde, de parentalidade e de segurança e saúde no trabalho.

9. Além dos efeitos referidos no número anterior, o trabalhador beneficia dos demais direitos e garantias decorrentes da legislação do trabalho.

10. As partes podem acordar, durante o período de sobrevigência, a prorrogação da vigência da convenção por um período determinado, ficando o acordo sujeito a depósito e publicação.

11. O acordo sobre os efeitos decorrentes da convenção em caso de caducidade está sujeito a depósito e publicação.

(Redação dada pela Lei nº 13/2023, de 03-04)

Artigo 501º-A – Arbitragem para a suspensão do período de sobrevigência e mediação

1. Qualquer das partes pode requerer ao presidente do Conselho Económico e Social, no período entre 90 e 60 dias antes do decurso do período de sobrevigência referido nos nºs 3 ou 5 do artigo anterior, arbitragem para a suspensão do período de sobrevigência e mediação pelo árbitro presidente.

2. A arbitragem referida no número anterior tem por objeto a verificação da existência de probabilidade séria de as partes chegarem a acordo para a revisão parcial ou total da convenção coletiva.

3. A arbitragem rege-se pelo disposto no artigo 512º e pela legislação específica a que se refere o artigo 513º.

4. O tribunal arbitral, caso entenda que existe probabilidade séria de as partes chegarem a acordo, determina a suspensão do período de sobrevigência por um prazo não superior a quatro meses, e remete a negociação para mediação, podendo fixar o seu objeto.

5. Esta suspensão não conta para o cômputo do prazo previsto no nº 5 do artigo anterior.

6. A mediação referida no nº 4 é assegurada pelo árbitro que presidiu ao tribunal arbitral.

7. A parte informa o serviço competente do ministério responsável pela área laboral do pedido referido no nº 1 e o tribunal arbitral informa o mesmo serviço do teor da decisão arbitral na data de notificação das partes.

8. O mediador elabora e remete às partes a sua proposta de revisão parcial ou total da convenção no prazo correspondente a metade do prazo fixado de acordo com o nº 4.

9. É aplicável à mediação o disposto no artigo 527º, com as necessárias adaptações.

10. É aplicável, ao local em que decorre a mediação e ao seu apoio administrativo, o disposto em legislação específica sobre o local de funcionamento e apoio administrativo do tribunal arbitral, com as necessárias adaptações.

11. Qualquer das partes pode requerer imediatamente a arbitragem necessária prevista no artigo 510º:

a) Caso a negociação não seja remetida para mediação nos termos do disposto no nº 4;

b) Nas situações em que haja mediação, mas esta se conclua sem acordo quanto à revisão total ou parcial da convenção coletiva.

12. No caso previsto no número anterior, suspende-se o período de sobrevigência até à decisão arbitral proferida em sede de arbitragem necessária.

(Redação dada pela Lei nº 13/2023, de 03-04)

Artigo 502º – Cessação e suspensão da vigência de convenção coletiva

1. A convenção coletiva pode cessar, no todo ou em parte:

a) Mediante revogação por acordo das partes;

b) Por caducidade:

i) Nos termos do artigo 501º;

ii) Decorrente de extinção de associação sindical ou associação de empregadores outorgantes;

iii) Determinada por decisão judicial, transitada em julgado;

iv) Nos termos de cláusula convencional expressa sobre a cessação da respetiva vigência;

v) Decorrente da verificação do termo do prazo previsto no nº 1 do artigo 498º;

vi) Decorrente de ato ou facto que determine a extinção jurídica de empregador outorgante de acordo de empresa ou acordo coletivo.

2. As situações previstas na alínea *b*) do número anterior devem ser comunicadas ao serviço competente do ministério responsável pela área laboral nos termos seguintes:

a) Pelo tribunal, nas situações previstas na subalínea *iii*);

b) Por qualquer das partes, nas situações previstas nas subalíneas *iv*) e *v*);

c) Mediante troca de informação relativamente a entidades sujeitas a registo comercial, nos termos a definir por protocolo a celebrar com o Instituto dos Registos e do Notariado, IP, nas situações previstas na subalínea *vi*).

3. A convenção coletiva ou parte dela pode ser suspensa temporariamente na sua aplicação, em situação de crise empresarial, por motivos de mercado, estruturais ou tecnológicos, catástrofes ou outras ocorrências que tenham afetado gravemente a atividade normal da empresa, desde que tal medida seja indispensável para assegurar a viabilidade da empresa e a manutenção dos postos de trabalho, por acordo escrito entre as associações de empregadores e as associações sindicais outorgantes sem prejuízo da possibilidade de delegação.

4. O acordo previsto no número anterior deve ter menção expressa à fundamentação e determinar o prazo de aplicação da suspensão e os efeitos decorrentes da mesma.

5. Aplicam-se à suspensão e à revogação as regras referentes ao depósito e à publicação de convenção coletiva.

6. A suspensão e a revogação prejudicam os direitos decorrentes da convenção, salvo se na mesma forem expressamente ressalvados pelas partes.

7. Em caso de extinção ou perda da qualidade de associação sindical ou de associação de empregadores outorgantes de convenção coletiva, é aplicável o disposto no nº 8 do artigo 501º.

8. O disposto no número anterior não se aplica:

a) Havendo extinção ou perda da qualidade de associação de empregadores outorgante de contrato coletivo, promovida de forma voluntária com o objetivo de, por essa via, obter a caducidade da convenção, após apreciação do serviço competente do ministério responsável pela área laboral, e verificado o previsto nos nºs 4 a 7 do artigo 456º, com as devidas adaptações, a deliberação que tenha aquelas por objeto será nula e de nenhum efeito;

b) Havendo extinção ou perda da qualidade de união, federação ou confederação sindical ou de empregadores outorgantes, em nome próprio e nos termos dos respetivos estatutos, de convenção coletiva, promovida de forma voluntária com o objetivo de, por essa via, obter a caducidade da convenção, após apreciação do serviço competente do ministério responsável pela área laboral, e verificado o previsto nos nºs 4 a 7 do artigo 456º, com as devidas adaptações, a deliberação que tenha aquelas por objeto será nula e de nenhum efeito;

c) Nas hipóteses previstas nas alíneas anteriores, manter-se-á em vigor a convenção coletiva cuja caducidade se intentou promover.

9. Sem prejuízo do previsto no nº 6 do artigo 501º, o serviço competente do ministério responsável pela área laboral promove a publicação no *Boletim do Trabalho e Emprego* de aviso sobre a data da suspensão e da cessação da vigência de convenção coletiva:

a) Nos termos do artigo 501º;

b) Após a comunicação da extinção de associação sindical ou associação de empregadores, nos termos previstos no nº 2 do artigo 456º;

c) Após a comunicação de qualquer dos factos previstos nas subalíneas *iii*) a *vi*) da alínea *b*) do nº 1.

10. O disposto nas subalíneas *ii*) e *iv*) a *vi*) da alínea *b*) do nº 1 e nas alíneas *b*) e *c*) do número anterior é aplicável, com as necessárias adaptações, às decisões arbitrais.

(Redação dada pela Lei nº 13/2023, de 03-04)

Artigo 503º – Sucessão de convenções colectivas

1. A convenção colectiva posterior revoga integralmente a convenção anterior, salvo nas matérias expressamente ressalvadas pelas partes.

2. A mera sucessão de convenções colectivas não pode ser invocada para diminuir o nível de protecção global dos trabalhadores.

3. Os direitos decorrentes de convenção só podem ser reduzidos por nova convenção de cujo texto conste, em termos expressos, o seu carácter globalmente mais favorável.

4. No caso previsto no número anterior, a nova convenção prejudica os direitos decorrentes de convenção precedente, salvo se forem expressamente ressalvados pelas partes na nova convenção.

CAPÍTULO III - Acordo de adesão

Artigo 504º - Adesão a convenção colectiva ou a decisão arbitral

1. A associação sindical, a associação de empregadores ou o empregador pode aderir a convenção colectiva ou a decisão arbitral em vigor.

2. A adesão opera-se por acordo entre a entidade interessada e aquela ou aquelas que se lhe contraporiam na negociação da convenção, se nela tivesse participado.

3. Da adesão não pode resultar modificação do conteúdo da convenção ou da decisão arbitral, ainda que destinada a aplicar-se somente no âmbito da entidade aderente.

4. Ao acordo de adesão aplicam-se as regras referentes ao depósito e à publicação de convenção colectiva.

CAPÍTULO IV - Arbitragem

SECÇÃO I - Disposições comuns sobre arbitragem

Artigo 505º - Disposições comuns sobre arbitragem de conflitos colectivos de trabalho

1. As regras sobre conteúdo obrigatório e depósito de convenção colectiva aplicam-se à decisão arbitral, com as necessárias adaptações.

2. Os árbitros enviam o texto da decisão arbitral às partes e ao serviço competente do ministério responsável pela área laboral, para efeitos de depósito e publicação, no prazo de cinco dias a contar da decisão.

3. A decisão arbitral produz os efeitos da convenção colectiva.

4. O regime geral da arbitragem voluntária é subsidiariamente aplicável.

SECÇÃO II - Arbitragem voluntária

Artigo 506º - Admissibilidade da arbitragem voluntária

A todo o tempo, as partes podem acordar em submeter a arbitragem as questões laborais resultantes, nomeadamente, da interpretação, integração, celebração ou revisão de convenção colectiva.

Artigo 507º - Funcionamento da arbitragem voluntária

1. A arbitragem voluntária rege-se por acordo das partes ou, na sua falta, pelo disposto nos números seguintes.

2. A arbitragem é realizada por três árbitros, sendo dois nomeados, um por cada parte, e o terceiro escolhido por aqueles.

3. As partes informam o serviço competente do ministério responsável pela área laboral do início e do termo do procedimento.

4. Os árbitros podem ser assistidos por peritos e têm o direito de obter das partes, do ministério responsável pela área laboral e do ministério responsável pela área de actividade a informação disponível de que necessitem.

5. Constitui contra-ordenação muito grave a não nomeação de árbitro nos termos do nº 2 e constitui contra-ordenação leve a violação do disposto no nº 3.

SECÇÃO III – Arbitragem obrigatória

Artigo 508º – Admissibilidade de arbitragem obrigatória

1. O conflito resultante de celebração de convenção colectiva pode ser dirimido por arbitragem obrigatória:

a) Tratando-se de primeira convenção, a requerimento de qualquer das partes, desde que tenha havido negociações prolongadas e infrutíferas, conciliação ou mediação frustrada e não tenha sido possível dirimir o conflito por meio de arbitragem voluntária, em virtude de má-fé negocial da outra parte, ouvida a Comissão Permanente de Concertação Social;

b) Havendo recomendação nesse sentido da Comissão Permanente de Concertação Social, com voto favorável da maioria dos membros representantes dos trabalhadores e dos empregadores;

c) Por iniciativa do ministro responsável pela área laboral, ouvida a Comissão Permanente de Concertação Social, quando estejam em causa serviços essenciais destinados a proteger a vida, a saúde e a segurança das pessoas.

2. O disposto nas alíneas *b*) e *c*) do número anterior é aplicável no caso de revisão de convenção colectiva.

Artigo 509º – Determinação de arbitragem obrigatória

1. A arbitragem obrigatória pode ser determinada por despacho fundamentado do ministro responsável pela área laboral, atendendo:

a) Ao número de trabalhadores e empregadores afectados pelo conflito;

b) À relevância da protecção social dos trabalhadores abrangidos;

c) Aos efeitos sociais e económicos do conflito;

d) À posição das partes quanto ao objecto da arbitragem.

2. O ministro responsável pela área laboral deve ouvir previamente as partes ou, no caso da alínea *a*) do nº 1 do artigo anterior, a contraparte requerida, bem como a entidade reguladora e de supervisão do sector de actividade em causa.

3. A audiência da entidade reguladora e de supervisão deve ser efectuada pela Comissão Permanente de Concertação Social previamente à recomendação prevista na alínea *b*) do nº 1 do artigo anterior, em caso de conflito entre partes representadas por associações de trabalhadores e de empregadores com assento na Comissão, se estas o requererem conjuntamente.

4. O despacho que determina a arbitragem obrigatória é imediatamente notificado às partes e ao secretário-geral do Conselho Económico e Social.

5. O Código do Procedimento Administrativo é subsidiariamente aplicável.

SECÇÃO IV - Arbitragem necessária

Artigo 510º - Admissibilidade da arbitragem necessária

1. Caso, após a caducidade de uma ou mais convenções colectivas aplicáveis a uma empresa, grupo de empresas ou sector de actividade, não seja celebrada nova convenção nos 12 meses subsequentes, e não haja outra convenção aplicável a pelo menos 50% dos trabalhadores da mesma empresa, grupo de empresas ou sector de actividade, pode ser determinada uma arbitragem necessária.

2. A arbitragem necessária é igualmente determinada nos casos previstos no nº 11 do artigo 501º-A, com dispensa dos requisitos previstos no nº 2 do artigo 511º.

(Redação dada pela Lei nº 13/2023, de 03-04)

Artigo 511º - Determinação de arbitragem necessária

1. A arbitragem necessária é determinada por despacho fundamentado do ministro responsável pela área laboral, mediante requerimento de qualquer das partes:

a) Nos 12 meses subsequentes ao termo do prazo referido no nº 1 do artigo anterior; ou

b) Nos termos previstos no nº 2 do artigo anterior.

2. Para efeitos de verificação do requisito de não existência de outra convenção aplicável a, pelo menos, 50% dos trabalhadores da mesma empresa, grupo de empresas ou sector de actividade, o ministro responsável pela área laboral promove a publicação imediata, no *Boletim do Trabalho e Emprego*, de aviso mencionando o requerimento referido no número anterior para que os interessados possam deduzir oposição fundamentada, por escrito, no prazo de 15 dias.

3. A decisão sobre o requerimento referido no nº 1 é proferida no prazo de 60 dias a contar da recepção do mesmo.

4. Nos casos previstos no nº 2 do artigo anterior, o ministro responsável pela área laboral determina o início da arbitragem necessária no prazo de 30 dias a contar da receção do requerimento previsto no nº 1.

5. Ao despacho referido no nº 1 são aplicáveis os nºs 4 e 5 do artigo 509º

6. O objecto da arbitragem é definido pelas partes ou, se estas o não fizerem, pelos árbitros, tendo em consideração as circunstâncias e as posições assumidas pelas partes sobre o mesmo.

(Redação dada pela Lei nº 13/2023, de 03-04)

SECÇÃO V – Disposições comuns à arbitragem obrigatória e à arbitragem necessária

Artigo 512º – Competência do Conselho Económico e Social

1. Compete ao presidente do Conselho Económico e Social participar na constituição das listas de árbitros nos termos de lei específica.

2. Compete ao Conselho Económico e Social proceder, em caso de necessidade, ao sorteio de árbitros para efeito de arbitragem para a apreciação dos fundamentos da denúncia de convenção coletiva, a suspensão do período de sobrevigência, a arbitragem obrigatória ou necessária, nos termos previstos, respetivamente, nos artigos 500º-A, 501º-A, 508º e 510º.

3. O Conselho Económico e Social assegura:

a) O pagamento de honorários, despesas de deslocação e de estada de árbitros e peritos;

b) O apoio técnico e administrativo necessário ao funcionamento do tribunal arbitral.

(Redação dada pela Lei nº 13/2023, de 03-04)

Artigo 513º – Regulamentação da arbitragem

O regime da arbitragem para a apreciação dos fundamentos da denúncia de convenção coletiva, a suspensão do período de sobrevigência, a arbitragem obrigatória ou a arbitragem necessária, no que não é regulado nas secções precedentes, consta de legislação específica.

(Redação dada pela Lei nº 13/2023, de 03-04)

CAPÍTULO V – Portaria de extensão

Artigo 514º – Extensão de convenção colectiva ou decisão arbitral

1. A convenção colectiva ou decisão arbitral em vigor pode ser aplicada, no todo ou em parte, por portaria de extensão a empregadores e a trabalhadores integrados no âmbito do sector de actividade e profissional definido naquele instrumento.

2. A extensão é possível mediante ponderação de circunstâncias sociais e económicas que a justifiquem, nomeadamente a identidade ou semelhança económica e social das situações no âmbito da extensão e no do instrumento a que se refere.

Artigo 515º – Subsidiariedade

1. A portaria de extensão só pode ser aplicada na falta de instrumento de regulamentação coletiva de trabalho negocial.

2. O disposto no número anterior não obsta à emissão de portaria de extensão aplicável a trabalhador não filiado em associação sindical, que tenha escolhido um instrumento de regulamentação coletiva de trabalho negocial, quando já tenha decorrido o prazo referido no nº 3 do artigo 497º.

(Redação dada pela Lei nº 13/2023, de 03-04)

Artigo 515º-A – Efeitos da cessação de vigência de convenção ou decisão arbitral aplicada por portaria de extensão

Em caso de cessação de vigência de convenção coletiva ou decisão arbitral aplicada por portaria de extensão, é aplicável o disposto no nº 8 do artigo 501º.

(Aditado pela Lei nº 93/2019, de 04-09)

Artigo 516º – Competência e procedimento para emissão de portaria de extensão

1. Compete ao ministro responsável pela área laboral a emissão de portaria de extensão, salvo havendo oposição a esta por motivos de ordem económica, caso em que a competência é conjunta com a do ministro responsável pelo sector de actividade.

2. O ministro responsável pela área laboral manda publicar o projecto de portaria de extensão no *Boletim do Trabalho e Emprego.*

3. Qualquer pessoa singular ou coletiva que possa ser, ainda que indiretamente, afetada pela extensão pode deduzir oposição fundamentada, por escrito, nos 10 dias seguintes à publicação do projeto.

4. O Código do Procedimento Administrativo é subsidiariamente aplicável.

(Redação dada pela Lei nº 13/2023, de 03-04)

CAPÍTULO VI – Portaria de condições de trabalho

Artigo 517º – Admissibilidade de portaria de condições de trabalho

1. Quando circunstâncias sociais e económicas o justifiquem, não exista associação sindical ou de empregadores nem seja possível a portaria de extensão, pode ser emitida portaria de condições de trabalho.

2. A portaria de condições de trabalho só pode ser aplicada na falta de instrumento de regulamentação coletiva de trabalho negocial.

(Redação dada pela Lei nº 13/2023, de 03-04)

Artigo 518º – Competência e procedimento para emissão de portaria de condições de trabalho

1. São competentes para a emissão de portaria de condições de trabalho o ministro responsável pela área laboral e o ministro responsável pelo sector de actividade.

2. Os estudos preparatórios de portaria de condições de trabalho são assegurados por uma comissão técnica constituída por despacho do ministro responsável pela área laboral.

3. A comissão técnica é formada por membros designados pelos ministros competentes para a emissão da portaria e inclui, sempre que possível, assessores designados pelos representantes dos trabalhadores e dos empregadores interessados, em número determinado pelo despacho constitutivo.

4. A comissão técnica deve elaborar os estudos preparatórios no prazo de 60 dias a contar do despacho que a constitua.

5. O ministro responsável pela área laboral pode, em situações excepcionais, prorrogar o prazo previsto no número anterior.

6. O disposto nos nºs 2 a 4 do artigo 516º é aplicável à elaboração de portaria de condições de trabalho.

CAPÍTULO VII - Publicação, entrada em vigor e aplicação

Artigo 519º - Publicação e entrada em vigor de instrumento de regulamentação colectiva de trabalho

1. O instrumento de regulamentação colectiva de trabalho é publicado no *Boletim do Trabalho e Emprego* e entra em vigor, após a publicação, nos termos da lei.

2. O disposto no número anterior não prejudica a publicação de portaria de extensão e de portaria de condições de trabalho no *Diário da República*, da qual depende a respectiva entrada em vigor.

3. O instrumento de regulamentação colectiva de trabalho que seja objecto de três revisões parciais consecutivas é integralmente republicado.

Artigo 520º - Aplicação de instrumento de regulamentação colectiva de trabalho

1. Os destinatários de instrumento de regulamentação colectiva de trabalho devem proceder de boa fé no seu cumprimento.

2. Na aplicação de convenção colectiva ou acordo de adesão, atende-se às circunstâncias em que as partes fundamentaram a decisão de contratar.

3. Quem faltar culposamente ao cumprimento de obrigação emergente de instrumento de regulamentação colectiva de trabalho é responsável pelo prejuízo causado, nos termos gerais.

Artigo 521º - Violação de disposição de instrumento de regulamentação colectiva de trabalho

1. A violação de disposição de instrumento de regulamentação colectiva de trabalho respeitante a uma generalidade de trabalhadores constitui contra-ordenação grave.

2. A violação de disposição de instrumento de regulamentação colectiva de trabalho constitui, por cada trabalhador em relação ao qual se verifica a infracção, contra-ordenação leve.

3. O disposto no nº 1 não se aplica se, com base no nº 2, forem aplicáveis ao empregador coimas em que o somatório dos valores mínimos seja igual ou superior ao quantitativo mínimo da coima aplicável de acordo com o nº 1.

SUBTÍTULO III - Conflitos colectivos de trabalho

CAPÍTULO I - Resolução de conflitos colectivos de trabalho

SECÇÃO I - Princípio de boa fé

Artigo 522º - Boa fé

Na pendência de um conflito colectivo de trabalho as partes devem agir de boa fé.

SECÇÃO II - Conciliação

Artigo 523º - Admissibilidade e regime da conciliação

1. O conflito colectivo de trabalho, designadamente resultante da celebração ou revisão de convenção colectiva, pode ser resolvido por conciliação.

2. Na falta de regulamentação convencional, a conciliação rege-se pelo disposto no número seguinte e no artigo seguinte.

3. A conciliação pode ter lugar em qualquer altura:

a) Por acordo das partes;

b) Por iniciativa de uma das partes, em caso de falta de resposta à proposta de celebração ou de revisão de convenção colectiva, ou mediante aviso prévio de oito dias, por escrito, à outra parte.

Artigo 524º - Procedimento de conciliação

1. A conciliação, caso seja requerida, é efectuada pelo serviço competente do ministério responsável pela área laboral, assessorado, sempre que necessário, pelo serviço competente do ministério responsável pelo sector de actividade.

2. O requerimento de conciliação deve indicar a situação que a fundamenta e o objecto da mesma, juntando prova do aviso prévio no caso de ser subscrito por uma das partes.

3. Nos 10 dias seguintes à apresentação do requerimento, o serviço competente verifica a regularidade daquele e convoca as partes para o início da conciliação, devendo, em caso de revisão de convenção colectiva, convidar para a conciliação a associação sindical ou de empregadores participantes no processo de negociação e não envolvida no requerimento.

4. A associação sindical ou de empregadores referida na segunda parte do número anterior deve responder ao convite no prazo de cinco dias.

5. As partes convocadas devem comparecer em reunião de conciliação.

6. A conciliação inicia-se com a definição das matérias sobre as quais vai incidir.

7. No caso de a conciliação ser efectuada por outra entidade, as partes devem informar do início e termo respectivos o serviço competente do ministério responsável pela área laboral.

8. Comete contra-ordenação grave a associação sindical, a associação de empregadores ou o empregador que não se faça representar em reunião para que tenha sido convocado.

Artigo 525º – Transformação da conciliação em mediação

A conciliação pode ser transformada em mediação, nos termos dos artigos seguintes.

SECÇÃO III – Mediação

Artigo 526º – Admissibilidade e regime da mediação

1. O conflito colectivo de trabalho, designadamente resultante da celebração ou revisão de uma convenção colectiva, pode ser resolvido por mediação.

2. Na falta de regulamentação convencional, a mediação rege-se pelo disposto no número seguinte e nos artigos seguintes.

3. A mediação pode ter lugar:

a) Por acordo das partes, em qualquer altura, nomeadamente no decurso da conciliação;

b) Por iniciativa de uma das partes, um mês após o início de conciliação, mediante comunicação, por escrito, à outra parte.

Artigo 527º – Procedimento de mediação

1. A mediação, caso seja requerida, é efectuada por mediador nomeado pelo serviço competente do ministério responsável pela área laboral, assessorado, sempre que necessário, pelo serviço competente do ministério responsável pelo sector de actividade.

2. O requerimento de mediação deve indicar a situação que a fundamenta e o objecto da mesma, juntando prova da comunicação à outra parte caso seja subscrito por uma das partes.

3. Nos 10 dias seguintes à apresentação do requerimento, o serviço competente verifica a regularidade daquele e nomeia o mediador, dando do facto conhecimento às partes.

4. Caso a mediação seja requerida por uma das partes, o mediador solicita à outra que se pronuncie sobre o objecto da mesma e, em caso de divergência, decide tendo em consideração a viabilidade da mediação.

5. Para a elaboração da proposta, o mediador pode solicitar às partes e a qualquer departamento do Estado os dados e informações de que estes disponham e que aquele considere necessários.

6. As partes devem comparecer em reuniões convocadas pelo mediador.

7. O mediador deve remeter a proposta às partes no prazo de 30 dias a contar da sua nomeação e, no decurso do prazo referido no número seguinte, pode contactar qualquer das partes em separado, se o considerar conveniente para a obtenção do acordo.

8. A aceitação da proposta por qualquer das partes deve ser comunicada ao mediador no prazo de 10 dias a contar da sua recepção.

9. Recebidas as respostas ou decorrido o prazo estabelecido no número anterior, o mediador comunica em simultâneo a cada uma das partes a aceitação ou recusa da proposta, no prazo de dois dias.

10. O mediador deve guardar sigilo sobre as informações recebidas no decurso do procedimento que não sejam conhecidas da outra parte.

11. Comete contra-ordenação grave a associação sindical, a associação de empregadores ou o empregador que não se faça representar em reunião convocada pelo mediador.

Artigo 528º - Mediação por outra entidade

1. As partes podem solicitar ao ministro responsável pela área laboral, mediante requerimento conjunto, o recurso a uma personalidade constante da lista de árbitros presidentes para desempenhar as funções de mediador.

2. Caso o ministro concorde e a personalidade escolhida aceite ser mediador, os correspondentes encargos são suportados pelo ministério responsável pela área laboral.

3. No caso de a mediação não ser efectuada pelo serviço competente do ministério responsável pela área laboral, este deve ser informado pelas partes dos respectivos início e termo.

SECÇÃO IV - Arbitragem

Artigo 529º - Arbitragem

Os conflitos colectivos de trabalho que não resultem da celebração ou revisão de convenção colectiva podem ser dirimidos por arbitragem, nos termos previstos nos artigos 506º e 507º

CAPÍTULO II - Greve e proibição de lock-out

SECÇÃO I - Greve

Artigo 530º - Direito à greve

1. A greve constitui, nos termos da Constituição, um direito dos trabalhadores.

2. Compete aos trabalhadores definir o âmbito de interesses a defender através da greve.

3. O direito à greve é irrenunciável.

Artigo 531º - Competência para declarar a greve

1. O recurso à greve é decidido por associações sindicais.

2. Sem prejuízo do disposto no número anterior, a assembleia de trabalhadores da empresa pode deliberar o recurso à greve desde que a maioria dos trabalhadores não esteja representada por associações sindicais, a assembleia seja convocada para o efeito por 20% ou 200 trabalhadores, a maioria dos trabalhadores participe na votação e a deliberação seja aprovada por voto secreto pela maioria dos votantes.

Artigo 532º – Representação dos trabalhadores em greve

1. Os trabalhadores em greve são representados pela associação ou associações sindicais que decidiram o recurso à greve ou, no caso referido no nº 2 do artigo anterior, por uma comissão de greve, eleita pela mesma assembleia.

2. As entidades referidas no número anterior podem delegar os seus poderes de representação.

Artigo 533º – Piquete de greve

A associação sindical ou a comissão de greve pode organizar piquetes para desenvolverem actividades tendentes a persuadir, por meios pacíficos, os trabalhadores a aderirem à greve, sem prejuízo do respeito pela liberdade de trabalho de não aderentes.

Artigo 534º – Aviso prévio de greve

1. A entidade que decida o recurso à greve deve dirigir ao empregador, ou à associação de empregadores, e ao ministério responsável pela área laboral um aviso com a antecedência mínima de cinco dias úteis ou, em situação referida o nº 1 do artigo 537º, 10 dias úteis.

2. O aviso prévio de greve deve ser feito por meios idóneos, nomeadamente por escrito ou através dos meios de comunicação social.

3. O aviso prévio deve conter uma proposta de definição de serviços necessários à segurança e manutenção de equipamento e instalações e, se a greve se realizar em empresa ou estabelecimento que se destine à satisfação de necessidades sociais impreteríveis, uma proposta de serviços mínimos.

4. Caso os serviços a que se refere o número anterior estejam definidos em instrumento de regulamentação colectiva de trabalho, este pode determinar que o aviso prévio não necessita de conter proposta sobre os mesmos serviços, desde que seja devidamente identificado o respectivo instrumento.

Artigo 535º – Proibição de substituição de grevistas

1. O empregador não pode, durante a greve, substituir os grevistas por pessoas que, à data do aviso prévio, não trabalhavam no respectivo estabelecimento ou serviço nem pode, desde essa data, admitir trabalhadores para aquele fim.

2. A tarefa a cargo de trabalhador em greve não pode, durante esta, ser realizada por empresa contratada para esse fim, salvo em caso de incumprimento dos serviços mínimos necessários à satisfação das necessidades sociais impreteríveis ou à segurança e manutenção de equipamento e instalações e na estrita medida necessária à prestação desses serviços.

3. Constitui contra-ordenação muito grave a violação do disposto nos números anteriores.

Artigo 536º – Efeitos da greve

1. A greve suspende o contrato de trabalho de trabalhador aderente, incluindo o direito à retribuição e os deveres de subordinação e assiduidade.

2. Durante a greve, mantêm-se, além dos direitos, deveres e garantias das partes que não pressuponham a efectiva prestação do trabalho, os direitos previstos em legislação de segurança social e as prestações devidas por acidente de trabalho ou doença profissional.

3. O período de suspensão conta-se para efeitos de antiguidade e não prejudica os efeitos decorrentes desta.

Artigo 537º – Obrigação de prestação de serviços durante a greve

1. Em empresa ou estabelecimento que se destine à satisfação de necessidades sociais impreteríveis, a associação sindical que declare a greve, ou a comissão de greve no caso referido no nº 2 do artigo 531º, e os trabalhadores aderentes devem assegurar, durante a mesma, a prestação dos serviços mínimos indispensáveis à satisfação daquelas necessidades.

2. Considera-se, nomeadamente, empresa ou estabelecimento que se destina à satisfação de necessidades sociais impreteríveis o que se integra em algum dos seguintes sectores:

a) Correios e telecomunicações;

b) Serviços médicos, hospitalares e medicamentosos;

c) Salubridade pública, incluindo a realização de funerais;

d) Serviços de energia e minas, incluindo o abastecimento de combustíveis;

e) Abastecimento de águas;

f) Bombeiros;

g) Serviços de atendimento ao público que assegurem a satisfação de necessidades essenciais cuja prestação incumba ao Estado;

h) Transportes, incluindo portos, aeroportos, estações de caminho-de-ferro e de camionagem, relativos a passageiros, animais e géneros alimentares deterioráveis e a bens essenciais à economia nacional, abrangendo as respectivas cargas e descargas;

i) Transporte e segurança de valores monetários.

3. A associação sindical que declare a greve, ou a comissão de greve no caso referido no nº 2 do artigo 531º, e os trabalhadores aderentes devem prestar, durante a greve, os serviços necessários à segurança e manutenção de equipamentos e instalações.

4. Os trabalhadores afectos à prestação de serviços referidos nos números anteriores mantêm-se, na estrita medida necessária a essa prestação, sob a autoridade e direcção do empregador, tendo nomeadamente direito a retribuição.

Artigo 538º – Definição de serviços a assegurar durante a greve

1. Os serviços previstos nos nºs 1 e 3 do artigo anterior e os meios necessários para os assegurar devem ser definidos por instrumento de regulamentação colectiva de trabalho ou por acordo entre os representantes dos trabalhadores e os empregadores abrangidos pelo aviso prévio ou a respectiva associação de empregadores.

2. Na ausência de previsão em instrumento de regulamentação colectiva de trabalho ou de acordo sobre a definição dos serviços mínimos previstos no nº 1 do artigo anterior, o serviço competente do ministério responsável pela área laboral, assessorado sempre que necessário pelo serviço competente do ministério responsável pelo sector de actividade, convoca as entidades referidas no número anterior para a negociação de um acordo sobre os serviços mínimos e os meios necessários para os assegurar.

3. Na negociação de serviços mínimos relativos a greve substancialmente idêntica a, pelo menos, duas greves anteriores para as quais a definição de serviços mínimos por arbitragem tenha igual conteúdo, o serviço referido no número anterior propõe às partes que aceitem essa mesma definição, devendo, em caso de rejeição, a mesma constar da acta da negociação.

4. No caso referido nos números anteriores, na falta de acordo nos três dias posteriores ao aviso prévio de greve, os serviços mínimos e os meios necessários para os assegurar são definidos:

a) Por despacho conjunto, devidamente fundamentado, do ministro responsável pela área laboral e do ministro responsável pelo sector de actividade;

b) Tratando-se de empresa do sector empresarial do Estado, por tribunal arbitral, constituído nos termos de lei específica sobre arbitragem obrigatória.

5. A definição dos serviços mínimos deve respeitar os princípios da necessidade, da adequação e da proporcionalidade.

6. O despacho e a decisão do tribunal arbitral previstos no número anterior produzem efeitos imediatamente após a sua notificação às entidades a que se refere o nº 1 e devem ser afixados nas instalações da empresa, estabelecimento ou serviço, em locais destinados à informação dos trabalhadores.

7. Os representantes dos trabalhadores em greve devem designar os trabalhadores que ficam adstritos à prestação dos serviços mínimos definidos e informar do facto o empregador, até vinte e quatro horas antes do início do período de greve ou, se não o fizerem, deve o empregador proceder a essa designação.

(Redação dada pela Lei nº 105/2009, de 14-09)

Artigo 539º – Termo da greve

A greve termina por acordo entre as partes, por deliberação de entidade que a tenha declarado ou no final do período para o qual foi declarada.

Artigo 540º – Proibição de coacção, prejuízo ou discriminação de trabalhador

1. É nulo o acto que implique coacção, prejuízo ou discriminação de trabalhador por motivo de adesão ou não a greve.

2. Constitui contra-ordenação muito grave o acto do empregador que implique coacção do trabalhador no sentido de não aderir a greve, ou que o prejudique ou discrimine por aderir ou não a greve.

Artigo 541º - Efeitos de greve declarada ou executada de forma contrária à lei

1. A ausência de trabalhador por motivo de adesão a greve declarada ou executada de forma contrária à lei considera-se falta injustificada.

2. O disposto no número anterior não prejudica a aplicação dos princípios gerais em matéria de responsabilidade civil.

3. Em caso de incumprimento da obrigação de prestação de serviços mínimos, o Governo pode determinar a requisição ou mobilização, nos termos previstos em legislação específica.

Artigo 542º - Regulamentação da greve por convenção colectiva

1. A convenção colectiva pode regular, além das matérias referidas na alínea *g*) do nº 2 do artigo 492º, procedimentos de resolução de conflitos susceptíveis de determinar o recurso à greve, bem como limitar o recurso a greve por parte de associação sindical celebrante, durante a vigência daquela, com a finalidade de modificar o seu conteúdo.

2. A limitação prevista na segunda parte do número anterior não prejudica, nomeadamente, a declaração de greve com fundamento:

a) Na alteração anormal de circunstâncias em que as partes fundamentaram a decisão de contratar;

b) No incumprimento da convenção colectiva.

3. O trabalhador não pode ser responsabilizado pela adesão a greve declarada em incumprimento de limitação prevista no nº 1.

Artigo 543º - Responsabilidade penal em matéria de greve

A violação do disposto no nº 1 ou 2 do artigo 535º ou no nº 1 do artigo 540º é punida com pena de multa até 120 dias.

SECÇÃO II - Lock-out

Artigo 544º - Conceito e proibição de lock-out

1. Considera-se *lock-out* qualquer paralisação total ou parcial da empresa ou a interdição do acesso a locais de trabalho a alguns ou à totalidade dos trabalhadores e, ainda, a recusa em fornecer trabalho, condições e instrumentos de trabalho que determine ou possa determinar a paralisação de todos ou alguns sectores da empresa, desde que, em qualquer caso, vise atingir finalidades alheias à normal actividade da empresa, por decisão unilateral do empregador.

2. É proibido o *lock-out*.

3. Constitui contra-ordenação muito grave a violação do disposto no número anterior.

Artigo 545º - Responsabilidade penal em matéria de lock-out

A violação do disposto no nº 2 do artigo 544º é punida com pena de prisão até 2 anos ou com pena de multa até 240 dias.

LIVRO II – RESPONSABILIDADES PENAL E CONTRA-ORDENACIONAL

CAPÍTULO I – Responsabilidade penal

Artigo 546º – Responsabilidade de pessoas colectivas e equiparadas

As pessoas colectivas e entidades equiparadas são responsáveis, nos termos gerais, pelos crimes previstos no presente Código.

Artigo 547º – Desobediência qualificada

Incorre no crime de desobediência qualificada o empregador que:

a) Não apresentar ao serviço com competência inspectiva do ministério responsável pela área laboral documento ou outro registo por este requisitado que interesse ao esclarecimento de qualquer situação laboral;

b) Ocultar, destruir ou danificar documento ou outro registo que tenha sido requisitado pelo serviço referido na alínea anterior.

CAPÍTULO II – Responsabilidade contra-ordenacional

Artigo 548º – Noção de contra-ordenação laboral

Constitui contra-ordenação laboral o facto típico, ilícito e censurável que consubstancie a violação de uma norma que consagre direitos ou imponha deveres a qualquer sujeito no âmbito de relação laboral e que seja punível com coima.

Artigo 549º – Regime das contra-ordenações laborais

As contra-ordenações laborais são reguladas pelo disposto neste Código e, subsidiariamente, pelo regime geral das contra-ordenações.

Artigo 550º – Punibilidade da negligência

A negligência nas contra-ordenações laborais é sempre punível.

Artigo 551º – Sujeito responsável por contra-ordenação laboral

1. O empregador é o responsável pelas contra-ordenações laborais, ainda que praticadas pelos seus trabalhadores no exercício das respectivas funções, sem prejuízo da responsabilidade cometida por lei a outros sujeitos.

2. Quando um tipo contra-ordenacional tiver por agente o empregador abrange também a pessoa colectiva, a associação sem personalidade jurídica ou a comissão especial.

3. Se o infractor for pessoa colectiva ou equiparada, respondem pelo pagamento da coima, solidariamente com aquela, os respectivos administradores, gerentes ou directores.

4. O contratante e o dono da obra, empresa ou exploração agrícola, bem como os respetivos gerentes, administradores ou diretores, assim como as sociedades que com o contratante, dono da obra, empresa ou exploração agrícola se encontrem em relação de participações recíprocas, de domínio ou de grupo, são solidariamente responsáveis pelo cumprimento das disposições legais e por eventuais violações cometidas pelo subcontratante que executa todo ou parte do contrato nas instalações daquele ou sob responsabilidade do mesmo, assim como pelo pagamento das respetivas coimas.

(Redação dada pela Lei nº 28/2016, de 23-08)

Artigo 552º – Apresentação de documentos

1. As pessoas singulares, colectivas e entidades equiparadas notificadas pelo serviço com competência inspectiva do ministério responsável pela área laboral para exibição, apresentação ou entrega de documentos ou outros registos ou de cópia dos mesmos devem apresentá-los no prazo e local identificados para o efeito.

2. Constitui contra-ordenação leve a violação do disposto no número anterior.

Artigo 553º – Escalões de gravidade das contra-ordenações laborais

Para determinação da coima aplicável e tendo em conta a relevância dos interesses violados, as contra-ordenações laborais classificam-se em leves, graves e muito graves.

Artigo 554º – Valores das coimas

1. A cada escalão de gravidade das contra-ordenações laborais corresponde uma coima variável em função do volume de negócios da empresa e do grau da culpa do infractor, salvo o disposto no artigo seguinte.

2. Os limites mínimo e máximo das coimas correspondentes a contra-ordenação leve são os seguintes:

a) Se praticada por empresa com volume de negócios inferior a € 10 000 000, de 2 UC a 5 UC em caso de negligência e de 6 UC a 9 UC em caso de dolo;

b) Se praticada por empresa com volume de negócios igual ou superior a € 10 000 000, de 6 UC a 9 UC em caso de negligência e de 10 UC a 15 UC em caso de dolo.

3. Os limites mínimo e máximo das coimas correspondentes a contra-ordenação grave são os seguintes:

a) Se praticada por empresa com volume de negócios inferior a € 500 000, de 6 UC a 12 UC em caso de negligência e de 13 UC a 26 UC em caso de dolo;

b) Se praticada por empresa com volume de negócios igual ou superior a € 500 000 e inferior a € 2 500 000, de 7 UC a 14 UC em caso de negligência e de 15 UC a 40 UC em caso de dolo;

c) Se praticada por empresa com volume de negócios igual ou superior a € 2 500 000 e inferior a € 5 000 000, de 10 UC a 20 UC em caso de negligência e de 21 UC a 45 UC em caso de dolo;

d) Se praticada por empresa com volume de negócios igual ou superior a € 5 000 000 e inferior a € 10 000 000, de 12 UC a 25 UC em caso de negligência e de 26 UC a 50 UC em caso de dolo;

e) Se praticada por empresa com volume de negócios igual ou superior a € 10 000 000, de 15 UC a 40 UC em caso de negligência e de 55 UC a 95 UC em caso de dolo.

4. Os limites mínimo e máximo das coimas correspondentes a contra-ordenação muito grave são os seguintes:

a) Se praticada por empresa com volume de negócios inferior a € 500 000, de 20 UC a 40 UC em caso de negligência e de 45 UC a 95 UC em caso de dolo;

b) Se praticada por empresa com volume de negócios igual ou superior a € 500 000 e inferior a € 2 500 000, de 32 UC a 80 UC em caso de negligência e de 85 UC a 190 UC em caso de dolo;

c) Se praticada por empresa com volume de negócios igual ou superior a € 2 500 000 e inferior a € 5 000 000, de 42 UC a 120 UC em caso de negligência e de 120 UC a 280 UC em caso de dolo;

d) Se praticada por empresa com volume de negócios igual ou superior a € 5 000 000 e inferior a € 10 000 000, de 55 UC a 140 UC em caso de negligência e de 145 UC a 400 UC em caso de dolo;

e) Se praticada por empresa com volume de negócios igual ou superior a € 10 000 000, de 90 UC a 300 UC em caso de negligência e de 300 UC a 600 UC em caso de dolo.

5. O volume de negócios reporta-se ao ano civil anterior ao da prática da infracção.

6. Caso a empresa não tenha actividade no ano civil anterior ao da prática da infracção, considera-se o volume de negócios do ano mais recente.

7. No ano de início de actividade são aplicáveis os limites previstos para empresa com volume de negócios inferior a € 500 000.

8. Se o empregador não indicar o volume de negócios, aplicam-se os limites previstos para empresa com volume de negócios igual ou superior a € 10 000 000.

9. A sigla UC corresponde à unidade de conta processual.

Artigo 555º – Outros valores de coimas

1. A cada escalão de gravidade das contra-ordenações, em caso em que o agente não tenha trabalhadores ao serviço ou, sendo pessoa singular, não exerça uma actividade com fins lucrativos corresponde o valor de coimas previsto nos números seguintes.

2. A contra-ordenação leve corresponde coima de 1 UC a 2 UC em caso de negligência ou de 2 UC a 3,5 UC em caso de dolo.

3. A contra-ordenação grave corresponde coima de 3 UC a 7 UC em caso de negligência ou de 7 UC a 14 UC em caso de dolo.

4. A contra-ordenação muito grave corresponde coima de 10 UC a 25 UC em caso de negligência ou de 25 UC a 50 UC em caso de dolo.

Artigo 556º – Critérios especiais de medida da coima

1. Os valores máximos das coimas aplicáveis a contra-ordenações muito graves previstas no nº 4 do artigo 554º são elevados para o dobro em situação de violação de normas sobre trabalho de menores, segurança e saúde no trabalho, direitos de estruturas de representação colectiva dos trabalhadores e direito à greve.

2. Em caso de pluralidade de agentes responsáveis pela mesma contra-ordenação é aplicável a coima correspondente à empresa com maior volume de negócios.

Artigo 557º – Dolo

O desrespeito de medidas recomendadas em auto de advertência é ponderado pela autoridade administrativa competente, ou pelo julgador em caso de impugnação judicial, designadamente para efeitos de aferição da existência de conduta dolosa.

Artigo 558º – Pluralidade de contra-ordenações

1. Quando a violação da lei afectar uma pluralidade de trabalhadores individualmente considerados, o número de contra-ordenações corresponde ao número de trabalhadores concretamente afectados, nos termos dos números seguintes.

2. Considera-se que a violação da lei afecta uma pluralidade de trabalhadores quando estes, no exercício da respectiva actividade, foram expostos a uma situação concreta de perigo ou sofreram dano resultante de conduta ilícita do infractor.

3. A pluralidade de infracções dá origem a um processo e as infracções são sancionadas com uma coima única que não pode exceder o dobro da coima máxima aplicável em concreto.

4. Se, com a infracção praticada, o agente obteve um benefício económico, este deve ser tido em conta na determinação da medida da coima nos termos do disposto no artigo 18º do regime geral das contra-ordenações, na redacção dada pelo Decreto-Lei nº 244/95, de 14 de Setembro.

Artigo 559º – Determinação da medida da coima

1. Na determinação da medida da coima, além do disposto no regime geral das contra-ordenações, são ainda atendíveis a medida do incumprimento das recomendações constantes de auto de advertência, a coacção, falsificação, simulação ou outro meio fraudulento usado pelo agente.

2. No caso de violação de normas de segurança e saúde no trabalho, são também atendíveis os princípios gerais de prevenção a que devem obedecer as medidas de protecção, bem como a permanência ou transitoriedade da infracção, o número de trabalhadores potencialmente afectados e as medidas e instruções adoptadas pelo empregador para prevenir os riscos.

3. Cessando o contrato de trabalho, no caso de o arguido cumprir o disposto no artigo 245º e proceder ao pagamento voluntário da coima por violação do disposto no nº 1 ou 5 do artigo 238º, no nºs 1, 4 ou 5 do artigo 239º ou no nºs 1, 2 ou 3 do artigo 244º, esta é liquidada pelo valor correspondente à contra-ordenação leve.

Artigo 560º – Dispensa de coima

A coima prevista para as contraordenações referidas no nº 4 do artigo 353º, no nº 2 do artigo 355º, no nº 7 do artigo 356º, no nº 8 do artigo 357º, no nº 6 do artigo 358º, no nº 6 do artigo 360º, no nº 6 do artigo 361º, no nº 6 do artigo 363º, no nº 6 do artigo 368º, no nº 2 do artigo 369º, no nº 5 do artigo 371º, no nº 8 do artigo 375º, no nº 3 do artigo 376º, no nº 3 do artigo 378º e no nº 3 do artigo 380º, na parte em que se refere a violação do nº 1 do mesmo artigo, não se aplica caso o empregador assegure ao trabalhador os direitos a que se refere o artigo 389º

(Redação dada pela Lei nº 23/2012, de 25-06)

Artigo 561º – Reincidência

1. É sancionado como reincidente quem comete uma contra-ordenação grave praticada com dolo ou uma contra-ordenação muito grave, depois de ter sido condenado por outra contra-ordenação grave praticada com dolo ou contra-ordenação muito grave, se entre as duas infracções tiver decorrido um prazo não superior ao da prescrição da primeira.

2. Em caso de reincidência, os limites mínimo e máximo da coima são elevados em um terço do respectivo valor, não podendo esta ser inferior ao valor da coima aplicada pela contra-ordenação anterior desde que os limites mínimo e máximo desta não sejam superiores aos daquela.

Artigo 562º – Sanções acessórias

1. No caso de contra-ordenação muito grave ou reincidência em contra-ordenação grave, praticada com dolo ou negligência grosseira, é aplicada ao agente a sanção acessória de publicidade.

2. No caso de reincidência em contra-ordenação prevista no número anterior, tendo em conta os efeitos gravosos para o trabalhador ou o benefício económico retirado pelo empregador com o incumprimento, podem ainda ser aplicadas as seguintes sanções acessórias:

a) Interdição do exercício de actividade no estabelecimento, unidade fabril ou estaleiro onde se verificar a infracção, por um período até dois anos;

b) Privação do direito de participar em arrematações ou concursos públicos, por um período até dois anos.

3. A publicidade da decisão condenatória consiste na inclusão em registo público, disponibilizado na página electrónica do serviço com competência inspectiva do ministério responsável pela área laboral, de um extracto com a caracterização da contra-ordenação, a norma violada, a identificação do infractor, o sector de actividade, o lugar da prática da infracção e a sanção aplicada.

4. A publicidade referida no número anterior é promovida pelo tribunal competente, em relação a contra-ordenação objecto de decisão judicial, ou pelo serviço referido no mesmo número, nos restantes casos.

Artigo 563º – Dispensa e eliminação da publicidade

1. A sanção acessória de publicidade pode ser dispensada, tendo em conta as circunstâncias da infracção, se o agente tiver pago imediatamente a coima a que foi condenado e se não tiver praticado qualquer contra-ordenação grave ou muito grave nos cinco anos anteriores.

2. Decorrido um ano desde a publicidade da decisão condenatória sem que o agente tenha sido novamente condenado por contra-ordenação grave ou muito grave, é a mesma eliminada do registo referido no artigo anterior.

3. O disposto no nº 1 não se aplica no caso de contraordenação a que se refere o nº 5 do artigo 29º

(Redação dada pela Lei nº 73/2017, de 16-08, cf. Declaração de Retificação nº 28/2017, de 02-10)

Artigo 564º – Cumprimento de dever omitido

1. Sempre que a contra-ordenação laboral consista na omissão de um dever, o pagamento da coima não dispensa o infractor do seu cumprimento se este ainda for possível.

2. A decisão que aplique a coima deve conter, sendo caso disso, a ordem de pagamento de quantitativos em dívida ao trabalhador, a efectuar dentro do prazo estabelecido para o pagamento da coima.

3. Em caso de não pagamento, a decisão referida no número anterior serve de base à execução efectuada nos termos do artigo 89º do regime geral das contra-ordenações, na redacção dada pelo Decreto-Lei nº 244/95, de 14 de Setembro, aplicando-se as normas do processo comum de execução para pagamento de quantia certa.

Artigo 565º – Registo individual

1. O serviço com competência inspectiva do ministério responsável pela área laboral organiza um registo individual dos sujeitos responsáveis pelas contra-ordenações laborais, de âmbito nacional, do qual constam as infracções praticadas, as datas em que foram cometidas, as coimas e as sanções acessórias aplicadas, assim como as datas em que as decisões condenatórias se tornaram irrecorríveis.

2. Os tribunais e os departamentos das administrações regionais dos Açores e da Madeira com competência para a aplicação de coimas remetem ao serviço referido no número anterior os elementos neste indicados.

Artigo 566º – Destino das coimas

1. Em processo cuja instrução esteja cometida ao serviço com competência inspectiva do ministério responsável pela área laboral, metade do produto da coima aplicada reverte para este, a título de compensação de custos de funcionamento e despesas processuais, tendo o remanescente o seguinte destino:

a) Fundo de Acidentes de Trabalho, no caso de coima aplicada em matéria de segurança e saúde no trabalho;

b) 35% para o serviço responsável pela gestão financeira do orçamento da segurança social e 15% para o Orçamento do Estado, relativamente a outra coima.

2. O serviço referido no número anterior transfere trimestralmente para as entidades referidas no número anterior as importâncias a que têm direito.

Legislação Complementar

Constituição da República Portuguesa

PRINCÍPIOS FUNDAMENTAIS

Artigo 1º – República Portuguesa

Portugal é uma República soberana, baseada na dignidade da pessoa humana e na vontade popular e empenhada na construção de uma sociedade livre, justa e solidária.

Artigo 2º – Estado de direito democrático

A República Portuguesa é um Estado de direito democrático, baseado na soberania popular, no pluralismo de expressão e organização política democráticas, no respeito e na garantia de efectivação dos direitos e liberdades fundamentais e na separação e interdependência de poderes, visando a realização da democracia económica, social e cultural e o aprofundamento da democracia participativa.

(...)

PARTE I
DIREITOS E DEVERES FUNDAMENTAIS

TÍTULO I – Princípios gerais

Artigo 12º – Princípio da universalidade

1. Todos os cidadãos gozam dos direitos e estão sujeitos aos deveres consignados na Constituição.

2. As pessoas colectivas gozam dos direitos e estão sujeitas aos deveres compatíveis com a sua natureza.

Artigo 13º – Princípio da igualdade

1. Todos os cidadãos têm a mesma dignidade social e são iguais perante a lei.

2. Ninguém pode ser privilegiado, beneficiado, prejudicado, privado de qualquer direito ou isento de qualquer dever em razão de ascendência, sexo, raça, língua, território de origem, religião, convicções políticas ou ideológicas, instrução, situação económica, condição social ou orientação sexual.

(...)

Artigo 17º – Regime dos direitos, liberdades e garantias

O regime dos direitos, liberdades e garantias aplica-se aos enunciados no título II e aos direitos fundamentais de natureza análoga.

Artigo 18º – Força jurídica

1. Os preceitos constitucionais respeitantes aos direitos, liberdades e garantias são directamente aplicáveis e vinculam as entidades públicas e privadas.

2. A lei só pode restringir os direitos, liberdades e garantias nos casos expressamente previstos na Constituição, devendo as restrições limitar-se ao necessário para salvaguardar outros direitos ou interesses constitucionalmente protegidos.

3. As leis restritivas de direitos, liberdades e garantias têm de revestir carácter geral e abstracto e não podem ter efeito retroactivo nem diminuir a extensão e o alcance do conteúdo essencial dos preceitos constitucionais.

(...)

TÍTULO II – Direitos, liberdades e garantias

(...)

CAPÍTULO III – Direitos, liberdades e garantias dos trabalhadores

Artigo 53º – Segurança no emprego

É garantida aos trabalhadores a segurança no emprego, sendo proibidos os despedimentos sem justa causa ou por motivos políticos ou ideológicos.

Artigo 54º – Comissões de trabalhadores

1. É direito dos trabalhadores criarem comissões de trabalhadores para defesa dos seus interesses e intervenção democrática na vida da empresa.

2. Os trabalhadores deliberam a constituição, aprovam os estatutos e elegem, por voto directo e secreto, os membros das comissões de trabalhadores.

3. Podem ser criadas comissões coordenadoras para melhor intervenção na reestruturação económica e por forma a garantir os interesses dos trabalhadores.

4. Os membros das comissões gozam da protecção legal reconhecida aos delegados sindicais.

5. Constituem direitos das comissões de trabalhadores:

a) Receber todas as informações necessárias ao exercício da sua actividade;

b) Exercer o controlo de gestão nas empresas;

c) Participar nos processos de reestruturação da empresa, especialmente no tocante a acções de formação ou quando ocorra alteração das condições de trabalho;

d) Participar na elaboração da legislação do trabalho e dos planos económico-sociais que contemplem o respectivo sector;

e) Gerir ou participar na gestão das obras sociais da empresa;

f) Promover a eleição de representantes dos trabalhadores para os órgãos sociais de empresas pertencentes ao Estado ou a outras entidades públicas, nos termos da lei.

Artigo 55º – Liberdade sindical

1. É reconhecida aos trabalhadores a liberdade sindical, condição e garantia da construção da sua unidade para defesa dos seus direitos e interesses.

2. No exercício da liberdade sindical é garantido aos trabalhadores, sem qualquer discriminação, designadamente:

a) A liberdade de constituição de associações sindicais a todos os níveis;

b) A liberdade de inscrição, não podendo nenhum trabalhador ser obrigado a pagar quotizações para sindicato em que não esteja inscrito;

c) A liberdade de organização e regulamentação interna das associações sindicais;

d) O direito de exercício de actividade sindical na empresa;

e) O direito de tendência, nas formas que os respectivos estatutos determinarem.

3. As associações sindicais devem reger-se pelos princípios da organização e da gestão democráticas, baseados na eleição periódica e por escrutínio secreto dos órgãos dirigentes, sem sujeição a qualquer autorização ou homologação, e assentes na participação activa dos trabalhadores em todos os aspectos da actividade sindical.

4. As associações sindicais são independentes do patronato, do Estado, das confissões religiosas, dos partidos e outras associações políticas, devendo a lei estabelecer as garantias adequadas dessa independência, fundamento da unidade das classes trabalhadoras.

5. As associações sindicais têm o direito de estabelecer relações ou filiar-se em organizações sindicais internacionais.

6. Os representantes eleitos dos trabalhadores gozam do direito à informação e consulta, bem como à protecção legal adequada contra quaisquer formas de condicionamento, constrangimento ou limitação do exercício legítimo das suas funções.

Artigo 56º – Direitos das associações sindicais e contratação colectiva

1. Compete às associações sindicais defender e promover a defesa dos direitos e interesses dos trabalhadores que representem.

2. Constituem direitos das associações sindicais:

a) Participar na elaboração da legislação do trabalho;

b) Participar na gestão das instituições de segurança social e outras organizações que visem satisfazer os interesses dos trabalhadores;

c) Pronunciar-se sobre os planos económico-sociais e acompanhar a sua execução;

d) Fazer-se representar nos organismos de concertação social, nos termos da lei;

e) Participar nos processos de reestruturação da empresa, especialmente no tocante a acções de formação ou quando ocorra alteração das condições de trabalho.

3. Compete às associações sindicais exercer o direito de contratação colectiva, o qual é garantido nos termos da lei.

4. A lei estabelece as regras respeitantes à legitimidade para a celebração das convenções colectivas de trabalho, bem como à eficácia das respectivas normas.

Artigo 57º – Direito à greve e proibição do lock-out

1. É garantido o direito à greve.

2. Compete aos trabalhadores definir o âmbito de interesses a defender através da greve, não podendo a lei limitar esse âmbito.

3. A lei define as condições de prestação, durante a greve, de serviços necessários à segurança e manutenção de equipamentos e instalações, bem como de serviços mínimos indispensáveis para ocorrer à satisfação de necessidades sociais impreteríveis.

4. É proibido o *lock-out*.

TÍTULO III – Direitos e deveres económicos, sociais e culturais

CAPÍTULO I – Direitos e deveres económicos

Artigo 58º – Direito ao trabalho

1. Todos têm direito ao trabalho.

2. Para assegurar o direito ao trabalho, incumbe ao Estado promover:

a) A execução de políticas de pleno emprego;

b) A igualdade de oportunidades na escolha da profissão ou género de trabalho e condições para que não seja vedado ou limitado, em função do sexo, o acesso a quaisquer cargos, trabalho ou categorias profissionais;

c) A formação cultural e técnica e a valorização profissional dos trabalhadores.

Artigo 59º – Direitos dos trabalhadores

1. Todos os trabalhadores, sem distinção de idade, sexo, raça, cidadania, território de origem, religião, convicções políticas ou ideológicas, têm direito:

a) À retribuição do trabalho, segundo a quantidade, natureza e qualidade, observando-se o princípio de que para trabalho igual salário igual, de forma a garantir uma existência condigna;

b) A organização do trabalho em condições socialmente dignificantes, de forma a facultar a realização pessoal e a permitir a conciliação da actividade profissional com a vida familiar;

c) A prestação do trabalho em condições de higiene, segurança e saúde;

d) Ao repouso e aos lazeres, a um limite máximo da jornada de trabalho, ao descanso semanal e a férias periódicas pagas;

e) À assistência material, quando involuntariamente se encontrem em situação de desemprego;

f) A assistência e justa reparação, quando vítimas de acidente de trabalho ou de doença profissional.

2. Incumbe ao Estado assegurar as condições de trabalho, retribuição e repouso a que os trabalhadores têm direito, nomeadamente:

a) O estabelecimento e a actualização do salário mínimo nacional, tendo em conta, entre outros factores, as necessidades dos trabalhadores, o aumento do custo de vida, o nível de desenvolvimento das forças produtivas, as exigências da estabilidade económica e financeira e a acumulação para o desenvolvimento;

b) A fixação, a nível nacional, dos limites da duração do trabalho;

c) A especial protecção do trabalho das mulheres durante a gravidez e após o parto, bem como do trabalho dos menores, dos diminuídos e dos que desempenhem actividades particularmente violentas ou em condições insalubres, tóxicas ou perigosas;

d) O desenvolvimento sistemático de uma rede de centros de repouso e de férias, em cooperação com organizações sociais;

e) A protecção das condições de trabalho e a garantia dos benefícios sociais dos trabalhadores emigrantes;

f) A protecção das condições de trabalho dos trabalhadores estudantes.

3. Os salários gozam de garantias especiais, nos termos da lei.

(...)

Artigo 61º – Iniciativa privada, cooperativa e autogestionária

1. A iniciativa económica privada exerce-se livremente nos quadros definidos pela Constituição e pela lei e tendo em conta o interesse geral.

2. A todos é reconhecido o direito à livre constituição de cooperativas, desde que observados os princípios cooperativos.

3. As cooperativas desenvolvem livremente as suas actividades no quadro da lei e podem agrupar-se em uniões, federações e confederações e em outras formas de organização legalmente previstas.

4. A lei estabelece as especificidades organizativas das cooperativas com participação pública.

5. É reconhecido o direito de autogestão, nos termos da lei.

Artigo 62º – Direito de propriedade privada

1. A todos é garantido o direito à propriedade privada e à sua transmissão em vida ou por morte, nos termos da Constituição.

2. A requisição e a expropriação por utilidade pública só podem ser efectuadas com base na lei e mediante o pagamento de justa indemnização.

CAPÍTULO II – Direitos e deveres sociais

Artigo 63º – Segurança social e solidariedade

1. Todos têm direito à segurança social.

2. Incumbe ao Estado organizar, coordenar e subsidiar um sistema de segurança social unificado e descentralizado, com a participação das associações sindicais, de outras organizações representativas dos trabalhadores e de associações representativas dos demais beneficiários.

3. O sistema de segurança social protege os cidadãos na doença, velhice, invalidez, viuvez e orfandade, bem como no desemprego e em todas as outras situações de falta ou diminuição de meios de subsistência ou de capacidade para o trabalho.

4. Todo o tempo de trabalho contribui, nos termos da lei, para o cálculo das pensões de velhice e invalidez, independentemente do sector de actividade em que tiver sido prestado.

5. O Estado apoia e fiscaliza, nos termos da lei, a actividade e o funcionamento das instituições particulares de solidariedade social e de outras de reconhecido interesse público sem carácter lucrativo, com vista à prossecução de objectivos de solidariedade social consignados, nomeadamente, neste artigo, na alínea *b*) do nº 2 do artigo 67º, no artigo 69º, na alínea *e*) do nº 1 do artigo 70º e nos artigos 71º e 72º.

(...)

Artigo 68º – Paternidade e maternidade

1. Os pais e as mães têm direito à protecção da sociedade e do Estado na realização da sua insubstituível acção em relação aos filhos, nomeadamente quanto à sua educação, com garantia de realização profissional e de participação na vida cívica do país.

2. A maternidade e a paternidade constituem valores sociais eminentes.

3. As mulheres têm direito a especial protecção durante a gravidez e após o parto, tendo as mulheres trabalhadoras ainda direito a dispensa do trabalho por período adequado, sem perda da retribuição ou de quaisquer regalias.

4. A lei regula a atribuição às mães e aos pais de direitos de dispensa de trabalho por período adequado, de acordo com os interesses da criança e as necessidades do agregado familiar.

Artigo 69º – Infância

1. As crianças têm direito à protecção da sociedade e do Estado, com vista ao seu desenvolvimento integral, especialmente contra todas as formas de abandono, de discriminação e de opressão e contra o exercício abusivo da autoridade na família e nas demais instituições.

2. O Estado assegura especial protecção às crianças órfãs, abandonadas ou por qualquer forma privadas de um ambiente familiar normal.

3. É proibido, nos termos da lei, o trabalho de menores em idade escolar.

(...)

PARTE II
ORGANIZAÇÃO ECONÓMICA

TÍTULO I – Princípios gerais

Artigo 80º – Princípios fundamentais

A organização económico-social assenta nos seguintes princípios:

a) Subordinação do poder económico ao poder político democrático;

b) Coexistência do sector público, do sector privado e do sector cooperativo e social de propriedade dos meios de produção;

c) Liberdade de iniciativa e de organização empresarial no âmbito de uma economia mista;

d) Propriedade pública dos recursos naturais e de meios de produção, de acordo com o interesse colectivo;

e) Planeamento democrático do desenvolvimento económico e social;

f) Protecção do sector cooperativo e social de propriedade dos meios de produção;

g) Participação das organizações representativas dos trabalhadores e das organizações representativas das actividades económicas na definição das principais medidas económicas e sociais.

Artigo 81º – Incumbências prioritárias do Estado

Incumbe prioritariamente ao Estado no âmbito económico e social:

a) Promover o aumento do bem-estar social e económico e da qualidade de vida das pessoas, em especial das mais desfavorecidas, no quadro de uma estratégia de desenvolvimento sustentável;

b) Promover a justiça social, assegurar a igualdade de oportunidades e operar as necessárias correcções das desigualdades na distribuição da riqueza e do rendimento, nomeadamente através da política fiscal;

c) Assegurar a plena utilização das forças produtivas, designadamente zelando pela eficiência do sector público;

d) Promover a coesão económica e social de todo o território nacional, orientando o desenvolvimento no sentido de um crescimento equilibrado de todos os sectores e regiões e eliminando progressivamente as diferenças económicas e sociais entre a cidade e o campo e entre o litoral e o interior;

e) Promover a correcção das desigualdades derivadas da insularidade das regiões autónomas e incentivar a sua progressiva integração em espaços económicos mais vastos, no âmbito nacional ou internacional;

f) Assegurar o funcionamento eficiente dos mercados, de modo a garantir a equilibrada concorrência entre as empresas, a contrariar as formas de organização monopolistas e a reprimir os abusos de posição dominante e outras práticas lesivas do interesse geral;

g) Desenvolver as relações económicas com todos os povos, salvaguardando sempre a independência nacional e os interesses dos portugueses e da economia do país;

h) Eliminar os latifúndios e reordenar o minifúndio;

i) Garantir a defesa dos interesses e os direitos dos consumidores;

j) Criar os instrumentos jurídicos e técnicos necessários ao planeamento democrático do desenvolvimento económico e social;

l) Assegurar uma política científica e tecnológica favorável ao desenvolvimento do país;

m) Adoptar uma política nacional de energia, com preservação dos recursos naturais e do equilíbrio ecológico, promovendo, neste domínio, a cooperação internacional;

n) Adoptar uma política nacional da água, com aproveitamento, planeamento e gestão racional dos recursos hídricos.

(...)

Regulamentação do Código do Trabalho

Lei nº 105/2009, de 14 de setembro

Regulamenta e altera o Código do Trabalho, aprovado pela Lei nº 7/2009, de 12 de Fevereiro, e procede à primeira alteração da Lei nº 4/2008, de 7 de Fevereiro

A Assembleia da República decreta, nos termos da alínea *c*) do artigo 161º da Constituição, o seguinte:

CAPÍTULO I – Objecto e âmbito

Artigo 1º – Objecto e âmbito

1. A presente lei regula as seguintes matérias:

a) Participação de menor em actividade de natureza cultural, artística ou publicitária, a que se refere o artigo 81º do Código do Trabalho, com a extensão a trabalho autónomo de menor com idade inferior a 16 anos decorrente do nº 4 do artigo 3º da Lei nº 7/2009, de 12 de Fevereiro;

b) Especificidades da frequência de estabelecimento de ensino por trabalhador-estudante;

c) Aspectos da formação profissional;

d) Período de laboração, de acordo com o previsto no nº 4 do artigo 201º do Código do Trabalho;

e) Verificação de situação de doença de trabalhador, de acordo com o previsto no nº 3 do artigo 254º do Código do Trabalho;

f) Prestações de desemprego em caso de suspensão do contrato de trabalho pelo trabalhador com fundamento em não pagamento pontual da retribuição, prevista nos nºs 1 e 2 do artigo 325º do Código do Trabalho;

g) Suspensão de execuções quando o executado seja trabalhador com retribuições em mora;

h) Informação periódica sobre a actividade social da empresa;

i) Referendo para a instituição de regime de banco de horas grupal.

2. O regime a que se refere a alínea *b*) do número anterior transpõe parcialmente para a ordem jurídica interna a Directiva nº 94/33/CE, do Conselho, de 22 de Junho, relativa à protecção dos jovens no trabalho.

(Redação dada pela Lei nº 93/2019, de 04-09)

CAPÍTULO II – Participação de menor em actividade de natureza cultural, artística ou publicitária

Artigo 2º – Actividades permitidas a menor

1. O menor pode participar em espectáculo ou outra actividade de natureza cultural, artística ou publicitária, designadamente como actor, cantor, dançarino, figurante, músico, modelo ou manequim.

2. A situação prevista no número anterior não pode envolver contacto com animal, substância ou actividade perigosa que possa constituir risco para a segurança ou a saúde do menor.

3. Sem prejuízo do previsto no número anterior, o menor só pode participar em espectáculos que envolvam animais desde que tenha pelo menos 12 anos e a sua actividade, incluindo os respectivos ensaios, decorra sob a vigilância de um dos progenitores, representante legal ou irmão maior.

4. Constitui contra-ordenação muito grave, imputável à entidade promotora da actividade, a violação do disposto nos nºs 2 e 3, podendo ser aplicada a sanção acessória de publicidade da condenação, nos termos gerais, e ainda, tendo em conta os efeitos gravosos para o menor ou o benefício económico retirado pela entidade promotora:

a) Interdição do exercício de profissão ou actividade cujo exercício dependa de título público ou de autorização ou homologação de autoridade pública;

b) Privação do direito a subsídio ou benefício outorgado por entidade ou serviço público;

c) Encerramento de estabelecimento cujo funcionamento dependa de autorização ou licença de autoridade administrativa.

Artigo 3º – Duração do período de participação em actividade

1. A participação do menor na actividade, incluindo ensaios e outros actos preparatórios, não pode exceder, consoante a idade daquele:

a) Menos de 1 ano, uma hora por semana;

b) De 1 a menos de 3 anos, duas horas por semana;

c) De 3 a menos de 7 anos, duas horas por dia e quatro horas por semana;

d) De 7 a menos de 12 anos, três horas por dia e nove horas por semana, podendo qualquer dos limites ser excedido até três horas, caso o acréscimo de actividade ocorra em dia sem actividades escolares;

e) De 12 a menos de 16 anos, quatro horas por dia e doze horas por semana, podendo qualquer dos limites ser excedido até três horas, caso o acréscimo de actividade ocorra em dia sem actividades escolares.

2. Durante o período de aulas, a actividade do menor deve não coincidir com o horário escolar, respeitar um intervalo mínimo de uma hora entre ela e a frequência das aulas e não impossibilitar de qualquer modo a participação em actividades escolares.

3. A actividade do menor deve ser suspensa pelo menos um dia por semana, coincidente com dia de descanso durante o período de aulas.

4. A actividade pode ser exercida em metade do período de férias escolares e não pode exceder, consoante a idade do menor:

a) De 6 a menos de 12 anos, seis horas por dia e doze horas por semana;

b) De 12 a menos de 16 anos, sete horas por dia e dezasseis horas por semana.

5. Em situação referida nas alíneas *c*) a *e*) do nº 1 ou no número anterior deve haver uma ou mais pausas de, pelo menos, trinta minutos cada, de modo que a actividade consecutiva não seja superior a metade do período diário referido naqueles preceitos.

6. O menor só pode exercer a actividade entre as 8 e as 20 horas ou, tendo idade igual ou superior a 7 anos e apenas para participar em espectáculos de natureza cultural ou artística, entre as 8 e as 24 horas.

7. Os nºs 1 a 5 são aplicáveis a menor que esteja abrangido pela escolaridade obrigatória.

8. Constitui contra-ordenação muito grave, imputável à entidade promotora, a violação do disposto no presente artigo, podendo ser aplicadas as sanções acessórias referidas no nº 4 do artigo anterior.

Artigo 4º – Responsabilidade por acidente de trabalho

1. O menor tem direito a reparação de danos emergentes de acidente de trabalho, nos termos do correspondente regime geral, assumindo, para este efeito, a entidade promotora a posição de empregadora.

2. A entidade promotora deve transferir a responsabilidade por acidente de trabalho para entidade autorizada por lei a realizar este seguro.

3. Constitui contra-ordenação grave a violação do disposto no número anterior, podendo ser aplicadas as sanções acessórias previstas no nº 4 do artigo 2º em caso de reincidência em contra-ordenação praticada com dolo ou negligência grosseira.

Artigo 5º – Autorização ou comunicação de participação em actividade

1. A participação de menor em actividade referida no artigo 2º está sujeita a autorização ou comunicação.

2. A comunicação só pode ter lugar no caso de participação que decorra num período de vinte e quatro horas e respeite a menor com, pelo menos, 13 anos de idade que não tenha participado, nos 180 dias anteriores, em actividade a que se refere o artigo 2º

3. É competente para a autorização e para receber a comunicação referidas no nº 1 a Comissão de Protecção de Crianças e Jovens (CPCJ) cuja área abranja o domicílio do menor ou, na sua falta, aquela cuja sede estiver mais próxima, funcionando em comissão restrita.

4. A autorização é válida pelo período da participação do menor na actividade a que respeita, no máximo de nove meses, devendo ser renovada sempre que a participação for de duração superior.

5. Constitui contra-ordenação muito grave, imputável à entidade promotora, a violação do disposto nos nºs 1, 2 ou 4, podendo ser aplicadas as sanções acessórias referidas no nº 4 do artigo 2º

Artigo 6º – Pedido de autorização de participação em actividade

1. A entidade promotora da actividade requer a autorização por escrito, indicando os seguintes elementos:

a) Identificação e data do nascimento do menor;

b) Estabelecimento de ensino frequentado pelo menor se este estiver abrangido pela escolaridade obrigatória;

c) Actividade em que o menor participará e local onde a mesma se realiza;

d) Tipo de participação do menor, referenciada através de sinopse detalhada;

e) Duração da participação do menor, que pode ser para uma ou várias actuações, por uma temporada ou outro prazo certo, ou ainda o período em que o espectáculo permaneça em cartaz ou outro prazo incerto;

f) Número de horas diárias e semanais de actividade do menor em actuação e actos preparatórios;

g) Pessoa disponível para, sendo caso disso, vigiar a participação do menor.

2. O requerimento deve ser instruído com:

a) Ficha de aptidão que certifique que o menor tem capacidade física e psíquica adequadas à natureza e à intensidade da sua participação, emitido pelo médico do trabalho da entidade promotora, depois de ouvido o médico assistente do menor;

b) Declaração do horário escolar e informação sobre o aproveitamento escolar do menor abrangido pela escolaridade obrigatória, emitidas pelo estabelecimento de ensino;

c) Autorização dos representantes legais do menor, que deve mencionar os elementos referidos nas alíneas *c*) a *f*) do número anterior;

d) Parecer de sindicato e de associação de empregadores representativos sobre a compatibilidade entre a participação prevista e a idade do menor ou, na falta de resposta, prova de que o mesmo foi solicitado pelo menos cinco dias úteis antes da apresentação do requerimento;

e) Apreciação da entidade promotora relativamente a parecer desfavorável do sindicato ou da associação de empregadores, caso exista.

3. São competentes para dar parecer sobre o pedido:

a) Qualquer sindicato representativo da actividade a exercer pelo menor, que tenha celebrado uma convenção colectiva que abranja a actividade promovida pela requerente;

b) Qualquer associação de empregadores em que a entidade promotora esteja inscrita, ou que tenha celebrado convenção colectiva que abranja a actividade promovida pela requerente.

4. À renovação da autorização aplica-se o disposto nos números anteriores.

Artigo 7º – Deliberação da Comissão de Protecção de Crianças e Jovens

1. Antes de deliberar sobre o requerimento, a CPCJ deve ouvir o menor em causa, sempre que tal seja possível.

2. A CPCJ autoriza a participação do menor se a actividade, o tipo de participação e o correspondente número de horas por dia e por semana respeitarem o disposto nos artigos anteriores e não prejudicarem a segurança, a saúde, o desenvolvimento físico, psíquico e moral, a educação e a formação do menor.

3. A Comissão pode autorizar a participação com a condição de que esta decorra sob a vigilância de um dos representantes legais ou de pessoa maior indicada por estes.

4. A decisão deve ser proferida no prazo de 20 dias.

5. Considera-se deferido o requerimento que não seja decidido no prazo previsto no número anterior se os documentos referidos nas alíneas *a*) a *d*) do nº 2 do artigo anterior forem favoráveis à participação do menor na actividade ou se este já não estiver abrangido pela escolaridade obrigatória.

6. Considera-se indeferido o requerimento que não seja decidido no prazo referido no nº 4, sem prejuízo do previsto no número anterior.

7. A autorização deve identificar a entidade promotora e mencionar os elementos referidos no nº 1 do artigo anterior.

8. A CPCJ comunica a autorização e o prazo de validade da mesma ao requerente, ao serviço com competência inspectiva do ministério responsável pela área laboral, aos representantes legais do menor e, caso este esteja abrangido pela escolaridade obrigatória, ao estabelecimento de ensino.

Artigo 8º – Procedimento de comunicação de participação em actividade

1. A entidade promotora comunica a participação de menor em actividade, por escrito, à CPCJ, com a antecedência mínima de cinco dias úteis, indicando os elementos referidos no nº 1 do artigo 6º, bem como a data e as horas de início e termo da participação.

2. A comunicação deve ser acompanhada dos documentos a que se referem as alíneas *a*) a *c*) do nº 2 do artigo 6º

Artigo 9º – Celebração do contrato e formalidades

1. O contrato que titula a prestação de actividade do menor é celebrado entre os seus representantes legais e a entidade promotora, por escrito e em dois exemplares, devendo indicar a actividade a realizar e a duração da participação do menor, o correspondente número de horas por dia e por semana, a retribuição e a pessoa que exerce a vigilância do menor, no caso previsto no nº 3 do artigo 7º

2. O exemplar do contrato que ficar na posse da entidade promotora deve ter anexas cópias da autorização da CPCJ ou da comunicação feita a esta entidade, do certificado de que o menor tem capacidade física e psíquica adequadas e da declaração comprovativa do horário escolar inicial e de alterações que ocorram durante a validade da autorização, se o menor estiver abrangido pela escolaridade obrigatória, bem como de documento comprovativo do seguro de acidentes de trabalho.

3. Antes do início da actividade do menor, a entidade promotora deve enviar cópia do contrato e dos anexos ao serviço com competência inspectiva do ministério responsável pela área laboral, bem como ao estabelecimento de ensino de menor abrangido pela escolaridade obrigatória.

4. Constitui contra-ordenação grave, imputável à entidade promotora, a violação do disposto neste artigo, podendo ser aplicadas as sanções acessórias previstas no nº 3 do artigo 2º em caso de reincidência em contra-ordenação praticada com dolo ou negligência grosseira.

Artigo 10º – Consequências de alteração do horário ou do aproveitamento escolar de menor

1. Em caso de alteração de horário, o estabelecimento de ensino deve comunicar de imediato tal facto à entidade promotora, à CPCJ e aos representantes legais do menor.

2. Quando o período de validade da autorização abranger mais de um ano escolar, os representantes legais do menor devem enviar à entidade promotora e à CPCJ, no início de novo ano escolar, uma declaração de horário escolar emitida pelo estabelecimento de ensino.

3. Nas situações referidas nos números anteriores, para que a prestação da actividade do menor possa prosseguir, a entidade promotora deve proceder às alterações do horário necessárias para respeitar o disposto nos nºs 2 e 3 do artigo 3º, e comunicá-las ao estabelecimento de ensino e à CPCJ.

4. No caso de menor abrangido pela escolaridade obrigatória, o estabelecimento de ensino deve comunicar à CPCJ qualquer relevante diminuição do aproveitamento escolar ou relevante afectação do comportamento do menor durante o prazo de validade da autorização.

5. Sempre que a actividade exercida pelo menor tenha como consequência uma relevante diminuição do aproveitamento escolar ou uma relevante afectação do seu comportamento, a CPCJ notifica a entidade promotora para que lhe apresente, bem como ao serviço com competência inspectiva do ministério responsável pela área laboral, aos representantes legais do menor e, caso este esteja abrangido pela escolaridade obrigatória, ao estabelecimento de ensino, uma alteração das condições de participação adequada a corrigir a situação.

6. A CPCJ revoga a autorização sempre que não seja feita a alteração prevista no número anterior ou esta não seja adequada a corrigir a situação.

7. A CPCJ notifica a revogação da autorização à entidade promotora e às demais entidades referidas no nº 5.

8. A revogação prevista no nº 6 produz efeitos 30 dias após a notificação, salvo se existirem riscos graves para o menor, caso em que a CPCJ determina a data de produção de efeitos.

9. Constitui contra-ordenação grave, imputável à entidade promotora, a violação do disposto no nº 3, podendo ser aplicadas as sanções acessórias previstas no nº 4 do artigo 2º em caso de reincidência em contra-ordenação praticada com dolo ou negligência grosseira.

Artigo 11º – Autorização judicial

1. Caso a CPCJ não autorize a participação ou revogue autorização anterior, os representantes legais do menor podem requerer ao tribunal de família e menores que autorize a participação ou mantenha a autorização anterior, observando-se, até ao trânsito em julgado, a deliberação da CPCJ.

2. Ao processo referido no número anterior é aplicável, com as devidas adaptações, o regime do processo judicial de promoção e protecção previsto no diploma que regula a CPCJ.

CAPÍTULO III – Trabalhador-estudante

Artigo 12º – Especificidades da frequência de estabelecimento de ensino por trabalhador-estudante

1. O trabalhador-estudante não está sujeito:

a) A frequência de um número mínimo de disciplinas de determinado curso, em graus de ensino em que isso seja possível, nem a regime de prescrição ou que implique mudança de estabelecimento de ensino;

b) A qualquer disposição legal que faça depender o aproveitamento escolar de frequência de um número mínimo de aulas por disciplina;

c) A limitação do número de exames a realizar em época de recurso.

2. Caso não haja época de recurso, o trabalhador-estudante tem direito, na medida em que seja legalmente admissível, a uma época especial de exame em todas as disciplinas.

3. O estabelecimento de ensino com horário pós-laboral deve assegurar que os exames e as provas de avaliação, bem como um serviço mínimo de apoio ao trabalhador-estudante decorram, na medida do possível, no mesmo horário.

4. O trabalhador-estudante tem direito a aulas de compensação ou de apoio pedagógico que sejam consideradas imprescindíveis pelos órgãos do estabelecimento de ensino.

5. O disposto nos números anteriores não é cumulável com qualquer outro regime que vise os mesmos fins.

6. O regime previsto no presente capítulo aplica-se ao trabalhador por conta própria, bem como ao trabalhador que, estando abrangido pelo estatuto do trabalhador-estudante, se encontre entretanto em situação de desemprego involuntário, inscrito em centro de emprego.

CAPÍTULO IV - Formação profissional

Artigo 13º - Plano de formação

1. O empregador deve elaborar o plano de formação, anual ou plurianual, com base no diagnóstico das necessidades de qualificação dos trabalhadores.

2. O plano de formação deve especificar, nomeadamente, os objectivos, as entidades formadoras, as acções de formação, o local e o horário de realização destas.

3. Os elementos que o plano de formação não possa especificar devem ser comunicados logo que possível aos trabalhadores interessados, à comissão de trabalhadores ou, na sua falta, à comissão intersindical, à comissão sindical ou aos delegados sindicais.

4. O disposto nos números anteriores não se aplica às microempresas.

5. Constitui contra-ordenação grave a violação do disposto no presente artigo.

Artigo 14º - Informação e consulta sobre o plano de formação

1. O empregador deve dar conhecimento do diagnóstico das necessidades de qualificação e do projecto de plano de formação a cada trabalhador, na parte que lhe respeita, bem como à comissão de trabalhadores ou, na sua falta, à comissão intersindical, à comissão sindical ou aos delegados sindicais.

2. Os trabalhadores, na parte que a cada um respeita, bem como os representantes dos trabalhadores a que se refere o número anterior podem emitir parecer sobre o diagnóstico de necessidades de qualificação e o projecto de plano de formação, no prazo de 15 dias.

3. Constitui contra-ordenação grave a violação do disposto no nº 1.

Artigo 15º - Informação sobre a formação contínua

O empregador deve incluir os elementos sobre a formação contínua assegurada em cada ano no quadro da informação sobre a actividade social da empresa.

CAPÍTULO V - Período de funcionamento

Artigo 16º - Período de laboração

1. O período de laboração é o compreendido entre as 7 e as 20 horas, sem prejuízo do disposto no número seguinte.

2. O membro do Governo responsável pela área laboral, ouvidas as entidades públicas competentes, pode autorizar períodos de laboração do estabelecimento com amplitude superior à definida no número anterior, por motivos económicos ou tecnológicos, nomeadamente, por motivos de segurança ou operação dos equipamentos e condições de mercado em que as empresas se encontram, e, designadamente, por necessidade em função do aumento temporário ou extraordinário de atividade ou encomendas.

3. Os membros do Governo responsáveis pela área laboral e pelo setor de atividade em causa podem, mediante despacho, autorizar a laboração contínua do estabelecimento por motivos económicos ou tecnológicos, nomeadamente, por motivos de segurança ou operação dos equipamentos e condições de mercado em que as empresas se encontram, e, designadamente, por necessidade em função do aumento temporário ou extraordinário de atividade ou encomendas.

4. As autorizações previstas nos nºs 2 e 3 têm uma validade máxima de cinco anos.

5. Para efeitos dos nºs 2 e 3, o empregador deve apresentar ao serviço com competência inspectiva do ministério responsável pela área laboral, a quem compete a direcção da instrução do processo, requerimento devidamente fundamentado, acompanhado de:

a) Parecer da comissão de trabalhadores ou, na sua falta, da comissão sindical ou intersindical ou dos delegados sindicais ou, 10 dias após a consulta, comprovativo do pedido de parecer;

b) Projecto de horário de trabalho a aplicar;

c) Comprovativo do licenciamento da actividade da empresa;

d) Declarações emitidas pelas autoridades competentes comprovativas de que tem a situação contributiva regularizada perante a administração tributária e segurança social.

6. Nos termos do número anterior, o serviço com competência inspetiva do ministério responsável pela área laboral pode solicitar parecer a autoridades ou entidades competentes no âmbito do processo de decisão.

7. Constitui contra-ordenação grave a violação do disposto nos nºs 1, 2 e 3.

(Redação dada pela Lei nº 13/2023, de 03-04)

CAPÍTULO VI – Verificação da situação de doença

Artigo 17º – Verificação da situação de doença por médico designado pela segurança social

1. Para efeitos de verificação de incapacidade temporária para o trabalho por doença do trabalhador, o empregador requer a sua submissão à comissão de verificação de incapacidade temporária (CVIT) da segurança social da área da residência habitual do trabalhador.

2. O empregador informa, na mesma data, o trabalhador do requerimento referido no número anterior.

3. A deliberação da CVIT realizada a requerimento do empregador produz efeitos no âmbito da relação jurídica prestacional do sistema de segurança social de que o trabalhador é titular.

4. Os serviços da segurança social devem, no prazo de 48 horas a contar da recepção do requerimento:

a) Convocar o trabalhador para apresentação à CVIT, indicando o dia, hora e local da sua realização, que deve ocorrer num dos três dias úteis seguintes;

b) Comunicar ao empregador a convocação efectuada;

c) Informar o trabalhador de que:

i) Deve apresentar, aquando da sua observação, informação clínica e os elementos auxiliares de diagnóstico de que disponha, comprovativos da sua incapacidade;

ii) Em caso de impossibilidade de comparência por motivo atendível, deve comunicar o facto nas vinte e quatro horas seguintes à recepção da convocatória;

iii) A sua não comparência, sem motivo atendível tem como consequência que os dias de alegada doença podem ser considerados faltas injustificadas ou que, caso ocorram em período de férias, são considerados na duração do gozo destas.

5. O trabalhador que esteja impedido de se deslocar do seu domicílio para comparecer a exame médico pela CVIT deve informar os serviços da segurança social até à data prevista para o exame ou, em caso de impossibilidade, nas vinte e quatro horas seguintes ao termo da mesma.

6. Consoante o impedimento do trabalhador, os serviços da segurança social marcam nova data para o exame médico pela CVIT, a ter lugar nas 48 horas seguintes e, se necessário, no domicílio do trabalhador, dando ao mesmo tempo conhecimento do facto ao empregador.

7. Os serviços da segurança social devem comunicar ao empregador e ao trabalhador se este está ou não apto para desempenhar a actividade, nas vinte e quatro horas subsequentes à realização do exame médico pela CVIT.

8. Os serviços da segurança social devem comunicar ao empregador:

a) A impossibilidade de submeter o trabalhador à CVIT nos termos da alínea *a*) do nº 4, sendo caso disso, nas vinte e quatro horas seguintes à recepção do requerimento;

b) A não realização do exame médico, designadamente por falta de comparência do trabalhador com indicação do motivo impeditivo alegado por este, ou por estar a decorrer um período de incapacidade temporária para o trabalho por doença já anteriormente verificada por CVIT, sendo este o caso, nas vinte e quatro horas seguintes à recepção do requerimento.

Artigo 18º – Verificação da situação de doença por médico designado pelo empregador

1. O empregador pode designar um médico com o qual não tenha tido qualquer vínculo contratual anterior para verificar a situação de doença do trabalhador:

a) Caso seja informado da impossibilidade de realização de CVIT, ou se decorridas 48 horas após o requerimento sem que tenha recebido comunicação dos serviços da segurança social da convocação do trabalhador para apresentação à CVIT;

b) Caso seja informado de que o exame médico pela CVIT não se realizou no prazo a que se refere a alínea *a*) do nº 4 ou o nº 6 do artigo anterior.

2. Ao processo de verificação da situação de doença por médico designado pelo empregador é aplicável o disposto nas alíneas *a*) e *c*) do nº 4 e nos nºs 5 a 7 do artigo anterior, com as necessárias adaptações.

Artigo 19º – Reavaliação da situação de doença

1. Quando a deliberação da CVIT ou parecer de médico designado pelo empregador divirja da declaração ou atestado apresentado pelo trabalhador para prova da situação de doença, qualquer das partes pode requerer aos serviços da segurança social da área da residência habitual do trabalhador que o caso seja apreciado por comissão de reavaliação.

2. A comissão de reavaliação é em regra constituída por três médicos, um designado pelos serviços da segurança social, que preside com voto de qualidade e que deve ser um dos médicos que integrou a CVIT e que procedeu à verificação da incapacidade temporária ao abrigo do artigo 17º, caso esta tenha existido, um designado pelo trabalhador e outro pelo empregador.

3. A comissão de reavaliação é constituída por apenas dois médicos em caso de:

a) O trabalhador ou o empregador não ter designado médico;

b) O trabalhador e o empregador não terem procedido às designações que lhes competem, cabendo aos serviços de segurança social a designação de outro médico.

4. A verificação da situação de doença pela comissão de reavaliação produz efeitos no âmbito da relação jurídica prestacional do sistema de segurança social.

Artigo 20º – Procedimento para reavaliação

1. A reavaliação da situação de incapacidade temporária para o trabalho por doença pode ser requerida nas vinte e quatro horas subsequentes ao conhecimento do resultado da verificação da mesma, devendo, na mesma data, ser comunicado o pedido à contraparte.

2. O requerimento deve conter a designação do médico referido no nº 2 do artigo anterior, ou declaração de que o requerente prescinde dessa faculdade.

3. A contraparte pode designar o médico nas vinte e quatro horas seguintes ao conhecimento do pedido.

4. Ao procedimento para reavaliação é aplicável o disposto nas alíneas *a*) e *c*) do nº 4 e nos nºs 5 a 7 do artigo 17º

5. No prazo de oito dias a contar da recepção do requerimento, a comissão deve proceder à reavaliação da situação de doença do trabalhador e comunicar o resultado da mesma a este e ao empregador, nos termos do nº 7 do artigo 17º

Artigo 21º – Comunicações

As comunicações previstas no presente capítulo devem ser efectuadas por meio célere, designadamente telegrama, telefone, telefax ou correio electrónico.

Artigo 22º – Eficácia do resultado da verificação da situação de doença

O empregador não pode fundamentar qualquer decisão desfavorável para o trabalhador no resultado da verificação da situação de incapacidade temporária para o trabalho por doença, efectuada nos termos dos artigos 17º ou 18º, enquanto decorrer o prazo para requerer a reavaliação ou, se esta for requerida, até à decisão final.

Artigo 23º – Encargo da verificação ou reavaliação da situação de doença

O requerimento de submissão à CVIT da segurança social ou da intervenção da comissão de reavaliação está sujeito a taxa, regulada em portaria conjunta dos membros do Governo responsáveis pela área das finanças e pela área laboral.

Artigo 24º – Direito subsidiário

Em tudo o que não se encontrar especialmente regulado no presente capítulo, e desde que o não contrarie, aplica-se subsidiariamente, e com as necessárias adaptações, o disposto no Decreto-Lei nº 360/97, de 17 de Dezembro.

CAPÍTULO VII – Protecção do trabalhador em caso de não pagamento pontual da retribuição

Artigo 25º – Casos especiais de direito a prestações de desemprego

1. O trabalhador que suspenda o contrato de trabalho com fundamento em não pagamento pontual da retribuição tem direito a prestações de desemprego durante o período da suspensão.

2. As prestações de desemprego podem também ser atribuídas em relação ao período a que respeita a retribuição em mora, desde que tal seja requerido e o empregador declare, a pedido do trabalhador, no prazo de cinco dias, ou em caso de recusa, mediante declaração do serviço com competência inspectiva do ministério responsável pela área laboral, o incumprimento da prestação no período em causa, não podendo, porém, o seu quantitativo ser superior a um subsídio por cada três retribuições mensais não recebidas.

3. Confere igualmente direito a prestações de desemprego o não pagamento pontual:

a) Da retribuição devida em caso de suspensão do contrato de trabalho por facto respeitante ao empregador ou encerramento da empresa ou estabelecimento por período igual ou superior a 15 dias;

b) Da compensação retributiva em situações de crise empresarial.

4. A atribuição das prestações de desemprego a que se referem os números anteriores está sujeita ao cumprimento dos prazos de garantia, às demais condições exigidas e aos limites previstos no regime de protecção no desemprego.

Artigo 26º – Suspensão de execução fiscal

1. O processo de execução fiscal suspende-se quando o executado, sendo trabalhador com retribuições em mora por período superior a 15 dias, provar que de tal facto resulta o não pagamento da quantia exequenda.

2. A suspensão referida no número anterior mantém-se até dois meses após a regularização das retribuições em dívida.

Artigo 27º – Venda de bens penhorados ou dados em garantia

1. A venda, judicial ou extrajudicial, de bens a que se refere o número seguinte penhorados ou dados em garantia justificada por falta de pagamento de dívidas relacionadas com a aquisição desses bens suspende-se quando o executado prove que o incumprimento se deve a ter retribuições em mora por período superior a 15 dias.

2. O número anterior aplica-se a imóvel que constitua a residência permanente do trabalhador e a outros bens imprescindíveis à economia doméstica que naquele se encontrem.

Artigo 28º – Execução de sentença de despejo

A execução de sentença de despejo em que a causa de pedir tenha sido a falta de pagamento das rendas suspende-se quando o executado prove que a mesma se deveu a ter retribuições em mora por período superior a 15 dias.

Artigo 29º – Salvaguarda dos direitos do credor

O tribunal notifica o Fundo de Socorro Social do Instituto de Gestão Financeira da Segurança Social, I. P., da decisão que ordene a suspensão da execução da sentença de despejo, bem como da identidade do credor e do montante das prestações ou rendas em mora, a fim de que aquela assegure o respectivo pagamento, nos termos a regulamentar.

Artigo 30º – Cessação da suspensão da instância

1. Sempre que o pagamento das prestações ou rendas não tenha sido assegurado pelo Fundo de Socorro Social do Instituto de Gestão Financeira da Segurança Social, I. P., a suspensão da instância cessa oito dias após o recebimento, pelo trabalhador, das retribuições em mora.

2. Se o trabalhador não tiver recebido as retribuições em mora, a suspensão cessa decorrido um ano sobre o seu início, salvo se provar que se encontra pendente acção judicial destinada ao pagamento dessas retribuições, caso em que a suspensão cessa na data em que se verifique o pagamento coercivo das mesmas ou a impossibilidade do pagamento.

3. Requerido o prosseguimento dos autos, o executado é notificado para, no prazo de 10 dias, provar o pagamento ou depósito, em singelo, das prestações ou rendas em mora.

Artigo 31º – Sub-rogação legal nos direitos do trabalhador

1. O serviço responsável pelas prestações de desemprego e o Fundo de Socorro Social do Instituto de Gestão Financeira da Segurança Social, I. P. ficam sub-rogados nos direitos do trabalhador perante o empregador no montante correspondente às prestações que tiverem pago nos termos dos nºs 2 e 3 do artigo 25º e do artigo 29º, respectivamente, acrescidas dos juros de mora, não sendo liberatório o pagamento da quantia correspondente a entidade diferente, designadamente o trabalhador.

2. Para efeitos do número anterior, o serviço responsável pelas prestações de desemprego e o Fundo de Socorro Social devem, ao mesmo tempo, notificar o empregador dos pagamentos que efectuar.

CAPÍTULO VIII – Informação sobre a actividade social da empresa

Artigo 32º – Prestação anual de informação sobre a actividade social da empresa

1. O empregador deve prestar anualmente informação sobre a actividade social da empresa, nomeadamente sobre remunerações, duração do trabalho, trabalho suplementar, contratação a termo, formação profissional, segurança e saúde no trabalho e quadro de pessoal.

2. A informação a que se refere o número anterior é apresentada por meio informático, com conteúdo e prazo regulados em portaria dos ministros responsáveis pelas áreas laboral e da saúde.

3. O empregador deve dar a conhecer, previamente ao prazo constante da portaria a que se refere o número anterior, à comissão de trabalhadores ou, na sua falta, à comissão intersindical ou comissão sindical da empresa, a informação a que se refere o nº 1, os quais podem suscitar a correcção de irregularidades, no prazo de 15 dias.

4. A informação que, de acordo com a portaria referida no nº 2, seja prestada de modo individualizado deve ser previamente dada a conhecer aos trabalhadores em causa, os quais podem suscitar a correcção de irregularidades, no prazo de 15 dias.

5. O empregador deve disponibilizar a informação aos trabalhadores da empresa e enviá-la, em prazo constante da portaria a que se refere o nº 2, às seguintes entidades:

a) O serviço com competência inspectiva do ministério responsável pela área laboral;

b) Os sindicatos representativos de trabalhadores da empresa que a solicitem, a comissão de trabalhadores, bem como os representantes dos trabalhadores para a segurança e saúde no trabalho na parte relativa às matérias da sua competência;

c) As associações de empregadores representadas na Comissão Permanente de Concertação Social que a solicitem.

6. Os sindicatos e associações de empregadores podem solicitar a informação até 10 dias antes do início do prazo para entrega da mesma.

7. O serviço a que se refere a alínea *a)* do nº 5 deve remeter a informação ao serviço do mesmo ministério competente para proceder ao apuramento estatístico da informação no quadro do sistema estatístico nacional e em articulação com o Instituto Nacional de Estatística, I. P.

8. A informação prestada aos representantes dos empregadores ou dos trabalhadores, com exceção das remunerações em relação aos sindicatos e ao serviço competente para proceder ao apuramento estatístico, deve ser expurgada de elementos nominativos, excluindo o sexo.

9. O empregador deve conservar a informação enviada durante cinco anos.

10. Constitui contra-ordenação muito grave a violação do disposto no nº 8, na parte respeitante ao empregador, contra-ordenação grave a violação do disposto no nº 5 e contra-ordenação leve a violação do disposto nos nºs 3, 4 e 9.

(Redação dada pela Lei nº 60/2018, de 21-08)

CAPÍTULO IX – Referendo para a instituição de regime de banco de horas grupal

Artigo 32º-A – Convocação, informações e questão a referendar

1. O referendo para a instituição ou cessação de um regime de banco de horas grupal, a que se referem os nºs 2 e seguintes do artigo 208º-B do Código do Trabalho, é convocado pelo empregador com a antecedência mínima de 20 dias, com ampla publicidade, o qual deve informar os representantes dos trabalhadores e os próprios trabalhadores a abranger sobre o projeto do regime de banco de horas, e a data, hora e local do referendo, devendo simultaneamente remeter cópia da convocatória ao serviço com competência inspetiva do ministério responsável pela área laboral.

2. Para efeitos do número anterior, consideram-se representantes dos trabalhadores a comissão de trabalhadores, as comissões intersindicais, as comissões sindicais e os delegados sindicais existentes na empresa, pela ordem de precedência indicada.

3. Na falta de representantes dos trabalhadores abrangidos pelo regime de banco de horas grupal, estes podem designar, de entre eles, no prazo de cinco dias úteis a contar da receção da informação referida no nº 1, uma comissão representativa com o máximo de três ou cinco membros, consoante o regime abranja até cinco ou mais trabalhadores.

(Aditado pela Lei nº 93/2019, de 04-09)

Artigo 32º-B – Procedimento em caso de microempresa

1. Tratando-se de microempresa, ou se o número de trabalhadores abrangidos pelo projeto de regime de banco de horas for inferior a 10, o empregador, caso não existam representantes dos trabalhadores, deve, juntamente com a comunicação a que se refere o nº 1 do artigo anterior, requerer ao serviço com competência inspetiva do ministério responsável pela área laboral territorialmente competente a designação de uma data para a realização do referendo.

2. O serviço a que se refere o número anterior notifica o empregador, nos 10 dias úteis a contar da receção do requerimento, da data e do horário para a realização do referendo.

3. Se no prazo de 90 dias o serviço com competência inspetiva do ministério responsável pela área laboral não marcar data para o referendo, a entidade patronal pode proceder à sua marcação, comunicando-a ao serviço inspetivo para o mesmo proceder à competente supervisão.

4. O empregador comunica aos trabalhadores a abranger, por escrito, a data, horário e local do referendo, com a antecedência de 20 dias.

5. A votação decorre sob supervisão de um representante do serviço com competência inspetiva do ministério responsável pela área laboral, e pode ser acompanhada por dois representantes dos trabalhadores.

6. Terminada a votação, o representante do serviço com competência inspetiva do ministério responsável pela área laboral procede ao apuramento do resultado do referendo e comunica-o imediatamente ao empregador, por escrito.

7. O empregador publicita o resultado do referendo nos locais de afixação dos mapas de horário de trabalho, comunica-o aos representantes dos trabalhadores, e, caso o regime de banco de horas tenha sido aprovado, designa o dia em que se inicia a sua aplicação, com a antecedência mínima de cinco dias úteis.

(Aditado pela Lei nº 93/2019, de 04-09)

CAPÍTULO X - Disposições finais e transitórias

Artigo 33º - Informação sobre prestadores de serviço

A informação anual sobre a actividade social da empresa a que se refere o artigo anterior deve abranger quem esteja vinculado ao empregador mediante contrato de prestação de serviço, relativamente às matérias especificadas na portaria prevista no nº 2 do artigo anterior.

Artigo 34º - Norma revogatória

A revogação do artigo 166º, dos nºs 3 e 4 do artigo 167º, dos artigos 170º, 259º, 452º a 464º e 480º, do nº 3 do artigo 484º e dos artigos 490º e 491º, determinada pelo nº 6 do artigo 12º da Lei nº 7/2009, de 12 de Fevereiro, produz efeitos no início do primeiro ano abrangido pelo regime da informação relativa à actividade social da empresa a que se refere o artigo 32º

Artigo 35º - Alteração ao Código do Trabalho, aprovado pela Lei nº 7/2009, de 12 de Fevereiro

1. É alterado o artigo 538º do Código do Trabalho, aprovado pela Lei nº 7/2009, de 12 de Fevereiro, que passa a ter a seguinte redacção:

2. O disposto no número anterior produz efeitos a 17 de Fevereiro de 2009, sem prejuízo da validade dos actos praticados ao abrigo das disposições agora revogadas.

(Alteração inserida no local próprio)

Artigo 36º - Aditamento à Lei nº 4/2008, de 7 de Fevereiro

É aditado o artigo 10º-A à Lei nº 4/2008, de 7 de Fevereiro, com a seguinte redacção:

(Alteração inserida no local próprio)

Artigo 37º - Entrada em vigor

A presente lei entra em vigor no dia seguinte ao da sua publicação.

Aprovada em 23 de Julho de 2009.

O Presidente da Assembleia da República, *Jaime Gama.*

Promulgada em 31 de Agosto de 2009.

Publique-se.

O Presidente da República, Aníbal Cavaco Silva.

Referendada em 31 de Agosto de 2009.

O Primeiro-Ministro, *José Sócrates Carvalho Pinto de Sousa.*

Fundo de Garantia Salarial

Decreto-Lei nº 59/2015, de 21 de abril

O Fundo de Garantia Salarial (FGS), criado pelo Decreto-Lei nº 219/99, de 15 de junho, surgiu como um Fundo que, em caso de incumprimento pela entidade patronal, assegurava aos trabalhadores o pagamento de créditos emergentes do contrato de trabalho. Já a sua génese estava garantida pelo Decreto-Lei nº 50/85, de 27 de fevereiro, que instituiu um sistema de garantia salarial com o objetivo de garantir aos trabalhadores o pagamento das retribuições devidas e não pagas pela entidade empregadora declarada extinta, falida ou insolvente.

O artigo 336º do Código do Trabalho, aprovado pela Lei nº 7/2009, de 12 de fevereiro, prevê que o pagamento de créditos emergentes de contrato de trabalho ou da sua violação ou cessação, que não possam ser pagos pelo empregador, por motivo de insolvência ou de situação económica difícil, é assegurado pelo FGS, nos termos previsto em legislação específica. A referida legislação específica encontra-se atualmente dispersa.

Com efeito, os aspetos substantivos do FGS encontram-se previstos nos artigos 317º a 326º da Regulamentação do Código do Trabalho, aprovada pela Lei nº 35/2004, de 29 de julho, alterada pela Lei nº 9/2006, de 20 de março, pelo Decreto-Lei nº 164//2007, de 3 de maio, e pela Lei nº 59/2008, de 11 de setembro, os quais têm natureza provisória e vigoram apenas até à aprovação do diploma específico que regulamente o Fundo [alínea *o)* do nº 6 do artigo 12º da Lei nº 7/2009, de 12 de fevereiro].

Já os aspetos organizativos, financeiros e procedimentais encontram-se previstos no Regulamento do FGS, aprovado em anexo ao Decreto-Lei nº 139/2001, de 24 de abril.

Constata-se, assim, a necessidade de unificação do regime jurídico do FGS, o que se faz através do presente decreto-lei, que aprova o novo regime do Fundo de Garantia Salarial.

No novo regime, o FGS continua a surgir como um fundo autónomo que não integra o âmbito de proteção social garantido pelo sistema de segurança social, antes com este se relacionando, quer pela via de parte do seu financiamento, quer pela via da sua gestão entregue ao Instituto de Gestão Financeira da Segurança Social, I.P. (IGFSS, I.P.).

Um aspeto crucial do novo regime resulta da necessidade de garantir a transposição da Diretiva nº 2008/94/CE, do Parlamento Europeu e do Conselho, de 22 de outubro de 2008, relativa à aproximação das legislações dos Estados-Membros respeitantes à proteção dos trabalhadores assalariados em caso de insolvência do empregador, passando o FGS a abranger os trabalhadores que exerçam, ou tenham exercido habitualmente, a sua atividade em território nacional, mas ao serviço de empregador com atividade no território de dois ou mais Estados-Membros, ainda que o empregador seja declarado insolvente por tribunal ou autoridade competente de outro Estado-Membro da União Europeia ou do Espaço Económico Europeu.

Igualmente nuclear é a adaptação do FGS, efetuada pelo novo regime, ao Programa Revitalizar.

Em face da criação pela Lei nº 16/2012, de 20 de abril, do Processo Especial de Revitalização (PER) e da aprovação pelo Decreto-Lei nº 178/2012, de 2 de agosto, alterado pelo Decreto-Lei nº 26/2015, de 6 de fevereiro, do Sistema de Recuperação de Empresas por Via Extrajudicial (SIREVE), o novo regime condensa as necessárias adaptações para garantir que os créditos dos trabalhadores em empresas alocadas a esses planos de revitalização ou de recuperação têm acesso ao FGS.

Entendeu-se, porém, ir mais longe, prevendo o novo regime uma norma de direito transitório que permite também o acesso ao FGS pelos trabalhadores que tenham apresentado requerimentos na pendência de Processo Especial de Revitalização ou entre 1 de setembro de 2012 e a data da entrada em vigor do presente decreto-lei, conquanto abrangidos por plano de insolvência, homologado por sentença, no âmbito do processo de insolvência, alargando-se assim a abrangência do FGS, mediante reapreciação oficiosa dos processos.

Promovendo uma lógica de estabilidade temporal e de segurança jurídica manteve-se no novo regime a regra de que o FGS assegura o pagamento dos créditos que se tenham vencido nos seis meses anteriores à propositura da ação de insolvência ou à apresentação do requerimento do PER ou do procedimento extrajudicial de recuperação de empresas, atualmente o SIREVE, passando-se agora, no entanto, a prever que o pagamento dos créditos requeridos é assegurado até um ano a partir do dia seguinte àquele em que cessou o contrato de trabalho.

Em ordem à proteção do interesse público, no novo regime foi criada uma norma antiabuso que determina que o FGS pode recusar o pagamento dos créditos garantidos caso se verifique situação de abuso, nomeadamente conluio ou simulação, permitindo ainda a redução do valor dos créditos, caso se verifique desconformidade dos montantes requeridos com a média dos valores constantes das declarações de remunerações dos 12 meses anteriores à data do requerimento, quando as mesmas se refiram a remuneração efetivamente auferida.

Adicionalmente, procede-se no novo regime à articulação entre o regime do FGS e os regimes jurídicos do fundo de compensação do trabalho (FCT), do mecanismo equivalente (ME) e do fundo de garantia de compensação do trabalho (FGCT), estabelecidos pela Lei nº 70/2013, de 30 de agosto.

Foram ouvidos os parceiros sociais com assento na Comissão Permanente de Concertação Social, do Conselho Económico e Social, tendo sido promovida a publicação do anteprojeto de diploma no *Boletim do Trabalho e Emprego*, para efeito de cumprimento do disposto no artigo 470º do Código do Trabalho, aprovado pela Lei nº 7/2009, de 12 de fevereiro.

Assim:

Nos termos da alínea *a*) do nº 1 do artigo 198º da Constituição, o Governo decreta o seguinte:

Artigo 1º – Objeto

O presente decreto-lei aprova o novo regime do Fundo de Garantia Salarial, previsto no artigo 336º do Código do Trabalho, aprovado pela Lei nº 7/2009, de 12 de fevereiro, transpondo para a ordem jurídica interna a Diretiva nº 2008/94/CE, do Parlamento Europeu e do Conselho, de 22 de outubro de 2008, relativa à proteção dos trabalhadores assalariados em caso de insolvência do empregador.

Artigo 2º – Aprovação do novo regime do Fundo de Garantia Salarial

É aprovado, em anexo ao presente decreto-lei e do qual faz parte integrante, o novo regime do Fundo de Garantia Salarial.

Artigo 3º – Aplicação da lei no tempo

1. Ficam sujeitos ao novo regime do Fundo de Garantia Salarial, aprovado em anexo ao presente decreto-lei, os requerimentos apresentados após a sua entrada em vigor.

2. Os requerimentos apresentados ao Fundo de Garantia Salarial e pendentes de decisão são apreciados de acordo com a lei em vigor no momento da sua apresentação.

3. Ficam sujeitos ao novo regime do Fundo de Garantia Salarial, aprovado em anexo ao presente decreto-lei, sendo objeto de reapreciação oficiosa:

a) Os requerimentos apresentados, na pendência de Processo Especial de Revitalização, instituído pela Lei nº 16/2012, de 20 de abril;

b) Os requerimentos apresentados entre 1 de setembro de 2012 e a data da entrada em vigor do presente decreto-lei, por trabalhadores abrangidos por plano de insolvência, homologado por sentença, no âmbito do processo de insolvência.

Artigo 4º – Norma revogatória

São revogados:

a) Os artigos 316º a 326º da Lei nº 35/2004, de 29 de julho, alterada pela Lei nº 9/2006, de 20 de março, pelo Decreto-Lei nº 164/2007, de 3 de maio, e pela Lei nº 59/2008, de 11 de setembro;

b) O Decreto-Lei nº 139/2001, de 24 de abril.

Artigo 5º - Entrada em vigor

O presente decreto-lei entra em vigor no primeiro dia útil do mês seguinte ao da sua publicação.

Visto e aprovado em Conselho de Ministros de 12 de fevereiro de 2015. - *Pedro Passos Coelho - Maria Luís Casanova Morgado Dias de Albuquerque - Paula Maria von Hafe Teixeira da Cruz - António de Magalhães Pires de Lima - Luís Pedro Russo da Mota Soares.*

Promulgado em 16 de abril de 2015.

Publique-se.

O Presidente da República, ANÍBAL CAVACO SILVA.

Referendado em 17 de abril de 2015.

O Primeiro-Ministro, *Pedro Passos Coelho.*

Novo Regime do Fundo de Garantia Salarial

CAPÍTULO I – Regime material do Fundo de Garantia Salarial

Artigo 1º – Situações abrangidas

1. O Fundo de Garantia Salarial, abreviadamente designado por Fundo, assegura o pagamento ao trabalhador de créditos emergentes do contrato de trabalho ou da sua violação ou cessação, desde que seja:

a) Proferida sentença de declaração de insolvência do empregador;

b) Proferido despacho do juiz que designa o administrador judicial provisório, em caso de processo especial de revitalização;

c) Proferido despacho de aceitação do requerimento proferido pelo IAPMEI – Agência para a Competitividade e Inovação, I.P. (IAPMEI, I.P.), no âmbito do procedimento extrajudicial de recuperação de empresas.

2. Para efeitos do disposto no número anterior, o Fundo é notificado nos seguintes casos:

a) No âmbito do processo especial de insolvência, o tribunal judicial notifica o Fundo da sentença de declaração de insolvência do empregador, a qual deve ser acompanhada de cópia da petição inicial e dos documentos identificados nas alíneas *a*) e *b*) do artigo 24º do Código da Insolvência e da Recuperação de Empresas (CIRE);

b) No âmbito do processo especial de revitalização, o administrador judicial provisório notifica o Fundo da apresentação do requerimento previsto no artigo 17º-C do CIRE com cópia dos documentos indicados nas alíneas *a*) e *b*) do artigo 24º do CIRE e referidos na alínea *b*) do nº 3 do artigo 17º-C do CIRE, bem como do despacho do juiz que o designa;

c) No âmbito do procedimento extrajudicial de recuperação de empresas, o IAPMEI, I.P., notifica o Fundo da apresentação do requerimento de utilização do Sistema de Recuperação de Empresas por Via Extrajudicial (SIREVE), do despacho de aceitação deste requerimento, da celebração e cessação do acordo e da extinção do procedimento.

3. O Fundo assegura o pagamento dos créditos referidos no nº 1 ao trabalhador que exerça ou tenha exercido habitualmente a sua atividade em território nacional ao serviço de empregador com atividade no território de dois ou mais Estados-Membros, ainda que este seja declarado insolvente por tribunal ou outra autoridade competente de outro Estado-Membro da União Europeia ou outro Estado abrangido pelo Acordo sobre o Espaço Económico Europeu.

Artigo 2º – Créditos abrangidos

1. Os créditos referidos no nº 1 do artigo anterior abrangem os créditos do trabalhador emergentes do contrato de trabalho ou da sua violação ou cessação.

2. Aos créditos devidos ao trabalhador referidos no número anterior deduzem-se:

a) Os montantes de quotizações para a segurança social, da responsabilidade do trabalhador;

b) Os valores devidos pelo trabalhador correspondentes à retenção na fonte do imposto sobre o rendimento.

3. O Fundo entrega às entidades competentes as importâncias referidas no número anterior.

4. O Fundo assegura o pagamento dos créditos previstos no nº 1 que se tenham vencido nos seis meses anteriores à propositura da ação de insolvência ou à apresentação do requerimento no processo especial de revitalização ou do requerimento de utilização do procedimento extrajudicial de recuperação de empresas.

5. Caso não existam créditos vencidos no período de referência mencionado no número anterior ou o seu montante seja inferior ao limite máximo definido no nº 1 do artigo seguinte, o Fundo assegura o pagamento, até este limite, de créditos vencidos após o referido período de referência.

6. A compensação devida ao trabalhador por cessação do contrato de trabalho que seja calculada nos termos do artigo 366º do Código do Trabalho, diretamente ou por remissão legal, é paga pelo Fundo, com exceção da parte que caiba ao fundo de compensação do trabalho (FCT), ao fundo de garantia de compensação do trabalho (FGCT) ou a mecanismo equivalente (ME), após o seu acionamento, salvo nos casos em que este não possa ter lugar.

7. O disposto nos números anteriores não exime o empregador da responsabilidade pelo cumprimento das respetivas obrigações fiscais e contributivas de segurança social.

8. O Fundo só assegura o pagamento dos créditos quando o pagamento lhe seja requerido até um ano a partir do dia seguinte àquele em que cessou o contrato de trabalho.

9. O prazo previsto no número anterior suspende-se com a propositura de ação de insolvência, a apresentação do requerimento no processo especial de revitalização e com a apresentação do requerimento de utilização do procedimento extrajudicial de recuperação de empresas, até 30 dias após o trânsito em julgado da decisão prevista na alínea *a*) do nº 1 do artigo 1º ou da data da decisão nas restantes situações.

(Redação dada pela Lei nº 71/2018, de 31-12)

Artigo 3º – Limites das importâncias pagas

1. O Fundo assegura o pagamento de créditos emergentes do contrato de trabalho, referidos no nº 1 do artigo anterior, com o limite máximo global equivalente a seis meses de retribuição, e com o limite máximo mensal correspondente ao triplo da retribuição mínima mensal garantida.

2. Quando o trabalhador seja titular de créditos correspondentes a prestações diversas, o pagamento é prioritariamente imputado à retribuição base e diuturnidades.

Artigo 4º – Sub-rogação legal

1. O Fundo fica sub-rogado nos direitos e nos privilégios creditórios do trabalhador, na medida dos pagamentos efetuados, acrescidos de juros de mora vincendos.

2. Sendo os bens da massa insolvente insuficientes para garantir o pagamento da totalidade dos créditos laborais, são graduados os créditos em que o Fundo fica sub-rogado a pari com o valor remanescente dos créditos laborais.

Artigo 5º – Requerimento

1. O Fundo efetua o pagamento dos créditos garantidos mediante requerimento do trabalhador, do qual constam, designadamente, a identificação do requerente e do respetivo empregador e a discriminação dos créditos objeto do pedido.

2. O requerimento é instruído, consoante as situações, com os seguintes documentos:

a) Declaração ou cópia autenticada de documento comprovativo dos créditos reclamados pelo trabalhador, emitida pelo administrador de insolvência ou pelo administrador judicial provisório;

b) Declaração comprovativa da natureza e do montante dos créditos em dívida declarados no requerimento pelo trabalhador, quando o mesmo não seja parte constituída, emitida pelo empregador;

c) Declaração de igual teor, emitida pelo serviço com competência inspetiva do ministério responsável pela área do emprego, quando não seja possível obtenção dos documentos previstos nas alíneas anteriores.

3. O requerimento é certificado pelo administrador da insolvência, pelo administrador judicial provisório, pelo empregador ou pelo serviço com competência inspetiva do ministério responsável pela área do emprego, consoante o caso, sendo a certificação feita:

a) Através de aposição de assinatura eletrónica; ou

b) Através de assinatura manuscrita no verso do documento.

4. O requerimento é apresentado em qualquer serviço da segurança social ou em *www.seg-social.pt*, através de modelo aprovado por portaria dos membros do Governo responsáveis pelas áreas do emprego e da segurança social.

Artigo 6º – Comunicação do fundo de garantia de compensação do trabalho

1. Após receção do requerimento referido no artigo anterior, verificando-se que nele se encontram discriminados créditos emergentes de compensação devida por cessação de contrato de trabalho, o Fundo solicita à entidade gestora do FGCT informações sobre os montantes pagos ao trabalhador ou existentes para esse efeito, quer no FGCT, quer no FCT ou no ME.

2. O pedido de informação referido no número anterior é feito, preferencialmente, através da plataforma de integração setorial ou através da plataforma de interoperabilidade da Administração Pública.

3. Para efeitos do disposto no presente artigo, a entidade gestora do FGCT presta ao Fundo as informações solicitadas no prazo máximo de 15 dias a contar da data do pedido.

Artigo 7º – Situações abusivas

O Fundo pode recusar o pagamento dos créditos garantidos caso verifique a existência de uma situação de abuso, nomeadamente por conluio ou simulação, ou reduzir o valor dos mesmos caso se verifique desconformidade entre os montantes requeridos e a média dos valores constantes das declarações de remunerações dos 12 meses anteriores à data do requerimento, quando as mesmas se refiram a remuneração efetivamente auferida.

Artigo 8º – Decisão

1. O requerimento é decidido no prazo de 30 dias, a contar da data em que o requerimento se encontre devidamente instruído.

2. A decisão fundamentada é notificada ao requerente, indicando-se, em caso de deferimento total ou parcial, o montante a pagar, a forma de pagamento e os valores deduzidos.

Artigo 9º – Situações transnacionais

1. Nas situações previstas no nº 3 do artigo 1º, o Fundo solicita à autoridade competente do Estado-Membro em causa a informação pertinente para a decisão.

2. O Fundo presta à autoridade competente de outro Estado-Membro a informação que esta solicite sobre processo a que se refere o artigo 1º

3. O Fundo solicita ainda à autoridade competente do Estado-Membro onde corra o processo de insolvência a colaboração necessária para garantir que os créditos pagos aos trabalhadores sejam tidos em conta no processo, bem como o seu reembolso.

Artigo 10º – Troca de informação

1. O Fundo deve dispor do intercâmbio de informação pertinente entre administrações públicas competentes e ou entre as instituições de garantia dos Estados-Membros.

2. O intercâmbio deve permitir, nomeadamente, dar à instituição de garantia competente conhecimento dos créditos em dívida dos trabalhadores.

3. O intercâmbio é feito, preferencialmente, através da plataforma de interoperabilidade da Administração Pública.

Artigo 11º – Dívida do empregador

A dívida do empregador ao Fundo compreende os valores ilíquidos dos créditos laborais pagos e é notificada ao empregador em simultâneo com o pagamento.

Artigo 12º – Certidão de dívida

1. A cobrança às entidades empregadoras tem por base certidão emitida pelo presidente do conselho de gestão do Fundo.

2. A certidão deve conter assinatura devidamente autenticada, data de emissão, nome e domicílio do devedor, proveniência da natureza dos créditos e indicação, por extenso, do seu montante, da data a partir da qual são devidos juros de mora e da importância sobre que incidem.

Artigo 13º – Regularização da dívida

A dívida pode ser paga em prestações, mediante acordo a celebrar com o Fundo e em conformidade com as condições aprovadas por despacho do presidente do conselho de gestão do Fundo.

CAPÍTULO II – Regime institucional do Fundo de Garantia Salarial

Artigo 14º – Gestão e financiamento

1. A gestão do Fundo cabe ao Estado e a representantes dos parceiros sociais com assento na Comissão Permanente de Concertação Social.

2. O financiamento do Fundo é assegurado pelos empregadores, através de verbas respeitantes à parcela dos encargos com políticas ativas de emprego e valorização profissional da taxa contributiva global, nos termos previstos no Código dos Regimes Contributivos do Sistema Previdencial de Segurança Social, na quota-parte por aqueles devida, e pelo Estado, em termos a fixar por portaria dos membros do Governo responsáveis pelas áreas das finanças, do emprego e da segurança social.

3. Os saldos gerados pelas receitas atribuídas nos termos do número anterior revertem para o orçamento da segurança social.

Artigo 15º – Denominação e natureza

1. O Fundo é dotado de personalidade jurídica e autonomia administrativa, patrimonial e financeira.

2. O Fundo goza de capacidade judiciária.

Artigo 16º – Sede

O Fundo tem a sua sede em Lisboa.

Artigo 17º – Atribuições

O Fundo tem por atribuições assegurar o pagamento de créditos emergentes de contratos de trabalho ou da sua violação ou cessação e promover a respetiva recuperação, nos casos e nos termos previstos e regulados no presente regime, no Código do Trabalho e legislação complementar.

Artigo 18º – Tutela e superintendência

O Fundo está sujeito à tutela e superintendência dos membros do Governo responsáveis pelas áreas do emprego e da segurança social.

Artigo 19º – Serviços administrativos e apoio financeiro e logístico

1. O funcionamento do Fundo é assegurado pelo Instituto de Gestão Financeira da Segurança Social, I.P. (IGFSS, I.P.), que, para efeitos de apoio administrativo e logístico, celebra os protocolos necessários com as instituições de segurança social territorialmente competentes.

2. O IGFSS, I.P., presta apoio financeiro ao Fundo.

Artigo 20º – Gestão do Fundo de Garantia Salarial

1. O Fundo é gerido por um conselho de gestão composto por um presidente e 11 vogais.

2. O conselho de gestão integra:

a) O presidente do IGFSS, I.P., que preside;

b) Um representante designado pelo membro do Governo responsável pela área das finanças;

c) Um representante designado pelo membro do Governo responsável pela área da economia;

d) Um representante designado pelo membro do Governo responsável pela área do emprego e da segurança social;

e) Um representante de cada uma das confederações de empregadores com assento na Comissão Permanente de Concertação;

f) Dois representantes de cada uma das confederações sindicais com assento na Comissão Permanente de Concertação Social.

3. Por cada membro efetivo é também designado um membro suplente.

4. Os membros do conselho de gestão referidos no nº 2 e respetivos suplentes são nomeados por despacho do membro do Governo responsável pela área da segurança social, por indicação das seguintes entidades:

a) Membro do Governo respetivo, nos casos das alíneas *b*) a *d*) do nº 2;

b) Parceiros sociais com assento efetivo na Comissão Permanente de Concertação Social, nos casos das alíneas *e*) e *f*) do nº 2.

5. O presidente do conselho de gestão tem voto de qualidade.

6. Nas suas ausências e impedimentos, o presidente é substituído pelo seu substituto legal, designado no âmbito da gestão do IGFSS, I.P.

7. Os membros do conselho de gestão não auferem qualquer remuneração ou abono pelo exercício das suas funções.

Artigo 21º – Competências do conselho de gestão

Compete ao conselho de gestão:

a) Aprovar o plano de atividades e do orçamento;

b) Aprovar o relatório de atividades e do relatório de contas e balanço anuais;

c) Acompanhar as atividades do Fundo, apresentando ao presidente as propostas, as sugestões, as recomendações ou os pedidos de esclarecimento que entender convenientes, bem como propor a adoção de medidas que julgue necessárias à realização dos seus fins;

d) Aprovar o seu regulamento interno, bem como eventuais alterações ao mesmo.

Artigo 22º – Reuniões do conselho de gestão

1. O conselho de gestão reúne, ordinariamente, de dois em dois meses e, extraordinariamente, sempre que o respetivo presidente o convoque, por sua iniciativa ou por solicitação de um terço dos seus membros.

2. Os membros do conselho de gestão podem delegar o seu voto dentro de cada representação.

Artigo 23º – Competências do presidente

1. Compete ao presidente do conselho de gestão:

a) Dirigir a atividade do Fundo, assegurando o desenvolvimento das suas atribuições;

b) Gerir os recursos financeiros do Fundo;

c) Emitir as diretrizes de natureza interna adequadas ao bom funcionamento do Fundo;

d) Elaborar proposta de regulamento interno necessário à organização e funcionamento do conselho de gestão do Fundo, bem como de eventuais alterações a este;

e) Ponderar, no âmbito da sua autonomia funcional, o acolhimento e as formas de implementação das sugestões e recomendações formuladas pelo conselho de gestão;

f) Elaborar relatórios mensais da atividade desenvolvida, que incluam informação sobre o volume de requerimentos apresentados, o sentido das decisões, o volume e a duração das pendências e sobre as diligências de recuperação de créditos em curso, submetendo-os à apreciação do conselho de gestão;

g) Elaborar o plano anual de atividades e o orçamento anual e apresentá-los aos membros do Governo responsáveis pelas áreas do emprego e da segurança social para homologação depois de aprovados pelo conselho de gestão;

h) Elaborar o relatório anual de atividades e o relatório de contas e balanço de cada exercício e apresentá-los aos membros do Governo responsáveis pelas áreas do emprego e da segurança social para homologação depois de aprovados pelo conselho de gestão;

i) Assegurar a representação do Fundo em juízo ou fora dele, bem como conferir mandato para esse efeito;

j) Autorizar despesas com a aquisição, alienação ou locação de bens e serviços e realização de empreitadas dentro dos limites fixados por lei;

k) Estabelecer relações com as instituições do sistema bancário, designadamente para a contração de empréstimos, sempre que tal se revelar necessário à prossecução das suas atribuições;

l) Assegurar o pagamento dos créditos garantidos nos termos do nº 1 do artigo 1º;

m) Promover a recuperação dos créditos em que ficar sub-rogado por via da sua satisfação aos trabalhadores, desenvolvendo todas as diligências judiciais e extrajudiciais adequadas a tal fim;

n) Dar parecer aos membros do Governo responsáveis pelas áreas do emprego e da segurança social sobre as matérias concernentes às atribuições do Fundo;

o) Exercer as demais competências que lhe sejam delegadas ou subdelegadas pela tutela, bem como praticar quaisquer atos necessários à prossecução das atribuições do Fundo que não sejam da competência de outros órgãos.

2. As competências referidas nas alíneas *l*) e *m*) do número anterior podem ser objeto de delegação.

Artigo 24º – Fiscal único

1. O fiscal único efetivo e o fiscal único suplente devem ser revisores oficiais de contas ou sociedades de revisores oficiais de contas, sendo designados mediante despacho dos membros do Governo responsáveis pelas áreas das finanças, do emprego e da segurança social, o qual define a respetiva remuneração.

2. Os mandatos do fiscal único efetivo e do fiscal único suplente têm a duração de três anos, podendo ser renovados por iguais períodos de tempo.

Artigo 25º – Competências do fiscal único

Compete ao fiscal único:

a) Acompanhar a gestão financeira do Fundo;

b) Emitir parecer sobre o orçamento, o relatório de contas e balanço anuais;

c) Fiscalizar a execução da contabilidade do Fundo e o cumprimento dos normativos aplicáveis, informando o conselho de gestão de qualquer anomalia detetada;

d) Solicitar ao conselho diretivo reuniões conjuntas dos dois órgãos, quando, no âmbito das suas competências, o entender;

e) Pronunciar-se sobre qualquer assunto de interesse para o Fundo, que seja submetido à sua apreciação pelo presidente do conselho de gestão;

f) Elaborar relatório anual sobre a ação fiscalizadora exercida;

g) Acompanhar as operações de satisfação de créditos de trabalhadores e respetiva recuperação desenvolvidas pelo Fundo.

Artigo 26º – Vinculação

1. O Fundo obriga-se pela assinatura do presidente do conselho de gestão, ou pelo respetivo substituto legal, nas suas ausências e impedimentos.

2. Os atos de mero expediente de que não resultem obrigações para o Fundo podem ser assinados pelos dirigentes dos serviços a que se refere o nº 1 do artigo 19º ou por funcionários a quem tal competência seja expressamente delegada.

Artigo 27º – Gestão financeira

1. A gestão financeira do Fundo, incluindo a organização da sua contabilidade, rege-se exclusivamente pelo regime jurídico aplicável aos fundos e serviços autónomos do Estado, em tudo o que não for especialmente regulado pelo presente regime e no seu regulamento interno.

2. A gestão económica e financeira é disciplinada pelo plano de atividades, orçamento, relatório de contas e balanço anuais.

Artigo 28º – Receitas

1. Constituem receitas do Fundo:

a) As que lhe forem atribuídas pelos Orçamentos do Estado e da Segurança Social;

b) As advindas da venda de publicações;

c) Os subsídios ou donativos que lhe forem atribuídos por qualquer entidade nacional ou estrangeira;

d) As provenientes da recuperação de créditos pagos aos trabalhadores no exercício das suas atribuições;

e) Quaisquer outras receitas que lhe forem atribuídas nos termos da lei.

2. O Fundo está isento de taxas, custas e emolumentos nos processos, contratos, atos notariais e registais em que intervenha, com exceção dos emolumentos pessoais e das importâncias correspondentes à participação emolumentar devida aos notários, conservadores e oficiais do registo e do notariado pela sua intervenção nos atos.

Artigo 29º – Despesas

Constituem despesas do Fundo:

a) O pagamento de créditos emergentes do contrato de trabalho ou da sua violação ou cessação, previstos no nº 1 do artigo 2º;

b) Os encargos com o respetivo funcionamento;

c) Os custos de aquisição, manutenção e conservação de bens ou serviços que tenha de utilizar;

d) Outras legalmente previstas ou permitidas.

Artigo 30º – Instrumentos de gestão

1. Os instrumentos de gestão previstos no artigo 21º são elaborados pelo presidente do conselho de gestão, aprovados pelo conselho de gestão e homologados pelo membro do Governo responsável pela área segurança social.

2. O plano de atividades e orçamento anuais são aprovados pelo conselho de gestão até final de dezembro de cada ano e o relatório de atividades, relatório de contas e balanço anuais até final de março de cada ano.

3. A deliberação do conselho de gestão sobre o orçamento, o relatório de contas e o balanço anuais é obrigatoriamente precedida de parecer do fiscal único.

Fundo de Compensação do Trabalho, Mecanismo Equivalente e Fundo de Garantia de Compensação do Trabalho

Lei nº 70/2013, de 30 de agosto

Estabelece os regimes jurídicos do fundo de compensação do trabalho, do mecanismo equivalente e do fundo de garantia de compensação do trabalho

A Assembleia da República decreta, nos termos da alínea *c*) do artigo 161º da Constituição, o seguinte:

CAPÍTULO I – Disposições iniciais

Artigo 1º – Objeto

A presente lei estabelece os regimes jurídicos do fundo de compensação do trabalho (FCT), do mecanismo equivalente (ME) e do fundo de garantia de compensação do trabalho (FGCT).

Artigo 2º – Âmbito de aplicação

1. A presente lei é aplicável às relações de trabalho reguladas pelo Código do Trabalho, aprovado pela Lei nº 7/2009, de 12 de fevereiro, e alterado pelas Leis nºs 105/ /2009, de 14 de setembro, 53/2011, de 14 de outubro, 23/2012, de 25 de junho, e 47/2012, de 29 de agosto.

2. A presente lei aplica-se apenas aos contratos de trabalho celebrados após a sua entrada em vigor, tendo sempre por referência a antiguidade contada a partir do momento da execução daqueles contratos, sem prejuízo do disposto no artigo 11º-B.

3. As relações de trabalho emergentes de contratos de trabalho de duração inferior ou igual a dois meses estão excluídas do âmbito de aplicação da presente lei.

4. A referência, na presente lei, à compensação calculada nos termos do artigo 366º do Código do Trabalho inclui todos os casos em que esta disposição resulte aplicável, diretamente ou por remissão legal, em caso de cessação do contrato de trabalho.

5. Ficam excluídas do âmbito de aplicação da presente lei as relações de trabalho com os serviços a que se referem os nºs 1 a 4 do artigo 3º da Lei nº 12-A/2008, de 27 de fevereiro, que estabelece os regimes de vinculação, de carreiras e de remunerações dos trabalhadores que exercem funções públicas, alterada pelas Leis nºs 64-A/2008, de 31 de dezembro, 3-B/2010, de 28 de abril, 34/2010, de 2 de setembro, 55-A/2010, de 31 de dezembro, 64-B/2011, de 30 de dezembro, 66/2012, de 31 de dezembro, e 66-B/2012, de 31 de dezembro, e pelo Decreto-Lei nº 47/2013, de 5 de abril, incluindo os institutos públicos de regime especial.

6. As empresas de trabalho temporário ficam sujeitas ao regime previsto na presente lei, incluindo o disposto nº 3.

(Redação dada pelo Decreto-Lei nº 210/2015, de 25-09)

CAPÍTULO II – Disposições gerais

Artigo 3º – Natureza e finalidades

1. O FCT e o FGCT são fundos destinados a assegurar o direito dos trabalhadores ao recebimento efetivo de metade do valor da compensação devida por cessação do contrato de trabalho, calculada nos termos do artigo 366º do Código do Trabalho.

2. O FCT e o FGCT são fundos autónomos, têm personalidade jurídica e não integram o perímetro de consolidação da segurança social nem o orçamento da segurança social.

3. O FCT e o FGCT são fundos de adesão individual e obrigatória, pelo empregador, podendo este, no entanto, aderir a ME, em alternativa à adesão ao FCT, nos termos do estabelecido no nº 6 e no artigo 36º

4. O FCT é um fundo de capitalização individual, que visa garantir o pagamento até metade do valor da compensação devida por cessação do contrato de trabalho, calculada nos termos do artigo 366º do Código do Trabalho, e que responde até ao limite dos montantes entregues pelo empregador e eventual valorização positiva.

5. O FGCT é um fundo de natureza mutualista, que visa garantir o valor necessário à cobertura de metade do valor da compensação devida por cessação do contrato de trabalho calculada nos termos do artigo 366º do Código do Trabalho, subtraído do montante já pago pelo empregador ao trabalhador.

6. O FGCT não responde por qualquer valor sempre que o empregador já tenha pago ao trabalhador valor igual ou superior a metade da compensação devida por cessação do contrato de trabalho calculada nos termos do artigo 366º do Código do Trabalho.

7. O ME é um meio alternativo ao FCT, pelo qual o empregador fica vinculado a conceder ao trabalhador garantia igual à que resultaria da vinculação do empregador ao FCT, nos termos definidos no nº 4.

Artigo 4º – Património e valores afetos

1. O FCT e o FGCT têm património próprio e as entregas que são legalmente recebidas são valores a estes afetos, geridos pelas correspondentes entidades gestoras.

2. Na composição do património do FCT e do FGCT, as entidades gestoras devem ter em conta os objetivos e as finalidades a suportar pelos mesmos, assegurando a observância do princípio de dispersão de riscos, bem como a segurança, o rendimento e a liquidez das aplicações efetuadas.

3. O património do FCT e do FGCT deve ser constituído, nomeadamente, por depósitos bancários, valores mobiliários, instrumentos representativos de dívida de curto prazo, ou outros ativos de natureza monetária.

4. Os ativos referidos no número anterior estão sujeitos aos limites fixados nos respetivos regulamentos de gestão.

Artigo 5º – Início, duração e extinção

1. O FCT e o FGCT iniciam a sua atividade, nos termos previstos na presente lei, na data da entrada em vigor dos respetivos regulamentos de gestão.

2. O FCT e o FGCT têm duração ilimitada.

3. O FCT e o FGCT extinguem-se quando, por qualquer causa, se esgotar o seu objeto, devendo proceder-se à liquidação do respetivo património.

Artigo 6º – Regime jurídico aplicável

1. O FCT e o FGCT regem-se pelas regras previstas na presente lei, nos respetivos regulamentos de gestão e nos respetivos regulamentos internos.

2. A gestão financeira do FCT e do FGCT, incluindo a organização da sua contabilidade, rege-se pelas regras previstas nos respetivos regulamentos de gestão e regulamentos internos.

Artigo 7º – Regulamentos

1. Os regulamentos de gestão do FCT e do FGCT são elaborados pelo respetivo presidente do conselho de gestão e aprovados pelo respetivo conselho de gestão.

2. Os regulamentos de gestão do FCT e do FGCT contêm os elementos que caracterizam cada um dos fundos, designadamente:

a) Denominação, sede e funções da entidade gestora;

b) Definição dos conceitos necessários ao adequado esclarecimento das condições de adesão;

c) Políticas de investimento;

d) Descrição dos critérios relativos a encargos a suportar;

e) As regras e o método de cálculo do valor dos ativos.

3. O regulamento de gestão do FGCT deve ainda prever o seu valor global mínimo anual, para efeitos da alínea *b)* do nº 1 do artigo 45º, que nunca deve ser inferior ao custo dos valores pagos no ano anterior, acrescidos de 50% do valor total remanescente, sem prejuízo do disposto no nº 2 do artigo 45º

4. Os regulamentos de gestão do FCT e do FGCT são publicados no *Diário da República.*

5. Os regulamentos internos do FCT e do FGCT são elaborados pelo presidente de cada conselho de gestão e sujeitos à aprovação do respetivo conselho de gestão.

Artigo 8º – Adesão

1. O empregador é obrigado a aderir ao FCT, salvo opção por adesão a ME.

2. A opção prevista no número anterior é efetuada em bloco, relativamente à totalidade dos trabalhadores ao serviço do respetivo empregador.

3. Com a celebração do primeiro contrato de trabalho abrangido pelo disposto na presente lei, e consequente comunicação de admissão do trabalhador ao FCT ou a ME, a adesão aos mesmos efetiva-se automaticamente, por via da inclusão do respetivo trabalhador naqueles.

4. O empregador deve incluir os trabalhadores no FCT ou em ME até à data do início de execução dos respetivos contratos de trabalho.

5. Nos casos previstos no artigo 16º, o cumprimento da obrigação do novo empregador, prevista no número anterior, pode ter lugar até 15 dias após a transmissão.

6. Após a celebração do primeiro contrato de trabalho abrangido pelo disposto na presente lei, o empregador procede à comunicação ao FCT e ao FGCT da admissão de novos trabalhadores, para efeitos da sua inclusão no FCT e no FGCT.

7. Com a adesão ao FCT é criada, pela entidade gestora, uma conta global, em nome do empregador, que prevê obrigatoriamente contas de registo individualizado, respeitantes a cada um dos seus trabalhadores.

8. A adesão ao FGCT opera de modo automático, com a adesão do empregador ao FCT ou a ME.

9. Sem prejuízo do disposto no número anterior, em caso de adesão a ME, a admissão de novos trabalhadores deve ser comunicada, pelo empregador, ao FGCT, até à data do início da execução dos respetivos contratos de trabalho.

10. O disposto nos números anteriores aplica-se, com as devidas adaptações, sempre que o contrato de trabalho de duração inferior ou igual a dois meses seja sujeito a prorrogação, cuja duração, adicionada à duração inicial, ultrapasse aquele prazo, devendo para o efeito o empregador, nesse momento, indicar a data de início de execução do respetivo contrato de trabalho.

11. Constitui contraordenação muito grave a violação dos nºs 1 a 6, 9 e 10.
(Redação dada pelo Decreto-Lei nº 210/2015, de 25-09)

Artigo 9º – Cessação da adesão

A adesão ao FCT e ao FGCT finda com a cessação da atividade do empregador no sistema de segurança social.

Artigo 10º – Impenhorabilidade e intransmissibilidade

Salvo nos casos previstos na presente lei, o saldo da conta global do empregador no FCT, incluindo a totalidade do saldo das contas de registo individualizado, respeitantes a cada um dos seus trabalhadores, é intransmissível e impenhorável.

Artigo 11º – Obrigação de pagamento

1. A adesão ao FCT determina, para o empregador, a obrigatoriedade do pagamento das respetivas entregas.

2. A adesão ao FCT ou a ME determina, para o empregador, a obrigatoriedade do pagamento de entregas para o FGCT.

3. As entregas a que se referem os números anteriores são devidas a partir do momento em que se inicia a execução de cada contrato de trabalho e até à sua cessação, salvo nos períodos em que inexista contagem de antiguidade.

4. No início da execução de cada contrato de trabalho, ou nas situações previstas no nº 10 do artigo 8º, o empregador deve declarar ao FGCT e, quando aplicável, ao FCT o valor da retribuição base do trabalhador, devendo esta declaração ser objeto de atualização e comunicação no prazo de cinco dias, sempre que se verifiquem alterações ao respetivo montante ou às diuturnidades a que o trabalhador venha a ter direito.

5. Constitui contraordenação muito grave a violação do disposto nos nºs 3 e 4, no que respeita à falta de declaração inicial do valor da retribuição base do trabalhador.

6. Constitui contraordenação grave a violação do disposto no nº 4, no que respeita à comunicação de atualização, sempre que devida.

(Redação dada pelo Decreto-Lei nº 210/2015, de 25-09)

Artigo 11º-A – Suspensão das entregas

1. Quando o saldo da conta individualizada do trabalhador atingir metade dos valores limite de compensação previstos no nº 2 do artigo 366º do Código do Trabalho, suspende-se a obrigação do empregador fazer entregas ao FCT referentes a esse trabalhador.

2. Sempre que das comunicações referidas na segunda parte do nº 4 do artigo 11º, ou da atualização da RMMG, resultar para o FCT que o saldo da conta individualizada do trabalhador não garante metade dos valores limite de compensação previstos no nº 2 do artigo 366º do Código do Trabalho, o empregador é notificado para retomar as entregas nos termos dos artigos 12º e 13º da presente lei.

3. Constitui contraordenação grave a violação da retoma das entregas nos termos previstos na parte final do número anterior.

(Aditado pelo Decreto-Lei nº 210/2015, de 25-09)

Artigo 11º-B – Dispensa de entregas ao Fundo de Compensação do Trabalho

1. Sempre que o contrato de trabalho celebrado reconheça ao trabalhador antiguidade que lhe confira direito a compensação de valor superior ao dos limites de compensação previstos no nº 2 do artigo 366º do Código do Trabalho, o empregador fica dispensado, no âmbito do FCT, de fazer entregas na conta individual do respetivo trabalhador.

2. Sempre que das comunicações referidas na segunda parte do nº 4 do artigo 11º, ou da atualização da RMMG, resultar para o FCT que o saldo da conta individualizada do trabalhador não garante metade dos valores limite de compensação previstos no nº 2 do artigo 366º do Código do Trabalho, o empregador é notificado para retomar as entregas nos termos dos artigos 12º e 13º da presente lei.

3. Constitui contraordenação grave a violação da parte final do disposto no nº 2.

(Aditado pelo Decreto-Lei nº 210/2015, de 25-09)

Artigo 11º-C – Diferimento e suspensão de prazos

Sem prejuízo das regras gerais e especiais de caducidade, as obrigações no âmbito da relação com o FCT, ME e o FGCT e de regularização de dívida aos referidos fundos cujo prazo termine no decurso do mês de agosto podem ser cumpridas até ao último dia desse mês, independentemente de ser útil, sem quaisquer acréscimos ou penalidades.

(Aditado pela Lei nº 24-D/2022, de 30-12)

Artigo 12º – Montante das entregas

1. O valor das entregas da responsabilidade do empregador para o FCT corresponde a 0,925% da retribuição base e diuturnidades devidas a cada trabalhador abrangido.

2. O valor das entregas da responsabilidade do empregador para o FGCT corresponde a 0,075% da retribuição base e diuturnidades devidas a cada trabalhador abrangido pelo FCT ou ME.

Artigo 13º – Formas de pagamento das entregas

1. O pagamento das entregas ao FCT e ao FGCT é efetuado nos termos e através dos meios eletrónicos que forem definidos na portaria prevista no nº 1 do artigo 59º da presente lei.

2. As entregas são pagas 12 vezes por ano, mensalmente, nos prazos previstos para o pagamento de contribuições e quotizações à segurança social e respeitam a 12 retribuições base mensais e diuturnidades, por cada trabalhador.

3. Constitui contraordenação grave a violação do disposto no número anterior.

Artigo 14º – Acionamento indevido do fundo de compensação do trabalho e do fundo de garantia de compensação do trabalho

Qualquer comportamento, do empregador ou do trabalhador, conducente ao acionamento do FCT ou do FGCT fora das condições e fins previstos na presente lei determina a recusa de pagamento dos valores requeridos.

Artigo 15º – Admissibilidade de transferência

1. A adesão ao FCT ou a ME não impede posterior transferência da totalidade dos trabalhadores ao serviço do empregador para ME ou FCT, respetivamente, contanto que tal transferência não prejudique, em caso algum, as garantias já conferidas e os valores já assegurados aos trabalhadores no que respeita ao período que antecede a transferência.

2. Em todas as situações previstas no Código do Trabalho, em que opere, a qualquer título, a transmissão da posição contratual do empregador a terceiro, por violação de normas legais, o empregador originário deve transferir para o novo empregador o saldo da conta de registo individualizado do respetivo trabalhador, incluindo a eventual valorização positiva.

3. Se, no caso previsto no número anterior, o trabalhador estiver incluído em ME, da referida transmissão para FCT ou para outro ME não pode resultar qualquer redução das garantias conferidas ao trabalhador pela presente lei.

4. Nos casos referidos nos nºs 2 e 3, tem aplicação o disposto nos nºs 2 a 7 do artigo seguinte, com as necessárias adaptações.

5. Constitui contraordenação muito grave a violação do disposto na parte final do nº 1 e nos nºs 2 e 3.

Artigo 16º – Transmissão de empresa ou de estabelecimento

1. Em caso de transmissão, por qualquer título, da titularidade de empresa ou de estabelecimento ou ainda de parte de empresa ou de estabelecimento que constitua uma unidade económica, nos termos do artigo 285º do Código do Trabalho ou de Instrumentos de Regulamentação Coletiva de Trabalho, o transmissário assume a titularidade da conta global que pertencia ao transmitente.

2. Sempre que a transmissão referida no número anterior imponha que o transmitente mantenha a titularidade da conta global relativamente a trabalhadores não abrangidos pela transmissão, o saldo da conta de registo individualizado dos trabalhadores incluídos na transmissão, incluindo a eventual valorização positiva, deve ser transmitido para a conta global do transmissário, já existente à data da transmissão.

3. Se, no caso previsto no número anterior, o transmissário não dispuser ainda de conta global no FCT, a mesma deve ser constituída, por adesão do transmissário àquele, aplicando-se, com as necessárias adaptações, o previsto no artigo 8º

4. A obrigação de adesão ao FCT referida no número anterior não é aplicável se o transmissário optar pela inclusão dos trabalhadores objeto da transmissão em ME.

5. Caso os trabalhadores se encontrem, à data da transmissão, incluídos em ME, a transmissão para o FCT ou para outro ME não pode, em caso algum, prejudicar as garantias já conferidas aos trabalhadores no que respeita ao período que antecede a transferência.

6. Se nos casos referidos nos nºs 1 a 3 e 5 resultar a vinculação do novo empregador ao FCT e a um ou mais mecanismos equivalentes, deve aquele, no prazo de seis meses, optar por uma destas alternativas.

7. O previsto na presente disposição não pode, em caso algum, prejudicar as garantias já conferidas aos trabalhadores no que respeita ao período que antecede a transferência.

8. Constitui contraordenação muito grave a violação do disposto nos nºs 1, 3 e 5 a 7 e no nº 2, quanto ao transmitente.

(Redação dada pelo Decreto-Lei nº 210/2015, de 25-09)

Artigo 17º – Despedimento ilícito

1. No seguimento de decisão judicial que, em caso de despedimento ilícito, imponha a reintegração do trabalhador, o empregador fica obrigado, no prazo de 30 dias contados a partir da data do trânsito em julgado daquela decisão, a nova inclusão do trabalhador no FCT e à consequente reposição do saldo da conta do registo individualizado do trabalhador à data do despedimento e às entregas que deixou de efetuar, relativamente a tal trabalhador, desde esta data.

2. O disposto do número anterior é aplicável, com as necessárias adaptações, ao FGCT e a ME.

3. No seguimento de decisão judicial transitada em julgado que declare o despedimento ilícito, caso o FGCT tenha sido acionado para pagamento de parte da compensação devida por cessação do contrato de trabalho calculada nos termos do artigo 366º do Código do Trabalho, o trabalhador deve, no prazo de 30 dias, devolver ao FGCT os valores que por este tenham sido adiantados.

4. A devolução referida no número anterior pode ser efetuada pelo montante global da dívida ou em prestações, mediante acordo, a celebrar com o FGCT, nos termos e nas condições aprovados por deliberação do respetivo conselho de gestão.

5. Após o recebimento dos montantes referidos no nº 3, o FGCT deve devolvê-los, no prazo de 15 dias, nas devidas proporções, ao FCT ou ao empregador, se aplicável.

6. Constitui contraordenação muito grave a violação do disposto nos nºs 1 a 3.

Artigo 18º – Entidades gestoras

1. Os respetivos conselhos de gestão do FCT e do FGCT têm as competências previstas nos artigos 22º e 38º

2. As entidades gestoras do FCT e do FGCT são, respetivamente, o Instituto de Gestão de Fundos de Capitalização da Segurança Social, I. P. (IGFCSS, I. P.), e o Instituto de Gestão Financeira da Segurança Social, I. P. (IGFSS, I. P.)

3. São atribuições gerais das entidades gestoras do FCT e do FGCT, designadamente:

a) Gerir o investimento, praticando os atos e operações necessários à boa concretização da política de investimento, nomeadamente:

- *i*) Selecionar os ativos;
- *ii*) Adquirir e alienar os ativos, cumprindo as formalidades necessárias para a válida e regular transmissão dos mesmos;
- *iii*) Exercer os direitos relacionados com os ativos;

b) Administrar o FCT e o FGCT e valores a estes afetos, nomeadamente:

- *i*) Assegurar os serviços jurídicos e de contabilidade necessários à gestão dos fundos;
- *ii*) Esclarecer e analisar as questões e reclamações;
- *iii*) Cumprir e controlar a observância das normas aplicáveis, do regulamento de gestão, do regulamento interno e dos contratos celebrados no âmbito da atividade do FCT e do FGCT;
- *iv*) Efetuar os procedimentos de liquidação e de compensação;
- *v*) Conservar documentos.

4. O IGFCSS, I. P., assegura ainda o funcionamento do FCT, celebrando, para o efeito, protocolos com o Instituto da Segurança Social, I. P. (ISS, I. P.), ou com as instituições de segurança social competentes das regiões autónomas.

5. O IGFSS, I. P., assegura ainda o funcionamento do FGCT, celebrando, para o efeito, protocolos com o ISS, I. P., ou com as instituições de segurança social competentes das regiões autónomas.

6. A gestão económica e financeira do FCT e do FGCT é disciplinada pelos respetivos planos de atividades, orçamentos, relatórios de contas e balanços anuais.

Artigo 19º – Política de investimento

A política de investimento do FCT e do FGCT, especificando os princípios aplicáveis em matéria de definição, implementação e controlo da mesma, encontra-se definida nos respetivos regulamentos de gestão.

Artigo 20º – Despesas de funcionamento

1. As despesas de funcionamento do FCT e do FGCT apenas são cobertas por dedução aos rendimentos obtidos com a aplicação de capitais, não podendo essas deduções ultrapassar 25% do rendimento gerado.

2. Em virtude de os custos iniciais de investimento poderem ser insuscetíveis de cobertura pelo valor disponibilizado para custear as despesas de funcionamento, pode o conselho de gestão, no terceiro ano de vigência dos respetivos fundos, aprovar acerto de contas, atendendo aos custos apurados e não cobertos até então.

CAPÍTULO III – Fundo de Compensação do Trabalho

Artigo 21º – Conselho de gestão

1. O FCT é gerido por um conselho de gestão composto por um presidente e 11 vogais.

2. O conselho de gestão integra:

a) O presidente do IGFCSS, I. P., que preside;

b) Um representante designado pelo membro do Governo responsável pela área das finanças;

c) Um representante designado pelo membro do Governo responsável pela área laboral;

d) Um representante designado pelo membro do Governo responsável pela área da segurança social;

e) Um representante de cada uma das confederações de empregadores com assento na Comissão Permanente de Concertação Social;

f) Dois representantes de cada uma das confederações sindicais com assento na Comissão Permanente de Concertação Social.

3. Por cada membro efetivo é também designado um membro suplente.

4. Cabe às entidades indicadas no nº 2 designar os respetivos representantes.

5. O presidente do conselho de gestão tem voto de qualidade.

6. A organização e o funcionamento do conselho de gestão regem-se pelo disposto no regulamento interno.

7. O presidente do IGFCSS, I. P., e os representantes designados pelos membros do Governo, bem como os seus suplentes, não são remunerados pelo exercício de funções como membros do conselho de gestão.

Artigo 22º – Competências do conselho de gestão

Compete ao conselho de gestão:

a) A aprovação do plano de atividades e do orçamento;

b) A aprovação do relatório de atividades e do relatório de contas e balanço anuais;

c) Acompanhar as atividades do FCT, apresentando ao presidente propostas, sugestões, recomendações ou pedidos de esclarecimento que entender convenientes, bem como propor a adoção de medidas que julgue necessárias à realização dos seus fins;

d) Aprovar o regulamento de gestão do FCT, devendo o mesmo ser publicado no *Diário da República;*

e) Aprovar o regulamento interno do FCT, que deve ser publicitado no sítio na Internet.

Artigo 23º – Reuniões do conselho de gestão

1. O conselho de gestão reúne ordinariamente uma vez por mês e extraordinariamente sempre que o respetivo presidente o convoque, por sua iniciativa ou a solicitação de um terço dos seus membros.

2. Os membros do conselho de gestão podem delegar o seu voto dentro de cada representação.

Artigo 24º – Competências do presidente do conselho de gestão

1. Compete ao presidente do conselho de gestão:

a) Dirigir a atividade do FCT, assegurando o desenvolvimento das suas atribuições;

b) Gerir os recursos financeiros do FCT;

c) Emitir as diretrizes de natureza interna adequadas ao bom funcionamento do FCT;

d) Elaborar o regulamento interno necessário à organização e ao funcionamento do FCT, bem com o regulamento de gestão, submetendo-os à apreciação e aprovação do conselho de gestão;

e) Executar e implementar, no âmbito da sua autonomia funcional, as orientações, as sugestões e as deliberações do conselho de gestão;

f) Elaborar relatórios mensais da atividade desenvolvida, que incluam informação sobre o volume de solicitações, questões e reclamações apresentadas, o sentido das decisões, sobre as diligências de recuperação de créditos em curso, bem como informação referente às receitas arrecadadas e às despesas efetuadas, submetendo-os à apreciação do conselho de gestão;

g) Elaborar o plano anual de atividades e o orçamento anual e submetê-los à apreciação e aprovação do conselho de gestão;

h) Elaborar o relatório anual de atividades e o relatório de contas e balanço de cada exercício e submetê-los à apreciação e aprovação do conselho de gestão;

i) Assegurar a representação do FCT em juízo ou fora dele, bem como conferir mandato para esse efeito;

j) Autorizar despesas com a aquisição, alienação ou locação de bens e serviços e a realização de empreitadas, dentro dos limites fixados por lei e de acordo com o previsto no plano e no orçamento;

k) Estabelecer relações com as instituições do sistema bancário;

l) Assegurar o pagamento dos valores devidos aos empregadores;

m) Exercer as demais competências que lhe sejam delegadas ou subdelegadas pelo conselho de gestão.

2. Nas suas ausências e impedimentos, o presidente é substituído por quem o conselho de gestão indicar.

3. Os documentos previstos nas alíneas *f*), *g*) e *h*) do nº 1 devem ser publicitados no sítio na Internet.

Artigo 25º – Fiscal único

1. O fiscal único é designado, de entre revisores oficiais de contas, pelo conselho de gestão, do qual deve constar ainda a designação do fiscal suplente.

2. Os mandatos do fiscal único e do fiscal suplente têm a duração de três anos, podendo ser renovados por iguais períodos de tempo.

3. A remuneração do fiscal único é definida pelo conselho de gestão.

Artigo 26º – Competências do fiscal único

Compete ao fiscal único:

a) Acompanhar a gestão financeira do FCT;

b) Emitir parecer sobre o orçamento, o plano anual de atividades, o relatório de contas e o balanço anuais;

c) Fiscalizar a execução da contabilidade do FCT e o cumprimento dos normativos aplicáveis, informando o conselho de gestão de qualquer anomalia detetada;

d) Fiscalizar a eficácia do sistema de gestão de riscos e do sistema de controlo interno;

e) Solicitar ao conselho de gestão reuniões conjuntas quando, no âmbito das suas competências, o entender;

f) Pronunciar-se sobre qualquer assunto de interesse para o FCT que seja submetido à sua apreciação pelo presidente do conselho de gestão;

g) Elaborar relatórios trimestrais e relatório anual sobre a ação fiscalizadora exercida;

h) Acompanhar as operações de satisfação de créditos dos empregadores e respetiva recuperação desenvolvidas pelo FCT.

Artigo 27º – Vinculação

1. O FCT obriga-se pela assinatura do presidente do conselho de gestão e de um dos outros membros do conselho de gestão, a definir no regulamento de gestão.

2. Os atos de mero expediente de que não resultem obrigações para o FCT podem ser assinados por aquele a quem tal poder tenha sido expressamente conferido pelo conselho de gestão.

Artigo 28º – Receitas do fundo de compensação do trabalho

Constituem receitas do FCT:

a) As entregas;

b) Os proveitos derivados dos investimentos realizados;

c) Os montantes resultantes das cobranças coercivas, respeitantes ao FCT, deduzidas as custas;

d) As transferências dos excedentes dos saldos anuais do FGCT, quando a elas haja lugar;

e) Outras receitas decorrentes da gestão do fundo.

Artigo 29º – Despesas do fundo de compensação do trabalho

Constituem despesas do FCT:

a) Os valores dos reembolsos pagos;

b) As despesas de administração e de gestão;

c) Outras despesas previstas no respetivo regulamento de gestão;

d) Valores pagos ao FGCT.

Artigo 30º – Contas

1. O montante das entregas é mensalmente creditado na conta global do empregador e alocado às contas de registo individualizado de cada trabalhador.

2. O saldo das contas de registo individualizado de cada trabalhador é, em cada momento, o resultado da valorização dos montantes alocados às mesmas, nos termos do respetivo regulamento de gestão, bem como da distribuição dos eventuais excedentes provenientes do FGCT.

Artigo 31º – Saldo

O saldo global da conta do empregador traduz, em cada momento, o somatório do valor apurado em cada uma das contas de registo individualizado de cada trabalhador.

Artigo 32º – Informação

A entidade gestora deve disponibilizar ao empregador, através de sítio na Internet, informação atualizada sobre o montante das entregas feitas e a valorização da conta do empregador e respetivas contas de regisţo individualizado de cada trabalhador, relativamente aos 12 meses anteriores.

Artigo 33º – Pagamento ao trabalhador

1. Em caso de cessação de contrato de trabalho que origine o direito à compensação calculada nos termos do artigo 366º do Código do Trabalho, o empregador paga ao trabalhador a totalidade do valor da compensação, nos termos e nas condições previstas no Código do Trabalho, sem prejuízo do direito ao reembolso previsto no artigo seguinte.

2. Sempre que o empregador não efetue, total ou parcialmente, o pagamento previsto no número anterior, pode o trabalhador acionar o FGCT, pelo valor necessário à cobertura de metade do valor da compensação devida por cessação do contrato de trabalho, calculada nos termos do artigo 366º do Código do Trabalho, subtraído do montante já pago pelo empregador ao trabalhador, nos termos dos artigos 46º a 49º da presente lei.

3. O FGCT não responde por qualquer valor sempre que o empregador já tenha pago ao trabalhador valor igual ou superior a metade da compensação devida por cessação do contrato de trabalho calculada nos termos do artigo 366º do Código do Trabalho.

Artigo 34º – Direito ao reembolso por parte do empregador

1. Sem prejuízo do disposto no nº 4, em qualquer caso de cessação do contrato de trabalho, o empregador pode solicitar ao FCT, com uma antecedência máxima de 20 dias relativamente à data da cessação do contrato de trabalho, o reembolso do saldo da conta de registo individualizado do respetivo trabalhador, incluindo eventual valorização positiva, informando o FCT da existência de obrigação do pagamento de compensação ao trabalhador.

2. O reembolso previsto no número anterior deve ser efetuado pelo FCT ao empregador no prazo de máximo de 10 dias a contar da data do pedido de reembolso.

3. Caso a cessação do contrato de trabalho não determine a obrigação de pagamento de compensação, calculada nos termos do artigo 366º do Código do Trabalho, o valor reembolsado pelo FCT reverte para o empregador, sem prejuízo do disposto no número seguinte.

4. Nos casos de transmissão por Instrumento de Regulamentação Coletiva de Trabalho, previstas no artigo 16º, o reembolso a que se refere o número anterior deve ser efetuado, por rateio, a todas as entidades empregadoras que tenham contribuído para essa conta individual, em função dos descontos que cada uma tenha efetuado, devendo o FCT, para o efeito, notificar cada uma delas, no prazo de 90 dias a contar da data em que o empregador tenha solicitado ao FCT o respetivo reembolso, ou comunicado a data da cessação do contrato, consoante a que ocorrer primeiro.

5. O FCT comunica à Autoridade para as Condições do Trabalho (ACT) e ao FGCT o reembolso efetuado nos termos dos números anteriores, no prazo máximo de quatro dias a contar da realização do mesmo.

6. Sem prejuízo do disposto no nº 1 do artigo 17º, sempre que, após apresentação de pedido de reembolso, pelo empregador ao FCT, a cessação do contrato de trabalho não venha a ocorrer, deve o empregador devolver ao FCT o valor reembolsado no prazo de 10 dias contados a partir da não verificação da cessação do contrato de trabalho.

7. O empregador que, após um ano contado da data da cessação do contrato de trabalho, não tenha solicitado ao FCT o reembolso do saldo da conta de registo individualizado do trabalhador e a eventual valorização positiva, é notificado pelo FCT para o efeito, fixando-lhe prazo não superior a 30 dias, a partir do qual não beneficia de eventuais valorizações positivas.

8. Constitui contraordenação grave a violação do disposto no nº 6.

9. Constitui contraordenação muito grave a não entrega, total ou parcial, pelo empregador ao trabalhador, em prazo igual ou inferior ao estabelecido no nº 2 do artigo 56º, do valor reembolsado pelo FCT, por conta da obrigação de pagamento de compensação calculada nos termos do artigo 366º do Código do Trabalho.
(Redação dada pelo Decreto-Lei nº 210/2015, de 25-09)

Artigo 35º - Incumprimento da entrega

1. A falta de pagamento da entrega mensal devida ao FCT pelo empregador determina a não capitalização do respetivo montante em falta durante o período de incumprimento e a imputação na conta do empregador das despesas inerentes ao procedimento de regularização, bem como das despesas administrativas de manutenção da conta, nos termos descritos no regulamento de gestão.

2. Verificado o incumprimento, o empregador é notificado pela entidade gestora para proceder à respetiva regularização, constando da notificação as consequências do incumprimento estabelecidas no número anterior.

3. A falta de regularização voluntária dos valores devidos ao FCT determina a constituição de dívida, nos termos e para os efeitos do capítulo VI, sem prejuízo da contraordenação prevista no nº 5 do artigo 11º, na parte que respeita ao disposto no nº 3 daquela disposição.

CAPÍTULO IV - Mecanismo equivalente

Artigo 36º - Regime

1. Em alternativa ao FCT pode o empregador optar por ME, pelo qual o empregador fica vinculado a conceder ao trabalhador garantia igual à que resultaria da sua vinculação ao FCT.

2. Caso opte pelo ME, o empregador fica obrigado a subscrevê-lo e a mantê-lo em vigor desde o início da execução do contrato de trabalho até à cessação do mesmo, conferindo, por esta via, ao trabalhador a garantia prevista no número anterior, sem prejuízo do disposto nos números seguintes.

3. Sem prejuízo do disposto no nº 2 do artigo 8º, o empregador pode optar por aderir a diferentes mecanismos equivalentes relativamente aos seus trabalhadores desde que de tal não resulte prática discriminatória em relação a qualquer trabalhador.

4. O empregador pode transferir as obrigações garantidas por um ME para outro desde que de tal alteração não resulte qualquer prejuízo relativamente à cobertura garantida pelo ME inicial.

5. Na eventualidade de o ME, ainda que respeitando o disposto no nº 1 do presente artigo, não assegurar a cobertura de montante correspondente a metade da compensação devida por cessação do contrato de trabalho calculada nos termos do artigo 366º do Código do Trabalho, pode o trabalhador acionar o FGCT pelo valor necessário à cobertura de metade do valor daquela, subtraído do montante já pago pelo empregador ao trabalhador.

6. O FGCT não responde por qualquer valor sempre que o empregador já tenha pago ao trabalhador valor igual ou superior a metade da compensação devida por cessação do contrato de trabalho calculada nos termos do artigo 366º do Código do Trabalho.

7. O ME apenas pode ser constituído pelo empregador junto de instituições sujeitas a supervisão do Banco de Portugal ou do Instituto de Seguros de Portugal desde que estejam legalmente autorizadas a exercer a gestão e comercialização desse instrumento, o qual deve ser identificado como ME.

8. No caso das empresas de trabalho temporário, não constitui ME a caução prevista no artigo 7º do Decreto-Lei nº 260/2009, de 25 de setembro.

9. O ME está sujeito a prévia comunicação às respetivas entidades competentes, tal qual referidas no nº 7, que devem emitir parecer expresso de conformidade de tal instrumento com os objetivos e os interesses visados proteger, na presente lei, com o FCT.

10. Ao ME aplica-se, com as necessárias adaptações, o regime do FCT, em tudo o que não for incompatível com o disposto no presente capítulo.

11. Constitui contraordenação muito grave a violação do disposto no nº 2, na parte final do nº 3, na parte final do nº 4 e a comunicação prévia prevista no nº 9.

12. Constitui contraordenação muito grave a não entrega, total ou parcial, pelo empregador ao trabalhador, em prazo igual ou inferior ao estabelecido no nº 2 do artigo 56º, do valor reembolsado por ME, por conta da obrigação de pagamento de compensação calculada nos termos do artigo 366º do Código do Trabalho.

CAPÍTULO V – Fundo de Garantia de Compensação do Trabalho

Artigo 37º – Conselho de gestão do fundo de garantia de compensação do trabalho

1. O FGCT é gerido por um conselho de gestão composto por um presidente e 11 vogais.

2. O conselho de gestão integra:

a) O presidente do IGFSS, I. P., que preside;

b) Um representante designado pelo membro do Governo responsável pela área das finanças;

c) Um representante designado pelo membro do Governo responsável pela área laboral;

d) Um representante designado pelo membro do Governo responsável pela área da segurança social;

e) Um representante de cada uma das confederações de empregadores com assento na Comissão Permanente de Concertação Social;

f) Dois representantes de cada uma das confederações sindicais com assento na Comissão Permanente de Concertação Social.

3. Por cada membro efetivo é, também, designado um membro suplente.

4. Cabe às entidades indicadas no nº 2 designar os respetivos representantes.

5. O presidente do conselho de gestão tem voto de qualidade.

6. A organização e o funcionamento do conselho de gestão regem-se pelo disposto no regulamento interno.

7. O presidente do IGFSS, I. P., e os representantes designados pelos membros do Governo, bem como os seus suplentes, não são remunerados pelo exercício de funções como membros do conselho de gestão.

Artigo 38º – Competências do conselho de gestão

1. Compete ao conselho de gestão:

a) A aprovação do plano de atividades e do orçamento;

b) A aprovação do relatório de atividades e do relatório de contas e balanço anuais;

c) Acompanhar as atividades do FGCT, apresentando ao presidente propostas, sugestões, recomendações ou pedidos de esclarecimento que entender convenientes, bem como propor a adoção de medidas que julgue necessárias à realização dos seus fins;

d) Aprovar o regulamento de gestão do FGCT, devendo o mesmo ser publicado no *Diário da República;*

e) Aprovar o regulamento interno do FGCT, que deve ser publicitado no sítio na Internet.

2. O conselho de gestão do FGCT pode ainda solicitar aos mecanismos equivalentes toda e qualquer informação que entenda essencial ao regular funcionamento do FGCT, devendo aqueles prestar tais esclarecimentos no prazo máximo de cinco dias.

Artigo 39º – Reuniões do conselho de gestão

1. O conselho de gestão reúne ordinariamente uma vez por mês e extraordinariamente sempre que o respetivo presidente o convoque, por sua iniciativa ou a solicitação de um terço dos seus membros.

2. Os membros do conselho de gestão podem delegar o seu voto dentro de cada representação.

Artigo 40º – Competências do presidente do conselho de gestão

1. Compete ao presidente do conselho de gestão:

a) Dirigir a atividade do FGCT, assegurando o desenvolvimento das suas atribuições;

b) Gerir os recursos financeiros do FGCT;

c) Emitir as diretrizes de natureza interna adequadas ao bom funcionamento do FGCT;

d) Elaborar o regulamento interno necessário à organização e ao funcionamento do FGCT, bem como o regulamento de gestão, submetendo-os à apreciação e aprovação do conselho de gestão;

e) Executar e implementar, no âmbito da sua autonomia funcional, as orientações, as sugestões e as deliberações formuladas pelo conselho de gestão;

f) Elaborar relatórios mensais da atividade desenvolvida, que incluam informação sobre o volume de requerimentos apresentados, o sentido das decisões, o volume e a duração das pendências, bem como informação referente às receitas arrecadadas e às despesas efetuadas, submetendo-os à apreciação do conselho de gestão;

g) Elaborar o plano anual de atividades e o orçamento anual e submetê-los à apreciação e aprovação do conselho de gestão;

h) Elaborar o relatório anual de atividades e o relatório de contas e balanço de cada exercício e submetê-los à apreciação e aprovação do conselho de gestão;

i) Assegurar a representação do FGCT, em juízo ou fora dele, bem como conferir mandato para esse efeito;

j) Autorizar despesas com a aquisição, a alienação ou a locação de bens e serviços e a realização de empreitadas, dentro dos limites fixados por lei;

k) Estabelecer relações com as instituições do sistema bancário;

l) Assegurar o pagamento dos valores reclamados;

m) Promover a recuperação dos créditos em que ficar sub-rogado por via da sua satisfação aos trabalhadores, desenvolvendo todas as diligências judiciais e extrajudiciais adequadas a tal fim;

n) Exercer as demais competências que lhe sejam delegadas ou subdelegadas pelo conselho de gestão.

2. Nas suas ausências e impedimentos, o presidente é substituído por quem o conselho de gestão indicar.

Artigo 41º – Fiscal único

1. O fiscal único é designado, de entre revisores oficiais de contas, pelo conselho de gestão, do qual deve constar ainda a designação do fiscal suplente.

2. Os mandatos do fiscal único e do fiscal suplente têm a duração de três anos, podendo ser renovados por iguais períodos de tempo.

3. A remuneração do fiscal único é definida pelo conselho de gestão.

Artigo 42º – Competências do fiscal único

Compete ao fiscal único:

a) Acompanhar a gestão financeira do FGCT;

b) Emitir parecer sobre o orçamento, o plano anual de atividades, o relatório de contas e o balanço anuais;

c) Fiscalizar a execução da contabilidade do FGCT e o cumprimento dos normativos aplicáveis, informando o conselho de gestão de qualquer anomalia detetada;

d) Fiscalizar a eficácia do sistema de gestão de riscos e do sistema de controlo interno;

e) Solicitar ao conselho de gestão reuniões conjuntas quando, no âmbito das suas competências, o entender;

f) Pronunciar-se sobre qualquer assunto de interesse para o FGCT que seja submetido à sua apreciação pelo presidente do conselho de gestão;

g) Elaborar relatórios trimestrais e relatório anual sobre a ação fiscalizadora exercida;

h) Acompanhar as operações de satisfação de valores reclamados pelos trabalhadores e respetiva recuperação desenvolvidas pelo FGCT.

Artigo 43º – Vinculação

1. O FGCT obriga-se pela assinatura do presidente do conselho de gestão e de um dos outros membros do conselho de gestão, a definir no regulamento de gestão.

2. Os atos de mero expediente de que não resultem obrigações para o FGCT podem ser assinados por aquele a quem tal poder tenha sido expressamente conferido pelo conselho de gestão.

Artigo 44º – Receitas do fundo de garantia de compensação do trabalho

Constituem receitas do FGCT:

a) As entregas;

b) Os proveitos derivados dos investimentos realizados;

c) Os montantes resultantes das cobranças coercivas, respeitantes ao FGCT, deduzidas as custas;

d) O valor das contraordenações cobradas no âmbito da presente lei, sem prejuízo do disposto no artigo 54º;

e) Outras receitas decorrentes da gestão do fundo;

f) A receita gerada por juros de mora decorrentes de situações de incumprimento.

Artigo 45º – Despesas do fundo de garantia de compensação do trabalho

1. Constituem despesas do FGCT:

a) Os valores pagos a título de compensação;

b) As transferências do FGCT para o FCT, e para mecanismos equivalentes, de 50% dos saldos anuais excedentários do fundo previstos no regulamento de gestão;

c) As despesas de administração e de gestão;

d) Outras despesas relacionadas com o Fundo e previstas no respetivo regulamento de gestão.

2. As transferências de saldos anuais do FGCT para o FCT, e para mecanismos equivalentes, previstas na alínea *b*) do número anterior só têm lugar decorridos três anos após a constituição do FGCT, excetuando verificação antecipada de saldos sustentáveis.

Artigo 46º – Procedimento

1. O trabalhador pode requerer ao FGCT o valor necessário à cobertura de metade do valor da compensação devida por cessação do contrato de trabalho calculada nos termos do artigo 366º do Código do Trabalho, subtraído do montante já pago pelo empregador ao trabalhador.

2. O FGCT não responde por qualquer valor sempre que o empregador já tenha pago ao trabalhador valor igual ou superior a metade da compensação devida por cessação do contrato de trabalho calculada nos termos do artigo 366º do Código do Trabalho.

3. O FGCT efetua o pagamento referido nos números anteriores mediante requerimento do trabalhador, no qual consta, designadamente, a identificação do requerente, do empregador e, sendo o caso, do ME.

4. Para pagamento ao trabalhador, o FGCT solicita ao FCT informação relativa:

a) Aos montantes pagos ao empregador;

b) Aos montantes disponíveis na conta de registo individualizado do trabalhador.

5. Para pagamento ao trabalhador, o FGCT solicita ainda ao empregador informação relativa à cessação do contrato de trabalho, nomeadamente a que título esta operou, bem como relativa aos montantes eventualmente pagos pelo empregador ao trabalhador a título de compensação, devida por cessação do contrato de trabalho, calculada nos termos do artigo 366º do Código do Trabalho.

6. O FCT e o empregador devem prestar a informação solicitada nos números anteriores no prazo de quatro dias.

7. Os montantes referidos na alínea *b)* do nº 4 devem ser remetidos ao FGCT no prazo de 4 dias a contar da data do pedido de transferência dos montantes.

8. O disposto nos números anteriores é aplicável a ME, com as necessárias adaptações.

9. Constitui contraordenação grave o incumprimento, por parte do empregador, do disposto no nº 6.

Artigo 47º – Prazo de apreciação

1. O requerimento entregue ao FGCT pelo trabalhador deve ser objeto de decisão final, no prazo de 20 dias a contar da respetiva apresentação.

2. Sempre que a tanto haja lugar, o pagamento ao trabalhador deve ser efetuado pelo FGCT, dentro do prazo referido no número anterior.

Artigo 48º – Decisão

1. A decisão proferida é notificada ao trabalhador e ao empregador, com a indicação, em caso de deferimento total ou parcial, designadamente, do montante a pagar e da forma de pagamento.

2. Sempre que o Fundo de Garantia Salarial o requeira, a decisão deve ser-lhe notificada, com indicação dos valores eventualmente pagos pelo empregador.

Artigo 49º – Incumprimento da entrega

1. A falta de pagamento da entrega mensal devida ao FGCT pelo empregador determina a sua notificação pela entidade gestora para proceder à respetiva regularização, constando da notificação as consequências do incumprimento.

2. A falta de regularização voluntária dos valores devidos ao FGCT determina a constituição de dívida, nos termos e para os efeitos do disposto nos artigos 51º e seguintes, sem prejuízo da contraordenação prevista no nº 5 do artigo 11º, na parte que respeita ao disposto no nº 3 daquela disposição.

Artigo 50º – Regime subsidiário

Ao FGCT aplica-se, com as necessárias adaptações, o regime do FCT, em tudo o que não for incompatível com o disposto no presente capítulo.

CAPÍTULO VI – Regularização da dívida ao Fundo de Compensação do Trabalho e ao Fundo de Garantia de Compensação do Trabalho

Artigo 51º – Regularização da dívida

1. A dívida pode ser regularizada através do seu pagamento voluntário.

2. O pagamento voluntário pode ser efetuado pelo montante global da dívida ou em prestações, mediante acordo, a celebrar com o FCT ou com o FGCT, nos casos e nas condições aprovadas por deliberação dos respetivos conselhos de gestão.

3. A falta de regularização voluntária da dívida determina a sua cobrança coerciva, sendo para tal a mesma equiparada a dívidas à segurança social.

4. A cobrança coerciva tem por base certidão emitida pelo presidente do conselho de gestão do respetivo fundo.

5. A certidão deve conter assinatura devidamente autenticada, a data em que foi emitida, o nome e o domicílio do devedor, a proveniência da natureza dos créditos e a indicação, por extenso, do seu montante, bem como a data a partir da qual são devidos juros de mora e sobre que importância estes incidem.

Artigo 52º – Sub-rogação legal

1. No referente aos valores da compensação legalmente devida, na parcela garantida pela presente lei, fica o FGCT sub-rogado nos direitos de crédito e respetivas garantias dos trabalhadores, incluindo privilégios creditórios, na medida dos pagamentos efetuados, acrescidos de juros de mora.

2. Sendo o património do empregador insuficiente para garantir o pagamento da totalidade dos créditos referidos no número anterior, designadamente os da massa insolvente, os créditos em que o FGCT ficou sub-rogado são pagos imediatamente após satisfeitos os créditos dos trabalhadores.

CAPÍTULO VII – Responsabilidade criminal e contraordenacional

Artigo 53º – Fiscalização e aplicação de coimas

1. A fiscalização e o procedimento de contraordenações previstas na presente lei relativas à conduta do empregador são da competência da ACT.

2. O FCT, o FGCT e os mecanismos equivalentes têm o dever de comunicar à ACT, no prazo de 30 dias, todo e qualquer incumprimento, pelo empregador, das obrigações previstas na presente lei.

3. Sem prejuízo do disposto no número anterior, o FCT, o FGCT e os mecanismos equivalentes têm o dever de prestar a informação necessária à ACT de modo que esta possa fiscalizar o cumprimento das obrigações previstas no presente diploma relativamente aos empregadores.

4. Sempre que existam fundadas dúvidas quanto ao cumprimento das obrigações, pelo empregador, o FCT e o FGCT podem solicitar à ACT as correspondentes ações inspetivas.

(Redação dada pelo Decreto-Lei nº 210/2015, de 25-09)

Artigo 54º – Destino das coimas

1. Nos processos de contraordenação previstos nesta lei, metade do produto da coima aplicada reverte para a ACT, a título de compensação de custos de funcionamento e de despesas processuais, constituindo o remanescente receita do FGCT.

2. A ACT transfere trimestralmente para o FGCT as importâncias a que este tem direito, nos termos do número anterior.

Artigo 55º – Regime subsidiário

Relativamente às infrações praticadas pelo empregador, aplica-se subsidiariamente o regime de responsabilidades penal e contraordenacional previsto nos artigos 546º a 565º do Código do Trabalho, bem como o regime processual aplicável às contraordenações laborais e de segurança social, aprovado pela Lei nº 107/2009, de 14 de setembro.

Artigo 56º – Abuso de confiança

1. O empregador que não entregue ao trabalhador, total ou parcialmente, o valor da compensação reembolsado pelo FCT ou pelo ME, que seja devido ao trabalhador, é punido com as penas previstas nos nºs 1 e 5 do artigo 105º do Regime Geral das Infrações Tributárias, aprovado pela Lei nº 15/2001, de 5 de junho.

2. Os factos descritos no número anterior só são puníveis se tiverem decorrido mais de 90 dias sobre o termo do prazo estipulado para a efetivação do reembolso, pelo FCT ou pelo ME ao empregador.

CAPÍTULO VIII – Disposições finais

Artigo 57º – Disposições fiscais

1. O FCT e o FGCT são equiparados a fundos de capitalização administrados pelas instituições da segurança social para efeitos do disposto na alínea *d*) do nº 1 do artigo 9º do Código do Imposto sobre o Rendimento das Pessoas Coletivas (IRC), aprovado pelo Decreto-Lei nº 442-B/88, de 30 de novembro.

2. Os pagamentos aos trabalhadores, efetuados nos termos do nº 2 do artigo 33º, são enquadráveis no disposto nos nºs 4 a 7 do artigo 2º do Código do Imposto sobre o Rendimento das Pessoas Singulares (IRS), aprovado pelo Decreto-Lei nº 442-A/88, de 30 de novembro, com as necessárias adaptações.

3. As entregas efetuadas ao FGCT são consideradas gasto fiscal, nos termos da alínea *d*) do nº 1 do artigo 23º do IRC, no período de tributação em que são efetuadas.

4. O reembolso à entidade empregadora do saldo da conta de registo individualizado do respetivo trabalhador é considerado rendimento para efeitos fiscais, pelo montante correspondente à valorização positiva gerada pelas aplicações financeiras dos valores afetos ao FCT, deduzido das respetivas despesas administrativas.

Artigo 58º – Cooperação

Sem prejuízo do dever de sigilo a que estão obrigados, os conselhos de gestão e as entidades gestoras do FCT, do FGCT e dos mecanismos equivalentes, bem como as entidades competentes para a fiscalização e a supervisão, estão sujeitas ao dever de cooperação, devendo, nomeadamente, estabelecer mecanismos de troca de informação, com vista a garantir o desempenho eficiente das suas atribuições.

Artigo 59º – Regulamentação

1. Todas as matérias relativas ao modelo de operacionalização das relações entre empregador e os fundos, trabalhador e os fundos, bem como dos intervenientes no sistema com as entidades fiscalizadoras são objeto de portaria dos membros do Governo responsáveis pelas áreas das finanças, laboral e da segurança social, com prévia audição dos Parceiros Sociais com assento na Comissão Permanente de Concertação Social.

2. As aquisições necessárias à criação e à implementação do sistema de informação ficam dispensadas das regras gerais da contratação pública, sem prejuízo do acompanhamento e da aprovação do procedimento de aquisições pela Agência para a Modernização Administrativa, I. P., em coordenação com o Instituto de Informática, I. P.

Artigo 60º – Avaliação da implementação

1. No prazo de três anos a contar da data de entrada em funcionamento do FCT, a implementação das medidas daqui decorrentes são objeto de avaliação em articulação com a Comissão Permanente de Concertação Social.

2. No prazo e no âmbito da avaliação referidos no número anterior, deve ser apreciada a possibilidade de, mediante alteração do regime jurídico previsto na presente lei, a gestão do FCT poder ser exercida também por entidades privadas, selecionadas mediante concurso público.

Artigo 61º – Entrada em vigor

1. A presente lei entra em vigor no dia 1 de outubro de 2013.

2. O nº 2 do artigo 59º da presente lei entra em vigor no dia seguinte ao da sua publicação.

Aprovada em 29 de julho de 2013.

A Presidente da Assembleia da República, *Maria da Assunção A. Esteves.*

Promulgada em 22 de agosto de 2013.

Publique-se.

O Presidente da República, ANÍBAL CAVACO SILVA.

Referendada em 26 de agosto de 2013.

O Primeiro-Ministro, *Pedro Passos Coelho.*

Regime Jurídico do Contrato de Trabalho do Serviço Doméstico

Decreto-Lei nº 235/92, de 24 de outubro

O Decreto-Lei nº 508/80, de 21 de Outubro, actualmente em vigor, definiu, pela primeira vez, no nosso ordenamento jurídico, um regime específico regulamentador do contrato de serviço doméstico.

Até à data da sua entrada em vigor, as normas regulamentadoras deste tipo de contrato eram as do Código Civil de 1867, que, pela época em que foram produzidas, se mostravam completamente desfasadas da realidade social.

Tratando-se da primeira tentativa de regular, global e coerentemente, a prestação de trabalho doméstico e tendo surgido numa época de profundas mutações na concepção dos regimes disciplinadores da relação de trabalho, o referido diploma não poderia deixar de ter, naturalmente, um período de vigência transitório.

Decorridos cerca de 10 anos, reconhece-se que a dinâmica das relações laborais e a melhoria das condições de vida dos agregados familiares justificam uma revisão de algumas matérias do actual regime.

A circunstância de o trabalho doméstico ser prestado a agregados familiares, e, por isso, gerar relações profissionais com acentuado carácter pessoal que postulam um permanente clima de confiança, exige, a par da consideração da especificidade económica daqueles, que o seu regime se continue a configurar como especial em certas matérias.

Por outro lado, prevê-se a aproximação ao quadro normativo geral atinente aos regimes de faltas, de férias e do respectivo subsídio.

No que concerne às inovações, cabe anotar a justaposição do subsídio de Natal, tendo em conta a sua prática generalizada na contratação colectiva, e a regulação flexível de períodos de trabalho semanais para trabalhadores alojados e não alojados, de acordo, aliás, com o previsto na Lei nº 2/91, de 17 de Janeiro. Por último, inserem-se prescrições gerais relativas à segurança e saúde no trabalho doméstico.

Foram ouvidas as entidades representativas dos trabalhadores, nos termos da lei, sendo, porém, que na ponderação dos respectivos contributos houve de atender à circunstância de o objecto e o sentido do presente diploma se acharem já estabelecidos na Lei nº 12/92, de 16 de Julho, este também objecto de audição dos representantes dos trabalhadores.

Assim:

No uso da autorização concedida pela Lei nº 12/92, de 16 de Julho, e nos termos da alínea *b*) do nº 1 do artigo 201º da Constituição, o Governo decreta o seguinte:

(Cf. Declaração de Rectificação nº 174/92, de 31-10)

Artigo 1º - Objecto

O presente diploma estabelece o regime das relações de trabalho emergentes do contrato de serviço doméstico.

Artigo 2º - Definição

1. Contrato de serviço doméstico é aquele pelo qual uma pessoa se obriga, mediante retribuição, a prestar a outrem, com carácter regular, sob a sua direcção e autoridade, actividades destinadas à satisfação das necessidades próprias ou específicas de um agregado familiar, ou equiparado, e dos respectivos membros, nomeadamente:

a) Confecção de refeições;
b) Lavagem e tratamento de roupas;
c) Limpeza e arrumo de casa;
d) Vigilância e assistência a crianças, pessoas idosas e doentes;
e) Tratamento de animais domésticos;
f) Execução de serviços de jardinagem;
g) Execução de serviços de costura;
h) Outras actividades consagradas pelos usos e costumes;
i) Coordenação e supervisão de tarefas do tipo das mencionadas neste número;
j) Execução de tarefas externas relacionadas com as anteriores.

2. O regime previsto no presente diploma aplica-se, com as necessárias adaptações, à prestação das actividades referidas no número anterior a pessoas colectivas de fins não lucrativos, ou a agregados familiares, por conta daquelas, desde que não abrangidas por regime legal ou convencional.

3. Não se considera serviço doméstico a prestação de trabalhos com carácter acidental, a execução de uma tarefa concreta de frequência intermitente ou o desempenho de trabalhos domésticos em regime *au pair*, de autonomia ou de voluntariado social.

Artigo 3º – Forma

O contrato de serviço doméstico não está sujeito a forma especial, salvo no caso de contrato a termo.

Artigo 4º – Idade mínima

(Revogado pela Lei nº 13/2023, de 03-04)

Artigo 5º – Contrato a termo

1. Ao contrato de serviço doméstico pode ser aposto termo, certo ou incerto, quando se verifique a natureza transitória ou temporária do trabalho a prestar.

2. O contrato de serviço doméstico pode ainda ser celebrado a termo certo quando as partes assim o convencionarem, desde que a sua duração, incluindo as renovações, não seja superior a um ano.

3. Nas situações previstas no nº 1, na falta de estipulação escrita do prazo considera-se que o contrato é celebrado pelo período em que persistir o motivo determinante.

4. A não verificação dos requisitos de justificação, quando exigidos, ou a falta de redução a escrito, no caso do nº 2, tornam nula a estipulação do termo.

Artigo 6º – Renovação do contrato a termo

1. O contrato de trabalho a termo certo pode ser objecto de duas renovações, considerando-se o contrato renovado se o trabalhador continuar ao serviço para além do prazo estabelecido.

2. Se o trabalhador continuar ao serviço da entidade empregadora após o decurso de 15 dias sobre a data do termo da última renovação do contrato ou da verificação do evento que, nos termos do nº 1 do artigo anterior, justificou a sua celebração, o contrato converte-se em contrato sem termo.

Artigo 7º – Modalidades

1. O contrato de serviço doméstico pode ser celebrado com ou sem alojamento e com ou sem alimentação.

2. Entende-se por alojado, para os efeitos deste diploma, o trabalhador doméstico cuja retribuição em espécie compreenda a prestação de alojamento ou de alojamento e alimentação.

3. O contrato de serviço doméstico pode ser celebrado a tempo inteiro ou a tempo parcial.

Artigo 8º – Período experimental

1. *(Revogado.)*

2. *(Revogado.)*

3. No caso de cessação do contrato durante o período experimental, deve ser concedido ao trabalhador alojado um prazo não inferior a vinte e quatro horas para abandono do alojamento.

4. *(Revogado.)*
(Redação dada pela Lei nº 13/2023, de 03-04)

Artigo 9º – Conceito e modalidades de retribuição

1. Só se considera retribuição aquilo a que o trabalhador tem direito como contrapartida do seu trabalho, nos termos da lei ou do contrato.

2. A retribuição do trabalhador pode ser paga parte em dinheiro e parte em espécie, designadamente pelo fornecimento de alojamento e alimentação ou só alojamento ou apenas alimentação.

3. Sempre que no dia de descanso semanal ou feriado a entidade empregadora não conceda refeição ao trabalhador alojado, nem permita a sua confecção com géneros por aquela fornecidos, o trabalhador tem direito a receber o valor correspondente à alimentação em espécie, que acrescerá à retribuição em numerário.

Artigo 10º – Tempo de cumprimento e limites

1. A obrigação de satisfazer a retribuição em dinheiro vence-se, salvo estipulação em contrário, no termo da unidade de tempo que servir de base para a sua fixação.

2. *(Revogado.)*

3. Para efeitos de cálculo das várias prestações, compensações e indemnizações estabelecidas no presente diploma, o valor total da retribuição será expresso em dinheiro.

(Redação dada pela Lei nº 13/2023, de 03-04)

Artigo 11º – Cálculo de valor diário

A determinação do valor diário da retribuição deve efectuar-se dividindo o montante desta por 30, por 15 ou por 7, consoante tenha sido fixada com referência ao mês, à quinzena ou à semana, respectivamente.

Artigo 12º – Subsídio de Natal

(Revogado pela Lei nº 13/2023, de 03-04)

Artigo 13º – Duração do trabalho

1. O período normal de trabalho semanal não pode ser superior a 40 horas.

2. No caso dos trabalhadores alojados apenas são considerados, para efeitos do número anterior, os tempos de trabalho efectivo.

3. Quando exista acordo do trabalhador, o período normal de trabalho pode ser observado em termos médios dentro dos limites previstos no Código do Trabalho.

(Redação dada pela Lei nº 13/2023, de 03-04)

Artigo 14º – Intervalos para refeições e descanso

1. O trabalhador de serviço doméstico tem direito, em cada dia, a gozar de intervalos para refeições e descanso, sem prejuízo das funções de vigilância e assistência a prestar ao agregado familiar.

2. Sem prejuízo do disposto no Código do Trabalho, relativamente ao trabalho de menor, o trabalhador alojado tem direito a um repouso noturno de, pelo menos, onze horas consecutivas, que não deve ser interrompido, salvo por motivos graves, imprevistos ou de força maior, ou quando tenha sido contratado para assistir a doentes ou crianças até aos três anos.

3. A organização dos intervalos para refeições e descanso é estabelecida por acordo ou, na falta deste, fixada pelo empregador dentro dos limites previstos no Código do Trabalho.

(Redação dada pela Lei nº 13/2023, de 03-04)

Artigo 15º – Descanso semanal

1. O trabalhador não alojado a tempo inteiro e o trabalhador alojado têm direito, sem prejuízo da retribuição, ao gozo de um dia de descanso semanal.

2. Pode ser convencionado entre as partes o gozo de meio dia ou de um dia completo de descanso, além do dia de descanso semanal previsto no número anterior.

3. O dia de descanso semanal deve coincidir com o domingo, podendo recair em outro dia da semana, quando motivos sérios e não regulares da vida do agregado familiar o justifiquem.

Artigo 16º – Direito a férias

(Revogado pela Lei nº 13/2023, de 03-04)

Artigo 17º – Retribuição durante as férias

1. A retribuição correspondente ao período de férias não pode ser inferior à que o trabalhador perceberia se estivesse em serviço efectivo.

2. O trabalhador contratado com alojamento e alimentação ou só com alimentação tem direito a receber a retribuição correspondente ao período de férias integralmente em dinheiro, no valor equivalente àquelas prestações, salvo se, por acordo, se mantiver o direito às mesmas durante o período de férias.

3. Para efeitos do número anterior, os valores do alojamento e da alimentação são os determinados por referência ao valor da remuneração mínima mensal garantida.

(Redação dada pela Lei nº 13/2023, de 03-04)

Artigo 18º – Subsídio de férias

(Revogado pela Lei nº 13/2023, de 03-04)

Artigo 19º – Férias não gozadas por cessação do contrato

(Revogado pela Lei nº 13/2023, de 03-04)

Artigo 20º – Gozo e marcação de férias

(Revogado pela Lei nº 13/2023, de 03-04)

Artigo 21º – Violação do direito a férias

(Revogado pela Lei nº 13/2023, de 03-04)

Artigo 22º – Irrenunciabilidade do direito a férias

(Revogado pela Lei nº 13/2023, de 03-04)

Artigo 23º – Faltas

(Revogado pela Lei nº 13/2023, de 03-04)

Artigo 24º – Feriados

1. Os trabalhadores do serviço doméstico têm direito, sem prejuízo da retribuição, ao gozo dos feriados previstos no Código do Trabalho.

2. Sem prejuízo do disposto no Código do Trabalho quanto ao trabalho de menor, com o acordo do trabalhador pode haver prestação de trabalho nos feriados, de duração igual ao período normal de trabalho diário, conferindo o direito a um descanso compensatório remunerado, a gozar na mesma semana ou na seguinte.

3. Quando, por razões de atendível interesse do agregado familiar, não seja viável o descanso compensatório nos termos do número anterior, o trabalhador tem direito à remuneração correspondente.

4. Os trabalhadores de serviço doméstico não podem sofrer redução na retribuição por motivo do gozo de feriados.

(Redação dada pela Lei nº 13/2023, de 03-04)

Artigo 25º – Suspensão do contrato de trabalho por impedimento prolongado respeitante ao trabalhador

(Revogado pela Lei nº 13/2023, de 03-04)

Artigo 26º – Segurança e saúde no trabalho

1. A entidade empregadora deve tomar as medidas necessárias para que os locais de trabalho, os utensílios, os produtos e os processos de trabalho não apresentem riscos para a segurança e saúde do trabalhador, nomeadamente:

a) Informar o trabalhador sobre o modo de funcionamento e conservação dos equipamentos utilizados na execução das suas tarefas;

b) Promover a reparação de utensílios, e equipamentos cujo deficiente funcionamento possa constituir risco para a segurança e saúde do trabalhador;

c) Assegurar a identificação dos recipientes que contenham produtos que apresentem grau de toxicidade ou possam causar qualquer tipo de lesão e fornecer as instruções necessárias à sua adequada utilização;

d) Fornecer, em caso de necessidade, vestuário e equipamento de protecção adequados, a fim de prevenir, na medida do possível, dos riscos de acidente e ou de efeitos prejudiciais à saúde dos trabalhadores;

e) Proporcionar, quando for o caso, alojamento e alimentação em condições que salvaguardem a higiene e saúde dos trabalhadores.

2. O trabalhador deve zelar pela manutenção das condições de segurança e de saúde, nomeadamente:

a) Cumprir as prescrições de segurança e saúde determinadas pela entidade empregadora;

b) Utilizar correctamente os equipamentos, utensílios, e produtos postos à sua disposição;

c) Comunicar imediatamente à entidade empregadora as avarias e deficiências relativas aos equipamentos e utensílios postos à sua disposição.

3. A entidade empregadora deve transferir a responsabilidade pela reparação dos danos emergentes de acidente de trabalho para entidades legalmente autorizadas a fazer este seguro.

Artigo 27º – Cessação do contrato

O contrato de serviço doméstico pode cessar:

a) Por acordo das partes;

b) Por caducidade;

c) Por rescisão de qualquer das partes, ocorrendo justa causa;

d) Por rescisão unilateral do trabalhador, com pré-aviso.

Artigo 28º – Cessação do contrato por caducidade

1. O contrato de serviço doméstico caduca nos casos previstos neste diploma e nos termos gerais de direito, nomeadamente:

a) (*Revogada*);

b) (*Revogada*);

c) Verificando-se manifesta insuficiência económica do empregador, superveniente à celebração do contrato;

d) Ocorrendo alteração substancial das circunstâncias de vida familiar do empregador que torne imediata e praticamente impossível a subsistência da relação de trabalho, designadamente quando tenha cessado a necessidade de assistência para a qual o trabalhador foi contratado;

e) (*Revogada*).

2. (*Revogado.*)

3. No caso previsto na alínea *d*) do nº 1, o trabalhador terá direito a uma compensação de valor correspondente à retribuição de um mês por cada três anos de serviço, até ao limite de cinco, independentemente da retribuição por inteiro do mês em que se verificar a caducidade do contrato.

4. Quando se dê a caducidade do contrato a termo celebrado com trabalhador alojado, a este será concedido um prazo de três dias para abandono do alojamento.

5. Nas situações previstas nas alíneas *c*) e *d*) do nº 1, a cessação do contrato deve ser comunicada ao trabalhador, com a indicação dos motivos em que a mesma se fundamenta, com a antecedência mínima de:

a) 7 dias, caso o contrato tenha durado até 6 meses;

b) 15 dias, caso o contrato tenha durado de 6 meses a 2 anos;

c) 30 dias, caso o contrato tenha durado por período superior a 2 anos.

(Redação dada pela Lei nº 13/2023, de 03-04)

Artigo 29º – Rescisão com justa causa

1. Constitui justa causa de rescisão qualquer facto ou circunstância que impossibilite a manutenção, atenta a natureza especial da relação em causa, do contrato de serviço doméstico.

2. Ocorrendo justa causa, qualquer das partes pode pôr imediatamente termo ao contrato.

3. No momento da rescisão do contrato devem ser referidos pela parte que o rescinde, expressa e inequivocamente, por escrito, os factos e circunstâncias que a fundamentem.

4. A existência de justa causa será apreciada tendo sempre em atenção o carácter das relações entre as partes, nomeadamente a natureza dos laços de convivência do trabalhador com o agregado familiar a que presta serviço.

Artigo 30º – Justa causa de rescisão por parte do empregador

Constitui justa causa de despedimento por parte do empregador, entre outros, os seguintes factos e comportamentos culposos por parte do trabalhador:

a) Desobediência ilegítima às ordens dadas pelo empregador ou outros membros do agregado familiar;

b) Desinteresse repetido pelo cumprimento, com a diligência devida, das obrigações inerentes ao exercício das funções que lhe estejam cometidas;

c) Provocação repetida de conflitos com outro ou outros trabalhadores ao serviço da entidade empregadora;

d) Lesão de interesses patrimoniais sérios do empregador ou do agregado familiar;

e) Faltas não justificadas ao trabalho que determinem prejuízos ou riscos sérios para o empregador ou para o agregado familiar ou, independentemente de qualquer prejuízo ou risco, quando o número de faltas injustificadas atingir em cada ano 5 seguidas ou 10 interpoladas;

f) Falta culposa da observância de normas de segurança e saúde no trabalho;

g) Prática de violências físicas, de injúrias ou de outras ofensas sobre a entidade empregadora, membros do agregado familiar, outros trabalhadores ao serviço do empregador e pessoas das relações do agregado familiar;

h) Reduções anormais da produtividade do trabalhador;

i) Falsas declarações relativas à justificação de faltas;

j) Quebra de sigilo sobre qualquer assunto de que tenha conhecimento em virtude da convivência decorrente da natureza do contrato e de cuja revelação possa resultar prejuízo para a honra, bom nome ou património do agregado familiar;

l) Manifesta falta de urbanidade no trato habitual com os membros do agregado familiar, designadamente as crianças e os idosos, ou com outras pessoas que, regular ou acidentalmente, sejam recebidas na família;

m) Introdução abusiva no domicílio do agregado familiar de pessoas estranhas ao mesmo, sem autorização ou conhecimento prévio do empregador ou de quem o substitua;

n) Recusa em prestar contas de dinheiros que lhe tenham sido confiados para compras ou pagamentos ou infidelidade na prestação dessas contas;

o) Hábitos ou comportamentos que não se coadunem com o ambiente normal do agregado familiar ou tendam a afectar gravemente a respectiva saúde ou qualidade de vida;

p) Negligência reprovável ou reiterada na utilização de aparelhagem electrodoméstica, utensílios de serviço, louças, roupas e objectos incluídos no recheio da habitação, quando daí resulte avaria, quebra ou inutilização que impliquem dano grave para o empregador.

(Redação dada pela Lei nº 13/2023, de 03-04)

Artigo 31º – Indemnização por despedimento com alegação insubsistente de justa causa

1. O despedimento decidido com alegação de justa causa e que venha a ser judicialmente declarado insubsistente, não havendo acordo quanto à reintegração do trabalhador, confere a este o direito a uma indemnização correspondente à retribuição de um mês por cada ano completo de serviço ou fracção, decorrido até à data em que tenha sido proferido o despedimento, nos casos de contrato sem termo ou com termo incerto, e às retribuições vincendas, nos casos de contrato com termo certo.

2. Quando se prove dolo do empregador, o valor da indemnização prevista no número anterior será agravado até ao dobro.

Artigo 32º – Rescisão com justa causa pelo trabalhador

1. O trabalhador poderá rescindir o contrato com justa causa nas situações seguintes:

a) Necessidade de cumprir obrigações legais incompatíveis com a continuação ao serviço;

b) Falta culposa de pagamento pontual da retribuição, na forma devida;

c) Lesão culposa de interesses patrimoniais do trabalhador ou ofensa à sua honra ou dignidade;

d) Falta culposa quanto às condições proporcionadas ao trabalhador, nomeadamente alimentação, segurança e salubridade, em termos de acarretar prejuízo sério para a sua saúde;

e) Aplicação de sanção abusiva;

f) Mudança de residência permanente do empregador para outra localidade;

g) Quebra de sigilo sobre assuntos de carácter pessoal do trabalhador;

h) Manifesta falta de urbanidade no trato habitual com o trabalhador por parte do empregador ou dos membros do agregado familiar;

i) Violação culposa das garantias legais ou constantes do contrato de trabalho, designadamente a prática de assédio pelo empregador, outros membros do agregado familiar ou por outros trabalhadores.

2. A cessação do contrato nos termos das alíneas *b)* a *e)* e *g)* a *i)* do número anterior confere ao trabalhador o direito a indemnização de valor correspondente a um mês de retribuição por cada ano completo de serviço ou fração.

(Redação dada pela Lei nº 13/2023, de 03-04)

Artigo 33º – Rescisão do contrato pelo trabalhador, com aviso prévio

1. O trabalhador tem direito a rescindir o contrato, devendo propô-lo por escrito, com aviso prévio de duas semanas por cada ano de serviço ou fracção, não sendo, porém, obrigatório aviso prévio superior a seis semanas.

2. Se o trabalhador não cumprir, total ou parcialmente, o prazo do aviso prévio, pagará ao empregador, a título de indemnização, o valor da retribuição correspondente ao período do aviso prévio em falta.

3. A obrigação a que se refere o número anterior poderá ser satisfeita por compensação com créditos de retribuição.

Artigo 34º – Abandono do trabalho

(Revogado pela Lei nº 13/2023, de 03-04)

Artigo 35º – Documentos a entregar ao trabalhador

(Revogado pela Lei nº 13/2023, de 03-04)

Artigo 36º – Contra-ordenações

1. Constitui contraordenação muito grave a violação do disposto no nº 1 do artigo 9º.

2. Constitui contraordenação grave a violação do nº 1 do artigo 10º, do nº 1 do artigo 13º, dos nºs 1 e 2 do artigo 14º, do nº 1 do artigo 15º, dos nºs 1 e 2 do artigo 24º, dos nºs 1 e 3 do artigo 26º, do nº 3 do artigo 28º e do nº 3 do artigo 29º no caso de a rescisão do contrato de trabalho ser efetuada pelo empregador.

3. *(Revogado).*

(Redação dada pela Lei nº 13/2023, de 03-04)

Artigo 37º – Norma revogatória

É revogado o Decreto-Lei nº 508/80, de 21 de Outubro.

Artigo 37º-A – Aplicação subsidiária

Às relações emergentes do contrato de serviço doméstico aplicam-se as normas do Código do Trabalho em tudo o que não esteja previsto no presente regime.

(Aditado pela Lei nº 13/2023, de 03-04)

Artigo 38º - Entrada em vigor

O presente diploma entra em vigor decorridos 60 dias após a sua publicação.

Visto e aprovado em Conselho de Ministros de 23 de Julho de 1992. - *Aníbal António Cavaco Silva - Arlindo Gomes de Carvalho - José Albino da Silva Peneda.*

Promulgado em 6 de Outubro de 1992.

Publique-se.

O Presidente da República, MÁRIO SOARES.

Referendado em 9 de Outubro de 1992.

O Primeiro-Ministro, *Aníbal António Cavaco Silva.*

Regime Jurídico do Contrato de Trabalho do Praticante Desportivo e do Contrato de Formação Desportiva

Lei nº 54/2017, de 14 de julho

Regime jurídico do contrato de trabalho do praticante desportivo, do contrato de formação desportiva e do contrato de representação ou intermediação (revoga a Lei nº 28/98, de 26 de junho).

A Assembleia da República decreta, nos termos da alínea *c*) do artigo 161º da Constituição, o seguinte:

CAPÍTULO I – Disposições gerais

Artigo 1º – Objeto

A presente lei estabelece o regime jurídico do contrato de trabalho do praticante desportivo e do contrato de formação desportiva, bem como o dos empresários desportivos.

Artigo 2º – Definições

Para efeitos da presente lei entende-se por:

a) Contrato de trabalho desportivo, aquele pelo qual o praticante desportivo se obriga, mediante retribuição, a prestar atividade desportiva a uma pessoa singular ou coletiva que promova ou participe em atividades desportivas, no âmbito de organização e sob a autoridade e direção desta;

b) Contrato de formação desportiva, o contrato celebrado entre uma entidade formadora e um formando desportivo, nos termos do qual aquela se obriga a prestar a este a formação adequada ao desenvolvimento da sua capacidade técnica e à aquisição de conhecimentos necessários à prática de uma modalidade desportiva, ficando o formando desportivo obrigado a executar as tarefas inerentes a essa formação;

c) Empresário desportivo, a pessoa singular ou coletiva que, estando devidamente credenciada, exerça a atividade de representação ou intermediação, ocasional ou permanente, na celebração de contratos desportivos;

d) Formando desportivo, o praticante que, tendo concluído a escolaridade obrigatória ou estando matriculado e a frequentar o nível básico ou secundário de educação, assine contrato de formação desportiva, com vista à aprendizagem ou aperfeiçoamento de uma modalidade desportiva.

Artigo 3º - Direito subsidiário e relação entre fontes

1. Às relações emergentes do contrato de trabalho desportivo aplicam-se, subsidiariamente, as regras aplicáveis ao contrato de trabalho que sejam compatíveis com a sua especificidade.

2. As normas constantes desta lei podem ser objeto de desenvolvimento e adaptação por convenção coletiva de trabalho que disponha em sentido mais favorável aos praticantes desportivos e tendo em conta as especificidades de cada modalidade desportiva.

Artigo 4º - Arbitragem voluntária

Para a solução de quaisquer conflitos emergentes de contrato de trabalho desportivo e de contrato de formação desportiva, as associações representativas de entidades empregadoras e de praticantes desportivos podem, por meio de convenção coletiva, prever o recurso ao Tribunal Arbitral do Desporto, criado pela Lei nº 74/2013, de 6 de setembro.

CAPÍTULO II - Formação do contrato de trabalho desportivo

Artigo 5º - Capacidade

1. Só podem celebrar contratos de trabalho desportivo os menores que hajam completado 16 anos de idade e que reúnam os requisitos exigidos pela lei geral do trabalho.

2. O contrato de trabalho desportivo celebrado por menor deve ser igualmente subscrito pelo seu representante legal.

3. É anulável o contrato de trabalho desportivo celebrado com violação do disposto no número anterior.

Artigo 6º - Forma e conteúdo

1. Sem prejuízo do disposto em outras normas legais, na regulamentação desportiva ou em instrumento de regulamentação coletiva de trabalho, o contrato de trabalho desportivo é lavrado em triplicado, ficando cada uma das partes com um exemplar e a terceira para efeitos de registo.

2. O contrato de trabalho desportivo só é válido se for celebrado por escrito e assinado por ambas as partes.

3. Do contrato de trabalho desportivo deve constar:

a) A identificação das partes, incluindo a nacionalidade e a data de nascimento do praticante;

b) A identificação do empresário desportivo que tenha intervenção no contrato, com indicação da parte que representa, ou a menção expressa de que o contrato foi celebrado sem intervenção de empresário desportivo;

c) A atividade desportiva que o praticante se obriga a prestar;

d) O montante e a data de vencimento da retribuição, bem como o fracionamento previsto no nº 4 do artigo 15º, caso o mesmo seja decidido pelas partes;

e) A data de início de produção de efeitos do contrato;

f) O termo de vigência do contrato;

g) A menção expressa de existência de período experimental, quando tal for estipulado pelas partes, nos termos do artigo 10º;

h) A data de celebração.

4. Na falta da referência exigida pela alínea *e*) do número anterior, considera-se que o contrato tem início na data da sua celebração.

5. Quando a retribuição for constituída por uma parte certa e outra variável, do contrato deverá constar indicação da parte certa e, se não for possível determinar a parte variável, o estabelecimento das formas que esta pode revestir, bem como dos critérios em função dos quais é calculada e paga.

Artigo 7º – Registo

1. A participação do praticante desportivo em competições promovidas por uma federação dotada de utilidade pública desportiva depende de prévio registo do contrato de trabalho desportivo na respetiva federação.

2. O registo é efetuado nos termos que forem estabelecidos por regulamento federativo.

3. O disposto nos números anteriores é aplicável às modificações que as partes introduzam no contrato.

4. No ato do registo do contrato de trabalho desportivo, a entidade empregadora desportiva deve fazer prova da aptidão médico-desportiva do praticante, bem como de ter efetuado o correspondente seguro de acidentes de trabalho, sob pena de recusa do mesmo.

5. A falta de registo do contrato ou das cláusulas adicionais presume-se culpa exclusiva da entidade empregadora desportiva, salvo prova em contrário.

Artigo 8º – Promessa de contrato de trabalho desportivo

É válida a promessa bilateral de contrato de trabalho desportivo se, além dos elementos previstos na lei geral do trabalho, contiver indicação do início e do termo do contrato prometido ou a menção a que se refere a alínea *b*) do nº 2 do artigo 9º

Artigo 9º – Duração do contrato

1. O contrato de trabalho desportivo não pode ter duração inferior a uma época desportiva nem superior a cinco épocas.

2. Sem prejuízo do disposto no número anterior, podem ser celebrados por período inferior a uma época desportiva:

a) Contratos de trabalho celebrados após o início de uma época desportiva para vigorarem até ao fim desta;

b) Contratos de trabalho pelos quais o praticante desportivo seja contratado para participar numa competição ou em determinado número de prestações que constituam uma unidade identificável no âmbito da respetiva modalidade desportiva.

3. No caso a que se refere a alínea *b*) do número anterior, não é necessário que do contrato constem os elementos referidos nas alíneas *e*) e *f*) do nº 3 do artigo 6º

4. O contrato de trabalho desportivo celebrado com menor não pode ter duração superior a três épocas desportivas.

5. Considera-se celebrado por uma época desportiva, ou para a época desportiva no decurso da qual for celebrado, o contrato em que falte a indicação do respetivo termo.

6. Entende-se por época desportiva o período de tempo, nunca superior a 12 meses, durante o qual decorre a atividade desportiva, a fixar para cada modalidade pela respetiva federação dotada de utilidade pública desportiva.

7. A violação do disposto nos nºs 1 e 4 determina a aplicação ao contrato em causa dos prazos mínimos ou máximos admitidos.

Artigo 10º – Período experimental

1. A existência de período experimental depende de estipulação expressa das partes.

2. A duração do período experimental não pode exceder 15 dias, em caso de contrato de duração não superior a duas épocas desportivas, ou 30 dias, em caso de contrato de duração superior a duas épocas, considerando-se reduzida ao período máximo aplicável em caso de estipulação superior.

3. O período experimental deixa de ser invocável pela entidade empregadora desportiva, para efeitos do disposto na alínea *e*) do nº 1 do artigo 23º, quando se verifique uma das seguintes situações:

a) Quando o praticante participe, pela primeira vez, em competição ao serviço de entidade empregadora desportiva, nas modalidades em cuja regulamentação tal participação impeça ou limite a participação do praticante ao serviço de outra entidade empregadora desportiva na mesma época ou na mesma competição;

b) Quando o praticante desportivo sofra lesão desportiva que o impeça de praticar a modalidade para que foi contratado e que se prolongue para além do período experimental;

c) Quando termine o prazo para inscrição na respetiva federação desportiva.

CAPÍTULO III – Direitos, deveres e garantias das partes

Artigo 11º – Deveres da entidade empregadora desportiva

Para além dos previstos em instrumento de regulamentação coletiva, são deveres da entidade empregadora desportiva, em especial:

a) Proceder ao registo do contrato de trabalho desportivo, bem como das modificações contratuais posteriormente acordadas, nos termos do artigo 7º;

b) Proporcionar aos praticantes desportivos as condições necessárias à participação desportiva, bem como a participação efetiva nos treinos e outras atividades preparatórias ou instrumentais da competição desportiva;

c) Submeter os praticantes aos exames e tratamentos clínicos necessários à prática da atividade desportiva;

d) Permitir que os praticantes, em conformidade com o previsto nos regulamentos federativos, participem nos trabalhos de preparação e integrem as seleções ou representações nacionais;

e) Proporcionar aos praticantes desportivos menores as condições necessárias à conclusão da escolaridade obrigatória;

f) Promover o respeito pelas regras da ética desportiva no desenvolvimento da atividade desportiva.

Artigo 12º – Direitos de personalidade e assédio

1. A entidade empregadora deve respeitar os direitos de personalidade do praticante desportivo, sem prejuízo das limitações justificadas pela especificidade da atividade desportiva.

2. É proibido o assédio no âmbito da relação laboral desportiva, nos termos previstos na lei geral do trabalho.

Artigo 13º – Deveres do praticante desportivo

Para além dos previstos em instrumento de regulamentação coletiva, são deveres do praticante desportivo, em especial:

a) Prestar a atividade desportiva para que foi contratado, participando nos treinos, estágios e outras sessões preparatórias das competições com a aplicação e a diligência correspondentes às suas condições psicofísicas e técnicas e, bem assim, de acordo com as regras da respetiva modalidade desportiva e com as instruções da entidade empregadora desportiva;

b) Participar nos trabalhos de preparação e integrar as seleções ou representações nacionais;

c) Preservar as condições físicas que lhe permitam participar na competição desportiva objeto do contrato;

d) Submeter-se aos exames e tratamentos clínicos necessários à prática desportiva;

e) Conformar-se, no exercício da atividade desportiva, com as regras próprias da disciplina e da ética desportiva.

Artigo 14º – Direito de imagem

1. Todo o praticante desportivo tem direito a utilizar a sua imagem pública ligada à prática desportiva e a opor-se a que outrem a use para exploração comercial ou para outros fins económicos, sem prejuízo da possibilidade de transmissão contratual da respetiva exploração comercial.

2. Ficam ressalvados os direitos da entidade empregadora desportiva quanto à imagem do coletivo dos praticantes, direitos que podem ser objeto de regulamentação em sede de contratação coletiva.

Artigo 15º – Retribuição

1. Compreendem-se na retribuição todas as prestações patrimoniais que, nos termos das regras aplicáveis ao contrato de trabalho desportivo, a entidade empregadora desportiva realize a favor do praticante desportivo pelo exercício da sua atividade ou com fundamento nos resultados nela obtidos.

2. É válida a cláusula constante de contrato de trabalho desportivo que determine o aumento ou a diminuição da retribuição em caso de subida ou descida de escalão competitivo em que esteja integrada a entidade empregadora desportiva.

3. A retribuição vence-se mensalmente, até ao quinto dia do mês subsequente ao da prestação de trabalho, devendo estar à disposição do praticante desportivo na data do vencimento ou no dia útil anterior.

4. As partes no contrato de trabalho desportivo podem decidir fracionar o pagamento das retribuições dos meses de junho e julho e dos subsídios de Natal e de férias, em número nunca inferior a 10 prestações, de montante igual, pagas com a retribuição dos restantes meses.

5. Quando a retribuição compreenda uma parte correspondente aos resultados desportivos obtidos, esta considera-se vencida, salvo acordo em contrário, com a remuneração do mês seguinte àquele em que esses resultados se verificarem.

Artigo 16º – Período normal de trabalho

1. Considera-se compreendido no período normal de trabalho do praticante desportivo:

a) O tempo em que o praticante está sob as ordens e na dependência da entidade empregadora desportiva, com vista à participação nas provas desportivas em que possa vir a tomar parte;

b) O tempo despendido em sessões de apuramento técnico, tático e físico e em outras sessões de treino, bem como em exames e tratamentos clínicos, com vista à preparação e recuperação do praticante para as provas desportivas;

c) O tempo despendido em estágios de concentração e em viagens que precedam ou se sucedam à participação em provas desportivas.

2. Não relevam, para efeito dos limites do período normal de trabalho previstos na lei geral, os períodos de tempo referidos na alínea *c)* do número anterior.

3. A frequência e a duração dos estágios de concentração devem limitar-se ao que, tendo em conta as exigências próprias da modalidade e da competição em que o praticante intervém e a idade deste, deva ser considerado indispensável.

4. Podem ser estabelecidas por convenção coletiva regras em matéria de frequência e de duração dos estágios de concentração.

Artigo 17º – Férias, feriados e descanso semanal

1. O praticante desportivo tem direito a um dia de descanso semanal, bem como ao gozo do período de férias previsto na lei, sem prejuízo de disposições mais favoráveis constantes de convenção coletiva de trabalho.

2. Quando tal seja imposto pela realização de provas desportivas, incluindo as não oficiais, o gozo do dia de descanso semanal transfere-se para data a acordar entre as partes ou, não havendo acordo, para o primeiro dia disponível.

3. O disposto no número anterior é aplicável ao gozo de feriados obrigatórios ou facultativos.

Artigo 18º – Poder disciplinar

1. Sem prejuízo do disposto em convenção coletiva de trabalho, a entidade empregadora desportiva pode aplicar ao trabalhador, pela comissão de infrações disciplinares, as seguintes sanções:

a) Repreensão registada;

b) Sanção pecuniária;

c) Suspensão do trabalho com perda de retribuição;

d) Despedimento com justa causa.

2. As sanções pecuniárias aplicadas a um praticante desportivo por infrações praticadas no mesmo dia não podem exceder metade da retribuição diária e, em cada época, a retribuição correspondente a 30 dias.

3. A suspensão do trabalho não pode exceder, por cada infração, 10 dias e, em cada época, o total de 30 dias.

4. A aplicação de sanções disciplinares deve ser precedida de procedimento disciplinar no qual sejam garantidas ao arguido as adequadas garantias de defesa.

5. A sanção disciplinar deve ser proporcionada à gravidade da infração e à culpabilidade do infrator, não podendo aplicar-se mais de uma pena pela mesma infração.

6. O procedimento disciplinar prescreve decorridos 180 dias contados da data em que é instaurado quando, nesse prazo, o praticante desportivo não seja notificado da decisão final.

CAPÍTULO IV – Cedência e transferência de praticantes desportivos

Artigo 19º – Liberdade de trabalho

1. São nulas as cláusulas inseridas em contrato de trabalho desportivo visando condicionar ou limitar a liberdade de trabalho do praticante desportivo após o termo do vínculo contratual.

2. Pode ser estabelecida por convenção coletiva a obrigação de pagamento à anterior entidade empregadora de uma justa compensação a título de promoção ou valorização de um jovem praticante desportivo, por parte da entidade empregadora que com esse praticante venha a celebrar um contrato de trabalho desportivo, após a cessação do anterior.

3. A convenção coletiva referida no número anterior é aplicável apenas em relação às transferências de praticantes que ocorram entre entidades empregadoras portuguesas com sede em território nacional.

4. O valor da compensação referida no nº 2 não poderá, em caso algum, afetar de forma desproporcionada, na prática, a liberdade de contratar do praticante.

5. A validade e a eficácia do novo contrato não estão dependentes do pagamento da compensação devida nos termos do nº 2.

6. A compensação a que se refere o nº 2 pode ser satisfeita pelo praticante desportivo.

7. Não é devida a compensação referida no nº 2 quando o contrato de trabalho desportivo seja resolvido com justa causa pelo praticante ou quando este seja despedido sem justa causa.

8. Nas modalidades em que, por inexistência de interlocutor sindical, não seja possível celebrar convenção coletiva, a compensação a que se refere o nº 2 pode ser estabelecida por regulamento federativo.

Artigo 20º – Cedência do praticante desportivo

1. Na vigência do contrato de trabalho desportivo é permitida, havendo acordo das partes, a cedência do praticante desportivo a outra entidade.

2. A cedência consiste na disponibilização temporária de praticante desportivo pela entidade empregadora, para prestar trabalho a outra entidade, a cujo poder de direção aquele fica sujeito, mantendo-se o vínculo contratual inicial.

3. Cedente e cessionário são solidariamente responsáveis pelo pagamento das retribuições do praticante desportivo que se vencerem no período em que vigore a cedência.

4. Em caso de não pagamento pontual da retribuição, o praticante deve comunicar o facto à parte não faltosa, no prazo de 45 dias contados a partir do respetivo vencimento, sob pena de desresponsabilização desta.

Artigo 21º – Contrato de cedência

1. Ao contrato de cedência do praticante desportivo aplica-se o disposto nos artigos 6º e 7º, com as devidas adaptações.

2. Do contrato de cedência deve constar declaração de concordância do praticante desportivo cedido.

3. No contrato de cedência podem ser estabelecidas condições remuneratórias diversas das acordadas no contrato de trabalho desportivo, desde que não envolvam diminuição da retribuição nele prevista.

Artigo 22º – Transferência de praticantes desportivos

A transferência do praticante desportivo é regulada pelos regulamentos da respetiva federação dotada de utilidade pública desportiva, sem prejuízo do disposto nesta lei, nomeadamente no artigo 19º

CAPÍTULO V – Cessação do contrato de trabalho desportivo

Artigo 23º – Formas de cessação

1. O contrato de trabalho desportivo pode cessar por:

a) Caducidade;

b) Revogação por acordo das partes;

c) Despedimento com justa causa promovido pela entidade empregadora desportiva;

d) Resolução com justa causa por iniciativa do praticante desportivo;

e) Denúncia por qualquer das partes durante o período experimental;

f) Despedimento coletivo;

g) Denúncia por iniciativa do praticante desportivo, quando contratualmente convencionada, nos termos do artigo 25º

2. A caducidade por verificação do termo opera automaticamente e não confere direito a compensação.

3. Constitui justa causa, para efeitos das alíneas *c)* e *d)* do nº 1, o incumprimento contratual grave e culposo que torne praticamente impossível a subsistência da relação laboral desportiva.

4. Por convenção coletiva pode ser estabelecido o direito de o praticante resolver o contrato em caso de não participação nas competições oficiais ao longo da época desportiva.

Artigo 24º – Responsabilidade das partes pela cessação do contrato

1. Nos casos previstos nas alíneas *c)* e *d)* do nº 1 do artigo anterior, a parte que der causa à cessação ou que a haja promovido indevidamente deve indemnizar a contraparte pelo valor das retribuições que ao praticante seriam devidas se o contrato de trabalho tivesse cessado no seu termo.

2. Pode ser fixada uma indemnização de valor superior ao que resulta da aplicação do número anterior, sempre que a parte lesada comprove que sofreu danos de montante mais elevado.

Artigo 25º – Denúncia por iniciativa do praticante

1. As partes no contrato de trabalho desportivo podem estipular o direito de o praticante fazer cessar unilateralmente e sem justa causa o contrato em vigor, mediante o pagamento à entidade empregadora de uma indemnização fixada para o efeito.

2. O montante convencionado pelas partes pode ser objeto de redução pelo tribunal, de acordo com a equidade, se for manifestamente excessivo, designadamente tendo em conta o período de execução contratual já decorrido.

Artigo 26º – Responsabilidade solidária

1. Se o praticante fizer cessar o contrato unilateralmente e sem justa causa, presume-se que a nova entidade empregadora desportiva interveio, direta ou indiretamente, na cessação.

2. Se a presunção não for ilidida, a nova entidade empregadora desportiva responde solidariamente pelo pagamento da indemnização devida pela cessação do anterior contrato.

3. Sendo a indemnização satisfeita pela nova entidade empregadora desportiva, esta tem direito de regresso contra o praticante, na parte correspondente ao valor previsto no nº 1 do artigo 24º

4. Sendo a indemnização satisfeita pelo praticante desportivo, este tem direito de regresso contra a entidade empregadora desportiva, na parte que exceda o valor previsto no nº 1 do artigo 24º

Artigo 27º – Comunicação da cessação do contrato

1. A eficácia da cessação do contrato de trabalho desportivo depende da comunicação às entidades que procedem ao registo obrigatório do contrato, nos termos do disposto no artigo 7º

2. A comunicação deve ser realizada pela parte que promoveu a cessação, com indicação da respetiva forma de extinção do contrato.

3. O vínculo desportivo tem natureza acessória em relação ao vínculo contratual e extingue-se com a comunicação prevista no presente artigo, podendo ser registado novo contrato, nos termos gerais.

CAPÍTULO VI – Contrato de formação desportiva

Artigo 28º – Capacidade

1. Podem celebrar contrato de formação desportiva os jovens que tenham idade compreendida entre 14 e 18 anos.

2. Podem celebrar contratos de formação como entidades formadoras as entidades desportivas que garantam um ambiente de trabalho e meios humanos e técnicos adequados à formação desportiva a ministrar.

3. A verificação do disposto no número anterior é certificada mediante documento comprovativo a emitir pela respetiva federação dotada de utilidade pública desportiva e pode ser reapreciada a todo o tempo.

4. A celebração do contrato depende da realização de exame médico, a promover pela entidade formadora, que certifique a capacidade física e psíquica adequada ao desempenho da atividade.

5. O incumprimento dos requisitos previstos no presente artigo determina a nulidade do contrato.

Artigo 29º – Forma

1. O contrato de formação desportiva deve ser reduzido a escrito e é feito em triplicado.

2. Os três exemplares são assinados pelo representante da entidade formadora, pelo formando desportivo e pelo seu representante legal, quando aquele for menor.

3. Dos três exemplares um é para a entidade formadora, outro para o formando desportivo ou seu representante legal e outro para a federação respetiva.

4. O modelo e o conteúdo do contrato de formação são aprovados por regulamento federativo.

Artigo 30º – Duração

1. O contrato de formação desportiva tem a duração mínima de uma época desportiva e a duração máxima de três épocas desportivas.

2. O contrato de formação desportiva pode ser prorrogado, por mútuo acordo das partes, sem prejuízo do disposto no número seguinte.

3. O contrato de formação desportiva caduca, em qualquer caso, no final da época em que o formando desportivo completa 18 anos, podendo ser prorrogado, por acordo entre as partes, por mais uma época desportiva.

Artigo 31º – Tempo de formação

No que respeita ao tempo de formação, feriados e descanso semanal do formando desportivo, é aplicável o regime estabelecido pela presente lei para o praticante desportivo, sendo ajustado de modo a permitir a frequência das aulas e a deslocação para o estabelecimento de ensino.

Artigo 32º – Deveres da entidade formadora

1. Constituem, em especial, deveres da entidade formadora:

a) Proporcionar ao formando desportivo os conhecimentos necessários à prática da modalidade desportiva;

b) Não exigir do formando desportivo tarefas que não se compreendam no objeto do contrato;

c) Respeitar as condições de higiene e segurança e de ambiente compatíveis com a idade do formando desportivo;

d) Informar regularmente o representante legal do formando desportivo sobre o desenvolvimento do processo de formação e, bem assim, prestar os esclarecimentos que lhe forem por aquele solicitados;

e) Proporcionar ao formando desportivo a frequência e a prossecução dos seus estudos, garantindo a não sobreposição da formação com o horário escolar;

f) Promover o respeito pelas regras da ética desportiva no desenvolvimento da atividade desportiva.

2. A entidade formadora é responsável pela realização de um exame médico anual, se periodicidade mais curta não for exigida pelo desenvolvimento do processo de formação, por forma a assegurar que das atividades desenvolvidas no âmbito da formação não resulte perigo para a saúde e para o desenvolvimento físico e psíquico do formando desportivo.

Artigo 33º – Deveres do formando desportivo

Constituem, em especial, deveres do formando desportivo:

a) Ser assíduo, pontual e realizar as suas tarefas com zelo e diligência;

b) Observar as instruções das pessoas encarregadas da sua formação;

c) Utilizar cuidadosamente e zelar pela boa conservação dos bens materiais que lhe sejam confiados;

d) Conformar-se, no exercício da atividade desportiva, com as regras próprias da disciplina e da ética desportiva.

Artigo 34º – Compensação por formação

A celebração, pelo praticante desportivo, do primeiro contrato de trabalho com entidade empregadora distinta da entidade formadora confere a esta o direito de receber uma justa compensação pela formação ministrada, de acordo com o disposto no artigo 19º

Artigo 35º – Cessação do contrato

1. O contrato de formação desportiva pode cessar por:

a) Caducidade;

b) Revogação por mútuo acordo;

c) Resolução com justa causa, por qualquer das partes;

d) Denúncia por iniciativa do formando desportivo, mediante declaração escrita com aviso prévio de 30 dias.

2. A resolução com justa causa por iniciativa da entidade formadora deve ser apurada através do competente procedimento disciplinar.

CAPÍTULO VII – Dos empresários desportivos

Artigo 36º – Exercício da atividade de empresário desportivo

1. Só podem exercer atividade de empresário desportivo as pessoas singulares ou coletivas devidamente autorizadas pelas entidades desportivas, nacionais ou internacionais, competentes.

2. A pessoa que exerça a atividade de empresário desportivo só pode agir em nome e por conta de uma das partes da relação contratual, apenas por esta podendo ser remunerada, nos termos do respetivo contrato de representação ou intermediação.

3. É vedada ao empresário desportivo a representação de praticantes desportivos menores de idade.

Artigo 37º – Registo dos empresários desportivos

1. Sem prejuízo do disposto no artigo anterior, os empresários desportivos que pretendam exercer a respetiva atividade devem registar-se como tal junto da federação desportiva, que, para este efeito, deve dispor de um registo organizado e atualizado.

2. O registo a que se refere o número anterior é constituído por um modelo de identificação do empresário, cujas características serão definidas por regulamento federativo.

3. São nulos os contratos de representação ou intermediação celebrados com empresários desportivos que não se encontrem inscritos no registo referido no presente artigo.

Artigo 37º-A – Aplicação subsidiária

Às relações emergentes do contrato de serviço doméstico aplicam-se as normas do Código do Trabalho em tudo o que não esteja previsto no presente regime.

(Aditado pela Lei nº 13/2023, de 03-04)

Artigo 38º – Contrato de representação ou intermediação

1. O contrato de representação ou intermediação é um contrato de prestação de serviço celebrado entre um empresário desportivo e um praticante desportivo ou uma entidade empregadora desportiva.

2. O contrato está sujeito a forma escrita, nele devendo ser definido com clareza o tipo de serviços a prestar pelo empresário desportivo, bem como a remuneração que lhe será devida e as respetivas condições de pagamento.

3. No caso de contrato de representação ou intermediação celebrado entre um empresário desportivo e um praticante desportivo, a remuneração paga pelo praticante não pode exceder 10% do montante líquido da sua retribuição e o dever de pagamento apenas se mantém enquanto o contrato de representação ou intermediação estiver em vigor.

4. O contrato tem sempre uma duração determinada, não podendo, em qualquer caso, exceder dois anos de duração.

5. O contrato caduca aquando da verificação do termo resolutivo estipulado, podendo ser renovado por mútuo acordo das partes, mas não sendo admissíveis cláusulas de renovação automática do mesmo.

6. O incumprimento culposo dos deveres decorrentes do contrato atribui ao contraente lesado o direito de o resolver com justa causa e com efeitos imediatos.

7. A parte que promover indevidamente a rutura do contrato deve indemnizar a outra do prejuízo que esta sofrer.

8. As partes podem fixar, por acordo, o montante da indemnização a que se refere o número anterior.

9. Quando o dever de indemnizar recaia sobre o praticante desportivo, o respetivo montante não pode exceder o que resultar da aplicação do nº 3 ao período remanescente do contrato.

Artigo 39º – Limitações ao exercício da atividade de empresário

Sem prejuízo de outras limitações estabelecidas em regulamentos federativos nacionais ou internacionais, ficam inibidos de exercer a atividade de empresário desportivo as seguintes entidades:

a) As sociedades desportivas;

b) Os clubes desportivos;

c) Os dirigentes desportivos;

d) Os titulares de cargos em órgãos das sociedades desportivas ou clubes;

e) Os treinadores, praticantes, árbitros, médicos e massagistas.

CAPÍTULO VIII – Regime sancionatório

Artigo 40º – Contraordenações

1. Constitui contraordenação muito grave a prestação de atividade com base num contrato de trabalho desportivo por parte de menor que não satisfaça as condições referidas no nº 1 do artigo 5º, bem como a execução de contrato de formação desportiva por parte de menor sem a idade mínima prevista no nº 1 do artigo 28º

2. Constitui contraordenação grave a violação dos artigos 11º e 12º, do nº 3 do artigo 15º, do nº 3 do artigo 16º, do artigo 17º, dos nºs 2, 3 e 4 do artigo 18º, da alínea *c)* do nº 1 e do nº 2 do artigo 32º

3. Constitui contraordenação leve a violação do nº 2 do artigo 5º, dos nºs 1, 2 e 3 do artigo 6º e da parte final do nº 2 do artigo 29º

CAPÍTULO IX – Disposições finais

Artigo 41º – Modalidade contratual intermédia

Por convenção coletiva pode ser criada e regulamentada uma modalidade contratual entre o contrato de formação e o contrato de trabalho, destinada a praticantes desportivos com idade não superior a 21 anos.

Artigo 42º – Nulidade

São nulas as cláusulas contratuais que contrariem o disposto nesta lei ou que produzam um efeito prático idêntico ao que a lei quis proibir.

Artigo 43º – Norma revogatória

É revogada a Lei nº 28/98, de 26 de junho, alterada pela Lei nº 114/99, de 3 de agosto.

Aprovada em 24 de maio de 2017.

O Presidente da Assembleia da República, *Eduardo Ferro Rodrigues.*

Promulgada em 12 de junho de 2017.

Publique-se.

O Presidente da República, MARCELO REBELO DE SOUSA.

Referendada em 28 de junho de 2017.

O Primeiro-Ministro, *António Luís Santos da Costa.*

Estatuto dos Profissionais da Área da Cultura*

Decreto-Lei nº 105/2021, de 29 de novembro

CAPÍTULO I – Disposições gerais

Artigo 1º – Objeto

O presente Estatuto dos Profissionais da Área da Cultura, adiante designado por Estatuto, estabelece, relativamente aos profissionais da área da cultura:

a) O registo dos profissionais da área da cultura (RPAC);
b) O regime do contrato de trabalho;
c) O regime do contrato de prestação de serviço;
d) O regime de proteção social.

Artigo 2º – Âmbito subjetivo

1. O presente Estatuto é aplicável aos profissionais das artes do espetáculo, do audiovisual, das artes visuais e da criação literária, que exerçam uma atividade autoral, artística, técnico-artística ou de mediação cultural.

2. Para efeitos do disposto no número anterior, consideram-se:

a) Atividades autorais, as que envolvem criações intelectuais do domínio literário e artístico, por qualquer modo exteriorizadas, que, como tais, são protegidas nos termos do Código do Direito de Autor e dos Direitos Conexos, aprovado em anexo ao Decreto-Lei nº 63/85, de 14 de março, na sua redação atual;

b) Atividades de natureza artística, as que se encontram ligadas à interpretação e execução de obras no domínio das artes do espetáculo, das artes visuais e do audiovisual, bem como a outras interpretações ou execuções de natureza análoga, que se rea-

* Publicado em anexo ao Decreto-Lei nº 105/2021, de 29 de novembro.

lizem perante público ou que se destinem à gravação, transmissão ou colocação à disposição para difusão pública, independentemente do meio ou do suporte utilizado;

c) Atividades de natureza técnico-artística, as que estejam relacionadas com os métodos de execução, os materiais, os equipamentos e os processos produtivos de obras de natureza artística destinadas à fruição pelo público, através dos diversos meios de difusão existentes;

d) Atividades de mediação cultural, as que estão relacionadas com a produção, a realização e divulgação de artes de espetáculo ou de audiovisual, incluindo a valorização e divulgação das obras e dos artistas.

3. Consideram-se profissionais que exerçam uma atividade autoral, artística, técnico-artística ou de mediação cultural aqueles que sejam:

a) Trabalhadores por conta de outrem, qualquer que seja a modalidade do contrato de trabalho;

b) Trabalhadores independentes, incluindo os empresários em nome individual;

c) Membros de órgãos estatutários de pessoas coletivas da área da cultura;

d) Os titulares de estabelecimentos de responsabilidade limitada da área da cultura.

4. As profissões e atividades abrangidas pelo presente Estatuto são definidas por portaria dos membros do Governo responsáveis pelas áreas das finanças, da modernização do Estado e da Administração Pública, da cultura e da segurança social.

Artigo 3º – Regime aplicável

1. Ao profissional que exerça uma atividade autoral, artística, técnico-artística ou de mediação cultural em regime de contrato de trabalho aplica-se, em tudo o que não estiver previsto no presente Estatuto, o disposto no Código do Trabalho, aprovado em anexo à Lei nº 7/2009, de 12 de fevereiro, na sua redação atual.

2. Ao profissional que exerça uma atividade autoral, artística, técnico-artística ou de mediação cultural em regime de prestação de serviço aplica-se, em tudo o que não estiver previsto no presente Estatuto, o disposto no Código Civil, aprovado em anexo ao Decreto-Lei nº 47344/66, de 25 de novembro, na sua redação atual.

3. São aplicáveis aos contratos regulados no presente Estatuto as normas sobre a participação de menores em espetáculos e outras atividades, estabelecidas no Código do Trabalho, e na Lei nº 105/2009, de 14 de setembro, na sua redação atual.

Artigo 4º – Direitos de propriedade intelectual

1. Os direitos de propriedade intelectual decorrentes da atividade autoral e artística dos trabalhadores e dos prestadores de serviços abrangidos pelo presente Estatuto regem-se pelo Código do Direito de Autor e dos Direitos Conexos e pelo disposto no artigo 54º do presente Estatuto, sem prejuízo do disposto no número seguinte.

2. O presente Estatuto não se aplica a contratos de edição, fixação, autorização, licenciamento, transmissão ou qualquer outra forma de disposição de direitos de autor e direitos conexos.

CAPÍTULO II – Registo dos profissionais da área da cultura

Artigo 5º – Registo

1. É criado, junto da Inspeção-Geral das Atividades Culturais (IGAC), o RPAC, ao qual está associada a atribuição de um cartão eletrónico do profissional da área da cultura.

2. O registo no RPAC é facultativo e tem as seguintes finalidades:

a) Identificação individual, fazendo fé pública do exercício da respetiva atividade;

b) Estruturação e identificação estatística do setor da cultura;

c) Permitir a futura definição de políticas públicas de valorização profissional e técnica, apoios e outros benefícios públicos;

d) Aplicação do regime especial de proteção social constante do presente Estatuto.

3. O profissional da área da cultura só beneficia do regime especial de proteção social previsto no capítulo V enquanto se encontrar inscrito no RPAC.

4. Ao profissional da área da cultura que não se encontre inscrito no RPAC aplica-se o regime de proteção social constante do Código dos Regimes Contributivos do Sistema Previdencial de Segurança Social.

5. Da portaria referida no nº 4 do artigo 2º constam ainda os termos e as condições para efeitos de registo no RPAC.

6. Para efeitos de atualização e renovação do registo no RPAC, o profissional da área da cultura deve apresentar certificado de trabalho ou de atividade comprovativo da sua experiência profissional, o qual deve ser emitido a pedido do profissional da área da cultura pelo empregador ou pela entidade beneficiária da prestação.

7. O documento comprovativo referido no número anterior pode ser substituído por consulta às bases de dados da segurança social, mediante consentimento do profissional da área da cultura.

CAPÍTULO III – Contrato de trabalho

SECÇÃO I – Disposições gerais

Artigo 6º – Noção

Para efeitos do presente Estatuto, contrato de trabalho é aquele pelo qual uma pessoa singular que desenvolva uma atividade autoral, artística, técnico-artística ou de mediação cultural se obriga, mediante retribuição, a prestar a sua atividade a outra ou outras pessoas, no âmbito de organização e sob a autoridade destas.

Artigo 7º – Presunção

1. Presume-se a existência de contrato de trabalho quando, na relação entre a pessoa que presta uma atividade autoral, artística, técnico-artística ou de mediação cultural nos termos do presente Estatuto, e outra ou outras que dela beneficiam, se verifiquem algumas das características previstas no artigo 12º do Código do Trabalho, com as especificidades constantes dos números seguintes.

2. Para efeitos da alínea *a*) do nº 1 do artigo 12º do Código do Trabalho, considera-se local de trabalho todos os locais pertencentes às entidades beneficiárias da prestação, que sejam ou não por elas determinados, incluindo *ateliers* e todos os locais onde se realizam trabalhos de desenvolvimento, pré-produção, ensaios, execução, finalização e pós-produção de manifestações de natureza cultural e artística ou outras atividades complementares ou acessórias do trabalho prestado.

3. Para efeitos da alínea *c*) do nº 1 do artigo 12º do Código do Trabalho, incluem-se nas horas de início e de termo da prestação determinadas pela entidade beneficiária da prestação aquelas que sejam observadas para a preparação, execução e finalização de obras e manifestações de natureza cultural e artística, mesmo que em locais escolhidos pelo prestador da atividade e que não sejam determinados pela entidade beneficiária da mesma.

Artigo 8º – Forma

1. O contrato de trabalho não depende da observância de forma especial, salvo quando o Código do Trabalho ou o presente Estatuto a determinem.

2. Sempre que seja seguida a forma escrita, para além das menções obrigatórias previstas no Código do Trabalho, o contrato de trabalho deve conter o número do cartão do profissional da área da cultura, se aplicável.

Artigo 9º – Trabalhador estrangeiro

1. Para efeitos da lei que define as condições e os procedimentos de entrada, permanência, saída e afastamento de cidadãos estrangeiros do território português, presume-se que os profissionais que exercem uma atividade autoral, artística, técnico-artística ou de mediação cultural realizam uma atividade altamente qualificada.

2. Os profissionais referidos no número anterior são suscetíveis de serem abrangidos, em sede do Imposto sobre o Rendimento das Pessoas Singulares (IRS), pelo regime dos residentes não habituais, nos termos e nas condições previstas no Código do IRS, aprovado em anexo ao Decreto-Lei nº 442-A/88, de 30 de novembro, na sua redação atual, e demais legislação complementar, designadamente a Portaria nº 230/2019, de 23 de julho.

SECÇÃO II – Modalidades de contrato de trabalho

Artigo 10º – Modalidades

1. O contrato de trabalho reveste as seguintes modalidades:

a) Contrato de trabalho por tempo indeterminado;

b) Contrato de trabalho a termo resolutivo, certo ou incerto;

c) Contrato de trabalho de muito curta duração;

d) Contrato de trabalho com atividade descontínua;

e) Contrato de trabalho com pluralidade de empregadores.

2. Pode ainda ser celebrado contrato de estágio nos termos do disposto no Decreto-Lei nº 66/2011, de 1 de junho, na sua redação atual.

Artigo 11º – Contrato de trabalho a termo resolutivo

1. É admitida a celebração de contrato de trabalho a termo resolutivo, certo ou incerto, para a satisfação de necessidades temporárias, objetivamente definidas pela entidade empregadora e apenas pelo período estritamente necessário à satisfação dessas necessidades, tendo em vista o exercício das atividades enunciadas no presente Estatuto.

2. O contrato de trabalho a termo resolutivo, certo ou incerto, tem a duração máxima de quatro anos, incluindo renovações, não lhe sendo aplicável o regime previsto no Código do Trabalho em matéria de sucessão de contratos.

3. O contrato de trabalho a termo certo tem a duração que as partes estipularem expressamente por escrito.

4. O contrato de trabalho a termo certo pode ser renovado até três vezes, apenas podendo ser sujeito a renovação se as partes assim o estipularem expressamente por escrito.

5. Constitui contraordenação muito grave a violação do disposto no nº 1.

Artigo 12º – Contrato de trabalho de muito curta duração

1. É admitida a celebração de contrato de trabalho de muito curta duração para o desempenho das atividades enunciadas no presente Estatuto.

2. O contrato de trabalho de duração não superior a 35 dias não está sujeito a forma escrita, sem prejuízo das comunicações legalmente devidas à segurança social.

3. Nos casos previstos no número anterior, a duração total dos contratos de trabalho de muito curta duração que sejam celebrados entre o mesmo trabalhador e empregador não pode exceder 70 dias de trabalho em cada ano civil.

4. Em caso de violação do disposto em qualquer dos números anteriores, o contrato de trabalho considera-se celebrado pelo prazo de seis meses, contando-se a duração de contratos anteriores celebrados ao abrigo dos mesmos preceitos.

Artigo 13º – Contrato de trabalho com atividade descontínua

1. Quando as atividades autorais, artísticas, técnico-artísticas e de mediação cultural não apresentem carácter de continuidade ou tenham intensidade variável, pode ser acordado entre trabalhador e empregador o exercício da prestação de trabalho de forma descontínua, sendo a prestação intercalada por um ou mais períodos de inatividade, nos termos dos números seguintes.

2. A prestação de trabalho referida no número anterior não pode ser inferior a cinco meses a tempo completo, por ano, dos quais pelo menos três meses devem ser consecutivos.

3. Para efeitos do disposto no número anterior:

a) Os tempos de trabalho efetivo, para além do período de prestação efetiva da atividade autoral, artística, técnico-artística e mediação cultural, incluem também o período de preparação, promoção e finalização das atividades culturais e artísticas e os tempos de deslocação quando aquela implique deslocações ou itinerância;

b) Os tempos de não trabalho correspondem aos períodos de inatividade.

4. O contrato de trabalho com atividade descontínua está sujeito a forma escrita e deve conter:

a) Identificação, assinaturas e domicílio ou sede das partes;

b) Indicação do número anual de horas de trabalho ou do número anual de dias de trabalho a tempo completo.

5. Quando não tenha sido observada a forma escrita, ou na falta da indicação referida na alínea *b*) do número anterior, considera-se o contrato de trabalho celebrado sem período de inatividade.

6. Durante os períodos de inatividade, o trabalhador mantém a disponibilidade para iniciar a sua prestação de trabalho, desde que seja convocado pelo empregador com a antecedência acordada entre as partes, que não deve ser inferior a 30 dias na situação prevista na alínea *a*) do nº 8, e a 20 dias nas restantes situações.

7. Nos períodos de inatividade, mantêm-se os direitos, deveres e garantias das partes que não pressuponham a prestação efetiva de trabalho.

8. Durante os períodos de inatividade, o trabalhador tem direito:

a) A exercer outra atividade, devendo informar o empregador desse facto, desde que salvaguardados os deveres laborais que não pressupõem a prestação da atividade;

b) A uma compensação retributiva, a pagar pelo empregador e a fixar por acordo das partes, com um mínimo de 30% da retribuição base;

c) Aos subsídios de férias e de Natal, calculados com base nas médias dos valores de retribuições e compensações retributivas auferidas nos últimos 12 meses, ou no período de duração do contrato se esta for inferior.

9. Se o trabalhador exercer outra atividade durante o período de inatividade, o montante da correspondente retribuição é deduzido à compensação retributiva a que se refere a alínea *b*) do número anterior, nos casos em que a retribuição auferida noutro empregador seja igual ou superior à auferida pelo trabalhador em regime de contrato com atividade descontínua.

10. O montante da retribuição não é deduzido à compensação retributiva a que se refere a alínea *b*) do nº 8 nos seguintes casos:

a) Relativamente a contratos de trabalho existentes previamente ao início do período de inatividade do trabalhador;

b) Se o valor da retribuição da nova atividade for igual ou inferior ao salário mínimo nacional.

11. Durante os períodos de inatividade o empregador fica obrigado a:

a) Pagar pontualmente a compensação retributiva, com periodicidade igual à da retribuição;

b) Não admitir novos trabalhadores ou renovar contratos para atividades autorais, artísticas, técnico-artísticas e de mediação cultural suscetíveis de poderem ser desempenhadas pelo trabalhador em situação de inatividade.

12. O contrato de trabalho com atividade descontínua não pode ser celebrado a termo resolutivo, mediante contrato de trabalho de muito curta duração ou em regime de trabalho temporário.

13. São subsidiariamente aplicáveis ao contrato de trabalho com atividade descontínua as normas relativas à modalidade contratual prevista nos artigos 157º e seguintes do Código do Trabalho.

14. Constitui contraordenação grave a violação do disposto nos nºs 6 e 8 e nas alíneas *a*) e *b*) do nº 11.

Artigo 14º – Contrato de trabalho com pluralidade de empregadores

1. O trabalhador pode obrigar-se a prestar trabalho a vários empregadores entre os quais exista uma relação societária de participações recíprocas, de domínio ou de grupo, que tenham estruturas organizativas comuns, ou que organizem em conjunto espetáculos ou eventos culturais.

2. O contrato de trabalho com pluralidade de empregadores está sujeito a forma escrita e deve conter:

a) Identificação, assinaturas e domicílio ou sede das partes;

b) Indicação da atividade do trabalhador, do local e do período normal de trabalho;

c) Indicação do empregador que representa os demais no cumprimento dos deveres e no exercício dos direitos emergentes do contrato de trabalho, quando aplicável.

3. Os empregadores são solidariamente responsáveis pelo cumprimento das obrigações decorrentes do contrato de trabalho, cujo credor seja o trabalhador ou terceiro.

4. Cessando a situação referida no nº 1, considera-se que o trabalhador fica apenas vinculado ao empregador a que se refere a alínea *c*) do nº 2, salvo acordo das partes em contrário.

5. A violação dos requisitos indicados nos nºs 1 ou 2 confere ao trabalhador o direito de optar pelo empregador ao qual fica vinculado.

6. Constitui contraordenação grave a violação do disposto nos nºs 1 e 2, sendo responsáveis pela mesma todos os empregadores, os quais são representados, para este efeito, por aquele a que se refere a alínea *c*) do nº 2.

Artigo 15º – Pluriemprego e regime de exclusividade

1. É admitido o pluriemprego, salvo se as partes estabelecerem, por escrito, que o trabalhador realiza a sua atividade em exclusivo para um único empregador, mediante a fixação de uma compensação adequada para a prestação do trabalho em regime de exclusividade.

2. Quando não exista acordo de exclusividade, os trabalhadores podem celebrar contratos simultâneos com mais de um empregador, desde que o cumprimento do objeto dos diferentes contratos não seja incompatível por razão de horário, localização geográfica ou profissional, devendo ser respeitados os deveres que não pressupõem a prestação da atividade laboral.

SECÇÃO III – Execução da prestação laboral

Artigo 16º – Direitos e deveres

1. O trabalhador beneficia dos direitos e está sujeito aos deveres laborais previstos no Código do Trabalho, com as especificidades constantes do presente Estatuto.

2. O empregador deve respeitar os direitos de personalidade do trabalhador, nomeadamente a respetiva liberdade de expressão, criação, pensamento e opinião, integridade física e moral, reserva da intimidade da vida privada e proteção de dados pessoais.

3. É proibida qualquer prática de discriminação no acesso ou execução do trabalho em razão, nomeadamente, de ascendência, idade, sexo, orientação sexual, identidade de género, estado civil, situação familiar, situação económica, instrução, origem ou condição social, património genético, capacidade de trabalho reduzida, deficiência, doença crónica, nacionalidade, origem étnica ou raça, território de origem, língua, religião, convicções políticas ou ideológicas e filiação sindical.

4. É proibida qualquer prática de assédio no acesso ou execução do trabalho, nomeadamente o assédio sexual, não podendo o empregador condicionar o acesso ou a participação em espetáculo ou evento cultural ou o desempenho de determinada atividade de interpretação artística à prática de comportamentos indesejados de caráter sexual.

5. O empregador deve respeitar a autonomia técnica da direção, supervisão e realização das atividades culturais e artísticas, nas suas vertentes criativas.

6. O trabalhador tem direito à ocupação efetiva quanto à execução de ensaios e demais atividades preparatórias e de pós-produção do espetáculo, evento cultural ou realização de filmagens, não podendo ser excluído destas atividades sem justificação.

7. O trabalhador pode faltar justificadamente ao trabalho, com perda de retribuição, até três dias por ano, para efeitos de participação em espetáculo público realizado fora do país, devendo para o efeito informar o empregador da sua ausência com a antecedência mínima de 30 dias, acompanhada da indicação do motivo justificativo, desde que tal ausência não cause prejuízo sério ao normal funcionamento da organização laboral.

8. O trabalhador pode faltar justificadamente ao trabalho nos casos previstos na lei, mesmo quando a ausência coincida com a realização de um espetáculo ou evento público.

9. Quando a atividade artística é desenvolvida em grupo, o trabalhador tem um especial dever de lealdade e colaboração com os restantes membros do grupo, tendo em vista a execução da atividade em comum.

10. São nulas as cláusulas de contrato de trabalho ou de instrumento de regulamentação coletiva de trabalho que, por qualquer forma, possam prejudicar o exercício da liberdade de trabalho após a cessação do contrato, salvo nos casos previstos na lei.

11. Constitui contraordenação muito grave a violação do disposto nos nºs 3 e 4.

Artigo 17º – Tempo de trabalho

1. Considera-se tempo de trabalho o período de prestação efetiva da atividade autoral, artística, técnico-artística e mediação cultural, bem como todo o tempo em que o trabalhador está adstrito à execução da sua prestação, em especial para efeitos de ensaios, execução, pré e pós-produção, finalização, pesquisa e estudo, bem como outras atividades promocionais e de divulgação.

2. Integram também o tempo de trabalho as interrupções e os intervalos previstos como tal no nº 2 do artigo 197º do Código do Trabalho, ou em instrumento de regulamentação coletiva de trabalho.

Artigo 18º – Período normal de trabalho e descanso semanal

1. O contrato de trabalho sujeita-se aos limites máximos do período normal de trabalho previstos no Código do Trabalho, podendo ser aplicados os regimes do banco de horas, adaptabilidade do tempo de trabalho, horário concentrado, horário flexível e isenção de horário de trabalho, nos termos previstos naquele código.

2. O período normal de trabalho definido nos termos do nº 2 do artigo 204º do Código do Trabalho não pode exceder 50 horas em média no período de seis meses.

3. O trabalhador tem direito ao descanso diário e semanal, com as especificidades constante dos números seguintes.

4. Os dias de descanso semanal obrigatório e complementar podem não coincidir, respetivamente, com o domingo ou o sábado.

5. O trabalho prestado fora do horário de trabalho considera-se trabalho suplementar e rege-se pelo disposto no Código do Trabalho, com as especificidades constantes do número seguinte.

6. Por conveniência da organização da atividade de natureza cultural ou artística, a compensação por trabalho prestado em dia de descanso semanal complementar do trabalhador deve efetuar-se no prazo máximo de três meses.

7. Constitui contraordenação muito grave a violação do disposto no número anterior.

Artigo 19º – Horário de trabalho e intervalos de descanso

1. O contrato de trabalho sujeita-se ao regime previsto no Código do Trabalho, no que respeita ao horário de trabalho e aos intervalos de descanso, com a especificidade constante do número seguinte.

2. Salvo acordo em contrário, na determinação do horário de trabalho o empregador pode estabelecer um ou mais intervalos de descanso ou um regime de trabalho flexível adequado à especificidade da atividade, do espetáculo ou do evento.

3. Para efeitos do disposto no número anterior, as horas de início e termo dos períodos de trabalho podem ser móveis, dentro dos limites máximos do período normal de trabalho, e os descansos diários podem ser superiores ao previsto no Código de Trabalho.

4. A alteração de horário de trabalho deve ser precedida de consulta aos trabalhadores envolvidos e à comissão de trabalhadores ou, na sua falta, à comissão sindical ou intersindical ou aos delegados sindicais, bem como, ainda que vigore o regime de adaptabilidade, ser afixada no local habitual de trabalho com a antecedência de sete dias relativamente ao início da sua aplicação, ou três dias em caso de microempresa.

Artigo 20º – Trabalho noturno

1. Para os efeitos do presente Estatuto, considera-se trabalho noturno o prestado num período que tenha a duração mínima de 7 horas e máxima de 11, compreendendo o intervalo entre as 0 horas e as 6 horas.

2. O período de trabalho noturno pode ser determinado por instrumento de regulamentação coletiva de trabalho, com observância do disposto no número anterior, considerando-se como tal, na falta daquela determinação, o compreendido entre as 0 horas de um dia e as 7 horas do dia seguinte.

Artigo 21º – Trabalho em dia feriado

1. As atividades abrangidas pelo presente Estatuto podem ser prestadas em dia feriado.

2. Salvo acordo em contrário, o trabalhador que realiza a prestação em dia feriado tem direito a um descanso compensatório de igual duração, a ser gozado nos termos do previsto no nº 6 do artigo 18º, ou ao acréscimo de 100% da retribuição pelo trabalho prestado nesse dia, cabendo a escolha ao empregador.

3. Constitui contraordenação grave a violação do disposto no número anterior.

Artigo 22º – Local de trabalho

1. Considera-se local de trabalho o disposto no nº 2 do artigo 7º, sendo aplicável, com as necessárias adaptações, para efeitos do regime de reparação de acidentes de trabalho e de doenças profissionais, previsto na Lei nº 98/2009, de 4 de setembro, na sua redação atual.

2. Sempre que o trabalhador tenha um acréscimo de despesas por deslocações inerentes à atividade laboral, o empregador fornece os meios para a sua deslocação ou procede ao respetivo pagamento ou reembolso, que deve ser pago até à data de vencimento da retribuição relativa ao mês subsequente.

Artigo 23º – Reconversão profissional

1. Se o trabalhador perder, de forma absoluta, superveniente e definitiva a aptidão para a execução da atividade artística e técnico-artística para que foi contratado, por motivo decorrente das características da própria atividade, o empregador, mediante parecer fundamentado de uma comissão, deve atribuir-lhe, sem perda de retribuição, outras funções compatíveis com as suas qualificações profissionais, mesmo que não incluídas no objeto do contrato de trabalho, devendo assegurar-lhe a formação profissional adequada.

2. A comissão referida no número anterior é constituída por um representante do empregador, um representante do trabalhador e um representante indicado por acordo das partes.

3. No caso de o trabalhador não aceitar a reconversão proposta pelo empregador ou de não existirem outras funções compatíveis com as suas qualificações profissionais, são aplicáveis as regras do despedimento por inadaptação previstas no Código do Trabalho.

4. Quando existam regimes especiais de segurança social aplicáveis, a cessação do contrato de trabalho decorrente da inadaptação do trabalhador, nos termos do número anterior, não prejudica a aplicação desses regimes, tendo os trabalhadores direito ao subsídio de desemprego ou à reforma por velhice logo que estejam preenchidos os respetivos pressupostos legais em vigor.

SECÇÃO IV – Cessação do contrato de trabalho

Artigo 24º – Modalidades de cessação do contrato de trabalho

1. Para além de outras modalidades legalmente previstas, o contrato de trabalho pode cessar por:

a) Caducidade;
b) Revogação;
c) Despedimento por facto imputável ao trabalhador;
d) Despedimento coletivo;
e) Despedimento por extinção de posto de trabalho;
f) Despedimento por inadaptação;
g) Resolução pelo trabalhador;
h) Denúncia pelo trabalhador.

2. O contrato de trabalho pode ainda cessar por denúncia de qualquer das partes durante o período experimental, nos termos previstos no Código do Trabalho.

3. A cessação do contrato rege-se pelo disposto no Código do Trabalho, com as especificidades constantes do presente Estatuto.

CAPÍTULO IV – Prestação de serviço

Artigo 25º – Contrato de prestação de serviço

1. Para efeitos do presente Estatuto, o contrato de prestação de serviço é aquele pelo qual uma das partes se obriga a proporcionar à outra, com autonomia, certo resultado de uma atividade autoral, artística, técnico-artística ou de mediação cultural.

2. Para efeitos do presente Estatuto, o contrato de prestação de serviço presume-se oneroso.

3. A qualificação pelas partes de um contrato enquanto contrato de prestação de serviço não afasta a aplicação da presunção da existência de contrato de trabalho a que se refere o artigo 7º

Artigo 26º – Dever de informação

1. A entidade beneficiária da prestação deve informar o prestador de serviço sobre os aspetos relevantes do contrato de prestação de serviço, designadamente:

a) Da respetiva identificação, nomeadamente, sendo sociedade, da existência de uma relação de coligação societária, de participações recíprocas, de domínio ou de grupo, bem como da sede ou domicílio;

b) Do local de prestação da atividade ou, não havendo um fixo ou predominante, a indicação de que a atividade é prestada em vários locais;

c) Das tarefas a serem desempenhadas pelo prestador de serviço;

d) Da data de início e termo do contrato;

e) Da duração do contrato;

f) Do valor e da periodicidade da retribuição.

2. Em caso de alteração das condições previstas no número anterior, o prestador de serviço pode resolver o contrato, com direito a indemnização, nos termos gerais.

3. O prestador de serviço deve informar a entidade beneficiária da prestação dos aspetos relevantes para a execução da prestação de serviço, designadamente:

a) Da respetiva identificação, nomeadamente, nome, morada, número de identificação fiscal, número de identificação da segurança social e número do cartão do profissional da área da cultura;

b) Do número da apólice de seguro obrigatório de acidentes de trabalho para trabalhadores independentes.

Artigo 27º – Culpa na formação do contrato

1. Quem negoceia com outrem para a conclusão de um contrato de prestação de serviço deve, tanto nos preliminares como na sua formação, proceder segundo as regras de boa-fé, sob pena de responder pelos danos culposamente causados.

2. Para efeitos do número anterior, considera-se contrário às regras da boa-fé o cancelamento, injustificado e com uma antecedência inferior a 15 dias, de atividade cultural para a qual o prestador de serviço tenha sido convidado a participar enquanto profissional da área da cultura, sem prejuízo de regime mais favorável constante da lei aplicável ou do contrato.

Artigo 28º – Pagamento da retribuição

1. A retribuição, estabelecida por acordo entre as partes, deve estar à disposição do prestador de serviço no prazo acordado.

2. Na ausência de estipulação sobre o prazo, considera-se que o pagamento deve ocorrer até ao final do mês subsequente ao da prestação do serviço contratado.

3. A entidade beneficiária da prestação que faltar culposamente ao pagamento da retribuição, nos termos dos números anteriores, é obrigada a pagar ao prestador de serviço os correspondentes juros de mora à taxa legal em vigor ou à taxa estabelecida por acordo entre as partes.

Artigo 29º – Contratos de adesão

Ao contrato de prestação de serviço do qual constem cláusulas contratuais gerais elaboradas sem prévia negociação individual, que destinatários indeterminados se limitem a aceitar, bem como às cláusulas constantes de contratos individualizados, mas cujo conteúdo previamente elaborado o destinatário não pode influenciar, aplica-se o regime legal das cláusulas contratuais gerais, aprovado pelo Decreto-Lei nº 446/85, de 25 de outubro, na sua redação atual.

Artigo 30º – Liberdade de forma

1. O contrato de prestação de serviço não depende da observância de forma especial, sem prejuízo do disposto no número seguinte e nos nºs 1 e 3 do artigo 26º

2. A entidade beneficiária da prestação que disponha ou deva dispor de contabilidade organizada comunica à IGAC, nos termos a regular por portaria dos membros do Governo responsáveis pelas áreas das finanças, da cultura, do trabalho e da segurança social, a celebração do contrato de prestação de serviço.

3. Constitui contraordenação muito grave a violação do disposto no número anterior.

(Redação dada pelo Decreto-Lei nº 64/2022, de 27-09)

Artigo 31º – Documentos a entregar ao prestador de serviço

1. Cessando o contrato de prestação de serviço, a entidade beneficiária da prestação deve entregar ao prestador de serviços um certificado de atividade, indicando o nome do profissional, o número do cartão do profissional da área da cultura, se aplicável, e as datas de admissão e de cessação do contrato.

2. Caso o prestador de serviço o requeira, o certificado de atividade deve descrever a atividade por si desempenhada para a entidade beneficiária.

Artigo 32º – Contrato de agência

Ao contrato de agência celebrado no âmbito do presente Estatuto é aplicável o disposto no Decreto-Lei nº 178/86, de 3 de julho, na sua redação atual.

Artigo 33º – Prestação de serviço na modalidade «chave-na-mão»

A prestação de serviço na modalidade «chave-na-mão» inclui a conceção, produção, transporte, montagem e desmontagem de obra artística, salvo disposição em contrário.

CAPÍTULO V – Proteção social dos profissionais da área da cultura

SECÇÃO I – Disposições gerais

Artigo 34º – Regime especial de proteção social

1. O regime constante do presente capítulo é especial relativamente à aplicação do regime constante do Código dos Regimes Contributivos do Sistema Previdencial de Segurança Social.

2. É criado o Fundo Especial de Segurança Social dos Profissionais da Área da Cultura, adiante designado por Fundo.

Artigo 35º – Fundo Especial de Segurança Social dos Profissionais da Área da Cultura

1. A atribuição e gestão do subsídio por suspensão da atividade cultural é efetuada através do Fundo.

2. A gestão administrativa e financeira do Fundo compete ao Instituto de Gestão Financeira da Segurança Social, I. P., que, para o efeito, articula com os serviços competentes do Instituto da Segurança Social, I. P. (ISS, I. P.), e das regiões autónomas dos Açores e da Madeira.

3. Constituem receitas do Fundo:

a) A contribuição correspondente a 7,5 pontos percentuais da taxa contributiva devida pelas entidades empregadoras no regime de contrato de muito curta duração a que se refere o artigo 45º;

b) A contribuição correspondente a 5,1 pontos percentuais da taxa contributiva devida pelas entidades beneficiárias da prestação a que se refere o artigo 49º;

c) A contribuição correspondente a 3,8 pontos percentuais da taxa contributiva devida pelos trabalhadores independentes a que se refere o artigo 49º;

d) A afetação do produto das coimas laborais nos termos previstos no presente Estatuto;

e) Quaisquer receitas que legalmente lhe venham a ser atribuídas.

(Redação dada pelo Decreto-Lei nº 64/2022, de 27-09)

Artigo 36º – Regulamentação específica

Compete aos membros do Governo responsáveis pelas áreas das finanças e da segurança social regulamentar os termos e as condições de aplicação do regime constante do presente capítulo.

Artigo 37º – Regime contributivo aplicável

1. Os profissionais da área da cultura vinculados por contrato de trabalho estão abrangidos pelo regime geral dos trabalhadores por conta de outrem, nos termos previstos no Código dos Regimes Contributivos do Sistema Previdencial de Segurança Social, sem prejuízo das especificidades previstas no presente Estatuto.

2. Os profissionais da área da cultura que exerçam atividade profissional e se obriguem a prestar a outrem o resultado da sua atividade sem sujeição a contrato de trabalho estão abrangidos pelo regime dos trabalhadores independentes, sem prejuízo das especificidades previstas no presente Estatuto.

3. Os profissionais da área da cultura que não exerçam atividade profissional ou tenham cessado ou suspendido a atividade profissional e não estejam abrangidos pelos regimes contributivos de inscrição obrigatória podem requerer a inscrição no regime do seguro social voluntário, regulado nos termos dos artigos 169º e seguintes do Código dos Regimes Contributivos do Sistema Previdencial de Segurança Social.

4. Os trabalhadores com contrato de trabalho com atividade descontínua previstos no artigo 13º são equiparados, para efeitos de segurança social, a trabalhadores com contrato de trabalho intermitente.

Artigo 38º – Acumulação de atividades

Sempre que o trabalhador da área da cultura exerça mais do que uma atividade aplica-se a cada uma delas o respetivo regime.

Artigo 39º – Âmbito material da proteção social

1. Sem prejuízo da proteção nas eventualidades previstas nos regimes do sistema previdencial de segurança social, os profissionais da área da cultura têm direito à atribuição do subsídio por suspensão da atividade cultural, nos termos estabelecidos no presente Estatuto.

2. Os profissionais da área da cultura, nos casos referidos no artigo 74º, têm ainda direito ao subsídio de reconversão profissional nos termos estabelecidos no presente Estatuto.

Artigo 40º – Declaração de tempos de trabalho

1. Os tempos de trabalho são declarados em dias, independentemente de a atividade ser prestada a tempo completo ou a tempo parcial, nos termos do artigo 16º do Decreto Regulamentar nº 1-A/2011, de 3 de janeiro, na sua redação atual.

2. O disposto no presente artigo não prejudica a contagem de tempos de trabalho para efeitos de acesso ao subsídio de suspensão da atividade cultural, nos termos do disposto nos artigos 44º e 53º

SECÇÃO II – Disposições especiais

SUBSECÇÃO I – Profissionais da área da cultura em regime de contrato de trabalho de muito curta duração

Artigo 41º – Profissionais abrangidos

São abrangidos pelo regime geral dos trabalhadores por conta de outrem com as especificidades previstas na presente secção os profissionais da área da cultura em regime de contrato de trabalho de muito curta duração, nos termos definidos no capítulo III do presente Estatuto.

Artigo 42º – Âmbito material

1. Os profissionais da área da cultura em regime de contrato de trabalho de muito curta duração têm direito à proteção nas eventualidades de doença, parentalidade, doenças profissionais, invalidez, velhice e morte, nos termos estabelecidos na respetiva legislação.

2. Os profissionais da área da cultura em regime de contrato de trabalho de muito curta duração têm também direito à atribuição do subsídio por suspensão da atividade cultural, nos termos estabelecidos no presente Estatuto.

Artigo 43º – Base de incidência contributiva

A base de incidência contributiva dos profissionais da área da cultura com contrato de trabalho de muito curta duração corresponde à remuneração efetivamente auferida e declarada pela entidade empregadora.

Artigo 44º – Conversão do valor da remuneração mensal em dias de trabalho

1. Para efeitos de acesso ao subsídio de suspensão da atividade cultural, o prazo de garantia é calculado segundo a seguinte fórmula:

$$(VRM)/(2,5\,IAS/30)$$

2. Para efeitos do número anterior, *VRM* é a soma do valor das remunerações recebidas em cada mês pela atividade da cultura que constituam base de incidência contributiva e *IAS* é o Indexante de Apoios Sociais.

3. O disposto nos números anteriores é aplicável mesmo nas situações em que se verifique acumulação de atividades ou de regimes contributivos.

(Redação dada pelo Decreto-Lei nº 64/2022, de 27-09)

Artigo 45º – Taxa contributiva

A taxa contributiva relativa aos profissionais da área da cultura em regime de contrato de trabalho de muito curta duração é de 37,1%, sendo 26,1% da responsabilidade da entidade empregadora e 11% do trabalhador, sem prejuízo da aplicação de taxas contributivas mais favoráveis previstas no regime geral dos trabalhadores por conta de outrem.

Artigo 46º – Registo de remuneração por equivalência

Ao profissional da área da cultura em regime de contrato de trabalho de muito curta duração que tenha direito ao subsídio referido no nº 2 do artigo 42º aplica-se, durante os meses de concessão do subsídio, com as devidas adaptações, o pagamento de contribuições pelo valor mínimo, previsto no nº 2 do artigo 163º do Código dos Regimes Contributivos do Sistema Previdencial de Segurança Social, para efeitos de registo de remunerações por equivalência, sendo o respetivo valor de contribuição deduzido ao montante do subsídio pago mensalmente e retido pelo Fundo.

SUBSECÇÃO II – Profissionais da área da cultura em regime de trabalho independente

Artigo 47º – Âmbito material de proteção

1. Os profissionais da área da cultura abrangidos pelo regime dos trabalhadores independentes têm direito à proteção nas eventualidades de doença, parentalidade, doenças profissionais, invalidez, velhice e morte, nos termos dos respetivos regimes jurídicos.

2. A proteção na eventualidade de desemprego dos profissionais referidos no número anterior é assegurada através da atribuição do subsídio por suspensão da atividade cultural nos termos estabelecidos no presente Estatuto, não lhes sendo aplicável o disposto nos Decretos-Leis nºs 65/2012, de 15 de março, e 12/2013, de 25 de janeiro, nas suas redações atuais.

3. Os profissionais referidos no nº 1 são enquadrados, para efeitos de taxa contributiva, como empresários em nome individual.

(Redação dada pelo Decreto-Lei nº 64/2022, de 27-09)

Artigo 48º – Entidades beneficiárias da prestação do trabalho independente

São entidades beneficiárias da prestação abrangidas pelo regime constante da presente secção as pessoas coletivas e as pessoas singulares com ou sem atividade empresarial que beneficiam da prestação de serviço por profissionais da área da cultura, independentemente da sua atividade.

Artigo 49º – Taxas contributivas

1. A taxa contributiva relativa aos trabalhadores independentes, incluindo os empresários em nome individual, da área da cultura é fixada em 25,2%.

2. A taxa contributiva da responsabilidade da entidade beneficiária da prestação é de 5,1%, não sendo aplicável o disposto no nº 7 do artigo 168º do Código dos Regimes Contributivos do Sistema Previdencial de Segurança Social.

3. A taxa contributiva da responsabilidade da entidade beneficiária da prestação é sempre devida, independentemente de o trabalhador estar ou não inscrito no RPAC.

Artigo 50º – Modalidade contributiva dos trabalhadores independentes

1. A obrigação contributiva dos profissionais da área da cultura abrangidos pelo regime dos trabalhadores independentes, no que respeita ao exercício desta atividade, tem por base o valor de cada recibo ou fatura-recibo emitidos no portal da AT, com as seguintes modalidades:

a) Recibo eletrónico ou fatura-recibo eletrónico com retenção na fonte, sempre que a entidade beneficiária da prestação seja uma pessoa coletiva ou uma pessoa singular que disponha ou deva dispor de contabilidade organizada;

b) Recibo eletrónico ou fatura-recibo eletrónico sem retenção na fonte, sempre que a entidade beneficiária da prestação seja uma pessoa singular que não disponha nem seja obrigada a dispor de contabilidade organizada.

2. São devidas mensalmente contribuições pelo trabalhador independente e pela entidade beneficiária da prestação com base nos recibos ou faturas-recibos eletrónicos emitidos em cada mês pelo exercício de atividade na área da cultura.

3. Excetuam-se do disposto nos números anteriores os recibos ou faturas-recibos referentes a propriedade intelectual, salvo nas situações previstas no nº 3 do artigo 54º

4. As contribuições devidas são calculadas pela aplicação da respetiva taxa contributiva sobre o valor de 70% ou 20%, consoante se trate de prestação de serviço ou produção e venda de bens, de cada recibo ou fatura-recibo eletrónica emitida.

5. Sem prejuízo da aplicação do nº 2 do artigo anterior, as contribuições devidas pelo trabalhador independente abrangido pelo regime de contabilidade organizada são calculadas, nos termos dos números anteriores, pela aplicação da contribuição correspondente a 3,8 pontos percentuais a que se refere a alínea *c*) do nº 3 do artigo 35º, exclusivamente para efeitos da proteção garantida pelo Fundo, mantendo-se em simultâneo, para efeitos do regime dos trabalhadores independentes, a aplicação integral do regime previsto no Código dos Regimes Contributivos do Sistema Previdencial de Segurança Social.

6. O trabalhador independente abrangido pelo nº 1 está sujeito ao pagamento de contribuições pelo valor mínimo previsto no nº 2 do artigo 163º do Código dos Regimes Contributivos do Sistema Previdencial de Segurança Social.

7. O disposto no número anterior aplica-se durante os meses de atribuição do subsídio por suspensão da atividade cultural.

8. A contribuição devida pela entidade beneficiária da prestação é calculada pela aplicação da taxa aplicável ao valor de 70% ou 20% de cada recibo ou fatura-recibo eletrónica emitida pelos trabalhadores em cada mês, exclusivamente no que respeita à prestação de serviço ou produção e venda de bens da área da cultura, respetivamente.

(Redação dada pelo Decreto-Lei nº 64/2022, de 27-09)

Artigo 51º – Pagamento de contribuições na modalidade de recibo eletrónico ou fatura-recibo eletrónico com retenção

1. As contribuições calculadas nos termos do artigo anterior são retidas pela entidade beneficiária da prestação, sempre que aquela seja uma pessoa coletiva ou uma pessoa singular que disponha ou deva dispor de contabilidade organizada.

2. As contribuições retidas são pagas à segurança social pela entidade beneficiária da prestação, juntamente com a contribuição da sua responsabilidade, entre os dias 10 e 20 do mês seguinte, identificando o prestador de serviços, o mês a que se refere o pagamento e o valor da retribuição paga.

3. Para efeitos do cumprimento da obrigação contributiva prevista nos números anteriores e do disposto nos artigos 105º e 107º do Regime Geral das Infrações Tributárias (RGIT), aprovado em anexo à Lei nº 15/2001, de 5 de junho, na sua redação atual, a entidade beneficiária da prestação de serviço é equiparada a entidade empregadora.

4. A falta de pagamento à segurança social do valor das contribuições retidas constitui a respetiva entidade beneficiária da prestação em dívida, sendo devidos juros de mora até pagamento integral.

5. Sem prejuízo do disposto no RGIT, a violação do disposto nos nºs 1 e 2 constitui contraordenação leve quando seja cumprida nos 30 dias subsequentes ao termo do prazo e constitui contraordenação grave nas demais situações.

6. A falta de pagamento à segurança social, no prazo legal, das contribuições devidas pela entidade beneficiária da prestação não prejudica a qualificação da situação contributiva regularizada do profissional independente, nos termos do artigo 208º do Código dos Regimes Contributivos do Sistema Previdencial de Segurança Social.

Artigo 52º – Pagamento das contribuições na modalidade de recibo eletrónico ou fatura-recibo eletrónico sem retenção

1. A contribuição devida pela entidade beneficiária da prestação que não disponha nem seja obrigada a dispor de contabilidade organizada, bem como pelas entidades não residentes sem estabelecimento estável em território nacional, deve ser acrescida ao valor dos serviços prestados e entregue ao trabalhador independente da área da cultura.

2. O trabalhador independente da área da cultura deve entregar à segurança social a contribuição referida no número anterior, juntamente com as contribuições da sua responsabilidade.

3. A falta de pagamento à segurança social do valor das contribuições devidas e referidas nos números anteriores, no prazo indicado, constitui o trabalhador independente da área da cultura em dívida pelo valor em falta, sendo devidos juros de mora até pagamento integral.

4. Sem prejuízo do disposto nos artigos 105º e 107º do RGIT no que respeita à violação da contribuição referida no nº 1, a violação do disposto nos nºs 1 e 2 constitui contraordenação leve quando seja cumprida nos 30 dias subsequentes ao termo do prazo e constitui contraordenação grave nas demais situações.

Artigo 53º – Conversão do valor dos recibos ou faturas-recibos eletrónicos em dias de trabalho

1. Para efeitos de acesso ao subsídio de suspensão da atividade cultural, o prazo de garantia é calculado segundo a seguinte fórmula:

$$(VRE)/(2{,}5\,IAS/30)$$

2. Para efeitos do número anterior, VRE é a soma do valor dos recibos ou faturas-recibos eletrónicos emitidos em cada mês pelo exercício de atividade da área da cultura que constituam base de incidência contributiva e IAS é o indexante de apoios sociais.

3. O disposto nos números anteriores é aplicável ainda que haja acumulação de atividades ou de regimes contributivos.

(Redação dada pelo Decreto-Lei nº 64/2022, de 27-09)

SUBSECÇÃO III – Profissionais da área da cultura em trabalho intelectual

Artigo 54º – Trabalhadores intelectuais

1. Os profissionais da área da cultura que desenvolvam atividades autorais e artísticas que estejam em processo de criação intelectual e que não estejam nem devam estar abrangidos por regimes contributivos de inscrição obrigatória podem requerer a inscrição no regime de seguro social voluntário previsto no nº 3 do artigo 37º

2. Os profissionais da área da cultura que desenvolvam atividades autorais e artísticas, estando ou não em processo de criação intelectual, que estejam ou devam estar abrangidos por regimes contributivos de inscrição obrigatória ficam isentos da obrigação contributiva prevista no artigo 50º no que respeita aos rendimentos provenientes da propriedade intelectual.

3. Sem prejuízo do disposto no número anterior, os profissionais da área da cultura que desenvolvam atividades autorais e artísticas podem optar, em cada recibo eletrónico ou fatura-recibo eletrónico, pela aplicação do regime previsto nos artigos 47º a 53º, ficando as entidades beneficiárias da prestação também sujeitas ao respetivo regime.

4. Nos termos do disposto no nº 4 do artigo 162º do Código dos Regimes Contributivos do Sistema Previdencial de Segurança Social e na alínea *e*) do nº 3 do artigo 62º do Decreto Regulamentar nº 1-A/2011, de 3 de janeiro, na sua redação atual, os rendimentos provenientes da propriedade intelectual não são considerados no apuramento do rendimento relevante, para efeitos contributivos, dos trabalhadores independentes que disponham ou devam dispor de contabilidade organizada, previsto no Código do IRS, podendo o respetivo titular optar pela sua consideração.

Artigo 55º – Âmbito material de proteção dos trabalhadores intelectuais

Os profissionais da área da cultura que exerçam as opções previstas nos nºs 3 e 4 do artigo anterior têm direito à atribuição do subsídio por suspensão da atividade cultural, nos termos estabelecidos no presente Estatuto.

SECÇÃO III – Subsídio por suspensão da atividade cultural

Artigo 56º – Objetivo do subsídio

O subsídio por suspensão da atividade cultural, adiante designado por subsídio, tem por objetivo garantir rendimentos em consequência da verificação de uma situação involuntária de suspensão da atividade cultural por parte do profissional da área da cultura.

Artigo 57º – Titularidade

O direito ao subsídio é reconhecido aos profissionais da área da cultura que desenvolvam a sua atividade como trabalhadores por conta de outrem com contrato de trabalho de muito curta duração ou como trabalhadores independentes, incluindo os empresários em nome individual, que à data da apresentação do requerimento reúnam as respetivas condições de atribuição e estejam inscritos no RPAC.

Artigo 58º – Condições de atribuição

1. O reconhecimento do direito ao subsídio depende da apresentação de requerimento em modelo próprio e da verificação cumulativa das seguintes condições:

a) Residência legal em território nacional;

b) Cumprimento do prazo de garantia;

c) Suspensão involuntária da atividade cultural;

d) Disponibilidade para o exercício de atividade na área da cultura;

e) Situação contributiva regularizada perante a segurança social.

2. Não é reconhecido o direito ao subsídio de suspensão da atividade cultural aos profissionais da área da cultura que à data do requerimento tenham idade normal ou pessoal de acesso à pensão de velhice, desde que se encontre cumprido o respetivo prazo de garantia, ou que sejam pensionistas.

Artigo 59º – Residência legal em território nacional

1. Sem prejuízo do estabelecido em instrumento internacional a que Portugal se encontre vinculado ou de legislação especial aplicável, o reconhecimento do direito ao subsídio de suspensão da atividade cultural depende de o requerente ter residência legal em território nacional.

2. Para efeitos do disposto no número anterior, considera-se residência legal em território nacional o disposto no artigo 19º da Lei Geral Tributária, aprovada em anexo ao Decreto-Lei nº 398/98, de 12 de dezembro, na sua redação atual.

Artigo 60º – Prazo de garantia

1. O prazo de garantia para atribuição do subsídio por suspensão de atividade cultural é de 180 dias de exercício de atividade na área da cultura, com o correspondente pagamento efetivo de contribuições.

2. Os períodos de registo de remunerações correspondentes a situações de equivalência não relevam para efeitos de verificação do prazo de garantia.

Artigo 61º – Suspensão involuntária da atividade cultural

1. Verifica-se a existência de suspensão da atividade cultural do profissional da área da cultura com contrato de trabalho de muito curta duração nas situações de cessação do contrato de trabalho.

2. O profissional da área da cultura abrangido pelo regime dos trabalhadores independentes considera-se em situação de suspensão da atividade cultural sempre que, no último mês anterior ao mês da apresentação do requerimento do subsídio, tenha estado sujeito ao pagamento de contribuições pelo valor mínimo legalmente previsto.

3. O profissional da área da cultura abrangido pelo regime dos trabalhadores independentes, a contribuir com base no duodécimo do lucro tributável do ano imediatamente anterior, considera-se em situação de suspensão da atividade cultural sempre que, no último mês anterior ao mês da apresentação do requerimento do subsídio, se verifique a ausência total de faturação, sujeita a certificação pelo respetivo contabilista certificado e a verificação pelos serviços competentes da segurança social.

4. Ao profissional da área da cultura com contrato de trabalho de muito curta duração, inscrito como trabalhador independente, que tenha auferido nos últimos 12 meses mais de 50% das remunerações nesta categoria, aplica-se, para acesso ao subsídio de suspensão da atividade cultural, o disposto no nº 2.

Artigo 62º – Disponibilidade para a atividade na área da cultura

A disponibilidade para o exercício de atividade na área da cultura afere-se:

a) Pela inscrição no RPAC; e

b) Pela manutenção da atividade aberta com uma profissão ou atividade na área da cultura a definir pela portaria referida no artigo 2º

Artigo 63º – Montante do subsídio

1. O montante diário do subsídio é de 65% da remuneração de referência e calculado na base de 30 dias por mês.

2. A remuneração de referência corresponde à remuneração média definida por *R*/360, em que *R* representa o total das remunerações registadas nos últimos 12 meses civis que precedem o mês anterior ao da data da suspensão da atividade cultural.

3. O montante mensal do subsídio tem como limite máximo a remuneração efetiva ou o rendimento relevante médio mensal declarado do profissional da área da cultura nos termos do número anterior, com o limite máximo de 2,5 IAS e com o limite mínimo de 1 IAS.

4. Para efeitos do disposto nos números anteriores apenas relevam as remunerações registadas decorrentes de atividade profissional da área da cultura, nos termos previstos no presente Estatuto.

5. O subsídio pode ser atribuído de forma parcial quando o profissional da área cultura tem rendimentos de trabalho decorrentes de outra atividade cujo valor seja inferior ao do subsídio de suspensão da atividade cultural atribuído.

6. Nos casos previstos no número anterior, o montante do subsídio parcial corresponde à diferença entre o montante do subsídio e 80% do rendimento da atividade exercida em acumulação.

7. O rendimento da atividade exercida corresponde ao valor da remuneração mensal do trabalho por conta de outrem ou, no caso de trabalhador independente, dos valores dos recibos eletrónicos mensais ou ao rendimento relevante médio mensal do trimestre anterior, se inferior.

8. O montante do subsídio é recalculado trimestralmente sempre que se verifique a alteração dos valores dos recibos eletrónicos mensais ou do rendimento médio referido no número anterior.

9. O subsídio é atribuído a cada profissional da área da cultura apenas uma vez em cada ano civil.

10. Para acesso ao subsídio por suspensão de atividade cultural são considerados os registos de remunerações específicos do profissional da área da cultura inscrito no RPAC a que se referem os artigos 44º e 53º, resultantes de contratos de trabalho de muito curta duração, e de prestação de serviço ou de produção e venda de bens do trabalhador independente, ocorridos após cessação do último subsídio por suspensão de atividade atribuído.

Artigo 64º – Início da concessão do subsídio

1. O subsídio é devido a partir da data da apresentação do requerimento devidamente instruído.

2. O requerimento considera-se devidamente instruído quando se encontre acompanhado de todos os elementos comprovativos das condições de atribuição do subsídio.

Artigo 65º – Período de concessão do subsídio por suspensão da atividade cultural

1. O período de concessão do subsídio aos profissionais da área da cultura depende do número acumulado de dias por conversão dos valores das remunerações efetivas, nos termos previstos nos artigos 44º e 53º, e corresponde a:

a) 90 dias, se o prazo de garantia for inferior a 12 meses;

b) 120 dias, se o prazo de garantia for igual ou superior a 12 meses e inferior a 24 meses;

c) 150 dias, se o prazo de garantia for igual ou superior a 24 meses e inferior a 48 meses;

d) 180 dias, se o prazo de garantia for igual ou superior a 48 meses.

2. O período de concessão do subsídio de suspensão da atividade cultural é de 360 dias desde que o profissional da área da cultura detenha, cumulativamente e à data do requerimento, os seguintes requisitos:

a) Idade igual ou superior a 55 anos de idade; e

b) Registo de remunerações efetivas igual ou superior a 84 meses, contados desde a última data de concessão do subsídio por suspensão da atividade cultural ou de prestações de desemprego.

3. Sem prejuízo do disposto no nº 1, o profissional da área da cultura com idade igual ou superior a 55 anos pode beneficiar do período de concessão a que se refere o número anterior até ao limite de uma vez.

4. Para efeitos do presente artigo, considera-se 1 mês por cada 30 dias de registo de remuneração por conversão.

Artigo 66º – Suspensão do subsídio

1. Determinam a suspensão do direito ao subsídio as seguintes situações:

a) Exercício de atividade profissional da área da cultura como trabalhador independente ou por conta de outrem com rendimento superior ao valor do subsídio por período igual ou inferior a 30 dias;

b) Atribuição, por regimes de proteção social nacionais ou estrangeiros, de prestações de segurança social substitutivas do rendimento de trabalho no âmbito das eventualidades de doença, maternidade, paternidade, adoção e desemprego.

2. Cessando a causa de suspensão, a concessão do subsídio é retomada após a data da cessação da causa da suspensão e pelo período remanescente.

Artigo 67º – Cessação do subsídio

1. O direito ao subsídio cessa quando se verifique uma das seguintes situações:

a) O seu titular deixe de ter residência legal em território nacional, nos termos do disposto no nº 2 do artigo 59º;

b) Exercício de atividade profissional da área da cultura com rendimento superior ao valor do subsídio por período superior a 30 dias;

c) Cancelamento da inscrição no RPAC;

d) Cessação da atividade profissional na área da cultura na AT;

e) Atribuição de pensão de invalidez;

f) Verificação da idade normal ou pessoal de acesso à pensão de velhice, se o seu titular tiver cumprido o respetivo prazo de garantia;

g) Termo do período de concessão do subsídio.

2. O regime de antecipação da pensão de velhice nas situações de desemprego involuntário de longa duração não se aplica aos profissionais da área da cultura no termo do período de concessão do subsídio.

Artigo 68º – Acumulação com outras prestações sociais

O subsídio não é cumulável com prestações do sistema de segurança social que visem compensar a perda de rendimento de trabalho ou a garantir mínimos de subsistência.

Artigo 69º – Articulação dos subsídios com prestações de desemprego

1. A atribuição do subsídio não prejudica o reconhecimento do direito a prestações de desemprego, desde que se encontrem reunidas as condições de atribuição, nos termos previstos nos respetivos regimes jurídicos, sem prejuízo do disposto no número seguinte.

2. Nas situações de atribuição sucessiva do subsídio e de prestações de desemprego, os períodos de concessão do subsídio atribuídos nos 36 meses anteriores ao início de atribuição das prestações de desemprego são deduzidos aos períodos de concessão das prestações de desemprego.

Artigo 70º – Deveres do titular do subsídio

1. O titular do subsídio deve declarar aos serviços da segurança social, no prazo de cinco dias úteis a contar da data da respetiva ocorrência, as situações determinantes de suspensão ou cessação da prestação, que se reportem, designadamente:

a) À residência;

b) Ao início ou fim da atividade profissional na área da cultura;

c) Ao cancelamento da inscrição no RPAC;

d) Cessação da atividade profissional na área da cultura na AT.

2. Sem prejuízo do disposto sobre a responsabilidade emergente do pagamento indevido de prestações de segurança social, nos termos do Decreto-Lei nº 133/88, de 20 de abril, na sua redação atual, o incumprimento do dever referido no número anterior constitui contraordenação leve quando seja cumprido nos 30 dias subsequentes ao termo do prazo, e constitui contraordenação grave nas demais situações.

Artigo 71º – Dever da entidade beneficiária da prestação

1. A entidade beneficiária da prestação está obrigada a entregar ao profissional da área da cultura com contrato de trabalho de muito curta duração a declaração da situação de cessação da atividade cultural, no prazo de 10 dias úteis a contar data em que aquele a tenha solicitado.

2. O incumprimento do dever referido no número anterior constitui contraordenação leve quando seja cumprida nos 30 dias subsequentes ao termo do prazo, e constitui contraordenação grave nas demais situações.

Artigo 72º – Requerimento

1. A atribuição do subsídio é requerida no prazo de 30 dias consecutivos a contar da data da suspensão involuntária da atividade cultural.

2. A apresentação do requerimento e respetiva documentação decorrido o prazo referido no número anterior determina a redução do período de concessão das prestações na respetiva proporção do atraso.

3. O requerimento é apresentado na Segurança Social Direta.

Artigo 73º – Comprovativo da suspensão da atividade cultural

1. No caso dos trabalhadores com contrato de trabalho de muito curta duração, o requerimento do subsídio é instruído com documento da entidade empregadora comprovativo da situação de cessação da atividade cultural nos termos previstos no nº 1 do artigo 71º e da data a que se reporta a última remuneração.

2. A entidade empregadora pode, mediante autorização do trabalhador, apresentar na Segurança Social Direta o documento comprovativo previsto no número anterior, apresentando desde logo àquele o respetivo comprovativo da entrega.

3. O trabalhador tem o dever de conservar os originais dos meios de prova, pelo prazo de cinco anos, bem como o dever de os apresentar sempre que solicitados pelos serviços da segurança social.

SECÇÃO IV – Reconversão profissional

Artigo 74º – Subsídio de reconversão profissional

1. Sem prejuízo de regimes especiais, os profissionais da área da cultura que, em função da especificidade das suas atividades, tenham cessado o exercício da sua atividade antes de poderem beneficiar de uma pensão de velhice têm direito à atribuição de um subsídio de reconversão profissional, desde que preencham os seguintes requisitos:

a) Terem exercido uma atividade cultural como profissionais durante um período não inferior a 10 anos, com registo de remunerações nos últimos 5 anos;

b) Terem cessado o exercício da atividade cultural há mais de seis meses e menos de dois anos;

c) Terem rendimentos inferiores à remuneração mínima mensal garantida.

2. O cartão do profissional da área da cultura constitui o meio de prova preferencial da qualidade de profissional da área da cultura.

3. O montante do subsídio de reconversão profissional é de 65% da remuneração de referência, a qual corresponde à remuneração média registada nos 60 meses civis anteriores à data do pedido de atribuição de subsídio de reconversão profissional.

4. O montante do subsídio de reconversão profissional não pode exceder o valor de 12 IAS.

5. O subsídio de reconversão profissional pode ser atribuído por uma só vez ou em prestações mensais que não podem exceder os 24 meses.

6. Os encargos correspondentes ao pagamento do subsídio de reconversão profissional são suportados conjuntamente por verbas do Ministério da Cultura e por verbas do Instituto do Emprego e Formação Profissional, I. P.

7. Ao subsídio de reconversão profissional são aplicáveis os procedimentos constantes do Despacho nº 7131/2011, de 3 de maio, publicado no *Diário da República*, 2ª série, nº 91, de 11 de maio de 2011, e demais legislação aplicável.

8. O subsídio de reconversão profissional não é cumulável com prestações do sistema de segurança social que visem compensar a perda de remuneração ou garantir mínimos de subsistência.

9. O subsídio de reconversão profissional é atribuído a cada profissional da área da cultura apenas uma vez.

SECÇÃO V – Prestação social para a inclusão

Artigo 75º – Prestação social para inclusão

1. Nas situações em que o profissional da área da cultura com deficiência, titular da prestação social para a inclusão, venha a auferir rendimentos de trabalho decorrentes do exercício de atividade da área da cultura que, em acumulação com a componente base da prestação, sejam superiores ao limiar de acumulação da componente base, é aplicável o regime previsto no Decreto-Lei nº 126-A/2017, de 6 de outubro, na sua redação atual.

2. (*Revogado.*)

3. (*Revogado.*)

4. (*Revogado.*)

(Redação dada pelo Decreto-Lei nº 64/2022, de 27-09)

SECÇÃO VI – Regime complementar

Artigo 76º – Regime complementar de contas individuais

Os profissionais da área da cultura abrangidos pelo presente Estatuto que tenham aderido ao regime complementar de contas individuais de natureza pública, estabelecido no Decreto-Lei nº 26/2008, de 22 de fevereiro, na sua redação atual, podem optar pela aplicação da taxa contributiva de 6%, independentemente da respetiva idade.

CAPÍTULO VI – Regime contraordenacional

Artigo 77º – Competência para inspeção

O controlo do cumprimento das normas previstas no presente Estatuto, bem como a instrução dos processos contraordenacionais e aplicação das respetivas coimas, competem, consoante o caso:

a) À Autoridade para as Condições do Trabalho (ACT), quando se trate de violação de normas laborais; e

b) Ao ISS, I. P., em caso de violação de normas no âmbito do sistema de segurança social.

Artigo 78º – Inspeção

1. A inspeção da utilização indevida de contrato de prestação de serviço em relações de trabalho subordinado é da competência da ACT.

2. As inspeções podem ser efetuadas em articulação com a IGAC, a ACT e com o ISS, I. P., consoante o caso.

3. A IGAC e a ACT articulam o planeamento anual de inspeções do cumprimento das normas em matéria laboral no setor da cultura.

4. O plano referido no número anterior deve prever a promoção de ações de sensibilização e de prestação de informações com vista ao esclarecimento dos sujeitos das relações laborais e das respetivas entidades representativas do setor.

5. O planeamento ordinário de ações de inspeção não prejudica a eventual necessidade de intervenção das entidades referidas nos números anteriores em ações extraordinárias, sempre que necessário.

Artigo 79º – Procedimento em caso de inadequação do vínculo que titula a prestação de uma atividade em condições correspondentes às do contrato de trabalho

1. Sempre que o inspetor do trabalho verifique a existência de características de contrato de trabalho numa situação de prestação de atividade aparentemente autónoma, nos termos descritos no artigo 7º do presente Estatuto e no artigo 12º do Código do Trabalho, adota o procedimento previsto no artigo 15º-A da Lei nº 107/2009, de 14 de setembro, na sua redação atual.

2. Nos casos previstos no número anterior pode ser ainda aplicada a sanção acessória de privação do direito a apoio, subsídio ou benefício outorgados por entidade ou serviço público, designadamente de natureza fiscal ou contributiva, da área da cultura ou proveniente de fundos europeus, por período até dois anos, contados a partir da decisão condenatória definitiva.

3. A sanção acessória aplicada é comunicada pela ACT à IGAC, a qual informa as entidades ou serviços públicos da área da cultura.

Artigo 80º – Procedimento em caso de recurso indevido de subsídio de suspensão da atividade cultural

1. O recurso indevido do subsídio de suspensão de atividade cultural constitui contraordenação muito grave.

2. Nos casos previstos no número anterior pode ainda ser aplicada a sanção acessória de privação do direito a apoio, subsídio ou benefício outorgados por entidade ou serviço público, designadamente de natureza fiscal ou contributiva, da área da cultura ou proveniente de fundos europeus, por período até dois anos, contados a partir da decisão condenatória definitiva.

3. A sanção acessória aplicada é comunicada pela Segurança Social à IGAC, que, por sua vez, a comunica às entidades ou serviços públicos da área da cultura.

Artigo 81º – Regime das contraordenações

1. Para efeitos do presente Estatuto, aplica-se, consoante a matéria, o regime das contraordenações constante dos artigos 548º a 566º do Código do Trabalho, com as especificidades dos artigos seguintes, e o regime das contraordenações previsto no Código dos Regimes Contributivos do Sistema Previdencial de Segurança Social.

2. O processamento das contraordenações segue o regime processual aplicável às contraordenações laborais e de segurança social, aprovado pela Lei nº 107/2009, de 14 de setembro, na sua redação atual.

3. A infração cuja factualidade seja passível de ser verificada exclusivamente por informação recolhida em base de dados pode seguir a forma de processo especial, nos termos da Lei nº 107/2009, de 14 de setembro, na sua redação atual.

Artigo 82º – Destino das coimas

1. A afetação do produto das coimas laborais cobradas aos profissionais da cultura é efetuada da seguinte forma:

a) 40% para a ACT;

b) 10% para a IGAC;

c) 25% para o serviço responsável pela gestão financeira do orçamento da segurança social;

d) 25% para o Fundo.

2. No caso de coima aplicada em matéria de segurança e saúde no trabalho, os valores constantes das alíneas *b*) a *d*) do número anterior revertem para o Fundo de Acidentes de Trabalho.

3. A ACT transfere trimestralmente para as entidades referidas no número anterior as importâncias a que as mesmas tenham direito.

4. À afetação do produto das coimas no âmbito da segurança social é aplicável o disposto no artigo 240º do Código dos Regimes Contributivos do Sistema Previdencial de Segurança Social.

5. A receita resultante das contraordenações previstas no presente artigo e aplicadas nas Regiões Autónomas constitui receita própria destas.

CAPÍTULO VII – Disposições finais

Artigo 83º – Outros seguros

As pessoas singulares e coletivas da área da cultura podem celebrar os seguintes contratos de seguros que cubram, nomeadamente, os seguintes riscos:

a) Acidentes pessoais;

b) Responsabilidade civil profissional;

c) Cancelamento de espetáculos e eventos.

Artigo 84º – Entidade gestora do subsídio por suspensão da atividade cultural

1. A gestão do subsídio por suspensão da atividade cultural compete à instituição da segurança social competente.

2. A entidade gestora estabelece com o IGAC e a AT os protocolos necessários ao cumprimento da obrigação contributiva dos profissionais da área da cultura e à gestão do subsídio por cessação da atividade cultural, nos termos previstos no presente Estatuto.

Artigo 85º – Desmaterialização

Todos os pedidos, comunicações e notificações previstos no presente Estatuto, nomeadamente os relacionados com o RPAC e o acesso ao subsídio de suspensão de atividade cultural, devem ser preferencialmente efetuados de forma desmaterializada, acessível através do balcão único ePortugal.

Regime Jurídico do Contrato Individual de Trabalho a Bordo das Embarcações de Pesca

Lei nº 15/97, de 31 de maio

Estabelece o regime jurídico do contrato individual de trabalho a bordo das embarcações de pesca

A Assembleia da República decreta, nos termos dos artigos 164º, alínea *d*), 168º, nº 1, alíneas *b*) e *d*), e 169º, nº 3, da Constituição o seguinte:

CAPÍTULO I – Disposições gerais

Artigo 1º – Princípio geral

1. É aprovado o regime jurídico do contrato individual de trabalho a bordo das embarcações de pesca como tal registadas nos portos nacionais.

2. As embarcações de pesca estrangeiras afretadas por pessoas singulares ou colectivas nacionais, para tal autorizadas nos termos da lei, ficam igualmente sujeitas ao regime jurídico referido no número anterior.

3. O presente regime não prejudica a prevalência de disposições mais favoráveis constantes de instrumento de regulamentação colectiva de trabalho ou de contrato individual de trabalho.

4. Na ausência de regulamentação colectiva de trabalho e desde que não contrariem a lei ou o contrato individual de trabalho, serão atendíveis os usos da profissão ou da empresa.

5. O regime da presente lei é aplicável quer aos contratos celebrados depois da sua entrada em vigor quer aos celebrados antes, salvo quanto aos efeitos de factos ou situações totalmente passados relativamente àquele momento.

6. Ao contrato individual de trabalho a bordo das embarcações de pesca aplicam-se as regras da presente lei e, nas matérias não reguladas, as regras gerais do Código do Trabalho, aprovado pela Lei nº 7/2009, de 12 de fevereiro, na sua redação atual.

7. Ao contrato individual de trabalho a bordo das embarcações de pesca aplicam-se as regras específicas em matéria de segurança e saúde no trabalho a bordo dos navios ou embarcações de pesca e, subsidiariamente, as regras gerais do regime da promoção da segurança e saúde no trabalho, estabelecido pela Lei nº 102/2009, de 10 de setembro, na sua redação atual.

8. A presente lei regula, ainda, as responsabilidades do Estado Português enquanto Estado de bandeira ou do porto, em cumprimento de disposições obrigatórias da Convenção sobre o Trabalho no Setor da Pesca, de 2007, da Organização Internacional do Trabalho (Convenção nº 188).

(Redação dada pelo Decreto-Lei nº 101-F/2020, de 07-12)

Artigo 2º – Excepção ao âmbito

É excluído do âmbito de aplicação do presente diploma o pessoal das embarcações do Estado ou de outras pessoas colectivas de direito público.

Artigo 3º – Noção

1. O contrato individual de trabalho a bordo das embarcações de pesca é aquele pelo qual o tripulante, também designado como marítimo para efeitos da presente lei, se obriga, mediante retribuição, a prestar a sua atividade profissional a um armador de pesca, sob a autoridade e direção deste ou do seu representante legal.

2. Considera-se que a prestação de trabalho do marítimo ocorre a bordo de embarcações de pesca e em terra, na execução de tarefas específicas da actividade da pesca ou relacionadas com a embarcação.

(Redação dada pelo Decreto-Lei nº 101-F/2020, de 07-12)

Artigo 4º – Conceitos

Para efeitos da presente lei, considera-se:

a) Armador – a pessoa singular ou colectiva titular de direito de exploração económica da embarcação;

b) Comandante, mestre ou arrais – a pessoa investida com todos os direitos e obrigações que o comando da embarcação implica, sejam de natureza técnica, administrativa, disciplinar ou comercial, que exerce por si ou como representante do armador, nos termos deste diploma e da demais legislação aplicável;

c) Navio ou embarcação de pesca – todo o navio registado e licenciado para a atividade da pesca, seja qual for a área de exploração ou as artes de pesca utilizadas;

d) Representante do armador – é o comandante, mestre ou arrais da embarcação, sem prejuízo da legal representação, que compreende, designadamente, os directores, administradores e delegados.

e) Tripulante – qualquer pessoa contratada, seja a que título for, ou que exerça uma atividade profissional a bordo de um navio ou embarcação de pesca, incluindo as pessoas que trabalham a bordo e que são remuneradas com base numa parte das capturas, excluindo pilotos, pessoas em terra a efetuar trabalhos a bordo de um navio ou embarcação de pesca e observadores do pescado.

(Redação dada pelo Decreto-Lei nº 101-F/2020, de 07-12)

Artigo 5º – Duração

1. O contrato de trabalho pode ser celebrado sem termo, ou a termo, certo ou incerto.

2. A celebração de contrato a termo certo apenas pode ocorrer quando se verifique a natureza transitória ou temporária do trabalho a prestar, ou nos casos de início de laboração de uma empresa armadora ou de contratação de marítimos à procura de primeiro emprego, ou de desempregados de longa duração.

3. A celebração de contrato de trabalho a termo incerto a bordo das embarcações de pesca como tal só pode ter lugar nos seguintes casos:

a) Substituição temporária de um marítimo;

b) Pesca sazonal;

c) Pesca por campanha, cuja actividade esteja condicionada à obtenção de quotas nacionais ou comunitárias ou licenças de pesca que não dependam do armador.

4. A substituição do trabalhador só é admissível face à suspensão do contrato por impedimento prolongado devido a doença, acidente, licença sem retribuição, gozo de férias, folga, exercício de funções públicas e de representação colectiva dos trabalhadores ou de frequência de curso de formação profissional.

5. A duração do contrato de trabalho a termo certo, haja ou não renovação, não pode exceder três anos, contando-se a antiguidade do marítimo desde o início da prestação de trabalho.

6. O contrato de trabalho a termo incerto dura por todo o tempo necessário à substituição do marítimo ausente e até à conclusão da actividade da pesca sazonal ou por campanha para que o marítimo foi contratado.

7. O contrato de trabalho a termo certo ou incerto converte-se em contrato sem termo se for excedido o prazo de duração previsto no nº 5 ou se o marítimo continuar ao serviço decorridos 15 dias sobre o regresso do marítimo substituído ou sobre a conclusão da actividade da pesca sazonal ou por campanha a que se reporta o número anterior.

Artigo 6º – Forma

1. O contrato de trabalho está sujeito à forma escrita, devendo ser assinado por ambas as partes e conter, pelo menos, as seguintes indicações:

a) Nome ou denominação e residência dos contraentes;

b) Categoria profissional e retribuição do marítimo;

c) A data de celebração do contrato e do início dos seus efeitos;

d) A duração do contrato ou, no caso de contrato a termo incerto, o nome do marítimo substituído ou a indicação da actividade da pesca sazonal para que o marítimo foi contratado e, no caso de campanha, o local de pesca;

e) O instrumento de regulamentação colectiva de trabalho aplicável, quando seja o caso;

f) Os restantes elementos constantes no anexo à presente lei e da qual faz parte integrante, salvo se já estiverem assegurados por lei ou por instrumento de regulamentação coletiva de trabalho.

2. Encontra-se igualmente sujeita à observância da forma escrita a prorrogação do contrato a termo.

3. O não cumprimento da exigência de forma escrita, prevista nos números anteriores, é imputável ao armador e a respectiva nulidade só é invocável pelo marítimo.

4. O tripulante dispõe do prazo de três dias para analisar o contrato de trabalho e aconselhar-se sobre o seu conteúdo de modo a ficar informado sobre o mesmo antes da sua celebração.

5. O contrato de trabalho, cuja cópia deve ser entregue ao tripulante, deve ser conservado a bordo, em formato eletrónico ou em suporte papel, e estar à disposição do mesmo, bem como, em conformidade com a legislação especial aplicável, de outras partes interessadas que o solicitem.

(Redação dada pelo Decreto-Lei nº 101-F/2020, de 07-12)

CAPÍTULO II – Direitos, deveres e garantias das partes

Artigo 7º – Deveres do armador

São deveres do armador, nomeadamente:

a) Respeitar e tratar com lealdade o marítimo e pagar-lhe pontualmente a retribuição que lhe é devida;

b) Proporcionar ao marítimo boas condições de trabalho a bordo, designadamente de segurança, higiene, saúde e alojamento;

c) Permitir ao marítimo a frequência de cursos de formação profissional necessários à evolução na carreira da pesca, sem prejuízo do prévio cumprimento dos períodos de embarque para que foi contratado;

d) Cumprir as demais obrigações decorrentes da lei, de regulamentação colectiva de trabalho, do respectivo contrato de trabalho e dos usos e costumes observados no porto.

Artigo 8º – Deveres do marítimo

São deveres do marítimo, em especial:

a) Respeitar e tratar com lealdade o armador, nomeadamente não divulgando informações referentes à organização, aos métodos de trabalho e às operações de pesca;

b) Comparecer ao serviço com assiduidade e realizar o trabalho com zelo e diligência;

c) Cumprir as determinações dos superiores hierárquicos em tudo o que respeita à execução e à disciplina do trabalho, bem como a todas as tarefas ou procedimentos relativos à segurança da navegação;

d) Zelar pela conservação e boa utilização da embarcação e do seu equipamento;

e) Observar as prescrições de segurança, higiene e saúde no trabalho estabelecidas nas disposições legais ou convencionais aplicáveis;

f) Cumprir as demais obrigações decorrentes da lei, de instrumento de regulamentação colectiva de trabalho e do respectivo contrato de trabalho.

Artigo 9º – Direitos e deveres do comandante

A bordo das embarcações de pesca o marítimo está sob a autoridade e direcção do comandante, mestre ou arrais, como representante do armador e na qualidade de responsável máximo pela segurança da navegação e da vida a bordo.

Artigo 9º-A – Aptidão física e psíquica do tripulante

1. A aptidão física e psíquica do tripulante é comprovada através de ficha de aptidão emitida pelo médico de medicina do trabalho.

2. Sem prejuízo das regras gerais aplicáveis em matéria de segurança e saúde no trabalho, os exames médicos e a emissão de certificados médicos do tripulante devem respeitar o disposto no Decreto-Lei nº 166/2019, de 31 de outubro.

(Aditado pelo Decreto-Lei nº 101-F/2020, de 07-12)

Artigo 10º – Garantias do marítimo

É proibido ao armador:

a) Opor-se, por qualquer forma, a que o marítimo exerça os seus direitos, bem como despedi-lo ou aplicar-lhe sanções por causa desse exercício;

b) Diminuir a retribuição fixa do marítimo, caso a haja, ou alterar, em prejuízo deste, o critério de cálculo das remunerações variáveis e das respectivas percentagens ou partes, salvo no caso de transferência, por razões objectivas, para tipo de embarcação que determine remuneração diferente, ou no caso de existência de disposição em contrário constante de regulamentação colectiva;

c) Obrigar o marítimo a adquirir bens ou utilizar serviços fornecidos pelo armador ou por pessoa por ele indicada.

Artigo 10º-A – Conselhos de empresa europeus

1. A instituição de conselhos de empresa europeus ou de procedimentos de informação e consulta dos trabalhadores nas empresas ou grupos de empresas de dimensão comunitária rege-se pela Lei nº 96/2009, de 3 de setembro.

2. O marítimo que seja membro, ou suplente, de grupo especial de negociação ou de conselho de empresa europeu, ou representante de trabalhadores no âmbito de procedimento de informação e consulta, tem direito a participar nas reuniões dessas estruturas ou no âmbito de procedimento de informação e consulta.

3. O exercício do direito de participação nas reuniões previsto no número anterior depende desse membro, suplente ou representante não se encontrar no mar ou num porto de um país que não seja aquele em que a companhia está domiciliada, aquando da realização da reunião.

4. O agendamento das reuniões deve ser efetuado, sempre que possível, por forma a facilitar o exercício do direito de participação nessas reuniões.

5. Na impossibilidade de participação em reunião, deve ser ponderada a viabilidade de utilização de tecnologias de informação e de comunicação.

(Aditado pela Lei nº 29/2018, de 16-07)

Artigo 10º-B – Procedimento de queixa a bordo

1. O tripulante pode apresentar, ao responsável de quem dependa diretamente, queixa oral ou escrita sobre qualquer ocorrência que viole disposições obrigatórias previstas na legislação relativa ao trabalho a bordo das embarcações de pesca, no decurso da ocorrência ou no prazo contínuo de cinco dias a contar do seu termo.

2. O responsável direto do tripulante deve decidir a questão objeto da queixa, caso tenha competência para o efeito, ou transmiti-la imediatamente ao responsável competente.

3. A decisão sobre a queixa deve ser comunicada ao tripulante no prazo contínuo de cinco dias, podendo o responsável prorrogá-la por mais três dias, se a complexidade da matéria o exigir, devendo neste caso informar o tripulante antes do termo do prazo inicial.

4. Se, no prazo referido no número anterior, não houver resposta ou esta não for satisfatória, o tripulante pode, nos cinco dias posteriores, apresentar a queixa ao comandante ou mestre, especificando, se for caso disso, o motivo da sua insatisfação.

5. É aplicável à decisão do comandante ou mestre o disposto no nº 3.

6. Se a queixa não for decidida a bordo, o tripulante pode submetê-la ao armador, o qual dispõe de um prazo de 15 dias de calendário para a decidir, podendo, se necessário, consultar o tripulante em causa ou um seu representante.

7. O disposto nos números anteriores não prejudica o direito do tripulante de apresentar queixa diretamente ao comandante ou mestre ou, em razão da matéria, à Direção-Geral de Recursos Naturais, Segurança e Serviços Marítimos (DGRM) ou à Autoridade para as Condições do Trabalho.

8. O tripulante pode solicitar a outro tripulante com conhecimentos adequados que se encontre a bordo aconselhamento confidencial e imparcial sobre os procedimentos de queixa a que pode recorrer.

9. O tripulante tem o direito de ser assistido ou representado por outro tripulante de sua escolha que se encontre a bordo do mesmo navio ou embarcação de pesca em qualquer ato referente ao procedimento de queixa.

10. O armador deve entregar ao tripulante, no momento da celebração do contrato ou aquando da entrada em vigor da presente lei, um documento que descreva os procedimentos de queixa a bordo do navio ou embarcação de pesca e indique os contactos das autoridades competentes, bem como, se for caso disso, o nome dos tripulantes que podem prestar aconselhamento nos termos do nº 8.

11. As queixas e as respetivas decisões devem ser registadas, sendo remetida uma cópia das mesmas ao tripulante em questão.

12. É proibida qualquer forma de represália ou tratamento mais desfavorável ao tripulante que tenha apresentado queixa.

13. Para efeitos do presente artigo, a queixa pode ser apresentada por um tripulante, uma organização profissional, uma associação, um sindicato ou, de um modo geral, por qualquer pessoa interessada na segurança da embarcação, incluindo nos riscos relativos à segurança e à saúde dos tripulantes a bordo.

14. O presente artigo não se aplica às queixas que as autoridades competentes considerem manifestamente infundadas.

(Aditado pelo Decreto-Lei nº 101-F/2020, de 07-12)

Artigo 10º-C – Afixação de documentos

1. Devem ser afixados em local acessível do navio ou embarcação de pesca:

a) A escala de serviço a navegar ou no porto;

b) O número máximo de horas de trabalho ou o número mínimo de horas de descanso prescrito pela legislação nacional ou por convenção coletiva de trabalho aplicável.

2. A informação referida no número anterior deve ser redigida em língua portuguesa, devendo ser traduzida em língua inglesa caso a embarcação exerça a sua atividade fora das águas costeiras nacionais, de acordo com o modelo aprovado por portaria dos membros do Governo responsáveis pelas áreas do trabalho, solidariedade e segurança social e do mar.

3. Ficam dispensados da afixação dos documentos previstos nos números anteriores os navios ou embarcações que, pelas suas características, não possibilitem tal afixação, devendo o armador garantir que os documentos estão disponíveis a bordo.

(Aditado pelo Decreto-Lei nº 101-F/2020, de 07-12)

Artigo 11º – Transferência de embarcação

1. Salvo acordo escrito em contrário, a actividade profissional para que o marítimo foi contratado será prestada a bordo de qualquer embarcação de pesca do armador, desde que tal não implique a mudança de porto de armamento e não cause prejuízo sério ao trabalhador.

2. A não observância do disposto no número anterior constitui justa causa de rescisão do contrato pelo marítimo, com direito à respectiva indemnização.

Artigo 12º – Transmissão da empresa armadora

1. São aplicáveis à transmissão total ou parcial da empresa armadora as regras sobre transmissão de empresa ou estabelecimento previstas no Código do Trabalho, aprovado em anexo à Lei nº 7/2009, de 12 de fevereiro.

2. O disposto no número anterior não se aplica caso o objeto da transferência consista exclusivamente em um ou mais navios de mar.

3. (*Revogado.*)

(Redação dada pela Lei nº 29/2018, de 16-07)

Artigo 13º – Bens e haveres dos tripulantes

1. O armador, directamente ou por intermédio de uma entidade seguradora, indemnizará o tripulante pela perda total ou parcial dos seus haveres pessoais que se encontrem a bordo, desde que tal resulte de avaria ou sinistro marítimo, e até ao limite que for estabelecido por regulamentação colectiva ou contrato individual de trabalho.

2. O armador, ou o comandante, mestre ou arrais, como seu representante, é responsável pela custódia e conservação dos bens e quaisquer haveres deixados a bordo pelos tripulantes em caso de doença, acidente ou falecimento.

Artigo 14º – Privilégios creditórios

Os créditos pertencentes ao marítimo emergentes do contrato de trabalho, ou da violação ou da cessação deste, gozam do privilégio que a lei geral consigna.

Artigo 15º – Prescrição e regime de prova de créditos

1. Os créditos emergentes do contrato de trabalho, quer pertencentes ao armador quer ao marítimo, extinguem-se por prescrição decorrido um ano a contar do dia seguinte àquele em que cessar o contrato de trabalho, salvo nos casos que envolvam responsabilidade criminal, em que o prazo de prescrição será coincidente com o desta.

2. Os créditos resultantes de indemnização por falta de férias, pela aplicação de sanções abusivas ou realização de trabalho suplementar, vencidos há mais de cinco anos, só podem, todavia, ser provados por documento idóneo.

Artigo 16º – Formação profissional

O armador deve permitir ao trabalhador marítimo a frequência dos cursos de formação profissional necessários à evolução na carreira de pesca.

Artigo 16º-A – Serviços de recrutamento e colocação

Sempre que haja recurso a serviços de recrutamento e colocação de tripulantes a bordo de navios ou embarcações de pesca de bandeira portuguesa, o armador deve assegurar, na medida do possível, que estes serviços quando estabelecidos em Estados que não ratificaram a Convenção nº 188 respeitam as prescrições da mesma.

(Aditado pelo Decreto-Lei nº 101-F/2020, de 07-12)

CAPÍTULO III – Duração e organização do tempo de trabalho

Artigo 17º – Competência do armador

Compete ao armador, ou ao comandante, mestre ou arrais, como representante daquele, fixar os termos em que o trabalho deve ser prestado a bordo, dentro dos limites do contrato e das normas que o regem.

Artigo 18º – Período normal de trabalho

1. Denomina-se período normal de trabalho o número de horas de trabalho que o marítimo se obriga a prestar.

2. Os limites máximos dos períodos normais de trabalho, diário e semanal, em terra, em porto de armamento ou em porto usual de descarga, são os fixados na lei geral.

3. O período normal de trabalho na faina de pesca ou a navegar será o que for acordado pelas partes para os diferentes tipos de pesca, em regulamentação colectiva de trabalho ou em contrato individual de trabalho.

4. Para efeitos do número anterior, considera-se o navio a navegar quando está a caminho ou de regresso do pesqueiro, em emposta e nos dias de entrada e de saída dos portos.

Artigo 19º – Isenção de horário de trabalho

Aplicam-se ao trabalho a bordo as disposições relativas à isenção de horário de trabalho, nos termos da lei.

Artigo 20º – Descanso mínimo diário

(Revogado pelo Decreto-Lei nº 101-F/2020, de 07-12)

Artigo 20º-A – Limites de tempo de trabalho e de descanso

1. A duração do trabalho, incluindo o trabalho suplementar, não pode ser superior a:

a) 14 horas em cada período de 24 horas;

b) 72 horas em cada período de sete dias.

2. O tripulante tem direito a um período de descanso não inferior a 10 horas, que apenas pode ser dividido em dois períodos, devendo um período ter, pelo menos, 6 horas de duração, salvo no descanso diário a navegar, que não pode ser inferior a 12 horas, sendo 8 horas consecutivas.

3. O intervalo entre dois períodos de descanso, consecutivos ou interpolados, não pode ser superior a 14 horas.

4. O disposto nos números anteriores aplica-se sem prejuízo do disposto no Código do Trabalho, aprovado pela Lei nº 7/2009, de 12 de fevereiro, na sua redação atual, relativamente ao trabalho de menor.

(Aditado pelo Decreto-Lei nº 101-F/2020, de 07-12)

Artigo 21º – Trabalho suplementar

1. Entende-se por trabalho suplementar aquele que é prestado para além do período normal de trabalho.

2. O trabalho suplementar deve ser remunerado com acréscimos sobre a retribuição de acordo com o convencionado pelas partes para os diferentes tipos de pesca, em regulamentação colectiva de trabalho ou em contrato individual de trabalho.

3. Não é considerado trabalho suplementar nem está sujeito aos limites do artigo anterior, mesmo que fora do período normal de trabalho:

a) O trabalho ordenado pelo comandante, mestre ou arrais com vista à segurança da embarcação, do pescado ou dos marítimos quando circunstâncias de força maior o imponham;

b) O trabalho ordenado pelo comandante, mestre ou arrais com o fim de prestar assistência a outras embarcações, aeronaves ou pessoas em perigo, sem prejuízo da comparticipação a que o marítimo tenha direito em indemnização ou salários de salvamento e assistência;

c) Os exercícios de salva-vidas, de extinção de incêndios e outros similares previstos pela Convenção Internacional para a Salvaguarda da Vida Humana no Mar;

d) O trabalho exigido por formalidades aduaneiras, quarentena ou outras disposições sanitárias.

4. Logo que as situações descritas no número anterior fiquem normalizadas deve ser assegurado aos tripulantes um período de descanso adequado.

(Redação dada pelo Decreto-Lei nº 101-F/2020, de 07-12)

Artigo 22º – Descanso semanal

1. Todo o marítimo tem direito, no mínimo, a um dia de descanso por semana, que coincidirá, em princípio, com o domingo.

2. Por cada dia de descanso passado no mar, o marítimo terá direito a gozar um dia de folga, após a chegada ao porto de armamento, ou acrescido ao período de férias a que tiver direito.

3. Pode ser convencionado entre as partes para os diferentes tipos de pesca, em instrumento de regulamentação colectiva de trabalho ou em contrato individual de trabalho, o gozo de meio dia ou um dia complementar de descanso semanal.

CAPÍTULO IV – Suspensão da prestação de trabalho

Artigo 23º – Feriados

1. São considerados feriados os constantes do regime geral do contrato individual de trabalho.

2. A prestação de trabalho em dia feriado é compensada conforme acordado em regulamentação colectiva de trabalho ou em contrato individual de trabalho.

Artigo 24º – Direito a férias

1. O marítimo tem direito em cada ano civil a um período de férias de 22 dias úteis, com direito a remuneração, cujo montante será fixado por instrumento de regulamentação colectiva de trabalho ou contrato individual de trabalho.

2. O direito a férias vence-se no dia 1 de Janeiro e reporta-se ao trabalho prestado no ano civil anterior.

3. Quando o início da prestação de trabalho ocorra no 2º semestre do ano civil, o direito a férias só se vence após o decurso de seis meses completos de serviço efectivo.

4. O período de férias é proporcional ao tempo de serviço prestado em cada ano e não poderá ser inferior a 11 dias úteis.

5. O marítimo contratado a termo cuja duração, inicial ou renovada, não atinja um ano tem direito a um período de férias equivalente a dois dias úteis por cada mês completo de serviço.

6. O direito a férias é irrenunciável e não pode ser substituído, fora dos casos expressamente previstos no regime geral do contrato individual de trabalho, por qualquer compensação económica ou outra, ainda que com o acordo do marítimo.

7. Ao cessar o contrato de trabalho, o marítimo tem direito à remuneração das férias vencidas e não gozadas.

Artigo 25º – Faltas

1. Falta é a ausência do marítimo durante o período normal de trabalho a que está obrigado.

2. Quando em serviço em terra ou em porto, as faltas dadas pelo marítimo estão sujeitas ao regime geral de contrato individual de trabalho.

3. Quando no mar, consideram-se faltas justificadas as motivadas por acidente ou doença, aplicando-se, nestes casos, com as devidas adaptações, o regime referido no número anterior.

4. As faltas justificadas que não determinem perda de retribuição, nos termos da lei geral, serão abonadas pelo armador, conforme previsto em regulamentação colectiva ou em contrato individual de trabalho.

Artigo 26º – Suspensão do contrato de trabalho por impedimento prolongado respeitante ao marítimo

1. Quando o marítimo desembarcado em porto estiver temporariamente impedido de embarcar por pacto que não lhe seja imputável, nomeadamente o serviço militar obrigatório, doença ou acidente, e o impedimento se prolongue por mais de um mês ou que haja a certeza ou se preveja com segurança que o mesmo terá duração superior a este prazo, o contrato suspende-se e cessam os direitos, deveres e garantias das partes, na medida em que pressuponham a efectiva prestação de trabalho.

2. Terminado o impedimento, o marítimo deve informar expressamente o armador da sua disponibilidade para embarcar, presumindo-se que, se o não fizer durante 15 dias úteis seguidos, abandonou o trabalho.

3. O tempo de suspensão conta-se para efeitos de antiguidade, conservando o marítimo o direito ao lugar logo que cesse o impedimento, sem prejuízo de competir ao armador determinar a data e o local do reembarque.

4. Sendo o contrato sujeito a termo, a suspensão não impede a sua caducidade no final do prazo estipulado.

CAPÍTULO V – Retribuição

Artigo 27º – Princípio geral

1. Considera-se retribuição a remuneração base e todas as outras prestações periódicas feitas, directa ou indirectamente, em dinheiro ou em espécie, e tudo aquilo a que, nos termos do contrato, das normas que o regem ou dos usos, o marítimo tem direito como contrapartida do seu trabalho.

2. Podem fazer parte integrante da retribuição, consoante o tipo de pesca:

a) O vencimento base, soldada fixa ou parte fixa;

b) O estímulo de pesca, caldeirada ou quinhões;

c) A percentagem de pesca, parte variável ou partes;

d) As diuturnidades;

e) O subsídio de viagem;

f) O subsídio de gases ou compensação por serviços tóxicos;

g) Qualquer outra prestação similar decorrente dos usos e costumes ou de instrumento de regulamentação colectiva de trabalho.

3. A pedido do tripulante, o pagamento da retribuição pode ser efetuado, no todo ou em parte, a pessoa a quem este designar.

(Redação dada pelo Decreto-Lei nº 101-F/2020, de 07-12)

Artigo 28º – Subsídio de Natal

O marítimo tem direito a subsídio de Natal, cujo montante será fixado por instrumento de regulamentação colectiva de trabalho ou contrato individual de trabalho, não podendo ser inferior ao salário mínimo nacional.

Artigo 29º - Documento a entregar ao marítimo

No acto do pagamento da retribuição deve ser entregue ao marítimo documento, donde constem o seu nome completo, números de inscrição marítima, de beneficiário da segurança social e de contribuinte, o período a que a retribuição corresponde, discriminação das importâncias recebidas, descontos e deduções efectuados, bem como o montante líquido a receber.

CAPÍTULO VI - Cessação do contrato de trabalho

Artigo 30º - Cessação do contrato de trabalho

Ao contrato de trabalho a bordo das embarcações de pesca aplica-se o constante da regulamentação colectiva de trabalho ou, na sua ausência, o regime jurídico da cessação do contrato individual de trabalho, sem prejuízo do disposto no artigo seguinte.

Artigo 31º - Período experimental

1. Salvo acordo em contrário, haverá um período experimental com a duração de 60 dias.

2. Este período considera-se, porém, cumprido logo que se completem 30 dias de mar.

3. Durante o período experimental qualquer das partes pode rescindir o contrato, sem aviso prévio nem invocação de justa causa, não havendo lugar a indemnização.

4. Denunciado o contrato e encontrando-se a embarcação no mar, os efeitos da denúncia só começam a produzir-se quando o navio chegar a porto nacional.

CAPÍTULO VII - Assistência a bordo

Artigo 32º - Falecimento do tripulante

1. Falecendo algum tripulante durante a viagem, os seus sucessores têm direito à respectiva retribuição até ao último dia do mês em que tiver ocorrido o falecimento, se a forma de pagamento da retribuição for ao mês.

2. Tendo o contrato sido «a partes», é devido aos herdeiros do tripulante o quinhão deste, se o falecimento ocorreu depois da viagem iniciada.

3. Se o tripulante falecer em serviço para a salvação da embarcação, a retribuição é devida por inteiro e por toda a duração da viagem.

4. As despesas com o funeral serão de conta do armador, obrigando-se o mesmo à trasladação do corpo para a localidade, dentro do território nacional, a designar pelo cônjuge sobrevivo ou, na falta deste, pelos parentes do tripulante ou de quem com ele vivia em comunhão de mesa e habitação.

Artigo 33º - Seguro por incapacidade permanente absoluta ou morte

1. Sem prejuízo do seguro por acidentes de trabalho, obrigatório por lei, o armador é obrigado a efectuar um seguro para os casos de morte ou desaparecimento no mar ou incapacidade absoluta permanente em favor do tripulante, que será pago ao próprio ou seus herdeiros, salvo se o tripulante tiver indicado outros beneficiários.

2. O montante do seguro a que se refere o nº 1 não poderá ser inferior a € 49 879, 79 à data da entrada em vigor do presente diploma, sendo actualizável no seu valor mínimo, por portaria, pelo menos de cinco em cinco anos.

Artigo 34º – Repatriamento

1. Todo o marítimo tem direito a ser repatriado em qualquer das seguintes circunstâncias:

a) Quando possui um contrato a termo certo ou para uma viagem específica que termine num país estrangeiro;

b) Quando acabe o período de pré-aviso dado de acordo com as disposições do contrato-matrícula ou do contrato de trabalho do marítimo;

c) Em caso de doença ou acidente ou de qualquer outra razão médica que exija o seu repatriamento, condicionado à correspondente autorização médica para poder viajar;

d) Em caso de naufrágio;

e) Quando o armador não puder continuar cumprindo as suas obrigações legais ou contratuais como empregador do marítimo, em caso de falência, venda de navio, mudança de registo do navio ou qualquer outro motivo análogo;

f) Quando um navio se dirija para uma zona de guerra, tal como a defina a legislação nacional, a contratação colectiva ou as seguradoras, para a qual o marítimo não consinta em ir;

g) Em caso de termo ou interrupção de emprego do marítimo como consequência de decisão judicial transitada em julgado ou situação prevista em convenção colectiva, ou em caso de o emprego ter terminado, ou ainda por qualquer outro motivo similar.

2. Para além do previsto no número anterior, o marítimo tem ainda direito ao repatriamento no final de um período de seis meses de viagem.

3. O repatriamento será efectuado para a localidade de residência do marítimo, ou porto de recrutamento, ou local previsto no contrato individual de trabalho ou no contrato colectivo de trabalho.

4. O marítimo tem direito a escolher, de entre os diferentes locais de destino previstos, aquele para que deseja ser repatriado.

5. Incumbe ao armador ou seu representante a responsabilidade de organizar o repatriamento por meios apropriados e rápidos. O meio de transporte normal será a via aérea.

6. O repatriamento é custeado pelo armador e compreenderá:

a) A passagem até ao destino escolhido para o repatriamento, em conformidade com o nº 3 deste artigo;

b) O alojamento e a alimentação desde o momento em que o marítimo abandona o navio até à sua chegada ao porto de destino escolhido para o repatriamento;

c) A retribuição e demais prestações a que teria direito se estivesse embarcado, desde o momento em que o marítimo abandona o navio até à sua chegada ao porto de destino escolhido para o repatriamento;

d) Transporte de 30 kg de bagagem pessoal do marítimo até ao ponto de destino escolhido para o repatriamento;

e) O tratamento médico, se for necessário, até que o estado do marítimo lhe permita viajar até ao ponto escolhido para o repatriamento.

7. Quando o repatriamento tenha lugar por razão imputável ao marítimo, como causa de infracção grave às obrigações, poderá o armador recuperar total ou parcialmente o custo do repatriamento, através de acção judicial accionada para o efeito.

8. Caso o armador não tome as necessárias disposições para o repatriamento a que o marítimo tenha direito ou não pague o custo respectivo, deverão as autoridades portuguesas mais próximas organizar o repatriamento do marítimo, assumindo os respectivos custos, apresentando posteriormente ao armador os gastos efectuados para que este reembolse aquelas autoridades.

9. O passaporte ou qualquer outro documento de identidade necessário para o repatriamento fará parte do custo do repatriamento.

10. O tempo de espera para o repatriamento e o tempo de viagem de repatriamento não serão descontados nas férias ou folgas.

11. O repatriamento será considerado efectuado quando o marítimo chegue ao local de destino, em conformidade com o disposto no nº 3 deste artigo, ou quando o marítimo não reivindique o seu direito ao repatriamento no prazo de 60 dias após o período previsto no nº 2 deste artigo, salvo se prazo maior for para o efeito estabelecido na respectiva contratação colectiva.

CAPÍTULO VIII - Menores

Artigo 35º - Trabalho nocturno

1. O menor não pode prestar trabalho a bordo entre as 22 horas de um dia e as 7 horas do dia seguinte, ou em período previsto em regulamentação coletiva de trabalho de, pelo menos, 9 horas consecutivas que abranja um intervalo compreendido entre as 0 e as 5 horas.

2. O menor pode prestar trabalho noturno:

a) Na medida do necessário para a sua formação efetiva no quadro de programas e horários estabelecidos, desde que não ocorra no intervalo compreendido entre as 0 e as 5 horas;

b) Quando seja indispensável para prevenir ou reparar prejuízo grave para o navio ou embarcação, devido a facto anormal e imprevisível ou a circunstância excecional ainda que previsível, cujas consequências não podiam ser evitadas, desde que não haja outro tripulante disponível e por um período não superior a cinco dias úteis.

3. Na situação a que se refere a alínea *b*) do número anterior, o menor tem direito a um período equivalente de descanso compensatório, a gozar nas três semanas seguintes.

(Redação dada pelo Decreto-Lei nº 101-F/2020, de 07-12)

Artigo 36º – Períodos de descanso

1. Os menores terão direito a um período mínimo de descanso de doze horas consecutivas por cada período de vinte e quatro horas, podendo, na faina de pesca, descarga de pescado, chegada ao porto e por razões de segurança da embarcação, ser tal período reduzido a oito horas consecutivas.

2. Nos casos previstos na parte final do número anterior, deverá ser concedido um descanso compensatório em número de horas correspondente, a gozar no dia seguinte ou no mais próximo possível.

3. Por cada período de sete dias, os menores beneficiarão de um período mínimo de descanso de dois dias, se possível consecutivos e compreendendo, em princípio, o domingo.

4. Por cada dia de descanso previsto no número anterior passado no mar, o menor terá direito a gozar um dia de folga após a chegada ao porto de armamento.

CAPÍTULO IX – Responsabilidades do Estado de bandeira e do Estado do porto

Artigo 36º-A – Cumprimento da Convenção nº 188 em navio ou embarcação de pesca que arvora a Bandeira Portuguesa

1. O cumprimento das obrigações decorrentes da Convenção nº 188 é assegurado através de um sistema de inspeção e da emissão de um documento de conformidade das condições de trabalho e de vida a bordo de navio ou embarcação de pesca.

2. Sem prejuízo do disposto no artigo seguinte, a inspeção e a emissão do documento de conformidade referidos no número anterior são assegurados pela DGRM.

3. O disposto no presente capítulo relativamente à emissão do documento de conformidade é aplicável aos navios ou embarcações de pesca que arvorem a Bandeira Portuguesa, que passem mais de três dias no mar e que tenham um comprimento igual ou superior a 24 m ou que naveguem habitualmente a mais de 200 milhas náuticas da costa ou para além do limite exterior da plataforma continental, se este for mais distante.

(Aditado pelo Decreto-Lei nº 101-F/2020, de 07-12)

Artigo 36º-B – Inspeção e certificação por organizações reconhecidas

1. A inspeção e a emissão do documento de conformidade podem ser realizadas por organizações reconhecidas nos termos do Regulamento (CE) nº 391/2009, do Parlamento Europeu e do Conselho, de 23 de abril de 2009, relativo às regras comuns para as organizações de vistoria e inspeção de navios ou embarcações, desde que:

a) Possuam competência e independência para o exercício das atividades de inspeção e certificação, nomeadamente:

i) Competências técnicas e conhecimentos adequados sobre o funcionamento dos navios ou embarcações de pesca, incluindo as condições mínimas necessárias para o trabalho a bordo dos navios ou embarcações de pesca, as condições de emprego, o alojamento, as instalações de lazer, a alimentação e o serviço de mesa, a prevenção de acidentes, a proteção da saúde, os cuidados médicos, o bem-estar e a proteção em matéria de segurança social;

ii) Conhecimentos adequados sobre a legislação relativa às regras comuns para as organizações de vistoria e inspeção de navios ou embarcações, nos termos do referido regulamento;

b) Sejam autorizadas para o efeito pela DGRM, mediante acordo escrito.

2. A autorização a que se refere o número anterior deve abranger, pelo menos, a competência para exigir a correção de deficiências relativas às condições de trabalho e de vida dos tripulantes que as mesmas tenham constatado e para efetuar inspeções sobre essas matérias a pedido da autoridade competente do porto em que o navio ou embarcação de pesca faça escala.

3. As organizações reconhecidas cooperam com as administrações de controlo do Estado do porto sempre que esteja em causa um navio ou embarcação de pesca de bandeira portuguesa pelas mesmas classificado, em especial de modo a facilitar a retificação das deficiências detetadas no que respeita às condições de vida e de trabalho dos tripulantes.

4. É aplicável o disposto nos artigos 7º a 10º, 12º e 13º, nos nºs 2 a 5 do artigo 14º, nas alíneas *a*) a *f*) do nº 1 e nos nºs 2 a 7 do artigo 15º do Decreto-Lei nº 13/2012, de 20 de janeiro, na sua redação atual, com as devidas adaptações.

5. A DGRM dá conhecimento ao Secretariado Internacional do Trabalho da identificação das organizações reconhecidas e autorizadas, do tipo e do âmbito da respetiva autorização e de quaisquer alterações que ocorram.

(Aditado pelo Decreto-Lei nº 101-F/2020, de 07-12)

Artigo 36º-C – Inspeções

1. Os inspetores de navios e segurança marítima podem, no exercício de funções de inspeção:

a) Subir a bordo dos navios ou embarcações de pesca que arvoram a Bandeira Portuguesa;

b) Proceder a exames, testes ou inquéritos que julguem necessários para verificar que as disposições da legislação que aplica a Convenção nº 188 são respeitadas;

c) Determinar a correção de deficiências;

d) No caso de fundada suspeita de infração grave às disposições da legislação a que se refere a alínea *b*) ou de risco grave para a segurança ou saúde do tripulante a bordo, proceder às diligências necessárias, dando conhecimento imediato ao órgão local da Direção-Geral da Autoridade Marítima, para, no âmbito das suas competências, impedir a saída do navio ou embarcação até que sejam tomadas as medidas adequadas para corrigir a situação;

e) Prestar informações, conselhos técnicos ou recomendações em alternativa à promoção da aplicação de sanções, quando não exista suspeita de infração manifesta às disposições a que se refere a alínea *b*), que ponha em risco a segurança ou a saúde do tripulante a bordo, nem antecedentes de infrações similares.

2. São elaborados relatórios da inspeção realizada, remetendo-se cópia, em formato digital, ao comandante ou mestre, em português e em inglês, quando este seja o idioma de trabalho do navio ou embarcação, bem como aos representantes dos tripulantes que a solicitem e à DGRM, quando os relatórios sejam elaborados pelas organizações reconhecidas.

3. A DGRM conserva os registos das inspeções efetuadas e publicita, no primeiro semestre de cada ano, o relatório da atividade inspetiva do ano anterior.
(Aditado pelo Decreto-Lei nº 101-F/2020, de 07-12)

Artigo 36º-D – Documento de conformidade das condições de vida e de trabalho a bordo de navio ou embarcação de pesca

1. O documento de conformidade emitido aos navios ou embarcações de pesca a que se refere o nº 3 do artigo 36º-A é válido por um período de quatro anos, prorrogável por mais um ano, mediante requerimento devidamente fundamentado e desde que sujeito a inspeção prévia.

2. O documento de conformidade referido no número anterior caduca quando expire o seu prazo de validade ou quando o navio ou a embarcação de pesca for sujeito a qualquer alteração estrutural.
(Aditado pelo Decreto-Lei nº 101-F/2020, de 07-12)

Artigo 36º-E – Inspeção de navios ou embarcações de pesca de bandeira estrangeira

1. Qualquer navio ou embarcação de pesca que arvore bandeira estrangeira e se encontre em porto ou fundeadouro nacional no decurso normal da sua atividade ou por razões inerentes à sua exploração pode ser inspecionado pela DGRM para verificar:

a) Caso o navio ou a embarcação de pesca arvore a bandeira de um Estado que tenha ratificado a Convenção nº 188, o cumprimento das disposições obrigatórias da mesma, designadamente as relativas a condições de vida e trabalho a bordo;

b) Caso o navio ou a embarcação de pesca arvore a bandeira de um Estado que não tenha ratificado a Convenção nº 188, se os respetivos tripulantes beneficiam de um tratamento igual ou mais favorável do que o decorrente da aplicação das disposições obrigatórias da mesma Convenção.

2. No caso de navio ou embarcação de pesca que arvore bandeira de um Estado que tenha ratificado a Convenção nº 188, a inspeção a que se refere o número anterior consiste na verificação da regularidade da respetiva certificação, que atesta, salvo prova em contrário, o cumprimento das disposições obrigatórias da mesma Convenção, exceto nos casos em que seja exigida uma inspeção aprofundada.

3. Os critérios para a inspeção pelo Estado do porto dos navios ou embarcações de pesca que arvorem bandeira estrangeira, assim como o procedimento de inspeção, detenção e de impugnação, encontram-se estabelecidos no Decreto-Lei nº 61/2012, de 14 de março, na sua redação atual.
(Aditado pelo Decreto-Lei nº 101-F/2020, de 07-12)

CAPÍTULO X – Violação da lei

Artigo 37º – Coimas

1. *(Revogado.)*

2. Constitui contraordenação grave a violação dos nºs 2 e 3 do artigo 5º, da alínea *a*) do artigo 7º, do artigo 10º, dos nºs 2, 9 e 12 do artigo 10º-B, do artigo 10º-C, do nº 2 do artigo 18º, do artigo 20º, dos nºs 1 e 2 do artigo 22º, dos artigos 24º e 28º, do nº 4 do artigo 32º, dos artigos 33º a 36º e dos nºs 2 e 4 do artigo 36º-C.

3. Constitui contraordenação leve a violação do artigo 6º, dos nºs 3, 10 e 11 do artigo 10º-B, do nº 2 do artigo 21º, do nº 2 do artigo 23º e do artigo 29º

4. O regime geral da responsabilidade contraordenacional, previsto nos artigos 548º a 566º do Código do Trabalho, aprovado pela Lei nº 7/2009, de 12 de fevereiro, na sua redação atual, aplica-se às infrações decorrentes da violação da presente lei, sem prejuízo das competências legalmente atribuídas, nas Regiões Autónomas, aos respetivos órgãos e serviços regionais.

5. Às contraordenações previstas nos nºs 2 e 3, aplica-se o regime processual aplicável às contraordenações laborais e de segurança social, aprovado pela Lei nº 107/2009, de 14 de setembro, na sua redação atual.

(Redação dada pelo Decreto-Lei nº 101-F/2020, de 07-12)

CAPÍTULO XI – Entrada em vigor

Artigo 38º – Entrada em vigor

O presente diploma entra em vigor seis meses após a sua publicação, excepto para os trabalhadores não abrangidos por instrumento de regulamentação colectiva, aos quais só é aplicável 12 meses sobre a referida publicação.

Aprovada em 6 de Março de 1997.

O Presidente da Assembleia da República, *António de Almeida Santos.*

Promulgada em 9 de Maio de 1997.

Publique-se.

O Presidente da República, JORGE SAMPAIO.

Referendada em 13 de Maio de 1997.

O Primeiro-Ministro, *António Manuel de Oliveira Guterres.*

ANEXO
Contrato de trabalho do tripulante
[a que se refere a alínea f) do nº 1 do artigo 6º]

O contrato de trabalho do tripulante deve conter os elementos seguintes:

a) O nome completo do tripulante, o número de identificação fiscal ou outro documento de identificação, a data de nascimento ou idade, o local de nascimento e a nacionalidade;

b) O local e a data em que o contrato foi celebrado;

c) O nome e o número de registo do navio ou dos navios ou embarcações de pesca a bordo dos quais o tripulante irá trabalhar;

d) O nome do empregador, do armador do navio ou embarcação de pesca ou de outra parte no contrato com o tripulante;

e) A viagem ou as viagens a empreender, se esta(s) puder(em) ser determinada(s) no momento da celebração do contrato;

f) A categoria ou a descrição sumária das funções correspondentes;

g) Se possível, o local e a data em que o tripulante deve apresentar-se a bordo para começar o seu serviço;

h) As provisões a fornecer ao tripulante;

i) O montante do salário do tripulante, ou, se este for remunerado com base na quota de captura, a percentagem dessa quota e o método do seu cálculo, ou ainda, se for aplicado um sistema misto de remuneração, o montante do salário, a percentagem da quota e o método de cálculo desta última, bem como qualquer salário mínimo acordado;

j) A rescisão do contrato e as suas condições, a saber:

i) Se o contrato tiver sido celebrado por um período fixo, a data do seu termo;

ii) Se o contrato tiver sido celebrado para uma viagem, o porto de destino e o período de tempo até à expiração do contrato após a chegada a esse porto;

iii) Se o contrato tiver sido celebrado por um período indeterminado, as condições segundo as quais qualquer das partes o pode rescindir, bem como o prazo de pré-aviso para essa rescisão, que não pode ser mais curto para o empregador, o armador do navio ou embarcação de pesca ou outra parte no contrato do que para o tripulante;

k) As férias anuais remuneradas ou a fórmula utilizada para as calcular e respetivo subsídio;

l) A cobertura e as prestações em matéria de proteção da saúde e de segurança social a proporcionar ao tripulante por parte do empregador, o armador do navio ou embarcação de pesca ou outra parte ou partes no contrato de trabalho, se aplicável;

m) O direito do tripulante ao repatriamento, cuja organização e despesas devem ser suportadas pelo armador do navio ou embarcação de pesca;

n) O instrumento de regulamentação coletiva de trabalho, se aplicável;

o) Os períodos mínimos de descanso, em conformidade com o regime jurídico do contrato individual de trabalho a bordo das embarcações de pesca.

(Aditado pelo Decreto-Lei nº 101-F/2020, de 07-12)

Lei Geral do Trabalho em Funções Públicas

Lei nº 35/2014, de 20 de junho

A Assembleia da República decreta, nos termos da alínea *c*) do artigo 161º da Constituição, o seguinte:

Artigo 1º – Objeto

A presente lei aprova a Lei Geral do Trabalho em Funções Públicas.

Artigo 2º – Aprovação

É aprovada, em anexo à presente lei e que dela faz parte integrante, a Lei Geral do Trabalho em Funções Públicas, abreviadamente designada por LTFP.

Artigo 3º – Contagem dos prazos

Os prazos previstos na LTFP contam-se nos termos do Código do Procedimento Administrativo.

Artigo 4º – Publicação

1. São publicados na 2ª série do *Diário da República*, por extrato:

a) Os atos de nomeação, bem como os que determinam, relativamente aos trabalhadores nomeados, mudanças definitivas de órgão ou serviço ou de categoria;

b) Os contratos por tempo indeterminado, bem como os atos que determinam, relativamente aos trabalhadores contratados, mudanças definitivas de órgão ou serviço ou de categoria;

c) As comissões de serviço;

d) Os atos de cessação das modalidades de vínculo de emprego público referidas nas alíneas anteriores.

2. Dos extratos dos atos e contratos consta a indicação da carreira, categoria e posição remuneratória do nomeado ou contratado.

Artigo 5º – Outras formas de publicitação

1. São afixados no órgão ou serviço e inseridos em página eletrónica, por extrato:

a) Os atos de nomeação e as respetivas renovações;

b) Os contratos a termo resolutivo e as respetivas renovações;

c) Os contratos de prestação de serviço e as respetivas renovações;

d) As cessações das modalidades de vínculo referidas nas alíneas anteriores.

2. Dos extratos dos atos e contratos consta a indicação da carreira, categoria e posição remuneratória do nomeado ou contratado, ou, sendo o caso, da função a desempenhar e respetiva retribuição, bem como do respetivo prazo.

3. Dos extratos dos contratos de prestação de serviços consta ainda a referência à concessão do visto ou à emissão da declaração de conformidade ou, sendo o caso, à sua dispensabilidade.

Artigo 6º – Exercício de funções públicas por beneficiários de pensões de reforma pagas pela segurança social ou por outras entidades gestoras de fundos

(Revogado pela Lei nº 82-B/2014, de 31-12)

Artigo 7º – Duração dos contratos a termo certo para a execução de projetos de investigação e desenvolvimento

1. Nos contratos a termo certo para a execução de projetos de investigação e desenvolvimento a que se refere o artigo 122º da Lei nº 62/2007, de 10 de setembro, o termo estipulado deve corresponder à duração previsível dos projetos, não podendo exceder seis anos.

2. Os contratos a que se refere o número anterior podem ser renovados uma única vez, por período igual ou inferior ao inicialmente contratado, desde que a duração máxima do contrato, incluindo a renovação, não exceda seis anos.

3. Os contratos de duração superior a três anos estão sujeitos a autorização dos membros do Governo responsáveis pelas áreas das finanças e da Administração Pública e da tutela:

a) No momento da celebração do contrato, quando o período inicialmente contratado seja superior a três anos; ou

b) No momento da renovação do contrato, quando a duração do mesmo, incluindo a renovação, seja superior a três anos.

4. Os contratos a termo certo para a execução de projetos de investigação celebrados com as instituições públicas de investigação científica e desenvolvimento tecnológico integradas no Sistema Científico e Tecnológico Nacional são objeto de regime especial a consagrar no âmbito da revisão da carreira de investigação científica.

Artigo 8º – Contratos a termo

A LTFP é aplicável aos contratos a termo em execução na data da entrada em vigor da presente lei, exceto quanto às matérias relativas à constituição do contrato e a efeitos de factos ou situações totalmente anteriores àquele momento.

Artigo 9º – Aplicação no tempo

1. Ficam sujeitos ao regime previsto na LTFP aprovada pela presente lei os vínculos de emprego público e os instrumentos de regulamentação coletiva de trabalho constituídos ou celebrados antes da sua entrada em vigor, salvo quanto a condições de validade e a efeitos de factos ou situações totalmente anteriores àquele momento.

2. As disposições de instrumento de regulamentação coletiva de trabalho contrárias a norma imperativa da LTFP consideram-se automaticamente substituídas pelo conteúdo da norma legal, à data de entrada em vigor da presente lei.

3. Independentemente do prazo de vigência do instrumento de regulamentação coletiva de trabalho, as partes podem proceder à revisão parcial deste instrumento para adequar as suas cláusulas à lei, no prazo de seis meses após a entrada em vigor da presente lei.

4. Os acordos coletivos de trabalho em vigor podem ser denunciados no prazo de um ano, a contar da entrada em vigor da presente da lei.

Artigo 10º – Âmbito de aplicação subjetivo dos acordos coletivos de trabalho

1. O disposto na LTFP em matéria de âmbito de aplicação subjetivo dos instrumentos de regulamentação coletiva é aplicável aos acordos coletivos de trabalho vigentes à data da entrada em vigor da presente lei.

2. O direito de oposição e o direito de opção previstos respetivamente nos nºs 3 e 5 do artigo 370º da LTFP devem ser exercidos no prazo de 60 dias, a contar da entrada em vigor da presente lei.

3. Com a entrada em vigor da LTFP são revogados os regulamentos de extensão emitidos ao abrigo da legislação revogada pela presente lei.

Artigo 11º – Novo regime disciplinar

1. O regime disciplinar previsto na LTFP é imediatamente aplicável aos factos praticados, aos processos instaurados e às penas em curso de execução na data da entrada em vigor da presente lei, quando se revele, em concreto, mais favorável ao trabalhador e melhor garanta a sua audiência e defesa.

2. Ao prazo de prescrição da infração disciplinar previsto no artigo 178º na LTFP aplica se o disposto no artigo 337º do Código do Trabalho, aprovado pela Lei nº 7/ /2009, de 12 de fevereiro, na redação atual.

Artigo 12º – Compensação em caso de cessação de contrato de trabalho em funções públicas

1. Em caso de extinção do vínculo de emprego público, na modalidade de contrato de trabalho em funções públicas por tempo indeterminado celebrado antes da entrada em vigor da presente lei, a compensação é calculada do seguinte modo:

a) Em relação ao período de duração do contrato até à data da entrada em vigor da presente lei, o montante da compensação corresponde a um mês de remuneração base por cada ano completo de antiguidade;

b) Em relação ao período de duração do contrato a partir da data referida na alínea anterior, o montante da compensação é o previsto na LTFP.

2. No caso de cessação do contrato de trabalho a termo a compensação é calculada do seguinte modo:

a) Em relação ao período de duração do contrato até à data da entrada em vigor da presente lei, o montante da compensação é o previsto no Regime do Contrato de Trabalho em Funções Públicas aprovado pela Lei nº 59/2008, de 11 de setembro, na redação atual;

b) Em relação ao período de duração do contrato a partir da data referida na alínea anterior, o montante da compensação é o previsto na LTFP.

Artigo 13º – Situações vigentes de licença extraordinária

(Revogado pela Lei nº 25/2017, de 30-05)

Artigo 14º – Normas aplicáveis aos trabalhadores integrados no regime de proteção social convergente

O disposto nos artigos 15º a 41º é aplicável aos trabalhadores integrados no regime de proteção social convergente.

Artigo 15º – Faltas por doença

1. A falta por motivo de doença devidamente comprovada não afeta qualquer direito do trabalhador, salvo o disposto nos números seguintes.

2. Sem prejuízo de outras disposições legais, a falta por motivo de doença devidamente comprovada determina:

a) A perda da totalidade da remuneração diária nos primeiro, segundo e terceiro dias de incapacidade temporária, nas situações de faltas seguidas ou interpoladas;

b) A perda de 10% da remuneração diária, a partir do quarto dia e até ao trigésimo dia de incapacidade temporária.

3. A contagem dos períodos de três e 27 dias a que se referem, respetivamente, as alíneas *a*) e *b*) do número anterior é interrompida sempre que se verifique a retoma da prestação de trabalho.

4. A aplicação da alínea *b*) do nº 2 depende da prévia ocorrência de três dias sucessivos e não interpolados de faltas por incapacidade temporária nos termos da alínea *a*) do mesmo número.

5. A falta por motivo de doença nas situações a que se refere a alínea *a*) do nº 2 não implica a perda da remuneração base diária nos casos de internamento hospitalar, faltas por motivo de cirurgia ambulatória, doença por tuberculose e doença com início no decurso do período de atribuição do subsídio parental que ultrapasse o termo deste período.

6. *(Revogado.)*

7. O disposto nos nºs 2 a 6 não se aplica às faltas por doença dadas por pessoas com deficiência, quando decorrentes da própria deficiência.

8. As faltas por doença implicam sempre a perda do subsídio de refeição.

9. O disposto nos números anteriores não prejudica o recurso a faltas por conta do período de férias.

(Redação dada pela Lei nº 25/2017, de 30-05)

Artigo 16º – Carreira contributiva

1. Durante o período de faltas por motivo de doença a que se refere o artigo anterior, mantém-se a contribuição total das entidades empregadoras para a CGA, I.P., no caso dos trabalhadores integrados no regime de proteção social convergente, determinada em função da remuneração relevante para o efeito à data da ocorrência da falta.

2. O período de faltas por motivo de doença a que se refere o artigo anterior é equivalente à entrada de quotizações do trabalhador para efeitos das eventualidades invalidez, velhice e morte.

3. Nas situações a que se refere o número anterior, o valor a considerar para efeitos de equivalência a entrada de quotizações é determinado com base na remuneração de referência.

4. No caso das faltas com perda parcial da remuneração, a que se refere a alínea *b*) do nº 2 do artigo anterior, a equivalência à entrada de quotizações do trabalhador respeita unicamente à remuneração de referência.

5. A entidade empregadora procede, mensalmente, à comunicação das faltas ocorridas ao abrigo do artigo anterior, nos termos a definir pela CGA, I.P.

Artigo 17º – Justificação da doença

1. O trabalhador impedido de comparecer ao serviço por motivo de doença deve indicar o local onde se encontra e apresentar o documento comprovativo previsto nos números seguintes, no prazo de cinco dias úteis.

2. A doença deve ser comprovada mediante declaração passada por estabelecimento hospitalar, centro de saúde, incluindo as modalidades de atendimento complementar e permanente, ou instituições destinadas à prevenção ou reabilitação de toxicodependência ou alcoolismo, integrados no Serviço Nacional de Saúde, de modelo aprovado por portaria dos membros do Governo responsáveis pelas áreas da saúde e da Administração Pública.

3. A doença pode, ainda, ser comprovada, através de preenchimento do modelo referido no número anterior, por médico privativo dos serviços, por médico de outros estabelecimentos públicos de saúde, bem como por médicos ao abrigo de acordos com qualquer dos subsistemas de saúde da Administração Pública no âmbito da especialidade médica objeto do respetivo acordo.

4. Nas situações de internamento, a comprovação pode, igualmente, ser efetuada por estabelecimento particular com autorização legal de funcionamento, concedida pelo Ministério da Saúde.

5. A falta de entrega do documento comprovativo da doença nos termos do nº 1 implica, se não for devidamente fundamentada, a injustificação das faltas dadas até à data da entrada do documento comprovativo nos serviços.

6. Os documentos comprovativos da doença podem ser entregues diretamente nos serviços ou enviados aos mesmos através do correio, devidamente registados, relevando, neste último caso, a data da respetiva expedição para efeitos de cumprimento dos prazos de entrega fixados neste artigo, se a data da sua entrada nos serviços for posterior ao limite dos referidos prazos.

7. O documento comprovativo da doença pode ainda ser remetido por via eletrónica pelas entidades referidas nos nºs 2 a 4, no momento da certificação da situação de doença, ao serviço em que o trabalhador exerce funções ou a organismo ao qual seja cometida a competência de recolha centralizada de tais documentos, sendo de imediato facultado ao trabalhador cópia do referido documento ou documento comprovativo desse envio.

Artigo 18º – Meios de prova

1. A declaração de doença deve ser devidamente assinada pelo médico, autenticada pelas entidades com competência para a sua emissão nos casos previstos no nº 2 do artigo anterior e conter:

a) A identificação do médico;

b) O número da cédula profissional do médico;

c) A identificação do acordo com um subsistema de saúde ao abrigo do qual é comprovada a doença;

d) O número do bilhete de identidade ou o número do cartão do cidadão do trabalhador;

e) A identificação do subsistema de saúde e o número de beneficiário do trabalhador;

f) A menção da impossibilidade de comparência ao serviço;

g) A duração previsível da doença;

h) Indicação de ter havido ou não internamento;

i) A menção expressa de que a doença não implica a permanência na residência ou no local em que se encontra doente, quando for o caso.

2. Quando tiver havido internamento e este cessar, o trabalhador deve apresentar-se ao serviço com o respetivo documento de alta ou, no caso de ainda não estar apto a regressar, proceder à comunicação e apresentar documento comprovativo da doença nos termos do disposto no artigo anterior, contando-se os prazos nele previstos a partir do dia em que teve alta.

3. Cada declaração de doença é válida pelo período que o médico indicar como duração previsível da doença, o qual não pode exceder 30 dias.

4. Se a situação de doença se mantiver para além do período previsto pelo médico, deve ser entregue nova declaração, sendo aplicável o disposto nos nºs 1 e 5 do artigo anterior.

Artigo 19º – Doença ocorrida no estrangeiro

1. O trabalhador que adoeça no estrangeiro deve, por si ou por interposta pessoa, comunicar o facto ao serviço no prazo de sete dias úteis.

2. Salvo a ocorrência de motivos que o impossibilitem ou dificultem em termos que afastem a sua exigibilidade, os documentos comprovativos de doença ocorrida no estrangeiro devem ser visados pela autoridade competente da missão diplomática ou consular da área onde o interessado se encontra doente e entregues ou enviados ao respetivo serviço no prazo de 20 dias úteis, a contar nos termos do artigo 72º do Código do Procedimento Administrativo, aprovado pelo Decreto-Lei nº 442/91, de 15 de novembro, na redação atual.

3. Se a comunicação e o documento comprovativo de doença foram enviados através do correio, sob registo, releva a data da respetiva expedição para efeitos do cumprimento dos prazos referidos nos números anteriores, se a data da sua entrada nos serviços for posterior ao limite daqueles prazos.

4. A falta da comunicação referida no nº 1 ou da entrega dos documentos comprovativos da doença nos termos dos números anteriores implica, se não for devidamente fundamentada, a injustificação das faltas dadas até à data da receção da comunicação ou da entrada dos documentos.

Artigo 20º – Verificação domiciliária da doença

1. Salvo nos casos de internamento, de atestado médico passado nos termos do nº 2 do artigo 17º e de doença ocorrida no estrangeiro, pode o dirigente competente, se assim o entender, solicitar a verificação domiciliária da doença.

2. Quando a doença não implicar a permanência no domicílio, o respetivo documento comprovativo deve conter referência a esse facto.

3. Nos casos previstos no número anterior, o trabalhador deve fazer acompanhar o documento comprovativo da doença da indicação dos dias e das horas a que pode ser efetuada a verificação domiciliária, num mínimo de três dias por semana e de dois períodos de verificação diária, de duas horas e meia cada um, compreendidos entre as 9 e as 19 horas.

4. Se o interessado não for encontrado no seu domicílio ou no local onde tiver indicado estar doente, todas as faltas dadas são injustificadas, por despacho do dirigente máximo do serviço, se o trabalhador não justificar a sua ausência, mediante apresentação de meios de prova adequados, no prazo de dois dias úteis, a contar do conhecimento do facto, que lhe é transmitido por carta registada, com aviso de receção.

5. Se o parecer do médico competente para a inspeção domiciliária for negativo são consideradas injustificadas todas as faltas dadas desde o dia seguinte ao da comunicação do resultado da inspeção, feita através de carta registada com aviso de receção, e considerada a dilação de três dias úteis, até ao momento em que efetivamente retome funções.

Artigo 21º – Verificação domiciliária da doença pela ADSE

1. A verificação domiciliária da doença do trabalhador, nas zonas definidas por portaria dos membros do Governo responsáveis pelas áreas das finanças e da Administração Pública, é efetuada por médicos do quadro da Direção-Geral de Proteção Social aos Trabalhadores em Funções Públicas (ADSE) ou por ela convencionados ou credenciados, neste caso por contrato de avença, cuja remuneração é fixada por despacho daqueles membros do Governo.

2. O dirigente máximo do serviço requisita diretamente à ADSE, por escrito ou pelo telefone, um médico para esse efeito, que efetua um exame médico adequado, enviando, de imediato, as indicações indispensáveis.

Artigo 22º – Verificação domiciliária da doença pelas autoridades de saúde

1. Fora das zonas a que se refere o nº 1 do artigo anterior, a verificação domiciliária da doença do trabalhador é feita pelas autoridades de saúde da área da sua residência habitual ou daquela em que ele se encontre doente.

2. Sempre que da verificação domiciliária da doença efetuada fora daquelas zonas resultarem despesas de transporte, deve o serviço de que depende o trabalhador inspecionado promover a sua satisfação pela adequada verba orçamental.

Artigo 23º – Intervenção da junta médica

1. Com exceção dos casos de internamento, bem como daqueles em que o trabalhador se encontre doente no estrangeiro, há lugar à intervenção da junta médica quando:

a) O trabalhador tenha atingido o limite de 60 dias consecutivos de faltas por doença e não se encontre apto a regressar ao serviço;

b) A atuação do trabalhador indicie, em matéria de faltas por doença, um comportamento fraudulento.

2. No caso previsto na alínea *b*) do número anterior, o dirigente do serviço deve fundamentar o pedido de intervenção da junta médica.

Artigo 24º – Pedido de submissão à junta médica

1. Para efeitos do disposto na alínea *a*) do artigo anterior, o serviço de que dependa o trabalhador deve, nos cinco dias imediatamente anteriores à data em que se completarem os 60 dias consecutivos de faltas por doença, notificá-lo para se apresentar à junta médica, indicando o dia, hora e local onde a mesma se realiza.

2. Se a junta médica considerar o interessado apto para regressar ao serviço, as faltas dadas no período de tempo que mediar entre o termo do período de 60 dias e o parecer da junta médica, são consideradas justificadas por doença.

3. Para efeitos do disposto no artigo anterior, o período de 60 dias consecutivos de faltas conta-se seguidamente, mesmo nos casos em que haja transição de um ano civil para o outro.

Artigo 25º – Limite de faltas

1. A junta médica pode justificar faltas por doença dos trabalhadores por períodos sucessivos de 30 dias, até ao limite de 18 meses, sem prejuízo do disposto no artigo 36º.

2. O disposto no número anterior não prejudica a possibilidade de o serviço denunciar, no seu termo, os contratos de pessoal celebrados ao abrigo da legislação em vigor sobre a matéria.

Artigo 26º – Submissão a junta médica independentemente da ocorrência de faltas por doença

1. Quando o comportamento do trabalhador indiciar possível alteração do estado de saúde, incluindo perturbação psíquica que comprometa o normal desempenho das suas funções, o dirigente máximo do serviço, por despacho fundamentado e em razão do direito à proteção da saúde, pode mandar submetê-lo a junta médica, mesmo nos casos em que o trabalhador se encontre em exercício de funções.

2. A submissão à junta médica considera-se, neste caso, de manifesta urgência.

3. O trabalhador pode, se o entender conveniente, indicar um médico por si escolhido para integrar a junta médica.

Artigo 27º – Falta de elementos médicos e colaboração de médicos especialistas

1. Se a junta médica não dispuser de elementos suficientes que lhe permitam deliberar, deve conceder ao trabalhador um prazo para obtenção dos mesmos, decorrido o qual este deve submeter-se novamente à junta médica.

2. O trabalhador é obrigado, nos prazos fixados pela junta médica, a:

a) Submeter-se aos exames clínicos que aquela considerar indispensáveis, que são, a sua solicitação, marcados pela mesma, e integralmente suportados pela ADSE;

b) Apresentar-se à junta médica com os elementos por ela requeridos.

3. O não cumprimento do disposto no número anterior implica a injustificação das faltas dadas desde o termo do período de faltas anteriormente concedido, a menos que não seja imputável ao trabalhador a obtenção dos exames fora do prazo.

4. Sempre que seja necessário, a junta médica pode requerer a colaboração de médicos especialistas e de outros peritos ou recorrer aos serviços especializados dos estabelecimentos oficiais, sendo os encargos suportados nos termos previstos na alínea *a)* do nº 2.

Artigo 28º – Obrigatoriedade de submissão à junta médica

1. O trabalhador que, nos termos dos artigos anteriores, deva ser submetido a junta médica pode apresentar-se ao serviço antes que tal se tenha verificado, salvo nos casos previstos na alínea *b*) do nº 1 do artigo 23º e no artigo 26º.

2. Salvo impedimento justificado, a não comparência à junta médica para que o trabalhador tenha sido convocado implica que sejam consideradas injustificadas as faltas dadas desde o termo do período de faltas anteriormente concedido.

3. O trabalhador que, nos termos do artigo 26º, tenha sido mandado apresentar à junta médica e a ela não compareça, é considerado na situação de faltas injustificadas a partir da data em que a mesma deveria realizar-se, salvo se a não comparência for devidamente justificada, perante o serviço de que depende, no prazo de dois dias úteis, a contar da data da não comparência.

Artigo 29º – Parecer da junta médica

1. O parecer da junta médica deve ser comunicado ao trabalhador no próprio dia e enviado de imediato ao respetivo serviço.

2. A junta médica deve pronunciar-se sobre se o trabalhador se encontra apto a regressar ao serviço e, nos casos em que considere que aquele não se encontra em condições de retomar a atividade, indicar a duração previsível da doença, com respeito do limite previsto no artigo 25º, e marcar a data de submissão a nova junta médica.

3. No caso previsto no nº 1 do artigo 27º, as faltas dadas pelo trabalhador que venha a ser considerado apto para regressar ao serviço, desde a data do pedido da submissão à junta médica, são equiparadas a serviço efetivo.

Artigo 30º – Interrupção das faltas por doença

1. O trabalhador que se encontre na situação de faltas por doença concedidas pela junta médica ou a aguardar a primeira apresentação à junta médica só pode regressar ao serviço antes do termo do período previsto mediante atestado médico que o considere apto a retomar a atividade, sem prejuízo de posterior apresentação à junta médica.

2. Para efeitos do número anterior, a intervenção da junta médica considera-se de manifesta urgência.

Artigo 31º – Cômputo do prazo de faltas por doença

Para efeitos do limite máximo de 18 meses de faltas por doença previsto no nº 1 do artigo 25º, contam-se sempre, ainda que relativos a anos civis diferentes:

a) Todas as faltas por doença, seguidas ou interpoladas, quando entre elas não mediar um intervalo superior a 30 dias, no qual não se incluem os períodos de férias;

b) As faltas justificadas por doença correspondentes aos dias que medeiam entre o termo do período de 30 dias consecutivos de faltas por doença e o parecer da junta médica que considere o trabalhador apto para o serviço.

Artigo 32º – Fim do prazo de faltas por doença do pessoal contratado a termo resolutivo

1. Findo o prazo de 18 meses de faltas por doença, e sem prejuízo do disposto no artigo 37º, ao pessoal contratado a termo resolutivo que não se encontre em condições de regressar ao serviço é aplicável, desde que preencha os requisitos para a aposentação, o disposto na alínea *a*) do nº 1 do artigo 34º, salvo se optar pela rescisão do contrato.

2. Ao pessoal que ainda não reúna os requisitos para a aposentação é rescindido o contrato.

Artigo 33º – Junta médica

1. A junta médica referida nos artigos anteriores funciona na dependência da ADSE, sem prejuízo do disposto no nº 3.

2. A composição, competência e funcionamento da junta médica referida no número anterior são fixados em decreto regulamentar.

3. Os ministérios que tiverem serviços desconcentrados e as autarquias locais podem criar juntas médicas sediadas junto dos respetivos serviços.

Artigo 34º – Fim do prazo de faltas por doença

1. Findo o prazo de 18 meses na situação de faltas por doença, os trabalhadores podem, sem prejuízo do disposto no artigo 38º:

a) Requerer, no prazo de 30 dias e através do respetivo serviço, a sua apresentação à junta médica da CGA, I.P., reunidas que sejam as condições mínimas para a aposentação;

b) Requerer a passagem à situação de licença sem remuneração.

2. No caso previsto na alínea *a*) do número anterior e até à data da decisão da junta médica da CGA, I.P., o trabalhador é considerado na situação de faltas por doença, aplicando-se-lhe o regime correspondente.

3. O trabalhador que não requerer, no prazo previsto, a sua apresentação à junta médica da CGA, I.P., passa automaticamente à situação de licença sem remuneração, sujeita ao disposto no nº 5 do artigo 281º da LTFP.

4. O trabalhador que não reunir os requisitos para apresentação à junta médica da CGA, I.P., deve ser notificado pelo respetivo serviço para, no dia imediato ao da notificação, retomar o exercício de funções, sob pena de ficar abrangido pelo disposto na parte final do número anterior.

5. Passa igualmente à situação de licença sem remuneração o trabalhador que, tendo sido considerado apto pela junta médica da CGA, I.P., volte a adoecer sem que tenha prestado mais de 30 dias de serviço consecutivos, nos quais não se incluem férias.

6. O disposto no número anterior não é aplicável se durante o prazo de 30 dias consecutivos, referido no número anterior:

a) Ocorrer o internamento do trabalhador;

b) Existir sujeição a tratamento ambulatório ou a verificação de doença grave, incapacitante, confirmada por junta médica, requerida pelo trabalhador, nos termos do artigo 39º.

7. O trabalhador está obrigado a submeter-se aos exames clínicos que a junta médica da CGA, I.P., determinar, implicando a recusa da sua realização a injustificação das faltas dadas desde a data que lhe tiver sido fixada para a respetiva apresentação.

8. O regresso ao serviço do trabalhador que tenha passado à situação de licença prevista na alínea *b*) do nº 1 não está sujeito ao decurso de qualquer prazo.

9. Os processos de aposentação previstos no presente artigo têm prioridade absoluta sobre quaisquer outros, devendo tal prioridade ser invocada pelos serviços quando da remessa do respetivo processo à CGA, I.P.

Artigo 35º – Verificação de incapacidade

1. Os processos de aposentação por incapacidade a que seja aplicável o disposto no artigo anterior são considerados urgentes e com prioridade absoluta sobre quaisquer outros, estando sujeitos a um regime especial de tramitação simplificada, com as seguintes especificidades:

a) É dispensada a participação do médico relator, atenta a prévia intervenção de outra junta médica, que permite caraterizar suficientemente a situação clínica do subscritor;

b) A presença do subscritor é obrigatória unicamente quando a junta médica considerar o exame médico direto necessário ao completo esclarecimento da situação clínica;

c) O adiamento da junta médica por impossibilidade de comparência do subscritor, quando esta seja considerada necessária, depende de internamento em instituição de saúde, devidamente comprovado.

2. A junta médica referida no nº 2 do artigo anterior é a prevista no artigo 91º do Estatuto da Aposentação, aprovado pelo Decreto-Lei nº 498/72, de 9 de dezembro, na redação atual, não tendo o requerimento de junta médica de recurso efeito suspensivo da decisão daquela junta para efeito de justificação de faltas por doença.

3. A CGA, I.P., pode determinar a aplicação do regime especial de tramitação simplificada a outras situações cuja gravidade e rápida evolução o justifique.

Artigo 36º – Submissão à junta médica da Caixa Geral de Aposentações, I.P., no decurso da doença

O trabalhador pode, no decurso da doença, requerer a sua apresentação à junta médica da CGA, I.P., aplicando-se, com as devidas adaptações, o disposto, respetivamente, nos artigos 32º e 34º, conforme os casos.

Artigo 37º – Faltas por doença prolongada

1. As faltas dadas por doença incapacitante que exija tratamento oneroso e ou prolongado, conferem ao trabalhador o direito à prorrogação, por 18 meses, do prazo máximo de ausência previsto no artigo 25º.

2. As doenças a que se refere o nº 1 são definidas por despacho dos membros do Governo responsáveis pelas áreas das finanças, da Administração Pública e da saúde.

3. As faltas dadas ao abrigo da Assistência a Funcionários Civis Tuberculosos regem-se pelo disposto no Decreto-Lei nº 48 359, de 27 de abril de 1968, alterado pelos Decretos-Leis nºs 100/99, de 31 de março, e 319/99, de 11 de agosto.

4. *(Revogado.)*

(Redação dada pela Lei nº 25/2017, de 30-05)

Artigo 38º – Faltas para reabilitação profissional

1. O trabalhador que for considerado, pela junta médica a que se refere o artigo 33º, incapaz para o exercício das suas funções, mas apto para o desempenho de outras às quais não possa ser afeto através de mobilidade interna, tem o dever de se candidatar a todos os procedimentos concursais para ocupação de postos de trabalho previstos nos mapas de pessoal dos órgãos ou serviços, desde que observado o disposto no artigo 95º da LTFP, aplicável com as necessárias adaptações, bem como o direito de frequentar ações de formação para o efeito.

2. Enquanto não haja reinício de funções nos termos do número anterior, o trabalhador encontra-se em regime de faltas para reabilitação profissional.

3. As faltas para reabilitação produzem os efeitos das faltas por doença.

Artigo 39º – Junta médica de recurso

1. Quando a junta médica da CGA, I.P., contrariamente ao parecer da junta médica competente, considerar o trabalhador apto para o serviço, pode este ou o serviço de que depende requerer a sua apresentação a uma junta médica de recurso, não podendo esta deixar de se pronunciar para os efeitos do artigo anterior, quando aplicável.

2. A junta médica de recurso a que se refere o número anterior é constituída por um médico indicado pelo Instituto de Segurança Social, I.P., um médico indicado pela ADSE ou pelas juntas médicas previstas no nº 3 do artigo 33º e um professor universitário das faculdades de medicina, designado pelos membros do Governo responsáveis pelas áreas das finanças e da Administração Pública, que preside.

Artigo 40º – Subsídio por assistência a familiares

Aos trabalhadores em regime de contrato de trabalho em funções públicas integrados no regime de proteção social convergente é aplicável o artigo 36º do Decreto-Lei nº 89/2009, de 9 de abril, alterado pelo Decreto-Lei nº 133/2012, de 27 de junho.

Artigo 41º – Revisão das carreiras, dos corpos especiais e dos níveis remuneratórios das comissões de serviço

1. Sem prejuízo da revisão que deva ter lugar nos termos legalmente previstos, mantêm-se as carreiras que ainda não tenham sido objeto de extinção, de revisão ou de decisão de subsistência, designadamente as de regime especial e as de corpos especiais, bem como a integração dos respetivos trabalhadores, sendo que:

a) Só após tal revisão tem lugar, relativamente a tais trabalhadores, a execução das transições através da lista nominativa referida no artigo 109º da Lei nº 12-A/2008, de 27 de fevereiro, na redação atual, exceto no respeitante à modalidade de constituição da sua relação jurídica de emprego público e às situações de mobilidade geral do ou no órgão ou serviço;

b) Até ao início de vigência da revisão:

i) As carreiras em causa regem-se pelas disposições normativas aplicáveis em 31 de dezembro de 2008, com as alterações decorrentes dos artigos 156º a 158º, 166º e 167º da LTFP e 113º da Lei nº 12-A/2008, de 27 de fevereiro, na redação atual;

ii) Aos procedimentos concursais para as carreiras em causa é aplicável o disposto na alínea *d*) do nº 1 do artigo 37º da LTFP, bem como no nº 11 do artigo 28º da Portaria nº 83-A/2009, de 22 de janeiro, alterada e republicada pela Portaria nº 145-A/2011, de 6 de abril;

iii) O nº 3 do artigo 110º da Lei nº 12 -A/2008, de 27 de fevereiro, na redação atual, não lhes é aplicável, apenas o sendo relativamente aos concursos pendentes na data do início da referida vigência.

2. A revisão das carreiras a que se refere o número anterior deve assegurar:

a) A observância das regras relativas à organização das carreiras previstas na LTFP e no seu artigo 149º, designadamente quanto aos conteúdos e deveres funcionais, ao número de categorias e às posições remuneratórias;

b) O reposicionamento remuneratório, com o montante pecuniário calculado nos termos do nº 1 do artigo 104º da Lei nº 12-A/2008, de 27 de fevereiro, na redação atual, sem acréscimos;

c) As alterações de posicionamento remuneratório em função das últimas avaliações de desempenho e da respetiva diferenciação assegurada por um sistema de quotas;

d) As perspetivas de evolução remuneratória das anteriores carreiras, elevando-as apenas de forma sustentável.

3. Por despacho fundamentado da entidade competente para a abertura do procedimento concursal, pode ser determinada a aplicação, com as necessárias adaptações, do disposto nos nºs 1 a 3 do artigo 40º da Portaria nº 83-A/2009, de 22 de janeiro, alterada e republicada pela Portaria nº 145-A/2011, de 6 de abril, no que se refere à constituição de reserva de recrutamento pelo prazo de 18 meses.

4. O disposto no nº 1 é aplicável, com as necessárias adaptações, aos níveis remuneratórios das comissões de serviço.

5. O regime fixado no presente artigo tem natureza imperativa, prevalecendo sobre quaisquer outras normas legais ou convencionais, especiais ou excecionais, em contrário, não podendo ser afastado ou modificado pelas mesmas.

(Redação dada pela Lei nº 25/2017, de 30-05)

Artigo 42º – Norma revogatória

1. São revogados:

a) A Lei nº 23/98, de 26 de maio, alterada pela Lei nº 59/2008, de 11 de setembro;

b) Os artigos 16º a 18º da Lei nº 23/2004, de 22 de junho, alterada pelo Decreto-Lei nº 200/2006, de 25 de outubro, e pela Lei nº 53/2006, de 7 de dezembro, e revogada pela Lei nº 59/2008, de 11 de setembro, com exceção dos artigos que ora se revogam;

c) A Lei nº 12-A/2008, de 27 de fevereiro, alterada pelas Leis nºs 64-A/2008, de 31 de dezembro, 3-B/2010, de 28 de abril, 34/2010, de 2 de setembro, 55-A/2010, de 31 de dezembro, 64-B/2011, de 30 de dezembro, 66/2012, de 31 de dezembro, e 66-B/2012, de 31 de dezembro, e pelo Decreto-Lei nº 47/2013, de 5 de abril, com exceção das normas transitórias abrangidas pelos artigos 88º a 115º;

d) A Lei nº 58/2008, de 9 de setembro, alterada pelo Decreto-Lei nº 47/2013, de 5 de abril;

e) A Lei nº 59/2008, de 11 de setembro, alterada pela Lei nº 3-B/2010, de 28 de abril, pelo Decreto-Lei nº 124/2010, de 17 de novembro, e pelas Leis nºs 64-B/2011, de 30 de dezembro, 66/2012, de 31 de dezembro, e 63/2013, de 29 de agosto;

f) O Decreto-Lei nº 259/98, de 18 de agosto, alterado pelo Decreto-Lei nº 169/2006, de 17 de agosto, e pelas Leis nºs 64-A/2008, de 31 de dezembro, 66/2012, de 31 de dezembro, e 68/2013, de 29 de agosto;

g) O Decreto-Lei nº 100/99, de 31 de março, alterado pela Lei nº 117/99, de 11 de agosto, pelos Decretos-Leis nºs 503/99, de 20 de novembro, 70-A/2000, de 5 de maio, 157/2001, de 11 de maio, 169/2006, de 17 de agosto, e 181/2007, de 9 de maio, pelas Leis nºs 59/2008, de 11 de setembro, e 64-A/2008, de 31 de dezembro, pelo Decreto-Lei nº 29-A/2011, de 1 de março, pelas Leis nºs 66/2012, de 31 de dezembro, e 66-B/2012, de 31 de dezembro, e pelo Decreto-Lei nº 36/2013, de 11 de março;

h) O Decreto-Lei nº 324/99, de 18 de agosto, alterado pela Lei nº 12-A/2008 de 27 de fevereiro;

i) O Decreto-Lei nº 325/99, de 18 de agosto, alterado pela Lei nº 12-A/2008, de 27 de fevereiro.

2. Mantêm-se em vigor os regulamentos publicados ao abrigo da legislação revogada pela presente lei, quando exista igual habilitação legal na LTFP, nomeadamente:

a) O Decreto Regulamentar nº 14/2008, de 31de junho;

b) A Portaria nº 1553-C/2008, de 31 de dezembro;

c) A Portaria nº 62/2009, de 22 de janeiro.

3. Todas as referências aos diplomas ora revogados entendem-se feitas para as correspondentes normas da presente lei.

Artigo 43º – Disposição transitória

1. A legislação referente ao pessoal com funções policiais da Polícia de Segurança Pública, a que se refere o nº 2 do artigo 2º da LTFP, deve ser aprovada até 31 de dezembro de 2014.

2. Até à data de entrada em vigor da lei especial prevista no número anterior, o pessoal com funções policiais da Polícia de Segurança Pública continua a reger-se pela lei aplicável antes da entrada em vigor da LTFP.

Artigo 44º – Entrada em vigor

1. A presente lei entra em vigor no primeiro dia do segundo mês seguinte ao da sua publicação.

2. O disposto na presente lei não prejudica a vigência das normas da Lei do Orçamento do Estado em vigor.

Aprovada em 28 de março de 2014.

A Presidente da Assembleia da República, *Maria da Assunção A. Esteves.*

Promulgada em 3 de junho de 2014.

Publique -se.

O Presidente da República, ANÍBAL CAVACO SILVA.

Referendada em 5 de junho de 2014.

O Primeiro -Ministro, *Pedro Passos Coelho.*

Lei Geral do Trabalho em Funções Públicas

PARTE I – DISPOSIÇÕES GERAIS

TÍTULO I – Âmbito

Artigo 1º – Âmbito de aplicação

1. A presente lei regula o vínculo de trabalho em funções públicas.

2. A presente lei é aplicável à administração direta e indireta do Estado e, com as necessárias adaptações, designadamente no que respeita às competências em matéria administrativa dos correspondentes órgãos de governo próprio, aos serviços da administração regional e da administração autárquica.

3. A presente lei é também aplicável, com as adaptações impostas pela observância das correspondentes competências, aos órgãos e serviços de apoio do Presidente da República, dos tribunais e do Ministério Público e respetivos órgãos de gestão e outros órgãos independentes.

4. Sem prejuízo de regimes especiais e com as adaptações impostas pela observância das correspondentes competências, a presente lei é ainda aplicável aos órgãos e serviços de apoio à Assembleia da República.

5. A aplicação da presente lei aos serviços periféricos externos do Ministério dos Negócios Estrangeiros, relativamente aos trabalhadores recrutados para neles exercerem funções, incluindo os trabalhadores das residências oficiais do Estado, não prejudica a vigência:

a) Das normas e princípios de direito internacional que disponham em contrário;

b) Das normas imperativas de ordem pública local;

c) Dos instrumentos e normativos especiais previstos em diploma próprio.

6. A presente lei é também aplicável, com as necessárias adaptações, a outros trabalhadores com contrato de trabalho em funções públicas que não exerçam funções nas entidades referidas nos números anteriores.

Artigo 2º – Exclusão do âmbito de aplicação

1. A presente lei não é aplicável a:

a) Gabinetes de apoio dos membros do Governo e dos titulares dos órgãos referidos nos nºs 2 a 4 do artigo anterior;

b) Entidades públicas empresariais;

c) Entidades administrativas independentes com funções de regulação da atividade económica dos setores privado, público e cooperativo e Banco de Portugal.

2. A presente lei não é aplicável aos militares das Forças Armadas, aos militares da Guarda Nacional Republicana, ao pessoal com funções policiais da Polícia de Segurança Pública, ao pessoal da carreira de investigação criminal, da carreira de segurança e ao pessoal com funções de inspeção judiciária e de recolha de prova da Polícia Judiciária e ao pessoal da carreira de investigação e fiscalização do Serviço de Estrangeiros e Fronteiras, cujos regimes constam de lei especial, sem prejuízo do disposto nas alíneas *a*) e *e*) do nº 1 do artigo 8º e do respeito pelos seguintes princípios aplicáveis ao vínculo de emprego público:

a) Continuidade do exercício de funções públicas, previsto no artigo 11º;

b) Garantias de imparcialidade, previsto nos artigos 19º a 24º;

c) Planeamento e gestão de recursos humanos, previsto nos artigos 28º a 31º, salvo no que respeita ao plano anual de recrutamento;

d) Procedimento concursal, previsto no artigo 33º;

e) Organização das carreiras, previsto no nº 1 do artigo 79º, nos artigos 80º, 84º e 85º e no nº 1 do artigo 87º;

f) Princípios gerais em matéria de remunerações, previstos nos artigos 145º a 147º, nos nºs 1 e 2 do artigo 149º, no nº 1 do artigo 150º, e nos artigos 154º, 159º e 169º a 175º.

(Redação dada pela Lei nº 70/2017, de 14-08)

Artigo 3º – Bases do regime e âmbito

Constituem normas base definidoras do regime e âmbito do vínculo de emprego público:

a) Os artigos 6º a 10º, sobre as modalidades de vínculo e prestação de trabalho para o exercício de funções públicas;

b) Os artigos 13º a 16º, relativos às fontes e participação na legislação do trabalho;

c) Os artigos 19º a 24º, relativos às garantias de imparcialidade;

d) O artigo 33º, sobre o procedimento concursal;

e) Os artigos 70º a 73º, sobre direitos, deveres e garantias do trabalhador e do empregador público;

f) Os artigos 79º a 83º, relativos às disposições gerais sobre estruturação das carreiras;

g) Os artigos 92º a 100º, sobre a mobilidade;

h) Os artigos 144º a 146º, sobre princípios gerais relativos às remunerações;

i) Os artigos 176º a 240º, sobre o exercício do poder disciplinar;

j) *(Revogada.)*

k) Os artigos 288º a 313º, relativos à extinção do vínculo;

l) Os artigos 347º a 386º, sobre a negociação coletiva;
m) As constantes do regime de valorização profissional dos trabalhadores.
(Redação dada pela Lei nº 25/2017, de 30-05)

Artigo 4º – Remissão para o Código do Trabalho

1. É aplicável ao vínculo de emprego público, sem prejuízo do disposto na presente lei e com as necessárias adaptações, o disposto no Código do Trabalho e respetiva legislação complementar com as exceções legalmente previstas, nomeadamente em matéria de:

a) Relação entre a lei e os instrumentos de regulamentação coletiva e entre aquelas fontes e o contrato de trabalho em funções públicas;
b) Direitos de personalidade;
c) Igualdade e não discriminação;
d) Assédio;
e) Parentalidade;
f) Trabalhador com capacidade reduzida e trabalhadores com deficiência ou doença crónica;
g) Trabalhador estudante;
h) Organização e tempo de trabalho;
i) Tempos de não trabalho;
j) Promoção da segurança e saúde no trabalho, incluindo a prevenção;
k) Comissões de trabalhadores, associações sindicais e representantes dos trabalhadores em matéria de segurança e saúde no trabalho;
l) Mecanismos de resolução pacífica de conflitos coletivos;
m) Greve e *lock-out*.

2. Sem prejuízo do disposto no número seguinte, quando da aplicação do Código do Trabalho e legislação complementar referida no número anterior resultar a atribuição de competências ao serviço com competência inspetiva do ministério responsável pela área do trabalho, estas devem ser entendidas como atribuídas ao serviço com competência inspetiva do ministério que dirija, superintenda ou tutele o empregador público em causa e, cumulativamente, à Inspeção-Geral de Finanças (IGF), no que se refere às suas competências de coordenação, enquanto autoridade de auditoria neste domínio.

3. Compete à Autoridade para as Condições do Trabalho (ACT) a promoção de políticas de prevenção dos riscos profissionais, a melhoria das condições de trabalho e a fiscalização do cumprimento da legislação relativa à segurança e saúde no trabalho.

4. Para efeitos da aplicação do regime previsto no Código do Trabalho ao vínculo de emprego público, as referências a empregador e empresa ou estabelecimento, consideram-se feitas a empregador público e órgão ou serviço, respetivamente.

5. O regime do Código do Trabalho e legislação complementar, em matéria de acidentes de trabalho e doenças profissionais, é aplicável aos trabalhadores que exercem funções públicas nas entidades referidas nas alíneas *b*) e *c*) do nº 1 do artigo 2º, com exceção do pessoal integrado no Regime de Proteção Social Convergente (RPSC) aos quais é aplicável o Decreto-Lei nº 503/99, de 20 de novembro.

6. Para efeitos de fiscalização do cumprimento da legislação relativa à segurança e saúde no trabalho, é aplicável o regime das contraordenações laborais previsto no Código do Trabalho e legislação complementar, com as adaptações constantes do título IV da parte I da presente lei.
(Redação dada pela Lei nº 2/2020, de 31-03)

Artigo 5º – Legislação complementar

Constam de diploma próprio:
a) O sistema integrado de gestão e avaliação do desempenho na Administração Pública;
b) O regime de acidentes de trabalho e doenças profissionais dos trabalhadores que exercem funções públicas;
c) O regime de formação profissional dos trabalhadores que exercem funções públicas;
d) Os estatutos do pessoal dirigente da Administração Pública.

TÍTULO II – Modalidades de vínculo e prestação de trabalho para o exercício de funções públicas

Artigo 6º – Noção e modalidades

1. O trabalho em funções públicas pode ser prestado mediante vínculo de emprego público ou contrato de prestação de serviço, nos termos da presente lei.
2. O vínculo de emprego público é aquele pelo qual uma pessoa singular presta a sua atividade a um empregador público, de forma subordinada e mediante remuneração.
3. O vínculo de emprego público reveste as seguintes modalidades:
a) Contrato de trabalho em funções públicas;
b) Nomeação;
c) Comissão de serviço.
4. O vínculo de emprego público pode ser constituído por tempo indeterminado ou a termo resolutivo.

Artigo 7º – Contrato de trabalho em funções públicas

O vínculo de emprego público constitui-se, em regra, por contrato de trabalho em funções públicas.

Artigo 8º – Vínculo de nomeação

1. O vínculo de emprego público constitui-se por nomeação nos casos de exercício de funções no âmbito das seguintes atribuições, competências e atividades:
a) Missões genéricas e específicas das Forças Armadas em quadros permanentes;
b) Representação externa do Estado;
c) Informações de segurança;
d) Investigação criminal;
e) Segurança pública, quer em meio livre quer em meio institucional;
f) Inspeção.

2. As funções referidas no número anterior desenvolvem-se no âmbito de carreiras especiais.

3. Quando as funções referidas nas alíneas *b*) a *f*) do nº 1 devam ser exercidas a título transitório, aplica-se, com as necessárias adaptações, o regime da presente lei para o contrato de trabalho em funções públicas a termo resolutivo.

Artigo 9º – Comissão de serviço

1. O vínculo de emprego público constitui-se por comissão de serviço nos seguintes casos:

a) Cargos não inseridos em carreiras, designadamente cargos dirigentes;

b) Funções exercidas com vista à aquisição de formação específica, habilitação académica ou título profissional por trabalhador com vínculo de emprego público por tempo indeterminado.

2. Na falta de norma especial, aplica-se à comissão de serviço a regulamentação prevista para o vínculo de emprego público de origem e, quando este não exista, a regulamentação prevista para os trabalhadores contratados.

Artigo 10º – Prestação de serviço

1. O contrato de prestação de serviço para o exercício de funções públicas é celebrado para a prestação de trabalho em órgão ou serviço sem sujeição à respetiva disciplina e direção, nem horário de trabalho.

2. O contrato de prestação de serviço para o exercício de funções públicas pode revestir as seguintes modalidades:

a) Contrato de tarefa, cujo objeto é a execução de trabalhos específicos, de natureza excecional, não podendo exceder o termo do prazo contratual inicialmente estabelecido;

b) Contrato de avença, cujo objeto é a execução de prestações sucessivas no exercício de profissão liberal, com retribuição certa mensal, podendo ser feito cessar, a todo o tempo, por qualquer das partes, mesmo quando celebrado com cláusula de prorrogação tácita, com aviso prévio de 60 dias e sem obrigação de indemnizar.

3. São nulos os contratos de prestação de serviço para o exercício de funções públicas em que exista subordinação jurídica, não podendo os mesmos dar origem à constituição de um vínculo de emprego público.

4. A nulidade dos contratos de prestação de serviço não prejudica a produção plena dos seus efeitos durante o tempo em que tenham estado em execução, sem prejuízo da responsabilidade civil, financeira e disciplinar em que incorre o seu responsável.

Artigo 11º – Continuidade do exercício de funções públicas

O exercício de funções ao abrigo de qualquer modalidade de vínculo de emprego público, em qualquer dos órgãos ou serviços a que a presente lei é aplicável, releva como exercício de funções públicas na carreira, na categoria ou na posição remuneratória, conforme os casos, quando os trabalhadores, mantendo aquele exercício de funções, mudem definitivamente de órgão ou serviço.

Artigo 12º – Jurisdição competente

São da competência dos tribunais administrativos e fiscais os litígios emergentes do vínculo de emprego público.

TÍTULO III – Fontes e participação na legislação do trabalho

CAPÍTULO I – Fontes

Artigo 13º – Fontes específicas do contrato de trabalho em funções públicas

1. O contrato de trabalho em funções públicas pode ser regulado por instrumento de regulamentação coletiva de trabalho, nos termos da presente lei.

2. São ainda atendíveis os usos, desde que não contrariem normas legais e de instrumentos de regulamentação coletiva e sejam conformes com princípios de boa fé.

3. Os instrumentos de regulamentação coletiva de trabalho convencionais são o acordo coletivo de trabalho, o acordo de adesão e a decisão de arbitragem voluntária.

4. O instrumento de regulamentação coletiva de trabalho não convencional é a decisão de arbitragem necessária.

5. São acordos coletivos de trabalho o acordo coletivo de carreira e o acordo coletivo de empregador público.

6. O acordo coletivo de carreira é a convenção coletiva aplicável no âmbito de uma carreira ou de um conjunto de carreiras, independentemente do órgão ou serviço onde o trabalhador exerça funções.

7. O acordo coletivo de empregador público é a convenção coletiva aplicável no âmbito do órgão ou serviço onde o trabalhador exerça funções.

Artigo 14º – Articulação de acordos coletivos

1. Os acordos coletivos de trabalho são articulados, devendo o acordo coletivo de carreira indicar as matérias que podem ser reguladas pelos acordos coletivos de empregador público.

2. Na falta de acordo coletivo de carreira ou da indicação referida no número anterior, o acordo coletivo de empregador público apenas pode regular as matérias relativas a segurança e saúde no trabalho e duração e organização do tempo de trabalho, excluindo as respeitantes a suplementos remuneratórios.

CAPÍTULO II – Participação dos trabalhadores na legislação do trabalho

Artigo 15º – Direito de participação na elaboração da legislação do trabalho

1. Os trabalhadores com vínculo de emprego público têm direito a participar na elaboração da legislação do trabalho, nos termos do presente capítulo.

2. Considera-se legislação do trabalho, para efeitos do disposto no número anterior, a legislação respeitante ao regime jurídico aplicável aos trabalhadores com vínculo de emprego público, nomeadamente nas seguintes matérias:

a) Constituição, modificação e extinção do vínculo de emprego público;
b) Recrutamento e seleção;
c) Tempo de trabalho;
d) Férias, faltas e licenças;
e) Remuneração e outras prestações pecuniárias;
f) Formação e aperfeiçoamento profissional;
g) Segurança e saúde no trabalho;
h) Regime disciplinar;
i) Mobilidade;
j) Avaliação do desempenho.
k) Direitos coletivos;
l) Regime de proteção social convergente;
m) Ação social complementar.

Artigo 16º – Exercício do direito de participação

1. Qualquer projeto ou proposta de lei, projeto de decreto-lei ou projeto ou proposta de decreto regional relativo às matérias previstas no artigo anterior só pode ser discutido e votado pela Assembleia da República, pelo Governo da República, pelas assembleias legislativas das regiões autónomas e pelos governos regionais, depois de as comissões de trabalhadores e associações sindicais se terem podido pronunciar sobre eles.

2. Para efeitos do disposto no número anterior, é aplicável o disposto nos artigos 472º a 475º do Código do Trabalho, aprovado pela Lei nº 7/2009, de 12 de fevereiro, na redação atual.

TÍTULO IV – Segurança e saúde no trabalho

Artigo 16º-A – Disposição geral

Para efeitos do disposto na alínea *j*) do nº 1 do artigo 4º da presente lei, o regime jurídico da promoção da segurança e saúde no trabalho, constante da Lei nº 102/ /2009, de 10 de setembro, é aplicável aos empregadores públicos com as especificidades previstas no presente título.

(Aditado pela Lei nº 79/2019, de 02-09)

Artigo 16º-B – Conceito

Para efeitos de aplicação do disposto no presente título, entende-se por «trabalhador» a pessoa singular que:

a) Mediante remuneração, se obriga a prestar trabalho em funções públicas a um empregador público;

b) Não sendo titular de um vínculo de emprego público, esteja inserida em ambiente de trabalho do empregador público, nomeadamente o estagiário cujo regime de estágio não colida com o regime ora previsto, o bolseiro e o prestador de serviços.

(Aditado pela Lei nº 79/2019, de 02-09)

Artigo 16º-C – Informação ao serviço de segurança e saúde no trabalho

O empregador público deve comunicar ao serviço de segurança e de saúde no trabalho e aos trabalhadores com funções específicas no domínio da segurança e da saúde no trabalho o início de exercício de funções de todos os trabalhadores com vínculo de emprego público, incluindo os trabalhadores em situação de mobilidade ou de cedência de interesse público, e das pessoas que não sejam titulares de uma relação jurídica de emprego público, nomeadamente estagiários, bolseiros e prestadores de serviços.

(Aditado pela Lei nº 79/2019, de 02-09)

Artigo 16º-D – Serviços comuns

1. Sem prejuízo do disposto no artigo 82º da Lei nº 102/2009, de 10 de setembro, o empregador público pode recorrer a serviços comuns de segurança e saúde no trabalho partilhados entre os organismos integrantes de um ou vários ministérios com vista à otimização dos recursos, sendo aplicável o disposto no artigo 8º da Lei nº 4/ /2004, de 15 de janeiro.

2. O recurso a serviços comuns de segurança e saúde no trabalho não exonera o empregador público da responsabilidade prevista no artigo seguinte.

(Aditado pela Lei nº 79/2019, de 02-09)

Artigo 16º-E – Sujeito responsável pela contraordenação

1. O empregador público é responsável pelas contraordenações em matéria de segurança e saúde no trabalho, ainda que praticadas pelos seus trabalhadores no exercício das respetivas funções, sem prejuízo da responsabilidade cometida por lei a outros sujeitos.

2. À situação prevista no número anterior não é aplicável o disposto no nº 3 do artigo 551º do Código do Trabalho.

3. A entidade empregadora pública tem direito de regresso sobre o respetivo dirigente máximo, em caso de negligência grave ou dolo, que deverão ser apurados em processo disciplinar.

(Aditado pela Lei nº 79/2019, de 02-09)

Artigo 16º-F – Valores das coimas e sanções acessórias

1. Para efeitos da determinação da coima aplicável e tendo em conta a relevância dos interesses violados, as contraordenações em matéria de segurança e saúde no trabalho classificam-se em leves, graves e muito graves.

2. A cada escalão de gravidade das contraordenações corresponde uma coima, variável em função do grau de culpa do infrator, sendo aplicáveis os limites mínimos e máximos previstos no artigo 555º do Código do Trabalho, sem prejuízo do disposto no número seguinte.

3. Os valores máximos das coimas aplicáveis às contraordenações muito graves referidas no nº 1 são elevados para o dobro.

4. No caso de contraordenação muito grave ou reincidência em contraordenação grave, praticada com dolo ou negligência grosseira, é aplicada ao infrator a sanção acessória de publicidade, nos termos do artigo 562º do Código do Trabalho.
(Aditado pela Lei nº 79/2019, de 02-09)

Artigo 16º-G – Destino do produto das coimas
O produto das coimas aplicadas em matéria de segurança e saúde no trabalho reverte:
a) Em 50%, para o serviço com competência inspetiva do ministério responsável pela área laboral, a título de compensação de custos de funcionamento e despesas processuais;
b) Em 25%, para o orçamento da segurança social; e
c) Em 25% para o Orçamento do Estado.
(Aditado pela Lei nº 79/2019, de 02-09)

PARTE II – VÍNCULO DE EMPREGO PÚBLICO

TÍTULO I – Trabalhador e empregador

CAPÍTULO I – Trabalhador

SECÇÃO I – Requisitos para a constituição do vínculo de emprego público

Artigo 17º – Requisitos relativos ao trabalhador
1. Além de outros requisitos especiais que a lei preveja, a constituição do vínculo de emprego público depende da reunião, pelo trabalhador, dos seguintes requisitos:
a) Nacionalidade portuguesa, quando não dispensada pela Constituição, por convenção internacional ou por lei especial;
b) 18 anos de idade completos;
c) Não inibição do exercício de funções públicas ou não interdição para o exercício daquelas que se propõe desempenhar;
d) Robustez física e perfil psíquico indispensáveis ao exercício das funções;
e) Cumprimento das leis de vacinação obrigatória.
2. A nacionalidade portuguesa para o desempenho de funções públicas só pode ser exigida nas situações previstas no nº 2 do artigo 15º da Constituição.

Artigo 18º – Grau académico ou título profissional
1. O exercício de funções públicas pode ser condicionado à titularidade de grau académico ou título profissional, nos termos definidos nas normas reguladoras das carreiras.

2. A falta do requisito previsto no número anterior, quando exigível, determina a nulidade do vínculo de emprego público.

3. A perda, a título definitivo, do grau ou do título referidos no nº 1 determina a cessação do vínculo de emprego público, por caducidade.

SECÇÃO II - Garantias de imparcialidade

Artigo 19º - Incompatibilidades e impedimentos

1. No exercício das suas funções, os trabalhadores em funções públicas estão exclusivamente ao serviço do interesse público, tal como é definido, nos termos da lei, pelos órgãos competentes da Administração.

2. Sem prejuízo de impedimentos previstos na Constituição e noutros diplomas, os trabalhadores com vínculo de emprego público estão sujeitos ao regime de incompatibilidades e impedimentos previsto na presente secção.

Artigo 20º - Incompatibilidade com outras funções

As funções públicas são, em regra, exercidas em regime de exclusividade.

Artigo 21º - Acumulação com outras funções públicas

1. O exercício de funções públicas pode ser acumulado com outras funções públicas não remuneradas, desde que a acumulação revista manifesto interesse público.

2. O exercício de funções públicas pode ser acumulado com outras funções públicas remuneradas, desde que a acumulação revista manifesto interesse público e apenas nos seguintes casos:

a) Participação em comissões ou grupos de trabalho;

b) Participação em conselhos consultivos e em comissões de fiscalização ou outros órgãos colegiais de fiscalização ou controlo de dinheiros públicos;

c) Atividades docentes ou de investigação de duração não superior à fixada em despacho dos membros do Governo responsáveis pelas áreas das finanças, da Administração Pública e da educação e que, sem prejuízo do cumprimento da duração semanal do trabalho, não se sobreponha em mais de um quarto ao horário inerente à função principal;

d) Realização de conferências, palestras, ações de formação de curta duração e outras atividades de idêntica natureza.

Artigo 22º - Acumulação com funções ou atividades privadas

1. O exercício de funções públicas não pode ser acumulado com funções ou atividades privadas, exercidas em regime de trabalho autónomo ou subordinado, com ou sem remuneração, concorrentes, similares ou conflituantes com as funções públicas.

2. Para efeitos do disposto no artigo anterior, consideram-se concorrentes, similares ou conflituantes com as funções públicas as atividades privadas que, tendo conteúdo idêntico ao das funções públicas desempenhadas, sejam desenvolvidas de forma permanente ou habitual e se dirijam ao mesmo círculo de destinatários.

3. O exercício de funções públicas pode ser acumulado com funções ou atividades privadas que:

a) Não sejam legalmente consideradas incompatíveis com as funções públicas;

b) Não sejam desenvolvidas em horário sobreposto, ainda que parcialmente, ao das funções públicas;

c) Não comprometam a isenção e a imparcialidade exigidas pelo desempenho das funções públicas;

d) Não provoquem prejuízo para o interesse público ou para os direitos e interesses legalmente protegidos dos cidadãos.

4. No exercício das funções ou atividades privadas autorizadas, os trabalhadores da Administração Pública não podem praticar quaisquer atos contrários aos interesses do serviço a que pertencem ou com eles conflituantes.

5. A violação do disposto no número anterior determina a revogação da autorização para acumulação de funções, constituindo ainda infração disciplinar grave.

Artigo 23º – Autorização para acumulação de funções

1. A acumulação de funções nos termos previstos nos artigos anteriores depende de prévia autorização da entidade competente.

2. Do requerimento a apresentar para efeitos de acumulação de funções devem constar as seguintes indicações:

a) Local do exercício da função ou atividade a acumular;

b) Horário em que ela se deve exercer, quando aplicável;

c) Remuneração a auferir, quando aplicável;

d) Natureza autónoma ou subordinada do trabalho a desenvolver e respetivo conteúdo;

e) Justificação do manifesto interesse público na acumulação, quando aplicável;

f) Justificação da inexistência de conflito com as funções públicas, quando aplicável;

g) Compromisso de cessação imediata da função ou atividade acumulada, no caso de ocorrência superveniente de conflito.

3. Compete aos titulares de cargos dirigentes, sob pena de cessação da respetiva comissão de serviço, nos termos do respetivo estatuto, verificar da existência de situações de acumulação de funções não autorizadas, bem como fiscalizar o cumprimento das garantias de imparcialidade no desempenho de funções públicas.

Artigo 24º – Proibições específicas

1. Os trabalhadores não podem prestar a terceiros, por si ou por interposta pessoa, em regime de trabalho autónomo ou subordinado, serviços no âmbito do estudo, preparação ou financiamento de projetos, candidaturas ou requerimentos que devam ser submetidos à sua apreciação ou decisão ou à de órgãos ou serviços colocados sob sua direta influência.

2. Os trabalhadores não podem beneficiar, pessoal e indevidamente, de atos ou tomar parte em contratos em cujo processo de formação intervenham órgãos ou unidades orgânicas colocados sob sua direta influência.

3. Para efeitos do disposto nos números anteriores, consideram-se colocados sob direta influência do trabalhador os órgãos ou serviços que:

a) Estejam sujeitos ao seu poder de direção, superintendência ou tutela;

b) Exerçam poderes por ele delegados ou subdelegados;

c) Tenham sido por ele instituídos, ou relativamente a cujo titular tenha intervindo como representante do empregador público, para o fim específico de intervir nos procedimentos em causa;

d) Sejam integrados, no todo ou em parte, por trabalhadores por ele designados;

e) Cujo titular ou trabalhadores neles integrados tenham, há menos de um ano, sido beneficiados por qualquer vantagem remuneratória, ou obtido menção relativa à avaliação do seu desempenho, em cujo procedimento ele tenha tido intervenção;

f) Com ele colaborem, em situação de paridade hierárquica, no âmbito do mesmo órgão ou serviço.

4. Para efeitos das proibições constantes dos nºs 1 e 2, é equiparado ao trabalhador:

a) O seu cônjuge, não separado de pessoas e bens, ascendentes e descendentes em qualquer grau, colaterais até ao segundo grau e pessoa que com ele viva em união de facto;

b) A sociedade em cujo capital o trabalhador detenha, direta ou indiretamente, por si mesmo ou conjuntamente com as pessoas referidas na alínea anterior, uma participação não inferior a 10%.

5. A violação dos deveres referidos nos nºs 1 e 2 constitui infração disciplinar grave.

6. Para efeitos do disposto no Código do Procedimento Administrativo, os trabalhadores devem comunicar ao respetivo superior hierárquico, antes de tomadas as decisões, praticados os atos ou celebrados os contratos referidos nos nºs 1 e 2, a existência das situações referidas no nº 4.

7. É aplicável, com as necessárias adaptações, o disposto no artigo 51º do Código do Procedimento Administrativo, aprovado pelo Decreto-Lei nº 442/91, de 15 de novembro, na redação atual.

CAPÍTULO II – Empregador público

Artigo 25º – Delimitação do empregador público

1. O empregador público é o Estado ou outra pessoa coletiva pública que constitui vínculos de emprego público nos termos da presente lei.

2. Há sucessão na posição jurídica de empregador público quando um trabalhador com vínculo de emprego público com uma pessoa coletiva pública passa a exercer a sua atividade a título definitivo para outra pessoa coletiva pública que esteja sujeita à presente lei.

3. Para efeitos de aplicação das regras do Código do Trabalho que dependem do número de trabalhadores, o empregador público é equiparado à empresa.

Artigo 26º – Pluralidade de empregadores públicos

1. Os empregadores públicos podem celebrar contratos de trabalho em regime da pluralidade de empregadores nos termos do Código do Trabalho.

2. Para efeitos do regime referido no número anterior, os empregadores públicos consideram-se sempre em relação de colaboração.

Artigo 27º – Exercício das competências inerentes à qualidade de empregador público

1. As competências inerentes à qualidade de empregador público, na administração direta e indireta do Estado, são exercidas:

a) Na administração direta, pelo dirigente máximo do órgão ou serviço;

b) Na administração indireta, pelo órgão de direção da pessoa coletiva pública.

2. As competências inerentes à qualidade de empregador público, na administração autárquica, são exercidas:

a) Nos municípios, pelo presidente da câmara municipal;

b) Nas freguesias, pela junta de freguesia;

c) Nos serviços municipalizados, pelo presidente do conselho de administração.

CAPÍTULO III – Planeamento e gestão dos recursos humanos

Artigo 28º – Planeamento da atividade e gestão dos recursos humanos

1. O empregador público deve planear para cada exercício orçamental as atividades de natureza permanente ou temporária, tendo em consideração a missão, as atribuições, a estratégia, os objetivos fixados, as competências das unidades orgânicas e os recursos financeiros disponíveis.

2. O planeamento a que se refere o número anterior deve incluir eventuais alterações a introduzir nas unidades orgânicas flexíveis, bem como o respetivo mapa de pessoal.

3. Para efeitos de elaboração do plano anual de recrutamento de cada departamento governamental, o empregador público comunica à respetiva secretaria-geral ou ao órgão ou serviço responsável pela gestão setorial dos recursos humanos as respetivas necessidades de recrutamento de trabalhadores sem vínculo de emprego público ou com vínculo de emprego público a termo, especificando o número de postos de trabalho que pretende ocupar, procedendo à sua caraterização.

4. Os elementos referidos nos números anteriores devem acompanhar a proposta de orçamento.

(Redação dada pela Lei nº 25/2017, de 30-05)

Artigo 29º – Mapas de pessoal

1. Os órgãos e serviços preveem anualmente o respetivo mapa de pessoal, tendo em conta as atividades, de natureza permanente ou temporária, a desenvolver durante a sua execução.

2. O mapa de pessoal contém a indicação do número de postos de trabalho de que o órgão ou serviço carece para o desenvolvimento das respetivas atividades, caracterizados em função:

a) Da atribuição, competência ou atividade que o seu ocupante se destina a cumprir ou a executar;

b) Do cargo ou da carreira e categoria que lhes correspondam;

c) Dentro de cada carreira e, ou, categoria, quando imprescindível, da área de formação académica ou profissional de que o seu ocupante deva ser titular;

d) Do perfil de competências transversais da respetiva carreira ou categoria, regulamentado por portaria do membro do Governo responsável pela área da Administração Pública e complementado com as competências associadas à especificidade do posto de trabalho.

3. Nos órgãos e serviços desconcentrados, o mapa de pessoal é desdobrado em tantos mapas quantas as unidades orgânicas desconcentradas.

4. O mapa de pessoal é aprovado pela entidade competente para a aprovação da proposta de orçamento, sendo afixado no órgão ou serviço e inserido em página eletrónica.

5. As alterações aos mapas de pessoal que impliquem um aumento de postos de trabalho carecem de autorização prévia do membro do Governo de que dependa o órgão ou o serviço, de cabimento orçamental e do reconhecimento da sua sustentabilidade futura pelo membro do Governo responsável pela área das finanças.

6. O disposto no número anterior não é aplicável à alteração do mapa de pessoal que decorra do direito de ocupação de posto de trabalho no órgão ou serviço pelo trabalhador que, nos termos legais, a este deva regressar.

7. A alteração dos mapas de pessoal que implique redução de postos de trabalho fundamenta-se em reorganização do órgão ou serviço nos termos legalmente previstos, devendo cessar, em primeiro lugar, os vínculos de emprego público a termo.

Artigo 30º – Preenchimento dos postos de trabalho

1. O órgão ou serviço pode promover o recrutamento dos trabalhadores necessários ao preenchimento dos postos de trabalho previstos no mapa de pessoal, nos termos do presente artigo.

2. O recrutamento deve ser feito por tempo indeterminado ou a termo, consoante a natureza permanente ou transitória da atividade, tal como consta do mapa de pessoal.

3. O recrutamento é feito por procedimento concursal restrito aos trabalhadores detentores de um vínculo de emprego público por tempo indeterminado.

4. O órgão ou serviço pode ainda recrutar trabalhadores com vínculo de emprego público a termo ou sem vínculo de emprego público, mediante procedimento concursal a que possam concorrer os trabalhadores com e sem vínculo de emprego público, aberto ao abrigo e nos limites constantes do mapa anual global aprovado pelo despacho a que se refere o nº 6.

5. Durante a fase de preparação do Orçamento do Estado e para efeitos de aprovação do plano anual de recrutamentos previsto no nº 3 do artigo 28º, as secretarias-gerais ou os órgãos ou serviços responsáveis pela gestão sectorial de recursos humanos elaboram e remetem aos membros do Governo responsáveis pelas áreas das finanças e da Administração Pública uma proposta setorial de recrutamentos, com base nas necessidades identificadas, fundamentada e validada pelo membro do Governo responsável pela respetiva área, consideradas:

a) A demonstração de existência de disponibilidades orçamentais;

b) A identificação das prioridades definidas na área governamental, com demonstração das políticas públicas a prosseguir;

c) A identificação das áreas com maior carência de recursos humanos, por carreira e categoria.

6. Após a aprovação e entrada em vigor do Orçamento do Estado, os membros do Governo responsáveis pelas áreas das finanças e da Administração Pública aprovam, durante o primeiro trimestre do respetivo ano orçamental, por despacho publicado no *Diário da República*, o mapa anual global consolidado de recrutamentos autorizados, contendo os postos de trabalho discriminados por:

a) Departamento governamental;

b) Órgão ou serviço;

c) Carreira e categoria;

d) Modalidade de vinculação;

e) Tempo indeterminado ou a termo.

7. Em casos excecionais, devidamente fundamentados, os membros do Governo responsáveis pelas áreas das finanças e da Administração Pública podem autorizar a realização de procedimentos concursais para além dos limites fixados no mapa anual global a que se refere o número anterior.

8. O recrutamento de trabalhadores com vínculo de emprego público a termo ou sem vínculo de emprego público pode ainda ocorrer noutras situações especialmente previstas na lei, em razão de aptidão científica, técnica ou artística, devidamente fundamentada, precedido de autorização dos membros do Governo referidos no número anterior.

9. O despacho autorizador a que se referem os números anteriores é expressamente mencionado no procedimento de recrutamento.

10. O preenchimento dos postos de trabalho pode ainda ocorrer por consolidação de mobilidade ou de cedência de interesse público, nos termos previstos na presente lei.

(Redação dada pela Lei nº 25/2017, de 30-05)

Artigo 31º – Orçamentação e gestão das despesas com pessoal

1. O orçamento dos órgãos ou serviços deve prever os seguintes encargos relativos aos trabalhadores:

a) Encargos relativos a remunerações;

b) Encargos relativos aos postos de trabalho previstos nos mapas de pessoal aprovados e para os quais se preveja recrutamento;

c) Encargos com alterações do posicionamento remuneratório;

d) Encargos relativos a prémios de desempenho.

2. Compete ao dirigente máximo do órgão ou serviço decidir sobre o montante máximo de cada um dos tipos de encargos, podendo optar, sem prejuízo do disposto no nº 7 do artigo 156º, pela afetação integral das verbas orçamentais correspondentes a apenas um dos tipos.

3. A decisão referida no número anterior é tomada no prazo de 15 dias após o início da execução do orçamento, devendo discriminar as verbas afetas a cada tipo de encargo.

4. A decisão referida nos números anteriores pode ser alterada ao longo da execução orçamental, de acordo com o disposto nos números seguintes.

5. Quando não seja utilizada a totalidade das verbas orçamentais destinadas a suportar o tipo de encargos referido na alínea *b*) e *c*) do nº 1, a parte remanescente acresce às destinadas a suportar o tipo de encargos referido na alínea *d*) do mesmo número.

6. No decurso da execução orçamental, os montantes orçamentados a que se referem as alíneas *b*), *c*) e *d*) do número anterior não podem ser utilizados para suprir eventuais insuficiências orçamentais no âmbito das restantes despesas com pessoal.

7. Em caso de desocupação permanente de postos de trabalho previstos no mapa de pessoal e anteriormente ocupados, podem as correspondentes verbas orçamentais acrescer ao montante previsto para os encargos com o recrutamento de trabalhadores.

Artigo 32º – Celebração de contratos de prestação de serviço

1. A celebração de contratos de tarefa e avença apenas pode ter lugar quando, cumulativamente:

a) Se trate da execução de trabalho não subordinado, para a qual se revele inconveniente o recurso a qualquer modalidade de vínculo de emprego público;

b) Seja observado o regime legal de aquisição de serviços;

c) Seja comprovada pelo prestador do serviço a regularidade da sua situação fiscal e perante a segurança social.

2. Sem prejuízo dos requisitos referidos nas alíneas *b*) e *c*) do número anterior, a celebração de contratos de tarefa e de avença depende de prévio parecer favorável dos membros do Governo responsáveis pelas áreas das finanças e da Administração Pública, relativamente à verificação do requisito previsto na alínea *a*) do número anterior, sendo os termos e tramitação desse parecer regulados por portaria dos mesmos membros do Governo.

3. Os membros do Governo a que se refere o número anterior podem, excecionalmente, autorizar a celebração de um número máximo de contratos de tarefa e de avença, em termos a definir na portaria prevista no número anterior, desde que, a par do cumprimento do disposto no nº 1, não sejam excedidos os prazos contratuais inicialmente previstos e os encargos financeiros globais anuais, que devam suportar os referidos contratos, estejam inscritos na respetiva rubrica do orçamento do órgão ou do serviço.

4. A verificação, através de relatório de auditoria efetuada pela IGF em articulação com a Direção-Geral da Administração e do Emprego Público (DGAEP), da vigência de contratos de prestação de serviço para execução de trabalho subordinado equivale ao reconhecimento pelo órgão ou serviço da necessidade de ocupação de um posto de trabalho com recurso à constituição de um vínculo de emprego público por tempo indeterminado ou a termo, conforme caracterização resultante daquela auditoria, determinando:

a) A alteração do mapa de pessoal do órgão ou serviço, por forma a prever aquele posto de trabalho;

b) A publicitação de procedimento concursal para constituição de vínculo de emprego público, nos termos previstos na presente lei.

TÍTULO II - Formação do vínculo

CAPÍTULO I - Recrutamento

Artigo 33º - Procedimento concursal

1. O recrutamento é decidido pelo dirigente máximo do órgão ou serviço.

2. O recrutamento é feito por procedimento concursal publicitado, designadamente através de publicação na 2ª série do *Diário da República*.

3. Da publicitação do procedimento concursal consta a referência ao número de postos de trabalho a ocupar e respetiva caracterização, de acordo com atribuição, competência ou atividade, carreira, categoria e, quando imprescindível, área de formação académica ou profissional que lhes correspondam.

4. Para os efeitos do disposto no número anterior, a publicitação do procedimento faz referência:

a) À área de formação académica, quando exista mais do que uma no mesmo nível habilitacional, nas carreiras de complexidade funcional classificadas de grau 3;

b) À área de formação profissional quando a integração na carreira não dependa, ou não dependa exclusivamente, de habilitações literárias, nas carreiras de complexidade funcional classificadas de grau 1 ou 2.

Artigo 34º - Exigência de nível habilitacional

1. Sem prejuízo do disposto nos números seguintes, pode apenas ser candidato ao procedimento quem seja titular do nível habilitacional e, quando aplicável, da área de formação, correspondentes ao grau de complexidade funcional da carreira e categoria caracterizadoras do posto de trabalho para cuja ocupação o procedimento é publicitado.

2. Excecionalmente, a publicitação do procedimento pode prever a possibilidade de candidatura de quem, não sendo titular da habilitação exigida, considere dispor da formação e, ou, experiência profissionais necessárias e suficientes para a substituição daquela habilitação.

3. A substituição da habilitação nos termos referidos no número anterior não é admissível quando, para o exercício de determinada profissão ou função, implicadas na caracterização dos postos de trabalho em causa, lei especial exija título ou o preenchimento de certas condições.

4. O júri analisa, preliminarmente, a formação e, ou, a experiência profissionais e delibera sobre a admissão do candidato ao procedimento concursal.

5. Em caso de admissão, a deliberação, acompanhada do teor integral da sua fundamentação, é notificada aos restantes candidatos.

Artigo 35º – Outros requisitos de recrutamento

1. Podem candidatar-se a procedimento destinado ao recrutamento para carreiras unicategoriais ou para a categoria inferior de carreiras pluricategoriais:

a) Trabalhadores integrados na mesma carreira, a cumprir ou a executar diferente atribuição, competência ou atividade, do órgão ou serviço em causa;

b) Trabalhadores integrados na mesma carreira, a cumprir ou a executar qualquer atribuição, competência ou atividade, de outro órgão ou serviço ou que se encontrem em situação de requalificação;

c) Trabalhadores integrados em outras carreiras;

d) Sendo o caso, trabalhadores que exerçam os respetivos cargos em comissão de serviço ou que sejam sujeitos de outros vínculos de emprego público a termo e indivíduos sem vínculo de emprego público previamente constituído.

2. Sem prejuízo do disposto em lei especial, podem ainda candidatar-se a procedimento destinado ao recrutamento para categorias superiores de carreiras pluricategoriais trabalhadores integrados na mesma carreira, em diferente categoria, do órgão ou serviço em causa, que se encontrem a cumprir ou a executar idêntica atribuição, competência ou atividade.

Artigo 36º – Métodos de seleção

1. Sem prejuízo do disposto nos números seguintes, são métodos de seleção obrigatórios os seguintes:

a) Provas de conhecimentos, destinadas a avaliar as competências técnicas necessárias ao exercício da função;

b) Avaliação psicológica, destinada a avaliar as restantes competências exigíveis ao exercício da função.

2. No recrutamento de candidatos que estejam a cumprir ou a executar a atribuição, competência ou atividade caracterizadoras do posto de trabalho em causa, bem como no recrutamento de candidatos em situação de requalificação que, imediatamente antes, tenham desempenhado aquela atribuição, competência ou atividade, os métodos de seleção são os seguintes:

a) Avaliação curricular, incidente especialmente sobre as funções desempenhadas na categoria e no cumprimento ou execução da atribuição, competência ou atividade em causa e o nível de desempenho nelas alcançado;

b) Entrevista de avaliação das competências exigíveis ao exercício da função.

3. Os métodos referidos no número anterior podem ser afastados pelos candidatos através de declaração escrita, aplicando-se-lhes, nesse caso, os métodos previstos para os restantes candidatos.

4. Podem ainda ser adotados, facultativamente, outros métodos de seleção, designadamente o estágio profissional ou outros métodos legalmente previstos.

5. Sem prejuízo do disposto em lei especial, o empregador público pode limitar-se a utilizar os métodos de seleção referidos na alínea *a*) do nº 1 e na alínea *a*) do nº 2, nos procedimentos concursais para constituição de vínculo de emprego público por tempo indeterminado, cujos candidatos sejam exclusivamente trabalhadores com vínculo de emprego público por tempo indeterminado previamente constituído.

6. O empregador público pode limitar-se a utilizar o método de seleção avaliação curricular nos procedimentos concursais para constituição de vínculos de emprego público a termo.

Artigo 37º – Tramitação do procedimento concursal

1. O procedimento concursal é simplificado e urgente, obedecendo aos seguintes princípios:

a) A composição do júri do procedimento integra trabalhadores do empregador público, de outro órgão ou serviço e, quando a área de formação exigida revele a sua conveniência, de entidades privadas;

b) Não há atos ou listas preparatórias da ordenação final dos candidatos;

c) A ordenação final dos candidatos é unitária, ainda que lhes tenham sido aplicados métodos de seleção diferentes;

d) O recrutamento efetua-se pela ordem decrescente da ordenação final dos candidatos colocados em situação de requalificação e, esgotados estes, dos restantes candidatos;

e) A tramitação do procedimento concursal e a aplicação dos métodos de seleção é realizada preferencialmente por meios eletrónicos.

2. A tramitação do procedimento concursal, incluindo a do procedimento destinado à constituição de reservas de recrutamento para satisfação de necessidades futuras do empregador público e a do procedimento de recrutamento centralizado para satisfação de necessidades de um conjunto de empregadores públicos, é regulamentada por portaria do membro do Governo responsável pela área da Administração Pública.

3. Quando a tramitação fixada nos termos do número anterior se revelar desadequada, pode a tramitação do procedimento concursal para carreira especial ser regulamentada por portaria do membro do Governo responsável pela área da Administração Pública e do membro do Governo que exerça poderes de direção, superintendência ou tutela sobre o órgão ou serviço em cujo mapa de pessoal se contenha a previsão da carreira.

(Redação dada pela Lei nº 71/2018, de 31-12)

Artigo 38º – Determinação do posicionamento remuneratório

1. Quando esteja em causa posto de trabalho relativamente ao qual a modalidade de vínculo de emprego público seja o contrato, o posicionamento do trabalhador recrutado numa das posições remuneratórias da categoria é objeto de negociação com o empregador público, a qual tem lugar:

a) Imediatamente após o termo do procedimento concursal; ou

b) Aquando da aprovação em curso de formação específico ou da aquisição de certo grau académico ou de certo título profissional, nos termos da alínea *c*) do nº 4 do artigo 84º, que decorram antes da celebração do contrato.

2. Para os efeitos do disposto na alínea *d*) do nº 1 do artigo anterior, a negociação com os candidatos colocados em situação de requalificação antecede a que tenha lugar com os restantes candidatos.

3. A negociação entre o empregador público e cada um dos candidatos efetua-se por escrito, pela ordem em que figurem na ordenação final, devendo os trabalhadores com vínculo de emprego público informar previamente o empregador da carreira, da categoria e da posição remuneratória que detêm nessa data.

4. Em casos excecionais, devidamente fundamentados, designadamente quando o elevado número de candidatos torne a negociação impraticável, o empregador público pode optar por enviar uma proposta de adesão a um determinado posicionamento remuneratório a todos os candidatos.

5. O acordo ou a proposta de adesão são objeto de fundamentação escrita pelo empregador público.

6. Sem prejuízo do disposto no número seguinte, a falta de acordo com um candidato determina a negociação com o que se lhe siga na ordenação final dos candidatos, não podendo ser proposto ao candidato subsequente na ordenação posicionamento remuneratório superior ao máximo proposto e não aceite por qualquer dos candidatos que o antecedam naquela ordenação.

7. O empregador público não pode propor a primeira posição remuneratória ao candidato que seja titular de licenciatura ou de grau académico superior quando esteja em causa o recrutamento de trabalhador para posto de trabalho com conteúdo funcional correspondente ao da carreira geral de técnico superior.

8. O empregador público não pode propor posição inferior à 4ª posição remuneratória ao candidato que seja titular de grau académico de doutor quando esteja em causa o recrutamento de trabalhador para posto de trabalho com conteúdo funcional correspondente ao da carreira geral de técnico superior.

9. Após o encerramento do procedimento concursal, a documentação relativa ao respetivo processo negocial é pública e de livre acesso.

10. O disposto nos números anteriores pode ser aplicável, mediante lei especial, quando esteja em causa posto de trabalho relativamente ao qual a modalidade do vínculo de emprego público seja a nomeação.

11. Não dispondo da faculdade prevista no número anterior, o posicionamento do trabalhador nomeado tem lugar na ou numa das posições remuneratórias da categoria que tenham sido publicitadas.

(Redação dada pelo Decreto-Lei nº 51/2022, de 26-07)

Artigo 39º – Curso de Estudos Avançados em Gestão Pública

(Revogado pela Lei nº 71/2018, de 31-12)

Artigo 39º-A – Programa de capacitação avançada para trabalhadores em funções públicas

1. O recrutamento centralizado para a carreira geral de técnico superior é seguido de um programa de capacitação avançada, abreviadamente designado CAT.

2. O CAT é de frequência obrigatória para os técnicos superiores colocados nos diversos órgãos e serviços na sequência do recrutamento centralizado, constituindo, nestes casos, a formação inicial prevista no artigo 7º do Decreto-Lei nº 86-A/2016, de 29 de dezembro, que integra o período experimental nos termos previstos nesta lei, e visa assegurar elevados níveis de qualificação dos trabalhadores em domínios comuns a toda a Administração Pública, assim como em domínios especializados para os diferentes perfis profissionais.

3. O CAT pode ser igualmente frequentado por trabalhadores a integrar na carreira geral de técnico superior recrutados através de outra modalidade de procedimento concursal, assim como por outros trabalhadores e dirigentes, nos termos a definir na portaria a que se refere o número seguinte.

4. O CAT é regulamentado por portaria do membro do Governo responsável pela área da Administração Pública, competindo à Direção-Geral da Qualificação dos Trabalhadores em Funções Públicas (INA), em articulação com os empregadores públicos, assegurar a sua execução.

(Aditado pela Lei nº 71/2018, de 31-12)

Artigo 39º-B – Obtenção de grau de doutor

1. O trabalhador com vínculo de emprego público, integrado na carreira geral de técnico superior, que tenha ou venha a obter o grau de doutor é posicionado:

a) Na 4ª posição remuneratória, nível 23 da tabela remuneratória única ou;

b) Na posição remuneratória imediatamente seguinte àquela em que se encontra, quando já esteja posicionado na 4ª posição remuneratória ou superior.

2. O trabalhador com vínculo de emprego público, integrado em carreira de grau de complexidade 3, que tenha ou venha a obter o grau de doutor é posicionado:

a) Na posição remuneratória, ainda que automaticamente criada para o efeito, correspondente ao nível 23 da tabela remuneratória única quando a atual remuneração seja inferior;

b) Na posição remuneratória imediatamente seguinte àquela em que se encontra, no âmbito da mesma categoria, quando já esteja posicionado numa posição remuneratória a que corresponda o nível 23 da tabela remuneratória única ou superior.

3. Sempre que da aplicação do disposto nos números anteriores o trabalhador altere o seu posicionamento remuneratório para a posição imediatamente seguinte àquela em que se encontra, ou para uma posição remuneratória automaticamente criada para o efeito inferior à posição imediatamente seguinte àquela em que se encontra, o trabalhador mantém os pontos e correspondentes menções qualitativas de avaliação do desempenho para efeitos de futura alteração de posicionamento remuneratório.

4. O nº 2 não é aplicável às carreiras de grau de complexidade 3 em que se exija a titularidade de grau de doutor ou a obtenção do referido grau académico seja valorizado no desenvolvimento das mesmas.

(Aditado pelo Decreto-Lei nº 51/2022, de 26-07)

CAPÍTULO II - Forma, período experimental e invalidades

SECÇÃO I - Forma

Artigo 40º - Forma do contrato de trabalho em funções públicas

1. O contrato está sujeito à forma escrita e dele deve constar a assinatura das partes.

2. Do contrato devem ainda constar, pelo menos, as seguintes indicações:

a) Nome ou denominação e domicílio ou sede dos contraentes;

b) Modalidade de contrato e respetivo termo quando aplicável;

c) Atividade contratada, carreira, categoria e remuneração do trabalhador;

d) Local e período normal de trabalho;

e) Data do início da atividade;

f) Data de celebração do contrato;

g) Identificação da entidade que autorizou a contratação.

3. Na falta da indicação exigida pela alínea *e)* do número anterior, considera-se que o contrato tem início na data da sua celebração.

4. Quando o contrato não contenha a assinatura das partes ou qualquer das indicações referidas no nº 2, o empregador público deve proceder à sua correção, no prazo de 30 dias, a contar da data de requerimento do trabalhador para o efeito.

5. Sem prejuízo do disposto no nº 1, os membros do Governo responsáveis pelas áreas das finanças e da Administração Pública podem, por portaria, aprovar modelos oficiais de contratos, bem como prever a sua informatização e desmaterialização.

Artigo 41º - Forma da nomeação

1. A nomeação reveste a forma de despacho e pode consistir em mera declaração de concordância com proposta ou informação anterior que, neste caso, faz parte integrante do ato.

2. Do despacho de nomeação consta a referência às normas legais habilitantes e à existência de adequado cabimento orçamental.

Artigo 42º - Aceitação da nomeação

1. A aceitação é o ato público e pessoal pelo qual o nomeado declara aceitar a nomeação.

2. A aceitação é titulada pelo respetivo termo, de modelo aprovado por portaria do membro do Governo responsável pela área da Administração Pública.

3. No ato de aceitação, o trabalhador presta o seguinte compromisso de honra:

«Afirmo solenemente que cumprirei as funções que me são confiadas com respeito pelos deveres que decorrem da Constituição e da lei.»

4. O termo de aceitação é assinado pelo órgão competente para a nomeação.

5. A competência prevista no número anterior pode, a solicitação do órgão ou serviço, ainda que por iniciativa do trabalhador, ser exercida no estrangeiro pela autoridade diplomática ou consular.

6. A entidade competente para a assinatura do termo de aceitação não pode, sob pena de responsabilidade civil, financeira e disciplinar, recusar-se a fazê-lo.

7. Sem prejuízo do disposto em lei especial, a falta de aceitação do nomeado determina a caducidade automática do ato de nomeação, o qual não pode ser repetido no procedimento em que foi praticado.

Artigo 43º – Prazo para aceitação

1. Sem prejuízo do disposto em lei especial, o prazo para aceitação da nomeação é de 20 dias, a contar, de forma contínua, da data da publicitação do ato de nomeação.

2. Em casos devidamente justificados, designadamente de doença e férias, o prazo previsto no número anterior pode ser prorrogado, por períodos determinados, pela entidade competente para a assinatura do respetivo termo.

3. Nos casos de ausência no âmbito do regime da parentalidade e de faltas por acidente de trabalho ou doença profissional, o prazo previsto no nº 1 é automaticamente prorrogado para o termo destas situações.

Artigo 44º – Efeitos da aceitação

1. A aceitação determina o início de funções para todos os efeitos legais, designadamente os de perceção de remuneração e de contagem do tempo de serviço.

2. Nos casos de ausência por maternidade, paternidade ou adoção e de faltas por acidente de trabalho ou doença profissional, a perceção de remuneração decorrente de nomeação definitiva retroage à data da publicitação do ato de aceitação.

3. Nos casos previstos no nº 3 do artigo anterior, a contagem do tempo de serviço decorrente de nomeação definitiva retroage à data da publicitação do respetivo ato.

SECÇÃO II – Período experimental

Artigo 45º – Regras gerais

1. O período experimental corresponde ao tempo inicial de execução das funções do trabalhador, nas modalidades de contrato de trabalho em funções públicas e de nomeação, e destina-se a comprovar se o trabalhador possui as competências exigidas pelo posto de trabalho que vai ocupar.

2. O período experimental tem duas modalidades:

a) Período experimental do vínculo, que corresponde ao tempo inicial de execução do vínculo de emprego público;

b) Período experimental de função, que corresponde ao tempo inicial de desempenho de nova função em diferente posto de trabalho, por trabalhador que já seja titular de um vínculo de emprego público por tempo indeterminado.

3. Concluído sem sucesso o período experimental do vínculo, este cessa os seus efeitos automaticamente, sem direito a qualquer indemnização ou compensação.

4. Concluído sem sucesso o período experimental de função, o trabalhador regressa à situação jurídico-funcional que detinha anteriormente.

5. Por ato fundamentado da entidade competente, o período experimental pode ser feito cessar antes do respetivo termo, quando o trabalhador manifestamente revele não possuir as competências exigidas pelo posto de trabalho que ocupa.

Artigo 46º – Avaliação do trabalhador durante o período experimental

1. Durante o período experimental, o trabalhador é acompanhado por um júri, especialmente constituído para o efeito, que procede, no final, à avaliação do trabalhador.

2. Nos vínculos de emprego público a termo, o júri do período experimental é substituído pelo superior hierárquico imediato do trabalhador.

3. A avaliação final toma em consideração os elementos que o júri tenha recolhido, o relatório que o trabalhador deve apresentar e os resultados das ações de formação frequentadas.

4. A avaliação final traduz-se numa escala de 0 a 20 valores, considerando-se concluído com sucesso o período experimental quando o trabalhador tenha obtido uma avaliação não inferior a 14 ou a 12 valores, consoante se trate ou não, respetivamente, de carreira ou categoria de grau 3 de complexidade funcional.

5. O termo do período experimental é assinalado por ato escrito, que deve indicar o resultado da avaliação final.

6. As regras previstas na lei geral sobre procedimento concursal para efeitos de recrutamento de trabalhadores são aplicáveis, com as necessárias adaptações, à constituição, composição, funcionamento e competência do júri, bem como à homologação e impugnação administrativa dos resultados da avaliação final.

Artigo 47º – Denúncia pelo trabalhador

Durante o período experimental, o trabalhador pode denunciar o contrato sem aviso prévio nem necessidade de invocação de justa causa, não havendo direito a indemnização.

Artigo 48º – Tempo de serviço durante o período experimental

1. O período experimental é tido em conta, para todos os efeitos legais, como tempo de serviço efetivo.

2. O tempo de serviço decorrido no período experimental por trabalhador titular de um vínculo de emprego público por tempo indeterminado é contado, para todos os efeitos legais, nos seguintes termos:

a) No caso de período experimental concluído com sucesso, na carreira e categoria onde tenha decorrido.

b) No caso de período experimental concluído sem sucesso, na carreira e categoria à qual o trabalhador regresse, quando seja o caso.

Artigo 49º – Duração do período experimental

1. No contrato de trabalho em funções públicas por tempo indeterminado, o período experimental tem a seguinte duração:

a) 90 dias, para os trabalhadores integrados na carreira de assistente operacional e noutras carreiras ou categorias com idêntico grau de complexidade funcional;

b) 180 dias, para os trabalhadores integrados na carreira de assistente técnico e noutras carreiras ou categorias com idêntico grau de complexidade funcional;

c) 240 dias, para os trabalhadores integrados na carreira de técnico superior e noutras carreiras ou categorias com idêntico grau de complexidade funcional.

2. No contrato de trabalho em funções públicas a termo, o período experimental tem a seguinte duração:

a) 30 dias, no contrato a termo certo de duração igual ou superior a seis meses e nos contrato a termo incerto cuja duração se preveja vir a ser superior àquele limite.

b) 15 dias, no contrato a termo certo de duração inferior a seis meses e no contrato a termo incerto cuja duração se preveja não vir a ser superior àquele limite.

3. Na falta de lei especial em contrário, o período experimental na nomeação definitiva tem a duração de um ano.

4. Os diplomas que disponham sobre carreiras especiais podem estabelecer outra duração para o respetivo período experimental.

Artigo 50º – Contagem do período experimental

1. O período experimental começa a contar-se a partir do início da execução da prestação pelo trabalhador, compreendendo as ações de formação ministradas pelo empregador público ou frequentadas por determinação deste, desde que não excedam metade do período experimental.

2. Para efeitos da contagem do período experimental, não são tidos em conta os dias de faltas, ainda que justificadas, de licença e de dispensa, bem como de suspensão do vínculo.

Artigo 51º – Redução e exclusão do período experimental e denúncia do contrato

1. A duração do período experimental pode ser reduzida por instrumento de regulamentação coletiva de trabalho.

2. O período experimental não pode ser excluído por instrumento de regulamentação coletiva de trabalho.

3. São nulas as disposições do contrato ou de instrumento de regulamentação coletiva de trabalho que estabeleçam qualquer indemnização em caso de denúncia do vínculo durante o período experimental.

SECÇÃO III – Invalidade do vínculo de emprego público

Artigo 52º – Causas específicas de invalidade do vínculo de emprego público

Para além das causas comuns, são causas específicas de invalidade total ou parcial do vínculo de emprego público as seguintes:

a) Declaração de nulidade ou anulação da decisão final do procedimento concursal que deu origem à constituição do vínculo;

b) Declaração de nulidade ou anulação da decisão final do procedimento concursal que deu origem à ocupação de novo posto de trabalho pelo trabalhador.

Artigo 53º – Efeitos da invalidade

1. O vínculo de emprego público declarado nulo ou anulado produz efeitos como válido em relação ao tempo em que seja executado.

2. Ao ato modificativo de vínculo que seja inválido aplica-se o disposto no número anterior, desde que não afete as garantias do trabalhador em funções públicas.

3. A nulidade ou a anulação parcial não determina a invalidade de todo o vínculo, salvo quando se mostre que este não teria sido constituído sem a parte viciada.

4. A parte do conteúdo do vínculo de emprego público que viole normas imperativas considera-se substituída por estas.

Artigo 54º – Invalidade e cessação do vínculo

1. Ao facto extintivo ocorrido antes da declaração de nulidade ou anulação do vínculo de emprego público aplicam-se as normas sobre cessação.

2. Se for declarado nulo ou anulado o vínculo a termo que já tenha cessado, a indemnização tem por limite o valor estabelecido nos artigos 301º e 305º respetivamente para despedimento ilícito ou de denúncia sem aviso prévio.

3. A invocação de invalidade pela parte de má-fé, estando a outra de boa fé, seguida de imediata cessação da prestação de trabalho, aplica-se o regime da indemnização prevista nos artigos 300º e 305º respetivamente para o despedimento ilícito ou para a denúncia sem aviso prévio.

4. Para efeitos do previsto no número anterior, a má fé consiste na constituição ou na manutenção do vínculo com o conhecimento da causa de invalidade.

Artigo 55º – Convalidação

Cessando a causa da invalidade durante a execução do vínculo de emprego público, este considera-se convalidado desde o início da execução.

TÍTULO III – Modalidades especiais de vínculo de emprego público

CAPÍTULO I – Contrato de trabalho em funções públicas a termo resolutivo

Artigo 56º – Regras gerais

1. Ao contrato de trabalho em funções públicas pode ser aposto termo resolutivo, certo ou incerto, nos termos previstos nos artigos seguintes.

2. Em tudo o que não seja regulado na presente lei, aplica-se subsidiariamente ao vínculo de emprego público a termo resolutivo o regime do Código do Trabalho, no que não seja incompatível com o disposto na presente lei.

3. O regime do contrato de trabalho em funções públicas a termo resolutivo não pode ser afastado por instrumento de regulamentação coletiva de trabalho.

4. O disposto no presente capítulo e o regime do Código do Trabalho em matéria de contrato de trabalho a termo resolutivo aplicam-se, com as necessárias adaptações, à nomeação exercida a título transitório.

5. A constituição do vínculo de trabalho em funções públicas a termo resolutivo deve obedecer a um procedimento concursal, cujos métodos de seleção são os previstos no nºs 2 a 6 do artigo 36º.

6. Não são aplicáveis ao vínculo de trabalho em funções públicas a termo resolutivo as normas relativas a carreiras, mobilidade e colocação em situação de requalificação.

Artigo 57º - Fundamentos para a celebração de contrato de trabalho em funções públicas a termo resolutivo

1. Só pode ser aposto termo resolutivo ao contrato de trabalho em funções públicas nas seguintes situações, fundamentadamente justificadas:

a) Substituição direta ou indireta de trabalhador ausente ou que, por qualquer razão, se encontre temporariamente impedido de prestar serviço;

b) Substituição direta ou indireta de trabalhador em relação ao qual esteja pendente em juízo ação de apreciação da licitude do despedimento;

c) Substituição direta ou indireta de trabalhador em situação de licença sem remuneração;

d) Substituição de trabalhador a tempo completo que passe a prestar trabalho a tempo parcial por período determinado;

e) Para assegurar necessidades urgentes de funcionamento das entidades empregadoras públicas;

f) Execução de tarefa ocasional ou serviço determinado precisamente definido e não duradouro;

g) Para o exercício de funções em estruturas temporárias das entidades empregadoras públicas;

h) Para fazer face ao aumento excecional e temporário da atividade do órgão ou serviço;

i) Para o desenvolvimento de projetos não inseridos nas atividades normais dos órgãos ou serviços;

j) Quando a formação, ou a obtenção de grau académico ou título profissional, dos trabalhadores no âmbito das entidades empregadoras públicas envolva a prestação de trabalho subordinado;

k) Quando se trate de órgãos ou serviços em regime de instalação.

2. Para efeitos do disposto na alínea *a*) do número anterior, consideram-se ausentes, designadamente:

a) Os trabalhadores em situação de mobilidade;

b) Os trabalhadores que se encontrem em comissão de serviço;

c) Os trabalhadores que se encontrem a exercer funções noutra carreira, categoria ou órgão ou serviço no decurso do período experimental.

3. O contrato de trabalho em funções públicas só pode ser celebrado a termo resolutivo incerto nas situações previstas nas alíneas *a*) a *d*) e *f*) a *k*) do nº 1.

4. É vedada a celebração de contrato de trabalho a termo resolutivo para substituição de trabalhador colocado em situação de requalificação.

5. Os contratos para o exercício de funções nos órgãos ou serviços referidos na alínea *k*) do nº 1 são obrigatoriamente celebrados a termo resolutivo nos termos previstos em lei especial.

Artigo 58º - Forma

1. Para além dos requisitos gerais de forma, devem constar do contrato a termo resolutivo as seguintes indicações:

a) A indicação do motivo justificativo do termo estipulado;

b) A data da respetiva cessação, sendo o contrato a termo certo.

2. Para efeitos do disposto na alínea *a*) do número anterior, a indicação do motivo justificativo da aposição do termo deve ser feita pela menção expressa dos factos que o integram, devendo estabelecer-se a relação entre a justificação invocada e o termo estipulado.

Artigo 59º - Contratos sucessivos

1. A cessação, por motivo não imputável ao trabalhador, de contrato a termo impede nova admissão a termo para o mesmo posto de trabalho antes de decorrido um período de tempo equivalente a um terço da duração do contrato, incluindo as suas renovações.

2. O disposto no número anterior não é aplicável nos seguintes casos:

a) Nova ausência do trabalhador substituído, quando o contrato a termo tenha sido celebrado para a sua substituição;

b) Acréscimos excecionais da atividade do órgão ou serviço após a cessação do contrato.

Artigo 60º - Duração do contrato a termo

1. O contrato a termo certo dura pelo período acordado, não podendo exceder três anos, incluindo renovações, nem ser renovado mais de duas vezes, sem prejuízo do disposto em lei especial.

2. O contrato a termo incerto dura por todo o tempo necessário para a substituição do trabalhador ausente ou para a conclusão da tarefa ou serviço cuja execução justifica a celebração.

3. No caso da alínea *e*) do nº 1 do artigo 57º, o contrato não pode ter duração superior a um ano, incluindo renovações.

Artigo 61º - Renovação do contrato

1. O contrato a termo certo não está sujeito a renovação automática.

2. A renovação do contrato está sujeita à verificação das exigências materiais da sua celebração, bem como a forma escrita.

3. Considera-se como único contrato aquele que seja objeto de renovação.

Artigo 62º - Estipulação de prazo inferior a seis meses

1. Nos contratos celebrados por prazo inferior a seis meses, o termo estipulado deve corresponder à duração previsível da tarefa ou serviço a realizar.

2. Os contratos celebrados por prazo inferior a seis meses podem ser renovados uma única vez, por período igual ou inferior ao inicialmente contratado.

Artigo 63º - Contratos a termo irregulares

1. A celebração ou a renovação de contratos a termo resolutivo com violação do disposto na presente lei implica a sua nulidade e gera responsabilidade civil, disciplinar e financeira dos dirigentes máximos dos órgãos ou serviços que os tenham celebrado ou renovado.

2. O contrato a termo resolutivo não se converte, em caso algum, em contrato por tempo indeterminado, caducando no termo do prazo máximo de duração previsto, incluindo renovações, ou, tratando-se de contrato a termo incerto, quando cesse a situação que justificou a sua celebração.

Artigo 64º - Informações

1. O empregador público deve comunicar, no prazo máximo de cinco dias úteis, à comissão de trabalhadores e às associações sindicais representativas, designadamente àquela em que o trabalhador esteja filiado, a celebração, com indicação do respetivo fundamento legal, e a cessação do contrato a termo.

2. O empregador público deve comunicar, no prazo máximo de cinco dias úteis, à entidade que tenha competência na área da igualdade de oportunidades entre homens e mulheres o motivo da não renovação de contrato a termo, sempre que estiver em causa uma trabalhadora grávida, puérpera ou lactante.

3. O empregador público deve afixar informação relativa à existência de postos de trabalho permanentes que se encontrem disponíveis no órgão ou serviço.

Artigo 65º - Obrigações sociais

O trabalhador admitido a termo é incluído, segundo um cálculo efetuado com recurso à média no ano civil anterior, no total dos trabalhadores do órgão ou serviço, para efeitos da determinação das obrigações sociais relacionadas com o número de trabalhadores ao serviço.

Artigo 66º - Preferência na admissão

1. O trabalhador contratado a termo que se candidate, nos termos legais, a procedimento concursal de recrutamento publicitado durante a execução do contrato ou até 90 dias após a cessação do mesmo, para ocupação de posto de trabalho com características idênticas às daquele para que foi contratado, na modalidade de contrato por tempo indeterminado, tem preferência, na lista de ordenação final dos candidatos, em caso de igualdade de classificação.

2. A violação do disposto no número anterior obriga o empregador público a indemnizar o trabalhador no valor correspondente a três meses de remuneração base.

3. Compete ao trabalhador alegar a violação da preferência prevista no nº 1 e ao empregador público a prova do cumprimento do disposto no mesmo número.

Artigo 67º – Igualdade de tratamento

1. O trabalhador contratado a termo tem os mesmos direitos e está adstrito aos mesmos deveres do trabalhador permanente numa situação comparável, salvo se razões objetivas justificarem um tratamento diferenciado.

2. O empregador deve proporcionar formação profissional ao trabalhador contratado a termo.

CAPÍTULO II – Outras modalidades especiais de vínculo de emprego público

Artigo 68º – Remissão

1. Sem prejuízo do disposto na presente lei, é aplicável aos trabalhadores titulares de um vínculo de emprego público o regime previsto no Código do Trabalho em matéria de trabalho a tempo parcial e de teletrabalho.

2. O empregador público não pode excluir o recurso ao trabalho a tempo parcial por regulamento.

3. Não é aplicável ao vínculo de emprego público o regime da comissão de serviço e do trabalho intermitente previstos no Código do Trabalho.

Artigo 69º – Trabalho a tempo parcial e teletrabalho para os trabalhadores nomeados

1. A aplicação do regime do tempo parcial e do teletrabalho a trabalhadores nomeados pode ser determinada pelo empregador mediante requerimento do trabalhador.

2. Relativamente aos trabalhadores com vínculo de nomeação, o empregador público pode, por regulamento, estabelecer para a admissão em regime de tempo parcial preferências em favor dos trabalhadores com responsabilidades familiares, dos trabalhadores com capacidade de trabalho reduzida, pessoa com deficiência ou doença crónica e dos trabalhadores que frequentem estabelecimentos de ensino médio ou superior.

TÍTULO IV – Conteúdo do vínculo de emprego público

CAPÍTULO I – Direitos, deveres e garantias do trabalhador e do empregador público

SECÇÃO I – Disposições gerais

Artigo 70º – Deveres gerais do empregador público e do trabalhador

1. O empregador público e o trabalhador, no cumprimento das respetivas obrigações, assim como no exercício dos correspondentes direitos, devem agir de boa fé.

2. O empregador público e o trabalhador devem colaborar na obtenção da qualidade do serviço e da produtividade, bem como na promoção humana, profissional e social do trabalhador.

Artigo 71º – Deveres do empregador público

1. Sem prejuízo de outras obrigações, o empregador público deve:

a) Respeitar e tratar com urbanidade e probidade o trabalhador;

b) Pagar pontualmente a remuneração, que deve ser justa e adequada ao trabalho;

c) Proporcionar boas condições de trabalho, tanto do ponto de vista físico como moral;

d) Contribuir para a elevação do nível de produtividade do trabalhador, nomeadamente, proporcionando-lhe formação profissional, incluindo a que seja obrigatória à manutenção ou renovação dos títulos profissionais exigidos por lei para o desempenho da respetiva atividade profissional;

e) Respeitar a autonomia técnica do trabalhador que exerça atividades cuja regulamentação ou deontologia profissional a exija;

f) Possibilitar o exercício de cargos em organizações representativas dos trabalhadores;

g) Prevenir riscos e doenças profissionais, tendo em conta a proteção da segurança e saúde do trabalhador, devendo indemnizá-lo dos prejuízos resultantes de acidentes de trabalho;

h) Adotar, no que se refere à segurança e saúde no trabalho, as medidas que decorram, para o órgão ou serviço ou para a atividade, da aplicação das prescrições legais e convencionais vigentes;

i) Fornecer ao trabalhador a informação e a formação adequadas à prevenção de riscos de acidente e doença;

j) Manter permanentemente atualizado o registo do pessoal em cada um dos seus órgãos ou serviços, com indicação dos nomes, datas de nascimento e de admissão, modalidades de vínculo, categorias, promoções, remunerações, datas de início e termo das férias e faltas que impliquem perda da remuneração ou diminuição dos dias de férias;

k) Adotar códigos de boa conduta para a prevenção e combate ao assédio no trabalho e instaurar procedimento disciplinar sempre que tiver conhecimento de alegadas situações de assédio no trabalho.

2. O empregador público deve proporcionar ao trabalhador ações de formação profissional adequadas à sua qualificação e necessidades socioprofissionais, a definir em legislação especial.

(Redação dada pela Lei nº 82/2019, de 02-09)

Artigo 72º – Garantias do trabalhador

1. É proibido ao empregador público:

a) Opor-se, por qualquer forma, a que o trabalhador exerça os seus direitos, bem como aplicar-lhe sanções disciplinares ou tratá-lo desfavoravelmente por causa desse exercício;

b) Obstar, injustificadamente, à prestação efetiva do trabalho;

c) Exercer pressão sobre o trabalhador para que influencie desfavoravelmente nas condições de trabalho próprias ou dos colegas;

d) Diminuir a remuneração, salvo nos casos previstos na lei;

e) Baixar a categoria do trabalhador, salvo nos casos previstos na lei;

f) Sujeitar o trabalhador a mobilidade, salvo nos casos previstos na lei;

g) Ceder trabalhadores do mapa de pessoal próprio para utilização de terceiros que sobre esses trabalhadores exerçam os poderes de autoridade e direção próprios do empregador público ou por pessoa por ela indicada, salvo nos casos especialmente previstos;

h) Obrigar o trabalhador a adquirir bens ou a utilizar serviços fornecidos pelo empregador público ou por pessoa por ele indicada;

i) Explorar, com fins lucrativos, quaisquer cantinas, refeitórios, economatos ou outros estabelecimentos diretamente relacionados com o trabalho, para fornecimento de bens ou prestação de serviços aos trabalhadores;

j) Fazer cessar o vínculo e readmitir o trabalhador, mesmo com o seu acordo, havendo o propósito de o prejudicar em direitos ou garantias decorrentes da antiguidade.

2. Os trabalhadores têm o direito de frequentar ações de formação e aperfeiçoamento para o seu desenvolvimento profissional, incluindo as necessárias à renovação dos títulos profissionais obrigatórios para o desempenho das funções integradas no conteúdo funcional das respetivas carreiras.

3. Consideram-se incluídos no disposto do número anterior:

a) O reembolso das despesas com formação obrigatória sempre que esta não seja diretamente assegurada pelo empregador público;

b) Os encargos com a obtenção do título habilitante, quando posterior à constituição da relação jurídica de emprego público e suceda por causa ou no interesse da mesma.

(Redação dada pela Lei nº 82/2019, de 02-09)

Artigo 73º – Deveres do trabalhador

1. O trabalhador está sujeito aos deveres previstos na presente lei, noutros diplomas legais e regulamentos e no instrumento de regulamentação coletiva de trabalho que lhe seja aplicável.

2. São deveres gerais dos trabalhadores:

a) O dever de prossecução do interesse público;

b) O dever de isenção;

c) O dever de imparcialidade;

d) O dever de informação;

e) O dever de zelo;

f) O dever de obediência;

g) O dever de lealdade;

h) O dever de correção;

i) O dever de assiduidade;

j) O dever de pontualidade.

3. O dever de prossecução do interesse público consiste na sua defesa, no respeito pela Constituição, pelas leis e pelos direitos e interesses legalmente protegidos dos cidadãos.

4. O dever de isenção consiste em não retirar vantagens, diretas ou indiretas, pecuniárias ou outras, para si ou para terceiro, das funções que exerce.

5. O dever de imparcialidade consiste em desempenhar as funções com equidistância relativamente aos interesses com que seja confrontado, sem discriminar positiva ou negativamente qualquer deles, na perspetiva do respeito pela igualdade dos cidadãos.

6. O dever de informação consiste em prestar ao cidadão, nos termos legais, a informação que seja solicitada, com ressalva daquela que, naqueles termos, não deva ser divulgada.

7. O dever de zelo consiste em conhecer e aplicar as normas legais e regulamentares e as ordens e instruções dos superiores hierárquicos, bem como exercer as funções de acordo com os objetivos que tenham sido fixados e utilizando as competências que tenham sido consideradas adequadas.

8. O dever de obediência consiste em acatar e cumprir as ordens dos legítimos superiores hierárquicos, dadas em objeto de serviço e com a forma legal.

9. O dever de lealdade consiste em desempenhar as funções com subordinação aos objetivos do órgão ou serviço.

10. O dever de correção consiste em tratar com respeito os utentes dos órgãos ou serviços e os restantes trabalhadores e superiores hierárquicos.

11. Os deveres de assiduidade e de pontualidade consistem em comparecer ao serviço regular e continuamente e nas horas que estejam designadas.

12. O trabalhador tem o dever de frequentar ações de formação e aperfeiçoamento profissional na atividade em que exerce funções, das quais apenas pode ser dispensado por motivo atendível.

13. Na situação de requalificação, o trabalhador deve observar os deveres especiais inerentes a essa situação.

SECÇÃO II – Poderes do empregador público

Artigo 74º – Poder de direção

Compete ao empregador público, dentro dos limites decorrentes do vínculo de emprego público e das normas que o regem, fixar os termos em que deve ser prestado o trabalho.

Artigo 75º – Regulamento interno do órgão ou serviço

1. O empregador público elabora regulamentos internos do órgão ou serviço contendo normas de organização e disciplina do trabalho.

2. Na elaboração do regulamento interno do órgão ou serviço é ouvida a comissão de trabalhadores ou, na sua falta, quando existam, a comissão sindical ou intersindical ou os delegados sindicais.

3. O empregador público deve dar publicidade ao conteúdo do regulamento interno do órgão ou serviço, designadamente afixando-o na sede do órgão ou serviço e nos locais de trabalho, bem como nas páginas eletrónicas do organismo ou serviço, de modo a possibilitar o seu pleno conhecimento, a todo o tempo, pelos trabalhadores.

4. A elaboração de regulamento interno do órgão ou serviço sobre determinadas matérias pode ser tornada obrigatória por instrumento de regulamentação coletiva de trabalho.

Artigo 76º – Poder disciplinar

Sem prejuízo do disposto no artigo 176º, o empregador público tem poder disciplinar sobre o trabalhador ao seu serviço, enquanto vigorar o vínculo de emprego público.

(Redação dada pela Lei nº 6/2019, de 14-01)

SECÇÃO III – Acordos de limitação da liberdade de trabalho

Artigo 77º – Pacto de não concorrência

1. São nulos os acordos e as cláusulas de instrumento de regulamentação coletiva de trabalho que, por qualquer forma, possam prejudicar o exercício da liberdade de trabalho após a extinção do vínculo de emprego público.

2. É lícito, porém, o acordo ou a cláusula pela qual se limite a atividade do trabalhador no período máximo de dois anos subsequentes à extinção do vínculo, se ocorrerem cumulativamente as seguintes condições:

a) Constar tal acordo, por forma escrita, do contrato de trabalho em funções públicas ou do acordo de cessação do vínculo;

b) Tratar-se de atividade cujo exercício possa efetivamente causar prejuízo ao empregador público;

c) Atribuir-se ao trabalhador uma compensação durante o período de limitação da sua atividade, que pode sofrer redução equitativa, em montante equivalente àquele que o empregador público houver dispendido com a sua formação profissional.

3. Em caso de despedimento declarado ilícito ou de resolução com justa causa pelo trabalhador com fundamento em ato ilícito do empregador público, o montante da compensação referida na alínea *c*) do número anterior é elevado até ao equivalente à remuneração base devida no momento da cessação do vínculo, sob pena de não poder ser invocada a cláusula de não concorrência.

4. São deduzidas no montante da compensação referida no número anterior as importâncias percebidas pelo trabalhador no exercício de qualquer atividade profissional iniciada após a cessação do vínculo, até ao montante fixado nos termos da alínea *c*) do nº 2.

5. Tratando-se de trabalhador afeto a atividades cuja natureza suponha especial relação de confiança ou com acesso a informação particularmente sensível no plano da concorrência, a limitação a que se refere o nº 2 pode ser prolongada até três anos.

Artigo 78º – Pacto de permanência

1. É lícito o acordo pelo qual o trabalhador e o empregador público convencionem, sem diminuição de remuneração, a obrigatoriedade de prestação de serviço durante certo prazo, não superior a três anos, como compensação de despesas extraordinárias comprovadamente feitas pelo empregador público na formação profissional do trabalhador, podendo este desobrigar-se restituindo as importâncias despendidas.

2. Em caso de extinção do vínculo pelo trabalhador com justa causa ou quando, tendo sido declarado ilícito o despedimento, o trabalhador não opte pela reintegração, não existe a obrigação de restituir a soma referida no número anterior.

CAPÍTULO II – Atividade, local de trabalho e carreiras

SECÇÃO I – Disposições gerais

Artigo 79º – Funções desempenhadas

1. Os trabalhadores com vínculo de emprego público constituído por tempo indeterminado exercem as suas funções integrados em carreiras.

2. Os trabalhadores com vínculo de emprego público a termo resolutivo exercem as suas funções por referência a uma categoria integrada numa carreira.

3. Os trabalhadores com vínculo de emprego público na modalidade de comissão de serviço exercem as suas funções nos termos legalmente definidos para o cargo.

Artigo 80º – Conteúdo funcional

1. A cada carreira, ou a cada categoria em que se desdobre uma carreira, corresponde um conteúdo funcional legalmente descrito.

2. O conteúdo funcional de cada carreira ou categoria deve ser descrito de forma abrangente, dispensando pormenorizações relativas às tarefas nele abrangidas.

Artigo 81º – Exercício de funções afins

1. A descrição do conteúdo funcional nos termos do artigo anterior não prejudica a atribuição ao trabalhador de funções que lhe sejam afins ou funcionalmente ligadas, para as quais o trabalhador detenha a qualificação profissional adequada e que não impliquem desvalorização profissional.

2. Sempre que as funções afins ou funcionalmente ligadas à atividade principal, referidas no número anterior, exijam especiais qualificações, o exercício de tais funções confere ao trabalhador o direito a formação profissional não inferior a 10 horas anuais.

Artigo 82º – Atribuição de funções e desenvolvimento da carreira

1. O empregador público deve procurar colocar o trabalhador no posto de trabalho mais adequado às suas aptidões e qualificação profissional, dentro da carreira e categoria a que pertence ou que serve de referencial para o exercício das suas funções.

2. As condições de prestação de trabalho devem favorecer a compatibilização da vida profissional com a vida familiar do trabalhador, bem como assegurar o respeito das normas aplicáveis em matéria de segurança e saúde no trabalho.

3. O início de funções do trabalhador tem lugar com um período de formação em sala e em exercício, com duração e conteúdo dependentes da prévia situação jurídico-funcional do trabalhador, salvo tratando-se de trabalhador integrado em carreira especial cujo ingresso exigiu a aprovação em curso de formação específico.

4. Todos os trabalhadores têm direito ao pleno desenvolvimento da respetiva carreira profissional, que pode ser feito por alteração de posicionamento remuneratório ou por promoção.

Artigo 83º – Local de trabalho

1. O trabalhador deve, em princípio, realizar a sua prestação no local de trabalho correspondente ao posto de trabalho atribuído, sem prejuízo das situações de mobilidade previstas na presente lei.

2. O trabalhador encontra-se adstrito às deslocações inerentes às suas funções ou indispensáveis à sua formação profissional.

SECÇÃO II – Carreiras

Artigo 84º – Carreiras gerais e especiais

1. As carreiras dos trabalhadores em funções públicas são gerais ou especiais.

2. São gerais as carreiras cujos conteúdos funcionais caracterizam postos de trabalho de que a generalidade dos órgãos ou serviços carece para o desenvolvimento das respetivas atividades.

3. São especiais as carreiras cujos conteúdos funcionais caracterizam postos de trabalho de que apenas um ou alguns órgãos ou serviços carecem para o desenvolvimento das respetivas atividades.

4. Apenas podem ser criadas carreiras especiais quando, cumulativamente:

a) Os respetivos conteúdos funcionais não possam ser absorvidos pelos conteúdos funcionais das carreiras gerais;

b) Os respetivos trabalhadores se devam sujeitar a deveres funcionais mais exigentes que os previstos para os das carreiras gerais;

c) Os respetivos trabalhadores tenham que ter aprovação em curso de formação específico de duração não inferior a seis meses ou deter certo grau académico ou título profissional para integrar a carreira.

5. O requisito previsto na alínea *c*) do número anterior pode ser preenchido durante o período experimental.

Artigo 85º – Carreiras unicategoriais e pluricategoriais

1. As carreiras gerais ou especiais são unicategoriais ou pluricategoriais, consoante lhes correspondam uma ou mais categorias.

2. Apenas podem ser criadas carreiras pluricategoriais quando a cada uma das categorias da carreira corresponda um conteúdo funcional distinto do das restantes.

3. O conteúdo funcional das categorias superiores integra o das inferiores.

Artigo 86º – Graus de complexidade funcional

1. Em função do nível habilitacional exigido, em regra, em cada carreira, estas classificam-se nos seguintes graus de complexidade funcional:

a) Grau 1, quando se exija a titularidade de escolaridade obrigatória, ainda que acrescida de formação profissional adequada;

b) Grau 2, quando se exija a titularidade do 12º ano de escolaridade ou de curso que lhe seja equiparado;

c) Grau 3, quando se exija a titularidade de licenciatura ou de grau académico superior a esta.

2. O diploma que cria a carreira faz referência ao respetivo grau de complexidade funcional.

3. As carreiras pluricategoriais podem apresentar mais do que um grau de complexidade funcional, cada um deles referenciado a categorias, quando a integração nestas dependa, em regra, da titularidade de níveis habilitacionais diferentes.

Artigo 87º – Posições remuneratórias

1. A cada categoria das carreiras corresponde um número variável de posições remuneratórias.

2. À categoria da carreira unicategorial corresponde um número mínimo de oito posições remuneratórias.

3. Nas carreiras pluricategoriais, o número de posições remuneratórias de cada categoria obedece às seguintes regras:

a) À categoria inferior corresponde um número mínimo de oito posições remuneratórias;

b) A cada uma das categorias sucessivamente superiores corresponde um número proporcionalmente decrescente de posições remuneratórias, por forma a que:

i) No caso de carreira desdobrada em duas categorias, seja de quatro o número mínimo das posições remuneratórias da categoria superior;

ii) No caso de carreira desdobrada em três categorias, seja de cinco e de duas o número mínimo das posições remuneratórias das categorias sucessivamente superiores;

iii) No caso de carreira desdobrada em quatro categorias, seja de seis, quatro e duas o número mínimo das posições remuneratórias das categorias sucessivamente superiores.

Artigo 88º – Enumeração e caracterização das carreiras gerais

1. São gerais as carreiras de:

a) Técnico superior;

b) Assistente técnico;

c) Assistente operacional.

2. A caracterização das carreiras gerais, em função do número e designação das categorias em que se desdobram, dos conteúdos funcionais, dos graus de complexidade funcional e do número de posições remuneratórias de cada categoria, consta do anexo à presente lei, da qual faz parte integrante.

3. A previsão, nos mapas de pessoal, de postos de trabalho que devam ser ocupados por coordenadores técnicos da carreira de assistente técnico depende da existência de unidades orgânicas flexíveis com o nível de secção ou da necessidade de coordenar, pelo menos, 10 assistentes técnicos do respetivo setor de atividade.

4. A previsão, nos mapas de pessoal, de postos de trabalho que devam ser ocupados por encarregados gerais operacionais da carreira de assistente operacional depende da necessidade de coordenar, pelo menos, três encarregados operacionais do respetivo setor de atividade.

5. A previsão, nos mapas de pessoal, de postos de trabalho que devam ser ocupados por encarregados operacionais da carreira de assistente operacional depende da necessidade de coordenar, pelo menos, 10 assistentes operacionais do respetivo setor de atividade.

SECÇÃO III – Avaliação do desempenho

Artigo 89º – Avaliação do desempenho

Os trabalhadores estão sujeitos ao regime de avaliação do desempenho constante do diploma próprio referido na alínea *a*) do artigo 5º.

Artigo 90º – Princípios da avaliação do desempenho

O regime de avaliação do desempenho dos trabalhadores rege-se pelos seguintes princípios:

a) Orientação para resultados, promovendo a excelência e a qualidade;

b) Universalidade, assumindo-se como um sistema transversal a todos os serviços, organismos e trabalhadores da Administração Pública;

c) Responsabilização e desenvolvimento, assumindo-se como um instrumento de orientação, avaliação e desenvolvimento dos trabalhadores para a obtenção de resultados e demonstração de competências profissionais;

d) Reconhecimento e motivação, garantindo a diferenciação de desempenhos e promovendo uma gestão baseada na valorização das competências e do mérito;

e) Transparência e imparcialidade, assentando em critérios objetivos, regras claras e amplamente divulgadas.

Artigo 91º – Efeitos da avaliação do desempenho

Para além dos efeitos previstos no diploma que a regulamenta, a avaliação do desempenho dos trabalhadores tem os efeitos previstos na presente lei em matéria de alteração de posicionamento remuneratório na carreira, de atribuição de prémios de desempenho e efeitos disciplinares.

CAPÍTULO III – Mobilidade

Artigo 92º – Situações de mobilidade

1. Quando haja conveniência para o interesse público, designadamente quando a economia, a eficácia e a eficiência dos órgãos ou serviços o imponham, os trabalhadores podem ser sujeitos a mobilidade.

2. A mobilidade é devidamente fundamentada e pode abranger:

a) Mobilidade dentro da mesma modalidade de vínculo de emprego público por tempo indeterminado ou entre ambas as modalidades;

b) Mobilidade dentro do mesmo órgão ou serviço ou entre dois órgãos ou serviços;

c) Mobilidade relativa a trabalhadores em efetividade de funções ou relativa a trabalhadores em situação de requalificação;

d) Mobilidade a tempo inteiro ou a tempo parcial.

3. O disposto na presente lei não prejudica a existência de outros regimes de mobilidade, nomeadamente no âmbito de carreiras especiais.

Artigo 93º – Modalidades de mobilidade

1. A mobilidade reveste as modalidades de mobilidade na categoria e de mobilidade intercarreiras ou categorias.

2. A mobilidade na categoria opera-se para o exercício de funções inerentes à categoria de que o trabalhador é titular, na mesma atividade ou em diferente atividade para que detenha habilitação adequada.

3. A mobilidade intercarreiras ou categorias opera-se para o exercício de funções não inerentes à categoria de que o trabalhador é titular e inerentes:

a) A categoria superior ou inferior da mesma carreira; ou

b) A carreira de grau de complexidade funcional igual, superior ou inferior ao da carreira em que se encontra integrado ou ao da categoria de que é titular.

4. A mobilidade intercarreiras ou categorias depende da titularidade de habilitação adequada do trabalhador e não pode modificar substancialmente a sua posição.

Artigo 94º – Forma de operar a mobilidade

1. A mobilidade, em qualquer das suas modalidades, pode operar:

a) Por acordo entre os órgãos ou serviços de origem e de destino, mediante a aceitação do trabalhador;

b) Por acordo entre os órgãos ou serviços de origem e de destino, com dispensa de aceitação do trabalhador;

c) Por decisão do órgão ou serviço de destino, com dispensa do acordo do órgão ou serviço de origem, mediante despacho do membro do Governo, em situações de mobilidade entre serviços do ministério que tutela, e com aceitação ou dispensa de aceitação do trabalhador, nos termos do artigo seguinte;

d) Por decisão do órgão ou serviço, em caso de mobilidade entre unidades orgânicas, e com aceitação ou dispensa de aceitação do trabalhador, nos termos do artigo seguinte.

2. Quando a mobilidade opere para categoria inferior da mesma carreira ou para carreira de grau de complexidade funcional inferior ao da carreira em que se encontra integrado ou ao da categoria de que é titular, o acordo do trabalhador nunca pode ser dispensado.

3. Quando a mobilidade opere para órgão ou serviço, designadamente temporário, que não possa constituir vínculos de emprego público por tempo indeterminado e se preveja que possa ter duração superior a um ano, o acordo do trabalhador que não se encontre colocado em situação de requalificação nunca pode ser dispensado.

Artigo 95º – Dispensa do acordo do trabalhador para a mobilidade

1. É dispensado o acordo do trabalhador para a mobilidade quando o local de trabalho se situe até 60 km, inclusive, do local de residência e desde que se verifique uma das seguintes situações:

a) O novo posto de trabalho se situe no concelho da residência do trabalhador ou em concelho confinante;

b) O novo posto de trabalho se situe em concelho integrado na área metropolitana de Lisboa ou na área metropolitana do Porto ou em concelho confinante, quando a residência do trabalhador se situe numa daquelas áreas.

2. Os trabalhadores abrangidos pelo número anterior podem, no prazo de 10 dias, a contar da comunicação da decisão de mobilidade, requerer a dispensa da mesma, com fundamento em prejuízo sério para a sua vida pessoal, nomeadamente através da comprovação da inexistência de rede de serviços de transporte público coletivo entre a residência e o local de trabalho, ou da duração excessiva da deslocação.

3. O limite estabelecido no nº 1 é reduzido para 30 km quando o trabalhador pertença a categoria de grau de complexidade 1 ou 2.

4. O membro do Governo responsável pelas áreas das finanças e da Administração Pública define, por despacho, as condições e os termos em que podem ser compensados os encargos adicionais com deslocações em que o trabalhador incorra pela utilização de transportes públicos coletivos nas situações previstas no presente artigo.

Artigo 96º – Dispensa do acordo do órgão ou serviço de origem para a mobilidade

1. No âmbito da administração direta e indireta do Estado, é dispensado o acordo do órgão ou serviço de origem do trabalhador, para efeitos de mobilidade, quando:

a) A mobilidade opere para serviço ou unidade orgânica situados fora das áreas metropolitanas de Lisboa e do Porto;

b) Tiverem decorrido seis meses sobre recusa de acordo do órgão ou serviço de origem, numa situação de mobilidade relativa ao mesmo trabalhador, ainda que para outro serviço de destino.

2. Operada a mobilidade nos termos previstos na alínea *b*) do número anterior, não pode o trabalhador voltar a beneficiar da dispensa de acordo do órgão ou serviço de origem nos três anos subsequentes.

Artigo 97º – Duração

1. A mobilidade tem a duração máxima de 18 meses, exceto nos seguintes casos:

a) Quando haja acordo de cedência de interesse público para os órgãos e serviços da Assembleia da República, bem como para os serviços de apoio aos grupos parlamentares;

b) Quando esteja em causa órgão ou serviço, designadamente temporário, que não possa constituir vínculos de emprego público por tempo indeterminado.

2. O prazo previsto no número anterior pode ser prorrogado por um período máximo de seis meses quando esteja a decorrer procedimento concursal que vise o recrutamento de trabalhador para o posto de trabalho preenchido com a mobilidade.

3. Não pode haver lugar, durante o prazo de um ano, a mobilidade para o mesmo órgão, serviço ou unidade orgânica de trabalhador que se tenha encontrado em mobilidade e tenha regressado à situação jurídico-funcional de origem.

Artigo 97º-A – Publicitação da mobilidade

A mobilidade é publicitada pelo órgão ou serviço de destino, pelos seguintes meios:

a) Na Bolsa de Emprego Público (www.bep.gov.pt), através do preenchimento de formulário próprio para o efeito disponibilizado;

b) Na página eletrónica do órgão ou serviço de destino, através da identificação da situação e modalidade da mobilidade pretendida e com ligação à correspondente publicitação na Bolsa de Emprego Público.

(Aditado pela Lei nº 25/2017, de 30-05)

Artigo 98º – Situações excecionais de mobilidade

1. A título excecional, o trabalhador pode ser sujeito a mobilidade, com dispensa do seu acordo, para posto de trabalho situado a mais de 60 km de distância da sua residência, desde que reunidas cumulativamente as seguintes condições:

a) A mobilidade ocorra entre unidades orgânicas desconcentradas de um mesmo órgão ou serviço;

b) O trabalhador desempenhe funções correspondentes à categoria de que é titular e ocupe posto de trabalho idêntico na unidade orgânica de destino;

c) A mobilidade tenha uma duração máxima de um ano;

d) Sejam atribuídas ajudas de custo durante o período de mobilidade.

2. A mobilidade depende do prévio apuramento dos trabalhadores disponíveis na unidade ou unidades de origem e de necessidades na unidade ou unidades orgânicas de destino, por carreira, categoria e área de atuação, as quais são divulgadas na Intranet do respetivo órgão ou serviço.

3. Os trabalhadores da unidade ou unidades de origem detentores dos requisitos exigidos podem manifestar o seu interesse em aderir às ofertas de mobilidade divulgadas nos termos do presente artigo, no prazo e nas condições estipuladas para o efeito pelo dirigente máximo do órgão ou serviço.

4. Quando não existam, nas condições previstas no número anterior, trabalhadores interessados em número suficiente para a satisfação das necessidades na unidade ou unidades orgânicas de destino, são aplicados, em cada órgão ou serviço, critérios objetivos de seleção definidos pelo respetivo dirigente máximo e sujeitos a aprovação do membro do Governo que exerça poderes de direção, superintendência ou tutela sobre o órgão ou serviço, sendo publicitados nos termos previstos no nº 2.

5. O trabalhador selecionado nos termos do número anterior pode solicitar a dispensa da mobilidade, invocando e demonstrando prejuízo sério para a sua vida pessoal, no prazo de 10 dias, a contar da comunicação da decisão de mobilidade.

6. O trabalhador não pode ser novamente sujeito à mobilidade regulada no presente artigo antes de decorridos dois anos, exceto com o seu acordo, mantendo neste caso o direito a ajudas de custo.

Artigo 99º – Consolidação da mobilidade na categoria

1. A mobilidade na categoria e na mesma atividade, dentro do mesmo órgão ou serviço, consolida-se definitivamente por decisão do respetivo dirigente máximo, com ou sem o acordo do trabalhador, consoante a constituição da situação de mobilidade tenha ou não carecido da aceitação do trabalhador.

2. A mobilidade na categoria e em diferente atividade, dentro do mesmo órgão ou serviço, consolida-se definitivamente por acordo entre o dirigente máximo do serviço e o trabalhador.

3. A mobilidade na categoria, que se opere entre dois órgãos ou serviços, pode consolidar-se definitivamente, por decisão do dirigente máximo do órgão ou serviço de destino, desde que reunidas, cumulativamente, as seguintes condições:

a) Com o acordo do órgão ou serviço de origem do trabalhador, quando exigido para a constituição da situação de mobilidade;

b) Quando a mobilidade tenha tido, pelo menos, a duração de seis meses ou a duração do período experimental exigido para a categoria, caso este seja superior;

c) Com o acordo do trabalhador, quando este tenha sido exigido para a constituição da situação de mobilidade ou quando esta envolva alteração da atividade de origem;

d) Quando seja ocupado posto de trabalho previsto previamente no mapa de pessoal.

4. A consolidação da mobilidade prevista no presente artigo não é precedida nem sucedida de qualquer período experimental.

5. Na consolidação da mobilidade na categoria é mantido o posicionamento remuneratório detido na situação jurídico-funcional de origem.

6. *(Revogado).*

7. Nas situações excecionais de mobilidade, a consolidação só pode fazer-se mediante acordo entre o empregador público e o trabalhador.

8. Verificada a situação prevista no número anterior, cessa o direito à atribuição de ajudas de custo.

9. O disposto no presente artigo é aplicável, com as necessárias adaptações, às situações de cedência de interesse público, sempre que esteja em causa um trabalhador detentor de um vínculo de emprego público por tempo indeterminado previamente estabelecido e desde que a consolidação se opere na mesma carreira e categoria e que a entidade cessionária corresponda um empregador público.

10. Para além dos requisitos do nº 3, a consolidação da cedência de interesse público, carece de despacho de concordância do membro do Governo competente na respetiva área, bem como de parecer prévio favorável dos membros do Governo responsáveis pelas áreas das finanças e da Administração Pública.

11. *(Revogado.)*

(Redação dada pela Lei nº 25/2017, de 30-05)

Artigo 99º-A – Consolidação da mobilidade intercarreiras ou intercategorias

1. A mobilidade intercarreiras ou intercategorias dentro do mesmo órgão ou serviço ou entre dois órgãos ou serviços, pode consolidar-se definitivamente mediante parecer prévio do membro do Governo responsável pela área da Administração Pública desde que reunidas, cumulativamente, as seguintes condições:

a) Exista acordo do órgão ou do serviço de origem, quando exigido para a constituição da situação de mobilidade;

b) Exista acordo do trabalhador;

c) Exista posto de trabalho disponível;

d) Quando a mobilidade tenha tido a duração do período experimental estabelecido para a carreira de destino.

2. Devem ainda ser observados todos os requisitos especiais, designadamente formação específica, conhecimentos ou experiência, legalmente exigidos para o recrutamento.

3. Quando esteja em causa a mobilidade intercarreiras ou intercategorias no mesmo órgão ou serviço, a consolidação depende de proposta do respetivo dirigente máximo e de parecer favorável do membro do Governo competente na respetiva área.

4. A consolidação da mobilidade entre dois órgãos ou serviços depende de proposta do dirigente máximo do órgão ou serviço de destino e de parecer favorável do membro do Governo competente na respetiva área.

5. O disposto no presente artigo aplica-se, com as necessárias adaptações, aos trabalhadores das autarquias locais em situação de mobilidade, a qual se pode consolidar definitivamente mediante proposta do dirigente máximo do serviço e decisão do responsável pelo órgão executivo.

(Aditado pela Lei nº 42/2016, de 28-12)

Artigo 100º – Avaliação do desempenho e tempo de serviço em situação de mobilidade

A classificação obtida na avaliação do desempenho e o tempo de exercício de funções em regime de mobilidade são tidos em conta na antiguidade do trabalhador, por referência ou à sua situação jurídico-funcional de origem, ou à do vínculo de emprego público por tempo indeterminado, que na sequência da situação de mobilidade, venha a constituir.

CAPÍTULO IV – Tempo de trabalho

SECÇÃO I – Disposições gerais

Artigo 101º – Aplicação do Código do Trabalho

É aplicável aos trabalhadores com vínculo de emprego público o regime do Código do Trabalho em matéria de organização e tempo de trabalho, com as necessárias adaptações e sem prejuízo do disposto nos artigos seguintes.

Artigo 102º – Tempo de trabalho

1. Considera-se tempo de trabalho qualquer período durante o qual o trabalhador está a desempenhar a atividade ou permanece adstrito à realização da prestação.

2. Para além das situações previstas no número anterior e no Código do Trabalho, são consideradas tempo de trabalho as interrupções na prestação de trabalho durante o período de presença obrigatória autorizadas pelo empregador público em casos excecionais e devidamente fundamentados.

Artigo 103º – Períodos de funcionamento e de atendimento

1. Considera-se período de funcionamento o período diário durante o qual os órgãos e serviços exercem a sua atividade.

2. Sem prejuízo do regime aplicável aos serviços com período de funcionamento especial, o período normal de funcionamento não pode iniciar-se antes das oito horas, nem terminar depois das 20 horas, sendo obrigatoriamente afixado de modo visível aos trabalhadores.

3. Considera-se período de atendimento o intervalo de tempo diário durante o qual os órgãos ou serviços estão abertos para atender o público, podendo este período ser igual ou inferior ao período de funcionamento.

4. O período de atendimento deve, tendencialmente, ter a duração mínima de sete horas diárias e abranger os períodos da manhã e da tarde, devendo ser obrigatoriamente afixadas, de modo visível ao público, nos locais de atendimento, as horas do seu início e do seu termo.

5. Na definição e fixação do período de atendimento deve atender-se aos interesses dos utentes dos serviços e respeitar-se os direitos dos trabalhadores dos serviços.

6. Os serviços podem estabelecer um período excecional de atendimento, sempre que o interesse do público fundamentadamente o justifique, designadamente nos dias de feiras e mercados localmente relevantes, ouvindo-se as organizações representativas dos trabalhadores.

7. Fora dos períodos de atendimento, os serviços colocam ao dispor dos utentes meios tecnológicos adequados à comunicação, que permitam efetuar o respetivo registo para posterior resposta.

8. Compete ao dirigente máximo dos serviços fixar os períodos de funcionamento e atendimento, assegurando a sua compatibilidade com os regimes de prestação de trabalho, por forma a garantir o regular cumprimento das missões que lhe estão cometidas.

9. Por diploma próprio podem ser estabelecidos regimes de funcionamento especial.

(Redação dada pela Lei nº 18/2016, de 20-06)

Artigo 104º – Registo dos tempos de trabalho

1. O empregador público deve manter um registo que permita apurar o número de horas de trabalho prestadas pelo trabalhador, por dia e por semana, com indicação da hora de início e de termo do trabalho, bem como dos intervalos efetuados.

2. Nos órgãos ou serviços com mais de 50 trabalhadores, o registo previsto no número anterior é efetuado por sistemas automáticos ou mecânicos.

3. Em casos excecionais, devidamente fundamentados, o dirigente máximo do órgão de direção do serviço pode dispensar o registo por sistemas automáticos ou mecânicos.

Artigo 105º – Limites máximos dos períodos normais de trabalho

1. O período normal de trabalho é de:

a) Sete horas por dia, exceto no caso de horários flexíveis e no caso de regimes especiais de duração de trabalho;

b) 35 horas por semana, sem prejuízo da existência de regimes de duração semanal inferior previstos em diploma especial e no caso de regimes especiais de duração de trabalho.

2. O trabalho a tempo completo corresponde ao período normal de trabalho semanal e constitui o regime regra de trabalho dos trabalhadores integrados nas carreiras gerais, correspondendo-lhe as remunerações base mensais legalmente previstas.

3. A redução dos limites máximos dos períodos normais de trabalho pode ser estabelecida por instrumento de regulamentação coletiva de trabalho, não podendo daí resultar para os trabalhadores a redução do nível remuneratório ou qualquer alteração desfavorável das condições de trabalho.

(Redação dada pela Lei nº 18/2016, de 20-06)

SECÇÃO II – Regimes de duração do trabalho

SUBSECÇÃO I – Regimes de adaptabilidade e banco de horas

Artigo 106º – Adaptabilidade

1. São aplicáveis aos trabalhadores com contrato de trabalho em funções públicas os regimes de adaptabilidade, individual e grupal e os regimes de banco de horas, individual e grupal, previstos no Código do Trabalho, com as necessárias adaptações.

2. São aplicáveis aos trabalhadores nomeados os regimes de adaptabilidade individual e de banco de horas individual previstos no Código do Trabalho, com as necessárias adaptações.

Artigo 107º – Aplicação aos trabalhadores nomeados

1. A aplicação dos regimes de adaptabilidade individual e de banco de horas individual aos trabalhadores nomeados é feita por proposta do empregador e com a aceitação do trabalhador, sem prejuízo do disposto no número seguinte.

2. A aplicação dos regimes previstos no número anterior a todos os trabalhadores nomeados do órgão ou serviço segue os termos previstos no Código do Trabalho.

SECÇÃO III – Horário de trabalho

SUBSECÇÃO I – Disposições gerais

Artigo 108º – Definição de horário de trabalho e períodos de funcionamento e de atendimento

1. Entende-se por horário de trabalho a determinação das horas do início e do termo do período normal de trabalho diário ou dos respetivos limites, bem como dos intervalos de descanso.

2. O empregador público deve respeitar os períodos de funcionamento e de atendimento na organização dos horários de trabalho dos trabalhadores ao seu serviço.

Artigo 109º – Intervalo de descanso

1. O intervalo de descanso não pode ter duração inferior a uma hora nem superior a duas, de modo a que o trabalhador não preste mais de cinco horas de trabalho consecutivo, exceto quando se trate de jornada contínua ou regime previsto em norma especial.

2. Pode ser fixado para os trabalhadores com deficiência, pelo respetivo dirigente máximo e a pedido do interessado, mais do que um intervalo de descanso e com duração diferente da prevista no regime geral, mas sem exceder no total os limites legais.

3. Não é permitida a alteração aos intervalos de descanso sempre que implique a prestação de mais de seis horas consecutivas de trabalho, exceto quanto a atividades de vigilância, transporte e tratamento de sistemas eletrónicos de segurança e a atividades que não possam ser interrompidas por motivos técnicos e, bem assim, quanto a trabalhadores que ocupem cargos de administração e de direção e outras pessoas com poder de decisão autónomo que estejam isentos de horário de trabalho.

SUBSECÇÃO II – Modalidades de horário

Artigo 110º – Adoção das modalidades de horário

1. Em função da natureza das suas atividades, podem os órgãos ou serviços adotar uma ou, simultaneamente, mais do que uma das seguintes modalidades de horário de trabalho:

a) Horário flexível;

b) Horário rígido;

c) Horário desfasado;

d) Jornada contínua;

e) Meia jornada;

f) Trabalho por turnos.

2. Para além dos horários referidos no número anterior, podem ser fixados horários específicos de harmonia com o previsto na presente lei.

3. Associados às modalidades de horário de trabalho previstas no nº 1 podem ser criados regimes especiais de prevenção, a definir em diplomas próprios.

(Redação dada pela Lei nº 84/2015, de 07-08)

Artigo 111º – Horário flexível

1. Horário flexível é o que permite ao trabalhador de um serviço gerir os seus tempos de trabalho, escolhendo as horas de entrada e de saída.

2. A adoção de qualquer horário flexível está sujeita às seguintes regras:

a) A flexibilidade não pode afetar o regular e eficaz funcionamento dos órgãos ou serviços, especialmente no que respeita às relações com o público;

b) É obrigatória a previsão de plataformas fixas da parte da manhã e da parte da tarde, as quais não podem ter, no seu conjunto, duração inferior a quatro horas;

c) Não podem ser prestadas, por dia, mais de 10 horas de trabalho;

d) O cumprimento da duração do trabalho deve ser aferido à semana, à quinzena ou ao mês.

3. O débito de horas, apurado no final de cada período de aferição, dá lugar à marcação de uma falta, que deve ser justificada nos termos da legislação aplicável, por cada período igual ou inferior à duração média diária do trabalho.

4. Relativamente aos trabalhadores com deficiência, o excesso ou débito de horas apurado no final de cada um dos períodos de aferição pode ser transportado para o período imediatamente seguinte e nele compensado, desde que não ultrapasse o limite de cinco e 10 horas, respetivamente, para a quinzena e para o mês.

5. Para efeitos do disposto no nº 3, a duração média do trabalho é de sete horas e, nos serviços com funcionamento ao sábado de manhã, a que resultar do respetivo regulamento.

6. As faltas a que se refere o nº 3 são reportadas ao último dia ou dias do período de aferição a que o débito respeita.

(Redação dada pela Lei nº 18/2016, de 20-06)

Artigo 112º – Horário rígido

1. Horário rígido é aquele que, exigindo o cumprimento da duração semanal do trabalho, se reparte por dois períodos diários, com horas de entrada e de saída fixas idênticas, separados por um intervalo de descanso.

2. Sem prejuízo de determinação em contrário do dirigente máximo do serviço, o horário rígido é o seguinte:

a) Serviços de regime de funcionamento comum que encerram ao sábado:
Período da manhã – das 9 horas às 12 horas e 30 minutos;
Período da tarde – das 14 horas às 17 horas e 30 minutos.

b) Serviços de regime de funcionamento especial que funcionam ao sábado de manhã:
Período da manhã – das 9 horas e 30 minutos às 12 horas e 30 minutos, de segunda-feira a sexta-feira, e até às 12 horas, aos sábados;
Período da tarde – das 14 horas às 17 horas e 30 minutos, de segunda-feira a sexta-feira.

3. A adoção do horário rígido não prejudica a possibilidade de fixação, para os trabalhadores com deficiência, pelo respetivo dirigente máximo e a pedido do interessado, de mais do que um intervalo de descanso e com duração diferente da prevista no regime geral, mas sem exceder no total os limites neste estabelecidos.

(Redação dada pela Lei nº 18/2016, de 20-06)

Artigo 113º – Horário desfasado

Horário desfasado é aquele que, embora mantendo inalterado o período normal de trabalho diário, permite estabelecer, serviço a serviço ou para determinado grupo ou grupos de pessoal, e sem possibilidade de opção, horas fixas diferentes de entrada e de saída.

Artigo 114º – Jornada contínua

1. A jornada contínua consiste na prestação ininterrupta de trabalho, salvo um período de descanso nunca superior a trinta minutos, que, para todos os efeitos, se considera tempo de trabalho.

2. A jornada contínua deve ocupar, predominantemente, um dos períodos do dia e determinar uma redução do período normal de trabalho diário nunca superior a uma hora.

3. A jornada contínua pode ser adotada nos casos de horários específicos previstos na presente lei e em casos excecionais, devidamente fundamentados, designadamente nos seguintes:

a) Trabalhador progenitor com filhos até à idade de 12 anos ou, independentemente da idade, com deficiência ou doença crónica;

b) Trabalhador adotante, nas mesmas condições dos trabalhadores progenitores;

c) Trabalhador que, substituindo-se aos progenitores, tenha a seu cargo neto com idade inferior a 12 anos;

d) Trabalhador adotante, tutor ou pessoa a quem foi deferida a confiança judicial ou administrativa do menor, bem como o cônjuge ou a pessoa em união de facto com qualquer daqueles ou com progenitor, desde que viva em comunhão de mesa e habitação com o menor;

e) Trabalhador estudante;

f) No interesse do trabalhador, sempre que outras circunstâncias relevantes, devidamente fundamentadas, o justifiquem;

g) No interesse do serviço, quando devidamente fundamentado.

4. O tempo máximo de trabalho seguido, em jornada contínua, não pode ter uma duração superior a cinco horas.

Artigo 114º-A – Meia jornada

1. A meia jornada consiste na prestação de trabalho num período reduzido em metade do período normal de trabalho a tempo completo a que se refere o artigo 105º, sem prejuízo da contagem integral do tempo de serviço para efeito de antiguidade.

2. A prestação de trabalho na modalidade de meia jornada não pode ter duração inferior a um ano, tendo a mesma de ser requerida por escrito pelo trabalhador.

3. A opção pela modalidade de meia jornada implica a fixação do pagamento de remuneração correspondente a 60% do montante total auferido em regime de prestação de trabalho em horário completo.

4. Podem beneficiar da modalidade de meia jornada os trabalhadores que reúnam um dos seguintes requisitos:

a) Tenham 55 anos ou mais à data em que for requerida a modalidade de meia jornada e tenham netos com idade inferior a 12 anos;

b) Tenham filhos menores de 12 anos ou, independentemente da idade, com deficiência ou doença crónica.

5. A autorização para a adoção da modalidade de horário de trabalho em regime de meia jornada cabe ao superior hierárquico do trabalhador em funções públicas.

6. Em caso de indeferimento do pedido de autorização a que se refere o número anterior, deve o superior hierárquico fundamentar claramente e sempre por escrito as razões que sustentam a recusa da concessão do horário de trabalho na modalidade de meia jornada.

(Aditado pela Lei nº 84/2015, de 07-08)

Artigo 115º – Trabalho por turnos

1. Considera-se trabalho por turnos qualquer organização do trabalho em equipa em que os trabalhadores ocupam sucessivamente os mesmos postos de trabalho, a um determinado ritmo, incluindo o rotativo, contínuo ou descontínuo, podendo executar o trabalho a horas diferentes num dado período de dias ou semanas.

2. Devem ser organizados turnos de pessoal diferente sempre que o período de funcionamento do órgão ou serviço ultrapasse os limites máximos do período normal de trabalho.

3. A duração de trabalho de cada turno não pode ultrapassar os limites máximos dos períodos normais de trabalho.

4. A prestação de trabalho por turnos deve obedecer às seguintes regras:

a) Os turnos são rotativos, estando o respetivo pessoal sujeito à sua variação regular;

b) Nos serviços de funcionamento permanente não podem ser prestados mais de seis dias consecutivos de trabalho;

c) As interrupções a observar em cada turno devem obedecer ao princípio de que não podem ser prestadas mais de cinco horas de trabalho consecutivo;

d) As interrupções destinadas a repouso ou refeição, quando não superiores a 30 minutos, consideram-se incluídas no período de trabalho;

e) O dia de descanso semanal deve coincidir com o domingo, pelo menos uma vez em cada período de quatro semanas;

f) A mudança de turno só pode ocorrer após o dia de descanso.

Artigo 116º – Regimes de turnos

1. O regime de turnos é:

a) Permanente, quando o trabalho for prestado em todos os dias da semana;

b) Semanal prolongado, quando for prestado em todos os cinco dias úteis e no sábado ou domingo;

c) Semanal, quando for prestado apenas de segunda-feira a sexta-feira.

2. O regime de turnos é total quando for prestado em, pelo menos, três períodos de trabalho diário e parcial quando prestado em apenas dois períodos.

SUBSECÇÃO III – Isenção de horário de trabalho

Artigo 117º – Condições da isenção de horário de trabalho

1. Os trabalhadores titulares de cargos dirigentes e que chefiem equipas multidisciplinares gozam de isenção de horário de trabalho, nos termos dos respetivos estatutos.

2. Podem ainda gozar de isenção de horário outros trabalhadores, mediante celebração de acordo escrito com o respetivo empregador público, desde que tal isenção seja admitida por lei ou por instrumento de regulamentação coletiva de trabalho.

3. A isenção de horário não dispensa a observância do dever geral de assiduidade, nem o cumprimento da duração semanal de trabalho legalmente estabelecida.

Artigo 118º – Modalidades e efeitos da isenção de horário de trabalho

1. A isenção de horário pode compreender as seguintes modalidades:

a) Não sujeição aos limites máximos dos períodos normais de trabalho;

b) Possibilidade de alargamento da prestação a um determinado número de horas, por dia ou por semana;

c) Observância dos períodos normais de trabalho acordados.

2. A isenção de horário dos trabalhadores referidos no nº 1 do artigo anterior implica, em qualquer circunstância, a não sujeição aos limites máximos dos períodos normais de trabalho, nos termos dos estatutos do empregador público.

3. Nos casos previstos no nº 2 do artigo anterior, a escolha da modalidade de isenção de horário obedece ao disposto na lei ou em instrumento de regulamentação coletiva de trabalho.

4. Na falta de lei, instrumento de regulamentação coletiva de trabalho ou estipulação das partes, o regime de isenção de horário segue o disposto na alínea *b*) do nº 1, não podendo o alargamento da prestação de trabalho ser superior a duas horas por dia ou a 10 horas por semana.

5. A isenção não prejudica o direito aos dias de descanso semanal obrigatório, aos feriados obrigatórios e aos dias e meios dias de descanso complementar, nem ao descanso diário de 11 horas consecutivas entre dois períodos diários de trabalho consecutivos, exceto nos casos previstos no nº 1 do artigo 117º e no nº 2 do artigo 123º.

6. Nos casos previstos no nº 1 do artigo 117º e no nº 2 do artigo 123º, deve ser observado um período de descanso que permita a recuperação do trabalhador entre dois períodos diários de trabalho consecutivos.

Artigo 119º – Não sujeição a horário de trabalho

1. Considera-se não sujeição a horário de trabalho a prestação de trabalho não sujeita ao cumprimento de qualquer das modalidades de horário previstas na presente lei, nem à observância do dever geral de assiduidade e de cumprimento da duração semanal de trabalho.

2. A adoção de qualquer regime de prestação de trabalho não sujeita a horário obedece às seguintes regras:

a) Concordância expressa do trabalhador relativamente às tarefas e aos prazos da sua realização;

b) Destinar-se à realização de tarefas constantes do plano de atividades do serviço, desde que calendarizadas, e cuja execução esteja atribuída ao trabalhador não sujeito a horário;

c) Fixação de um prazo certo para a realização da tarefa a executar, que não deve exceder o limite máximo de 10 dias úteis;

d) Não autorização ao mesmo trabalhador mais do que uma vez por trimestre.

3. O não cumprimento da tarefa no prazo acordado, sem motivos justificados, impede o trabalhador de utilizar este regime durante o prazo de um ano, a contar da data do incumprimento.

4. A não sujeição a horário de trabalho não dispensa o contato regular do trabalhador com o serviço, nem a sua presença no local do trabalho, sempre que tal se mostre necessário.

SECÇÃO IV – Trabalho suplementar

Artigo 120º – Limites da duração do trabalho suplementar

1. É aplicável aos trabalhadores com vínculo de emprego público, com as necessárias adaptações e sem prejuízo do disposto no presente artigo e nos artigos seguintes, o regime do Código do Trabalho em matéria de trabalho suplementar.

2. O trabalho suplementar fica sujeito, por trabalhador, aos seguintes limites:

a) 150 horas de trabalho por ano;

b) Duas horas por dia normal de trabalho;

c) Um número de horas igual ao período normal de trabalho diário, nos dias de descanso semanal, obrigatório ou complementar, e nos feriados;

d) Um número de horas igual a meio período normal de trabalho diário em meio dia de descanso complementar.

3. Os limites fixados no número anterior podem ser ultrapassados, desde que não impliquem uma remuneração por trabalho suplementar superior a 60% da remuneração base do trabalhador:

a) Quando se trate de trabalhadores que ocupem postos de trabalho de motoristas ou telefonistas e de outros trabalhadores integrados nas carreiras de assistente operacional e de assistente técnico, cuja manutenção ao serviço para além do horário de trabalho seja fundamentadamente reconhecida como indispensável;

b) Em circunstâncias excecionais e delimitadas no tempo, mediante autorização do membro do Governo competente ou, quando esta não for possível, mediante confirmação da mesma entidade, a proferir nos 15 dias posteriores à ocorrência.

4. O limite máximo a que se refere a alínea *a*) do nº 2 pode ser aumentado até 200 horas por ano, por instrumento de regulamentação coletiva de trabalho.

Artigo 121º – Registo

1. O empregador público deve possuir e manter durante cinco anos a relação nominal dos trabalhadores que efetuaram trabalho suplementar, com discriminação do número de horas prestadas e indicação do dia em que gozaram o respetivo descanso compensatório, para efeitos de fiscalização pela IGF ou por outro serviço de inspeção legalmente competente.

2. O registo de trabalho suplementar deve conter os elementos e ser efetuado de acordo com o modelo aprovado por portaria do membro do Governo responsável pela área da Administração Pública.

CAPÍTULO V – Tempos de não trabalho

SECÇÃO I – Disposição

Artigo 122º – Disposições gerais

1. É aplicável aos trabalhadores com vínculo de emprego público o regime do Código do Trabalho em matéria de tempos de não trabalho, com as necessárias adaptações e sem prejuízo das especificidades constantes do presente capítulo.

2. Sem prejuízo do disposto nos números seguintes ou em lei especial, é aplicável aos trabalhadores que exercem funções públicas o regime de feriados estabelecido no Código do Trabalho.

3. É observado o feriado municipal das localidades.

4. A observância da Terça-Feira de Carnaval como dia feriado depende de decisão do Conselho de Ministros ou dos órgãos de governo próprio das regiões autónomas, sendo nulas as disposições de contrato ou de instrumentos de regulamentação coletiva de trabalho que disponham em contrário.

Artigo 123º – Descanso diário

1. É garantido ao trabalhador um período mínimo de descanso de 11 horas seguidas entre dois períodos diários de trabalho consecutivos.

2. O disposto no número anterior não é aplicável quando seja necessária a prestação de trabalho suplementar por motivo de força maior ou por ser indispensável para prevenir ou reparar prejuízos graves para o órgão ou serviço devidos a acidente ou a risco de acidente iminente.

3. A regra constante do nº 1 não é aplicável nos casos em que o exercício de funções é caracterizado pela sua natureza permanente e obrigatória, no âmbito dos respetivos estatutos profissionais, ou quando os períodos normais de trabalho sejam fracionados ao longo do dia com fundamento nas características da atividade, nomeadamente no caso dos serviços de limpeza.

4. O disposto no nº 1 não é aplicável a atividades caracterizadas pela necessidade de assegurar a continuidade do serviço, nomeadamente as atividades a seguir indicadas, desde que através de instrumento de regulamentação coletiva de trabalho sejam garantidos ao trabalhador os correspondentes descansos compensatórios:

a) Vigilância, transporte e tratamento de sistemas eletrónicos de segurança;

b) Receção, tratamento e cuidados dispensados em estabelecimentos e serviços prestadores de cuidados de saúde, instituições residenciais, estabelecimentos prisionais e centros educativos;

c) Distribuição e abastecimento de água;

d) Ambulâncias, bombeiros e proteção civil;

e) Recolha de lixo e incineração;

f) Atividades em que o processo de trabalho não possa ser interrompido por motivos técnicos;

g) Investigação e desenvolvimento.

5. O disposto no número anterior é extensivo aos casos de acréscimo previsível de atividade no turismo.

Artigo 124º – Semana de trabalho e descanso semanal

1. A semana de trabalho é, em regra, de cinco dias.

2. Os trabalhadores têm direito a um dia de descanso semanal obrigatório, acrescido de um dia de descanso semanal complementar, que devem coincidir com o domingo e o sábado, respetivamente.

3. Os dias de descanso referidos no número anterior só podem deixar de coincidir com o domingo e o sábado, respetivamente, quando o trabalhador exerça funções em órgão ou serviço que encerre a sua atividade noutros dias da semana.

4. Os dias de descanso semanal podem ainda deixar de coincidir com o domingo e o sábado nos casos:

a) De trabalhador necessário para assegurar a continuidade de serviços que não possam ser interrompidos ou que devam ser desempenhados em dia de descanso de outros trabalhadores;

b) Do pessoal dos serviços de limpeza ou encarregado de outros trabalhos preparatórios e complementares que devam necessariamente ser efetuados no dia de descanso dos restantes trabalhadores;

c) De trabalhador diretamente afeto a atividades de vigilância, transporte e tratamento de sistemas eletrónicos de segurança;

d) De trabalhador que exerça atividade em exposições e feiras;

e) De pessoal dos serviços de inspeção de atividades que não encerrem ao sábado e, ou, ao domingo;

f) Nos demais casos previstos em legislação especial.

5. Quando a natureza do órgão ou serviço ou razões de interesse público o exijam, pode o dia de descanso complementar ser gozado, segundo opção do trabalhador, do seguinte modo:

a) Dividido em dois períodos imediatamente anteriores ou posteriores ao dia de descanso semanal obrigatório;

b) Meio dia imediatamente anterior ou posterior ao dia de descanso semanal obrigatório, sendo o tempo restante deduzido na duração do período normal de trabalho dos restantes dias úteis, sem prejuízo da duração do período normal de trabalho semanal.

6. Sempre que seja possível, o empregador público deve proporcionar aos trabalhadores que pertençam ao mesmo agregado familiar o descanso semanal nos mesmos dias.

Artigo 125º – Duração do descanso semanal obrigatório

1. Quando o dia de descanso complementar não seja contíguo ao dia de descanso semanal obrigatório, adiciona-se a este um período de 11 horas, correspondente ao período mínimo de descanso diário estabelecido no nº 1 do artigo 123º.

2. O disposto no número anterior não é aplicável a trabalhadores titulares de cargos dirigentes e a chefes de equipas multidisciplinares.

3. O disposto no nº 1 não é igualmente aplicável:

a) Quando seja necessária a prestação de trabalho suplementar por motivo de força maior ou por ser indispensável para prevenir ou reparar prejuízos graves para o órgão ou serviço devidos a acidente ou a risco de acidente iminente;

b) Quando os períodos normais de trabalho são fracionados ao longo do dia, com fundamento nas características da atividade, nomeadamente serviços de limpeza;

c) Às atividades caracterizadas pela necessidade de assegurar a continuidade do serviço, nomeadamente as atividades indicadas no número seguinte, desde que através de instrumento de regulamentação coletiva de trabalho ou de acordo individual sejam garantidos ao trabalhador os correspondentes descansos compensatórios.

4. Para efeitos do disposto na alínea *c*) do número anterior, são consideradas as seguintes atividades:

a) Vigilância, transporte e tratamento de sistemas eletrónicos de segurança;

b) Receção, tratamento e cuidados dispensados em estabelecimentos e serviços prestadores de cuidados de saúde, instituições residenciais, estabelecimentos prisionais e centros educativos;

c) Ambulâncias, bombeiros e proteção civil;

d) Recolha de lixo e incineração;

e) Atividades em que o processo de trabalho não possa ser interrompido por motivos técnicos;

f) Investigação e desenvolvimento.

5. O disposto na alínea *c*) do nº 3 é extensivo aos casos de acréscimo previsível de atividade no turismo.

SECÇÃO II – Férias

Artigo 126º – Direito a férias

1. O trabalhador tem direito a um período de férias remuneradas em cada ano civil, nos termos previstos no Código do Trabalho e com as especificidades dos artigos seguintes.

2. O período anual de férias tem a duração de 22 dias úteis.

3. O período de férias referido no número anterior vence-se no dia 1 de janeiro, sem prejuízo do disposto no Código do Trabalho.

4. Ao período de férias previsto no nº 1 acresce um dia útil de férias por cada 10 anos de serviço efetivamente prestado.

5. A duração do período de férias pode ainda ser aumentada no quadro de sistemas de recompensa do desempenho, nos termos previstos na lei ou em instrumento de regulamentação coletiva de trabalho.

6. Para efeitos de férias, são úteis os dias da semana de segunda-feira a sexta-feira, com exceção dos feriados, não podendo as férias ter início em dia de descanso semanal do trabalhador.

Artigo 127º – Vínculos de duração inferior a seis meses

1. O trabalhador cuja duração total do vínculo não atinja seis meses tem direito a gozar dois dias úteis de férias por cada mês completo de duração do contrato.

2. Para efeitos da determinação do mês completo, devem contar-se todos os dias, seguidos ou interpolados, em que foi prestado trabalho.

3. Nos vínculos cuja duração total não atinja seis meses, o gozo das férias tem lugar no momento imediatamente anterior ao da cessação, salvo acordo das partes.

Artigo 128º – Doença no período de férias

1. No caso de o trabalhador adoecer durante o período de férias, são as mesmas suspensas desde que o empregador público seja do facto informado, prosseguindo, logo após a alta, o gozo dos dias de férias ainda compreendidos naquele período.

2. Compete ao empregador público, na falta de acordo, a marcação dos dias de férias não gozados, que podem decorrer em qualquer período.

3. A prova da doença prevista no nº 1 é feita por estabelecimento hospitalar, por declaração do centro de saúde ou por atestado médico.

4. Para efeitos de verificação da situação de doença, o empregador público pode requerer a designação de médico dos serviços da segurança social da área da residência habitual do trabalhador, do facto lhe dando conhecimento na mesma data, podendo também, para aquele efeito, designar um médico que não tenha qualquer vínculo contratual anterior ao empregador público.

5. Em caso de desacordo entre os pareceres médicos referidos nos números anteriores, pode ser requerida por qualquer das partes a intervenção de junta médica.

6. Em caso de não cumprimento do dever de informação previsto no nº 1, bem como de oposição, sem motivo atendível, à fiscalização da doença, os dias de alegada doença são considerados dias de férias.

Artigo 129º – Efeitos da suspensão do contrato por impedimento prolongado

1. No ano da suspensão do contrato por impedimento prolongado, respeitante ao trabalhador, verificando-se a impossibilidade total ou parcial do gozo do direito a férias já vencido, o trabalhador tem direito à remuneração correspondente ao período de férias não gozado e respetivo subsídio.

2. No ano da cessação do impedimento prolongado o trabalhador tem direito a férias nos termos previstos no artigo 127º.

3. No caso de sobrevir o termo do ano civil antes de decorrido o prazo referido no número anterior ou antes de gozado o direito a férias, pode o trabalhador usufruí-lo até 30 de abril do ano civil subsequente.

4. Cessando o contrato após impedimento prolongado respeitante ao trabalhador, este tem direito à remuneração e ao subsídio de férias correspondentes ao tempo de serviço prestado no ano de início da suspensão.

Artigo 130º – Violação do direito a férias

Caso o empregador público, com culpa, obste ao gozo das férias nos termos previstos nos artigos anteriores, o trabalhador recebe, a título de compensação, o triplo da remuneração correspondente ao período em falta, o qual deve obrigatoriamente ser gozado até 30 de abril do ano civil subsequente.

Artigo 131º – Exercício de outra atividade durante as férias

1. O trabalhador não pode exercer qualquer outra atividade remunerada durante as férias, salvo se já a viesse exercendo cumulativamente, com autorização, ou o empregador público a isso o autorizar.

2. A violação do disposto no número anterior, sem prejuízo da eventual responsabilidade disciplinar do trabalhador, dá ao empregador público o direito de reaver a remuneração correspondente às férias e respetivo subsídio, da qual metade reverte para o Instituto de Gestão Financeira da Segurança Social, I.P., no caso de o trabalhador ser beneficiário do regime geral de segurança social para todas as eventualidades, ou constitui receita do Estado, nos restantes casos.

3. Para os efeitos previstos no número anterior, o empregador público pode proceder a descontos na remuneração do trabalhador, até ao limite de um sexto, em relação a cada um dos períodos de vencimento posteriores.

Artigo 132º – Contacto em período de férias

Antes do início das férias, o trabalhador deve indicar, se possível, ao respetivo empregador público, a forma como pode ser eventualmente contactado.

SECÇÃO III – Faltas

SUBSECÇÃO I – Disposições comuns

Artigo 133º – Noção

1. Considera-se falta a ausência de trabalhador do local em que devia desempenhar a atividade durante o período normal de trabalho diário.

2. Em caso de ausência do trabalhador por períodos inferiores ao período normal de trabalho diário, os respetivos tempos são adicionados para determinação da falta.

Artigo 134º – Tipos de faltas

1. As faltas podem ser justificadas ou injustificadas.

2. São consideradas faltas justificadas:

a) As dadas, durante 15 dias seguidos, por altura do casamento;

b) As motivadas por falecimento do cônjuge, parentes ou afins;

c) As motivadas pela prestação de provas em estabelecimento de ensino;

d) As motivadas por impossibilidade de prestar trabalho devido a facto que não seja imputável ao trabalhador, nomeadamente observância de prescrição médica no seguimento de recurso a técnica de procriação medicamente assistida, doença, acidente ou cumprimento de obrigação legal;

e) A motivada pela prestação de assistência inadiável e imprescindível a filho, a neto ou a membro do agregado familiar do trabalhador;

f) As motivadas por deslocação a estabelecimento de ensino de responsável pela educação de menor por motivo da situação educativa deste, pelo tempo estritamente necessário, até quatro horas por trimestre, por cada menor;

g) As de trabalhador eleito para estrutura de representação coletiva dos trabalhadores, nos termos do artigo 316º;

h) As dadas por candidatos a eleições para cargos públicos, durante o período legal da respetiva campanha eleitoral, nos termos da correspondente lei eleitoral;

i) As motivadas pela necessidade de tratamento ambulatório, realização de consultas médicas e exames complementares de diagnóstico, que não possam efetuar-se fora do período normal de trabalho e só pelo tempo estritamente necessário;

j) As motivadas por isolamento profilático;

k) As dadas para doação de sangue e socorrismo;

l) As motivadas pela necessidade de submissão a métodos de seleção em procedimento concursal;

m) As dadas por conta do período de férias;

n) As que por lei sejam como tal consideradas.

3. O disposto na alínea *i*) do número anterior é extensivo à assistência ao cônjuge ou equiparado, ascendentes, descendentes, adotando, adotados e enteados, menores ou deficientes, quando comprovadamente o trabalhador seja a pessoa mais adequada para o fazer.

4. As faltas referidas no nº 2 têm os seguintes efeitos:

a) As dadas ao abrigo das alíneas *a*) a *h*) e *n*) têm os efeitos previstos no Código do Trabalho;

b) Sem prejuízo do disposto na alínea anterior, as dadas ao abrigo das alíneas *i*) a *l*) não determinam perda de remuneração;

c) As dadas ao abrigo da alínea *m*) têm os efeitos previstos no artigo seguinte.

5. As disposições relativas aos tipos de faltas e à sua duração não podem ser objeto de instrumento de regulamentação coletiva de trabalho, salvo tratando-se das situações previstas na alínea *g*) do nº 2.

6. São consideradas injustificadas as faltas não previstas no nº 2.

Artigo 135º – Faltas por conta do período de férias

1. Sem prejuízo do disposto em lei especial, o trabalhador pode faltar dois dias por mês por conta do período de férias, até ao máximo de 13 dias por ano, os quais podem ser utilizados em períodos de meios dias.

2. As faltas previstas no número anterior relevam, segundo opção do interessado, no período de férias do próprio ano ou do ano seguinte.

3. As faltas por conta do período de férias devem ser comunicadas com a antecedência mínima de 24 horas ou, se não for possível, no próprio dia, e estão sujeitas a autorização, que pode ser recusada se forem suscetíveis de causar prejuízo para o normal funcionamento do órgão ou serviço.

4. Nos casos em que as faltas determinem perda de remuneração, as ausências podem ser substituídas, se o trabalhador assim o preferir, por dias de férias, na proporção de um dia de férias por cada dia de falta, desde que seja salvaguardado o gozo efetivo de 20 dias de férias ou da correspondente proporção, se se tratar do ano de admissão, mediante comunicação expressa do trabalhador ao empregador público.

SUBSECÇÃO II – Faltas por doença e justificação da doença

Artigo 136º – Verificação da situação de doença por médico designado pela segurança social

1. Para efeitos de verificação da situação de doença do trabalhador, o empregador público deve requerer a designação de médico aos serviços de segurança social da área da residência habitual do trabalhador, informando o trabalhador do requerimento nessa mesma data.

2. Os serviços da segurança social referidos no número anterior devem, no prazo de 24 horas, a contar da receção do requerimento:

a) Designar o médico, de entre os que integram comissões de verificação de incapacidade temporária;

b) Comunicar a designação do médico ao empregador público;

c) Convocar o trabalhador para o exame médico, indicando o local, dia e hora da sua realização, que deve ocorrer nas 72 horas seguintes;

d) Comunicar ao trabalhador que a sua não comparência ao exame médico, sem motivo atendível, tem como consequência que os dias de alegada doença são considerados dias de férias, bem como que deve apresentar, aquando da sua observação, informação clínica e os elementos auxiliares de diagnóstico de que disponha, comprovativos da sua incapacidade.

3. Os serviços de segurança social, caso não possam cumprir o disposto no número anterior, devem, dentro do mesmo prazo, comunicar essa impossibilidade ao empregador público.

Artigo 137º – Verificação da situação de doença por médico designado pelo empregador público

1. O empregador público pode designar um médico para efetuar a verificação da situação de doença do trabalhado, nos seguintes casos:

a) Não se tendo realizado o exame no prazo previsto na alínea *c*) do nº 2 do artigo anterior por motivo não imputável ao trabalhador ou, sendo caso disso, no prazo previsto no nº 2 do artigo 140º;

b) Tendo recebido a comunicação prevista no nº 3 do artigo anterior ou, na falta desta, se não tiver obtido indicação do médico por parte dos serviços da segurança social nas 24 horas após a apresentação do seu requerimento.

2. Na data em que designar o médico, nos termos do número anterior, o empregador público dá cumprimento ao disposto nas alíneas *c*) e *d*) do nº 2 do artigo anterior.

Artigo 138º – Reavaliação da situação de doença

1. Para efeitos do disposto no nº 5 do artigo 128º, a reavaliação da situação de doença do trabalhador é feita por intervenção da comissão de reavaliação dos serviços da segurança social da sua área da residência habitual.

2. Sem prejuízo do previsto no número seguinte, a comissão de reavaliação é constituída por três médicos, um designado pelos serviços da segurança social, que preside e tem voto de qualidade, devendo ser, quando se tenha procedido à verificação da situação de doença ao abrigo do nº 2 do artigo 136º, o médico que a realizou, um indicado pelo trabalhador e outro pelo empregador público.

3. A comissão de reavaliação é constituída por apenas dois médicos no caso de:

a) O trabalhador ou o empregador público não ter procedido à respetiva designação;

b) O trabalhador e o empregador público não terem procedido à respetiva designação, competindo aos serviços de segurança social a designação de outro médico.

Artigo 139º – Procedimento de reavaliação da doença

1. Qualquer das partes pode requerer a reavaliação da situação de doença nas 24 horas subsequentes ao conhecimento do resultado da verificação da mesma, devendo, na mesma data, comunicar esse pedido à contraparte.

2. O requerente deve indicar o médico referido no nº 2 do artigo anterior ou declarar que prescinde dessa faculdade.

3. A contraparte pode indicar o médico nas 24 horas seguintes ao conhecimento do pedido.

4. Os serviços da segurança social devem, no prazo de 24 horas, a contar da receção do requerimento, dar cumprimento ao disposto nas alíneas *c*) e *d*) do nº 2 do artigo 136º.

5. No prazo de oito dias, a contar da apresentação do requerimento, a comissão deve proceder à reavaliação da situação de doença do trabalhador e comunicar o resultado da mesma a este e ao empregador público.

Artigo 140º - Impossibilidade de comparência ao exame médico

1. O trabalhador convocado para exame médico fora do seu domicílio que, justificadamente, não possa deslocar-se deve, em qualquer caso, informar dessa impossibilidade a entidade que o tiver convocado, até à data prevista para o exame ou, se não tiver sido possível, nas 24 horas seguintes.

2. Consoante a natureza do impedimento do trabalhador, é determinada nova data para o exame e, se necessário, a sua realização no domicílio do trabalhador, dentro das 48 horas seguintes.

Artigo 141º - Comunicação do resultado da verificação

1. O médico que proceda à verificação da situação de doença apenas pode comunicar ao empregador público se o trabalhador está ou não apto para desempenhar a atividade.

2. O médico que proceda à verificação da situação de doença deve proceder à comunicação prevista no número anterior nas 24 horas subsequentes.

Artigo 142º - Eficácia do resultado da verificação da situação de doença

O empregador público não pode fundamentar qualquer decisão desfavorável para o trabalhador no resultado da verificação da situação de doença do mesmo, efetuada nos termos do artigo 136º, enquanto decorrer o prazo para requerer a intervenção da comissão de reavaliação, nem até à decisão final, se esta for requerida.

Artigo 143º - Comunicações e taxas

1. As comunicações previstas na presente subsecção devem ser efetuadas por escrito e por meio célere, designadamente telegrama, correio eletrónico ou qualquer outro meio escrito, desde que possa fazer prova do seu envio.

2. Pelo pedido de nomeação de médico pelos serviços da segurança social ou da intervenção da comissão de reavaliação é devido o pagamento de uma taxa, nos termos a fixar em portaria dos membros do Governo responsáveis pelas áreas das finanças e laboral.

CAPÍTULO VI - Remuneração

SECÇÃO I - Disposições gerais

Artigo 144º - Princípios gerais

1. As normas legais em matéria de remunerações não podem ser afastadas ou derrogadas por instrumento de regulamentação coletiva de trabalho, salvo quando previsto expressamente na presente lei.

2. A determinação do valor da remuneração deve ser feita tendo em conta a quantidade, natureza e qualidade do trabalho, observando-se o princípio de que para trabalho igual salário igual.

Artigo 145º – Direito à remuneração

1. A remuneração é devida com o início do exercício de funções, sem prejuízo do regime especial de produção de efeitos da aceitação.

2. A remuneração, quando seja periódica, é paga mensalmente.

3. A lei prevê as situações e condições em que o direito à remuneração é total ou parcialmente suspenso.

4. O direito à remuneração cessa com a extinção do vínculo de emprego público.

Artigo 146º – Componentes da remuneração

A remuneração dos trabalhadores com vínculo de emprego público é composta por:

a) Remuneração base;

b) Suplementos remuneratórios;

c) Prémios de desempenho.

SECÇÃO II – Remuneração base

Artigo 147º – Tabela remuneratória única

1. A tabela remuneratória única contém a totalidade dos níveis remuneratórios suscetíveis de ser utilizados na fixação da remuneração base dos trabalhadores que exerçam funções ao abrigo de vínculo de emprego público.

2. O número de níveis remuneratórios e o montante pecuniário correspondente a cada um é fixado em portaria do Primeiro-Ministro e do membro do Governo responsável pela área das finanças.

3. A alteração do montante pecuniário correspondente a cada nível remuneratório deve tendencialmente manter a proporcionalidade relativa entre cada um dos níveis.

4. Não é necessário observar a proporcionalidade prevista no número anterior entre o primeiro nível remuneratório e o nível subsequente, sempre que aquele seja fixado por referência à retribuição mínima mensal garantida (RMMG).

(Redação dada pelo Decreto-Lei nº 84-F/2022, de 16-12)

Artigo 148º – Retribuição mínima mensal garantida

A tabela remuneratória única não pode prever níveis remuneratórios de montante inferior ao da retribuição mínima mensal garantida.

Artigo 149º – Fixação da remuneração base

1. Os níveis remuneratórios correspondentes às posições remuneratórias das categorias, bem como aos cargos exercidos em comissão de serviço, são fixados por decreto regulamentar.

2. Na fixação dos níveis remuneratórios correspondentes às posições remuneratórias das categorias devem, em princípio, observar-se as seguintes regras:

a) Nas carreiras pluricategoriais, os intervalos entre os níveis remuneratórios são decrescentemente mais pequenos, à medida que as correspondentes posições se tornam superiores;

b) Os níveis remuneratórios correspondentes às posições das várias categorias da carreira não se devem sobrepor, verificando-se um movimento único crescente desde o nível correspondente à primeira posição da categoria inferior até ao correspondente à última posição da categoria superior;

c) Excecionalmente, o nível correspondente à última posição remuneratória de uma categoria pode ser idêntico ao da primeira posição da categoria imediatamente superior;

d) Nas carreiras unicategoriais, os intervalos entre níveis remuneratórios são constantes.

Artigo 150º – Conceito de remuneração base

1. A remuneração base é o montante pecuniário correspondente ao nível remuneratório da posição remuneratória onde o trabalhador se encontra na categoria de que é titular ou do cargo exercido em comissão de serviço.

2. A remuneração base anual é paga em 14 mensalidades, correspondendo uma delas ao subsídio de Natal e outra ao subsídio de férias, nos termos da lei.

Artigo 151º – Subsídio de Natal

1. O trabalhador tem direito a um subsídio de Natal de valor igual a um mês de remuneração base mensal, que deve ser pago no mês de novembro de cada ano.

2. O valor do subsídio de Natal é proporcional ao tempo de serviço prestado no ano civil, nas seguintes situações:

a) No ano de admissão do trabalhador;

b) No ano da cessação do contrato;

c) Em caso de suspensão do contrato, salvo se por doença do trabalhador.

Artigo 152º – Remuneração do período de férias

1. A remuneração do período de férias corresponde à remuneração que o trabalhador receberia se estivesse em serviço efetivo, com exceção do subsídio de refeição.

2. Além da remuneração mencionada no número anterior, o trabalhador tem direito a um subsídio de férias de valor igual a um mês de remuneração base mensal, que deve ser pago por inteiro no mês de junho de cada ano ou em conjunto com a remuneração mensal do mês anterior ao do gozo das férias, quando a aquisição do respetivo direito ocorrer em momento posterior.

3. A suspensão do contrato por doença do trabalhador não prejudica o direito ao subsídio de férias, nos termos do número anterior.

4. O aumento do período de férias previsto nos nºs 4 e 5 do artigo 126º ou a sua redução nos termos do Código do Trabalho, respetivamente, não implicam o aumento ou a redução correspondentes na remuneração ou no subsídio de férias.

Artigo 153º – Remuneração em caso de mobilidade

1. O trabalhador em mobilidade na categoria, em órgão ou serviço diferente ou cuja situação jurídico-funcional de origem seja a de colocado em situação de requalificação, pode ser remunerado pela posição remuneratória imediatamente seguinte àquela em que se encontre posicionado na categoria ou, em caso de inexistência desta, pelo nível remuneratório que suceda ao correspondente à sua posição na tabela remuneratória única.

2. O trabalhador em mobilidade intercarreiras ou categorias nunca pode auferir uma remuneração inferior à que corresponde à categoria de que é titular.

3. No caso referido no número anterior, quando a primeira posição remuneratória da categoria correspondente à função que o trabalhador vai exercer for superior ao nível remuneratório da primeira posição daquela de que é titular, a remuneração do trabalhador é acrescida para o nível remuneratório superior mais próximo daquele que corresponde ao seu posicionamento na categoria de que é titular.

4. Não se verificando a hipótese prevista no número anterior, pode o trabalhador ser remunerado nos termos do nº 1.

5. Exceto em caso de acordo em sentido diferente entre os órgãos ou serviços, o trabalhador em mobilidade interna é remunerado pelo órgão ou serviço de destino.

Artigo 154º – Opção pela remuneração base

1. Quando o vínculo de emprego público se constitua por comissão de serviço, ou haja lugar a cedência de interesse público, o trabalhador tem o direito de optar, a todo o tempo, pela remuneração base devida na situação jurídico-funcional de origem que esteja constituída por tempo indeterminado.

2. No caso de cedência de interesse público para o exercício de funções em órgão ou serviço a que a presente lei é aplicável, com a opção pela remuneração a que se refere o número anterior, a remuneração a pagar não pode exceder, em caso algum, a remuneração base do Primeiro-Ministro.

Artigo 155º – Cálculo do valor da remuneração horária e diária

1. O valor da hora normal de trabalho é calculado através da fórmula (Rb x 12)/ /(52 x N), em que Rb é a remuneração base mensal e N o número de horas da normal duração semanal do trabalho.

2. A fórmula referida no número anterior serve de base de cálculo da remuneração correspondente a qualquer outra fração de tempo de trabalho inferior ao período de trabalho diário.

3. A remuneração diária corresponde a 1/30 da remuneração mensal.

SECÇÃO III - Alteração do posicionamento remuneratório

Artigo 156º - Regra geral de alteração do posicionamento remuneratório

1. Os trabalhadores com vínculo de emprego público podem ver alterado o seu posicionamento remuneratório na categoria para a posição remuneratória imediatamente seguinte àquela em que se encontram, nos termos do presente artigo.

2. São elegíveis para beneficiar de alteração do posicionamento remuneratório os trabalhadores do órgão ou serviço, onde quer que se encontrem em exercício de funções, que, na falta de lei especial em contrário, tenham obtido, nas últimas avaliações do seu desempenho referido às funções exercidas durante o posicionamento remuneratório em que se encontram:

a) Uma menção máxima;

b) Duas menções consecutivas imediatamente inferiores às máximas; ou

c) Três menções consecutivas imediatamente inferiores às referidas na alínea anterior, desde que consubstanciem desempenho positivo.

3. Os trabalhadores a que se refere o número anterior são ordenados, dentro de cada universo, por ordem decrescente da classificação quantitativa obtida na última avaliação do seu desempenho.

4. Em face da ordenação referida no número anterior e até ao limite do montante máximo dos encargos fixado por cada universo, nos termos dos nºs 2 e 3 do artigo 158º, é alterado o posicionamento remuneratório do trabalhador, salvo o disposto no número seguinte.

5. Não há lugar a alteração do posicionamento remuneratório quando, não obstante reunidos os requisitos previstos no nº 2, o montante máximo dos encargos fixado para o universo em causa se tenha previsivelmente esgotado, no quadro da execução orçamental em curso, com a alteração relativa a trabalhador ordenado superiormente.

6. Para efeitos do disposto nas alíneas *b*) e *c*) do nº 2, são também consideradas as menções obtidas que sejam superiores às nelas referidas.

7. Há lugar a alteração obrigatória para a posição remuneratória imediatamente seguinte àquela em que o trabalhador se encontra, quando a haja, independentemente dos universos definidos nos termos do artigo 158º, quando aquele, na falta de lei especial em contrário, tenha acumulado 10 pontos nas avaliações do desempenho referido às funções exercidas durante o posicionamento remuneratório em que se encontra, contados nos seguintes termos:

a) Seis pontos por cada menção máxima;

b) Quatro pontos por cada menção imediatamente inferior à máxima;

c) Dois pontos por cada menção imediatamente inferior à referida na alínea anterior, desde que consubstancie desempenho positivo;

d) Dois pontos negativos por cada menção correspondente ao mais baixo nível de avaliação.

8. Para efeito do disposto no número anterior, quando os trabalhadores tenham acumulado mais do que os pontos legalmente exigidos para a alteração da posição remuneratória, os pontos em excesso relevam para efeitos de futura alteração do seu posicionamento remuneratório.

9. Na falta de lei especial em contrário, a alteração do posicionamento remuneratório reporta-se a 1 de janeiro do ano em que tiver lugar.

(Redação dada pelo Decreto-Lei nº 84-F/2022, de 16-12)

Artigo 157º – Regras especiais de alteração do posicionamento remuneratório

1. O dirigente máximo do órgão ou serviço pode, ouvido o Conselho Coordenador da Avaliação ou o órgão com competência equiparada, alterar o posicionamento remuneratório de trabalhador para a posição remuneratória imediatamente seguinte àquela em que ele se encontra, mesmo que não se encontrem reunidos os requisitos previstos no nº 2 do artigo anterior, desde que o trabalhador tenha obtido a menção máxima ou a imediatamente inferior e se inclua nos universos definidos para a alteração de posicionamento remuneratório nos termos e limites do artigo anterior.

2. O dirigente máximo do órgão ou serviço pode, ouvido o Conselho Coordenador da Avaliação ou o órgão com competência equiparada, determinar que a alteração do posicionamento na categoria de trabalhador se opere para qualquer outra posição remuneratória seguinte àquela em que ele se encontra, desde que o trabalhador esteja incluído no universo de trabalhadores incluídos para alteração de posicionamento remuneratório e nos termos e limites fixados no artigo anterior.

3. O disposto no número anterior tem como limite a posição remuneratória máxima para a qual tenham alterado o seu posicionamento os trabalhadores que, no âmbito do mesmo universo, se encontrem ordenados superiormente.

4. As alterações do posicionamento remuneratório previstas no presente artigo são fundamentadas e tornadas públicas, com o teor integral da respetiva fundamentação e do parecer do Conselho Coordenador da Avaliação ou do órgão com competência equiparada, por publicação na 2ª série do *Diário da República*, por afixação no órgão ou serviço e por divulgação em página eletrónica, sendo ainda aplicável o disposto no nº 8 do artigo anterior.

Artigo 158º – Alteração do posicionamento remuneratório por opção gestionária

1. O dirigente máximo do serviço, de acordo com as verbas orçamentais previstas, estabelece as verbas destinadas a suportar os encargos decorrentes de alterações do posicionamento remuneratório na categoria dos trabalhadores do órgão ou serviço.

2. A decisão referida no número anterior fixa, fundamentadamente, o montante máximo, com as desagregações necessárias, dos encargos que o órgão ou serviço se propõe suportar, bem como o universo das carreiras e categorias onde as alterações do posicionamento remuneratório na categoria podem ter lugar.

3. O universo referido no número anterior pode ainda ser desagregado, quando assim o entenda o dirigente máximo, em função:

a) Da atribuição, competência ou atividade que os trabalhadores integrados em determinada carreira ou titulares de determinada categoria devam cumprir ou executar;

b) Da área de formação académica ou profissional dos trabalhadores integrados em determinada carreira ou titulares de determinada categoria, quando tal área de formação tenha sido utilizada na caracterização dos postos de trabalho contidos nos mapas de pessoal.

4. Para efeitos do disposto nos números anteriores, as alterações podem não ter lugar em todas as carreiras, ou em todas as categorias de uma mesma carreira ou ainda relativamente a todos os trabalhadores integrados em determinada carreira ou titulares de determinada categoria.

5. A decisão é tornada pública por afixação no órgão ou serviço e divulgação em página eletrónica.

SECÇÃO IV – Suplementos remuneratórios

Artigo 159º – Condições de atribuição dos suplementos remuneratórios

1. São suplementos remuneratórios os acréscimos remuneratórios devidos pelo exercício de funções em postos de trabalho que apresentam condições mais exigentes relativamente a outros postos de trabalho caracterizados por idêntico cargo ou por idênticas carreira e categoria.

2. Os suplementos remuneratórios estão referenciados ao exercício de funções nos postos de trabalho referidos na primeira parte do número anterior, sendo apenas devidos a quem os ocupe.

3. São devidos suplementos remuneratórios quando trabalhadores, em postos de trabalho determinados nos termos do nº 1, sofram, no exercício das suas funções, condições de trabalho mais exigentes:

a) De forma anormal e transitória, designadamente as decorrentes de prestação de trabalho suplementar, noturno, em dias de descanso semanal, complementar e feriados e fora do local normal de trabalho; ou

b) De forma permanente, designadamente as decorrentes de prestação de trabalho arriscado, penoso ou insalubre, por turnos, em zonas periféricas, com isenção de horário e de secretariado de direção.

4. Os suplementos remuneratórios são apenas devidos enquanto perdurem as condições de trabalho que determinaram a sua atribuição e haja exercício de funções efetivo ou como tal considerado em lei.

5. Os suplementos remuneratórios devem ser fixados em montantes pecuniários e só excecionalmente podem ser fixados em percentagem da remuneração base mensal.

6. Os suplementos remuneratórios são criados por lei, podendo ser regulamentados por instrumento de regulamentação coletiva de trabalho.

Artigo 160º – Trabalho noturno

1. O trabalho noturno deve ser remunerado com um acréscimo de 25% relativamente à remuneração do trabalho equivalente prestado durante o dia.

2. O acréscimo remuneratório previsto no número anterior pode ser fixado em instrumento de regulamentação coletiva de trabalho, através de uma redução equivalente dos limites máximos do período normal de trabalho.

3. O disposto no nº 1 não se aplica ao trabalho prestado durante o período noturno, salvo se previsto em instrumento de regulamentação coletiva de trabalho:

a) Ao serviço de atividades que sejam exercidas exclusiva ou predominantemente durante esse período, designadamente as de espetáculos e diversões públicas;

b) Ao serviço de atividades que, pela sua natureza ou por força da lei, devam necessariamente funcionar à disposição do público durante o mesmo período;

c) Quando o acréscimo remuneratório pela prestação de trabalho noturno se encontre integrado na remuneração base.

Artigo 161º – Suplemento remuneratório de turno

1. Desde que um dos turnos seja total ou parcialmente coincidente com o período de trabalho noturno, os trabalhadores por turnos têm direito a um acréscimo remuneratório cujo montante varia em função do número de turnos adotado, bem como da natureza permanente ou não do funcionamento do serviços.

2. O acréscimo referido no número anterior, relativamente à remuneração base, varia entre:

a) 25% a 22%, quando o regime de turnos for permanente, total ou parcial;

b) 22% a 20%, quando o regime de turnos for semanal prolongado, total ou parcial;

c) 20% a 15%, quando o regime de turnos for semanal total ou parcial.

3. A fixação das percentagens, nos termos do número anterior, tem lugar em regulamento interno ou em instrumento de regulamentação coletiva de trabalho.

4. O acréscimo remuneratório inclui o que fosse devido por trabalho noturno, mas não afasta a remuneração por trabalho suplementar.

Artigo 162º – Trabalho suplementar

1. A prestação de trabalho suplementar em dia normal de trabalho confere ao trabalhador o direito aos seguintes acréscimos:

a) 25% da remuneração, na primeira hora ou fração desta;

b) 37,5% da remuneração, nas horas ou frações subsequentes.

2. O trabalho suplementar prestado em dia de descanso semanal, obrigatório ou complementar, e em dia feriado, confere ao trabalhador o direito a um acréscimo de 50% da remuneração por cada hora de trabalho efetuado.

3. A compensação horária que serve de base ao cálculo do trabalho suplementar é apurada segundo a fórmula prevista no artigo 155º, considerando-se, nas situações de determinação do período normal de trabalho semanal em termos médios, que N significa o número médio de horas do período normal de trabalho semanal efetivamente praticado no órgão ou serviço.

4. Os montantes remuneratórios previstos nos números anteriores podem ser fixados em instrumento de regulamentação coletiva de trabalho.

5. É exigível o pagamento de trabalho suplementar cuja prestação tenha sido prévia e expressamente determinada.

6. A autorização prévia prevista no número anterior é dispensada em situações de prestação de trabalho suplementar motivadas por força maior ou sempre que indispensável para prevenir ou reparar prejuízo grave para os órgãos e serviços, desde que as mesmas sejam posteriormente justificadas pelo dirigente máximo do serviço.

7. Por acordo entre o empregador público e o trabalhador, a remuneração por trabalho suplementar pode ser substituída por descanso compensatório.

Artigo 163º - Limites remuneratórios

1. Os trabalhadores nomeados não podem, em cada mês, receber por trabalho suplementar mais do que um terço da remuneração base respetiva, pelo que não pode ser exigida a sua realização quando exceda aquele limite.

2. Os limites fixados para os trabalhadores das carreiras de assistente técnico e operacional afetos às residências oficiais do Presidente da República e do Primeiro-Ministro mantêm-se nos termos da legislação em vigor.

Artigo 164º - Isenção de horário de trabalho

1. O trabalhador isento de horário de trabalho nas modalidades previstas nas alíneas *a*) e *b*) do nº 1 do artigo 118º tem direito a um suplemento remuneratório, nos termos fixados por lei ou por instrumento de regulamentação coletiva de trabalho.

2. O disposto no número anterior pode não se aplicar a carreiras especiais e a cargos em que o regime de isenção de horário de trabalho constitua o regime normal de prestação do trabalho.

Artigo 165º - Feriados

1. O trabalhador tem direito à remuneração correspondente aos feriados, sem que o empregador público os possa compensar com trabalho suplementar.

2. O trabalhador que realiza a prestação em órgão ou serviço legalmente dispensado de suspender o trabalho em dia feriado obrigatório tem direito a um descanso compensatório com duração de metade do número de horas prestadas ou ao acréscimo de 50% da remuneração pelo trabalho prestado nesse dia, cabendo a escolha ao empregador público, na ausência de acordo entre as partes.

SECÇÃO V - Prémios de desempenho

Artigo 166º - Preparação da atribuição

1. O dirigente máximo do órgão ou serviço fixa, fundamentadamente, no prazo de 15 dias após o início da execução do orçamento, o universo dos cargos e o das carreiras e categorias onde a atribuição de prémios de desempenho pode ter lugar, com as desagregações necessárias do montante disponível em função de tais universos, tendo em conta as verbas orçamentais destinadas a suportar este tipo de encargos.

2. É aplicável à atribuição de prémios de desempenho, com as necessárias adaptações, o disposto nos nºs 3 a 5 do artigo 158º.

Artigo 167º – Condições da atribuição dos prémios de desempenho

1. São elegíveis para a atribuição de prémios de desempenho os trabalhadores que, cumulativamente, exerçam funções no órgão ou serviço e, na falta de lei especial em contrário, tenham obtido, na última avaliação do seu desempenho, a menção máxima ou a imediatamente inferior a ela.

2. Os trabalhadores que preenchem cada um dos universos definidos, são ordenados, dentro de cada universo, por ordem decrescente da classificação quantitativa obtida naquela avaliação.

3. Em face da ordenação referida no número anterior, e após exclusão dos trabalhadores que, nesse ano, tenham alterado o seu posicionamento remuneratório na categoria por cujo nível remuneratório se encontrem a auferir a remuneração base, o montante máximo dos encargos fixado por cada universo nos termos do artigo anterior é distribuído, pela ordem mencionada, de modo a que cada trabalhador receba o equivalente à sua remuneração base mensal.

4. Não há lugar a atribuição de prémio de desempenho quando, não obstante reunidos os requisitos previstos no nº 1, o montante máximo dos encargos fixado para o universo em causa se tenha esgotado com a atribuição de prémio a trabalhador ordenado superiormente.

5. Os prémios de desempenho estão referenciados ao desempenho do trabalhador objetivamente revelado e avaliado.

Artigo 168º – Outros sistemas de recompensa do desempenho

1. Podem ser criados outros sistemas de recompensa do desempenho, designadamente em função de resultados obtidos em equipa ou do desempenho de trabalhadores que se encontrem posicionados na última posição remuneratória da respetiva categoria.

2. Os sistemas referidos no número anterior podem afastar a aplicação do disposto na presente secção.

SECÇÃO VI – Descontos

Artigo 169º – Enumeração

1. Sobre as remunerações devidas pelo exercício de funções em órgão ou serviço a que a presente lei é aplicável incidem:

a) Descontos obrigatórios;

b) Descontos facultativos.

2. São obrigatórios os descontos que resultam de imposição legal.

3. São facultativos os descontos que, sendo permitidos por lei, carecem de autorização expressa do titular do direito à remuneração.

4. Na falta de lei especial em contrário, os descontos são efetuados diretamente através de retenção na fonte.

Artigo 170º – Descontos obrigatórios

Constituído o vínculo de emprego público, são descontos obrigatórios os seguintes:

a) Imposto sobre o rendimento das pessoas singulares;

b) Quotizações para o regime de proteção social aplicável.

Artigo 171º – Descontos facultativos

1. Constituído o vínculo de emprego público, são descontos facultativos, designadamente, os seguintes:

a) Prémios de seguros de doença ou de acidentes pessoais, de seguros de vida e complementos de reforma e planos de poupança-reforma;

b) Quota sindical.

2. Desde que solicitado pelo trabalhador, as quotas sindicais são obrigatoriamente descontadas na fonte.

SECÇÃO VII – Cumprimento

Artigo 172º – Forma do cumprimento

1. O montante da remuneração deve estar à disposição do trabalhador na data do vencimento ou no dia útil imediatamente anterior.

2. No ato do pagamento da remuneração, o empregador público deve entregar ao trabalhador documento do qual constem a identificação daquela e o nome completo deste, o número de inscrição na instituição de proteção social respetiva, a categoria profissional, o período a que respeita a remuneração, discriminando a remuneração base e as demais prestações, os descontos e deduções efetuados e o montante líquido a receber.

Artigo 173º – Tempo do cumprimento

1. A obrigação de satisfazer a remuneração, quando esta seja periódica, vence-se mensalmente.

2. O cumprimento deve efetuar-se nos dias úteis.

3. O empregador público fica constituído em mora se o trabalhador, por facto que não lhe seja imputável, não puder dispor do montante da remuneração na data do vencimento.

SECÇÃO VIII – Garantias dos créditos remuneratórios

Artigo 174º – Compensações e descontos

1. Na pendência do vínculo de emprego público, o empregador público não pode compensar a remuneração em dívida com créditos que tenha sobre o trabalhador, nem fazer quaisquer descontos ou deduções no montante da referida remuneração.

2. O disposto no número anterior não se aplica:

a) Aos descontos a favor do Estado, da segurança social ou de outras entidades, ordenados por lei, por decisão judicial transitada em julgado ou por auto de conciliação, quando da decisão ou do auto tenha sido notificado o empregador público;

b) Às indemnizações devidas pelo trabalhador ao empregador público, quando se acharem liquidadas por decisão judicial transitada em julgado ou por auto de conciliação;

c) Às multas ou a reposição de qualquer quantia em que o trabalhador tenha sido condenado no âmbito de procedimento disciplinar e não tenha procedido ao respetivo pagamento voluntário;

d) Aos preços de refeições no local de trabalho, de utilização de telefones, de fornecimento de géneros, de combustíveis ou de materiais, quando solicitados pelo trabalhador, bem como a outras despesas efetuadas pelo empregador público por conta do trabalhador e consentidas por este;

e) A outros descontos ou deduções previstos na lei.

3. Com exceção da alínea *a)* do número anterior, os descontos referidos no número anterior não podem exceder, no seu conjunto, um sexto da remuneração.

Artigo 175º – Insuscetibilidade de cessão dos créditos laborais

O trabalhador não pode ceder, a título gratuito ou oneroso, os seus créditos a remunerações na medida em que estes sejam impenhoráveis.

CAPÍTULO VII – Exercício do poder disciplinar

SECÇÃO I – Disposições gerais

Artigo 176º – Sujeição ao poder disciplinar

1. Todos os trabalhadores são disciplinarmente responsáveis perante os seus superiores hierárquicos.

2. Os titulares dos órgãos dirigentes dos serviços da administração direta e indireta do Estado são disciplinarmente responsáveis perante o membro do Governo que exerça a respetiva superintendência ou tutela.

3. Os trabalhadores ficam sujeitos ao poder disciplinar desde a constituição do vínculo de emprego público, em qualquer das suas modalidades.

4. A cessação do vínculo de emprego público ou a alteração da situação jurídico-funcional do trabalhador não impedem a punição por infrações cometidas no exercício da função.

5. Em caso de cessação do vínculo de emprego público, o procedimento disciplinar ou a execução de qualquer das sanções previstas nas alíneas *b*) a *d*) do nº 1 do artigo 180º suspende-se por um período máximo de 18 meses, podendo prosseguir caso o trabalhador constitua novo vínculo de emprego público para as mesmas funções a que o procedimento disciplinar diz respeito e desde que do seu início, ressalvado o tempo de suspensão, não decorram mais de 18 meses até à notificação ao trabalhador da decisão final.

(Redação dada pela Lei nº 6/2019, de 14-01)

Artigo 177º – Exclusão da responsabilidade disciplinar

1. É excluída a responsabilidade disciplinar do trabalhador que atue no cumprimento de ordens ou instruções emanadas de legítimo superior hierárquico e em matéria de serviço, quando previamente delas tenha reclamado ou exigido a sua transmissão ou confirmação por escrito.

2. Considerando ilegal a ordem ou instrução recebidas, o trabalhador faz expressamente menção desse facto ao reclamar ou ao pedir a sua transmissão ou confirmação por escrito.

3. Quando a decisão da reclamação ou a transmissão ou confirmação da ordem ou instrução por escrito não tenham lugar dentro do tempo em que, sem prejuízo, o cumprimento destas possa ser demorado, o trabalhador comunica, também por escrito, ao seu imediato superior hierárquico, os termos exatos da ordem ou instrução recebidas e da reclamação ou do pedido formulados, bem como a não satisfação destes, executando seguidamente a ordem ou instrução.

4. Quando a ordem ou instrução sejam dadas com menção de cumprimento imediato e sem prejuízo do disposto nos nºs 1 e 2, a comunicação referida na parte final do número anterior é efetuada após a execução da ordem ou instrução.

5. Cessa o dever de obediência sempre que o cumprimento das ordens ou instruções implique a prática de qualquer crime.

Artigo 178º – Prescrição da infração disciplinar e do procedimento disciplinar

1. A infração disciplinar prescreve no prazo de um ano sobre a respetiva prática, salvo quando consubstancie também infração penal, caso em que se sujeita aos prazos de prescrição estabelecidos na lei penal à data da prática dos factos.

2. O direito de instaurar o procedimento disciplinar prescreve no prazo de 60 dias sobre o conhecimento da infração por qualquer superior hierárquico.

3. Suspendem os prazos prescricionais referidos nos números anteriores, por um período até seis meses, a instauração de processo de sindicância aos órgãos ou serviços, ou de processo de inquérito ou disciplinar, mesmo que não dirigidos contra o trabalhador a quem a prescrição aproveite, quando em qualquer deles venham a apurar-se infrações por que seja responsável.

4. A suspensão do prazo prescricional da infração disciplinar opera quando, cumulativamente:

a) Os processos referidos no número anterior tenham sido instaurados nos 30 dias seguintes à suspeita da prática de factos disciplinarmente puníveis;

b) O procedimento disciplinar subsequente tenha sido instaurado nos 30 dias seguintes à receção daqueles processos, para decisão, pela entidade competente;

c) À data da instauração dos processos e procedimento referidos nas alíneas anteriores, não se encontre já prescrito o direito de instaurar procedimento disciplinar.

5. O procedimento disciplinar prescreve decorridos 18 meses, a contar da data em que foi instaurado quando, nesse prazo, o trabalhador não tenha sido notificado da decisão final.

6. A prescrição do procedimento disciplinar referida no número anterior suspende-se durante o tempo em que, por força de decisão ou de apreciação judicial de qualquer questão, a marcha do correspondente processo não possa começar ou continuar a ter lugar.

7. A prescrição volta a correr a partir do dia em que cesse a causa da suspensão.

Artigo 179º – Efeitos da pronúncia e da condenação em processo penal

1. Quando o agente de um crime cujo julgamento seja da competência do tribunal de júri ou do tribunal coletivo seja um trabalhador em funções públicas, a secretaria do tribunal por onde corra o processo, no prazo de 24 horas sobre o trânsito em julgado do despacho de pronúncia ou equivalente, entrega, por termo nos autos, cópia de tal despacho ao Ministério Público, a fim de que este a remeta ao órgão ou serviço em que o trabalhador desempenha funções.

2. Quando um trabalhador em funções públicas seja condenado pela prática de crime, aplica-se, com as necessárias adaptações, o disposto no número anterior.

3. A condenação em processo penal não prejudica o exercício da ação disciplinar quando a infração penal constitua também infração disciplinar.

4. Quando os factos praticados pelo trabalhador sejam passíveis de ser considerados infração penal, dá-se obrigatoriamente notícia deles ao Ministério Público competente para promover o procedimento criminal, nos termos do artigo 242º do Código de Processo Penal, aprovado pelo Decreto-Lei nº 78/87, de 17 de fevereiro, na redação atual.

SECÇÃO II – Sanções disciplinares

SUBSECÇÃO I – Disposições gerais

Artigo 180º – Escala das sanções disciplinares

1. As sanções disciplinares aplicáveis aos trabalhadores em funções públicas pelas infrações que cometam são as seguintes:

a) Repreensão escrita;

b) Multa;
c) Suspensão;
d) Despedimento disciplinar ou demissão.

2. Aos titulares de cargos dirigentes e equiparados é aplicável a sanção disciplinar de cessação da comissão de serviço, a título principal ou acessório.

3. Não pode ser aplicada mais de uma sanção disciplinar por cada infração, pelas infrações acumuladas que sejam apreciadas num único processo ou pelas infrações apreciadas em processos apensados.

4. As sanções disciplinares são registadas no processo individual do trabalhador.

Artigo 181º – Caracterização das sanções disciplinares

1. A sanção de repreensão escrita consiste em mero reparo pela irregularidade praticada.

2. A sanção de multa é fixada em quantia certa e não pode exceder o valor correspondente a seis remunerações base diárias por cada infração e um valor total correspondente à remuneração base de 90 dias por ano.

3. A sanção de suspensão consiste no afastamento completo do trabalhador do órgão ou serviço durante o período da sanção.

4. A sanção de suspensão varia entre 20 e 90 dias por cada infração, num máximo de 240 dias por ano.

5. A sanção de despedimento disciplinar consiste no afastamento definitivo do órgão ou serviço do trabalhador com contrato de trabalho em funções públicas, cessando o vínculo de emprego público.

6. A sanção de demissão consiste no afastamento definitivo do órgão ou serviço do trabalhador nomeado, cessando o vínculo de emprego público.

7. A sanção de cessação da comissão de serviço consiste na cessação compulsiva do exercício de cargo dirigente ou equiparado.

Artigo 182º – Efeitos das sanções disciplinares

1. As sanções disciplinares produzem unicamente os efeitos previstos na presente lei.

2. A sanção de suspensão determina, por tantos dias quantos os da sua duração, o não exercício de funções e a perda das remunerações correspondentes e da contagem do tempo de serviço para antiguidade.

3. A aplicação da sanção de suspensão não prejudica o direito dos trabalhadores à manutenção, nos termos legais, das prestações do respetivo regime de proteção social.

4. As sanções de despedimento disciplinar ou de demissão importam a perda de todos os direitos do trabalhador, salvo quanto à reforma por velhice ou à aposentação, nos termos e condições previstos na lei, mas não o impossibilitam de voltar a exercer funções em órgão ou serviço que não exijam as particulares condições de dignidade e confiança que aquelas de que foi despedido ou demitido exigiam.

5. A sanção de cessação da comissão de serviço implica o termo do exercício do cargo dirigente ou equiparado e a impossibilidade de exercício de qualquer cargo dirigente ou equiparado durante o período de três anos, a contar da data da notificação da decisão.

SUBSECÇÃO II – Infrações a que são aplicáveis as sanções disciplinares

Artigo 183º – Infração disciplinar

Considera-se infração disciplinar o comportamento do trabalhador, por ação ou omissão, ainda que meramente culposo, que viole deveres gerais ou especiais inerentes à função que exerce.

Artigo 184º – Repreensão escrita

A sanção disciplinar de repreensão escrita é aplicável a infrações leves de serviço.

Artigo 185º – Multa

A sanção disciplinar de multa é aplicável a casos de negligência ou má compreensão dos deveres funcionais, nomeadamente aos trabalhadores que:

a) Não observem os procedimentos estabelecidos ou cometam erros por negligência, de que não resulte prejuízo relevante para o serviço;

b) Desobedeçam às ordens dos superiores hierárquicos, sem consequências importantes;

c) Não usem de correção para com os superiores hierárquicos, subordinados ou colegas ou para com o público;

d) Pelo defeituoso cumprimento ou desconhecimento das disposições legais e regulamentares ou das ordens superiores, demonstrem falta de zelo pelo serviço;

e) Não façam as comunicações de impedimentos e suspeições previstas no Código do Procedimento Administrativo.

(Cf. Declaração de Retificação nº 37-A/2014, de 19-08)

Artigo 186º – Suspensão

A sanção disciplinar de suspensão é aplicável aos trabalhadores que atuem com grave negligência ou com grave desinteresse pelo cumprimento dos deveres funcionais e àqueles cujos comportamentos atentem gravemente contra a dignidade e o prestígio da função, nomeadamente quando:

a) Deem informação errada a superior hierárquico;

b) Compareçam ao serviço em estado de embriaguez ou sob o efeito de estupefacientes ou drogas equiparadas;

c) Exerçam funções em acumulação, sem autorização ou apesar de não autorizados ou, ainda, quando a autorização tenha sido concedida com base em informações ou elementos, por eles fornecidos, que se revelem falsos ou incompletos;

d) Demonstrem desconhecimento de normas essenciais reguladoras do serviço, do qual haja resultado prejuízos para o órgão ou serviço ou para terceiros;

e) Dispensem tratamento de favor a determinada entidade, singular ou coletiva;

f) Omitam informação que possa ou deva ser prestada ao cidadão ou, com violação da lei em vigor sobre acesso à informação, revelem factos ou documentos relacionados com os procedimentos administrativos, em curso ou concluídos;

g) Desobedeçam escandalosamente, ou perante o público e em lugar aberto ao mesmo, às ordens superiores;

h) Prestem falsas declarações sobre justificação de faltas;

i) Violem os procedimentos da avaliação do desempenho, incluindo a aposição de datas sem correspondência com o momento da prática do ato;

j) Agridam, injuriem ou desrespeitem gravemente superior hierárquico, colega, subordinado ou terceiro, fora dos locais de serviço, por motivos relacionados com o exercício das funções;

k) Recebam fundos, cobrem receitas ou recolham verbas de que não prestem contas nos prazos legais;

l) Violem, com culpa grave ou dolo, o dever de imparcialidade no exercício das funções;

m) Usem ou permitam que outrem use ou se sirva de quaisquer bens pertencentes aos órgãos ou serviços, cuja posse ou utilização lhes esteja confiada, para fim diferente daquele a que se destinam;

n) Violem os deveres previstos nos nºs 1 e 2 do artigo 24º.

Artigo 187º - Despedimento disciplinar ou demissão

As sanções de despedimento disciplinar ou de demissão são aplicáveis em caso de infração que inviabilize a manutenção do vínculo de emprego público nos termos previstos na presente lei.

Artigo 188º - Cessação da comissão de serviço

1. A sanção disciplinar de cessação da comissão de serviço é aplicável, a título principal, aos titulares de cargos dirigentes e equiparados que:

a) Não procedam disciplinarmente contra os trabalhadores seus subordinados pelas infrações de que tenham conhecimento;

b) Não participem criminalmente infração disciplinar de que tenham conhecimento no exercício das suas funções, que revista caráter penal;

c) Autorizem, informem favoravelmente ou omitam informação, relativamente à situação jurídico-funcional de trabalhadores, em violação das normas que regulam o vínculo de emprego público;

d) Violem as normas relativas à celebração de contratos de prestação de serviço.

2. A sanção disciplinar de cessação da comissão de serviço é sempre aplicada acessoriamente aos titulares de cargos dirigentes e equiparados por qualquer infração disciplinar punida com sanção disciplinar igual ou superior à de multa.

Artigo 189º – Medida das sanções disciplinares

Na aplicação das sanções disciplinares atende-se aos critérios gerais enunciados nos artigos 184º a 188º, à natureza, à missão e às atribuições do órgão ou serviço, ao cargo ou categoria do trabalhador, às particulares responsabilidades inerentes à modalidade do seu vínculo de emprego público, ao grau de culpa, à sua personalidade e a todas as circunstâncias em que a infração tenha sido cometida que militem contra ou a favor dele.

Artigo 190º – Circunstâncias dirimentes e atenuantes da responsabilidade disciplinar

1. São circunstâncias dirimentes da responsabilidade disciplinar:

a) A coação física;

b) A privação acidental e involuntária do exercício das faculdades intelectuais no momento da prática da infração;

c) A legítima defesa, própria ou alheia;

d) A não exigibilidade de conduta diversa;

e) O exercício de um direito ou o cumprimento de um dever.

2. São circunstâncias atenuantes especiais da infração disciplinar:

a) A prestação de mais de 10 anos de serviço com exemplar comportamento e zelo;

b) A confissão espontânea da infração;

c) A prestação de serviços relevantes ao povo português e a atuação com mérito na defesa da liberdade e da democracia;

d) A provocação;

e) O acatamento bem intencionado de ordem ou instrução de superior hierárquico, nos casos em que não fosse devida obediência.

3. Quando existam circunstâncias atenuantes que diminuam substancialmente a culpa do trabalhador, a sanção disciplinar pode ser atenuada, aplicando-se sanção disciplinar inferior.

Artigo 191º – Circunstâncias agravantes especiais da responsabilidade disciplinar

1. São circunstâncias agravantes especiais da infração disciplinar:

a) A intenção de, pela conduta seguida, produzir resultados prejudiciais ao órgão ou serviço ou ao interesse geral, independentemente de estes se terem verificado;

b) A produção efetiva de resultados prejudiciais ao órgão ou serviço ou ao interesse geral, nos casos em que o trabalhador pudesse prever essa consequência como efeito necessário da sua conduta;

c) A premeditação;

d) A comparticipação com outros indivíduos para a sua prática;

e) O facto de ter sido cometida durante o cumprimento de sanção disciplinar ou enquanto decorria o período de suspensão da sanção disciplinar;

f) A reincidência;

g) A acumulação de infrações.

2. A premeditação consiste na intenção de cometimento da infração, pelo menos, 24 horas antes da sua prática.

3. A reincidência ocorre quando a infração é cometida antes de decorrido um ano sobre o dia em que tenha findado o cumprimento de sanção disciplinar aplicada por virtude de infração anterior.

4. A acumulação ocorre quando duas ou mais infrações são cometidas na mesma ocasião ou quando uma é cometida antes de ter sido punida a anterior.

Artigo 192º – Suspensão da sanção disciplinar

1. As sanções disciplinares previstas nas alíneas *a*) a *c*) do nº 1 do artigo 180º podem ser suspensas quando, atendendo à personalidade do trabalhador, às condições da sua vida, à sua conduta anterior e posterior à infração e às circunstâncias desta, se conclua que a simples censura do comportamento e a ameaça da sanção disciplinar realizam de forma adequada e suficiente as finalidades da punição.

2. O tempo de suspensão da sanção disciplinar não é inferior a seis meses para as sanções disciplinares de repreensão escrita e de multa e a um ano para a sanção disciplinar de suspensão, nem superior a um e dois anos, respetivamente.

3. Os tempos previstos no número anterior contam-se desde a data da notificação ao trabalhador da respetiva decisão.

4. A suspensão caduca quando o trabalhador venha a ser, no seu decurso, condenado novamente em processo disciplinar.

Artigo 193º – Prescrição das sanções disciplinares

As sanções disciplinares prescrevem nos prazos seguintes, contados da data em que a decisão se tornou inimpugnável:

a) Um mês, nos casos de sanção disciplinar de repreensão escrita;

b) Três meses, nos casos de sanção disciplinar de multa;

c) Seis meses, nos casos de sanção disciplinar de suspensão;

d) Um ano, nos casos de sanções disciplinares de despedimento disciplinar ou de demissão e de cessação da comissão de serviço.

SECÇÃO III – Procedimentos disciplinares

SUBSECÇÃO I – Disposições gerais

Artigo 194º – Obrigatoriedade de processo disciplinar

1. As sanções disciplinares de multa e superiores são sempre aplicadas após o apuramento dos factos em processo disciplinar.

2. A sanção disciplinar de repreensão escrita é aplicada sem dependência de processo, mas com audiência e defesa do trabalhador.

3. A requerimento do trabalhador é lavrado auto das diligências referidas no número anterior, na presença de duas testemunhas por ele indicadas.

4. Para os efeitos do disposto no nº 2, o trabalhador tem o prazo máximo de cinco dias para, querendo, produzir a sua defesa por escrito.

Artigo 195º – Formas de processo

1. O processo disciplinar é comum ou especial.

2. O processo especial aplica-se nos casos expressamente previstos na lei e o comum em todos os casos a que não corresponda processo especial.

3. Os processos especiais regulam-se pelas disposições que lhes são próprias e, na parte nelas não prevista, pelas disposições respeitantes ao processo comum.

Artigo 196º – Competência para a instauração do procedimento disciplinar

1. Sem prejuízo do disposto nos números seguintes, é competente para instaurar ou mandar instaurar procedimento disciplinar contra os respetivos subordinados qualquer superior hierárquico, ainda que não seja competente para aplicar a sanção.

2. Compete ao membro do Governo respetivo a instauração de procedimento disciplinar contra os dirigentes máximos dos órgãos ou serviços.

3. A competência disciplinar dos superiores hierárquicos envolve a dos seus inferiores hierárquicos dentro do órgão ou serviço.

Artigo 197º – Competência para aplicação das sanções disciplinares

1. A aplicação da sanção disciplinar prevista na alínea *a)* do nº 1 do artigo 180º é da competência de todos os superiores hierárquicos em relação aos seus subordinados.

2. A aplicação das restantes sanções disciplinares previstas nos nºs 1 e 2 do artigo 180º é da competência do dirigente máximo do órgão ou serviço.

3. Compete ao membro do Governo respetivo a aplicação de qualquer sanção disciplinar aos dirigentes máximos dos órgãos ou serviços.

4. Nas autarquias locais, associações e federações de municípios, bem como nos serviços municipalizados, a aplicação das sanções disciplinares previstas nos nºs 1 e 2 do artigo 180º é da competência, respetivamente, dos correspondentes órgãos executivos, bem como dos conselhos de administração.

5. Nas assembleias distritais, a aplicação das sanções disciplinares previstas nos nºs 1 e 2 do artigo 180º é da competência do respetivo plenário.

6. A competência prevista nos números anteriores não é delegável.

Artigo 198º – Local da instauração e mudança de órgão ou serviço na pendência do procedimento

1. O procedimento disciplinar é instaurado no órgão ou serviço em que o trabalhador exerce funções à data da infração.

2. Quando, após a prática de uma infração disciplinar ou já na pendência do respetivo processo, o trabalhador mude de órgão ou serviço, a sanção disciplinar é aplicada pela entidade competente à data em que tenha de ser proferida decisão, sem prejuízo de o procedimento ter sido mandado instaurar e ter sido instruído no âmbito do órgão ou serviço em que o trabalhador exercia funções à data da infração.

Artigo 199º - Apensação de processos

1. Para todas as infrações ainda não punidas cometidas por um trabalhador é instaurado um único processo.

2. Tendo sido instaurados diversos processos, são todos apensados àquele que primeiro tenha sido instaurado.

3. Quando, antes da decisão de um procedimento, sejam instaurados novos procedimentos disciplinares contra o mesmo trabalhador, por infração cometida no desempenho de funções, em acumulação, em outros órgãos ou serviços, os novos procedimentos são apensados ao primeiro, ficando a instrução de todos eles a cargo do instrutor deste.

4. No caso referido no número anterior, a instauração dos procedimentos disciplinares é comunicada aos órgãos ou serviços em que o trabalhador desempenha funções, de igual modo se procedendo em relação à decisão proferida.

Artigo 200º - Natureza secreta do processo

1. O processo disciplinar é de natureza secreta até à acusação, podendo, contudo, ser facultado ao trabalhador, a seu requerimento, para exame, sob condição de não divulgar o que dele conste.

2. O indeferimento do requerimento a que se refere o número anterior é comunicado ao trabalhador no prazo de três dias.

3. Não obstante a sua natureza secreta, é permitida a passagem de certidões quando destinadas à defesa de interesses legalmente protegidos e em face de requerimento especificando o fim a que se destinam, podendo ser proibida, sob sanção disciplinar de desobediência, a sua publicação.

4. A passagem de certidões é autorizada pelo instrutor até ao termo da fase de defesa do trabalhador, sendo gratuita quando requerida por este.

5. Ao trabalhador que divulgue matéria de natureza secreta, nos termos do presente artigo, é instaurado, por esse facto, novo procedimento disciplinar.

Artigo 201º - Forma dos atos processuais e atos oficiosos

1. A forma dos atos, quando não seja regulada por lei, ajusta-se ao fim que se tem em vista e limita-se ao indispensável para atingir essa finalidade.

2. Nos casos omissos, o instrutor pode adotar as providências que se afigurem convenientes para a descoberta da verdade, em conformidade com os princípios gerais do processo penal.

Artigo 202º - Constituição de advogado

1. O trabalhador pode constituir advogado em qualquer fase do processo, nos termos gerais de direito.

2. O advogado exerce os direitos que a lei reconhece ao trabalhador.

Artigo 203º – Nulidades

1. É insuprível a nulidade resultante da falta de audiência do trabalhador em artigos de acusação, bem como a que resulte de omissão de quaisquer diligências essenciais para a descoberta da verdade.

2. As restantes nulidades consideram-se supridas quando não sejam objeto de reclamação pelo trabalhador até à decisão final.

3. Do despacho que indefira o requerimento de quaisquer diligências probatórias cabe recurso hierárquico ou tutelar para o respetivo membro do Governo, a interpor no prazo de cinco dias.

4. O recurso referido no número anterior sobe imediatamente nos próprios autos, considerando-se procedente quando, no prazo de 10 dias, não seja proferida decisão que expressamente o indefira.

Artigo 204º – Alteração da situação jurídico-funcional do trabalhador

O trabalhador objeto de processo disciplinar, ainda que suspenso preventivamente, não está impedido de alterar, nos termos legais, a sua situação jurídico-funcional, designadamente candidatando-se a procedimentos concursais.

SUBSECÇÃO II – Procedimento disciplinar comum

DIVISÃO I – Fase de instrução do processo

Artigo 205º – Início e termo da instrução

1. A instrução do processo disciplinar inicia-se no prazo máximo de 10 dias, a contar da data da notificação ao instrutor do despacho que o mandou instaurar, e ultima-se no prazo de 45 dias, só podendo ser excedido este prazo por despacho da entidade que o mandou instaurar, sob proposta fundamentada do instrutor, nos casos de excecional complexidade.

2. O prazo de 45 dias referido no número anterior conta-se da data de início da instrução, determinada nos termos do número seguinte.

3. O instrutor informa a entidade que o tenha nomeado, bem como o trabalhador e o participante, da data em que dê início à instrução.

4. O procedimento disciplinar é urgente, sem prejuízo das garantias de audiência e defesa do trabalhador.

Artigo 206º – Participação ou queixa

1. Todos os que tenham conhecimento de que um trabalhador praticou infração disciplinar podem participá-la a qualquer superior hierárquico daquele.

2. Quando se verifique que a entidade que recebeu a participação ou queixa não tem competência para instaurar o procedimento disciplinar, aquelas são imediatamente remetidas à entidade competente para o efeito.

3. Para os efeitos do disposto no número seguinte, quando um trabalhador deixe de comparecer ao serviço, sem justificação, durante cinco dias seguidos ou 10 interpolados, o respetivo superior hierárquico participa o facto, de imediato, ao dirigente máximo do órgão ou serviço.

4. O dirigente máximo do órgão ou serviço pode considerar, do ponto de vista disciplinar, justificada a ausência, determinando o imediato arquivamento da participação quando o trabalhador faça prova de motivos que considere atendíveis.

5. As participações ou queixas verbais são reduzidas a escrito por quem as receba.

6. Quando conclua que a participação é infundada e dolosamente apresentada no intuito de prejudicar o trabalhador ou que contém matéria difamatória ou injuriosa, a entidade competente para punir participa o facto criminalmente, sem prejuízo de instauração de procedimento disciplinar ao trabalhador.

Artigo 207º - Despacho liminar

1. Assim que seja recebida participação ou queixa, a entidade competente para instaurar procedimento disciplinar decide se a ele deve ou não haver lugar.

2. Quando entenda que não há lugar a procedimento disciplinar, a entidade referida no número anterior manda arquivar a participação ou queixa.

3. No caso contrário, instaura ou determina que se instaure procedimento disciplinar.

4. Quando não tenha competência para aplicação da sanção disciplinar e entenda que não há lugar a procedimento disciplinar, a entidade referida no nº 1 sujeita o assunto a decisão da entidade competente.

Artigo 208º - Nomeação do instrutor

1. A entidade que instaure procedimento disciplinar nomeia um instrutor, escolhido de entre trabalhadores do mesmo órgão ou serviço, titular de cargo ou de carreira ou categoria de complexidade funcional superior à do trabalhador ou, quando impossível, com antiguidade superior no mesmo cargo ou em carreira ou categoria de complexidade funcional idêntica ou no exercício de funções públicas, preferindo os que possuam adequada formação jurídica.

2. Em casos justificados, a entidade referida no número anterior pode solicitar ao respetivo dirigente máximo a nomeação de instrutor de outro órgão ou serviço.

3. O instrutor pode escolher secretário de sua confiança, cuja nomeação compete à entidade que o nomeou, e, bem assim, requisitar a colaboração de técnicos.

4. As funções de instrução preferem a quaisquer outras que o instrutor tenha a seu cargo, ficando exclusivamente adstrito àquelas.

Artigo 209º - Suspeição do instrutor

1. O trabalhador e o participante podem deduzir a suspeição do instrutor do processo disciplinar quando ocorra circunstância por causa da qual possa razoavelmente suspeitar-se da sua isenção e da retidão da sua conduta, designadamente:

a) Quando o instrutor tenha sido direta ou indiretamente atingido pela infração;

b) Quando o instrutor seja parente na linha reta ou até ao 3º grau na linha colateral do trabalhador, do participante ou de qualquer trabalhador ou particular ofendido ou de alguém que, com os referidos indivíduos, viva em economia comum;

c) Quando esteja pendente processo jurisdicional em que o instrutor e o trabalhador ou o participante sejam intervenientes;

d) Quando o instrutor seja credor ou devedor do trabalhador ou do participante ou de algum seu parente na linha reta ou até ao 3º grau na linha colateral;

e) Quando haja inimizade grave ou grande intimidade entre o trabalhador e o instrutor ou entre este e o participante ou o ofendido.

2. A entidade que tenha mandado instaurar o procedimento disciplinar decide, em despacho fundamentado, no prazo máximo de 48 horas.

Artigo 210º – Medidas cautelares

Compete ao instrutor tomar, desde a sua nomeação, as medidas adequadas para que não se possa alterar o estado dos factos e documentos em que se descobriu ou se presume existir alguma irregularidade, nem subtrair as provas desta.

Artigo 211º – Suspensão preventiva

1. O trabalhador pode, sob proposta da entidade que tenha instaurado o procedimento disciplinar ou do instrutor, e mediante despacho do dirigente máximo do órgão ou serviço, ser preventivamente suspenso do exercício das suas funções, sem perda da remuneração base, até decisão do procedimento, mas por prazo não superior a 90 dias, sempre que a sua presença se revele inconveniente para o serviço ou para o apuramento da verdade.

2. A suspensão prevista no número anterior só pode ter lugar em caso de infração punível com sanção disciplinar de suspensão ou superior.

3. A notificação da suspensão preventiva é acompanhada de indicação, ainda que genérica, da infração ou infrações imputadas ao trabalhador.

Artigo 212º – Instrução do processo

1. O instrutor faz autuar o despacho com a participação ou queixa e procede à instrução, ouvindo o participante, as testemunhas por este indicadas e as mais que julgue necessárias, procedendo a exames e mais diligências que possam esclarecer a verdade e fazendo juntar aos autos o certificado de registo disciplinar do trabalhador.

2. O instrutor ouve o trabalhador, a requerimento deste e sempre que o entenda conveniente, até se ultimar a instrução, e pode também acareá-lo com as testemunhas ou com o participante.

3. Durante a fase de instrução, o trabalhador pode requerer ao instrutor que promova as diligências para que tenha competência e consideradas por aquele essenciais para apuramento da verdade.

4. Quando o instrutor julgue suficiente a prova produzida, pode, em despacho fundamentado, indeferir o requerimento referido no número anterior.

5. As diligências que tenham de ser feitas fora do lugar onde corra o processo disciplinar podem ser requisitadas à respetiva autoridade administrativa ou policial.

6. Na fase de instrução do processo o número de testemunhas é ilimitado, sendo aplicável o disposto nos nºs 4 e 5.

7. Durante a fase de instrução e até à elaboração do relatório final, podem ser ouvidos, a requerimento do trabalhador, representantes da associação sindical a que o mesmo pertença.

Artigo 213º - Termo da instrução

1. Concluída a instrução, quando o instrutor entenda que os factos constantes dos autos não constituem infração disciplinar, que não foi o trabalhador o autor da infração ou que não é de exigir responsabilidade disciplinar por virtude de prescrição ou de outro motivo, elabora, no prazo de cinco dias, o seu relatório final, que remete imediatamente com o respetivo processo à entidade que o tenha mandado instaurar, com proposta de arquivamento.

2. No caso contrário ao referido no número anterior, o instrutor deduz, articuladamente, no prazo de 10 dias, a acusação.

3. A acusação contém a indicação dos factos integrantes da mesma, bem como das circunstâncias de tempo, modo e lugar da prática da infração, bem como das que integram atenuantes e agravantes, acrescentando a referência aos preceitos legais respetivos e às sanções disciplinares aplicáveis.

DIVISÃO II - Fase de defesa do trabalhador

Artigo 214º - Notificação da acusação

1. Da acusação extrai-se cópia, no prazo de 48 horas, para ser entregue ao trabalhador mediante notificação pessoal ou, não sendo esta possível, por carta registada com aviso de receção, marcando-se-lhe um prazo entre 10 e 20 dias para apresentar a sua defesa escrita.

2. Quando não seja possível a notificação nos termos do número anterior, designadamente por ser desconhecido o paradeiro do trabalhador, é publicado aviso na 2ª série do *Diário da República*, notificando-o para apresentar a sua defesa em prazo não inferior a 30 nem superior a 60 dias, a contar da data da publicação.

3. O aviso deve apenas conter a menção de que se encontra pendente contra o trabalhador procedimento disciplinar e indicar o prazo fixado para apresentar a defesa.

4. Quando o processo seja complexo, pelo número e natureza das infrações ou por abranger vários trabalhadores, e precedendo autorização da entidade que mandou instaurar o procedimento, o instrutor pode conceder prazo superior ao previsto no nº 1, até ao limite de 60 dias.

5. Quando sejam suscetíveis de aplicação as sanções de despedimento disciplinar, demissão ou cessação da comissão de serviço, a cópia da acusação é igualmente remetida, no prazo previsto no nº 1, à comissão de trabalhadores, e quando o trabalhador seja representante sindical, à associação sindical respetiva.

6. A remessa de cópia da acusação, nos termos do número anterior, não tem lugar quando o trabalhador a ela se tenha oposto por escrito durante a fase de instrução.

Artigo 215º – Incapacidade física ou mental

1. Quando o trabalhador esteja incapacitado de organizar a sua defesa por motivo de doença ou incapacidade física devidamente comprovadas, pode nomear um representante especialmente mandatado para o efeito.

2. Quando o trabalhador não possa exercer o direito referido no número anterior, o instrutor nomeia-lhe imediatamente um curador, preferindo a pessoa a quem competiria o acompanhamento, se este fosse requerido nos termos da lei civil.

3. A nomeação referida no número anterior é restrita ao procedimento disciplinar, podendo o representante usar de todos os meios de defesa facultados ao trabalhador.

4. Quando o instrutor tenha dúvidas sobre se o estado mental do trabalhador o inibe de organizar a sua defesa, solicita uma perícia psiquiátrica nos termos do nº 6 do artigo 159º do Código de Processo Penal, aplicável com as necessárias adaptações.

5. A realização da perícia psiquiátrica pode também ser solicitada nos termos do nº 7 do artigo 159º do Código de Processo Penal, aplicável com as necessárias adaptações.

(Redação dada pela Lei nº 49/2018, de 14-08)

Artigo 216º – Exame do processo e apresentação da defesa

1. Sem prejuízo do disposto no artigo seguinte, durante o prazo para apresentação da defesa, pode o trabalhador ou o seu representante ou curador referidos no artigo anterior, bem como o advogado por qualquer deles constituído, examinar o processo a qualquer hora de expediente.

2. A resposta é assinada pelo trabalhador ou por qualquer dos seus representantes referidos no número anterior e é apresentada no lugar onde o procedimento tenha sido instaurado.

3. Quando remetida pelo correio, a resposta considera-se apresentada na data da sua expedição.

4. Na resposta, o trabalhador expõe com clareza e concisão os factos e as razões da sua defesa.

5. A resposta que revele ou se traduza em infrações estranhas à acusação e que não interesse à defesa é autuada, dela se extraindo certidão, que passa a ser considerada como participação para efeitos de novo procedimento.

6. Com a resposta, pode o trabalhador apresentar o rol das testemunhas e juntar documentos, requerendo também quaisquer diligências.

7. A falta de resposta dentro do prazo marcado vale como efetiva audiência do trabalhador, para todos os efeitos legais.

Artigo 217º - Confiança do processo

O processo pode ser confiado ao advogado do trabalhador, nos termos e sob a cominação previstos no Código de Processo Civil, aplicáveis com as necessárias adaptações.

Artigo 218º - Produção da prova oferecida pelo trabalhador

1. As diligências requeridas pelo trabalhador podem ser recusadas em despacho do instrutor, devidamente fundamentado, quando manifestamente impertinentes e desnecessárias.

2. Não podem ser ouvidas mais de três testemunhas por cada facto, podendo as que não residam no lugar onde corre o processo, quando o trabalhador não se comprometa a apresentá-las, ser ouvidas por solicitação a qualquer autoridade administrativa.

3. O instrutor pode recusar a inquirição das testemunhas quando considere suficientemente provados os factos alegados pelo trabalhador.

4. A autoridade a quem seja solicitada a inquirição, nos termos da parte final do nº 2, pode designar instrutor *ad hoc* para o ato requerido.

5. As diligências para a inquirição de testemunhas são notificadas ao trabalhador.

6. Aplica-se à inquirição referida na parte final do nº 2, com as necessárias adaptações, o disposto nos artigos 111º e seguintes do Código de Processo Penal.

7. O advogado do trabalhador pode estar presente e intervir na inquirição das testemunhas.

8. O instrutor inquire as testemunhas e reúne os demais elementos de prova oferecidos pelo trabalhador, no prazo de 20 dias, o qual pode ser prorrogado, por despacho, até 40 dias, quando o exijam as diligências referidas na parte final do nº 2.

9. Finda a produção da prova oferecida pelo trabalhador, podem ainda ordenar-se, em despacho, novas diligências que se tornem indispensáveis para o completo esclarecimento da verdade.

DIVISÃO III - Fase da decisão

Artigo 219º - Relatório final do instrutor

1. Finda a fase de defesa do trabalhador, o instrutor elabora, no prazo de cinco dias, um relatório final completo e conciso donde constem a existência material das faltas, a sua qualificação e gravidade, importâncias que porventura haja a repor e seu destino, bem como a sanção disciplinar que entenda justa ou a proposta para que os autos se arquivem por ser insubsistente a acusação, designadamente por inimputabilidade do trabalhador.

2. A entidade competente para a decisão pode, quando a complexidade do processo o exija, prorrogar o prazo fixado no número anterior, até ao limite total de 20 dias.

3. O processo, depois de relatado, é remetido, no prazo de 24 horas, à entidade que o tenha mandado instaurar, a qual, quando não seja competente para decidir, o envia no prazo de dois dias a quem deva proferir a decisão.

4. Quando seja proposta a aplicação das sanções disciplinares de despedimento disciplinar, demissão ou cessação da comissão de serviço, a entidade competente para a decisão apresenta o processo, por cópia integral, à comissão de trabalhadores e, quando o trabalhador seja representante sindical, à associação sindical respetiva, que podem, no prazo de cinco dias, juntar o seu parecer fundamentado.

5. A remessa da decisão, nos termos do número anterior, não tem lugar quando o trabalhador a ela se tenha oposto por escrito durante a fase de instrução.

Artigo 220º – Decisão

1. Junto o parecer referido no nº 4 do artigo anterior, ou decorrido o prazo para o efeito, sendo o caso, a entidade competente analisa o processo, concordando ou não com as conclusões do relatório final, podendo ordenar novas diligências, a realizar no prazo que para tal estabeleça.

2. Antes da decisão, a entidade competente pode solicitar ou determinar a emissão, no prazo de 10 dias, de parecer por parte do superior hierárquico do trabalhador ou de unidades orgânicas do órgão ou serviço a que o mesmo pertença.

3. O despacho que ordene a realização de novas diligências ou que solicite a emissão de parecer é proferido no prazo máximo de 30 dias, a contar da data da receção do processo.

4. A decisão do procedimento é sempre fundamentada quando não concordante com a proposta formulada no relatório final do instrutor, sendo proferida no prazo máximo de 30 dias, a contar das seguintes datas:

a) Da receção do processo, quando a entidade competente para punir concorde com as conclusões do relatório final;

b) Do termo do prazo que marque, quando ordene novas diligências;

c) Do termo do prazo fixado para emissão de parecer.

5. Na decisão não podem ser invocados factos não constantes da acusação nem referidos na resposta do trabalhador, exceto quando excluam, dirimam ou atenuem a sua responsabilidade disciplinar.

6. O incumprimento dos prazos referidos nos nºs 3 e 4 determina a caducidade do direito de aplicar a sanção.

Artigo 221º – Pluralidade de trabalhadores acusados

1. Quando vários trabalhadores sejam acusados do mesmo facto ou de factos entre si conexos, a entidade que tenha competência para sancionar o trabalhador de cargo ou de carreira ou categoria de complexidade funcional superior decide relativamente a todos os trabalhadores.

2. Quando os trabalhadores sejam titulares do mesmo cargo ou de carreira ou categoria de complexidade funcional idêntica, a decisão cabe à entidade que tenha competência para sancionar o trabalhador com antiguidade superior no exercício de funções públicas.

Artigo 222º – Notificação da decisão

1. A decisão é notificada ao trabalhador, observando-se, com as necessárias adaptações, o regime disposto para a notificação da acusação.

2. A entidade que tenha decidido o procedimento pode autorizar que a notificação do trabalhador seja protelada pelo prazo máximo de 30 dias, quando se trate de sanção disciplinar que implique suspensão ou cessação de funções por parte do infrator, desde que da execução da decisão disciplinar resultem para o serviço inconvenientes mais graves do que os decorrentes da permanência do trabalhador punido no exercício das suas funções.

3. Na data em que se faça a notificação ao trabalhador é igualmente notificado o instrutor e o participante, quando este o tenha requerido.

4. Quando o processo tenha sido apresentado às estruturas de representação dos trabalhadores, a decisão é igualmente comunicada à comissão de trabalhadores e à associação sindical.

Artigo 223º – Início de produção de efeitos das sanções disciplinares

As sanções disciplinares produzem efeitos no dia seguinte ao da notificação do trabalhador ou, não podendo este ser notificado, 15 dias após a publicação de aviso na 2ª Série do *Diário da República*.

DIVISÃO IV – Impugnações

Artigo 224º – Meios impugnatórios

Os atos proferidos em processo disciplinar podem ser impugnados hierárquica ou tutelarmente, nos termos do Código do Procedimento Administrativo, ou jurisdicionalmente.

Artigo 225º – Recurso hierárquico ou tutelar

1. O trabalhador e o participante podem interpor recurso hierárquico ou tutelar dos despachos e das decisões que não sejam de mero expediente, proferidos pelo instrutor ou pelos superiores hierárquicos daquele.

2. O recurso interpõe-se diretamente para o respetivo membro do Governo, no prazo de 15 dias, a contar da notificação do despacho ou da decisão, ou de 20 dias, a contar da publicação do aviso a que se refere o nº 2 do artigo 214º.

3. Quando o despacho ou a decisão não tenham sido notificados ou quando não tenha sido publicado aviso, o prazo conta-se a partir do conhecimento do despacho ou da decisão.

4. O recurso hierárquico ou tutelar suspende a eficácia do despacho ou da decisão recorridos, exceto quando o seu autor considere que a sua não execução imediata causa grave prejuízo ao interesse público.

5. O membro do Governo pode revogar a decisão de não suspensão referida no número anterior ou tomá-la quando o autor do despacho ou da decisão recorridos o não tenha feito.

6. Nas autarquias locais, associações e federações de municípios, bem como nos serviços municipalizados, não há lugar a recurso tutelar.
7. A sanção disciplinar pode ser agravada ou substituída por sanção disciplinar mais grave em resultado de recurso do participante.

Artigo 226º – Outros meios de prova
1. Com o requerimento de interposição do recurso, o recorrente pode requerer novos meios de prova ou juntar documentos que entenda convenientes, desde que não pudessem ter sido requeridos ou utilizados em devido tempo.
2. O membro do Governo pode também determinar a realização de novas diligências probatórias.
3. As diligências referidas nos números anteriores são autorizadas ou determinadas no prazo de cinco dias, iniciam-se em idêntico prazo e concluem-se no prazo que o membro do Governo entenda fixar.

Artigo 227º – Regime de subida dos recursos
1. Sem prejuízo do disposto no nº 4 do artigo 203º e nos números seguintes, os recursos dos despachos ou das decisões que não ponham termo ao procedimento sobem nos autos com o da decisão final, quando dela se recorra.
2. Sobem imediatamente nos próprios autos os recursos hierárquicos ou tutelares que, ficando retidos, percam por esse facto o efeito útil.
3. Sobe imediatamente nos próprios autos o recurso hierárquico ou tutelar interposto do despacho que não admita a dedução da suspeição do instrutor ou não aceite os fundamentos invocados para a mesma.

Artigo 228º – Renovação do procedimento disciplinar
1. Quando o ato de aplicação da sanção disciplinar tenha sido judicialmente impugnado com fundamento em preterição de formalidade essencial no decurso do processo disciplinar, a instauração do procedimento disciplinar pode ser renovada até ao termo do prazo para contestar a ação judicial.
2. O disposto no número anterior é aplicável quando, cumulativamente:
a) O prazo referido no nº 1 do artigo 178º não se encontre ainda decorrido à data da renovação do procedimento;
b) O fundamento da impugnação não tenha sido previamente apreciado em recurso hierárquico ou tutelar que tenha sido rejeitado ou indeferido;
c) Seja a primeira vez que se opere a renovação do procedimento.

SUBSECÇÃO III – Procedimentos disciplinares especiais

DIVISÃO I – Processos de inquérito e sindicância

Artigo 229º – Inquérito e sindicância
1. Os membros do Governo e os dirigentes máximos dos órgãos ou serviços

podem ordenar inquéritos ou sindicâncias aos órgãos, serviços ou unidades orgânicas na sua dependência ou sujeitos à sua superintendência ou tutela.

2. O inquérito tem por fim apurar factos determinados e a sindicância destina-se a uma averiguação geral acerca do funcionamento do órgão, serviço ou unidade orgânica.

Artigo 230º - Anúncios e editais

1. No processo de sindicância, o sindicante, logo que a ele dê início, fá-lo constar por anúncios publicados em dois jornais, um de expansão nacional e outro de expansão regional, e por meio de editais, cuja afixação é requisitada às autoridades policiais ou administrativas.

2. Nos anúncios e editais declara-se que toda a pessoa que tenha razão de queixa ou de agravo contra o regular funcionamento dos órgãos, serviços ou unidades orgânicas sindicados se pode apresentar ao sindicante, no prazo designado, ou a ele apresentar queixa por escrito e pelo correio.

3. A queixa por escrito contém os elementos completos de identificação do queixoso.

4. No prazo de 48 horas após a receção da queixa, o sindicante notifica o queixoso, marcando-lhe dia, hora e local para prestar declarações.

5. A publicação dos anúncios pela imprensa é obrigatória para os periódicos a que sejam remetidos, aplicando-se, em caso de recusa, a sanção disciplinar correspondente ao crime de desobediência qualificada, sendo a despesa a que dê causa documentada pelo sindicante, para efeitos de pagamento.

Artigo 231º - Relatório e trâmites ulteriores

1. Concluída a instrução, o inquiridor ou sindicante elabora, no prazo de 10 dias, o seu relatório, que remete imediatamente à entidade que mandou instaurar o procedimento.

2. O prazo fixado no número anterior pode ser prorrogado pela entidade que mandou instaurar o procedimento até ao limite máximo, improrrogável, de 30 dias, quando a complexidade do processo o justifique.

3. Verificando-se a existência de infrações disciplinares, a entidade que instaurou os procedimentos instaura os procedimentos disciplinares a que haja lugar.

4. O processo de inquérito ou de sindicância pode constituir, por decisão da entidade referida no nº 2, a fase de instrução do processo disciplinar, deduzindo o instrutor, no prazo de 48 horas, a acusação do trabalhador ou dos trabalhadores, seguindo-se os demais termos previstos na presente lei.

5. Nos processos de inquérito, os trabalhadores visados podem, a todo o tempo, constituir advogado.

DIVISÃO II – Processo disciplinar especial de averiguações

Artigo 232º – Instauração

1. Quando um trabalhador com vínculo de emprego público tenha obtido duas avaliações do desempenho negativas consecutivas, o dirigente máximo do órgão ou serviço instaura, obrigatória e imediatamente, processo de averiguações.

2. O disposto no número anterior não é aplicável ao titular de cargos dirigente ou equiparado.

3. O processo de averiguações destina-se a apurar se o desempenho que justificou aquelas avaliações constitui infração disciplinar imputável ao trabalhador avaliado por violação culposa de deveres funcionais, designadamente do dever de zelo.

4. É causa de exclusão da culpabilidade da violação dos deveres funcionais a não frequência de formação, ou a frequência de formação inadequada, aquando da primeira avaliação negativa do trabalhador.

5. O procedimento de averiguações prescreve decorridos três meses, contados da data em que foi instaurado quando, nesse prazo, não tenha tido lugar a receção do relatório final pela entidade competente.

6. Quando, no processo de averiguações, sejam detetados indícios de violação de outros deveres funcionais por parte de quaisquer intervenientes nos processos de avaliação do desempenho, o instrutor participa-os ao dirigente máximo do órgão ou serviço, para efeitos de eventual instauração do correspondente procedimento de inquérito ou disciplinar.

Artigo 233º – Tramitação

1. O dirigente máximo do órgão ou serviço nomeia o averiguante de entre dirigentes que nunca tenham avaliado o trabalhador ou, na falta destes, solicita a outro dirigente máximo de outro órgão ou serviço que o nomeie.

2. O averiguante reúne todos os documentos respeitantes às avaliações e à formação frequentada e ouve, obrigatoriamente, o trabalhador e todos os avaliadores que tenham tido intervenção nas avaliações negativas.

3. Quando algum avaliador não possa ser ouvido, o averiguante justifica circunstanciadamente esse facto no relatório final, referindo e documentando, designadamente, todas as diligências feitas para o conseguir.

4. O trabalhador pode indicar o máximo de três testemunhas, que o averiguante ouve obrigatoriamente, e juntar documentos até ao termo da instrução.

5. Todas as diligências instrutórias são concluídas no prazo máximo de 20 dias, a contar da data da instauração do procedimento, o que é comunicado ao dirigente máximo do órgão ou serviço e ao trabalhador.

Artigo 234º – Relatório e decisão

1. No prazo de 10 dias, a contar da data de conclusão da instrução, o averiguante elabora o relatório final fundamentado, que remete ao dirigente máximo do órgão ou serviço, no qual pode propor:

a) O arquivamento do processo, quando entenda que não deve haver lugar a procedimento disciplinar por ausência de violação dos deveres funcionais;

b) A instauração de procedimento disciplinar por violação de deveres funcionais.

2. Quando o dirigente máximo do órgão ou serviço tenha sido um dos avaliadores do trabalhador, o processo é remetido ao respetivo membro do Governo para decisão.

3. O disposto no número anterior não é aplicável nas autarquias locais, associações e federações de municípios, bem como nos serviços municipalizados.

4. É aplicável ao processo de averiguações, com as necessárias adaptações, o disposto nos nºs 4 e 5 do artigo 231º.

5. Proposta a instauração de procedimento disciplinar, a infração considera-se cometida, para todos os efeitos legais, designadamente os previstos no artigo 178º, na data daquela proposta.

DIVISÃO III – Revisão do procedimento disciplinar

Artigo 235º – Requisitos da revisão

1. A revisão do procedimento disciplinar é admitida, a todo o tempo, quando se verifiquem circunstâncias ou meios de prova suscetíveis de demonstrar a inexistência dos factos que determinaram a condenação, desde que não pudessem ter sido utilizados pelo trabalhador no procedimento disciplinar.

2. A simples ilegalidade, de forma ou de fundo, do procedimento e da decisão disciplinares não constitui fundamento para a revisão.

3. A revisão pode conduzir à revogação ou à alteração da decisão proferida no procedimento revisto, não podendo em caso algum ser agravada a pena.

4. A pendência de recurso hierárquico ou tutelar ou de ação jurisdicional não prejudica o requerimento de revisão do procedimento disciplinar.

Artigo 236º – Legitimidade

1. O interessado na revisão do procedimento disciplinar ou, nos casos previstos no nº 1 do artigo 215º, o seu representante, apresenta requerimento nesse sentido à entidade que tenha aplicado a sanção disciplinar.

2. O requerimento indica as circunstâncias ou meios de prova não considerados no procedimento disciplinar que ao requerente parecem justificar a revisão e é instruído com os documentos indispensáveis.

Artigo 237º – Decisão sobre o requerimento

1. Recebido o requerimento, a entidade que tenha aplicado a sanção disciplinar resolve, no prazo de 30 dias, se deve ou não ser concedida a revisão do procedimento.

2. O despacho que não conceda a revisão é impugnável nos termos do Código de Processo nos Tribunais Administrativos.

Artigo 238º – Trâmites

1. Quando seja concedida a revisão, o requerimento e o despacho são apensos ao processo disciplinar, nomeando-se instrutor diferente do primeiro, que marca ao trabalhador prazo não inferior a 10 dias nem superior a 20 dias para responder por escrito aos artigos da acusação constantes do procedimento a rever, seguindo-se os termos dos artigos 222º e seguintes.

2. O processo de revisão do procedimento não suspende o cumprimento da sanção.

Artigo 239º – Efeitos da revisão procedente

1. Julgando-se procedente a revisão, é revogada ou alterada a decisão proferida no procedimento revisto.

2. A revogação produz os seguintes efeitos:

a) Cancelamento do registo da sanção disciplinar no processo individual do trabalhador;

b) Anulação dos efeitos da sanção.

3. Em caso de revogação ou de alteração das sanções disciplinares de despedimento disciplinar ou demissão, o trabalhador tem direito a restabelecer o vínculo de emprego público na modalidade em que se encontrava constituído.

4. Em qualquer caso de revogação ou de alteração da sanção, o trabalhador tem ainda direito a:

a) Reconstituir a situação jurídico-funcional atual hipotética;

b) Ser indemnizado, nos termos gerais de direito, pelos danos morais e patrimoniais sofridos.

DIVISÃO IV – Reabilitação

Artigo 240º – Regime aplicável

1. Os trabalhadores condenados em quaisquer sanções disciplinares podem ser reabilitados independentemente da revisão do procedimento disciplinar, sendo competente para o efeito a entidade à qual cabe a aplicação da sanção.

2. A reabilitação é concedida a quem a tenha merecido pela sua boa conduta, podendo o interessado utilizar para o comprovar todos os meios de prova admitidos em direito.

3. A reabilitação é requerida pelo trabalhador ou pelo seu representante, decorridos os prazos seguintes sobre a aplicação das sanções disciplinares de repreensão escrita, despedimento disciplinar, demissão e cessação da comissão de serviço ou sobre o cumprimento das sanções disciplinares de multa e suspensão, bem como sobre o decurso do tempo de suspensão de qualquer sanção:

a) Seis meses, no caso de repreensão escrita;

b) Um ano, no caso de multa;

c) Dois anos, no caso de suspensão e de cessação da comissão de serviço;

d) Três anos, no caso de despedimento disciplinar ou demissão.

4. A reabilitação faz cessar as incapacidades e demais efeitos da condenação ainda subsistentes, sendo registada no processo individual do trabalhador.

5. A concessão da reabilitação não atribui ao trabalhador a quem tenha sido aplicada sanção disciplinar de despedimento disciplinar ou demissão o direito de, por esse facto, restabelecer o vínculo de emprego público previamente constituído.

CAPÍTULO VIII - Vicissitudes modificativas

SECÇÃO I - Cedência de interesse público

Artigo 241º - Regras gerais de cedência de interesse público

1. Mediante acordo de cedência de interesse público entre empregador público e empregador fora do âmbito de aplicação da presente lei pode ser disponibilizado trabalhador para prestar a sua atividade subordinada, com manutenção do vínculo inicial.

2. O acordo de cedência de interesse público carece da aceitação do trabalhador e de autorização do membro do Governo que exerça poderes de direção, superintendência ou tutela sobre o empregador público e, no caso de se tratar de trabalhador com vínculo a empregador fora do âmbito de aplicação da presente lei, de autorização dos membros do Governo responsáveis pelas áreas das finanças e da Administração Pública.

3. A cedência de interesse público determina para o trabalhador em funções públicas a suspensão do respetivo vínculo, salvo disposição legal em contrário.

4. Não pode haver lugar, durante o prazo de um ano, a cedência de interesse público para o mesmo órgão ou serviço ou para a mesma entidade de trabalhador que se tenha encontrado cedido e tenha regressado à situação jurídico-funcional de origem.

5. O acordo de cedência de interesse público pode ser feito cessar, a todo o tempo, por iniciativa de qualquer das partes, incluindo o trabalhador, com aviso prévio de 30 dias.

6. No caso de suspensão do vínculo, a cessação do acordo de cedência de interesse público tem os efeitos da suspensão por impedimento prolongado previsto na presente lei ou no Código do Trabalho, consoante o caso.

Artigo 242º - Regime jurídico da cedência de interesse público

1. O trabalhador cedido fica sujeito ao regime jurídico aplicável ao empregador cessionário e ao disposto no presente artigo, salvo quando não tenha havido suspensão do vínculo, caso em que a situação é regulada pelo regime jurídico de origem, incluindo em matéria de remuneração.

2. A cedência de interesse público sujeita o trabalhador às ordens e instruções do empregador onde vai prestar funções, sendo remunerado, salvo acordo em contrário, pela entidade cessionária.

3. O trabalhador cedido tem direito:
a) À contagem, na categoria de origem, do tempo de serviço prestado em regime de cedência;
b) A optar pela manutenção do regime de proteção social de origem, incidindo os descontos sobre o montante da remuneração que lhe competiria na categoria de origem;
c) A ocupar, nos termos legais, diferente posto de trabalho no órgão ou serviço ou na entidade de origem ou em outro órgão ou serviço.
4. No caso previsto na alínea *c*) do número anterior, o acordo de cedência de interesse público caduca com a ocupação do novo posto de trabalho.
5. No caso previsto na alínea *b*) do nº 3, a entidade cessionária comparticipa:
a) No financiamento do regime de proteção social aplicável em concreto, com a importância que se encontre legalmente estabelecida para a contribuição das entidades empregadoras;
b) Sendo o caso, nas despesas de administração de subsistemas de saúde da função pública, nos termos legais aplicáveis.
6. O exercício do poder disciplinar cabe à entidade cessionária, exceto quando esteja em causa a aplicação de sanção disciplinar extintiva.
7. Os comportamentos do trabalhador cedido que constituam infração disciplinar têm relevância no âmbito do vínculo de origem, para todos os efeitos legais.
8. No caso em que a infração imputada possa corresponder, em abstrato, a sanção disciplinar extintiva, o poder disciplinar pode ser delegado expressamente na entidade cessionária e a decisão de aplicação da sanção deve ser tomada pelo cedente e pelo cessionário, devendo o procedimento disciplinar que apure a infração disciplinar obedecer ao procedimento disciplinar do vínculo de origem.

Artigo 243º – Cedência de interesse público para empregador público

1. O acordo de cedência de interesse público para o exercício de funções no âmbito de empregador público tem a duração máxima de um ano, exceto quando tenha sido celebrado para o exercício de um cargo ou esteja em causa órgão ou serviço, designadamente temporário, que não possa constituir relações jurídicas de emprego público por tempo indeterminado, casos em que a sua duração é indeterminada.
2. O exercício de funções no órgão ou serviço pressupõe a constituição de um vínculo de emprego público.
3. A extinção da cedência de interesse público determina a caducidade do vínculo de emprego público constituído nos termos do número anterior.
4. As funções a exercer em órgão ou serviço correspondem a um cargo ou a uma categoria, atividade e, quando imprescindível, área de formação académica ou profissional.
5. Quando as funções correspondam a um cargo dirigente, o acordo de cedência de interesse público é precedido da observância dos requisitos e procedimentos legais de recrutamento.

Artigo 244º – Casos especiais de cedência de interesse público

1. Quando um trabalhador de órgão ou serviço deva exercer funções em central sindical ou confederação patronal, ou em entidade privada com representatividade equiparada nos setores económico e social, o acordo pode prever que continue a ser remunerado, bem como as correspondentes comparticipações asseguradas, pelo órgão ou serviço.

2. No caso previsto no número anterior, o número máximo de trabalhadores cedidos é de quatro por cada central sindical e de dois por cada uma das restantes entidades.

3. O regime da cedência de interesse público, sem suspensão do vínculo de emprego público, aplica-se sempre que um trabalhador em funções públicas, por força de transmissão de unidade económica, passa a exercer funções para empregador fora do âmbito de aplicação da presente lei.

4. O regime previsto no número anterior é aplicável aos casos em que um empregador público passe a ser responsável pelo estabelecimento ou unidade económica com trabalhadores com relação de trabalho sujeita ao Código do Trabalho, designadamente em situações de reversão de concessão de serviço público.

SECÇÃO II – Reafetação de trabalhadores em caso de reorganização e racionalização de efetivos

(Revogado pela Lei nº 25/2017, de 30-05)

SECÇÃO III – Outras situações de redução da atividade ou suspensão do vínculo de emprego público

SUBSECÇÃO I – Disposições gerais

Artigo 276º – Factos que determinam a redução ou a suspensão

1. A redução do período normal de trabalho ou a suspensão do vínculo de emprego público pode fundamentar-se na impossibilidade temporária, respetivamente, parcial ou total, da prestação do trabalho, por facto respeitante ao trabalhador, e no acordo das partes.

2. Permite também a redução do período normal de trabalho ou a suspensão do vínculo de emprego público a celebração, entre trabalhador e empregador público, de um acordo de pré-reforma.

Artigo 277º – Efeitos da redução e da suspensão

1. Durante a redução ou suspensão mantêm-se os direitos, deveres e garantias das partes, na medida em que não pressuponham a efetiva prestação do trabalho.

2. O tempo de redução ou suspensão conta-se para efeitos de antiguidade.

3. A redução ou suspensão não interrompe o decurso do prazo para efeitos de caducidade, nem obsta a que qualquer das partes faça cessar o contrato nos termos gerais.

SUBSECÇÃO II – Suspensão do vínculo de emprego público por facto respeitante ao trabalhador

Artigo 278º – Factos determinantes

1. Determina a suspensão do vínculo de emprego público o impedimento temporário por facto não imputável ao trabalhador que se prolongue por mais de um mês, nomeadamente doença.

2. O vínculo de emprego público considera-se suspenso, mesmo antes de decorrido o prazo de um mês, a partir do momento em que seja previsível que o impedimento vai ter duração superior àquele prazo.

3. O vínculo de emprego público extingue-se no momento em que se torne certo que o impedimento é definitivo.

4. O impedimento temporário por facto imputável ao trabalhador determina a suspensão do vínculo de emprego público nos casos previstos na lei.

Artigo 279º – Regresso do trabalhador

No dia imediato ao da cessação do impedimento, o trabalhador deve apresentar-se ao empregador público para retomar a atividade, sob pena de incorrer em faltas injustificadas.

SUBSECÇÃO III – Licenças

Artigo 280º – Concessão e recusa da licença

1. O empregador público pode conceder ao trabalhador, a pedido deste, licença sem remuneração.

2. Sem prejuízo do disposto em legislação especial ou em instrumento de regulamentação coletiva de trabalho, o trabalhador tem direito a licenças sem remuneração de longa duração, para frequência de cursos de formação ministrados sob responsabilidade de uma instituição de ensino ou de formação profissional ou no âmbito de programa específico aprovado por autoridade competente e executado sob o seu controlo pedagógico ou frequência de cursos ministrados em estabelecimento de ensino.

3. O empregador público pode recusar a concessão da licença prevista no número anterior nas seguintes situações:

a) Quando ao trabalhador tenha sido proporcionada formação profissional adequada ou licença para o mesmo fim, nos últimos 24 meses;

b) Quando a antiguidade do trabalhador no órgão ou serviço seja inferior a três anos;

c) Quando o trabalhador não tenha requerido a licença com uma antecedência mínima de 90 dias em relação à data do seu início;

d) Para além das situações referidas nas alíneas anteriores, tratando-se de trabalhadores titulares de cargos dirigentes que chefiem equipas multidisciplinares ou integrados em carreiras ou categorias de grau 3 de complexidade funcional, quando não seja possível a substituição dos mesmos durante o período da licença, sem prejuízo sério para o funcionamento do órgão ou serviço.

4. Para efeitos do disposto no nº 2, considera-se de longa duração a licença superior a 60 dias.

Artigo 281º - Efeitos

1. A concessão da licença determina a suspensão do vínculo, com os efeitos previstos nos nºs 1 e 3 do artigo 277º.

2. O período de tempo da licença não conta para efeitos de antiguidade, sem prejuízo do disposto no número seguinte.

3. Nas licenças previstas para acompanhamento do cônjuge colocado no estrangeiro, bem como para o exercício de funções em organismos internacionais e noutras licenças fundadas em circunstâncias de interesse público, o trabalhador tem direito à contagem do tempo para efeitos de antiguidade e pode continuar a efetuar descontos para a ADSE ou outro subsistema de saúde de que beneficie, com base na remuneração auferida à data do início da licença.

4. Nas licenças de duração inferior a um ano, nas previstas para acompanhamento do cônjuge colocado no estrangeiro, bem como para o exercício de funções em organismos internacionais e noutras licenças fundadas em circunstâncias de interesse público, o trabalhador tem direito à ocupação de um posto de trabalho no órgão ou serviço quando terminar a licença.

5. Nas restantes licenças, o trabalhador que pretenda regressar ao serviço e cujo posto de trabalho se encontre ocupado, deve aguardar a previsão, no mapa de pessoal, de um posto de trabalho não ocupado, podendo candidatar-se a procedimento concursal para outro órgão ou serviço para o qual reúna os requisitos exigidos.

6. Ao regresso antecipado do trabalhador em gozo de licença sem remuneração é aplicável o disposto no número anterior.

Artigo 282º - Licença sem remuneração para acompanhamento do cônjuge colocado no estrangeiro

1. O trabalhador tem direito a licença sem remuneração para acompanhamento do respetivo cônjuge, quando este, tenha ou não a qualidade de trabalhador em funções públicas, for colocado no estrangeiro por período de tempo superior a 90 dias ou indeterminado, em missões de defesa ou representação de interesses do País ou em organizações internacionais de que Portugal seja membro.

2. A licença é concedida pelo dirigente competente, a requerimento do interessado, devidamente fundamentado.

3. À licença prevista na presente subsecção aplica-se o disposto nos nºs 3 e 4 do artigo 281º, se tiver sido concedida por período inferior a dois anos, e o disposto no nº 5 do mesmo artigo, se tiver sido concedida por período igual ou superior àquele.

4. A licença tem a mesma duração que a da colocação do cônjuge no estrangeiro, podendo iniciar-se em data posterior à do início das funções do cônjuge no estrangeiro, desde que o interessado alegue conveniência nesse sentido ou antecipar-se o regresso a pedido do trabalhador.

5. Finda a colocação do cônjuge no estrangeiro, o trabalhador pode requerer ao dirigente máximo do respetivo serviço o regresso à atividade, no prazo de 90 dias, a contar da data do termo da situação de colocação daquele no estrangeiro.

6. Caso o trabalhador não requeira o regresso à atividade nos termos do número anterior, presume-se a sua vontade de extinguir o vínculo de emprego público por denúncia ou exoneração a pedido do trabalhador.

Artigo 283º – Licença sem remuneração para exercício de funções em organismos internacionais

1. A licença sem remuneração para exercício de funções em organismos internacionais pode ser concedida por despacho dos membros do Governo responsáveis pela área dos negócios estrangeiros e pelo serviço a que pertence o trabalhador revestindo, conforme os casos, uma das seguintes modalidades:

a) Licença para o exercício de funções com caráter precário ou experimental, com vista a uma integração futura no respetivo organismo;

b) Licença para o exercício de funções em quadro de organismo internacional.

2. A licença prevista na alínea *a*) do número anterior tem a duração do exercício de funções com caráter precário ou experimental para que foi concedida.

3. A licença prevista na alínea *b*) do nº 1 é concedida pelo período de exercício de funções.

4. O exercício de funções nos termos do presente artigo implica que o interessado faça prova, no requerimento a apresentar para concessão da licença ou para o regresso, da sua situação face à organização internacional, mediante documento comprovativo a emitir pela mesma.

SUBSECÇÃO IV – Pré-reforma

Artigo 284º – Acordo de pré-reforma

1. Considera-se pré-reforma a situação de redução ou de suspensão da prestação do trabalho em que o trabalhador com idade igual ou superior a 55 anos mantém o direito a receber do empregador público uma prestação pecuniária mensal até à data da verificação de qualquer das situações previstas no nº 1 do artigo 287º.

2. A situação de pré-reforma constitui-se por acordo entre o empregador público e o trabalhador e depende da prévia autorização dos membros do Governo responsáveis pelas áreas das finanças e da Administração Pública.

3. Do acordo de pré-reforma devem constar as seguintes indicações:

a) Data de início da situação de pré-reforma;

b) Montante da prestação de pré-reforma;

c) Forma de organização do tempo de trabalho, no caso de redução da prestação de trabalho.

4. O empregador público deve remeter o acordo de pré-reforma à segurança social ou, sendo o caso, à Caixa Geral de Aposentações, I.P., conjuntamente com a folha de remunerações relativa ao mês da sua entrada em vigor.

Artigo 285º – Direitos do trabalhador

1. O trabalhador em situação de pré-reforma tem os direitos constantes do acordo celebrado com o empregador público, sem prejuízo do disposto nos artigos seguintes.

2. O trabalhador em situação de pré-reforma pode desenvolver outra atividade profissional remunerada, nos termos previstos nos artigos 19º a 24º.

Artigo 286º – Prestação de pré-reforma

1. Na situação de pré-reforma que corresponda à redução da prestação do trabalho, a prestação de pré-reforma é fixada com base na última remuneração auferida pelo trabalhador, em proporção do período normal de trabalho semanal acordado.

2. A prestação referida no número anterior é atualizada anualmente em percentagem igual à do aumento de remuneração de que o trabalhador beneficiaria se estivesse no pleno exercício das suas funções.

3. No caso de falta de pagamento pontual da prestação de pré-reforma, se a mora se prolongar por mais de 30 dias, o trabalhador tem direito a retomar o pleno exercício de funções, sem prejuízo da sua antiguidade, ou a resolver o contrato, com direito à indemnização prevista nos nºs 2 e 3 do artigo seguinte.

4. As regras para a fixação da prestação a atribuir na situação de pré-reforma que corresponda à suspensão da prestação de trabalho são fixadas por decreto regulamentar.

Artigo 287º – Extinção da situação de pré-reforma

1. A situação de pré-reforma extingue-se:

a) Com a passagem à situação de pensionista, por limite de idade ou invalidez;

b) Com o regresso ao pleno exercício de funções, por acordo entre o trabalhador e o empregador público ou nos termos do artigo anterior;

c) Com a cessação do contrato.

2. Sempre que a extinção da situação de pré-reforma resulte de cessação do contrato que conferisse ao trabalhador direito a indemnização ou compensação, caso estivesse no pleno exercício das suas funções, aquele tem direito a uma indemnização correspondente ao montante das prestações de pré-reforma até à idade legal de reforma.

3. A indemnização referida no número anterior tem por base a última prestação de pré-reforma devida à data da cessação do contrato.

4. O trabalhador em situação de pré-reforma é considerado requerente da reforma ou aposentação por velhice logo que complete a idade legal, salvo se até essa data tiver ocorrido a extinção da situação de pré-reforma.

CAPÍTULO IX - Extinção do vínculo

SECÇÃO I - Disposições gerais

Artigo 288º - Proibição de despedimento ou demissão sem justa causa
É proibido o despedimento ou a demissão sem justa causa ou por motivos políticos ou ideológicos.

Artigo 289º - Formas de extinção do vínculo de emprego público
1. Sem prejuízo de outras formas de extinção, são causas comuns de extinção do vínculo de emprego público as seguintes:
a) Caducidade;
b) Acordo;
c) Extinção por motivos disciplinares;
d) Extinção pelo trabalhador com aviso prévio;
e) Extinção pelo trabalhador com justa causa.
2. *(Revogado)*.
3. É causa específica de cessação da comissão de serviço a denúncia pelo trabalhador ou pelo empregador.
4. Na falta de disposição legal em contrário, a comissão de serviço pode ser denunciada com a antecedência mínima de 30 dias.
(Redação dada pela Lei nº 25/2017, de 30-05)

Artigo 290º - Direitos e deveres do empregador público e do trabalhador decorrentes da extinção do vínculo
1. Extinto o vínculo, o empregador público deve entregar ao trabalhador um certificado de trabalho, indicando as datas de admissão e de saída, bem como o cargo ou cargos que desempenhou.
2. O certificado não pode conter quaisquer outras referências, salvo pedido do trabalhador nesse sentido.
3. Além do certificado de trabalho, o empregador público é obrigado a entregar ao trabalhador outros documentos destinados a fins oficiais que por aquele devam ser emitidos e que este solicite, designadamente os previstos na legislação de proteção social.
4. Extinto o vínculo, o trabalhador deve devolver imediatamente ao empregador público os instrumentos de trabalho e quaisquer outros objetos que sejam pertença deste, sob pena de incorrer em responsabilidade civil pelos danos causados.
5. Cessada a comissão de serviço, o trabalhador regressa à situação jurídico-funcional de que era titular, quando constituída e consolidada por tempo indeterminado,

ou cessa o vínculo de emprego público, havendo lugar ao pagamento de indemnização quando prevista em lei especial.

SECÇÃO II - Causas de extinção comuns

SUBSECÇÃO I - Caducidade do vínculo de emprego público

Artigo 291º - Situações de caducidade

O vínculo de emprego público caduca, nomeadamente, nos seguintes casos:

a) Com a verificação do seu termo;

b) Em caso de impossibilidade superveniente, absoluta e definitiva de o trabalhador prestar o seu trabalho;

c) Com a reforma ou aposentação do trabalhador, por velhice ou invalidez, ou quando o trabalhador completar 70 anos de idade, sem prejuízo do disposto no artigo 294º-A.

(Redação dada pela Lei nº 6/2019, de 14-01)

Artigo 292º - Reforma ou aposentação por velhice ou invalidez

1. O vínculo de emprego público caduca pela reforma ou aposentação do trabalhador, por velhice ou invalidez, ou quando o trabalhador complete 70 anos de idade, sem prejuízo do disposto no artigo 294º-A

2. A caducidade do vínculo verifica-se decorridos 30 dias sobre o conhecimento, por ambas as partes, da reforma ou aposentação do trabalhador por velhice ou invalidez.

(Redação dada pela Lei nº 6/2019, de 14-01)

Artigo 293º - Caducidade do contrato de trabalho em funções públicas a termo certo

1. O contrato de trabalho em funções públicas a termo certo caduca no final do prazo estipulado, desde que o empregador público ou o trabalhador não comuniquem, por escrito, até 30 dias antes de o prazo expirar, a vontade de o renovar.

2. Caso o empregador público comunique a vontade de renovar o contrato nos termos do número anterior, presume-se o acordo do trabalhador, se, no prazo de sete dias úteis, este não manifestar por escrito vontade em contrário.

3. Exceto quando decorra da vontade do trabalhador, a caducidade do contrato a termo certo confere ao trabalhador o direito a uma compensação, calculada nos termos previstos no Código do Trabalho para os contratos a termo certo.

Artigo 294º - Caducidade do contrato de trabalho em funções públicas a termo incerto

1. O contrato de trabalho em funções públicas a termo incerto caduca quando, prevendo-se a ocorrência do termo, o empregador público comunique ao trabalhador a data da cessação do contrato, com a antecedência mínima de sete, 30 ou 60 dias, conforme o contrato tenha durado até seis meses, de seis meses até dois anos ou por período superior, respetivamente.

2. Tratando-se da situação prevista na alínea *i*) do nº 1 do artigo 57º, que dê lugar à contratação de vários trabalhadores, a comunicação a que se refere o número anterior deve ser feita, sucessivamente, a partir da verificação da diminuição gradual da respetiva ocupação, com a aproximação da conclusão do projeto para o desenvolvimento do qual foram contratados.

3. A falta da comunicação a que se refere o nº 1 implica para o empregador público o pagamento da remuneração correspondente ao período de aviso prévio em falta.

4. A caducidade do contrato confere ao trabalhador o direito a uma compensação calculada nos termos previstos no Código do Trabalho para os contratos a termo incerto.

Artigo 294º-A – Exercício de funções públicas por trabalhador reformado ou aposentado por idade de 70 anos

1. Em casos de interesse público excecional, devidamente fundamentado, e sem prejuízo das demais condições e requisitos estabelecidos nos artigos 78º e 79º do Estatuto da Aposentação, aprovado pelo Decreto-Lei nº 498/72, de 9 de dezembro, na sua redação atual, o trabalhador que, sendo titular de um vínculo de emprego público regulado pela presente lei, pretenda manter-se no exercício das mesmas funções públicas após reforma ou aposentação por idade de 70 anos, deve manifestar essa vontade expressamente e por escrito através de requerimento dirigido ao respetivo empregador público, pelo menos seis meses antes de completar aquela idade.

2. A autorização para o exercício de funções nos termos do número anterior é concedida de acordo com o disposto no artigo 78º do Estatuto da Aposentação.

3. Caso seja autorizado o requerido, as funções públicas passam a ser exercidas pelo reformado ou aposentado através da adequada modalidade de vínculo de emprego público, nos termos seguintes:

a) Contrato de trabalho em funções públicas a termo resolutivo ou nomeação transitória, quando esteja em causa o exercício de funções a que se referem, respetivamente, os artigos 7º e 8º;

b) Comissão de serviço, quando esta seja a modalidade de vínculo de emprego público prevista para o exercício do cargo, designadamente cargo dirigente, nos termos do artigo 9º

4. Os vínculos de emprego público referidos nas alíneas *a*) e *b*) no número anterior ficam sujeitos ao regime definido na presente lei para a respetiva modalidade de vínculo, com as necessárias adaptações e as seguintes especificidades:

a) Os vínculos vigoram pelo prazo de seis meses, renovando -se por períodos iguais e sucessivos, até ao limite máximo de cinco anos, sem prejuízo, no caso da comissão de serviço, do prazo máximo definido para a respetiva comissão e renovação;

b) A caducidade do contrato ou da nomeação e a denúncia da comissão de serviço ficam sujeitas a aviso prévio de 30 ou 15 dias, consoante a iniciativa pertença ao empregador ou ao trabalhador;

c) A caducidade do contrato e da nomeação e a denúncia da comissão de serviço não determinam o pagamento de qualquer compensação ao trabalhador.

5. O disposto nos números anteriores pode aplicar-se, com as necessárias adaptações, às situações de designação de reformado ou aposentado com idade superior a 70 anos, em comissão de serviço, para o exercício de cargo dirigente, nos casos em que o Estatuto do Pessoal Dirigente dos serviços e organismos da Administração central, regional e local do Estado, aprovado pela Lei nº 2/2004, de 15 de janeiro, na sua redação atual, não seja aplicável ou a designação possa operar, nos termos do mesmo Estatuto, sem necessidade de recurso a procedimento concursal.

6. O disposto nos números anteriores não prejudica a aplicação do regime previsto no Estatuto da Aposentação, nem a aplicação de normas, gerais ou especiais, que estabeleçam outras causas específicas de extinção do vínculo de emprego público.

7. As autorizações conferidas ao abrigo do disposto no presente artigo são publicadas, por extrato, na 2ª série do *Diário da República*, com identificação dos respetivos fundamentos.

(Aditado pela Lei nº 6/2019, de 14-01)

SUBSECÇÃO II – Extinção por acordo

Artigo 295º – Acordo de cessação do vínculo de emprego público

1. O vínculo de emprego público pode cessar por acordo entre o trabalhador e o empregador público, observados os seguintes requisitos:

a) Comprovada obtenção de ganhos de eficiência e a redução permanente de despesa para o empregador público, designadamente pela demonstração de que o trabalhador não requer substituição;

b) Demonstração da existência de disponibilidade orçamental, no ano da cessação, para suportar a despesa inerente à compensação a atribuir ao trabalhador.

2. A celebração de acordo de cessação nos termos do número anterior depende de prévia autorização dos membros do Governo responsáveis pelas áreas das finanças e da Administração Pública e do membro do Governo que exerça poderes de direção, superintendência ou tutela sobre o empregador público.

3. Os membros do Governo responsáveis pelas áreas das finanças e da Administração Pública podem, previamente à autorização prevista no número anterior, requerer à entidade gestora da requalificação a avaliação da possibilidade de colocação do trabalhador em posto de trabalho compatível com a sua categoria, experiência e qualificações profissionais, noutro órgão ou serviço da Administração Pública.

4. Quando o trabalhador se encontre integrado na carreira de assistente operacional ou de assistente técnico, é dispensada a autorização prevista no nº 2, observados os requisitos enunciados no nº 1.

Artigo 296º – Compensação pela extinção por acordo

1. O acordo de cessação deve discriminar as quantias pagas a título de compensação pela extinção do vínculo e, sendo caso disso, as decorrentes de créditos já vencidos ou exigíveis em virtude dessa extinção.

2. Salvo regime especial, a compensação a atribuir ao trabalhador no âmbito do acordo de cessação do vínculo corresponde, no máximo, a 20 dias de remuneração base por cada ano completo de antiguidade e é determinada do seguinte modo:

a) O valor diário de remuneração base é o resultante da divisão por 30 da remuneração base mensal auferida pelo trabalhador;

b) Em caso de fração de ano, o montante da compensação é calculado proporcionalmente;

c) O montante global da compensação não pode ser superior a 100 vezes a RMMG, sem prejuízo do previsto nos números seguintes;

d) O montante global da compensação não pode ser superior ao montante das remunerações base a auferir pelo trabalhador até à idade legal de reforma ou aposentação.

3. Na situação em que o trabalhador reúna as condições para aceder ao mecanismo legal de antecipação da aposentação, no âmbito do regime de proteção social convergente ou ao abrigo de regime de flexibilização ou de antecipação da idade de pensão de velhice no regime geral de segurança social, o acordo de cessação carece de demonstração de redução efetiva de despesa e da autorização prévia do membro do Governo responsável pela área das finanças.

4. A extinção do vínculo de emprego público por acordo impede o trabalhador de constituir um vínculo de trabalho em funções públicas, em qualquer modalidade, com os órgãos e serviços da administração direta e indireta do Estado, da administração regional e da administração autárquica, incluindo as respetivas entidades públicas empresariais, e com os outros órgãos do Estado, pelo período correspondente ao quádruplo dos meses da compensação percebida, calculado com aproximação por excesso.

5. Os membros do Governo responsáveis pelas áreas das finanças e da Administração Pública e o membro do Governo que exerça poderes de direção, superintendência ou tutela podem, por portaria, regulamentar programas sectoriais de redução de efetivos, por recurso à celebração de acordo de cessação de contrato, estabelecendo os requisitos e as condições específicas a aplicar nesses programas, as quais devem ser objeto de negociação prévia com as organizações sindicais representativas dos trabalhadores.

SUBSECÇÃO III – Extinção por motivos disciplinares

Artigo 297º – Fundamento do despedimento ou demissão por motivo disciplinar

1. O vínculo de emprego público pode cessar em caso de infração disciplinar que inviabilize a sua manutenção.

2. A extinção do vínculo prevista no número anterior opera por despedimento ou demissão, respetivamente nas modalidades de contrato de trabalho em funções públicas e de nomeação.

3. Constituem infração disciplinar que inviabiliza a manutenção do vínculo, nomeadamente, os comportamentos do trabalhador que:

a) Agrida, injurie ou desrespeite gravemente superior hierárquico, colega, subordinado ou terceiro, em serviço ou nos locais de serviço;

b) Pratique atos de grave insubordinação ou indisciplina ou incite à sua prática;

c) No exercício das suas funções, pratique atos manifestamente ofensivos das instituições e princípios consagrados na Constituição;

d) Pratique ou tente praticar qualquer ato que lese ou contrarie os superiores interesses do Estado em matéria de relações internacionais;

e) Volte a praticar os factos referidos nas alíneas *c*), *h*) e *i*) do artigo 186º;

f) Dolosamente participe infração disciplinar supostamente cometida por outro trabalhador;

g) Dentro do mesmo ano civil, dê cinco faltas seguidas ou 10 interpoladas sem justificação;

h) Cometa reiterada violação do dever de zelo, indiciada em processo de averiguações instaurado após a obtenção de duas avaliações de desempenho negativas consecutivas;

i) Divulgue informação que, nos termos legais, não deva ser divulgada;

j) Em resultado da função que exerce, solicite ou aceite, direta ou indiretamente, dádivas, gratificações, participação em lucro ou outras vantagens patrimoniais, ainda que sem o fim de acelerar ou retardar qualquer serviço ou procedimento;

k) Comparticipe em oferta ou negociação de emprego público;

l) Seja encontrado em alcance ou desvio de dinheiros públicos;

m) Tome parte ou tenha interesse, diretamente ou por interposta pessoa, em qualquer contrato celebrado ou a celebrar por qualquer órgão ou serviço;

n) Com intenção de obter, para si ou para terceiro, benefício económico ilícito, falte aos deveres funcionais, não promovendo atempadamente os procedimentos adequados, ou lese, em negócio jurídico ou por mero ato material, designadamente por destruição, adulteração ou extravio de documentos ou por viciação de dados para tratamento informático, os interesses patrimoniais que, no todo ou em parte, lhe cumpre, em razão das suas funções, administrar, fiscalizar, defender ou realizar;

o) Autorize o exercício de qualquer atividade remunerada nas modalidades que estão vedadas aos trabalhadores que, colocados em situação de requalificação, se encontrem no gozo de licença extraordinária.

4. Tornando-se inviável a manutenção da relação funcional, as penas de demissão e de despedimento por facto imputável ao trabalhador são ainda aplicáveis aos trabalhadores que, encontrando-se em situação de requalificação, exerçam qualquer atividade remunerada fora dos casos previstos na lei.

Artigo 298º – Procedimento para despedimento ou demissão

A aplicação da sanção de despedimento ou demissão pelo empregador público é obrigatoriamente precedida do procedimento disciplinar previsto na presente lei.

Artigo 299º – Impugnação judicial do despedimento ou demissão

1. A ação de impugnação do despedimento ou demissão tem de ser proposta no prazo de um ano sobre a data de produção de efeitos da extinção do vínculo.

2. A providência cautelar que visa a suspensão do despedimento ou demissão deve ser requerida no prazo de 30 dias a contar da data de produção de efeitos da extinção do vínculo.

Artigo 300º – Invalidade do despedimento ou da demissão

1. Sendo anulada ou declarada nula a sanção de despedimento disciplinar ou de demissão, o órgão ou serviço é condenado:

a) A indemnizar o trabalhador por todos os danos, patrimoniais e não patrimoniais, causados;

b) A reconstituir a situação jurídico-funcional atual hipotética do trabalhador.

2. O trabalhador tem ainda direito a receber a remuneração que deixou de auferir desde a data de produção de efeitos do ato de aplicação da sanção até ao trânsito em julgado da decisão judicial.

3. Ao montante apurado nos termos do número anterior deduzem-se:

a) As importâncias que o trabalhador tenha comprovadamente obtido com a extinção do vínculo de emprego público e que não receberia se não fosse a sanção aplicada;

b) O montante do subsídio de desemprego eventualmente auferido pelo trabalhador, devendo o órgão ou serviço entregar essa quantia à segurança social;

c) O montante da remuneração respeitante ao período decorrido desde a data de produção de efeitos da extinção do vínculo até 30 dias antes da data da sua impugnação judicial, quando esta não tenha tido lugar nos 30 dias subsequentes àquela data de produção de efeitos.

Artigo 301º – Indemnização em substituição da reconstituição da situação

1. Em alternativa à reconstituição da sua situação jurídico-funcional atual hipotética, o trabalhador pode optar, até à data da decisão jurisdicional, pelo recebimento da indemnização prevista no número seguinte.

2. A indemnização prevista no número anterior é fixada pelo tribunal, entre 15 e 45 dias por cada ano completo ou fração de exercício de funções públicas, atendendo ao valor da retribuição e ao grau de ilicitude, e com o valor mínimo correspondente a três remunerações base mensais.

3. Quando a sanção seja a de cessação da comissão de serviço, ao valor previsto no número anterior acresce uma remuneração base mensal por cada mês completo, ou respetiva proporção no caso de fração de mês, que faltasse para o termo da comissão de serviço, com um mínimo correspondente a três remunerações base mensais.

4. O tempo decorrido desde a data de produção de efeitos da sanção até ao trânsito em julgado da decisão jurisdicional é considerado exercício de funções públicas, para efeitos do disposto nos números anteriores.

5. Efetuada a opção referida no nº 1, o tribunal deve condenar o órgão ou serviço em conformidade.

Artigo 302º – Regras especiais relativas ao contrato a termo

1. Ao contrato a termo aplicam-se as regras gerais de cessação do contrato, com as alterações constantes do número seguinte.

2. Sendo o despedimento declarado ilícito, o empregador público é condenado:

a) No pagamento da indemnização pelos prejuízos causados, não devendo o trabalhador receber uma compensação inferior à importância correspondente ao valor das remunerações que deixou de auferir desde a data do despedimento até ao termo certo ou incerto do contrato, ou até ao trânsito em julgado da decisão do tribunal, se aquele termo ocorrer posteriormente;

b) Na reintegração do trabalhador, sem prejuízo da sua categoria, caso o termo ocorra depois do trânsito em julgado da decisão do tribunal.

SUBSECÇÃO IV – Extinção pelo trabalhador com aviso prévio

Artigo 303º – Modalidades de extinção

A extinção do vínculo de emprego público por iniciativa do trabalhador com aviso prévio é feita por denúncia ou exoneração a pedido do trabalhador, consoante o trabalhador seja titular de um contrato de trabalho em funções públicas ou de um vínculo de nomeação, respetivamente.

Artigo 304º – Denúncia do contrato de trabalho em funções públicas

1. O trabalhador pode denunciar o contrato independentemente de justa causa, mediante comunicação escrita enviada ao empregador público com a antecedência mínima de 30 ou 60 dias, conforme tenha, respetivamente, até dois anos ou mais de dois anos de antiguidade no órgão ou serviço.

2. Sendo o contrato a termo, o trabalhador que se pretenda desvincular antes do decurso do prazo acordado deve avisar o empregador público com a antecedência mínima de 30 dias, se o contrato tiver duração igual ou superior a seis meses, ou de 15 dias, se for de duração inferior.

3. No caso de contrato a termo incerto, para o cálculo do prazo de aviso prévio a que se refere o número anterior atende-se ao tempo de duração efetiva do contrato.

Artigo 305º – Exoneração a pedido do trabalhador

A nomeação definitiva cessa por exoneração do trabalhador, que produz efeitos no trigésimo dia a contar da data da apresentação do respetivo requerimento escrito, exceto quando o empregador público e o trabalhador acordem diferentemente.

Artigo 306º – Falta de cumprimento dos prazos de aviso prévio

Se o trabalhador não cumprir, total ou parcialmente, os prazos de aviso prévio estabelecidos nos artigos anteriores, fica obrigado a pagar ao empregador público uma indemnização de valor igual à remuneração base correspondente ao período de aviso em falta, sem prejuízo da responsabilidade civil pelos danos eventualmente causados.

SUBSECÇÃO V – Extinção pelo trabalhador com justa causa

Artigo 307º – Justa causa de extinção do vínculo de emprego público

1. Ocorrendo justa causa, pode o trabalhador extinguir imediatamente o vínculo de emprego público.

2. Constituem justa causa de extinção do vínculo pelo trabalhador, nomeadamente, os seguintes comportamentos do empregador público:

a) Falta culposa de pagamento pontual da remuneração;

b) Violação culposa das garantias legais ou convencionais do trabalhador;

c) Aplicação de sanção ilegal;

d) Falta culposa de condições de segurança, higiene e saúde no trabalho;

e) Lesão culposa de interesses patrimoniais sérios do trabalhador;

f) Ofensas à integridade física ou moral, liberdade, honra ou dignidade do trabalhador, puníveis por lei, praticadas pelo empregador público ou seu representante legítimo.

3. Constituem ainda justa causa de extinção do vínculo pelo trabalhador, os seguintes factos:

a) Necessidade de cumprimento de obrigações legais incompatíveis com a continuação do vínculo;

b) Alteração substancial e duradoura das condições de trabalho no exercício legítimo de poderes do empregador público;

c) Falta não culposa de pagamento pontual da remuneração.

4. Para apreciação da justa causa deve atender-se ao grau de lesão dos interesses do trabalhador e às demais circunstâncias que no caso se mostrem relevantes.

Artigo 308º – Procedimento

1. A declaração de extinção do vínculo pelo trabalhador deve ser feita por escrito, com indicação sucinta dos factos que a justificam, nos 30 dias subsequentes ao conhecimento desses factos.

2. Se o fundamento da extinção for o da alínea *a*) do nº 3 do artigo anterior, o trabalhador deve notificar o empregador público logo que possível.

Artigo 309º – Indemnização devida ao trabalhador

1. A extinção do vínculo com fundamento nos factos previstos no nº 2 do artigo 307º confere ao trabalhador o direito a uma indemnização, a determinar entre 30 e 60 dias de remuneração base auferida pelo trabalhador por cada ano completo de antiguidade no exercício de funções públicas, mas nunca podendo ser inferior a três meses de remuneração base.

2. No caso de fração de ano de antiguidade, o valor da indemnização é calculado proporcionalmente.

3. No caso de contrato a termo, a indemnização prevista nos números anteriores não pode ser inferior à quantia correspondente às remunerações vincendas.

Artigo 310º – Impugnação da declaração de extinção do vínculo

1. A ilicitude da extinção do vínculo pode ser declarada judicialmente em ação intentada pelo empregador público no prazo de um ano, a contar da data da declaração.

2. Na ação em que for apreciada a ilicitude da extinção do vínculo apenas são atendíveis para a justificar os factos constantes da comunicação referida no nº 1 do artigo 308º.

3. No caso de ter sido impugnada a extinção do vínculo, com base em ilicitude do procedimento previsto no nº 1 do artigo 308º, o trabalhador pode corrigir o vício até ao termo do prazo para contestar, não se aplicando, no entanto, este regime mais de uma vez.

4. Não se provando a justa causa de extinção do vínculo, o empregador público tem direito a indemnização pelos prejuízos causados, não inferior ao montante calculado nos termos do artigo 306º.

SECÇÃO III – Cessação do contrato de trabalho em funções públicas na sequência de processo de reorganização de serviços e racionalização de efetivos

(Revogado pela Lei nº 25/2017, de 30-05)

PARTE III – DIREITO COLETIVO

TÍTULO I – Estruturas de representação coletiva dos trabalhadores

CAPÍTULO I – Disposições gerais

Artigo 314º – Representação coletiva dos trabalhadores em funções públicas

1. Os trabalhadores em funções públicas têm o direito de criar estruturas de representação coletiva para defesa dos seus direitos e interesses, nomeadamente comissões de trabalhadores e associações sindicais, sem prejuízo das restrições estabelecidas em lei especial.

2. Às estruturas de representação coletiva dos trabalhadores em funções públicas é aplicável o regime do Código do Trabalho, com as necessárias adaptações e as especificidades constantes da presente lei.

Artigo 315º – Crédito de horas dos representantes dos trabalhadores

Os trabalhadores em funções públicas eleitos para as estruturas de representação coletiva dos trabalhadores beneficiam de crédito de horas, nos termos previstos no Código do Trabalho e na presente lei.

Artigo 316º – Faltas

1. As ausências dos trabalhadores eleitos para as estruturas de representação coletiva no desempenho das suas funções e que excedam o crédito de horas consideram-se faltas justificadas e contam, salvo para efeito de remuneração, como tempo de serviço efetivo.

2. Relativamente aos delegados sindicais, apenas se consideram justificadas, para além das que correspondam ao gozo do crédito de horas, as ausências motivadas pela prática de atos necessários e inadiáveis no exercício das suas funções, as quais contam, salvo para efeito de remuneração, como tempo de serviço efetivo.

3. As ausências a que se referem os números anteriores são comunicadas, pelo trabalhador ou estrutura de representação coletiva em que se insere, por escrito, com um dia de antecedência, com referência às datas e ao número de dias de que os respetivos trabalhadores necessitam para o exercício das suas funções, ou, em caso de impossibilidade de previsão, nas 48 horas imediatas ao primeiro dia de ausência.

4. A inobservância do disposto no número anterior torna as faltas injustificadas.

Artigo 317º – Proteção em caso de procedimento disciplinar, despedimento ou demissão

1. A suspensão preventiva de trabalhador eleito para as estruturas de representação coletiva não obsta a que o mesmo possa ter acesso aos locais e atividades que se compreendam no exercício normal dessas funções.

2. Na pendência de processo para apuramento de responsabilidade disciplinar, civil ou criminal, com fundamento em exercício abusivo de direitos na qualidade de membro de estrutura de representação coletiva dos trabalhadores, aplica-se ao trabalhador visado o disposto no número anterior.

3. O despedimento ou demissão de trabalhador candidato a corpos sociais das associações sindicais, bem como do que exerça ou haja exercido funções nos mesmos corpos sociais há menos de três anos, presume-se feito sem justa causa ou motivo justificativo.

4. No caso de o trabalhador despedido ou demitido ser representante sindical ou membro de comissão de trabalhadores, tendo sido interposta providência cautelar de suspensão do despedimento ou demissão, esta só não é decretada se o tribunal concluir pela existência de probabilidade séria de verificação da justa causa ou do motivo justificativo invocados.

5. As ações que tenham por objeto litígios relativos ao despedimento ou demissão dos trabalhadores referidos no número anterior têm natureza urgente.

6. Em caso de ilicitude do despedimento ou demissão de trabalhador membro de estrutura de representação coletiva, este tem o direito de optar entre a reintegração no órgão ou serviço e uma indemnização calculada nos termos previstos na presente lei ou estabelecida em instrumento de regulamentação coletiva de trabalho, nunca inferior à remuneração base correspondente a seis meses.

Artigo 318º – Proteção em caso de mobilidade

1. Os trabalhadores eleitos para as estruturas de representação coletiva, bem como na situação de candidatos, até dois anos após o fim do respetivo mandato, não podem ser mudados de local de trabalho sem o seu acordo expresso e sem audição da estrutura a que pertencem.

2. O disposto no número anterior não é aplicável quando a mudança de local de trabalho resultar da mudança de instalações do órgão ou serviço ou decorrer de normas legais aplicáveis a todos os seus trabalhadores.

Artigo 319º – Informações confidenciais

1. O membro de estrutura de representação coletiva dos trabalhadores não pode revelar aos trabalhadores ou a terceiros informações que tenha recebido, no âmbito de direito de informação ou consulta, e que sejam de acesso restrito nos termos do disposto no regime de acesso aos documentos administrativos ou diploma especial.

2. O dever de confidencialidade mantém-se após a cessação do mandato de membro de estrutura de representação coletiva dos trabalhadores.

CAPÍTULO II – Comissões de trabalhadores

SECÇÃO I – Disposições gerais sobre comissões de trabalhadores

Artigo 320º – Princípios gerais relativos a comissões, subcomissões e comissões coordenadoras

1. Os trabalhadores têm direito de criar, em cada empregador público, uma comissão de trabalhadores, para defesa dos seus interesses e para o exercício dos direitos previstos na Constituição e na lei.

2. Nos empregadores públicos com estabelecimentos periféricos ou unidades orgânicas desconcentradas podem ser criadas subcomissões de trabalhadores.

3. Podem ser criadas comissões coordenadoras para articulação de atividades das comissões de trabalhadores constituídas em diferentes empregadores públicos do mesmo ministério ou de vários ministérios que prossigam atribuições de natureza análoga, bem como para o desempenho de outros direitos consignados na lei.

Artigo 321º – Número de membros de comissão de trabalhadores, comissão coordenadora ou subcomissão

1. O número de membros da comissão de trabalhadores não pode exceder os seguintes:

a) Em empregadores públicos com menos de 50 trabalhadores, dois;
b) Em empregadores públicos com 50 a 200 trabalhadores, três;
c) Em empregadores públicos com 201 a 500 trabalhadores, três a cinco;
d) Em empregadores públicos com 501 a 1 000 trabalhadores, cinco a sete;
e) Em empregadores públicos com mais de 1 000 trabalhadores, sete a 11.

2. O número de membros da subcomissão de trabalhadores não pode exceder os seguintes:
a) Nos estabelecimentos ou unidades orgânicas com 50 a 200 trabalhadores, três;
b) Nos estabelecimentos ou unidades orgânicas com mais de 200 trabalhadores, cinco.

3. Nos estabelecimentos ou unidades orgânicas com menos de 50 trabalhadores, a função da subcomissão de trabalhadores é assegurada por um só membro.

4. O número de membros da comissão coordenadora não pode exceder o número das comissões de trabalhadores que a mesma coordena, nem o máximo de 11 membros.

Artigo 322º – Reunião de trabalhadores no local de trabalho convocada por comissão de trabalhadores

A realização de reunião de trabalhadores no local de trabalho, convocada por comissão de trabalhadores, bem como o respetivo procedimento, observam o disposto no Código do Trabalho.

Artigo 323º – Crédito de horas de membros das comissões

1. Para o exercício da sua atividade, o membro das seguintes estruturas tem direito ao seguinte crédito mensal de horas:
a) Subcomissões de trabalhadores, oito horas;
b) Comissões de trabalhadores, 25 horas;
c) Comissões coordenadoras, 20 horas.

2. Nos órgãos ou serviços com menos de 50 trabalhadores, o crédito de horas referido no número anterior é reduzido a metade.

3. Nos órgãos ou serviços com mais de 1 000 trabalhadores, a comissão de trabalhadores pode deliberar, por unanimidade, redistribuir pelos seus membros um montante global correspondente à soma dos créditos de horas de todos eles, com o limite individual de 40 horas mensais.

4. Os membros das estruturas referidas no nº 1 estão obrigados, para além do limite aí estabelecido, e ressalvado o disposto nos nºs 2 e 3, à prestação de trabalho nas condições normais.

5. Não pode haver lugar a cumulação de crédito de horas pelo facto de um trabalhador pertencer a mais de uma das estruturas referidas no nº 1.

SECÇÃO II - Direitos das comissões de trabalhadores

SUBSECÇÃO I - Disposições gerais

Artigo 324º - Direitos da comissão e subcomissão de trabalhadores

1. A comissão de trabalhadores tem direito, nomeadamente, a:

a) Receber todas as informações necessárias ao exercício da sua atividade;

b) Exercer o controlo de gestão nos respetivos empregadores públicos;

c) Participar nos procedimentos relativos aos trabalhadores, no âmbito dos processos de reorganização de órgãos ou serviços;

d) Participar na elaboração da legislação do trabalho, diretamente ou por intermédio das respetivas comissões coordenadoras.

2. As subcomissões de trabalhadores podem exercer estes direitos, nos termos previstos no Código do Trabalho.

Artigo 325º - Reuniões da comissão de trabalhadores com o dirigente máximo ou órgão de direção do órgão ou serviço

1. A comissão de trabalhadores tem o direito de reunir periodicamente com o dirigente máximo do serviço ou com o órgão de direção do empregador público para discussão e análise dos assuntos relacionados com o exercício dos seus direitos, devendo realizar-se, pelo menos, uma reunião em cada mês.

2. Da reunião referida no número anterior é lavrada ata, elaborada pelo órgão ou serviço, que deve ser assinada por todos os presentes.

3. O disposto nos números anteriores aplica-se igualmente às subcomissões de trabalhadores, em relação aos dirigentes dos respetivos estabelecimentos periféricos ou unidades orgânicas desconcentradas.

SUBSECÇÃO II - Informação e consulta

Artigo 326º - Conteúdo do direito a informação

A comissão de trabalhadores tem direito de informação sobre:

a) Plano e relatório de atividades;

b) Orçamento;

c) Gestão dos recursos humanos, em função dos mapas de pessoal;

d) Prestação de contas, incluindo balancetes, contas de gerência e relatórios de gestão.

e) Projetos de reorganização do órgão ou serviço.

Artigo 327º - Obrigatoriedade de parecer prévio

Sem prejuízo dos pareceres obrigatórios previstos noutros diplomas, designadamente em matéria de balanço social e estatuto disciplinar, têm de ser obrigatoriamente precedidos de parecer escrito da comissão de trabalhadores os seguintes atos do empregador público:

a) Regulação da utilização de equipamento tecnológico para vigilância a distância no local de trabalho;

b) Tratamento de dados biométricos;

c) Elaboração de regulamentos internos do órgão ou serviço;

d) Definição e organização dos horários de trabalho aplicáveis a todos ou a parte dos trabalhadores do órgão ou serviço;

e) Elaboração do mapa de férias dos trabalhadores do órgão ou serviço;

f) Quaisquer medidas de que resulte uma diminuição substancial do número de trabalhadores do órgão ou serviço ou agravamento substancial das suas condições de trabalho e, ainda, as decisões suscetíveis de desencadear mudanças substanciais no plano da organização de trabalho ou dos contratos.

SUBSECÇÃO III – Controlo de gestão do empregador público

Artigo 328º – Finalidade e conteúdo do controlo de gestão

1. O controlo de gestão visa promover o empenhamento responsável dos trabalhadores na vida do empregador público.

2. No exercício do direito do controlo de gestão, a comissão de trabalhadores pode:

a) Apreciar e emitir parecer sobre os orçamentos do órgão ou serviço e respetivas alterações, bem como acompanhar a respetiva execução;

b) Promover a adequada utilização dos recursos técnicos, humanos e financeiros;

c) Promover, junto dos órgãos de direção e dos trabalhadores, medidas que contribuam para a melhoria da atividade do empregador público, designadamente nos domínios dos equipamentos técnicos e da simplificação administrativa;

d) Apresentar aos órgãos competentes do empregador público sugestões, recomendações ou críticas tendentes à qualificação inicial e à formação contínua dos trabalhadores e, em geral, à melhoria da qualidade de vida no trabalho e das condições de segurança e saúde;

e) Defender, junto dos órgãos de direção e fiscalização do empregador público e das autoridades competentes, os legítimos interesses dos trabalhadores.

Artigo 329º – Limites ao controlo de gestão

1. O controlo de gestão nos empregadores públicos não pode ser exercido em matérias sujeitas ao regime de segredo previstos na lei.

2. O controlo de gestão nos empregadores públicos não pode ser exercido ainda em relação às seguintes atividades:

a) Defesa nacional;

b) Representação externa do Estado;

c) Informações de segurança;

d) Investigação criminal;
e) Segurança pública, quer em meio livre quer em meio institucional;
f) Inspeção.

3. Excluem-se igualmente do controlo de gestão as atividades que envolvam, por via direta ou delegada, competências dos órgãos de soberania, bem como das assembleias legislativas das regiões autónomas e dos governos regionais.

4. Os limites constantes deste artigo são igualmente aplicáveis às comissões coordenadoras.

SECÇÃO III - Constituição e extinção da comissão de trabalhadores

Artigo 330º - Disposição geral

A constituição, aprovação de estatutos e eleição de comissão de trabalhadores segue, com as necessárias adaptações, o disposto no Código do Trabalho, com as especialidades constantes da presente secção.

Artigo 331º - Registo

1. As comissões e subcomissões de trabalhadores são registadas no ministério responsável pela área da Administração Pública.

2. Para efeitos do disposto no número anterior, a comissão eleitoral deve, no prazo de 15 dias, a contar da data do apuramento dos resultados eleitorais, requerer junto do ministério responsável pela área da Administração Pública o registo da constituição da comissão de trabalhadores e da aprovação dos estatutos ou das suas alterações, juntando os estatutos aprovados ou alterados, bem como cópias certificadas das atas da comissão eleitoral e das mesas de voto, acompanhadas dos documentos de registo dos votantes.

3. A comissão eleitoral deve, no prazo de 15 dias, a contar da data do apuramento, requerer junto do ministério responsável pela área da Administração Pública o registo da eleição dos membros da comissão de trabalhadores e das subcomissões de trabalhadores, juntando cópias certificadas das listas concorrentes, bem como das atas da comissão eleitoral e das mesas de voto, acompanhadas dos documentos de registo dos votantes.

4. As comissões de trabalhadores que participaram na constituição da comissão coordenadora devem, no prazo de 15 dias, requerer junto do ministério responsável pela área da Administração Pública o registo da constituição da comissão coordenadora e da aprovação dos estatutos ou das suas alterações, juntando os estatutos aprovados ou alterados, bem como cópias certificadas da ata da reunião em que foi constituída a comissão e do documento de registo dos votantes.

5. As comissões de trabalhadores que participaram na eleição da comissão coordenadora devem, no prazo de 15 dias, requerer junto do ministério responsável pela área da Administração Pública o registo da eleição dos membros da comissão coordenadora, juntando cópias certificadas das listas concorrentes, bem como da ata da reunião e do documento de registo dos votantes.

6. O ministério responsável pela área da Administração Pública regista, no prazo de 10 dias:

a) A constituição da comissão de trabalhadores e da comissão coordenadora, bem como a aprovação dos respetivos estatutos ou das suas alterações;

b) A eleição dos membros da comissão de trabalhadores, das subcomissões de trabalhadores e da comissão coordenadora e publica a respetiva composição.

Artigo 332º – Publicação

1. O ministério responsável pela área da Administração Pública procede, em articulação com o ministério responsável pela área laboral, à publicação no *Boletim do Trabalho e Emprego*:

a) Dos estatutos da comissão de trabalhadores e da comissão coordenadora, ou das suas alterações;

b) Da composição da comissão de trabalhadores, das subcomissões de trabalhadores e da comissão coordenadora.

2. A comissão de trabalhadores, a subcomissão ou a comissão coordenadora só pode iniciar as suas atividades depois da publicação dos estatutos e da respetiva composição, nos termos do número anterior.

(Redação dada pelo Decreto-Lei nº 84-F/2022, de 16-12)

Artigo 333º – Controlo de legalidade da constituição e dos estatutos das comissões

1. Após o registo da constituição da comissão de trabalhadores e da aprovação dos estatutos ou das suas alterações, o ministério responsável pela área da Administração Pública remete, no prazo de oito dias, a contar da publicação, cópias certificadas das atas da comissão eleitoral e das mesas de voto, dos documentos de registo dos votantes, dos estatutos aprovados ou alterados e do requerimento de registo, bem como a apreciação fundamentada sobre a legalidade da constituição da comissão de trabalhadores e dos estatutos ou das suas alterações, ao magistrado do Ministério Público da área da sede do respetivo órgão ou serviço.

2. Caso os estatutos contenham disposições contrárias à lei, o ministério responsável pela área da Administração Pública, no prazo referido no número anterior, notifica os interessados para que estes as alterem no prazo de 180 dias.

3. Caso não haja alteração no prazo referido no número anterior, o ministério responsável pela área da Administração Pública procede de acordo com o disposto no nº 1.

4. O disposto nos números anteriores é aplicável, com as necessárias adaptações, à constituição e aprovação dos estatutos da comissão coordenadora.

Artigo 334º – Fusão de serviços

Em caso de extinção de um serviço e da sua incorporação num outro, sempre que neste não exista comissão de trabalhadores, a existente no serviço incorporado continua em funções por um período de dois meses a contar da fusão ou até que nova estrutura entretanto eleita inicie as respetivas funções.

Artigo 335º - Extinção judicial

Quando não tenha sido requerido o registo da eleição dos membros da comissão de trabalhadores, ou da comissão coordenadora, num período de seis anos a contar do último registo, o ministério responsável pela área da Administração Pública deve comunicar o facto ao magistrado do Ministério Público no tribunal competente, o qual promove, no prazo de 15 dias, a contar da receção dessa comunicação, a declaração judicial de extinção da respetiva comissão.

Artigo 336º - Cancelamento do registo

1. A extinção da comissão de trabalhadores ou comissão coordenadora deve ser comunicada ao ministério responsável pela área da Administração Pública, para que se proceda de imediato ao cancelamento do registo da sua constituição e dos seus estatutos e, mediante articulação com o ministério responsável pela área laboral, promova a publicação de aviso no *Boletim do Trabalho e Emprego.*

2. O ministério responsável pela área da Administração Pública remete ao magistrado do Ministério Público no tribunal competente cópia certificada da comunicação relativa à extinção voluntária, acompanhada de apreciação fundamentada sobre a legalidade da deliberação, nos oito dias posteriores à publicação do aviso referido no número anterior.

3. No caso de a deliberação de extinção ser desconforme com a lei ou os estatutos, o magistrado do Ministério Público promove, no prazo de 15 dias, a contar da receção, a declaração judicial de nulidade da deliberação.

4. O tribunal comunica a declaração judicial de nulidade da deliberação de extinção, transitada em julgado, ao ministério responsável pela área da Administração Pública, o qual revoga o cancelamento e, mediante articulação com o ministério responsável pela área laboral, promove a publicação imediata de aviso no *Boletim do Trabalho e Emprego.*

5. A extinção da comissão de trabalhadores ou da comissão coordenadora ou a revogação do cancelamento produz efeitos a partir da publicação do respetivo aviso.

(Redação dada pelo Decreto-Lei n.º 84-F/2022, de 16-12)

CAPÍTULO III - Associações sindicais

SECÇÃO I - Disposições gerais

Artigo 337º - Direito de associação sindical

1. Os trabalhadores em funções públicas têm o direito de constituir associações sindicais a todos os níveis, para defesa e promoção dos seus interesses socioprofissionais.

2. As associações sindicais de trabalhadores em funções públicas estão sujeitas ao disposto no Código do Trabalho, com as necessárias adaptações.

Artigo 338º – Direitos das associações sindicais

1. As associações sindicais referidas no artigo anterior têm, nomeadamente, o direito de:

a) Celebrar acordos coletivos de trabalho;

b) Prestar serviços de caráter económico e social aos seus associados;

c) Participar na elaboração da legislação do trabalho;

d) Participar nos procedimentos relativos aos trabalhadores, no âmbito de processos de reorganização de órgãos ou serviços;

e) Estabelecer relações ou filiar-se em organizações sindicais internacionais.

2. É reconhecida às associações sindicais legitimidade processual para defesa dos direitos e interesses coletivos e para a defesa coletiva dos direitos e interesses individuais legalmente protegidos dos trabalhadores que representem.

3. As associações sindicais beneficiam da isenção do pagamento das custas para defesa dos direitos e dos interesses coletivos dos trabalhadores que representam, aplicando-se no demais o regime previsto no Regulamento das Custas Processuais, aprovado pelo Decreto-Lei nº 34/2008, de 26 de fevereiro, na redação atual.

SECÇÃO II – Constituição e organização das associações

Artigo 339º – Comunicações ao membro do Governo responsável pela área da Administração Pública

1. À constituição, extinção e organização de associações sindicais de trabalhadores em funções públicas aplica-se do disposto no Código de Trabalho.

2. O ministério responsável pela área laboral remete, oficiosamente, ao membro do Governo responsável pela área da Administração Pública:

a) Cópia dos estatutos da associação sindical;

b) Identificação dos membros da direção eleitos, bem como cópia da ata da assembleia que os elegeu.

3. O ministério responsável pela área laboral comunica, oficiosamente, ao membro do Governo responsável pela área da Administração Pública o cancelamento do registo da associação sindical.

SECÇÃO III – Atividade sindical no órgão ou serviço

Artigo 340º – Atividade sindical

1. Os trabalhadores e os sindicatos têm direito a desenvolver atividade sindical no órgão ou serviço do empregador público, nomeadamente através de delegados sindicais, comissões sindicais e comissões intersindicais.

2. O exercício do direito referido no número anterior não pode comprometer a realização do interesse público e o normal funcionamento dos órgãos ou serviços.

Artigo 341º – Reunião de trabalhadores no local de trabalho

1. Os trabalhadores podem reunir-se no local de trabalho:

a) Fora do horário de trabalho observado pela generalidade dos trabalhadores, mediante convocação do órgão competente da associação sindical, do delegado sindical ou da comissão sindical ou intersindical, sem prejuízo do normal funcionamento dos serviços, no caso de trabalho por turnos ou de trabalho suplementar;

b) Durante o horário de trabalho observado pela generalidade dos trabalhadores, até um período máximo de 15 horas por ano, que contam como tempo de serviço efetivo, desde que assegurem o funcionamento dos serviços de natureza urgente e essencial.

2. Para efeitos do nº 1 do artigo anterior, as reuniões podem ser convocadas:

a) Pela comissão sindical ou pela comissão intersindical;

b) Excecionalmente, pelas associações sindicais ou os respetivos delegados.

3. Compete exclusivamente às associações sindicais reconhecer a existência das circunstâncias excecionais que justificam a realização da reunião.

4. É aplicável à realização das reuniões o disposto no Código do Trabalho para as reuniões convocadas pelas comissões de trabalhadores, com as necessárias adaptações.

5. Os membros da direção das associações sindicais que não trabalhem no órgão ou serviço podem participar nas reuniões mediante comunicação dos promotores ao empregador público com a antecedência mínima de seis horas.

Artigo 342º – Número de delegados sindicais

1. O número máximo de delegados sindicais que beneficiam do regime de proteção previsto na presente lei e no Código do Trabalho é determinado da seguinte forma:

a) Órgão ou serviço, estabelecimento periférico ou unidade orgânica desconcentrada com menos de 50 trabalhadores sindicalizados, um;

b) Órgão ou serviço, estabelecimento periférico ou unidade orgânica desconcentrada com 50 a 99 trabalhadores sindicalizados, dois;

c) Órgão ou serviço, estabelecimento periférico ou unidade orgânica desconcentrada com 100 a 199 trabalhadores sindicalizados, três;

d) Órgão ou serviço, estabelecimento periférico ou unidade orgânica desconcentrada com 200 a 499 trabalhadores sindicalizados, seis;

e) Órgão ou serviço, estabelecimento periférico ou unidade orgânica desconcentrada com 500 ou mais trabalhadores sindicalizados, o número resultante da seguinte fórmula:

$$6 + [(n - 500) : 200]$$

em que n é o número de trabalhadores sindicalizados.

2. O resultado apurado nos termos da alínea *e*) do número anterior é arredondado para a unidade imediatamente superior.

Artigo 343º – Informação e consulta de delegado sindical

1. Os delegados sindicais gozam do direito a informação e consulta relativamente às matérias constantes das suas atribuições.

2. O direito a informação e consulta abrange, para além de outras referidas na lei ou identificadas em acordo coletivo de trabalho, as seguintes matérias:

a) A informação sobre a evolução recente e a evolução provável das atividades do órgão ou serviço, do estabelecimento periférico ou da unidade orgânica desconcentrada e a sua situação financeira;

b) A informação e consulta sobre a situação, a estrutura e a evolução provável do emprego no órgão ou serviço e sobre as eventuais medidas de antecipação previstas, nomeadamente em caso de ameaça para o emprego;

c) A informação e consulta sobre as decisões suscetíveis de desencadear mudanças substanciais a nível da organização do trabalho ou dos contratos de trabalho.

3. Os delegados sindicais devem requerer, por escrito, respetivamente, ao órgão de direção do órgão ou serviço ou ao dirigente do estabelecimento periférico ou da unidade orgânica desconcentrada, os elementos de informação respeitantes às matérias referidas nos números anteriores.

4. As informações são-lhes prestadas, por escrito, no prazo de 10 dias, salvo se, pela sua complexidade, se justificar prazo maior, que nunca deve ser superior a 30 dias.

5. Quando esteja em causa a tomada de decisões por parte do empregador público, no exercício dos poderes de direção e de organização decorrentes do contrato de trabalho, os procedimentos de informação e consulta devem ser conduzidos, por ambas as partes, no sentido de alcançar, sempre que possível, o consenso.

6. No âmbito do direito a informação e consulta, está vedado o acesso a matérias sujeitas ao regime de segredo previsto na lei.

Artigo 344º – Crédito de horas de delegado sindical

1. Cada delegado sindical dispõe, para o exercício das suas funções, de um crédito de 12 horas por mês.

2. Até 15 de janeiro de cada ano civil, deve a associação sindical comunicar aos órgãos ou serviços onde os mesmos exercem funções, a identificação dos delegados sindicais beneficiários do crédito de horas.

Artigo 345º – Crédito de horas dos membros da direção de associação sindical

1. Sem prejuízo do disposto em instrumento de regulamentação coletiva de trabalho, o número máximo de membros da direção da associação sindical que beneficiam do crédito de horas é determinado da seguinte forma:

a) Associações sindicais com um número igual ou inferior a 200 associados, um membro;

b) Associações sindicais com mais de 200 associados, um membro por cada 200 associados ou fração, até ao limite máximo de 50 membros.

2. Nas associações sindicais cuja organização interna compreenda estruturas de direção de base regional ou distrital beneficiam ainda do crédito de horas, numa das seguintes soluções:

a) Nas estruturas de base regional, até ao limite máximo de sete, um membro por cada 200 associados ou fração correspondente a, pelo menos, 100 associados, até ao limite máximo de 20 membros da direção de cada estrutura;

b) Nas estruturas de base distrital, até ao limite máximo de 18, um membro por cada 200 associados ou fração correspondente a, pelo menos, 100 associados, até ao limite máximo de sete membros da direção de cada estrutura.

3. Da aplicação conjugada dos nºs 1 e 2 deve corrigir-se o resultado para que não se verifique um número inferior a 1,5 do resultado da aplicação do disposto na alínea *b*) do nº 1, considerando-se, para o efeito, que o limite máximo aí referido é de 100 membros.

4. Quando as associações sindicais compreendam estruturas distritais no continente e estruturas nas regiões autónomas, aplica-se-lhes o disposto na alínea *b*) do nº 2 e o disposto na alínea *a*) do mesmo número até ao limite máximo de duas estruturas.

5. Em alternativa ao disposto nos números anteriores, sem prejuízo do disposto em instrumento de regulamentação coletiva de trabalho, o número máximo de membros da direção de associações sindicais representativas de trabalhadores das autarquias locais que beneficiam do crédito de horas é determinado da seguinte forma:

a) Município em que exercem funções 25 a 49 trabalhadores sindicalizados, um membro;

b) Município em que exercem funções 50 a 99 trabalhadores sindicalizados, dois membros;

c) Município em que exercem funções 100 a 199 trabalhadores sindicalizados, três membros;

d) Município em que exercem funções 200 a 499 trabalhadores sindicalizados, quatro membros;

e) Município em que exercem funções 500 a 999 trabalhadores sindicalizados, seis membros;

f) Município em que exercem funções 1 000 a 1999 trabalhadores sindicalizados, sete membros;

g) Município em que exercem funções 2 000 a 4999 trabalhadores sindicalizados, oito membros;

h) Município em que exercem funções 5 000 a 9999 trabalhadores sindicalizados, 10 membros;

i) Município em que exercem funções 10 000 ou mais trabalhadores sindicalizados, 12 membros.

6. Para o exercício das suas funções, cada membro da direção beneficia, nos termos dos números anteriores, do crédito de horas correspondente a quatro dias de trabalho por mês, que pode utilizar em períodos de meio dia, mantendo o direito à remuneração.

7. Até 15 de janeiro de cada ano civil, salvo se a especificidade do ciclo de atividade justificar um calendário diverso, a associação sindical deve comunicar à DGAEP:

a) O número total de associados, por estrutura de direção;

b) A identificação dos membros de direção beneficiários do crédito de horas e respetivo serviço de origem.

8. A associação sindical deve ainda, no mesmo prazo, comunicar aos órgãos ou serviços onde os mesmos exercem funções a identificação dos membros de direção beneficiários do crédito de horas.

9. Em caso de alteração da composição da direção sindical, as comunicações previstas nos dois números anteriores devem ser efetuadas no prazo de 15 dias.

10. A associação sindical deve comunicar, com um dia de antecedência ou, em caso de impossibilidade, num dos dois dias úteis imediatos, aos órgãos ou serviços onde exercem funções os membros da direção referidos nos números anteriores, as datas e o número de dias que os mesmos necessitam para o exercício das respetivas funções.

11. O disposto nos números anteriores não prejudica a possibilidade de a direção da associação sindical atribuir créditos de horas a outros membros da mesma, ainda que pertencentes a serviços diferentes, e independentemente de estes se integrarem na administração direta ou indireta do Estado, na administração regional, na administração autárquica ou noutra pessoa coletiva pública, desde que, em cada ano civil, não ultrapasse o montante global do crédito de horas atribuído nos termos dos nºs 1 a 3 e comunique tal facto à DGAEP e ao órgão ou serviço em que exercem funções, com a antecedência mínima de 15 dias.

12. Os membros da direção de federação, união ou confederação não beneficiam de crédito de horas, aplicando-se-lhes o disposto no número seguinte.

13. Os membros da direção de federação, união ou confederação podem celebrar acordos de cedência de interesse público para o exercício de funções sindicais naquelas estruturas de representação coletiva, sendo as respetivas remunerações asseguradas pelo empregador público cedente, até ao seguinte número máximo de membros da direção:

a) Quatro membros, no caso das confederações sindicais que representem, pelo menos, 5% do universo dos trabalhadores que exercem funções públicas;

b) No caso de federações, dois membros por cada 10 000 associados ou fração correspondente, pelo menos, a 5 000 associados, até ao limite máximo de 10 membros;

c) Um membro, quando se trate de união de âmbito distrital ou regional e represente, pelo menos, 5% do universo dos trabalhadores que exerçam funções na respetiva área.

14. Para os efeitos previstos na alínea *b*) do número anterior, deve atender-se ao número de trabalhadores filiados nas associações que fazem parte daquelas estruturas de representação coletiva de trabalhadores.

15. A DGAEP, bem como a entidade em que esta, em razão da especificidade das carreiras, delegue essa função, mantém atualizados mecanismos de acompanhamento e controlo do sistema de créditos e cedências de interesse público previstos nos números anteriores.

Artigo 346º – Faltas

1. Os membros da direção das associações sindicais, cuja identificação é comunicada à DGAEP e ao órgão ou serviço em que exercem funções nos termos da presente lei, usufruem ainda, para além do crédito de horas, do direito a faltas justificadas, que contam, para todos os efeitos legais, como serviço efetivo, salvo quanto à remuneração.

2. Os demais membros da direção usufruem do direito a faltas justificadas, até ao limite de 33 faltas por ano, que contam, para todos os efeitos legais, como serviço efetivo, salvo quanto à remuneração.

3. Quando as faltas determinadas pelo exercício de atividade sindical se prolongarem para além de um mês, aplica-se o regime de suspensão do contrato por facto respeitante ao trabalhador.

4. O disposto no número anterior não é aplicável aos membros da direção cuja ausência no local de trabalho, para além de um mês, seja determinada pela cumulação do crédito de horas.

SECÇÃO IV – Atos Eleitorais

Artigo 346º-A – Participação nos processos eleitorais

1. Para a realização de assembleias constituintes de associações sindicais ou para efeitos de alteração dos estatutos ou eleição dos corpos gerentes, os trabalhadores gozam dos seguintes direitos:

a) Dispensa de serviço para os membros da assembleia geral eleitoral e da comissão fiscalizadora eleitoral, até ao limite de sete membros, pelo período máximo de 10 dias úteis, com possibilidade de utilização de meios dias;

b) Dispensa de serviço para os elementos efetivos e suplentes que integram as listas candidatas pelo período máximo de seis dias úteis, com possibilidade de utilização de meios dias;

c) Dispensa de serviço para os membros da mesa, até ao limite de três ou até ao limite do número de listas concorrentes, se o número destas for superior a três, por período não superior a um dia;

d) Dispensa de serviço aos trabalhadores com direito de voto, pelo tempo necessário para o exercício do respetivo direito;

e) Dispensa de serviço aos trabalhadores que participem em atividades de fiscalização do ato eleitoral durante o período de votação e contagem dos votos.

2. A pedido das associações sindicais ou das comissões promotoras da respetiva constituição, é permitida a instalação e funcionamento de mesas de voto nos locais de trabalho durante as horas de serviço.

3. As dispensas de serviço previstas no nº 1 não são imputadas noutros créditos previstos na lei.

4. As dispensas de serviço previstas no nº 1 são equiparadas a serviço efetivo, para todos os efeitos legais.

5. O exercício dos direitos previstos no presente artigo só pode ser impedido com fundamento, expresso e por escrito, em grave prejuízo para a realização do interesse público.

(Aditado pela Lei nº 25/2017, de 30-05)

Artigo 346º-B – Formalidades

1. A comunicação para a instalação e funcionamento das mesas de voto deve ser apresentada, preferencialmente por via eletrónica, ao dirigente máximo do órgão ou serviço com antecedência não inferior a 10 dias, e dela deve constar:

a) A identificação do ato eleitoral;

b) A indicação do local pretendido;

c) A identificação dos membros da mesa ou substitutos;

d) O período de funcionamento.

2. A instalação e o funcionamento das mesas de voto consideram-se autorizados se nos três dias imediatos à apresentação da comunicação não for proferido despacho de indeferimento e notificado à associação sindical ou comissão promotora.

(Aditado pela Lei nº 25/2017, de 30-05)

Artigo 346º-C – Votação

1. A votação decorre dentro do período normal de funcionamento do órgão ou serviço.

2. O funcionamento das mesas não pode prejudicar o normal funcionamento dos órgãos e serviços.

(Aditado pela Lei nº 25/2017, de 30-05)

Artigo 346º-D – Votação em local diferente

Os trabalhadores que devam votar em local diferente daquele em que exerçam funções só nele podem permanecer pelo tempo indispensável ao exercício do seu direito de voto.

(Aditado pela Lei nº 25/2017, de 30-05)

Artigo 346º-E – Extensão

No caso de consultas eleitorais estatutariamente previstas ou de outras respeitantes a interesses coletivos dos trabalhadores, designadamente congressos ou outras de idêntica natureza, podem ser concedidas dispensas de serviço aos trabalhadores, em termos a definir, caso a caso, por despacho do membro do Governo responsável pela área da Administração Pública.

(Aditado pela Lei nº 25/2017, de 30-05)

TÍTULO II – Negociação coletiva

CAPÍTULO I – Princípios gerais

SECÇÃO I – Disposições gerais

Artigo 347º – Direito de negociação coletiva

1. É garantido aos trabalhadores com vínculo de emprego público o direito de negociação coletiva nos termos da presente lei.

2. O direito de negociação coletiva dos trabalhadores é exercido exclusivamente pelas associações sindicais que, nos termos dos respetivos estatutos, representem interesses de trabalhadores em funções públicas e se encontrem devidamente registadas.

3. A negociação coletiva visa:

a) Obter um acordo sobre as matérias que integram o estatuto dos trabalhadores em funções públicas, a incluir em atos legislativos ou regulamentos administrativos aplicáveis a estes trabalhadores;

b) Celebrar um instrumento de regulamentação coletiva convencional aplicável a trabalhadores com contrato de trabalho em funções públicas.

Artigo 348º - Princípios

1. O empregador público e as associações sindicais respeitam o princípio da boa fé na negociação coletiva, nomeadamente respondendo com a máxima brevidade, quer aos pedidos de reunião solicitados, quer às propostas mútuas, fazendo-se representar nas reuniões destinadas à negociação e à prevenção ou resolução de conflitos.

2. As consultas dos representantes do empregador público e dos trabalhadores, através das suas organizações sindicais, devem ser feitas com brevidade e não suspendem ou interrompem a marcha do procedimento de negociação, salvo se as partes nisso expressamente acordarem.

3. Cada uma das partes pode solicitar à outra as informações consideradas necessárias ao exercício adequado do direito de negociação coletiva, designadamente os estudos e elementos de ordem técnica ou estatística, não confidenciais, e que sejam considerados indispensáveis à fundamentação das propostas e das contrapropostas.

4. Na negociação coletiva relativa ao estatuto dos trabalhadores em funções públicas, a Administração Pública e as associações sindicais devem assegurar a apreciação, discussão e resolução das questões colocadas numa perspetiva global e comum a todos os serviços e organismos e aos trabalhadores no seu conjunto, respeitando o princípio da prossecução do interesse público.

5. No processo de negociação para a celebração de instrumento de regulamentação coletiva convencional, não pode ser recusado o fornecimento de planos e relatórios de atividades dos órgãos ou serviços nem, em qualquer caso, a indicação do número de trabalhadores, por categoria, que se situem no âmbito de aplicação do acordo a celebrar.

Artigo 349º - Legitimidade

1. Têm legitimidade para a negociação coletiva, em representação dos trabalhadores, as seguintes entidades:

a) As confederações sindicais com assento na Comissão Permanente de Concertação Social;

b) As associações sindicais com um número de trabalhadores sindicalizados que corresponda a, pelo menos, 5% do número total de trabalhadores que exercem funções públicas;

c) As associações sindicais que representem trabalhadores de todas as administrações públicas e, na administração do Estado, em todos os ministérios, desde que o número de trabalhadores sindicalizados corresponda a, pelo menos, 2,5% do número total de trabalhadores que exercem funções públicas;

d) No caso de negociação coletiva sectorial, estando em causa matérias relativas a carreiras especiais, as associações sindicais com assento na Comissão Permanente de Concertação Social e as associações sindicais que representem, pelo menos, 5% do número total dos trabalhadores integrados na carreira especial em causa.

2. Consideram-se representantes das associações sindicais na negociação coletiva:

a) Os membros das respetivas direções, portadores de credencial com poderes bastantes para negociar;

b) Os portadores de mandato escrito conferido pelas direções das associações sindicais, do qual constem expressamente poderes para negociar.

3. A revogação do mandato previsto no número anterior só é eficaz após comunicação aos serviços competentes da Administração Pública.

4. O empregador público é representado no processo de negociação coletiva pelo Governo, do seguinte modo:

a) Na negociação coletiva geral, através dos membros do Governo responsáveis pela área da Administração Pública, que coordena, e das finanças;

b) Na negociação coletiva sectorial, através do membro do Governo responsável pelo setor, que coordena, e dos membros do Governo responsáveis pelas áreas das finanças e da Administração Pública.

5. As entidades referidas no número anterior podem intervir na negociação coletiva diretamente ou através de representantes.

6. Compete à DGAEP apoiar o membro do Governo responsável pela área da Administração Pública no processo de negociação coletiva.

CAPÍTULO II – Negociação coletiva sobre o estatuto dos trabalhadores em funções públicas

Artigo 350º – Objeto da negociação coletiva

1. São objeto de negociação coletiva, para a celebração de um acordo quanto ao estatuto dos trabalhadores com vínculo de emprego público, as seguintes matérias:

a) Constituição, modificação e extinção do vínculo de emprego público;

b) Recrutamento e seleção;

c) Carreiras;

d) Tempo de trabalho;

e) Férias, faltas e licenças;

f) Remuneração e outras prestações pecuniárias, incluindo a alteração dos níveis remuneratórios e do montante pecuniário de cada nível remuneratório;

g) Formação e aperfeiçoamento profissional;
h) Segurança e saúde no trabalho;
i) Regime disciplinar;
j) Mobilidade;
k) Avaliação do desempenho;
l) Direitos coletivos;
m) Regime de proteção social convergente;
n) Ação social complementar.

2. Não podem ser objeto de negociação coletiva matérias relativas à estrutura, atribuições e competências da Administração Pública.

3. A negociação coletiva a que se refere o nº 1 pode ser geral ou sectorial, nos termos definidos na presente lei.

Artigo 351º – Procedimento de negociação

1. A negociação coletiva geral tem periodicidade anual, devendo iniciar-se a partir do dia 1 de setembro.

2. A negociação inicia-se com a apresentação, por uma das partes, de proposta fundamentada sobre qualquer das matérias previstas no artigo anterior, procedendo-se seguidamente à calendarização das negociações, de forma que estas terminem tendencialmente antes da votação final global da proposta de lei do Orçamento do Estado, nos termos constitucionais, na Assembleia da República.

3. As matérias sem incidência orçamental constantes do artigo anterior podem ser objeto de negociação a qualquer momento, desde que as partes nisso acordem e que não tenham sido discutidas na negociação geral anual precedente.

4. As partes devem fundamentar as suas propostas e contrapropostas, impendendo sobre elas o dever de tentar atingir, em prazo adequado, um acordo.

5. A convocação de reuniões dentro do procedimento negocial tem de ser feita com a antecedência mínima de cinco dias úteis, salvo acordo das partes.

6. Das reuniões havidas são elaboradas atas, subscritas pelas partes, donde consta um resumo do que tiver ocorrido, designadamente os pontos em que não se tenha obtido acordo.

7. As negociações sectoriais iniciam-se em qualquer altura do ano e têm a duração que for acordada entre as partes, aplicando-se-lhes os princípios constantes dos números anteriores.

8. Ao pessoal com funções de representação externa do Estado, bem como ao que desempenhe funções de natureza altamente confidencial, é aplicado, em cada caso, o procedimento negocial adequado à natureza das respetivas funções, sem prejuízo dos direitos reconhecidos na presente lei.

Artigo 352º – Negociação coletiva suplementar

1. Terminado o período de negociação sem que tenha havido acordo, pode abrir-se uma negociação suplementar, a pedido das associações sindicais, para resolução dos conflitos.

2. O pedido para negociação suplementar é apresentado no final da última reunião negocial, ou por escrito, no prazo de cinco dias úteis, a contar do encerramento dos procedimentos de negociação previstos no artigo anterior, devendo dele ser dado conhecimento a todas as partes envolvidas no processo.

3. A negociação suplementar, desde que requerida nos termos do número anterior, é obrigatória, não podendo a sua duração exceder 15 dias úteis.

4. Na negociação suplementar, a parte governamental é constituída por membro ou membros do Governo, sendo obrigatoriamente presidida pelo que for responsável pela Administração Pública e, no caso das negociações sectoriais, pelo que for responsável pelo respetivo setor.

Artigo 353º – Informação sobre política salarial

As associações sindicais podem enviar ao Governo, até ao fim do primeiro semestre de cada ano, a respetiva posição sobre os critérios que entendam dever orientar a política salarial a prosseguir no ano seguinte.

Artigo 354º – Acordo decorrente da negociação

1. Sem prejuízo de outros prazos definidos pelas partes, o acordo a que se refere a alínea *a*) do nº 3 do artigo 347º obriga o Governo a adotar as medidas legislativas ou administrativas adequadas ao seu integral e exato cumprimento, no prazo máximo de 180 dias, devendo, nas matérias que careçam de autorização legislativa, submeter as respetivas propostas de lei à Assembleia da República, no prazo máximo de 45 dias.

2. Finda a negociação suplementar sem obtenção de acordo, o Governo toma a decisão que entender adequada.

CAPÍTULO III – Instrumentos de regulamentação coletiva de trabalho

SECÇÃO I – Disposições gerais

Artigo 355º – Conteúdo de instrumento de regulamentação coletiva de trabalho

1. Para além de outras matérias previstas na presente lei ou em norma especial, o instrumento de regulamentação coletiva de trabalho só pode dispor sobre:

a) Suplementos remuneratórios;
b) Sistemas de recompensa do desempenho;
c) Sistemas adaptados e específicos de avaliação do desempenho;
d) Regimes de duração e organização do tempo de trabalho;
e) Regimes de mobilidade;
f) Ação social complementar.

2. O instrumento de regulamentação coletiva de trabalho não pode:

a) Contrariar norma legal imperativa;
b) Dispor sobre a estrutura, atribuições e competências da Administração Pública;

c) Conferir eficácia retroativa a qualquer cláusula que não seja de natureza pecuniária.

Artigo 356º – Publicação e entrada em vigor dos instrumentos de regulamentação coletiva de trabalho

1. Os instrumentos de regulamentação coletiva de trabalho, bem como a sua revogação, são publicados no *Boletim do Trabalho e Emprego* e entram em vigor, após a sua publicação, nos mesmos termos das leis.

2. O ministério responsável pela área da Administração Pública procede, em articulação com o ministério responsável pela área laboral, à publicação, nos termos do nº 1, dos atos relativos aos instrumentos de regulamentação coletiva de trabalho, incluindo avisos sobre a data da cessação da vigência de acordos coletivos de trabalho.

3. Os instrumentos de regulamentação coletiva de trabalho que sejam objeto de três revisões são integralmente republicados.

(Redação dada pelo Decreto-Lei nº 84-F/2022, de 16-12)

Artigo 357º – Aplicação de instrumento de regulamentação coletiva de trabalho

1. No cumprimento do acordo coletivo de trabalho devem as partes, tal como os respetivos filiados, agir de boa fé.

2. Durante a execução do acordo coletivo de trabalho atende-se às circunstâncias em que as partes fundamentaram a decisão de contratar.

3. A parte outorgante do acordo coletivo de trabalho, bem como os respetivos filiados que faltem culposamente ao cumprimento das obrigações dele emergentes, são responsáveis pelo prejuízo causado, nos termos gerais.

Artigo 358º – Publicidade

O empregador público deve afixar no órgão ou serviço, em local apropriado, a indicação dos instrumentos de regulamentação coletiva de trabalho aplicáveis.

SECÇÃO II – Acordo coletivo de trabalho

SUBSECÇÃO I – Processo negocial para a celebração do acordo coletivo

Artigo 359º – Proposta

1. A celebração de um acordo coletivo de trabalho é precedida de um processo de negociação.

2. O processo de negociação inicia-se com a apresentação à outra parte de uma proposta de celebração ou de revisão de acordo coletivo de trabalho.

3. A proposta deve revestir forma escrita, ser devidamente fundamentada e conter os seguintes elementos:

a) Designação das entidades que a subscrevem em nome próprio e em representação de outras;

b) Indicação do acordo coletivo de trabalho que se pretende rever, sendo caso disso, e respetiva data de publicação.

Artigo 360º – Resposta

1. A entidade destinatária da proposta deve responder, de forma escrita e fundamentada, nos 30 dias seguintes à receção daquela, salvo prazo mais longo convencionado pelas partes ou indicado pelo proponente.

2. A resposta deve exprimir uma posição relativa a todas as cláusulas da proposta, aceitando, recusando ou contrapropondo.

3. A falta de resposta ou de contraproposta, no prazo fixado no nº 1 e nos termos do número anterior, legitima a entidade proponente a requerer a conciliação.

Artigo 361º – Prioridade em matéria negocial

1. As partes devem, sempre que possível, atribuir prioridade às matérias dos suplementos remuneratórios, dos prémios de desempenho e da duração e organização do tempo de trabalho, tendo em vista o ajuste do acréscimo global de encargos daí resultante, bem como à matéria da segurança, higiene e saúde no trabalho.

2. A inviabilidade do acordo inicial sobre as matérias referidas no número anterior não justifica a rutura de negociação.

Artigo 362º – Negociações diretas

1. Na sequência da resposta, devem ter início as negociações diretas.

2. Durante a negociação, os representantes das partes devem prestar as informações relevantes e fazer as necessárias consultas aos trabalhadores e aos empregadores públicos interessados, nos termos da presente lei.

Artigo 363º – Apoio técnico

Na preparação da proposta e da resposta e durante as negociações, a DGAEP e os demais órgãos e serviços fornecem às partes a informação necessária de que disponham e que por elas seja requerida.

SUBSECÇÃO II – Celebração e conteúdo

Artigo 364º – Legitimidade e representação

1. Podem celebrar acordos coletivos de carreiras gerais, em representação dos trabalhadores, as associações sindicais com legitimidade para a negociação coletiva e, pelos empregadores públicos, os membros do Governo responsáveis pelas áreas das finanças e da Administração Pública.

2. Têm legitimidade para celebrar acordos coletivos de carreiras especiais:

a) Pelas associações sindicais, as confederações sindicais com assento na Comissão Permanente de Concertação Social e as associações sindicais que representem, pelo menos, 5% do número total de trabalhadores integrados na carreira especial em causa;

b) Pelos empregadores públicos, os membros do Governo responsáveis pelas áreas das finanças e da Administração Pública e os restantes membros do Governo interessados, em função das carreiras objeto dos acordos.

3. Têm legitimidade para celebrar acordos coletivos de empregador público:

a) Pelas associações sindicais, as confederações sindicais com assento na Comissão Permanente de Concertação Social e as restantes associações sindicais representativas dos respetivos trabalhadores;

b) Pelo empregador público, o membro do Governo que superintenda no órgão ou serviço e o empregador público nos termos do nº 1 do artigo 27º, e ainda os membros do Governo responsáveis pelas áreas das finanças e da Administração Pública no caso do nº 3 do artigo 105º

4. Na administração autárquica, têm legitimidade para celebrar acordos coletivos de empregador público as associações sindicais, a que se refere a alínea *a*) do número anterior, e o empregador público autárquico, nos termos do nº 2 do artigo 27º

5. Têm ainda legitimidade para celebrar acordos coletivos de carreiras gerais as associações sindicais que apresentem uma única proposta de celebração ou de revisão de um acordo coletivo de trabalho e que, em conjunto, cumpram os critérios das alíneas *b*) e *c*) do nº 1 do artigo 349º.

6. No caso previsto no número anterior, o processo negocial decorre conjuntamente.

7. Os acordos coletivos são assinados pelos representantes das associações sindicais e representantes do empregador público, ou respetivos representantes, bem como pelos membros do Governo, nas situações em que têm legitimidade para a respetiva celebração, nos termos do nº 3.

(Redação dada pela Lei nº 25/2017, de 30-05)

Artigo 365º – Forma do acordo coletivo de trabalho

1. O acordo coletivo de trabalho reveste a forma escrita, sob pena de nulidade.

2. Do acordo coletivo de trabalho constam obrigatoriamente as seguintes referências:

a) Entidades celebrantes;

b) Nome e qualidade em que intervêm os representantes das entidades celebrantes;

c) Âmbito de aplicação;

d) Data de celebração;

e) Acordo coletivo de trabalho alterado ou substituído e respetiva data de publicação, caso exista;

f) Prazo de vigência, caso exista;

g) Estimativa dos órgãos ou serviços e do número de trabalhadores abrangidos pelo acordo coletivo de trabalho, elaborada pelas entidades celebrantes.

Artigo 366º – Conteúdo do acordo coletivo de trabalho

1. O acordo coletivo de trabalho de trabalho deve regular:

a) As relações entre as partes outorgantes, em particular quanto à verificação do cumprimento do acordo e aos meios de resolução de conflitos decorrentes da sua aplicação e revisão;

b) O âmbito temporal, nomeadamente a sobrevigência e o prazo de denúncia do acordo;

c) A definição de serviços mínimos e dos meios necessários para os assegurar em caso de greve.

2. O acordo coletivo de trabalho deve prever a constituição de uma comissão formada por igual número de representantes das partes celebrantes, com competência para interpretar e integrar as suas cláusulas.

Artigo 367º – Comissão paritária

1. O funcionamento da comissão paritária prevista no nº 2 do artigo anterior é regulado pelo acordo coletivo de trabalho.

2. A comissão paritária só pode deliberar desde que esteja presente metade dos representantes de cada parte.

3. A deliberação tomada por unanimidade considera-se, para todos os efeitos, como integrando o acordo coletivo de trabalho a que respeita, devendo ser depositada e publicada nos mesmos termos do acordo coletivo de trabalho.

SUBSECÇÃO III – Depósito

Artigo 368º – Procedimento de depósito de acordo coletivo de trabalho

1. O acordo coletivo de trabalho, bem como a respetiva revogação, é entregue para depósito, na DGAEP, nos cinco dias subsequentes à data da assinatura.

2. A terceira revisão parcial consecutiva de um acordo coletivo de trabalho deve ser acompanhada de texto consolidado assinado nos mesmos termos, o qual, em caso de divergência, prevalece sobre os textos a que se refere.

3. O acordo e o texto consolidado são entregues em documento eletrónico, nos termos previstos em portaria do membro do Governo responsável pela área da Administração Pública.

4. O depósito depende do acordo coletivo de trabalho satisfazer os seguintes requisitos:

a) Ser celebrado por quem tenha capacidade para o efeito;

b) Ser acompanhado de títulos comprovativos da representação das entidades celebrantes, emitidos por quem possa vincular as associações sindicais e o empregador público celebrantes;

c) Obedecer ao disposto nos nºs 2 e 3;

d) Obedecer ao disposto no artigo 365º.

5. O depósito considera-se feito se não for recusado nos 15 dias seguintes à receção do acordo coletivo de trabalho no serviço referido no nº 1.

6. A recusa fundamentada do depósito é notificada às partes, sendo devolvidos todos os documentos.

Artigo 369º - Alteração do acordo antes da decisão sobre o depósito

1. Por acordo das partes e enquanto o depósito estiver pendente, pode ser introduzida qualquer alteração formal ou substancial ao acordo coletivo de trabalho entregue para esse efeito.

2. A alteração referida no número anterior interrompe o prazo para o depósito previsto no artigo anterior.

SUBSECÇÃO IV - Âmbito pessoal de aplicação

Artigo 370º - Incidência subjetiva dos acordos coletivos de trabalho

1. O acordo coletivo de trabalho obriga os empregadores públicos abrangidos pelo seu âmbito de aplicação e as associações sindicais outorgantes.

2. O acordo coletivo de trabalho aplica-se aos trabalhadores filiados em associação outorgante ou membros da associação sindical filiada na união, federação ou confederação sindical outorgante.

3. O acordo coletivo de trabalho aplica-se ainda aos restantes trabalhadores integrados em carreira ou em funções no empregador público a que é aplicável o acordo coletivo de trabalho, salvo oposição expressa do trabalhador não sindicalizado ou de associação sindical interessada e com legitimidade para celebrar o acordo coletivo de trabalho, relativamente aos seus filiados.

4. O direito de oposição previsto no número anterior deve ser exercido no prazo de 15 dias, a contar da data entrada em vigor do acordo coletivo, através de comunicação escrita dirigida ao empregador público.

5. No caso de ser aplicável mais do que um acordo coletivo no âmbito do empregador público, o trabalhador não sindicalizado deve indicar por escrito ao empregador o acordo coletivo que pretende ver-lhe aplicado.

6. Na falta da indicação prevista no número anterior, é aplicável o instrumento de regulamentação coletiva de trabalho que abranja o maior número de trabalhadores no âmbito do empregador público.

Artigo 371º - Determinação temporal da filiação

1. Os acordos coletivos abrangem os trabalhadores que estejam filiados nas associações signatárias no momento do início do processo negocial, bem como os que nelas se filiem durante o período de vigência dos mesmos acordos.

2. Em caso de desfiliação dos trabalhadores ou das respetivas associações dos sujeitos outorgantes, o acordo coletivo de trabalho aplica-se até ao final do prazo que dele expressamente constar ou, sendo o acordo objeto de alteração, até à entrada em vigor desta.

3. No caso de o acordo coletivo de trabalho não ter prazo de vigência, os trabalhadores ou as respetivas associações que se tenham desfiliado dos sujeitos outorgantes são abrangidos durante o prazo mínimo de um ano.

4. A opção do trabalhador não sindicalizado pela sujeição a um acordo coletivo, exercida nos termos do artigo anterior, é irrevogável até ao final do período estabelecido nos nºs 2 e 3, consoante o caso.

Artigo 372º – Efeitos da sucessão nas atribuições

1. Em caso de reorganização de órgãos ou serviços com transferência das suas atribuições ou competências para outro órgão ou serviço, os acordos coletivos de empregador público que vinculam aqueles órgãos ou serviços são aplicáveis ao órgão ou serviço integrador até ao termo dos respetivos prazos de vigência e, no mínimo, durante 12 meses, a contar da data da transferência, salvo se, entretanto, outro acordo coletivo de trabalho de empregador público passar a aplicar-se ao órgão ou serviço integrador.

2. Em caso de transferência de atribuições ou de responsabilidade de gestão de órgão ou serviço para entidades públicas empresariais ou entidades privadas sob qualquer forma, o instrumento de regulamentação coletiva de trabalho que vincula aquele órgão ou serviço é aplicável a estas entidades até ao termo do respetivo prazo de vigência e, no mínimo, durante 12 meses, a contar da data da transferência, salvo se, entretanto, outro instrumento de regulamentação coletiva de trabalho convencional passar a aplicar-se às mesmas entidades.

SUBSECÇÃO V – Âmbito temporal de aplicação

Artigo 373º – Vigência

1. O acordo coletivo de trabalho vigora pelo prazo que dele constar, não podendo este ser inferior a um ano.

2. Decorrido o prazo de vigência aplica-se o seguinte regime:

a) O acordo coletivo de trabalho renova-se nos termos nele previstos;

b) No caso de não regular a matéria prevista na alínea anterior, o acordo coletivo de trabalho renova-se sucessivamente por períodos de um ano.

3. O acordo coletivo de trabalho pode ter diferentes períodos de vigência para cada matéria ou grupo homogéneo de cláusulas.

Artigo 374º – Denúncia

1. O acordo coletivo de trabalho pode ser denunciado, por qualquer dos outorgantes, mediante comunicação escrita dirigida à outra parte, desde que acompanhada de uma proposta negocial.

2. No caso de o acordo estabelecer um prazo de vigência, a denúncia não pode ser feita com uma antecedência superior a três meses relativamente ao termo daquele prazo ou da renovação em curso.

3. No caso de o acordo coletivo de trabalho não estabelecer um prazo de vigência, a denúncia não pode ser feita antes de decorridos 10 meses sobre a sua entrada em vigor.

Artigo 375º - Sobrevigência

1. Havendo denúncia, o acordo coletivo de trabalho renova-se por um período de 18 meses, devendo as partes promover os procedimentos conducentes à celebração de novo acordo.

2. Decorrido o período referido no número anterior, o acordo coletivo de trabalho caduca, mantendo-se, até à entrada em vigor de um outro acordo coletivo de trabalho ou decisão arbitral, os efeitos definidos por acordo das partes ou, na sua falta, os já produzidos pelo mesmo acordo nos contratos no que respeita a:

a) Remuneração do trabalhador;

b) Duração do tempo de trabalho.

3. Para além dos efeitos referidos no número anterior, o trabalhador beneficia dos demais direitos e garantias decorrentes da aplicação da presente lei.

4. Decorrido o prazo de um ano após a caducidade do acordo coletivo de trabalho, sem que tenha sido celebrado um novo acordo e esgotados os demais meios de resolução de conflitos coletivos, qualquer das partes pode acionar a arbitragem necessária, mediante comunicação à parte que se lhe contrapõe na negociação do acordo coletivo de trabalho e à DGAEP.

Artigo 376º - Cessação

O acordo coletivo de trabalho pode cessar:

a) Mediante revogação por acordo das partes;

b) Por caducidade, nos termos do artigo anterior.

Artigo 377º - Sucessão de acordos coletivos de trabalho

1. O acordo coletivo de trabalho posterior revoga integralmente o acordo anterior, salvo nas matérias expressamente ressalvadas pelas partes.

2. A mera sucessão de acordos coletivos não pode ser invocada para diminuir o nível de proteção global dos trabalhadores.

3. Os direitos decorrentes de acordo coletivo de trabalho só podem ser reduzidos por novo acordo de cujo texto conste, em termos expressos, o seu caráter globalmente mais favorável.

4. No caso previsto no número anterior, o novo acordo coletivo de trabalho prejudica os direitos decorrentes de acordo anterior, salvo se, no novo acordo, forem expressamente ressalvados pelas partes.

SECÇÃO III - Acordo de adesão

Artigo 378º - Adesão a acordos coletivos de trabalho e a decisões arbitrais

1. As associações sindicais e, no caso de acordos coletivos de empregador público, o empregador público podem aderir a acordos coletivos de trabalho ou decisões arbitrais em vigor.

2. A adesão opera-se por acordo entre a entidade interessada e aquela ou aquelas que se lhe contraporiam na negociação do acordo, se nela tivessem participado.

3. Da adesão não pode resultar modificação do conteúdo do acordo coletivo de trabalho ou da decisão arbitral, ainda que destinada a aplicar-se somente no âmbito da entidade aderente.
4. Aos acordos de adesão aplicam-se as regras referentes à assinatura, ao depósito e à publicação dos acordos coletivos de trabalho.

CAPÍTULO IV – Arbitragem

SECÇÃO I – Disposições gerais

Artigo 379º – Admissibilidade

As partes podem, a todo o tempo, acordar em submeter a arbitragem, nos termos que definirem ou, na falta de definição, segundo o disposto nos artigos seguintes, as questões laborais que resultem, nomeadamente, da interpretação, integração, celebração ou revisão de um acordo coletivo de trabalho.

Artigo 380º – Efeitos da decisão arbitral

1. A decisão arbitral produz os efeitos do acordo coletivo de trabalho.
2. Aplicam-se às decisões arbitrais, com as necessárias adaptações, as regras sobre conteúdo obrigatório, depósito e publicação previstas para os acordos coletivos de trabalho.

SECÇÃO II – Arbitragem voluntária

Artigo 381º – Regras gerais da arbitragem voluntária

1. As partes podem, a todo tempo, recorrer à arbitragem voluntária.
2. A arbitragem voluntária rege-se por acordo das partes ou, na falta deste, pelo disposto nos números seguintes.
3. A arbitragem é realizada por três árbitros, um nomeado por cada uma das partes e o terceiro escolhido por estes.
4. No caso de não ter sido escolhido o terceiro árbitro, a DGAEP procede ao respetivo sorteio, de entre os árbitros constantes da lista de árbitros presidentes, no prazo de cinco dias úteis.
5. A DGAEP deve ser informada pelas partes do início e do termo do respetivo procedimento.
6. Os árbitros podem ser assistidos por peritos e têm o direito a obter das partes, da DGAEP e dos demais órgãos e serviços a informação necessária de que estes disponham.
7. Os árbitros enviam o texto da decisão às partes e à DGAEP, para efeitos de depósito e publicação, no prazo de 15 dias, a contar da decisão.
8. O regime geral da arbitragem voluntária é subsidiariamente aplicável.

SECÇÃO III – Arbitragem necessária

Artigo 382º – Regime aplicável

1. A arbitragem necessária rege-se pelas normas da presente lei e, com as necessárias adaptações, pelo regime de arbitragem previsto no Decreto-Lei nº 259/2009, de 25 de setembro, nomeadamente quanto à constituição e funcionamento do tribunal arbitral e à independência, aos impedimentos e à substituição dos árbitros.

2. O regime geral da arbitragem voluntária é subsidiariamente aplicável.

Artigo 383º – Constituição do tribunal arbitral

1. A arbitragem necessária é acionada mediante comunicação fundamentada de qualquer das partes à parte que se lhe contrapõe na negociação do acordo coletivo de trabalho e à DGAEP.

2. A arbitragem é realizada por três árbitros, um nomeado por cada uma das partes e o terceiro escolhido por estes.

3. Nas 48 horas subsequentes à comunicação a que se refere o nº 1, as partes nomeiam o respetivo árbitro, cuja identificação é comunicada, no prazo de 24 horas, à outra parte e à DGAEP.

4. No prazo de 72 horas, a contar da comunicação referida no número anterior, os árbitros procedem à escolha do terceiro árbitro, cuja identificação é comunicada, nas 24 horas subsequentes, às entidades referidas no número anterior.

5. No caso de não ter sido feita a nomeação do árbitro por uma das partes, a DGAEP procede, no prazo de cinco dias úteis, ao sorteio do árbitro em falta, de entre os constantes da lista de árbitros dos representantes dos trabalhadores ou dos empregadores públicos, consoante os casos, podendo a parte faltosa oferecer outro, em sua substituição, nas 48 horas seguintes, procedendo, neste caso, os árbitros nomeados à escolha do terceiro árbitro, nos termos do número anterior.

6. No caso de não ter sido feita a escolha do terceiro árbitro, a DGAEP procede ao respetivo sorteio, de entre os árbitros constantes da lista de árbitros presidentes, no prazo de cinco dias úteis.

7. A DGAEP notifica os representantes da parte trabalhadora e dos empregadores públicos do dia e hora do sorteio, realizando-se este à hora marcada, na presença de todos os representantes ou, na falta destes, uma hora depois, com os que estiverem presentes.

Artigo 384º – Listas de árbitros

1. As listas de árbitros dos representantes dos trabalhadores e dos empregadores públicos são compostas por oito árbitros e elaboradas, respetivamente, pelas confederações sindicais e pelo membro do Governo responsável pela área da Administração Pública.

2. No caso de as listas de árbitros dos representantes dos trabalhadores e, ou, dos empregadores públicos não terem sido elaboradas nos termos do número anterior, a competência para a sua elaboração é deferida ao presidente do Conselho Económico e Social, que a constitui no prazo de um mês.

3. A lista de árbitros presidentes é constituída por juízes ou magistrados jubilados, indicados, em número de três, por cada uma das seguintes entidades:

a) Conselho Superior da Magistratura;

b) Conselho Superior dos Tribunais Administrativos e Fiscais;

c) Conselho Superior do Ministério Público.

4. Cada lista vigora durante um período de três anos.

5. As listas de árbitros são comunicadas à DGAEP, que garante a sua permanente atualização.

6. O sorteio de árbitros compete à DGAEP, devendo observar-se as regras do Decreto-Lei nº 259/2009, de 25 de setembro, com as necessárias adaptações.

Artigo 385º – Local da arbitragem e apoio

1. A arbitragem realiza-se em local previamente indicado pelo presidente do Conselho Económico e Social, em despacho emitido no início de cada ano civil.

2. Só é permitida a utilização de instalações de quaisquer das partes no caso de estas e os árbitros estarem de acordo.

3. Na falta do despacho ou do acordo a que se referem os números anteriores, as arbitragens realizam-se nas instalações da DGAEP.

4. Compete ao ministério responsável pela área da Administração Pública a disponibilização de instalações para a realização da arbitragem, sempre que se verifique indisponibilidade das instalações indicadas pelo presidente do Conselho Económico e Social.

5. O tribunal arbitral pode requerer à DGAEP, aos demais órgãos e serviços e às partes a informação necessária de que disponham.

6. A DGAEP assegura o apoio administrativo ao funcionamento do tribunal arbitral.

Artigo 386º – Encargos do processo

1. Os encargos resultantes do recurso à arbitragem são suportados pelo Orçamento do Estado, através da DGAEP.

2. Constituem encargos do processo:

a) Os honorários, despesas de deslocação e estada dos árbitros;

b) Os honorários, despesas de deslocação e estada dos peritos.

3. Os honorários dos árbitros e peritos são fixados por portaria do membro do Governo responsável pela área da Administração Pública, precedida de audição das confederações sindicais com assento na Comissão Permanente de Concertação Social.

4. Os árbitros presidentes aposentados ou jubilados podem cumular a pensão com a remuneração que competir às funções de árbitro presidente, com um limite correspondente a uma terça parte da pensão auferida.

5. O disposto nos números anteriores e as regras sobre o local da arbitragem aplicam-se, com as devidas adaptações, aos processos de conciliação, mediação e arbitragem voluntária, sempre que o conciliador, o mediador ou o árbitro presidente sejam escolhidos de entre a lista de árbitros presidentes.

(Redação dada pela Lei nº 25/2017, de 30-05)

TÍTULO III – Conflitos coletivos de trabalho

CAPÍTULO I – Conciliação, mediação e arbitragem

Artigo 387º – Modos de resolução dos conflitos coletivos

1. Os conflitos coletivos de trabalho, designadamente os que resultam da celebração ou revisão de um acordo coletivo de trabalho, podem resolvidos por conciliação, mediação e arbitragem.

2. Na pendência de um conflito coletivo de trabalho as partes devem agir de boa fé.

Artigo 388º – Admissibilidade e regime da conciliação

1. Na falta de regulamentação convencional da conciliação pode esta ser promovida em qualquer altura:

a) Por acordo das partes;

b) Por uma das partes, no caso de falta de resposta à proposta de celebração ou de revisão do acordo coletivo, ou, fora deste caso, mediante aviso prévio de oito dias, por escrito, à outra parte.

2. A conciliação é requerida à DGAEP e efetuada por um dos árbitros presidentes constante da lista de árbitros a que se refere o nº 3 do artigo 384º, assessorado pela DGAEP.

3. O árbitro a que se refere o número anterior é sorteado pela DGAEP, no prazo de cinco dias úteis.

4. Do requerimento de conciliação deve constar a indicação do respetivo objeto.

Artigo 389º – Procedimento de conciliação

1. As partes são convocadas pelo árbitro conciliador para o início do procedimento de conciliação, nos 15 dias seguintes à apresentação do pedido.

2. O procedimento de conciliação tem lugar nas instalações da DGAEP.

3. O árbitro deve convidar a participar na conciliação que tenha por objeto a revisão de um acordo coletivo de trabalho as partes no processo de negociação que não requeiram a conciliação.

4. As partes referidas no número anterior devem responder ao convite no prazo de cinco dias úteis.

5. As partes são obrigadas a comparecer nas reuniões de conciliação.

Artigo 390º – Transformação da conciliação em mediação

A conciliação pode ser transformada em mediação, nos termos dos artigos seguintes.

Artigo 391º – Admissibilidade da mediação

1. As partes podem, a todo o tempo, acordar em submeter a mediação os conflitos coletivos, a efetuar pelos serviços públicos de mediação ou outros sistemas de mediação laboral.

2. Na falta do acordo previsto no nº 1, uma das partes pode requerer, junto da DGAEP, um mês após o início da conciliação, a intervenção de uma das personalidades constantes da lista de árbitros presidentes, constante da lista de árbitros a que se refere o nº 3 do artigo 384º, para desempenhar as funções de mediador.

3. Do requerimento de mediação deve constar a indicação do respetivo objeto.

Artigo 392º – Funcionamento da mediação

1. A mediação é efetuada, caso seja requerida por uma ou por ambas as partes, por um dos árbitros presidentes a que se refere o nº 3 do artigo 384º, assessorado pela DGAEP.

2. O árbitro a que se refere o número anterior é sorteado pela DGAEP, de entre os constantes da lista de árbitros presidentes, no prazo de cinco dias úteis.

3. Se a mediação for requerida apenas por uma das partes, o mediador deve solicitar à outra parte que se pronuncie sobre o respetivo objeto.

4. Se as partes discordarem sobre o objeto da mediação, o mediador decide tendo em consideração a viabilidade de acordo das partes.

5. O mediador pode realizar todos os contactos, com cada uma das partes em separado, que considere convenientes e viáveis no sentido da obtenção de um acordo.

6. As partes são obrigadas a comparecer nas reuniões convocadas pelo mediador.

7. Para a elaboração da proposta, o mediador pode solicitar às partes e a qualquer órgão ou serviço os dados e informações de que estes disponham e que aquele considere necessários.

8. O mediador deve remeter a sua proposta às partes, por carta registada, no prazo de 30 dias, a contar da sua nomeação.

9. A proposta do mediador considera-se recusada se não houver comunicação escrita de ambas as partes a aceitá-la no prazo de 10 dias, a contar da sua receção.

10. Decorrido o prazo fixado no número anterior, o mediador comunica, em simultâneo, a cada uma das partes, no prazo de cinco dias, a aceitação ou recusa das partes.

11. O mediador está obrigado a guardar sigilo de todas as informações colhidas no decurso do procedimento que não sejam conhecidas da outra parte.

Artigo 393º – Arbitragem

Os conflitos coletivos podem ser dirimidos por arbitragem, nos termos previstos nos artigos 381º a 386º.

CAPÍTULO II – Greve e proibição do lock-out

SECÇÃO I – Disposições gerais

Artigo 394º – Direito à greve

1. A greve constitui um direito dos trabalhadores com vínculo de emprego público.

2. O disposto no número anterior não prejudica, nos termos da Constituição, a existência de regimes especiais.

3. À greve e *lock-out* é aplicável o regime do Código do Trabalho, com as necessárias adaptações e as especificidades constantes da presente lei.

Artigo 395º – Competência para declarar a greve

Sem prejuízo do direito das associações sindicais, as assembleias de trabalhadores podem deliberar o recurso à greve, desde que no respetivo órgão ou serviço a maioria dos trabalhadores não esteja representada por associações sindicais e que a assembleia seja expressamente convocada para o efeito por 20% ou 200 trabalhadores, a maioria dos trabalhadores do órgão ou serviço participe na votação e a declaração de greve seja aprovada por voto secreto pela maioria dos votantes.

Artigo 396º – Aviso prévio de greve

1. As entidades com legitimidade para decidirem o recurso à greve devem dirigir ao empregador público, ao membro do Governo responsável pela área da Administração Pública e aos restantes membros do Governo competentes, por meios idóneos, nomeadamente por escrito ou através dos meios de comunicação social, um aviso prévio, com o prazo mínimo de cinco dias úteis ou, no caso de órgãos ou serviços que se destinem à satisfação de necessidades sociais impreteríveis, de 10 dias úteis.

2. O aviso prévio deve conter uma proposta de definição dos serviços necessários à segurança e manutenção do equipamento e instalações, bem como, sempre que a greve se realize em órgão ou serviço que se destine à satisfação de necessidades sociais impreteríveis, uma proposta de definição de serviços mínimos.

Artigo 397º – Obrigações de prestação de serviços durante a greve

1. Nos órgãos ou serviços que se destinem à satisfação de necessidades sociais impreteríveis, a associação que declare a greve, ou a comissão de greve, e os trabalhadores aderentes devem assegurar, durante a greve, a prestação dos serviços mínimos indispensáveis à satisfação daquelas necessidades.

2. Para efeitos do disposto no número anterior, consideram-se órgãos ou serviços que se destinam à satisfação de necessidades sociais impreteríveis, os que se integram, nomeadamente, em alguns dos seguintes setores:

a) Segurança pública, quer em meio livre quer em meio institucional;

b) Correios e telecomunicações;

c) Serviços médicos, hospitalares e medicamentosos;

d) Educação, no que concerne à realização de avaliações finais, de exames ou provas de caráter nacional que tenham de se realizar na mesma data em todo o território nacional;

e) Salubridade pública, incluindo a realização de funerais;

f) Serviços de energia e minas, incluindo o abastecimento de combustíveis;

g) Distribuição e abastecimento de água;

h) Bombeiros;

i) Serviços de atendimento ao público que assegurem a satisfação de necessidades essenciais cuja prestação incumba ao Estado;

j) Transportes relativos a passageiros, animais e géneros alimentares deterioráveis e a bens essenciais à economia nacional, abrangendo as respetivas cargas e descargas;

k) Transporte e segurança de valores monetários.

3. As associações sindicais e os trabalhadores ficam obrigados a prestar, durante a greve, os serviços necessários à segurança e manutenção do equipamento e instalações.

4. Os trabalhadores que prestem, durante a greve, os serviços necessários à segurança e manutenção do equipamento e instalações e os afetos à prestação de serviços mínimos mantêm-se, na estrita medida necessária à prestação desses serviços, sob a autoridade e direção do empregador público, tendo direito, nomeadamente, à remuneração.

Artigo 398º – Definição de serviços a assegurar durante a greve

1. Os serviços previstos nos nºs 1 e 3 do artigo anterior e os meios necessários para os assegurar devem ser definidos por instrumento de regulamentação coletiva de trabalho ou por acordo com os representantes dos trabalhadores.

2. Na ausência de previsão em instrumento de regulamentação coletiva de trabalho ou de acordo sobre a definição dos serviços mínimos previstos no nº 1 do artigo anterior, o membro do Governo responsável pela área da Administração Pública convoca os representantes dos trabalhadores e os representantes das entidades empregadoras públicas interessadas, tendo em vista a negociação de um acordo quanto aos serviços mínimos e quanto aos meios necessários para os assegurar.

3. Na falta de um acordo até ao termo do terceiro dia posterior ao aviso prévio de greve, a definição dos serviços e dos meios referidos no número anterior compete a um colégio arbitral, composto por três árbitros constantes das listas de árbitros previstas no artigo 384º.

4. O empregador público deve comunicar à DGAEP, nas 24 horas subsequentes à receção do pré-aviso de greve, a necessidade de negociação do acordo previsto no nº 2.

5. A decisão do colégio arbitral produz efeitos imediatamente após a sua notificação aos representantes referidos no nº 2 e deve ser afixada nas instalações do órgão ou serviço, nos locais habitualmente destinados à informação dos trabalhadores.

6. Os representantes dos trabalhadores devem designar os trabalhadores que ficam adstritos à prestação dos serviços referidos no artigo anterior, até 24 horas antes do início do período de greve, e, se não o fizerem, deve o empregador público proceder a essa designação.

7. A definição dos serviços mínimos deve respeitar os princípios da necessidade, da adequação e da proporcionalidade.

Artigo 399º – Âmbito de aplicação da decisão arbitral

1. Nos casos em que o empregador esteja sujeito à presente lei, a definição dos serviços mínimos é feita nos termos da presente secção, sendo a decisão arbitral aplicável a todos os trabalhadores independentemente da natureza do respetivo vínculo.

2. Nos casos em que o empregador esteja fora do âmbito de aplicação da presente lei, a definição dos serviços mínimos é feita nos termos do Código do Trabalho e respetiva legislação complementar, sendo a decisão arbitral aplicável a todos os trabalhadores independentemente da natureza do respetivo vínculo.

SECÇÃO II – Arbitragem dos serviços mínimos

SUBSECÇÃO I – Designação de árbitros

Artigo 400º – Constituição do colégio arbitral

1. No quarto dia posterior ao aviso prévio de greve, o membro do Governo responsável pela área da Administração Pública declara constituído o colégio arbitral, notificando as partes e os árbitros.

2. Para a constituição do colégio arbitral previsto no número anterior, cada uma das listas de árbitros dos trabalhadores, dos empregadores públicos e presidentes é ordenada alfabeticamente.

3. O sorteio do árbitro efetivo e do suplente deve ser feito através de tantas bolas numeradas quantos os árbitros que não estejam legalmente impedidos no caso concreto, correspondendo a cada número o nome de um árbitro.

4. As bolas a que se refere o número anterior são todas sorteadas, correspondendo a primeira ao árbitro efetivo e as restantes aos árbitros suplentes.

5. A DGAEP notifica os representantes da parte trabalhadora e dos empregadores públicos do dia e hora do sorteio, com a antecedência mínima de 24 horas.

6. Se um ou ambos os representantes não estiverem presentes, a DGAEP designa trabalhadores dessa direção-geral, em igual número, para estarem presentes no sorteio.

7. A DGAEP elabora a ata do sorteio, que deve ser assinada pelos presentes e comunicada imediatamente às partes.

8. A DGAEP comunica imediatamente o resultado do sorteio aos árbitros que constituem o tribunal arbitral, aos suplentes e às partes que não tenham estado representadas no sorteio.

9. O membro do Governo responsável pela área da Administração Pública pode ainda determinar que a decisão sobre serviços mínimos seja tomada pelo colégio arbitral que tenha pendente a apreciação de outra greve cujos período e âmbito geográfico e sectorial sejam total ou parcialmente coincidentes, havendo parecer favorável do colégio em causa.

SUBSECÇÃO II – Do funcionamento da arbitragem

Artigo 401º – Impedimento e suspeição

1. Qualquer das partes pode apresentar requerimento de impedimento do árbitro designado e este pode apresentar pedido de escusa imediatamente após a comunicação prevista no artigo anterior.

2. Perante o requerimento de impedimento ou pedido de escusa, e não havendo oposição das partes, procede-se de imediato à substituição do árbitro visado pelo respetivo suplente.

3. Havendo oposição das partes, compete ao presidente do Conselho Económico e Social decidir o requerimento de impedimento ou pedido de escusa.

Artigo 402º – Procedimento da arbitragem

1. A arbitragem tem início imediatamente após a notificação dos árbitros sorteados, podendo desenvolver-se em qualquer dia do calendário.

2. O tribunal arbitral notifica as partes para que apresentem, por escrito e no prazo indicado, o seu entendimento sobre a definição dos serviços mínimos e os meios necessários para os assegurar, podendo estas juntar os documentos que considerem pertinentes.

3. O tribunal arbitral pode convocar as partes para as ouvir sobre a definição dos serviços mínimos e os meios necessários para os assegurar.

4. O tribunal arbitral pode ser assistido por peritos.

5. Após três decisões no mesmo sentido, em casos em que as partes sejam as mesmas e cujos elementos relevantes para a decisão sobre os serviços mínimos a prestar e os meios necessários para os assegurar sejam idênticos, e caso a última decisão tenha sido proferida há menos de três anos, o tribunal arbitral pode, em iguais circunstâncias, decidir de imediato nesse sentido, dispensando a audição das partes e outras diligências instrutórias.

Artigo 403º – Redução da arbitragem

1. No caso de acordo parcial, incidindo este sobre a definição dos serviços mínimos, a arbitragem prossegue em relação aos meios necessários para os assegurar.

2. No caso de as partes chegarem a acordo sobre todo o objeto da arbitragem, esta considera-se extinta.

Artigo 404º – Decisão

1. A notificação da decisão é efetuada até 48 horas antes do início do período da greve.

2. A decisão final do tribunal arbitral é fundamentada e reduzida a escrito, dela constando ainda:

a) A identificação das partes;

b) O objeto da arbitragem;

c) A identificação dos árbitros;

d) O lugar da arbitragem e o local e data em que a decisão foi proferida;

e) A assinatura dos árbitros;

f) A indicação dos árbitros que não puderem assinar.

3. A decisão deve conter um número de assinaturas, pelo menos, igual ao da maioria dos árbitros e inclui os votos de vencido, devidamente identificados.

4. A decisão arbitral equivale a sentença da primeira instância, para todos os efeitos legais.

5. Qualquer das partes pode requerer ao tribunal arbitral o esclarecimento de alguma obscuridade ou ambiguidade da decisão ou dos seus fundamentos, nos termos previstos no Código de Processo Civil, nas 12 horas seguintes à sua notificação.

6. As decisões arbitrais são objeto de publicação na página eletrónica da DGAEP.

Artigo 405º - Regime subsidiário

São subsidiariamente aplicáveis o regime da arbitragem necessária previsto na presente lei e o regime de arbitragem de serviços mínimos previsto no Decreto-Lei nº 259/2009, de 25 de setembro.

Artigo 406º - Lock-out

1. É proibido o *lock-out*.

2. Considera-se *lock-out* qualquer decisão unilateral do empregador público que se traduza na paralisação total ou parcial do órgão ou serviço ou na interdição do acesso aos locais de trabalho a alguns ou à totalidade dos trabalhadores e, ainda, na recusa em fornecer trabalho, condições e instrumentos de trabalho que determine ou possa determinar a paralisação de todos ou alguns setores do órgão ou serviço ou desde que, em qualquer caso, vise atingir finalidades alheias à normal atividade do órgão ou serviço.

ANEXO
(a que se refere o nº 2 do Artigo 88º)
Caracterização das carreiras gerais

Carreira	Categorias	Conteúdo funcional	Grau de complexidade funcional	Número de posições remuneratórias
Técnico superior	Técnico superior	Funções consultivas, de estudo, planeamento, programação, avaliação e aplicação de métodos e processos de natureza técnica e/ou científica, que fundamentam e preparam a decisão. Elaboração, autonomamente ou em grupo, de pareceres e projetos, com diversos graus de complexidade, e execução de outras atividades de apoio geral ou especializado nas áreas de atuação comuns, instrumentais e operativas dos órgãos e serviços. Funções exercidas com responsabilidade e autonomia técnica, ainda que com enquadramento superior qualificado. Representação do órgão ou serviço em assuntos da sua especialidade, tomando opções de índole técnica, enquadradas por diretivas ou orientações superiores.	3	14
Assistente técnico	Coordenador técnico	Funções de chefia técnica e administrativa em uma subunidade orgânica ou equipa de suporte, por cujos resultados é responsável. Realização das atividades de programação e organização do trabalho do pessoal que coordena, segundo orientações e diretivas superiores. Execução de trabalhos de natureza técnica e administrativa de maior complexidade. Funções exercidas com relativo grau de autonomia e responsabilidade.	2	4
	Assistente técnico	Funções de natureza executiva, de aplicação de métodos e processos, com base em diretivas bem definidas e instruções gerais, de grau médio de complexidade, nas áreas de atuação comuns e instrumentais e nos vários domínios de atuação dos órgãos e serviços.	2	9

Carreira	Categorias	Conteúdo funcional	Grau de complexidade funcional	Número de posições remuneratórias
Assistente operacional	Encarregado geral operacional	Funções de chefia do pessoal da carreira de assistente operacional. Coordenação geral de todas as tarefas realizadas pelo pessoal afeto aos setores de atividade sob sua supervisão.	1	2
	Encarregado operacional	Funções de coordenação dos assistentes operacionais afetos ao seu setor de atividade, por cujos resultados é responsável. Realização das tarefas de programação, organização e controlo dos trabalhos a executar pelo pessoal sob sua coordenação. Substituição do encarregado geral nas suas ausências e impedimentos.		5
	Assistente operacional	Funções de natureza executiva, de caráter manual ou mecânico, enquadradas em diretivas gerais bem definidas e com graus de complexidade variáveis. Execução de tarefas de apoio elementares, indispensáveis ao funcionamento dos órgãos e serviços, podendo comportar esforço físico. Responsabilidade pelos equipamentos sob sua guarda e pela sua correta utilização, procedendo, quando necessário, à manutenção e reparação dos mesmos.		8

Regime Jurídico do Trabalho no Domicílio

Lei nº 101/2009, de 8 de setembro

Estabelece o regime jurídico do trabalho no domicílio

A Assembleia da República decreta, nos termos da alínea *c*) do artigo 161º da Constituição, o seguinte:

Artigo 1º – Âmbito

1. A presente lei regula a prestação de actividade, sem subordinação jurídica, no domicílio ou em instalação do trabalhador, bem como a que ocorre para, após comprar a matéria-prima, fornecer o produto acabado por certo preço ao vendedor dela, desde que em qualquer caso o trabalhador esteja na dependência económica do beneficiário da actividade.

2. Compreende-se no número anterior a situação em que vários trabalhadores sem subordinação jurídica nem dependência económica entre si, até ao limite de quatro, executam a actividade para o mesmo beneficiário, no domicílio ou instalação de um deles.

3. O disposto no nº 1 é ainda aplicável:

a) A trabalhador no domicílio que seja coadjuvado na prestação de actividade por membro do seu agregado familiar;

b) Quando, por razões de segurança ou saúde relativas ao trabalhador ou ao agregado familiar, a actividade seja executada fora do domicílio ou instalação daquele, desde que não o seja em instalação do beneficiário da actividade.

Artigo 2º – Proibição de trabalho no domicílio

1. O beneficiário da actividade não pode contratar trabalhador no domicílio para produção de bens ou serviços na qual participe trabalhador abrangido pelas seguintes situações:

a) Redução temporária do período normal de trabalho ou suspensão do contrato de trabalho por facto respeitante ao empregador, desde o início do respectivo procedimento e até três meses após o termo da situação;

b) Procedimento para despedimento colectivo ou por extinção do posto de trabalho e até três meses após a cessação dos contratos de trabalho.

2. O beneficiário da actividade não pode renovar a atribuição de trabalho a trabalhador no domicílio contratado nos 60 dias anteriores ao início de qualquer dos procedimentos referidos no número anterior.

3. Constitui contra-ordenação grave a violação do disposto neste artigo.

Artigo 3º – Trabalho de menor

1. A menor que coadjuve o trabalhador no domicílio, na situação a que se refere a alínea *a*) do nº 3 do artigo 1º, é aplicável o disposto nos números seguintes.

2. O menor com idade inferior a 16 anos pode prestar a actividade desde que tenha concluído a escolaridade obrigatória e se trate de trabalhos leves.

3. São aplicáveis ao exercício da actividade as limitações estabelecidas no regime do contrato de trabalho celebrado com menor, nomeadamente em matéria de protecção da saúde, segurança e desenvolvimento deste, duração e organização do tempo de trabalho.

4. Consideram-se trabalhos leves, para efeitos do nº 2, os definidos como tal no regime do contrato de trabalho celebrado com menor.

Artigo 4º – Direitos e deveres das partes

1. O beneficiário da actividade deve respeitar a privacidade do trabalhador no domicílio e os tempos de descanso e de repouso do agregado familiar.

2. O beneficiário da actividade apenas pode visitar o local de trabalho para controlo da actividade laboral do trabalhador e do respeito das regras de segurança e saúde, nomeadamente no que se refere à utilização e funcionamento dos equipamentos, em dia normal de trabalho, entre as 9 e as 19 horas, no espaço físico onde é exercida a actividade e com a assistência do trabalhador ou de pessoa por ele designada, com idade igual ou superior a 16 anos.

3. Para efeitos do número anterior, o beneficiário da actividade deve informar o trabalhador da visita ao local de trabalho com antecedência mínima de vinte e quatro horas.

4. O trabalhador está obrigado a guardar sigilo sobre técnicas e modelos que lhe estejam confiados, bem como a observar as regras de utilização e funcionamento dos equipamentos.

5. O trabalhador não pode dar à matéria-prima e ao equipamento fornecido pelo beneficiário da actividade uso diverso do inerente à prestação dessa actividade.

6. Constitui contra-ordenação grave a violação do disposto no nº 2 e contra-ordenação leve a violação do disposto no nº 3.

Artigo 5º – Segurança e saúde no trabalho

1. O trabalhador no domicílio é abrangido pelos regimes jurídicos relativos à segurança e saúde no trabalho e a acidentes de trabalho e doenças profissionais, assumindo para o efeito o beneficiário da actividade a posição de empregador.

2. No trabalho realizado no domicílio ou instalação do trabalhador é proibida a utilização de:

a) Substâncias nocivas ou perigosas para a saúde do trabalhador ou do agregado familiar;

b) Equipamentos ou utensílios que não obedeçam às normas em vigor ou apresentem risco especial para o trabalhador, membros do seu agregado familiar ou terceiros.

3. Constitui contra-ordenação grave a violação do disposto no nº 2.

Artigo 6º – Formação profissional

1. O beneficiário da actividade deve assegurar ao trabalhador no domicílio formação adequada à sua prestação, que não deve ser inferior à proporcionada a trabalhador que realize idêntico trabalho em estabelecimento em cujo processo produtivo se insere a actividade por aquele prestada.

2. Constitui contra-ordenação grave a violação do disposto no número anterior.

Artigo 7º – Remuneração

1. Na determinação da remuneração do trabalho no domicílio, deve atender-se:

a) Ao tempo médio de execução do bem ou serviço e à retribuição estabelecida em instrumento de regulamentação colectiva de trabalho aplicável a idêntico trabalho prestado em estabelecimento em cujo processo produtivo se insere a actividade realizada ou, na sua falta, à retribuição mínima mensal garantida;

b) Aos encargos do trabalhador inerentes ao exercício da actividade, nomeadamente relativos a energia, água, comunicações, aquisição e manutenção de equipamentos.

2. Qualquer alteração do montante da remuneração devida a defeito na execução da actividade ou a danificação de matéria-prima pertencente ao beneficiário da actividade só pode ser feita com base em critérios previamente acordados por escrito.

3. Para efeitos do nº 1, considera-se tempo médio de execução o normalmente despendido na execução de idêntico trabalho em estabelecimento em cujo processo produtivo se insere a actividade exercida.

4. Salvo acordo ou uso diverso, o crédito à remuneração vence-se com a apresentação pelo trabalhador dos bens ou serviços devidos.

5. No acto de pagamento da remuneração, o beneficiário da actividade deve entregar ao trabalhador no domicílio documento do qual conste a identificação daquele, o nome completo deste, o número de beneficiário da segurança social, a quantidade, a natureza e o período da prestação do trabalho, os descontos ou deduções e o montante líquido a receber.

6. Constitui contra-ordenação grave a violação do disposto nos nºs 1, 2 ou 4 e contra-ordenação leve a violação do disposto no nº 5.

Artigo 8º – Subsídio anual

1. O trabalhador no domicílio tem direito a um subsídio igual ao duodécimo da soma das remunerações auferidas em cada ano civil, que se vence em 31 de Dezembro de cada ano ou na data da cessação do contrato se anterior.

2. Constitui contra-ordenação grave a violação do disposto no número anterior.

Artigo 9º – Compensação durante a suspensão ou redução da actividade

1. A suspensão ou redução da actividade por facto imputável ao beneficiário desta, não recuperada nos três meses seguintes, confere ao trabalhador no domicílio o direito a compensação pecuniária por forma a perfazer, em relação ao período em causa, metade da remuneração que lhe corresponda ou, não sendo possível o seu apuramento, metade da remuneração média dos últimos 12 meses, ou dos meses de execução de contrato de duração inferior.

2. Constitui contra-ordenação grave a violação do disposto no número anterior.

Artigo 10º – Cessação do contrato

1. O trabalhador pode denunciar o contrato mediante comunicação escrita com a antecedência mínima de 7 ou 15 dias, consoante o contrato tenha durado até seis meses ou mais de seis meses, respectivamente, salvo se tiver incumbência de trabalho em execução, caso em que o aviso prévio se refere ao termo da execução com o máximo de 30 dias.

2. O beneficiário da actividade pode, mediante comunicação escrita com a antecedência mínima de 7, 30 ou 60 dias, consoante o contrato tenha durado até seis meses, até dois anos ou por período superior, respectivamente, denunciar o contrato para o termo de execução da incumbência de trabalho ou resolver o contrato por motivo justificativo não imputável a qualquer das partes.

3. Qualquer das partes pode resolver o contrato por motivo de incumprimento da outra parte, mediante comunicação escrita e sem necessidade de aviso prévio.

4. Salvo acordo em contrário, a falta de trabalho que origine a inactividade do trabalhador por prazo superior a 60 dias consecutivos implica a caducidade do contrato a partir desta data, desde que o beneficiário da actividade comunique por escrito a sua ocorrência.

5. Em caso de cessação do contrato, se o trabalhador recusar a devolução dos instrumentos de trabalho ou outros bens pertencentes ao beneficiário da actividade é responsável pelos danos causados, sem prejuízo da responsabilidade penal a que houver lugar pela violação das obrigações do fiel depositário.

Artigo 11º – Indemnização e compensação

1. A inobservância de prazo de aviso prévio previsto no artigo anterior confere à outra parte o direito a indemnização no montante da remuneração correspondente ao período de aviso prévio em falta.

2. A insubsistência dos motivos alegados pelo beneficiário da actividade para resolução do contrato, nos termos dos nºs 2 ou 3 do artigo anterior, confere ao trabalhador o direito a indemnização igual a 60 ou 120 dias de remuneração, consoante o contrato tenha durado até dois anos ou mais de dois anos, respectivamente.

3. Em caso de caducidade do contrato nos termos do nº 4 do artigo anterior, o trabalhador tem direito a compensação igual a 60 ou 120 dias de remuneração, consoante o contrato tenha durado até dois anos ou mais de dois anos, respectivamente.

4. Para efeitos de cálculo de indemnização ou compensação, toma-se em conta a média das remunerações auferidas nos últimos 12 meses ou nos meses de execução do contrato, caso seja de duração inferior.

Artigo 12º – Registo de trabalhador no domicílio

1. O beneficiário da actividade deve manter no estabelecimento em cujo processo produtivo se insere a actividade realizada um registo actualizado de trabalhadores no domicílio, do qual conste:

a) Nome, morada e local do exercício da actividade do trabalhador;

b) Número de beneficiário da segurança social;

c) Número da apólice de seguro de acidentes de trabalho;

d) Data de início da actividade;

e) Actividade exercida, as incumbências de execução de bens ou serviços e as respectivas datas de entrega;

f) Remunerações pagas.

2. Constitui contra-ordenação grave a violação do disposto no número anterior.

3. O beneficiário da actividade deve comunicar, nos termos previstos em portaria do ministro responsável pela área laboral, ao serviço com competência inspectiva do ministério responsável pela área laboral os elementos a que se refere o nº 1.

Artigo 13º – Fiscalização do trabalho no domicílio

1. O serviço com competência inspectiva do ministério responsável pela área laboral só pode efectuar visitas aos locais de trabalho no domicílio:

a) No espaço físico onde é exercida a actividade;

b) Entre as 9 e as 19 horas;

c) Na presença do trabalhador ou de pessoa por ele designada com idade igual ou superior a 16 anos.

2. Quando a actividade seja exercida em instalação do trabalhador, não é aplicável o disposto na alínea *b*) do número anterior.

3. Da diligência é lavrado o respectivo auto, que deve ser assinado pelo agente de fiscalização e pela pessoa que tenha assistido ao acto.

4. Quando a actividade seja exercida em instalação do trabalhador, o serviço referido no nº 1 deve, no mais curto prazo possível, averiguar as condições em que o trabalho é prestado e, se for caso disso, determinar as medidas que se justifiquem por razões de segurança e saúde do trabalhador.

Artigo 14º – Regime das contra-ordenações

São aplicáveis às contra-ordenações decorrentes da violação da presente lei o regime do processo das contra-ordenações laborais constante de diploma específico, bem como o disposto no Código do Trabalho sobre responsabilidade contra-ordenacional.

Artigo 15º - Segurança social

O trabalhador no domicílio e o beneficiário da actividade são abrangidos, como beneficiário e contribuinte, respectivamente, pelo regime geral de segurança social dos trabalhadores por conta de outrem, nos termos previstos em legislação específica.

Artigo 16º - Entrada em vigor

A presente lei entra em vigor 30 dias após a sua publicação.

Aprovada em 23 de Julho de 2009.

O Presidente da Assembleia da República, *Jaime Gama.*

Promulgada em 27 de Agosto de 2009.

Publique-se.

O Presidente da República, ANÍBAL CAVACO SILVA.

Referendada em 27 de Agosto de 2009.

O Primeiro-Ministro, *José Sócrates Carvalho Pinto de Sousa.*

Regime de Entrega em Documento Eletrónico de Atos Relativos a Organizações Representativas de Trabalhadores e de Empregadores e de Instrumentos de Regulamentação Coletiva de Trabalho

Portaria nº 1172/2009, de 6 de outubro

O Código do Trabalho estabelece a obrigatoriedade da entrega em documento electrónico de actos relativos a organizações representativas de trabalhadores e de empregadores e de instrumentos de regulamentação colectiva de trabalho, tendo em vista facilitar a edição electrónica do *Boletim do Trabalho e Emprego*.

Os termos em que a entrega em documento electrónico destes textos se processa devem ser regulados por portaria do Ministro do Trabalho e da Solidariedade Social.

A obrigatoriedade de entrega dos diversos documentos em suporte informático visa, desde logo, facilitar a edição electrónica do *Boletim do Trabalho e Emprego*, pelo que se admite a entrega de documentos electrónicos sem aposição de assinatura electrónica, desde que acompanhados de suporte de papel devidamente assinado.

O projecto correspondente ao presente diploma foi publicado para apreciação pública na separata do *Boletim do Trabalho e Emprego*, nº 1, de 21 de Maio de 2009. Os pareceres emitidos por organizações representativas de trabalhadores e de empregadores foram devidamente ponderados.

Assim:

Manda o Governo, pelo Ministro do Trabalho e da Solidariedade Social, ao abrigo do nº 5 do artigo 438º, do nº 3 do artigo 447º, do nº 2 do artigo 454º e do nº 3 do artigo 494º do Código do Trabalho, com a redacção dada pela Lei nº 7/2009, de 12 de Fevereiro, o seguinte:

Artigo 1º – Âmbito de aplicação

A presente portaria regula a entrega em documento electrónico dos seguintes documentos:

a) Estatutos de comissão de trabalhadores, de comissão coordenadora, de associação sindical e de associação de empregadores;

b) Identidade dos membros de direcção de associação sindical e de associação de empregadores;

c) Convenção colectiva e correspondente texto consolidado, acordo de adesão e decisão arbitral;

d) Deliberação de comissão paritária tomada por unanimidade;

e) Acordos sobre prorrogação da vigência de convenção, sobre os efeitos decorrentes da convenção em caso de caducidade e de revogação de convenção colectiva.

Artigo 2º – Formato e comunicação do documento electrónico

1. O documento electrónico, com aposição de assinatura electrónica, deve adoptar um formato de texto ou ser susceptível de ser exportado para um formato de texto.

2. O documento electrónico elaborado nos termos referidos no número anterior deve ser remetido ao serviço competente do Ministério do Trabalho e da Solidariedade Social em CD ou em DVD, ou para o endereço electrónico dsrcot@dgert.mtss.gov.pt.

3. A expedição de documento electrónico com aposição de assinatura electrónica por mensagem de correio electrónico deve ser cronologicamente validada, nos termos da alínea *u*) do artigo 2º do Decreto-Lei nº 290-D/99, de 2 de Agosto, com a redacção dada pelo Decreto-Lei nº 62/2003, de 3 de Abril, mediante a aposição de selo temporal por uma terceira entidade idónea.

4. O texto a que se refere o artigo anterior pode ser apresentado em documento electrónico, sem assinatura electrónica, em formato de texto não editável em CDR ou em DVDR não regravável, desde que acompanhado de suporte de papel devidamente assinado.

Artigo 3º – Força probatória

1. O documento electrónico a que se refere o artigo 1º não acompanhado de suporte de papel tem a força probatória de documento particular assinado, nos termos do artigo 376º do Código Civil, desde que lhe seja aposta assinatura electrónica qualificada certificada por entidade certificadora credenciada.

2. É admissível a aposição no documento electrónico de assinatura electrónica avançada ou de assinatura digital.

Artigo 4º – Regime subsidiário

É subsidiariamente aplicável o regime jurídico dos documentos electrónicos e da assinatura electrónica previsto no Decreto-Lei nº 290-D/99, de 2 de Agosto, com a redacção dada pelo Decreto-Lei nº 62/2003, de 3 de Abril.

O Ministro do Trabalho e da Solidariedade Social, *José António Fonseca Vieira da Silva*, em 3 de Setembro de 2009.

Regime Jurídico do Exercício e Licenciamento das Agências Privadas de Colocação e das Empresas de Trabalho Temporário*

Decreto-Lei nº 260/2009, de 25 de setembro

CAPÍTULO I – Disposições gerais

Artigo 1º – Objeto e âmbito de aplicação

1. O presente decreto-lei regula o exercício e licenciamento da atividade da empresa de trabalho temporário.

2. O presente decreto-lei regula, ainda, o acesso e exercício da atividade da agência privada de colocação de candidatos a emprego, adiante designada por agência.

3. *(Revogado).*

(Redação dada pelo Lei nº 146/2015, de 09-09)

Artigo 2º – Conceitos

Para efeitos do presente decreto-lei entende-se por:

a) «Agência» a pessoa, singular ou coletiva, não integrada na Administração Pública, que, fazendo a intermediação entre a oferta e a procura de emprego, promove a colocação de candidatos a emprego, sem fazer parte das relações de trabalho que daí decorram, desenvolvendo pelo menos um dos serviços referidos no artigo 14º;

b) «Candidato a emprego» a pessoa que procura emprego e que reúne os requisitos legais para exercer uma atividade por conta de outrem;

c) «Colocação de candidato a emprego» a promoção do preenchimento de um posto de trabalho na dependência do beneficiário de uma dada atividade económica;

* Texto integral de acordo com a republicação da Lei nº 5/2014, de 12-02.

d) «Empresa de trabalho temporário» a pessoa singular ou coletiva cuja atividade consiste na cedência temporária a utilizadores da atividade de trabalhadores que, para esse efeito, admite e retribui;

e) «Entidade contratante» a pessoa singular ou coletiva, com ou sem fins lucrativos, que contrata, sob a sua autoridade e direção, candidatos a emprego colocados por uma agência;

f) «Local de trabalho» o local contratualmente definido para o exercício das funções para as quais o candidato a emprego foi contratado ou a que deva ter acesso no desempenho das suas funções;

g) «Trabalhador temporário» a pessoa que celebra com uma empresa de trabalho temporário um contrato de trabalho temporário ou um contrato de trabalho por tempo indeterminado para cedência temporária;

h) «Utilizador» a pessoa singular ou coletiva, com ou sem fins lucrativos, que ocupa, sob a sua autoridade e direção, trabalhadores cedidos por uma empresa de trabalho temporário.

CAPÍTULO II – Do exercício e licenciamento da atividade de empresa de trabalho temporário

SECÇÃO I – Do exercício da atividade de empresa de trabalho temporário

Artigo 3º – Objeto da empresa de trabalho temporário

A empresa de trabalho temporário tem por objeto a atividade de cedência temporária de trabalhadores para ocupação por utilizadores, podendo, ainda, desenvolver atividades de seleção, orientação e formação profissional, consultadoria e gestão de recursos humanos.

Artigo 4º – Contratos a celebrar pela empresa de trabalho temporário

1. O exercício de trabalho temporário depende da celebração pela empresa de trabalho temporário dos seguintes contratos:

a) Contrato de utilização de trabalho temporário com o utilizador;

b) Contrato de trabalho temporário com o trabalhador temporário;

c) Contrato de trabalho por tempo indeterminado para cedência temporária.

2. É proibido à empresa de trabalho temporário cobrar ao candidato a emprego temporário, direta ou indiretamente, quaisquer importâncias em numerário ou espécie.

3. Constitui contraordenação grave a violação do disposto no número anterior.

SECÇÃO II – Da licença

Artigo 5º – Licença para o exercício da atividade de empresa de trabalho temporário

1. O exercício da atividade de cedência temporária de trabalhadores para ocupação por utilizadores encontra-se sujeito a licença, dependendo a sua concessão da verificação dos seguintes requisitos cumulativos:

a) Idoneidade;

b) Estrutura organizativa adequada;

c) Situação contributiva regularizada perante a administração tributária e a segurança social;

d) Denominação social de pessoa singular ou coletiva com a designação «trabalho temporário»;

e) Cumprimento da obrigação de declaração do beneficiário efetivo, nos termos do Regime Jurídico do Registo Central do Beneficiário Efetivo, aprovado pela Lei nº 89/2017, de 21 de agosto;

f) Constituição de caução, nos termos do disposto no artigo 7º.

2. Considera-se verificado o requisito de idoneidade referido na alínea *a*) do número anterior quando a empresa ou o respetivo sócio, gerente, diretor ou administrador, consoante aplicável:

a) Tiver capacidade para a prática de atos de comércios;

b) Não esteja abrangida pela suspensão ou proibição do exercício da atividade aplicada nos termos do artigo 66º ou 67º do Código Penal;

c) Não esteja suspensa ou interdita do exercício da atividade como medida de segurança ou sanção acessória de contraordenação;

d) Não faça ou tenha feito parte, enquanto sócio, gerente, diretor ou administrador, de pessoa coletiva ou singular em período relativamente ao qual existam dívidas aos trabalhadores, administração tributária ou segurança social resultante do exercício de atividades anteriores;

e) Não tenha sido condenado, não faça ou não tenha feito parte da pessoa coletiva que tenha sido condenada, enquanto sócio, gerente, diretor ou administrador, ou, no caso de pessoa singular, o empresário em nome individual que não tenha sido condenado:

- *i*) Por sentença transitada em julgado pela prática dos crimes previstos nos artigos 184º a 185º-A da Lei nº 23/2007, de 4 de julho, e nos artigos 159º e 160º do Código Penal, aprovado pelo Decreto-Lei nº 400/82, de 23 de setembro;
- *ii*) Por sentença transitada em julgado pela prática de crimes laborais, contributivos e fiscais nos últimos cinco anos;
- *iii*) Na prática de contraordenações laborais muito graves nos últimos dois anos.

3. A idoneidade é exigida a todos os sócios, gerentes, diretores ou administradores da empresa de trabalho temporário ou aos empresários em nome individual, no caso de pessoas singulares.

4. Considera-se verificado o requisito de estrutura organizativa adequada quando a empresa reúna os seguintes requisitos:

a) Existência de trabalhadores contratados pela empresa em número suficiente e com as competências adequadas para o desenvolvimento da sua atividade, que prestem as suas funções diariamente na empresa, com os seguintes requisitos mínimos:

- *i*) Para exercício de atividade, uma percentagem mínima de trabalhadores com contrato individual de trabalho por tempo indeterminado para cedência temporária, determinado em função do número de trabalhadores temporários nos últimos 12 meses, que se deve manter durante o exercício da atividade da empresa, e que inclui os trabalhadores referidos nas subalíneas seguintes, nos termos e critérios a fixar em decreto regulamentar;

ii) Um diretor técnico, a tempo completo, com habilitação de nível superior e experiência profissional adequada na área dos recursos humanos;

iii) Atendimento diário presencial ao público com, pelo menos, um trabalhador a tempo completo;

iv) Um trabalhador qualificado para assegurar a área financeira e administrativa, incluindo contabilidade organizada segundo a legislação aplicável, salvo se a empresa recorrer a prestação de serviço;

b) Existência de instalações específicas, adequadas ao exercício da atividade e devidamente equipadas para o exercício da atividade, com as seguintes características mínimas:

i) Espaços de trabalho e de atendimento presencial ao público, aferidos por visita prévia às instalações;

ii) Identificação da empresa de trabalho temporário, horário de funcionamento e de atendimento presencial ao público, visíveis do exterior.

5. Para efeitos da subalínea *ii*) da alínea *a*) do número anterior, considera-se experiência profissional adequada para o exercício de funções de diretor técnico dois anos de experiência na área de gestão de recursos humanos.

6. Constitui contraordenação muito grave a violação do disposto no nº 4.

(Redação dada pela Lei nº 13/2023, de 03-04)

Artigo 6º – Procedimento de concessão da licença para o exercício da atividade de empresa de trabalho temporário

1. O interessado apresenta ao serviço público de emprego, por via eletrónica, o requerimento de licença para o exercício da atividade de cedência temporária de trabalhadores para ocupação por utilizadores com indicação das atividades a exercer e instruído com os seguintes documentos:

a) Declaração na qual o requerente indique o seu nome, o número de identificação fiscal, o número do bilhete de identidade ou cartão de cidadão, e o domicílio ou, no caso de pessoa coletiva, a denominação, a sede, o número de identificação de pessoa coletiva, o nome dos titulares dos órgãos sociais e, em ambos os casos, a localização dos estabelecimentos em que exerça a atividade;

b) Certificado atualizado de registo criminal ou o respetivo código de acesso e outros documentos emitidos pelas autoridades competentes comprovativos da idoneidade do requerente e, no caso de pessoa coletiva, dos sócios, gerentes, diretores ou administradores;

c) Certidão comprovativa de que não se encontra abrangido por suspensão ou interdição do exercício de atividade como sanção acessória de contraordenação, emitida pelo serviço com competência inspetiva do ministério responsável pela área laboral e pelo serviço com competência inspetiva do ministério responsável pela área da economia;

d) Certidão atualizada do registo comercial da sociedade ou o respetivo código de acesso, no caso de pessoa coletiva;

e) Comprovação dos requisitos da estrutura organizativa adequada para o exercício da atividade ou declaração sob compromisso de honra dos requisitos que satisfaz se a licença for concedida;

f) Declaração em como constituiu caução nos termos do artigo 7º, se a licença for concedida.

2. Para comprovar a situação regularizada perante a administração fiscal e a segurança social, relativamente ao exercício de atividades anteriores, independentemente de estas se encontrarem ou não cessadas, o requerente deve prestar consentimento para a consulta pelo serviço público de emprego, nos termos previsto no Decreto-Lei nº 114/2007, de 19 de abril, ou na sua falta, apresentação de certidão de situação tributária ou contributiva regularizada.

3. O requerimento é apreciado pelo serviço público de emprego, que deve elaborar o relatório e formular a proposta de decisão no prazo máximo de 30 dias.

4. O requerimento é decidido pelo membro do Governo responsável pela área laboral, com faculdade de delegação de competências.

5. Após a assinatura do despacho para a emissão da licença, o serviço público de emprego notifica o requerente para, no prazo de 30 dias, fazer prova da constituição da caução e existência de estrutura organizativa e instalações adequadas para o exercício da atividade que se tenha comprometido satisfazer.

6. A licença só é emitida e notificada ao requerente depois da apresentação da prova referida no número anterior.

(Redação dada pela Lei nº 13/2023, de 03-04)

Artigo 7º – Caução para o exercício da atividade de trabalho temporário

1. O requerente constitui, a favor do serviço público de emprego, uma caução para o exercício da atividade de trabalho temporário, de valor correspondente a 150 meses da retribuição mínima mensal garantida, acrescida do montante da taxa contributiva global incidente sobre aquele valor.

2. A caução deve ser anualmente atualizada por referência ao montante da retribuição mínima mensal garantida fixado para cada ano e à dimensão da empresa de trabalho temporário.

3. Para efeitos do disposto no nº 2, a dimensão da empresa de trabalho temporário é definida em função do número médio de trabalhadores temporários ao serviço no ano anterior, de acordo com os seguintes escalões:

a) Até 100 trabalhadores, a caução corresponde ao valor equivalente a 150 meses da retribuição mínima mensal garantida, acrescida do montante da taxa contributiva global incidente sobre aquele valor;

b) De 101 a 200 trabalhadores, a caução corresponde ao valor equivalente a 200 meses da retribuição mínima mensal garantida, acrescida do montante da taxa contributiva global incidente sobre aquele valor;

c) De 201 a 300 trabalhadores, a caução corresponde ao valor equivalente a 250 meses da retribuição mínima mensal garantida, acrescida do montante da taxa contributiva global incidente sobre aquele valor;

d) De 301 a 1000 trabalhadores, a caução corresponde ao valor equivalente a 300 meses da retribuição mínima mensal garantida, acrescida do montante da taxa contributiva global incidente sobre aquele valor;

e) De 1001 a 2000 trabalhadores, a caução corresponde ao valor equivalente a 400 meses da retribuição mínima mensal garantida, acrescida do montante da taxa contributiva global incidente sobre aquele valor;

f) Mais de 2000 trabalhadores, a caução corresponde ao valor equivalente a 500 meses da retribuição mínima mensal garantida, acrescida do montante da taxa contributiva global incidente sobre aquele valor.

4. A atualização referida no nº 2 deve ser efetuada até ao final do primeiro trimestre de cada ano ou até 30 dias após a publicação do diploma que determine alteração ao valor da retribuição mínima mensal garantida, se posterior.

5. Para os efeitos previstos nos nºs 2 e 4, a empresa de trabalho temporário comunica, por escrito, ao serviço público de emprego, até 31 de janeiro de cada ano, o número médio de trabalhadores temporários ao serviço no ano anterior.

6. Caso a empresa de trabalho temporário não proceda à comunicação referida no número anterior, o serviço público de emprego reposiciona a empresa no escalão correspondente, com base nas declarações de remunerações da segurança social.

7. Sem prejuízo do disposto no artigo 190º do Código do Trabalho, se no ano anterior se verificarem pagamentos de créditos a trabalhadores através da caução, deve a mesma ser reforçada para o valor correspondente a pelo menos 15% da massa salarial anual relativa a trabalhadores em cedência temporária naquele ano.

8. O reforço da caução previsto no número anterior deve ser efetuado por iniciativa da empresa de trabalho temporário até ao final do primeiro trimestre de cada ano.

9. Para os efeitos previstos nos nºs 7 e 8, a empresa de trabalho temporário comunica, por escrito, ao serviço público de emprego, até 31 de janeiro de cada ano, o valor da massa salarial anual relativa a trabalhadores em cedência temporária naquele ano.

10. Sempre que se verifiquem pagamentos por conta da caução, o serviço público de emprego notifica a empresa de trabalho temporário para, no prazo de 30 dias, fazer prova da sua reconstituição.

11. A empresa responsável pelo depósito, garantia bancária na modalidade à primeira solicitação ou contrato de seguro só pode proceder à redução ou cessação da garantia prestada mediante autorização prévia expressa do serviço público de emprego.

12. Provando a empresa de trabalho temporário, mediante declaração comprovativa, a liquidação dos créditos reclamados previstos no nº 1 do artigo 191º do Código do Trabalho e demais encargos com os trabalhadores, cessam os efeitos da caução e esta é devolvida pelo serviço público de emprego.

13. Para efeitos do presente artigo, o número médio de trabalhadores temporários ao serviço resulta do somatório do número de trabalhadores temporários ao serviço em cada mês dividido por 12 meses.

14. Para efeitos do número anterior, o número de trabalhadores temporários ao serviço em cada mês corresponde ao somatório do número de trabalhadores temporários ao serviço no início do mês com o número de trabalhadores temporários contratados no decurso do mês.

15. Constitui contraordenação muito grave a violação do disposto no nº 1, e contraordenação grave a violação do disposto nos nºs 2, 4, 5 e 7 a 10.

(Redação dada pela Lei nº 13/2023, de 03-04)

Artigo 8º – Licença e registo para o exercício da atividade de empresa de trabalho temporário

1. O exercício da atividade de empresa de trabalho temporário está sujeito à emissão de licença, que deve constar de alvará numerado.

2. O serviço público de emprego mantém atualizado e disponibiliza por via eletrónica para acesso público o registo nacional das empresas de trabalho temporário, o qual identifica as empresas licenciadas e aquelas em que ocorra a suspensão da atividade, caducidade ou cessação da licença ou aplicação de sanção acessória, com indicação, face a cada uma, da sua denominação completa, domicílio ou sede social e número de alvará.

3. O registo referido no número anterior tem caráter público, podendo qualquer interessado pedir certidão das inscrições nele constantes.

4. Constitui contraordenação muito grave a violação do disposto no nº 1.

Artigo 9º – Deveres da empresa de trabalho temporário

1. O interessado apresenta ao serviço público de emprego, por via eletrónica, o requerimento de licença para o exercício da atividade de cedência temporária de trabalhadores para ocupação por utilizadores com indicação das atividades a exercer e instruído com os seguintes documentos:

a) Domicílio ou sede e localização dos estabelecimentos de exercício da atividade;

b) Identificação dos administradores, sócios, gerentes ou membros da direção;

c) Objeto da respetiva atividade, bem como a sua suspensão ou cessação por iniciativa própria;

d) Comprovativo da declaração do beneficiário efetivo ou respetivo código de acesso;

e) Contactos telefónicos e de endereço eletrónico.

2. A empresa de trabalho temporário deve ainda:

a) Incluir em todos os contratos, correspondência, publicações, anúncios e de modo geral em toda a sua atividade externa o número e a data do alvará de licença para o exercício da respetiva atividade;

b) Identificar, no sistema de informação da segurança social, as entidades utilizadoras, bem como os trabalhadores temporários colocados, no momento da cedência do trabalhador à empresa utilizadora de trabalho temporário;

c) Comunicar ao serviço competente pelos assuntos consulares e comunidades portuguesas do ministério responsável pela área dos negócios estrangeiros, por via eletrónica, até aos dias 15 de janeiro e 15 de julho, a relação dos trabalhadores cedidos para prestar serviço no estrangeiro no semestre anterior, com indicação do nome, sexo, idade, número de beneficiário da segurança social, início e duração do contrato, local de trabalho, atividade de trabalho, atividade contratada, retribuição base, datas de saída e entrada no território nacional, bem como identificação, classificação da atividade económica (CAE) e localidade e país de execução do contrato.

3. O serviço público de emprego semestralmente envia, por via eletrónica, ao serviço competente do ministério responsável pela área da economia a informação relevante para as suas atribuições obtida nos termos da alínea *b*) do número anterior.

4. A empresa de trabalho temporário deve assegurar o cumprimento das obrigações legais respeitantes à proteção de dados pessoais, de acordo com o Regulamento (EU) 2016/679 do Parlamento e do Conselho, de 27 de abril, a Lei nº 58/2019, de 8 de agosto, e o Código do Trabalho, aprovado pela Lei nº 7/2009, de 12 de fevereiro.

5. Constitui contraordenação grave a violação do disposto no nº 1 e nas alíneas *b*) e *c*) do nº 2 e contraordenação leve a violação do disposto na alínea *a*) do nº 2.

(Redação dada pela Lei nº 13/2023, de 03-04)

Artigo 10º – Deveres para utilização de trabalhadores no estrangeiro

1. Sem prejuízo da prestação de caução referida no nº 1 do artigo 7º, a empresa de trabalho temporário que celebra contratos para utilização de trabalhadores no estrangeiro deve:

a) Constituir, a favor do serviço público de emprego, uma caução específica no valor de 10% das retribuições correspondentes à duração previsível dos contratos e no mínimo de dois meses de retribuição ou no valor das retribuições, se o contrato durar menos de dois meses, acrescido do custo das viagens de repatriamento;

b) Garantir aos trabalhadores prestações médicas, medicamentosas e hospitalares sempre que aqueles não beneficiem das mesmas prestações no país de acolhimento, através de seguro que garanta o pagamento de despesas de valor pelo menos igual a seis meses de retribuição;

c) Assegurar o repatriamento dos trabalhadores, findo o trabalho objeto do contrato, verificando-se a cessação do contrato de trabalho ou, ainda, no caso de falta de pagamento pontual da retribuição.

2. A caução prevista na alínea *a*) do número anterior não é exigível se, nos 36 meses anteriores ou, relativamente a empresas de trabalho temporário constituídas há menos tempo, desde o início da sua atividade, não tiver havido pagamentos de créditos a trabalhadores através da caução referida no nº 1 do artigo 7º

3. A empresa de trabalho temporário deve, ainda, comunicar com cinco dias de antecedência ao serviço com competência inspetiva do ministério responsável pela área laboral a identidade dos trabalhadores a ceder para o estrangeiro, o utilizador, o local de trabalho, o início e o termo previsíveis da deslocação, bem como a constituição da caução e a garantia das prestações, nos termos das alíneas *a*) e *b*) do nº 1.

4. O disposto nos nºs 10 a 12 do artigo 7º, bem como no artigo 190º e no nº 1 do artigo 191º do Código do Trabalho é aplicável à caução referida na alínea *a*) do nº 1.

5. Se a empresa de trabalho temporário não assegurar o repatriamento nas situações referidas na alínea *c*) do nº 1, a pedido dos trabalhadores, o serviço público de emprego procede ao pagamento das despesas de repatriamento por conta da caução.

6. O disposto no artigo 191º do Código do Trabalho é aplicável à caução referida na alínea *a*) do nº 1 sempre que estejam em causa pagamentos de retribuição.

7. A empresa de trabalho temporário tem direito de regresso contra o trabalhador relativamente às despesas de repatriamento se ocorrer despedimento por facto imputável ao trabalhador, denúncia sem aviso prévio ou abandono do trabalho.

8. O serviço com competência inspetiva do ministério responsável pela área laboral deve comunicar imediatamente ao serviço público de emprego a informação obtida nos termos do disposto no nº 3.

9. Constitui contraordenação grave a violação do disposto no nº 1 e contraordenação leve a violação do disposto no nº 3.

Artigo 11º – Verificação da manutenção dos requisitos para o exercício da atividade de empresa de trabalho temporário

1. A empresa de trabalho temporário deve fazer prova junto do serviço público de emprego, até ao final do 1º trimestre de cada ano, do cumprimento dos requisitos previstos no artigo 5º, relativamente ao ano anterior.

2. Para efeitos da verificação da existência de uma estrutura organizativa adequada, a empresa de trabalho temporário tem de ter um número de trabalhadores a tempo completo que corresponda, no mínimo, a 1% do número médio de trabalhadores temporários contratados no ano anterior ou, quando este número for superior a 5000, 50 trabalhadores a tempo completo.

3. Caso o serviço público de emprego não notifique a empresa de trabalho temporário, no prazo previsto no nº 1, consideram-se cumpridos os requisitos previstos no artigo 5º

4. Sem prejuízo do disposto no número anterior, o serviço público de emprego pode, a todo o tempo, controlar o cumprimento dos requisitos da licença.

5. Constitui contraordenação grave a violação do disposto nos nºs 1 e 2.

(Redação dada pela Lei nº 13/2023, de 03-04)

Artigo 12º – Suspensão ou cessação da licença

1. O serviço público de emprego suspende, durante dois meses, a licença de exercício de atividade de cedência temporária de trabalhadores para utilização de terceiros utilizadores sempre que se verifique o incumprimento do previsto nos nºs 1 ou 2 do artigo anterior.

2. A empresa de trabalho temporário é equiparada, em caso de exercício de atividade durante o período de suspensão da licença, a empresa não licenciada.

3. A suspensão referida no número anterior termina se a empresa de trabalho temporário, antes de decorrido o prazo previsto no nº 1, fizer prova do cumprimento dos requisitos em falta.

4. O membro do Governo responsável pela área laboral revoga, sob proposta do serviço público de emprego, a licença de exercício de atividade da empresa de trabalho temporário, sempre que não seja feita prova, durante o prazo previsto no nº 1, dos requisitos cuja ausência originou a suspensão.

5. A licença caduca se a empresa de trabalho temporário suspender o exercício da atividade durante 12 meses, por motivo diverso da proibição ou interdição do exercício da atividade.

6. O titular da licença está obrigado à devolução do respetivo alvará ao serviço público de emprego, sempre que haja lugar a alteração do seu termo ou a mesma cesse.

(Redação dada pela Lei nº 13/2023, de 03-04)

Artigo 13º – Segurança social e seguro de acidente de trabalho

1. Os trabalhadores temporários são abrangidos pelo regime geral da segurança social dos trabalhadores por conta de outrem, competindo à empresa de trabalho temporário o cumprimento das respetivas obrigações legais.

2. Nas situações a que se refere o artigo 10º deve ser entregue pela empresa de trabalho temporário uma cópia do contrato de trabalho temporário no serviço competente do ministério responsável pela área da segurança social.

3. A empresa de trabalho temporário é obrigada a transferir a responsabilidade pela indemnização devida por acidente de trabalho para empresas legalmente autorizadas a realizar este seguro.

4. Constitui contraordenação muito grave a violação do disposto no nº 3 e contraordenação leve a violação do disposto no nº 2.

5. O utilizador, bem como os respetivos gerentes, administradores ou diretores, assim como as sociedades que com aquele se encontrem em relação de participações recíprocas, de domínio ou de grupo, são solidariamente responsáveis pelo incumprimento, por parte da empresa de trabalho temporário, dos encargos e obrigações legais relativas aos trabalhadores, bem como pelo pagamento das respetivas coimas.

(Redação dada pela Lei nº 28/2016, de 23-08)

CAPÍTULO III – Do acesso e exercício à atividade de agência

SECÇÃO I – Do exercício da atividade de agência

Artigo 14º – Objeto da agência

1. Para efeitos do presente decreto-lei, a agência tem por objeto um ou mais dos seguintes serviços:

a) Receção das ofertas de emprego;

b) Inscrição de candidatos a emprego;

c) Colocação de candidatos a emprego;

d) Seleção, orientação ou formação profissional, desde que desenvolvida com vista à colocação do candidato a emprego.

2. A agência pode ainda promover a empregabilidade de candidatos a emprego através do apoio à procura ativa de emprego ou autoemprego.

3. Para efeitos do disposto nos números anteriores, deve a agência realizar por si os serviços que constituem o seu objeto, sem recorrer a subcontratação de terceiros.

4. A violação do disposto no número anterior constitui contraordenação muito grave, punível com coima de € 2800 a € 6000 ou € 12 000, consoante se trate de pessoa singular ou pessoa coletiva.

Artigo 15º

(Revogado.)

SECÇÃO II – Do acesso à atividade de agência

Artigo 16º – Mera comunicação prévia

1. O exercício da atividade de agência está sujeito a mera comunicação prévia perante o serviço público de emprego, tal como definida na alínea *b*) do nº 2 do artigo 8º do Decreto-Lei nº 92/2010, de 26 de julho, com indicação do nome ou denominação social, domicílio ou sede e estabelecimento principal em território nacional, número de identificação fiscal ou número de identificação de pessoa coletiva e número de registo comercial ou indicação do código de acesso a certidão permanente de registo comercial, caso existam.

2. Sem prejuízo do disposto na alínea *d*) do artigo 5º do Decreto-Lei nº 92/2010, de 26 de julho, a agência estabelecida em território nacional deve juntar à mera comunicação prévia documentos que comprovem:

a) A idoneidade e o comprovativo da declaração do beneficiário efetivo ou o respetivo código de acesso, nos termos das alíneas *a*) e *e*) do nº 1 e dos nºs 2 e 3 do artigo 5º;

b) A situação contributiva regularizada perante a administração tributária e a segurança social; e

c) A constituição da caução destinada a garantir a responsabilidade da agência pelo repatriamento do candidato a emprego, em caso de incumprimento do contrato de trabalho ou da promessa de contrato de trabalho, nos termos do nº 3 do artigo 27º, caso tenha optado por constituí-la, nos termos do artigo 18º;

d) A existência de uma estrutura organizativa adequada.

3. Considera-se verificado o requisito de estrutura organizativa adequada quando a agência reúna os seguintes requisitos:

a) Existência de trabalhadores contratados pela empresa em número suficiente e com as competências adequadas para o desenvolvimento da sua atividade, que prestem as suas funções diariamente na empresa, com os seguintes requisitos mínimos:

i) Um trabalhador, a tempo completo, que assegure o atendimento diário ao público;

ii) Um trabalhador qualificado para assegurar a contabilidade organizada segundo a legislação aplicável, salvo se a empresa recorrer a prestação de serviço;

b) Existência de instalações específicas, adequadas ao exercício da atividade e devidamente equipadas para o exercício da atividade, com as seguintes características mínimas:

i) Espaços de trabalho e de atendimento presencial ao público;
ii) Identificação da agência, horário de funcionamento e de atendimento presencial ao público, visíveis do exterior.

4. A comunicação prévia de agência não estabelecida em território nacional que neste preste serviços ocasionais e esporádicos nos termos do nº 3 do artigo 4º do Decreto-Lei nº 92/2010, de 26 de julho, deve ser acompanhada de documento que comprove a existência de garantia financeira equivalente à referida na alínea *c*) do número anterior, caso a agência dela disponha.

5. As agências que prestem serviços nos termos referidos no número anterior ficam sujeitas ao disposto no nº 3 do artigo 14º e nos artigos 23º a 28º-A.

6. A comunicação referida nos nºs 1, 2 e 4 é efetuada ao serviço público de emprego através do balcão único eletrónico dos serviços e é válida para todo o território nacional.

7. Constitui contraordenação muito grave a não apresentação da comunicação nos termos dos nºs 1, 2 ou 4, punível com coima de 2800 € a 6000 € ou 12 000 €, consoante se trate de pessoa singular ou pessoa coletiva.

8. Constitui contraordenação muito grave a prestação de serviços em território nacional de colocação de candidatos a emprego por agências que não possuam idoneidade, não tenham a situação contributiva regularizada perante a administração tributária e a segurança social nacionais ou não possuam uma estrutura organizativa adequada, ou, no caso das agências não estabelecidas em Portugal, segundo a legislação do Estado-Membro de origem, punível com coima de 2800 € a 6000 € ou 12 000 €, consoante se trate de pessoa singular ou pessoa coletiva.

9. A condenação no pagamento da coima prevista no número anterior por ausência de situação contributiva regularizada perante a administração tributária ou a segurança social nacionais não pode ter lugar na pendência do processo de autorização do pagamento em prestações da dívida em causa.

(Redação dada pela Lei nº 13/2023, de 03-04)

Artigo 17º

(Revogado.)

Artigo 18º – Caução para o exercício da atividade de agência

1. A agência estabelecida em território nacional pode constituir, a favor do serviço público de emprego, uma caução para o exercício da atividade, de valor mínimo correspondente a 13 vezes o valor da retribuição mínima mensal garantida, a qual pode ser prestada por depósito, garantia bancária na modalidade à primeira solicitação ou contrato de seguro.

2. A constituição da caução referida no número anterior destina-se a garantir a responsabilidade da agência pelo repatriamento do candidato a emprego, nos termos previstos no nº 3 do artigo 27º

3. A caução deve ser anualmente atualizada por referência ao valor da retribuição mínima mensal garantida fixado para cada ano.

4. Sempre que se verifiquem pagamentos por conta da caução, aplica-se o disposto no nº 10 do artigo 7º

5. A atualização referida no nº 3 deve ser efetuada até 31 de janeiro de cada ano ou até 30 dias após a publicação do diploma de revisão da retribuição mínima mensal garantida, se posterior.

6. Por solicitação da agência, o serviço público de emprego liberta o valor da caução, deduzido o que tenha pago por sua conta.

7. A agência não estabelecida em Portugal que aqui preste serviços ocasionais e esporádicos, em regime de livre prestação de serviços, pode constituir garantia financeira da sua responsabilidade pelo repatriamento do candidato a emprego, em conformidade com o disposto no nº 3 do artigo 27º, através da prestação de caução prevista no presente artigo, ou por seguro, garantia ou instrumento financeiro equivalente, nos termos do disposto nos nºs 2 e 3 do artigo 13º do Decreto-Lei nº 92/2010, de 26 de julho.

8. *(Revogado.)*

Artigo 19º – Informação sobre o exercício de atividade de agência

1. *(Revogado.)*

2. O serviço público de emprego mantém atualizado e disponibiliza por via eletrónica para acesso público o registo nacional das agências, o qual contém a identificação das agências privadas de colocação de candidatos a emprego, estabelecidas em território nacional ou não estabelecidas em território nacional que nele prestem serviços ocasionais e esporádicos, incluindo o número de identificação fiscal ou número de identificação de pessoa coletiva, o domicílio, sede ou estabelecimento principal, a indicação de eventual suspensão, interdição ou cessação de atividade e, caso seja aplicável, informação sobre a constituição de caução para o repatriamento de candidato a emprego, ou de instrumento financeiro equivalente, no caso de agências não estabelecidas.

3. O registo referido no número anterior tem caráter público, podendo qualquer interessado pedir certidão das inscrições nele constantes.

4. *(Revogado.)*

Artigo 20º

(Revogado.)

Artigo 21º

(Revogado.)

Artigo 22º – Exercício ilegal e interdição temporária da atividade

1. O serviço com competência inspetiva do ministério responsável pela área laboral interdita temporariamente, nos termos do regime geral do ilícito de mera ordenação social, constante do Decreto-Lei nº 433/82, de 27 de outubro, o exercício de atividade da agência sempre que se verifique a sua ilegalidade por violação do disposto no nº 3 do artigo 14º, no nº 8 do artigo 16º, na alínea *f)* do nº 1 do artigo 23º, no nº 1 do artigo 26º e no nº 1 do artigo 28º.

2. A condenação na sanção acessória prevista no número anterior por ausência de situação contributiva regularizada perante a administração tributária ou a segurança social nacionais não pode ter lugar na pendência do processo de autorização do pagamento em prestações da dívida em causa.

3. A interdição é comunicada ao serviço público de emprego no prazo de 10 dias a contar da decisão final de aplicação da sanção.

(Redação dada pela Lei nº 13/2023, de 03-04)

SECÇÃO III – Da relação da intermediação laboral

Artigo 23º – Requisitos gerais

1. No âmbito da sua atividade, a agência deve:

a) Sempre que fizer uso de oferta de emprego publicitada pelos serviços públicos de emprego, informar desse facto a entidade contratante e o candidato a emprego interessados;

b) Atuar segundo o princípio da igualdade de oportunidades no acesso ao emprego, não podendo praticar qualquer discriminação, direta ou indireta, baseada, nomeadamente, na ascendência, idade, sexo, orientação sexual, maternidade, paternidade, estado civil, situação familiar, património genético, capacidade de trabalho reduzida, deficiência ou doença crónica, nacionalidade, origem étnica, religião, convicções políticas, religiosas ou filiação sindical;

c) Atuar segundo o princípio da proporcionalidade entre as informações pedidas aos candidatos a emprego e as necessidades e características da relação laboral oferecida;

d) Assegurar a proteção de dados pessoais dos candidatos a emprego, de acordo com a legislação aplicável;

e) Assegurar que a relação laboral oferecida consiste no exercício de funções ou tarefas suscetíveis de poderem ser desempenhadas pelo candidato a emprego, atendendo nomeadamente às suas aptidões físicas, habilitações escolares e formação profissional;

f) Assegurar a gratuitidade dos serviços prestados ao candidato a emprego não lhe cobrando, direta ou indiretamente, quaisquer importâncias em numerário ou em espécie, incluindo, no caso dos marítimos, os custos de vistos necessários à prestação de trabalho, os quais devem ficar a cargo do armador;

g) Respeitar as normas sobre idade mínima de admissão para prestar trabalho e escolaridade obrigatória na inscrição e colocação de candidatos a emprego;

h) No caso de recrutamento e colocação de marítimos, verificar que os mesmos são detentores da qualificação e certificação profissionais exigidas e que os contratos de trabalho respeitam a legislação e as convenções coletivas aplicáveis.

2. Sem prejuízo do disposto na alínea *f)* do número anterior, cabe aos marítimos assumir os custos derivados da obtenção do certificado médico, dos certificados profissionais ou outra documentação necessária ao exercício da atividade a bordo.

3. As agências cujo objeto principal é o recrutamento e colocação de marítimos devem implementar um sistema de gestão de qualidade.

4. Constitui contraordenação muito grave a violação do disposto nas alíneas *b)* e *g)* do nº 1, punível com coima de € 2800 a € 6000 ou € 12 000, consoante se trate de pessoa singular ou pessoa coletiva.

5. Constitui contraordenação grave a violação do disposto nas alíneas *a*), *e*) e *f*) do nº 1, punível com coima de € 1200 a € 2600 ou € 4000, consoante se trate de pessoa singular ou pessoa coletiva.

6. Constitui contraordenação leve a violação do disposto nas alíneas *c*) e *d*) do nº 1, punível com coima de € 300 a € 600 ou € 1200, consoante se trate de pessoa singular ou pessoa coletiva.

(Redação dada pelo Lei nº 146/2015, de 09-09)

Artigo 24º – Deveres da agência

1. A agência deve comunicar ao serviço público de emprego, através do balcão único eletrónico dos serviços, as seguintes informações:

a) A alteração do domicílio, sede ou estabelecimento principal em Portugal, e dos contactos telefónicos e de correio eletrónico no prazo de 15 dias;

b) A cessação da atividade em território nacional, quando neste estabelecida, ou no Estado membro de origem, quando opere a essa data em território nacional nos termos do nº 3 do artigo 4º do Decreto-Lei nº 92/2010, de 26 de julho, no prazo de 15 dias;

c) As listagens com dados sobre a atividade desenvolvida no ano anterior, com a indicação do número de candidatos a emprego inscritos, das ofertas de emprego recebidas e das colocações efetuadas, por profissões e setores de atividade económica, até ao dia 15 de janeiro;

d) A constituição e a extinção da caução ou do instrumento financeiro equivalente, previstos no artigo 18º

2. A agência deve ainda comunicar, por via eletrónica, ao serviço competente pelos assuntos consulares e comunidades portuguesas do ministério responsável pela área dos negócios estrangeiros, no caso de colocação no estrangeiro, no prazo mínimo de 15 dias antes da saída do território nacional, com as necessárias adaptações no caso de colocação de marítimos:

a) A identificação do candidato a emprego;

b) A identificação da entidade contratante;

c) O local de trabalho;

d) O início e termo previsíveis da colocação.

3. O serviço competente pelos assuntos consulares e comunidades portuguesas do ministério responsável pela área dos negócios estrangeiros envia ao serviço com competência inspetiva do ministério responsável pela área laboral e ao serviço público de emprego a informação obtida nos termos do número anterior.

4. A agência deve acautelar que o cidadão nacional de país terceiro candidato a emprego em território nacional, com exceção do marítimo, é detentor do título de autorização de residência em Portugal, ou outro título que lhe permita o exercício da atividade laboral, nos termos definidos na legislação aplicável.

5. A agência que proceda ao recrutamento e colocação de marítimos a bordo deve:

a) Constituir um seguro, a regular por portaria dos membros do Governo responsáveis pelas áreas das finanças e laboral, que garanta o pagamento de indemnização dos prejuízos patrimoniais causados aos marítimos pelo incumprimento das obrigações da agência ou do armador;

b) Possuir um registo atualizado de todos os marítimos recrutados ou colocados por seu intermédio, para efeitos de inspeção por parte da autoridade competente;

c) Possuir um sistema de avaliação de queixas relativas às suas atividades, devendo dar conhecimento do respetivo resultado à autoridade competente.

6. Constitui contraordenação grave a violação do disposto, nos nºs 1, 2, 4 e 5, punível com coima de € 1200 a € 2600 ou € 4000, consoante se trate de pessoa singular ou pessoa coletiva.

(Redação dada pela Lei nº 13/2023, de 03-04)

Artigo 25º – Direitos e deveres do candidato

1. O candidato a emprego tem o direito de ser informado, por escrito, sobre:

a) Os métodos e técnicas de recrutamento aos quais se deve submeter e as regras relativas à confidencialidade dos resultados obtidos;

b) O caráter obrigatório ou facultativo das respostas aos testes ou questionários, bem como das consequências da falta de resposta;

c) As pessoas ou empresas destinatárias das informações prestadas, no termo dos processos de recrutamento, mediante pedido do candidato a emprego;

d) Receber informação sobre a negociação coletiva aplicável ao setor da entidade contratante.

2. O candidato a emprego tem ainda o direito de:

a) Ser informado por escrito pela agência sobre os direitos que tem no âmbito do presente decreto-lei, assim como no âmbito da relação laboral oferecida;

b) Aceder e retificar as informações prestadas nos processos de colocação;

c) Recusar responder a questionários ou testes que não se relacionem com as aptidões profissionais ou que se relacionem com a sua vida privada;

d) Receber um documento comprovativo da sua inscrição como candidato a emprego na agência;

e) Ser informado sobre a eventual existência de caução ou de instrumento financeiro equivalente, previstos no artigo 18º, com a finalidade de garantir o repatriamento referido no nº 3 do artigo 27º

3. O candidato a emprego está obrigado a responder e a prestar informações de acordo com o princípio da boa fé.

4. Constitui contraordenação grave a violação do disposto no nº 2, punível com coima de € 1200 a € 2600 ou € 4000, consoante se trate de pessoa singular ou pessoa coletiva.

5. Constitui contraordenação leve a violação do disposto no nº 1, punível com coima de € 300 a € 600 ou € 1200, consoante se trate de pessoa singular ou pessoa coletiva.

Artigo 26º – Ofertas de emprego

1. O conteúdo dos anúncios e outras formas de publicitação de ofertas de emprego emitidos pela agência devem:

a) Respeitar o princípio da veracidade, não deformando os elementos que caracterizam a relação laboral oferecida;

b) Ser redigido ou formulado em português;

c) Respeitar os requisitos gerais enunciados no artigo 23º;

d) Identificar a agência emitente nos termos definidos no presente decreto-lei;

e) Referir a eventual existência de caução ou de instrumento financeiro equivalente, previstos no artigo 18º, com a finalidade de garantir o repatriamento referido no nº 3 do artigo 27º

2. (*Revogado.*)

3. A entidade responsável pelo meio de comunicação que publicita as ofertas de emprego tem o dever de exigir e publicar a identificação do anunciante.

4. No caso de as ofertas de emprego serem difundidas sem identificação do emitente, o serviço com competência inspetiva do ministério responsável pela área laboral pode obter, mediante notificação simples dirigida à entidade responsável pelo meio de comunicação que veicula o anúncio, a sua identificação.

5. No contrato, a celebrar por escrito entre a agência e a entidade contratante, sujeito à lei portuguesa, deve ser feita expressa menção aos elementos que caracterizam a relação laboral oferecida por esta entidade, nomeadamente a categoria profissional, a remuneração mensal, o período normal de trabalho, o horário de trabalho, o local de trabalho, as condições de alojamento e o acesso a cuidados de saúde, bem como a outras condições de trabalho divulgadas na oferta de emprego.

6. Constitui contraordenação grave a violação do disposto no nº 1, punível com coima de € 1200 a € 2600 ou € 4000, consoante se trate de pessoa singular ou pessoa coletiva.

7. Em caso de incumprimento do previsto na alínea *a*) do nº 1, as agências privadas de colocação são subsidiariamente responsáveis pelos créditos laborais devidos e não pagos de trabalhadores por estas selecionados, nos seis meses subsequentes à colocação.

(Redação dada pela Lei nº 13/2023, de 03-04)

Artigo 27º – Colocação de candidatos

1. No exercício da atividade de colocação deve a agência atuar de acordo com o princípio da boa fé, abstendo-se de efetuar colocações que não garantam boas condições de trabalho, tanto do ponto de vista físico como moral, assegurando nomeadamente que a entidade contratante:

a) Cumpra as prescrições legais e convencionais vigentes relativas à segurança e saúde no trabalho;

b) Tenha a situação contributiva regularizada perante a segurança social e administração tributária;

c) Respeite os direitos de liberdade sindical e de negociação coletiva;

d) Proponha ao candidato a emprego as condições de trabalho divulgadas na oferta de emprego.

2. Sem prejuízo do disposto no número anterior, na atividade de colocação de candidato a emprego fora do território nacional, deve a agência acautelar que o candidato a emprego tenha, no país de destino:

a) Acesso a prestações médicas, medicamentosas e hospitalares, nas mesmas condições que teria no território nacional;

b) Alojamento adequado.

3. Em caso de incumprimento do contrato de trabalho ou promessa de contrato de trabalho por causa não imputável ao candidato a emprego, deve a agência assegurar, nas colocações de candidato a emprego fora do território nacional, o seu repatriamento, até seis meses após a colocação.

4. Na situação prevista no número anterior, a entidade que, em substituição da agência, suportar as despesas associadas ao repatriamento do trabalhador goza de direito de regresso sobre aquela.

5. Constitui contraordenação muito grave a violação do disposto no presente artigo, punível com coima de 2800 € a 6000 € ou 12 000 €, consoante se trate de pessoa singular ou pessoa coletiva.

(Redação dada pela Lei nº 13/2023, de 03-04)

Artigo 28º – Dever de informação

1. Sem prejuízo do disposto no artigo 20º do Decreto-Lei nº 92/2010, de 26 de julho, a agência tem o dever de informar por escrito o candidato a emprego sobre os aspetos relevantes da colocação, designadamente sobre os direitos que decorrem do presente decreto-lei e, bem assim, informação relevante sobre a relação laboral oferecida, esclarecendo expressamente, no caso de colocações no estrangeiro:

a) As condições de acesso, no país de destino, a prestações médicas, medicamentosas e hospitalares e a alojamento adequado, referindo se a entidade contratante garante esse acesso, no âmbito do contrato de trabalho ou promessa de contrato de trabalho;

b) A aplicabilidade e o processo de repatriamento da responsabilidade da agência;

c) A existência de caução ou de instrumento financeiro equivalente para o cumprimento da obrigação referida na alínea anterior.

2. O disposto no número anterior aplica-se a todas as agências a operar em território nacional, independentemente do direito escolhido pelas partes para reger os contratos em causa.

3. A agência que proceda ao recrutamento e colocação de marítimos a bordo deve:

a) Informar os candidatos a emprego antes da celebração dos contratos de trabalho sobre direitos e deveres decorrentes dos mesmos;

b) Providenciar no sentido de que o marítimo deve dispor de tempo suficiente para analisar o contrato de trabalho e aconselhar-se sobre o seu conteúdo de modo a estar devidamente informado sobre o mesmo antes de o assinar, bem como que o contrato está conforme com a legislação e as convenções coletivas aplicáveis e que é celebrado por escrito, em dois exemplares, ficando um para cada parte.

4. Constitui contraordenação grave a violação do disposto no presente artigo, punível com coima de € 1200 a € 2600 ou € 4000, consoante se trate de pessoa singular ou pessoa coletiva.

(Redação dada pelo Lei nº 146/2015, de 09-09)

Artigo 28º-A – Responsabilidade penal e civil por não repatriamento

1. Quem promover a colocação de candidato a emprego no estrangeiro e estando legalmente obrigado a assegurar o repatriamento daquele o não faça, sujeitando-o a perigo para a vida, a perigo de grave ofensa para o corpo ou a saúde ou a situação desumana ou degradante, é punido com pena de prisão de 1 a 5 anos.

2. Se os perigos ou as situações previstos no número anterior forem criados por negligência o agente é punido com pena de prisão até 3 anos.

3. Se dos factos previstos nos números anteriores resultar ofensa à integridade física grave o agente é punido:

a) Com pena de prisão de 2 a 8 anos no caso do nº 1;

b) Com pena de prisão de 1 a 5 anos no caso do nº 2.

4. Se dos factos previstos nos nºs 1 e 2 resultar a morte o agente é punido:

a) Com pena de prisão de 3 a 10 anos no caso do nº 1;

b) Com pena de prisão de 2 a 8 anos no caso do nº 2.

5. À responsabilidade criminal pela prática do crime previsto nos números anteriores acresce a responsabilidade civil pelo pagamento de todas as despesas inerentes à estada em país estrangeiro e repatriamento do candidato a emprego.

6. As pessoas coletivas e entidades equiparadas são responsáveis, nos termos gerais, pelo crime previsto no presente artigo.

Artigo 28º-B – Responsabilidade contraordenacional por intermediação laboral ilegal

Constitui contraordenação muito grave, imputável ao empregador e à agência privada de colocação, o recrutamento e colocação de trabalhadores por intermédio de agência que não tenha cumprido o disposto nos nºs 1, 2 ou 4 do artigo 16º, punível com coima de 2800 € a 6000 € ou 12 000 €, consoante se trate de pessoa singular ou pessoa coletiva.

(*Aditado pela Lei nº 13/2023, de 03-04*)

CAPÍTULO IV – Do controlo do exercício da atividade

Artigo 29º – Competência para inspeção

1. A fiscalização do cumprimento do disposto no presente decreto-lei e a instrução dos respetivos processos contraordenacionais competem:

a) Ao serviço com competência inspetiva do ministério responsável pela área laboral no âmbito do exercício da atividade das agências e empresas de trabalho temporário e, quanto a estas, no âmbito das relações de trabalho e condições de trabalho;

b) Ao serviço com competência inspetiva do ministério responsável pela área da economia relativamente à violação de regras da concorrência.

2. Para efeitos da alínea *b*) do número anterior, o serviço público de emprego e o serviço com competência inspetiva do ministério responsável pela área laboral devem comunicar ao serviço com competência inspetiva do ministério responsável pela área da economia todas as situações de que tenham conhecimento que evidenciem violação das regras da concorrência.

3. Na fiscalização a agências que procedem ao recrutamento e colocação de marítimos a bordo, a autoridade competente é acompanhada, sempre que possível, por um inspetor da Direção-Geral de Recursos Naturais, Segurança e Serviços Marítimos.

(Redação dada pelo Lei nº 146/2015, de 09-09)

CAPÍTULO V – Penas acessórias

Artigo 29º-A – Proibição do exercício de atividade em empresa de trabalho temporário ou agência privada de colocação

Pode ser condenado na proibição de exercício de atividade, no âmbito de empresa de trabalho temporário ou agência privada de colocação, incluindo de sócio, administrador ou trabalhador, por um período de entre 2 a 10 anos e atenta a concreta gravidade do facto e a sua conexão com a função exercida pelo agente, quem for punido:

a) Pelos crimes previstos no presente decreto-lei;

b) Pelos crimes previstos nos artigos 82º, 83º, 316º, 407º, 459º, 543º, 545º e 547º do Código do Trabalho;

c) Pelos crimes previstos nos artigos 159º e 160º do Código Penal;

d) Pelos crimes previstos nos artigos 183º, 184º, 185º e 185º-A da Lei nº 23/2007, de 4 de julho.

(Aditado pela Lei nº 13/2023, de 03-04)

Artigo 29º-B – Responsabilidade Penal

O regime sancionatório constante do presente decreto-lei não prejudica eventual responsabilidade em matéria penal, prevista nos termos da lei.

(Aditado pela Lei nº 13/2023, de 03-04)

CAPÍTULO VI – Disposições complementares, transitórias e finais

Artigo 30º – Eliminação de certidões

O serviço público de emprego deve tomar as medidas necessárias à eliminação da exigência de entrega das certidões previstas no presente decreto-lei, de modo a substituí-la pela consulta direta à informação pretendida junto das respetivas entidades e, sempre que necessário, mediante prévio consentimento do seu titular.

Artigo 30º-A – Reconhecimento mútuo

Nos termos da alínea *a)* do nº 1 do artigo 11º do Decreto-Lei nº 92/2010, de 26 de julho, não pode haver duplicação entre as condições exigíveis para o cumprimento dos procedimentos previstos neste diploma e os requisitos e os controlos equivalentes, ou comparáveis quanto à finalidade, a que o requerente já tenha sido submetido em Portugal ou noutro Estado membro da União Europeia ou do Espaço Económico Europeu.

Artigo 30º-B – Balcão único eletrónico dos serviços

1. Todas as comunicações e notificações, ou em geral quaisquer declarações relacionadas com a atividade das agências e realizadas no âmbito de procedimentos regulados no presente decreto-lei, devem ser efetuadas através do balcão único eletrónico dos serviços, acessível através do sítio na Internet do serviço público de emprego.

2. Quando, por motivos de indisponibilidade das plataformas eletrónicas, não for possível o cumprimento do disposto no número anterior, a transmissão da informação em apreço pode ser feita por remessa pelo correio, sob registo e com aviso de receção, por telecópia ou por mensagem de correio eletrónico.

Artigo 30º-C – Cooperação administrativa

As autoridades competentes nos termos do presente diploma participam na cooperação administrativa, no âmbito dos procedimentos relativos a serviços de agências cujos prestadores sejam provenientes de outro Estado membro, nos termos do capítulo VI do Decreto-Lei nº 92/2010, de 26 de julho, nomeadamente através do Sistema de Informação do Mercado Interno (IMI).

Artigo 31º – Regime das contraordenações

1. O regime geral das contraordenações laborais previsto nos artigos 548º a 566º do Código do Trabalho, aprovado pela Lei nº 7/2009, de 12 de fevereiro, aplica-se às infrações por violação do presente decreto-lei, com exceção das infrações por violação dos requisitos de acesso e exercício da atividade de agência, às quais se aplica o regime geral do ilícito de mera ordenação social, constante do Decreto-Lei nº 433/82, de 27 de outubro, alterado pelos Decretos-Leis nºs 356/89, de 17 de outubro, 244/95, de 14 de setembro, e 323/2001, de 17 de dezembro, e pela Lei nº 109/2001, de 24 de dezembro.

2. O processamento das contraordenações laborais segue o regime processual aplicável às contraordenações laborais e de segurança social, aprovado pela Lei nº 107/2009, de 14 de setembro.

3. A tentativa e a negligência são puníveis, sendo, nesse caso, reduzido para metade os limites mínimos e máximos.

Artigo 32º – Sanções acessórias

1. Para além das sanções acessórias previstas no Código do Trabalho, o exercício da atividade de cedência de trabalhadores temporários a utilizadores sem licença ou com licença suspensa é ainda punível com ordem de encerramento do estabelecimento onde a atividade é exercida até à regularização da situação, juntamente com a coima.

2. As sanções acessórias referidas no número anterior são averbadas no registo referido no artigo 8º

Artigo 33º – Regime transitório de regularização

1. As agências que se encontrem já a exercer a atividade privada de colocação devem adaptar-se às disposições previstas no presente decreto-lei, no prazo máximo de 90 dias, a contar da data da sua entrada em vigor.

2. O incumprimento do disposto no número anterior determina a cessação da atividade.

Artigo 34º – Regiões Autónomas

1. O presente decreto-lei aplica-se às Regiões Autónomas dos Açores e da Madeira, com as devidas adaptações, nos termos da respetiva autonomia político-administrativa, cabendo a sua execução administrativa aos serviços e organismos das respetivas administrações regionais autónomas com atribuições e competências no âmbito do presente decreto-lei, sem prejuízo das atribuições das entidades de âmbito nacional.

2. As meras comunicações prévias referidas no artigo 16º são válidas para todo o território nacional independentemente de serem dirigidas ao serviço público de emprego do continente ou aos serviços e organismos competentes de uma região autónoma.

Artigo 35º – Norma revogatória

São revogados o Decreto-Lei nº 124/89, de 14 de abril, e a Lei nº 19/2007, de 22 de maio, na parte não revogada pela Lei nº 7/2009, de 12 de fevereiro, que aprovou o novo Código do Trabalho.

Artigo 36º – Entrada em vigor

O presente decreto-lei entra em vigor 30 dias após a data da sua publicação.

Regime Jurídico da Promoção da Segurança e Saúde no Trabalho*

Lei nº 102/2009, de 10 de setembro

CAPÍTULO I – Disposições gerais

SECÇÃO I – Objeto, âmbito e conceitos

Artigo 1º – Objeto

A presente lei estabelece o regime jurídico aplicável à:

a) Promoção da segurança e da saúde no trabalho, incluindo a prevenção, de acordo com o previsto no artigo 284º do Código do Trabalho, aprovado pela Lei nº 7/2009, de 12 de fevereiro;

b) Proteção de trabalhadora grávida, puérpera ou lactante em caso de atividades suscetíveis de apresentar risco específico de exposição a agentes, processos ou condições de trabalho, de acordo com o previsto no nº 6 do artigo 62º do Código do Trabalho;

c) Proteção de menor em caso de trabalhos que, pela sua natureza ou pelas condições em que são prestados, sejam prejudiciais ao seu desenvolvimento físico, psíquico e moral, de acordo com o previsto no nº 2 do artigo 72º do Código do Trabalho.

(*Cf. Declaração de Retificação nº 20/2014, de 27-03*)

Artigo 2º – Transposição de diretivas comunitárias

1. A presente lei transpõe para a ordem jurídica interna a Diretiva nº 89/391/CEE, do Conselho, de 12 de junho, relativa à aplicação de medidas destinadas a promover

* Texto integral de acordo com a republicação da Lei nº 3/2014, de 28 de Janeiro.

a melhoria da segurança e da saúde dos trabalhadores no trabalho, alterada pelo Regulamento (CE) nº 1882/2003, do Parlamento Europeu e do Conselho, de 29 de setembro, pela Diretiva nº 2007/30/CE, do Parlamento Europeu e do Conselho, de 20 de junho, e pelo Regulamento (CE) nº 1137/2008, do Parlamento Europeu e do Conselho, de 22 de outubro.

2. A presente lei complementa, ainda, a transposição das seguintes diretivas europeias:

a) Diretiva nº 91/383/CEE, do Conselho, de 25 de junho, que completa a aplicação de medidas tendentes a promover a melhoria da segurança e da saúde dos trabalhadores que têm uma relação de trabalho a termo ou uma relação de trabalho temporário, alterada pela Diretiva nº 2007/30/CE, do Parlamento Europeu e do Conselho, de 20 de junho;

b) Diretiva nº 92/85/CEE, do Conselho, de 19 de outubro, relativa à implementação de medidas destinadas a promover a melhoria da segurança e da saúde das trabalhadoras grávidas, puérperas ou lactantes no trabalho, alterada pela Diretiva nº 2007/30/CE, do Parlamento Europeu e do Conselho, de 20 de junho;

c) Diretiva nº 94/33/CE, do Conselho, de 22 de junho, relativa à proteção dos jovens no trabalho, alterada pela Diretiva nº 2007/30/CE, do Parlamento Europeu e do Conselho, de 20 de junho;

d) No que respeita à proteção do património genético, as diretivas contendo prescrições mínimas de segurança e de saúde no trabalho contra os agentes químicos, físicos e biológicos, designadamente:

i) A Diretiva nº 2004/37/CE, do Parlamento Europeu e do Conselho, de 29 de abril, relativa à proteção dos trabalhadores contra riscos ligados à exposição de agentes cancerígenos ou mutagénicos durante o trabalho;

ii) A Diretiva nº 2000/54/CE, do Parlamento Europeu e do Conselho, de 18 de setembro, relativa à proteção dos trabalhadores contra riscos ligados à exposição a agentes biológicos durante o trabalho;

iii) A Diretiva nº 98/24/CE, do Conselho, de 7 de abril, relativa à proteção da segurança e da saúde dos trabalhadores contra os riscos ligados à exposição a agentes químicos no trabalho, alterada pela Diretiva nº 2007/30/CE, do Parlamento Europeu e do Conselho, de 20 de junho.

Artigo 3º – Âmbito

1. Exceto na medida em que regimes especiais disponham diversamente, a presente lei aplica-se:

a) A todos os ramos de atividade, nos setores privado ou cooperativo e social;

b) Ao trabalhador por conta de outrem e respetivo empregador, incluindo as pessoas coletivas de direito privado sem fins lucrativos;

c) Ao trabalhador independente.

2. Nos casos de explorações agrícolas familiares, da atividade desenvolvida por artesãos em instalações próprias ou do exercício da atividade da pesca em que o armador não explore mais do que duas embarcações com comprimento inferior a 15 m, aplica-se o regime estabelecido para o trabalhador independente.

3. Os princípios definidos na presente lei são aplicáveis, sempre que se mostrem compatíveis com a sua especificidade, ao serviço doméstico e às situações em que ocorra prestação de trabalho por uma pessoa a outra, sem subordinação jurídica, quando o prestador de trabalho deva considerar-se na dependência económica do beneficiário da atividade.

Artigo 4º – Conceitos

Para efeitos da presente lei, entende-se por:

a) «Trabalhador» a pessoa singular que, mediante retribuição, se obriga a prestar serviço a um empregador e, bem assim, o tirocinante, o estagiário, o aprendiz e os que estejam na dependência económica do empregador em razão dos meios de trabalho e do resultado da sua atividade, embora não titulares de uma relação jurídica de emprego;

b) «Trabalhador independente» a pessoa singular que exerce uma atividade por conta própria;

c) «Empregador» a pessoa singular ou coletiva com um ou mais trabalhadores ao seu serviço e responsável pela empresa ou estabelecimento ou, quando se trate de organismos sem fins lucrativos, que detenha competência para a contratação de trabalhadores;

d) «Representante dos trabalhadores» o trabalhador eleito para exercer funções de representação dos trabalhadores nos domínios da segurança e saúde no trabalho;

e) «Local de trabalho» o lugar em que o trabalhador se encontra ou de onde ou para onde deva dirigir-se em virtude do seu trabalho, no qual esteja direta ou indiretamente sujeito ao controlo do empregador;

f) «Componentes materiais do trabalho» o local de trabalho, o ambiente de trabalho, as ferramentas, as máquinas, equipamentos e materiais, as substâncias e agentes químicos, físicos e biológicos e os processos de trabalho;

g) «Perigo» a propriedade intrínseca de uma instalação, atividade, equipamento, um agente ou outro componente material do trabalho com potencial para provocar dano;

h) «Risco» a probabilidade de concretização do dano em função das condições de utilização, exposição ou interação do componente material do trabalho que apresente perigo;

i) «Prevenção» o conjunto de políticas e programas públicos, bem como disposições ou medidas tomadas ou previstas no licenciamento e em todas as fases de atividade da empresa, do estabelecimento ou do serviço, que visem eliminar ou diminuir os riscos profissionais a que estão potencialmente expostos os trabalhadores;

j) «Auditoria» a atividade ou o conjunto de atividades desenvolvidas pelos organismos competentes para a promoção da segurança e saúde no trabalho dos ministérios responsáveis pelas áreas laboral e da saúde, com o objetivo de verificar o cumprimento dos pressupostos que deram origem à autorização para a prestação dos serviços de segurança e saúde no trabalho, bem como a qualidade do serviço prestado.

SECÇÃO II - Princípios gerais e sistema de prevenção de riscos profissionais

Artigo 5º - Princípios gerais

1. O trabalhador tem direito à prestação de trabalho em condições que respeitem a sua segurança e a sua saúde, asseguradas pelo empregador ou, nas situações identificadas na lei, pela pessoa, individual ou coletiva, que detenha a gestão das instalações em que a atividade é desenvolvida.

2. Deve assegurar-se que o desenvolvimento económico promove a humanização do trabalho em condições de segurança e de saúde.

3. A prevenção dos riscos profissionais deve assentar numa correta e permanente avaliação de riscos e ser desenvolvida segundo princípios, políticas, normas e programas que visem, nomeadamente:

a) A conceção e a implementação da estratégia nacional para a segurança e saúde no trabalho;

b) A definição das condições técnicas a que devem obedecer a conceção, a fabricação, a importação, a venda, a cedência, a instalação, a organização, a utilização e a transformação das componentes materiais do trabalho em função da natureza e do grau dos riscos, assim como as obrigações das pessoas por tal responsáveis;

c) A determinação das substâncias, agentes ou processos que devam ser proibidos, limitados ou sujeitos a autorização ou a controlo da autoridade competente, bem como a definição de valores limite de exposição do trabalhador a agentes químicos, físicos e biológicos e das normas técnicas para a amostragem, medição e avaliação de resultados;

d) A promoção e a vigilância da saúde do trabalhador;

e) O incremento da investigação técnica e científica aplicadas no domínio da segurança e da saúde no trabalho, em particular no que se refere à emergência de novos fatores de risco;

f) A educação, a formação e a informação para a promoção da melhoria da segurança e saúde no trabalho;

g) A sensibilização da sociedade, de forma a criar uma verdadeira cultura de prevenção;

h) A eficiência do sistema público de inspeção do cumprimento da legislação relativa à segurança e à saúde no trabalho.

4. O desenvolvimento de políticas e programas e a aplicação de medidas a que se refere o número anterior devem ser apoiados por uma coordenação dos meios disponíveis, pela avaliação dos resultados quanto à diminuição dos riscos profissionais e dos danos para a saúde do trabalhador e pela mobilização dos agentes de que depende a sua execução, particularmente o empregador, o trabalhador e os seus representantes.

Artigo 6º – Sistema nacional de prevenção de riscos profissionais

1. O sistema nacional de prevenção de riscos profissionais visa a efetivação do direito à segurança e à saúde no trabalho, por via da salvaguarda da coerência das medidas e da eficácia de intervenção das entidades públicas, privadas ou cooperativas que exercem, naquele âmbito, competências nas áreas da regulamentação, licenciamento, certificação, normalização, investigação, formação, informação, consulta e participação, serviços técnicos de prevenção e vigilância da saúde e inspeção.

2. O Estado deve promover o desenvolvimento de uma rede nacional para a prevenção de riscos profissionais nas áreas de atuação referidas no número anterior, constituída por serviços próprios.

3. O Estado pode, ainda, apoiar e celebrar acordos com entidades privadas ou cooperativas com capacidade técnica para a realização de ações no domínio da segurança e saúde no trabalho.

4. Nos domínios da segurança e da saúde no trabalho deve ser desenvolvida a cooperação entre o Estado e as organizações representativas dos trabalhadores e empregadores e, ao nível da empresa, estabelecimento ou serviço, entre o empregador e os representantes dos trabalhadores e estes.

Artigo 7º – Definição de políticas, coordenação e avaliação de resultados

1. Sem prejuízo de uma visão integrada e coerente, os ministérios responsáveis pelas áreas laboral e da saúde propõem a definição da política de promoção e fiscalização da segurança e da saúde no trabalho.

2. As propostas referidas no número anterior devem procurar desenvolver as complementaridades e interdependências entre os domínios da segurança e da saúde no trabalho e o sistema de segurança social, o Serviço Nacional de Saúde, a proteção do ambiente e o Sistema Português da Qualidade (SPQ).

3. Os serviços públicos com competência para licenciamento, certificação ou outra autorização para o exercício de uma atividade ou a afetação de um bem a tal exercício devem exercer a sua competência de modo a promover a segurança e a saúde no trabalho.

4. A coordenação da aplicação das medidas de política e da avaliação de resultados, nomeadamente relativos à atividade inspetiva, cabe aos organismos competentes do ministério responsável pela área laboral.

5. As medidas de política adotadas e a avaliação dos resultados destas e da ação inspetiva desenvolvida em matéria de segurança e de saúde no trabalho, assim como a informação estatística sobre acidentes de trabalho e doenças profissionais, devem ser objeto de publicação anual e de adequada divulgação.

6. Para efeitos do número anterior, a informação estatística deve permitir a caracterização dos acidentes e das doenças profissionais de modo a contribuir para os estudos epidemiológicos, possibilitar a adoção de metodologias e critérios apropriados à conceção de programas e medidas de prevenção de âmbito nacional e setorial e ao controlo periódico dos resultados obtidos.

Artigo 8º - Consulta e participação

1. Na promoção e na avaliação, a nível nacional, das medidas de políticas no domínio da segurança e da saúde no trabalho deve ser assegurada a consulta e a participação das organizações mais representativas dos empregadores e trabalhadores.

2. Para efeitos do disposto no número anterior, as organizações de empregadores e trabalhadores com assento na Comissão Permanente de Concertação Social (CPCS) devem integrar:

a) *(Revogada.)*

b) O Conselho Consultivo para a Promoção da Segurança e Saúde no Trabalho da Autoridade para as Condições do Trabalho.

Artigo 9º - Educação, formação e informação para a segurança e para a saúde no trabalho

1. O Estado deve prosseguir a integração de conteúdos sobre a segurança e a saúde no trabalho nos currículos escolares dos vários níveis de ensino, tendo em vista uma cultura de prevenção no quadro geral do sistema educativo e a prevenção dos riscos profissionais como preparação para a vida ativa.

2. O Estado promove a integração de conteúdos sobre a segurança e a saúde no trabalho nas ações de educação e formação profissional de forma a permitir a aquisição de conhecimentos e hábitos de prevenção de acidentes de trabalho e doenças profissionais.

3. O Estado promove ações de formação e informação destinadas a empregadores e trabalhadores, bem como ações de informação e esclarecimento públicos nas matérias da segurança e da saúde no trabalho.

Artigo 10º - Investigação e formação especializada

1. O Estado deve assegurar condições que promovam o conhecimento e a investigação na área da segurança e da saúde no trabalho.

2. O fomento, pelo Estado, da investigação na área da segurança e da saúde no trabalho deve ser orientado, em especial, pelos seguintes vetores:

a) Apoio à criação de estruturas de investigação e à formação pós-graduada de especialistas e de investigadores;

b) Colaboração entre as várias estruturas nacionais interessadas;

c) Divulgação de informação científica e técnica que contribua para o avanço do conhecimento e progresso da investigação;

d) Incentivo à participação nacional em programas internacionais;

e) Incentivo ao estudo de boas práticas em matéria de sistemas de organização e funcionamento das atividades de prevenção.

3. O fomento da investigação, do desenvolvimento experimental e da demonstração deve orientar-se predominantemente para a melhoria da prevenção dos riscos profissionais e da proteção da saúde do trabalhador.

Artigo 11º – Normalização

1. As normas e especificações técnicas na área da segurança e da saúde no trabalho relativas, nomeadamente, a metodologias e a procedimentos, a critérios de amostragem, a certificação de produtos e equipamentos são aprovadas no âmbito do SPQ.

2. As diretrizes práticas desenvolvidas pela Organização Internacional do Trabalho e Organização Mundial de Saúde, bem como as normas e especificações técnicas nacionais a que se refere o número anterior, constituem referências indispensáveis a ser tidas em conta nos procedimentos e medidas adotados em cumprimento da legislação sobre segurança e saúde no trabalho, bem como na produção de bens e equipamentos de trabalho.

Artigo 12º – Licenciamento e autorização de laboração

A legislação sobre licenciamento e autorização de laboração contém as especificações adequadas à prevenção de riscos profissionais e à proteção da saúde.

Artigo 13º – Segurança de máquinas e equipamentos de trabalho

1. No âmbito da prevenção e da segurança dos equipamentos deve toda a pessoa singular ou coletiva que fabrique máquinas, aparelhos, ferramentas, instalações e outros equipamentos para utilização profissional proceder às investigações e operações necessárias para que, na fase de conceção e durante a fabricação, sejam, na medida do possível, eliminados ou reduzidos ao mínimo quaisquer riscos que tais produtos possam apresentar para a saúde ou para a segurança das pessoas e garantir, por certificação adequada, antes do lançamento no mercado, a conformidade com os requisitos de segurança e de saúde aplicáveis.

2. Toda a pessoa singular ou coletiva que importe, venda, alugue, ceda a qualquer título ou coloque em exposição máquinas, aparelhos, ferramentas ou instalações para utilização profissional deve:

a) Proceder ou mandar proceder aos ensaios e controlos necessários para se assegurar que a construção e o estado de tais equipamentos de trabalho são de forma a não apresentar riscos para a segurança e a saúde dos trabalhadores, desde que a utilização de tais equipamentos seja feita corretamente e para o fim a que se destinam, salvo quando os referidos equipamentos estejam devidamente certificados;

b) Tomar as medidas necessárias para que às máquinas, aos aparelhos, às ferramentas ou às instalações para utilização profissional sejam anexadas instruções, em português, quanto à montagem, à utilização, à conservação e à reparação das mesmas, em que se especifique, em particular, como devem proceder os trabalhadores incumbidos dessas tarefas, de forma a prevenir riscos para a sua segurança e a sua saúde e de outras pessoas.

3. Toda a pessoa singular ou coletiva que proceda à montagem, à colocação, à reparação ou à adaptação de máquinas, aparelhos, ferramentas ou instalações para utilização profissional deve assegurar, na medida do possível, que, em resultado daquelas operações, tais equipamentos não apresentam risco para a segurança e a saúde das pessoas, desde que a sua utilização seja efetuada corretamente.

4. As máquinas, os aparelhos, as ferramentas e as instalações para utilização profissional só podem ser fornecidos ou colocados em serviço desde que contenham a marcação de segurança, o nome e o endereço do fabricante ou do importador, bem como outras informações que permitam identificar claramente os mesmos e prevenir os riscos na sua utilização.

5. Nos casos de feiras, demonstrações e exposições, quando as máquinas, aparelhos, ferramentas e instalações para utilização profissional se encontrem sem as normais proteções de segurança, devem estar indicadas, de forma bem visível, as precauções de segurança, bem como a impossibilidade de aquisição destes equipamentos tal como se encontram apresentados.

6. As autoridades competentes devem divulgar, periodicamente, as especificações a respeitar na área de segurança no trabalho, por forma a garantir uma prevenção de conceção e a facilitar os respetivos procedimentos administrativos.

Artigo 14º - Fiscalização e inquéritos

1. O organismo com competência inspetiva do ministério responsável pela área laboral controla o cumprimento da legislação relativa à segurança e à saúde no trabalho e aplica as sanções correspondentes ao seu incumprimento, sem prejuízo de competências específicas de outras entidades.

2. Compete ainda ao organismo a que se refere o número anterior a realização de inquérito em caso de acidente de trabalho mortal ou que evidencie uma situação particularmente grave.

3. Em casos de doença profissional ou outro dano para a saúde ocorrido durante o trabalho ou com ele relacionado, o organismo competente do ministério responsável pela área da saúde, através das autoridades de saúde, e o organismo competente do ministério responsável pela área da segurança social podem, igualmente, promover a realização do inquérito.

4. Os representantes dos trabalhadores podem apresentar as suas observações ao organismo com competência inspetiva do ministério responsável pela área laboral ou a outra autoridade competente, por ocasião de visita ou fiscalização à empresa ou estabelecimento.

5. Os representantes dos trabalhadores podem, ainda, solicitar a intervenção do organismo com competência inspetiva do ministério responsável pela área laboral sempre que verifiquem que as medidas adotadas e os meios fornecidos pelo empregador são insuficientes para assegurar a segurança e saúde no trabalho.

6. No caso de o inquérito a que se referem os nºs 2 ou 3 respeitar a factos ocorridos em navio abrangido pela Convenção do Trabalho Marítimo, 2006, o organismo competente pode:

a) Solicitar a colaboração da autoridade com competências específicas na aplicação da legislação decorrente da Convenção;

b) Incumbir da sua realização qualquer das entidades referidas na alínea anterior.

7. O relatório do inquérito a que se refere o número anterior deve estar concluído e, na situação a que se refere a alínea b) do mesmo número, deve ser entregue ao organismo competente logo que possível e, em qualquer caso, nos 30 dias subsequentes à conclusão do inquérito.

(Redação dada pela Lei nº 146/2015, de 09-09)

CAPÍTULO II – Obrigações gerais do empregador e do trabalhador

Artigo 15º – Obrigações gerais do empregador

1. O empregador deve assegurar ao trabalhador condições de segurança e de saúde em todos os aspetos do seu trabalho.

2. O empregador deve zelar, de forma continuada e permanente, pelo exercício da atividade em condições de segurança e de saúde para o trabalhador, tendo em conta os seguintes princípios gerais de prevenção:

a) Evitar os riscos;

b) Planificar a prevenção como um sistema coerente que integre a evolução técnica, a organização do trabalho, as condições de trabalho, as relações sociais e a influência dos fatores ambientais;

c) Identificação dos riscos previsíveis em todas as atividades da empresa, estabelecimento ou serviço, na conceção ou construção de instalações, de locais e processos de trabalho, assim como na seleção de equipamentos, substâncias e produtos, com vista à eliminação dos mesmos ou, quando esta seja inviável, à redução dos seus efeitos;

d) Integração da avaliação dos riscos para a segurança e a saúde do trabalhador no conjunto das atividades da empresa, estabelecimento ou serviço, devendo adotar as medidas adequadas de proteção;

e) Combate aos riscos na origem, por forma a eliminar ou reduzir a exposição e aumentar os níveis de proteção;

f) Assegurar, nos locais de trabalho, que as exposições aos agentes químicos, físicos e biológicos e aos fatores de risco psicossociais não constituem risco para a segurança e saúde do trabalhador;

g) Adaptação do trabalho ao homem, especialmente no que se refere à conceção dos postos de trabalho, à escolha de equipamentos de trabalho e aos métodos de trabalho e produção, com vista a, nomeadamente, atenuar o trabalho monótono e o trabalho repetitivo e reduzir os riscos psicossociais;

h) Adaptação ao estado de evolução da técnica, bem como a novas formas de organização do trabalho;

i) Substituição do que é perigoso pelo que é isento de perigo ou menos perigoso;

j) Priorização das medidas de proteção coletiva em relação às medidas de proteção individual;

l) Elaboração e divulgação de instruções compreensíveis e adequadas à atividade desenvolvida pelo trabalhador.

3. Sem prejuízo das demais obrigações do empregador, as medidas de prevenção implementadas devem ser antecedidas e corresponder ao resultado das avaliações dos riscos associados às várias fases do processo produtivo, incluindo as atividades preparatórias, de manutenção e reparação, de modo a obter como resultado níveis eficazes de proteção da segurança e saúde do trabalhador.

4. Sempre que confiadas tarefas a um trabalhador, devem ser considerados os seus conhecimentos e as suas aptidões em matéria de segurança e de saúde no trabalho, cabendo ao empregador fornecer as informações e a formação necessárias ao desenvolvimento da atividade em condições de segurança e de saúde.

5. Sempre que seja necessário aceder a zonas de risco elevado, o empregador deve permitir o acesso apenas ao trabalhador com aptidão e formação adequadas, pelo tempo mínimo necessário.

6. O empregador deve adotar medidas e dar instruções que permitam ao trabalhador, em caso de perigo grave e iminente que não possa ser tecnicamente evitado, cessar a sua atividade ou afastar-se imediatamente do local de trabalho, sem que possa retomar a atividade enquanto persistir esse perigo, salvo em casos excecionais e desde que assegurada a proteção adequada.

7. O empregador deve ter em conta, na organização dos meios de prevenção, não só o trabalhador como também terceiros suscetíveis de serem abrangidos pelos riscos da realização dos trabalhos, quer nas instalações quer no exterior.

8. O empregador deve assegurar a vigilância da saúde do trabalhador em função dos riscos a que estiver potencialmente exposto no local de trabalho.

9. O empregador deve estabelecer em matéria de primeiros socorros, de combate a incêndios e de evacuação as medidas que devem ser adotadas e a identificação dos trabalhadores responsáveis pela sua aplicação, bem como assegurar os contactos necessários com as entidades externas competentes para realizar aquelas operações e as de emergência médica.

10. Na aplicação das medidas de prevenção, o empregador deve organizar os serviços adequados, internos ou externos à empresa, estabelecimento ou serviço, mobilizando os meios necessários, nomeadamente nos domínios das atividades técnicas de prevenção, da formação e da informação, bem como o equipamento de proteção que se torne necessário utilizar.

11. As prescrições legais ou convencionais de segurança e de saúde no trabalho estabelecidas para serem aplicadas na empresa, estabelecimento ou serviço devem ser observadas pelo próprio empregador.

12. O empregador suporta a totalidade dos encargos com a organização e o funcionamento do serviço de segurança e de saúde no trabalho e demais sistemas de prevenção, incluindo exames de vigilância da saúde, avaliações de exposições, testes e todas as ações necessárias no âmbito da promoção da segurança e saúde no trabalho, sem impor aos trabalhadores quaisquer encargos financeiros.

13. Para efeitos do disposto no presente artigo, e salvaguardando as devidas adaptações, o trabalhador independente é equiparado a empregador.

14. Constitui contraordenação muito grave a violação do disposto nos nºs 1 a 12.

15. Sem prejuízo do disposto no número anterior, o empregador cuja conduta tiver contribuído para originar uma situação de perigo incorre em responsabilidade civil.

Artigo 16º – Atividades simultâneas ou sucessivas no mesmo local de trabalho

1. Quando várias empresas, estabelecimentos ou serviços desenvolvam, simultaneamente, atividades com os seus trabalhadores no mesmo local de trabalho, devem os respetivos empregadores, tendo em conta a natureza das atividades que cada um desenvolve, cooperar no sentido da proteção da segurança e da saúde.

2. Não obstante a responsabilidade de cada empregador, devem assegurar a segurança e a saúde, quanto a todos os trabalhadores a que se refere o número anterior, as seguintes entidades:

a) A empresa utilizadora, no caso de trabalhadores em regime de trabalho temporário;

b) A empresa cessionária, no caso de trabalhadores em regime de cedência ocasional;

c) A empresa em cujas instalações outros trabalhadores prestam serviço ao abrigo de contratos de prestação de serviços;

d) Nos restantes casos, a empresa adjudicatária da obra ou do serviço, para o que deve assegurar a coordenação dos demais empregadores através da organização das atividades de segurança e saúde no trabalho.

3. A empresa utilizadora ou adjudicatária da obra ou do serviço deve assegurar que o exercício sucessivo de atividades por terceiros nas suas instalações ou com os equipamentos utilizados não constituem um risco para a segurança e saúde dos seus trabalhadores ou dos trabalhadores temporários, cedidos ocasionalmente ou de trabalhadores ao serviço de empresas prestadoras de serviços.

4. Constitui contraordenação muito grave a violação do disposto nos nºs 2 e 3, sem prejuízo da responsabilidade do empregador.

5. O dono da obra, empresa ou exploração agrícola e a empresa utilizadora ou adjudicatária de obra ou serviço, bem como os respetivos gerentes, administradores ou diretores, assim como as sociedades que com o dono da obra, empresa ou exploração agrícola, empresa utilizadora ou adjudicatária de obra ou serviço se encontrem em relação de participações recíprocas, de domínio ou de grupo, são solidariamente responsáveis pelas violações das disposições legais relativas à segurança e saúde dos trabalhadores temporários, dos que lhe forem cedidos ocasionalmente ou dos trabalhadores ao serviço de empresas prestadoras de serviços, cometidas durante o exercício da atividade nas suas instalações, assim como pelo pagamento das respetivas coimas. *(Redação dada pela Lei nº 28/2016, de 23-08)*

Artigo 17º – Obrigações do trabalhador

1. Constituem obrigações do trabalhador:

a) Cumprir as prescrições de segurança e de saúde no trabalho estabelecidas nas disposições legais e em instrumentos de regulamentação coletiva de trabalho, bem como as instruções determinadas com esse fim pelo empregador;

b) Zelar pela sua segurança e pela sua saúde, bem como pela segurança e pela saúde das outras pessoas que possam ser afetadas pelas suas ações ou omissões no trabalho, sobretudo quando exerça funções de chefia ou coordenação, em relação aos serviços sob o seu enquadramento hierárquico e técnico;

c) Utilizar corretamente e de acordo com as instruções transmitidas pelo empregador, máquinas, aparelhos, instrumentos, substâncias perigosas e outros equipamentos e meios postos à sua disposição, designadamente os equipamentos de proteção coletiva e individual, bem como cumprir os procedimentos de trabalho estabelecidos;

d) Cooperar ativamente na empresa, no estabelecimento ou no serviço para a melhoria do sistema de segurança e de saúde no trabalho, tomando conhecimento da informação prestada pelo empregador e comparecendo às consultas e aos exames determinados pelo médico do trabalho;

e) Comunicar imediatamente ao superior hierárquico ou, não sendo possível, ao trabalhador designado para o desempenho de funções específicas nos domínios da segurança e saúde no local de trabalho as avarias e deficiências por si detetadas que se lhe afigurem suscetíveis de originarem perigo grave e iminente, assim como qualquer defeito verificado nos sistemas de proteção;

f) Em caso de perigo grave e iminente, adotar as medidas e instruções previamente estabelecidas para tal situação, sem prejuízo do dever de contactar, logo que possível, com o superior hierárquico ou com os trabalhadores que desempenham funções específicas nos domínios da segurança e saúde no local de trabalho.

2. O trabalhador não pode ser prejudicado em virtude de se ter afastado do seu posto de trabalho ou de uma área perigosa em caso de perigo grave e iminente nem por ter adotado medidas para a sua própria segurança ou para a segurança de outrem.

3. As obrigações do trabalhador no domínio da segurança e saúde nos locais de trabalho não excluem as obrigações gerais do empregador, tal como se encontram definidas no artigo 15º

4. Constitui contraordenação muito grave a violação do disposto na alínea *b*) do nº 1.

5. Sem prejuízo do disposto no número anterior, o trabalhador que viole culposamente os deveres referidos no nº 1 ou o trabalhador cuja conduta tiver contribuído para originar uma situação de perigo incorre em responsabilidade disciplinar e civil.

CAPÍTULO III – Consulta, informação e formação dos trabalhadores

Artigo 18º – Consulta dos trabalhadores

1. O empregador, com vista à obtenção de parecer, deve consultar por escrito e, pelo menos, uma vez por ano, previamente ou em tempo útil, os representantes dos trabalhadores para a segurança e saúde ou, na sua falta, os próprios trabalhadores sobre:

a) A avaliação dos riscos para a segurança e a saúde no trabalho, incluindo os respeitantes aos grupos de trabalhadores sujeitos a riscos especiais;

b) As medidas de segurança e saúde antes de serem postas em prática ou, logo que possível, em caso de aplicação urgente das mesmas;

c) As medidas que, pelo seu impacte nas tecnologias e nas funções, tenham repercussão sobre a segurança e saúde no trabalho;

d) O programa e a organização da formação no domínio da segurança e saúde no trabalho;

e) A designação do representante do empregador que acompanha a atividade da modalidade de serviço adotada;

f) A designação e a exoneração dos trabalhadores que desempenham funções específicas nos domínios da segurança e saúde no local de trabalho;

g) A designação dos trabalhadores responsáveis pela aplicação das medidas previstas no nº 9 do artigo 15º;

h) A modalidade de serviços a adotar, bem como o recurso a serviços externos à empresa e a técnicos qualificados para assegurar a realização de todas ou parte das atividades de segurança e de saúde no trabalho, nos termos do nº 2 do artigo 74º;

i) O equipamento de proteção que seja necessário utilizar;

j) Os riscos para a segurança e saúde, bem como as medidas de proteção e de prevenção e a forma como se aplicam, quer em relação à atividade desenvolvida quer em relação à empresa, estabelecimento ou serviço;

l) A lista anual dos acidentes de trabalho mortais e dos que ocasionem incapacidade para o trabalho superior a três dias úteis, elaborada até ao termo do prazo para entrega do relatório único relativo à informação sobre a atividade social da empresa;

m) Os relatórios dos acidentes de trabalho referidos na alínea anterior.

2. Para efeitos do disposto no número anterior, deve ser facultado o acesso às informações técnicas objeto de registo e aos dados médicos coletivos, não individualizados, assim como às informações técnicas provenientes de serviços de inspeção e outros organismos competentes no domínio da segurança e da saúde no trabalho.

3. O parecer previsto no nº 1 deve ser emitido no prazo de 15 dias a contar da data do pedido de consulta, podendo o empregador fixar prazo superior atendendo à extensão ou complexidade das matérias.

4. A não aceitação do parecer previsto no nº 1 quanto às matérias referidas nas alíneas *e)*, *f)*, *g)* e *h)* do mesmo número deve ser fundamentada por escrito.

5. Decorrido o prazo referido no nº 3 sem que o parecer tenha sido entregue ao empregador, considera-se satisfeita a exigência de consulta.

6. As consultas, respetivas respostas e propostas previstas nos nºs 1 e 4 devem constar de registo em livro próprio organizado pela empresa, nomeadamente em suporte informático.

7. Sem prejuízo do disposto nos números anteriores, o trabalhador e os seus representantes para a segurança e a saúde podem, a todo o tempo, apresentar propostas de modo a minimizar qualquer risco profissional.

8. Constitui contraordenação muito grave a violação do disposto no nº 1.

9. Constitui contraordenação leve a violação do disposto nos nºs 2, 4 e 6.

Artigo 19º – Informação dos trabalhadores

1. O trabalhador, assim como os seus representantes para a segurança e para a saúde na empresa, estabelecimento ou serviço, deve dispor de informação atualizada sobre:

a) As matérias referidas na alínea *j)* do nº 1 do artigo anterior;

b) As medidas e as instruções a adotar em caso de perigo grave e iminente;

c) As medidas de emergência e primeiros socorros, de evacuação de trabalhadores e de combate a incêndios, bem como os trabalhadores ou serviços encarregues de as pôr em prática.

2. Sem prejuízo da formação adequada, a informação a que se refere o número anterior deve ser sempre disponibilizada ao trabalhador nos seguintes casos:

a) Admissão na empresa;

b) Mudança de posto de trabalho ou de funções;

c) Introdução de novos equipamentos de trabalho ou alteração dos existentes;

d) Adoção de uma nova tecnologia;

e) Atividades que envolvam trabalhadores de diversas empresas.

3. O empregador deve informar os trabalhadores com funções específicas no domínio da segurança e da saúde no trabalho sobre as matérias referidas nas alíneas *a*), *b*), *i*) e *l*) do nº 1 e no nº 2 do artigo anterior.

4. O empregador deve informar os serviços e os técnicos qualificados exteriores à empresa que exerçam atividades de segurança e de saúde no trabalho sobre os fatores que presumível ou reconhecidamente afetem a segurança e a saúde dos trabalhadores e as matérias referidas nas alíneas *a*) e *g*) do nº 1 do artigo 18º

5. A empresa em cujas instalações é prestado um serviço deve informar os respetivos empregadores e trabalhadores sobre as matérias identificadas no número anterior.

6. O empregador deve, ainda, comunicar a admissão de trabalhadores com contratos de duração determinada, em comissão de serviço ou em cedência ocasional, ao serviço de segurança e de saúde no trabalho mencionado no nº 4 e aos trabalhadores com funções específicas no domínio da segurança e da saúde no trabalho.

7. Constitui contraordenação muito grave a violação do disposto nos nºs 1 e 2.

8. Constitui contraordenação leve a violação do disposto nos nºs 3, 4, 5 e 6.

Artigo 20º – Formação dos trabalhadores

1. O trabalhador deve receber uma formação adequada no domínio da segurança e saúde no trabalho, tendo em atenção o posto de trabalho e o exercício de atividades de risco elevado.

2. Aos trabalhadores designados para se ocuparem de todas ou algumas das atividades de segurança e de saúde no trabalho deve ser assegurada, pelo empregador, a formação permanente para o exercício das respetivas funções.

3. Sem prejuízo do disposto no nº 1, o empregador deve formar, em número suficiente, tendo em conta a dimensão da empresa e os riscos existentes, os trabalhadores responsáveis pela aplicação das medidas de primeiros socorros, de combate a incêndios e de evacuação de trabalhadores, bem como facultar-lhes material adequado.

4. A formação dos trabalhadores da empresa sobre segurança e saúde no trabalho deve ser assegurada de modo a que não possa resultar prejuízo para os mesmos.

5. Para efeitos do disposto nos números anteriores, o empregador e as respetivas associações representativas podem solicitar o apoio dos organismos públicos competentes quando careçam dos meios e condições necessários à realização da formação.

6. Constitui contraordenação grave a violação do disposto nos nºs 1 a 4.

CAPÍTULO IV – Representantes dos trabalhadores para a segurança e saúde no trabalho

SECÇÃO I – Representantes dos trabalhadores

Artigo 21º – Representantes dos trabalhadores para a segurança e a saúde no trabalho

1. Os representantes dos trabalhadores para a segurança e a saúde no trabalho são eleitos pelos trabalhadores por voto direto e secreto, segundo o princípio da representação proporcional pelo método de Hondt.

2. Só podem concorrer listas apresentadas pelas organizações sindicais que tenham trabalhadores representados na empresa ou listas que se apresentem subscritas, no mínimo, por 20% dos trabalhadores da empresa, não podendo nenhum trabalhador subscrever ou fazer parte de mais de uma lista.

3. Cada lista deve indicar um número de candidatos efetivos igual ao dos lugares elegíveis e igual número de candidatos suplentes.

4. Salvo disposição em contrário prevista no instrumento de regulamentação coletiva aplicável, os representantes dos trabalhadores não podem exceder:

a) Empresas com menos de 61 trabalhadores – um representante;
b) Empresas de 61 a 150 trabalhadores – dois representantes;
c) Empresas de 151 a 300 trabalhadores – três representantes;
d) Empresas de 301 a 500 trabalhadores – quatro representantes;
e) Empresas de 501 a 1000 trabalhadores – cinco representantes;
f) Empresas de 1001 a 1500 trabalhadores – seis representantes;
g) Empresas com mais de 1500 trabalhadores – sete representantes.

5. Em companhia responsável pela exploração de navios abrangidos pela Convenção do Trabalho Marítimo, 2006, o número de representantes dos trabalhadores é determinado do seguinte modo:

a) Em cada navio com cinco ou mais marítimos e menos de 50, um;
b) Em cada navio com 50 a 200 marítimos, três;
c) Em cada navio com mais de 200 marítimos, cinco;
d) Em relação aos demais marítimos, o resultante da aplicação do número anterior.

6. O mandato dos representantes dos trabalhadores é de três anos.

7. A substituição dos representantes só é admitida no caso de renúncia ou impedimento definitivo, cabendo a mesma aos candidatos efetivos e suplentes pela ordem indicada na respetiva lista.

8. Os representantes dos trabalhadores dispõem, para o exercício das suas funções, de um crédito de cinco horas por mês.

(Redação dada pela Lei nº 146/2015, de 09-09)

Artigo 22º – Formação dos representantes dos trabalhadores

1. Aos representantes dos trabalhadores para a segurança e saúde no trabalho deve ser assegurada formação permanente para o exercício das respetivas funções, nos termos dos números seguintes.

2. O empregador deve proporcionar condições para que os representantes dos trabalhadores para a segurança e a saúde no trabalho recebam formação concedendo, se necessário, licença com retribuição, ou sem retribuição se outra entidade atribuir subsídio específico.

3. O empregador ou as respetivas associações representativas, bem como as estruturas de representação coletiva dos trabalhadores, podem solicitar apoio dos serviços públicos competentes quando careçam dos meios e condições necessários à realização da formação.

4. Constitui contraordenação grave a violação do disposto nos nºs 1 e 2.

Artigo 23º – Comissões de segurança no trabalho

1. Para efeitos da presente lei, por convenção coletiva, podem ser criadas comissões de segurança e saúde no trabalho de composição paritária.

2. A comissão de segurança e de saúde no trabalho criada nos termos do número anterior é constituída pelos representantes dos trabalhadores para a segurança e a saúde no trabalho, com respeito pelo princípio da proporcionalidade.

Artigo 24º – Apoio aos representantes dos trabalhadores

1. Os órgãos de gestão das empresas devem pôr à disposição dos representantes dos trabalhadores para a segurança e a saúde no trabalho as instalações adequadas, bem como os meios materiais e técnicos necessários ao desempenho das suas funções.

2. Os representantes dos trabalhadores para a segurança e a saúde no trabalho têm igualmente direito a distribuir informação relativa à segurança e à saúde no trabalho, bem como à sua afixação em local adequado que for destinado para esse efeito.

Artigo 25º – Reuniões com os órgãos de gestão da empresa

1. Os representantes dos trabalhadores para a segurança e a saúde no trabalho têm o direito de reunir com o órgão de gestão da empresa, pelo menos uma vez por mês, para discussão e análise dos assuntos relacionados com a segurança e a saúde no trabalho.

2. Da reunião referida no número anterior é lavrada ata, que deve ser assinada por todos os presentes.

3. O crédito de horas previsto no nº 7 do artigo 21º não é afetado para efeitos de realização da reunião a que se refere o nº 1.

4. Constitui contraordenação grave a violação do disposto nos nºs 1 e 2.

SECÇÃO II – Eleição dos representantes dos trabalhadores para a segurança e a saúde no trabalho

Artigo 26º – Capacidade eleitoral

Nenhum trabalhador da empresa pode ser prejudicado nos seus direitos de eleger e ser eleito, nomeadamente em razão da idade ou da função.

Artigo 27º – Promoção da eleição

1. Os trabalhadores ou o sindicato que tenha trabalhadores representados na empresa promovem a eleição dos representantes dos trabalhadores para a segurança e saúde no trabalho.

2. No caso de o ato eleitoral ser promovido pelos trabalhadores, a convocatória deve ser subscrita, no mínimo, por 100 ou 20% dos trabalhadores da empresa.

3. Os trabalhadores ou o sindicato que promovem a eleição comunicam aos organismos competentes do ministério responsável pela área laboral e ao empregador, com a antecedência mínima de 90 dias, a data do ato eleitoral.

Artigo 28º – Publicidade

1. Após a receção da comunicação prevista no artigo anterior:

a) O organismo competente do ministério responsável pela área laboral procede de imediato à publicação da comunicação no *Boletim do Trabalho e Emprego* (BTE);

b) O empregador deve afixá-la de imediato em local apropriado na empresa e no estabelecimento, devendo juntar uma referência à obrigatoriedade de publicação no BTE.

2. Constitui contraordenação grave a violação do disposto na alínea *b*) do número anterior.

Artigo 29º – Comissão eleitoral

1. A comissão eleitoral é constituída por:

a) Um presidente – trabalhador com mais antiguidade na empresa e, em caso de igualdade, o que tiver mais idade e, mantendo-se a igualdade, o que tiver mais habilitações;

b) Um secretário – trabalhador com menos antiguidade na empresa, desde que superior a dois anos e, em caso de igualdade, o que tiver mais idade e, mantendo-se a igualdade, o que tiver mais habilitações;

c) Dois trabalhadores escolhidos de acordo com os critérios fixados nas alíneas anteriores, salvo tratando-se de microempresa ou de pequena empresa;

d) Um representante de cada lista.

2. Em caso de recusa de participação na comissão eleitoral, é realizada uma nova escolha, de acordo com os critérios previstos nos números anteriores.

3. O presidente, o secretário e os trabalhadores escolhidos de acordo com o disposto na alínea *c*) do nº 1 são investidos nas funções, após declaração de aceitação, no prazo de cinco dias a contar da publicação da convocatória do ato eleitoral no BTE.

4. Os representantes das listas integram a comissão eleitoral, após declaração de aceitação, no dia subsequente à decisão de admissão das listas.

5. A composição da comissão eleitoral deve ser comunicada ao empregador no prazo de 48 horas a contar da declaração de aceitação dos membros referidos no nº 1.

Artigo 30º – Competência e funcionamento da comissão eleitoral

1. Compete ao presidente da comissão eleitoral afixar as datas de início e termo do período para apresentação de listas, em local apropriado na empresa e no estabelecimento, o qual não pode ser inferior a 5 nem superior a 15 dias, bem como dirigir a atividade da comissão.

2. Compete à comissão eleitoral dirigir o procedimento da eleição, nomeadamente:

a) Receber as listas de candidaturas;

b) Verificar a regularidade das listas, em especial no que respeita aos proponentes, número de candidatos e a sua qualidade de trabalhadores da empresa;

c) Afixar as listas na empresa e no estabelecimento;

d) Fixar o período durante o qual as listas candidatas podem afixar comunicados nos locais apropriados na empresa e no estabelecimento;

e) Fixar o número e a localização das secções de voto;

f) Realizar o apuramento global do ato eleitoral;

g) Proclamar os resultados;

h) Comunicar os resultados da eleição ao organismo competente do ministério responsável pela área laboral;

i) Resolver dúvidas e omissões do procedimento da eleição.

3. A comissão eleitoral delibera por maioria, tendo o presidente voto de qualidade.

Artigo 31º - Caderno eleitoral

1. O empregador deve entregar à comissão eleitoral, no prazo de 48 horas após a receção da comunicação que identifica o presidente e o secretário, o caderno eleitoral, procedendo aquela à imediata afixação na empresa e no estabelecimento.

2. O caderno eleitoral deve conter o nome dos trabalhadores da empresa e, sendo caso disso, identificados por estabelecimento, à data da marcação do ato eleitoral.

3. Constitui contraordenação muito grave a violação do disposto no presente artigo.

Artigo 32º - Reclamações

1. Os trabalhadores da empresa podem reclamar, no prazo de cinco dias a contar da afixação prevista no nº 1 do artigo anterior, para a comissão eleitoral, de quaisquer erros ou omissões constantes do caderno eleitoral.

2. A comissão eleitoral decide as reclamações apresentadas no prazo máximo de 10 dias, após o qual afixa as correções do caderno eleitoral que se tenham verificado.

Artigo 33º - Listas

1. As listas de candidaturas devem ser entregues ao presidente da comissão eleitoral, acompanhadas de declaração de aceitação dos respetivos trabalhadores.

2. A comissão eleitoral decide sobre a admissão das listas apresentadas nos cinco dias seguintes ao termo do período de apresentação.

3. Em caso de rejeição de admissibilidade de qualquer lista apresentada, os seus proponentes podem sanar os vícios existentes no prazo de 48 horas.

4. Após a decisão da admissão de cada lista, o presidente da comissão eleitoral atribui-lhe uma letra do alfabeto de acordo com a ordem de apresentação.

5. As listas devem ser imediatamente afixadas, em locais apropriados, na empresa e no estabelecimento.

Artigo 34º - Boletins de voto e urnas

1. Os boletins de voto são elaborados pela comissão eleitoral nos 15 dias anteriores à data do ato eleitoral.

2. Os boletins de voto devem conter por ordem alfabética de admissão as listas concorrentes.

3. As urnas devem ser providenciadas pela comissão eleitoral, devendo assegurar a segurança dos boletins.

Artigo 35º – Secções de voto

1. Em cada estabelecimento com um mínimo de 10 trabalhadores deve existir, pelo menos, uma secção de voto.

2. A cada secção de voto não podem corresponder mais de 500 eleitores.

3. Cada mesa de voto é composta por um presidente, que dirige a respetiva votação, e um secretário, escolhidos pelo presidente da comissão eleitoral nos termos do artigo 29º, e por um representante de cada lista, ficando, para esse efeito, dispensados da respetiva prestação de trabalho.

4. Constitui contraordenação muito grave a violação do disposto no nº 1 e contraordenação grave a violação do disposto na parte final do número anterior.

Artigo 36º – Ato eleitoral

1. As urnas de voto são colocadas nos locais de trabalho, de modo a permitir que todos os trabalhadores possam votar sem prejudicar o normal funcionamento da empresa ou estabelecimento.

2. A votação é efetuada no local e durante as horas de trabalho.

3. A votação deve ter a duração mínima de três horas e máxima de cinco, competindo à comissão eleitoral fixar o seu horário de funcionamento, cinco dias antes da data do ato eleitoral, não podendo o encerramento ocorrer depois das 21 horas.

4. No caso de trabalho por turnos ou de horários diferenciados na empresa, o ato eleitoral do turno da noite deve preceder o do turno de dia.

5. Os trabalhadores podem votar durante o seu horário de trabalho, para o que cada um dispõe do tempo para tanto indispensável.

6. Nas empresas com estabelecimentos geograficamente dispersos, o ato eleitoral deve ser realizado em todos no mesmo dia, no mesmo horário e nos mesmos termos.

7. Quando, devido ao trabalho por turnos ou outros motivos, não seja possível respeitar o disposto no número anterior, deve ser simultânea a abertura das urnas de voto para o respetivo apuramento em todos os estabelecimentos da empresa.

8. Os votantes devem ser identificados e registados em documento próprio, com termo de abertura e encerramento, assinado e rubricado em todas as folhas pela mesa eleitoral.

9. Constitui contraordenação muito grave a violação do disposto no nº 1 e contraordenação grave a violação do disposto no nº 5.

Artigo 37º – Apuramento do ato eleitoral

1. O apuramento do ato eleitoral deve ser realizado imediatamente após o encerramento das urnas.

2. O apuramento do resultado da votação na secção de voto é realizado pela respetiva mesa, competindo ao seu presidente comunicar de imediato os resultados à comissão eleitoral.

3. O apuramento global do ato eleitoral é feito pela comissão eleitoral.

Artigo 38º – Ata

1. A ata deve conter as deliberações da comissão eleitoral e das mesas de voto, bem como tudo o que acontecer no procedimento eleitoral, nomeadamente quaisquer incidentes ocorridos e o apuramento do resultado.

2. Os membros da comissão eleitoral e das mesas de voto aprovam, rubricam e assinam as respetivas atas.

3. O documento previsto no nº 8 do artigo 36º deve ser anexo à ata da respetiva secção de voto.

Artigo 39º – Publicidade do resultado da eleição

1. A comissão eleitoral deve proceder à afixação dos elementos de identificação dos representantes eleitos, bem como da cópia da ata da respetiva eleição, durante 15 dias a contar da data do apuramento, no local ou locais em que a eleição teve lugar e remeter, dentro do mesmo prazo, ao organismo competente do ministério responsável pela área laboral, bem como aos órgãos de gestão da empresa.

2. O organismo competente do ministério responsável pela área laboral regista o resultado da eleição e procede à sua publicação imediatamente no BTE.

3. Constitui contraordenação grave a oposição do empregador à afixação dos resultados da votação nos termos do nº 1.

Artigo 40º – Início de atividades

Os representantes dos trabalhadores para a segurança e a saúde no trabalho só podem iniciar o exercício das respetivas atividades depois da publicação prevista no nº 2 do artigo anterior.

CAPÍTULO V – Proteção do património genético

Artigo 41º – Riscos para o património genético

1. São suscetíveis de implicar riscos para o património genético os agentes químicos, físicos e biológicos ou outros fatores que possam causar efeitos genéticos hereditários, efeitos prejudiciais não hereditários na progenitura ou atentar contra as funções e capacidades reprodutoras masculinas ou femininas, designadamente os seguintes:

a) Substâncias e misturas que preencham os critérios de classificação ao abrigo do Regulamento (CE) nº 1272/2008, do Parlamento Europeu e do Conselho, de 16 de dezembro de 2008, relativo à classificação, rotulagem e embalagem de substâncias e misturas, numa ou em várias das seguintes classes e categorias de perigo com uma ou várias das seguintes advertências de perigo:

i) Carcinogenicidade, categorias 1A, 1B ou 2 (H350, H350i, H351);

ii) Toxicidade reprodutiva, categorias 1A, 1B, ou 2 ou a categoria suplementar para efeitos sobre a lactação ou através dela (H360, H360D, H360FD, H360Fd, H360Df, H361, H361d, H361fd, H362);

iii) Mutagenicidade em células germinativas, categorias 1A, 1B ou 2 (H340, H341);

iv) Toxicidade para órgãos-alvo específicos após exposição única, categoria 1 ou 2 (H370, H371).

b) *[Revogada]*;

c) *[Revogada]*;

d) *[Revogada]*.

e) As radiações ionizantes e as temperaturas elevadas;

f) As bactérias da brucela, da sífilis, o bacilo da tuberculose e os vírus da rubéola (rubivírus), do herpes simplex tipos 1 e 2, da papeira, da síndrome de imunodeficiência humana (sida) e o toxoplasma.

2. Nas atividades em que os trabalhadores possam estar expostos a agentes suscetíveis de implicar riscos para o património genético, a presente lei, na parte em que seja mais favorável para a segurança e a saúde dos trabalhadores, prevalece sobre a aplicabilidade das medidas de prevenção e proteção previstas em legislação específica.

(Redação dada pelo Decreto-Lei nº 88/2015, de 28-05)

Artigo 42º – Avaliação de riscos suscetíveis de efeitos prejudiciais no património genético

1. O empregador deve verificar a existência de agentes ou fatores que possam ter efeitos prejudiciais para o património genético e avaliar os correspondentes riscos.

2. A avaliação de riscos deve ter em conta todas as informações disponíveis, nomeadamente:

a) A recolha de informação sobre os agentes ou fatores;

b) O estudo dos postos de trabalho para determinar as condições reais de exposição, designadamente a natureza do trabalho, as características dos agentes ou fatores, os períodos de exposição e a interação com outros riscos;

c) As recomendações dos organismos competentes no domínio da segurança e da saúde no trabalho.

3. A avaliação de riscos deve ser feita trimestralmente, bem como quando haja alteração das condições de trabalho suscetível de afetar a exposição dos trabalhadores, os resultados da vigilância da saúde o justifiquem ou se verifique desenvolvimento da investigação científica nesta matéria.

4. A avaliação de riscos deve identificar os trabalhadores expostos e aqueles que, sendo particularmente sensíveis, podem necessitar de medidas de proteção especial.

5. Constitui contraordenação muito grave a violação do disposto nos números anteriores.

Artigo 43º – Deveres de informação específica

1. Sem prejuízo das obrigações gerais em matéria de informação e consulta, o empregador deve disponibilizar informação atualizada aos trabalhadores e aos seus representantes para a segurança e saúde no trabalho sobre:

a) As substâncias e misturas perigosas, os equipamentos de trabalho e os materiais ou matérias-primas presentes nos locais de trabalho que possam representar perigo de agressão ao património genético;

b) Os resultados da avaliação dos riscos;

c) A identificação dos trabalhadores expostos.

2. A informação referida no número anterior deve ser colocada à disposição do médico do trabalho ou da entidade pública responsável pela vigilância da saúde dos trabalhadores.

3. O empregador deve transmitir a informação referida nas alíneas *a*) e *b*) do nº 1 aos trabalhadores independentes e às empresas que, nas mesmas instalações, desenvolvam atividades em simultâneo com os seus trabalhadores, a qualquer título.

4. Constitui contraordenação grave a violação do disposto neste artigo.

Artigo 44º – Vigilância da saúde

1. Sem prejuízo das obrigações gerais em matéria de saúde no trabalho, o empregador deve assegurar a vigilância adequada da saúde dos trabalhadores em relação aos quais o resultado da avaliação revele a existência de riscos para o património genético, através de exames de saúde, devendo ser realizado um exame antes da primeira exposição.

2. A vigilância da saúde referida no número anterior deve permitir a aplicação dos conhecimentos de medicina do trabalho mais recentes, ser baseada nas condições ou circunstâncias em que cada trabalhador tenha sido ou possa ser sujeito à exposição a agentes ou fatores de risco e incluir, no mínimo, os seguintes procedimentos:

a) Registo da história clínica e profissional de cada trabalhador;

b) Entrevista pessoal com o trabalhador;

c) Avaliação individual do seu estado de saúde;

d) Vigilância biológica sempre que necessária;

e) Rastreio de efeitos precoces e reversíveis.

3. Os exames de saúde são realizados com base no conhecimento de que a exposição aos agentes ou fatores de risco do património genético pode provocar as seguintes afeções:

a) Alterações do comportamento sexual;

b) Redução da fertilidade, designadamente nos diversos aspetos da espermatogénese e da ovogénese;

c) Resultados adversos na atividade hormonal;

d) Modificações de outras funções que dependam da integridade do sistema reprodutor.

4. Constitui contraordenação grave a violação do disposto nos números anteriores.

Artigo 45º – Resultado da vigilância da saúde

1. Em resultado da vigilância da saúde o médico do trabalho:

a) Informa o trabalhador do resultado;

b) Dá indicações sobre a eventual necessidade de continuar a vigilância da saúde, mesmo depois de terminada a exposição;

c) Comunica ao empregador o resultado da vigilância da saúde com interesse para a prevenção de riscos, sem prejuízo do sigilo profissional a que se encontra vinculado.

2. O empregador, tendo em conta o referido na alínea *c)* do número anterior:

a) Repete a avaliação dos riscos;

b) Com base no parecer do médico do trabalho, adota eventuais medidas individuais de proteção ou de prevenção e atribui, se necessário, ao trabalhador em causa outra tarefa compatível em que não haja risco de exposição;

c) Promove a vigilância prolongada da saúde do trabalhador;

d) Assegura a qualquer trabalhador que tenha estado exposto a agentes ou fatores de risco para o património genético um exame de saúde incluindo, se necessário, a realização de exames complementares.

3. O trabalhador tem acesso, a seu pedido, ao registo de saúde que lhe diga respeito, podendo solicitar a revisão desse resultado.

4. Constitui contraordenação grave a violação do disposto nos números anteriores.

Artigo 46º – Registo, arquivo e conservação de documentos

1. Sem prejuízo das obrigações gerais do serviço de segurança e de saúde no trabalho, em matéria de registos de dados e conservação de documentos, o empregador deve organizar e conservar arquivos atualizados, nomeadamente por via eletrónica, sobre:

a) Os critérios, procedimentos e resultados da avaliação de riscos;

b) A identificação dos trabalhadores expostos com a indicação da natureza e, se possível, do agente e do grau de exposição a que cada trabalhador esteve sujeito;

c) Os resultados da vigilância da saúde de cada trabalhador com referência ao respetivo posto de trabalho ou função;

d) Os registos de acidentes ou incidentes;

e) Identificação do médico responsável pela vigilância da saúde.

2. Os registos a que se refere a alínea *c)* do número anterior devem constar de ficha médica individual de cada trabalhador, colocada sob a responsabilidade do médico do trabalho.

3. Os registos e arquivos referidos nos números anteriores são conservados durante, pelo menos, 40 anos após ter terminado a exposição dos trabalhadores a que digam respeito.

4. Se a empresa cessar a atividade, os registos e arquivos devem ser transferidos para o organismo competente do membro do Governo responsável pela área laboral, com exceção das fichas clínicas, que devem ser enviadas para o organismo competente do ministério responsável pela área da saúde, os quais asseguram a sua confidencialidade.

5. Todos os tratamentos de dados pessoais referidos no nº 1 deverão respeitar a legislação disciplinadora da proteção de dados pessoais.

6. Constitui contraordenação grave a violação do disposto nos números anteriores.

Artigo 47º – Orientações práticas

1. *(Revogado.)*

2. Os organismos competentes dos ministérios responsáveis pelas áreas laboral e da saúde, ouvidos os parceiros sociais representados na CPCS, podem elaborar guias técnicos contendo orientações práticas sobre a prevenção e proteção dos agentes e fatores suscetíveis de implicar riscos para o património genético do trabalhador ou dos seus descendentes.

CAPÍTULO VI – Atividades proibidas ou condicionadas em geral

Artigo 48º – Atividades proibidas ou condicionadas

São proibidas ou condicionadas aos trabalhadores as atividades que envolvam a exposição aos agentes químicos, físicos e biológicos ou outros fatores de natureza psicossocial que possam causar efeitos genéticos hereditários, efeitos prejudiciais não hereditários na progenitura ou atentar contra as funções e capacidades reprodutoras masculinas ou femininas, suscetíveis de implicar riscos para o património genético, referidos na presente lei ou em legislação específica, conforme a indicação que constar dos mesmos.

Artigo 49º – Utilização de agentes proibidos

1. A utilização dos agentes proibidos só é permitida:

a) Para fins exclusivos de investigação científica;

b) Em atividades destinadas à respetiva eliminação.

2. Na situação prevista no número anterior, a exposição dos trabalhadores aos agentes em causa deve ser evitada, nomeadamente assegurando que a mesma decorra durante o tempo mínimo possível e que se realize num único sistema fechado, do qual os agentes só possam ser retirados na medida do necessário ao controlo do processo ou à manutenção do sistema.

3. No caso referido no nº 1, o empregador deve comunicar previamente ao organismo competente para a promoção da segurança e saúde no trabalho do ministério responsável pela área laboral as seguintes informações:

a) Agente e respetiva quantidade utilizada anualmente;

b) Atividades, reações ou processos implicados;

c) Número de trabalhadores expostos;

d) Medidas técnicas e de organização tomadas para prevenir a exposição dos trabalhadores.

4. A comunicação prevista no número anterior deve ser realizada com 15 dias de antecedência, podendo, no caso da alínea *b*) do nº 1, o prazo ser inferior desde que devidamente fundamentado.

5. O organismo referido no nº 3 dá conhecimento da informação recebida ao organismo competente do ministério responsável pela área da saúde e ao serviço com competências para o reconhecimento das doenças profissionais na área da segurança social e confirma a receção da comunicação com as informações necessárias, indicando, sendo caso disso, as medidas complementares de proteção dos trabalhadores que o empregador deve aplicar.

6. O empregador deve facultar os documentos referidos nos números anteriores às entidades fiscalizadoras que os solicitem.

CAPÍTULO VII – Atividades proibidas ou condicionadas a trabalhadoras grávidas, puérperas ou lactantes

Artigo 50º – Remissão legal

Para efeitos do exercício dos direitos conferidos na presente secção, consideram-se aplicáveis os conceitos definidos no nº 1 do artigo 36º do Código do Trabalho.

SECÇÃO I – Atividades proibidas a trabalhadora grávida e lactante

Artigo 51º – Agentes físicos

É proibida à trabalhadora grávida a realização de atividades em que esteja ou possa estar exposta aos seguintes agentes físicos:

a) Radiações ionizantes;

b) Atmosferas com sobrepressão elevada, nomeadamente câmaras hiperbáricas ou de mergulho submarino.

Artigo 52º – Agentes biológicos

É proibida à trabalhadora grávida a realização de qualquer atividade em que possa estar em contacto com vetores de transmissão do toxoplasma e com o vírus da rubéola, salvo se existirem provas de que a trabalhadora grávida possui anticorpos ou imunidade a esses agentes e se encontra suficientemente protegida.

Artigo 53º – Agentes químicos

É proibida à trabalhadora grávida a realização de qualquer atividade em que possa estar em contacto com:

a) Substâncias e misturas que preencham os critérios de classificação ao abrigo do Regulamento (CE) nº 1272/2008, do Parlamento Europeu e do Conselho, de 16 de dezembro de 2008, relativo à classificação, rotulagem e embalagem de substâncias e misturas, numa ou em várias das seguintes classes e categorias de perigo com uma ou várias das seguintes advertências de perigo:

i) Mutagenicidade em células germinativas, categorias 1A, 1B ou 2 (H340, H341);

ii) Toxicidade reprodutiva, categorias 1A, 1B ou 2, ou a categoria suplementar para efeitos sobre a lactação ou através dela (H360, H360D, H360FD, H360Fd, H360Df, H361, H361d, H361fd, H362);

iii) Toxicidade para órgãos-alvo específicos após exposição única, categoria 1 ou 2 (H370, H371).

b) O chumbo e seus compostos na medida em que esses agentes podem ser absorvidos pelo organismo humano.

(Redação dada pelo Decreto-Lei nº 88/2015, de 28-05)

Artigo 54º – Agentes proibidos a trabalhadora lactante

É proibida à trabalhadora lactante a realização de qualquer atividade que envolva a exposição aos seguintes agentes físicos e químicos:

a) Radiações ionizantes;

b) Substâncias e misturas que preencham os critérios de classificação ao abrigo do Regulamento (CE) nº 1272/2008, do Parlamento Europeu e do Conselho, de 16 de dezembro de 2008, relativo à classificação, rotulagem e embalagem de substâncias e misturas, numa ou em várias das seguintes classes e categorias de perigo com uma ou várias das seguintes advertências de perigo:

i) Classificadas como tóxicas para a reprodução, categorias 1A, 1B ou 2 ou com efeitos sobre a lactação ou através dela (H360, H360D, H360FD, H360Fd, H360Df, H361, H361d, H361fd, H362);

ii) Classificadas na classe de perigo: toxicidade para órgãos-alvo específicos após exposição única, categoria 1 ou 2 (H370, H371).

c) Chumbo e seus compostos na medida em que esses agentes podem ser absorvidos pelo organismo humano.

(Redação dada pelo Decreto-Lei nº 88/2015, de 28-05)

Artigo 55º – Condições de trabalho

É proibida à trabalhadora grávida e lactante a prestação de trabalho subterrâneo em minas.

Artigo 56º – Exercício de atividades proibidas

Constitui contraordenação muito grave, imputável ao empregador, o exercício de atividades com exposição a agentes e condições de trabalho proibidos nos termos da presente secção.

SECÇÃO II – Atividades condicionadas

Artigo 57º – Agentes físicos

São condicionadas à trabalhadora grávida as atividades que envolvam a exposição a agentes físicos suscetíveis de provocar lesões fetais ou o desprendimento da placenta, nomeadamente:

a) Choques, vibrações mecânicas ou movimentos;

b) Movimentação manual de cargas que comportem riscos, nomeadamente dorso-lombares, ou cujo peso exceda 10 kg;

c) Ruído;

d) Radiações não ionizantes;

e) Temperaturas extremas, de frio ou de calor;

f) Movimentos e posturas, deslocações quer no interior quer no exterior do estabelecimento, fadiga mental e física e outras sobrecargas físicas ligadas à atividade exercida.

Artigo 58º – Agentes biológicos

São condicionadas à trabalhadora grávida, puérpera ou lactante todas as atividades em que possa existir o risco de exposição a agentes biológicos classificados nos grupos de risco 2, 3 e 4, de acordo com a legislação relativa às prescrições mínimas de proteção da segurança e da saúde dos trabalhadores contra os riscos da exposição a agentes biológicos durante o trabalho.

Artigo 59º – Agentes químicos

São condicionadas à trabalhadora grávida, puérpera ou lactante as atividades em que exista ou possa existir o risco de exposição a:

a) Substâncias e misturas que preencham os critérios de classificação ao abrigo do Regulamento (CE) nº 1272/2008, do Parlamento Europeu e do Conselho, de 16 de dezembro de 2008, relativo à classificação, rotulagem e embalagem de substâncias e misturas, numa ou em várias das seguintes classes e categorias de perigo com uma ou várias das seguintes advertências de perigo:

i) CMutagenicidade em células germinativas, categoria 1A, 1B ou 2 (H340, H341);

ii) Carcinogenicidade, categoria 1A, 1B ou 2 (H350, H350i, H351);

iii) Toxicidade reprodutiva, categorias 1A, 1B ou 2, ou a categoria suplementar para efeitos sobre a lactação ou através dela (H360, H360D, H360FD, H360Fd, H360Df, H361, H361d, H361fd, H362);

iv) Toxicidade para órgãos-alvo específicos após exposição única, categoria 1 ou 2 (H370, H371).

b) *[Revogada]*;

c) *[Revogada]*;

d) Auramina;

e) Mercúrio e seus derivados;

f) Medicamentos antimitóticos;

g) Monóxido de carbono;

h) Agentes químicos perigosos de penetração cutânea formal;

i) Substâncias ou misturas que se libertem nos processos industriais referidos no artigo seguinte.

(Redação dada pelo Decreto-Lei nº 88/2015, de 28-05)

Artigo 60º - Processos industriais e condições de trabalho

São condicionadas à trabalhadora grávida, puérpera ou lactante as atividades em locais de trabalho onde decorram ou possam decorrer os seguintes processos industriais:

a) Fabrico de auramina;

b) Trabalhos suscetíveis de provocarem a exposição a hidrocarbonetos policíclicos aromáticos presentes nomeadamente na fuligem, no alcatrão, no pez, nos fumos ou nas poeiras de hulha;

c) Trabalhos suscetíveis de provocarem a exposição a poeiras, fumos ou névoas produzidos durante a calcinação e eletrorrefinação de mates de níquel;

d) Processo de ácido forte durante o fabrico de álcool isopropílico;

e) Trabalhos suscetíveis de provocarem a exposição a poeiras de madeiras de folhosas.

CAPÍTULO VIII - Atividades proibidas ou condicionadas a menor

SECÇÃO I - Atividades, agentes, processos e condições de trabalho proibidos a menor

Artigo 61º - Atividades

São proibidas ao menor as seguintes atividades:

a) Fabrico de auramina;

b) Abate industrial de animais.

Artigo 62º - Agentes físicos

São proibidas ao menor as atividades em que haja risco de exposição aos seguintes agentes físicos:

a) Radiações ionizantes;

b) Atmosferas de sobrepressão elevada, nomeadamente em câmaras hiperbáricas e de mergulho submarino;

c) Contacto com energia elétrica de alta tensão.

Artigo 63º - Agentes biológicos

São proibidas ao menor as atividades em que haja risco de exposição a agentes biológicos classificados nos grupos de risco 3 e 4, de acordo com a legislação relativa às prescrições mínimas de proteção da segurança e da saúde dos trabalhadores contra os riscos da exposição a agentes biológicos durante o trabalho.

Artigo 64º - Agentes químicos, substâncias e misturas

1. São proibidas ao menor as atividades em que haja risco de exposição aos seguintes agentes químicos:

a) Amianto;

b) Chumbo e seus compostos iónicos, na medida em que estes agentes sejam suscetíveis de ser absorvidos pelo organismo humano;

c) Cloropromazina;

d) Tolueno e xileno;

e) Hidrocarbonetos policíclicos aromáticos presentes na fuligem, no alcatrão ou no pez da hulha;

f) Poeiras, fumos ou névoas produzidos durante a calcinação e eletrorrefinação de mates de níquel.

2. São proibidas ao menor as atividades em que haja risco de exposição a substâncias e misturas que preencham os critérios de classificação ao abrigo do Regulamento (CE) nº 1272/2008, do Parlamento Europeu e do Conselho, de 16 de dezembro de 2008, relativo à classificação, rotulagem e embalagem de substâncias e misturas, numa ou em várias das seguintes classes e categorias de perigo com uma ou várias das seguintes advertências de perigo:

a) Toxicidade aguda, categoria 1, 2 ou 3 (H300, H310, H330, H301, H311, H331);

b) Corrosão cutânea, categoria 1A, 1B ou 1C (H314);

c) Gás inflamável, categoria 1 ou 2 (H220, H221);

d) Aerossóis inflamáveis, categoria 1 (H222);

e) Líquido inflamável, categoria 1 ou 2 (H224, H225);

f) Explosivos, categorias «explosivo instável», ou explosivos das divisões 1.1, 1.2, 1.3, 1.4 e 1.5 (H200, H201, H202, H203, H204, H205);

g) Substâncias e misturas auto-reativas, tipo A, B, C ou D (H240, H241, H242);

h) Peróxidos orgânicos, tipo A ou B (H240, H241);

i) Toxicidade para órgãos-alvo específicos após exposição única, categoria 1 ou 2 (H370, H371);

j) Toxicidade para órgãos-alvo específicos após exposição repetida, categoria 1 ou 2 (H372, H373);

l) Sensibilização respiratória, categoria 1, subcategoria 1A ou 1B (H334);

m) Sensibilização cutânea, categoria 1, subcategoria 1A ou 1B (H317);

n) Carcinogenicidade, categoria 1A, 1B ou 2 (H350, H350i, H351);

o) Mutagenicidade em células germinativas, categoria 1A, 1B ou 2 (H340, H341);

p) Toxicidade reprodutiva, categoria 1A ou 1B (H360, H360F, H360FD, H360Fd, H360D, H360Df).

3. *[Revogado].*
4. *[Revogado].*
5. *[Revogado].*
6. *[Revogado].*
(Redação dada pelo Decreto-Lei nº 88/2015, de 28-05)

Artigo 65º – Processos

São proibidas ao menor as atividades em que haja risco de exposição aos seguintes processos:

a) Processo do ácido forte durante o fabrico do álcool isopropílico;

b) Fabrico e manipulação de engenhos, artifícios ou objetos que contenham explosivos.

Artigo 66º – Condições de trabalho

1. São proibidas ao menor as atividades cuja realização esteja sujeita às seguintes condições de trabalho:

a) Risco de desabamento;

b) Manipulação de aparelhos de produção, de armazenamento ou de utilização de gases comprimidos, liquefeitos ou dissolvidos;

c) Utilização de cubas, tanques, reservatórios, garrafas ou botijas que contenham agentes químicos, substâncias ou misturas referidos no artigo 64º;

d) Condução ou operação de veículos de transporte, tratores, empilhadores e máquinas de terraplanagem;

e) Libertação de poeiras de sílica livre, nomeadamente na projeção de jatos de areia;

f) Vazamento de metais em fusão;

g) Operações de sopro de vidro;

h) Locais de criação ou conservação de animais ferozes ou venenosos;

i) Realizadas no subsolo;

j) Realizadas em sistemas de drenagem de águas residuais;

l) Realizadas em pistas de aeroportos;

m) Realizadas em atividades que decorram em clubes noturnos e similares;

n) Cuja cadência seja condicionada por máquinas e a retribuição determinada em função do resultado;

o) Suscetíveis de provocar a exposição a poeiras de madeira de folhosas.

2. São, ainda, proibidas a menor com idade inferior a 16 anos as atividades que sejam realizadas em discotecas e similares.

(Redação dada pelo Decreto-Lei nº 88/2015, de 28-05)

Artigo 67º – Exercício de atividades proibidas

Constitui contraordenação muito grave, imputável ao empregador, o exercício por menor de qualquer das atividades proibidas nos termos da presente secção.

SECÇÃO II – Trabalho condicionado a menor com idade igual ou superior a 16 anos

Artigo 68º – Atividades, processos e condições de trabalho condicionados

1. O menor com idade igual ou superior a 16 anos só pode realizar as atividades, processos e condições de trabalho sujeitas a exposição dos agentes físicos, biológicos e químicos referidos na presente secção.

2. Para efeitos do número anterior, para além do disposto nas alíneas *a*) e *b*) do nº 1 do artigo 72º do Código do Trabalho, o empregador deve avaliar a natureza, o grau e a duração da exposição do menor a atividades ou trabalhos condicionados e tomar as medidas necessárias para evitar esse risco, dando desses factos conhecimento ao serviço com competência inspetiva das condições de segurança e saúde no trabalho, nomeadamente por via eletrónica, junto do balcão único eletrónico dos serviços, através de comunicação em modelo aprovado por despacho do dirigente máximo do organismo com competência inspetiva do ministério responsável pela área laboral.

3. Constitui contraordenação leve aplicável ao empregador a não comunicação dos factos referidos no número anterior e contraordenação grave, igualmente aplicável ao empregador, a violação do demais disposto nos números anteriores.

Artigo 69º – Agentes físicos

Podem ser realizadas por menor com idade igual ou superior a 16 anos, desde que o empregador cumpra o disposto no nº 2 do artigo anterior, as atividades em que haja risco de exposição aos seguintes agentes físicos:

a) Radiações ultravioletas;

b) Níveis sonoros superiores a 85 dB (A), medidos através do L (índice EP, d), nos termos do regime relativo à proteção dos trabalhadores contra os riscos devidos à exposição ao ruído durante o trabalho;

c) Vibrações;

d) Temperaturas inferiores a 0°C ou superiores a 42°C;

e) Contacto com energia elétrica de média tensão.

Artigo 70º – Agentes biológicos

Podem ser realizadas por menor com idade igual ou superior a 16 anos, desde que o empregador cumpra o disposto no nº 2 do artigo 68º, as atividades em que haja risco de exposição a agentes biológicos dos grupos de risco 1 e 2, de acordo com a legislação relativa às prescrições mínimas de proteção da segurança e da saúde dos trabalhadores contra os riscos da exposição a agentes biológicos durante o trabalho.

Artigo 71º – Agentes químicos

Podem ser realizadas por menor com idade igual ou superior a 16 anos, desde que o empregador cumpra o disposto no nº 2 do artigo 68º, as atividades em que haja risco de exposição aos seguintes agentes químicos:

a) Acetato de etilo;

b) Ácido úrico e seus compostos;
c) Álcoois;
d) Butano;
e) Cetonas;
f) Cloronaftalenos;
g) Enzimas proteolíticos;
h) Manganês, seus compostos e ligas;
i) Óxido de ferro;
j) Propano;
l) Sesquissulfureto de fósforo;
m) Sulfato de sódio;
n) Zinco e seus compostos.

Artigo 72º – Condições de trabalho

1. Podem ser realizadas por menor com idade igual ou superior a 16 anos, desde que o empregador cumpra o disposto no nº 2 do artigo 68º, as atividades sujeitas às seguintes condições de trabalho que impliquem:

a) A utilização de equipamentos de trabalho que, nos termos do artigo 5º do Decreto-Lei nº 50/2005, de 25 de fevereiro, apresentem riscos específicos para a segurança ou saúde dos trabalhadores;

b) Demolições;

c) A execução de manobras perigosas;

d) Trabalhos de desmantelamento;

e) A colheita, manipulação ou acondicionamento de sangue, órgãos ou quaisquer outros despojos de animais, manipulação, lavagem e esterilização de materiais usados nas referidas operações;

f) A remoção e manipulação de resíduos provenientes de lixeiras e similares;

g) A movimentação manual de cargas com peso superior a 15 kg;

h) Esforços físicos excessivos, nomeadamente executados em posição ajoelhada ou em posições e movimentos que determinem compressão de nervos e plexos nervosos;

i) A realização em silos;

j) A realização em instalações frigoríficas em que possa existir risco de fuga do fluido de refrigeração;

l) A realização em matadouros, talhos, peixarias, aviários, fábricas de enchidos ou conservas de carne ou de peixe, depósitos de distribuição de leite e queijarias.

2. Nos casos de violação do disposto nas alíneas *b*) a *d*) do número anterior a responsabilidade contraordenacional recai sobre o empregador e as entidades executantes.

CAPÍTULO IX – Serviços da segurança e da saúde no trabalho

SECÇÃO I – Organização dos serviços da segurança e da saúde no trabalho

Artigo 73º – Disposições gerais

1. O empregador deve organizar o serviço de segurança e saúde no trabalho de acordo com as modalidades previstas no presente capítulo.

2. Constitui contraordenação muito grave a violação do disposto no número anterior.

Artigo 73º-A – Objetivos

A atividade do serviço de segurança e de saúde no trabalho visa:

a) Assegurar as condições de trabalho que salvaguardem a segurança e a saúde física e mental dos trabalhadores;

b) Desenvolver as condições técnicas que assegurem a aplicação das medidas de prevenção definidas no artigo 15º;

c) Informar e formar os trabalhadores no domínio da segurança e saúde no trabalho;

d) Informar e consultar os representantes dos trabalhadores para a segurança e saúde no trabalho ou, na sua falta, os próprios trabalhadores.

Artigo 73º-B – Atividades principais do serviço de segurança e de saúde no trabalho

1. O serviço de segurança e de saúde no trabalho deve tomar as medidas necessárias para prevenir os riscos profissionais e promover a segurança e a saúde dos trabalhadores, nomeadamente:

a) Planear a prevenção, integrando, a todos os níveis e para o conjunto das atividades da empresa, a avaliação dos riscos e as respetivas medidas de prevenção;

b) Proceder à avaliação dos riscos, elaborando os respetivos relatórios;

c) Elaborar o plano de prevenção de riscos profissionais, bem como planos detalhados de prevenção e proteção exigidos por legislação específica;

d) Participar na elaboração do plano de emergência interno, incluindo os planos específicos de combate a incêndios, evacuação de instalações e primeiros socorros;

e) Colaborar na conceção de locais, métodos e organização do trabalho, bem como na escolha e na manutenção de equipamentos de trabalho;

f) Supervisionar o aprovisionamento, a validade e a conservação dos equipamentos de proteção individual, bem como a instalação e a manutenção da sinalização de segurança;

g) Realizar exames de vigilância da saúde, elaborando os relatórios e as fichas, bem como organizar e manter atualizados os registos clínicos e outros elementos informativos relativos ao trabalhador;

h) Desenvolver atividades de promoção da saúde;

i) Coordenar as medidas a adotar em caso de perigo grave e iminente;

j) Vigiar as condições de trabalho de trabalhadores em situações mais vulneráveis;

l) Conceber e desenvolver o programa de informação para a promoção da segurança e saúde no trabalho, promovendo a integração das medidas de prevenção nos sistemas de informação e comunicação da empresa;

m) Conceber e desenvolver o programa de formação para a promoção da segurança e saúde no trabalho;

n) Apoiar as atividades de informação e consulta dos representantes dos trabalhadores para a segurança e saúde no trabalho ou, na sua falta, dos próprios trabalhadores;

o) Assegurar ou acompanhar a execução das medidas de prevenção, promovendo a sua eficiência e operacionalidade;

p) Organizar os elementos necessários às notificações obrigatórias;

q) Elaborar as participações obrigatórias em caso de acidente de trabalho ou doença profissional;

r) Coordenar ou acompanhar auditorias e inspeções internas;

s) Analisar as causas de acidentes de trabalho ou da ocorrência de doenças profissionais, elaborando os respetivos relatórios;

t) Recolher e organizar elementos estatísticos relativos à segurança e à saúde no trabalho.

2. O serviço de segurança e de saúde no trabalho deve manter atualizados, para efeitos de consulta, os seguintes elementos:

a) Resultados das avaliações de riscos profissionais;

b) Lista de acidentes de trabalho que tenham ocasionado ausência por incapacidade para o trabalho, bem como acidentes ou incidentes que assumam particular gravidade na perspetiva da segurança no trabalho;

c) Relatórios sobre acidentes de trabalho que originem ausência por incapacidade para o trabalho ou que revelem indícios de particular gravidade na perspetiva da segurança no trabalho;

d) Lista das situações de baixa por doença e do número de dias de ausência ao trabalho, a ser remetida pelo serviço de pessoal e, no caso de doenças profissionais, a relação das doenças participadas;

e) Lista das medidas, propostas ou recomendações formuladas pelo serviço de segurança e de saúde no trabalho.

3. Quando as atividades referidas nos números anteriores implicarem a adoção de medidas cuja concretização dependa essencialmente de outros responsáveis da empresa, o serviço de segurança e de saúde no trabalho deve informá-los sobre as mesmas e cooperar na sua execução.

4. O empregador deve respeitar a legislação disciplinadora da proteção de dados pessoais.

5. O empregador deve manter a documentação relativa à realização das atividades a que se referem os números anteriores à disposição das entidades com competência inspetiva durante cinco anos.

6. Constitui contraordenação grave a violação do disposto no presente artigo.

7. A responsabilidade contraordenacional pela violação do disposto nos nºs 1 a 3 recai sobre:

a) O serviço externo de segurança e saúde que viole os deveres em causa, sem prejuízo do disposto no nº 14 do artigo 15º;

b) O empregador em empresa onde o serviço comum de segurança e saúde violou os deveres em causa;

c) O empregador, sempre que a violação tenha sido praticada por serviço interno da empresa.

Artigo 74º – Modalidades dos serviços

1. A organização do serviço de segurança e saúde no trabalho pode adotar, nos termos do número seguinte, uma das seguintes modalidades:

a) Serviço interno;

b) Serviço comum;

c) Serviço externo.

2. Sem prejuízo do disposto no nº 3 do artigo 78º, a organização do serviço de segurança e saúde no trabalho deve adotar a modalidade de serviço interno, sendo admitido o recurso a serviço comum ou externo, nos termos, respetivamente, da secção III e da secção IV do presente capítulo, que assegure no todo ou em parte o desenvolvimento daquelas atividades e, ainda, a técnicos qualificados em número suficiente para assegurar o desenvolvimento daquelas atividades apenas nos casos em que na empresa ou no estabelecimento não houver meios suficientes para desenvolver as atividades integradas no funcionamento do serviço de segurança e de saúde no trabalho por parte do serviço interno ou estando em causa o regime definido no artigo 81º

3. O empregador pode adotar diferentes modalidades de organização em cada estabelecimento.

4. As atividades de segurança podem ser organizadas separadamente das da saúde, observando-se, relativamente a cada uma delas, o disposto no número anterior.

5. Os serviços organizados em qualquer das modalidades referidas no nº 1 devem ter os meios suficientes que lhes permitam exercer as atividades principais de segurança e de saúde no trabalho.

6. A utilização de serviço comum ou de serviço externo não isenta o empregador da responsabilidade específica em matéria de segurança e de saúde que a lei lhe atribui.

7. (*Revogado.*)

8. Constitui contraordenação muito grave a violação do disposto no nº 5.

Artigo 74º-A – Qualificação do serviço interno e comum

1. A organização dos serviços internos e dos serviços comuns deve atender aos requisitos definidos nas alíneas *b*) a *e*) do nº 1 do artigo 85º, bem como, quanto aos recursos humanos, ao disposto nos artigos 101º e 105º

2. Constitui contraordenação grave a violação do disposto no número anterior.

Artigo 75º – Emergência e primeiros socorros, evacuação de trabalhadores e combate a incêndios

1. A empresa ou o estabelecimento, qualquer que seja a modalidade do serviço de segurança e saúde no trabalho, deve ter uma estrutura interna que assegure as atividades de emergência e primeiros socorros, de evacuação de trabalhadores e de combate a incêndios a que se refere o nº 9 do artigo 15º, assim como, e sempre que aplicável, de resgate de trabalhadores em situação de sinistro.

2. Constitui contraordenação muito grave a violação do disposto no número anterior.

Artigo 76º – Serviço Nacional de Saúde

1. A promoção e vigilância da saúde podem ser asseguradas através das unidades do Serviço Nacional de Saúde, de acordo com legislação específica aprovada pelo ministério responsável pela área da saúde, nos seguintes grupos de trabalhadores:

a) Trabalhador independente;

b) Trabalhador agrícola sazonal e a termo;

c) Aprendiz ao serviço de um artesão;

d) Trabalhador do serviço doméstico;

e) Trabalhador da atividade de pesca em embarcação com comprimento inferior a 15 m cujo armador não explore mais do que duas embarcações de pesca até esse comprimento;

f) Trabalhadores de microempresas que não exerçam atividade de risco elevado.

2. O empregador e o trabalhador independente devem fazer prova da situação prevista no número anterior que confira direito à assistência através de unidades do Serviço Nacional de Saúde, bem como pagar os respetivos encargos.

Artigo 77º – Representante do empregador

1. Se a empresa ou estabelecimento adotar serviço comum ou serviço externo, o empregador deve designar em cada estabelecimento ou conjunto de estabelecimentos distanciados até 50 km daquele que ocupa maior número de trabalhadores e com limite total de 400 trabalhadores um trabalhador com formação adequada, nos termos do disposto no número seguinte, que o represente para acompanhar e coadjuvar a execução das atividades de prevenção.

2. Para efeitos do número anterior, entende-se por formação adequada a que permita a aquisição de competências básicas em matéria de segurança, saúde, ergonomia, ambiente e organização do trabalho, seja comunicada previamente ao serviço com

competência para a promoção da segurança e saúde no trabalho do ministério responsável pela área laboral e seja ministrada, em alternativa, por:

a) Entidade formadora certificada ou equiparada nos termos da lei que regula o acesso e exercício da atividade de formação profissional de técnico superior de segurança do trabalho e de técnico de segurança do trabalho;

b) Entidade formadora especificamente certificada para o efeito, nos termos do regime quadro de certificação das entidades formadoras, com as adaptações constantes de portaria a aprovar pelo membro do Governo responsável pela área laboral, sendo autoridade competente o organismo com competência inspetiva do ministério responsável pela área laboral.

3. O manual de certificação previsto na lei que regula o acesso e exercício da atividade de formação profissional de técnico superior de segurança do trabalho e de técnico de segurança do trabalho descreve os requisitos das formações referidas no número anterior, tendo em conta a necessária articulação com o Catálogo Nacional de Qualificações e o sistema de certificação de entidades formadoras.

4. O comandante de navio abrangido pela Convenção do Trabalho Marítimo, 2006, representa o armador na execução das atividades de prevenção, independentemente da modalidade de organização do serviço de segurança e saúde no trabalho.

5. Constitui contraordenação grave a violação do disposto no nº 2.

(Redação dada pela Lei nº 146/2015, de 09-09)

SECÇÃO II – Serviço interno

Artigo 78º – Âmbito e obrigatoriedade de serviço interno da segurança e saúde no trabalho

1. O serviço interno da segurança e saúde no trabalho é instituído pelo empregador e abrange exclusivamente os trabalhadores por cuja segurança e saúde aquele é responsável.

2. Sem prejuízo da sua autonomia técnica, os técnicos que asseguram o serviço referido no número anterior prestam a sua atividade no âmbito da organização e sob autoridade do empregador.

3. Salvo nos casos em que obtiver dispensa nos termos do artigo 80º, o empregador deve instituir serviço interno que abranja:

a) O estabelecimento que tenha pelo menos 400 trabalhadores;

b) O conjunto de estabelecimentos distanciados até 50 km daquele que ocupa maior número de trabalhadores e que, com este, tenham pelo menos 400 trabalhadores;

c) O estabelecimento ou conjunto de estabelecimentos que desenvolvam atividades de risco elevado, nos termos do disposto no artigo seguinte, a que estejam expostos pelo menos 30 trabalhadores.

4. Para efeitos do número anterior, considera-se serviço interno o serviço prestado por uma empresa a outras empresas do grupo desde que aquela e estas pertençam a sociedades que se encontrem em relação de domínio ou de grupo.

5. Constitui contraordenação muito grave a violação do disposto no nº 3.

Artigo 79º – Atividades ou trabalhos de risco elevado

Para efeitos da presente lei, são considerados de risco elevado:

a) Trabalhos em obras de construção, escavação, movimentação de terras, de túneis, com riscos de quedas de altura ou de soterramento, demolições e intervenção em ferrovias e rodovias sem interrupção de tráfego;

b) Atividades de indústrias extrativas;

c) Trabalho hiperbárico;

d) Atividades que envolvam a utilização ou armazenagem de produtos químicos perigosos suscetíveis de provocar acidentes graves;

e) Fabrico, transporte e utilização de explosivos e pirotecnia;

f) Atividades de indústria siderúrgica e construção naval;

g) Atividades que envolvam contacto com correntes elétricas de média e alta tensões;

h) Produção e transporte de gases comprimidos, liquefeitos ou dissolvidos ou a utilização significativa dos mesmos;

i) Atividades que impliquem a exposição a radiações ionizantes;

j) Atividades que impliquem a exposição a agentes cancerígenos, mutagénicos ou tóxicos para a reprodução;

l) Atividades que impliquem a exposição a agentes biológicos do grupo 3 ou 4;

m) Trabalhos que envolvam exposição a sílica.

Artigo 80º – Dispensa de serviço interno

1. O empregador pode, mediante autorização do organismo competente do ministério responsável pela área laboral ou do organismo competente do ministério responsável pela área da saúde, consoante a dispensa se refira ao domínio da segurança ou da saúde, obter dispensa de serviço interno em relação a estabelecimento abrangido pela alínea *a*) ou *b*) do nº 3 do artigo 78º em que:

a) Não exerça atividades de risco elevado;

b) Apresente taxas de incidência e de gravidade de acidentes de trabalho, nos dois últimos anos, não superiores à média do respetivo setor;

c) Não existam registos de doenças profissionais contraídas ao serviço da empresa ou para as quais tenham contribuído direta e decisivamente as condições de trabalho da empresa;

d) O empregador não tenha sido punido por infrações muito graves respeitantes à violação da legislação de segurança e saúde no trabalho praticadas no mesmo estabelecimento nos últimos dois anos;

e) Se verifique, pela análise dos relatórios de avaliação de risco apresentados pelo requerente ou através de vistoria, quando necessário, que são respeitados os valores limite de exposição a substâncias ou fatores de risco.

2. O requerimento de autorização deve ser enviado ao organismo competente, nomeadamente por via eletrónica, acompanhado de parecer fundamentado dos representantes dos trabalhadores para a segurança e saúde no trabalho ou, na sua falta, dos próprios trabalhadores, sem prejuízo do disposto nos nºs 3 e 5 do artigo 18º

3. O organismo competente, depois de verificada a conformidade dos requisitos suscetíveis de apreciação documental e nos 45 dias posteriores à apresentação do requerimento, pode, caso o entenda necessário:

a) Marcar a data da vistoria;

b) Informar do facto o requerente e o outro organismo de modo que tenham conhecimento do mesmo com a antecedência mínima de 10 dias;

c) Notificar o requerente para pagamento de taxa referente à vistoria.

4. A autorização referida no nº 1 deve ser revogada sempre que se verifique alguma das seguintes circunstâncias:

a) Tiver ocorrido um acidente de trabalho mortal por violação de regras de segurança e de saúde no trabalho imputado ao empregador;

b) O empregador apresentar taxas de incidência e de gravidade de acidentes de trabalho nos dois últimos anos superiores à média do respetivo setor, sempre que existam dados disponíveis;

c) Se verifiquem doenças profissionais contraídas ao serviço da empresa ou para as quais tenham contribuído direta e decisivamente as condições de trabalho da empresa;

d) O empregador tiver sido condenado, nos dois últimos anos, pela prática de contraordenação muito grave ou em reincidência pela prática de contraordenação grave em matéria de segurança e de saúde no trabalho.

5. O organismo competente nos termos do nº 1 dispõe de 60 dias a contar da data de entrada do requerimento para conceder a autorização referida no nº 1.

6. *(Revogado.)*

7. Se a autorização referida no nº 1 for revogada, a empresa ou estabelecimento deve adotar serviços internos no prazo de seis meses.

Artigo 81º – Atividades exercidas pelo empregador ou por trabalhador designado

1. Na empresa, estabelecimento ou conjunto de estabelecimentos distanciados até 50 km do de maior dimensão que empregue no máximo nove trabalhadores e cuja atividade não seja de risco elevado as atividades de segurança no trabalho podem ser exercidas diretamente pelo próprio empregador se possuir formação adequada e permanecer habitualmente nos estabelecimentos.

2. Nas situações referidas no número anterior, o empregador pode designar um ou mais trabalhadores para se ocuparem de todas ou algumas das atividades de segurança no trabalho desde que possuam formação adequada e disponham do tempo e dos meios necessários.

3. O exercício das atividades previsto nos nºs 1 e 2 depende de autorização concedida pelo organismo competente para a promoção da segurança e saúde no trabalho do ministério responsável pela área laboral.

4. Para efeitos do número anterior, o requerimento de autorização deve ser, preferencialmente, efetuado por via eletrónica, nos termos do artigo 96º-A.

5. *(Revogado.)*

6. A autorização referida no nº 3 deve ser revogada sempre que se verifique alguma das seguintes circunstâncias:

a) Na empresa, no estabelecimento ou conjunto de estabelecimentos tiver ocorrido um acidente de trabalho mortal por violação de regras de segurança e de saúde no trabalho imputável ao empregador;

b) O empregador tiver sido condenado, nos dois últimos anos, pela prática de contraordenação muito grave em matéria de segurança e de saúde no trabalho ou em reincidência pela prática de contraordenação grave em matéria de segurança e de saúde no trabalho;

c) O empregador não tiver comunicado ao organismo com competência em matéria de promoção da segurança e saúde no trabalho do ministério responsável pela área laboral a verificação da alteração dos elementos que fundamentaram a autorização, no prazo de 30 dias.

7. No caso referido no número anterior, o empregador deve adotar outra modalidade de organização do serviço de segurança e de saúde no trabalho, no prazo de 90 dias.

8. À formação adequada referida nos números anteriores aplica-se o disposto no nº 2 do artigo 77º

9. Os trabalhadores designados nos termos do nº 2 não podem ser prejudicados por se encontrarem no exercício das atividades mencionadas.

10. O organismo com competência para a promoção da segurança e saúde no trabalho do ministério responsável pela área laboral dispõe de 45 dias a contar da data de entrada do requerimento para conceder a autorização referida no nº 3, considerando-se a mesma, na ausência de decisão expressa, tacitamente deferida.

11. Constitui contraordenação muito grave o exercício das atividades referidas nos nºs 1 e 2 sem autorização.

SECÇÃO III – Serviço comum

Artigo 82º – Comunicação de serviço comum

1. O serviço comum é instituído por acordo entre várias empresas ou estabelecimentos pertencentes a sociedades que não se encontrem em relação de grupo nem sejam abrangidas pelo disposto no nº 3 do artigo 78º, contemplando exclusivamente os trabalhadores por cuja segurança e saúde aqueles são responsáveis.

2. O acordo que institua o serviço comum deve ser celebrado por escrito e comunicado ao organismo com competência para a promoção da segurança e saúde no trabalho do ministério responsável pela área laboral ou ao organismo competente do ministério responsável pela área da saúde, consoante os casos, no prazo máximo de 10 dias após a sua celebração.

3. A comunicação deve ser acompanhada, para além do acordo referido no número anterior, de parecer fundamentado dos representantes dos trabalhadores para a segurança e saúde no trabalho ou, na sua falta, dos próprios trabalhadores e é apresentado, nomeadamente por via eletrónica, através do balcão único eletrónico dos serviços, de acordo com o modelo disponibilizado nas páginas eletrónicas dos organismos competentes.

4. Está vedado ao serviço comum a prestação de serviços a outras empresas que não façam parte do acordo previsto no nº 1.

5. Constitui contraordenação muito grave aplicável a cada empresa abrangida pelos serviços comuns a violação do disposto no nº 1 e contraordenação grave a violação do disposto nos nºs 2 e 3.

SECÇÃO IV – Serviço externo

SUBSECÇÃO I – Disposições gerais

Artigo 83º – Noção de serviço externo

1. Considera-se serviço externo aquele que é desenvolvido por entidade que, mediante contrato com o empregador, realiza atividades de segurança ou de saúde no trabalho, desde que não seja serviço comum.

2. O serviço externo pode compreender os seguintes tipos:

a) Associativos – prestados por associações com personalidade jurídica sem fins lucrativos, cujo fim estatutário compreenda a atividade de prestação de serviços de segurança e saúde no trabalho;

b) Cooperativos – prestados por cooperativas cujo objeto estatutário compreenda a atividade de prestação de serviços de segurança e saúde no trabalho;

c) Privados – prestados por sociedades cujo objeto social compreenda a atividade de prestação de serviços de segurança e de saúde no trabalho ou por pessoa singular que detenha as qualificações legalmente exigidas para o exercício da atividade;

d) Convencionados – prestados por qualquer entidade da administração pública central, regional ou local, instituto público ou instituição integrada no Serviço Nacional de Saúde.

3. *(Revogado.)*

4. O contrato entre o empregador e a entidade prestadora de serviços externos é celebrado por escrito.

SUBSECÇÃO II – Autorização de serviço externo

Artigo 84º – Autorização

1. Os serviços previstos na alínea *c*) do nº 1 do artigo 74º, prestados por sociedades, associações, cooperativas ou por pessoa singular, estão sujeitos a autorização.

2. A autorização prevista no número anterior pode ser concedida para atividades de uma ou ambas as áreas da segurança e da saúde, para todos ou alguns setores de atividade, bem como para determinadas atividades de risco elevado.

3. A autorização compete:

a) Ao organismo competente para a promoção da segurança e saúde no trabalho do ministério responsável pela área laboral, no caso de exercício de atividade no domínio da segurança;

b) Ao organismo competente do ministério responsável pela área da saúde, no caso de exercício de atividade no domínio da saúde.

4. À alteração da autorização, no que respeita a setores de atividade e atividades de risco elevado, é aplicável o disposto na presente subsecção.

5. Não obstante a autonomia prevista no nº 3, o organismo com competência para instruir o procedimento deve comunicar ao outro, mensalmente, os pedidos de autorização para o exercício da atividade de serviço externo.

6. Constitui contraordenação muito grave o exercício da atividade por serviço externo sem autorização, nomeadamente para a área, o setor ou a atividade de risco elevado em causa.

7. A responsabilidade contraordenacional referida no número anterior recai sobre o empregador contratante e o serviço externo contratado.

8. Os serviços externos, contratados por empresa estabelecida noutro Estado membro do Espaço Económico Europeu, nos termos da legislação desse Estado membro, que preste serviços em território nacional ao abrigo do nº 3 do artigo 4º do Decreto-Lei nº 92/2010, de 26 de julho, não carecem de autorização, ficando no entanto sujeitos às condições de exercício que lhe sejam aplicáveis durante a presença em território nacional do empregador que os contratou, nomeadamente aos requisitos relativos a:

a) Qualificações dos técnicos, constantes da lei que regula o acesso e exercício da atividade de formação profissional de técnico superior de segurança do trabalho e de técnico de segurança do trabalho;

b) Instalações, equipamentos e utensílios de avaliação das condições de segurança e saúde no trabalho, em conformidade com as prescrições mínimas de segurança e de saúde nos locais de trabalho previstas em legislação especial;

c) Às unidades de saúde, caso respeitem à área da saúde, nos termos de legislação especial;

d) Procedimentos no domínio da metrologia relativos aos equipamentos de avaliação das condições de segurança e saúde no trabalho e utensílios, nos termos de legislação especial.

9. O disposto no número anterior não prejudica o reconhecimento mútuo de requisitos cumpridos no Estado membro de origem, nomeadamente relativos a equipamentos e qualificações dos técnicos.

10. O reconhecimento de qualificações de técnicos provenientes de outros Estados membros segue os termos prescritos na lei que regula o acesso e exercício da atividade de formação profissional de técnico superior de segurança do trabalho e de técnico de segurança do trabalho.

Artigo 85º – Requisitos da autorização

1. A autorização de serviço externo depende da verificação dos seguintes requisitos:

a) Disponibilidade permanente de, no mínimo, um técnico superior e um técnico de segurança no trabalho e disponibilidade de um médico do trabalho, que exerçam as respetivas atividades de segurança ou de saúde;

b) Instalações adequadas e equipadas para o exercício da atividade;

c) Equipamentos e utensílios de avaliação das condições de segurança e saúde no trabalho e equipamentos de proteção individual a utilizar pelo pessoal técnico do requerente;

d) Qualidade técnica dos procedimentos, nomeadamente para avaliação das condições de segurança e de saúde e planeamento das atividades;

e) Capacidade para o exercício das atividades previstas no nº 1 do artigo 73º-B, sem prejuízo do recurso a subcontratação apenas para a execução de outras tarefas de elevada complexidade ou pouco frequentes;

f) Garantias suficientes em relação às medidas de segurança técnica e de organização dos tratamentos de dados pessoais a efetuar.

2. Caso o requerimento de autorização abranja atividades de risco elevado, os requisitos a que se refere o número anterior devem ter em conta a adequação a essas atividades.

3. Constituem elementos de apreciação do requerimento de autorização:

a) O número de técnicos com as qualificações legalmente exigidas, tendo em conta as atividades dos domínios de segurança e de saúde para que se pede autorização;

b) A natureza dos vínculos, assim como dos períodos normais de trabalho do pessoal técnico superior e técnico de segurança do trabalho e dos tempos mensais de afetação ao médico do trabalho e enfermeiro;

c) A conformidade das instalações e dos equipamentos com as prescrições mínimas de segurança e de saúde no trabalho para a atividade de escritório e serviços;

d) Caso respeite à área da saúde, os requisitos mínimos previstos para as unidades privadas de saúde;

e) A adequação dos equipamentos de trabalho às tarefas a desenvolver e ao número máximo de trabalhadores do requerente que, em simultâneo, deles possam necessitar;

f) As características dos equipamentos e utensílios a utilizar na avaliação das condições de segurança e de saúde no trabalho;

g) Os procedimentos no domínio da metrologia relativos aos equipamentos e utensílios referidos na alínea anterior.

4. O manual de procedimentos é tomado em consideração na apreciação da qualidade técnica dos mesmos.

5. São tidos por cumpridos os requisitos equivalentes ou que visem essencialmente a mesma finalidade a que o requerente já tenha sido submetido, designadamente noutro Estado membro do Espaço Económico Europeu.

(Cf. Declaração de Retificação nº 20/2014, de 27-03)

Artigo 86º – Requerimento de autorização

1. A autorização de serviço externo é requerida ao organismo competente, nomeadamente por via eletrónica, em modelo próprio, aprovado por portaria dos membros do Governo responsáveis pelas áreas laboral e da saúde.

2. O requerente deve indicar:

a) Que pretende exercer a atividade em ambas as áreas da segurança e saúde ou apenas numa delas e qual, num ou em vários setores de atividade e, sendo caso disso, as atividades de risco elevado envolvidas;

b) Tratando-se de pessoa singular, a sua identificação através de nome, números de identificação fiscal e de bilhete de identidade ou número de identificação civil, domicílio e estabelecimentos;

c) Tratando-se de pessoa coletiva, a denominação, o número de identificação de pessoa coletiva, o objeto, a sede social e os estabelecimentos.

3. O requerimento deve, ainda, ser acompanhado de:

a) Cópia do ato constitutivo da sociedade, atualizado, com indicação da publicação no jornal oficial do Estado membro, no *Diário da República* ou no sítio eletrónico do Ministério da Justiça;

b) Prova da abertura de atividade no serviço de finanças competente;

c) Identificação do pessoal técnico superior e técnico de segurança no trabalho, médico do trabalho e do enfermeiro, conforme o domínio e, sendo caso disso, as atividades para que pretende autorização, bem como documentos que provem as respetivas qualificações;

d) Cópia dos contratos celebrados com os técnicos e técnicos superiores de segurança, com os médicos do trabalho e enfermeiros, quando reduzidos a escrito, indicando o tempo mensal de afetação e o período da duração do contrato e, no caso da atividade de medicina do trabalho, o local da prestação;

e) Indicação das atividades para as quais prevê o recurso a subcontratação;

f) Relação dos equipamentos de trabalho a utilizar na sede e nos estabelecimentos;

g) Relação dos equipamentos e utensílios para avaliação das condições de segurança e de saúde no trabalho, com indicação das respetivas características técnicas, marcas, modelos e números de série, a utilizar na sede e nos estabelecimentos;

h) Relação dos equipamentos de proteção individual a utilizar em tarefas ou atividades que comportem risco específico para a segurança e saúde, com indicação das respetivas marcas e modelos e, quando se justifique, dos códigos de marcação;

i) Organograma funcional;

j) Indicação do número de trabalhadores que pretende abranger com os serviços em estabelecimentos industriais ou de outra natureza com risco elevado e nos restantes estabelecimentos.

4. O requerimento de autorização deve, ainda, ser acompanhado de elementos que provem a qualificação dos recursos humanos, bem como a adequação dos equipamentos e utensílios à atividade a prestar.

5. *(Revogado.)*

Artigo 87º – Procedimentos de autorização

1. O organismo competente decide o requerimento após a apreciação dos requisitos, incluindo a realização de vistoria ou vistorias, nos termos do artigo seguinte.

2. Além do disposto no artigo anterior, o organismo competente pode ainda solicitar ao requerente a apresentação de elementos, esclarecimentos e informações suplementares que considere necessários à boa apreciação do pedido, assim como proceder à verificação desses mesmos elementos na sede ou estabelecimento do requerente, antes ou durante o momento da vistoria.

Artigo 88º – Vistorias

1. Ao organismo com competência para a promoção da segurança e saúde no trabalho do ministério responsável pela área laboral cabe verificar:

a) As condições de trabalho dos trabalhadores da entidade requerente;

b) As instalações tendo em conta as condições de funcionamento no âmbito da segurança;

c) As situações de subcontratação, nos termos da alínea

e) do nº 1 do artigo 85º;

d) O funcionamento dos serviços a prestar na área da segurança no trabalho, nomeadamente quanto aos equipamentos de trabalho a utilizar, aos utensílios e equipamentos de avaliação de riscos e de proteção individual;

e) O manual de procedimentos no âmbito da gestão dos serviços a prestar, incluindo o planeamento das atividades a desenvolver, a articulação entre as áreas da segurança e da saúde, os referenciais a utilizar no âmbito dos procedimentos técnicos, entre os quais guias de procedimentos, nomeadamente de organismos internacionais reconhecidos, códigos de boas práticas e listas de verificação, com a respetiva referência aos diplomas e normas técnicas aplicáveis.

2. Ao organismo competente do ministério responsável pela área da saúde cabe verificar:

a) As instalações, incluindo as unidades móveis, tendo em conta as condições de funcionamento no âmbito da saúde;

b) As condições de funcionamento do serviço na área da saúde no trabalho, nomeadamente quanto aos equipamentos de trabalho e equipamentos para avaliar as condições de saúde no trabalho;

c) O manual de procedimentos, em particular, a articulação entre as áreas da segurança e da saúde, gestão da informação clínica, transferência de informação em caso de cessação de contrato, política de qualidade, subcontratação e programas de promoção e vigilância da saúde.

3. Cada um dos organismos competentes referidos nos números anteriores, depois de verificada a conformidade dos requisitos suscetíveis de apreciação documental e nos 60 dias posteriores à apresentação do requerimento:

a) Marca a data da vistoria;

b) Informa do facto o requerente e o outro organismo de modo que tenham conhecimento do mesmo com a antecedência mínima de 10 dias;

c) Notifica o requerente para pagamento de taxa referente à vistoria.

4. O organismo competente elabora o auto de vistoria e comunica o resultado da mesma ao requerente e ao outro organismo referido nos números anteriores, no prazo de 10 dias.

5. O auto de vistoria deve conter informação sobre a conformidade entre o requerimento de autorização e as condições verificadas, o cumprimento das prescrições técnicas legalmente estabelecidas, quaisquer condições que se julgue necessário satisfazer e o prazo para a sua realização.

6. Nos três dias seguintes ao decurso do prazo a que se refere o número anterior, o requerente que tenha realizado as condições impostas deve solicitar segunda vistoria ao organismo competente, sendo aplicável, com as necessárias adaptações, o disposto nos nºs 3 a 5.

7. Determina o indeferimento do requerimento de autorização:

a) A não realização das condições impostas nos termos do nº 5;

b) A falta de pedido de 2.ª vistoria no prazo estabelecido no nº 6.

Artigo 89º – Vistoria urgente

1. Na data de apresentação do requerimento, o requerente pode solicitar, com o pedido de autorização, a realização de vistoria urgente desde que apresente declaração sob compromisso de honra em como todos os requisitos que a ela não estão sujeitos se encontram preenchidos.

2. No caso a que se refere o número anterior:

a) É marcada vistoria, no prazo de 30 dias a contar da data da apresentação do requerimento e notificado o requerente para pagamento da respetiva taxa;

b) Estando preenchidos os requisitos verificados por vistoria previstos nas alíneas *a*) a *c*) do nº 1 do artigo 85º e verificados os elementos referidos no nº 3 do artigo 86º, o organismo competente emite a autorização requerida;

c) O requerimento deve ser decidido no prazo de 45 dias a contar da data da sua apresentação.

3. À realização da vistoria urgente aplica-se o disposto nos nºs 4 e 5 do artigo anterior.

Artigo 90º – Alteração de autorização

1. Ao requerimento de alteração da autorização, no que respeita às atividades desenvolvidas ou a atividades de risco elevado em que o serviço pode ser prestado, é aplicável o disposto nos artigos anteriores, tendo em consideração apenas os elementos que devam ser modificados face à alteração requerida.

2. Há lugar a nova vistoria se os elementos modificados em função do pedido de alteração da autorização incluírem as instalações, bem como os equipamentos e os utensílios referidos na alínea *f*) do nº 3 do artigo 85º

Artigo 91º – Pagamento prévio de taxas

1. Estão sujeitos ao pagamento de taxa os seguintes atos:

a) Apreciação do requerimento de autorização ou de alteração desta;
b) Marcação de vistoria nos termos da alínea *e*) do nº 1 do artigo 80º;
c) Marcação de vistoria nos termos do nº 1 do artigo 88º;
d) Marcação de vistoria urgente, nos termos do disposto no nº 1 do artigo 89º;
e) Auditoria de avaliação da capacidade e da qualidade da prestação dos serviços, na sequência da comunicação referida no artigo 94º

2. As taxas referidas no número anterior são estabelecidas em portaria dos membros do Governo responsáveis pelas áreas das finanças, laboral e da saúde, tendo em conta os tipos de atos, as áreas a que os mesmos respeitam e as atividades de risco elevado integradas nos setores de atividade a que a autorização se refere.

3. O pagamento da taxa deve ser efetuado:
a) Nos 10 dias úteis após notificação do organismo competente, nos casos previstos nas alíneas *a*) a *d*) do nº 1;
b) Nos 10 dias úteis após ter sido proferida a decisão de alteração, quando a mesma não implique vistoria;
c) Nos 10 dias úteis após notificação da data da realização da auditoria referida na alínea *e*) do nº 1.

4. A vistoria é efetuada por estabelecimento, incluindo unidades móveis.

5. O não pagamento das taxas referidas nos números anteriores dá lugar à extinção do procedimento de autorização em curso ou, caso a decisão de autorização ou de alteração de autorização tenha sido proferida, determina a sua ineficácia.

Artigo 92º – Produto das taxas

O produto das taxas reverte para o organismo competente.

Artigo 93º – Decisão

1. A autorização para o exercício das atividades de segurança e de saúde na modalidade de serviços externos, a sua alteração e revogação são decididas por despacho do órgão que dirige o organismo competente para promoção da segurança e da saúde no trabalho do ministério responsável pela área laboral ou do órgão que dirige o organismo competente do ministério responsável pela área da saúde, nos termos definidos no nº 3 do artigo 84º

2. A decisão de autorização deve especificar as áreas de segurança ou saúde e, se for caso disso, as atividades de risco elevado abrangidas.

3. Os organismos competentes comunicam entre si, mensalmente, por via eletrónica, a relação das autorizações emitidas, indicando a designação social da empresa, a identificação fiscal, o local da sede e dos estabelecimentos, a identidade dos administradores ou gerentes, assim como a data da autorização.

4. Se os elementos constantes do procedimento conduzirem a uma decisão desfavorável ao requerente, este deve ser informado, nomeadamente em audiência de interessados, da possibilidade de reduzir o pedido, quer quanto à área de atividade quer quanto aos setores de atividade potencialmente abrangidos, consoante o caso.

5. A autorização para o exercício das atividades de segurança e de saúde na modalidade de serviços externos e a sua alteração que implique vistoria devem ser decididas no prazo de 90 dias ou, no caso de alteração de autorização que não implique vistoria, no prazo 60 dias, em ambas as situações a contar da data de entrada do respetivo pedido.

6. Caso a decisão não seja proferida nos prazos referidos no número anterior, considera-se a autorização ou a respetiva alteração tacitamente deferida, sendo contudo ineficaz até ao pagamento das taxas devidas pelos atos que tenham sido praticados.

SUBSECÇÃO III - Acompanhamento e auditorias

Artigo 94º - Acompanhamento

1. O serviço externo deve comunicar ao organismo competente que emitiu a respetiva autorização, no prazo de 30 dias após a ocorrência, a interrupção ou a cessação do seu funcionamento, bem como as alterações de objeto social.

2. Os organismos competentes nos termos da presente lei devem trocar entre si informação sobre as comunicações recebidas nos termos do nº 1.

3. Constitui contraordenação grave a violação do disposto no nº 1.

Artigo 95º - Auditoria

1. A capacidade dos serviços externos autorizados e a qualidade da sua prestação é avaliada através de auditoria, que incide sobre os requisitos referidos no nº 1 do artigo 85º

2. As auditorias são realizadas na sequência das comunicações referidas no artigo anterior ou por iniciativa:

a) Do organismo competente para promoção da segurança e da saúde no trabalho do ministério responsável pela área laboral ou do organismo competente do ministério responsável pela área da saúde, no que respeita às instalações, tendo em conta as condições de segurança e de saúde no trabalho;

b) Do organismo competente do ministério responsável pela área da saúde, no que respeita às condições de funcionamento do serviço na área da saúde no trabalho, nomeadamente o efetivo de pessoal técnico, recurso a subcontratação, equipamentos de trabalho na sede e nos estabelecimentos e equipamentos para avaliar as condições de saúde, e procedimentos técnicos da promoção e vigilância da saúde;

c) Do organismo competente para promoção da segurança e da saúde no trabalho do ministério responsável pela área laboral, em relação às condições de funcionamento do serviço na área da segurança no trabalho, o efetivo de pessoal técnico, recurso a subcontratação, equipamentos de trabalho na sede e nos estabelecimentos, equipamentos para a avaliação das condições de segurança no trabalho e equipamentos de proteção individual.

3. Os serviços referidos no número anterior podem recorrer à contratação externa de serviços de técnicos especializados, atendendo à complexidade ou especialização técnica das tarefas a realizar.

4. No âmbito das auditorias, a qualidade dos serviços pode ser avaliada através de visitas de controlo aos locais de trabalho das empresas a quem são prestados os serviços.

5. Os serviços externos que exerçam atividade em território nacional nos termos do nº 8 do artigo 84º podem ser avaliados através de auditoria, nos termos do nº 4, por iniciativa dos organismos referidos no nº 2, para verificação do cumprimento dos requisitos de exercício aplicáveis.

Artigo 96º – Suspensão, revogação ou redução da autorização

1. Tendo em consideração as alterações comunicadas nos termos do artigo 94º ou verificadas através de auditoria a falta de requisitos essenciais ao funcionamento do serviço externo ou ainda a verificação do não exercício das atividades previstas no artigo 73º-B, o organismo competente pode suspender, revogar ou reduzir a autorização no que respeita aos domínios da segurança e da saúde aos setores de atividade ou às atividades de risco elevado.

2. A suspensão decidida nos termos do número anterior tem uma duração máxima de dois anos, sendo obrigatoriamente comunicada ao organismo do outro ministério competente.

(Cf. Declaração de Retificação nº 20/2014, de 27-03)

Artigo 96º-A – Balcão único e registos informáticos

1. Todas as comunicações e as notificações necessárias à autorização e à alteração da autorização do serviço externo e à dispensa de serviço interno, bem como o envio de documentos, de requerimentos ou de informações relativas a esses procedimentos, são realizadas por via eletrónica, através do balcão único eletrónico dos serviços.

2. Os registos que os serviços externos estão obrigados a manter ao abrigo da presente lei devem estar disponíveis em suporte informático.

3. Quando, por motivos de indisponibilidade das plataformas eletrónicas, não for possível o cumprimento do disposto no nº 1, a transmissão da informação em causa pode ser efetuada por outros meios previstos na lei, nomeadamente por telecópia, mensagem de correio eletrónico proveniente de endereço previamente comunicado por outro meio à autoridade competente ou correio registado com aviso de receção.

SECÇÃO V – Funcionamento do serviço de segurança e de saúde no trabalho

Artigo 97º

(Revogado.)

Artigo 98º
(Revogado.)

Artigo 99º
(Revogado.)

SECÇÃO VI - Serviço de segurança no trabalho

Artigo 100º - Atividades técnicas

1. As atividades técnicas de segurança no trabalho são exercidas por técnicos superiores ou técnicos de segurança no trabalho, certificados pelo organismo competente para a promoção da segurança e da saúde no trabalho do ministério competente para a área laboral, nos termos de legislação especial.

2. Os profissionais referidos no número anterior exercem as respetivas atividades com autonomia técnica.

3. *(Revogado.)*

Artigo 101º - Garantia mínima de funcionamento do serviço de segurança no trabalho

1. A atividade dos serviços de segurança deve ser assegurada regularmente no próprio estabelecimento durante o tempo necessário.

2. A afetação dos técnicos superiores ou técnicos às atividades de segurança no trabalho, por empresa, é estabelecida nos seguintes termos:

a) Em estabelecimento industrial - até 50 trabalhadores, um técnico, e, acima de 50, dois técnicos, por cada 1500 trabalhadores abrangidos ou fração, sendo pelo menos um deles técnico superior;

b) Nos restantes estabelecimentos - até 50 trabalhadores, um técnico, e, acima de 50 trabalhadores, dois técnicos, por cada 3000 trabalhadores abrangidos ou fração, sendo pelo menos um deles técnico superior.

3. O organismo competente para a promoção da segurança e saúde no trabalho do ministério responsável pela área laboral pode determinar uma duração mais alargada da atividade dos serviços de segurança em estabelecimento em que, independentemente do número de trabalhadores, a natureza ou a gravidade dos riscos profissionais, bem como os indicadores de sinistralidade, se justifique uma ação mais eficaz.

4. Constitui contraordenação grave a violação do disposto nos números anteriores.

Artigo 102º - Informação e consulta ao serviço de segurança e de saúde no trabalho

1. O empregador deve fornecer aos serviços de segurança no trabalho os elementos técnicos sobre os equipamentos e a composição dos produtos utilizados.

2. Os serviços de segurança no trabalho devem ser informados sobre todas as alterações dos componentes materiais do trabalho e consultados, previamente, sobre todas as situações com possível repercussão na segurança dos trabalhadores.

3. As informações referidas nos números anteriores ficam sujeitas a sigilo profissional, sem prejuízo de as informações pertinentes para a proteção da segurança e saúde deverem ser comunicadas aos trabalhadores envolvidos, sempre que tal se mostre necessário, e aos representantes dos trabalhadores para a segurança e saúde no trabalho.

4. Constitui contraordenação grave a violação do disposto nos nºs 1 e 2.

SECÇÃO VII – Serviço de saúde no trabalho

Artigo 103º – Médico do trabalho

1. Para efeitos da presente lei, considera-se médico do trabalho o licenciado em Medicina com especialidade de medicina do trabalho reconhecida pela Ordem dos Médicos.

2. Considera-se, ainda, médico do trabalho aquele a quem seja reconhecida idoneidade técnica para o exercício das respetivas funções, nos termos da lei.

3. No caso de insuficiência comprovada de médicos do trabalho qualificados nos termos referidos nos números anteriores, o organismo competente do ministério responsável pela área da saúde pode autorizar outros licenciados em Medicina a exercer as respetivas funções, os quais, no prazo de quatro anos a contar da respetiva autorização, devem apresentar prova da obtenção de especialidade em medicina do trabalho, sob pena de lhes ser vedada a continuação do exercício das referidas funções.

Artigo 104º – Enfermeiro do trabalho

1. Em empresa com mais de 250 trabalhadores, o médico do trabalho deve ser coadjuvado por um enfermeiro com experiência adequada.

2. As atividades a desenvolver pelo enfermeiro do trabalho são objeto de legislação especial.

3. Constitui contraordenação grave a violação do disposto no nº 1.

Artigo 105º – Garantia mínima de funcionamento do serviço de saúde no trabalho

1. O médico do trabalho deve prestar atividade durante o número de horas necessário à realização dos atos médicos, de rotina ou de emergência e outros trabalhos que deva coordenar.

2. O médico do trabalho deve conhecer os componentes materiais do trabalho com influência sobre a saúde dos trabalhadores, desenvolvendo para este efeito a atividade no estabelecimento nos seguintes termos:

a) Em estabelecimento industrial ou estabelecimento de outra natureza com risco elevado, pelo menos uma hora por mês por cada grupo de 10 trabalhadores ou fração;

b) Nos restantes estabelecimentos, pelo menos uma hora por mês por cada grupo de 20 trabalhadores ou fração.

3. Ao médico do trabalho é proibido assegurar a vigilância da saúde de um número de trabalhadores a que correspondam mais de 150 horas de atividade por mês.

4. Constitui contraordenação grave a violação do disposto nos números anteriores.

Artigo 106º – Acesso a informação

O médico do trabalho tem acesso às informações referidas nos nºs 1 e 2 do artigo 102º, as quais se encontram sujeitas a sigilo profissional, nos termos do disposto no nº 3 do mesmo artigo.

Artigo 107º – Vigilância da saúde

A responsabilidade técnica da vigilância da saúde cabe ao médico do trabalho.

Artigo 108º – Exames de saúde

1. O empregador deve promover a realização de exames de saúde adequados a comprovar e avaliar a aptidão física e psíquica do trabalhador para o exercício da atividade, bem como a repercussão desta e das condições em que é prestada na saúde do mesmo.

2. As consultas de vigilância da saúde devem ser efetuadas por médico que reúna os requisitos previstos no artigo 103º

3. Sem prejuízo do disposto em legislação especial, devem ser realizados os seguintes exames de saúde:

a) Exames de admissão, antes do início da prestação de trabalho ou, se a urgência da admissão o justificar, nos 15 dias seguintes;

b) Exames periódicos, anuais para os menores e para os trabalhadores com idade superior a 50 anos, e de 2 em 2 anos para os restantes trabalhadores;

c) Exames ocasionais, sempre que haja alterações substanciais nos componentes materiais de trabalho que possam ter repercussão nociva na saúde do trabalhador, bem como no caso de regresso ao trabalho depois de uma ausência superior a 30 dias por motivo de doença ou acidente.

4. O médico do trabalho, face ao estado de saúde do trabalhador e aos resultados da prevenção dos riscos profissionais na empresa, pode aumentar ou reduzir a periodicidade dos exames previstos no número anterior.

5. O médico do trabalho deve ter em consideração o resultado de exames a que o trabalhador tenha sido submetido e que mantenham atualidade, devendo instituir a cooperação necessária com o médico assistente.

6. A realização do exame de admissão prevista na alínea *a*) do nº 3 pode ser dispensada nos seguintes casos:

a) Em que haja transferência da titularidade da relação laboral, desde que o trabalhador se mantenha no mesmo posto de trabalho e não haja alterações substanciais nas componentes materiais de trabalho que possam ter repercussão nociva na saúde do trabalhador;

b) Em que o trabalhador seja contratado, por um período não superior a 45 dias, para um trabalho idêntico, esteja exposto aos mesmos riscos e não seja conhecida qualquer inaptidão desde o último exame médico efetuado nos dois anos anteriores, devendo a ficha clínica desse mesmo exame ser do conhecimento do médico do trabalho.

7. Constitui contraordenação grave a violação do disposto nos nºs 1 e 3, bem como a utilização de serviço de médico não habilitado nos termos do artigo 103º, imputável ao empregador.

Artigo 109º - Ficha clínica

1. As observações clínicas relativas aos exames de saúde são anotadas na ficha clínica do trabalhador.

2. A ficha clínica está sujeita ao segredo profissional, só podendo ser facultada às autoridades de saúde e aos médicos afetos ao organismo com competência para a promoção da segurança e da saúde no trabalho do ministério responsável pela área laboral.

3. Para efeitos do disposto nos números anteriores, a ficha clínica não deve conter dados sobre a raça, a nacionalidade, a origem étnica ou informação sobre hábitos pessoais do trabalhador, salvo quando estes últimos estejam relacionados com patologias específicas ou com outros dados de saúde.

4. O médico responsável pela vigilância da saúde deve entregar ao trabalhador que deixar de prestar serviço na empresa cópia da ficha clínica.

5. Em caso de cessação da atividade, as fichas clínicas devem ser enviadas para o serviço com competências para o reconhecimento das doenças profissionais na área da segurança social.

6. Constitui contraordenação grave a violação do disposto no presente artigo, imputável ao empregador no caso de serviço interno, ou à entidade titular de serviço comum ou de serviço externo que não seja convencionado.

Artigo 110º - Ficha de aptidão

1. Face ao resultado do exame de admissão, periódico ou ocasional, o médico do trabalho deve, imediatamente na sequência do exame realizado, preencher uma ficha de aptidão e remeter uma cópia ao responsável dos recursos humanos da empresa.

2. Se o resultado do exame de saúde revelar a inaptidão do trabalhador, o médico do trabalho deve indicar, sendo caso disso, outras funções que aquele possa desempenhar.

3. A ficha de aptidão não pode conter elementos que envolvam segredo profissional.

4. A ficha de aptidão deve ser dada a conhecer ao trabalhador, devendo conter a assinatura com a aposição da data de conhecimento.

5. Sempre que a repercussão do trabalho e das condições em que o mesmo é prestado se revelar nociva para a saúde do trabalhador, o médico do trabalho deve comunicar tal facto ao responsável pelo serviço de segurança e saúde no trabalho e, bem assim, se o estado de saúde o justificar, solicitar o seu acompanhamento pelo médico assistente do centro de saúde ou outro médico indicado pelo trabalhador.

6. O modelo da ficha de aptidão é fixado por portaria dos membros do Governo responsáveis pelas áreas laboral e da saúde.

7. Constitui contraordenação grave a violação do disposto nos nºs 1, 2, 3 e 4.

CAPÍTULO X - Disposições complementares, finais e transitórias

Artigo 111º - Comunicações

1. Sem prejuízo de outras notificações previstas na lei, o empregador deve comunicar ao serviço com competência inspetiva do ministério responsável pela área laboral os acidentes mortais, bem como aqueles que evidenciem lesão física grave, nas 24 horas a seguir à ocorrência.

2. A comunicação prevista no número anterior deve conter a identificação do trabalhador acidentado e a descrição dos factos, devendo ser acompanhado de informação e respetivos registos sobre os tempos de trabalho prestado pelo trabalhador nos 30 dias que antecederam o acidente.

3. Constitui contraordenação grave a violação do disposto nos números anteriores.

Artigo 112º - Informação sobre a atividade anual do serviço de segurança e de saúde no trabalho

O empregador deve prestar, no quadro da informação relativa à atividade social da empresa, informação sobre a atividade anual desenvolvida pelo serviço de segurança e de saúde no trabalho em cada estabelecimento.

Artigo 113º

(Revogado.)

Artigo 114º - Publicitação da lista de autorizações

Os organismos competentes nos termos da presente lei mantêm atualizada uma lista com indicação das autorizações emitidas, expressa ou tacitamente, com indicação expressa das que se encontram revogadas ou suspensas, publicitada nas respetivas páginas eletrónicas.

Artigo 115º - Regime das contraordenações

1. O regime geral das contraordenações laborais previsto nos artigos 548º a 566º do Código do Trabalho aplica-se às infrações por violação da presente lei.

2. O processamento das contraordenações laborais segue o regime processual aplicável às contraordenações laborais e de segurança social, aprovado pela Lei nº 107/2009, de 14 de setembro, alterada pela Lei nº 63/2013, de 27 de agosto.

Artigo 116º – Taxas de incidência e de gravidade de acidentes de trabalho

Para efeitos da presente lei, as taxas médias de incidência e de gravidade de acidentes de trabalho do setor são as apuradas pelo organismo competente para a produção de estatísticas laborais do ministério responsável pela área laboral, relativamente aos dados dos balanços sociais referentes aos últimos anos com apuramentos disponíveis.

Artigo 117º – Regime transitório de autorização

1. O disposto na secção IV do capítulo IX é aplicável aos pedidos de autorização requeridos antes da data de entrada em vigor da presente lei.

2. As entidades que, na data da entrada em vigor da presente lei, se encontrem com pedido de autorização em fase de apreciação devem, no prazo de 30 dias, requerer ao organismo competente a marcação da vistoria prevista no artigo 88º

3. A falta de pedido de vistoria nos termos do número anterior determina a extinção do processo.

4. Nos casos previstos no nº 2, o prazo para a concessão da autorização recomeça a contar a partir da data do requerimento para marcação de vistoria, sendo alargado para 120 dias.

Artigo 118º – Alteração de estatutos

As entidades autorizadas que se encontrem a prestar atividades de segurança e de saúde no trabalho na modalidade de serviço externo, do tipo associativo, dispõem de um ano a contar da data de entrada em vigor da presente lei para adaptarem os seus estatutos de acordo com o disposto na alínea *a*) do nº 2 do artigo 83º

Artigo 119º – Regiões autónomas

1. Sem prejuízo das competências legislativas próprias, as competências atribuídas pela presente lei às autoridades e serviços administrativos são, nas regiões autónomas, exercidas pelos órgãos e serviços das respetivas administrações regionais.

2. O produto das coimas aplicadas ao abrigo da presente lei pelos órgãos e serviços das administrações regionais constituem receita própria da respetiva região.

Artigo 119º-A – Validade nacional

As autorizações e as alterações das autorizações para o serviço externo de segurança e saúde no trabalho têm validade nacional, independentemente de terem sido decididas por autoridade competente sedeada no território continental ou nas regiões autónomas, nos termos do nº 1 do artigo 17º do Decreto-Lei nº 92/2010, de 26 de julho.

Artigo 120º – Norma revogatória

1. Sem prejuízo do disposto nos números seguintes, são revogados:

a) O Decreto-Lei nº 441/91, de 14 de novembro;

b) O Decreto-Lei nº 26/94, de 1 de fevereiro;

c) O Decreto-Lei nº 29/2002, de 14 de fevereiro;

d) A Portaria nº 1179/95, de 26 de setembro.

2. A revogação da Portaria nº 1179/95, de 26 de setembro, que aprovou o modelo de notificação da modalidade adotada pelo empregador para a organização do serviço de segurança e de saúde no trabalho, produz efeitos a partir da entrada em vigor da portaria a que se refere o artigo 113º

3. *(Revogado.)*

(Redação dada pela Lei nº 79/2019, de 02-09)

Artigo 121º – Entrada em vigor

A presente lei entra em vigor no 1º dia do mês seguinte ao da sua publicação.

Acidentes de Trabalho e Doenças Profissionais

Lei nº 98/2009, de 4 de setembro

Regulamenta o regime de reparação de acidentes de trabalho e de doenças profissionais, incluindo a reabilitação e reintegração profissionais, nos termos do artigo 284º do Código do Trabalho, aprovado pela Lei nº 7/2009, de 12 de Fevereiro

A Assembleia da República decreta, nos termos da alínea *c*) do artigo 161º da Constituição, o seguinte:

CAPÍTULO I – Objecto e âmbito

Artigo 1º – Objecto da lei

1. A presente lei regulamenta o regime de reparação de acidentes de trabalho e de doenças profissionais, incluindo a reabilitação e reintegração profissionais, nos termos do artigo 284º do Código do Trabalho, aprovado pela Lei nº 7/2009, de 12 de Fevereiro.

2. Sem prejuízo do disposto no capítulo III, as doenças profissionais aplicam-se, com as devidas adaptações, as normas relativas aos acidentes de trabalho constantes da presente lei e, subsidiariamente, o regime geral da segurança social.

Artigo 2º – Beneficiários

O trabalhador e os seus familiares têm direito à reparação dos danos emergentes dos acidentes de trabalho e doenças profissionais nos termos previstos na presente lei.

CAPÍTULO II – Acidentes de trabalho

SECÇÃO I – Disposições gerais

Artigo 3º – Trabalhador abrangido

1. O regime previsto na presente lei abrange o trabalhador por conta de outrem de qualquer actividade, seja ou não explorada com fins lucrativos.

2. Quando a presente lei não impuser entendimento diferente, presume-se que o trabalhador está na dependência económica da pessoa em proveito da qual presta serviços.

3. Para além da situação do praticante, aprendiz e estagiário, considera-se situação de formação profissional a que tem por finalidade a preparação, promoção e actualização profissional do trabalhador, necessária ao desempenho de funções inerentes à actividade do empregador.

Artigo 4º – Exploração lucrativa

Para os efeitos da presente lei, não se considera lucrativa a actividade cuja produção se destine exclusivamente ao consumo ou utilização do agregado familiar do empregador.

Artigo 5º – Trabalhador estrangeiro

1. O trabalhador estrangeiro que exerça actividade em Portugal é, para efeitos da presente lei, equiparado ao trabalhador português.

2. Os familiares do trabalhador estrangeiro referido no número anterior beneficiam igualmente da protecção estabelecida relativamente aos familiares do sinistrado.

3. O trabalhador estrangeiro sinistrado em acidente de trabalho em Portugal ao serviço de empresa estrangeira, sua agência, sucursal, representante ou filial pode ficar excluído do âmbito da presente lei desde que exerça uma actividade temporária ou intermitente e, por acordo entre Estados, se tenha convencionado a aplicação da legislação relativa à protecção do sinistrado em acidente de trabalho em vigor no Estado de origem.

Artigo 6º – Trabalhador no estrangeiro

1. O trabalhador português e o trabalhador estrangeiro residente em Portugal sinistrados em acidente de trabalho no estrangeiro ao serviço de empresa portuguesa têm direito às prestações previstas na presente lei, salvo se a legislação do Estado onde ocorreu o acidente lhes reconhecer direito à reparação, caso em que o trabalhador pode optar por qualquer dos regimes.

2. A lei portuguesa aplica-se na ausência de opção expressa do trabalhador sinistrado em acidente de trabalho no estrangeiro ao serviço de empresa portuguesa, salvo se a do Estado onde ocorreu o acidente for mais favorável.

Artigo 7º – Responsabilidade

É responsável pela reparação e demais encargos decorrentes de acidente de trabalho, bem como pela manutenção no posto de trabalho, nos termos previstos na presente lei, a pessoa singular ou colectiva de direito privado ou de direito público não abrangida por legislação especial, relativamente ao trabalhador ao seu serviço.

SECÇÃO II – Delimitação do acidente de trabalho

Artigo 8º – Conceito

1. É acidente de trabalho aquele que se verifique no local e no tempo de trabalho e produza directa ou indirectamente lesão corporal, perturbação funcional ou doença de que resulte redução na capacidade de trabalho ou de ganho ou a morte.

2. Para efeitos do presente capítulo, entende-se por:

a) «Local de trabalho» todo o lugar em que o trabalhador se encontra ou deva dirigir-se em virtude do seu trabalho e em que esteja, directa ou indirectamente, sujeito ao controlo do empregador;

b) «Tempo de trabalho além do período normal de trabalho» o que precede o seu início, em actos de preparação ou com ele relacionados, e o que se lhe segue, em actos também com ele relacionados, e ainda as interrupções normais ou forçosas de trabalho;

c) No caso de teletrabalho ou trabalho à distância, considera-se local de trabalho aquele que conste do acordo de teletrabalho.

(Redação dada pela Lei nº 83/2021, 06-12)

Artigo 9º – Extensão do conceito

1. Considera-se também acidente de trabalho o ocorrido:

a) No trajecto de ida para o local de trabalho ou de regresso deste, nos termos referidos no número seguinte;

b) Na execução de serviços espontaneamente prestados e de que possa resultar proveito económico para o empregador;

c) No local de trabalho e fora deste, quando no exercício do direito de reunião ou de actividade de representante dos trabalhadores, nos termos previstos no Código do Trabalho;

d) No local de trabalho, quando em frequência de curso de formação profissional ou, fora do local de trabalho, quando exista autorização expressa do empregador para tal frequência;

e) No local de pagamento da retribuição, enquanto o trabalhador aí permanecer para tal efeito;

f) No local onde o trabalhador deva receber qualquer forma de assistência ou tratamento em virtude de anterior acidente e enquanto aí permanecer para esse efeito;

g) Em actividade de procura de emprego durante o crédito de horas para tal concedido por lei aos trabalhadores com processo de cessação do contrato de trabalho em curso;

h) Fora do local ou tempo de trabalho, quando verificado na execução de serviços determinados pelo empregador ou por ele consentidos.

2. A alínea *a*) do número anterior compreende o acidente de trabalho que se verifique nos trajectos normalmente utilizados e durante o período de tempo habitualmente gasto pelo trabalhador:

a) Entre qualquer dos seus locais de trabalho, no caso de ter mais de um emprego;

b) Entre a sua residência habitual ou ocasional e as instalações que constituem o seu local de trabalho;

c) Entre qualquer dos locais referidos na alínea precedente e o local do pagamento da retribuição;

d) Entre qualquer dos locais referidos na alínea *b*) e o local onde ao trabalhador deva ser prestada qualquer forma de assistência ou tratamento por virtude de anterior acidente;

e) Entre o local de trabalho e o local da refeição;

f) Entre o local onde por determinação do empregador presta qualquer serviço relacionado com o seu trabalho e as instalações que constituem o seu local de trabalho habitual ou a sua residência habitual ou ocasional.

3. Não deixa de se considerar acidente de trabalho o que ocorrer quando o trajecto normal tenha sofrido interrupções ou desvios determinados pela satisfação de necessidades atendíveis do trabalhador, bem como por motivo de força maior ou por caso fortuito.

4. No caso previsto na alínea *a*) do nº 2, é responsável pelo acidente o empregador para cujo local de trabalho o trabalhador se dirige.

Artigo 10º – Prova da origem da lesão

1. A lesão constatada no local e no tempo de trabalho ou nas circunstâncias previstas no artigo anterior presume-se consequência de acidente de trabalho.

2. Se a lesão não tiver manifestação imediatamente a seguir ao acidente, compete ao sinistrado ou aos beneficiários legais provar que foi consequência dele.

Artigo 11º – Predisposição patológica e incapacidade

1. A predisposição patológica do sinistrado num acidente não exclui o direito à reparação integral, salvo quando tiver sido ocultada.

2. Quando a lesão ou doença consecutiva ao acidente for agravada por lesão ou doença anterior, ou quando esta for agravada pelo acidente, a incapacidade avaliar-se-á como se tudo dele resultasse, a não ser que pela lesão ou doença anterior o sinistrado já esteja a receber pensão ou tenha recebido um capital de remição nos termos da presente lei.

3. No caso de o sinistrado estar afectado de incapacidade permanente anterior ao acidente, a reparação é apenas a correspondente à diferença entre a incapacidade anterior e a que for calculada como se tudo fosse imputado ao acidente.

4. Sem prejuízo do disposto no número anterior, quando do acidente resulte a inutilização ou danificação das ajudas técnicas de que o sinistrado já era portador, o mesmo tem direito à sua reparação ou substituição.

5. Confere também direito à reparação a lesão ou doença que se manifeste durante o tratamento subsequente a um acidente de trabalho e que seja consequência de tal tratamento.

SECÇÃO III – Exclusão e redução da responsabilidade

Artigo 12º – Nulidade

1. É nula a convenção contrária aos direitos ou garantias conferidos na presente lei ou com eles incompatível.

2. São igualmente nulos os actos e contratos que visem a renúncia aos direitos conferidos na presente lei.

3. Para efeitos do disposto do nº 1, presume-se realizado com o fim de impedir a satisfação dos créditos provenientes do direito à reparação prevista na lei todo o acto do devedor, praticado após a data do acidente ou do diagnóstico inequívoco da doença profissional, que envolva diminuição da garantia patrimonial desses créditos.

Artigo 13º – Proibição de descontos na retribuição

O empregador não pode descontar qualquer quantia na retribuição do trabalhador ao seu serviço a título de compensação pelos encargos resultantes do regime estabelecido na presente lei, sendo nulos os acordos realizados com esse objectivo.

Artigo 14º – Descaracterização do acidente

1. O empregador não tem de reparar os danos decorrentes do acidente que:

a) For dolosamente provocado pelo sinistrado ou provier de seu acto ou omissão, que importe violação, sem causa justificativa, das condições de segurança estabelecidas pelo empregador ou previstas na lei;

b) Provier exclusivamente de negligência grosseira do sinistrado;

c) Resultar da privação permanente ou acidental do uso da razão do sinistrado, nos termos do Código Civil, salvo se tal privação derivar da própria prestação do trabalho, for independente da vontade do sinistrado ou se o empregador ou o seu representante, conhecendo o estado do sinistrado, consentir na prestação.

2. Para efeitos do disposto na alínea *a)* do número anterior, considera-se que existe causa justificativa da violação das condições de segurança se o acidente de trabalho resultar de incumprimento de norma legal ou estabelecida pelo empregador da qual o trabalhador, face ao seu grau de instrução ou de acesso à informação, dificilmente teria conhecimento ou, tendo-o, lhe fosse manifestamente difícil entendê-la.

3. Entende-se por negligência grosseira o comportamento temerário em alto e relevante grau, que não se consubstancie em acto ou omissão resultante da habitualidade ao perigo do trabalho executado, da confiança na experiência profissional ou dos usos da profissão.

Artigo 15º – Força maior

1. O empregador não tem de reparar o acidente que provier de motivo de força maior.

2. Só se considera motivo de força maior o que, sendo devido a forças inevitáveis da natureza, independentes de intervenção humana, não constitua risco criado pelas condições de trabalho nem se produza ao executar serviço expressamente ordenado pelo empregador em condições de perigo evidente.

Artigo 16º – Situações especiais

1. Não há igualmente obrigação de reparar o acidente ocorrido na prestação de serviços eventuais ou ocasionais, de curta duração, a pessoas singulares em actividades que não tenham por objecto exploração lucrativa.

2. As exclusões previstas no número anterior não abrangem o acidente que resulte da utilização de máquinas e de outros equipamentos de especial perigosidade.

Artigo 17º – Acidente causado por outro trabalhador ou por terceiro

1. Quando o acidente for causado por outro trabalhador ou por terceiro, o direito à reparação devida pelo empregador não prejudica o direito de acção contra aqueles, nos termos gerais.

2. Se o sinistrado em acidente receber de outro trabalhador ou de terceiro indemnização superior à devida pelo empregador, este considera-se desonerado da respectiva obrigação e tem direito a ser reembolsado pelo sinistrado das quantias que tiver pago ou despendido.

3. Se a indemnização arbitrada ao sinistrado ou aos seus representantes for de montante inferior ao dos benefícios conferidos em consequência do acidente, a exclusão da responsabilidade é limitada àquele montante.

4. O empregador ou a sua seguradora que houver pago a indemnização pelo acidente pode sub-rogar-se no direito do lesado contra os responsáveis referidos no nº 1 se o sinistrado não lhes tiver exigido judicialmente a indemnização no prazo de um ano a contar da data do acidente.

5. O empregador e a sua seguradora também são titulares do direito de intervir como parte principal no processo em que o sinistrado exigir aos responsáveis a indemnização pelo acidente a que se refere este artigo.

SECÇÃO IV – Agravamento da responsabilidade

Artigo 18º – Actuação culposa do empregador

1. Quando o acidente tiver sido provocado pelo empregador, seu representante ou entidade por aquele contratada e por empresa utilizadora de mão-de-obra, ou resultar de falta de observação, por aqueles, das regras sobre segurança e saúde no trabalho, a responsabilidade individual ou solidária pela indemnização abrange a totalidade dos prejuízos, patrimoniais e não patrimoniais, sofridos pelo trabalhador e seus familiares, nos termos gerais.

2. O disposto no número anterior não prejudica a responsabilidade criminal em que os responsáveis aí previstos tenham incorrido.

3. Se, nas condições previstas neste artigo, o acidente tiver sido provocado pelo representante do empregador, este terá direito de regresso contra aquele.

4. No caso previsto no presente artigo, e sem prejuízo do ressarcimento dos prejuízos patrimoniais e dos prejuízos não patrimoniais, bem como das demais prestações devidas por actuação não culposa, é devida uma pensão anual ou indemnização diária, destinada a reparar a redução na capacidade de trabalho ou de ganho ou a morte, fixada segundo as regras seguintes:

a) Nos casos de incapacidade permanente absoluta para todo e qualquer trabalho, ou incapacidade temporária absoluta, e de morte, igual à retribuição;

b) Nos casos de incapacidade permanente absoluta para o trabalho habitual, compreendida entre 70% e 100% da retribuição, conforme a maior ou menor capacidade funcional residual para o exercício de outra profissão compatível;

c) Nos casos de incapacidade parcial, permanente ou temporária, tendo por base a redução da capacidade resultante do acidente.

5. No caso de morte, a pensão prevista no número anterior é repartida pelos beneficiários do sinistrado, de acordo com as proporções previstas nos artigos 59º a 61º

6. No caso de se verificar uma alteração na situação dos beneficiários, a pensão é modificada, de acordo com as regras previstas no número anterior.

SECÇÃO V – Natureza, determinação e graduação da incapacidade

Artigo 19º – Natureza da incapacidade

1. O acidente de trabalho pode determinar incapacidade temporária ou permanente para o trabalho.

2. A incapacidade temporária pode ser parcial ou absoluta.

3. A incapacidade permanente pode ser parcial, absoluta para o trabalho habitual ou absoluta para todo e qualquer trabalho.

Artigo 20º – Determinação da incapacidade

A determinação da incapacidade é efectuada de acordo com a tabela nacional de incapacidades por acidentes de trabalho e doenças profissionais, elaborada e actualizada por uma comissão nacional, cuja composição, competência e modo de funcionamento são fixados em diploma próprio.

Artigo 21º – Avaliação e graduação da incapacidade

1. O grau de incapacidade resultante do acidente define-se, em todos os casos, por coeficientes expressos em percentagens e determinados em função da natureza e da gravidade da lesão, do estado geral do sinistrado, da sua idade e profissão, bem como da maior ou menor capacidade funcional residual para o exercício de outra profissão compatível e das demais circunstâncias que possam influir na sua capacidade de trabalho ou de ganho.

2. O grau de incapacidade é expresso pela unidade quando se verifique disfunção total com incapacidade permanente absoluta para todo e qualquer trabalho.

3. O coeficiente de incapacidade é fixado por aplicação das regras definidas na tabela nacional de incapacidades por acidentes de trabalho e doenças profissionais, em vigor à data do acidente.

4. Sempre que haja lugar à aplicação do disposto na alínea *b*) do nº 3 do artigo 48º e no artigo 53º, o juiz pode requisitar parecer prévio de peritos especializados, designadamente dos serviços competentes do ministério responsável pela área laboral.

Artigo 22º – Conversão da incapacidade temporária em permanente

1. A incapacidade temporária converte-se em permanente decorridos 18 meses consecutivos, devendo o perito médico do tribunal reavaliar o respectivo grau de incapacidade.

2. Verificando-se que ao sinistrado está a ser prestado o tratamento clínico necessário, o Ministério Público pode prorrogar o prazo fixado no número anterior, até ao máximo de 30 meses, a requerimento da entidade responsável e ou do sinistrado.

SECÇÃO VI – Reparação

SUBSECÇÃO I – Disposições gerais

Artigo 23º – Princípio geral

O direito à reparação compreende as seguintes prestações:

a) Em espécie – prestações de natureza médica, cirúrgica, farmacêutica, hospitalar e quaisquer outras, seja qual for a sua forma, desde que necessárias e adequadas ao restabelecimento do estado de saúde e da capacidade de trabalho ou de ganho do sinistrado e à sua recuperação para a vida activa;

b) Em dinheiro – indemnizações, pensões, prestações e subsídios previstos na presente lei.

Artigo 24º – Recidiva ou agravamento

1. Nos casos de recidiva ou agravamento, o direito às prestações previstas na alínea *a*) do artigo anterior mantém-se após a alta, seja qual for a situação nesta definida, e abrange as doenças relacionadas com as consequências do acidente.

2. O direito à indemnização por incapacidade temporária absoluta ou parcial para o trabalho, previsto na alínea *b*) do artigo anterior, em caso de recidiva ou agravamento, mantém-se:

a) Após a atribuição ao sinistrado de nova baixa;

b) Entre a data da alta e a da nova baixa seguinte, se esta última vier a ser dada no prazo de oito dias.

3. Para efeitos do disposto no número anterior, é considerado o valor da retribuição à data do acidente actualizado pelo aumento percentual da retribuição mínima mensal garantida.

SUBSECÇÃO II – Prestações em espécie

Artigo 25º – Modalidades das prestações

1. As prestações em espécie previstas na alínea *a*) do artigo 23º compreendem:

a) A assistência médica e cirúrgica, geral ou especializada, incluindo todos os elementos de diagnóstico e de tratamento que forem necessários, bem como as visitas domiciliárias;

b) A assistência medicamentosa e farmacêutica;

c) Os cuidados de enfermagem;

d) A hospitalização e os tratamentos termais;

e) A hospedagem;

f) Os transportes para observação, tratamento ou comparência a actos judiciais;

g) O fornecimento de ajudas técnicas e outros dispositivos técnicos de compensação das limitações funcionais, bem como a sua renovação e reparação;

h) Os serviços de reabilitação e reintegração profissional e social, incluindo a adaptação do posto do trabalho;

i) Os serviços de reabilitação médica ou funcional para a vida activa;

j) Apoio psicoterapêutico, sempre que necessário, à família do sinistrado.

2. A assistência a que se referem as alíneas *a*) e *j*) do número anterior inclui a assistência psicológica e psiquiátrica, quando reconhecida como necessária pelo médico assistente.

Artigo 26º – Primeiros socorros

1. A verificação das circunstâncias previstas nos artigos 15º e 16º não dispensa o empregador da prestação dos primeiros socorros ao trabalhador e do seu transporte para o local onde possa ser clinicamente socorrido.

2. O empregador ou quem o represente na direcção ou fiscalização do trabalho deve, logo que tenha conhecimento do acidente, assegurar os imediatos e indispensáveis socorros médicos e farmacêuticos ao sinistrado, bem como o transporte mais adequado para tais efeitos.

3. O transporte e socorros referidos no número anterior são prestados independentemente de qualquer apreciação das condições legais da reparação.

Artigo 27º – Lugar de prestação da assistência clínica

1. A assistência clínica deve ser prestada na localidade onde o sinistrado reside ou na sua própria habitação, se tal for indispensável.

2. Essa assistência pode, no entanto, ser prestada em qualquer outro local por determinação do médico assistente ou mediante acordo entre o sinistrado e a entidade responsável.

Artigo 28º – Médico assistente

1. A entidade responsável tem o direito de designar o médico assistente do sinistrado.

2. O sinistrado pode recorrer a qualquer médico nos seguintes casos:

a) Se o empregador ou quem o represente não se encontrar no local do acidente e houver urgência nos socorros;

b) Se a entidade responsável não nomear médico assistente ou enquanto o não fizer;

c) Se a entidade responsável renunciar ao direito de escolher o médico assistente;

d) Se lhe for dada alta sem estar curado, devendo, neste caso, requerer exame pelo perito do tribunal.

3. Enquanto não houver médico assistente designado, é como tal considerado, para todos os efeitos legais, o médico que tratar o sinistrado.

Artigo 29º – Dever de assistência clínica

Nenhum médico pode negar-se a prestar assistência clínica a sinistrado do trabalho, quando solicitada pela entidade responsável ou pelo próprio sinistrado, no caso em que lhe é permitida a escolha do médico assistente.

Artigo 30º – Observância de prescrições clínicas e cirúrgicas

1. O sinistrado em acidente deve submeter-se ao tratamento e observar as prescrições clínicas e cirúrgicas do médico designado pela entidade responsável, necessárias à cura da lesão ou doença e à recuperação da capacidade de trabalho, sem prejuízo do direito a solicitar o exame pericial do tribunal.

2. Sendo a incapacidade ou o agravamento do dano consequência de injustificada recusa ou falta de observância das prescrições clínicas ou cirúrgicas, a indemnização pode ser reduzida ou excluída nos termos gerais.

3. Considera-se sempre justificada a recusa de intervenção cirúrgica quando, pela sua natureza ou pelo estado do sinistrado, ponha em risco a vida deste.

Artigo 31º – Substituição legal do médico assistente

1. Durante o internamento em hospital, o médico assistente é substituído nas suas funções pelos médicos do mesmo hospital, embora com o direito de acompanhar o tratamento do sinistrado, conforme os respectivos regulamentos internos ou, na falta ou insuficiência destes, segundo as determinações do director clínico.

2. O direito de acompanhar o tratamento do sinistrado contempla, nomeadamente, a faculdade de o médico assistente ter acesso a toda a documentação clínica respeitante ao sinistrado em poder do estabelecimento hospitalar.

Artigo 32º – Escolha do médico cirurgião

Nos casos em que deva ser submetido a intervenção cirúrgica de alto risco e naqueles em que, como consequência da intervenção cirúrgica, possa correr risco de vida, o sinistrado tem direito a escolher o médico cirurgião.

Artigo 33º – Contestação das resoluções do médico assistente

O sinistrado ou a entidade responsável, mediante consulta prévia ao sinistrado, têm o direito de não se conformar com as resoluções do médico assistente ou de quem legalmente o substituir.

Artigo 34º – Solução de divergências

1. Qualquer divergência sobre as matérias reguladas nos artigos 31º, 32º e 33º, ou outra de natureza clínica, pode ser resolvida por simples conferência de médicos, da iniciativa do sinistrado, da entidade responsável ou do médico assistente, bem como do substituto legal deste.

2. Se a divergência não for resolvida nos termos do número anterior, é solucionada:

a) Havendo internamento hospitalar, pelo respectivo director clínico ou pelo médico que o deva substituir, se ele for o médico assistente;

b) Não havendo internamento hospitalar, pelo perito médico do tribunal do trabalho da área onde o sinistrado se encontra, por determinação do Ministério Público, a solicitação de qualquer dos interessados.

3. As resoluções dos médicos referidos nas alíneas do número anterior ficam a constar de documento escrito e o interessado pode delas reclamar, mediante requerimento fundamentado, para o juiz do tribunal do trabalho da área onde o sinistrado se encontra, que decide definitivamente.

4. Nos casos previstos na alínea *b*) do nº 2 e no nº 3, se vier a ter lugar processo emergente de acidente de trabalho, o processado é apenso a este.

Artigo 35º – Boletins de exame e alta

1. No começo do tratamento do sinistrado, o médico assistente emite um boletim de exame, em que descreve as doenças ou lesões que lhe encontrar e a sintomatologia apresentada com descrição pormenorizada das lesões referidas pelo mesmo como resultantes do acidente.

2. No final do tratamento do sinistrado, quer por este se encontrar curado ou em condições de trabalhar quer por qualquer outro motivo, o médico assistente emite um boletim de alta clínica, em que declare a causa da cessação do tratamento e o grau de incapacidade permanente ou temporária, bem como as razões justificativas das suas conclusões.

3. Entende-se por alta clínica a situação em que a lesão desapareceu totalmente ou se apresenta como insusceptível de modificação com terapêutica adequada.

4. O boletim de exame é emitido em triplicado e o de alta em duplicado.

5. No prazo de 30 dias após a realização dos actos é entregue um exemplar do boletim ao sinistrado e outro remetido ao tribunal, se for caso disso, bem como enviado o terceiro exemplar do boletim de exame à entidade responsável.

6. Tratando-se de sinistrado a cargo de seguradora, da administração central, regional, local ou de outra entidade dispensada de transferir a responsabilidade por acidente de trabalho, o boletim apenas é remetido a juízo quando haja de se proceder a exame médico, quando o tribunal o requisite ou tenha de acompanhar a participação do acidente.

7. Imediatamente após a realização dos actos, a seguradora entrega ao sinistrado um documento informativo que indique os períodos de incapacidade temporária e respectivo grau, bem como, se for o caso, a data da alta e a causa da cessação do tratamento.

Artigo 36º – Informação clínica ao sinistrado

O sinistrado tem direito a receber, em qualquer momento, a seu requerimento, cópia de todos os documentos respeitantes ao seu processo, designadamente o boletim de alta e os exames complementares de diagnóstico em poder da seguradora.

Artigo 37º – Requisição pelo tribunal

A entidade responsável, os estabelecimentos hospitalares, os serviços competentes da segurança social e os médicos são obrigados a fornecer aos tribunais do trabalho todos os esclarecimentos e documentos que lhes sejam requisitados relativamente a observações e tratamentos feitos a sinistrados ou, por qualquer outro modo, relacionados com o acidente.

Artigo 38º – Estabelecimento de saúde

1. O internamento e os tratamentos previstos na alínea *a*) do artigo 23º devem ser feitos em estabelecimento de saúde adequado ao restabelecimento e reabilitação do sinistrado.

2. O recurso, quando necessário, a estabelecimento de saúde fora do território nacional será feito após parecer de junta médica comprovando a impossibilidade de tratamento em hospital no território nacional.

3. A entidade responsável deve assinar termo de responsabilidade para garantia do pagamento das despesas com o internamento e os tratamentos previstos na alínea *a*) do artigo 23º

4. Se aquela entidade se recusar a assinar o termo de responsabilidade, não pode, com esse fundamento, ser negado o tratamento ou o internamento do sinistrado sempre que a gravidade do seu estado o imponha.

5. No caso previsto no número anterior, o estabelecimento de saúde deve juntar ao respectivo processo a nota das despesas efectuadas para efeito de pagamento.

6. O estabelecimento de saúde que, injustificadamente, deixar de cumprir as obrigações do tratamento ou do internamento urgente referidos no nº 4 é responsável pelo agravamento das lesões do sinistrado, reconhecido judicialmente como consequência de tais factos.

7. Entende-se por estabelecimento de saúde o hospital, casa de saúde, casa de repouso ou de convalescença.

Artigo 39º – Transporte e estada

1. O sinistrado tem direito ao fornecimento ou ao pagamento de transporte e estada, que devem obedecer às condições de comodidade impostas pela natureza da lesão ou da doença.

2. O fornecimento ou o pagamento referidos no número anterior abrangem as deslocações e permanência necessárias à observação e tratamento e as exigidas pela comparência a actos judiciais, salvo, quanto a estas, se for consequência de pedido do sinistrado que venha a ser julgado improcedente.

3. O sinistrado utiliza os transportes colectivos, salvo não os havendo ou se outro for mais indicado pela urgência do tratamento, por determinação do médico assistente ou por outras razões ponderosas atendíveis.

4. Quando o sinistrado for menor de 16 anos ou quando a natureza da lesão ou da doença ou outras circunstâncias especiais o exigirem, o direito a transporte e estada é extensivo à pessoa que o acompanhar.

5. As categorias e classe da estada devem ajustar-se às prescrições do médico assistente ou dos clínicos que em tribunal derem parecer.

6. O pagamento de transporte é, igualmente, extensivo ao beneficiário legal do sinistrado sempre que for exigida a sua comparência em tribunal e em exames necessários à determinação da sua incapacidade.

Artigo 40º – Responsabilidade pelo transporte e estada

1. Sem prejuízo do disposto no artigo anterior, a entidade responsável só é obrigada a despender o menor custo das prestações de transporte e estada que obedeçam às condições de comodidade impostas pela natureza da lesão.

2. A entidade responsável deve assumir previamente, perante os fornecedores de transporte e estada, a responsabilidade pelo pagamento das despesas ou adiantar a sua importância.

Artigo 41º – Ajudas técnicas em geral

1. As ajudas técnicas e outros dispositivos técnicos de compensação das limitações funcionais devem ser, em cada caso, os considerados adequados ao fim a que se destinam pelo médico assistente, preferencialmente aqueles que correspondam ao estado mais avançado da ciência e da técnica por forma a proporcionar as melhores condições ao sinistrado, independentemente do seu custo.

2. O direito às ajudas técnicas e outros dispositivos técnicos de compensação das limitações funcionais abrange ainda os destinados à correcção ou compensação visual, auditiva ou outra, bem como a prótese dentária.

3. Quando houver divergências sobre a natureza, qualidade ou adequação das ajudas técnicas e outros dispositivos técnicos de compensação das limitações funcionais ou sobre a obrigatoriedade ou necessidade da sua renovação ou reparação, o Ministério Público, por sua iniciativa ou a pedido do sinistrado, solicita parecer ao perito médico do tribunal de trabalho da área de residência do sinistrado.

Artigo 42º – Opção do sinistrado

1. O sinistrado pode optar pela importância correspondente ao valor das ajudas técnicas e outros dispositivos técnicos de compensação das limitações funcionais indicados pelo médico assistente ou pelo tribunal quando pretenda adquirir ajudas técnicas de custo superior.

2. No caso previsto no número anterior, a entidade responsável deposita a referida importância à ordem do tribunal, no prazo que este fixar, para ser paga à entidade fornecedora depois de verificada a aplicação da ajuda técnica.

Artigo 43º – Reparação e renovação das ajudas técnicas em geral

1. Sempre que um acidente de trabalho inutilize ou danifique ajudas técnicas e outros dispositivos técnicos de compensação das limitações funcionais de que o sinistrado já era portador:

a) Ficam a cargo da entidade responsável por aquele acidente as despesas necessárias à renovação ou reparação das mencionadas ajudas técnicas;

b) Há lugar, se for caso disso, ao pagamento de indemnização correspondente à incapacidade daí resultante.

2. Tratando-se de renovação, o respectivo encargo não pode ser superior ao custo de ajuda técnica igual à inutilizada, salvo se existir outra ajuda técnica mais adequada.

3. As despesas de reparação ou renovação de ajudas técnicas e outros dispositivos técnicos de compensação das limitações funcionais usados por força de acidente de trabalho e deteriorados em consequência de uso ou desgaste normal ficam a cargo da entidade responsável pelo acidente que determinou a respectiva utilização.

4. Durante o período de reparação ou renovação das ajudas técnicas e outros dispositivos técnicos, a entidade responsável deve, sempre que possível, assegurar ao sinistrado a substituição dos mesmos.

Artigo 44º – Reabilitação profissional e adaptação do posto de trabalho

1. O empregador deve assegurar a reabilitação profissional do trabalhador e a adaptação do posto de trabalho que sejam necessárias ao exercício das funções.

2. A reabilitação profissional a que se refere o número anterior deve ser assegurada pelo empregador sem prejuízo do número mínimo de horas anuais de formação certificada a que o trabalhador tem direito.

Artigo 45º – Notificação judicial e execução

1. Se a entidade responsável, injustificadamente, recusar ou protelar o fornecimento, renovação ou reparação das ajudas técnicas e outros dispositivos técnicos de compensação das limitações funcionais ou não efectuar o depósito referido no nº 2 do artigo 42º, o juiz profere decisão, ordenando a notificação daquela entidade para, no prazo de 10 dias, depositar à sua ordem a importância que for devida.

2. O responsável que não cumpra a decisão é executado para o pagamento do valor de depósito, seguindo-se os termos da execução baseada em sentença de condenação em quantia certa.

3. Pelo produto da execução, o tribunal paga as despesas das ajudas técnicas e outros dispositivos técnicos de compensação das limitações funcionais à entidade que os forneceu ou reparou, depois de verificada a sua correcta aplicação.

Artigo 46º – Perda do direito a renovação ou reparação

O sinistrado perde o direito à renovação ou reparação das ajudas técnicas e outros dispositivos técnicos de compensação das limitações funcionais que se deteriorem ou inutilizem devido a negligência grosseira da sua parte.

SUBSECÇÃO III – Prestações em dinheiro

DIVISÃO I – Modalidades das prestações

Artigo 47º – Modalidades

1. As prestações em dinheiro previstas na alínea *b*) do artigo 23º compreendem:

a) A indemnização por incapacidade temporária para o trabalho;

b) A pensão provisória;

c) A indemnização em capital e pensão por incapacidade permanente para o trabalho;

d) O subsídio por situação de elevada incapacidade permanente;

e) O subsídio por morte;

f) O subsídio por despesas de funeral;

g) A pensão por morte;

h) A prestação suplementar para assistência de terceira pessoa;

i) O subsídio para readaptação de habitação;

j) O subsídio para a frequência de acções no âmbito da reabilitação profissional necessárias e adequadas à reintegração do sinistrado no mercado de trabalho.

2. O subsídio previsto na alínea *j*) é cumulável com as prestações referidas nas alíneas *a*), *b*), *c*) e *i*) do número anterior, não podendo no seu conjunto ultrapassar, mensalmente, o montante equivalente a seis vezes o valor de 1,1 do indexante de apoios sociais (IAS).

3. A indemnização em capital, o subsídio por situação de elevada incapacidade permanente, os subsídios por morte e despesas de funeral e o subsídio para readaptação de habitação são prestações de atribuição única, sendo de atribuição continuada ou periódica todas as restantes prestações previstas no nº 1.

DIVISÃO II – Prestações por incapacidade

Artigo 48º – Prestações

1. A indemnização por incapacidade temporária para o trabalho destina-se a compensar o sinistrado, durante um período de tempo limitado, pela perda ou redução da capacidade de trabalho ou de ganho resultante de acidente de trabalho.

2. A indemnização em capital e a pensão por incapacidade permanente e o subsídio de elevada incapacidade permanente são prestações destinadas a compensar o sinistrado pela perda ou redução permanente da sua capacidade de trabalho ou de ganho resultante de acidente de trabalho.

3. Se do acidente resultar redução na capacidade de trabalho ou de ganho do sinistrado, este tem direito às seguintes prestações:

a) Por incapacidade permanente absoluta para todo e qualquer trabalho – pensão anual e vitalícia igual a 80% da retribuição, acrescida de 10% desta por cada pessoa a cargo, até ao limite da retribuição;

b) Por incapacidade permanente absoluta para o trabalho habitual – pensão anual e vitalícia compreendida entre 50% e 70% da retribuição, conforme a maior ou menor capacidade funcional residual para o exercício de outra profissão compatível;

c) Por incapacidade permanente parcial – pensão anual e vitalícia correspondente a 70% da redução sofrida na capacidade geral de ganho ou capital de remição da pensão nos termos previstos no artigo 75º;

d) Por incapacidade temporária absoluta – indemnização diária igual a 70% da retribuição nos primeiros 12 meses e de 75% no período subsequente;

e) Por incapacidade temporária parcial – indemnização diária igual a 70% da redução sofrida na capacidade geral de ganho.

4. A indemnização por incapacidade temporária é devida enquanto o sinistrado estiver em regime de tratamento ambulatório ou de reabilitação profissional.

Artigo 49º – Pessoa a cargo

1. Para efeitos do disposto na alínea *a*) do nº 3 do artigo anterior, considera-se pessoa a cargo do sinistrado:

a) Pessoa que com ele viva em comunhão de mesa e habitação com rendimentos mensais inferiores ao valor da pensão social;

b) Cônjuge ou pessoa que com ele viva em união de facto com rendimentos mensais inferiores ao valor da pensão social;

c) Descendente nos termos previstos no nº 1 do artigo 60º;

d) Ascendente com rendimentos individuais de valor mensal inferior ao valor da pensão social ou que conjuntamente com os do seu cônjugue ou de pessoa que com ele viva em união de facto não exceda o dobro deste valor.

2. É equiparado a descendente do sinistrado, para efeitos do disposto no número anterior:

a) Enteado;

b) Tutelado;

c) Adoptado;

d) Menor que, mediante confiança judicial ou administrativa, se encontre a seu cargo com vista a futura adopção;

e) Menor que lhe esteja confiado por decisão do tribunal ou de entidade ou serviço legalmente competente para o efeito.

3. É equiparado a ascendente do sinistrado, para efeitos do disposto no nº 1:

a) Padrasto e madrasta;

b) Adoptante;

c) Afim compreendido na linha recta ascendente.

4. A pedido da entidade responsável, o beneficiário deve fazer prova anual da manutenção dos requisitos que lhes conferem o direito à pensão, sob pena de o respectivo pagamento ser suspenso 60 dias após a data do pedido, sendo admitidos os tipos de prova regulamentados por norma do Instituto de Seguros de Portugal cujos custos, caso existam, são suportados pela entidade responsável.

Artigo 50º – Modo de fixação da incapacidade temporária e permanente

1. A indemnização por incapacidade temporária é paga em relação a todos os dias, incluindo os de descanso e feriados, e começa a vencer-se no dia seguinte ao do acidente.

2. A pensão por incapacidade permanente é fixada em montante anual e começa a vencer-se no dia seguinte ao da alta do sinistrado.

3. Na incapacidade temporária superior a 30 dias é paga a parte proporcional correspondente aos subsídios de férias e de Natal, determinada em função da percentagem da prestação prevista nas alíneas *d*) e *e*) do nº 3 do artigo 48º

Artigo 51º – Suspensão ou redução da pensão

1. A pensão por incapacidade permanente não pode ser suspensa ou reduzida mesmo que o sinistrado venha a auferir retribuição superior à que tinha antes do acidente, salvo em consequência de revisão da pensão.

2. A pensão por incapacidade permanente é cumulável com qualquer outra.

Artigo 52º – Pensão provisória

1. Sem prejuízo do disposto no Código de Processo do Trabalho, é estabelecida uma pensão provisória por incapacidade permanente entre o dia seguinte ao da alta e o momento de fixação da pensão definitiva.

2. A pensão provisória destina-se a garantir uma protecção atempada e adequada nos casos de incapacidade permanente sempre que haja razões determinantes do retardamento da atribuição das prestações.

3. A pensão provisória por incapacidade permanente inferior a 30% é atribuída pela entidade responsável e calculada nos termos da alínea *c*) do nº 3 do artigo 48º, com base na desvalorização definida pelo médico assistente e na retribuição garantida.

4. A pensão provisória por incapacidade permanente igual ou superior a 30% é atribuída pela entidade responsável, sendo de montante igual ao valor mensal da indemnização prevista na alínea *e*) do nº 3 do artigo 48º, tendo por base a desvalorização definida pelo médico assistente e a retribuição garantida.

5. Os montantes pagos nos termos dos números anteriores são considerados aquando da fixação final dos respectivos direitos.

Artigo 53º – Prestação suplementar para assistência a terceira pessoa

1. A prestação suplementar da pensão destina-se a compensar os encargos com assistência de terceira pessoa em face da situação de dependência em que se encontre ou venha a encontrar o sinistrado por incapacidade permanente para o trabalho, em consequência de lesão resultante de acidente.

2. A atribuição da prestação suplementar depende de o sinistrado não poder, por si só, prover à satisfação das suas necessidades básicas diárias, carecendo de assistência permanente de terceira pessoa.

3. O familiar do sinistrado que lhe preste assistência permanente é equiparado a terceira pessoa.

4. Não pode ser considerada terceira pessoa quem se encontre igualmente carecido de autonomia para a realização dos actos básicos da vida diária.

5. Para efeitos do nº 2, são considerados, nomeadamente, os actos relativos a cuidados de higiene pessoal, alimentação e locomoção.

6. A assistência pode ser assegurada através da participação sucessiva e conjugada de várias pessoas, incluindo a prestação no âmbito do apoio domiciliário, durante o período mínimo de seis horas diárias.

Artigo 54º – Montante da prestação suplementar para assistência a terceira pessoa

1. A prestação suplementar da pensão prevista no artigo anterior é fixada em montante mensal e tem como limite máximo o valor de 1,1 IAS.

2. Quando o médico assistente entender que o sinistrado não pode dispensar a assistência de uma terceira pessoa, deve ser-lhe atribuída, a partir do dia seguinte ao da alta e até ao momento da fixação da pensão definitiva, uma prestação suplementar provisória equivalente ao montante previsto no número anterior.

3. Os montantes pagos nos termos do número anterior são considerados aquando da fixação final dos respectivos direitos.

4. A prestação suplementar é anualmente actualizável na mesma percentagem em que o for o IAS.

Artigo 55º – Suspensão da prestação suplementar para assistência de terceira pessoa

A prestação suplementar da pensão suspende-se sempre que se verifique o internamento do sinistrado em hospital, ou estabelecimento similar, por período de tempo superior a 30 dias e durante o tempo em que os custos corram por conta da entidade responsável.

DIVISÃO III – Prestações por morte

Artigo 56º – Modo de fixação da pensão

1. A pensão por morte é fixada em montante anual.

2. A pensão por morte, incluindo a devida a nascituro, vence-se a partir do dia seguinte ao do falecimento do sinistrado e cumula-se com quaisquer outras.

Artigo 57º – Titulares do direito à pensão por morte

1. Em caso de morte, a pensão é devida aos seguintes familiares e equiparados do sinistrado:

a) Cônjuge ou pessoa que com ele vivia em união de facto;

b) Ex-cônjuge ou cônjuge judicialmente separado à data da morte do sinistrado e com direito a alimentos;

c) Filhos, ainda que nascituros, e os adoptados, à data da morte do sinistrado, se estiverem nas condições previstas no nº 1 do artigo 60º;

d) Ascendentes que, à data da morte do sinistrado, se encontrem nas condições previstas na alínea *d*) do nº 1 do artigo 49º;

e) Outros parentes sucessíveis que, à data da morte do sinistrado, com ele vivam em comunhão de mesa e habitação e se encontrem nas condições previstas no nº 1 do artigo 60º

2. Para efeitos de reconhecimento do direito, é equiparado a filho o enteado do sinistrado desde que este estivesse obrigado à prestação de alimentos.

3. É considerada pessoa que vivia em união de facto a que preencha os requisitos do artigo 2020º do Código Civil.

4. A pedido da entidade responsável, os familiares e equiparados referidos no nº 1 devem fazer prova anual da manutenção dos requisitos que lhes conferem o direito à pensão, nos termos e para os efeitos previstos no nº 4 do artigo 49º

Artigo 58º – Situações de nulidade, anulabilidade, indignidade e deserdação

1. Em caso de casamento declarado nulo ou anulado, tem direito às prestações por morte a pessoa que tenha celebrado o casamento de boa fé com o sinistrado e, à data da sua morte, receba pensão de alimentos decretada ou homologada judicialmente, ou quando esta não lhe tiver sido atribuída pelo tribunal por falta de capacidade económica do falecido para a prestar.

2. Não tem direito às prestações por morte a pessoa que careça de capacidade sucessória por motivo de indignidade, salvo se tiver sido reabilitada pelo sinistrado, ou de deserdação.

Artigo 59º – Pensão ao cônjuge, ex-cônjuge e pessoa que vivia em união de facto com o sinistrado

1. Se do acidente resultar a morte do sinistrado, a pensão é a seguinte:

a) Ao cônjuge ou a pessoa que com ele vivia em união de facto – 30% da retribuição do sinistrado até perfazer a idade de reforma por velhice e 40% a partir daquela idade ou da verificação de deficiência ou doença crónica que afecte sensivelmente a sua capacidade para o trabalho;

b) Ao ex-cônjuge ou cônjuge judicialmente separado e com direito a alimentos – a pensão estabelecida na alínea anterior e nos mesmos termos, até ao limite do montante dos alimentos fixados judicialmente.

2. Se por morte do sinistrado houver concorrência entre os beneficiários referidos no número anterior, a pensão é repartida na proporção dos respectivos direitos.

3. Qualquer das pessoas referidas no nº 1 que contraia casamento ou passe a viver em união de facto recebe, por uma só vez, o triplo do valor da pensão anual, excepto se já tiver ocorrido a remição total da pensão.

Artigo 60º – Pensão aos filhos

1. Se do acidente resultar a morte, têm direito à pensão os filhos que se encontrem nas seguintes condições:

a) Idade inferior a 18 anos;

b) Entre os 18 e os 22 anos, enquanto frequentarem o ensino secundário ou curso equiparado;

c) Entre os 18 e os 25 anos, enquanto frequentarem curso de nível superior ou equiparado;

d) Sem limite de idade, quando afectados por deficiência ou doença crónica que afecte sensivelmente a sua capacidade para o trabalho.

2. O montante da pensão dos filhos é o de 20% da retribuição do sinistrado se for apenas um, 40% se forem dois, 50% se forem três ou mais, recebendo o dobro destes montantes, até ao limite de 80% da retribuição do sinistrado, se forem órfãos de pai e mãe.

Artigo 61º – Pensão aos ascendentes e outros parentes sucessíveis

1. Se do acidente resultar a morte do sinistrado, o montante da pensão dos ascendentes e quaisquer parentes sucessíveis é, para cada, de 10% da retribuição do sinistrado, não podendo o total das pensões exceder 30% desta.

2. Na ausência de titulares referidos nas alíneas *a*) a *c*) do nº 1 do artigo 57º, os beneficiários referidos no número anterior recebem, cada um, 15% da retribuição do sinistrado, até perfazerem a idade de reforma por velhice, e 20% a partir desta idade ou no caso de deficiência ou doença crónica que afecte sensivelmente a sua capacidade para o trabalho.

3. O total das pensões previstas no número anterior não pode exceder 80% da retribuição do sinistrado, procedendo-se a rateio, se necessário.

Artigo 62º – Deficiência ou doença crónica do beneficiário legal

1. Para os fins previstos nos artigos 59º, 60º e 61º, considera-se com capacidade para o trabalho sensivelmente afectada o beneficiário legal do sinistrado que sofra de deficiência ou doença crónica que lhe reduza definitivamente a sua capacidade geral de ganho em mais de 75%.

2. Tem-se por definitiva a incapacidade de ganho mencionada no número anterior quando seja de presumir que a doença não terá evolução favorável nos três anos subsequentes à data do seu reconhecimento.

3. Surgindo dúvidas sobre a incapacidade referida nos números anteriores, esta é fixada pelo tribunal.

Artigo 63º – Ausência de beneficiários

Se não houver beneficiários com direito a pensão, reverte para o Fundo de Acidentes de Trabalho uma importância igual ao triplo da retribuição anual.

Artigo 64º – Acumulação e rateio da pensão por morte

1. As pensões por morte são cumuláveis, mas o seu total não pode exceder 80% da retribuição do sinistrado.

2. Se as pensões referidas nos artigos 59º a 61º excederem 80% da retribuição do sinistrado, são sujeitas a rateio, enquanto esse montante se mostrar excedido.

3. Se durante o período em que a pensão for devida aos filhos qualquer um deles ficar órfão de pai e mãe, a respectiva pensão é aumentada para o dobro, até ao limite máximo de 80% da retribuição do sinistrado.

4. As pensões dos filhos do sinistrado são, em cada mês, as correspondentes ao número dos que têm direito a pensão nesse mês.

DIVISÃO IV – Subsídios

Artigo 65º – Subsídio por morte

1. O subsídio por morte destina-se a compensar os encargos decorrentes do falecimento do sinistrado.

2. O subsídio por morte é igual a 12 vezes o valor de 1,1 IAS à data da morte, sendo atribuído:

a) Metade ao cônjuge, ex-cônjuge, cônjuge separado judicialmente ou à pessoa que com o sinistrado vivia em união de facto e metade aos filhos que tiverem direito a pensão;

b) Por inteiro ao cônjuge, ex-cônjuge, cônjuge separado judicialmente ou à pessoa que com o sinistrado vivia em união de facto ou aos filhos previstos na alínea anterior quando concorrerem isoladamente.

3. O subsídio a atribuir ao ex-cônjuge e ao cônjuge separado judicialmente depende de este ter direito a alimentos do sinistrado, não podendo exceder 12 vezes a pensão mensal que estiver a receber.

4. O subsídio por morte não é devido se o sinistrado não deixar beneficiários referidos no nº 2.

Artigo 66º – Subsídio por despesas de funeral

1. O subsídio por despesas de funeral destina-se a compensar as despesas efectuadas com o funeral do sinistrado.

2. O subsídio por despesas de funeral é igual ao montante das despesas efectuadas com o mesmo, com o limite de quatro vezes o valor de 1,1 IAS, aumentado para o dobro se houver trasladação.

3. O direito ao subsídio por despesas de funeral pode ser reconhecido a pessoas distintas dos familiares e equiparados do sinistrado.

4. Tem direito ao subsídio por despesas de funeral quem comprovadamente tiver efectuado o pagamento destas.

5. O prazo para requerer o subsídio por despesas de funeral é de um ano a partir da realização da respectiva despesa.

Artigo 67º – Subsídio por situações de elevada incapacidade permanente

1. O subsídio por situações de elevada incapacidade permanente destina-se a compensar o sinistrado, com incapacidade permanente absoluta ou incapacidade permanente parcial igual ou superior a 70%, pela perda ou elevada redução permanente da sua capacidade de trabalho ou de ganho resultante de acidente de trabalho.

2. A incapacidade permanente absoluta para todo e qualquer trabalho confere ao sinistrado o direito a um subsídio igual a 12 vezes o valor de 1,1 IAS.

3. A incapacidade permanente absoluta para o trabalho habitual confere ao beneficiário direito a um subsídio fixado entre 70% e 100% de 12 vezes o valor de 1,1 IAS, tendo em conta a capacidade funcional residual para o exercício de outra profissão compatível.

4. A incapacidade permanente parcial igual ou superior a 70% confere ao beneficiário o direito a um subsídio correspondente ao produto entre 12 vezes o valor de 1,1 IAS e o grau de incapacidade fixado.

5. O valor IAS previsto nos números anteriores corresponde ao que estiver em vigor à data do acidente.

6. Nos casos em que se verifique cumulação de incapacidades, serve de base à ponderação o grau de incapacidade global fixado nos termos legais.

Artigo 68º – Subsídio para readaptação de habitação

1. O subsídio para readaptação de habitação destina-se ao pagamento de despesas com a readaptação da habitação do sinistrado por incapacidade permanente para o trabalho que dela necessite, em função da sua incapacidade.

2. No caso previsto no número anterior, o sinistrado tem direito ao pagamento das despesas suportadas com a readaptação de habitação, até ao limite de 12 vezes o valor de 1,1 IAS à data do acidente.

Artigo 69º – Subsídio para frequência de acções no âmbito da reabilitação profissional

1. O subsídio para frequência de acções no âmbito da reabilitação profissional destina-se ao pagamento de despesas com acções que tenham por objectivo restabelecer as aptidões e capacidades profissionais do sinistrado sempre que a gravidade das lesões ou outras circunstâncias especiais o justifiquem.

2. A atribuição do subsídio para a frequência de acções no âmbito da reabilitação profissional depende de o sinistrado reunir, cumulativamente, as seguintes condições:

a) Ter capacidade remanescente adequada ao desempenho da profissão a que se referem as acções de reabilitação profissional;

b) Ter direito a indemnização ou pensão por incapacidade resultante do acidente de trabalho ou doença profissional;

c) Ter requerido a frequência de acção ou curso ou aceite proposta do Instituto do Emprego e Formação Profissional ou de outra instituição por este certificada;

d) Obter parecer favorável do perito médico responsável pela avaliação e determinação da incapacidade.

3. O montante do subsídio para a frequência de acções no âmbito da reabilitação profissional corresponde ao montante das despesas efectuadas com a frequência do mesmo, sem prejuízo, caso se trate de acção ou curso organizado por entidade diversa do Instituto do Emprego e Formação Profissional, do limite do valor mensal correspondente ao valor de 1,1 IAS.

4. O subsídio para frequência de acções no âmbito da reabilitação profissional é devido a partir da data do início efectivo da frequência das mesmas, não podendo a sua duração, seguida ou interpolada, ser superior a 36 meses, salvo em situações excepcionais devidamente fundamentadas.

DIVISÃO V – Revisão das prestações

Artigo 70º – Revisão

1. Quando se verifique uma modificação na capacidade de trabalho ou de ganho do sinistrado proveniente de agravamento, recidiva, recaída ou melhoria da lesão ou doença que deu origem à reparação, ou de intervenção clínica ou aplicação de ajudas técnicas e outros dispositivos técnicos de compensação das limitações funcionais ou ainda de reabilitação e reintegração profissional e readaptação ao trabalho, a prestação pode ser alterada ou extinta, de harmonia com a modificação verificada.

2. A revisão pode ser efectuada a requerimento do sinistrado ou do responsável pelo pagamento.

3. A revisão pode ser requerida uma vez em cada ano civil.

DIVISÃO VI – Cálculo e pagamento das prestações

Artigo 71º – Cálculo

1. A indemnização por incapacidade temporária e a pensão por morte e por incapacidade permanente, absoluta ou parcial, são calculadas com base na retribuição anual ilíquida normalmente devida ao sinistrado, à data do acidente.

2. Entende-se por retribuição mensal todas as prestações recebidas com carácter de regularidade que não se destinem a compensar o sinistrado por custos aleatórios.

3. Entende-se por retribuição anual o produto de 12 vezes a retribuição mensal acrescida dos subsídios de Natal e de férias e outras prestações anuais a que o sinistrado tenha direito com carácter de regularidade.

4. Se a retribuição correspondente ao dia do acidente for diferente da retribuição normal, esta é calculada pela média dos dias de trabalho e a respectiva retribuição auferida pelo sinistrado no período de um ano anterior ao acidente.

5. Na falta dos elementos indicados nos números anteriores, o cálculo faz-se segundo o prudente arbítrio do juiz, tendo em atenção a natureza dos serviços prestados, a categoria profissional do sinistrado e os usos.

6. A retribuição correspondente ao dia do acidente é paga pelo empregador.

7. Se o sinistrado for praticante, aprendiz ou estagiá-rio, ou nas demais situações que devam considerar-se de formação profissional, a indemnização é calculada com base na retribuição anual média ilíquida de um trabalhador da mesma empresa ou empresa similar e que exerça actividade correspondente à formação, aprendizagem ou estágio.

8. O disposto nos nºs 4 e 5 é aplicável ao trabalho não regular e ao trabalhador a tempo parcial vinculado a mais de um empregador.

9. O cálculo das prestações para trabalhadores a tempo parcial tem como base a retribuição que aufeririam se trabalhassem a tempo inteiro.

10. A ausência ao trabalho para efectuar quaisquer exames com o fim de caracterizar o acidente ou a doença, ou para o seu tratamento, ou ainda para a aquisição, substituição ou arranjo de ajudas técnicas e outros dispositivos técnicos de compensação das limitações funcionais, não determina perda de retribuição.

11. Em nenhum caso a retribuição pode ser inferior à que resulte da lei ou de instrumento de regulamentação colectiva de trabalho.

Artigo 72º – Pagamento da indemnização, da pensão e da prestação suplementar

1. A pensão anual por incapacidade permanente ou morte é paga, adiantada e mensalmente, até ao 3º dia de cada mês, correspondendo cada prestação a 1/14 da pensão anual.

2. Os subsídios de férias e de Natal, cada um no valor de 1/14 da pensão anual, são, respectivamente, pagos nos meses de Junho e Novembro.

3. A indemnização por incapacidade temporária é paga mensalmente.

4. O pagamento da prestação suplementar para assistência de terceira pessoa acompanha o pagamento mensal da pensão anual e dos subsídios de férias e de Natal.

5. Os interessados podem acordar que o pagamento seja efectuado com periodicidade diferente da indicada nos números anteriores.

Artigo 73º – Lugar do pagamento das prestações

1. O pagamento das prestações previstas na alínea *b*) do artigo 23º é efectuado no lugar da residência do sinistrado ou dos seus familiares se outro não for acordado.

2. Se o credor das prestações se ausentar para o estrangeiro, o pagamento é efectuado no local acordado, sem prejuízo do disposto em convenções internacionais ou acordos de reciprocidade.

Artigo 74º – Dedução do acréscimo de despesas

1. Quando seja acordado, a pedido do sinistrado ou do beneficiário legal, para o pagamento das prestações, lugar diferente do da residência daqueles, a entidade responsável pode deduzir no montante das mesmas o acréscimo das despesas daí resultantes.

2. O acordo sobre o lugar ou periodicidade do pagamento só é válido se revestir a forma escrita.

SECÇÃO VII - Remição de pensões

Artigo 75º - Condições de remição*

1. É obrigatoriamente remida a pensão anual vitalícia devida a sinistrado com incapacidade permanente parcial inferior a 30% e a pensão anual vitalícia devida a beneficiário legal desde que, em qualquer dos casos, o valor da pensão anual não seja superior a seis vezes o valor da retribuição mínima mensal garantida, em vigor no dia seguinte à data da alta ou da morte.

2. Pode ser parcialmente remida, a requerimento do sinistrado ou do beneficiário legal, a pensão anual vitalícia correspondente a incapacidade igual ou superior a 30% ou a pensão anual vitalícia de beneficiário legal desde que, cumulativamente, respeite os seguintes limites:

a) A pensão anual sobrante não pode ser inferior a seis vezes o valor da retribuição mínima mensal garantida em vigor à data da autorização da remição;

b) O capital da remição não pode ser superior ao que resultaria de uma pensão calculada com base numa incapacidade de 30%.

3. Em caso de acidente de trabalho sofrido por trabalhador estrangeiro, do qual resulte incapacidade permanente ou morte, a pensão anual vitalícia pode ser remida em capital, por acordo entre a entidade responsável e o beneficiário da pensão, se este optar por deixar definitivamente Portugal.

4. Exclui-se da aplicação do disposto nos números anteriores o beneficiário legal de pensão anual vitalícia que sofra de deficiência ou doença crónica que lhe reduza definitivamente a sua capacidade geral de ganho em mais de 75%.

5. No caso de o sinistrado sofrer vários acidentes, a pensão a remir é a global.

Artigo 76º - Cálculo do capital

1. A indemnização em capital é calculada por aplicação das bases técnicas do capital da remição, bem como das respectivas tabelas práticas.

2. As bases técnicas e as tabelas práticas referidas no número anterior são aprovadas por decreto-lei do Governo.

Artigo 77º - Direitos não afectados pela remição

A remição não prejudica:

a) O direito às prestações em espécie;

b) O direito de o sinistrado requerer a revisão da prestação;

c) Os direitos atribuídos aos beneficiários legais do sinistrado, se este vier a falecer em consequência do acidente;

d) A actualização da pensão remanescente no caso de remição parcial ou resultante de revisão de pensão.

* Declaração de Inconstitucionalidade
Pelo Acórdão do Tribunal Constitucional nº 172/2014, de 10-03, foi declarada a inconstitucionalidade, com força obrigatória geral, da norma contida no nº 2, na parte em que impede a remição parcial de pensões anuais vitalícias correspondentes a incapacidade inferior a 30%, não remíveis obrigatoriamente nos termos do nº 1 do mesmo preceito por serem de valor superior a seis vezes a retribuição mínima mensal garantida, em vigor no dia seguinte à data da alta, mesmo quando o sinistrado assim o requeira, por violação do artigo 13º, nº 1, da Constituição.

SECÇÃO VIII – Garantia de cumprimento

Artigo 78º – Inalienabilidade, impenhorabilidade, irrenunciabilidade dos créditos e garantias

Os créditos provenientes do direito à reparação estabelecida na presente lei são inalienáveis, impenhoráveis e irrenunciáveis e gozam das garantias consignadas no Código do Trabalho.

Artigo 79º – Sistema e unidade de seguro

1. O empregador é obrigado a transferir a responsabilidade pela reparação prevista na presente lei para entidades legalmente autorizadas a realizar este seguro.

2. A obrigação prevista no número anterior vale igualmente em relação ao empregador que contrate trabalhadores exclusivamente para prestar trabalho noutras empresas.

3. Verificando-se alguma das situações referidas no artigo 18º, a seguradora do responsável satisfaz o pagamento das prestações que seriam devidas caso não houvesse actuação culposa, sem prejuízo do direito de regresso.

4. Quando a retribuição declarada para efeito do prémio de seguro for inferior à real, a seguradora só é responsável em relação àquela retribuição, que não pode ser inferior à retribuição mínima mensal garantida.

5. No caso previsto no número anterior, o empregador responde pela diferença relativa às indemnizações por incapacidade temporária e pensões devidas, bem como pelas despesas efectuadas com a hospitalização e assistência clínica, na respectiva proporção.

Artigo 80º – Dispensa de transferência de responsabilidade

As obrigações impostas pelo artigo anterior não abrangem a administração central, regional e local e as demais entidades, na medida em que os respectivos funcionários e agentes sejam abrangidos pelo regime de acidentes em serviço ou outro regime legal com o mesmo âmbito.

Artigo 81º – Apólice uniforme

1. A apólice uniforme do seguro de acidentes de trabalho adequada às diferentes profissões e actividades, de harmonia com os princípios estabelecidos na presente lei e respectiva legislação regulamentar, é aprovada por portaria conjunta dos ministros responsáveis pelas áreas das finanças e laboral, sob proposta do Instituto de Seguros de Portugal, ouvidas as associações representativas das empresas de seguros e mediante parecer prévio do Conselho Económico e Social.

2. A apólice uniforme obedece ao princípio da graduação dos prémios de seguro em função do grau de risco do acidente, tidas em conta a natureza da actividade e as condições de prevenção implantadas nos locais de trabalho.

3. Deve ser prevista na apólice uniforme a revisão do valor do prémio, por iniciativa da seguradora ou a pedido do empregador, com base na modificação efectiva das condições de prevenção de acidentes nos locais de trabalho.

4. São nulas as cláusulas adicionais que contrariem os direitos ou garantias estabelecidos na apólice uniforme prevista neste artigo.

Artigo 82º – Garantia e actualização de pensões*

1. A garantia do pagamento das pensões estabelecidas na presente lei que não possam ser pagas pela entidade responsável, nomeadamente por motivo de incapacidade económica, é assumida e suportada pelo Fundo de Acidentes de Trabalho, nos termos regulamentados em legislação especial.

2. São igualmente da responsabilidade do Fundo referido no número anterior as actualizações do valor das pensões devidas por incapacidade permanente igual ou superior a 30% ou por morte e outras responsabilidades nos termos regulamentados em legislação especial.

3. O Fundo referido nos números anteriores constitui-se credor da entidade economicamente incapaz, ou da respectiva massa falida, cabendo aos seus créditos, caso a entidade incapaz seja uma empresa de seguros, graduação idêntica à dos credores específicos de seguros.

4. Se no âmbito de um processo de recuperação de empresa esta se encontrar impossibilitada de pagar os prémios dos seguros de acidentes de trabalho dos respectivos trabalhadores, o gestor da empresa deve comunicar tal impossibilidade ao Fundo referido nos números anteriores 60 dias antes do vencimento do contrato, por forma a que o Fundo, querendo, possa substituir-se à empresa nesse pagamento, sendo neste caso aplicável o disposto no nº 3.

Artigo 83º – Riscos recusados

1. O Instituto de Seguros de Portugal estabelece por norma regulamentar as disposições relativas à colocação dos riscos recusados pelas seguradoras.

2. O Instituto de Seguros de Portugal pode ressegurar e retroceder os riscos recusados.

3. Relativamente aos riscos recusados, o Instituto de Seguros de Portugal pode requerer, às entidades competentes, certificados de conformidade com as regras de segurança em vigor.

Artigo 84º – Obrigação de caucionamento

1. O empregador é obrigado a caucionar o pagamento de pensões por acidente de trabalho em que tenha sido condenado, ou a que se tenha obrigado por acordo homologado, quando não haja ou seja insuficiente o seguro, salvo se celebrar com uma seguradora um contrato específico de seguro de pensões.

2. A caução pode ser feita por depósito de numerário, títulos da dívida pública, afectação ou hipoteca de imóveis ou garantia bancária.

3. O caucionamento é feito à ordem do juiz do tribunal do trabalho respectivo, ou a seu favor, no prazo que ele designar.

* Declaração de Inconstitucionalidade

Pelo Acórdão do Tribunal Constitucional nº 173/2014, de 12-03, foi declarada a inconstitucionalidade, com força obrigatória geral, da norma contida no nº 2, em articulação com o disposto no artigo 1º, nº 1, alínea *c)*, subalínea *i)*, do Decreto-Lei nº 142/99, de 30 de abril, na parte em que impede a atualização de pensões por incapacidades inferiores a 30%, não remíveis obrigatoriamente nos termos do artigo 75º, nº 1, por serem superiores a seis vezes a retribuição mínima mensal garantida, em vigor no dia seguinte à data da alta, por violação dos artigos 13º, nº 1, e 59º, nº 1, alínea *f)*, ambos da Constituição.

4. Os títulos da dívida pública são avaliados, para efeitos de caucionamento, pela última cotação na bolsa e os imóveis e empréstimos hipotecários pelo valor matricial corrigido dos respectivos prédios, competindo ao Ministério Público apreciar e dar parecer sobre a idoneidade do caucionamento.

5. Os imóveis sujeitos a este risco são obrigatoriamente seguros contra incêndio.

6. O caucionamento deve ser reforçado sempre que se verifique que é insuficiente, aplicando-se, com as devidas adaptações, o disposto nos números anteriores.

7. Verificado o incumprimento, que se prolongue por período superior a 15 dias, deve o pagamento das pensões em dívida iniciar-se pelas importâncias caucionadas, sem necessidade de execução.

Artigo 85º – Instituto de Seguros de Portugal

1. Compete ao Instituto de Seguros de Portugal determinar o valor do caucionamento das pensões, quando não exista ou seja insuficiente o seguro das responsabilidades do empregador.

2. Compete igualmente ao Instituto de Seguros de Portugal dar parecer sobre a transferência de responsabilidade das pensões por acidentes de trabalho para as seguradoras.

3. Os valores de caucionamento das pensões são calculados de acordo com as tabelas práticas a que se refere o artigo 76º, acrescidas de 10%.

SECÇÃO IX – Participação de acidente de trabalho

Artigo 86º – Sinistrado e beneficiários legais

1. O sinistrado ou os beneficiários legais, em caso de morte, devem participar o acidente de trabalho, verbalmente ou por escrito, nas 48 horas seguintes, ao empregador, salvo se este o tiver presenciado ou dele vier a ter conhecimento no mesmo período.

2. Se o estado do sinistrado ou outra circunstância, devidamente comprovada, não permitir o cumprimento do disposto no número anterior, o prazo neste fixado conta-se a partir da cessação do impedimento.

3. Se a lesão se revelar ou for reconhecida em data posterior à do acidente, o prazo conta-se a partir da data da revelação ou do reconhecimento.

4. Quando o sinistrado não participar o acidente tempestivamente e por tal motivo tiver sido impossível ao empregador ou a quem o represente na direcção do trabalho prestar-lhe a assistência necessária, a incapacidade judicialmente reconhecida como consequência daquela falta não confere direito às prestações estabelecidas na lei, na medida em que dela tenha resultado.

Artigo 87º – Empregador com responsabilidade transferida

1. O empregador que tenha transferido a responsabilidade deve, sob pena de responder por perdas e danos, participar à seguradora a ocorrência do acidente, no prazo de vinte e quatro horas, a partir da data do conhecimento.

2. A participação deve ser remetida à seguradora por meio informático, nomeadamente em suporte digital ou correio electrónico, salvo o disposto no número seguinte.

3. No caso de microempresa, o empregador pode remeter a participação em suporte de papel.

Artigo 88º – Empregador sem responsabilidade transferida

1. O empregador cuja responsabilidade não esteja transferida deve participar o acidente ao tribunal competente, por escrito, independentemente de qualquer apreciação das condições legais da reparação.

2. O prazo para a participação é de oito dias a partir da data do acidente ou do seu conhecimento.

3. No caso de morte, o acidente é participado de imediato ao tribunal competente, por correio electrónico ou por telecópia, sem prejuízo do disposto nos números anteriores.

Artigo 89º – Trabalho a bordo

1. Sendo o sinistrado inscrito marítimo, a participação é feita ao órgão local do sistema de autoridade marítima do porto do território nacional onde o acidente ocorreu, sem prejuízo de outras notificações previstas em legislação especial.

2. Se o acidente ocorrer a bordo de navio português, no alto mar ou no estrangeiro, a participação é feita ao órgão local do sistema de autoridade marítima do primeiro porto nacional escalado após o acidente.

3. As participações previstas nos números anteriores devem ser efectuadas no prazo de dois dias a contar da data do acidente ou da chegada do navio e remetidas imediatamente ao tribunal competente pelo órgão local do sistema de autoridade marítima, se a responsabilidade não estiver transferida ou se do acidente tiver resultado a morte, e à seguradora nos restantes casos.

Artigo 90º – Seguradora

1. A seguradora participa ao tribunal competente, por escrito, no prazo de oito dias a contar da alta clínica, o acidente de que tenha resultado incapacidade permanente e, imediatamente após o seu conhecimento, por correio electrónico, telecópia ou outra via com o mesmo efeito de registo escrito de mensagens, o acidente de que tenha resultado a morte.

2. A participação por correio electrónico, telecópia ou outra via com o mesmo efeito de registo de mensagens não dispensa a participação formal, que deve ser feita no prazo de oito dias contados do falecimento ou do seu conhecimento.

3. A seguradora participa ainda ao tribunal competente, por escrito, no prazo de oito dias a contar da sua verificação, todos os casos de incapacidade temporária que, consecutiva ou conjuntamente, ultrapassem 12 meses.

Artigo 91º – Comunicação obrigatória em caso de morte

1. O director de estabelecimento hospitalar, assistencial ou prisional comunica de imediato ao tribunal competente e à entidade responsável, por telecópia ou outra via com o mesmo efeito de registo de mensagens, o falecimento, em consequência de acidente, de trabalhador ali internado.

2. Igual obrigação tem qualquer outra pessoa ou entidade a cujo cuidado o sinistrado estiver.

Artigo 92º – Faculdade de participação a tribunal

A participação do acidente ao tribunal competente pode ser feita:

a) Pelo sinistrado, directamente ou por interposta pessoa;

b) Pelo familiar ou equiparado do sinistrado;

c) Por qualquer entidade com direito a receber o valor de prestações;

d) Pela autoridade policial ou administrativa que tenha tomado conhecimento do acidente;

e) Pelo director do estabelecimento hospitalar, assistencial ou prisional onde o sinistrado esteja internado, tendo o acidente ocorrido ao serviço de outra entidade.

CAPÍTULO III – Doenças profissionais

SECÇÃO I – Protecção nas doenças profissionais

SUBSECÇÃO I – Protecção da eventualidade

Artigo 93º – Âmbito

1. A protecção da eventualidade de doenças profissionais integra-se no âmbito material do regime geral de segurança social dos trabalhadores vinculados por contrato de trabalho e dos trabalhadores independentes e dos que sendo apenas cobertos por algumas eventualidades efectuem descontos nas respectivas contribuições com vista a serem protegidos pelo regime das doenças profissionais.

2. Podem, ainda, ser abrangidos pelo regime previsto no presente capítulo os trabalhadores aos quais, sendo apenas cobertos por algumas eventualidades, a taxa contributiva que lhes é aplicável integre o custo da protecção nas doenças profissionais.

Artigo 94º – Lista das doenças profissionais

1. A elaboração e actualização da lista das doenças profissionais prevista no nº 2 do artigo 283º do Código do Trabalho é realizada por uma comissão nacional, cuja composição, competência e funcionamento são fixados em legislação especial.

2. A lesão corporal, a perturbação funcional ou a doença não incluídas na lista a que se refere o número anterior são indemnizáveis desde que se prove serem consequência necessária e directa da actividade exercida e não representem normal desgaste do organismo.

Artigo 95º – Direito à reparação

O direito à reparação emergente de doenças profissionais previstas no nº 1 do artigo anterior pressupõe que, cumulativamente, se verifiquem as seguintes condições:

a) Estar o trabalhador afectado pela correspondente doença profissional;

b) Ter estado o trabalhador exposto ao respectivo risco pela natureza da indústria, actividade ou condições, ambiente e técnicas do trabalho habitual.

Artigo 96º – Avaliação, graduação e reparação das doenças profissionais

A avaliação, graduação e reparação das doenças profissionais diagnosticadas é da exclusiva responsabilidade do serviço com competências na área da protecção contra os riscos profissionais.

Artigo 97º – Natureza da incapacidade

1. A doença profissional pode determinar incapacidade temporária ou permanente para o trabalho, nos termos definidos no artigo 19º

2. A incapacidade temporária de duração superior a 18 meses considera-se como permanente, devendo ser fixado o respectivo grau de incapacidade, salvo parecer clínico em contrário, não podendo, no entanto, aquela incapacidade ultrapassar os 30 meses.

3. O parecer clínico referido no número anterior pode propor a continuidade da incapacidade temporária ou a atribuição de pensão provisória.

Artigo 98º – Protecção da eventualidade

1. A protecção nas doenças profissionais é assegurada pelo desenvolvimento articulado e sistemático das actuações no campo da prevenção, pela atribuição de prestações pecuniárias e em espécie tendo em vista, em conjunto com as intervenções de reabilitação e reintegração profissional, a adaptação ao trabalho e a reparação dos danos emergentes da eventualidade.

2. As prestações em espécie revestem, com as devidas adaptações, as modalidades referidas no capítulo anterior, bem como as previstas no artigo seguinte.

3. As prestações pecuniárias revestem, com as devidas adaptações, as modalidades referidas no capítulo anterior.

Artigo 99º – Modalidades das prestações em espécie

Constituem ainda prestações em espécie o reembolso das despesas de deslocação, de alimentação e de alojamento indispensáveis à concretização das prestações previstas no artigo 25º, bem como quaisquer outras, seja qual for a forma que revistam, desde que necessárias e adequadas ao restabelecimento do estado de saúde e da capacidade de trabalho ou de ganho do trabalhador e à sua recuperação para a vida activa.

SUBSECÇÃO II – Titularidade dos direitos

Artigo 100º – Titulares do direito às prestações por doença profissional

1. O direito às prestações é reconhecido ao beneficiário que seja portador de doença profissional.

2. O direito às prestações por morte de beneficiário que seja portador de doença profissional é reconhecido aos familiares ou pessoas equiparadas, previstos no artigo 57º

Artigo 101º – Familiar a cargo

O conceito de familiar a cargo, para efeito de titularidade ou montante das prestações reguladas no presente capítulo, corresponde ao previsto no regime geral de segurança social para a protecção da eventualidade morte.

SECÇÃO II – Prestações

SUBSECÇÃO I – Prestações pecuniárias

Artigo 102º – Pensão e subsídios por morte e por despesas de funeral

1. Para efeitos de atribuição da pensão por morte, dos subsídios por morte e por despesas de funeral, considera-se o falecimento que decorra de doença profissional.

2. A atribuição das prestações referidas no número anterior, em caso de falecimento por causa natural do beneficiário portador de doença profissional, depende de os seus familiares ou terceiros não terem direito a prestações equivalentes concedidas por qualquer outro regime de protecção social obrigatório.

Artigo 103º – Prestações adicionais

Nos meses de Junho e Novembro de cada ano, os titulares de pensões têm direito a receber, além da prestação mensal que lhes corresponda, um montante adicional de igual valor.

SUBSECÇÃO II – Prestações em espécie

Artigo 104º – Prestações em espécie

1. As prestações em espécie são asseguradas, em regra, através de reembolsos das respectivas despesas, nos termos dos números seguintes.

2. Os reembolsos das despesas com cuidados de saúde destinam-se a compensar, na totalidade, os gastos efectuados pelo beneficiário com assistência médica, cirúrgica, de enfermagem, medicamentosa e farmacêutica, decorrentes de doença profissional.

3. Os reembolsos das despesas com deslocações destinam-se a compensar, nos termos prescritos, as despesas de deslocação efectuadas pelo beneficiário, resultantes de recurso a cuidados de saúde, a exames de avaliação de incapacidade e a serviços de reabilitação e reintegração profissional, bem como de frequência de cursos de formação profissional.

4. Os reembolsos das despesas com alojamento e alimentação destinam-se a compensar, nos termos prescritos, os gastos efectuados pelo beneficiário decorrentes do recurso a prestações em espécie que impliquem deslocação do local da residência.

SECÇÃO III – Condições de atribuição de prestação

SUBSECÇÃO I – Condições gerais

Artigo 105º – Condições relativas à doença profissional

1. Para efeitos da alínea *b*) do artigo 95º são tomadas em conta, na medida do necessário, as actividades susceptíveis de provocarem o risco em causa, exercidas nos termos da legislação de outro Estado, se tal estiver previsto em instrumento internacional de segurança social a que Portugal se encontre vinculado.

2. Se o interessado tiver estado exposto ao mesmo risco nos termos do regime geral e da legislação de outro Estado ao qual Portugal se encontre vinculado por instrumento internacional, as prestações são concedidas de acordo com o disposto neste instrumento.

Artigo 106º – Prazo de garantia

As prestações são atribuídas independentemente da verificação de qualquer prazo de garantia.

SUBSECÇÃO II – Condições especiais

Artigo 107º – Pensão provisória

1. A atribuição da pensão provisória por incapacidade permanente depende de parecer clínico, nos casos previstos pelos nºs 2 e 3 do artigo 97º

2. A atribuição da pensão provisória por morte depende ainda de não se considerar caracterizada a causa da morte, bem como de os respectivos interessados reunirem os condicionalismos legalmente previstos para o reconhecimento do respectivo direito e não se encontrarem em qualquer das seguintes situações:

a) Exercício de actividade profissional remunerada;

b) Pré-reforma;

c) Pensionista de qualquer sistema de protecção social.

3. Pode ser atribuído um montante provisório de pensão por incapacidade permanente ou morte sempre que, verificadas as condições determinantes do direito, por razões de ordem administrativa ou técnica, não imputáveis aos beneficiários, seja inviável a atribuição de pensão definitiva no prazo de três meses a partir da data de entrada do requerimento.

Artigo 108º – Subsídio para frequência de acções no âmbito da reabilitação profissional

A atribuição do subsídio para a frequência de acções no âmbito da reabilitação profissional depende de o beneficiário reunir, cumulativamente, os condicionalismos previstos nas alíneas *a*) e *b*) do nº 2 do artigo 69º, bem como os seguintes:

a) Ter requerido a frequência de acção ou curso ou aceite proposta do serviço com competências na área da protecção contra os riscos profissionais;

b) Obter parecer favorável dos serviços médicos responsáveis pela avaliação das incapacidades por doenças profissionais.

Artigo 109º – Prestações em espécie

1. O reembolso das despesas com prestações em espécie, previsto no artigo 104º, depende, conforme o caso:

a) De prova da impossibilidade de recurso aos serviços oficiais e de autorização do serviço com competências na área da protecção contra os riscos profissionais para acesso a serviços privados;

b) Da necessidade de deslocação e permanência fora do local habitual da residência do beneficiário;

c) De parecer de junta médica, quanto à necessidade de cuidados de saúde e da sua impossibilidade de tratamento no território nacional.

2. O reembolso, quando devido, deve ser efectuado pelo serviço com competência na área de protecção dos riscos profissionais, no prazo máximo de 30 dias a partir da data da entrega pelo beneficiário de documento comprovativo da despesa.

SECÇÃO IV – Montante da prestação

SUBSECÇÃO I – Determinação dos montantes

Artigo 110º – Disposição geral

1. O montante das prestações referidas nas alíneas *a*) a *c*) e *g*) do nº 1 do artigo 47º é determinado pela aplicação da percentagem legalmente fixada à retribuição de referência.

2. O montante das demais prestações referidas no nº 1 do artigo 47º é determinado em função das despesas realizadas ou por indexação a determinados valores.

Artigo 111º – Determinação da retribuição de referência

1. Na reparação de doença profissional, a retribuição de referência a considerar no cálculo das indemnizações e pensões corresponde à retribuição anual ilíquida devida ao beneficiário nos 12 meses anteriores à cessação da exposição ao risco, ou à data da certificação da doença que determine incapacidade, se esta a preceder.

2. No caso de trabalho não regular e trabalho a tempo parcial com vinculação a mais de um empregador, bem como nos demais casos em que não seja aplicável o nº 1, a retribuição de referência é calculada pela média dos dias de trabalho e correspondentes retribuições auferidas pelo beneficiário no período de um ano anterior à certificação da doença profissional, ou no período em que houve efectiva prestação de trabalho.

3. Na falta dos elementos referidos no número anterior, e tendo em atenção a natureza dos serviços prestados, a categoria profissional do beneficiário e os usos, a retribuição é definida pelo serviço com competências na área da protecção contra os riscos profissionais.

4. Para a determinação da retribuição de referência considera-se como:

a) Retribuição anual as 12 retribuições mensais ilíquidas acrescidas dos subsídios de Natal e de férias e outras retribuições anuais a que o trabalhador tenha direito com carácter de regularidade, nos 12 meses anteriores à cessação da exposição ao risco, ou à data da certificação da doença que determine incapacidade, se esta a preceder;

b) Retribuição diária a que se obtém pela divisão da retribuição anual pelo número de dias com registo de retribuições.

Artigo 112º – Retribuição convencional

Quando a base de incidência contributiva tiver em conta retribuição convencional, a retribuição de referência corresponde ao valor que serve de base à incidência contributiva, sem prejuízo do disposto no artigo anterior.

Artigo 113º – Retribuição de referência no caso de alteração de grau de incapacidade

1. No caso de o beneficiário, ao contrair uma doença profissional, estar já afectado de incapacidade permanente resultante de acidente de trabalho ou outra doença profissional, a reparação é apenas a correspondente à diferença entre a incapacidade anterior e a que for calculada como se toda a incapacidade fosse imputada à última doença profissional.

2. São tomadas em conta para efeitos do número anterior as incapacidades profissionais anteriores verificadas nos termos da legislação de outro Estado ao qual Portugal se encontre vinculado por instrumento internacional de segurança social.

3. Na reparação prevista nos termos do nº 1 é considerada a retribuição correspondente à última doença profissional, salvo se a anterior incapacidade igualmente decorrer de doença profissional e a correspondente prestação tiver por base retribuição superior, caso em que é esta a considerada.

4. Para efeitos de aplicação deste artigo e nos casos de incapacidade permanente absoluta para o trabalho habitual deve ser determinado um grau de incapacidade.

5. O disposto no nº 3 aplica-se também aos casos de revisão em que haja agravamento de incapacidade.

SUBSECÇÃO II - Prestações por incapacidade

DIVISÃO I - Indemnização por incapacidade temporária

Artigo 114º - Indemnização por pneumoconiose associada à tuberculose

1. O montante diário da indemnização por incapacidade temporária do beneficiário portador de pneumoconioses associadas à tuberculose é igual a 80% da retribuição de referência acrescida de 10% desta por cada pessoa a cargo, até ao limite da retribuição.

2. O disposto no número anterior é aplicável independentemente das datas de diagnóstico da pneumoconiose e da tuberculose.

3. Após a alta por tuberculose, o beneficiário é sujeito a exame médico para efeitos de determinação do grau de incapacidade por doença profissional.

DIVISÃO II - Prestações por incapacidade permanente

Artigo 115º - Pensão por incapacidade permanente absoluta para o trabalho habitual

Na incapacidade permanente absoluta para o trabalho habitual, o montante da pensão mensal é fixado entre 50% e 70% da retribuição de referência, conforme a maior ou menor capacidade funcional residual para o exercício de outra profissão compatível.

Artigo 116º - Bonificação da pensão por incapacidade permanente

1. A pensão por incapacidade permanente é bonificada em 20% do seu valor relativamente a pensionista que, cessando a sua actividade profissional, se encontre afectado por:

a) Pneumoconiose com grau de incapacidade permanente não inferior a 50%, e em que o coeficiente de desvalorização referido nos elementos radiográficos seja 10%, quando completar 50 anos de idade;

b) Doença profissional com um grau de incapacidade permanente não inferior a 70%, quando completar 50 anos de idade;

c) Doença profissional com um grau de incapacidade permanente não inferior a 80%, independentemente da sua idade.

2. O montante da pensão bonificada não pode exceder o valor da retribuição de referência que serve de base ao cálculo da pensão.

Artigo 117º - Subsídios por elevada incapacidade permanente e para readaptação de habitação

O valor a ter em conta para a atribuição dos subsídios por elevada incapacidade permanente e para a readaptação de habitação, previstos nos artigos 67º e 68º, é o que estiver em vigor à data da certificação da incapacidade.

SUBSECÇÃO III - Prestações por morte

DIVISÃO I - Pensão provisória

Artigo 118º - Pensão provisória por morte

1. O montante da pensão provisória por morte é igual ao que resulta da aplicação das percentagens de cálculo da pensão por morte ao valor definido no nº 1 do artigo 111º.

2. Atribuída a pensão definitiva, há lugar ao acerto de contas entre esta e o montante provisório de pensão.

DIVISÃO II - Subsídio por morte

Artigo 119º - Subsídio

1. Ao subsídio por morte, é aplicável o disposto no artigo 65º.

2. Na falta de qualquer dos titulares previstos no artigo 65º, o montante reverte para o fundo de assistência do serviço com competências na área da protecção contra os riscos profissionais.

SUBSECÇÃO IV - Montante das prestações comuns às pensões

Artigo 120º - Prestação suplementar da pensão para assistência a terceira pessoa

1. O montante da prestação prevista no artigo 54º corresponde ao valor da retribuição paga à pessoa que presta assistência, com o limite aí fixado.

2. Na falta de prova da retribuição, o montante da prestação corresponde ao valor estabelecido para prestação idêntica, no âmbito do regime geral e, no caso de haver vários, ao mais elevado.

Artigo 121º - Prestações adicionais

As prestações adicionais são de montante igual ao das pensões respeitantes aos meses de Junho e Novembro, respectivamente, incluindo o valor da prestação suplementar para assistência de terceira pessoa, quando a esta haja lugar.

Artigo 122º - Montante provisório de pensões

1. A pensão provisória mensal por incapacidade permanente e o montante provisório da mesma são iguais ao valor mensal da indemnização por incapacidade temporária absoluta que estava a ser atribuída ou seria atribuível.

2. Atribuída a pensão definitiva, há lugar ao acerto de contas entre esta e o montante provisório de pensão.

SUBSECÇÃO V – Montante das prestações em espécie

Artigo 123º – Reembolsos

1. Os reembolsos relativos às despesas de cuidados de saúde a que haja lugar correspondem à totalidade das mesmas.

2. Os reembolsos relativos às despesas de deslocação, alojamento e alimentação efectuados pelo beneficiário e seus acompanhantes que impliquem deslocação do local da residência são efectuados, mediante documento comprovativo, nos seguintes termos:

a) Pelo montante integral correspondente à utilização de transporte colectivo público ou o custo decorrente do recurso a outro meio de transporte, quando aquele não exista ou não seja adequado ao estado de saúde do beneficiário, desde que devidamente comprovado por declaração médica ou por outras razões ponderosas atendíveis;

b) Até ao limite do menor valor de ajudas de custo para os funcionários e agentes da Administração Pública, e nos respectivos termos.

3. O pagamento das despesas do acompanhante do beneficiário depende de o estado de saúde do beneficiário o exigir, devidamente comprovado por declaração médica.

SUBSECÇÃO VI – Garantia e actualização das pensões

Artigo 124º – Actualização

Os valores das pensões reguladas neste capítulo são periodicamente actualizados nos termos fixados no diploma de actualização das demais pensões do regime geral.

Artigo 125º – Garantia do pagamento

1. O pagamento das pensões por incapacidade permanente ou morte e das indemnizações por incapacidade temporária que não possam ser pagas pela entidade legalmente autorizada a não transferir a responsabilidade da cobertura do risco por motivo de incapacidade económica objectivamente caracterizada em processo de insolvência e recuperação de empresas ou por motivo de ausência, desaparecimento ou impossibilidade de identificação, é suportado pelo serviço com competências na área da protecção contra os riscos profissionais.

2. O serviço com competências na área da protecção contra os riscos profissionais fica constituído credor da entidade economicamente incapaz ou da respectiva massa insolvente, cabendo aos seus créditos, caso a entidade incapaz seja uma seguradora, graduação idêntica à dos credores específicos de seguros.

SECÇÃO V – Duração das prestações

SUBSECÇÃO I – Início das prestações

Artigo 126º – Início da indemnização por incapacidade temporária

1. A indemnização por incapacidade temporária absoluta é devida a partir do primeiro dia de incapacidade sem prestação de trabalho.

2. A indemnização por incapacidade temporária parcial é devida a partir da data da redução do trabalho e da correspondente certificação.

Artigo 127º – Início da pensão provisória

1. A pensão provisória é devida a partir do dia seguinte àquele em que deixou de haver lugar à indemnização por incapacidade temporária.

2. O montante provisório da pensão é devido a partir da data do requerimento, da participação obrigatória ou da morte do beneficiário, conforme o caso.

Artigo 128º – Pensão por incapacidade permanente

1. A pensão por incapacidade permanente é devida a partir da data a que se reporta a certificação da respectiva situação, não podendo ser anterior à data do requerimento ou da participação obrigatória, salvo se, comprovadamente, se confirmar que a doença se reporta a data anterior.

2. A pensão por incapacidade permanente é devida a partir do mês seguinte ao do requerimento, nos seguintes casos:

a) Na impossibilidade de a certificação médica reportar a incapacidade a essa data, caso em que a mesma se considera presumida;

b) Se o beneficiário não instruiu o processo com o respectivo requerimento para avaliação de incapacidade permanente por doença profissional no prazo de um ano a contar da data da comunicação do serviço com competências na área da protecção contra os riscos profissionais, para esse mesmo efeito.

3. No caso da alínea *a*) do número anterior, a incapacidade é considerada a partir da data da participação obrigatória, se anterior ao requerimento.

4. A pensão por incapacidade permanente absoluta para todo e qualquer trabalho sequencial à incapacidade temporária sem prestação de trabalho é devida a partir do 1º dia em relação ao qual a mesma é certificada, não podendo, contudo, ser anterior ao 1º dia de incapacidade temporária.

5. Tratando-se de pensão bonificada, a bonificação é devida a partir do mês seguinte ao da apresentação da documentação exigida para o efeito.

6. O subsídio por situações de elevada incapacidade permanente é devido a partir da data da fixação da incapacidade.

Artigo 129º – Pensão por morte

1. A pensão por morte é devida a partir do mês seguinte ao do falecimento do beneficiário no caso de ser requerida nos 12 meses imediatos ou a partir do mês seguinte ao do requerimento, em caso contrário.

2. A alteração dos montantes das pensões resultante da modificação do número de titulares tem lugar no mês seguinte ao da verificação do facto que a determinou.

Artigo 130º – Prestação suplementar para assistência a terceira pessoa
A prestação suplementar para assistência a terceira pessoa reporta-se à data do respectivo requerimento, se for feita prova de que o requerente já necessitava de assistência de terceira pessoa e dela dispunha ou, caso contrário, à data em que se verificar esse condicionalismo.

SUBSECÇÃO II – Suspensão das prestações

Artigo 131º – Suspensão da bonificação das pensões
A bonificação da pensão é suspensa enquanto o pensionista exercer actividade sujeita ao risco da doença ou doenças profissionais em relação às quais é pensionista.

SUBSECÇÃO III – Cessação das prestações

Artigo 132º – Cessação do direito à indemnização por incapacidade temporária
O direito à indemnização por incapacidade temporária cessa com a alta clínica do beneficiário ou com a certificação da incapacidade permanente.

Artigo 133º – Cessação da pensão provisória
1. A pensão provisória cessa na data da fixação definitiva da pensão ou da não verificação dos condicionalismos da atribuição desta prestação.
2. A não verificação dos condicionalismos de atribuição da pensão não dá lugar à restituição das pensões provisórias pagas.

Artigo 134º – Cessação do direito à pensão
1. O direito à pensão cessa nos termos gerais de cessação das correspondentes pensões do regime geral.
2. O direito à pensão por morte cessa, em especial, com:
a) O casamento ou a união de facto do cônjuge sobrevivo, do ex-cônjuge do beneficiário falecido ou da pessoa que vivia com o beneficiário em união de facto;
b) O trânsito em julgado de sentença de condenação do pensionista como autor, cúmplice ou encobridor do crime de homicídio voluntário, ainda que não consumado, na pessoa do beneficiário ou de outrem que concorra na respectiva pensão de sobrevivência, salvo se o ofendido o tiver reabilitado nos termos da lei civil;
c) A declaração judicial de indignidade do pensionista, salvo se o beneficiário o tiver reabilitado e no caso de deserdação por parte do beneficiário, salvo se o pensionista for reabilitado, mediante acção de impugnação da deserdação.

Artigo 135º – Remição

1. Pode ser remida, mediante requerimento do interessado ou por decisão judicial, a pensão devida por doença profissional sem carácter evolutivo, correspondente a incapacidade permanente parcial inferior a 30%.

2. Pode ser parcialmente remida, mediante requerimento ou por decisão judicial, a pensão devida por doença profissional sem carácter evolutivo, correspondente a incapacidade permanente parcial igual ou superior a 30%, desde que a pensão sobrante seja igual ou superior a 50% do valor de 1,1 IAS.

3. O capital de remição é calculado nos termos do disposto em legislação especial.

SECÇÃO VI – Acumulação e coordenação de prestações

Artigo 136º – Acumulação das prestações com rendimentos de trabalho

Não são acumuláveis com a retribuição resultante de actividade profissional as seguintes prestações:

a) A indemnização por incapacidade temporária absoluta;

b) A bonificação da pensão, caso se verifique a situação prevista no artigo 131º;

c) A pensão por incapacidade permanente absoluta para todo e qualquer trabalho e a pensão por incapacidade permanente absoluta para o trabalho habitual, desde que, quanto a esta, a retribuição decorra do exercício do mesmo trabalho ou actividade sujeita ao risco da doença profissional em relação à qual é pensionista.

Artigo 137º – Acumulação de pensão por doença profissional com outras pensões

A pensão por incapacidade permanente por doença profissional é acumulável com a pensão atribuída por invalidez ou velhice, no âmbito de regimes de protecção social obrigatória, sem prejuízo das regras de acumulação próprias destes regimes.

SECÇÃO VII – Certificação das incapacidades

Artigo 138º – Princípios gerais

1. A certificação das incapacidades abrange o diagnóstico da doença, a sua caracterização como doença profissional e a graduação da incapacidade, bem como, se for o caso, a declaração da necessidade de assistência permanente de terceira pessoa para efeitos de prestação suplementar.

2. A caracterização da doença profissional e graduação da incapacidade permanente pode ser revista pelo serviço com competências na área da protecção contra os riscos profissionais, oficiosamente ou a requerimento do beneficiário, independentemente da entidade que a tenha fixado.

3. A certificação e a revisão das incapacidades é da exclusiva responsabilidade do serviço com competências na área da protecção contra os riscos profissionais, sem prejuízo do diagnóstico presuntivo pelos médicos dos serviços de saúde, para efeitos da atribuição da indemnização por incapacidade temporária.

Artigo 139º – Equiparação da qualidade de pensionista

A qualidade de pensionista por doença profissional com grau de incapacidade permanente igual ou superior a 50% é equiparada à qualidade de pensionista por invalidez do regime geral.

SECÇÃO VIII – Administração

SUBSECÇÃO I – Gestão do regime

Artigo 140º – Aplicação do regime

1. A aplicação do regime previsto no presente capítulo compete aos serviços com competências na área da protecção contra os riscos profissionais.

2. As demais instituições de segurança social, no âmbito das respectivas funções, colaboram com o serviço com competências na área da protecção contra os riscos profissionais no desenvolvimento da competência prevista no número anterior.

Artigo 141º – Articulação entre instituições e serviços

1. O serviço com competências na área da protecção contra os riscos profissionais deve estabelecer normas de articulação adequadas com outros serviços, designadamente instituições de segurança social, serviços de saúde, emprego e formação profissional, relações laborais e tutela das várias áreas de actividade, tendo em vista assegurar a máxima eficiência e eficácia na prevenção e reparação das doenças profissionais.

2. As medidas de reconversão profissional e reabilitação que se mostrem convenientes podem ser asseguradas pelos serviços competentes de emprego e formação profissional, mediante a celebração de acordos de cooperação, nos termos e condições prescritos no capítulo IV.

Artigo 142º – Participação obrigatória

1. O médico participa ao serviço com competências na área da protecção contra os riscos profissionais todos os casos clínicos em que seja de presumir a existência de doença profissional.

2. O diagnóstico presuntivo de doença profissional pelos serviços a que se refere o nº 3 do artigo 138º e o eventual reconhecimento de incapacidade temporária por doença profissional não dispensam os médicos dos respectivos serviços da participação obrigatória prevista no presente artigo.

3. A participação deve ser remetida no prazo de oito dias a contar da data do diagnóstico ou de presunção da existência de doença profissional.

4. O modelo de participação referida neste artigo é aprovado por despacho conjunto dos ministros responsáveis pelas áreas laboral e da segurança social.

Artigo 143º - Comunicação obrigatória

1. O serviço com competências na área da protecção contra os riscos profissionais comunica os casos confirmados de doença profissional ao serviço competente em matéria de prevenção da segurança e saúde no trabalho e fiscalização das condições de trabalho, à Direcção-Geral da Saúde e ao empregador, bem como, consoante o local onde, presumivelmente, se tenha originado ou agravado a doença, aos serviços regionais de saúde e aos centros regionais de segurança social.

2. A comunicação a que se refere o número anterior deve ser antecipada, a fim de poder determinar as correspondentes medidas de prevenção, nos casos em que concorram indícios inequívocos de especial gravidade da situação laboral.

SUBSECÇÃO II - Organização dos processos

Artigo 144º - Requerimento das prestações

1. As prestações pecuniárias previstas no presente capítulo são objecto de requerimento, salvo no que se refere às prestações previstas nas alíneas *a*) e *i*) do nº 1 do artigo 47º

2. As prestações em espécie que dêem lugar a reembolso são igualmente requeridas.

3. Os requerimentos previstos nos números anteriores são dirigidos ao serviço com competências na área da protecção contra os riscos profissionais.

Artigo 145º - Requerentes

1. As prestações são requeridas pelo interessado ou seus representantes legais.

2. A prestação por morte a favor de menor ou incapaz pode ainda ser requerida pela pessoa que prove tê-lo a seu cargo ou que aguarde decisão judicial de suprimento da incapacidade.

Artigo 146º - Instrução do requerimento da pensão

1. A pensão por incapacidade permanente é requerida em modelo próprio, entregue no serviço com competências na área da protecção contra os riscos profissionais ou nos serviços competentes da segurança social.

2. O requerimento deve ser acompanhado de informação médica, designadamente dos serviços oficiais de saúde e do médico do serviço de medicina do trabalho do respectivo empregador.

3. No caso de impossibilidade de o requerente dispor dos elementos comprovativos, os exames médicos devem ser efectuados no serviço com competências na área da protecção contra os riscos profissionais ou requisitados por este à entidade competente.

Artigo 147º - Instrução do requerimento de pensão bonificada

A bonificação da pensão depende de requerimento do beneficiário instruído com declaração de cessação do exercício da actividade ou actividades profissionais determinantes da incapacidade permanente.

Artigo 148º – Instrução do requerimento das prestações por morte

1. As prestações por morte são atribuídas a requerimento do interessado ou dos seus representantes legais, o qual deve ser instruído com os documentos comprovativos dos factos condicionantes da sua atribuição.

2. No caso de união de facto, o requerimento da pensão deve ser instruído com certidão de sentença judicial proferida em acção de alimentos interposta contra a herança do falecido ou em acção declarativa contra a instituição de segurança social, da qual resulte o reconhecimento de que o requerente reúne as condições de facto legalmente exigidas para a atribuição dos alimentos.

Artigo 149º – Instrução do requerimento do subsídio por despesas de funeral

O requerimento do subsídio por despesas de funeral é instruído com documento comprovativo de o requerente ter efectuado o respectivo pagamento.

Artigo 150º – Requerimento da prestação suplementar de terceira pessoa

1. A prestação suplementar é requerida pelo beneficiário, sendo o processo instruído com os seguintes documentos:

a) Declaração do requerente da qual conste a existência da pessoa que presta ou se dispõe a prestar assistência, com especificação das condições em que a mesma é ou vai ser prestada;

b) Parecer dos serviços médicos do serviço com competências na área da protecção contra os riscos profissionais que ateste a situação de dependência.

2. O serviço com competências na área da protecção contra os riscos profissionais pode desencadear os procedimentos que julgue adequados à comprovação da veracidade da declaração referida na alínea *a*) do número anterior, directamente ou através de outras instituições.

Artigo 151º – Prazo de requerimento

1. O prazo para requerer o subsídio por despesas de funeral e as prestações em espécie, na forma de reembolso, é de um ano a partir da realização da respectiva despesa.

2. O prazo para requerer a pensão e o subsídio por morte é de cinco anos a partir da data do falecimento do beneficiário.

Artigo 152º – Contagem do prazo de prescrição

Para efeitos de prescrição do direito às prestações, a contagem do respectivo prazo inicia-se no dia seguinte àquele em que a prestação foi posta a pagamento, com conhecimento do credor.

Artigo 153º – Deveres

1. O titular de pensão bonificada que exerça actividade sujeita ao risco de doença ou doenças profissionais determinantes da sua situação de pensionista é obrigado a dar, do facto, conhecimento ao serviço com competências na área da protecção contra os riscos profissionais, no prazo de 10 dias subsequentes ao respectivo início.

2. O pensionista por morte que celebre casamento ou inicie união de facto é obrigado a dar conhecimento ao serviço com competências na área da protecção contra os riscos profissionais, nos 30 dias subsequentes à respectiva verificação.

3. Os familiares são obrigados a comunicar o óbito do beneficiário ao serviço com competência na área da protecção contra os riscos profissionais, no prazo de 60 dias, após a ocorrência.

CAPÍTULO IV – Reabilitação e reintegração profissional

SECÇÃO I – Âmbito

Artigo 154º – Âmbito

O presente capítulo regula o regime relativo à reabilitação e reintegração profissional de trabalhador sinistrado por acidente de trabalho ou afectado por doença profissional de que tenha resultado incapacidade temporária parcial, ou incapacidade permanente, parcial ou absoluta para o trabalho habitual.

SECÇÃO II – Reabilitação e reintegração profissional

Artigo 155º – Ocupação e reabilitação

1. O empregador é obrigado a ocupar o trabalhador que, ao seu serviço, ainda que a título de contrato a termo, sofreu acidente de trabalho ou contraiu doença profissional de que tenha resultado qualquer das incapacidades previstas no artigo anterior, em funções e condições de trabalho compatíveis com o respectivo estado, nos termos previstos na presente lei.

2. Ao trabalhador referido no número anterior é assegurada, pelo empregador, a formação profissional, a adaptação do posto de trabalho, o trabalho a tempo parcial e a licença para formação ou novo emprego, nos termos previstos na presente lei.

3. O Governo deve criar serviços de adaptação ou readaptação profissionais e de colocação, garantindo a coordenação entre esses serviços e os já existentes, quer do Estado, quer das instituições, quer dos empregadores e seguradoras, e utilizando esses serviços tanto quanto possível.

Artigo 156º – Ocupação obrigatória

1. A obrigação prevista no nº 1 do artigo anterior cessa se, injustificadamente, o trabalhador não se apresentar ao empregador no prazo de 10 dias após a comunicação da incapacidade fixada.

2. O empregador que não cumprir a obrigação de ocupação efectiva, e sem prejuízo de outras prestações devidas por lei ou por instrumento de regulamentação colectiva, tem de pagar ao trabalhador a retribuição prevista no nº 2 do artigo seguinte, salvo se, entretanto, o contrato tiver cessado nos termos legais.

Artigo 157º – Condições especiais de trabalho

1. O trabalhador com capacidade de trabalho reduzida resultante de acidente de trabalho ou de doença profissional, a quem o empregador, ao serviço do qual ocorreu o acidente ou a doença foi contraída, assegure ocupação em funções compatíveis, durante o período de incapacidade, tem direito a dispensa de horários de trabalho com adaptabilidade, de trabalho suplementar e de trabalho no período nocturno.

2. A retribuição devida ao trabalhador sinistrado por acidente de trabalho ou afectado por doença profissional ocupado em funções compatíveis tem por base a do dia do acidente, excepto se entretanto a retribuição da categoria correspondente tiver sido objecto de alteração, caso em que é esta a considerada.

3. A retribuição a que alude o número anterior nunca é inferior à devida pela capacidade restante.

4. O despedimento sem justa causa de trabalhador temporariamente incapacitado em resultado de acidente de trabalho ou de doença profissional confere àquele, sem prejuízo de outros direitos consagrados no Código do Trabalho, caso não opte pela reintegração, o direito a uma indemnização igual ao dobro da que lhe competiria por despedimento ilícito.

Artigo 158º – Trabalho a tempo parcial e licença para formação ou novo emprego

1. O trabalhador que exerça funções compatíveis de acordo com a sua incapacidade permanente, tem direito a trabalhar a tempo parcial e a licença para formação ou novo emprego, nos termos dos números seguintes.

2. Salvo acordo em contrário, o período normal de trabalho a tempo parcial corresponde a metade do praticado a tempo completo numa situação comparável, e é prestado diariamente, de manhã ou de tarde, ou em três dias por semana, conforme o pedido do trabalhador.

3. A licença para formação pode ser concedida para frequência de curso de formação ministrado sob responsabilidade de uma instituição de ensino ou de formação profissional ou no âmbito de programa específico aprovado por autoridade competente e executado sob o seu controlo pedagógico, ou para frequência de curso ministrado em estabelecimento de ensino.

4. A licença para novo emprego pode ser concedida a trabalhador que pretenda celebrar contrato de trabalho com outro empregador, por período corresponde à duração do período experimental.

5. A concessão da licença para formação ou novo emprego determina a suspensão do contrato de trabalho, com os efeitos previstos no nº 4 do artigo 317º do Código do Trabalho.

6. O trabalhador deve solicitar ao empregador a passagem à prestação de trabalho a tempo parcial ou a licença para formação ou novo emprego, com a antecedência de 30 dias relativamente ao seu início, por escrito e com as seguintes indicações:

a) No caso da prestação de trabalho a tempo parcial, o respectivo período de duração e a repartição semanal do período normal de trabalho pretendidos;

b) No caso de licença para formação, o curso que pretende frequentar e a sua duração;

c) No caso de licença para novo emprego, a duração do período experimental correspondente.

7. O empregador apenas pode recusar qualquer dos pedidos referidos no número anterior com fundamento em razões imperiosas e objectivas ligadas ao funcionamento da empresa ou serviço, ou à impossibilidade de substituir o trabalhador caso este seja indispensável.

Artigo 159º – Avaliação

1. Quando for considerado necessário o esclarecimento de dúvidas sobre as incapacidades referidas no artigo 154º ou sobre o emprego do trabalhador incapacitado em funções compatíveis com o seu estado, pode ser solicitado o parecer de peritos do serviço público competente na área do emprego e formação profissional.

2. Quando o empregador assegure a ocupação compatível com o estado do trabalhador, pode requerer ao serviço público competente na área do emprego e formação profissional a avaliação da situação do trabalhador, tendo em vista a adaptação do seu posto de trabalho e disponibilização de formação profissional adequada à ocupação e função a desempenhar.

3. O serviço público competente na área do emprego e formação profissional, através do centro de emprego da área geográfica do local de trabalho, procede à avaliação da situação do trabalhador e à promoção de eventuais adaptações necessárias à ocupação do respectivo posto de trabalho mediante a disponibilização de intervenções técnicas consideradas necessárias, recorrendo, nomea-damente, à sua rede de centros de recursos especializados.

4. Por acordo entre o empregador e o trabalhador pode, igualmente, ser requerida a avaliação a que se refere o nº 2, nos casos em que a ocupação compatível com o respectivo estado seja assegurada por um outro empregador.

Artigo 160º – Apoios técnicos e financeiros

1. Além do apoio técnico necessário para a adaptação do posto de trabalho às necessidades do trabalhador sinistrado ou afectado por doença profissional, o empregador que assegure ocupação compatível, nos termos referidos no nº 1 do artigo 155º e no nº 2 do artigo anterior, pode beneficiar do apoio técnico e financeiro concedido pelo serviço público competente na área do emprego e formação profissional a programas relativos à reabilitação profissional de pessoas com deficiência, desde que reúna os respectivos requisitos.

2. O empregador que promova a reabilitação profissional do trabalhador também pode beneficiar dos apoios técnicos e financeiros previstos no número anterior.

Artigo 161º – Impossibilidade de assegurar ocupação compatível

1. Quando o empregador declare a impossibilidade de assegurar ocupação e função compatível com o estado do trabalhador, a situação deve ser avaliada e confirmada pelo serviço público competente na área do emprego e formação profissional nos termos previstos no presente capítulo.

2. Se o serviço público competente na área do emprego e formação profissional concluir pela viabilidade da ocupação de um posto de trabalho na empresa ao serviço da qual ocorreu o acidente de trabalho ou foi contraída a doença profissional, o empregador deve colocar o trabalhador em ocupação e função compatíveis, sugerindo-lhe, se for caso disso, que solicite ao centro de emprego da área geográfica do local de trabalho os apoios previstos no artigo anterior.

3. Caso o serviço público competente na área do emprego e formação profissional conclua pela impossibilidade da ocupação de um posto de trabalho na empresa ao serviço da qual ocorreu o acidente de trabalho ou foi contraída a doença profissional, solicita a intervenção do centro de emprego da área geográfica da residência do trabalhador, no sentido de o apoiar a encontrar soluções alternativas com vista à sua reabilitação e reintegração profissional.

Artigo 162º – Plano de reintegração profissional

1. No âmbito do apoio preconizado nos nºs 1 e 2 do artigo 160º e nos nºs 2 e 3 do artigo anterior, o serviço público competente na área do emprego e formação profissional, através do centro de emprego competente e recorrendo à sua rede de centros de recursos especializados, define um plano de intervenção visando a reintegração profissional do trabalhador sinistrado ou afectado por doença profissional, equacionando os meios que devem ser disponibilizados.

2. O plano de intervenção a que se refere o número anterior é definido conjuntamente com o trabalhador e consensualizado com:

a) O empregador que assegurar ocupação e função compatível;

b) Os demais serviços intervenientes na concretização do plano, se for caso disso.

3. A intervenção do serviço público competente na área do emprego e formação profissional realiza-se a partir do momento em que o processo de reabilitação clínica permita o início do processo de reintegração profissional.

4. Sempre que o serviço público competente na área do emprego e formação profissional verifique, no âmbito da sua intervenção, que não possui respostas adequadas para a reintegração do trabalhador, pode propor o recurso a outras entidades com competência para o efeito.

5. O serviço público competente na área do emprego e formação profissional assegura o acompanhamento do processo de reintegração profissional.

Artigo 163º – Encargos com reintegração profissional

1. Os encargos com a reintegração profissional, no âmbito do disposto no nº 2 do artigo 155º, são assumidos pelo empregador nas situações em que o trabalhador se mantenha na empresa ao serviço da qual sofreu o acidente ou contraiu a doença profissional, sem prejuízo dos nºs 1 e 2 do artigo 161º

2. Os encargos com a reintegração profissional de trabalhadores a quem o empregador não tenha podido assegurar ocupação compatível são assumidos por este e pelo serviço público competente na área do emprego e formação profissional, no caso de acidente de trabalho, ou pelo empregador e pelo serviço com competências na área da protecção contra os riscos profissionais, no caso de doença profissional.

3. Os encargos assumidos pelo empregador, previstos no número anterior, são assegurados até valor igual ao dobro da indemnização que lhe competiria por despedimento ilícito.

4. Em situações excepcionais, devidamente fundamentadas e documentadas, o serviço público competente na área do emprego e formação profissional ou os serviços com competências na área da protecção contra os riscos profissionais, conforme se trate de acidente de trabalho ou de doença profissional, podem participar no financiamento de 50% dos encargos referidos nos números anteriores até ao valor limite correspondente:

a) A 12 vezes o valor de 1,1 IAS, na aquisição de bens;

b) Ao valor de 1,1 IAS, na aquisição de serviços de pagamento periódico.

5. Os encargos com a reintegração profissional são calculados com base em valor unitário por hora de intervenção, a estabelecer por acordo de cooperação entre o empregador ou os serviços com competências na área da protecção contra os riscos profissionais, conforme se trate de acidente de trabalho ou de doença profissional, e o serviço público competente na área do emprego e formação profissional.

6. Os encargos assumidos pelo empregador ou pelos serviços com competências na área da protecção contra os riscos profissionais, conforme se trate de acidente de trabalho ou de doença profissional, são assegurados, através de prestações em espécie, no âmbito do disposto na alínea *h*) do nº 1 do artigo 25º

7. As despesas de deslocação, alimentação e alojamento a que se refere o artigo 99º são pagas de acordo com o estabelecido no nº 2 do artigo 123º

8. Os encargos do empregador referidos no presente artigo, atinentes a sinistrados de acidentes de trabalho, enquadram-se no âmbito da responsabilidade transferida do empregador para a seguradora.

Artigo 164º – Acordos de cooperação

1. Os serviços com competências na área da protecção contra os riscos profissionais podem celebrar acordos de cooperação com o serviço público competente na área do emprego e formação profissional e outras entidades, públicas ou privadas, com vista à reintegração profissional dos trabalhadores afectados por doença profissional.

2. O serviço público competente na área do emprego e formação profissional pode celebrar acordos de cooperação com o empregador, a respectiva seguradora ou outras entidades, públicas ou privadas, com vista à reintegração profissional do sinistrado de acidente de trabalho.

3. Os acordos de cooperação devem conter, designadamente:
a) Descrição e finalidades da intervenção;
b) Tipologia das acções a desenvolver;
c) Meios técnicos, humanos e financeiros a disponibilizar;
d) Competências das entidades intervenientes;
e) Período de vigência.
4. Os acordos têm a duração máxima de dois anos, com possibilidade de renovação.
5. A execução do acordo é objecto de um relatório anual de avaliação, elaborado conjuntamente pelas entidades intervenientes.

SECÇÃO III – Garantia de ocupação e exercício de funções compatíveis com a capacidade do trabalhador

Artigo 165º – Competências

O serviço público competente na área do emprego e formação profissional, assegura:

a) A verificação da possibilidade de o empregador, ao serviço do qual ocorreu o acidente de trabalho ou foi contraída a doença, assegurar a ocupação e função compatíveis com a capacidade do trabalhador, nos termos dos artigos 155º e 156º;

b) A intermediação entre o trabalhador, o empregador e os serviços de emprego e de formação profissional;

c) O encaminhamento das situações decorrentes da reintegração do trabalhador no mesmo ou num novo posto de trabalho.

Artigo 166º – Procedimento

1. O serviço público competente na área do emprego e formação profissional, ouvidos os serviços competentes para a protecção contra os riscos profissionais e para a reabilitação e integração das pessoas com deficiência, aprecia a situação, elaborando parecer fundamentado e indicando se o empregador tem possibilidade de assegurar ocupação e função compatíveis com o estado do trabalhador.

2. O parecer referido no número anterior avalia também a possibilidade de o empregador assegurar o processo de reintegração profissional, designadamente, a formação profissional para adaptação ao posto de trabalho, por si ou em colaboração com entidades públicas ou privadas, indicando, quando for o caso, as entidades públicas com competência para intervir.

3. Quer o empregador quer o trabalhador podem indicar um representante de associação patronal ou sindical do sector, consoante os casos, para ser ouvido no âmbito do nº 1.

4. O parecer referido no nº 1 tem natureza vinculativa, sendo comunicado ao empregador e ao trabalhador no prazo máximo de 30 dias após a declaração referida no artigo 147º

CAPÍTULO V – Responsabilidade contra-ordenacional

SECÇÃO I – Regime geral

Artigo 167º – Regime geral

O regime geral previsto nos artigos 548º a 565º do Código do Trabalho aplica-se às infracções decorrentes da violação dos artigos previstos na presente lei.

Artigo 168º – Competência para o procedimento e aplicação das coimas

1. Sem prejuízo do disposto no número seguinte, o procedimento das contra-ordenações previstas nesta lei, bem como a aplicação das respectivas coimas, compete ao serviço com competência para a fiscalização das condições de trabalho.

2. O procedimento das contra-ordenações e a aplicação das correspondentes coimas competem ao Instituto de Seguros de Portugal, no caso de o agente da infracção ser uma entidade sujeita à sua supervisão.

Artigo 169º – Produto das coimas

1. O produto das coimas resultante de violação das normas de acidente de trabalho reverte em 60% para os cofres do Estado e em 40% para o Fundo de Acidentes de Trabalho.

2. Aplica-se o disposto no artigo 566º do Código do Trabalho ao produto das restantes coimas aplicadas.

Artigo 170º – Cumulação de responsabilidades

A responsabilidade contra-ordenacional não prejudica a eventual responsabilidade civil ou criminal.

SECÇÃO II – Contra-ordenações em especial

Artigo 171º – Acidente de trabalho

1. Constitui contra-ordenação muito grave a violação do disposto no artigo 26º e nos nºs 1 e 2 do artigo 79º

2. Constitui contra-ordenação grave:

a) A omissão ou insuficiências nas declarações quanto ao pessoal e às retribuições com vista ao não cumprimento do disposto no artigo 79º;

b) Fazer tratar ou internar um sinistrado sem declarar a situação deste, para efeitos de se eximir ao pagamento das respectivas despesas;

c) A prática dos actos referidos nos artigos 13º e 18º

3. Constitui ainda contra-ordenação grave, a infracção ao disposto no artigo 30º, nos nºs 3 e 4 do artigo 38º, no nº 1 do artigo 39º, no nº 1 do artigo 84º, nos artigos 87º a 90º e no artigo 177º

4. Constitui contra-ordenação leve a infracção ao disposto no nº 5 do artigo 35º

Artigo 172º – Doença profissional

Constitui contra-ordenação grave o incumprimento dos deveres previstos no nº 3 do artigo 142º e no artigo 153º, as falsas declarações e a utilização de qualquer outro meio de que resulte concessão indevida de prestações ou do respectivo montante.

Artigo 173º – Ocupação compatível

Constitui contra-ordenação grave a violação do disposto no nº 1 do artigo 155º, no nº 1 do artigo 156º e no nº 1 do artigo 158º

CAPÍTULO VI – Disposições finais

Artigo 174º – Modelos oficiais e apólices uniformes

A entrada em vigor da presente lei não prejudica a validade de:

a) Modelos de declarações, participações e mapas anteriormente existentes;

b) Apólices uniformes anteriormente em vigor.

Artigo 175º – Formulários obrigatórios

1. As participações, os boletins de exame e alta e os outros formulários referidos nesta lei, que podem ser impressos por meios informáticos, obedecem aos modelos aprovados oficialmente.

2. O não cumprimento do disposto no número anterior equivale à falta de tais documentos, podendo ainda o tribunal ordenar a sua substituição.

3. Os centros de saúde remetem aos serviços competentes da segurança social os certificados de incapacidade temporária (CIT), por via electrónica, nos termos a definir em portaria conjunta dos membros do Governo responsáveis pelas áreas da segurança social e da saúde, deixando a sua entrega de ser exigível aos utentes.

Artigo 176º – Isenções

1. Está isento de emolumentos, custas e taxas todo o documento necessário ao cumprimento das normas relativas aos acidentes de trabalho e doenças profissionais, independentemente da respectiva natureza e da repartição por onde haja passado ou haja de transitar para a sua legalização, salvo o disposto no Regulamento Emolumentar dos Registos e do Notariado.

2. As isenções compreendidas no número anterior não abrangem a constituição de mandatário judicial.

Artigo 177º – Afixação e informação obrigatórias

1. A empresa deve afixar, nos respectivos estabelecimentos e em lugar bem visível, as disposições do Código do Trabalho e da presente lei referentes aos direitos e obrigações do sinistrado e dos responsáveis.

2. Os recibos de retribuição devem identificar a seguradora para a qual o risco se encontra transferido à data da sua emissão.

Artigo 178º – Estatísticas

Sem prejuízo do regime previsto para a informação estatística sobre acidentes de trabalho e doenças profissionais, o Instituto de Seguros de Portugal pode estabelecer estatísticas específicas destinadas ao controlo e supervisão dos riscos profissionais.

Artigo 179º – Caducidade e prescrição

1. O direito de acção respeitante às prestações fixadas na presente lei caduca no prazo de um ano a contar da data da alta clínica formalmente comunicada ao sinistrado ou, se do evento resultar a morte, a contar desta.

2. As prestações estabelecidas por decisão judicial ou pelo serviço com competências na área da protecção contra os riscos profissionais, prescrevem no prazo de cinco anos a partir da data do seu vencimento.

3. O prazo de prescrição não começa a correr enquanto os beneficiários não tiverem conhecimento pessoal da fixação das prestações.

Artigo 180º – Contagem de prazos

Os prazos fixados para as normas relativas aos acidentes de trabalho contam-se nos termos previstos no Código de Processo Civil e os previstos para as doenças profissionais são contados nos termos do Código do Procedimento Administrativo.

Artigo 181º – Norma remissiva

As remissões de normas contidas em diplomas legislativos para a legislação revogada com a entrada em vigor da presente lei consideram-se referidas às disposições correspondentes do Código do Trabalho e da presente lei.

Artigo 182º – Cartão de pensionista

O modelo do cartão para uso dos pensionistas do serviço com competências na área da protecção contra os riscos profissionais é aprovado por portaria do membro do Governo responsável pelas áreas laboral e da segurança social.

Artigo 183º – Actualização das pensões unificadas

As pensões unificadas atribuídas ao abrigo da Portaria nº 642/83, de 1 de Junho, são actualizadas no diploma que proceda à actualização das demais pensões do regime geral de segurança social.

Artigo 184º – Trabalhadores independentes

A regulamentação relativa ao regime do seguro obrigatório de acidentes de trabalho dos trabalhadores independentes consta de diploma próprio.

Artigo 185º – Regiões Autónomas

Na aplicação da presente lei às Regiões Autónomas são tidas em conta as competências legais atribuídas aos respectivos órgãos e serviços regionais.

Artigo 186º – Norma revogatória

Sem prejuízo do disposto no artigo seguinte, com a entrada em vigor da presente lei são revogados os seguintes diplomas:

a) Lei nº 100/97, de 13 de Setembro (aprova o novo regime jurídico dos acidentes de trabalho e das doenças profissionais);

b) Decreto-Lei nº 143/99, de 30 de Abril (regulamenta a Lei nº 100/97, de 13 de Setembro, no que respeita à reparação de danos emergentes de acidentes de trabalho);

c) Decreto-Lei nº 248/99, de 2 de Julho (procede à reformulação e aperfeiçoamento global da regulamentação das doenças profissionais em conformidade com o novo regime jurídico aprovado pela Lei nº 100/97, de 13 de Setembro, e no desenvolvimento do regime previsto na Lei nº 28/84, de 14 de Agosto).

Artigo 187º – Norma de aplicação no tempo

1. O disposto no capítulo II aplica-se a acidentes de trabalho ocorridos após a entrada em vigor da presente lei.

2. O disposto no capítulo III aplica-se a doenças profissionais cujo diagnóstico final seja posterior à entrada em vigor da presente lei, bem como a alteração da graduação de incapacidade relativamente a doença profissional já diagnosticada.

Artigo 188º – Entrada em vigor

Sem prejuízo do referido no artigo anterior, a presente lei entra em vigor no dia 1 de Janeiro de 2010.

Aprovada em 23 de Julho de 2009.

O Presidente da Assembleia da República, *Jaime Gama.*

Promulgada em 26 de Agosto de 2009.

Publique-se.

O Presidente da República, ANÍBAL CAVACO SILVA.

Referendada em 26 de Agosto de 2009.

O Primeiro-Ministro, *José Sócrates Carvalho Pinto de Sousa.*

Conselhos de Empresa Europeus

Lei nº 96/2009, de 3 de setembro

A Assembleia da República decreta, nos termos da alínea *c*) do artigo 161º da Constituição, o seguinte:

CAPÍTULO I – Disposições gerais

Artigo 1º – Objecto e âmbito

1. A presente lei transpõe para a ordem jurídica interna a Directiva nº 2009/38/ /CE, do Parlamento Europeu e do Conselho, de 6 de Maio, relativa à instituição de um conselho de empresa europeu ou de um procedimento de informação e consulta dos trabalhadores nas empresas ou grupos de empresas de dimensão comunitária.

2. A presente lei tem em conta que a regulamentação comunitária relativa à instituição de um conselho de empresa europeu ou de um procedimento de informação e consulta dos trabalhadores nas empresas ou grupos de empresas de dimensão comunitária se aplica no Espaço Económico Europeu.

3. Para o exercício do direito de informação e consulta, os trabalhadores de empresa ou de grupo de empresas de dimensão comunitária podem instituir um conselho de empresa europeu ou um procedimento de informação e consulta que abranja todos os estabelecimentos da empresa de dimensão comunitária ou todas as empresas do grupo que se situem em Estados membros, ainda que a sede principal e efectiva da administração esteja situada noutro Estado, sem prejuízo de âmbito mais amplo estabelecido pelo acordo que o institua.

4. O conselho de empresa europeu ou o procedimento de informação e consulta instituído num grupo de empresas de dimensão comunitária abrange as empresas ou os grupos de empresas de dimensão comunitária que constituem esse grupo, salvo disposição em contrário no acordo que o institua.

Artigo 2º – Conceitos

Para efeitos da presente lei entende-se por:

a) «Administração» a direcção da empresa de dimensão comunitária ou a direcção da empresa que exerce o controlo do grupo de empresas de dimensão comunitária;

b) «Consulta» a troca de opiniões entre os representantes dos trabalhadores e a administração ou outro nível de representação adequado, em momento, de forma e com conteúdo que permitam àqueles manifestar uma opinião sobre as medidas a que a consulta se refere, num prazo razoável;

c) «Empresa de dimensão comunitária» a que emprega, pelo menos, 1000 trabalhadores nos Estados membros e 150 trabalhadores em cada um de dois Estados membros;

d) «Estado membro» o Estado membro da União Europeia ou abrangido pelo acordo sobre o Espaço Económico Europeu;

e) «Grupo de empresas de dimensão comunitária» o grupo formado por empresa que exerce o controlo e uma ou mais empresas controladas, que emprega, pelo menos, 1000 trabalhadores nos Estados membros e tem duas empresas em dois Estados membros com um mínimo de 150 trabalhadores cada;

f) «Informação» a transmissão de dados por parte da administração ou outro nível de representação adequado aos representantes dos trabalhadores, em momento, de forma e com conteúdo que lhes permitam conhecer e avaliar as incidências da questão em causa e preparar consulta sobre o mesmo;

g) «Questão transnacional» a relativa a toda a empresa ou ao grupo de empresas de dimensão comunitária ou, pelo menos, a duas empresas ou estabelecimentos da empresa ou do grupo de empresas situados em dois Estados membros diferentes.

Artigo 3º – Empresa que exerce o controlo

1. A empresa com sede em território nacional pertencente a grupo de empresas de dimensão comunitária exerce o controlo do grupo caso tenha sobre uma ou mais empresas influência dominante que resulte, nomeadamente, da titularidade do capital social ou das disposições que as regem.

2. Presume-se que a empresa tem influência dominante sobre outra quando, directa ou indirectamente:

a) Possa designar mais de metade dos membros do órgão de administração ou de fiscalização;

b) Disponha de mais de metade dos votos na assembleia geral;

c) Tenha a maioria do capital social.

3. Para efeito do número anterior, os direitos da empresa dominante compreendem os de qualquer empresa controlada ou de pessoa que actue em nome próprio, mas por conta da empresa que exerce o controlo ou de qualquer empresa controlada, não se considerando para tal a pessoa mandatada para exercer funções nos termos do processo de insolvência.

4. Se duas ou mais empresas satisfizerem os critérios referidos no nº 2, estes são aplicáveis segundo a respectiva ordem de precedência.

5. A sociedade abrangida pela alínea *a*) ou *c*) do nº 5 do artigo 3º do Regulamento (CE) nº 139/2004, do Conselho, de 20 de Janeiro, relativo ao controlo da concentração de empresas, não se considera que controla a empresa de que tenha participações.

6. Caso a empresa que controla um grupo de empresas tenha sede em Estado não membro, considera-se que uma empresa do grupo situada em território nacional exerce o controlo quando representa, para o efeito, a empresa que controla o grupo ou, não havendo representante desta, quando emprega o maior número de trabalhadores entre as empresas do grupo situadas em Estados membros.

CAPÍTULO II – Disposições e acordos transnacionais

SECÇÃO I – Âmbito

Artigo 4º – Aplicação transnacional de regime legal ou convencional

1. O regime do presente capítulo é aplicável a empresa ou grupo de empresas de dimensão comunitária cuja sede principal e efectiva da administração se situa em território nacional, incluindo os respectivos estabelecimentos ou empresas situados noutros Estados membros.

2. Caso a sede principal e efectiva da administração da empresa ou grupo de empresas não se situe em território nacional, o regime do presente capítulo é ainda aplicável desde que:

a) Exista em território nacional um representante da administração;

b) Não haja um representante da administração em qualquer Estado membro e esteja situada em território nacional a direcção do estabelecimento ou da empresa do grupo que empregue o maior número de trabalhadores num Estado membro.

3. O acordo celebrado entre a administração e o grupo especial de negociação, ao abrigo da legislação de outro Estado membro em cujo território se situa a sede principal e efectiva da administração da empresa ou do grupo, bem como o regime que nessa legislação é subsidiariamente aplicável à instituição de conselho de empresa europeu obrigam os estabelecimentos ou empresas situados em território nacional e os respectivos trabalhadores.

SECÇÃO II – Procedimento de negociação

Artigo 5º – Iniciativa da negociação

1. A administração promove negociações para instituição do conselho de empresa europeu ou procedimento de informação e consulta, por sua iniciativa ou a pedido por escrito de 100 ou mais trabalhadores afectos a, pelo menos, dois estabelecimentos de empresa de dimensão comunitária ou duas empresas do grupo, desde que situados em Estados membros diferentes, ou dos seus representantes.

2. A administração pode manifestar a vontade de negociar mediante comunicação aos trabalhadores da empresa ou do grupo.

3. Os trabalhadores ou os seus representantes podem comunicar a vontade de iniciar a negociação à administração ou às direcções dos estabelecimentos ou empresas a que estejam afectos, as quais, neste último caso, a transmitem àquela.

4. Constitui contra-ordenação grave a violação do disposto na parte final do número anterior.

Artigo 6º – Grupo especial de negociação

1. Na negociação a que se refere o artigo anterior, os trabalhadores da empresa ou grupo de empresas de dimensão comunitária são representados por um grupo especial de negociação formado por membros que correspondem aos trabalhadores empregados em cada Estado membro, cabendo a cada Estado um lugar por cada fracção de trabalhadores empregados nesse Estado membro correspondente a 10%, ou uma fracção dessa percentagem, dos trabalhadores empregados em todos eles.

2. O grupo especial de negociação deve comunicar a sua composição às competentes organizações europeias de trabalhadores e empregadores, bem como à administração, a qual informa as direcções dos estabelecimentos da empresa ou das empresas do grupo.

3. Se, durante as negociações, houver alteração da estrutura da empresa ou do grupo ou do número de trabalhadores dos estabelecimentos ou das empresas com relevância para a aplicação do número anterior, a composição do grupo especial de negociação deve ser ajustada em conformidade, sem prejuízo do decurso dos prazos previstos no artigo 12º

4. Os membros do grupo especial de negociação que representem os trabalhadores dos estabelecimentos ou empresas situados em território nacional são designados ou eleitos nos termos do artigo 26º

Artigo 7º – Negociação de acordo sobre informação e consulta

1. A administração deve iniciar a negociação de um acordo com o grupo especial de negociação sobre informação e consulta dos trabalhadores, dando desse facto conhecimento às direcções dos estabelecimentos da empresa ou das empresas do grupo e às competentes organizações europeias de trabalhadores e empregadores.

2. O grupo especial de negociação tem o direito de se reunir imediatamente antes e depois de qualquer reunião de negociação.

3. Salvo acordo em contrário, os representantes dos trabalhadores de estabelecimentos ou empresas situados em Estados não membros podem assistir à negociação como observadores, sem direito a voto.

4. O grupo especial de negociação pode ser assistido por peritos da sua escolha, designadamente representantes das correspondentes organizações de trabalhadores reconhecidas a nível comunitário.

5. A administração e o grupo especial de negociação devem respeitar os princípios da boa fé no decurso da negociação.

6. A administração e o grupo especial de negociação podem acordar, por escrito, a instituição de um conselho de empresa europeu ou um ou mais procedimentos de informação e consulta.

7. O grupo especial de negociação delibera por maioria a celebração do acordo referido no número anterior.

8. O grupo especial de negociação pode deliberar não iniciar a negociação ou terminar a que estiver em curso, por maioria de dois terços.

9. No caso referido no número anterior, os trabalhadores ou os seus representantes só podem propor nova negociação dois anos após a deliberação, excepto se as partes acordarem um prazo mais curto.

10. Constitui contra-ordenação grave a violação do disposto nos nºs 1, 2, 3 ou 4.

SECÇÃO III – Acordo sobre informação e consulta

Artigo 8º – Conteúdo do acordo

1. Sem prejuízo do disposto nos artigos seguintes, o acordo que institui o conselho de empresa europeu ou um ou mais procedimentos de informação e consulta regula:

a) Quais os estabelecimentos da empresa ou as empresas do grupo que são abrangidos;

b) A periodicidade da informação a prestar pela administração sobre o número de trabalhadores ao serviço dos estabelecimentos da empresa ou das empresas do grupo abrangidos pelo acordo;

c) O número e a distribuição dos representantes dos trabalhadores pelos Estados membros envolvidos tendo em conta, na medida do possível, a representação equilibrada dos trabalhadores segundo a actividade, a categoria profissional e o sexo, a duração dos mandatos e as adaptações decorrentes de alterações da estrutura da empresa ou do grupo;

d) O número de membros, o modo de designação, as atribuições e as modalidades de reunião do conselho restrito, caso seja instituído;

e) O regime do acordo no que respeita a legislação aplicável, entrada em vigor, duração, situações em que pode ter lugar a denúncia ou a alteração do mesmo, nomeadamente a alteração da estrutura da empresa ou do grupo de empresas de dimensão comunitária, e o processo de renegociação.

2. O acordo pode regular outras matérias, nomeadamente os critérios de classificação como confidencial de informação a prestar pela administração.

3. Constitui contra-ordenação grave a violação do acordo na parte respeitante ao disposto na alínea *b)* do nº 1.

Artigo 9º – Instituição do conselho de empresa europeu

1. O acordo que institui o conselho de empresa europeu regula:

a) Os direitos de informação e consulta do conselho sobre questões transnacionais, os procedimentos para o seu exercício, bem como a articulação com os direitos de informação e consulta de outras estruturas de representação colectiva dos trabalhadores;

b) O local, periodicidade e duração das reuniões do conselho;

c) Os recursos financeiros e materiais a disponibilizar pela administração ao conselho.

2. Caso o acordo não regule a articulação a que se refere a alínea *a*) do número anterior, a informação e consulta do conselho de empresa europeu e das outras estruturas de representação colectiva dos trabalhadores deve ser assegurada sempre que estejam em causa decisões susceptíveis de provocar alterações importantes na organização do trabalho ou nos contratos de trabalho.

3. O direito de informação e consulta é assegurado pela administração, ou outro nível de representação adequado, num prazo razoável.

4. Os membros do conselho que representam os trabalhadores dos estabelecimentos ou empresas situados em território nacional são designados ou eleitos nos termos do artigo 26º

5. Constitui contra-ordenação muito grave a violação do acordo na parte respeitante ao disposto na alínea *a*) ou *b*) do nº 1, e constitui contra-ordenação grave a violação do acordo na parte respeitante ao disposto na alínea *c*) do mesmo número.

Artigo 10º – Instituição de um ou mais procedimentos de informação e consulta

1. O acordo que institui um ou mais procedimentos de informação e consulta regula:

a) Os direitos de informação e consulta sobre as questões transnacionais susceptíveis de afectar consideravelmente os interesses dos trabalhadores e, sendo caso disso, outros direitos;

b) O direito de reunião dos representantes dos trabalhadores para apreciar informação prestada pela administração.

2. O direito de informação e consulta é assegurado pela administração, ou outro nível de representação adequado, num prazo razoável.

3. Os representantes dos trabalhadores dos estabelecimentos ou empresas situados em território nacional são designados ou eleitos nos termos do artigo 26º

4. Constitui contra-ordenação muito grave a violação do acordo na parte respeitante ao disposto na alínea *a*) ou *b*) do nº 1.

Artigo 11º – Comunicações ao ministério responsável pela área laboral

1. A administração deve dar conhecimento do teor do acordo ao serviço competente do ministério responsável pela área laboral.

2. O conselho de empresa europeu e os representantes dos trabalhadores no procedimento de informação e consulta devem informar o serviço referido no número anterior da identidade e dos Estados de origem dos membros.

3. Se a sede principal e efectiva da administração estiver situada noutro Estado membro, os representantes dos trabalhadores designados no território nacional devem comunicar a respectiva identidade nos termos do número anterior.

4. Constitui contra-ordenação leve a violação do disposto no nº 1.

SECÇÃO IV – Instituição obrigatória do conselho de empresa europeu

Artigo 12º – Casos de instituição obrigatória do conselho de empresa europeu

É instituído um conselho de empresa europeu em empresa ou grupo de empresas de dimensão comunitária, regulado nos termos da presente secção, nos seguintes casos:

a) Se a administração se recusar a negociar no prazo de seis meses a contar do pedido de início da negociação por parte dos trabalhadores ou dos seus representantes;

b) Se não houver acordo ao fim de três anos a contar de comunicação de vontade de negociar por parte da administração, ou de pedido de início da negociação por parte dos trabalhadores ou dos seus representantes caso seja anterior, e o grupo especial de negociação não tiver deliberado não iniciar a negociação ou terminar a que estiver em curso.

Artigo 13º – Composição do conselho de empresa europeu

1. À composição do conselho de empresa europeu é aplicável o disposto no nº 1 do artigo 6º

2. Os membros do conselho de empresa europeu devem ser trabalhadores da empresa ou do grupo de empresas.

3. Os membros do conselho de empresa europeu que representam os trabalhadores de estabelecimentos ou empresas situados em território nacional são designados ou eleitos nos termos do artigo 26º

4. O conselho de empresa europeu informa da identidade e dos Estados de origem dos seus membros a administração, a qual informa as direcções dos estabelecimentos da empresa ou das empresas do grupo.

Artigo 14º – Funcionamento do conselho de empresa europeu

1. A actividade do conselho de empresa europeu é coordenada por um conselho restrito, com até cinco membros, eleitos de entre si pelos membros daquele.

2. O conselho de empresa europeu deve aprovar o seu regulamento interno.

3. Antes de efectuar qualquer reunião com a administração, o conselho de empresa europeu ou o conselho restrito tem o direito de se reunir, podendo participar na reunião deste último outros membros do conselho que representam os trabalhadores de estabelecimentos ou empresas directamente afectados pelas medidas em causa.

4. O conselho de empresa europeu e o conselho restrito podem ser assistidos por peritos da sua escolha, sempre que o considerem necessário ao exercício das suas funções.

5. Constitui contra-ordenação grave a violação do disposto no nº 3.

Artigo 15º – Informação e consulta do conselho de empresa europeu

1. O conselho de empresa europeu tem o direito de ser informado e consultado pela administração ou outro nível de representação adequado, num prazo razoável, sobre questões transnacionais, nomeadamente a situação e a evolução provável do emprego, os investimentos, as alterações de fundo relativas à organização, a introdução de novos métodos de trabalho e novos processos de produção, as transferências de produção, as fusões, a redução da dimensão ou o encerramento de empresas, de estabelecimentos ou de partes importantes de estabelecimentos e os despedimentos colectivos.

2. O conselho de empresa europeu tem ainda o direito de ser informado, nomeadamente, sobre a estrutura, a situação económica e financeira, a evolução provável das actividades, a produção e as vendas da empresa ou do grupo de empresas de dimensão comunitária.

3. O conselho de empresa europeu tem ainda o direito de ser informado e consultado pela administração sobre quaisquer medidas que afectem consideravelmente os interesses dos trabalhadores, nomeadamente mudança de instalações que implique transferência de locais de trabalho, encerramento de empresas ou estabelecimentos ou despedimento colectivo.

4. No caso referido no número anterior e sem prejuízo do disposto no artigo 17º, o conselho de empresa europeu tem o direito de reunir, a seu pedido, com a administração ou outro nível de representação competente para tomar decisões que seja mais adequado, para ser informado e consultado sobre as medidas em causa.

5. Antes da reunião referida no número anterior, a administração deve apresentar ao conselho de empresa europeu um relatório pormenorizado e documentado sobre as medidas previstas.

6. A reunião deve efectuar-se com a maior brevidade possível e, caso tenha sido pedida pelo conselho restrito, têm também direito a nela participar outros membros do conselho que representam os trabalhadores dos estabelecimentos ou empresas directamente afectados pelas medidas.

7. O conselho restrito ou o conselho de empresa europeu pode emitir parecer sobre as medidas referidas no nº 2 durante a reunião ou nos 15 dias seguintes ou ainda em prazo superior que seja acordado.

8. Constitui contra-ordenação muito grave a violação do disposto nos nºs 1, 2, 3, 4 ou 5 e constitui contra-ordenação grave a violação do disposto no nº 6.

Artigo 16º – Relatório anual da administração

1. A administração deve apresentar ao conselho de empresa europeu um relatório anual pormenorizado e documentado sobre a evolução das actividades da empresa ou do grupo de empresas, dando conhecimento do mesmo às direcções dos estabelecimentos ou empresas do grupo.

2. O relatório deve conter informação sobre a estrutura da empresa ou do grupo, a situação económica e financeira, a evolução provável das actividades, nomeadamente produção e vendas, a situação e a evolução provável do emprego e dos investimentos, as alterações mais importantes relativas a organização, métodos de trabalho ou processos de produção, as transferências de produção, as fusões, a redução da dimensão ou o encerramento de empresas, estabelecimentos ou partes importantes de estabelecimentos e despedimentos colectivos.

3. Constitui contra-ordenação muito grave a violação do disposto neste artigo.

Artigo 17º – Reunião com a administração

1. Após a recepção do relatório anual, o conselho de empresa europeu tem o direito de reunir com a administração pelo menos uma vez por ano para efeitos de informação e consulta.

2. A reunião referida no número anterior tem lugar um mês após a recepção do relatório, salvo se o conselho de empresa europeu aceitar um prazo mais curto.

3. A administração deve informar as direcções dos estabelecimentos da empresa ou das empresas do grupo da realização da reunião.

4. A administração e o conselho de empresa europeu devem regular, por protocolo, os procedimentos relativos a reuniões.

5. Constitui contra-ordenação muito grave a violação do disposto nos nºs 1 ou 2.

Artigo 18º – Negociação de um acordo sobre informação e consulta

1. Quatro anos após a sua instituição obrigatória, o conselho de empresa europeu pode propor à administração a instituição, por acordo, de um conselho de empresa europeu ou um procedimento de informação e consulta.

2. A administração deve responder à proposta e, no decurso da negociação, as partes devem respeitar os princípios da boa fé.

3. Ao acordo é aplicável o disposto nos artigos 8º a 11º

4. Em caso de acordo, as disposições da presente secção deixam de se aplicar a partir do momento da designação ou eleição dos membros do conselho de empresa europeu assim instituído ou dos representantes dos trabalhadores no âmbito do procedimento de informação e consulta.

5. Constitui contra-ordenação muito grave a violação do disposto no nº 2.

SECÇÃO V – Disposições comuns

Artigo 19º – Relacionamento entre a administração e os representantes dos trabalhadores

A administração, os membros do conselho de empresa europeu e os representantes dos trabalhadores no âmbito de procedimento de informação e consulta devem cooperar e agir de boa fé no exercício dos direitos e no cumprimento dos deveres respectivos.

Artigo 20º – Informações confidenciais e controlo judicial

1. O disposto no Código do Trabalho sobre o dever de confidencialidade, relativamente a informações recebidas por estruturas de representação colectiva dos trabalhadores no exercício do direito a informação e consulta, é aplicável aos membros do grupo especial de negociação, aos peritos deste e do conselho de empresa europeu e aos representantes dos trabalhadores no âmbito do procedimento de informação e consulta.

2. O disposto no número anterior é extensivo aos representantes dos trabalhadores de estabelecimentos ou empresas situados em Estados não membros que assistam à negociação, nos termos do nº 3 do artigo 7º

3. A administração apenas pode classificar como confidencial ou recusar a prestação de informação nos termos do acordo ou, na sua ausência, da lei.

4. A decisão referida no número anterior deve ser justificada, na medida do possível, sem pôr em causa a reserva da informação.

5. O grupo especial de negociação, o conselho de empresa europeu e os representantes dos trabalhadores no âmbito de procedimento de informação e consulta podem impugnar a decisão da administração de exigir confidencialidade, de não prestar determinadas informações, de não realizar consulta, nos termos do Código de Processo do Trabalho.

6. Constitui contra-ordenação muito grave a violação do disposto no nº 3.

Artigo 21º – Informação dos representantes locais ou dos trabalhadores

Os membros do conselho de empresa europeu devem informar os representantes dos trabalhadores dos estabelecimentos da empresa ou das empresas do grupo ou, na sua falta, os trabalhadores sobre as informações recebidas e os resultados das consultas realizadas.

Artigo 22º – Recursos financeiros e materiais

1. A administração deve:

a) Pagar as despesas do grupo especial de negociação relativas à negociação, de modo que possa exercer adequadamente as suas funções;

b) Dotar o conselho de empresa europeu dos recursos financeiros necessários ao seu funcionamento, incluindo o do conselho restrito;

c) Pagar as despesas de, pelo menos, um perito do grupo especial de negociação ou do conselho de empresa europeu;

d) Assegurar aos membros do grupo especial de negociação e do conselho de empresa europeu a formação que se revele necessária para o exercício dessas funções, sem perda de retribuição.

2. Não são abrangidos pelo número anterior os encargos com os observadores referidos no nº 3 do artigo 7º

3. As despesas referidas no nº 1 são, nomeadamente, as respeitantes a organização de reuniões, traduções, estadas e deslocações e ainda a remuneração de perito.

4. Relativamente ao conselho de empresa europeu, o disposto no número anterior pode ser regulado diferentemente por acordo com a administração, excepto no que respeita a despesas relativas a um perito.

5. A administração pode custear as despesas de deslocação e estada de membros do grupo especial de negociação e do conselho de empresa europeu com base no regime de deslocações em serviço dos estabelecimentos ou empresas em que trabalham e, relativamente às despesas do perito, no regime aplicável aos membros provenientes do mesmo Estado membro.

6. Da aplicação do critério referido no número anterior não pode resultar pagamento de despesas de deslocação e estada a um membro de grupo especial de negociação ou de conselho de empresa europeu menos favorável do que a outro.

7. O grupo especial de negociação, o conselho de empresa europeu, o conselho restrito e os representantes dos trabalhadores no âmbito do procedimento de informação e consulta têm direito aos meios materiais e técnicos necessários ao exercício das suas funções, incluindo instalações e locais para afixação de informação.

8. Constitui contra-ordenação muito grave a violação do disposto no nº 1 e constitui contra-ordenação grave a violação do disposto nos nºs 6 ou 7.

CAPÍTULO III - Disposições de carácter nacional

Artigo 23º - Âmbito das disposições de carácter nacional

As disposições deste capítulo são aplicáveis a estabelecimento ou empresa situado em território nacional pertencente a empresa ou grupo de empresas de dimensão comunitária cuja sede principal e efectiva da administração se situe em qualquer outro Estado membro, bem como a representantes dos respectivos trabalhadores.

Artigo 24º - Cálculo do número de trabalhadores

1. Para efeito deste capítulo, o número de trabalhadores de estabelecimento ou empresa corresponde ao número médio de trabalhadores nos dois anos anteriores à iniciativa da negociação ou à instituição obrigatória de conselho de empresa europeu, nos termos do artigo 5º ou do artigo 12º.

2. O trabalhador a tempo parcial é considerado para efeito do disposto no número anterior, independentemente da duração do seu período normal de trabalho.

3. A administração da empresa ou, não havendo representante desta, a de empresa ou estabelecimento que emprega o maior número de trabalhadores entre as empresas do grupo situadas em Estados membros deve informar os interessados, a seu pedido, sobre o número de trabalhadores e a sua distribuição pelos Estados membros.

4. Constitui contra-ordenação muito grave a violação do disposto no número anterior.

Artigo 25º - Representantes dos trabalhadores para o pedido de início de negociação

Para efeito do pedido de início de negociação previsto no nº 1 do artigo 5º, consideram-se representantes dos trabalhadores a comissão de trabalhadores e as associações sindicais.

Artigo 26º - Designação ou eleição de membros de grupo especial de negociação e de conselho de empresa europeu

1. No prazo de dois meses após a iniciativa da administração ou o pedido de início das negociações referidos no nº 1 do artigo 5º, ou o facto previsto no artigo 12º que determina a instituição obrigatória de conselho de empresa europeu, os representantes dos trabalhadores dos estabelecimentos ou empresas situados em território nacional são designados, pela ordem seguinte:

a) Por acordo entre a comissão de trabalhadores e as associações sindicais ou entre as comissões de trabalhadores das empresas do grupo e as associações sindicais;

b) Se não houver associações sindicais, pela comissão de trabalhadores ou por acordo entre as comissões de trabalhadores das empresas do grupo;

c) Se não houver comissão de trabalhadores, por acordo entre as associações sindicais que, em conjunto, representam mais de metade dos trabalhadores sindicalizados dos estabelecimentos ou empresas.

2. Só as associações sindicais que representam, pelo menos, 5% dos trabalhadores dos estabelecimentos ou empresas podem participar na designação dos representantes dos trabalhadores, sem prejuízo do previsto no número seguinte.

3. As associações sindicais que, em conjunto, representam, pelo menos, 5% dos trabalhadores podem mandatar uma delas para participar na designação dos representantes dos trabalhadores.

4. Se não forem designados de acordo com os números anteriores ou sempre que pelo menos um terço dos trabalhadores o requeira, os representantes dos trabalhadores são eleitos por voto directo e secreto de entre candidaturas apresentadas por, pelo menos, 100 ou 10% dos trabalhadores.

5. A convocação do acto eleitoral, a apresentação de candidaturas, as secções de voto, a votação, o apuramento do resultado da eleição e a sua divulgação nos estabelecimentos ou empresas são regulados pelas disposições aplicáveis às comissões de trabalhadores, com as necessárias adaptações.

Artigo 27º – Duração do mandato

O mandato dos membros do conselho de empresa europeu no âmbito do procedimento de informação e consulta tem a duração de quatro anos, salvo acordo em contrário.

Artigo 28º – Protecção dos representantes dos trabalhadores

1. Os membros de grupo especial de negociação, os representantes dos trabalhadores no âmbito de procedimento de informação e consulta e os membros de conselho de empresa europeu beneficiam da protecção legal dos membros de estruturas de representação colectiva dos trabalhadores e têm direito a crédito de:

a) 25 horas mensais para o exercício das respectivas funções;

b) Tempo necessário para participar em reuniões com a administração e em reuniões preparatórias, incluindo o tempo para deslocações.

2. O crédito referido no número anterior conta como tempo de serviço efectivo, inclusivamente para efeito de retribuição.

3. O crédito a que se refere a alínea *a*) do nº 1 não é cumulável com o correspondente a outra estrutura de representação colectiva dos trabalhadores ou a delegado sindical.

Artigo 29º – Regime da responsabilidade contra-ordenacional

São aplicáveis às contra-ordenações decorrentes da violação da presente lei o regime do processo das contra-ordenações laborais constante de diploma específico, bem como o disposto no Código do Trabalho sobre responsabilidade contra-ordenacional.

CAPÍTULO IV – Disposições finais e transitórias

Artigo 30º – Adaptação do acordo a alteração significativa na estrutura da empresa ou do grupo

1. Quando ocorra alteração significativa na estrutura da empresa ou do grupo de empresas de dimensão comunitária, e na falta de disposições previstas em acordo ou em caso de conflito entre disposições de dois ou mais acordos aplicáveis, a administração inicia a negociação para adequar os acordos existentes a essa alteração, nos termos do nº 1 do artigo 5º

2. No caso previsto no número anterior, o grupo especial de negociação é constituído por membros designados ou eleitos nos termos do artigo 26º e por, pelo menos, três membros do conselho de empresa europeu ou de cada um dos conselhos de empresa europeus existentes.

Artigo 31º – Acordos em vigor

1. Sem prejuízo do disposto no artigo anterior, não está sujeito às obrigações decorrentes do presente diploma a empresa ou o grupo de empresas de dimensão comunitária que tenha celebrado ou revisto um acordo após a entrada em vigor da Lei nº 40/99, de 9 de Junho, que assegura a informação e consulta dos trabalhadores ou grupos de empresas transnacionais e regula a instituição de conselhos de empresa europeus ou de procedimentos simplificados de informação e consulta em empresas e grupos de empresas de dimensão comunitária.

2. O acordo a que se refere o número anterior continua sujeito à legislação aplicável quando foi celebrado ou revisto.

Artigo 32º – Entrada em vigor

A presente lei entra em vigor 60 dias após a sua publicação.

Aprovada em 23 de Julho de 2009.

O Presidente da Assembleia da República, *Jaime Gama.*

Promulgada em 26 de Agosto de 2009.

Publique-se.

O Presidente da República, Aníbal Cavaco Silva.

Referendada em 26 de Agosto de 2009.

O Primeiro-Ministro, *José Sócrates Carvalho Pinto de Sousa.*

Regime Jurídico da Arbitragem

Decreto-Lei nº 259/2009, de 25 de setembro

Regula o regime jurídico da arbitragem obrigatória e a arbitragem necessária, bem como a arbitragem sobre serviços mínimos durante a greve e os meios necessários para os assegurar, de acordo com o artigo 513º e a alínea b) do nº 4 do artigo 538º do Código do Trabalho

O Livro Branco das Relações Laborais (LBRL), publicado em Novembro de 2007, identificou os principais problemas da realidade económica e social do País e enunciou as propostas de intervenção legislativa que considerou adequadas, designadamente quanto à sistematização do Código do Trabalho.

No seguimento das recomendações da Comissão do LBRL, foi alcançado no Acordo Tripartido para um Novo Sistema de Regulação das Relações Laborais, das Políticas de Emprego e da Protecção Social em Portugal um amplo consenso quanto à sistemática do acervo legislativo laboral, no âmbito do qual os parceiros sociais e Governo concertaram que o regime da arbitragem obrigatória e a arbitragem para definição de serviços mínimos, na parte não integrada na nova versão do Código do Trabalho, deveria ser integrada em lei específica.

Após a revisão aprovada pela Lei nº 7/2009, de 12 de Fevereiro, o Código do Trabalho apresenta uma nova sistemática e uma maior simplificação, na qual se constata, no âmbito do capítulo da arbitragem, a omissão de disposições ligadas ao funcionamento do sistema da arbitragem.

O presente decreto-lei completa essa opção sistemática, regulando a arbitragem obrigatória e a arbitragem necessária, bem como a arbitragem sobre serviços mínimos durante a greve e os meios necessários para os assegurar.

Importa referir como principais alterações face ao regime anterior:

1) Aumento do número de árbitros em cada lista;

2) Alargamento do dever de preenchimento do termo de aceitação também aos árbitros dos empregadores e dos trabalhadores;

3) Aplicação dos impedimentos para o exercício da função de árbitro durante todo o período de validade da lista, devendo o árbitro renunciar antes da sua ocorrência;

4) Fusão num único prazo para a nomeação pelas partes do respectivo árbitro e comunicação da sua identificação à outra parte, ao serviço competente do ministério responsável pela área laboral e ao secretário-geral do Conselho Económico, dos dois prazos antes previstos, o mesmo acontecendo com a escolha do terceiro árbitro pelos árbitros designados;

5) Consagração da regra segundo a qual, na falta de nomeação de árbitro por uma das partes ou na falta de escolha do terceiro árbitro, o secretário-geral do Conselho Económico e Social promove imediatamente o sorteio do árbitro em falta de entre os constantes da lista de árbitros dos representantes dos trabalhadores ou dos empregadores, consoante o caso, por se considerar que a antecedência de vinte e quatro horas antes prevista é incompatível com a obrigação de notificar as partes da realização do sorteio em tempo útil;

6) Previsão da regra de que o membro do Governo responsável pela área laboral define o objecto da arbitragem obrigatória no despacho que a determina;

7) Consagração da regra de que, na arbitragem necessária, as partes podem comunicar ao tribunal o acordo sobre a definição do objecto da mesma até ao termo do prazo para a apresentação das respectivas alegações e que, na falta de acordo, o tribunal arbitral define o objecto da arbitragem nos cinco dias após a recepção das alegações ou o termo do prazo para a sua apresentação;

8) Aumento do prazo para notificação às partes da decisão arbitral de 30 para 60 dias;

9) Consagração da regra de que da decisão arbitral cabe recurso, com efeito devolutivo, para o tribunal da relação, nos termos previstos no Código de Processo Civil;

10) Previsão da regra de que o presidente do Conselho Económico e Social pode determinar que a decisão sobre serviços mínimos seja tomada pelo tribunal arbitral que tenha pendente a apreciação de outra greve cujos período e âmbito geográfico e sectorial sejam total ou parcialmente coincidentes, o que, aliás, corresponde a um procedimento já utilizado na prática;

11) Consagração da possibilidade de a definição de serviços mínimos caber a um tribunal já constituído;

12) Previsão da possibilidade de o tribunal arbitral ouvir as partes, convocando-as para o efeito, o que corresponde à prática da arbitragem de serviços mínimos já em funcionamento;

13) Consagração da regra de que, após três decisões no mesmo sentido em casos em que as partes sejam as mesmas e cujos elementos relevantes para a decisão sobre os serviços mínimos a prestar e os meios necessários para os assegurar sejam idênticos, o tribunal pode, em iguais circunstâncias, decidir de imediato nesse sentido, dispensando a audição das partes e outras diligências instrutórias;

14) Previsão da possibilidade de qualquer das partes poder requerer ao tribunal o esclarecimento de obscuridade ou ambiguidade que a decisão contenha nas doze

horas seguintes à sua notificação, devendo o tribunal responder nas doze horas subsequentes ao termo desse prazo;

15) Publicação da decisão arbitral sobre serviços mínimos no *Boletim do Trabalho e Emprego*.

O projecto correspondente ao presente decreto-lei foi publicado para apreciação pública na separata do *Boletim do Trabalho e Emprego*, nº 3, de 19 de Junho de 2009, nos termos do disposto na alínea *b*) do nº 1 do artigo 472º do Código do Trabalho, no âmbito da qual foram recebidos contributos dos parceiros sociais com assento na Comissão Permanente de Concertação Social e do Conselho Económico e Social, os quais foram na sua generalidade integrados na versão final do presente decreto-lei, nomeadamente:

Aumentar o número da lista de árbitros presidentes para 16;

Manter em funções os árbitros de tribunal arbitral em funcionamento quando termine a validade das respectivas listas, até ao termo do processo;

Sujeitar o árbitro substituto ao regime da validade da respectiva lista de árbitros;

Reduzir o prazo para os árbitros designados escolherem o terceiro árbitro e comunicarem a sua identificação às partes, ao serviço competente do ministério responsável pela área laboral e ao secretário-geral do Conselho Económico e Social, de noventa e seis para setenta e duas horas;

Possibilitar que as partes possam definir o objecto da arbitragem necessária;

Alargamento para 60 dias do prazo para o tribunal arbitral proferir decisão;

Prever, no caso de a decisão recorrida ser revogada, que o tribunal arbitral que pronunciar nova decisão é constituído pelos mesmos árbitros.

Assim:

Nos termos da alínea *a*) do nº 1 do artigo 198º da Constituição, o Governo decreta o seguinte:

CAPÍTULO I – Âmbito

Artigo 1º – Objecto

O presente decreto-lei regulamenta a arbitragem obrigatória e a arbitragem necessária, bem como a arbitragem sobre serviços mínimos durante a greve e os meios necessários para os assegurar, de acordo com o artigo 513º e a alínea *b*) do nº 4 do artigo 538º do Código do Trabalho.

CAPÍTULO II – Listas de árbitros

Artigo 2º – Composição e validade de listas de árbitros

1. O Conselho Económico e Social organiza e mantém listas para efeitos de designação de árbitros.

2. A lista de árbitros presidentes é composta por 16 árbitros e a lista de árbitros dos trabalhadores e a dos empregadores são compostas por 12 árbitros cada.

3. Cada lista é válida por um período de três anos, sem prejuízo de manter a sua validade até à assinatura dos termos de aceitação por parte dos membros da lista que a substitua e do disposto no número seguinte.

4. Os árbitros do tribunal arbitral em funcionamento quando termine a validade das respectivas listas mantêm-se em funções até ao termo do processo.

Artigo 3º – Elaboração das listas de árbitros

1. Os representantes das confederações sindicais e das confederações de empregadores com assento na Comissão Permanente de Concertação Social elaboram as respectivas listas de árbitros.

2. A lista de árbitros presidentes é elaborada por uma comissão composta pelo presidente do Conselho Económico e Social, que preside, e por dois representantes das confederações sindicais e dois representantes das confederações de empregadores com assento na Comissão Permanente de Concertação Social, no prazo de 30 dias após a elaboração das listas referidas no número anterior.

3. Cada lista deve ser revista pela entidade competente referida nos números anteriores, até 90 dias antes do termo do período de validade.

4. Caso qualquer lista de árbitros referida no nº 1 não seja revista no prazo referido no número anterior, a competência para tal é atribuída à comissão a que se refere o nº 2, que delibera, por maioria, no prazo de 30 dias.

5. No caso de não ser cumprido o disposto no número anterior, o presidente do Conselho Económico e Social elabora a lista em falta, nomeando pessoas independentes e de reconhecida competência, no prazo de 30 dias.

Artigo 4º – Termo de aceitação e impedimentos de árbitros

1. Os membros das listas de árbitros assinam, perante o presidente do Conselho Económico e Social, um termo de aceitação, do qual consta, no caso de árbitros presidentes, a declaração de que não se encontram nessa data, nem se encontraram nos 12 meses anteriores, em qualquer das seguintes situações:

a) Ser ou ter sido membro de corpos sociais de associação sindical, associação de empregadores ou de empregador filiado numa associação de empregadores;

b) Exercer ou ter exercido qualquer actividade, com carácter regular ou dependente, ao serviço de entidade referida na alínea anterior.

2. Após a assinatura dos termos de aceitação, as listas de árbitros são comunicadas ao serviço competente do ministério responsável pela área laboral para publicação no *Boletim do Trabalho e Emprego*.

3. Os impedimentos referidos no nº 1 são aplicáveis durante todo o período de validade da lista, devendo o árbitro renunciar antes da sua ocorrência.

4. O árbitro que assine o termo de aceitação encontrando-se em qualquer das situações previstas no nº 1 ou não cumpra o disposto no número anterior fica impossibilitado de integrar qualquer lista de árbitros durante cinco anos e deve devolver os honorários relativos a actividade de arbitragem posterior à verificação do impedimento.

Artigo 5º – Substituição de membro de lista de árbitros

1. Qualquer árbitro deve ser substituído na respectiva lista em caso de morte, renúncia, incapacidade permanente ou, no caso de árbitro presidente, de impedimento referido no nº 1 ou no nº 3 do artigo anterior.

2. A renúncia é comunicada ao presidente do Conselho Económico e Social, produzindo efeitos 30 dias depois, ou no termo de arbitragem nesta data em curso e em que o árbitro participe.

3. Compete ao presidente do Conselho Económico e Social:

a) Decidir sobre a verificação de impedimento de árbitro;

b) Verificada qualquer das situações referidas no nº 1, promover a substituição do árbitro de acordo com o disposto no artigo 3º.

4. O árbitro substituto fica sujeito ao regime da validade da respectiva lista dos nºs 3 e 4 do artigo 2º.

CAPÍTULO III – Constituição e funcionamento do tribunal arbitral em arbitragem obrigatória e arbitragem necessária

SECÇÃO I – Constituição do tribunal arbitral

Artigo 6º – Composição do tribunal arbitral

1. O tribunal arbitral é composto por três árbitros.

2. O tribunal arbitral é presidido pelo árbitro escolhido pelos árbitros de parte ou, na sua falta, pelo designado mediante sorteio de entre os constantes da lista de árbitros presidentes.

Artigo 7º – Designação dos árbitros

1. Nas setenta e duas horas subsequentes à notificação do despacho que determina a arbitragem obrigatória ou necessária, cada parte designa o respectivo árbitro e comunica a sua identificação à outra parte, ao serviço competente do ministério responsável pela área laboral e ao secretário-geral do Conselho Económico e Social.

2. Na falta de designação de árbitro por uma das partes, o secretário-geral do Conselho Económico e Social promove imediatamente o sorteio do árbitro em falta de entre os constantes da lista de árbitros dos representantes dos trabalhadores ou dos empregadores, consoante o caso.

3. Em substituição do árbitro sorteado, a parte faltosa pode designar outro, nas quarenta e oito horas seguintes à notificação da identidade daquele, comunicando a designação às entidades referidas no nº 1.

4. Nas setenta e duas horas subsequentes à última comunicação da designação de árbitro de acordo com os números anteriores, os árbitros designados escolhem o terceiro árbitro e comunicam a sua identificação às partes, ao serviço competente do ministério responsável pela área laboral e ao secretário-geral do Conselho Económico e Social.

5. Na falta de escolha do terceiro árbitro, o secretário-geral do Conselho Económico e Social promove imediatamente a designação deste mediante sorteio de entre os constantes da lista de árbitros presidentes.

6. Qualquer árbitro deve ser substituído na composição do tribunal arbitral nos casos a que se refere o nº 1 do artigo 5º, de incapacidade temporária ou, no caso de árbitro presidente, se ocorrer a situação referida no nº 3 do artigo 4º e não renunciar, sendo aplicáveis as regras dos números anteriores.

7. Constitui contra-ordenação muito grave a violação do disposto no nº 1.

Artigo 8º – Sorteio de árbitros

1. Para efeitos de sorteio, cada lista de árbitros é ordenada alfabeticamente.

2. O sorteio de árbitro efectivo e de suplente deve ser feito através de tantas bolas numeradas quantos os árbitros, com excepção dos que estejam impedidos, que estejam em funções de árbitro efectivo em arbitragem em curso ou do que, caso fiquem pelo menos seis árbitros disponíveis, tenha participado na arbitragem concluída há menos tempo, correspondendo a cada número o nome de um árbitro.

3. O secretário-geral do Conselho Económico e Social notifica as partes do dia e hora do sorteio, com a antecedência mínima de vinte e quatro horas, podendo cada parte nomear um representante para a ele assistir.

4. Se um ou ambos os representantes não estiverem presentes à hora marcada, o secretário-geral do Conselho Económico e Social designa em sua substituição funcionários do Conselho, em igual número, realizando-se o sorteio uma hora depois.

5. O secretário-geral do Conselho Económico e Social elabora a acta do sorteio, que deve ser assinada pelos presentes, e comunica-a imediatamente às partes, aos árbitros que constituem o tribunal arbitral, aos suplentes e ao serviço competente do ministério responsável pela área laboral.

6. As notificações e comunicações do secretário-geral do Conselho Económico e Social referidas no presente artigo e no artigo anterior devem ser efectuadas por escrito e por meio célere, designadamente telegrama, telefax ou correio electrónico.

Artigo 9º – Independência de árbitro

1. O árbitro deve ser independente face aos interesses em conflito, considerando-se como tal quem não tem, nem teve no ano anterior, qualquer relação, institucional ou profissional, com alguma das entidades abrangidas pelo processo arbitral, nem tem outro interesse, directo ou indirecto, no resultado da arbitragem.

2. À independência de árbitro aplica-se subsidiariamente o disposto no Código de Processo Civil em matéria de impedimentos e suspeições.

3. Qualquer das partes pode apresentar requerimento de impedimento do árbitro designado e este pode apresentar pedido de escusa, nas vinte e quatro horas após a designação de comunicação do resultado do sorteio ou, sendo posterior, o conhecimento do facto.

4. Compete ao presidente do Conselho Económico e Social decidir o requerimento de impedimento ou pedido de escusa de árbitro e, sendo caso disso, procede à sua imediata substituição pelo suplente.

5. O árbitro que não apresente pedido de escusa deve, nas quarenta e oito horas subsequentes à designação, assinar declaração de aceitação e de independência face aos interesses em conflito.

6. À violação do disposto nos nºs 1 e 2 aplica-se o regime do nº 4 do artigo 4º

Artigo 10º – Limitação de actividade

O árbitro que tenha intervindo num processo de arbitragem fica impedido, nos dois anos subsequentes ao seu termo, de prestar actividade remunerada a qualquer das partes desse processo ou de ser membro dos corpos sociais de empregador parte do processo.

Artigo 11º – Declaração de constituição do tribunal arbitral

1. O árbitro presidente declara constituído o tribunal arbitral depois da assinatura de declaração de aceitação e de independência por todos os árbitros.

2. O tribunal arbitral inicia o seu funcionamento até quarenta e oito horas após a sua constituição.

SECÇÃO II – Funcionamento do tribunal arbitral

Artigo 12º – Objecto da arbitragem

1. O objecto da arbitragem obrigatória é definido pelo membro do Governo responsável pela área laboral no despacho que a determina, sem prejuízo da sua substituição por outro acordado pelas partes, comunicado ao tribunal arbitral nos termos da alínea *a*) do número seguinte.

2. Na arbitragem necessária, o tribunal arbitral, nas vinte e quatro horas seguintes à sua constituição, notifica as partes para que:

a) Em três dias, comuniquem o acordo que possam ter celebrado sobre a definição do objecto da arbitragem;

b) Na falta de acordo, apresentem ao tribunal e à contraparte a respectiva posição por escrito sobre o mesmo e se pronunciem por escrito sobre a posição da contraparte nos dois dias seguintes posteriores à recepção desta.

3. Na falta de acordo a que se refere o número anterior, o tribunal arbitral define o objecto da arbitragem necessária nos três dias após a recepção das alegações, ou no termo do prazo para a sua apresentação, podendo ouvir as partes para o efeito, convocando-as com a antecedência de vinte e quatro horas.

Artigo 13º – Regras aplicáveis à arbitragem obrigatória ou necessária

1. As partes podem acordar diferentemente sobre as regras do processo de arbitragem, salvo no que se refere aos prazos e ao disposto nos artigos 15º e 17º

2. O acordo referido no número anterior deve ser comunicado ao árbitro presidente até ao início da arbitragem.

3. A arbitragem pode, a qualquer momento, ser suspensa, por uma só vez, mediante requerimento conjunto das partes.

4. No caso previsto no número anterior, compete ao tribunal arbitral estabelecer a duração da suspensão, até ao máximo de três meses, findo o qual é reiniciada a arbitragem.

Artigo 14º – Local de funcionamento do tribunal arbitral

1. O tribunal arbitral funciona em local indicado pelo presidente do Conselho Económico e Social, só sendo permitida a utilização de instalações de qualquer das partes no caso de estas e os árbitros estarem de acordo.

2. Compete ao ministério responsável pela área laboral a disponibilização de instalações para o funcionamento do tribunal sempre que se verifique indisponibilidade das instalações do Conselho Económico e Social.

Artigo 15º – Apoio técnico e administrativo

1. O Conselho Económico e Social assegura o apoio administrativo ao funcionamento do tribunal arbitral.

2. Compete ao ministério responsável pela área laboral fornecer ao Conselho Económico e Social o apoio administrativo suplementar que seja indispensável ao funcionamento do tribunal arbitral.

Artigo 16º – Questões processuais

1. O tribunal arbitral decide todas as questões processuais.

2. Compete ao presidente do tribunal arbitral preparar o processo, dirigir a instrução e conduzir os trabalhos.

3. Os prazos previstos nesta secção suspendem-se aos sábados, domingos e feriados.

4. Em todos os actos da arbitragem é utilizada a língua portuguesa, sem prejuízo de o tribunal admitir, por unanimidade, a junção ao processo de documentos em língua estrangeira.

Artigo 17º – Dever de sigilo

A pessoa que, pelo exercício das suas funções, tenha contacto com o processo de arbitragem fica sujeita ao dever de sigilo.

Artigo 18º – Audição das partes

1. Nas quarenta e oito horas seguintes à sua constituição, o tribunal arbitral notifica as partes para que, em cinco dias, apresentem ao tribunal e à contraparte a respectiva posição por escrito e os documentos relativos ao objecto da arbitragem, determinando um prazo entre 5 e 15 dias para que se pronunciem por escrito sobre a posição da contraparte.

2. As alegações devem ser acompanhadas de todos os documentos que as fundamentam.

Artigo 19º – Acordo sobre matéria objecto da arbitragem

1. Após a audição das partes, o tribunal arbitral convoca-as para tentativa de acordo, total ou parcial, sobre a matéria objecto da arbitragem.

2. No caso de acordo parcial, a arbitragem prossegue em relação à parte restante do seu objecto.

3. No caso de acordo total, a arbitragem considera-se extinta.

Artigo 20º – Instrução

1. A prova admitida pela lei do processo civil pode ser produzida perante o tribunal arbitral, por iniciativa deste ou a requerimento de qualquer das partes, imediatamente após a audição.

2. As partes podem assistir à produção de prova.

3. O tribunal arbitral pode requerer o apoio de perito aos serviços competentes dos ministérios responsáveis pela área laboral e pelo sector de actividade em causa ou, na sua falta, nomear um perito.

4. As partes são ouvidas sobre a nomeação do perito, podendo sugerir quem deve realizar a diligência.

5. O tribunal arbitral pode requerer aos serviços competentes dos ministérios responsáveis pela área laboral e pelo sector de actividade em causa, às entidades reguladoras e de supervisão deste e às partes a informação disponível que for necessária.

Artigo 21º – Decisão arbitral

1. A decisão arbitral é proferida e notificada às partes no prazo de 60 dias a contar da constituição do tribunal arbitral, devendo dela constar, sendo caso disso, a redução do seu objecto por efeito de acordo parcial entre as partes.

2. O prazo previsto no número anterior pode ser prorrogado, em caso de acordo entre o tribunal e as partes, por 15 dias.

3. Caso não tenha sido possível formar a maioria de votos, a decisão é tomada pelo presidente do tribunal arbitral.

4. Qualquer das partes pode requerer ao tribunal o esclarecimento de obscuridade ou ambiguidade que a decisão contenha, nos termos previstos no Código do Processo Civil, nos 10 dias seguintes à sua notificação.

5. Caso o esclarecimento envolva alteração da decisão arbitral, o tribunal envia aquela ao serviço competente do ministério responsável pela área laboral, para efeitos de depósito e publicação, no prazo de 10 dias a contar do requerimento a que se refere o número anterior.

6. A decisão arbitral equivale a sentença da primeira instância para todos os efeitos legais.

Artigo 22º – Recurso da decisão arbitral

1. Da decisão arbitral cabe recurso, com efeito devolutivo, para o tribunal da Relação, nos termos previstos no Código de Processo Civil para o recurso de apelação.

2. O prazo para interposição de recurso é de 10 dias, a contar da notificação da decisão às partes.

3. Se a decisão recorrida for revogada, o tribunal arbitral que pronunciar nova decisão é constituído pelos mesmos árbitros, devendo qualquer árbitro ser substituído na composição do tribunal nas situações referidas no nº 6 do artigo 7º

Artigo 23º – Encargos do processo

1. São suportados pelo Conselho Económico e Social os seguintes encargos do processo de arbitragem:

a) Honorários, ajudas de custo e despesas com transporte relativos a árbitros e peritos;

b) Custos suplementares com pessoal administrativo, devidamente comprovados.

2. Os honorários a que se refere a alínea *a*) do número anterior são estabelecidos por portaria do membro do Governo responsável pela área laboral, após a audição da Comissão Permanente de Concertação Social.

3. Às ajudas de custo e despesas de transporte a que se refere a alínea *a*) do nº 1 é aplicável o regime jurídico do abono de ajudas de custo e transporte previsto para os funcionários e agentes da Administração Pública, tendo em conta a correlação estabelecida para os honorários na portaria a que se refere o número anterior.

CAPÍTULO IV – Arbitragem sobre serviços mínimos durante a greve

Artigo 24º – Constituição do tribunal para arbitragem sobre serviços mínimos

1. O presidente do Conselho Económico e Social pode determinar a constituição de um tribunal arbitral para cada período de 15 dias durante as férias judiciais de Verão, para se pronunciar sobre os casos a que houver lugar nesse período.

2. Para efeito do número anterior são sorteados de cada lista de árbitros um efectivo e dois suplentes.

3. Não tendo sido aplicado o disposto nos números anteriores, o tribunal é constituído por sorteio, nos termos do artigo 8º, sendo sorteados de cada lista de árbitros um efectivo e três suplentes.

4. O presidente do Conselho Económico e Social pode ainda determinar que a decisão sobre serviços mínimos seja tomada pelo tribunal arbitral que tenha pendente a apreciação de outra greve cujos período e âmbitos geográfico e sectorial sejam total ou parcialmente coincidentes, havendo parecer favorável do tribunal em causa.

Artigo 25º – Procedimento prévio à arbitragem sobre serviços mínimos

1. Verificando-se o caso previsto na alínea *b*) do nº 4 do artigo 538º do Código do Trabalho, o serviço competente do ministério responsável pela área laboral comunica tal facto ao secretário-geral do Conselho Económico e Social, identificando as partes envolvidas e informando que a prestação de serviços mínimos não é regulada por instrumento de regulamentação colectiva de trabalho, bem como que não houve acordo na reunião convocada para o efeito ou que esta não se realizou por falta de comparência, devendo a comunicação ser acompanhada de cópias do aviso prévio de greve e da acta da reunião.

2. Após receber a comunicação prevista no número anterior, o secretário-geral do Conselho Económico e Social notifica de imediato o autor do aviso prévio de greve e o empregador ou associação de empregadores destinatário do mesmo, consoante a situação, da identidade dos membros do tribunal arbitral já constituído ou do dia e hora do sorteio dos árbitros.

Artigo 26º – Impedimento e suspeição

1. O requerimento de impedimento de árbitro é apresentado pelo representante de qualquer das partes, consoante o caso, imediatamente após a comunicação da identidade dos membros do tribunal arbitral já constituído ou antes da elaboração da acta do sorteio.

2. O árbitro deve apresentar, imediatamente após a comunicação pelo secretário-geral de que lhe cabe arbitrar determinado processo, a declaração de aceitação e de independência face aos interesses em conflito, ou o pedido de escusa, sendo caso disso.

3. Em caso de verificação de impedimento ou suspeição de árbitro, o presidente do Conselho Económico e Social, procede à sua imediata substituição pelo suplente seguinte.

Artigo 27º – Regras aplicáveis ao procedimento de arbitragem

1. A arbitragem tem início imediatamente após a constituição do tribunal arbitral e pode decorrer em qualquer dia do calendário.

2. O tribunal arbitral convoca as partes para as ouvir sobre a definição dos serviços mínimos e os meios necessários para os assegurar, podendo estas juntar os documentos que considerem pertinentes.

3. Após três decisões no mesmo sentido em casos em que as partes sejam as mesmas e cujos elementos relevantes para a decisão sobre os serviços mínimos a prestar e os meios necessários para os assegurar sejam idênticos, caso a última decisão tenha sido proferida há menos de três anos, o tribunal pode, em iguais circunstâncias, decidir de imediato nesse sentido, após a audição das partes e dispensando outras diligências instrutórias.

4. A notificação da decisão é efectuada até quarenta e oito horas antes do início do período da greve.

5. À arbitragem sobre serviços mínimos é aplicável o regime previsto no nº 1 e na segunda parte do nº 2 do artigo 6º, no artigo 8º, nos nºs 1, 2, 4 e 6 do artigo 9º, nos artigos 10º, 11º e 14º a 17º, nos nºs 2 e 3 do artigo 19º, no artigo 20º, no nº 3 do artigo 21º e no artigo 22º

6. Qualquer das partes pode requerer ao tribunal o esclarecimento de obscuridade ou ambiguidade que a decisão contenha, nos termos previstos no Código do Processo Civil, nas doze horas seguintes à sua notificação, devendo o tribunal responder nas doze horas subsequentes ao termo desse prazo.

7. O secretário-geral do Conselho Económico e Social envia a decisão arbitral, em documento electrónico, ao serviço competente do ministério responsável pela área laboral, para efeito de publicação no *Boletim do Trabalho e Emprego*.

Artigo 28º – Encargos do processo de arbitragem de serviços mínimos

Aos encargos do processo de arbitragem de serviços mínimos é aplicável o disposto no artigo 23º

(Cf. Declaração de Rectificação nº 76/2009, de 15-10)

CAPÍTULO V – Disposições finais e transitórias

Artigo 29º – Delegação de competências

O presidente do Conselho Económico e Social pode delegar as competências que lhe são atribuídas pelo presente decreto-lei no secretário-geral do mesmo órgão.

Artigo 30º – Encargos com mediação ou arbitragem voluntária

Se, em processo de mediação ou arbitragem voluntária e a requerimento conjunto das partes, o membro do Governo responsável pela área laboral aceitar que o mediador ou o árbitro presidente seja escolhido de entre os árbitros presidentes constantes da lista para a arbitragem obrigatória, os correspondentes encargos com honorários, ajudas de custo e despesas de transporte são suportados pelo ministério responsável pela área laboral.

Artigo 31º – Competência para aplicação de coimas

A competência para aplicação das coimas previstas no presente decreto-lei cabe à Autoridade para as Condições do Trabalho.

Artigo 32º – Disposição transitória

1. A Portaria nº 1100/2006, de 13 de Outubro, continua a produzir efeitos até à entrada em vigor de legislação que regule os honorários dos árbitros e peritos do tribunal arbitral.

2. A alteração do número de árbitros que integram as listas, resultante do nº 2 do artigo 2º, só produz efeitos a partir do termo do período de três anos em curso.

Visto e aprovado em Conselho de Ministros de 30 de Julho de 2009. – *José Sócrates Carvalho Pinto de Sousa* – *José António Fonseca Vieira da Silva.*

Promulgado em 8 de Setembro de 2009.

Publique-se.

O Presidente da República, ANÍBAL CAVACO SILVA.

Referendado em 9 de Setembro de 2009.

O Primeiro-Ministro, *José Sócrates Carvalho Pinto de Sousa.*

Regime Processual Aplicável às Contra-Ordenações Laborais e de Segurança Social

Lei nº 107/2009, de 14 de setembro

Aprova o regime processual aplicável às contra-ordenações laborais e de segurança social

A Assembleia da República decreta, nos termos da alínea *c*) do artigo 161º da Constituição, o seguinte:

CAPÍTULO I – Objecto, âmbito e competência

Artigo 1º – Objecto e âmbito

A presente lei estabelece o regime jurídico do procedimento aplicável às contra-ordenações laborais e de segurança social.

Artigo 2º – Competência para o procedimento de contra-ordenações

1. O procedimento das contra-ordenações abrangidas pelo âmbito de aplicação da presente lei compete às seguintes autoridades administrativas:

a) À Autoridade para as Condições do Trabalho (ACT), quando estejam em causa contra-ordenações por violação de norma que consagre direitos ou imponha deveres a qualquer sujeito no âmbito de relação laboral e que seja punível com coima;

b) Ao Instituto da Segurança Social, I. P. (ISS, I. P.), quando estejam em causa contra-ordenações praticadas no âmbito do sistema de segurança social.

2. Sempre que se verifique uma situação de prestação de actividade, por forma aparentemente autónoma, em condições características de contrato de trabalho, que possa causar prejuízo ao trabalhador ou ao Estado ou a falta de comunicação de admissão do trabalhador na segurança social, qualquer uma das autoridades administrativas referidas no número anterior é competente para o procedimento das contra-ordenações por esse facto.

3. A ACT é igualmente competente e instaura o procedimento previsto no artigo 15º-A da presente lei, sempre que se verifique a existência de características de contrato de trabalho, nomeadamente:

a) Nos termos previstos no nº 1 do artigo 12º e no nº 1 do artigo 12º-A do Código do Trabalho, aprovado pela Lei nº 7/2009, de 12 de fevereiro, incluindo nos casos em que o prestador de serviço atue como empresário em nome individual ou através de sociedade unipessoal; e

b) Em caso de indício de violação dos artigos 175º e 180º do Código do Trabalho, no âmbito do trabalho temporário.

4. O procedimento referido no número anterior é igualmente aplicável nas situações previstas nos nºs 1 e 2 do artigo 147º do Código do Trabalho.

(Redação dada pela Lei nº 13/2023, de 03-04)

Artigo 3º – Competência para a decisão

1. A decisão dos processos de contra-ordenação compete:

a) Ao inspetor-geral da ACT, no caso de contraordenações laborais;

b) Ao conselho directivo do ISS, I. P., no caso de contra-ordenações praticadas no âmbito do sistema de segurança social.

2. Nos termos do nº 2 do artigo anterior, a decisão dos processos de contraordenação compete ao inspetor-geral da ACT, quando o respetivo procedimento tiver sido realizado pela ACT, e ao conselho diretivo do ISS, I.P., quando tiver sido realizado pelo ISS, I.P.

3. As competências a que se refere o presente artigo podem ser delegadas nos termos do Código do Procedimento Administrativo (CPA).

(Redação dada pela Lei nº 13/2023, de 03-04)

Artigo 4º – Competência territorial

São territorialmente competentes para o procedimento das contra-ordenações, no âmbito das respectivas áreas geográficas de actuação de acordo com as competências previstas nas correspondentes leis orgânicas:

a) Os serviços desconcentrados da ACT em cuja área se haja verificado a contra-ordenação;

b) Os serviços do ISS, I. P., em cuja área se haja verificado a contra-ordenação.

CAPÍTULO II – Actos processuais na fase administrativa

Artigo 5º – Forma dos actos processuais

1. Os atos processuais podem ser praticados em suporte informático com aposição de assinatura eletrónica simples.

2. À decisão final de aplicação de coima, de sanção acessória ou de admoestação, proferida através de meios eletrónicos, deve ser aposta assinatura eletrónica ou outro meio idóneo de autenticação do titular do órgão competente, nos termos de legislação própria, o qual deve ser devidamente identificado.

3. *(Revogado.)*

4. A tramitação processual no âmbito do procedimento administrativo pode ser efetuada informaticamente, devendo respeitar critérios de disponibilidade, acessibilidade, integridade, autenticidade, confidencialidade, conservação e segurança da informação.

(Redação dada pela Lei nº 13/2023, de 03-04)

Artigo 6º – Contagem dos prazos

1. À contagem dos prazos para a prática de actos processuais previstos na presente lei são aplicáveis as disposições constantes da lei do processo penal.

2. A contagem referida no número anterior não se suspende durante as férias judiciais.

Artigo 7º – Notificações

1. As notificações são dirigidas para a sede ou para o domicílio dos destinatários ou para caixa postal eletrónica, ou, ainda, publicitadas por edital.

2. Os interessados que intervenham em quaisquer procedimentos levados a cabo pela autoridade administrativa competente, devem comunicar, no prazo de 10 dias, qualquer alteração da sua sede ou domicílio.

3. Se do incumprimento do disposto no número anterior resultar a falta de recebimento pelos interessados de notificação, esta considera-se efectuada para todos os efeitos legais, sem prejuízo do disposto no artigo seguinte.

4. As notificações no âmbito dos processos contraordenacionais referentes a matérias da segurança social são realizadas nos termos do Decreto-Lei nº 93/2017, de 1 de agosto, que cria o serviço público de notificações eletrónicas associado à morada única digital.

(Redação dada pela Lei nº 13/2023, de 03-04)

Artigo 8º – Notificação por carta registada

1. As notificações em processo de contraordenação são efetuadas por carta registada, com aviso de receção, nos seguintes termos:

a) Sempre que se notifique o arguido do auto de notícia, da participação e da decisão da autoridade administrativa que lhe aplique coima, sanção acessória ou admoestação;

b) Sempre que o notificando se recusar a receber ou assinar a notificação, o distribuidor do serviço postal certifica a recusa, considerando-se efetuada a notificação;

c) A notificação por carta registada considera-se efetuada na data em que seja assinado o aviso de receção ou no terceiro dia útil após essa data, quando o aviso seja assinado por pessoa diversa do notificando;

d) Se, por qualquer motivo, a carta registada for devolvida à entidade remetente, a notificação é reenviada ao notificando por via postal simples, considerando-se efetuada a notificação.

2. As notificações referidas no número anterior podem ser efetuadas através do serviço público de notificações eletrónicas associado à morada única digital, do sistema de notificações eletrónicas da segurança social, ou da caixa postal eletrónica, equivalendo ambas à remessa por via postal registada com aviso de receção.

3. Na impossibilidade de concretizar a notificação prevista nos números anteriores, designadamente quando a sede ou o domicílio dos destinatários se situar fora do território nacional, a mesma pode ser feita por edital, nos seguintes termos:

a) Publicitação em anúncio no sítio na Internet da ACT e da segurança social de acesso público;

b) Considera-se feita no dia da publicitação do anúncio;

c) Produz efeitos após o prazo de dilação de três dias.

(Redação dada pela Lei nº 13/2023, de 03-04)

Artigo 9º – Notificação na pendência de processo

1. As notificações efetuadas na pendência do processo não referidas no artigo anterior são efetuadas por meio de carta simples ou correio eletrónico ou caixa postal eletrónica.

2. Quando a notificação seja efetuada por carta simples deve ficar expressamente registada no processo a data da respetiva expedição e a morada para a qual foi enviada, considerando-se a notificação efetuada no quinto dia posterior à data ali indicada, devendo esta cominação constar do ato de notificação.

3. (*Revogado.*)

4. (*Revogado.*)

5. Quando a notificação seja efetuada através do serviço público de notificações eletrónicas associado à morada única digital ou do sistema de notificações eletrónicas da segurança social, são aplicadas as respetivas regras de perfeição da notificação.

6. Sempre que o arguido se encontre representado por defensor legal as notificações são a este efectuadas.

(Redação dada pela Lei nº 13/2023, de 03-04)

CAPÍTULO III – Da acção inspectiva

Artigo 10º – Procedimentos inspectivos

1. (*Revogado.*)

2. No exercício das suas funções profissionais o inspector da segurança social efectua, sem prejuízo dos previstos em legislação específica, os seguintes procedimentos:

a) Requisitar e copiar, com efeitos imediatos, para exame, consulta e junção aos autos, livros, documentos, registos, arquivos e outros elementos pertinentes em poder das entidades cuja actividade seja objecto da sua acção e que interessem à averiguação dos factos objecto da acção inspectiva;

b) Levantar autos de notícia e participações, relativamente a infracções constatadas no exercício das respectivas competências, podendo ainda levantar autos de advertência em caso de infracções classificadas como leves e das quais ainda não tenha resultado prejuízo grave para a segurança social;

c) Notificar trabalhadores, beneficiários ou não, bem como entidades empregadoras, que sejam encontrados em situação de infracção, podendo igualmente proceder à notificação de outros cidadãos, com vista à sua inquirição como testemunhas e ou declarantes, com a faculdade de reduzir a escrito os respectivos depoimentos;

d) Direito de acesso livre-trânsito, nos termos da lei, pelo tempo e horário necessários ao desempenho das suas funções, nas instalações das entidades sujeitas ao exercício das suas atribuições;

e) Obter, das entidades fiscalizadas para apoio nas acções de fiscalização, a cedência de instalações adequadas, material e equipamento próprio, bem como a colaboração de pessoal que se mostre indispensável;

f) Trocar correspondência, em serviço, com todas as entidades públicas ou privadas sobre assuntos de serviço da sua competência;

g) Requisitar a colaboração necessária das autoridades policiais e administrativas, para o exercício das suas funções.

3. O inspetor do trabalho ou da segurança social, consoante os casos, pode, caso assim o entenda, notificar ou entregar imediatamente ao infrator os instrumentos referidos no nº 2.

4. A notificação ou a entrega deve ser feita com a indicação da contra-ordenação verificada, das medidas recomendadas ao infractor e do prazo para o seu cumprimento, avisando-o de que o incumprimento das medidas recomendadas influi na determinação da medida da coima.

(Redação dada pela Lei nº 13/2023, de 03-04)

Artigo 11º – Notificação no âmbito de procedimentos inspectivos

No caso de entrega imediata, a notificação considera-se feita na pessoa do infractor quando seja efectuada em qualquer pessoa que na altura o represente, ou na sua falta, em qualquer trabalhador que se encontre a exercer funções no local.

Artigo 12º – Modo e lugar do cumprimento

1. Se o cumprimento da norma a que respeita a contra-ordenação for comprovável por documentos, o sujeito responsável exibe ou envia a título devolutivo os documentos comprovativos do cumprimento no serviço territorialmente competente da respectiva autoridade administrativa, dentro do prazo fixado.

2. No caso de contra-ordenação não abrangida pelo disposto no número anterior, o inspector pode ordenar ao sujeito responsável pela contra-ordenação que, dentro do prazo fixado, comunique ao serviço territorialmente competente que tomou as medidas necessárias para cumprir a norma.

CAPÍTULO IV - Tramitação processual

SECÇÃO I - Da fase administrativa

Artigo 13º - Auto de notícia e participação

1. O auto de notícia e a participação são elaborados pelos inspectores do trabalho ou da segurança social, consoante a natureza das contra-ordenações em causa.

2. Sem prejuízo do disposto em legislação especial, há lugar a auto de notícia quando, no exercício das suas funções o inspector do trabalho ou da segurança social, verificar ou comprovar, pessoal e directamente, ainda que por forma não imediata, qualquer infracção a normas sujeitas à fiscalização da respectiva autoridade administrativa sancionada com coima.

3. Consideram-se provados os factos materiais constantes do auto de notícia levantado nos termos do número anterior enquanto a autenticidade do documento ou a veracidade do seu conteúdo não forem fundadamente postas em causa.

4. Relativamente às infracções de natureza contra-ordenacional cuja verificação não tenha sido comprovada pessoalmente pelo inspector do trabalho ou da segurança social, há lugar à elaboração de participação instruída com os elementos de prova disponíveis e a indicação de, pelo menos, duas testemunhas e o máximo de cinco, independentemente do número de contra-ordenações em causa.

Artigo 14º - Auto de infracção

1. O auto de infracção é levantado por qualquer técnico da segurança social.

2. Há lugar a auto de infracção quando seja verificada por qualquer técnico no exercício das suas funções infracção correspondente a contra-ordenação da segurança social.

3. Consideram-se provados os factos materiais constantes do auto levantado nos termos do número anterior enquanto a autenticidade do documento ou a veracidade do seu conteúdo não forem fundadamente postas em causa.

Artigo 15º - Elementos do auto de notícia, da participação e do auto de infracção

1. O auto de notícia, a participação e o auto de infracção referidos nos artigos anteriores mencionam especificadamente os factos que constituem a contra-ordenação, o dia, a hora, o local e as circunstâncias em que foram cometidos e o que puder ser averiguado acerca da identificação e residência do arguido, o nome e categoria do autuante ou participante e, ainda, relativamente à participação, a identificação e a residência das testemunhas.

2. Quando o responsável pela contra-ordenação seja uma pessoa colectiva ou equiparada, indica-se, sempre que possível, a sede da pessoa colectiva e a identificação e a residência dos respectivos gerentes, administradores ou directores.

3. No caso de subcontrato, indica-se, sempre que possível, a identificação e a residência do subcontratante e do contratante principal.

Artigo 15º-A – Procedimento a adotar em caso de inadequação do vínculo que titula a prestação de uma atividade em condições correspondentes às do contrato de trabalho

1. Caso o inspetor do trabalho verifique, na relação entre a pessoa que presta uma atividade e outra ou outras que dela beneficiam, a existência de características de contrato de trabalho, nos termos previstos nos nºs 3 e 4 do artigo 2º, lavra um auto e notifica o empregador para, no prazo de 10 dias, regularizar a situação, ou se pronunciar dizendo o que tiver por conveniente.

2. O procedimento é imediatamente arquivado caso o empregador faça prova da regularização da situação do trabalhador, designadamente, mediante a apresentação do contrato de trabalho ou de documento comprovativo da existência do mesmo, reportada à data do início da relação laboral, mas não dispensa a aplicação das contraordenações previstas no nº 2 do artigo 12º e no nº 10 do artigo 12º-A do Código do Trabalho.

3. Findo o prazo referido no nº 1 sem que a situação do trabalhador em causa se mostre devidamente regularizada, a ACT remete, em cinco dias, participação dos factos para os serviços do Ministério Público junto do tribunal do lugar da prestação da atividade, acompanhada de todos os elementos de prova recolhidos, para fins de instauração de ação de reconhecimento da existência de contrato de trabalho.

4. A ação referida no número anterior suspende até ao trânsito em julgado da decisão o procedimento contraordenacional ou a execução com ela relacionada.

(Redação dada pela Lei nº 13/2023, de 03-04)

Artigo 16º – Impedimentos

O autuante ou o participante não podem exercer funções instrutórias no mesmo processo.

Artigo 17º – Notificação ao arguido das infracções laborais

1. O auto de notícia, a participação e o auto de infracção são notificados ao arguido, para, no prazo de 15 dias, proceder ao pagamento voluntário da coima.

2. Dentro do prazo referido no número anterior, o arguido pode apresentar resposta escrita, em língua portuguesa, devendo juntar os documentos probatórios de que disponha e arrolar testemunhas, até ao máximo de duas por cada infração.

3. Quando tiver praticado três ou mais contra-ordenações a que seja aplicável uma coima única, o arguido pode arrolar até ao máximo de cinco testemunhas por todas as infracções.

(Redação dada pela Lei nº 13/2023, de 03-04)

Artigo 18º – Notificação ao arguido das infracções de segurança social

1. O arguido é notificado dos factos que lhe são imputados para, no prazo de 15 dias, proceder ao pagamento voluntário da coima, ou para contestar, querendo, devendo apresentar os documentos probatórios de que disponha e arrolar testemunhas, até ao máximo de duas por cada infracção.

2. Quando tiver praticado três ou mais contra-ordenações a que seja aplicável uma coima única, o arguido pode arrolar até ao máximo de cinco testemunhas por todas as infracções.

Artigo 19º – Pagamento voluntário da coima

1. Em qualquer altura do processo, mas sempre antes da decisão da autoridade administrativa competente, nos casos em que a infracção seja qualificada como leve, grave ou muito grave praticada com negligência, o arguido pode proceder ao pagamento voluntário da coima, nos termos seguintes:

a) Em caso de pagamento voluntário da coima efectuado no prazo de 15 dias estabelecido no nº 1 dos artigos 17º e 18º, a coima é liquidada pelo valor mínimo que corresponda à contra-ordenação praticada com negligência, devendo ter em conta o agravamento a título de reincidência, sem custas processuais;

b) Em caso de pagamento voluntário da coima efectuado posteriormente ao decurso do prazo previsto na alínea anterior, mas antes da decisão da autoridade administrativa competente, a coima é liquidada pelo valor mínimo que corresponda à contra-ordenação praticada com negligência, devendo ter em conta o agravamento a título de reincidência, acrescido das devidas custas processuais.

2. Se a contra-ordenação consistir na falta de entrega de mapas, relatórios ou outros documentos ou na omissão de comunicações obrigatórias, o pagamento voluntário da coima só é possível se o arguido sanar a falta no mesmo prazo.

3. O pagamento voluntário da coima, nos termos do nº 1, equivale a condenação e determina o arquivamento do processo, não podendo o mesmo ser reaberto, e não podendo os factos voltar a ser apreciados como contra-ordenação, salvo se à contra-ordenação for aplicável sanção acessória, caso em que prossegue restrito à aplicação da mesma.

4. Se o infractor agir com desrespeito das medidas recomendadas no auto de advertência, a coima pode ser elevada até ao valor mínimo do grau que corresponda à infracção praticada com dolo.

Artigo 20º – Responsabilidade solidária pelo pagamento da coima

O disposto nos artigos 17º, 18º e 19º é aplicável, com as necessárias adaptações, ao sujeito solidariamente responsável pelo pagamento da coima.

Artigo 21º – Testemunhas

1. As testemunhas indicadas pelo arguido na resposta escrita devem por ele ser apresentadas na data, na hora e no local indicados pela entidade instrutora do processo.

2. Os depoimentos prestados nos termos do número anterior devem ser preferencialmente realizados através de meios técnicos audiovisuais.

3. Os depoimentos ou esclarecimentos recolhidos nos termos do número anterior não são reduzidos a escrito, nem é necessária a sua transcrição para efeitos de recurso, devendo ser junta ao processo cópia das gravações.

(Redação dada pela Lei nº 13/2023, de 03-04)

Artigo 22º – Adiamento da diligência de inquirição de testemunhas

1. A diligência de inquirição de testemunhas apenas pode ser adiada uma única vez, ainda que a falta à primeira marcação tenha sido considerada justificada.

2. Considera-se justificada a falta motivada por facto não imputável ao faltoso que o impeça de comparecer no acto processual.

3. A impossibilidade de comparecimento deve ser comunicada com cinco dias de antecedência, se for previsível, e no dia e hora designados para a prática do acto ou no prazo de vinte e quatro horas em caso de manifesta impossibilidade, se for imprevisível, constando da comunicação a indicação do respectivo motivo e da duração previsível do impedimento, sob pena de não justificação da falta.

4. Os elementos de prova da impossibilidade de comparecimento devem ser apresentados com a comunicação referida no número anterior.

Artigo 23º – Legitimidade das associações sindicais como assistentes

1. Nos processos instaurados no âmbito da presente secção, podem constituir-se assistentes as associações sindicais representativas dos trabalhadores relativamente aos quais se verifique a contra-ordenação.

2. À constituição de assistente são aplicáveis, com as necessárias adaptações, as disposições do Código de Processo Penal.

3. Pela constituição de assistente não são devidas quaisquer taxas.

Artigo 24º – Prazo para a instrução

1. O prazo para a conclusão da instrução é de 60 dias.

2. O prazo referido no número anterior pode ser sucessivamente prorrogado por iguais períodos em casos devidamente fundamentados.

3. Para efeitos do nº 1, a contagem do prazo inicia-se com a distribuição do processo ao respectivo instrutor.

Artigo 25º – Decisão condenatória

1. A decisão que aplica a coima e ou as sanções acessórias contém:

a) A identificação dos sujeitos responsáveis pela infracção;

b) A descrição dos factos imputados, com indicação das provas obtidas;

c) A indicação das normas segundo as quais se pune e a fundamentação da decisão;

d) A coima e as sanções acessórias.

2. As sanções aplicadas às contraordenações em concurso são sempre objeto de cúmulo material.

3. Da decisão consta também a informação de que:

a) A condenação se torna definitiva e exequível se não for judicialmente impugnada nos termos dos artigos 32º a 35º;

b) Em caso de impugnação judicial, o tribunal pode decidir mediante audiência ou, caso os sujeitos responsáveis pela infracção, o Ministério Público e o assistente, quando exista, não se oponham, mediante simples despacho.

4. A decisão contém ainda a ordem de pagamento da coima no prazo máximo de 10 dias após o carácter definitivo ou o trânsito em julgado da decisão.

5. Não tendo o arguido exercido o direito de defesa nos termos do nº 2 do artigo 17º e do nº 1 do artigo 18º, a descrição dos factos imputados, das provas, e das circunstâncias relevantes para a decisão é feita por simples remissão para o auto de notícia, para a participação ou para o auto de infracção.

6. A fundamentação da decisão pode consistir em mera declaração de concordância com fundamentos de anteriores pareceres, informações ou propostas de decisão elaborados no âmbito do respectivo processo de contra-ordenação.

(Redação dada pela Lei nº 13/2023, de 03-04)

Artigo 26º – Natureza de título executivo

A decisão condenatória de aplicação de coima que não se mostre liquidada no prazo legal tem a natureza de título executivo.

Artigo 27º – Pagamento da coima em prestações

1. Excepcionalmente, quando o arguido o requeira e desde que a sua situação económica o justifique, pode a autoridade administrativa competente, após decisão condenatória, autorizar o pagamento da coima em prestações, não podendo a última delas ir além de um ano subsequente ao carácter definitivo da decisão.

2. A falta de pagamento de uma prestação implica o vencimento de todas as outras.

3. Para efeitos de apreciação do pedido do pagamento da coima em prestações, o arguido tem de fazer prova da impossibilidade de pagamento imediato da coima.

4. Nos casos em que seja autorizado o pagamento da coima em prestações, são pagos com a primeira prestação e pela seguinte ordem:

a) Créditos laborais em que o empregador tenha sido condenado;

b) Dívidas à segurança social e respectivas custas.

Artigo 27º-A – Diferimento e suspensão de prazos

Os prazos relativos aos atos praticados nos procedimentos contraordenacionais, bem como ao exercício do direito de audição ou de defesa em quaisquer procedimentos, exercício do direito à redução de coimas, dispensa de coima, bem como de pagamento antecipado de coimas, ou de esclarecimentos solicitados pelas instituições de segurança social ou ACT, que terminem no decurso do mês de agosto, são transferidos para o primeiro dia útil do mês seguinte.

(*Aditado pela Lei nº 24-D/2022, de 30-12*)

SUBSECÇÃO I – Processo especial

Artigo 28º – Âmbito

1. A infração cuja factualidade seja passível de ser verificada exclusivamente por informação recolhida em base de dados pode seguir a forma de processo especial.

2. O processo especial não é aplicável quando o infrator já tenha sido condenado anteriormente pela mesma infração, sobre a qual ainda não tenha decorrido um prazo superior ao da prescrição da respetiva coima, contado a partir da data da decisão condenatória.

(*Redação dada pela Lei nº 13/2023, de 03-04*)

Artigo 29º – Procedimento

1. A autoridade administrativa competente comunica ao infrator, através de suporte informático com aposição de assinatura eletrónica simples, nomeadamente através do sistema de notificações eletrónicas previsto no artigo 23º-A do Código dos Regimes Contributivos, aprovado em anexo à Lei nº 110/2009, de 16 de setembro, a descrição sumária dos factos imputados, com menção das disposições legais violadas, e a indicação do valor da coima calculada.

2. Na mesma comunicação, o infrator é informado da possibilidade de pagamento da coima, no prazo de cinco dias, com a redução prevista nos termos do artigo seguinte.

3. A falta de pagamento no prazo referido no número anterior determina o imediato prosseguimento do processo nos termos previstos nos artigos 17º a 27º.

(*Redação dada pela Lei nº 13/2023, de 03-04*)

Artigo 30º – Redução da coima

O valor da coima, calculado para os efeitos do nº 2 do artigo anterior, corresponde a 75% do montante mínimo legal aplicável.

Artigo 31º – Efeitos do cumprimento

O cumprimento da obrigação devida e o pagamento da coima nos termos do nº 2 do artigo 29º equivale a decisão condenatória definitiva, não podendo o facto voltar a ser apreciado como contraordenação, nem o infrator impugnar judicialmente aquela decisão.

(*Redação dada pela Lei nº 13/2023, de 03-04*)

SECÇÃO II – Fase judicial

Artigo 32º – Impugnação judicial das decisões de aplicação das coimas

A decisão da autoridade administrativa de aplicação de coima é susceptível de impugnação judicial.

Artigo 33º – Forma e prazo

1. A impugnação judicial é dirigida ao tribunal de trabalho competente e deve conter alegações, conclusões e indicação dos meios de prova a produzir.

2. A impugnação judicial é apresentada na autoridade administrativa que tenha proferido a decisão de aplicação da coima, no prazo de 20 dias após a sua notificação.

Artigo 34º – Tribunal competente

É competente para conhecer da impugnação judicial o tribunal de trabalho em cuja área territorial se tiver verificado a contra-ordenação.

Artigo 35º – Efeitos da impugnação judicial

1. A impugnação judicial tem efeito meramente devolutivo.

2. (*Revogado.*)

3. (*Revogado.*)

(*Redação dada pela Lei nº 13/2023, de 03-04*)

Artigo 36º – Envio dos autos ao Ministério Público

1. Recebida a impugnação judicial e, sendo caso disso, efectuado o depósito referido no artigo anterior, a autoridade administrativa competente envia os autos ao Ministério Público no prazo de 10 dias, podendo, caso o entenda, apresentar alegações.

2. Até ao envio dos autos, pode a autoridade administrativa competente revogar, total ou parcialmente, a decisão de aplicação da coima ou sanção acessória.

Artigo 37º – Apresentação dos autos ao juiz

O Ministério Público torna sempre presentes os autos ao juiz, com indicação dos respectivos elementos de prova, valendo este acto como acusação.

Artigo 38º – Não aceitação da impugnação judicial

1. O juiz rejeita, por meio de despacho, a impugnação judicial feita fora do prazo ou sem respeito pelas exigências de forma.

2. Deste despacho há recurso, que sobe imediatamente.

Artigo 39º – Decisão judicial

1. O juiz decide do caso mediante audiência de julgamento ou através de simples despacho.

2. O juiz decide por despacho quando não considere necessária a audiência de julgamento e o arguido ou o Ministério Público não se oponham.

3. O despacho pode ordenar o arquivamento do processo, absolver o arguido ou manter ou alterar a condenação.

4. O juiz fundamenta a sua decisão, tanto no que respeita aos factos como no que respeita ao direito aplicado e às circunstâncias que determinaram a medida da sanção, podendo basear-se em mera declaração de concordância com a decisão condenatória da autoridade administrativa.

5. Em caso de absolvição, o juiz indica porque não considera provados os factos ou porque não constituem uma contra-ordenação.

Artigo 40º – Marcação da audiência

Ao aceitar a impugnação judicial o juiz marca a audiência, salvo no caso referido no nº 2 do artigo anterior.

Artigo 41º – Retirada da acusação

A todo o tempo, e até à sentença em primeira instância ou até ser proferido o despacho previsto no nº 2 do artigo 39º, pode o Ministério Público, com o acordo do arguido e da autoridade administrativa, retirar a acusação.

Artigo 42º – Participação do arguido na audiência

1. O arguido não é obrigado a comparecer à audiência, salvo se o juiz considerar a sua presença como necessária ao esclarecimento dos factos.

2. O arguido pode sempre fazer-se representar por defensor legal.

3. Nos casos em que o juiz não ordenou a presença do arguido a audiência prossegue sem a presença deste.

Artigo 43º – Ausência do arguido

Nos casos em que o arguido não comparece nem se faz representar por advogado, tomam-se em conta as declarações que tenham sido colhidas no âmbito do processo de contra-ordenação que correu termos na autoridade administrativa competente ou regista-se que ele nunca se pronunciou sobre a matéria dos autos, apesar de lhe ter sido concedida a oportunidade para o fazer, e procede-se a julgamento.

Artigo 44º – Participação do Ministério Público

O Ministério Público está presente na audiência de julgamento.

Artigo 45º – Participação da autoridade administrativa competente

1. O tribunal comunica à autoridade administrativa competente a data da audiência para, querendo, esta poder participar na audiência.

2. O Ministério Público, após notificação da decisão de arquivamento do processo, absolvição ou alteração da condenação, solicita a pronúncia por escrito da autoridade administrativa competente, no prazo de cinco dias, a fim de ser equacionado um eventual recurso no processo.

3. O tribunal comunica à autoridade administrativa competente, de imediato e antes do trânsito em julgado, a sentença, bem como as demais decisões finais.

Artigo 46º – Retirada da impugnação judicial

1. A impugnação judicial pode ser retirada pelo arguido até à sentença em primeira instância ou até ser proferido o despacho previsto no nº 2 do artigo 39º

2. Depois do início da audiência de julgamento, a impugnação judicial só pode ser retirada mediante o acordo do Ministério Público.

Artigo 47º – Prova

1. Compete ao Ministério Público promover a prova de todos os factos que considere relevantes para a decisão.

2. Compete ao juiz determinar o âmbito da prova a produzir.

3. O Ministério Público e o arguido podem arrolar até ao máximo de duas testemunhas por cada infracção.

4. Quando se trate de três ou mais contra-ordenações a que seja aplicável uma coima única, o Ministério Público e o arguido podem arrolar até ao máximo de cinco testemunhas por todas as infracções.

Artigo 48º – Admoestação judicial

Excepcionalmente, se a infracção consistir em contra-ordenação classificada como leve e a reduzida culpa do arguido o justifique, pode o juiz proferir uma admoestação.

Artigo 49º – Decisões judiciais que admitem recurso

1. Admite-se recurso para o Tribunal da Relação da sentença ou do despacho judicial proferidos nos termos do artigo 39º, quando:

a) For aplicada ao arguido uma coima superior a 25 UC ou valor equivalente;

b) A condenação do arguido abranger sanções acessórias;

c) O arguido for absolvido ou o processo for arquivado em casos em que a autoridade administrativa competente tenha aplicado uma coima superior a 25 UC ou valor equivalente, ou em que tal coima tenha sido reclamada pelo Ministério Público;

d) A impugnação judicial for rejeitada;

e) O tribunal decidir através de despacho não obstante o recorrente se ter oposto nos termos do disposto no nº 2 do artigo 39º

2. Para além dos casos enunciados no número anterior, pode o Tribunal da Relação, a requerimento do arguido ou do Ministério Público, aceitar o recurso da decisão quando tal se afigure manifestamente necessário à melhoria da aplicação do direito ou à promoção da uniformidade da jurisprudência.

3. Se a sentença ou o despacho recorrido são relativos a várias infracções ou a vários arguidos e se apenas quanto a alguma das infracções ou a algum dos arguidos se verificam os pressupostos necessários, o recurso sobe com esses limites.

Artigo 50º – Regime do recurso

1. O recurso é interposto no prazo de 20 dias a partir da sentença ou do despacho, ou da sua notificação ao arguido, caso a decisão tenha sido proferida sem a presença deste.

2. Nos casos previstos no nº 2 do artigo anterior, o requerimento segue junto ao recurso, antecedendo-o.

3. Nestes casos, a decisão sobre o requerimento constitui questão prévia, que é resolvida por despacho fundamentado do tribunal, equivalendo o seu indeferimento à retirada do recurso.

4. O recurso segue a tramitação do recurso em processo penal, tendo em conta as especialidades que resultem desta lei.

Artigo 51º – Âmbito e efeitos do recurso

1. Se o contrário não resultar da presente lei, a segunda instância apenas conhece da matéria de direito, não cabendo recurso das suas decisões.

2. A decisão do recurso pode:

a) Alterar a decisão do tribunal recorrido sem qualquer vinculação aos termos e ao sentido da decisão recorrida;

b) Anulá-la e devolver o processo ao tribunal recorrido.

CAPÍTULO V - Prescrição

Artigo 52º – Prescrição do procedimento

Sem prejuízo das causas de suspensão e interrupção da prescrição previstas no regime geral das contra-ordenações, o procedimento extingue-se por efeito da prescrição logo que sobre a prática da contra-ordenação hajam decorrido cinco anos.

Artigo 53º – Suspensão da prescrição

1. A prescrição do procedimento por contra-ordenação suspende-se, para além dos casos especialmente previstos na lei, durante o tempo em que o procedimento:

a) Não possa legalmente iniciar-se ou continuar por falta de autorização legal;

b) Não possa prosseguir por inviabilidade de notificar o arguido por carta registada com aviso de recepção;

c) Esteja pendente a partir do envio do processo ao Ministério Público até à sua devolução à autoridade administrativa competente, nos termos previstos no regime geral das contra-ordenações.

d) Esteja pendente a partir da notificação do despacho que procede ao exame preliminar do recurso da decisão da autoridade administrativa competente, até à decisão final do recurso.

2. Nos casos previstos nas alíneas *b*), *c*) e *d*) do número anterior, a suspensão não pode ultrapassar seis meses.

Artigo 54º – Interrupção da prescrição

1. A prescrição do procedimento por contra-ordenação interrompe-se:

a) Com a comunicação ao arguido dos despachos, decisões ou medidas contra ele tomados ou com qualquer notificação;

b) Com a realização de quaisquer diligências de prova, designadamente exames e buscas, ou com o pedido de auxílio às autoridades policiais ou a qualquer autoridade administrativa;

c) Com a notificação ao arguido para exercício do direito de audição ou com as declarações por ele prestadas no exercício desse direito;

d) Com a decisão da autoridade administrativa competente que procede à aplicação da coima.

2. Nos casos de concurso de infracções, a interrupção da prescrição do procedimento criminal determina a interrupção da prescrição do procedimento por contra-ordenação.

3. A prescrição do procedimento tem sempre lugar quando, desde o seu início e ressalvado o tempo de suspensão, tenha decorrido o prazo da prescrição acrescido de metade.

Artigo 55º – Prescrição da coima

Sem prejuízo das causas de suspensão e interrupção da prescrição previstas no regime geral das contra-ordenações, as coimas prescrevem no prazo de cinco anos, a partir do carácter definitivo ou do trânsito em julgado da decisão condenatória.

Artigo 56º – Suspensão da prescrição da coima

A prescrição da coima suspende-se durante o tempo em que:

a) Por força da lei, a execução não pode começar ou não pode continuar a ter lugar;

b) A execução está interrompida;

c) Esteja em curso plano de pagamento em prestações.

Artigo 57º – Interrupção da prescrição da coima

1. A prescrição da coima interrompe-se com a sua execução.

2. A prescrição da coima ocorre quando, desde o seu início e ressalvado o tempo de suspensão, tenha decorrido o prazo normal da prescrição acrescido de metade.

Artigo 58º – Prescrição das sanções acessórias

Aplica-se às sanções acessórias o regime previsto nos artigos anteriores para a prescrição da coima.

CAPÍTULO VI – Custas

Artigo 59º – Custas processuais

1. As custas processuais relativas à tramitação administrativa são cobradas à razão de 1, 2 ou 3 unidades de conta (UC), de acordo com o escalão de gravidade de cada uma das contraordenações objeto de decisão de aplicação de coima, de sanção acessória ou de admoestação.

2. Quando não seja possível determinar o escalão de gravidade da contraordenação é cobrada 1 UC nos termos do número anterior.

3. Ao pagamento de custas previsto nos números anteriores acrescem os encargos decorrentes da realização de peritagens e traduções.

4. As custas processuais são pagas integralmente e de uma só vez.

5. Os montantes relativos a custas processuais e outros encargos constituem receita própria das entidades administrativas que procederam à tramitação processual.

(*Redação dada pela Lei nº 13/2023, de 03-04*)

CAPÍTULO VII – Disposições finais

Artigo 60º – Direito subsidiário

Sempre que o contrário não resulte da presente lei, são aplicáveis, com as devidas adaptações, os preceitos reguladores do processo de contra-ordenação previstos no regime geral das contra-ordenações.

Artigo 61º – Cumprimento da obrigação devida

O pagamento da coima não dispensa o infractor do cumprimento da obrigação, se este ainda for possível.

Artigo 62º – Comunicações entre autoridades administrativas competentes

1. Para efeitos do disposto no nº 2 do artigo 2º, as autoridades administrativas competentes comunicam entre si, trimestralmente, os procedimentos de contra-ordenação em curso e as coimas aplicadas.

2. As autoridades administrativas competentes devem comunicar entre si, no prazo de 10 dias, a verificação de infracção a que corresponda uma contra-ordenação laboral ou de segurança social que não seja da sua competência.

Artigo 62º-A – Competência para a instauração e instrução do processo de execução

1. Compete ao Instituto de Gestão Financeira da Segurança Social, I.P. (IGFSS, I.P.), a instauração e instrução do processo de execução das coimas e custas, nos termos de Decreto-Lei nº 42/2001, de 9 de fevereiro, que cria as secções de processo executivo do sistema de solidariedade e segurança social, define as regras especiais daquele processo e adequa a organização e a competência dos tribunais administrativos e tributários.

2. Para efeitos do número anterior, as dívidas por coimas e custas aí referidas são equiparadas a dívidas à segurança social.

3. Para efeitos do disposto no nº 1, a ACT remete ao IGFSS, I.P., as certidões de dívida referentes às coimas e às custas, cuja emissão é da competência do dirigente máximo daquele serviço.

(*Aditado pela Lei nº 13/2023, de 03-04*)

Artigo 63º – Regiões Autónomas

Na aplicação da presente lei às Regiões Autónomas são tidas em conta as competências legais atribuídas aos respectivos órgãos e serviços regionais.

Artigo 64º – Norma revogatória

São revogados os artigos 14º a 32º do Decreto-Lei nº 64/89, de 25 de Fevereiro.

Artigo 65º – Entrada em vigor

1. A presente lei entra em vigor no 1º dia do mês seguinte ao da sua publicação.

2. As disposições da presente lei referentes aos meios áudio-visuais e informáticos só entram em vigor na data da sua implementação pelos competentes serviços do ministério responsável pela área laboral.

Aprovada em 23 de Julho de 2009.

O Presidente da Assembleia da República, *Jaime Gama.*

Promulgada em 31 de Agosto de 2009.

Publique-se.

O Presidente da República, ANÍBAL CAVACO SILVA.

Referendada em 31 de Agosto de 2009.

O Primeiro-Ministro, *José Sócrates Carvalho Pinto de Sousa.*

Regime Jurídico de Proteção Social na Parentalidade

Decreto-Lei nº 91/2009, de 9 de abril

Estabelece o regime jurídico de protecção social na parentalidade no âmbito do sistema previdencial e no subsistema de solidariedade e revoga o Decreto-Lei nº 154/88, de 29 de Abril, e o Decreto-Lei nº 105/2008, de 25 de Junho

O XVII Governo Constitucional reconhece, no seu Programa, o contributo imprescindível das famílias para a coesão, equilíbrio social e o desenvolvimento sustentável do País.

Reconhecendo a importância e a necessidade de criar medidas que contribuam para a criação de condições favoráveis ao aumento da natalidade, por um lado, mas também à melhoria da conciliação da vida familiar e profissional e aos cuidados da primeira infância, o Governo elaborou um conjunto de medidas de alteração do regime de protecção na parentalidade, primeiro no âmbito do Acordo Tripartido para um Novo Sistema de Regulação das Relações Laborais, das Políticas de Emprego e da Protecção Social em Portugal e mais recentemente plasmadas no Código do Trabalho.

Também no III Plano Nacional para a Igualdade – Cidadania e Género (2007-2010) está prevista a adopção de medidas e acções destinadas a combater as desigualdades de género, promover a igualdade entre mulheres e homens bem como a conciliação entre a vida profissional, familiar e pessoal, elegendo-se como prioridade, nomeadamente, a criação de condições de paridade na harmonização das responsabilidades profissionais e familiares.

No âmbito da protecção à parentalidade, que constitui um direito constitucionalmente reconhecido, a segurança social intervém através da atribuição de subsídios de natureza pecuniária que visam a substituição dos rendimentos perdidos por força da situação de incapacidade ou indisponibilidade para o trabalho por motivo de maternidade, paternidade e adopção.

O novo regime de protecção social elege como prioridades o incentivo à natalidade e a igualdade de género através do reforço dos direitos do pai e do incentivo à partilha da licença, ao mesmo tempo que promove a conciliação entre a vida profissional e familiar e melhora os cuidados às crianças na primeira infância através da atribuição de prestações pecuniárias na situação de impedimento para o exercício de actividade profissional.

O presente decreto-lei alarga o esquema de protecção social na parentalidade dos trabalhadores independentes, que passam a beneficiar do subsídio parental exclusivo do pai e do subsídio para assistência a filho com deficiência ou doença crónica.

Por outro lado, por força das sucessivas alterações à lei da maternidade, o regime por adopção tem hoje uma protecção menor do que a prevista para a maternidade, pelo que se impõe, por uma questão de justiça social, o reconhecimento ao instituto da adopção do estatuto que lhe é devido através da equiparação deste regime ao regime de protecção na parentalidade, corrigindo-se assim uma injustiça que se vinha verificando desde há alguns anos a esta parte.

São reforçados os direitos do pai por nascimento de filho, quer no que se refere aos direitos de gozo obrigatório quer no que se refere aos direitos de gozo facultativo, e aumenta-se o período de licença parental no caso de partilha da licença parental por ambos os progenitores, garantindo-se um maior período de acompanhamento da criança nos primeiros tempos de vida e possibilitando-se uma maior partilha e flexibilização dos progenitores na conciliação da vida familiar com a gestão da sua carreira profissional.

Ademais, cria-se a possibilidade de prolongamento da licença parental inicial por mais seis meses adicionais subsidiados pela segurança social. O subsídio parental alargado com a duração de três meses é concedido a um ou a ambos os cônjuges alternadamente, desde que a respectiva licença seja gozada no período imediatamente subsequente à licença parental inicial ou à licença complementar, na modalidade de alargada, pelo outro cônjuge.

Com o objectivo de incentivar a natalidade e melhorar os cuidados às crianças na primeira infância o trabalho a tempo parcial para acompanhamento de filho durante os 12 primeiros anos de vida é contado em dobro para efeitos de atribuições de prestações de segurança social, com o limite da remuneração correspondente ao tempo completo.

No âmbito da assistência a filhos, em caso de doença ou acidente, procede-se ao alargamento das situações passíveis de protecção através da atribuição de subsídio durante o correspondente período de faltas e reforça-se a protecção conferida em caso de filho com deficiência ou doença crónica.

Assim, as faltas para assistência a menor de 12 anos ou, independentemente da idade, no caso de filho com deficiência ou doença crónica, são subsidiadas durante o período máximo de 30 dias por ano civil ou durante todo o período de eventual hospitalização, sendo as faltas para assistência a maiores de 12 anos subsidiadas durante o período máximo de 15 dias também por ano civil, acrescidos de um dia por cada filho além do primeiro.

Reforçam-se os direitos dos avós e promove-se a possibilidade de uma melhor flexibilização da gestão e organização da vida familiar através da criação de um subsídio para as faltas dos avós que, em substituição dos pais, prestam assistência aos netos menores doentes ou, independentemente da idade, com deficiência ou doença crónica.

Aumenta-se em dobro o limite máximo do subsídio para assistência a filho com deficiência ou doença crónica discriminando positivamente as situações em que se verificam necessidades especiais na assistência à família.

São ainda simplificados os meios de prova no sentido de permitir uma maior facilidade ao cidadão em requerer as respectivas prestações, prevendo-se a possibilidade de dispensa de requerimento quando as situações são certificadas através do Certificado de Incapacidade Temporária para o Trabalho, sem prejuízo de se manter a possibilidade de requerimento em papel e *online* através da segurança social directa. Deixa de ser exigível a comprovação do período de impedimento pelas respectivas entidades empregadoras, excepto na situação de risco específico.

Neste contexto, o presente decreto-lei estabelece o regime de protecção social na parentalidade em adequação à recente alteração do quadro jurídico-laboral, constante do Código do Trabalho, e promove a consolidação jurídica, num único texto normativo, do regime de protecção social do sistema previdencial e do subsistema de solidariedade tendo em vista assegurar uma maior equidade, clareza e facilidade no acesso aos direitos que assistem aos seus destinatários.

Foram ouvidos os órgãos de governo próprio das Regiões Autónomas.

Foram ouvidos, a título facultativo, os parceiros sociais com assento na Comissão Permanente de Concertação Social.

Assim:

No desenvolvimento do regime jurídico estabelecido na Lei nº 4/2007, de 16 de Janeiro, e nos termos das alíneas *a*) e *c*) do nº 1 do artigo 198º da Constituição, o Governo decreta o seguinte:

CAPÍTULO I – Disposições gerais

Artigo 1º – Objecto e âmbito

O presente decreto-lei define e regulamenta a protecção na parentalidade no âmbito da eventualidade maternidade, paternidade e adopção do sistema previdencial e do subsistema de solidariedade.

Artigo 2º – Protecção na parentalidade no âmbito do sistema previdencial

1. A protecção prevista no âmbito do sistema previdencial concretiza-se na atribuição de prestações pecuniárias destinadas a compensar a perda de rendimentos de trabalho em consequência da ocorrência da eventualidade.

2. A protecção estabelecida no âmbito do sistema previdencial abrange as situações de risco clínico durante a gravidez, de interrupção da gravidez, de parentalidade, de adopção, de risco específico, de assistência a filho, em caso de doença ou acidente, de assistência a filho com deficiência ou doença crónica e de assistência a neto determinantes de impedimento temporário para o trabalho.

Artigo 3º – Protecção na parentalidade no âmbito do subsistema de solidariedade

1. A protecção prevista no âmbito do subsistema de solidariedade concretiza-se na atribuição de prestações pecuniárias destinadas a garantir rendimentos substitutivos da ausência ou da perda de rendimentos de trabalho, em situações de carência económica, determinadas pela inexistência ou insuficiência de carreira contributiva em regime de protecção social de enquadramento obrigatório ou no seguro social voluntário que garanta protecção na eventualidade, ou pela exclusão da atribuição dos correspondentes subsídios no âmbito do sistema previdencial.

2. A protecção estabelecida no âmbito do subsistema de solidariedade abrange as situações de risco clínico durante a gravidez, de interrupção da gravidez, de parentalidade, de adopção e de riscos específicos.

CAPÍTULO II – Protecção no âmbito do sistema previdencial

SECÇÃO I – Âmbito, caracterização dos subsídios e registo de remunerações por equivalência

SUBSECÇÃO I – Âmbito pessoal e material

Artigo 4º – Âmbito pessoal

1. A protecção regulada no presente capítulo abrange os beneficiários do sistema previdencial integrados no regime dos trabalhadores por conta de outrem e no regime dos trabalhadores independentes.

2. Estão igualmente abrangidos pelo disposto no presente capítulo os beneficiários enquadrados no regime do seguro social voluntário desde que o respectivo esquema de protecção social integre a eventualidade.

Artigo 5º – Extensão dos direitos atribuídos aos progenitores

1. A protecção conferida aos progenitores através dos subsídios previstos no presente capítulo é extensiva aos beneficiários do regime geral dos trabalhadores por conta de outrem, adoptantes, tutores, pessoas a quem for deferida a confiança judicial ou administrativa do menor, bem como cônjuges ou pessoas em união de facto com qualquer daqueles ou com o progenitor desde que vivam em comunhão de mesa e habitação com o menor, sempre que, nos termos do Código de Trabalho, lhes seja reconhecido direito às correspondentes faltas, licenças e dispensas.

2. O previsto no número anterior aplica-se, em igualdade de circunstâncias, aos beneficiários do regime de segurança social dos trabalhadores independentes e do seguro social voluntário.

Artigo 6º – Beneficiários em situação de pré-reforma

Os titulares de prestações de pré-reforma têm direito aos subsídios previstos no presente capítulo, desde que exerçam actividade enquadrada em qualquer dos regimes a que se refere o artigo 4º, sendo os respectivos subsídios calculados com base na remuneração do trabalho efectivamente auferida.

Artigo 7º – Âmbito material

1. A protecção regulada no presente capítulo concretiza-se na atribuição dos seguintes subsídios:

a) Subsídio por risco clínico durante a gravidez;

b) Subsídio por necessidade de deslocação a unidade hospitalar localizada fora da ilha de residência da grávida, para realização de parto;

c) Subsídio por interrupção da gravidez;

d) Subsídio parental;

e) Subsídio parental alargado;

f) Subsídio por adopção;

g) Subsídio por riscos específicos;

h) Subsídio para assistência a filho;

i) Subsídio para assistência a filho com deficiência, doença crónica ou doença oncológica;

j) Subsídio para assistência a neto;

k) Subsídio específico por internamento hospitalar do recém-nascido.

2. A proteção regulada no presente capítulo integra, também, a atribuição de prestações pecuniárias compensatórias de subsídios de férias, de Natal ou outros de natureza análoga.

3. O direito aos subsídios previstos nas alíneas *c*) a *h*) do nº 1 apenas é reconhecido, após o nascimento do filho, aos beneficiários que não estejam impedidos ou inibidos totalmente do exercício do poder paternal, com exceção do direito da mãe ao subsídio parental inicial de 14 semanas e do subsídio por riscos específicos durante a amamentação.

4. A proteção conferida aos trabalhadores independentes não integra as prestações previstas no nº 2.

(Redação dada pela Lei nº 90/2019, de 04-09)

Artigo 8º – Articulação com o regime de protecção social no desemprego

1. A protecção dos beneficiários que estejam a receber prestações de desemprego concretiza-se na atribuição dos seguintes subsídios:

a) Subsídio por risco clínico durante a gravidez;

b) Subsídio por interrupção da gravidez;

c) Subsídio parental;

d) Subsídio por adopção.

2. A atribuição dos subsídios referidos no número anterior determina a suspensão do pagamento das prestações de desemprego, durante o período de concessão daqueles subsídios, nos termos regulados no respectivo regime jurídico.

SUBSECÇÃO II – Caracterização dos subsídios

Artigo 9º – Subsídio por risco clínico durante a gravidez

O subsídio por risco clínico durante a gravidez é concedido nas situações em que se verifique a existência de risco clínico, para a grávida ou para o nascituro, medicamente certificado, impeditivo do exercício de actividade laboral, durante o período de tempo considerado necessário para prevenir o risco.

Artigo 9º-A – Subsídio por necessidade de deslocação a unidade hospitalar localizada fora da ilha de residência da grávida para realização de parto

O subsídio por necessidade de deslocação a unidade hospitalar localizada fora da ilha de residência da grávida para realização de parto é atribuído nas situações em que a grávida necessite fazer essa deslocação por indisponibilidade ou inexistência de recursos técnicos e humanos na sua ilha de residência, durante o período de tempo que for considerado necessário e adequado para esse fim, o que deve constar expressamente de prescrição médica.

(Aditado pela Lei nº 90/2019, de 04-09)

Artigo 10º – Subsídio por interrupção da gravidez

O subsídio por interrupção da gravidez é concedido nas situações de interrupção de gravidez impeditivas do exercício de actividade laboral, medicamente certificadas, durante um período variável entre 14 e 30 dias.

Artigo 11º – Subsídio parental

O subsídio parental é concedido durante o período de impedimento para o exercício da actividade laboral e compreende as seguintes modalidades:

a) Subsídio parental inicial;
b) Subsídio parental inicial exclusivo da mãe;
c) Subsídio parental inicial de um progenitor em caso de impossibilidade do outro;
d) Subsídio parental inicial exclusivo do pai.

Artigo 12º – Subsídio parental inicial

1. O subsídio parental inicial é concedido pelo período até 120 ou 150 dias consecutivos, consoante opção dos progenitores, cujo gozo podem partilhar após o parto, sem prejuízo dos direitos da mãe a que se refere o artigo seguinte.

2. Os períodos referidos no número anterior são acrescidos de 30 dias consecutivos nas situações de partilha da licença, no caso de cada um dos progenitores gozar, em exclusivo, um período de 30 dias consecutivo, ou dois períodos de 15 dias consecutivos, após o período de gozo de licença parental inicial exclusiva da mãe, correspondente a seis semanas após o parto.

3. No caso de nascimentos múltiplos, aos períodos previstos nos números anteriores acrescem 30 dias por cada gémeo além do primeiro.

4. No caso de internamento hospitalar da criança imediatamente após o período recomendado de internamento pós-parto, devido a necessidade de cuidados médicos especiais para a criança, aos períodos previstos nos números anteriores acresce o período de internamento, com o limite máximo de 30 dias.

5. Nas situações em que o parto ocorra até às 33 semanas inclusive, aos períodos previstos nos nºs 1, 2 e 3 acresce todo o período de internamento da criança, bem como 30 dias após a alta hospitalar.

6. A concessão do subsídio parental inicial depende de declaração dos beneficiários dos períodos a gozar ou gozados pelos progenitores, de modo exclusivo ou partilhado.

7. Caso a licença parental inicial não seja partilhada pela mãe e pelo pai, e sem prejuízo dos direitos da mãe a que se refere o artigo seguinte, há lugar à concessão do subsídio parental inicial ao progenitor que o requeira nas situações em que o outro progenitor exerça actividade profissional e não tenha requerido o correspondente subsídio.

8. Caso não seja apresentada a declaração de partilha, o direito ao subsídio parental inicial é reconhecido à mãe.

(Redação dada pela Lei nº 90/2019, de 04-09)

Artigo 13º – Subsídio parental inicial exclusivo da mãe

O subsídio parental inicial exclusivo da mãe é concedido por um período facultativo até 30 dias antes do parto e seis semanas obrigatórias após o parto, os quais se integram no período de concessão correspondente ao subsídio parental inicial.

Artigo 14º – Subsídio parental inicial de um progenitor em caso de impossibilidade do outro

1. O subsídio parental inicial de um progenitor em caso de impossibilidade do outro é concedido até ao limite do período remanescente que corresponda à licença parental inicial não gozada, em caso de:

a) Incapacidade física ou psíquica, medicamente certificada, enquanto se mantiver;

b) Morte.

2. Apenas há lugar ao período total de concessão previsto no nº 2 do artigo 12º caso se verifiquem as condições aí previstas, à data dos factos referidos no número anterior.

3. Em caso de morte ou incapacidade física ou psíquica de mãe o subsídio parental inicial a gozar pelo pai tem a duração mínima de 30 dias.

4. Em caso de morte ou incapacidade física ou psíquica de mãe não trabalhadora nos 120 dias a seguir ao parto o pai tem direito ao remanescente do subsídio parental inicial nos termos do nº 1, com as devidas adaptações, ou do número anterior.

Artigo 15º – Subsídio parental inicial exclusivo do pai

1. O subsídio parental inicial exclusivo do pai é concedido pelos períodos seguintes:

a) 20 dias úteis de gozo obrigatório, seguidos ou interpolados, dos quais cinco gozados de modo consecutivo imediatamente após o nascimento e os restantes 15 nas seis semanas seguintes a este;

b) Cinco dias úteis de gozo facultativo, seguidos ou interpolados, desde que gozados após o período referido na alínea anterior e em simultâneo com a licença parental inicial por parte da mãe.

2. No caso de nascimentos múltiplos, aos períodos previstos no número anterior acrescem dois dias por cada gémeo além do primeiro, a gozar imediatamente após os referidos períodos.

3. A atribuição do subsídio parental inicial exclusivo do pai depende de declaração dos períodos a gozar ou gozados pelo mesmo.

(Redação dada pela Lei nº 90/2019, de 04-09)

Artigo 16º – Subsídio parental alargado

O subsídio parental alargado é concedido por um período até três meses a qualquer um ou a ambos os progenitores alternadamente, nas situações de exercício de licença parental alargada para assistência a filho integrado no agregado familiar, impeditivas do exercício de actividade laboral, desde que gozado imediatamente após o período de concessão do subsídio parental inicial ou subsídio parental alargado do outro progenitor.

Artigo 17º – Subsídio por adopção

1. O subsídio por adopção é concedido aos candidatos a adoptantes nas situações de adopção de menor de 15 anos, impeditivas do exercício de actividade laboral, excepto se se tratar de adopção de filho do cônjuge do beneficiário ou da pessoa com quem o beneficiário viva em união de facto e corresponde, com as devidas adaptações, ao subsídio parental inicial e ao subsídio parental alargado.

2. Em caso de incapacidade física ou psíquica, medicamente comprovada, ou de morte do beneficiário candidato a adoptante sem que este tenha esgotado o direito ao subsídio, o cônjuge que seja beneficiário tem direito ao subsídio pelo período remanescente ou a um mínimo de 14 dias, ainda que não seja candidato a adoptante, desde que viva em comunhão de mesa e habitação com o adoptado.

3. No caso de adopções múltiplas, aos períodos previstos nos números anteriores acrescem 30 dias por cada adopção além da primeira.

Artigo 18º – Subsídio por riscos específicos

1. O subsídio por riscos específicos é concedido nas situações de impedimento para o exercício de actividade laboral determinadas pela existência de risco específico para a beneficiária grávida, puérpera e lactante que desempenhe trabalho nocturno ou esteja exposta a agentes, processos ou condições de trabalho, que constituam risco para a sua segurança e saúde nos termos definidos na lei, durante o período necessário para prevenir o risco e na impossibilidade de o empregador lhe conferir outras tarefas.

2. No caso de trabalhadoras independentes ou abrangidas pelo seguro social voluntário, a comprovação do risco de desempenho de trabalho nocturno ou de exposição a agente ou processos ou condições de trabalho é efectuada por médico do trabalho ou por instituição ou serviço integrado no Serviço Nacional de Saúde.

Artigo 19º – Subsídio para assistência a filho

1. O subsídio para assistência a filho é concedido, nas situações de impedimento para o exercício de actividade laboral determinadas pela necessidade de prestar assistência inadiável e imprescindível a filhos, em caso de doença ou acidente, medicamente certificadas, nos seguintes termos:

a) Menor de 12 anos ou, independentemente da idade, no caso de filho com deficiência ou doença crónica, um período máximo de 30 dias, seguidos ou interpolados, em cada ano civil ou durante todo o período de eventual hospitalização;

b) Maior de 12 anos, um período máximo de 15 dias, seguidos ou interpolados, em cada ano civil.

2. Aos períodos referidos no número anterior acresce um dia por cada filho além do primeiro.

3. A concessão do subsídio para assistência a filho depende de o outro progenitor ter actividade profissional, não exercer o direito ao respectivo subsídio pelo mesmo motivo ou estar impossibilitado de prestar a assistência e, ainda, no caso de filho maior, este se integrar no agregado familiar do beneficiário.

4. Relevam para o cômputo dos períodos máximos de concessão do subsídio para assistência a filho os períodos de concessão do subsídio para assistência a netos, nos termos da alínea *b*) do nº 1 do artigo 21º

Artigo 20º – Subsídio para assistência a filho com deficiência, doença crónica ou doença oncológica

1. O subsídio para assistência a filho com deficiência, doença crónica ou doença oncológica, abrangida pelo regime especial de proteção de crianças e jovens com doença oncológica, criado pela Lei nº 71/2009, de 6 de agosto, é concedido nas situações de impedimento para o exercício de atividade laboral determinadas pela necessidade de lhe prestar assistência, por período até seis meses, prorrogável até ao limite de quatro anos.

2. Nas situações de necessidade de prolongamento da assistência, confirmada por declaração de médico especialista, comprovativa dessa necessidade, a prorrogação prevista no nº 1 tem o limite de seis anos.

3. A concessão do subsídio para assistência a filho com deficiência, doença crónica ou doença oncológica depende de:

a) O filho viver em comunhão de mesa e habitação com o beneficiário;

b) O outro progenitor ter actividade profissional e não exercer o direito ao respectivo subsídio pelo mesmo motivo ou estar impossibilitado de prestar a assistência.

(Redação dada pela Lei nº 90/2019, de 04-09)

Artigo 21º – Subsídio para assistência a neto

1. O subsídio para assistência a neto concretiza-se nas seguintes modalidades de prestações garantidas durante o período de impedimento para o exercício de actividade laboral:

a) Subsídio para assistência em caso de nascimento de neto, correspondente a um período até 30 dias consecutivos após o nascimento de neto que resida com o beneficiário em comunhão de mesa e habitação e seja filho de adolescente menor de 16 anos;

b) Subsídio para assistência a neto menor ou, independentemente da idade, com deficiência ou doença crónica, pelo período correspondente aos dias de faltas remanescentes não gozados pelos progenitores, nos termos previstos no artigo 19º, com as devidas adaptações.

2. A concessão do subsídio para assistência em caso de nascimento de neto depende de declaração dos beneficiários dos períodos a gozar ou gozados pelos avós, de modo exclusivo ou partilhado.

3. O subsídio para assistência em caso de nascimento de neto, nas situações em que não é partilhado pelos avós, é concedido desde que o outro avô exerça actividade profissional, esteja impossibilitado de prestar assistência e não tenha requerido o correspondente subsídio.

4. O subsídio para assistência a neto é concedido desde que os progenitores exerçam actividade profissional, estejam impossibilitados de prestar a assistência e não exerçam o direito ao respectivo subsídio pelo mesmo motivo, e, ainda, que nenhum outro familiar do mesmo grau falte pelo mesmo motivo.

Artigo 21º-A – Prestação compensatória dos subsídios de férias e de Natal

A atribuição da prestação compensatória dos subsídios de férias, de Natal ou outros de natureza análoga depende de os beneficiários não terem direito ao pagamento daqueles subsídios, no todo ou em parte, pelo respetivo empregador, desde que o impedimento para o trabalho tenha duração igual ou superior a 30 dias consecutivos.

(Aditado pelo Decreto-Lei nº 133/2012, de 27-06)

SUBSECÇÃO III – Registo de remunerações por equivalência

Artigo 22º – Registo de remunerações por equivalência à entrada de contribuições

1. O reconhecimento do direito aos subsídios previstos neste capítulo dá lugar ao registo de remunerações por equivalência à entrada de contribuições durante o respectivo período de concessão, sendo considerado como trabalho efectivamente prestado.

2. Durante os períodos de trabalho a tempo parcial de trabalhador com responsabilidades familiares, nos termos previstos no artigo 55º do Código do Trabalho, há lugar a registo adicional de remunerações por equivalência à entrada de contribuições por valor igual ao das remunerações registadas a título de trabalho a tempo parcial efectivamente prestado, com o limite do valor da remuneração média registada a título de trabalho a tempo completo, mediante comunicação do facto, por parte do trabalhador, à instituição de segurança social que o abranja, nos termos a regulamentar em legislação própria.

3. Os períodos de licença para assistência a filho, previstos no artigo 52º do Código do Trabalho, são tomados em consideração para a taxa de formação no cálculo das pensões de invalidez e velhice do regime geral de segurança social, mediante comunicação do facto, por parte do trabalhador, à instituição de segurança social que o abranja.

SECÇÃO II – Condições de atribuição

Artigo 23º – Disposição geral

1. O reconhecimento do direito aos subsídios previstos no presente capítulo depende do cumprimento das condições de atribuição à data do facto determinante da proteção, sem prejuízo do disposto no nº 3.

2. Considera-se como data do facto determinante da protecção o 1º dia de impedimento para o trabalho.

3. A cessação ou suspensão do contrato de trabalho não prejudica o direito à proteção na eventualidade de maternidade, paternidade e adoção desde que se encontrem satisfeitas as condições de atribuição das prestações.

(Redação dada pelo Decreto-Lei nº 133/2012, de 27-06)

Artigo 24º – Condições comuns

1. Constituem condições comuns do reconhecimento do direito:

a) O gozo das respectivas licenças, faltas e dispensas não retribuídas nos termos do Código do Trabalho ou de períodos equivalentes;

b) O cumprimento do prazo de garantia.

2. Para efeitos do disposto na alínea *a*) do número anterior consideram-se equivalentes os períodos em que não se verifique o gozo das licenças, faltas ou dispensas atentas as características específicas do exercício de actividade profissional, designadamente no caso de actividade independente, ou pela sua inexistência, nas situações de desemprego subsidiado.

3. A opção pelo subsídio parental inicial por 150 dias prevista no nº 1 do artigo 12º bem como o disposto nas disposições constantes nos nºs 2 e 3 do mesmo artigo, no artigo 14º, na alínea *b*) do nº 1 e no nº 2 do artigo 15º e no artigo 16º apenas são aplicáveis em situação de nado vivo.

Artigo 25º – Prazo de garantia

1. O prazo de garantia para atribuição dos subsídios previstos no presente capítulo é de seis meses civis, seguidos ou interpolados, com registo de remunerações, à data do facto determinante da proteção, com exceção do disposto no nº 4.

2. A atribuição do subsídio parental inicial exclusivo da mãe após o parto, previsto no artigo 13º, e do subsídio parental inicial exclusivo do pai, previsto na alínea *a*) do nº 1 do artigo 15º, depende de os beneficiários terem registo de remunerações em pelo menos um dos seis meses imediatamente anteriores ao facto determinante da proteção.

3. Para efeitos dos números anteriores releva, se necessário, o mês em que ocorre o evento desde que no mesmo se verifique registo de remunerações.

4. Para efeitos do nº 1, na ausência de registo de remunerações durante seis meses consecutivos, a contagem do prazo de garantia tem início a partir da data em que ocorra um novo registo de remunerações.

(Redação dada pela Lei nº 90/2019, de 04-09)

Artigo 26º – Totalização de períodos contributivos

Para efeitos de cumprimento do prazo de garantia para atribuição dos subsídios previstos no presente capítulo são considerados, desde que não se sobreponham, os períodos de registo de remunerações em quaisquer regimes obrigatórios de protecção social, nacionais ou estrangeiros, que assegurem prestações pecuniárias de protecção na eventualidade, incluindo o da função pública.

SECÇÃO III - Montantes dos subsídios

Artigo 27º - Determinação dos montantes dos subsídios

O montante diário dos subsídios previstos no presente capítulo é calculado pela aplicação de uma percentagem ao valor da remuneração de referência do beneficiário.

Artigo 28º - Remuneração de referência

1. A remuneração de referência a considerar é definida por $R/180$, em que R representa o total das remunerações registadas nos primeiros seis meses civis que precedem o segundo mês anterior ao da data do facto determinante da protecção.

2. Nas situações em que se verifique a totalização de períodos contributivos, se os beneficiários não apresentarem no período de referência previsto no número anterior seis meses com registo de remunerações, a remuneração de referência é definida por $R/(30 \times n)$), em que R representa o total das remunerações registadas desde o início do período de referência até ao dia que antecede o facto determinante da proteção e n o número de meses a que as mesmas se reportam.

3. A fórmula referida no nº 2 é aplicável nas situações previstas no nº 2 do artigo 7º, se os beneficiários não apresentarem no período de referência previsto qualquer registo de remunerações.

4. Na determinação do total de remunerações registadas não são consideradas as importâncias relativas aos subsídios de férias, de Natal ou outros de natureza análoga.

(Redação dada pela Lei nº 90/2019, de 04-09)

Artigo 29º - Montante dos subsídios por risco clínico durante a gravidez, por deslocação a unidade hospitalar fora da ilha de residência da grávida e por interrupção da gravidez

O montante diário dos subsídios por risco clínico durante a gravidez, por necessidade de deslocação a unidade hospitalar fora da ilha de residência da grávida e por interrupção da gravidez é igual a 100% da remuneração de referência da beneficiária.

(Redação dada pela Lei nº 90/2019, de 04-09)

Artigo 30º - Montante do subsídio parental inicial

O montante diário do subsídio parental inicial é o seguinte:

a) No período correspondente à licença de 120 dias, o montante diário é igual a 100% da remuneração de referência do beneficiário;

b) No caso de opção pelo período de licença de 150 dias, o montante diário é igual a 80% da remuneração de referência do beneficiário;

c) No caso de opção pelo período de licença de 150 dias nas situações em que cada um dos progenitores goze pelo menos 30 dias consecutivos, ou dois períodos de 15 dias igualmente consecutivos, o montante diário é igual a 100% da remuneração de referência do beneficiário;

d) No caso de opção pelo período de licença de 180 dias, nas situações em que cada um dos progenitores goze pelo menos 30 dias consecutivos, ou dois períodos de 15 dias igualmente consecutivos, o montante diário é igual a 83% da remuneração de referência do beneficiário.

Artigo 31º – Montante do subsídio parental exclusivo do pai

O montante diário do subsídio parental exclusivo do pai é igual a 100% da remuneração de referência do beneficiário.

Artigo 32º – Montante do acréscimo ao valor dos subsídios por nascimentos múltiplos, internamento hospitalar e prematuridade até às 33 semanas

O montante diário dos subsídios devidos nos períodos de acréscimo à licença parental inicial pelo nascimento de gémeos, por internamento hospitalar e por prematuridade até às 33 semanas, previstos nos nºs 3, 4 e 5 do artigo 12º, é igual a 100% da remuneração de referência do beneficiário.

(Redação dada pela Lei nº 90/2019, de 04-09)

Artigo 33º – Montante do subsídio parental alargado

O montante diário do subsídio parental alargado é igual a 25% da remuneração de referência do beneficiário.

Artigo 34º – Montante do subsídio por adopção

O montante diário do subsídio por adopção é igual ao previsto em cada uma das alíneas do artigo 30º, consoante a modalidade a que corresponda, e no artigo 32º em caso de adopções múltiplas.

Artigo 35º – Montante dos subsídios por riscos específicos e para assistência a filho

O montante diário dos subsídios por riscos específicos e para assistência a filho é igual a 100% da remuneração de referência do beneficiário.

(Redação dada pela Lei nº 90/2019, de 04-09)

Artigo 36º – Montante do subsídio para assistência a filho com deficiência, doença crónica ou doença oncológica

O montante diário do subsídio para assistência a filho com deficiência, doença crónica ou doença oncológica é igual a 65% da remuneração de referência do beneficiário, tendo como limite máximo mensal o valor correspondente a duas vezes o indexante dos apoios sociais (IAS).

(Redação dada pela Lei nº 90/2019, de 04-09)

Artigo 37º – Montante do subsídio para assistência a neto

O montante diário do subsídio para assistência a neto é, consoante a modalidade, o seguinte:

a) No caso de subsídio para assistência em caso de nascimento de neto, igual a 100% da remuneração de referência do beneficiário;

b) No caso de subsídio para assistência a neto, igual a 65% da remuneração de referência do beneficiário.

Artigo 37º-A – Montante da prestação compensatória

O montante da prestação compensatória a conceder ao abrigo do artigo 21º-A corresponde a 80% da importância que o beneficiário deixa de receber do respetivo empregador, não podendo, no caso de licença para assistência a filho com deficiência ou doença crónica, ultrapassar duas vezes o valor do IAS.

(Aditado pelo Decreto-Lei nº 133/2012, de 27-06)

Artigo 38º – Montante mínimo

1. O montante diário mínimo dos subsídios previstos no presente capítulo não pode ser inferior a 80% de um 30 avos do valor do IAS, sem prejuízo do disposto no número seguinte.

2. O montante diário mínimo do subsídio parental alargado não pode ser inferior a 40% de um 30 avos do valor do IAS.

SECÇÃO IV – Duração e acumulação dos subsídios

SUBSECÇÃO I – Início e duração dos subsídios

Artigo 39º – Início dos subsídios

Os subsídios previstos no presente capítulo têm início no 1º dia de impedimento para o trabalho a que não corresponda retribuição.

Artigo 40º – Período de concessão

Os subsídios previstos no presente capítulo são concedidos:

a) Durante os períodos de duração das faltas, licenças ou dispensas previstas no Código do Trabalho;

b) Durante o período de impedimento para o trabalho no caso de exercício de actividade independente ou de enquadramento no regime do seguro social voluntário;

c) Durante o período de concessão das prestações de desemprego, nos termos do artigo 8º

Artigo 41º – Suspensão do período de concessão dos subsídios

1. Em caso de doença de beneficiário que esteja a receber subsídios parental, parental alargado, por adopção, para assistência a filho com deficiência ou doença crónica, a prestação é suspensa, mediante comunicação do interessado à instituição de segurança social competente e apresentação de certificação médica.

2. Em caso de internamento hospitalar do progenitor ou da criança, a concessão do subsídio parental inicial é suspensa, mediante comunicação do interessado e certificação do hospital.

3. A suspensão da concessão do subsídio parental inicial por internamento da criança, prevista no nº 2, não abrange as situações previstas nos nºs 4 e 5 do artigo 12º.

(Redação dada pela Lei nº 90/2019, de 04-09)

SUBSECÇÃO II – Acumulação dos subsídios

Artigo 42º – Inacumulabilidade com rendimentos de trabalho

Os subsídios previstos no presente capítulo não são acumuláveis com rendimentos de trabalho.

Artigo 43º – Inacumulabilidade com prestações

1. Os subsídios previstos no presente capítulo não são acumuláveis com prestações emergentes do mesmo facto desde que respeitantes ao mesmo interesse protegido, ainda que atribuídas por outros regimes de protecção social.

2. Os subsídios previstos no presente capítulo não são acumuláveis com outras prestações compensatórias da perda de retribuição, excepto com pensões de invalidez, velhice e sobrevivência concedidas no âmbito do sistema previdencial ou de outros regimes obrigatórios de protecção social.

3. Os subsídios previstos no presente capítulo não são acumuláveis com prestações concedidas no âmbito do subsistema de solidariedade, excepto com o rendimento social de inserção e com o complemento solidário para idosos.

4. Para efeitos do disposto nos números anteriores são tomadas em consideração prestações concedidas por sistemas de segurança social estrangeiros, sem prejuízo do disposto em instrumentos internacionais aplicáveis.

Artigo 44º – Acumulação com indemnizações e pensões por riscos profissionais

Os subsídios previstos no presente capítulo são acumuláveis com indemnizações e pensões por doença profissional ou por acidente de trabalho.

CAPÍTULO III – Protecção no âmbito do subsistema de solidariedade

SECÇÃO I – Âmbito e caracterização dos subsídios sociais

SUBSECÇÃO I – Âmbito pessoal e material

Artigo 45º – Âmbito pessoal

1. A protecção regulada no presente capítulo abrange os cidadãos nacionais e os cidadãos estrangeiros, refugiados e apátridas não abrangidos por qualquer regime de protecção social de enquadramento obrigatório.

2. A protecção regulada no presente capítulo abrange, ainda, as pessoas referidas no número anterior abrangidas por regime de protecção social de enquadramento obrigatório ou pelo seguro social voluntário cujo esquema de protecção integre a eventualidade, sem direito às correspondentes prestações.

Artigo 46º – Âmbito material

A protecção regulada no presente capítulo concretiza-se na concessão dos seguintes subsídios:

a) Subsídio social por risco clínico durante a gravidez;

b) Subsídio social por interrupção da gravidez;
c) Subsídio social parental;
d) Subsídio social por adopção;
e) Subsídio social por riscos específicos.

Artigo 47º - Articulação com o regime de protecção social no desemprego

1. A protecção dos beneficiários que estejam a receber prestações de desemprego concretiza-se na concessão dos seguintes subsídios:
a) Subsídio social parental;
b) Subsídio social por adopção.

2. À protecção referida no número anterior é aplicável o disposto no nº 2 do artigo 8º

Artigo 48º - Subsídio social parental

O subsídio social parental compreende as seguintes modalidades:
a) Subsídio social parental inicial;
b) Subsídio social parental inicial exclusivo da mãe;
c) Subsídio social parental inicial a gozar por um progenitor em caso de impossibilidade do outro;
d) Subsídio social parental inicial exclusivo do pai.

SUBSECÇÃO II - Caracterização dos subsídios sociais

Artigo 49º - Caracterização dos subsídios sociais

Os subsídios sociais previstos no presente capítulo estão subordinados à caracterização dos correspondentes subsídios atribuídos no âmbito do sistema previdencial, com as devidas adaptações.

SECÇÃO II - Condições de atribuição

Artigo 50º - Disposição geral

1. O reconhecimento do direito aos subsídios sociais previstos no presente capítulo depende do cumprimento das condições de atribuição à data do facto determinante da protecção.

2. Entendem-se por factos determinantes da protecção o parto, a ocorrência de risco clínico durante a gravidez, a interrupção da gravidez, o risco específico e a confiança judicial ou administrativa com vista à adopção nos termos da legislação aplicável.

Artigo 51º - Condições comuns

Constituem condições comuns de atribuição dos subsídios sociais previstos no presente capítulo:
a) A residência em território nacional;
b) O preenchimento de condição de recursos.

Artigo 52º – Condição de residência em território nacional

1. Para efeito de verificação da condição prevista na alínea *a)* do artigo anterior e sem em prejuízo do estabelecido em instrumento internacional a que Portugal se encontre vinculado ou de legislação especial aplicável, é considerado residente o cidadão nacional que possua domicílio habitual em território nacional, bem como o cidadão estrangeiro, refugiado ou apátrida habilitado com título válido de autorização de residência em território nacional ou em situação equiparada nos termos do número seguinte.

2. Consideram-se equiparados a residentes os refugiados e apátridas portadores de títulos de protecção temporária válidos, bem como os estrangeiros portadores de títulos válidos de autorização de residência ou de prorrogação de permanência, nos termos e condições a definir em portaria conjunta dos ministros responsáveis pelas áreas da administração interna e do trabalho e da solidariedade social.

Artigo 53º – Condição de recursos

1. A condição de recursos prevista na alínea *b)* do artigo 51º é definida em função dos rendimentos mensais do agregado familiar do requerente que não podem ultrapassar 80% do IAS, cuja capitação do rendimento é ponderada segundo a escala de equivalência prevista no Decreto-Lei nº 70/2010, de 16 de Junho.

2. *(Revogado.)*

3. Para efeitos do nº 1, sem prejuízo do disposto no Decreto-Lei nº 70/2010, de 16 de junho, na sua redação atual, são considerados os rendimentos mensais mais recentes.

4. O valor das prestações de desemprego, a suspender nas situações de reconhecimento de direito aos subsídios sociais, não releva para efeitos de apuramento da condição de recursos.

(Redação dada pelo Decreto-Lei nº 84/2019, de 28-06)

Artigo 54º – Agregado familiar

(Revogado pelo Decreto-Lei nº 70/2010, de 16-06)

Artigo 55º – Condição específica dos subsídios sociais por risco clínico em caso de gravidez, por interrupção da gravidez e por riscos específicos

A concessão dos subsídios sociais por risco clínico em caso de gravidez, por interrupção da gravidez e por riscos específicos depende, ainda, do exercício de actividade profissional determinante de enquadramento obrigatório em regime de segurança social ou no seguro social voluntário.

SECÇÃO III – Montantes dos subsídios sociais

Artigo 56º – Montante dos subsídios sociais por risco clínico em caso de gravidez, por deslocação a unidade hospitalar fora da ilha de residência da grávida, por interrupção da gravidez e por riscos específicos

O montante diário dos subsídios sociais por risco clínico em caso de gravidez, por necessidade de deslocação a unidade hospitalar fora da ilha de residência da grávida, por interrupção da gravidez e por riscos específicos é igual a 80% de um 30 avos do valor do IAS.

(Redação dada pela Lei nº 90/2019, de 04-09)

Artigo 57º – Montante do subsídio social parental inicial

O montante diário do subsídio social parental inicial é o seguinte:

a) No período de 120 dias, o montante diário é igual a 80% de um 30 avos do valor do IAS;

b) No caso de opção pelo período de 150 dias, o montante diário é igual a 64% de um 30 avos do valor do IAS;

c) No caso de opção pelo período de 150 dias nas situações em que cada um dos progenitores goze pelo menos 30 dias consecutivos, ou dois períodos de 15 dias igualmente consecutivos, o montante diário é igual a 80% de um 30 avos do valor IAS;

d) No caso de opção pelo período de 180 dias, nas situações em que cada um dos progenitores goze pelo menos 30 dias consecutivos, ou dois períodos de 15 dias igualmente consecutivos, o montante diário é igual a 66% de um 30 avos do valor do IAS.

Artigo 58º – Montante do subsídio social parental inicial exclusivo do pai

O montante diário do subsídio parental inicial exclusivo do pai é igual a 80% de um 30 avos do valor do IAS.

Artigo 59º – Montante do acréscimo ao valor dos subsídios por nascimentos múltiplos, internamento hospitalar e prematuridade até às 33 semanas

O montante diário dos subsídios devidos nos períodos de acréscimo à licença parental inicial pelo nascimento de gémeos, por internamento hospitalar e por prematuridade até às 33 semanas, previstos nos nºs 3, 4 e 5 do artigo 12º, é igual a 80% de um 30 avos do valor do IAS.

(Redação dada pela Lei nº 90/2019, de 04-09)

Artigo 60º – Montante do subsídio social por adopção

O montante diário do subsídio social por adopção é igual ao que resulta do fixado em cada uma das alíneas do artigo 57º, consoante a modalidade a que corresponda, e ao valor fixado no artigo anterior no caso de adopções múltiplas.

SECÇÃO IV – Duração e acumulação dos subsídios sociais

SUBSECÇÃO I – Início e duração dos subsídios sociais

Artigo 61º – Período de concessão

1. O período de concessão dos subsídios sociais é igual ao fixado para os correspondentes subsídios no âmbito do sistema previdencial.

2. Os subsídios sociais são devidos a partir do dia em que ocorre o facto determinante da protecção definido no nº 2 do artigo 50º

SUBSECÇÃO II – Acumulação dos subsídios sociais

Artigo 62º – Inacumulabilidade com prestações

1. Os subsídios sociais não são acumuláveis com prestações compensatórias de perda de retribuição de trabalho, excepto com pensões de sobrevivência, auferidas pelo titular no âmbito do sistema previdencial ou de outros regimes obrigatórios de protecção social.

2. Os subsídios sociais não são acumuláveis com outras prestações concedidas no âmbito do subsistema de solidariedade, excepto com o rendimento social de inserção e com o complemento solidário para idosos.

CAPÍTULO IV – Deveres dos beneficiários

Artigo 63º – Deveres dos titulares do direito aos subsídios

1. Constitui dever dos beneficiários a comunicação, às instituições gestoras, dos factos determinantes da cessação do direito aos subsídios, relativamente às situações previstas na alínea *a*) do nº 1 do artigo 24º, no artigo 51º e nas alíneas *a*) e *b*) do nº 1 do artigo 78º, no prazo de cinco dias úteis subsequentes à data da verificação dos mesmos.

2. O incumprimento dos deveres previstos no número anterior, por acção ou omissão, bem como a utilização de qualquer meio fraudulento de que resulte a concessão indevida dos subsídios, determinam a sua restituição nos termos da legislação aplicável.

CAPÍTULO V – Disposições complementares

SECÇÃO I – Regime sancionatório

Artigo 64º – Regime sancionatório

1. Constitui contra-ordenação punível com coima de € 100 a € 700 o incumprimento, por acção ou omissão, do dever de comunicação às instituições gestoras dos factos determinantes da cessação do direito aos subsídios, relativamente às situações previstas na alínea *a*) do nº 1 do artigo 24º, no artigo 51º e nas alíneas *a*) e *b*) do nº 1 do artigo 78º, no prazo de cinco dias úteis subsequentes à data da verificação dos mesmos, bem como a utilização de qualquer meio fraudulento de que resulte a concessão indevida dos subsídios.

2. Em tudo o que não esteja especialmente previsto no presente decreto-lei é aplicável o disposto no Decreto-Lei nº 64/89, de 25 de Fevereiro.

SECÇÃO II - Gestão e organização dos processos

Artigo 65º - Entidades competentes

A gestão dos subsídios previstos no presente decreto-lei compete, no âmbito das respectivas atribuições:

a) Ao Instituto da Segurança Social, I. P., através dos centros distritais da área de residência dos beneficiários;

b) Às caixas de actividade ou de empresa subsistentes;

c) Aos órgãos competentes das administrações das Regiões Autónomas.

Artigo 66º - Requerimento e prazo

1. A atribuição dos subsídios previstos neste decreto-lei depende da apresentação de requerimento, em formulário de modelo próprio, junto das entidades competentes ou *online*, no sítio da Internet da segurança social, através do serviço segurança social directa, caso a entidade competente seja o Instituto da Segurança Social, I. P., ou os órgãos competentes das administrações das Regiões Autónomas.

2. O requerimento deve ser apresentado no prazo de seis meses a contar da data da ocorrência do facto determinante da protecção.

3. A entrega do requerimento fora do prazo previsto no número anterior nos casos em que a mesma seja efectuada durante o período legal de concessão dos subsídios determina a redução no período de concessão pelo período de tempo respeitante ao atraso verificado.

4. O requerimento é subscrito pelos titulares do direito, ou, em seu nome, pelos respectivos representantes legais.

5. A atribuição da prestação compensatória do não pagamento de subsídios de férias, de Natal ou outros de natureza análoga, prevista no nº 2 do artigo 7º, depende de requerimento.

6. O requerimento referido no número anterior deve ser apresentado nas instituições gestoras das prestações no prazo de seis meses contados a partir de 1 de janeiro do ano subsequente àquele em que os subsídios eram devidos, salvo no caso de cessação do contrato de trabalho, situação em que o prazo se inicia a contar da data dessa cessação.

7. O requerimento deve ser instruído com uma declaração da entidade empregadora, na qual constem a indicação dos quantitativos não pagos e a referência à norma legal ou contratual justificativa do não pagamento.

8. Nas situações de falecimento do beneficiário que, reunindo as condições legais substantivas para a atribuição da prestação compensatória, não a requereu em vida, os familiares com direito ao subsídio por morte podem requerê-la no prazo estabelecido para a apresentação do respetivo requerimento.

9. Consideram-se válidos para a atribuição dos subsídios sociais previstos no capítulo III os requerimentos dos correspondentes subsídios previstos no capítulo II que tenham sido indeferidos.

(Redação dada pelo Decreto-Lei nº 133/2012, de 27-06)

Artigo 67º – Dispensa de requerimento

1. A apresentação do requerimento é dispensada nas situações em que a certificação médica seja emitida pelos estabelecimentos ou serviços de saúde competentes do Serviço Nacional de Saúde através de formulário próprio para efeitos de atribuição dos seguintes subsídios:

a) Subsídio por risco clínico durante a gravidez;

b) Subsídio por interrupção da gravidez;

c) Subsídio para assistência a filho;

d) Subsídio para assistência a neto, na modalidade prevista na alínea *b*) do artigo 21º

2. O disposto no número anterior é aplicável aos correspondentes subsídios sociais concedidos no âmbito do subsistema de solidariedade.

3. Para efeitos do nº 1, consideram-se serviços competentes as entidades prestadoras de cuidados de saúde, designadamente centros de saúde e hospitais, com excepção dos serviços de urgência.

SECÇÃO III – Instrução do processo

Artigo 68º – Meios de prova

1. Os factos determinantes da atribuição dos subsídios, bem como os períodos de impedimento para o trabalho, são declarados no requerimento, o qual, consoante os casos, é acompanhado dos documentos de identificação civil e ou da certificação médica, nas situações em que esta não seja emitida pelos estabelecimentos ou serviços de saúde competentes nos termos dos nºs 1 e 3 do artigo anterior e, ainda, de outros documentos comprovativos previstos no presente decreto-lei.

2. Nas situações em que o requerimento seja apresentado *online*, os meios de prova que o instruem podem ser apresentados pela mesma via desde que correctamente digitalizados e integralmente apreensíveis.

3. Os beneficiários têm o dever de conservar os originais dos meios de prova, pelo prazo de cinco anos, bem como o dever de os apresentar sempre que solicitados pelos serviços competentes.

Artigo 69º – Dispensa de apresentação de meios de prova

1. É dispensada a apresentação dos meios de prova que instruem o requerimento sempre que as entidades gestoras possam, com base nos elementos constantes do requerimento e da certificação médica ou hospitalar, comprovar oficiosamente os requisitos de atribuição dos subsídios.

2. Os requerentes podem ser dispensados da apresentação dos elementos exigíveis caso esteja salvaguardado o acesso à informação em causa por parte da segurança social, designadamente por efeito de processos de interconexão de dados com outros organismos da Administração Pública.

Artigo 70º – Meios de prova do subsídio por risco clínico durante a gravidez e por interrupção da gravidez

A atribuição dos subsídios por risco clínico durante a gravidez e por interrupção da gravidez depende da apresentação de certificação médica que indique o período de impedimento.

Artigo 71º – Meios de prova do subsídio parental inicial, parental inicial exclusivo do pai e do subsídio para assistência em caso de nascimento de neto

A atribuição dos subsídios parentais iniciais e do subsídio para assistência em caso de nascimento de neto depende da apresentação de declaração do médico do estabelecimento ou serviço de saúde comprovativa do parto ou de documento de identificação civil do descendente.

Artigo 71º-A – Meios de prova do acréscimo à licença parental por internamento hospitalar da criança e por prematuridade até às 33 semanas

Os acréscimos ao período de licença parental por internamento hospitalar da criança e por prematuridade até às 33 semanas, previstos nos nºs 4 e 5 do artigo 12º, dependem de apresentação de certificação do hospital que comprove o período de internamento da criança.

(Aditado pela Lei nº 90/2019, de 04-09)

Artigo 72º – Meios de prova do subsídio parental inicial por impossibilidade do outro progenitor

A atribuição do subsídio parental inicial por impossibilidade do outro progenitor depende da apresentação de certificação médica da incapacidade física ou psíquica do outro progenitor ou de certidão de óbito.

Artigo 73º – Meios de prova do subsídio por adopção

1. A atribuição do subsídio por adopção depende da apresentação da declaração da confiança administrativa ou judicial do menor adoptado.

2. Nas situações a que se refere o nº 2 do artigo 17º são exigidos os meios de prova previstos no artigo anterior.

Artigo 74º – Meios de prova do subsídio por riscos específicos

A atribuição do subsídio por riscos específicos depende da apresentação dos seguintes elementos:

a) Declaração do empregador da impossibilidade de atribuição de outras tarefas à beneficiária grávida, puérpera ou lactante que desempenhe trabalho nocturno ou esteja exposta a agentes ou processos ou condições de trabalho que constituam risco;

b) No caso dos trabalhadores independentes e abrangidos pelo seguro social voluntário a comprovação de desempenho de trabalho nocturno ou de exposição a agente ou processos ou condições de trabalho que constituam risco é efectuada por médico do trabalho ou por instituição ou serviço integrado no Serviço Nacional de Saúde.

Artigo 75º – Meios de prova do subsídio para assistência a filho

1. A atribuição do subsídio para assistência a filho depende da apresentação de certificação médica ou declaração hospitalar.

2. A certificação médica de deficiência, na situação de filho com deficiência com 12 ou mais anos de idade, é dispensada no caso de estar a ser atribuída uma prestação por deficiência.

3. A certificação médica de doença crónica, na situação de filho com doença crónica com 12 ou mais anos de idade, apenas é exigível aquando da apresentação do primeiro requerimento.

Artigo 76º – Meios de prova do subsídio para assistência a filho com deficiência ou doença crónica

1. A atribuição do subsídio para assistência a filho com deficiência ou doença crónica depende de apresentação da certificação médica que comprove a necessidade de assistência.

2. É aplicável à concessão deste subsídio o disposto nos nºs 2 e 3 do artigo anterior.

3. A prorrogação da concessão do subsídio depende de comunicação do beneficiário de que a licença para assistência a filho com deficiência ou doença crónica se mantém, no prazo de 10 dias úteis antes do termo do período de concessão.

Artigo 77º – Meios de prova do subsídio para assistência a neto

A atribuição do subsídio para assistência a neto depende de apresentação de certificação médica com indicação dos períodos de impedimento para o trabalho necessários para garantir a assistência inadiável e imprescindível ao neto.

Artigo 78º – Meios de prova dos subsídios sociais

1. Para além dos meios de prova exigidos para os correspondentes subsídios do sistema previdencial a atribuição dos subsídios sociais depende, ainda, dos seguintes elementos obtidos oficiosamente:

a) Composição do agregado familiar e respectivos rendimentos;

b) Comprovação de residência em território nacional.

2. Na impossibilidade de obtenção oficiosa dos elementos referidos no número anterior os serviços competentes notificam os beneficiários para efectuarem a respectiva apresentação.

Artigo 79º – Articulações

1. As instituições gestoras das prestações devem promover a articulação com as entidades e serviços com competência para comprovar os requisitos de que depende a atribuição e manutenção dos subsídios, com vista a assegurar o correcto enquadramento das situações a proteger.

2. Para os efeitos referidos no número anterior, a comprovação pode ser efectuada por troca de informação, designadamente através da utilização de suporte electrónico.

Artigo 80º – Comunicação da atribuição dos subsídios

As instituições gestoras devem comunicar aos titulares do direito as decisões sobre a atribuição dos subsídios de acordo com o disposto no Código do Procedimento Administrativo.

SECÇÃO IV – Pagamento dos subsídios

Artigo 81º – Disposição geral

1. Os subsídios previstos no presente decreto-lei são pagos mensalmente aos titulares do direito ou aos seus representantes legais, salvo se, pela especificidade da sua duração, se justificar o pagamento de uma só vez.

2. O pagamento do acréscimo devido por nascimento de gémeos, por internamento hospitalar da criança, por prematuridade até às 33 semanas e por adoções múltiplas é reportado aos últimos dias do período de concessão do respetivo subsídio. *(Redação dada pela Lei nº 90/2019, de 04-09)*

Artigo 82º – Prescrição

O direito aos subsídios previstos neste decreto-lei prescreve a favor das instituições gestoras devedoras no prazo de cinco anos contados a partir da data em que a prestação é posta a pagamento com conhecimento do credor.

CAPÍTULO VI – Disposições transitórias e finais

Artigo 83º – Regime subsidiário

Com excepção do disposto no artigo 22º em tudo o que não esteja especialmente previsto no capítulo III são aplicáveis, com as devidas adaptações, as disposições constantes do capítulo II.

Artigo 84º – Execução

1. Os procedimentos que venham a ser considerados necessários à execução do disposto no presente decreto-lei são aprovados por portaria do ministro responsável pela área do trabalho e da solidariedade social.

2. Os modelos de formulários de requerimento e de declarações são aprovados por portaria do ministro responsável pela área do trabalho e da solidariedade social.

3. O modelo de formulário de certificação médica a emitir pelos estabelecimentos ou serviços de saúde é aprovado por portaria conjunta dos ministros responsáveis pelas áreas do trabalho e da solidariedade social e da saúde.

Artigo 84º-A – Referências

1. Para efeitos de aplicação do presente decreto-lei, todas as referências feitas à mãe e ao pai consideram-se efetuadas aos titulares do direito de parentalidade, salvo as que resultem da condição biológica daqueles.

2. O titular do direito de parentalidade que se enquadre no disposto nas alíneas *a*) ou *b*) do nº 1 do artigo 36º do Código do Trabalho goza da licença parental exclusiva da mãe, gozando o outro titular do direito de parentalidade da licença exclusiva do pai.

3. Às situações de adoção por casais do mesmo sexo aplica-se o disposto nos artigos 44º e 64º do Código do Trabalho.

(Aditado pela Lei nº 90/2019, de 04-09)

Artigo 85º – Norma revogatória

O presente decreto-lei revoga:

a) O Decreto-Lei nº 154/88, de 29 de Abril, alterado pelos Decretos-Leis nºs 333/ /95, de 23 de Dezembro, 347/98, de 9 de Novembro, 77/2000, de 9 de Maio, e 77/ /2005, de 13 de Abril;

b) O Decreto-Lei nº 105/2008, de 25 de Junho;

c) As disposições do Decreto-Lei nº 40/89, de 1 de Fevereiro, que disponham sobre a mesma matéria no âmbito do presente decreto-lei.

Artigo 86º – Disposição transitória

1. Enquanto não for publicada a portaria prevista no nº 3 do artigo 84º, a concessão dos subsídios por risco clínico e interrupção da gravidez está sujeita a apresentação de requerimento e certificação médica comprovativa do período do impedimento.

2. Mantêm-se transitoriamente em vigor os nºs 2 e 3 do artigo 10º do Decreto-Lei nº 154/88, de 29 de Abril, e suas alterações, enquanto não for publicado o regime jurídico de protecção social próprio dos profissionais de espectáculos.

Artigo 87º – Produção de efeitos

1. A atribuição dos subsídios previstos nas alíneas *c*) do artigo 7º, nas modalidades correspondentes às alíneas *a*) a *c*) do artigo 11º, e *e*) do mesmo artigo 7º, em conformidade com o disposto no presente decreto-lei, é aplicável às situações em que estejam a ser atribuídos os correspondentes subsídios de maternidade, paternidade e adopção ao abrigo da legislação revogada, desde que, no prazo de 30 dias contados a partir do início de vigência deste decreto-lei, seja efectuada a declaração dos períodos a gozar em conformidade com as condições previstas.

2. O disposto no número anterior é aplicável, com as devidas adaptações, aos subsídios sociais previstos na alínea *c*) do artigo 46º, nas modalidades correspondentes às alíneas *a*) a *c*) do artigo 48º, e na alínea *d*) do mesmo artigo 46º

3. Para efeitos de delimitação dos períodos de concessão são tidos em consideração os períodos já subsidiados.

4. A atribuição do subsídio parental inicial exclusivo do pai pelo período a que se refere a alínea *a*) do nº 1 do artigo 15º e do subsídio social parental inicial exclusivo do pai, por período correspondente, apenas é aplicável nas situações em que o facto determinante do direito ocorra na vigência do presente decreto-lei.

Artigo 88º - Entrada em vigor

O presente decreto-lei entra em vigor no 1º dia do mês seguinte ao da sua publicação.

Visto e aprovado em Conselho de Ministros de 12 de Fevereiro de 2009. - *José Sócrates Carvalho Pinto de Sousa - Emanuel Augusto dos Santos - Alberto Bernardes Costa - José António Fonseca Vieira da Silva - Ana Maria Teodoro Jorge.*

Promulgado em 1 de Abril de 2009.

Publique-se.

O Presidente da República, ANÍBAL CAVACO SILVA.

Referendado em 3 de Abril de 2009.

O Primeiro-Ministro, *José Sócrates Carvalho Pinto de Sousa.*

Regime de Proteção Social na Parentalidade dos Trabalhadores que Exercem Funções Públicas

Decreto-Lei nº 89/2009, de 9 de abril

Regulamenta a protecção na parentalidade, no âmbito da eventualidade maternidade, paternidade e adopção, dos trabalhadores que exercem funções públicas integrados no regime de protecção social convergente

No âmbito da concretização do direito à segurança social de todos os trabalhadores, a Lei nº 4/2009, de 29 de Janeiro, definiu a protecção social dos trabalhadores que exercem funções públicas. Para o efeito, determinou a integração no regime geral de segurança social de todos os trabalhadores cuja relação jurídica de emprego público tenha sido constituída após 1 de Janeiro de 2006 e bem assim a manutenção dos trabalhadores que, àquela data, nele se encontravam inscritos.

Quanto aos trabalhadores que até 31 de Dezembro de 2005 se encontravam abrangidos pelo denominado regime de protecção social da função pública, foi criado o regime de protecção social convergente, inequivocamente enquadrado no sistema de segurança social, com respeito pelos seus princípios, conceitos, objectivos e condições gerais, bem como os específicos do seu sistema previdencial, visando, num plano de igualdade, uma protecção efectiva e integrada em todas as eventualidades.

O regime de protecção social convergente possui, assim, uma disciplina jurídica idêntica à do regime geral de segurança social no que se refere à regulamentação da protecção nas diferentes eventualidades, designadamente quanto aos respectivos objectos, objectivos, natureza, condições gerais e específicas, regras de cálculo dos montantes e outras condições de atribuição das prestações. Por razões de aproveitamento de meios, foi mantido o modelo de organização e gestão actualmente existente, bem como o sistema de financiamento próprio, não resultando, no entanto, qualquer aumento da taxa das quotizações presentemente aplicável aos trabalhadores nele integrados.

Neste quadro, importa agora dar cumprimento às determinações daquela lei no domínio da sua regulamentação.

Consciente da complexidade e da delicadeza do tema, o Governo optou por iniciar a regulamentação relativa à parentalidade, no âmbito da eventualidade maternidade, paternidade e adopção, por ser aquela em que as diferenças entre o regime geral e o da protecção social da função pública são mais profundas, ultrapassando assim as injustiças que actualmente se verificam entre os trabalhadores que exercem funções públicas.

Destaque-se que o presente decreto-lei obedece aos princípios e regras do regime geral de segurança social, na protecção da parentalidade, no âmbito da eventualidade maternidade, paternidade e adopção, pretendendo-se, tão-só e em convergência com aquele, garantir os mesmos direitos, procedendo às adaptações tidas por necessárias em face da organização e financiamento próprios.

Assim, introduz-se uma abordagem completamente diferente, distinguindo as prestações pagas como contrapartida do trabalho prestado (a remuneração), que relevam do direito laboral, das prestações sociais substitutivas do rendimento de trabalho, quando este não é prestado, que relevam do direito da segurança social. No entanto, de acordo com a organização própria do regime de protecção social convergente, as duas áreas de competências, embora legalmente distintas, permanecem sob a responsabilidade da mesma entidade, a entidade empregadora.

Por outro lado, sendo mantido o esquema de financiamento anterior, não são devidos descontos para esta eventualidade por parte do trabalhador, nem da entidade empregadora, suportando esta, porém, os respectivos encargos. A não prestação de trabalho efectivo, por motivo de maternidade, paternidade e adopção, constitui, assim, uma situação legalmente equiparada à entrada de contribuições em relação às eventualidades cujo direito dependa do pagamento destas.

Constitui igualmente aspecto inovador, o facto de os subsídios passarem a ser calculados com base nos valores ilíquidos das respectivas remunerações, donde resultam, na maior parte das situações protegidas, montantes superiores aos anteriormente auferidos.

Face aos novos direitos concedidos pela legislação laboral no âmbito da parentalidade, o presente decreto-lei concretiza a protecção social dos trabalhadores que exercem funções públicas integrados no regime de protecção social convergente, em articulação com aquela legislação. Neste sentido, os meios de prova previstos naquela legislação, a apresentar pelos trabalhadores para efeitos de justificação das suas ausências ao trabalho, são considerados idóneos para efeitos de atribuição das prestações sociais, evitando-se, deste modo, a duplicação de documentos que seriam apresentados ao mesmo serviço, na dupla qualidade de entidade empregadora e entidade gestora da protecção social.

É ainda prevista a atribuição de um subsídio para assistência a familiares para os trabalhadores nomeados, face ao direito já consagrado no Regime do Contrato de Trabalho em Funções Públicas.

Finalmente, dá-se execução ao III Plano Nacional para a Igualdade, Cidadania e Género (2007-2010), através de medidas que contribuem significativamente para a melhoria da conciliação entre a vida familiar e profissional e a promoção da igualdade de género. São ainda reforçados os direitos do pai perante as várias situações protegidas, com acentuado incentivo à partilha das responsabilidades familiares nesta eventualidade.

Foram ouvidos os órgãos de governo próprio das Regiões Autónomas, a Associação Nacional de Municípios Portugueses e a Associação Nacional de Freguesias.

Foram observados os procedimentos decorrentes da Lei nº 23/98, de 26 de Maio.

Assim:

No desenvolvimento do regime jurídico estabelecido pela Lei nº 4/2009, de 29 de Janeiro, e nos termos da alínea *c*) do nº 1 do artigo 198º da Constituição, o Governo decreta o seguinte:

CAPÍTULO I – Disposições gerais

Artigo 1º – Objecto

O presente decreto-lei regulamenta a protecção na parentalidade, no âmbito da eventualidade maternidade, paternidade e adopção, no regime de protecção social convergente.

Artigo 2º – Âmbito subjectivo

São beneficiários do regime de protecção social convergente os trabalhadores previstos no artigo 11º da Lei nº 4/2009, de 29 de Janeiro.

Artigo 3º – Objectivo e natureza da protecção social

A protecção na parentalidade, no âmbito da eventualidade maternidade, paternidade e adopção, adiante designada por protecção, destina-se a compensar a perda de remuneração presumida, em consequência da ocorrência de situações determinantes de impedimento temporário para o trabalho, previstas na legislação laboral.

Artigo 4º – Âmbito material

1. A protecção é efectivada através da atribuição de prestações pecuniárias, denominadas por subsídios, cujas modalidades são as seguintes:

a) Subsídio de risco clínico durante a gravidez;

b) Subsídio por necessidade de deslocação a unidade hospitalar localizada fora da ilha de residência da grávida para realização de parto;

c) Subsídio por interrupção da gravidez;

d) Subsídio por adopção;

e) Subsídio parental, inicial ou alargado;

f) Subsídio por risco específico;

g) Subsídio por assistência a filho em caso de doença ou acidente;

h) Subsídio para assistência a neto;

i) Subsídio para assistência a filho com deficiência, doença crónica ou doença oncológica;

j) Subsídio específico por internamento hospitalar do recém-nascido.

2. O subsídio parental inicial compreende as seguintes modalidades:

a) Subsídio parental inicial;

b) Subsídio parental inicial exclusivo da mãe;

c) Subsídio parental inicial de um progenitor em caso de impossibilidade do outro;

d) Subsídio parental inicial exclusivo do pai.

(Redação dada pela Lei nº 90/2019, de 04-09)

Artigo 5º – Carreira contributiva

1. Os períodos de impedimento temporário para o trabalho pela ocorrência das situações previstas no artigo anterior são equivalentes à entrada de contribuições e quotizações para efeitos das eventualidades invalidez, velhice e morte.

2. Os períodos de impedimento temporário para o trabalho são ainda equivalentes a exercício de funções equiparado a carreira contributiva para efeitos das eventualidades doença e desemprego.

3. Os períodos correspondentes ao gozo de licença para assistência a filho, prevista no artigo 52º do Código do Trabalho, são equivalentes à entrada de contribuições e quotizações para efeitos da taxa de formação das pensões de invalidez, velhice e morte, correspondente à segunda parcela com a designação «P2», nos termos da Lei nº 60/2005, de 29 de Dezembro, mediante a comunicação do facto por parte da entidade empregadora à Caixa Geral de Aposentações (CGA).

4. Durante os períodos de trabalho a tempo parcial do trabalhador com responsabilidades familiares, nos termos previstos no artigo 55º do Código do Trabalho, para efeitos das eventualidades invalidez, velhice e morte, são consideradas as remunerações correspondentes ao trabalho a tempo completo, havendo lugar à equivalência à entrada de contribuições relativamente à diferença entre a remuneração auferida e a que auferiria se estivesse a tempo completo, mediante a comunicação do facto por parte da entidade empregadora à CGA.

CAPÍTULO II – Condições de atribuição dos subsídios

SECÇÃO I – Condições gerais

Artigo 6º – Reconhecimento do direito

1. O reconhecimento do direito aos subsídios previstos no presente decreto-lei depende do cumprimento das condições de atribuição à data do facto determinante da proteção, sem prejuízo do disposto no nº 6.

2. Considera-se data do facto determinante da protecção o 1º dia de impedimento para o trabalho.

3. Constituem condições gerais de reconhecimento do direito:

a) O impedimento para o trabalho, que determine a perda de remuneração, em virtude da ocorrência das situações previstas no artigo 4º, nos termos da legislação laboral aplicável;

b) O cumprimento do prazo de garantia.

4. A protecção conferida aos progenitores nos termos do presente decreto-lei é extensiva aos beneficiários adoptantes, tutores, pessoa a quem for deferida a confiança judicial ou administrativa do menor, bem como cônjuges ou pessoas em união de facto com qualquer daqueles ou com o progenitor, desde que vivam em comunhão de mesa e habitação com o menor, sempre que, nos termos da legislação laboral, lhes seja reconhecido o direito às correspondentes licenças, faltas e dispensas.

5. Os direitos previstos no presente decreto-lei apenas se aplicam aos beneficiários que não estejam impedidos ou inibidos totalmente do exercício do poder paternal, com excepção do direito da mãe a gozar 14 semanas de licença parental inicial e dos referentes à protecção durante a amamentação.

6. A cessação ou suspensão da relação jurídica de emprego não prejudica o direito à proteção desde que se encontrem satisfeitas as condições de atribuição das prestações. *(Redação dada pelo Decreto-Lei nº 133/2012, de 27-06)*

Artigo 7º – Prazo de garantia

1. A atribuição dos subsídios depende de o beneficiário, à data do facto determinante da proteção, ter cumprido um prazo de garantia de seis meses civis, seguidos ou interpolados, com prestação de trabalho efetivo ou equivalente a exercício de funções, com exceção do disposto no número seguinte.

2. A atribuição do subsídio parental inicial exclusivo da mãe após o parto, previsto no artigo 12º, e do subsídio parental inicial exclusivo do pai, previsto na alínea *a*) do nº 1 do artigo 14º, depende de os beneficiários terem prestação de trabalho efetivo ou equivalente a exercício de funções em pelo menos um dos seis meses imediatamente anteriores ao facto determinante da proteção.

3. Para efeitos dos números anteriores releva, se necessário, o mês em que ocorre o facto determinante, desde que no mesmo se verifique prestação de trabalho efetivo.

4. Para efeitos do nº 1, nos casos de não prestação de trabalho efetivo durante seis meses consecutivos, a contagem do prazo de garantia tem início a partir da data em que ocorra nova prestação de trabalho efetivo.

5. Para efeitos do nº 1, consideram-se equivalentes a exercício de funções os períodos:

a) De não prestação de trabalho efectivo decorrente das demais eventualidades;

b) Em que, nos termos legais, haja percepção de remuneração sem a correspondente prestação de trabalho efectivo.

(Redação dada pela Lei nº 90/2019, de 04-09)

Artigo 8º – Totalização de períodos contributivos ou situação equiparada

Para efeitos do cumprimento do prazo de garantia são considerados, desde que não se sobreponham, os períodos de registo de remunerações ou de situação legalmente equiparada, em quaisquer regimes obrigatórios de protecção social, nacionais ou estrangeiros, que assegurem prestações pecuniárias de protecção na eventualidade maternidade, paternidade e adopção.

SECÇÃO II – Caracterização e condições específicas de atribuição

Artigo 9º – Subsídio por risco clínico durante a gravidez

O subsídio por risco clínico durante a gravidez é atribuído nas situações em que se verifique a existência de risco clínico, para a grávida ou para o nascituro, certificado por médico da especialidade, durante o período de tempo necessário para prevenir o risco, o qual deve constar expressamente do certificado.

Artigo 9º-A – Subsídio por necessidade de deslocação a unidade hospitalar localizada fora da ilha de residência da grávida para realização de parto

O subsídio por necessidade de deslocação a unidade hospitalar localizada fora da ilha de residência da grávida para realização de parto é atribuído nas situações em que a grávida necessite fazer essa deslocação por indisponibilidade ou inexistência de recursos técnicos e humanos na sua ilha de residência, durante o período de tempo que for considerado necessário e adequado para esse fim, o que deve constar expressamente de prescrição médica.

(Aditado pela Lei nº 90/2019, de 04-09)

Artigo 10º – Subsídio por interrupção da gravidez

O subsídio por interrupção da gravidez é atribuído nas situações de interrupção da gravidez, durante um período variável entre 14 e 30 dias consecutivos, nos termos da correspondente certificação médica.

Artigo 11º – Subsídio parental inicial

1. O subsídio parental inicial é atribuído pelo período até 120 ou 150 dias consecutivos, que os progenitores podem partilhar livremente após o parto, consoante opção dos mesmos, sem prejuízo dos direitos da mãe a que se refere o artigo seguinte.

2. Aos períodos de 120 e de 150 dias podem acrescer 30 dias consecutivos de atribuição do subsídio, no caso de partilha da licença em que cada um dos progenitores goze, em exclusivo, um período de 30 dias consecutivos ou dois períodos de 15 dias consecutivos, após o período obrigatório de licença parental inicial exclusiva da mãe.

3. No caso de nascimentos múltiplos, aos períodos previstos nos números anteriores acrescem 30 dias consecutivos por cada gémeo além do primeiro.

4. No caso de internamento hospitalar da criança imediatamente após o período recomendado de internamento pós-parto, devido a necessidade de cuidados médicos especiais para a criança, aos períodos previstos nos números anteriores acresce o período de internamento, com o limite máximo de 30 dias.

5. Nas situações em que o parto ocorra até às 33 semanas inclusive, aos períodos previstos nos nºs 1, 2 e 3 acresce todo o período de internamento da criança, bem como 30 dias após a alta hospitalar.

6. A atribuição dos acréscimos previstos nos números anteriores depende da apresentação de certificação do estabelecimento hospitalar que comprove o período de internamento.

7. A atribuição do subsídio parental inicial depende de declaração dos beneficiários dos períodos a gozar, de modo exclusivo ou partilhado.

8. No caso em que não seja apresentada declaração de partilha da licença parental inicial e sem prejuízo dos direitos da mãe a que se refere o artigo seguinte, há lugar à atribuição do subsídio parental inicial ao progenitor que justifique, perante a entidade empregadora, o gozo da respectiva licença, desde que o outro progenitor exerça actividade profissional e não a tenha gozado.

9. Quando o outro progenitor seja trabalhador independente, a justificação a que se refere o número anterior é substituída pela apresentação de certificado de não ter sido requerido o correspondente subsídio, emitido pelas respectivas entidades competentes.

10. Caso não seja apresentada declaração de partilha e o pai não justifique o gozo da licença, o direito ao subsídio parental inicial é reconhecido à mãe.

11. O subsídio parental inicial pelos períodos de 150, 180 ou o acréscimo de 30 dias por cada gémeo além do primeiro é atribuído apenas no caso de nado-vivo.
(Redação dada pela Lei nº 90/2019, de 04-09)

Artigo 12º – Subsídio parental inicial exclusivo da mãe

O subsídio parental inicial exclusivo da mãe pode ser atribuído por um período de até 30 dias antes do parto e, obrigatoriamente, por um período de seis semanas após o parto, os quais se integram no período de atribuição de subsídio parental inicial.

Artigo 13º – Subsídio parental inicial de um progenitor em caso de impossibilidade do outro

1. O subsídio parental inicial de um progenitor em caso de impossibilidade do outro é atribuído até ao limite do período remanescente que corresponda ao período de licença parental inicial não gozada, em caso de:

a) Incapacidade física ou psíquica, medicamente certificada, enquanto se mantiver;

b) Morte.

2. Apenas há lugar à atribuição do subsídio pela totalidade do período previsto no nº 2 do artigo 11º caso se verifiquem as condições aí previstas à data dos factos referidos no número anterior.

3. Em caso de morte ou incapacidade física ou psíquica da mãe, o subsídio parental inicial a gozar pelo pai tem a duração mínima de 30 dias.

4. Em caso de morte ou incapacidade física ou psíquica de mãe não trabalhadora nos 120 dias a seguir ao parto, o pai tem direito ao remanescente do subsídio parental inicial nos termos do nº 1, com as devidas adaptações, ou do número anterior.

5. O disposto no nº 1 é aplicável apenas no caso de nado-vivo.

Artigo 14º – Subsídio parental inicial exclusivo do pai

1. O subsídio parental inicial exclusivo do pai é atribuído pelos períodos seguintes:

a) 20 dias úteis obrigatórios, seguidos ou interpolados, nas seis semanas seguintes ao nascimento da criança, cinco dos quais gozados de modo consecutivo imediatamente a seguir a este;

b) 5 dias úteis facultativos, seguidos ou interpolados, desde que coincidam com a licença parental inicial gozada pela mãe.

2. No caso de nascimentos múltiplos, o subsídio previsto no número anterior é acrescido de dois dias úteis por cada gémeo além do primeiro, a gozar imediatamente seguir a cada um dos períodos.

3. O subsídio previsto na alínea *b*) do nº 1 bem como o correspondente aos dias acrescidos em caso de nascimentos múltiplos só são atribuídos no caso de nado-vivo.

(Redação dada pela Lei nº 90/2019, de 04-09)

Artigo 15º – Subsídio por adopção

1. O subsídio por adopção é atribuído aos candidatos a adoptantes nas situações de adopção de menores de 15 anos, devidamente comprovadas, excepto se se tratar de adopção de filho do cônjuge do beneficiário ou da pessoa com quem este viva em união de facto, e corresponde, com as devidas adaptações, ao subsídio parental inicial.

2. Em caso de incapacidade física ou psíquica, medicamente comprovada, ou de morte, do beneficiário candidato a adoptante, sem que este tenha esgotado o direito ao subsídio, o cônjuge que seja beneficiário tem direito ao subsídio pelo período remanescente ou a um mínimo de 14 dias, ainda que não seja candidato a adoptante, desde que viva em comunhão de mesa e habitação com o adoptado.

3. No caso de adopções múltiplas, aos períodos previstos nos números anteriores acrescem 30 dias por cada adopção além da primeira.

Artigo 16º – Subsídio parental alargado

O subsídio parental alargado é atribuído por período até três meses a qualquer um ou a ambos os progenitores ou adoptantes, alternadamente, durante o gozo de licença parental complementar alargada para assistência a filho integrado no agregado familiar, desde que gozada imediatamente após o período de atribuição do subsídio parental inicial ou do subsídio parental alargado do outro progenitor.

Artigo 17º – Subsídio por riscos específicos

1. Constituem riscos específicos para a segurança e a saúde da grávida, puérpera ou lactante as actividades condicionadas ou proibidas, bem como a prestação de trabalho nocturno, nos termos de legislação especial.

2. O subsídio por riscos específicos é atribuído nas situações em que haja lugar a dispensa do exercício da actividade laboral, determinada pela existência de risco específico para a grávida, puérpera ou lactante, bem como dispensa de prestação de trabalho nocturno.

Artigo 18º – Subsídio para assistência a filho em caso de doença ou acidente

1. O subsídio para assistência a filho é atribuído nas situações de necessidade de lhe prestar assistência inadiável e imprescindível, em caso de doença ou acidente, medicamente certificadas, nos seguintes termos:

a) Menor de 12 anos ou, independentemente da idade, no caso de filho com deficiência ou doença crónica, um período máximo de 30 dias, seguidos ou interpolados, em cada ano civil, ou durante todo o período de eventual hospitalização;

b) Maior de 12 anos, um período máximo de 15 dias, seguidos ou interpolados, em cada ano civil.

2. Aos períodos referidos no número anterior acresce um dia por cada filho além do primeiro.

3. A atribuição do subsídio para assistência a filho depende de:

a) O outro progenitor ter actividade profissional e não exercer o direito ao respectivo subsídio pelo mesmo motivo ou, em qualquer caso, estar impossibilitado de prestar assistência; e

b) No caso de filho maior, de este se integrar no agregado familiar do beneficiário.

4. No caso de filho com deficiência ou com doença crónica, a certificação médica apenas é exigida a primeira vez.

5. Relevam para o cômputo dos períodos máximos de atribuição do subsídio os períodos de atribuição do subsídio para assistência a netos, nos termos da alínea *b*) do nº 1 do artigo 19º

Artigo 19º – Subsídio para assistência a neto

1. O subsídio para assistência a neto concretiza-se nas seguintes modalidades:

a) Subsídio para assistência em caso de nascimento de neto, correspondente a um período de até 30 dias consecutivos, após o nascimento de neto que resida com o beneficiário em comunhão de mesa e habitação e seja filho de adolescente menor de 16 anos;

b) Subsídio para assistência a neto menor ou, independentemente da idade, com deficiência ou doença crónica, correspondente aos dias de faltas remanescentes não gozados pelos progenitores nos termos previstos no artigo anterior, com as devidas adaptações.

2. A atribuição do subsídio para assistência em caso de nascimento de neto depende de declaração médica comprovativa do parto e de declaração dos beneficiários relativa aos períodos a gozar ou gozados, de modo exclusivo ou partilhado.

3. O subsídio para assistência em caso de nascimento de neto, nas situações em que não é partilhado pelos avós, é atribuído desde que o outro avô exerça actividade profissional e não tenha requerido o subsídio ou, em qualquer caso, esteja impossibilitado de prestar assistência.

4. O subsídio para assistência a neto é atribuído desde que os progenitores exerçam actividade profissional e não exerçam o direito ao respectivo subsídio pelo mesmo motivo ou, em qualquer caso, estejam impossibilitados de prestar a assistência.

Artigo 20º – Subsídio para assistência a filho com deficiência, doença crónica ou doença oncológica

1. O subsídio para assistência a filho com deficiência, doença crónica ou doença oncológica, abrangida pelo regime especial de proteção de crianças e jovens com doença oncológica, criado pela Lei nº 71/2009, de 6 de agosto, é atribuído nas situações de necessidade de lhe prestar assistência por período até seis meses, prorrogável até ao limite de quatro anos.

2. Nas situações de necessidade de prolongamento da assistência, comprovada por declaração de médico especialista, a prorrogação prevista no nº 1 tem o limite de seis anos.

3. A atribuição do subsídio depende de:

a) O filho viver em comunhão de mesa e habitação com o beneficiário;

b) O outro progenitor ter actividade profissional e não exercer o direito ao respectivo subsídio pelo mesmo motivo ou, em qualquer caso, estar impossibilitado de prestar assistência.

(Redação dada pela Lei nº 90/2019, de 04-09)

CAPÍTULO III – Cálculo e montante dos subsídios

Artigo 21º – Cálculo dos subsídios

O montante diário dos subsídios previstos no presente decreto-lei é calculado pela aplicação de uma percentagem ao valor da remuneração de referência do beneficiário.

Artigo 22º – Remuneração de referência

1. A remuneração de referência a considerar é definida por $R/180$, em que R representa o total das remunerações auferidas nos seis meses civis imediatamente anteriores ao segundo anterior ao da data do facto determinante da protecção.

2. Nos meses em que não tenha sido auferida remuneração, durante o período referido no número anterior, devido à ocorrência de outra eventualidade, é considerado o montante da remuneração de referência que serviu de base de cálculo à atribuição da correspondente prestação social, sem prejuízo do disposto no nº 5.

3. Nas situações em que se verifique a totalização de períodos contributivos ou de situação legalmente equiparada, se o beneficiário não apresentar, no período em referência previsto no nº 1, seis meses de remunerações auferidas, a remuneração de referência é definida por $R/(30 \times n)$, em que R representa o total de remunerações auferidas desde o início do período de referência até ao dia que antecede o facto determinante da proteção e n o número de meses a que as mesmas se reportam.

4. A fórmula referida no nº 3 é aplicável nas situações previstas no nº 2 do artigo 7º, se os beneficiários não apresentarem no período de referência previsto qualquer registo de remunerações.

5. Para efeitos dos números anteriores, consideram-se as remunerações que constituem base de incidência contributiva nos termos fixados em diploma próprio.

6. Na determinação do total das remunerações auferidas não são considerados os montantes relativos aos subsídios de férias, de Natal ou outros de natureza análoga.

(Redação dada pela Lei nº 90/2019, de 04-09)

Artigo 23º – Montante dos subsídios

1. O montante diário dos subsídios por risco clínico durante a gravidez, por riscos específicos, por necessidade de deslocação a unidade hospitalar fora da ilha de residência da grávida para realização de parto e por interrupção da gravidez corresponde a 100% da remuneração de referência da beneficiária.

2. O montante diário do subsídio parental inicial corresponde às seguintes percentagens da remuneração de referência do beneficiário:

a) No período relativo à licença de 120 dias, nos termos do nº 1 do artigo 11º, 100%;

b) No período relativo à licença de 150 dias, nos termos do nº 1 do artigo 11º, 80%;

c) No período relativo à licença de 150 dias, nos termos do nº 2 do artigo 11º, 100%;

d) No período relativo à licença de 180 dias, nos termos do nº 2 do artigo 11º, 83%.

3. O montante diário do subsídio parental inicial devido pelos períodos acrescidos, nos termos dos nºs 3, 4 e 5 do artigo 11º, é de 100% da remuneração de referência do beneficiário.

4. O montante diário dos restantes subsídios previstos no presente decreto-lei corresponde às seguintes percentagens da remuneração de referência do beneficiário:

a) Subsídio parental exclusivo do pai, 100%;

b) Subsídio parental alargado, 25%;

c) Subsídio por adopção é igual ao previsto nos nºs 2 e 3;

d) Subsídio para assistência a filho, 100%;

e) Subsídio para assistência a filho com deficiência, doença crónica ou doença oncológica, 65%, tendo como limite máximo mensal o valor correspondente a duas vezes o indexante dos apoios sociais (IAS);

f) Subsídio para assistência a neto:

i) Nos casos previstos na alínea *a*) do nº 1 do artigo 19º, 100%;

ii) Nos casos previstos na alínea *b*) do nº 1 do artigo 19º, 65%.

(Redação dada pelo Decreto-Lei nº 14-D/2020, de 13-04)

Artigo 24º – Montante mínimo dos subsídios

1. O montante diário mínimo dos subsídios previstos no presente decreto-lei não pode ser inferior a 80% de 1/30 do valor do IAS, sem prejuízo do disposto no número seguinte.

2. O montante diário mínimo do subsídio parental alargado não pode ser inferior a 40% de 1/30 do IAS.

CAPÍTULO IV – Suspensão, cessação e articulação dos subsídios

SECÇÃO I – Suspensão e cessação

Artigo 25º – Suspensão

1. A atribuição do subsídio parental inicial é suspensa durante o período de internamento hospitalar do progenitor que estiver a gozar a licença ou da criança, mediante comunicação do beneficiário acompanhada de certificação do respectivo estabelecimento.

2. A situação de suspensão da atribuição do subsídio parental inicial por internamento da criança prevista no nº 1 não abrange as situações previstas nos nºs 4 e 5 do artigo 11º.

(Redação dada pela Lei nº 90/2019, de 04-09)

Artigo 26º – Cessação

1. O direito aos subsídios cessa quando terminarem as causas que lhes deram origem.

2. O direito aos subsídios cessa ainda nos casos de reinício da actividade profissional, independentemente da prova de inexistência de remuneração.

SECÇÃO II – Articulação e acumulação dos subsídios

Artigo 27º – Articulação com a protecção na eventualidade desemprego

1. A protecção dos beneficiários que estejam a receber prestações de desemprego concretiza-se através da atribuição dos seguintes subsídios:

a) Subsídio por risco clínico durante a gravidez;

b) Subsídio por necessidade de deslocação a unidade hospitalar fora da ilha de residência da grávida;

c) Subsídio por interrupção da gravidez;

d) Subsídio por parentalidade inicial;

e) Subsídio por adopção.

2. A atribuição dos subsídios referidos no número anterior determina a suspensão do pagamento das prestações de desemprego, durante o período de duração daqueles subsídios, nos termos do respectivo regime jurídico.

(Redação dada pela Lei nº 90/2019, de 04-09)

Artigo 28º – Inacumulabilidade com rendimentos de trabalho e com prestações sociais

1. Os subsídios previstos no presente decreto-lei não são acumuláveis com:

a) Rendimentos de trabalho ou outras prestações pecuniárias regulares pagas pelas entidades empregadoras sem a correspondente prestação de trabalho efectivo;

b) Prestações sociais substitutivas de rendimento de trabalho, excepto com pensões de invalidez, velhice e sobrevivência concedidas no âmbito do regime de protecção social convergente, do regime geral de segurança social ou de outros regimes obrigatórios de protecção social;

c) Prestações sociais concedidas no âmbito do subsistema de solidariedade, excepto com o rendimento social de inserção e com o complemento solidário para idosos;

d) Prestações de pré-reforma, sem prejuízo do disposto nº 3.

2. Para efeitos do disposto no número anterior, são tomadas em consideração prestações sociais concedidas por sistemas de segurança social estrangeiros, sem prejuízo do disposto em instrumentos internacionais aplicáveis.

3. Na situação de pré-reforma em que haja lugar a prestação de trabalho podem ser atribuídas as prestações previstas no presente decreto-lei, calculadas com base na remuneração correspondente ao trabalho prestado, nos termos a definir em diploma próprio.

Artigo 29º – Acumulação com indemnizações e pensões por riscos profissionais

Os subsídios previstos no presente decreto-lei são cumuláveis com pensões, atribuídas no âmbito da protecção na eventualidade acidente de trabalho e doença profissional, ou com outras pensões a que seja reconhecida natureza indemnizatória.

CAPÍTULO V – Deveres dos beneficiários

Artigo 30º – Deveres

1. Os factos determinantes da cessação do direito aos subsídios previstos no presente decreto-lei são obrigatoriamente comunicados pelos beneficiários à entidade empregadora, no prazo de cinco dias úteis subsequentes à data da verificação dos mesmos.

2. O incumprimento dos deveres previstos no presente decreto-lei, por acção ou omissão, bem como a utilização de qualquer meio fraudulento de que resulte a atribuição indevida dos subsídios, determina responsabilidade disciplinar e financeira dos beneficiários.

CAPÍTULO VI – Organização e gestão do regime

Artigo 31º – Responsabilidades

1. A organização e a gestão do regime de protecção são da responsabilidade da entidade empregadora do beneficiário.

2. A atribuição das prestações não depende da apresentação de requerimento.

3. Em caso de falecimento de beneficiário, os montantes relativos aos subsídios previstos no presente decreto-lei, vencidos e não recebidos à data do facto, devem ser pagos aos titulares do direito ao subsídio por morte ou, não os havendo, aos herdeiros nos termos da lei geral.

Artigo 32º - Comunicação da atribuição dos subsídios

A entidade empregadora deve comunicar ao beneficiário as decisões sobre a atribuição dos subsídios, nos termos do Código do Procedimento Administrativo.

Artigo 33º - Pagamento dos subsídios

Os subsídios previstos no presente decreto-lei são pagos mensalmente na data do pagamento das remunerações dos trabalhadores, com referência expressa aos dias e mês a que corresponde o impedimento para o trabalho.

Artigo 34º - Articulações

1. As entidades empregadoras promovem a articulação entre si ou com serviços competentes em matéria de protecção social, com vista a comprovar a verificação dos requisitos de que depende a atribuição e manutenção dos subsídios e o correcto enquadramento das situações a proteger.

2. Para efeitos do disposto no número anterior, a comprovação pode ser efectuada por troca de informação, designadamente através de utilização de suporte electrónico.

CAPÍTULO VII - Disposições complementares

SECÇÃO I - Salvaguarda do nível de protecção

Artigo 35º - Benefício complementar dos subsídios

Para efeitos do disposto no nº 4 do artigo 29º da Lei nº 4/2009, de 29 de Janeiro, sempre que, em cada caso concreto, o montante dos subsídios previstos no presente decreto-lei resulte inferior ao valor da remuneração líquida que seria devida nos termos do regime aplicável em 31 de Dezembro de 2008, a entidade empregadora atribui um benefício complementar de valor igual à diferença.

SECÇÃO II - Beneficiários cujo regime de vinculação seja a nomeação

Artigo 36º - Subsídio por assistência a familiares

1. Ao beneficiário, cujo regime de vinculação seja a nomeação, é atribuído o subsídio por assistência a familiares que visa compensar a perda de remuneração presumida motivada pela necessidade de assistência inadiável e imprescindível a membros do seu agregado familiar que determine incapacidade temporária para o trabalho.

2. Para efeitos do disposto no número anterior, integram o agregado familiar:

a) O cônjuge ou equiparado;

b) Parente ou afim na linha recta ascendente ou do 2º grau da linha colateral.

3. Para efeitos do cálculo e montante do subsídio, é aplicável o disposto nos artigos 21º, 22º, na alínea *d)* do nº 4 do artigo 23º e no artigo 24º.

4. Mantêm-se em vigor os artigos 85º e 86º do Regulamento constante do anexo II da Lei nº 59/2008, de 11 de Setembro, até à revisão do Regime do Contrato de Trabalho em Funções Públicas.

CAPÍTULO VIII – Disposições transitórias e finais

Artigo 37º – Regime subsidiário

Em tudo o que não se encontre especificamente regulado no presente decreto-lei é subsidiariamente aplicável o disposto na legislação do regime geral de segurança social relativa à protecção na parentalidade, no âmbito da eventualidade maternidade, paternidade e adopção, salvo no que respeita à organização e ao financiamento.

Artigo 37º-A – Referências

1. Para efeitos de aplicação do presente decreto-lei, todas as referências feitas à mãe e ao pai consideram-se efetuadas aos titulares do direito de parentalidade, salvo as que resultem da condição biológica daqueles.

2. O titular do direito de parentalidade que se enquadre no disposto das alíneas *a)* ou *b)* do nº 1 do artigo 36º do Código do Trabalho goza da licença parental exclusiva da mãe, gozando o outro titular do direito de parentalidade da licença exclusiva do pai.

3. Às situações de adoção por casais do mesmo sexo aplica-se o disposto nos artigos 44º e 64º do Código do Trabalho.

(Aditado pela Lei nº 90/2019, de 04-09)

Artigo 38º – Regime transitório

1. A atribuição dos subsídios previstos na alínea *c)* do nº 1 e nas alíneas *a)*, *b)* e *c)* do nº 2 do artigo 4º, nos termos do disposto no presente decreto-lei, é aplicável às situações em que esteja a ser paga a remuneração correspondente à licença por maternidade, paternidade ou adopção, ao abrigo da legislação anterior, desde que tenha sido efectuada nova declaração pelo trabalhador dos períodos a gozar, nos termos do nº 2 do artigo 13º da Lei nº 7/2009, de 12 de Fevereiro, que aprova a revisão do Código do Trabalho.

2. Sem prejuízo do disposto no número anterior, nas situações de licenças ou de faltas, em curso à data de entrada em vigor do Código do Trabalho, revisto pela Lei nº 7/2009, de 12 de Fevereiro, em que esteja a ser paga remuneração nos termos da legislação anterior, passa a ser atribuído subsídio, calculado com base na remuneração de referência.

3. Para efeitos de delimitação dos períodos de atribuição dos subsídios, são tidas em consideração as licenças ou faltas já gozadas até à data de entrada em vigor do Código do Trabalho, revisto pela Lei nº 7/2009, de 12 de Fevereiro.

4. A atribuição do subsídio parental inicial exclusivo do pai pelo período a que se refere a alínea *a*) do nº 1 do artigo 14º apenas é aplicável nas situações em que o facto determinante do direito tenha ocorrido após a entrada em vigor do Código do Trabalho, revisto pela Lei nº 7/2009, de 12 de Fevereiro.

5. As diferenças entre os montantes das remunerações efectivamente pagas, após a entrada em vigor do Código do Trabalho, revisto pela Lei nº 7/2009, de 12 de Fevereiro, e os valores apurados em relação a cada um dos subsídios nos termos dos números anteriores, são pagos pelas respectivas entidades empregadoras.

6. Nos casos em que não tenha sido entregue a nova declaração prevista no nº 1, a entidade empregadora notifica o trabalhador, nos três dias úteis seguintes à data de entrada em vigor do presente decreto-lei, da possibilidade de exercer aquele direito no prazo de 15 dias.

(Cf. Declaração de Rectificação nº 40/2009, de 05-06)

Artigo 39º – Entrada em vigor

O presente decreto-lei entra em vigor no 1º dia do mês seguinte ao da sua publicação.

Visto e aprovado em Conselho de Ministros de 11 de Março de 2009. – *José Sócrates Carvalho Pinto de Sousa – Emanuel Augusto dos Santos – José António Fonseca Vieira da Silva – Ana Maria Teodoro Jorge.*

Promulgado em 1 de Abril de 2009.

Publique-se.

O Presidente da República, ANÍBAL CAVACO SILVA.

Referendado em 3 de Abril de 2009.

O Primeiro-Ministro, *José Sócrates Carvalho Pinto de Sousa.*

Regime Jurídico de Protecção Social da Eventualidade de Desemprego dos Trabalhadores por Conta de Outrem

Decreto-Lei nº 220/2006, de 3 de novembro*

CAPÍTULO I – Natureza e objectivo

Artigo 1º – Âmbito

1. O presente decreto-lei estabelece, no âmbito do subsistema previdencial, o quadro legal da reparação da eventualidade de desemprego dos trabalhadores por conta de outrem, sem prejuízo do disposto em instrumento internacional aplicável.

2. A reparação da situação de desemprego realiza-se através de medidas passivas e activas, podendo, ainda, incluir medidas excepcionais e transitórias nos termos previstos em legislação própria.

Artigo 2º – Caracterização da eventualidade

1. Para efeitos do presente decreto-lei é considerada desemprego toda a situação decorrente da perda involuntária de emprego do beneficiário com capacidade e disponibilidade para o trabalho, inscrito para emprego no centro de emprego.

2. *(Revogado.)*

Artigo 3º – Medidas passivas

Constituem medidas passivas:

a) A atribuição de subsídio de desemprego;

b) A atribuição de subsídio social de desemprego inicial ou subsequente ao subsídio de desemprego.

* Texto integral de acordo com a republicação do Decreto-Lei nº 72/2010, de 18-06.

Artigo 4º – Medidas activas

Constituem medidas activas:

a) O pagamento, por uma só vez, do montante global das prestações de desemprego com vista à criação do próprio emprego;

b) A possibilidade de acumular subsídio de desemprego parcial com trabalho por conta de outrem a tempo parcial ou com actividade profissional independente;

c) A suspensão total ou parcial das prestações de desemprego durante a frequência de curso de formação profissional com atribuição de compensação remuneratória;

d) A manutenção das prestações de desemprego durante o período de exercício de actividade ocupacional;

e) Outras medidas de política activa de emprego não mencionadas nas alíneas anteriores desde que promovam a melhoria dos níveis de empregabilidade e a reinserção no mercado de trabalho de beneficiários das prestações de desemprego em termos a definir por legislação própria.

CAPÍTULO II – Prestações de desemprego e capacidade e disponibilidade para o trabalho

SECÇÃO I – Prestações de desemprego

Artigo 5º – Disposição geral

1. A reparação da eventualidade de desemprego dos beneficiários abrangidos pelo regime geral de segurança social dos trabalhadores por conta de outrem é efectivada mediante a atribuição de prestações.

2. A reparação no desemprego pode, ainda, abranger trabalhadores cujo sistema de protecção social não integre a eventualidade de desemprego, nos termos estabelecidos em diploma próprio.

Artigo 6º – Objectivos das prestações

As prestações de desemprego têm como objectivo:

a) Compensar os beneficiários da falta de retribuição resultante da situação de desemprego ou de redução determinada pela aceitação de trabalho a tempo parcial;

b) Promover a criação de emprego, através, designadamente, do pagamento por uma só vez do montante global das prestações de desemprego com vista à criação do próprio emprego.

Artigo 7º – Modalidades das prestações

1. Constituem prestações de desemprego o subsídio de desemprego, o subsídio social de desemprego e o subsídio de desemprego parcial.

2. A protecção através do subsídio social de desemprego tem lugar:

a) Nas situações em que não seja atribuível subsídio de desemprego;

b) Nas situações em que os beneficiários tenham esgotado os períodos de concessão do subsídio de desemprego, desde que se encontrem preenchidos os demais condicionalismos previstos no presente decreto-lei.

3. A protecção através do subsídio de desemprego parcial é assegurada nas situações em que o beneficiário, requerente ou titular de prestações de desemprego, exerça uma actividade profissional nos termos do presente decreto-lei.

Artigo 8º – Titulares do direito às prestações

1. A titularidade do direito ao subsídio de desemprego e subsídio social de desemprego é reconhecida aos beneficiários cujo contrato de trabalho tenha cessado nos termos do artigo 9º, reúnam as respectivas condições de atribuição à data do desemprego e residam em território nacional.

2. Os cidadãos estrangeiros, abrangidos pelo disposto no número anterior, devem ainda ser portadores de título válido de residência ou respectivo recibo de pedido de renovação, ou, ainda, de outros que habilitem o exercício de actividade profissional subordinada e respectivas prorrogações, bem como os refugiados ou apátridas, que devem ser portadores de título válido de protecção temporária.

3. A titularidade do direito ao subsídio de desemprego e, na sua sequência, ao subsídio social de desemprego é ainda reconhecida aos beneficiários que, sendo pensionistas de invalidez, cuja qualidade adquiriram no âmbito do regime geral de segurança social, e não exercendo simultaneamente actividade profissional, sejam declarados aptos para o trabalho em exame de revisão de incapacidade.

Artigo 9º – Desemprego involuntário

1. O desemprego considera-se involuntário sempre que a cessação do contrato de trabalho decorra de:

a) Iniciativa do empregador;

b) Caducidade do contrato não determinada por atribuição de pensão;

c) Resolução com justa causa por iniciativa do trabalhador;

d) Acordo de revogação celebrado nos termos definidos no presente decreto-lei.

2. Para efeitos da alínea *a*) do número anterior, presume-se haver desemprego involuntário nas situações em que:

a) O fundamento invocado pelo empregador não constitua justa causa de despedimento por facto imputável ao trabalhador ou, constituindo, desde que o trabalhador faça prova de propositura de ação judicial contra o empregador;

b) O empregador efetue despedimento sem cumprimento das formalidades previstas no Código do Trabalho, desde que o trabalhador faça prova da propositura de ação judicial contra o empregador.

3. Não há desemprego involuntário nos casos em que o trabalhador recuse, de forma injustificada, a continuação ao serviço no termo do contrato, se essa continuação lhe tiver sido proposta ou decorrer do incumprimento, pelo empregador, do prazo de aviso prévio de caducidade.

4. Considera-se igualmente em situação de desemprego involuntário o trabalhador que, tendo sido reformado por invalidez é, em posterior exame de revisão da incapacidade realizado nos termos regulamentares, declarado apto para o trabalho.

5. Para efeitos do disposto na alínea *c*) do nº 1, presume-se haver desemprego involuntário quando o fundamento de justa causa invocado pelo trabalhador não seja contraditado pelo empregador ou, sendo-o, o trabalhador faça prova de interposição de acção judicial contra o empregador.

6. Não são consideradas como desemprego involuntário as situações em que o trabalhador não solicite a renovação do contrato quando esta, nos termos de legislação própria, dependa de requerimento.

(Redação dada pelo Decreto-Lei nº 64/2012, de 15-03)

Artigo 10º – Cessação por acordo

1. Consideram-se desemprego involuntário, para efeitos da alínea *d*) do nº 1 do artigo anterior, as situações de cessação do contrato de trabalho por acordo, que se integrem num processo de redução de efectivos, quer por motivo de reestruturação, viabilização ou recuperação da empresa, quer ainda por a empresa se encontrar em situação económica difícil, independentemente da sua dimensão.

2. Para efeitos de aplicação do número anterior considera-se:

a) Empresa em situação de recuperação ou viabilização, aquela que se encontre em processo especial de recuperação, previsto no Código dos Processos Especiais de Recuperação da Empresa e Falência, bem como no Código da Insolvência e Recuperação de Empresa, ou no procedimento extrajudicial de conciliação;

b) Empresa em situação económica difícil, aquela que assim seja declarada nos termos do disposto no Decreto-Lei nº 353-H/77, de 29 de Agosto;

c) Empresa em reestruturação, a pertencente a sector assim declarado por diploma próprio nos termos do disposto no Decreto-Lei nº 251/86, de 25 de Agosto, e no nº 1 do artigo 5º do Decreto-Lei nº 206/87, de 16 de Maio;

d) Considera-se, ainda, empresa em reestruturação aquela que assim for declarada para os efeitos previstos no presente decreto-lei através de despacho favorável do membro do Governo responsável pela área do emprego, consultados os Ministérios da Economia e do Emprego e da Solidariedade e da Segurança Social, após apresentação do projeto que demonstre inequivocamente que a dimensão da reestruturação da empresa, necessária à sua viabilidade económica e financeira, determina a necessidade de ultrapassar os limites quantitativos fixados no nº 4 do presente artigo.

3. A consulta ao Ministério da Economia prevista na alínea *d*) do número anterior pode ser efectuada, designadamente, através do Gabinete de Intervenção Integrada de Reestruturação Empresarial (AGIIRE), criado pelo Decreto Regulamentar nº 5/2005, de 12 de Julho, salvaguardando-se em qualquer dos casos a audição dos parceiros sociais sobre a situação económica e do emprego no sector em causa.

4. Para além das situações previstas no nº 2 são, ainda, consideradas as cessações do contrato de trabalho por acordo fundamentadas em motivos que permitam o recurso ao despedimento colectivo ou por extinção do posto de trabalho, tendo em conta a dimensão da empresa e o número de trabalhadores abrangidos, nos termos seguintes:

a) Nas empresas que empreguem até 250 trabalhadores, são consideradas as cessações de contrato de trabalho até três trabalhadores inclusive ou até 25% do quadro de pessoal, em cada triénio;

b) Nas empresas que empreguem mais de 250 trabalhadores, são consideradas as cessações de contrato de trabalho até 62 trabalhadores inclusive, ou até 20% do quadro de pessoal, com um limite máximo de 80 trabalhadores em cada triénio.

5. Os limites estabelecidos no número anterior são aferidos por referência aos três últimos anos, cuja contagem se inicia na data da cessação do contrato, inclusive, e pelo número de trabalhadores da empresa no mês anterior ao da data do início do triénio, com observância do critério mais favorável.

6. Para efeitos dos nºs 4 e 5 são consideradas as pessoas singulares e colectivas, independentemente da sua natureza e das finalidades que prossigam, que beneficiem da actividade profissional de terceiros prestada em regime de trabalho subordinado ou situações legalmente equiparadas para efeitos de segurança social.

(Redação dada pelo Decreto-Lei nº 64/2012, de 15-03)

Artigo 10º-A – Cessação por acordo para reforço da qualificação e capacidade técnica das empresas

1. Para além das situações referidas no artigo anterior, considera-se, ainda, desemprego involuntário, para efeitos da alínea *d*) do nº 1 do artigo 9º, as situações de cessação de contrato de trabalho por acordo que visem o reforço da qualificação e da capacidade técnica das empresas e não determinem a diminuição do nível de emprego.

2. Para efeitos do disposto no número anterior, a manutenção do nível de emprego tem de se verificar até ao final do mês seguinte ao da cessação do contrato de trabalho e considera-se assegurada por meio de contratação de novo trabalhador mediante contrato sem termo a tempo completo, para posto de trabalho a que corresponda o exercício de atividade de complexidade técnica, elevado grau de responsabilidade ou que pressuponha uma especial qualificação.

3. Os serviços de segurança social devem informar o serviço com competência inspetiva do ministério responsável pela área laboral quando detetem ou suspeitem do incumprimento do disposto nos números anteriores para que notifique o empregador por forma a que este, no prazo máximo de 30 dias após a notificação, assegure a manutenção do nível de emprego.

4. Às cessações de contrato de trabalho efetuadas ao abrigo do presente artigo não são aplicáveis os limites estabelecidos no nº 4 do artigo anterior.

5. Constitui contraordenação grave a cessação de contratos de trabalho com acesso ao subsídio de desemprego em violação do disposto nos nºs 1, 2 e 3.

6. Nas situações de cessação do contrato de trabalho por acordo, em violação dolosa do disposto nos nºs 1, 2 e 3, o trabalhador mantém o direito às prestações de desemprego, ficando o empregador obrigado perante a segurança social ao pagamento do montante correspondente à totalidade do período de concessão da prestação inicial de desemprego.

(Aditado pelo Decreto-Lei nº 13/2013, de 25-01)

SECÇÃO II - Capacidade e disponibilidade para o trabalho

Artigo 11º - Capacidade e disponibilidade para o trabalho

1. A capacidade para o trabalho traduz-se na aptidão para ocupar um posto de trabalho.

2. A disponibilidade para o trabalho traduz-se nas seguintes obrigações assumidas pelo trabalhador:

a) Procura activa de emprego pelos seus próprios meios;

b) Aceitação de emprego conveniente;

c) Aceitação de trabalho socialmente necessário;

d) Aceitação de formação profissional;

e) Aceitação de outras medidas activas de emprego em vigor que se revelem ajustadas ao perfil dos beneficiários, designadamente as previstas no PPE;

f) Aceitação do plano pessoal de emprego;

g) Cumprimento do PPE e das acções nele previstas;

h) Sujeição a medidas de acompanhamento, controlo e avaliação promovidas pelos centros de emprego.

3. A titularidade do subsídio de desemprego parcial não prejudica a obrigatoriedade de aceitação de emprego conveniente a tempo inteiro.

4. A capacidade e disponibilidade para o trabalho, nos termos e para efeitos do presente decreto-lei, são pressupostos da inscrição como candidato a emprego no centro de emprego da área de residência.

Artigo 12º - Procura activa de emprego

1. A procura activa de emprego consiste na realização de forma continuada de um conjunto de diligências do candidato a emprego com vista à inserção sócio-profissional no mercado de trabalho pelos seus próprios meios.

2. A procura activa de emprego concretiza-se, designadamente, através das seguintes diligências:

a) Respostas escritas a anúncios de emprego;

b) Respostas ou comparências a ofertas de emprego divulgadas pelo centro de emprego ou pelos meios de comunicação social;

c) Apresentações de candidaturas espontâneas;

d) Diligências para a criação do próprio emprego ou para a criação de uma nova iniciativa empresarial;

e) Respostas a ofertas disponíveis na Internet;

f) Registos do curriculum vitae em sítios da Internet.

3. As diligências de procura ativa de emprego previstas nas alíneas *a*), *b*), *c*) e *e*) do número anterior devem ser adequadas ao candidato a emprego, considerando, nomeadamente, as suas aptidões físicas, habilitações escolares, formação profissional, competências e experiências profissionais, ainda que se situem em setor de atividade ou profissão distinta da ocupação anterior ao momento do desemprego.

4. Os beneficiários das prestações de desemprego devem proceder, nos termos determinados pelo centro de emprego, ao registo actualizado das diligências efectuadas para a procura activa de emprego e ao arquivo da respectiva documentação comprovativa.

5. Os centros de emprego asseguram o devido apoio aos beneficiários na aquisição de estratégias de aproximação do mercado de trabalho através da orientação, formação e acompanhamento dos esforços de procura activa e de melhoria das condições de empregabilidade a desenvolver por parte do beneficiário.

6. Com vista a facilitar a procura de emprego por parte do candidato a emprego, os centros de emprego devem disponibilizar, de acordo com os recursos disponíveis, meios de apoio à procura activa.

7. Sempre que a Administração Pública promove concursos, como forma de recrutamento e selecção de pessoal para os quadros, é obrigada a contactar, por via electrónica ou postal simples, todos os desempregados que detenham as habilitações literárias requeridas para o concurso, inscritos no centro de emprego da área geográfica do posto de trabalho, bem como nos imediatamente limítrofes.

(Redação dada pelo Decreto-Lei nº 13/2013, de 25-01)

Artigo 13º – Emprego conveniente

1. Considera-se emprego conveniente aquele que, cumulativamente:

a) Respeite as retribuições mínimas e demais condições estabelecidas na lei geral ou em instrumento de regulamentação colectiva de trabalho aplicável;

b) Consista no exercício de funções ou tarefas susceptíveis de poderem ser desempenhadas pelo trabalhador, considerando, nomeadamente, as suas aptidões físicas, habilitações escolares, formação profissional, competências e experiências profissionais, ainda que se situem em sector de actividade ou profissão distinta da ocupação anterior ao momento do desemprego;

c) Garanta uma retribuição ilíquida igual ou superior ao valor da prestação de desemprego, acrescido de 10%, se a oferta de emprego ocorrer durante os primeiros 12 meses de concessão de prestações de desemprego, ou igual ou superior ao valor da prestação de desemprego, se aquela oferta ocorrer no decurso ou após o 13º mês;

d) Assegure que o valor das despesas de transporte entre a residência e o local de trabalho cumpra uma das seguintes condições:

i) Não seja superior a 10% da retribuição mensal ilíquida a auferir;

ii) Não ultrapasse as despesas de deslocação no emprego imediatamente anterior desde que a retribuição da oferta de emprego seja igual ou superior à auferida no emprego imediatamente anterior;

iii) O empregador suporte as despesas com a deslocação entre a residência e o local de trabalho ou assegure gratuitamente o meio de transporte;

e) Garanta que o tempo médio de deslocação entre a residência e o local de trabalho proposto:

i) Não exceda 25% do horário de trabalho, salvo nas situações em que o beneficiário tenha filhos menores ou dependentes a cargo, em que a percentagem é reduzida para 20%;

ii) Excedendo 25% do horário de trabalho da oferta de emprego, não seja superior ao tempo de deslocação no emprego imediatamente anterior.

2. *(Revogado.)*

3. Para efeitos do disposto na alínea *c*) do nº 1, é sempre considerado emprego conveniente aquele que garanta uma retribuição ilíquida igual ou superior ao valor da retribuição ilíquida auferida no emprego imediatamente anterior.

4. Para efeitos do disposto na alínea *d*) do nº 1, no valor das despesas de deslocação relevantes para a caracterização de emprego conveniente é tido como referência o valor das despesas de deslocação em transportes colectivos públicos.

5. Para efeitos do disposto na alínea *e*) do nº 1, o tempo de deslocação é aferido tendo em conta o tempo médio de deslocação entre a residência e o local do emprego em transportes colectivos públicos, designadamente através dos elementos resultantes de dados estatísticos oficiais.

Artigo 14º – Formação profissional

1. A formação profissional proposta pelo centro de emprego deve ter como objectivo o reforço das condições de empregabilidade do beneficiário, facilitando o seu regresso rápido e sustentado ao mercado de trabalho.

2. No âmbito da execução do PPE de cada beneficiário, as acções de formação profissional ou outras medidas equivalentes a proporcionar devem permitir a melhoria das habilitações escolares e ou profissionais e são definidas tendo em conta as suas competências, expectativas e as necessidades do mercado de trabalho.

Artigo 15º – Trabalho socialmente necessário

Considera-se trabalho socialmente necessário o que deva ser desenvolvido no âmbito de programas ocupacionais cujo regime é regulado em diploma próprio, organizados por entidades públicas ou privadas sem fins lucrativos, em benefício da colectividade e por razões de necessidade social ou colectiva, para o qual os titulares das prestações tenham capacidade e não recusem com base em motivos atendíveis invocados.

Artigo 16º – Plano pessoal de emprego

1. O PPE é um instrumento de co-responsabilização, contratualizado entre o centro de emprego e o beneficiário, em que, de acordo com o perfil e circunstâncias específicas de cada beneficiário bem como do mercado de trabalho em que se insere, se definem e estruturam acções que visam a sua integração no mercado de trabalho.

2. O PPE é elaborado conjuntamente pelo beneficiário e pelo centro de emprego da sua área de residência, sendo a aceitação do mesmo formalizada através da sua assinatura por ambas as partes.

3. O PPE identifica e prevê, nomeadamente:

a) O conjunto de acções previsíveis do processo de inserção no mercado de trabalho;

b) As diligências mínimas exigíveis em cumprimento do dever de procura activa de emprego;

c) As acções de acompanhamento, avaliação e controlo a promover pelo centro de emprego.

4. Para efeitos do cumprimento do PPE, considera-se relevante a prestação de trabalho em regime de voluntariado e a prestação de trabalho de utilidade social a favor de entidades sem fins lucrativos desde que se encontre salvaguardada a sua compatibilidade com a procura activa de emprego.

5. O PPE pode ser objecto de reformulação por iniciativa do centro de emprego quando da sua avaliação resulte a necessidade do seu reajustamento ao mercado de emprego ou a novas medidas de trabalho.

6. O PPE é celebrado na sequência da inscrição do candidato para emprego no centro de emprego, nos prazos e termos a definir em regulamentação posterior.

7. O PPE inicia-se no momento da sua formalização e cessa com a inserção do beneficiário no mercado de trabalho bem como pela anulação da inscrição para emprego no centro de emprego.

Artigo 17º – Acompanhamento personalizado para o emprego

1. O acompanhamento personalizado para o emprego no âmbito do PPE é um sistema de acompanhamento integrado centrado no beneficiário das prestações de desemprego com o objetivo de garantir:

a) Apoio, acompanhamento e orientação do beneficiário;

b) Ativação na procura de emprego, através da formação e aquisição de competências; e

c) Monitorização e fiscalização do cumprimento das obrigações previstas na lei, garantindo o rigor na utilização destas prestações.

2. O acompanhamento personalizado para o emprego inclui, nomeadamente:

a) Elaboração conjunta do PPE, que deve ser feito até ao período máximo de 15 dias após a inscrição do beneficiário no centro de emprego;

b) Atualização e reavaliação regular do PPE;

c) Sessões de procura de emprego acompanhada;

d) Sessões coletivas de caráter informativo, nomeadamente sobre direitos e deveres dos beneficiários, mercado de emprego e oferta formativa, programas disponíveis no serviço público de emprego;

e) Sessões de divulgação de ofertas e planos formativos adequados ao perfil de cada beneficiário;

f) Ações de desenvolvimento de competências para a empregabilidade; e
g) Outras sessões regulares de atendimento personalizado.
(Redação dada pela Lei nº 34/2016, de 24-08)

CAPÍTULO III – Condições de atribuição das prestações

Artigo 18º – Disposição geral

1. O reconhecimento do direito às prestações de desemprego depende da caracterização da relação laboral, da situação de desemprego e da verificação de prazos de garantia, nos termos dos artigos seguintes.

2. O reconhecimento do direito ao subsídio social de desemprego depende ainda do preenchimento da condição de recursos e do termo da concessão do subsídio de desemprego quando aquele lhe for subsequente.

3. Não é reconhecido o direito às prestações de desemprego aos beneficiários que à data do desemprego tenham idade legal de acesso à pensão de velhice, desde que se encontre cumprido o respectivo prazo de garantia.

Artigo 19º – Caracterização da relação laboral

1. A caracterização da relação laboral decorre da situação de o trabalhador ter estado vinculado por contrato de trabalho, ainda que sujeito a legislação especial.

2. O disposto no número anterior só é aplicável, no que respeita aos trabalhadores do serviço doméstico, quando a base de incidência contributiva para a segurança social corresponde a remunerações efectivas.

Artigo 20º – Situação de desemprego

Os beneficiários devem encontrar-se em situação de desemprego involuntário e inscritos para emprego no centro de emprego da área de residência, sem prejuízo do disposto no nº 4 do artigo 72º
(Redação dada pelo Decreto-Lei nº 64/2012, de 15-03)

Artigo 21º – Data do desemprego

1. Considera-se data do desemprego o dia imediatamente subsequente àquele em que se verificou a cessação do contrato de trabalho.

2. Nas situações previstas no nº 4 do artigo 9º considera-se data do desemprego a data em que foi comunicada ao beneficiário a declaração de aptidão para o trabalho.

Artigo 22º – Prazos de garantia

1. O prazo de garantia para atribuição do subsídio de desemprego é de 360 dias de trabalho por conta de outrem, com o correspondente registo de remunerações, num período de 24 meses imediatamente anterior à data do desemprego.

2. O prazo de garantia para atribuição do subsídio social de desemprego é de 180 dias de trabalho por conta de outrem, com o correspondente registo de remunerações, num período de 12 meses imediatamente anterior à data do desemprego, sem prejuízo do disposto no número seguinte.

3. Nas situações de desemprego involuntário por caducidade do contrato de trabalho a termo, o prazo de garantia para atribuição do subsídio social de desemprego é de 120 dias de trabalho por conta de outrem, com o correspondente registo de remunerações, num período de 12 meses imediatamente anterior à data do desemprego.

4. O prazo de garantia para atribuição do subsídio social de desemprego previsto no número anterior é igualmente aplicável nas situações de denúncia do contrato de trabalho por iniciativa da entidade empregadora durante o período experimental, nas condições previstas no nº 6 do artigo 24º

5. Para efeitos do disposto nos números anteriores, quando necessário, podem ser considerados os períodos de registo de remunerações por exercício de atividade profissional independente, sem prejuízo do disposto no artigo seguinte.

(Redação dada pelo Decreto-Lei nº 153/2019, de 17-10)

Artigo 23º – Verificação dos prazos de garantia

1. Os períodos de registo de remunerações correspondentes a situações de equivalência decorrentes da concessão das prestações de desemprego não são relevantes para efeitos de verificação dos prazos de garantia.

2. Os períodos de registo de remunerações relevantes para o preenchimento de um prazo de garantia com atribuição de prestações de desemprego não são considerados para efeitos de prazo de garantia em nova situação de desemprego.

3. Os períodos de registos de remunerações decorrentes de coexistência de subsídio de desemprego parcial e exercício de actividade profissional por conta de outrem ou independente, nos termos previstos no presente decreto-lei, não relevam para efeitos dos prazos de garantia.

4. Na verificação dos prazos de garantia para os trabalhadores agrícolas e de serviço doméstico só podem ser considerados registos de remunerações por equivalência à entrada de contribuições até ao máximo de 120 dias.

Artigo 24º – Condições especiais de atribuição do subsídio social de desemprego

1. O reconhecimento do direito ao subsídio social de desemprego depende ainda do preenchimento da condição de recursos à data do desemprego ou à data da cessação da atribuição do subsídio de desemprego, conforme se trate, respetivamente, de subsídio inicial ou subsequente.

2. A condição de recursos é definida em função dos rendimentos mensais do agregado familiar do requerente que não podem ultrapassar 80% do IAS, cuja capitação do rendimento é ponderada segundo a escala de equivalência prevista na lei da condição de recursos.

3. *(Revogado.)*

4. Para efeitos do nº 2, sem prejuízo do disposto no Decreto-Lei nº 70/2010, de 16 de junho, na sua redação atual, são considerados os rendimentos mensais mais recentes.

5. Nas situações em que o beneficiário esteja a receber subsídio de desemprego parcial e o contrato de trabalho a tempo parcial cesse após o termo do período de concessão daquele subsídio sem que tenha sido adquirido novo direito a prestações de desemprego, mantém-se o acesso ao subsídio social de desemprego subsequente desde que se encontre preenchida a condição de recursos.

6. Sem prejuízo da aplicação de outros prazos de garantia, os beneficiários podem aceder ao subsídio social de desemprego nos termos do nº 4 do artigo 22º uma vez em cada dois anos a contar da data de cessação do subsídio social de desemprego atribuído naqueles termos.

(Redação dada pelo Decreto-Lei nº 153/2019, de 17-10)

Artigo 25º – Conceito de agregado familiar

(Revogado.)

Artigo 26º – Condições de atribuição das prestações a ex-pensionistas

O reconhecimento do direito às prestações de desemprego aos ex-pensionistas de invalidez depende apenas da caracterização da situação de desemprego e da verificação da condição de recursos no caso de atribuição do subsídio social de desemprego subsequente ao subsídio de desemprego.

Artigo 27º – Condições de atribuição do subsídio de desemprego parcial

1. Sem prejuízo do disposto no nº 4 do artigo 60º, o direito ao subsídio de desemprego parcial é reconhecido a quem seja requerente ou titular de subsídio de desemprego e exerça, ou venha a exercer, uma actividade profissional por conta de outrem a tempo parcial, com um período normal de trabalho semanal inferior ao praticado a tempo completo em situação comparável, ou uma actividade profissional independente nos termos previstos no presente diploma, desde que o valor do rendimento relevante do trabalho independente ou da retribuição do trabalho por conta de outrem a tempo parcial seja inferior ao montante do subsídio de desemprego.

2. O direito ao subsídio referido no número anterior apenas é reconhecido aos beneficiários que reúnam as condições de atribuição do subsídio de desemprego.

CAPÍTULO IV – Montante das prestações

Artigo 28º – Montante do subsídio de desemprego

1. O montante diário do subsídio de desemprego é igual a 65% da remuneração de referência e calculado na base de 30 dias por mês, sem prejuízo do disposto no número seguinte.

2. Após 180 dias de concessão, o montante diário do subsídio de desemprego cujo montante mensal seja superior ao valor do indexante de apoios sociais tem uma redução de 10%, sem prejuízo do disposto nos números seguintes.

3. Da aplicação da redução prevista no número anterior não pode resultar um montante mensal inferior ao valor do indexante de apoios sociais.

4. A remuneração de referência corresponde à remuneração média diária definida por R/360, em que R representa o total das remunerações registadas nos primeiros 12 meses civis que precedem o 2º mês anterior ao da data do desemprego.

5. Para efeitos do disposto no número anterior, só são consideradas as importâncias registadas relativas a subsídios de férias e de Natal devidos no período de referência.

(Redação dada pelo Decreto-Lei nº 53-A/2017, 31-05)

Artigo 28º-A – Majoração do montante do subsídio de desemprego

1. O montante diário do subsídio de desemprego, calculado nos termos do artigo anterior, é majorado em 10% quando, no mesmo agregado familiar, ambos os cônjuges ou pessoas que vivam em união de facto, ou o parente único no agregado monoparental, tenham filhos ou equiparados a cargo e sejam titulares de uma das seguintes prestações:

a) Subsídio de desemprego;
b) Subsídio por cessação de atividade;
c) Subsídio por cessação de atividade profissional.

2. O titular do subsídio de desemprego tem ainda direito à majoração prevista no número anterior quando o seu cônjuge ou pessoa que com ele viva em união de facto se encontre em situação de desemprego não subsidiado e tenham filhos ou equiparados a cargo.

3. Para efeitos do número anterior considera-se em situação de desemprego a pessoa inscrita para procura de emprego no serviço público de emprego.

4. Quando os beneficiários sejam casados ou vivam em união de facto a majoração é de 10% para cada um.

5. Sempre que o cônjuge ou pessoa que vive em união de facto deixe de ser titular de subsídio de desemprego e lhe seja atribuído subsídio social de desemprego subsequente, ou deixe de ser titular do subsídio por cessação de atividade ou de subsídio por cessação de atividade profissional e permaneça em situação de desemprego sem auferir qualquer prestação social por essa eventualidade, mantém-se a majoração do subsídio de desemprego em relação ao beneficiário desta prestação social.

6. O conceito de agregado monoparental referido no nº 1 obedece ao previsto no artigo 8º-A do Decreto-Lei nº 176/2003, de 2 de agosto, na sua redação atual, que institui o abono de família para crianças e jovens e define a proteção na eventualidade de encargos familiares no âmbito do subsistema de proteção familiar.

7. A majoração prevista no nº 1 depende de requerimento e da prova das condições de atribuição.

8. A majoração do subsídio de desemprego prevista no presente artigo aplica-se ainda aos beneficiários que, à data da entrada em vigor do presente decreto-lei, se encontrem a receber essa prestação ou cujos requerimentos para a sua atribuição estejam pendentes de decisão por parte dos serviços competentes.

(Aditado pelo Decreto-Lei nº 119/2021, de 16-12)

Artigo 29º – Limites ao montante do subsídio de desemprego

1. O montante mensal do subsídio de desemprego não pode ser superior a duas vezes e meia o valor do indexante dos apoios sociais (IAS) nem inferior ao valor desse indexante, sem prejuízo do disposto nos números seguintes.

2. O montante mensal do subsídio de desemprego não pode ser superior a 75% do valor líquido da remuneração de referência que serviu de base de cálculo ao subsídio de desemprego, sem prejuízo do disposto na parte final do nº 1.

3. O montante mensal do subsídio de desemprego não pode, em qualquer caso, ser superior ao valor líquido da remuneração de referência que serviu de base de cálculo ao subsídio de desemprego.

4. O valor líquido da remuneração de referência referido nos números anteriores obtém-se pela dedução, ao valor ilíquido daquela remuneração de referência, da taxa contributiva que seria imputável ao beneficiário e da taxa de retenção do IRS.

5. Nas situações em que as remunerações que serviram de base ao cálculo do subsídio de desemprego correspondam, pelo menos, ao valor da remuneração mínima mensal garantida, o montante mensal do subsídio de desemprego é majorado de forma a atingir o valor mínimo correspondente a 1,15 IAS, sem prejuízo dos limites dos montantes do subsídio de desemprego previstos no presente decreto-lei.

(Redação dada pelo Decreto-Lei nº 119/2021, de 16-12)

Artigo 30º – Montante do subsídio social de desemprego

1. O montante diário do subsídio social de desemprego é indexado ao valor do indexante dos apoios sociais (IAS) e calculado na base de 30 dias por mês, nos termos seguintes:

a) 100% para os beneficiários com agregado familiar;

b) 80% para os beneficiários isolados.

2. Sempre que pela aplicação das percentagens fixadas no número anterior resulte um valor superior ao valor líquido da remuneração de referência, apurada nos termos do nº 4 do artigo anterior, o subsídio é reduzido ao montante desta remuneração.

3. Para efeitos do disposto no número anterior, a remuneração de referência diária é definida por R/180, em que R é igual à soma das remunerações registadas nos primeiros seis meses civis que precedem o 2º mês anterior ao da data do desemprego, observando-se o disposto no nº 4 do artigo 28º

4. O montante diário do subsídio é majorado em 1/30 de 10% da retribuição mínima garantida por cada filho que integre o agregado familiar do titular da prestação.

5. O montante mensal do subsídio social de desemprego subsequente não pode ser superior ao valor do subsídio de desemprego que o beneficiário se encontrava a receber.

(Redação dada pela Lei nº 75-B/2020, de 31-12)

Artigo 31º – Alteração do montante do subsídio social de desemprego

1. Durante o período de concessão do subsídio social de desemprego o seu montante é adaptado às alterações relativas ao agregado familiar.

2. A alteração do montante do subsídio decorrente da situação prevista no número anterior produz efeitos no dia imediato ao da verificação do facto que a determinou.

Artigo 32º – Montantes das prestações de desemprego dos ex-pensionistas de invalidez

1. O montante das prestações de desemprego, quer do subsídio de desemprego quer do subsídio social subsequente, atribuídas aos beneficiários ex-pensionistas de invalidez é determinado nos termos estabelecidos no nº 1 do artigo 30º.

2. O montante das prestações de desemprego a que se refere o número anterior não pode ser superior ao último valor da pensão de invalidez a que os beneficiários tinham direito enquanto pensionistas.

Artigo 33º – Montante do subsídio de desemprego parcial

1. O montante do subsídio de desemprego parcial corresponde à diferença entre o montante do subsídio de desemprego acrescido de 35% do seu valor e a retribuição do trabalho por conta de outrem.

2. Nas situações em que o beneficiário exerce uma actividade profissional independente, o montante do subsídio de desemprego parcial corresponde à diferença entre:

a) O valor do subsídio de desemprego acrescido de 35% do seu valor; e

b) O valor do duodécimo do seu rendimento anual relevante, ou, no caso de início de actividade, do rendimento relevante presumido pelo beneficiário para efeitos fiscais.

3. O montante do subsídio de desemprego parcial é recalculado sempre que o valor presumido referido na alínea *b*) do número anterior não seja confirmado.

4. O montante do subsídio de desemprego parcial permanece igual ao subsídio de desemprego, nas situações em que, cumulativamente:

a) O subsídio de desemprego, acrescido de 35% do seu valor, corresponda a um montante inferior à remuneração mínima mensal garantida; e

b) A soma dos rendimentos de trabalho por conta de outrem, ou trabalho independente, com o subsídio de desemprego parcial, calculado nos termos dos nºs 1 ou 2, corresponda a um valor inferior à remuneração mínima mensal garantida.

5. O montante do subsídio de desemprego parcial não pode, em qualquer caso, ser superior ao montante do subsídio de desemprego que lhe corresponda.

Artigo 34º – Montante único das prestações de desemprego

1. O subsídio de desemprego ou o subsídio social de desemprego inicial a que os beneficiários tenham direito pode ser pago globalmente, por uma só vez, nos casos em que os interessados apresentem projecto de criação do próprio emprego.

2. O montante global das prestações corresponde à soma dos valores mensais que seriam pagos aos beneficiários durante o período de concessão, deduzido das importâncias eventualmente já recebidas.

3. Nas situações de criação do próprio emprego com recurso ao montante global das prestações de desemprego, os beneficiários não podem acumular o exercício dessa atividade com outra atividade normalmente remunerada durante o período em que são obrigados a manter aquela atividade.

4. O incumprimento injustificado das obrigações decorrentes da aprovação do projeto de criação do próprio emprego ou a aplicação, ainda que parcial, das prestações para fim diferente daquele a que se destinam implica a revogação do apoio concedido, aplicando-se o regime jurídico da restituição das prestações de segurança social indevidamente pagas, sem prejuízo da responsabilidade contraordenacional ou penal a que houver lugar.

5. Sem prejuízo das competências dos centros de emprego, os serviços de fiscalização da segurança social podem, para efeitos do número anterior, verificar o cumprimento das condições de atribuição do pagamento, por uma só vez, do montante global das prestações de desemprego.

6. A regulamentação do pagamento do montante global das prestações de desemprego consta de diploma próprio.

(Redação dada pelo Decreto-Lei nº 64/2012, de 15-03)

Artigo 34º-A – Pagamento parcial do montante único das prestações de desemprego

1. O subsídio de desemprego ou o subsídio social de desemprego inicial a que os beneficiários tenham direito pode ser pago parcialmente de uma só vez, nos casos em que os interessados apresentem projeto de criação do próprio emprego e as despesas elegíveis não ultrapassem o valor do montante único.

2. Na situação prevista no número anterior, continuam a ser pagas aos beneficiários as prestações de desemprego correspondentes ao remanescente do período de concessão que não foi pago de uma só vez, salvo se se verificar o enquadramento no regime dos trabalhadores por conta de outrem em que há lugar à suspensão do seu pagamento.

(Aditado pelo Decreto-Lei nº 64/2012, de 15-03)

Artigo 35º – Actualização do valor do indexante dos apoios sociais

Sempre que o valor do indexante dos apoios sociais (IAS) seja actualizado, o novo valor é considerado a partir da produção de efeitos do diploma que procede à sua fixação.

CAPÍTULO V – Duração das prestações

Artigo 36º – Início das prestações

1. As prestações de desemprego são devidas desde a data do requerimento, sem prejuízo do disposto nos números seguintes.

2. As prestações de desemprego a conceder aos ex-pensionistas de invalidez são devidas desde o dia 1 do mês seguinte àquele em que foi comunicada ao beneficiário a declaração de aptidão para o trabalho.

3. O início do pagamento do subsídio social de desemprego que seja devido subsequentemente ao termo do período de concessão do subsídio de desemprego reporta-se ao dia em que se encontre preenchida a condição de recursos.

4. O início do pagamento do subsídio de desemprego parcial tem lugar a partir da data de início da actividade profissional, por conta de outrem ou independente, se ela ocorrer durante o período de atribuição das prestações, ou da data do requerimento do subsídio de desemprego se o início daquela actividade for anterior à data do desemprego.

5. Nas situações a que se refere o nº 2 do artigo 72º, as prestações de desemprego são devidas desde a data de apresentação do requerimento ou das provas, deduzindo-se no período de concessão os dias decorridos entre o termo do prazo para a apresentação do requerimento ou apresentação das provas e a data da apresentação dos mesmos.

Artigo 37º – Período de concessão das prestações de desemprego

1. O período de concessão do subsídio de desemprego e do subsídio social de desemprego inicial é estabelecido em função da idade do beneficiário e do número de meses com registo de remunerações no período imediatamente anterior à data do desemprego, nos seguintes termos:

a) Beneficiários com idade inferior a 30 anos:
- *i*) Com registo de remunerações num período inferior a 15 meses, 150 dias;
- *ii*) Com registo de remunerações num período igual ou superior a 15 meses e inferior a 24 meses, 210 dias;
- *iii*) Com registo de remunerações num período igual ou superior a 24 meses, 330 dias;

b) Beneficiários com idade igual ou superior a 30 anos e inferior a 40 anos:
- *i*) Com registo de remunerações num período inferior a 15 meses, 180 dias;
- *ii*) Com registo de remunerações num período igual ou superior a 15 meses e inferior a 24 meses, 330 dias;
- *iii*) Com registo de remunerações num período igual ou superior a 24 meses, 420 dias;

c) Beneficiários com idade igual ou superior a 40 anos e inferior a 50 anos:
- *i*) Com registo de remunerações num período inferior a 15 meses, 210 dias;
- *ii*) Com registo de remunerações num período igual ou superior a 15 meses e inferior a 24 meses, 360 dias;
- *iii*) Com registo de remunerações num período igual ou superior a 24 meses, 540 dias;

d) Beneficiários com idade igual ou superior a 50 anos:
- *i*) Com registo de remunerações num período inferior a 15 meses, 270 dias;
- *ii*) Com registo de remunerações num período igual ou superior a 15 meses e inferior a 24 meses, 480 dias;
- *iii*) Com registo de remunerações num período igual ou superior a 24 meses, 540 dias.

2. Os períodos de concessão do subsídio de desemprego e do subsídio social de desemprego inicial previstos no número anterior são majorados em função da carreira contributiva no período imediatamente anterior à data do desemprego, nos seguintes termos:

a) Para os beneficiários com idade inferior a 40 anos, um acréscimo de 30 dias por cada cinco anos com registo de remunerações nos últimos 20 anos;

b) Para os beneficiários com idade igual ou superior a 40 anos e inferior a 50 anos, um acréscimo de 45 dias por cada cinco anos com registo de remunerações nos últimos 20 anos;

c) Para os beneficiários com idade igual ou superior a 50 anos, um acréscimo de 60 dias por cada cinco anos com registo de remunerações nos últimos 20 anos.

3. Para efeitos do disposto nos números anteriores são considerados os períodos de registo de remunerações posteriores ao termo da concessão das prestações devidas pela última situação de desemprego, sem prejuízo do disposto no número seguinte.

4. Nas situações em que o trabalhador tenha retomado o exercício de actividade profissional no decurso dos primeiros seis meses de atribuição das prestações é considerado ainda, na determinação do período de concessão e respectivo acréscimo da prestação de desemprego imediatamente subsequente, o período de remunerações tido em conta na atribuição da prestação de desemprego imediatamente anterior.

5. Nas situações em que o trabalhador não tenha beneficiado dos acréscimos, previstos no nº 2, por ter retomado o trabalho antes de ter esgotado o período máximo de concessão da prestação inicial de desemprego, os períodos de registo de remunerações que não tenham sido considerados relevam, para efeitos de acréscimo do período de concessão de prestações, em posterior situação de desemprego.

(Redação dada pelo Decreto-Lei nº 64/2012, de 15-03)

Artigo 38º – Subsídio social de desemprego subsequente ao subsídio de desemprego

1. O período de concessão do subsídio social de desemprego, quando atribuído subsequentemente ao subsídio de desemprego a beneficiários com idade inferior a 40 anos, tem uma duração correspondente a metade dos períodos fixados no nº 1 do artigo anterior, tendo em conta a idade do beneficiário à data em que cessou a concessão do subsídio de desemprego.

2. O período de concessão do subsídio social de desemprego, quando atribuído subsequentemente ao subsídio de desemprego a beneficiários com idade igual ou superior a 40 anos, tem a mesma duração do subsídio de desemprego atribuído inicialmente.

(Redação dada pelo Decreto-Lei nº 64/2012, de 15-03)

Artigo 39º – Subsídio de desemprego parcial

A duração do período de atribuição do subsídio de desemprego parcial tem como limite o período de concessão definido para o subsídio de desemprego.

Artigo 40º – Prestações de desemprego nos casos de frequência de formação profissional

1. Nas situações de frequência de formação com atribuição de compensação remuneratória, o período de concessão das prestações a que o beneficiário teria direito, após o termo do curso de formação profissional, é reduzido em função dos valores das prestações parciais de desemprego que lhe foram pagas durante a frequência do curso.

2. Não integram o conceito de compensação remuneratória os subsídios de alimentação, de transporte e de alojamento.

3. Para aplicação do disposto no nº 1, divide-se o somatório dos valores pagos pelo montante diário das prestações inicialmente calculado, não relevando fracções deste valor.

CAPÍTULO VI – Deveres e consequências do seu incumprimento

SECÇÃO I – Deveres

Artigo 41º – Deveres dos beneficiários

1. Durante o período de concessão das prestações de desemprego, constitui dever dos beneficiários:

a) Aceitar emprego conveniente;

b) Aceitar trabalho socialmente necessário;

c) Aceitar formação profissional;

d) Aceitar outras medidas activas de emprego em vigor não previstas nas alíneas anteriores desde que ajustadas ao perfil dos beneficiários;

e) Procurar activamente emprego pelos seus próprios meios e efectuar a sua demonstração perante o centro de emprego;

f) *(Revogada.)*

g) Sujeitar-se a medidas de avaliação, acompanhamento e controlo, nomeadamente comparecer nas datas e nos locais que lhes forem determinados pelo centro de emprego.

2. Os beneficiários são dispensados, mediante comunicação prévia ao centro de emprego com a antecedência mínima de 30 dias, do cumprimento dos deveres estabelecidos no número anterior durante o período anual máximo de 30 dias ininterruptos.

(Redação dada pela Lei nº 34/2016, de 24-08)

Artigo 42º – Comunicações obrigatórias

1. Durante o período de concessão das prestações de desemprego, os beneficiários devem comunicar ao centro de emprego:

a) A alteração de residência;

b) O período anual de dispensa previsto no nº 2 do artigo 41º;

c) O período de ausência do território nacional;

d) O início e o termo do período de duração da protecção na maternidade;

e) As situações de doença, nos termos do artigo 45º

2. Os beneficiários das prestações de desemprego estão ainda obrigados, durante o período de concessão das prestações, a comunicar ao serviço da segurança social da área de residência ou instituição de segurança social competente qualquer facto susceptível de determinar:

a) A suspensão ou a cessação das prestações;

b) A redução dos montantes do subsídio social de desemprego;

c) A decisão judicial proferida no âmbito dos processos nas situações previstas nos nºs 2 e 5 do artigo 9º

3. A comunicação prevista nos números anteriores, salvo o disposto na alínea *b*) do nº 1, deve ser efectuada no prazo de cinco dias úteis a contar da data do conhecimento do facto.

4. A restituição das prestações indevidamente recebidas é efectuada nos termos estabelecidos no respectivo regime jurídico, sem prejuízo da responsabilidade contra-ordenacional ou criminal a que houver lugar.

Artigo 43º – Deveres do empregador para com os beneficiários

1. Em caso de cessação do contrato de trabalho, o empregador é obrigado a entregar ao trabalhador as declarações previstas nos artigos 73º e 74º para instrução do requerimento das prestações no prazo de cinco dias úteis a contar da data em que o trabalhador as solicite, sem prejuízo da possibilidade de as declarações serem apresentadas online no sítio da Internet da segurança social, nos termos previstos no presente decreto-lei.

2. Nas situações previstas no nº 4 do artigo 10º o empregador tem de declarar que não ultrapassou os limites legalmente fixados.

SECÇÃO II – Faltas

Artigo 44º – Regime de faltas

1. A falta de comparência do beneficiário, sempre que convocado pelos centros de emprego, é justificada nos termos constantes do regime previsto no Código do Trabalho, sem prejuízo do disposto nos nºs 2 e 3 e no artigo seguinte quanto às faltas por motivo de doença, devendo, na aplicação do referido regime, considerar-se as especificidades da relação entre o candidato a emprego e o centro de emprego, nomeadamente o facto de o beneficiário possuir maior flexibilidade na organização e gestão do seu tempo.

2. A falta, quando previsível, deve ser comunicada com a devida antecedência, acompanhada da indicação do motivo justificativo e, caso a falta ocorra por motivo imprevisível, aquela comunicação deve ser efectuada logo que possível.

3. A prova do motivo justificativo das faltas deve ser apresentada no prazo máximo de cinco dias consecutivos a contar da verificação dos factos que a determinaram.

4. *(Revogado.)*

5. As faltas não justificadas de acordo com o regime estabelecido no presente decreto-lei consideram-se injustificadas.

Artigo 45º – Situação de incapacidade temporária por doença

1. Durante o período de concessão das prestações de desemprego, as situações de doença têm de ser comunicadas ao centro de emprego no prazo de cinco dias úteis a contar da data do seu início.

2. A certificação das situações de doença previstas no número anterior é efetuada nos mesmos termos em que é certificada a incapacidade temporária para o trabalho nos termos do regime jurídico de proteção social na eventualidade doença no âmbito do sistema previdencial, na qual deve constar o período previsível de duração da incapacidade temporária.

3. O disposto nos números anteriores aplica-se, com as necessárias adaptações, às situações de incapacidade temporária para assistência inadiável e imprescindível em caso de doença ou acidente, a filhos, adotados ou a enteados menores de 12 anos, ou deficientes, nos termos do Código do Trabalho.

4. A situação de incapacidade por doença está sujeita à intervenção dos serviços de verificação de incapacidades da segurança social.

5. Nos casos em que a comissão de verificação não confirme a incapacidade, esta deixa de constituir fundamento de incumprimento de obrigações perante os centros de emprego.

(Redação dada pelo Decreto-Lei nº 13/2013, de 25-01)

Artigo 46º – Justificação de recusas e desistências de medidas activas de emprego

À justificação das recusas de emprego conveniente, das recusas ou desistências de trabalho socialmente necessário, formação profissional, controle e acompanhamento personalizado ou outra medida ativa de emprego, aplica-se o disposto nos artigos 44º e 45º, com as necessárias adaptações.

(Redação dada pela Lei nº 34/2016, de 24-08)

SECÇÃO III – Incumprimento de deveres

Artigo 47º – Actuações injustificadas

O incumprimento dos deveres do beneficiário para com o centro de emprego determina as seguintes consequências:

a) Advertência escrita;

b) Anulação da inscrição no centro de emprego.

Artigo 48º – Advertência escrita

1. Determina advertência escrita o primeiro incumprimento injustificado:

a) Do dever de procurar activamente emprego pelos seus próprios meios e efectuar a sua demonstração perante o centro de emprego;

b) Do PPE, nomeadamente das acções nele previstas, com excepção das referidas no nº 4 do artigo seguinte;

c) No âmbito de ações de controlo, acompanhamento personalizado e avaliação promovidas pelos centros de emprego;

d) *(Revogada.)*

2. A advertência escrita é efectuada com dispensa de audiência prévia.

(Redação dada pela Lei nº 34/2016, de 24-08)

Artigo 49º – Anulação da inscrição no centro de emprego

1. Determinam a anulação da inscrição no centro de emprego as seguintes actuações injustificadas:

a) Recusa de emprego conveniente;

b) Recusa de trabalho socialmente necessário;

c) Recusa de formação profissional;

d) Recusa do PPE;

e) Recusa de outras medidas activas de emprego em vigor, não previstas nas alíneas anteriores;

f) Segundo incumprimento do dever de procurar activamente emprego pelos seus próprios meios e efectuar a sua demonstração perante o centro de emprego;

g) Segundo incumprimento das obrigações e acções previstas no plano pessoal de emprego, com excepção das situações referidas no nº 4 do presente artigo;

h) Falta de comparência a convocatória do centro de emprego;

i) Falta de comparência nas entidades para onde foi encaminhado pelo centro de emprego;

j) *(Revogada.)*

2. Para efeitos da alínea *d*) do número anterior, considera-se como recusa do PPE a não aceitação ou sua não assinatura injustificada.

3. Nos casos previstos nas alíneas *f*), *g*) e *h*) do nº 1, a anulação da inscrição só tem lugar nas situações em que o beneficiário já tenha sido advertido por escrito nos termos do artigo anterior.

4. Determinam, ainda, a anulação da inscrição no centro de emprego a desistência injustificada ou exclusão justificada de trabalho socialmente necessário e formação profissional e a recusa ou desistência injustificada ou a exclusão justificada de medidas activas de emprego previstas no PPE.

5. A decisão de anulação de inscrição do beneficiário nos termos dos números anteriores é proferida no prazo de 30 dias consecutivos a contar da data do conhecimento do facto que determine a anulação.

6. A reinscrição no centro de emprego por parte dos beneficiários cuja inscrição foi anulada por actuação injustificada, nos termos previstos nos números anteriores, só pode verificar-se decorridos 90 dias consecutivos contados da data da decisão de anulação.

(Redação dada pela Lei nº 34/2016, de 24-08

CAPÍTULO VII – Suspensão e cessação das prestações

SECÇÃO I – Suspensão das prestações

Artigo 50º – Situações determinantes da suspensão

O pagamento das prestações é suspenso:

a) Por razões inerentes à situação do beneficiário perante a segurança social;

b) Por motivos da sua situação laboral ou profissional, quer a mesma se verifique no País quer no estrangeiro;

c) Em consequência do cumprimento de decisões judiciais relativas a detenção em estabelecimento prisional ou aplicação de outras medidas de coacção privativas da liberdade.

Artigo 51º – Situação perante a segurança social

1. Determina a suspensão do pagamento das prestações, sem prejuízo do disposto no número seguinte, o reconhecimento do direito às seguintes prestações:

a) Subsídios por risco clínico durante a gravidez;

b) Subsídio por interrupção da gravidez;

c) Subsídio parental inicial;

d) Subsídio parental inicial exclusivo do pai;

e) Subsídio parental inicial exclusivo da mãe; ou

f) Subsídio parental inicial atribuído a um progenitor em caso de impossibilidade do outro e subsídio por adopção.

2. Os titulares do subsídio de desemprego parcial que se encontrem em situação de incapacidade para o trabalho por doença ou por impedimento no âmbito da protecção na parentalidade diferente do que determina a suspensão do pagamento das prestações nos termos do número anterior têm direito a receber o subsídio de desemprego durante o período de incapacidade ou de impedimento.

Artigo 52º – Situação laboral ou profissional

1. Determinam a suspensão do pagamento das prestações de desemprego as seguintes situações inerentes à situação laboral ou profissional do beneficiário:

a) Exercício de actividade profissional por conta de outrem ou por conta própria, por período consecutivo inferior a três anos;

b) Frequência de curso de formação profissional com atribuição de compensação remuneratória;

c) Registo de remunerações relativo a férias não gozadas na vigência do contrato de trabalho.

2. Sempre que o valor da compensação remuneratória referida na alínea *b*) do número anterior for inferior ao montante da prestação a que o beneficiário tinha direito, a suspensão só abrange o valor daquela compensação.

3. A ausência de registo de remunerações decorrente do disposto na alínea *b*) do nº 1 não afecta a atribuição de prestações no âmbito do subsistema de protecção familiar.

4. O pagamento das prestações de desemprego é igualmente suspenso durante o período de ausência do território nacional, sem prejuízo do disposto no número seguinte.

5. O pagamento das prestações de desemprego não é suspenso:

a) Durante o período anual de dispensa de cumprimento de deveres comunicado ao centro de emprego;

b) Durante o período de ausência do território nacional, nas situações de deslocação ao estrangeiro para tratamento médico, desde que esta necessidade seja atestada nos termos estabelecidos no âmbito do Serviço Nacional de Saúde.

6. O pagamento das prestações de desemprego é ainda suspenso durante o período de exercício de actividade profissional determinante do reconhecimento do direito ao subsídio de desemprego parcial, quando o rendimento relevante da actividade profissional independente ou a retribuição do trabalho por conta de outrem for igual ou superior ao valor do subsídio de desemprego, consoante o caso.

Artigo 53º – Reinício das prestações

1. O reinício do pagamento das prestações de desemprego depende da verificação da capacidade e disponibilidade para o trabalho, concretizada na inscrição para emprego no centro de emprego.

2. Nas situações decorrentes da cessação do exercício de actividade profissional por conta de outrem, o reinício do pagamento das prestações depende, ainda, da caracterização do desemprego como involuntário.

SECÇÃO II – Cessação das prestações

Artigo 54º – Situações determinantes da cessação

1. O direito às prestações de desemprego cessa:

a) Por razões inerentes à situação dos beneficiários perante os sistemas de protecção social de inscrição obrigatória;

b) Por motivos da sua situação laboral, quer a mesma se verifique no País quer no estrangeiro;

c) Em consequência da anulação da inscrição para emprego no centro de emprego;

d) Quando se verifique a utilização de meios fraudulentos, por acção ou omissão, determinante de ilegalidade relativa à atribuição e ao montante das prestações de desemprego.

2. A cessação do direito às prestações produz efeitos no dia imediato ao da verificação do facto que a determinou.

Artigo 55º – Situação perante os sistemas de protecção social

1. Determinam a cessação do direito às prestações de desemprego os seguintes casos inerentes à situação do beneficiário perante os sistemas de protecção social a que se encontre vinculado:

a) O termo do período de concessão das prestações de desemprego;

b) A passagem do beneficiário à situação de pensionista por invalidez;

c) A verificação da idade legal de acesso à pensão por velhice, se o beneficiário tiver cumprido o prazo de garantia;

d) A alteração dos rendimentos do agregado familiar do beneficiário para um valor superior ao fixado no nº 2 do artigo 24º, tratando-se de subsídio social de desemprego.

2. O direito às prestações de desemprego cujo pagamento se encontre suspenso cessa com a atribuição ao beneficiário de novas prestações de desemprego, sem prejuízo do reinício do pagamento das prestações caso lhe seja mais favorável.

3. Nas situações previstas no número anterior, independentemente de se encontrar preenchido o prazo de garantia para acesso a novas prestações, o pagamento das prestações que se encontre suspenso é reiniciado pelo período remanescente e com o valor que se encontrava a ser atribuído à data da suspensão, sem prejuízo do disposto no nº 5.

4. A determinação da protecção mais favorável é efectuada oficiosamente, tendo em conta os respectivos montantes e períodos de atribuição, sem prejuízo do reconhecimento do direito dos interessados à determinação do regime que no seu caso em concreto considera mais favorável, desde que solicitado no prazo de 60 dias após a concessão das prestações de desemprego.

5. O período remanescente da prestação inicial é deduzido no período de concessão da nova prestação de desemprego por forma que a duração global da prestação não ultrapasse o período de concessão relativo à nova prestação de desemprego.

Artigo 56º – Situação laboral

O direito às prestações de desemprego cujo pagamento se encontre suspenso cessa nos seguintes casos:

a) Exercício de actividade profissional por conta de outrem ou por conta própria por período consecutivo igual ou superior a três anos;

b) Ausência de território nacional sem que seja feita prova de exercício de actividade profissional por período superior a três meses;

c) Decurso de um período de cinco anos contados a partir da data do requerimento das prestações de desemprego.

CAPÍTULO VIII – Flexibilização da idade de acesso à pensão por velhice

Artigo 57º – Condições de atribuição da pensão de velhice por antecipação da idade

1. Nas situações de desemprego de longa duração devidamente comprovadas e após esgotado o período de concessão dos subsídios de desemprego ou social de desemprego inicial, os beneficiários podem aceder à pensão de velhice, por antecipação da idade, nos termos estabelecidos nos números seguintes.

2. A idade de acesso à pensão de velhice é antecipada para os 62 anos aos beneficiários que preencham o prazo de garantia legalmente exigido e tenham, à data do desemprego, idade igual ou superior a 57 anos.

3. A idade de acesso à pensão de velhice é ainda antecipada para os 57 anos aos beneficiários que, à data do desemprego, cumulativamente, tenham idade igual ou superior a 52 anos e possuam carreira contributiva de, pelo menos, 22 anos civis com registo de remunerações.

4. Os beneficiários abrangidos pelo nº 2 podem optar pelo regime consagrado no nº 3 desde que, à data do desemprego, possuam carreira contributiva de, pelo menos, 22 anos civis com registo de remunerações.

Artigo 58º – Cálculo da pensão de velhice por antecipação da idade

1. Nas situações previstas no nº 2 do artigo anterior, a pensão estatutária é calculada de acordo com as regras aplicáveis no âmbito do regime geral de segurança social.

2. Nas situações previstas nos nºs 3 e 4 do artigo anterior, ao montante da pensão estatutária aplica-se o factor de redução, previsto no diploma que estabelece a flexibilização da idade legal de acesso à pensão de velhice, em função do número de anos de antecipação em relação aos 62 anos de idade.

3. Para efeitos do número anterior, o número de anos de antecipação a considerar para determinação da taxa global de redução para cálculo da pensão é reduzido de um ano por cada período de três anos que exceda 32 anos de carreira contributiva aos 57 anos de idade.

4. Nos casos em que a situação de desemprego decorra de cessação do contrato de trabalho por acordo, ao montante da pensão, calculado nos termos dos números anteriores, é aplicado um fator de redução resultante da fórmula 1 – (*n* x 0,25%) em que *n* corresponde ao número de meses de antecipação entre os 62 anos e a idade normal de acesso à pensão de velhice em vigor.

5. O fator de redução adicional previsto no número anterior é anulado a partir do momento em que o beneficiário atinja a idade normal de acesso à pensão.

6. Para efeitos do disposto nos nºs 4 e 5, a idade normal de acesso à pensão dos beneficiários referidos no nº 6 do artigo 20º do Decreto-Lei nº 187/2007, de 10 de maio, é 65 anos.

7. Para efeitos do disposto no nº 5, a idade normal de acesso à pensão dos beneficiários referidos no nº 8 do artigo 20º do Decreto-Lei nº 187/2007, de 10 de maio, é a idade resultante da redução neste prevista.

(Redação dada pelo Decreto-Lei nº 167-E/2013, de 31-12)

Artigo 59º – Situações especiais de prolongamento do subsídio social de desemprego

A concessão do subsídio social de desemprego pode ser prolongada aos beneficiários que à data do desemprego tenham idade igual ou superior a 52 anos até atingirem a idade de acesso à pensão de velhice antecipada, desde que satisfaçam à data do prolongamento as condições de atribuição do subsídio social de desemprego, comprovando-as nos termos definidos para o acesso a esta prestação.

Artigo 59º-A – Apoio aos desempregados de longa duração

1. Os beneficiários que se encontrem em situação de desemprego não subsidiado, após cessação do período de concessão do subsídio social de desemprego inicial ou subsequente, têm direito a uma prestação pecuniária mensal de valor igual a 80% do montante do último subsídio social de desemprego pago, desde que à data da apresentação do requerimento se verifiquem as seguintes condições de atribuição:

a) Terem decorrido 180 dias após a data da cessação do período de concessão do subsídio social de desemprego;

b) Estarem em situação de desemprego involuntário;

c) Terem capacidade e disponibilidade para o trabalho e com inscrição ativa no centro de emprego;

d) Preencherem a condição de recursos legalmente prevista para acesso ao subsídio social de desemprego.

2. A prestação social prevista no número anterior é atribuída durante um período de 180 dias.

3. Os serviços competentes devem notificar atempadamente e por escrito todos os beneficiários elegíveis para que estes possam efetuar o respetivo requerimento, que deve ser apresentado nos serviços de segurança social da área de residência do beneficiário, no prazo máximo de 90 dias a contar do dia seguinte ao do termo do período previsto na alínea *a*) do nº 1.

4. A prestação social é devida a partir da data de apresentação do requerimento.

5. A não apresentação do requerimento no prazo estabelecido no nº 3 implica a perda do direito à prestação social.

6. A prestação social cessa antes do termo do período de 180 dias nos casos de incumprimento injustificado dos deveres e comunicações previstos nos artigos 41º e 42º, com as devidas adaptações, bem como quando deixem de se verificar as condições de atribuição previstas nas alíneas *b*), *c*) e *d*) do nº 1.

7. O pagamento da prestação social dá lugar ao registo de remunerações por equivalência à entrada de contribuições pelo valor auferido.

8. Aplicam-se a esta prestação, com as devidas adaptações, as disposições relativas ao subsídio social de desemprego.

9. A prestação social prevista no presente artigo enquadra-se no âmbito do subsistema de solidariedade, nos termos da Lei nº 4/2007, de 16 de janeiro.

(Aditado pela Lei nº 71/2018, de 31-12)

CAPÍTULO IX – Acumulação e coordenação das prestações

Artigo 60º – Princípio de não acumulação

1. As prestações de desemprego não são acumuláveis com:

a) Prestações compensatórias da perda de remuneração de trabalho;

b) Pensões atribuídas pelos regimes do sistema de segurança social ou de outro sistema de protecção social de inscrição obrigatória incluindo o da função pública e regimes estrangeiros;

c) Prestações de pré-reforma e outras atribuições pecuniárias, regulares, normalmente designadas por rendas, pagas pelo empregador aos trabalhadores por motivo da cessação do contrato de trabalho.

2. Para efeitos de acumulação, não são relevantes as indemnizações e pensões por riscos profissionais ou equiparadas.

3. As prestações de desemprego apenas são acumuláveis com rendimentos de trabalho independente ou por conta de outrem nos termos previstos no presente decreto-lei ou quando expressamente previsto em diploma legal que disponha sobre medidas ativas de emprego.

4. Durante o período de concessão das prestações de desemprego é proibida a sua acumulação com rendimentos provenientes do exercício de trabalho, ou actividade, a qualquer título, em empresa com a qual o beneficiário manteve uma relação laboral cuja cessação tenha dado origem ao reconhecimento do direito àquelas prestações, ou em empresa ou grupo empresarial que tenha uma relação de domínio ou de grupo com aquela.

(Redação dada pelo Decreto-Lei nº 64/2012, de 15-03)

Artigo 61º – Trabalho socialmente necessário inserido em programas ocupacionais

Durante a realização de trabalho socialmente necessário inserido em programas ocupacionais é mantido aos beneficiários o direito às prestações de desemprego pelo período de concessão inicialmente definido.

Artigo 62º – Coordenação no âmbito da protecção aos trabalhadores com retribuições em mora

1. Sempre que se verifiquem, relativamente ao mesmo beneficiário, situações sucessivas de suspensão da prestação de trabalho e de rescisão do respectivo contrato determinadas por não pagamento pontual da retribuição, nos termos estabelecidos no Código do Trabalho, aprovado pela Lei nº 99/2003, de 27 de Agosto, e pela Lei nº 35/2004, de 29 de Julho, a aplicação do regime previsto no presente decreto-lei é referenciada à data em que ocorreu a primeira daquelas situações.

2. O disposto no número anterior não impede que as prestações não concedidas no período da suspensão sejam pagas após a rescisão do contrato.

CAPÍTULO X – Responsabilidade e regime sancionatório

SECÇÃO I – Responsabilidade

Artigo 63º – Responsabilidade pelo pagamento das prestações

Nas situações em que a cessação do contrato de trabalho por acordo teve subjacente a convicção do trabalhador, criada pelo empregador, de que a empresa se encon-

tra numa das situações previstas no nº 2 do artigo 10º ou de que se encontram preenchidas as condições previstas no nº 4 do mesmo artigo e tal não se venha a verificar, o trabalhador mantém o direito às prestações de desemprego, ficando o empregador obrigado perante a segurança social ao pagamento do montante correspondente à totalidade do período de concessão da prestação inicial de desemprego.
(Redação dada pelo Decreto-Lei nº 64/2012, de 15-03)

SECÇÃO II – Contra-ordenações

Artigo 64º – Contra-ordenações

1. Constitui contra-ordenação punível com coima de € 100 a € 700 o incumprimento dos deveres para com os serviços ou instituições de segurança social previstos no nº 2 do artigo 42º

2. Constitui contra-ordenação punível com coima de € 250 a € 1000 o exercício de actividade normalmente remunerada durante o período de concessão das prestações de desemprego, ainda que não se prove o pagamento de retribuição, sem prejuízo das situações admitidas nos termos do presente decreto-lei.

3. Constitui contra-ordenação o incumprimento, pelo empregador, do dever de entrega das declarações comprovativas da situação de desemprego, que é punido com coima de € 250 a € 2000, salvo quando se tratar de empregador com cinco ou menos trabalhadores, em que os montantes são reduzidos a metade.

4. Ao incumprimento, pelos beneficiários, dos deveres para com os serviços e instituições de segurança social, previstos no presente decreto-lei, aplica-se o regime das contra-ordenações no âmbito dos regimes de segurança social.

Artigo 65º – Sanção acessória

No caso de violação do dever de comunicação de início de actividade profissional determinante da suspensão do pagamento das prestações previsto no nº 2 do artigo 42º, e tendo em conta a gravidade da infracção, pode ser aplicada ao beneficiário, simultaneamente com a coima a que houver lugar, a sanção acessória de privação de acesso às prestações de desemprego pelo período máximo de dois anos, contado a partir da decisão condenatória definitiva.

SECÇÃO III – Procedimento administrativo

Artigo 66º – Reclamações

1. As decisões proferidas pelos centros de emprego e serviços e instituições de segurança social relativas a matéria das suas competências são comunicadas aos beneficiários com observância das normas aplicáveis do Código do Procedimento Administrativo, sem prejuízo do disposto no presente decreto-lei.

2. Sempre que as decisões proferidas nos termos do número anterior devam ser precedidas de audiência prévia dos interessados, os beneficiários dispõem do prazo de cinco dias úteis para se pronunciarem.

3. Das decisões a que se referem os números anteriores não cabe reclamação.

4. Das decisões de anulação de inscrição proferidas pelos centros de emprego pode ser apresentado recurso para a comissão de recursos prevista no artigo seguinte.

Artigo 67º - Comissão de recursos

1. A comissão de recursos, a criar por legislação própria no prazo de 120 dias, é composta por um coordenador central e cinco vice-coordenadores regionais, a designar pelo conselho de administração do IEFP, sob proposta do respectivo conselho directivo.

2. A comissão de recursos tem a finalidade de apreciar os recursos não contenciosos de decisões de anulação de inscrição no centro de emprego.

3. A legislação referida no presente artigo define, entre outras matérias, as atribuições e competências da comissão de recursos, a nomeação e duração do mandato dos seus titulares, bem como a periodicidade da emissão de relatórios globais de actividade.

CAPÍTULO XI - Processamento e administração

SECÇÃO I - Gestão das prestações

Artigo 68º - Serviços e instituições gestoras

1. A gestão das prestações de desemprego compete ao Instituto da Segurança Social, I. P., através dos centros distritais de segurança social, e às caixas de actividade ou de empresa subsistentes e às entidades competentes das administrações regionais autónomas no âmbito das respectivas competências.

2. As competências cometidas no presente decreto-lei ao serviço público de emprego são exercidas pelo IEFP e pelas entidades competentes das administrações regionais autónomas.

3. As competências cometidas no presente decreto-lei à Inspecção-Geral do Trabalho são exercidas pelas entidades competentes das administrações regionais autónomas.

Artigo 69º - Competências dos serviços e instituições de segurança social

Compete ao serviço ou instituição de segurança social pela qual o beneficiário está abrangido:

a) Proceder à qualificação do desemprego como involuntário;

b) Reconhecer o direito às prestações;

c) Assegurar o acompanhamento da situação do beneficiário tendo em vista, designadamente, o controlo de eventuais irregularidades;

d) Verificar o cumprimento pelo beneficiário dos deveres estabelecidos no nº 2 do artigo 42º;

e) Praticar os actos decorrentes da aplicação de instrumentos internacionais de segurança social a que Portugal se encontre vinculado, nomeadamente o pagamento de prestações de desemprego por conta de instituições estrangeiras;

f) Em geral, praticar todos os actos cuja competência não esteja expressamente atribuída aos centros de emprego.

Artigo 70º – Competências dos centros de emprego

1. Compete ao centro de emprego da área da residência do beneficiário:

a) Proceder à avaliação da capacidade e da disponibilidade para o trabalho;

b) Contratualizar com o beneficiário o PPE, o qual estabelece o percurso de inserção profissional e os deveres de procura activa de emprego;

c) Implementar medidas personalizadas de acompanhamento, avaliação e controlo dos trabalhadores desempregados;

d) Prestar apoio e acompanhamento personalizado ao beneficiário na aquisição de estratégias de aproximação ao mercado de trabalho ou outras intervenções promotoras da empregabilidade, nomeadamente através da orientação, formação e acompanhamento dos esforços de procura activa e melhoria das condições de empregabilidade a desenvolver pelo beneficiário;

e) Convocar os beneficiários das prestações de desemprego para comparência no serviço público de emprego, ou outro local a definir em função do objetivo e proximidade com a residência do beneficiário, no âmbito de ações de controlo não periódicas, acompanhamento personalizado e avaliação;

f) Proceder à qualificação do emprego como conveniente e do trabalho como socialmente necessário;

g) Avaliar a justificação das faltas de comparência do beneficiário a convocatória do serviço público de emprego;

h) Avaliar a justificação da recusa de emprego conveniente e da recusa, desistência ou exclusão de trabalho socialmente necessário ou formação profissional;

i) Verificar o cumprimento dos deveres que estão legalmente cometidos aos beneficiários das prestações de desemprego;

j) Aplicar advertência escrita e decidir da anulação da inscrição no centro de emprego por incumprimento de deveres do beneficiário.

2. Cabe igualmente aos centros de emprego, na qualidade de serviço do lugar de estada ou residência, praticar os actos referidos no número anterior quando decorrentes da aplicação de instrumento internacional a que Portugal se encontre vinculado relativamente aos trabalhadores migrantes desempregados.

3. As convocatórias e notificações emitidas pelos centros de emprego, nos termos do presente diploma, devem ser enviadas para o domicílio do beneficiário com a antecedência mínima de três dias úteis relativamente à data da comparência, considerando-se efetuadas e presumindo-se a notificação postal feita no terceiro dia posterior ao do envio, ou no primeiro dia útil, quando o não seja.

4. A notificação da decisão de anulação de inscrição nos centros de emprego é efetuada por carta registada, em registo simples, presumindo-se a notificação postal feita no 3º dia útil posterior ao do envio.

5. As convocatórias e ou notificações referidas nos números anteriores enviadas para a morada indicada pelo beneficiário produzem efeitos ainda que devolvidas, presumindo-se a convocatória ou notificação feita nos termos do número anterior.

6. As notificações referidas no presente artigo podem ser efetuadas por transmissão eletrónica de dados que equivalem, consoante os casos, à remessa por via postal simples ou por via postal registada.

7. As notificações efetuadas por transmissão eletrónica de dados consideram-se feitas no momento em que o destinatário aceda à caixa postal eletrónica.

8. Em caso de ausência de acesso à caixa postal eletrónica, deve ser efetuada nova transmissão eletrónica de dados, no prazo de 3 dias seguintes ao respetivo conhecimento por parte do centro de emprego que tenha procedido à emissão da notificação, considerando-se esta efetuada no 3º dia posterior à data do segundo envio, salvo nos casos em que se comprove que o beneficiário comunicou a alteração daquela ao centro de emprego ou que demonstre ter sido impossível essa comunicação.

9. Para o exercício da sua função de verificação e controlo das situações de desemprego, os centros de emprego podem estabelecer formas concertadas de cooperação com outras entidades.

(Redação dada pela Lei nº 34/2016, de 24-08)

Artigo 71º - Competência para o processamento e aplicação das coimas

1. A competência para a instrução do processo de contra-ordenação e para a aplicação das respectivas coimas, decorrentes do incumprimento de deveres para com a segurança social, é determinada de acordo com o estabelecido no regime das contra-ordenações no âmbito dos regimes de segurança social.

2. É competente para o processo de contra-ordenação e para aplicação da respectiva coima a Inspecção-Geral do Trabalho, no caso previsto no nº 3 do artigo 64º

SECÇÃO II - Organização de processos

Artigo 72º - Requerimento

1. A atribuição das prestações de desemprego deve ser requerida no prazo de 90 dias consecutivos a contar da data do desemprego e ser precedida de inscrição para emprego no centro de emprego.

2. A entrega do requerimento ou das provas previstas nos nºs 1 e 2 do artigo 78º após o decurso do prazo previsto no número anterior nos casos em que a mesma seja efectuada durante o período legal de concessão das prestações de desemprego determina a redução no período de concessão das prestações pelo período de tempo respeitante ao atraso verificado.

3. O requerimento, de modelo próprio, é apresentado no centro de emprego da área da residência do beneficiário ou online no sítio da Internet da segurança social.

4. Os beneficiários que, durante o prazo previsto no nº 1, se encontrem em situação de incapacidade temporária para o trabalho por motivo de doença iniciada após a data do desemprego impeditiva da sua inscrição no centro de emprego, podem inscrever-se e requerer as respetivas prestações de desemprego através de um representante.

5. Nas situações previstas no número anterior, o representante deve fazer prova do impedimento do beneficiário através do certificado de incapacidade temporária (CIT) emitido por médico dos serviços competentes do Serviço Nacional de Saúde.

6. Quando a situação de doença se prolongue para além da data inicialmente prevista, os beneficiários devem remeter ao centro de emprego a respetiva certificação médica no prazo de cinco dias úteis.

7. Após o termo do período de incapacidade temporária para o trabalho, os beneficiários devem atualizar a respetiva inscrição no centro de emprego da área da sua residência no prazo de 5 dias úteis.

8. Ao incumprimento dos prazos referidos nos nºs 6 e 7 aplica-se o disposto no nº 2, com as necessárias adaptações.

(Redação dada pelo Decreto-Lei nº 13/2013, de 25-01)

Artigo 73º – Elementos instrutórios do requerimento

1. O requerimento das prestações de desemprego é instruído com informação do empregador comprovativa da situação de desemprego e da data a que se reporta a última remuneração.

2. O empregador pode, mediante autorização do beneficiário, apresentar online no sítio da Internet da segurança social a declaração com a informação prevista no número anterior, comprovativa da situação de desemprego, apresentando desde logo ao beneficiário o respectivo comprovativo da entrega.

3. Nas situações em que o requerimento seja apresentado online no sítio da Internet da segurança social, os respectivos meios de prova podem ser apresentados pela mesma via desde que correctamente digitalizados e integralmente apreensíveis.

4. Os beneficiários têm o dever de conservar os originais dos meios de prova, pelo prazo de cinco anos, bem como o dever de os apresentar sempre que solicitados pelos serviços competentes.

Artigo 74º – Declaração em caso de cessação do contrato de trabalho por acordo

1. Na declaração do empregador comprovativa da situação de desemprego, nos casos de cessação do contrato de trabalho por acordo, nas situações previstas na alínea *d*) do nº 1 do artigo 9º e no artigo 10º, o empregador tem de declarar os fundamentos que permitam avaliar os condicionalismos estabelecidos no presente decreto-lei, sem prejuízo de a qualquer momento lhe poder ser exigida a exibição de documentos probatórios dos fundamentos invocados.

2. Nas situações previstas no número anterior o empregador tem ainda de declarar que a cessação do contrato de trabalho se encontra compreendida nos limites estabelecidos no nº 4 do artigo 10º e que informou o trabalhador desse facto.

Artigo 75º – Intervenção supletiva da Inspecção-Geral do Trabalho

Em caso de impossibilidade ou de recusa por parte do empregador de entregar ao trabalhador as declarações referidas no nº 1 do artigo 43º, a sua emissão compete à Inspecção-Geral do Trabalho, que, a requerimento do interessado e na sequência de averiguações efectuadas junto do empregador, a deve elaborar no prazo máximo de 30 dias a partir do pedido.

Artigo 76º – Meios de prova específicos do subsídio social de desemprego e do subsídio de desemprego parcial

1. *(Revogado.)*

2. Para atribuição do subsídio de desemprego parcial constituem prova das respectivas condições:

a) Contrato de trabalho a tempo parcial;

b) Prova dos rendimentos da actividade profissional exercida.

3. Nas situações em que o requerimento seja apresentado online no sítio da Internet da segurança social, os respectivos meios de prova podem ser apresentados pela mesma via desde que correctamente digitalizados e integralmente apreensíveis.

4. Os requerentes podem ser dispensados da apresentação de alguns dos documentos exigíveis caso esteja salvaguardado o acesso à informação em causa por parte da segurança social, designadamente por efeito de processos de interconexão de dados com outros organismos da Administração Pública, em termos a regulamentar.

5. A manutenção do direito ao subsídio social de desemprego depende de os beneficiários renovarem, no sítio na Internet da segurança social ou no serviço de segurança social da respetiva área de residência, a prova da composição do agregado familiar e dos respetivos rendimentos durante o mês em que completem cada período de 360 dias consecutivos de atribuição do subsídio.

6. A falta da renovação da prova prevista no número anterior determina a suspensão do pagamento da prestação a partir do início do mês seguinte àquele em que a prova devia ter sido efetuada.

7. A não renovação da prova durante o mês seguinte àquele em que a prova devia ter sido efetuada determina a cessação da prestação.

8. Os rendimentos do agregado familiar são, periodicamente, objeto de reavaliação oficiosa, tendo em conta a informação disponível no sistema de segurança social, bem como através de interconexão de dados entre as bases de dados da segurança social e da administração fiscal, nos termos previstos no Decreto-Lei nº 92/2004, de 20 de abril.

9. O disposto nos números anteriores não prejudica a obrigação de apresentação de quaisquer outros meios de prova quando solicitados pelos serviços ou instituições de segurança social.

(Redação dada pelo Decreto-Lei nº 84/2019, de 28-06)

Artigo 77º – Suspensão do prazo para requerer

1. O prazo para requerer as prestações de desemprego é suspenso durante o período de tempo correspondente ao da ocorrência das seguintes situações:

a) Incapacidade por doença;

b) Protecção na maternidade, paternidade ou adopção;

c) Incapacidade que confira direito ao subsídio de gravidez, atribuído ao abrigo do Regulamento do Fundo Especial de Segurança Social dos Profissionais de Espectáculos;

d) Exercício de funções de manifesto interesse público;
e) Detenção em estabelecimento prisional.

2. O prazo para requerer as prestações é ainda suspenso pelo tempo que medeia entre o pedido do beneficiário e a emissão da declaração pela Inspecção-Geral do Trabalho nos termos previstos nesta secção.

3. Nas situações da alínea *a*) do nº 1, a incapacidade que se prolongue por mais de 30 dias, seguidos ou interpolados, no período de 90 dias para além da data do desemprego, determina a suspensão se confirmada pelo sistema de verificação de incapacidades, após comunicação do facto pelo interessado.

4. Para efeitos do disposto na alínea *d*) do nº 1, são consideradas as situações em que se verifique a existência de legislação que preveja um quadro jurídico que garanta direitos decorrentes da situação laboral anterior.

Artigo 78º – Dispensa de requerimento

1. A atribuição do subsídio social de desemprego subsequente bem como a atribuição do subsídio de desemprego parcial no decurso do período de atribuição do subsídio de desemprego não dependem de requerimento, mas obrigam os interessados à apresentação dos meios de prova específicos das condições que justificam a sua atribuição.

2. A prova a que se refere o número anterior é apresentada no prazo de 90 dias consecutivos a contar, respectivamente:
a) Da cessação do subsídio de desemprego;
b) Do início da actividade profissional.

3. No caso do subsídio de desemprego parcial, deve ser apresentada prova do tipo de actividade profissional exercida e, consoante o caso, do montante da retribuição mensal do trabalho por conta de outrem ou do rendimento ilíquido da actividade profissional independente ou, nas situações de início de actividade, dos rendimentos presumidos declarados para efeitos fiscais.

4. Nas situações previstas no nº 5 do artigo 24º, o prazo para apresentação dos meios de prova das condições de atribuição do subsídio social de desemprego conta-se a partir da data do termo do contrato de trabalho a tempo parcial.

5. O reinício do pagamento das prestações de desemprego que se encontrava suspenso não depende de requerimento mas exige a inscrição para emprego no centro de emprego e, no caso de exercício de actividade profissional por conta de outrem, a apresentação da declaração do empregador comprovativa da situação de desemprego.
(Redação dada pelo Decreto-Lei nº 84/2019, de 28-06)

Artigo 79º – Comunicação entre serviços

1. O centro de emprego deve comunicar ao respectivo serviço ou instituição de segurança social os dados referentes ao requerimento das prestações de desemprego, da inscrição do beneficiário para emprego e qualquer facto susceptível de influir na manutenção ou na cessação do direito às prestações, designadamente a anulação da inscrição no centro de emprego.

2. O serviço ou instituição de segurança social que abrange o beneficiário deve comunicar ao centro de emprego competente as decisões de atribuição, de não atribuição, de suspensão, de reinício e de cessação das prestações.

3. Tendo em vista promover a celeridade no conhecimento das situações previstas nos números anteriores, a informação deve ser transmitida privilegiando a utilização de meios electrónicos.

4. Por legislação própria são aprovadas as normas necessárias a assegurar o disposto no presente artigo, nomeadamente a articulação entre os serviços de emprego e da segurança social e a comunicação de dados por via electrónica.

Artigo 80º – Registo de equivalências

1. Os períodos de pagamento de subsídio de desemprego e de subsídio social de desemprego inicial dão lugar ao registo de remunerações por equivalência à entrada de contribuições pelo valor da remuneração de referência que serviu de base ao cálculo da prestação, que não pode em qualquer caso ser superior a oito vezes o valor do IAS.

2. Os períodos de pagamento do subsídio social de desemprego subsequente ao subsídio de desemprego dão lugar ao registo de remunerações por equivalência à entrada de contribuições pelo valor do subsídio de desemprego anteriormente auferido.

3. Nos casos de atribuição de prestações de desemprego aos beneficiários ex-pensionistas de invalidez, a remuneração a registar por equivalência à entrada de contribuições corresponde ao subsídio atribuído.

4. Nas situações de atribuição de subsídio de desemprego parcial, a remuneração a registar por equivalência à entrada de contribuições é igual à diferença entre a remuneração por trabalho por conta de outrem ou entre o rendimento relevante da atividade exercida como trabalho independente e a remuneração de referência que serviu de base de cálculo ao subsídio de desemprego, que não pode ser superior a oito vezes o valor do IAS.

5. Nas situações de frequência de curso de formação profissional, sempre que o valor da compensação remuneratória seja inferior à remuneração registada, nos termos estabelecidos nos nºs 1 e 2, há lugar ao registo de remunerações por equivalência pela diferença entre a referida remuneração e o montante da compensação remuneratória.

(Redação dada pelo Decreto-Lei nº 53/2018, de 02-07)

Artigo 81º – Contagem do prazo de prescrição

O prazo de prescrição conta-se a partir do dia seguinte àquele em que foi posta a pagamento a respectiva prestação, com conhecimento do beneficiário.

CAPÍTULO XII – Disposições transitórias e finais

Artigo 82º – Disposições transitórias

1. Os requerimentos de atribuição das prestações de desemprego são apreciados de acordo com a lei em vigor no momento da sua apresentação.

2. *(Revogado.)*

3. Os beneficiários das prestações de desemprego que, à data da entrada em vigor do presente decreto-lei, tenham requerido ou estejam a receber prestações de desemprego mantêm o direito à antecipação da idade legal de acesso à pensão de velhice desde que reúnam as respectivas condições de atribuição previstas no artigo 44º do Decreto-Lei nº 119/99, de 14 de Abril, na redacção dada pelo Decreto-Lei nº 326/ /2000, de 22 de Dezembro.

4. *(Revogado.)*

(Redação dada pela Lei nº 34/2016, de 24-08)

Artigo 83º – Regulamentação comunitária

Mantém-se em vigor o Decreto-Lei nº 46/93, de 20 de Fevereiro, relativo à coordenação do disposto em regulamentos comunitários, e o regime constante do presente decreto-lei.

Artigo 84º – Comissão de acompanhamento

1. O acompanhamento da aplicação da legislação é realizado por uma comissão de acompanhamento integrando representantes da Direcção-Geral da Segurança Social, da Direcção-Geral do Emprego e das Relações de Trabalho, do Instituto da Segurança Social, I. P., do IEFP e dos parceiros sociais com assento na Comissão Permanente de Concertação Social.

2. A constituição, a designação dos representantes e o regime de funcionamento da comissão de acompanhamento referida no número anterior são objecto de despacho do Ministro do Trabalho e da Solidariedade Social, a proferir no prazo de três meses a contar da publicação do presente decreto-lei.

3. Os representantes dos parceiros sociais são indicados pelas respectivas estruturas representativas.

4. A comissão de acompanhamento deve, num prazo máximo de três anos, apresentar ao Governo uma avaliação global dos novos mecanismos legais introduzidos com vista à sua eventual revisão.

Artigo 85º – Execução do diploma

1. As modalidades e formas de execução do PPE e a realização e demonstração probatória da procura ativa de emprego, bem como outras vertentes relevantes para a concretização das obrigações, são objeto de regulamentação própria.

2. Os procedimentos que venham a ser considerados necessários à execução do disposto no presente decreto-lei são aprovados por portaria do Ministro do Trabalho e da Solidariedade Social.

3. Os formulários relativos ao requerimento da prestação de desemprego e respectivas declarações instrutórias são aprovados por despacho do Ministro do Trabalho e da Solidariedade Social.

(Redação dada pela Lei nº 34/2016, de 24-08)

Artigo 86º – Norma revogatória

O presente decreto-lei revoga os Decretos-Leis nºs 119/99, de 14 de Abril, na redacção dada pelos Decretos-Leis nºs 186-B/99 e 326/2000, de 31 de Maio e de 22 de Dezembro, respectivamente, e 84/2003, de 24 de Abril.

Artigo 87º – Remissão

Quando disposições legais remetam para preceitos dos decretos-leis revogados nos termos do artigo anterior, entende-se que a remissão é feita para as correspondentes disposições do presente decreto-lei.

Artigo 88º – Entrada em vigor e produção de efeitos

1. O presente decreto-lei entra em vigor no 1º dia do 2º mês seguinte ao da sua publicação, sem prejuízo do disposto nos números seguintes.

2. O regime previsto na alínea *d*) do artigo 9º e no artigo 10º entra em vigor no dia seguinte ao da sua publicação.

3. As cessações do contrato de trabalho por acordo verificadas anteriormente à data prevista no número anterior não relevam para efeitos de preenchimento dos limites do número de trabalhadores referido no nº 4 do artigo 10º

4. O regime previsto no nº 3 do artigo 66º do presente decreto-lei entra em vigor à data do início de vigência da legislação prevista do nº 1 do artigo 67º

Normas de Execução do Regime Jurídico de Proteção Social da Eventualidade de Desemprego dos Trabalhadores por Conta de Outrem

Portaria nº 8-B/2007, de 3 de janeiro

O Decreto-Lei nº 220/2006, de 3 de Novembro, estabeleceu o regime jurídico da reparação da eventualidade de desemprego, aplicável aos trabalhadores por conta de outrem.

O novo quadro legal que teve em atenção um diferente contexto sócio-económico introduziu uma maior partilha de responsabilidades entre o serviço público de emprego e os titulares de prestações de desemprego estabelecendo compromissos que visam alcançar uma protecção social mais eficaz e maior rigor na atribuição das prestações.

Foram, igualmente, estabelecidos processos de maior agilização, facilitadores do relacionamento do desempregado com a Administração.

As alterações relativamente ao regime objecto de revogação determinam que, visando assegurar a boa execução do diploma, essencial à eficácia da protecção que se pretende garantir, se estabeleçam os necessários procedimentos.

Assim:

Ao abrigo do nº 2 do artigo 85º do Decreto-Lei nº 220/2006, de 3 de Novembro:

Manda o Governo, pelo Ministro do Trabalho e da Solidariedade Social, o seguinte:

Artigo 1º – Objecto

1. A presente portaria visa estabelecer as normas de execução necessárias à aplicação do regime jurídico de protecção no desemprego, constante do Decreto-Lei nº 220/2006, de 3 de Novembro.

2. As referências aos artigos constantes da presente portaria respeitam ao Decreto-Lei nº 220/2006, de 3 de Novembro.

Artigo 2º – Apuramento dos rendimentos da actividade independente

1. Para efeitos do nº 2 do artigo 2º, são considerados os rendimentos ilíquidos da actividade independente.

2. O valor do rendimento mensal será obtido através do apuramento do duodécimo do rendimento do ano fiscal anterior, sendo referenciado à retribuição mínima mensal garantida em vigor nesse mesmo ano.

3. Nos casos de início de actividade independente no ano que em que ocorra o desemprego é considerado o rendimento presumido pelo beneficiário para efeitos fiscais, sendo o mesmo objecto de rectificação sempre que venha a verificar-se a sua não confirmação.

Artigo 3º – Meios de prova dos rendimentos da actividade independente

1. Os requerentes das prestações de desemprego que exerçam uma actividade independente, nos termos do nº 2 do artigo 2º, devem declarar o valor dos rendimentos auferidos pelo exercício dessa actividade.

2. A declaração referida no número anterior goza da presunção de veracidade, sendo, no entanto, ilidível, perante elementos comparativos que sejam do conhecimento oficioso ou solicitados, para o efeito, pelos serviços ou instituições gestoras das prestações.

Artigo 4º – Cessações do contrato de trabalho por acordo

1. Para efeitos do disposto nos nºs 4 e 5 do artigo 10º, são consideradas as cessações de contrato de trabalho ocorridas na empresa e não apenas as verificadas em cada um dos estabelecimentos que dela fazem parte.

2. Nas situações em que sejam ultrapassados os limites fixados no nº 4 do artigo 10º, para efeitos do disposto no artigo 63º, são considerados os contratos de trabalho cuja data de cessação seja mais recente ou, caso se verifique coincidência de datas, aquelas cujos requerimentos tenham sido apresentados em data mais recente.

Artigo 5º – Dispensa do dever de procura activa de emprego

(Revogado pela Portaria nº 282/2016, de 27-10)

Artigo 6º – Dispensa do cumprimento do dever de apresentação quinzenal

(Revogado pela Portaria nº 282/2016, de 27-10)

Artigo 7º – Contagem do prazo de garantia

1. Na contagem de prazo de garantia para efeitos de atribuição do subsídio de desemprego e do subsídio social de desemprego, a que se refere o artigo 22º, consideram-se, respectivamente, os 24 e 12 meses civis anteriores ao da data do desemprego, sem prejuízo de, nas situações em que se mostre necessário para o preenchimento do respectivo prazo de garantia, relevarem:

a) Os dias de trabalho prestados no mês em que ocorreu o desemprego;

b) Os dias de férias vencidos e não gozados na vigência do contrato de trabalho.

2. O período de ausência de registo de remunerações durante o período de concessão de pensões provisórias de invalidez ou no âmbito da protecção nos riscos profissionais não é considerado para efeitos de contagem do prazo de garantia e de cálculo da remuneração de referência das prestações de desemprego, relevando os períodos de registo de remunerações anteriores e posteriores.

Artigo 8º – Subsídio de desemprego parcial

Para efeitos do disposto no artigo 27º, nas situações em que o beneficiário celebre mais do que um contrato de trabalho a tempo parcial, os requisitos previstos nas alíneas *b*) e *c*) são verificados tendo em atenção o conjunto dos contratos.

Artigo 9º – Número de anos com registo de remunerações

1. O registo de remunerações, referido no artigo 37º, a considerar na primeira situação de desemprego ocorrida após a entrada em vigor do Decreto-Lei nº 220/ /2006, de 3 de Novembro, reporta-se ao que tiver sido efectuado em qualquer regime de inscrição obrigatória no âmbito da segurança social.

2. Para efeitos do período de concessão das prestações, a que se refere o nº 1 do artigo 37º, na contagem dos grupos de cinco anos são considerados os anos civis, relevando o próprio ano em que ocorre a eventualidade.

Artigo 10º – Subsídio social de desemprego subsequente ao subsídio de desemprego

Na definição do período de duração do subsídio social de desemprego subsequente ao subsídio de desemprego, a que se refere o artigo 38º, a carreira contributiva a considerar é aquela que relevou para atribuição da prestação inicial de desemprego.

Artigo 11º – Frequência de formação profissional durante a concessão de subsídio de desemprego parcial

1. Nos casos de titularidade de subsídio de desemprego parcial com compensação remuneratória decorrente de frequência de formação profissional, observa-se o disposto no artigo 40º

2. No caso de frequência de formação profissional promovida pelo empregador e ministrada no período de trabalho a tempo parcial, mantém-se o direito ao subsídio de desemprego parcial.

Artigo 12º – Suspensão do pagamento das prestações

Nas situações de exercício de actividade profissional por conta própria em que o respectivo pagamento é identificado, para efeitos fiscais, como acto isolado, o número de dias de suspensão do pagamento das prestações é apurado pela divisão do montante recebido pelo valor da remuneração de referência.

Artigo 13º – Reinício das prestações

1. O reinício das prestações de desemprego nas situações de protecção na maternidade, paternidade e adopção, a que se refere o nº 1 do artigo 51º, bem como de frequência de formação profissional, não depende da verificação dos requisitos exigidos no nº 1 do artigo 53º, tendo lugar oficiosamente.

2. A retoma do pagamento do subsídio de desemprego, após a cessação do contrato de trabalho a tempo parcial durante o qual foi concedido subsídio de desemprego parcial, fica subordinada às regras constantes do artigo 53º com as necessárias adaptações.

Artigo 14º – Cessação das prestações

Para efeitos do disposto na alínea *b*) do artigo 56º o período de ausência do território nacional é aferido pelo tempo em que o beneficiário não garantiu a sua disponibilidade para o trabalho, prevista no artigo 11º

Artigo 15º – Pensão de velhice por antecipação da idade

1. O acesso à pensão de velhice por antecipação da idade, nas situações enquadráveis no artigo 57º em que não haja lugar a subsídio social de desemprego, por não se encontrar preenchida a condição de recursos, depende da manutenção da situação de desemprego de longa duração, comprovada pela inscrição no centro de emprego.

2. Para efeitos da aplicação da norma transitória, constante do nº 3 do artigo 82º, considera-se que integram o seu âmbito, para além das situações em que os beneficiários tenham requerido ou se encontrem a receber subsídio de desemprego, subsídio social de desemprego ou subsídio de desemprego parcial, aquelas em que o pagamento das prestações se encontra suspenso e as enquadradas no artigo 46º do Decreto-Lei nº 119/99, de 14 de Abril.

Artigo 16º – Serviço de segurança social competente

Para aplicação do disposto no artigo 69º considera-se serviço de segurança social competente o da residência do beneficiário.

Artigo 17º – Situações especiais

1. Para efeitos de aplicação das regras de coordenação no âmbito comunitário, o requerimento das prestações de desemprego, que tem de ser precedido de inscrição para emprego no centro de emprego, é apresentado nos serviços de segurança social da área de residência.

2. O disposto no número anterior é aplicável, com as necessárias adaptações, às situações de reinício do pagamento das prestações.

Artigo 18º – Suspensão do prazo para requerer as prestações

1. Para efeitos de aplicação do disposto no nº 3 do artigo 77º, observa-se o seguinte:

a) Quando o beneficiário requerer a intervenção do sistema de verificação de incapacidades até ao 30º dia:

i) O prazo mantém-se suspenso, no caso do sistema de verificação de incapacidades confirmar a incapacidade do beneficiário;

ii) A contagem do prazo reinicia-se a partir da data da deliberação da não confirmação, no caso do sistema de verificação de incapacidades não confirmar a incapacidade do beneficiário;

b) Quando o beneficiário requerer a intervenção do sistema de verificação de incapacidades após o 30º dia, com o prazo para requerer em curso, é o mesmo suspenso a partir da data do requerimento, aplicando-se, posteriormente, os critérios fixados na alínea *a*).

2. O prazo para requerer as prestações de desemprego suspende-se, ainda, durante o período de concessão de pensão provisória de invalidez ou no âmbito da protecção nos riscos profissionais.

3. A contagem do prazo para requerer as prestações de desemprego por trabalhadores reclusos em regime aberto, por ocorrência da eventualidade de desemprego durante o período de reclusão, inicia-se no dia seguinte ao termo deste período.

Artigo 19º – Meios de prova

1. As situações a que se refere o nº 6 do artigo 9º são comprovadas com declaração do empregador em que este comprova que o trabalhador requereu a renovação do contrato e que esta não lhe foi concedida.

2. Nas situações de suspensão do contrato de trabalho por falta de pagamento pontual da retribuição, o requerimento das prestações deve ser acompanhado de declaração de modelo próprio de que conste a confirmação do incumprimento da prestação retributiva no período em causa.

Artigo 20º – Troca de informação entre serviços

1. Os serviços do emprego e os serviços da segurança social trocam a informação necessária ao reconhecimento do direito à protecção no desemprego, à manutenção, suspensão e cessação das respectivas prestações.

2. O acesso, o tratamento, e a conservação dos dados recolhidos para efeitos do reconhecimento do direito e sua manutenção estão subordinados à legislação aplicável.

Artigo 21º – Revogação

São revogados:

a) A Portaria nº 481-A/99, de 30 de Junho;

b) O despacho nº 3220/2002, publicado no Diário Republica, 2ª série, de 11 de Fevereiro de 2002.

Artigo 22º – Entrada em vigor

O disposto na presente portaria produz efeitos desde a data de entrada em vigor do Decreto-Lei nº 220/2006, de 3 de Novembro.

O Ministro do Trabalho e da Solidariedade Social, *José António Fonseca Vieira da Silva*, em 22 de Dezembro de 2006.

Código de Processo do Trabalho

Decreto-Lei nº 480/99, de 9 de novembro

1. Com o presente diploma, introduzem-se inovações na disciplina processual do direito do trabalho. O actual Código de Processo do Trabalho iniciou a sua vigência em 1982 sem que, entretanto, haja sido objecto de alterações que o evoluir dos tempos reclama.

2. A reforma do processo laboral, integrando-se nos planos de concertação estratégica, justifica-se, quer porque, entretanto, foram substanciais as modificações introduzidas na legislação processual civil, quer porque há um novo contexto das relações jurídico-laborais.

Assim, para além de desarmonias com a nova legislação processual civil, em que nem sempre se torna fácil estabelecer a distinção entre a subsidiariedade da sua aplicação ou a especialidade do direito processual do trabalho, entretanto imodificado, houve todo um percurso social e legislativo, com incidências no mundo juslaboral, que arcaizou ou tornou inidóneas ou menos apropriadas algumas previsões normativas, reclamando-se, por isso mesmo, a introdução de preceitos de compatibilização com as novas realidades.

3. Neste sentido, aliás, e começando por referir alterações de carácter geral, e em correspondência com a actual configuração constitucional e legal da respectiva magistratura e de modo a compatibilizar a terminologia do Código de Processo do Trabalho com a do Código de Processo Civil, entendeu-se serem de eliminar todas as referências a «agentes do Ministério Público», utilizando-se apenas a expressão «Ministério Público», ficando, assim, a representação em concreto remetida para o definido no respectivo Estatuto.

De igual modo, vinha o texto legal utilizando ainda, algo estranhamente, a expressão «organismo sindical», o que representa manifesta reminiscência do Estado corporativo vigente à data da aprovação do Código de Processo do Trabalho de 1963, o qual, de resto, constituiu a verdadeira matriz do actual processo do trabalho, como pode ler-se no preâmbulo do diploma que aprovou o Código em vigor, o Decreto-Lei nº 272-A/81, de 30 de Setembro.

Ainda sob o mesmo tipo de preocupações, e acolhendo o que vinha já sendo pacificamente aceite na doutrina e na prática jurisprudencial, procede-se à expressa e inequívoca equiparação dos sinistrados em acidentes de trabalho e dos doentes profissionais com os respectivos beneficiários legais, quando, no caso de uns e de outros, do evento lesivo tenha sobrevindo a morte do trabalhador, equiparação essa que relevará para efeitos de determinação do tribunal territorialmente competente, do patrocínio pelo Ministério Público, da avaliação das respectivas incapacidades ou de quaisquer outros que ao longo do processo o exijam.

Por último, na mesma linha de preocupações e norteado pelo princípio da unidade do sistema, eliminam-se alguns preceitos do actual Código, cujas previsões normativas, não sendo específicas do foro laboral, foram já expressamente contempladas na revisão do Código de Processo Civil, e em que o funcionamento da relação de subsidiariedade conduz a que se evitem repetições inúteis e muitas vezes geradoras de dificuldades acrescidas para os profissionais do foro. É o caso, designadamente, dos actuais preceitos relativos às notificações em processos pendentes, à capacidade judiciária passiva dos cônjuges e à suspensão da instância para garantia da observância dos preceitos fiscais.

4. São, obviamente, de vulto as modificações que se julga necessário introduzir na estrutura do processo laboral e na disciplina da sua tramitação.

Em matéria de capacidade judiciária, fixa-se em 16 anos a idade para os menores estarem por si em juízo, deste modo se harmonizando a norma processual com a actual previsão substantiva quanto à idade mínima de admissão ao trabalho.

No que à legitimidade diz respeito, são particularmente importantes, embora com relevo diverso, as alterações introduzidas.

Antes do mais, condensa-se num único normativo processual a disciplina da legitimidade nas acções respeitantes à anulação e interpretação de cláusulas de convenções colectivas de trabalho, que até agora vinha sendo regulada, não só no Código, mas também no Decreto-Lei nº 519-C/79, de 29 de Dezembro, diploma este com natureza de direito substantivo, circunstância que se converteu em fonte de estéreis querelas doutrinais e jurisprudenciais.

Esclarecem-se e ampliam-se os termos do exercício do direito de acção das associações sindicais em representação e substituição dos trabalhadores, assim se concretizando compromissos assumidos em sede de concertação social, indo-se ao encontro das preocupações de superação das crescentes dificuldades dos trabalhadores em fazerem valer individualmente os seus direitos em certos sectores e correspondendo-se ao que já se encontra consagrado noutros diplomas juslaborais, designadamente em sede de igualdade entre sexos no trabalho e emprego e proibição de discriminações baseadas na sua diferença. Todavia, a solução consagrada passa pelo entendimento de que tal alargamento deve ficar condicionado à prévia autorização dos trabalhadores representados ou substituídos, à sua qualidade de associados da estrutura sindical interveniente e à violação, com carácter de generalidade, dos direitos individuais em causa, ao mesmo tempo que, nesses casos, se limita a intervenção processual do trabalhador ao estatuto de assistente. Por esta via, retoma-se, com ligeiras alterações, a formulação proposta no Código de Processo do Trabalho de 1979, de modo a respeitar o princípio constitucional da liberdade sindical e a conter em níveis considerados toleráveis o previsível aumento de litigação.

Legisla-se também no sentido de clarificar a intervenção como assistentes das associações patronais e sindicais nas acções em que estejam em causa interesses individuais dos seus associados, condicionando-a, porém, e independentemente da natureza disponível ou indisponível desses direitos, à prévia aceitação escrita dos interessados.

Quanto à representação e patrocínio judiciário pelo Ministério Público, e considerando-se justificado, face aos valores em causa, ser de optar pela sua manutenção em moldes aproximados dos vigentes, esclarecem-se, no entanto, precisando-as e desenvolvendo-as tecnicamente, as situações em que a intervenção é feita a título de representação e aquelas que se revestem da natureza de verdadeiro patrocínio.

Assim, quanto à intervenção a título de representação, opta-se por uma formulação genérica que, para além do Estado, permita abranger todas as pessoas e entidades previstas no respectivo Estatuto e em outros diplomas que a consagrem, desta forma se salvaguardando os problemas suscitados pelas omissões que uma enumeração pretensamente exaustiva sempre acarretaria.

Relativamente ao patrocínio judiciário dos trabalhadores por conta de outrem e seus familiares, por interesses de ordem social e laboral, e tendo em atenção que a actividade de patrocínio é, por princípio, reservada aos advogados, opta-se por considerar o patrocínio pelo Ministério Público nessas situações como uma garantia acrescida dos trabalhadores no acesso ao direito, muito embora sem qualquer primazia face ao mandato judicial ou ao regime geral do apoio judiciário, ao qual poderão aceder, segundo a sua livre opção e desde que verificados os respectivos pressupostos.

Por outro lado, tendo em conta que os valores em causa no domínio juslaboral são de interesse e ordem pública, entende-se ser de manter a intervenção acessória do Ministério Público – agora a processar de harmonia com o regulado no Código de Processo Civil – nos casos de cessação da sua representação ou do seu patrocínio e ainda naqueles em que tal representação ou patrocínio não tenham sequer sido exercidos por, desde o início da lide, os interessados estarem representados por advogado.

Ainda com base no interesse e ordem pública dos valores em presença, e contrariamente ao que aconteceu na revisão do Código de Processo Civil, julga-se oportuno estabelecer, em sede de julgamento de recursos, a possibilidade de o Ministério Público emitir parecer sobre o sentido da respectiva decisão, desde que não intervenha como representante ou patrono de qualquer das partes e sempre com observância do contraditório.

Relativamente às regras em matéria de competência internacional, visa-se a adaptação das normas do Código de Processo do Trabalho às regras dimanadas de diversos instrumentos de direito internacional vinculantes para o Estado Português, designadamente ao nível da União Europeia, mantendo-se, no entanto, o princípio básico de definição dessa competência segundo as regras da competência territorial no próprio Código estabelecidas.

No que respeita à competência interna, para lá de adaptações correctivas de algumas normas, em virtude das evoluções ocorridas em sede de organização judiciária, mantêm-se, no essencial, as regras até agora vigentes, aditando-se, no entanto, alguns preceitos relativos às situações de coligação de autores e de acidentes de trabalho ocorridos no estrangeiro, por forma a suprir lacunas do actual Código, que, entretanto, têm gerado dificuldades de interpretação e aplicação, em prejuízo da celeridade processual.

Quanto às citações e notificações, estabelece-se o princípio geral de aplicabilidade das regras do Código de Processo Civil atinentes, sem embargo, porém, de especificidades justificadas no domínio do processo laboral, como, designadamente, a precedência de notificação da decisão final às partes, nos casos de representação e patrocínio oficioso, embora com contagem de prazos para apresentação de requerimentos posteriores apenas a partir da notificação do mandatário, representante ou patrono oficioso.

Também em matéria de diligências deprecadas pelos tribunais do trabalho se impunha providenciar no sentido de superar as sucessivas controvérsias geradas a propósito dos tribunais ou outras entidades competentes para cumpri-las, tendo-se optado pela distinção entre diligências que, no critério do juiz da causa, exijam conhecimentos especializados no domínio laboral e aquelas que o não exijam, como modo de determinar o tribunal a quem devem ser solicitadas, embora, sempre que possível, com preferência pelos tribunais do trabalho.

No capítulo respeitante à instância, além de adequações ao emergente da revisão do Código de Processo Civil – do que, nomeadamente, resultou desnecessário manter a previsão específica do dever de colaboração das partes –, concentra-se numa única disposição a definição das acções com natureza urgente, em que se incluem as relativas ao despedimento de representantes dos trabalhadores, assim se incorporando no Código o que era já imposição da lei substantiva.

Inovação de largo alcance é a supressão do princípio da obrigatoriedade de cumulação inicial dos pedidos, consagrado no Código de 1981. Este princípio vinha sendo justificado com base no entendimento de que representava garantia de pacificação social. Todavia, não sendo sequer inequívoco tal valor garantístico do princípio, ponderou-se que não deveria sobrepor-se a outros valores em equação, nomeadamente a natureza irrenunciável de alguns direitos dos trabalhadores e cuja efectivação poderia ficar inviabilizada por um simples lapso, muitas vezes nem sequer do próprio titular, e isto sem esquecer a situação de subordinação dos trabalhadores que, podendo não se sentir inibidos em agir relativamente a aspectos fundamentais do seu estatuto laboral (como seja a categoria profissional), certamente poderiam sentir como factor de constrangimento o imperativo legal em alargar um eventual litígio a outros aspectos menos determinantes daquele mesmo estatuto. Por outro lado, a experiência revela que nas situações de verdadeira ruptura contratual o trabalhador, confrontado com a necessidade de recorrer a juízo, se determina a optar por fazer valer numa única e mesma acção todos os direitos de que julga ser titular, independentemente de assim resultar de obrigação legal, mas como via para obter a resolução global e unitária de todas as questões emergentes. De outro modo, eliminando-se a cumulação obrigatória de pedidos, abre-se a porta a que qualquer trabalhador possa provocar uma mais imediata definição de situações fundamentais na relação jurídico-laboral, de forma a ficar estabelecida a sua legalidade ou ilegalidade, com eventual vantagem para o próprio empregador e sem receio, da parte do trabalhador, da preclusão de, mais tarde, em nova via de acção, fazer valer os demais direitos resultantes de tal relação.

Suprimem-se ainda as actuais limitações à liberdade de desistência da instância e do pedido, bem como de efectivação de transacção, que apenas vinham a poder ter lugar em audiência de conciliação. Na verdade, entende-se serem mecanismos bastantes de controlo, quer a normal intervenção dos patronos, quer o dever do juiz de se certificar da legalidade de tais actos, ao estabelecer-se a necessidade de homologação.

Quanto aos procedimentos cautelares, são introduzidas significativas alterações, quer em relação a meios já existentes, quer através da criação de novos instrumentos.

Numa primeira ordem de ideias, reformula-se e aperfeiçoa-se a respectiva tramitação segundo modelos correspondentes às exigências do mundo laboral dos nossos dias, estatuindo-se inequivocamente no sentido de que no foro laboral é admissível o recurso a procedimentos não especificados, para tanto se regulamentando o procedimento cautelar comum por remissão para o Código de Processo Civil, com especialidades, ao mesmo tempo que se assegura a sua aplicação subsidiária aos procedimentos cautelares especificados regulados no Código.

Também, de molde a superar as incertezas geradas por uma jurisprudência nem sempre uniforme, afirma-se expressamente a aplicação no foro laboral dos procedimentos especificados regulados no Código de Processo Civil, desde que com ele compatíveis, segundo a tramitação respectiva.

Quanto ao procedimento para suspensão do despedimento individual, introduzem-se modificações tendentes a discriminar os casos em que haja invocação de precedência de processo disciplinar daqueles em que não haja tal invocação, com importantes reflexos ao nível da admissibilidade ou não de oposição do requerido e do tipo de provas, em princípio, admissíveis, sendo que, no segundo tipo de casos, é sempre legítimo às partes apresentar meio de prova de qualquer natureza. De todo o modo, sem esquecer a natural precariedade das providências, em homenagem ao princípio da verdade material, confere-se ao juiz o poder de, em qualquer caso, determinar oficiosamente a produção de outras provas que considere indispensáveis à decisão e reduzem-se ao mínimo considerado razoável os efeitos cominatórios, garantindo-se sempre o recurso de agravo para a Relação.

Ainda no domínio cautelar, e reflectindo as preocupações crescentes do ordenamento jurídico-laboral português e do próprio direito comunitário em matéria de higiene, segurança e saúde no trabalho, e tendo em conta a incidência preocupante de acidentes de trabalho e de doenças profissionais, com enormes custos humanos e económicos, directos e indirectos, cria-se, ex novo, um procedimento especificado dirigido à protecção daqueles valores, o que se crê poder vir a constituir um importante instrumento de pedagogia individual e social de sensibilização de todos os intervenientes no mundo do trabalho, bem como um meio expedito e idóneo ao dispor dos trabalhadores para salvaguarda da respectiva saúde, quando não da própria vida, tudo sem prejuízo do dever de intervenção nesta matéria de quaisquer entidades competentes.

Relativamente ao processo declarativo comum, são estruturais as alterações introduzidas, adentro de um princípio de adequação às directrizes reformadoras do processo civil, por um lado, e de sensibilidade e respeito pelas especificidades e autonomia próprias do sector da conflitualidade laboral, a exigir tratamento diferenciado, por outro lado.

Assim, numa preocupação de dar resposta a velhos anseios de grande parte dos cultores do direito do trabalho, e suprimindo as duas formas de processo até agora previstas, com distinção fundada exclusivamente no critério do valor da causa, institui-se uma única forma de processo, com tramitação simplificada, mas em termos suficientemente maleáveis para, sem quebra de garantias, permitir adequação às situações de diversa complexidade colocadas perante o tribunal, deixando-se ao critério do juiz a escolha daquelas que, em razão de maior complexidade, exijam um ritualismo de conformação mais ampla. A título exemplificativo, confere-se ao juiz a faculdade de se abster de fixar a base instrutória sempre que a selecção da matéria de facto controvertida se revestir de simplicidade.

Pode mesmo dizer-se que a forma única agora gizada constitui uma simbiose das antigas formas ordinária e sumária, simultaneamente adaptada à realidade actual do mundo laboral, incomparavelmente mais dinâmica, instável e flexível do que a existente ao tempo do Código de 1963, antecedente próximo e fundamentalmente informador, como já se disse, do Código vigente, e impregnada, em via tributária, pelas aquisições que a dogmática e a técnica processual civil entretanto proporcionaram, designadamente em consequência das recentes reformas da respectiva legislação.

Para além desta fusão numa única forma, pode afirmar-se que a verdadeira novidade do processo comum consiste na introdução de uma audiência de partes, logo após a apresentação da petição inicial e antes da contestação, tendente a permitir uma mais fácil conciliação mediante acordo equitativo, visto o litígio ainda não se ter verdadeiramente sedimentado nem radicalizado e, desse modo, ser previsível uma maior disponibilidade das partes para o consenso, tanto mais que tudo se desenrolará já na presença mediadora do juiz. Não se pense, contudo, que se trata de qualquer recuperação de experiências antigas, de resultados nefastos, designadamente da tentativa prejudicial de conciliação, ou que essa audiência tem como único objectivo a tentativa de conciliação das partes. Ao invés, ela visa também contribuir para a simplificação da tramitação e para a rápida definição do verdadeiro objecto do processo, funcionando como primeira e decisiva fase de saneamento e como factor de diminuição da trama burocrática inerente a qualquer processo, permitindo, na maioria dos casos, estabelecer praticamente ab initio o agendamento de todos os posteriores actos processuais, com conhecimento imediato de todos os intervenientes, assim se evitando a necessidade de múltiplos despachos de simples expediente do juiz e minorando a intervenção da secretaria.

Só assim não acontecerá, em princípio, nos casos residuais em que, em função da complexidade da causa, o juiz venha a decidir pela efectivação de uma audiência preliminar, a realizar em termos e com objectivos idênticos aos previstos na lei processual civil.

Por outro lado, para além dos acertos e ajustamentos de prazos, impostos pela regra da contagem contínua e pela referida fusão, que igualmente determinam alterações ao nível dos meios de prova e do respectivo momento de proposição, reforça-se a tendência, já expressa no Código em vigor, quanto à primazia do julgamento pelo tribunal singular, ao mesmo tempo que se garante às partes o recurso à gravação da audiência em termos consentâneos com os que vigoram no processo civil, com as naturais consequências ao nível dos recursos em matéria de facto.

Acresce que, seguindo a orientação do Código de Processo Civil, se eliminam os casos de cominação plena, impondo-se um princípio de conhecimento do mérito da causa, embora com a possibilidade de, quando os autos já contenham os necessários elementos ou estes resultem das diligências determinadas oficiosamente pelo juiz, este poder decidir simplificadamente, mesmo por simples adesão aos argumentos das partes.

Ainda por respeito ao princípio da verdade material e à natureza dos interesses conflituantes, mantêm-se, dentro de idêntico condicionalismo, os poderes que, no actual Código, já eram conferidos ao juiz relativamente ao suprimento dos pressupostos processuais, de indagação oficiosa dos elementos de prova, de alargamento da base instrutória e de conhecimento e decisão para além e em objecto diferente do pedido.

Em matéria de recursos, as alterações propostas visam fundamentalmente a consagração expressa de que também no foro laboral tem aplicação a regra da sucumbência estabelecida no Código de Processo Civil, sem prejuízo dos casos em que, por força da natureza dos valores em discussão, o recurso até à Relação é sempre admissível, e a cujo elenco se acrescenta o relativo às causas respeitantes à determinação da categoria profissional. Aproveita-se igualmente para esclarecer que, nesses casos, o que releva não é o valor da causa, mas apenas e tão-só a admissibilidade de recurso sem aqueles constrangimentos.

Por outro lado, estabelece-se que à alegação e interposição dos recursos em 2ª instância é aplicável o regime estabelecido no Código de Processo Civil, deste modo se superando as divergências jurisprudenciais que se têm verificado neste domínio e incutindo nos profissionais do foro maior segurança quanto aos procedimentos a adoptar.

No que respeita ao processo executivo, as alterações introduzidas pelo presente diploma visam vencer os constrangimentos de que, em geral, esse processo enferma e, portanto, torná-lo mais célere e eficaz, designadamente, reunindo num único acto posterior à efectivação da penhora a notificação, ao executado, do requerimento executivo, do despacho determinativo da penhora e da realização desta, alteração que é válida tanto para a execução baseada em sentença de condenação em quantia certa como para a baseada em qualquer outro título.

Além disso, e à semelhança do sucedido no Código de Processo Civil, o leque de títulos executivos é ampliado, precisamente através de remissão para aquele Código e para lei especial em que sejam previstos, sem esquecer, como específicos do foro laboral, os autos de conciliação, quando obtidos em audiência, visto nesse caso não carecerem de homologação judicial. Para este particular título, aliás, define-se tramitação idêntica à da execução baseada em sentença de condenação em quantia certa, quando esse seja o seu objecto, assim se assimilando o regime da lei processual civil, incluindo, em variados casos, a exclusão da reclamação de créditos, o que, por maioria de razão, se justifica no foro do trabalho como modo de garantir a satisfação de créditos, cuja natureza reveste, as mais das vezes, carácter alimentício, constituindo também, quase sempre, o único rendimento dos seus titulares, ou seja, os trabalhadores por conta de outrem.

Quanto ao processo especial emergente de acidente de trabalho e de doença profissional e respectivos incidentes, as modificações operadas destinam-se, em primeiro lugar, a regular com maior precisão e apuro técnico e de modo mais completo alguns aspectos da sua peculiar tramitação, nomeadamente quanto ao modo de exercício das funções do Ministério Público, a quem incumbe a direcção da fase conciliatória, e cuja omissão a experiência mostrou ser causadora de embaraços e bloqueios prejudiciais à rápida definição dos direitos e obrigações emergentes de sinistros do trabalho, área em que, mais do que em nenhuma outra, se torna urgente aquela definição, tanto mais que a lei impõe que ela se faça sempre pela via judicial, em homenagem aos valores de interesse e ordem pública envolvidos.

Ainda a este título, dispõe-se de forma a adequar a tramitação às recentes alterações do direito substantivo com implicações neste domínio, designadamente o novo regime jurídico dos acidentes de trabalho e das doenças profissionais, aprovado pela Lei nº 100/97, de 13 de Setembro, e a nova disciplina das perícias médico-legais, consagrada no Decreto-Lei nº 11/98, de 24 de Janeiro, e fazem-se ajustamentos de aspectos regulados por remissão para o processo declarativo comum em função das alterações neste introduzidas, se bem que mantendo e aditando algumas particularidades próprias da sua natureza especial.

Quanto ao processo especial de impugnação de despedimento colectivo, inserem-se as respectivas normas, até aqui constantes de preceitos aditados, no normal desenvolvimento do articulado do Código e introduzem-se esclarecimentos e precisões no respeitante às funções e estatuto dos assessores técnicos, enquanto intervenientes essenciais à formação da convicção do julgador relativamente à decisão a proferir sobre a validade substancial do despedimento.

Para além disso, e no reconhecimento ex lege da complexidade de tais casos, estabelece-se como trâmite necessário a realização de uma audiência preliminar, nos termos e para os efeitos do disposto no artigo 508º-A do Código de Processo Civil, o que, neste foro, constitui excepção plenamente justificada pelo especial melindre e acentuada dificuldade da ingerência judicial no mundo da gestão empresarial, pautado, por sua vez, por critérios necessariamente distintos dos do mundo jurídico, assim se facultando às partes e ao próprio tribunal um espaço privilegiado de diálogo, de informação, de contraditório, de cooperação e de compreensão, susceptível de conduzir a soluções mais consentâneas com os respectivos interesses e legítimas expectativas.

Relativamente aos demais processos especiais regulados no Código, merece ainda particular menção a alteração introduzida no processo especial de impugnação de decisão disciplinar quanto aos poderes do tribunal. Na verdade, e ao contrário do que até aqui sucedia, o tribunal deixa de poder substituir-se à entidade titular do poder disciplinar, cuja decisão constitui o objecto da impugnação, fixando ele próprio a medida disciplinar que considera adequada – o que, pelo menos em certa perspectiva, poderia ser interpretado como a atribuição ao tribunal de funções normativas –, passando, assim, a desempenhar a sua verdadeira função de controlo e garantia da legalidade, ao manter ou anular a respectiva decisão disciplinar.

Quanto ao processo penal, opta-se pela manutenção da respectiva regulação, uma vez que a revisão global das infracções laborais e respectivas sanções, com vista à sua conversão em direito de mera ordenação social, apenas está em curso, não sendo, por ora, previsível quando e em que termos se implantará.

Não obstante, por motivos de pura técnica e de ensinamentos da experiência, estabelecem-se algumas modificações de regime, designadamente tendo em vista adequar a sua tramitação ao regime próprio do processo de transgressão actualmente regulado em diploma autónomo, e que, aliás, passa a figurar como primeiro regime de aplicação subsidiária, só depois surgindo o do Código de Processo Penal, sem prejuízo das suas especialidades, designadamente quanto à circunscrição do recurso da decisão final à matéria de direito, corolário natural da regra da oralidade da audiência também consagrada. Reforça-se igualmente o princípio da não obrigatoriedade da formulação do pedido cível na acção penal, já timidamente consagrado na versão actual. E, na sequência de tal reforço, elimina-se a obrigatoriedade de o Ministério Público formular o pedido cível na acusação ou despacho equivalente relativamente a pessoas cujo patrocínio ou representação lhe incumbisse, o que, implicando a sua prévia audição, desfavoreceria a celeridade, introduzindo delongas incompatíveis com a índole do processo penal, com risco, inclusive, de prescrição do respectivo procedimento; aliás, trata-se de prática que, não obstante o comando legal, vinha caindo em desuso. Do mesmo modo, em coerência com o sobredito princípio, elimina-se o princípio da oficiosidade de fixação de indemnização por perdas e danos, e, em contrapartida, e tendo sempre presente a especial natureza dos interesses em causa e a qualidade dos seus titulares, não tendo o ofendido proposto acção cível, estabelece-se a obrigatoriedade da sua notificação, juntamente com a do despacho que designa dia para julgamento, desde que a respectiva residência seja conhecida no processo, para, querendo, deduzir, por simples requerimento e sem necessidade de patrocínio judiciário, pedido cível respeitante à obrigação cujo incumprimento constitui a infracção.

5. O vulto das alterações introduzidas ao actual Código de Processo do Trabalho e, sobretudo, das modificações na topografia do seu articulado e da respectiva ordenação das matérias aconselha a que o novo diploma tenha a forma de um novo Código, sem prejuízo de, na realidade, nesta subsistirem numerosas disposições do Código aprovado pelo Decreto-Lei nº 272-A/81, de 30 de Setembro.

Visa-se facilitar o seu manuseamento pelos interessados e simplificar a sua utilização.

Eis por que se revoga, na íntegra, o Código em vigor, sem embargo do aproveitamento, por vezes com ligeiras modificações de forma, de preceitos cuja pertinência se considera perfeitamente actual.

Assim:

No uso da autorização legislativa concedida pela Lei nº 42/99, de 9 de Junho, e nos termos das alíneas *a*) e *b*) do nº 1 do artigo 198º da Constituição, o Governo decreta, para valer como lei geral da República, o seguinte:

Artigo 1º

É aprovado o Código de Processo do Trabalho, que faz parte do presente decreto-lei.

Artigo 2º

É revogado o Decreto-Lei nº 272-A/81, de 30 de Setembro.

Artigo 3º

Este diploma entra em vigor em 1 de Janeiro de 2000, sendo apenas aplicável aos processos instaurados a partir dessa data.

Visto e aprovado em Conselho de Ministros de 26 de Agosto de 1999. – *António Manuel de Oliveira Guterres – José Manuel de Matos Fernandes – Eduardo Luís Barreto Ferro Rodrigues.*

Promulgado em 13 de Outubro de 1999.

Publique-se.

O Presidente da República, JORGE SAMPAIO.

Referendado em 21 de Outubro de 1999.

O Primeiro-Ministro, *António Manuel de Oliveira Guterres.*

Código de Processo do Trabalho*

DISPOSIÇÕES FUNDAMENTAIS

Artigo 1º – Âmbito e integração do diploma

1. O processo do trabalho é regulado pelo presente Código.

2. Nos casos omissos recorre-se sucessivamente:

a) À legislação processual comum, civil ou penal, que diretamente os previna;

b) À regulamentação dos casos análogos previstos neste Código;

c) À regulamentação dos casos análogos previstos na legislação processual comum, civil ou penal;

d) Aos princípios gerais do direito processual do trabalho;

e) Aos princípios gerais do direito processual comum.

3. As normas subsidiárias não se aplicam quando forem incompatíveis com a índole do processo regulado neste Código.

LIVRO I
DO PROCESSO CIVIL

TÍTULO I – Da ação

CAPÍTULO I – Capacidade judiciária e legitimidade

Artigo 2º – Capacidade judiciária ativa dos menores

1. Os menores com 16 anos podem estar por si em juízo como autores.

* Texto de acordo com a republicação da Lei nº 107/2019, de 9 de setembro.

2. Os menores que ainda não tenham completado 16 anos são representados pelo Ministério Público quando se verificar que o seu representante legal não acautela judicialmente os seus interesses.

3. Se o menor perfizer os 16 anos na pendência da causa e requerer a sua intervenção direta na ação, cessa a representação.

Artigo 2º-A – Capacidade judiciária das estruturas de representação coletiva dos trabalhadores

As estruturas de representação coletiva dos trabalhadores, ainda que destituídas de personalidade jurídica, gozam de capacidade judiciária ativa e passiva.

Artigo 3º – Litisconsórcio

1. Se o trabalho for prestado por um grupo de pessoas, pode qualquer delas fazer valer a sua quota-parte do interesse, embora este tenha sido coletivamente fixado.

2. Para o efeito do número anterior, o autor deve identificar os demais interessados, que são notificados, antes de ordenada a citação do réu, para, no prazo de 10 dias, intervirem na ação.

3. Os interessados de que não forem conhecidos a residência ou o local de trabalho são notificados editalmente, com dispensa de publicação de anúncios.

4. Sendo a ação intentada por um ou alguns dos trabalhadores, cabe ao Ministério Público a defesa dos interesses dos trabalhadores que não intervierem por si.

Artigo 4º – Anulação e interpretação de cláusulas de convenções coletivas de trabalho

As associações sindicais e as associações de empregadores outorgantes de convenções coletivas de trabalho, bem como os trabalhadores e os empregadores diretamente interessados, são partes legítimas nas ações respeitantes à anulação e interpretação de cláusulas daquelas convenções.

Artigo 5º – Legitimidade de estruturas de representação coletiva dos trabalhadores e de associações de empregadores

1. As associações sindicais e de empregadores são partes legítimas como autoras nas ações relativas a direitos respeitantes aos interesses coletivos que representam.

2. As associações sindicais podem exercer, ainda, o direito de ação, em representação e substituição de trabalhadores que o autorizem:

a) Nas ações respeitantes a medidas tomadas pelo empregador contra trabalhadores que pertençam aos corpos gerentes da associação sindical ou nesta exerçam qualquer cargo;

b) Nas ações respeitantes a medidas tomadas pelo empregador contra os seus associados que sejam representantes eleitos dos trabalhadores;

c) Nas ações respeitantes à violação, com carácter de generalidade, de direitos individuais de idêntica natureza de trabalhadores seus associados.

3. Para efeito do número anterior, presume-se a autorização do trabalhador a quem a associação sindical tenha comunicado por escrito a intenção de exercer o direito de ação em sua representação e substituição, com indicação do respetivo objeto, se o trabalhador nada declarar em contrário, por escrito, no prazo de 15 dias.

4. Verificando-se o exercício do direito de ação nos termos do nº 2, o trabalhador só pode intervir no processo como assistente.

5. Nas ações em que estejam em causa interesses individuais dos trabalhadores ou dos empregadores, as respetivas associações podem intervir como assistentes dos seus associados, desde que exista da parte dos interessados declaração escrita de aceitação da intervenção.

6. As estruturas de representação coletiva dos trabalhadores são parte legítima como autor nas ações em que estejam em causa a qualificação de informações como confidenciais ou a recusa de prestação de informação ou de realização de consultas por parte do empregador.

Artigo 5º-A – Legitimidade do Ministério Público

O Ministério Público tem legitimidade ativa nas seguintes ações e procedimentos:

a) Ações relativas ao controlo da legalidade da constituição e dos estatutos de associações sindicais, associações de empregadores e comissões de trabalhadores;

b) Ações de anulação e interpretação de cláusulas de convenções coletivas de trabalho nos termos do Código do Trabalho;

c) Ações de reconhecimento da existência de contrato de trabalho e procedimentos cautelares de suspensão de despedimento regulados no artigo 186º-S.

CAPÍTULO II – Representação e patrocínio judiciário

Artigo 6º – Representação pelo Ministério Público

São representados pelo Ministério Público o Estado e as demais pessoas e entidades previstas na lei.

Artigo 7º – Patrocínio pelo Ministério Público

Sem prejuízo do regime do apoio judiciário, quando a lei o determine ou as partes o solicitem, o Ministério Público exerce o patrocínio:

a) Dos trabalhadores e seus familiares;

b) Dos hospitais e das instituições de assistência, nas ações referidas na alínea *d*) do nº 1 do artigo 126º da Lei nº 62/2013, de 26 de agosto, e nas correspondentes execuções, desde que estes não possuam serviços de contencioso;

c) Das pessoas que, por determinação do tribunal, houverem prestado os serviços ou efetuado os fornecimentos a que se refere a alínea *d*) do nº 1 do artigo 126º da Lei nº 62/2013, de 26 de agosto.

Artigo 8º – Recusa do patrocínio

1. O Ministério Público deve recusar o patrocínio a pretensões que repute infundadas ou manifestamente injustas e pode recusá-lo quando verifique a possibilidade de o autor recorrer aos serviços do contencioso da associação sindical que o represente.

2. Quando o Ministério Público recusar o patrocínio nos termos do número anterior, deve notificar imediatamente o interessado de que pode reclamar, dentro de 15 dias, para o imediato superior hierárquico.

3. Os prazos de propositura da ação e de prescrição não correm entre a notificação a que se refere o número anterior e a notificação da decisão que vier a ser proferida sobre a reclamação.

Artigo 9º – Cessação da representação e do patrocínio oficioso

Constituído mandatário judicial, cessa a representação ou o patrocínio oficioso que estiver a ser exercido, sem prejuízo da intervenção acessória do Ministério Público.

TÍTULO II – Competência

CAPÍTULO I – Competência internacional

Artigo 10º – Competência internacional dos juízos do trabalho

1. Na competência internacional dos juízos do trabalho estão incluídos os casos em que a ação pode ser proposta em Portugal, segundo as regras de competência territorial estabelecidas neste Código, ou em que os factos que integram a causa de pedir na ação tenham sido praticados, no todo ou em parte, em território português.

2. Incluem-se, igualmente, na competência internacional dos juízos do trabalho:

a) Os casos de destacamento para outros Estados de trabalhadores contratados por empresas estabelecidas em Portugal;

b) As questões relativas a conselhos de empresas europeus e procedimentos de informação e consulta em que a administração do grupo esteja sediada em Portugal ou que respeita a empresa do grupo sediada em Portugal.

Artigo 11º – Pactos privativos de jurisdição

Não podem ser invocados perante tribunais portugueses os pactos ou cláusulas que lhes retirem competência internacional atribuída ou reconhecida pela lei portuguesa, salvo se outra for a solução estabelecida em convenções internacionais.

CAPÍTULO II – Competência interna

SECÇÃO I – Competência em razão da hierarquia

Artigo 12º – Competência dos juízos do trabalho como instância de recurso

Os juízos do trabalho funcionam como instância de recurso nos casos previstos na lei.

SECÇÃO II – Competência territorial

Artigo 13º – Regra geral

1. As ações devem ser propostas no juízo do trabalho do domicílio do réu, sem prejuízo do disposto nos artigos seguintes.

2. As entidades empregadoras ou seguradoras, bem como as instituições de previdência, consideram-se também domiciliadas no lugar onde tenham sucursal, agência, filial, delegação ou representação.

Artigo 14º – Ações emergentes de contrato de trabalho

1. As ações emergentes de contrato de trabalho intentadas por trabalhador contra a entidade empregadora podem ser propostas no juízo do trabalho do lugar da prestação de trabalho ou do domicílio do autor.

2. Em caso de coligação de autores é competente o juízo do trabalho do lugar da prestação de trabalho ou do domicílio de qualquer deles.

3. Sendo o trabalho prestado em mais de um lugar, podem as ações referidas no nº 1 ser intentadas no juízo do trabalho de qualquer desses lugares.

Artigo 15º – Ações emergentes de acidentes de trabalho ou de doença profissional

1. As ações emergentes de acidentes de trabalho e de doença profissional devem ser propostas no juízo do trabalho do lugar onde o acidente ocorreu ou onde o doente trabalhou pela última vez em serviço suscetível de originar a doença.

2. Se o acidente ocorrer no estrangeiro, a ação deve ser proposta em Portugal, no juízo do trabalho do domicílio do sinistrado.

3. As participações exigidas por lei devem ser dirigidas ao juízo do trabalho a que se referem os números anteriores.

4. É também competente o juízo do trabalho do domicílio do sinistrado, doente ou beneficiário se ele o requerer até à fase contenciosa do processo ou se aí tiver apresentado a participação.

5. No caso de uma pluralidade de beneficiários exercer a faculdade prevista no número anterior, é territorialmente competente o juízo do trabalho da área de residência do maior número deles ou, em caso de ser igual o número de requerentes, o juízo do trabalho da área de residência do primeiro a requerer.

6. Se o sinistrado, doente ou beneficiário for inscrito marítimo ou tripulante de qualquer aeronave e o acidente ocorrer em viagem ou durante ela se verificar a doença, é ainda competente o juízo do trabalho da primeira localidade em território nacional a que chegar o barco ou aeronave ou o da sua matrícula.

Artigo 16º – Ações emergentes de despedimento coletivo

1. Em caso de despedimento coletivo, os procedimentos cautelares de suspensão e as ações de impugnação devem ser propostos no juízo do trabalho do lugar onde se situa o estabelecimento da prestação de trabalho.

2. No caso de o despedimento abranger trabalhadores de diversos estabelecimentos, é competente o juízo do trabalho do lugar onde se situa o estabelecimento com maior número de trabalhadores despedidos.

Artigo 17º – Processamento por apenso

As ações a que se referem as alíneas *d*) e *e*) do nº 1 do artigo 126º da Lei nº 62/2013, de 26 de agosto, são propostas no juízo do trabalho que for competente para a causa a que respeitarem e correm por apenso ao processo, se o houver.

Artigo 18º – Ações de liquidação e partilha de bens de instituições de previdência, de associações sindicais, de associações de empregadores ou de comissões de trabalhadores e outras em que sejam requeridas essas instituições, associações ou comissões

1. Nas ações de liquidação e partilha de bens de instituições de previdência, de associações sindicais, de associações de empregadores ou de comissões de trabalhadores ou noutras em que seja requerida uma dessas instituições, associações ou comissões, é competente o juízo do trabalho da respetiva sede.

2. Se a ação se destinar a declarar um direito ou a efetivar uma obrigação da instituição ou associação para com o beneficiário ou sócio, é também competente o juízo do trabalho do domicílio do autor.

Artigo 19º – Nulidade dos pactos de desaforamento e conhecimento oficioso da incompetência em razão do território

1. São nulos os pactos ou cláusulas pelos quais se pretenda excluir a competência territorial atribuída pelos artigos anteriores.

2. A incompetência em razão do território deve ser conhecida oficiosamente pelo tribunal, observando-se, quanto ao mais, o regime estabelecido nos artigos 102º a 108º do Código de Processo Civil, com as necessárias adaptações.

Artigo 19º-A – Competência na falta de juízo do trabalho

Sempre que as regras previstas no presente Código remetam para área não inserida no âmbito da competência territorial de qualquer juízo do trabalho, o juízo competente é determinado de acordo com o disposto na Lei nº 62/2013, de 26 de agosto, e no Decreto-lei nº 49/2014, de 27 de março, que procede à regulamentação desta.

CAPÍTULO III – Extensão da competência

Artigo 20º – Questões prejudiciais

O disposto no artigo 92º do Código de Processo Civil é aplicável às questões de natureza civil, comercial, criminal ou administrativa, excetuadas as questões sobre o estado das pessoas em que a sentença a proferir seja constitutiva.

TÍTULO III – Processo

CAPÍTULO I – Distribuição

Artigo 21º – Espécies

Na distribuição há as seguintes espécies:

1ª Ações de processo comum;

2ª Ações de impugnação judicial da regularidade e licitude do despedimento;

3ª Processos emergentes de acidentes de trabalho;

4ª Processos emergentes de doenças profissionais;

5ª Ações de impugnação de despedimento coletivo;

6ª Ações para cobrança de dívidas resultantes da prestação de serviços de saúde ou de quaisquer outros que sejam da competência dos juízos do trabalho;

7ª Procedimentos cautelares;

8ª Processos especiais do contencioso das instituições de previdência;

9ª Controvérsias de natureza sindical sem carácter penal;

10ª Execuções não fundadas em sentença;

11ª Outras cartas precatórias ou rogatórias que não sejam para simples notificação ou citação;

12ª Outros processos especiais previstos neste Código;

13ª Quaisquer outros papéis ou processos não classificados.

Artigo 22º – Apresentação de papéis ao Ministério Público

As participações e os demais papéis que se destinam a servir de base a processos das espécies 3ª e 4ª são apresentados obrigatoriamente ao Ministério Público, que, em caso de urgência, deve ordenar as diligências convenientes.

CAPÍTULO II – Citações e notificações

Artigo 23º – Regra geral

Às citações e notificações aplicam-se as regras estabelecidas no Código de Processo Civil, com as especialidades constantes dos artigos seguintes.

Artigo 24º – Notificação da decisão final

1. A decisão final é notificada às partes e aos respetivos mandatários.

2. Nos casos de representação ou patrocínio oficioso, a notificação é feita simultaneamente ao representado ou patrocinado e ao representante ou patrono oficioso, independentemente de despacho.

3. (*Revogado*).

4. Os prazos para apresentação de quaisquer requerimentos contam-se a partir da notificação ao mandatário, representante ou patrono oficioso.

Artigo 25º – Citações, notificações e outras diligências em juízo do trabalho alheio

1. As citações e notificações que não devam ser feitas por via postal nem por mandatário judicial, bem como as diligências que, no critério do juiz da causa, não exijam conhecimentos especializados, são solicitadas:

a) Ao juízo do trabalho territorialmente competente na área em que tenham de ser efetuadas;

b) A qualquer juízo territorialmente competente, se a área em que tenham de ser efetuadas não for abrangida pela competência de um juízo do trabalho.

2. As diligências que exijam conhecimentos especializados são solicitadas, salvo disposição em contrário:

a) Ao juízo do trabalho territorialmente competente na área em que tenham de ser efetuadas;

b) Ao juízo competente para conhecer de questões do foro laboral na área em que tenham de ser efetuadas, se a mesma não for abrangida pela competência de um juízo do trabalho.

3. Quando exista mais de um juízo do trabalho na mesma comarca, a respetiva competência, para efeito do disposto no nº 1, determina-se de acordo com a área de jurisdição dentro dessa comarca.

CAPÍTULO III – Instância

Artigo 26º – Processos com natureza urgente e oficiosa

1. Têm natureza urgente:

a) A ação de impugnação da regularidade e licitude do despedimento;

b) A ação em que esteja em causa o despedimento de membro de estrutura de representação coletiva dos trabalhadores;

c) A ação em que esteja em causa o despedimento de trabalhadora grávida, puérpera ou lactante ou trabalhador no gozo de licença parental;

d) A ação de impugnação de despedimento coletivo;

e) As ações emergentes de acidente de trabalho e de doença profissional;

f) A ação de impugnação da confidencialidade de informações ou da recusa da sua prestação ou da realização de consultas;

g) A ação de tutela da personalidade do trabalhador;

h) As ações relativas à igualdade e não discriminação em função do sexo;

i) A ação de reconhecimento da existência de contrato de trabalho.

2. Sem prejuízo do disposto no nº 2 do artigo 137º do Código de Processo Civil, os atos a praticar nas ações referidas nas alíneas *f*), *g*) e *h*) do número anterior apenas têm lugar em férias judiciais quando, em despacho fundamentado, tal for determinado pelo juiz.

3. As ações a que se refere a alínea *e*) do nº 1 correm oficiosamente.

4. Na ação emergente de acidente de trabalho, a instância inicia-se com o recebimento da participação.

5. Na ação de impugnação da regularidade e licitude do despedimento, a instância inicia-se com o recebimento do requerimento a que se refere o nº 2 do artigo 387º do Código do Trabalho.

6. Na ação de reconhecimento da existência de contrato de trabalho, a instância inicia-se com o recebimento da participação.

Artigo 27º – Dever de gestão processual

1. Cumpre ao juiz, sem prejuízo do ónus de impulso especialmente imposto pela lei às partes, dirigir ativamente o processo e providenciar pelo seu andamento célere, promovendo oficiosamente as diligências necessárias ao normal prosseguimento da ação, recusando o que for impertinente ou meramente dilatório e, ouvidas as partes, adotando mecanismos de simplificação e agilização processual que garantam a justa composição do litígio em prazo razoável.

2. O juiz deve, até à audiência final:

a) Mandar intervir na ação qualquer pessoa e determinar a realização dos atos necessários ao suprimento da falta de pressupostos processuais suscetíveis de sanação;

b) Convidar as partes a completar e a corrigir os articulados, quando no decurso do processo reconheça que deixaram de ser articulados factos que podem interessar à decisão da causa, sem prejuízo de tais factos ficarem sujeitos às regras gerais sobre contraditoriedade e prova.

Artigo 27º-A – Mediação

Ao processo de trabalho aplicam-se, com as necessárias adaptações, os artigos relativos à mediação previstos no Código de Processo Civil.

Artigo 28º – Cumulação sucessiva de pedidos e de causas de pedir

1. É permitido ao autor aditar novos pedidos e causas de pedir, nos termos dos números seguintes.

2. Se, até à audiência final, ocorrerem factos que permitam ao autor deduzir contra o réu novos pedidos, pode ser aditada a petição inicial, desde que a todos os pedidos corresponda a mesma forma de processo.

3. O autor pode ainda deduzir contra o réu novos pedidos, nos termos do número anterior, embora esses pedidos se reportem a factos ocorridos antes da propositura da ação, desde que justifique a sua não inclusão na petição inicial.

4. Nos casos previstos nos números anteriores, o réu é notificado para contestar tanto a matéria do aditamento como a sua admissibilidade.

Artigo 29º – Modificações subjetivas da instância

1. A instância não pode ser modificada por sucessão entre vivos da parte trabalhadora.

2. Só é reconhecida no processo, quanto à transmissão entre vivos do direito litigioso contra o trabalhador, a substituição resultante de transmissão global do estabelecimento; a substituição não necessita de acordo da parte contrária.

Artigo 30º – Reconvenção

1. Sem prejuízo do disposto no nº 3 do artigo 98º-L, a reconvenção é admissível quando o pedido do réu emerge do facto jurídico que serve de fundamento à ação e nos casos referidos na alínea *o*) do nº 1 do artigo 126º da Lei nº 62/2013, de 26 de agosto, desde que, em qualquer dos casos, o valor da causa exceda a alçada do tribunal.

2. Não é admissível a reconvenção quando ao pedido do réu corresponda espécie de processo diferente da que corresponde ao pedido do autor.

Artigo 31º – Apensação de ações

1. A apensação de ações nos termos do artigo 267º do Código de Processo Civil pode também ser ordenada oficiosamente ou requerida pelo Ministério Público, ainda que este não represente ou patrocine qualquer das partes.

2. A apensação de ações emergentes de despedimento coletivo é obrigatória até ao despacho saneador, sendo ordenada oficiosamente logo que conhecida a sua existência.

3. Para o efeito dos números anteriores, a secretaria deve informar os magistrados das ações que se encontrem em condições de ser apensadas.

CAPÍTULO IV – Dos procedimentos cautelares

SECÇÃO I – Procedimento cautelar comum

Artigo 32º – Procedimento

1. Aos procedimentos cautelares aplica-se o regime estabelecido no Código de Processo Civil para o procedimento cautelar comum, incluindo no que respeita à inversão do contencioso prevista nesse diploma, com as seguintes especialidades:

a) Recebido o requerimento inicial, é designado dia para a audiência final;

b) Sempre que seja admissível oposição do requerido, esta é apresentada até ao início da audiência final;

c) A decisão é sucintamente fundamentada, regendo-se a sua gravação e transcrição para a ata pelo disposto no artigo 155º do Código de Processo Civil.

2. Nos casos de admissibilidade de oposição, as partes são advertidas para comparecer pessoalmente ou, em caso de justificada impossibilidade de comparência, fazer-se representar por mandatário com poderes especiais para confessar, desistir ou transigir, na audiência final, na qual se procederá à tentativa de conciliação.

3. Sempre que as partes se fizerem representar nos termos do número anterior, o mandatário deve informar-se previamente sobre os termos em que o mandante aceita a conciliação.

4. A falta de comparência de qualquer das partes ou dos seus mandatários não é motivo de adiamento.

Artigo 33º – Aplicação subsidiária

1. O disposto no artigo anterior é aplicável aos procedimentos cautelares previstos na secção seguinte em tudo quanto nesta se não encontre especialmente regulado.

2. Sem prejuízo do disposto no número seguinte, o regime de inversão do contencioso estabelecido no Código de Processo Civil é aplicável, com as necessárias adaptações e com as especialidades previstas no presente Código, às providências cautelares reguladas na secção seguinte.

3. O regime de inversão do contencioso não é aplicável à providência cautelar de suspensão do despedimento quando for requerida a impugnação da regularidade e licitude do despedimento, nos termos do nº 5 do artigo 34º e do artigo 98º-C.

(Redação dada pela Lei nº 13/2023, de 03-04)

SECÇÃO II – Procedimentos cautelares especificados

SUBSECÇÃO I – Suspensão de despedimento

Artigo 33º-A – Âmbito

O procedimento cautelar de suspensão de despedimento regulado na presente subsecção é aplicável a qualquer modalidade de despedimento por iniciativa do empregador, seja individual, seja coletivo, e independentemente do modo ou da forma da comunicação ao trabalhador da decisão de despedimento.

Artigo 33º-B – Intervenção do Ministério Público

1. Após a receção da participação prevista no nº 4 do artigo 11º do Decreto-Lei nº 102/2000, de 2 de junho, que aprova o Estatuto da Inspecção-Geral do Trabalho, o Ministério Público dispõe de 20 dias para instaurar o procedimento cautelar de suspensão de despedimento.

2. No requerimento inicial, o Ministério Público expõe sucintamente a pretensão e os respetivos fundamentos, devendo juntar todos os elementos de prova recolhidos até ao momento.

(Aditado pela Lei nº 13/2023, de 03-04)

Artigo 34º – Requerimento

1. Apresentado o requerimento inicial no prazo previsto no artigo 386º do Código do Trabalho ou no artigo 33º-B, o juiz ordena a citação do requerido para se opor, querendo, e designa no mesmo ato data para a audiência final, que deve realizar-se no prazo de 15 dias.

2. O duplicado da petição inicial é remetido ao trabalhador simultaneamente com a notificação da data da audiência final, com a expressa advertência de que pode, no prazo de cinco dias, aderir aos factos apresentados pelo Ministério Público, apresentar articulado próprio e constituir mandatário.

3. Se for invocado despedimento precedido de procedimento disciplinar, o juiz, no despacho referido no número anterior, ordena a notificação do requerido para, no prazo da oposição, juntar o procedimento, que é apensado aos autos.

4. Nos casos de despedimento coletivo, por extinção de posto de trabalho e por inadaptação, o juiz ordena a notificação do requerido para, no prazo da oposição, juntar aos autos os documentos comprovativos do cumprimento das formalidades exigidas.

5. A impugnação judicial da regularidade e licitude do despedimento deve ser requerida no requerimento inicial, caso não tenha ainda sido apresentado o formulário referido no artigo 98º-C, sob pena de extinção do procedimento cautelar.

(Redação dada pela Lei nº 13/2023, de 03-04)

Artigo 35º – Meios de prova

1. As partes podem apresentar qualquer meio de prova, sendo limitado a três o número de testemunhas por parte.

2. O tribunal pode, oficiosamente ou a requerimento fundamentado das partes, determinar a produção de quaisquer provas que considere indispensáveis à decisão.

Artigo 36º – Audiência final

1. As partes devem comparecer pessoalmente na audiência final ou, em caso de justificada impossibilidade de comparência, fazer-se representar por mandatário com poderes especiais para confessar, desistir ou transigir.

2. Na audiência, o juiz tenta a conciliação e, se esta não resultar, ouve as partes e ordena a produção da prova a que houver lugar, proferindo, de seguida, a decisão.

3. Se a complexidade da causa o justificar, a decisão pode ser proferida no prazo de 8 dias, se não tiverem decorrido mais de 30 dias a contar da entrada do requerimento inicial.

4. Requerida a impugnação judicial da regularidade e licitude do despedimento, aplica-se o disposto no nº 3 do artigo 98º-F, sendo dispensada a tentativa de conciliação referida no nº 2 do presente artigo.

Artigo 36º-A – Articulação entre o procedimento cautelar e a ação de impugnação judicial da regularidade e licitude do despedimento

Sempre que a audiência final do procedimento cautelar ocorra em simultâneo com a audiência de partes prevista no artigo 98º-I:

a) É elaborada uma ata documentando, em sequência, os atos próprios da audiência de partes e da audiência final do procedimento cautelar;

b) Finda a audiência, é extraída certidão do requerimento inicial e da ata referida na alínea anterior e autuada como ação de impugnação judicial da regularidade e licitude do despedimento;

c) A ação referida na alínea anterior prossegue os ulteriores termos por dependência do procedimento cautelar em cujo requerimento inicial foi originariamente formulado o respetivo pedido, nos termos do nº 5 do artigo 34º

(Redação dada pela Lei nº 13/2023, de 03-04)

Artigo 37º – Falta de comparência das partes

1. Na falta de comparência injustificada do requerente, ou de ambas as partes, sem que se tenham feito representar por mandatário com poderes especiais, a providência é logo indeferida.

2. Se o requerido não comparecer nem justificar a falta no próprio ato, ou não se fizer representar por mandatário com poderes especiais, a providência é julgada procedente, salvo se tiver havido cumprimento do disposto nos nºs 3 e 4 do artigo 34º, caso em que o juiz decide com base nos elementos constantes dos autos e na prova que oficiosamente determinar.

3. Se alguma ou ambas as partes faltarem justificadamente e não se fizerem representar por mandatário com poderes especiais, o juiz decide nos termos da segunda parte do número anterior.

(Redação dada pela Lei nº 13/2023, de 03-04)

Artigo 38º – Falta de apresentação do procedimento disciplinar ou dos documentos comprovativos do cumprimento das formalidades exigidas

1. Se o requerido não cumprir injustificadamente o disposto nos nºs 3 e 4 do artigo 34º, a providência é decretada.

2. Se o não cumprimento for justificado até ao termo do prazo da oposição, o juiz decide com base nos elementos constantes dos autos e na prova que oficiosamente determinar.

(Redação dada pela Lei nº 13/2023, de 03-04)

Artigo 39º – Decisão final

1. A suspensão é decretada se o tribunal, ponderadas todas as circunstâncias relevantes, concluir pela probabilidade séria de ilicitude do despedimento, designadamente quando o juiz conclua:

a) Pela provável inexistência de procedimento disciplinar ou pela sua provável invalidade;

b) Pela provável inexistência de justa causa; ou

c) Nos casos de despedimento coletivo, de despedimento por extinção de posto de trabalho ou de despedimento por inadaptação, pela provável verificação de qualquer dos fundamentos de ilicitude previstos no artigo 381º do Código do Trabalho ou, ainda, pela provável inobservância de qualquer formalidade prevista nas normas referidas, respetivamente, no artigo 383º, no artigo 384º ou no artigo 385º do Código do Trabalho.

2. A decisão sobre a suspensão tem força executiva relativamente às retribuições em dívida, devendo o empregador, até ao último dia de cada mês subsequente à decisão, juntar documento comprovativo do seu pagamento.

3. A execução, com trato sucessivo, segue os termos do artigo 90º, com as necessárias adaptações.

Artigo 40º – Recurso

1. Da decisão final cabe sempre recurso de apelação para a Relação.

2. A decisão que decretar a inversão do contencioso só é recorrível em conjunto com o recurso da decisão sobre a providência requerida; a decisão que indeferir a inversão do contencioso é irrecorrível.

3. O recurso previsto nos números anteriores tem efeito meramente devolutivo, mas ao recurso da decisão que decretar a providência é atribuído efeito suspensivo se, no ato de interposição, o recorrente depositar no tribunal a quantia correspondente a seis meses de retribuição do recorrido, acrescida das correspondentes contribuições para a segurança social.

4. Enquanto subsistir a situação de desemprego pode o trabalhador requerer ao tribunal, por força do depósito, o pagamento da retribuição a que normalmente teria direito.

Artigo 40º-A – Caducidade da providência

1. Salvo se tiver sido decretada a inversão do contencioso, o procedimento cautelar extingue-se e, quando decretada, a providência caduca:

a) Se o trabalhador não propuser a ação de impugnação do despedimento individual ou coletivo da qual a providência depende dentro de 30 dias, contados da data em que lhe tiver sido notificado o trânsito em julgado da decisão que a haja ordenado;

b) Nos demais casos previstos no Código de Processo Civil que não sejam incompatíveis com a natureza do processo do trabalho.

2. O disposto na alínea *a*) do número anterior não é aplicável quando for requerida a impugnação da regularidade e licitude do despedimento, nos termos do nº 5 do artigo 34º e do artigo 98º-C.

(Redação dada pela Lei nº 13/2023, de 03-04)

SUBSECÇÃO II – Suspensão de despedimento coletivo

Artigo 41º – Requerimento e resposta

(*Revogado*).

Artigo 42º – Decisão final

(*Revogado*).

Artigo 43º – Disposições aplicáveis

(*Revogado*).

SUBSECÇÃO III – Proteção da segurança e saúde no trabalho

Artigo 44º – Âmbito e legitimidade

1. Sempre que as instalações, os locais ou os processos de trabalho se revelem suscetíveis de pôr em perigo, sério e iminente, a segurança ou a saúde dos trabalhadores, para além do risco inerente à perigosidade do trabalho a prestar, podem estes, individual ou coletivamente, bem como os seus representantes, requerer ao tribunal as providências que, em função da gravidade da situação e das demais circunstâncias do caso, se mostrem adequadas a prevenir ou a afastar aquele perigo.

2. O requerimento das providências a que se refere o número anterior não prejudica o dever de atuação de quaisquer outras autoridades competentes.

Artigo 45º – Exame

1. Apresentado o requerimento, o juiz pode determinar a realização, pela entidade com competência inspetiva em matéria laboral, de exame sumário às instalações, locais e processos de trabalho, com vista à deteção dos perigos alegados pelo requerente.

2. O relatório do exame a que se refere o número anterior deve ser apresentado em prazo a fixar pelo juiz, não superior a 10 dias.

Artigo 46º – Deferimento das providências

1. Produzidas as provas que forem julgadas necessárias, o juiz ordena as providências adequadas se adquirir a convicção de que, sem elas, o perigo invocado ocorrerá ou subsistirá.

2. O decretamento das providências não prejudica a responsabilidade civil, criminal ou contraordenacional que ao caso couber, nos termos da lei.

SUBSECÇÃO IV – Disposição final

Artigo 47º – Regime especial

Os procedimentos cautelares especificados regulados no Código de Processo Civil que forem aplicáveis ao foro laboral seguem o regime estabelecido nesse Código.

CAPÍTULO V – Espécies e formas de processo

Artigo 48º – Espécies de processos

1. O processo é declarativo ou executivo.

2. O processo declarativo pode ser comum ou especial.

3. O processo especial aplica-se nos casos expressamente previstos na lei; o processo comum é aplicável nos casos a que não corresponda processo especial.

Artigo 49º – Processo declarativo comum

1. O processo declarativo comum segue a tramitação estabelecida nos artigos 54º e seguintes.

2. Nos casos omissos, e sem prejuízo do disposto no artigo 1º, aplicam-se subsidiariamente as disposições do Código de Processo Civil sobre o processo comum de declaração.

3. O juiz pode abster-se de proferir o despacho previsto no artigo 596º do Código de Processo Civil, sempre que a enunciação dos temas da prova se revestir de simplicidade.

Artigo 50º – Formas de processo executivo

O processo executivo tem as formas previstas no Código de Processo Civil.

TÍTULO IV – Processo comum de declaração

CAPÍTULO I – Tentativa de conciliação

Artigo 51º – Tentativa de conciliação

1. A tentativa de conciliação realiza-se obrigatoriamente quando prescrita neste Código.

2. A tentativa de conciliação é presidida pelo juiz e destina-se a pôr termo ao litígio mediante acordo equitativo, devendo o juiz empenhar-se ativamente na obtenção da solução mais adequada aos termos do litígio.

Artigo 52º – Desnecessidade de homologação

1. A desistência, a confissão ou a transação efetuadas na audiência de conciliação não carecem de homologação para produzir efeitos de caso julgado.

2. O juiz deve certificar-se da capacidade das partes e da legalidade do resultado da conciliação, que expressamente fará constar do auto.

Artigo 53º – Elementos do auto de tentativa de conciliação

1. O auto de conciliação deve conter pormenorizadamente os termos do acordo no que diz respeito a prestações, respetivos prazos e lugares de cumprimento.

2. Se houver cumulação de pedidos, o acordo discriminará os pedidos por ele abrangidos.

3. Frustrando-se, total ou parcialmente, a conciliação, ficam consignados no respetivo auto os fundamentos que, no entendimento das partes, justificam a persistência do litígio.

CAPÍTULO II – Articulados

Artigo 54º – Despacho liminar

1. Recebida a petição, se o juiz nela verificar deficiências ou obscuridades, deve convidar o autor a completá-la ou esclarecê-la, sem prejuízo do seu indeferimento nos termos do disposto no nº 1 do artigo 590º do Código de Processo Civil.

2. Estando a ação em condições de prosseguir, o juiz designa uma audiência de partes, a realizar no prazo de 15 dias.

3. O autor é notificado e o réu é citado para comparecerem pessoalmente ou, em caso de justificada impossibilidade de comparência, se fazerem representar por mandatário judicial com poderes especiais para confessar, desistir ou transigir.

4. Com a citação é remetido ou entregue ao réu duplicado da petição inicial e cópia dos documentos que a acompanhem.

5. Se a falta à audiência for julgada injustificada, o faltoso fica sujeito às sanções previstas no Código de Processo Civil para a litigância de má-fé.

Artigo 55º – Audiência de partes

1. Declarada aberta a audiência, o autor expõe sucintamente os fundamentos de facto e de direito da sua pretensão.

2. Após a resposta do réu, o juiz procurará conciliar as partes, nos termos e para os efeitos dos artigos 51º a 53º.

Artigo 56º – Outros atos da audiência

Frustrada a conciliação, a audiência prossegue, devendo o juiz:

a) Ordenar a notificação imediata do réu para contestar no prazo de 10 dias;

b) Determinar a prática dos atos que melhor se ajustem ao fim do processo, bem como as necessárias adaptações, depois de ouvidas as partes presentes;

c) Fixar a data da audiência final, com observância do disposto no artigo 151º do Código de Processo Civil.

Artigo 57º – Efeitos da revelia

1. Se o réu não contestar, tendo sido ou devendo considerar-se regularmente citado na sua própria pessoa, ou tendo juntado procuração a mandatário judicial no prazo da contestação, consideram-se confessados os factos articulados pelo autor e é logo proferida sentença a julgar a causa conforme for de direito.

2. Se a causa se revestir de manifesta simplicidade, a sentença pode limitar-se à parte decisória, precedida da identificação das partes e da fundamentação sumária do julgado; se os factos confessados conduzirem à procedência da ação, a fundamentação pode ser feita mediante simples adesão ao alegado pelo autor.

Artigo 58º – Prorrogação do prazo para contestar

1. Quando o Ministério Público patrocine um trabalhador, réu na ação, deve, dentro do prazo inicial para oferecimento da contestação, declarar no processo que assumiu esse patrocínio, contando-se o prazo para contestar a partir dessa declaração.

2. Verificado o circunstancialismo previsto nos nºs 4 e 5 do artigo 569º do Código de Processo Civil, pode ser prorrogado, até 10 dias, o prazo para apresentar a contestação.

Artigo 59º – Notificação do oferecimento da contestação

1. A apresentação da contestação é notificada ao autor.

2. Havendo lugar a várias contestações, a notificação tem lugar depois de apresentada a última ou de haver decorrido o prazo para o seu oferecimento.

Artigo 60º – Resposta à contestação e articulados supervenientes

1. Se o valor da causa exceder a alçada do tribunal e tiver havido reconvenção, pode o autor responder à respetiva matéria no prazo de 15 dias.

2. Independentemente do valor da causa, pode, igualmente, o autor responder à contestação, no prazo de 10 dias, se o réu tiver usado da faculdade prevista no nº 4 do artigo 398º do Código do Trabalho.

3. Não havendo reconvenção, nem se verificando o disposto no número anterior, só são admitidos articulados supervenientes nos termos do artigo 588º do Código de Processo Civil ou para os efeitos do artigo 28º do presente Código.

4. A falta de resposta à reconvenção tem o efeito previsto no artigo 574º do Código de Processo Civil.

5. Às exceções deduzidas no último articulado admissível pode a parte contrária responder na audiência prévia ou, não havendo lugar a ela, no início da audiência final.

Artigo 60º-A – Oposição à reintegração do trabalhador

1. A oposição à reintegração do trabalhador deve ser deduzida na contestação, salvo se o trabalhador tiver optado pela indemnização na petição inicial.

2. Tendo havido oposição à reintegração, o autor pode sempre responder à contestação no prazo de 10 dias.

CAPÍTULO III – Gestão inicial do processo e audiência prévia

Artigo 61º – Suprimento de exceções dilatórias e convite ao aperfeiçoamento dos articulados

1. Findos os articulados, o juiz profere, sendo caso disso, despacho pré-saneador nos termos e para os efeitos dos nºs 2 a 7 do artigo 590º do Código de Processo Civil, sem prejuízo do disposto no artigo 27º do presente Código.

2. Se o processo já contiver os elementos necessários e a simplicidade da causa o permitir, pode o juiz, sem prejuízo do disposto nos nºs 3 e 4 do artigo 3º do Código de Processo Civil, julgar logo procedente alguma exceção dilatória ou nulidade que lhe cumpra conhecer, ou decidir do mérito da causa.

Artigo 62º – Audiência prévia

1. Concluídas as diligências resultantes do preceituado no nº 1 do artigo anterior, se a elas houver lugar, é convocada uma audiência prévia quando a complexidade da causa o justifique.

2. A audiência prévia deve realizar-se no prazo de 20 dias, sendo-lhe aplicável o disposto no artigo 591º do Código de Processo Civil, sem prejuízo do preceituado no nº 3 do artigo 49º do presente Código.

3. Havendo lugar a audiência prévia, fica sem efeito a data anteriormente designada para a audiência final.

CAPÍTULO IV – Instrução

Artigo 63º – Indicação das provas

1. Com os articulados, devem as partes juntar os documentos, apresentar o rol de testemunhas e requerer quaisquer outras provas.

2. O rol de testemunhas pode ser alterado ou aditado até 20 dias antes da data em que se realize a audiência final, sendo a parte contrária notificada para usar, querendo, de igual faculdade no prazo de 5 dias.

Artigo 64º – Limite do número de testemunhas

1. As partes não podem oferecer mais de 10 testemunhas para prova dos fundamentos da ação e da defesa; nas ações de valor não superior à alçada do tribunal de primeira instância o limite do número de testemunhas é reduzido para metade.

2. No caso de reconvenção, as partes podem oferecer ainda 10 testemunhas para prova dos seus fundamentos e respetiva defesa.

Artigo 65º – Limite do número de testemunhas por cada facto

(*Revogado*).

Artigo 66º – Notificação das testemunhas

1. As testemunhas são notificadas para comparecer na audiência final ou para serem inquiridas por meio de equipamento tecnológico que permita a comunicação, por meio visual e sonoro, em tempo real, salvo no caso previsto no nº 2 do artigo 63º ou se a parte se comprometer a apresentá-las.

2. As testemunhas em processo judicial cuja causa de pedir seja a prática de assédio são notificadas pelo tribunal.

Artigo 67º – Inquirição de testemunhas

1. As testemunhas residentes na área de competência territorial do juízo da causa depõem presencialmente na audiência final, salvo o disposto no número seguinte.

2. São ouvidas por meio de equipamento tecnológico que permita a comunicação, por meio visual e sonoro, em tempo real, a partir de tribunal ou juízo da área da sua residência:

a) As testemunhas residentes fora do município onde se encontra sediado o juízo da causa, caso o juiz, a requerimento da própria testemunha ou de alguma das partes, o determine por despacho irrecorrível;

b) As testemunhas residentes em município não abrangido pela área de competência territorial do juízo da causa, salvo quando a parte deva apresentá-las nos termos do artigo anterior.

3. Nos casos previstos no número anterior é aplicável, com as necessárias adaptações, o disposto nos nºs 2 a 4 do artigo 502º do Código de Processo Civil.

CAPÍTULO V – Audiência final

Artigo 68º – Instrução, discussão e julgamento da causa

1. A instrução, a discussão e o julgamento da causa incumbem ao tribunal singular.

2. A audiência é sempre gravada, nos termos previstos no artigo 155º do Código de Processo Civil.

3. (*Revogado*).

4. (*Revogado*).

5. (*Revogado*).

Artigo 69º – Instrução, discussão e julgamento da causa por tribunal coletivo

(*Revogado*).

Artigo 70º – Tentativa obrigatória de conciliação e demais atos a praticar na audiência

1. Verificada a presença das pessoas que tenham sido convocadas, realiza-se a audiência, salvo se houver impedimento do tribunal, faltar algum dos advogados sem que o juiz tenha providenciado pela marcação mediante acordo prévio ou ocorrer motivo que constitua justo impedimento.

2. O juiz procura sempre conciliar as partes, aplicando-se o disposto nos artigos 52º e 53º.

3. Frustrada a conciliação, o resultado da tentativa é registado na respetiva ata, prosseguindo a audiência os seus termos.

4. (*Revogado*).

Artigo 71º – Consequências da não comparência das partes em julgamento

1. O autor e o réu devem comparecer pessoalmente no dia marcado para o julgamento.

2. Se alguma das partes faltar injustificadamente e não se fizer representar por mandatário judicial, consideram-se provados os factos alegados pela outra parte que forem pessoais do faltoso.

3. Se ambas as partes faltarem injustificadamente e não se fizerem representar por mandatário judicial, consideram-se provados os factos alegados pelo autor que sejam pessoais do réu.

4. Se alguma ou ambas as partes apenas se fizerem representar por mandatário judicial, o juiz ordenará a produção da prova que haja sido requerida e se revele possível e a demais que considere indispensável, julgando a causa conforme for de direito.

Artigo 72º – Discussão e julgamento da matéria de facto

1. Sem prejuízo do disposto no nº 2 do artigo 5º do Código de Processo Civil, se no decurso da produção da prova surgirem factos essenciais que, embora não articulados, o tribunal considere relevantes para a boa decisão da causa, deve o juiz, na medida do necessário para o apuramento da verdade material, ampliar os temas da prova enunciados no despacho mencionado no artigo 596º do Código de Processo Civil ou, não o havendo, tomá-los em consideração na decisão, desde que sobre eles tenha incidido discussão.

2. Se os temas da prova forem ampliados nos termos do número anterior, podem as partes indicar as respetivas provas, respeitando os limites estabelecidos para a prova testemunhal; as provas são requeridas imediatamente ou, em caso de reconhecida impossibilidade, no prazo de cinco dias.

3. Abertos os debates, é dada a palavra, por uma só vez e por tempo não excedente a uma hora, primeiro ao advogado do autor e depois ao advogado do réu, para fazerem as suas alegações, tanto sobre a matéria de facto como sobre a matéria de direito.

4. (*Revogado*).

5. (*Revogado*).

6. O tribunal pode, em qualquer altura, antes dos debates, durante eles ou depois de findos, ouvir o técnico designado nos termos do artigo 601º do Código de Processo Civil.

CAPÍTULO VI – Sentença

Artigo 73º – Sentença

1. A sentença é proferida no prazo de 30 dias.

2. Se a simplicidade das questões de facto e de direito o justificar, a sentença pode ser proferida de imediato, regendo-se a sua gravação e transcrição para a ata pelo disposto no artigo 155º do Código de Processo Civil.

3. No caso do número anterior, a sentença pode limitar-se à parte decisória, precedida da identificação das partes e da sucinta fundamentação de facto e de direito do julgado.

Artigo 74º – Condenação *extra vel ultra petitum*

O juiz deve condenar em quantidade superior ao pedido ou em objeto diverso dele quando isso resulte da aplicação à matéria provada, ou aos factos de que possa servir-se, nos termos do artigo 412º do Código de Processo Civil, de preceitos inderrogáveis de leis ou instrumentos de regulamentação coletiva de trabalho.

Artigo 74º-A – Condenação na reintegração do trabalhador

1. A reintegração deve ser comprovada no processo mediante a junção aos autos do documento que demonstre o reinício do pagamento da retribuição.

2. Transitada em julgado a sentença, sem que se mostre efetuada a reintegração, pode o trabalhador requerer também a aplicação de sanção pecuniária compulsória ao empregador, nos termos previstos no Código de Processo Civil para a execução de prestação de facto.

Artigo 75º – Condenação no caso de obrigação pecuniária

1. Sempre que a ação tenha por objeto o cumprimento de obrigação pecuniária, o juiz deve orientá-la por forma que a sentença, quando for condenatória, possa fixar em quantia certa a importância devida.

2. No caso em que tenha sido deduzido o montante do subsídio de desemprego nos termos da alínea *c*) do nº 2 do artigo 390º do Código do Trabalho, o tribunal deve comunicar a decisão ao serviço competente do ministério responsável pela área da segurança social.

Artigo 76º – Documento comprovativo da extinção da dívida

(*Revogado*).

Artigo 77º – Arguição de nulidades da sentença

À arguição de nulidades da sentença é aplicável o regime previsto nos artigos 615º e 617º do Código de Processo Civil.

Artigo 78º – Caso julgado em situações especiais

1. Na hipótese prevista no artigo 3º, a sentença constitui caso julgado em relação a todos os trabalhadores.

2. Nas hipóteses previstas no artigo 5º, a sentença constitui caso julgado em relação ao trabalhador que renunciou à intervenção no processo.

Artigo 78º-A – Comunicação da sentença em caso de assédio

Da sentença proferida nas ações de condenação por prática de assédio deve ser dado conhecimento ao Instituto da Segurança Social, I. P..

CAPÍTULO VII – Recursos

Artigo 79º – Decisões que admitem sempre recurso

Sem prejuízo do disposto no artigo 629º do Código de Processo Civil e independentemente do valor da causa e da sucumbência, é sempre admissível recurso para a Relação:

a) Nas ações em que esteja em causa a determinação da categoria profissional, o despedimento do trabalhador por iniciativa do empregador, independentemente da sua modalidade, a reintegração do trabalhador na empresa e a validade ou subsistência do contrato de trabalho;

b) Nos processos emergentes de acidente de trabalho ou de doença profissional;

c) Nos processos do contencioso das instituições de previdência e de abono de família, das associações sindicais, das associações de empregadores e das comissões de trabalhadores.

Artigo 79º-A – Recurso de apelação

1. Cabe recurso de apelação:

a) Da decisão, proferida em 1ª instância, que ponha termo à causa ou a procedimento cautelar ou incidente processado autonomamente;

b) Do despacho saneador que, sem pôr termo ao processo, decida do mérito da causa ou absolva da instância o réu ou algum dos réus quanto a algum ou a alguns dos pedidos.

2. Cabe ainda recurso de apelação das seguintes decisões do tribunal de 1ª instância:

a) Da decisão que aprecie o impedimento do juiz;

b) Da decisão que aprecie a competência absoluta do tribunal;

c) Da decisão que ordene a suspensão da instância;

d) Do despacho de admissão ou rejeição de algum articulado ou meio de prova;

e) Da decisão que condene em multa ou comine outra sanção processual;

f) Da decisão que ordene o cancelamento de qualquer registo;

g) Da decisão prevista na alínea *a*) do nº 3 do artigo 98º-J;

h) Do despacho que, nos termos do nº 2 do artigo 115º, recuse a homologação do acordo;

i) Da decisão prevista na alínea *a*) do nº 5 do artigo 156º;

j) De decisão proferida depois da decisão final;

k) Da decisão cuja impugnação com o recurso da decisão final seria absolutamente inútil;

l) Nos demais casos especialmente previstos na lei.

3. As restantes decisões proferidas pelo tribunal de 1ª instância podem ser impugnadas no recurso que venha a ser interposto das decisões previstas no nº 1.

4. No caso previsto no número anterior, o tribunal só dá provimento às decisões impugnadas conjuntamente com a decisão final quando a infração cometida possa modificar essa decisão ou quando, independentemente desta, o provimento tenha interesse para o recorrente.

5. Se não houver recurso da decisão final, as decisões interlocutórias que tenham interesse para o apelante independentemente daquela decisão podem ser impugnadas num recurso único, a interpor após o trânsito da referida decisão.

Artigo 80º – Prazo de interposição

1. O prazo de interposição do recurso de apelação ou de revista é de 30 dias.

2. Nos processos com natureza urgente, bem como nos casos previstos nos nºs 2 e 5 do artigo 79º-A do presente Código e nos casos previstos nos nºs 2 e 4 do artigo 671º do Código de Processo Civil, o prazo para a interposição de recurso é de 15 dias.

3. Se o recurso tiver por objeto a reapreciação da prova gravada, aos prazos referidos na parte final dos números anteriores acrescem 10 dias.

Artigo 81º – Modo de interposição dos recursos

1. O requerimento de interposição de recurso contém, obrigatoriamente, a alegação do recorrente, devendo constar das respetivas conclusões o fundamento específico da recorribilidade e a identificação da decisão recorrida, especificando, se for caso disso, a parte dela a que o recurso se restringe.

2. Sempre que o fundamento específico de recorribilidade referido no número anterior se traduza na invocação de um conflito jurisprudencial que se pretende ver resolvido, o recorrente junta obrigatoriamente, sob pena de imediata rejeição, cópia, ainda que não certificada, do acórdão fundamento.

3. Em prazo idêntico ao da interposição do recurso, pode o recorrido responder à alegação do recorrente.

4. Na alegação pode o recorrido impugnar a admissibilidade ou a tempestividade do recurso, bem como a legitimidade do recorrente.

5. Havendo recurso subordinado, deve ser interposto no mesmo prazo da alegação do recorrido, aplicando-se, com as necessárias adaptações, o disposto nos números anteriores.

6. À interposição do recurso de revista aplica-se o regime estabelecido no Código de Processo Civil.

Artigo 82º – Admissão ou indeferimento de recurso

1. O juiz manda subir o recurso desde que a decisão seja recorrível, o recurso tenha sido interposto tempestivamente, o recorrente tenha legitimidade e o requerimento contenha ou junte a alegação do recorrente, incluindo as conclusões.

2. Se o juiz não mandar subir o recurso, o requerente pode reclamar nos termos previstos no artigo 643º do Código de Processo Civil.

3. (*Revogado*).

4. (*Revogado*).

5. (*Revogado*).

Artigo 83º – Efeito dos recursos

1. A apelação tem efeito meramente devolutivo, sem necessidade de declaração.

2. O recorrente pode obter o efeito suspensivo se no requerimento de interposição de recurso requerer a prestação de caução da importância em que foi condenado.

3. A apelação tem ainda efeito suspensivo da decisão nos casos previstos nas alíneas *b*) a *e*) do nº 3 do artigo 647º do Código de Processo Civil e nos demais casos previstos na lei.

4. O juiz fixa prazo, não excedente a 10 dias, para a prestação de caução e se esta não for prestada no prazo fixado, a sentença pode ser desde logo executada.

5. O incidente de prestação de caução referido no nº 2 é processado nos próprios autos.

Artigo 83º-A – Subida dos recursos

1. Sobem nos próprios autos as apelações das decisões previstas no nº 1 do artigo 645º do Código de Processo Civil.

2. Sobem em separado as apelações não compreendidas no número anterior.

Artigo 84º – Agravos que sobem imediatamente

(*Revogado*).

Artigo 85º – Agravos que sobem em separado
(*Revogado*).

Artigo 86º – Subida diferida
(*Revogado*).

Artigo 87º – Julgamento dos recursos

1. O regime do julgamento dos recursos é o que resulta, com as necessárias adaptações, das disposições do Código de Processo Civil que regulamentam o julgamento do recurso de apelação e de revista.

2. Sem prejuízo do disposto no número anterior, quando funcionar como tribunal de revista, o Supremo Tribunal de Justiça tem os poderes estabelecidos no Código de Processo Civil.

3. Antes do julgamento dos recursos, o Ministério Público, não sendo patrono ou representante de qualquer das partes, tem vista no processo para, em 10 dias, emitir parecer sobre a decisão final a proferir, devendo observar-se, em igual prazo, o contraditório.

TÍTULO V – Processo de execução

CAPÍTULO I – Título executivo

Artigo 88º – Espécies de títulos executivos

Podem servir de base à execução:

a) Todos os títulos a que o Código de Processo Civil ou lei especial atribuam força executiva;

b) Os autos de conciliação;

c) Os acordos exarados em conciliação extrajudicial presidida pelo Ministério Público.

CAPÍTULO II – Execução baseada em sentença de condenação em quantia certa

Artigo 89º – Notificação para nomeação de bens à penhora
(*Revogado*).

Artigo 90º – Execução de direitos irrenunciáveis

1. Tratando-se de direitos irrenunciáveis, o autor tem o prazo de 30 dias após o trânsito em julgado da sentença de condenação em quantia certa, prorrogável pelo juiz, para iniciar a execução do título executivo.

2. Se o autor não iniciar a execução no prazo fixado, e não tiver sido junto ao processo documento comprovativo da extinção da dívida no prazo referido no número anterior, o tribunal, oficiosamente, ordena o início da execução, cujas diligências são realizadas por oficial de justiça.

3. (*Revogado*).

4. (*Revogado*).

5. (*Revogado*).

6. (*Revogado*).

7. Para o efeito previsto no nº 2, o requerimento executivo é preenchido pelo Ministério Público, ao qual cabe ainda, na falta de resposta do exequente e sem prejuízo do disposto no artigo 9º, a representação deste na execução.

Artigo 91º – Termos a seguir em caso de oposição

(*Revogado*).

Artigo 92º – Pluralidade de execuções sobre os mesmos bens

(*Revogado*).

Artigo 93º – Comunicação ao tribunal da penhora

(*Revogado*).

Artigo 94º – Sustação da execução com penhora anterior

(*Revogado*).

Artigo 95º – Suspensão e extinção da execução

(*Revogado*).

Artigo 96º – Dispensa de publicação de anúncios

(*Revogado*).

CAPÍTULO III – Execução baseada em outros títulos

Artigo 97º – Execução baseada em título diverso de sentença condenatória em quantia certa

(*Revogado*).

CAPÍTULO IV – Disposições finais

Artigo 98º – Exclusão da reclamação de créditos

1. Sem prejuízo do preceituado nos capítulos anteriores, nas execuções para pagamento de quantia certa, baseadas em qualquer título, em que o seu valor não exceda a alçada do tribunal de 1ª instância e a penhora recaia sobre bens móveis ou direitos que não tenham sido dados de penhor, com exceção do estabelecimento comercial, não é admitida a reclamação de créditos.

2. Excetuam-se do disposto no número anterior:

a) Os créditos que gozem de direito de retenção sobre os bens penhorados, desde que o titular o invoque no ato da penhora;

b) Os créditos que sobre os mesmos bens gozem de garantia real, com registo anterior ou posterior ao registo da penhora.

3. Os credores com garantia real com registo anterior ao da penhora são citados para reclamar os seus créditos.

4. Os titulares dos créditos referidos na alínea *b*) do nº 2 que registem a garantia real depois do registo da penhora podem reclamá-los, independentemente de citação, no prazo de 15 dias, contado da junção aos autos da certidão dos direitos, ónus ou encargos inscritos.

Artigo 98º-A – Remissão

Em tudo o que não se encontre especialmente regulado no presente título aplicam-se as regras do Código de Processo Civil relativas ao processo de execução.

TÍTULO VI – Processos especiais

CAPÍTULO I – Ação de impugnação judicial da regularidade e licitude do despedimento

Artigo 98º-B – Constituição obrigatória de advogado

Só é obrigatória a constituição de advogado após a audiência de partes, com a apresentação dos articulados.

Artigo 98º-C – Início do processo

1. Nos termos do artigo 387º do Código do Trabalho, no caso em que seja comunicada por escrito ao trabalhador a decisão de despedimento individual, seja por facto imputável ao trabalhador, seja por extinção do posto de trabalho, seja por inadaptação, a ação de impugnação judicial da regularidade e licitude do despedimento inicia-se com a entrega, pelo trabalhador ou por mandatário judicial por este constituído, junto do juízo do trabalho competente, de requerimento em formulário eletrónico ou em suporte de papel, do qual consta declaração do trabalhador de oposição ao despedimento, sem prejuízo do disposto no número seguinte.

2. Caso tenha sido apresentada providência cautelar de suspensão preventiva do despedimento, nos termos previstos nos artigos 34º e seguintes, o requerimento inicial do procedimento cautelar do qual conste que o trabalhador requer a impugnação judicial da regularidade e licitude do despedimento dispensa a apresentação do formulário referido no número anterior.

Artigo 98º-D – Formulário

1. A entrega em suporte de papel do formulário referido no artigo anterior é feita, num único exemplar, na secretaria judicial.

2. O modelo do formulário é aprovado por portaria dos membros do Governo responsáveis pelas áreas da justiça e do trabalho.

Artigo 98º-E – Recusa do formulário pela secretaria

A secretaria recusa o recebimento do formulário indicando por escrito o fundamento da rejeição quando:

a) Não conste de modelo próprio;

b) Omita a identificação das partes;

c) Não tenha sido junta a decisão de despedimento;

d) Não esteja assinado.

Artigo 98º-F – Notificação para audiência de partes

1. Recebido o requerimento, e sem prejuízo do seu indeferimento liminar nos termos e com os efeitos previstos no nº 1 do artigo 590º do Código de Processo Civil, o juiz designa data para a audiência de partes, a realizar no prazo de 15 dias.

2. O trabalhador é notificado e o empregador citado para comparecerem pessoalmente ou, em caso de justificada impossibilidade de comparência, se fazerem representar por mandatário judicial com poderes especiais para confessar, transigir ou desistir.

3. Tendo sido requerida a suspensão de despedimento, a audiência de partes referida no nº 1 antecede a audiência final do procedimento cautelar.

Artigo 98º-G – Efeitos da não comparência do empregador

1. Se o empregador não comparecer na audiência de partes, nem se fizer representar nos termos do nº 2 do artigo anterior, nem justificar a sua falta nos 10 dias subsequentes à data marcada para a audiência, tendo sido ou devendo considerar-se regularmente citado, o juiz:

a) Ordena a notificação do empregador para, no prazo de 15 dias, apresentar articulado para motivar o despedimento, juntar o procedimento disciplinar ou os documentos comprovativos do cumprimento das formalidades exigidas, apresentar o rol de testemunhas e requerer quaisquer outras provas;

b) Fixa a data da audiência final.

2. Se a falta à audiência de partes for julgada injustificada, o empregador fica sujeito às sanções previstas no Código de Processo Civil para a litigância de má-fé, sem prejuízo do disposto no número anterior.

3. Caso a falta seja considerada justificada, procede-se à marcação de nova data para a realização da audiência de partes.

4. Se o empregador, tendo sido ou devendo considerar-se regularmente notificado, não comparecer na data marcada nos termos do número anterior, nem se fizer representar nos termos do nº 2 do artigo anterior:

a) O juiz ordena a notificação do empregador e fixa a data da audiência final, nos termos das alíneas *a*) e *b*) do nº 1, caso a falta seja considerada justificada;

b) O juiz declara a ilicitude do despedimento do trabalhador, condenando o empregador e ordenando a notificação do trabalhador nos termos das alíneas *a*), *b*) e *c*) do nº 3 do artigo 98º-J, caso a falta seja considerada injustificada.

5. No caso previsto na alínea *b*) do número anterior, é aplicável, com as necessárias adaptações, o disposto nos nºs 4 e 5 do artigo 98º-J.

Artigo 98º-H – Efeitos da não comparência do trabalhador ou de ambas as partes

1. Se o trabalhador não comparecer na audiência de partes, nem se fizer representar nos termos do nº 2 do artigo 98º-F, nem justificar a sua falta nos 10 dias subsequentes à data marcada para a audiência, tendo sido ou devendo considerar-se regularmente notificado, o juiz ordena a notificação do empregador e fixa a data da audiência final, nos termos das alíneas *a*) e *b*) do nº 1 do artigo 98º-G.

2. Caso a falta seja considerada justificada, procede-se à marcação de nova data para a realização da audiência de partes.

3. Se o trabalhador, tendo sido ou devendo considerar-se regularmente notificado, não comparecer na data marcada nos termos do número anterior, nem se fizer representar nos termos do nº 2 do artigo 98º-F:

a) O juiz ordena a notificação do empregador e fixa a data da audiência final, nos termos das alíneas *a*) e *b*) do nº 1 do artigo 98º-G, caso a falta seja considerada justificada;

b) O juiz determina a absolvição do pedido, caso a falta seja considerada injustificada.

4. O disposto no nº 2 e na alínea *b*) do número anterior é aplicável, com as necessárias adaptações, no caso de ambas as partes faltarem à audiência de partes.

Artigo 98º-I – Audiência de partes

1. Declarada aberta a audiência pelo juiz, o empregador expõe sucintamente os fundamentos de facto que motivam o despedimento.

2. Após a resposta do trabalhador, o juiz procurará conciliar as partes, nos termos e para os efeitos dos artigos 52º e 53º.

3. Caso verifique que à pretensão do trabalhador é aplicável outra forma de processo, o juiz abstém-se de conhecer do pedido, absolve da instância o empregador, e informa o trabalhador do prazo de que dispõe para intentar ação com processo comum.

4. Frustrada a tentativa de conciliação, na audiência de partes o juiz:

a) Procede à notificação imediata do empregador para, no prazo de 15 dias, apresentar articulado para motivar o despedimento, juntar o procedimento disciplinar ou os documentos comprovativos do cumprimento das formalidades exigidas, apresentar o rol de testemunhas e requerer quaisquer outras provas;

b) Fixa a data da audiência final.

Artigo 98º-J – Articulado de motivação do despedimento

1. O empregador apenas pode invocar factos e fundamentos constantes da decisão de despedimento comunicada ao trabalhador.

2. No caso de pretender que o tribunal exclua a reintegração do trabalhador nos termos previstos no artigo 392º do Código do Trabalho, o empregador deve requerê-lo desde logo no mesmo articulado, invocando os factos e circunstâncias que fundamentam a sua pretensão, e apresentar os meios de prova para o efeito.

3. Se o empregador não apresentar o articulado referido no número anterior, ou não juntar o procedimento disciplinar ou os documentos comprovativos do cumprimento das formalidades exigidas, o juiz declara a ilicitude do despedimento do trabalhador, e:

a) Condena o empregador a reintegrar o trabalhador no mesmo estabelecimento da empresa, sem prejuízo da sua categoria e antiguidade, ou, caso o trabalhador tenha optado por uma indemnização em substituição da reintegração, a pagar-lhe, no mínimo, uma indemnização correspondente a 30 dias de retribuição base e diuturnidades por cada ano completo ou fração de antiguidade, sem prejuízo do disposto nos nºs 2 e 3 do artigo 391º do Código do Trabalho;

b) Condena ainda o empregador no pagamento das retribuições que o trabalhador deixou de auferir desde a data do despedimento até ao trânsito em julgado da decisão judicial que declare a ilicitude do despedimento;

c) Ordena a notificação do trabalhador para, querendo, no prazo de 15 dias, apresentar articulado no qual peticione quaisquer outros créditos emergentes do contrato de trabalho, da sua violação ou da sua cessação, incluindo a indemnização prevista na alínea *a*) do nº 1 do artigo 389º do Código do Trabalho.

4. Na mesma data, o empregador é notificado da sentença quanto ao referido nas alíneas *a*) e *b*) do número anterior.

5. Se o trabalhador apresentar o articulado a que se refere a alínea *c*) do nº 3, o empregador é notificado para, no prazo de 15 dias, apresentar contestação, observando-se seguidamente os restantes termos do processo comum regulados nos artigos 57º e seguintes.

Artigo 98º-L – Contestação

1. Apresentado o articulado de motivação do despedimento a que se referem os nºs 1 e 2 do artigo anterior, o trabalhador é notificado para, no prazo de 15 dias, contestar, querendo.

2. Se o trabalhador não contestar, tendo sido ou devendo considerar-se regularmente notificado na sua própria pessoa, ou tendo juntado procuração a mandatário judicial no prazo da contestação, consideram-se confessados os factos articulados pelo empregador, sendo logo proferida sentença a julgar a causa conforme for de direito.

3. Na contestação, o trabalhador pode deduzir reconvenção nos casos previstos no nº 2 do artigo 266º do Código de Processo Civil, bem como para peticionar créditos emergentes do contrato de trabalho, da sua violação ou da sua cessação, incluindo a indemnização prevista na alínea *a*) do nº 1 do artigo 389º do Código do Trabalho, independentemente do valor da ação.

4. Se o trabalhador tiver deduzido reconvenção, nos termos do número anterior, pode o empregador responder à respetiva matéria no prazo de 15 dias.

5. É correspondentemente aplicável o disposto nos nºs 3 a 5 do artigo 60º do presente Código e no nº 6 do artigo 266º do Código de Processo Civil.

6. As partes devem apresentar ou requerer a produção de prova nos respetivos articulados ou no prazo destes.

Artigo 98º-M – Termos posteriores aos articulados

1. Terminada a fase dos articulados, o processo segue os termos previstos nos artigos 61º e seguintes, devendo a prova a produzir em audiência de julgamento iniciar-se com a oferecida pelo empregador.

2. Se for invocado despedimento precedido de procedimento disciplinar, é ainda aplicável o disposto no nº 4 do artigo 387º do Código do Trabalho.

Artigo 98º-N – Pagamento de retribuições intercalares pelo Estado

1. Sem prejuízo do disposto no nº 2 do artigo 390º do Código do Trabalho, o tribunal determina, na decisão em 1ª instância que declare a ilicitude do despedimento, que o pagamento das retribuições devidas ao trabalhador após o decurso de 12 meses desde a apresentação do formulário referido no artigo 98º-C até à notificação da decisão de 1ª instância seja efetuado pela entidade competente da área da segurança social.

2. A entidade competente da área da segurança social é sempre notificada da decisão referida no número anterior, da interposição de recurso da decisão que declare a ilicitude do despedimento, bem como da decisão proferida em sede de recurso.

3. A entidade competente da área da segurança social efetua o pagamento ao trabalhador das retribuições referidas no nº 1 até 30 dias após o trânsito em julgado da decisão que declare a ilicitude do despedimento.

4. A dotação orçamental para suportar os encargos financeiros da entidade competente da área da segurança social decorrentes do nº 1 é inscrita anualmente no Orçamento do Estado, em rubrica própria.

Artigo 98º-O – Deduções

1. No período de 12 meses referido no artigo anterior não se incluem:

a) Os períodos de suspensão da instância, nos termos do artigo 269º do Código de Processo Civil;

b) O período correspondente à mediação, tentativa de conciliação e ao aperfeiçoamento dos articulados;

c) Os períodos correspondentes a férias judiciais;

d) Os períodos em que a causa esteve a aguardar o impulso processual das partes por razão que lhes seja imputável.

2. Às retribuições referidas no artigo anterior deduzem-se as importâncias referidas no nº 2 do artigo 390º do Código do Trabalho.

Artigo 98º-P – Valor da causa

1. Para efeitos de pagamento de custas, aplica-se à ação de impugnação judicial de regularidade e licitude do despedimento o disposto na alínea *e)* do nº 1 do artigo 12º do Regulamento das Custas Processuais.

2. O valor da causa é sempre fixado a final pelo juiz tendo em conta a utilidade económica do pedido, designadamente o valor de indemnização, créditos e salários que tenham sido reconhecidos.

3. Se for interposto recurso antes da fixação do valor da causa pelo juiz, deve este fixá-lo no despacho que admite o recurso.

CAPÍTULO II – Processos emergentes de acidente de trabalho e de doença profissional

SECÇÃO I – Processo para a efetivação de direitos resultantes de acidente de trabalho

SUBSECÇÃO I – Fase conciliatória

DIVISÃO I – Disposições preliminares

Artigo 99º – Início do processo

1. O processo inicia-se por uma fase conciliatória dirigida pelo Ministério Público e tem por base a participação do acidente.

2. Quando a participação seja feita por uma entidade seguradora, deve ser acompanhada de toda a documentação clínica e nosológica disponível, de cópia da apólice e seus adicionais em vigor, bem como da declaração de remunerações do mês anterior ao do acidente, e nota discriminativa das incapacidades e internamentos e de cópia dos documentos comprovativos das indemnizações pagas desde o acidente.

Artigo 100º – Processamento no caso de morte

1. Recebida a participação, se for caso de morte, o Ministério Público, conforme as circunstâncias, determina a realização da autópsia ou a junção aos autos do respetivo relatório e ordena as diligências indispensáveis à determinação dos beneficiários legais dos sinistrados e à obtenção das provas de parentesco.

2. Instruído o processo com a certidão de óbito, o relatório da autópsia e certidões comprovativas do parentesco dos beneficiários com a vítima, o Ministério Público designa data para a tentativa de conciliação, se não tiver sido junto o acordo extrajudicial previsto na lei.

3. Tendo sido junto o acordo, o Ministério Público designa data para declarações dos beneficiários e, se estas confirmarem as bases do acordo, submete-o à homologação do juiz, sem prejuízo do disposto no artigo 114º.

4. Não se conseguindo determinar quaisquer titulares de direitos, procede-se à citação edital; se nenhum comparecer, arquiva-se o processo.

5. O arquivamento a que se refere o número anterior é provisório durante um ano, sendo o processo reaberto se, nesse prazo, comparecer algum titular.

6. Expirado o prazo referido no número anterior e não tendo comparecido qualquer titular, o processo é reaberto para efetivação do direito previsto no artigo 63º da Lei nº 98/2009, de 4 de setembro.

Artigo 101º – Processamento nos restantes casos de incapacidade permanente

1. No caso de ter resultado do acidente incapacidade permanente, o Ministério Público solicita aos serviços médico-legais a realização de perícia médica, seguida de tentativa de conciliação.

2. Se com a participação for junto acordo ou se este for apresentado até à data designada, o Ministério Público dispensa a tentativa de conciliação; se, porém, a perícia médica, as declarações do sinistrado, que nessa ocasião deve tomar, e as diligências a que proceder não confirmarem as bases em que o mesmo acordo tenha sido elaborado, designa data para a tentativa de conciliação.

Artigo 102º – Processamento noutros casos

1. Se o sinistrado ainda não estiver curado quando for recebida a participação e estiver sem tratamento adequado ou sem receber a indemnização devida por incapacidade temporária, o Ministério Público solicita perícia médica, seguida de tentativa de conciliação, nos termos do artigo 108º; o mesmo se observa no caso de o sinistrado se não conformar com a alta, a natureza da incapacidade ou o grau de desvalorização por incapacidade temporária que lhe tenha sido atribuído, ou ainda se esta se prolongar por mais de 12 meses.

2. Se o sinistrado, quando vier a juízo, se declarar curado sem desvalorização e apenas reclamar a indemnização devida por incapacidade temporária, ou qualquer outra quantia a que acessoriamente tiver direito, pode ser dispensada a perícia médica.

Artigo 103º – Entrega de cópia da participação aos não participantes

Com a notificação para a tentativa de conciliação é entregue cópia da participação aos convocados que não forem participantes.

Artigo 104º – Instrução do processo

1. O Ministério Público deve assegurar-se, pelos necessários meios de investigação, da veracidade dos elementos constantes do processo e das declarações das partes, para os efeitos dos artigos 109º e 114º

2. Até ao início da fase contenciosa, o Ministério Público pode requisitar aos serviços da entidade com competência inspetiva em matéria laboral, sem prejuízo da competência legalmente atribuída a outras entidades, a realização de inquérito urgente e sumário sobre as circunstâncias em que ocorreu o acidente, quando:

a) Do acidente tenha resultado a morte ou incapacidade grave;
b) O sinistrado não estiver a ser tratado;
c) Houver motivos para presumir que o acidente ou as suas consequências resultaram da falta de observância das condições de segurança ou de saúde no trabalho;
d) Houver motivos para presumir que o acidente foi dolosamente ocasionado.

3. Para efeitos do disposto nos números anteriores, quaisquer entidades públicas ou privadas têm o dever de prestar a sua colaboração ao Ministério Público, sob pena de condenação em multa.

4. Sempre que, em resultado de um acidente, não seja de excluir a existência de responsabilidade criminal, o Ministério Público deve dar conhecimento do facto ao foro criminal competente, remetendo, nomeadamente, o inquérito elaborado pela entidade com competência inspetiva em matéria laboral.

DIVISÃO II – Exame médico

Artigo 105º – Perícia médica

1. O local e a competência para a realização da perícia médica são definidos nos termos da lei que estabelece o regime jurídico da realização das perícias médico-legais e forenses.

2. (*Revogado*).

3. Sem prejuízo do disposto na lei que estabelece o regime jurídico da realização das perícias médico-legais e forenses, quando a perícia exigir elementos auxiliares de diagnóstico ou o conhecimento de alguma especialidade clínica não acessíveis a quem deva realizá-la, são requisitados tais elementos ou o parecer de especialistas aos serviços médico-sociais da respetiva área e, se estes não estiverem habilitados a fornecê-los em tempo oportuno, são requisitados a estabelecimentos ou serviços adequados ou a médicos especialistas fora das áreas metropolitanas de Lisboa e do Porto, se os não houver na respetiva circunscrição, o Ministério Público pode solicitar a outro juízo com competência em matéria de trabalho a obtenção desses elementos ou pareceres, bem como a obtenção da perícia.

4. A perícia é secreta, podendo o Ministério Público, em qualquer caso, propor questões sempre que o seu resultado lhe ofereça dúvidas; o resultado da perícia é notificado, sem necessidade de despacho, ao sinistrado e às pessoas convocadas para a tentativa de conciliação.

Artigo 106º – Formalismo

1. No relatório pericial, o perito médico deve indicar o resultado da sua observação clínica, incluindo o relato do evento fornecido pelo sinistrado e a apreciação circunstanciada dos elementos constantes do processo, a natureza das lesões sofridas, a data de cura ou consolidação, as sequelas e as incapacidades correspondentes, ainda que sob reserva de confirmação ou alteração do seu parecer após obtenção de outros elementos clínicos ou auxiliares de diagnóstico.

2. Sempre que o perito médico não se considerar habilitado a completar o relatório com as respetivas conclusões, fixa provisoriamente a natureza e grau de incapacidade do sinistrado com base em todos os elementos disponíveis nessa altura; se a perícia não se efetuar dentro de 20 dias, o Ministério Público tenta, com base nesse relatório, a conciliação para efeitos do artigo 114º.

3. Se a perícia não for imediatamente seguida de tentativa de conciliação, o Ministério Público, finda aquela, toma declarações ao sinistrado sobre as circunstâncias em que o acidente ocorreu e mais elementos necessários à realização daquela tentativa ou à confirmação do acordo extrajudicial que tenha sido apresentado.

Artigo 107º – Perícia aos beneficiários legais

O disposto nos artigos anteriores é aplicável, com as necessárias adaptações, à apreciação da existência de doença física ou mental dos beneficiários legais suscetível de afetar sensivelmente a sua capacidade de trabalho, nos termos e para os efeitos do estabelecido no artigo 62º da Lei nº 98/2009, de 4 de setembro.

DIVISÃO III – Tentativa de conciliação

Artigo 108º – Intervenientes

1. À tentativa de conciliação são chamadas, além do sinistrado ou dos seus beneficiários legais, as entidades empregadoras ou seguradoras, conforme os elementos constantes da participação.

2. Se das declarações prestadas na tentativa de conciliação resultar a necessidade de convocação de outras entidades, o Ministério Público designa data para nova tentativa, a realizar num dos 15 dias seguintes.

3. A presença do sinistrado ou beneficiário pode ser dispensada em casos justificados de manifesta dificuldade de comparência ou de ausência em parte incerta; a sua representação pertence, nesse caso, ao substituto legal de quem, no exercício de funções do Ministério Público, presidir à diligência.

4. Não comparecendo a entidade responsável, tomam-se declarações ao sinistrado ou beneficiário sobre as circunstâncias em que ocorreu o acidente e mais elementos necessários à determinação do seu direito, designando-se logo data para nova tentativa de conciliação.

5. Faltando de novo a entidade responsável ou não sendo conhecido o seu paradeiro, é dispensada a tentativa de conciliação, presumindo-se verdadeiros, até prova em contrário, os factos declarados nos termos do número anterior se a ausência for devida a falta injustificada e a entidade responsável residir ou tiver sede no continente ou na ilha onde se realiza a diligência.

6. Nos tribunais sediados nas áreas metropolitanas de Lisboa e do Porto não há lugar à deprecada para exame médico e tentativa de conciliação.

Artigo 109º – Acordo

Na tentativa de conciliação, o Ministério Público promove o acordo de harmonia com os direitos consignados na lei, tomando por base os elementos fornecidos pelo processo, designadamente o resultado da perícia médica e as circunstâncias que possam influir na capacidade geral de ganho do sinistrado.

Artigo 110º – Acordo provisório ou temporário

1. Quando o grau de incapacidade fixado tiver carácter provisório ou temporário, o acordo tem também, na parte que se lhe refere, validade provisória ou temporária e o Ministério Público retifica as pensões ou indemnizações segundo o resultado das perícias ulteriores, notificando dessas retificações as entidades responsáveis; as retificações consideram-se como fazendo parte do acordo.

2. Se na última perícia médica vier a ser atribuída à incapacidade natureza permanente e fixado um grau de desvalorização não provisório ou se o sinistrado for dado como curado sem desvalorização, realiza-se nova tentativa de conciliação e seguem-se os demais termos do processo.

Artigo 111º – Conteúdo dos autos de acordo

Dos autos de acordo constam, além da identificação completa dos intervenientes, a indicação precisa dos direitos e obrigações que lhes são atribuídos e ainda a descrição pormenorizada do acidente e dos factos que servem de fundamento aos referidos direitos e obrigações.

Artigo 112º – Conteúdo dos autos na falta de acordo

1. Se se frustrar a tentativa de conciliação, no respetivo auto são consignados os factos sobre os quais tenha havido acordo, referindo-se expressamente se houve ou não acordo acerca da existência e caracterização do acidente, do nexo causal entre a lesão e o acidente, da retribuição do sinistrado, da entidade responsável e da natureza e grau da incapacidade atribuída.

2. O interessado que se recuse a tomar posição sobre cada um destes factos, estando já habilitado a fazê-lo, é, a final, condenado como litigante de má-fé.

Artigo 113º – Recolha de elementos para apresentação da petição inicial

Não se realizando acordo, o Ministério Público recolhe logo os elementos necessários à elaboração e apresentação da petição inicial.

DIVISÃO IV – Acordo acerca das prestações

Artigo 114º – Homologação do acordo

1. Realizado o acordo, é imediatamente submetido ao juiz, que o homologa por simples despacho exarado no próprio auto e seus duplicados, se verificar a sua conformidade com os elementos fornecidos pelo processo e com as normas legais, regulamentares ou convencionais.

2. Se tiver sido junto acordo extrajudicial e o Ministério Público o considerar em conformidade com o resultado das perícias médicas, com os restantes elementos fornecidos pelo processo e com as informações complementares que repute necessárias, submete-o, com o seu parecer, a homologação do juiz; se essa conformidade se não verificar, o Ministério Público promove tentativa de conciliação nos termos dos artigos anteriores.

3. Tendo sido deprecada a realização da tentativa de conciliação, a homologação do acordo cabe ao juiz do tribunal deprecado.

Artigo 115º – Regime de eficácia do acordo

1. O acordo produz efeitos desde a data da sua realização.

2. O Ministério Público, se o acordo não for homologado e considerar possível a remoção dos obstáculos à sua homologação, tenta a celebração de novo acordo para substituir aquele cuja homologação foi recusada.

3. A não homologação do acordo é notificada aos interessados, mas aquele continua a produzir efeitos até à homologação do que o vier substituir ou, na falta deste, até à decisão final.

Artigo 116º – Julgamento

Se as entidades responsáveis reconhecerem as obrigações legais correspondentes aos elementos de facto verificados através do processo e o sinistrado ou os respetivos beneficiários se limitarem à recusa do que lhes é devido, o Ministério Público promove que o juiz profira decisão sobre o mérito da causa e lhe fixe o respetivo valor, observando-se o disposto no nº 3 do artigo 73º

SUBSECÇÃO II – Fase contenciosa

DIVISÃO I – Disposições gerais

Artigo 117º – Início da fase contenciosa

1. A fase contenciosa tem por base:

a) Petição inicial, em que o sinistrado, doente ou respetivos beneficiários formulam o pedido, expondo os seus fundamentos;

b) Requerimento, a que se refere o nº 2 do artigo 138º, do interessado que se não conformar com o resultado da perícia médica realizada na fase conciliatória do processo, para efeitos de fixação de incapacidade para o trabalho.

2. O requerimento referido na alínea *b*) do número anterior deve ser fundamentado ou vir acompanhado de quesitos.

3. A fase contenciosa corre nos autos em que se processou a fase conciliatória.

Artigo 118º – Desdobramento do processo

Nesta fase o processo desdobra-se, se for caso disso, em:

a) Processo principal;

b) Apenso para fixação da incapacidade para o trabalho.

Artigo 119º – Petição inicial

1. Não se tendo realizado o acordo ou não tendo este sido homologado e não se verificando a hipótese prevista no artigo 116º, o Ministério Público, sem prejuízo do disposto no artigo 8º, quanto ao dever de recusa, e no artigo 9º, assume o patrocínio do sinistrado ou dos beneficiários legais, apresentando, no prazo de 20 dias, a petição inicial ou o requerimento a que se refere a alínea *b*) do nº 1 do artigo 117º

2. Se se verificar insuficiência nos elementos de facto necessários à elaboração da petição inicial, o Ministério Público requer que o prazo seja prorrogado por igual período de tempo e diligencia pela obtenção desses elementos.

3. Se o sinistrado ou os beneficiários legais se recusarem a fornecer os elementos a que se refere o número anterior e em diligências posteriores se verificar que a recusa derivou do facto de ter havido acordo particular sobre a reparação do acidente, o Ministério Público promove a condenação como litigante de má-fé da entidade com quem tenha sido feito o acordo.

4. Findo o prazo referido no nº 1 ou a sua prorrogação nos termos do nº 2, o processo é concluso ao juiz, que declara suspensa a instância, sem prejuízo de o Ministério Público dever apresentar a petição logo que tenha reunido os elementos necessários.

Artigo 120º – Valor da causa

1. Nos processos de acidentes de trabalho, tratando-se de pensões, o valor da causa é igual ao do resultado da multiplicação de cada pensão pela respetiva taxa constante das tabelas práticas aplicáveis ao cálculo do capital da remição, acrescido das demais prestações.

2. Tratando-se de indemnizações por incapacidade temporária, o valor é igual a cinco vezes o valor anual da indemnização; tratando-se de indemnizações vencidas, o valor da causa é igual ao da soma de todas as prestações.

3. Em qualquer altura o juiz pode alterar o valor fixado em conformidade com os elementos que o processo fornecer.

DIVISÃO II – Fixação de pensão ou de indemnização provisória

Artigo 121º – Pensão ou indemnização provisória em caso de acordo

1. Se houver acordo acerca da existência e caracterização do acidente como acidente de trabalho, o juiz, se o autor o requerer ou se assim resultar diretamente da lei aplicável, fixa provisoriamente a pensão ou indemnização que for devida pela morte ou pela incapacidade atribuída pelo exame médico, com base na última remuneração auferida pelo sinistrado, se outra não tiver sido reconhecida na tentativa de conciliação.

2. Se o grau de incapacidade fixado tiver carácter provisório ou temporário, o juiz retifica a pensão ou indemnização logo que seja conhecido o resultado final do exame médico que define a incapacidade ou lhe reconhece natureza permanente.

3. Se houver desacordo sobre a transferência da responsabilidade, a pensão ou indemnização fica a cargo do segurador cuja apólice abranja a data do acidente; se não tiver sido junta a apólice, a pensão ou indemnização é paga pela entidade empregadora, salvo se esta ainda não estiver determinada ou se encontrar em qualquer das situações previstas no nº 1 do artigo 82º da Lei nº 98/2009, de 4 de setembro, caso em que se aplica o disposto nos nºs 2 e 3 do artigo seguinte.

4. Se não for possível determinar a última remuneração do sinistrado, o juiz toma por base uma remuneração que não ultrapasse o mínimo que presumivelmente deva ser reconhecido como base para o cálculo da pensão ou indemnização.

5. Se o sinistrado ainda necessitar de tratamento, o juiz determina que este seja custeado pela entidade a cargo de quem ficar a pensão ou indemnização provisória.

Artigo 122º – Pensão ou indemnização provisória em caso de falta de acordo

1. Quando houver desacordo sobre a existência ou a caracterização do acidente como acidente de trabalho, o juiz, a requerimento da parte interessada ou se assim resultar diretamente da lei aplicável, fixa, com base nos elementos fornecidos pelo processo, pensão ou indemnização provisória nos termos do artigo anterior, se considerar tais prestações necessárias ao sinistrado, ou aos beneficiários, se do acidente tiver resultado a morte ou uma incapacidade grave ou se se verificar a situação prevista na primeira parte do nº 1 do artigo 102º.

2. A pensão ou indemnização provisória e os encargos com o tratamento do sinistrado são adiantados ou garantidos pelo fundo a que se refere o nº 1 do artigo 82º da Lei nº 98/2009, de 4 de setembro, se não forem suportados por outra entidade.

3. Pode o juiz condenar imediatamente na pensão ou indemnização provisória a entidade que considerar responsável, se os autos fornecerem elementos bastantes para se convencer de que a falta de acordo na tentativa de conciliação teve por fim eximir-se à condenação provisória; se no julgamento se confirmar essa convicção, o juiz condena o réu como litigante de má-fé.

4. Na sentença final, se for condenatória, o juiz transfere para a entidade responsável o pagamento da pensão ou indemnização e demais encargos e condena-a a reembolsar todas as importâncias adiantadas.

Artigo 123º – Fixação da pensão ou indemnização provisória depois de apurada a entidade responsável

1. Julgadas as questões suscitadas no processo principal, se ainda não for possível a condenação definitiva da entidade responsável, o juiz fixa a pensão ou indemnização provisória a pagar por aquela.

2. Se a pensão ou indemnização provisória já fixada estiver a cargo de outra entidade, o juiz determina que a entidade responsável indemnize aquela que até aí suportou as pensões, indemnizações e demais encargos, com juros de mora.

Artigo 124º – Irrecorribilidade e imediata exequibilidade da decisão que fixar a pensão ou indemnização provisória

1. Da decisão que fixar a pensão ou indemnização provisória não há recurso, mas o responsável pode reclamar com o fundamento de se não verificarem as condições da sua atribuição.

2. Da pensão ou indemnização fixada nos termos do artigo 122º pode, igualmente, o fundo a que se refere o seu nº 2 reclamar com fundamento em o sinistrado ou os beneficiários não terem dela necessidade.

3. A decisão que fixe pensão ou indemnização provisória é imediatamente exequível, dispensando-se a prestação de caução.

Artigo 125º – Encargo com o tratamento

1. O juiz pode determinar, em qualquer altura do processo, que a entidade que anteriormente tiver custeado o tratamento do sinistrado continue a suportar esse encargo, quando este o pedir em requerimento fundamentado e for de entender que o pedido é fundado à face dos exames, perícias e outros elementos constantes do processo e diligências que repute necessárias, sem prejuízo do disposto no nº 5 do artigo 121º.

2. A decisão não prejudica as questões por decidir.

DIVISÃO III – Processo principal

Artigo 126º – Questões a decidir no processo principal

1. No processo principal decidem-se todas as questões, salvo a da fixação de incapacidade para o trabalho, quando esta deva correr por apenso.

2. No mesmo processo é fixada a pensão ou indemnização provisória, se tiver sido requerida ou assim resultar diretamente da lei.

Artigo 127º – Pluralidade de entidades responsáveis

1. Quando estiver em discussão a determinação da entidade responsável, o juiz pode, até ao encerramento da audiência, mandar intervir na ação qualquer entidade que julgue ser eventual responsável, para o que é citada, sendo-lhe entregue cópia dos articulados já oferecidos.

2. Os atos processuais praticados por uma das entidades rés aproveitam às outras; na medida em que derem origem a quaisquer obrigações ou as reconhecerem, tais atos são, no entanto, próprios da parte que os praticou.

3. São lícitos os acordos pelos quais a entidade empregadora e a entidade seguradora atribuam a uma delas a intervenção no processo a partir da citação da última, sem prejuízo da questão da transferência da responsabilidade; o acordo é eficaz tanto no que beneficie como no que prejudique as partes.

4. As sentenças e despachos proferidos constituem caso julgado contra todos os réus, independentemente da falta de intervenção de algum deles.

Artigo 128º – Citação

O réu é citado para contestar no prazo de 15 dias a contar da citação, ou da última citação, havendo vários réus, sendo-lhe entregue duplicado da petição inicial.

Artigo 129º – Contestação

1. Na contestação, além de invocar os fundamentos da sua defesa, pode o réu:

a) Requerer a fixação de incapacidade nos mesmos termos que o autor;

b) Indicar outra entidade como eventual responsável, que é citada para contestar nos termos do artigo anterior.

2. A contestação de algum dos réus aproveita a todos.

3. Se estiver em discussão a determinação da entidade responsável, ao autor e a cada um dos réus é entregue cópia da contestação dos outros réus, podendo cada um responder no prazo de cinco dias, mas apenas sobre aquela questão.

Artigo 130º – Falta de contestação

Na falta de contestação de todos os réus, seguem-se, com as necessárias adaptações, os termos previstos no artigo 57º, sem prejuízo do disposto no artigo 74º.

Artigo 131º – Despacho saneador

1. Findos os articulados, o juiz profere, no prazo de 15 dias, despacho saneador destinado a:

a) Conhecer das exceções dilatórias e nulidades processuais que hajam sido suscitadas pelas partes, ou que, face aos elementos constantes dos autos, deva apreciar oficiosamente;

b) Conhecer imediatamente do mérito da causa, sempre que o estado do processo permitir, sem necessidade de mais provas, a apreciação, total ou parcial, do ou dos pedidos deduzidos ou de alguma exceção perentória;

c) Considerar assentes os factos sobre que tenha havido acordo na tentativa de conciliação e nos articulados;

d) (*Revogada*).

e) Ordenar o desdobramento do processo, se for caso disso.

2. Proferido despacho saneador, quando a ação houver de prosseguir, o juiz profere despacho destinado a identificar o objeto do litígio e a enunciar os temas da prova nos termos previstos no artigo 596º do Código de Processo Civil.

3. Seguidamente observam-se os termos do processo comum regulados nos artigos 63º e seguintes, salvo o disposto nos artigos subsequentes.

Artigo 132º – Processo principal e apenso

1. A fixação da incapacidade para o trabalho corre por apenso, se houver outras questões a decidir no processo principal.

2. O juiz pode também ordenar que corra em separado, se o entender conveniente, qualquer incidente; se o não fizer, este corre nos autos a que respeitar.

3. Sempre que a simultaneidade na movimentação do processo principal e seu apenso seja incompatível com a sua apensação, o juiz pode determinar a desapensação.

Artigo 133º – Indicação das testemunhas

O rol de testemunhas pode ser apresentado no prazo de 10 dias a contar da notificação do despacho saneador.

Artigo 134º – Comparência de peritos na audiência final

Os peritos médicos comparecem na audiência final quando o juiz o determinar, sempre que a sua audição não possa ou não deva ter lugar através dos meios técnicos processualmente previstos.

Artigo 135º – Sentença final

Na sentença final o juiz considera definitivamente assentes as questões que não tenham sido discutidas na fase contenciosa, integra as decisões proferidas no processo principal e no apenso, cuja parte decisória deve reproduzir, e fixa também, se forem devidos, juros de mora pelas prestações pecuniárias em atraso.

Artigo 136º – Falta de comparência e incumprimento

A não comparência de qualquer pessoa a diligências para que tenha sido convocada e a falta de cumprimento de qualquer determinação do tribunal são punidas com multa, salvo se à infração corresponder outra sanção.

Artigo 137º – Documentos a enviar à Autoridade de Supervisão de Seguros e Fundos de Pensões

1. Quando deva ser prestada caução ou constituída reserva matemática, envia-se à Autoridade de Supervisão de Seguros e Fundos de Pensões um exemplar do acordo com o despacho de homologação, se o houver, ou certidão da decisão que condenar no pagamento da pensão, de que conste o teor da sua parte dispositiva, e, em todos os casos, as certidões necessárias aos respetivos cálculos.

2. Se a obrigação de pagamento de pensão vier a cessar ou for modificada, envia-se à entidade referida no número anterior certidão da decisão que declarar prescrito ou extinto o direito à pensão ou que conceder a sua revisão, ou certidão do termo de pagamento do capital, ou um exemplar do acordo extrajudicial de remição, com nota de ter sido homologado.

DIVISÃO IV – Fixação de incapacidade para o trabalho

Artigo 138º – Requerimento de junta médica

1. Quando não se conformar com o resultado da perícia realizada na fase conciliatória do processo, a parte requer, na petição inicial ou na contestação, perícia por junta médica.

2. Se na tentativa de conciliação apenas tiver havido discordância quanto à questão da incapacidade, o pedido de junta médica é deduzido em requerimento a apresentar no prazo a que se refere o nº 1 do artigo 119º; se não for apresentado, o juiz profere decisão sobre o mérito, fixando a natureza e grau de incapacidade e o valor da causa, observando-se o disposto no nº 3 do artigo 73º.

Artigo 139º – Perícias

1. A perícia por junta médica, constituída por três peritos, tem carácter urgente, é secreta e presidida pelo juiz.

2. Se na fase conciliatória a perícia tiver exigido pareceres especializados, intervêm na junta médica, pelo menos, dois médicos das mesmas especialidades.

3. Fora das áreas metropolitanas de Lisboa e do Porto, se não for possível constituir a junta nos termos dos números anteriores, a perícia é deprecada ao juízo com competência em matéria de trabalho mais próximo da residência da parte, onde a junta possa constituir-se.

4. Sempre que possível, intervêm na perícia peritos dos serviços médico-legais que não tenham intervindo na fase conciliatória.

5. Os peritos das partes devem ser apresentados até ao início da diligência; se o não forem, o tribunal nomeia-os oficiosamente.

6. É facultativa a formulação de quesitos para perícias médicas, mas o juiz deve formulá-los, ainda que as partes o não tenham feito, sempre que a dificuldade ou a complexidade da perícia o justificarem.

7. O juiz, se o considerar necessário, pode determinar a realização de exames e pareceres complementares ou requisitar pareceres técnicos.

8. É aplicável, com as necessárias adaptações, o disposto no nº 1 do artigo 105º.

Artigo 140º – Decisão

1. Se a fixação da incapacidade tiver lugar no processo principal, o juiz profere decisão sobre o mérito, realizadas as perícias referidas no artigo anterior, fixando a natureza e grau de incapacidade e o valor da causa, observando-se o disposto no nº 3 do artigo 73º.

2. Se a fixação da incapacidade tiver lugar no apenso, o juiz, realizadas as perícias referidas no número anterior, profere decisão, fixando a natureza e grau de incapacidade; a decisão só pode ser impugnada no recurso a interpor da sentença final.

3. A fixação da incapacidade não obsta à sua modificação nos termos do que se dispõe para o incidente de revisão.

DIVISÃO V – Reforma do pedido em caso de falecimento do autor

Artigo 141º – Suspensão da instância e habilitação

Se na pendência da causa o autor falecer, suspende-se a instância e citam-se por éditos, com dispensa de anúncios, os herdeiros do sinistrado para, querendo, deduzirem habilitação.

Artigo 142º – Investigação das causas da morte e tentativa de conciliação

1. Logo que haja conhecimento da morte do sinistrado, o Ministério Público deve averiguar se ela resultou direta ou indiretamente do acidente.

2. Se houver elementos para presumir a relação de causalidade referida no número anterior, o Ministério Público organiza o processo regulado no artigo 100º por apenso ao processo principal.

3. Frustrando-se a tentativa de conciliação ou não sendo homologado o acordo, o Ministério Público deduz, nos termos do nº 1 do artigo 119º e sem necessidade de habilitação, o pedido que corresponder aos direitos dos beneficiários legais do sinistrado.

4. Apresentada a respetiva petição inicial e retificado o valor da causa, o réu é notificado para responder no prazo de 10 dias, seguindo-se os demais termos do processo.

5. As novas partes têm de aceitar os articulados das partes que substituem, mantendo-se os atos e termos já processados, salvo se em manifesta oposição com as novas circunstâncias.

Artigo 143º – Interrupção da instância

(*Revogado*).

Artigo 144º – Renovação da instância

Se o falecimento do autor ocorrer depois do julgamento da causa ou da extinção da instância por outro motivo, esta renova-se nos mesmos autos para os efeitos dos artigos anteriores.

SUBSECÇÃO III – Revisão da incapacidade ou da pensão

Artigo 145º – Revisão da incapacidade em juízo

1. Quando for requerida a revisão da incapacidade, o juiz manda submeter o sinistrado a perícia médica.

2. O pedido de revisão é deduzido em simples requerimento e deve ser fundamentado ou vir acompanhado de quesitos.

3. O local de realização da perícia médica é definido nos termos da lei que estabelece o regime jurídico da realização das perícias médico-legais e forenses.

4. Finda a perícia, o seu resultado é notificado ao sinistrado e à entidade responsável pela reparação dos danos resultantes do acidente.

5. Se alguma das partes não se conformar com o resultado da perícia, pode requerer, no prazo de 10 dias, perícia por junta médica nos termos previstos no nº 2; se nenhuma das partes o requerer, pode a perícia ser ordenada pelo juiz, se a considerar indispensável para a boa decisão do incidente.

6. Se não for realizada perícia por junta médica, ou feita esta, e efetuadas quaisquer diligências que se mostrem necessárias, o juiz decide por despacho, mantendo, aumentando ou reduzindo a pensão ou declarando extinta a obrigação de a pagar.

7. O incidente corre no apenso previsto na alínea *b*) do artigo 118º, quando o houver.

8. O disposto nos números anteriores é aplicável, com as necessárias adaptações, aos casos em que, sendo responsável uma seguradora, o acidente não tenha sido participado ao tribunal por o sinistrado ter sido considerado curado sem incapacidade.

Artigo 146º – Discussão da responsabilidade do agravamento

1. Se a entidade responsável pretender discutir a responsabilidade total ou parcial do agravamento e a questão só puder ser decidida com a produção de outros meios de prova, assim o declara no prazo fixado para requerer perícia por junta médica e apresentará dentro de 10 dias a sua alegação e meios de prova; se for requerida perícia, o prazo conta-se a partir da realização deste.

2. Notificado o sinistrado, este pode responder, com indicação dos respetivos meios de prova, no prazo de 10 dias.

3. A partir da resposta, seguem-se, com as necessárias adaptações, os termos do processo comum regulados a partir do nº 2 do artigo 63º, com salvaguarda do disposto no artigo 134º e no número seguinte.

4. (*Revogado*).

Artigo 147º – Revisão da pensão dos beneficiários legais

1. Quando o beneficiário legal requeira a revisão da respetiva pensão com fundamento em agravamento ou superveniência de doença física ou mental que afete a sua capacidade de ganho, o incidente corre por apenso ao processo a que disser respeito, observando-se o disposto no artigo 145º.

2. Se o aumento da pensão depender de facto que só possa ser provado documentalmente, o juiz, feita a prova e ouvidos a parte contrária e o Ministério Público, se não for o requerente, decide sem mais formalidades.

SUBSECÇÃO IV – Remição de pensões

Artigo 148º – Remição facultativa

1. Requerida a remição, o juiz, ouvidos o Ministério Público e a parte não requerente e efetuadas, se necessário, diligências sumárias, decide por despacho fundamentado, admitindo ou recusando a remição.

2. A remição, depois de recusada, só pode ser pedida de novo passado um ano e só é concedida quando se provar não subsistir o motivo que fundamentou a recusa.

3. Quando a remição for admitida, a secretaria procede ao cálculo do capital que o pensionista tenha direito a receber.

4. Em seguida, o processo vai ao Ministério Público, que, após verificar o cálculo, ordena as diligências necessárias à entrega do capital.

5. Nos juízos do trabalho das áreas metropolitanas de Lisboa e do Porto não há lugar à deprecada para a entrega do capital da remição.

Artigo 149º – Remição obrigatória

Fixada a pensão, se esta for obrigatoriamente remível, observar-se-á o disposto nos nºs 3 e 4 do artigo anterior.

Artigo 150º – Entrega do capital

A entrega ao pensionista do capital da remição ou de parte dele é feita preferencialmente por meio de transferência bancária para o IBAN do respetivo destinatário ou, não sendo possível, por termo nos autos.

SECÇÃO II – Processo para declaração de extinção de direitos resultantes de acidente de trabalho

Artigo 151º – Processo aplicável

1. As ações para declaração de prescrição ou de suspensão de direito a pensões e para declaração de perda de direito a indemnizações seguem, com as necessárias adaptações, os termos do processo comum, com exceção dos artigos 61º e 62º, mas o juiz pode oficiosamente ordenar exames ou outras diligências que considere necessárias.

2. (*Revogado*).

Artigo 152º – Caducidade do direito a pensões

1. Quando o direito a pensão caducar em razão da idade, morte, segundas núpcias ou união de facto, a entidade responsável deve requerer que seja declarada a caducidade, apresentando os respetivos meios de prova.

2. Em caso de morte do sinistrado, o processo vai com vista ao Ministério Público para os efeitos do disposto nos artigos 142º e 144º; nos demais casos, o juiz ouve a parte contrária e o Ministério Público.

3. Produzida a prova requerida e realizadas as diligências oficiosamente ordenadas, se verificar que não há pensões, indemnizações ou quaisquer outras prestações a satisfazer, o juiz decide o incidente.

Artigo 153º – Processamento por apenso

A ação prevista no artigo 151º e o incidente a que se refere o artigo 152º correm por apenso ao processo a que disserem respeito, se o houver.

SECÇÃO III – Processo para efetivação de direitos de terceiros conexos com acidente de trabalho

Artigo 154º – Processo

1. O processo destinado à efetivação de direitos conexos com acidente de trabalho sofrido por outrem segue os termos do processo comum, por apenso ao processo resultante do acidente, se o houver.

2. As decisões transitadas em julgado que tenham por objeto a qualificação do sinistro como acidente de trabalho ou a determinação da entidade responsável têm valor de caso julgado para estes processos.

SECÇÃO IV – Processo para efetivação de direitos resultantes de doença profissional

Artigo 155º – Doença profissional

1. O disposto nos artigos 117º e seguintes aplica-se, com as necessárias adaptações, aos casos de doença profissional em que o doente discorde da decisão do Instituto da Segurança Social, I. P., em matéria de doenças emergentes de riscos profissionais.

2. Nesses casos, o tribunal requisita o processo organizado naquela instituição, que é apensado ao processo judicial e devolvido a final.

CAPÍTULO III – Processo de impugnação de despedimento coletivo

Artigo 156º – Contestação

1. Nas ações de impugnação de despedimento coletivo, apresentada a petição, o réu é citado para, no prazo de 15 dias, contestar.

2. Com a contestação deve o réu juntar os documentos comprovativos do cumprimento das formalidades previstas nas normas reguladoras do despedimento coletivo.

3. No prazo referido no nº 1, deve ainda o réu requerer o chamamento para intervenção dos trabalhadores que, não sendo autores, tenham sido abrangidos pelo despedimento.

4. A admissão do chamamento referido no número anterior é decidida sem audição da parte contrária.

5. Se o réu não apresentar contestação ou não juntar os documentos comprovativos do cumprimento das formalidades previstas nas normas reguladoras do despedimento coletivo, nos termos dos nºs 1 e 2, o juiz declara a ilicitude do despedimento e, com referência a cada trabalhador:

a) Condena o réu a reintegrar o trabalhador no mesmo estabelecimento da empresa, sem prejuízo da sua categoria e antiguidade, ou, caso o trabalhador tenha optado por uma indemnização em substituição da reintegração, a pagar-lhe, no mínimo, uma indemnização correspondente a 30 dias de retribuição base e diuturnidades por cada ano completo ou fração de antiguidade, sem prejuízo do disposto nos nºs 2 e 3 do artigo 391º do Código do Trabalho;

b) Condena, ainda, o réu no pagamento das retribuições que o trabalhador deixou de auferir desde a data do despedimento até ao trânsito em julgado da decisão judicial que declare a ilicitude do despedimento;

c) Ordena a notificação do trabalhador para, querendo, no prazo de 15 dias, apresentar articulado no qual peticione quaisquer outros créditos emergentes do contrato de trabalho, da sua violação ou da sua cessação, incluindo a indemnização prevista na alínea *a*) do nº 1 do artigo 389º do Código do Trabalho.

6. Na mesma data, o réu é notificado da sentença quanto ao referido nas alíneas *a*) e *b*) do número anterior.

7. Se o trabalhador apresentar o articulado a que se refere a alínea *c*) do nº 5, o réu é notificado para, no prazo de 15 dias, apresentar contestação, observando-se, seguidamente, os restantes termos do processo comum regulados nos artigos 57º e seguintes.

Artigo 157º – Assessoria técnica

1. Terminados os articulados, se tiver sido formulado pedido de declaração de improcedência dos fundamentos invocados para o despedimento, o juiz nomeia um assessor qualificado na matéria.

2. A requerimento de qualquer das partes, no prazo de 10 dias contados da notificação da nomeação do assessor a que se refere o número anterior, o juiz nomeia mais dois assessores qualificados na matéria.

3. Após a notificação das partes da nomeação do assessor a que se refere o nº 1, podem aquelas, no prazo de 10 dias, designar um técnico cada uma para assistir o assessor ou assessores no desempenho das suas funções.

4. Se da parte dos trabalhadores não houver acordo na designação do técnico, considera-se o que for designado pela maioria, prevalecendo, em caso de empate, a designação apresentada em primeiro lugar.

5. Aos assessores é aplicável o regime de impedimentos, suspeições, escusa e dispensa legal previsto no Código de Processo Civil para os peritos.

Artigo 158º – Relatório

1. Os assessores nomeados juntarão aos autos relatório de que constem as verificações materiais realizadas, as informações recolhidas e sua origem e, bem assim, parecer sobre os factos que fundamentaram o despedimento coletivo e sobre se este encontra ou não justificação.

2. O relatório referido no número anterior é junto nos 30 dias posteriores ao termo do prazo para a designação dos técnicos ou, no caso referido no nº 2 do artigo anterior, da nomeação dos assessores aí previstos.

3. Os técnicos de parte, se não se conformarem com as conclusões do relatório, podem apresentar nos cinco dias seguintes declaração fundamentada das razões da sua discordância.

4. Por proposta do assessor, o prazo referido no nº 1 pode ser prorrogado por uma vez, pelo tempo que o juiz fixar.

Artigo 159º – Diligências auxiliares

1. Para a elaboração do relatório a que se refere o artigo anterior os assessores podem solicitar às partes os documentos e demais elementos que considerem pertinentes e averiguar, se necessário nas instalações do próprio réu, os factos invocados para o despedimento.

2. Os assessores informarão os técnicos de parte das diligências que pretendam promover, podendo estes acompanhá-los.

Artigo 160º – Audiência prévia

1. Juntos o relatório e os documentos a que se referem os artigos anteriores, é convocada audiência prévia nos termos e para os efeitos do disposto no artigo 591º do Código de Processo Civil.

2. Sendo proferido despacho saneador, este destina-se também a decidir:

a) Se foram cumpridas as formalidades legais do despedimento coletivo;

b) Se procedem os fundamentos invocados para o despedimento coletivo.

3. Não pode ser relegada para momento posterior ao despacho saneador a decisão sobre as questões referidas nas alíneas *a)* e *b)* do número anterior, bem como sobre quaisquer exceções que obstem ao respetivo conhecimento, exceto se, no que se refere à alínea *b)* do número anterior, o processo não contiver, nessa fase, todos os elementos necessários para a prolação de decisão.

4. A decisão proferida sobre as questões referidas nas alíneas *a)* e *b)* do nº 2 tem, para todos os efeitos, o valor de sentença.

Artigo 161º – Termos subsequentes

Se o processo houver de prosseguir, a audiência final pode ser marcada separadamente com referência a cada um dos trabalhadores, observando-se, quanto ao mais, as regras do processo comum.

CAPÍTULO IV – Processo do contencioso de instituições de previdência, abono de família, associações sindicais, associações de empregadores ou comissões de trabalhadores

SECÇÃO I – Disposição geral

Artigo 162º – Forma dos processos

1. Os processos do contencioso de instituições de previdência, abono de família, associações sindicais, associações de empregadores ou comissões de trabalhadores seguem os termos do processo comum previsto neste Código, salvo o disposto nos artigos seguintes.

2. Nos processos referidos no número anterior não há lugar a audiência prévia.

SECÇÃO II – Convocação de assembleias gerais

Artigo 163º – Convocação

1. O requerimento de convocação de assembleia geral ou órgão equivalente de instituição de previdência ou de associação sindical deve ser acompanhado dos documentos necessários para prova da legitimidade dos requerentes e da verificação das condições legais ou estatutárias do requerimento.

2. Se pela documentação apresentada reconhecer fundamento ao pedido, o juiz ordena que a entidade competente, segundo a lei e os estatutos, convoque a assembleia ou justifique, no prazo de 10 dias, a recusa da convocação.

3. Não sendo convocada a assembleia nem apresentada justificação que seja admitida pelo juiz, este determina que a assembleia se realize, procedendo-se através do tribunal, mas à custa da instituição ou associação, às formalidades da convocação.

4. O juiz fixa a data e o local da reunião, podendo determinar que o local seja diferente do designado nos estatutos; pode ainda nomear a pessoa que presidirá à assembleia.

SECÇÃO III – Impugnação de estatutos, deliberações de assembleias gerais ou atos eleitorais

Artigo 164º – Ação de declaração de nulidade

1. As deliberações e outros atos de órgãos de instituições de previdência, associações sindicais, associações de empregadores ou comissões de trabalhadores viciados por violação da lei, quer de fundo quer de forma, ou violação dos estatutos podem ser declarados inválidos em ação intentada por quem tenha interesse legítimo, salvo se dos mesmos couber recurso.

2. A ação deve ser intentada no prazo de 20 dias, a contar da data em que o interessado teve conhecimento da deliberação, mas antes de passados 5 anos sobre esta; se, porém, a ação tiver por fim a impugnação de deliberações relativas à eleição dos corpos gerentes, o prazo é de 15 dias e conta-se sempre a partir da data da sessão em que tenham sido tomadas essas deliberações.

3. A petição inicial da ação deve ser acompanhada de documento comprovativo do teor da deliberação ou, não sendo possível, do oferecimento da prova que o requerente possuir a esse respeito.

Artigo 164º-A – Impugnação de estatutos

1. Os estatutos das entidades referidas no artigo anterior podem ser impugnados pelo Ministério Público, por iniciativa própria ou a requerimento de qualquer interessado.

2. A petição inicial deve ser acompanhada de cópia dos referidos estatutos.

Artigo 164º-B – Impugnação de atos eleitorais

Os atos eleitorais para os órgãos das entidades referidas nesta secção podem ser impugnados com fundamento na sua ilegalidade por quem tenha ficado vencido na respetiva eleição, no prazo de 10 dias a contar dessa eleição ou do conhecimento da irregularidade, se posterior.

Artigo 165º - Citação e contestação

1. O juiz manda citar o réu e ordena que este apresente os documentos relativos à situação objeto de impugnação que ainda não tenham sido juntos aos autos.

2. O réu pode contestar no prazo de 10 dias e, ainda que não conteste, deve enviar ao tribunal os documentos referidos no número anterior.

Artigo 166º - Proposição da prova

Com os articulados são requeridas quaisquer diligências de prova.

Artigo 167º - Recurso

O recurso da sentença tem efeito suspensivo.

Artigo 168º - Suspensão de eficácia

Se na petição inicial o autor requerer a suspensão de eficácia dos atos ou disposições impugnados, demonstrando que da sua execução pode resultar dano apreciável, o juiz pode decretar a suspensão nesse momento ou após a contestação.

Artigo 169º - Declaração de invalidade de atos de outros órgãos

Nos casos em que de ato de qualquer outro órgão gerente ou diretivo de instituição de previdência ou associação sindical não possa ser interposto recurso para outro órgão, a declaração de invalidade é pedida através de processo regulado nesta secção.

SECÇÃO IV - Impugnação judicial de decisão disciplinar

Artigo 170º - Impugnação

1. O arguido em processo disciplinar que pretenda impugnar a respetiva decisão deve apresentar no juízo do trabalho competente o seu requerimento no prazo de 15 dias, contados da notificação da decisão.

2. O requerimento é instruído com a notificação da decisão e os documentos que o requerente entenda dever juntar; no requerimento são requeridas todas as diligências de prova.

Artigo 171º - Citação e diligências subsequentes

1. A entidade é citada para responder no prazo de 10 dias, devendo juntar o processo disciplinar e podendo requerer diligências de prova.

2. O envio do processo disciplinar ao tribunal é obrigatório, ainda que não seja apresentada resposta.

Artigo 172º - Decisão

1. O juiz declara nulo o processo disciplinar quando o arguido não tenha sido ouvido ou não tenham sido efetuadas no processo diligências requeridas pelo arguido que repute essenciais.

2. Se o juiz verificar que houve erro de direito ou de facto, anula a decisão.
3. Da sentença apenas cabe recurso para o tribunal da Relação.

SECÇÃO V - Liquidação e partilha dos bens de instituições de previdência, de associações sindicais, de associações de empregadores ou de comissões de trabalhadores

Artigo 173º – Processo

(*Revogado*).

Artigo 174º – Início do processo

(*Revogado*).

Artigo 175º – Nomeação, exoneração e substituição de liquidatários

(*Revogado*).

Artigo 176º – Competência dos liquidatários

(*Revogado*).

Artigo 177º – Contas de liquidação e projeto de partilha

(*Revogado*).

Artigo 178º – Julgamento

(*Revogado*).

Artigo 179º – Contas da partilha

(*Revogado*).

Artigo 180º – Prolongamento das funções de liquidatário

(*Revogado*).

Artigo 181º – Desconhecimento dos interessados com direito ao saldo

(*Revogado*).

Artigo 182º – Regime supletivo

(*Revogado*).

SECÇÃO VI - Ação de anulação e interpretação de cláusulas de convenções coletivas de trabalho

Artigo 183º – Requisitos da petição

1. Nas ações respeitantes à anulação e interpretação de cláusulas de convenções coletivas de trabalho, deve o autor, na petição, identificar todas as entidades outorgantes e expor os fundamentos da sua pretensão.

2. Com a petição é junta cópia do *Boletim do Trabalho e Emprego* onde esteja publicada a convenção coletiva e oferecida a prova pertinente.

Artigo 184º – Alegações

1. Os outorgantes são citados para, no prazo de 20 dias, apresentarem as suas alegações por escrito.

2. Com as alegações é oferecida toda a prova.

3. A falta de alegações não tem efeitos cominatórios.

Artigo 185º – Forma, valor do processo e efeitos do recurso

1. As ações a que se referem os artigos anteriores seguem, depois dos articulados, os termos do processo comum, com exclusão da audiência prévia e da tentativa de conciliação.

2. Da decisão final cabe sempre recurso de revista até ao Supremo Tribunal de Justiça.

3. O recurso da decisão de mérito tem efeito suspensivo.

Artigo 186º – Valor do acórdão do Supremo Tribunal de Justiça

O acórdão do Supremo Tribunal de Justiça sobre as questões a que se refere o artigo 183º tem o valor ampliado da revista em processo civil e é publicado na 1ª série-A do jornal oficial e no *Boletim do Trabalho e Emprego*.

CAPÍTULO V – Impugnação da confidencialidade de informações ou da recusa da sua prestação ou da realização de consultas

Artigo 186º-A – Requerimento

1. No caso de se pretender a impugnação da confidencialidade de informações ou da recusa da sua prestação ou da realização de consultas, o autor alega os fundamentos do pedido, indica os pontos de facto que interessa averiguar e requer as providências que repute convenientes.

2. O réu é citado para contestar no prazo de 15 dias.

Artigo 186º-B – Termos posteriores

1. Findos os articulados, o juiz conhece imediatamente do pedido, salvo se entender que se justifica proceder a diligências complementares de prova, caso em que ordena aquelas que repute convenientes.

2. O processo tem natureza urgente.

Artigo 186º-C – Decisão

1. A decisão de condenação determina as informações que devem ser prestadas e o prazo para a sua prestação.

2. A requerimento do autor pode ser fixada uma sanção pecuniária compulsória.

3. A decisão é apenas suscetível de recurso para o Tribunal da Relação, com efeito suspensivo.

CAPÍTULO VI – Tutela da personalidade do trabalhador

Artigo 186º-D – Requerimento

O pedido de providências destinadas a evitar a consumação de qualquer violação dos direitos de personalidade do trabalhador ou atenuar os efeitos da ofensa já praticada é formulado contra o autor da ameaça ou ofensa e, igualmente, contra o empregador.

Artigo 186º-E – Termos posteriores

1. Apresentado o requerimento com o oferecimento das provas, se não houver motivo para o seu indeferimento liminar, o tribunal designa imediatamente dia e hora para a audiência, a realizar num dos 20 dias subsequentes.

2. A contestação é apresentada na própria audiência, na qual, se tal se mostrar compatível com o objeto do litígio, o tribunal procura conciliar as partes.

3. Na falta de alguma das partes ou se a tentativa de conciliação se frustrar, e independentemente de haver ou não contestação, o tribunal ordena a produção de prova e, de seguida, decide por sentença sucintamente fundamentada.

4. Se o pedido for julgado procedente, o tribunal determina o comportamento concreto a que o requerido fica sujeito e, sendo caso disso, o prazo para o cumprimento, bem como a sanção pecuniária compulsória por cada dia de atraso no cumprimento ou por cada infração, conforme for mais conveniente às circunstâncias do caso.

5. Pode ser proferida uma decisão provisória, irrecorrível e sujeita a posterior alteração ou confirmação no próprio processo, quando o exame das provas oferecidas pelo requerente permitir reconhecer a possibilidade de lesão iminente e irreversível da personalidade física ou moral e se, em alternativa:

a) O tribunal não puder formar uma convicção segura sobre a existência, extensão ou intensidade da ameaça ou da consumação da ofensa;

b) Razões justificativas de especial urgência impuserem o decretamento da providência sem prévia audição da parte contrária.

6. Quando não tiver sido ouvido antes da decisão provisória, o réu pode contestar, no prazo de 20 dias, a contar da notificação da decisão, aplicando-se, com as necessárias adaptações, o disposto nos nºs 1 a 4.

Artigo 186º-F – Regras especiais

1. O processo, incluindo a fase de recurso, tem natureza urgente.

2. Os recursos interpostos pelas partes devem ser processados como urgentes.

3. A execução é efetuada oficiosamente e nos próprios autos, sempre que a medida executiva integre a realização da providência decretada, e é acompanhada de imediata liquidação da sanção pecuniária compulsória.

CAPÍTULO VII – Igualdade e não discriminação em função do sexo

Artigo 186º-G – Remissão

1. Nas ações relativas à igualdade e não discriminação em função do sexo aplicam-se as disposições correspondentes do processo comum, com as especificações dos artigos seguintes, sem prejuízo do disposto no nº 2.

2. A declaração judicial de nulidade de disposição de convenção coletiva em matéria de igualdade e não discriminação nos termos do artigo 479º do Código do Trabalho segue os trâmites da ação prevista nos artigos 183º e seguintes.

Artigo 186º-H – Informação sobre decisões judiciais registadas

Até à audiência final, o juiz solicita oficiosamente à entidade que tenha competência na área da igualdade e não discriminação entre homens e mulheres no trabalho, no emprego e na formação profissional informação sobre o registo de qualquer decisão judicial relevante para a causa.

Artigo 186º-I – Comunicação da decisão

O juiz deve comunicar a decisão à entidade competente na área da igualdade e não discriminação entre homens e mulheres no trabalho, no emprego e na formação profissional, para efeitos de registo.

Artigo 186º-J – Remissão

(Revogado.)

CAPÍTULO VIII – Ação de reconhecimento da existência de contrato de trabalho

Artigo 186º-K – Início do processo

1. Após a receção da participação prevista no nº 3 do artigo 15º-A da Lei nº 107/2009, de 14 de setembro, o Ministério Público dispõe de 20 dias para propor ação de reconhecimento da existência de contrato de trabalho.

2. Caso o Ministério Público tenha conhecimento, por qualquer meio, da existência de uma situação análoga à referida no nº 3 do artigo 2º da Lei nº 107/2009, de 14 de setembro, comunica-a à Autoridade para as Condições do Trabalho (ACT), no prazo de 20 dias, para instauração do procedimento previsto no artigo 15º-A daquela lei.

Artigo 186º-L – Petição inicial e contestação

1. Na petição inicial, o Ministério Público expõe sucintamente a pretensão e os respetivos fundamentos, devendo juntar todos os elementos de prova recolhidos até ao momento.

2. O empregador é citado para contestar no prazo de 10 dias.

3. A petição inicial e a contestação não carecem de forma articulada, devendo ser apresentadas em duplicado, nos termos do nº 1 do artigo 148º do Código de Processo Civil.

4. Os duplicados da petição inicial e da contestação são remetidos ao trabalhador simultaneamente com a notificação da data da audiência final, com a expressa advertência de que pode, no prazo de 10 dias, aderir aos factos apresentados pelo Ministério Público, apresentar articulado próprio e constituir mandatário.

Artigo 186º-M – Falta de contestação

Se o empregador não contestar, o juiz profere, no prazo de 10 dias, decisão condenatória, a não ser que ocorram, de forma evidente, exceções dilatórias ou que o pedido seja manifestamente improcedente.

Artigo 186º-N – Termos posteriores aos articulados

1. Se a ação tiver de prosseguir, pode o juiz julgar logo procedente alguma exceção dilatória ou nulidade que lhe cumpra conhecer ou decidir do mérito da causa.

2. A audiência final realiza-se dentro de 30 dias, não sendo aplicável o disposto nos nºs 1 a 3 do artigo 151º do Código de Processo Civil.

3. As provas são oferecidas na audiência, podendo cada parte indicar até três testemunhas a notificar nos termos do artigo 66º.

(Redação dada pela Lei nº 13/2023, de 03-04)

Artigo 186º-O – Julgamento

1. O julgamento inicia-se com a produção das provas que ao caso couberem.

2. (*Revogado*).

3. Não é motivo de adiamento a falta, ainda que justificada, de qualquer das partes ou dos seus mandatários.

4. Quando as partes não tenham constituído mandatário judicial ou este não comparecer, a inquirição das testemunhas é efetuada pelo juiz.

5. Se ao juiz parecer indispensável, para boa decisão da causa, que se proceda a alguma diligência, suspende a audiência na altura que reputar mais conveniente e marca logo dia para a sua continuação, devendo o julgamento concluir-se dentro de 30 dias.

6. Finda a produção de prova, pode cada um dos mandatários fazer uma breve alegação oral.

7. A sentença é sucintamente fundamentada, regendo-se a sua gravação e transcrição para a ata pelo disposto no artigo 155º do Código de Processo Civil.

8. A sentença que reconheça a existência de um contrato de trabalho fixa a data do início da relação laboral.

9. A decisão proferida é comunicada oficiosamente pelo tribunal ao trabalhador, à ACT e ao Instituto da Segurança Social, I. P., com vista à regularização das contribuições desde a data de início da relação laboral fixada nos termos do número anterior.

Artigo 186º-P – Recurso

Da decisão proferida nos termos do presente capítulo é sempre admissível recurso de apelação para a Relação, com efeito meramente devolutivo.

Artigo 186º-Q – Valor da causa e responsabilidade pelo pagamento das custas

1. Para efeitos de pagamento de custas, aplica-se à ação de reconhecimento da existência de contrato de trabalho o disposto na alínea *e*) do nº 1 do artigo 12º do Regulamento das Custas Processuais, aprovado pelo Decreto-Lei nº 34/2008, de 26 de fevereiro.

2. O valor da causa é sempre fixado a final pelo juiz tendo em conta a utilidade económica do pedido.

3. Se for interposto recurso antes da fixação do valor da causa pelo juiz, deve este fixá-lo no despacho que admita o recurso.

4. O trabalhador só pode ser responsabilizado pelo pagamento de qualquer quantia a título de custas se, nos termos do disposto no nº 4 do artigo 186º-L, tiver apresentado articulado próprio e se houver decaimento.

Artigo 186º-R – Prazos

Os prazos previstos no nº 1 do artigo 337º e no nº 2 do artigo 387º do Código do Trabalho, aprovado pela Lei nº 7/2009, de 12 de fevereiro, contam-se a partir da decisão final transitada em julgado.

Artigo 186º-S – Procedimento cautelar de suspensão de despedimento subsequente a auto de inspeção previsto no artigo 15º-A da Lei nº 107/2009, de 14 de setembro

1. Sempre que o trabalhador tenha sido despedido entre a data de notificação do empregador do auto de inspeção a que se refere o nº 1 do artigo 15º-A da Lei nº 107/2009, de 14 de setembro, que presume a existência de contrato de trabalho e o trânsito em julgado da decisão judicial da ação de reconhecimento da existência de contrato de trabalho, o Ministério Público intenta procedimento cautelar de suspensão de despedimento, nos termos da alínea *c*) do artigo 5º-A deste Código.

2. O Ministério Público, caso tenha conhecimento, por qualquer meio, da existência de despedimento na situação a que se refere o nº 1 do artigo 15º-A da Lei nº 107/2009, de 14 de setembro, interpõe oficiosamente o procedimento cautelar.

3. O disposto no número anterior é aplicável sempre que a pessoa ou pessoas a quem a atividade é prestada aleguem que o contrato que titula a referida atividade cessou, a qualquer título, durante o período referido no nº 1.

4. Caso o despedimento ocorra antes da receção da participação dos factos prevista no nº 3 do artigo 15º-A da Lei nº 107/2009, de 14 de setembro, o Ministério Público, até dois dias após o conhecimento da existência do despedimento, requer à ACT para, no prazo de cinco dias, remeter a referida participação, acompanhada de todos os elementos de prova recolhidos.

5. Em tudo o que não seja regulado no presente artigo, é aplicável o regime previsto nos artigos 33º-A a 40º-A, com as necessárias adaptações.

TÍTULO VII – Processo de contraordenação

Artigo 187º – Natureza e exercício da ação penal
(*Revogado*).

Artigo 188º – Intervenção do Ministério Público
(*Revogado*).

Artigo 189º – Notificação dos interessados
(*Revogado*).

Artigo 190º – Prescrição
(*Revogado*).

Artigo 191º – Pessoa coletiva e sociedade
(*Revogado*).

Artigo 192º – Ação
(*Revogado*).

Artigo 193º – Interrupção e suspensão da prescrição de obrigações pecuniárias
(*Revogado*).

Artigo 194º – Prazo de cumprimento de obrigações pecuniárias
(*Revogado*).

Artigo 195º – Espécies
(*Revogado*).

Artigo 196º – Pagamento voluntário
(*Revogado*).

Artigo 197º – Inquirição por carta
(*Revogado*).

Artigo 198º – Oralidade da audiência
(*Revogado*).

Artigo 199º – Recurso
(*Revogado*).

Artigo 200º – Regime supletivo
(*Revogado*).

LIVRO II
DO PROCESSO DE CONTRAORDENAÇÃO

Artigo 201º - Remissão

A impugnação judicial de decisão de autoridade administrativa que aplique coimas e sanções acessórias em processo laboral segue os termos previstos na Lei nº 107/2009, de 14 de setembro, que estabelece o regime processual aplicável às contraordenações laborais e de segurança social.

ÍNDICE-SUMÁRIO

SUMÁRIO